# 존경보장

## 尊經寶藏

### JON GYEONG BO JANG

존경각
귀중본
해제집

성균관대학교
출판부

# 존경보장 尊經寶藏

## JON GYEONG BO JANG

존경각
귀중본
해제집

山桼令不可
尺曰起於十六黍尺不得只
謂之周尺說甚詳。依溫公樣。
不得者以起不起不足起不得者。
王恭貨泉錢
王恭他考必仔
溫公樣他。
古尺
起不得者。君
不得所以
蒼未尺義剛。
不足起不得者。
川周尺
祇川周尺不者。
抂桼不高則
或羊頭山桼
升。
則焦殺。鄉
子桼造桼低
桼造桼成
和桽
不成
所定桼
會鄉會桼但
造於周
而桼
世宗

# 인사말

안녕하십니까? 성균관대학교 총장 유지범입니다.

성균관대 동아시아학술원 존경각에서 소장한 고문헌의 해제집인 『존경보장尊經寶藏』의 발간을 축하드립니다.

성균관대학교 동아시아학술원 존경각은 조선의 국립대학인 성균관의 학풍과 그곳에서 학문에 정진한 선학들의 정신을 계승하고자 그 명칭을 그대로 사용하고 있습니다. 또한 존경각에 소장된 문헌들은 여러 차례 역사적으로 불운한 시기를 맞이하여 산일散逸되었음에도 불구하고 '존경각尊經閣'·'경학원인經學院印'·'명륜학원지인明倫學院之印' 등이 찍힌 장서 10여 종을 비롯하여 현재 서울대학교 규장각한국학연구원에 소장되어 있는 것으로 파악된 '존경각장尊經閣章'·'존경각장尊經閣藏'·'존경각표尊經閣表' 등이 찍힌 장서를 통해 현재까지 보존되고 있음을 확인할 수 있습니다. 이러한 존경각의 장서들은 1475년 조선시대 성종 임금이 존경각을 건립했을 때부터 현재에 이르기까지 당대 사회와 학문을 이끌어가는 중추적인 역할을 묵묵히 수행해 왔던 것입니다.

더욱이 현재 동아시아학술원 존경각이 설립된 이래로 많은 소중한 고문헌·고문서 등에 대한 수집·정리작업을 계속하여 고유의 전통적 학맥을 계승하고 있다고 자부합니다.

이 해제집은 존경각의 고문헌 중에서도 정수라고 할 수 있는 귀중본 고문헌들에 대한 자세한 소개이자 서지정보입니다. 해제집에 소개된 고문헌 가운데 보물로 지정된 『춘추경좌씨전구해春秋經左氏傳句解』·『유설경학대장類說經學隊仗』 등은 존경각 개관이래 수집·정리해 온 대표적인 문헌이라 할 수 있습니다. 이러한 귀중한 문헌을 통해 성균관의 역사와 정신의 계승, 그리고 인문정신의 발양 등을 다시금 확인할 수 있을 것이라 확신합니다.

다시금 성균관의 유서 깊은 도서관인 존경각의 귀중본 해제집 간행을 축하드립니다. 그간 어려운 환경에서도 고문헌을 잘 보존해 주시고 해제집 간행에 힘써 주신 존경각 관계자분들과 해제 작성을 맡아주신 여러 선생님들에게도 깊은 감사를 드립니다. 또한 존경각 소장 고문헌 해제집 발간을 통해 존경각 소장 고문헌에 대한 관심과 애정은 물론 그 가치가 널리 알려지길 기대합니다.

2025년 4월

성균관대학교 총장

유지범

# 간행사

———

안녕하십니까.
동아시아학술원 원장 김경호입니다.

잎이 채 떨어지지 않은 은행나무 가지에 눈꽃이 핀 대성로의 풍경은 신비로움을 넘어 경이롭기까지 합니다. 성균관뿐만 아니라 각 지역의 향교에도 심어져 있는 은행나무는 선비의 상징입니다. 성균관대학교의 아름다운 풍광을 만끽하기 가장 좋은 이러한 시절에 조선 성균관成均館의 도서관인 존경각尊經閣 소장 고문헌 해제집 『존경보장尊經寶藏』을 소개하게 되었습니다. 조선 성균관 선진先進이신 사가四佳 서거정徐居正이 지은 「성균관 존경각기成均館尊經閣記」의 구절과 관련지어 해제집 『존경보장尊經寶藏』을 소개하도록 하겠습니다.

### 경서를 존숭하여 성인의 마음을 탐구하다
[尊是經以究聖人之心]

『존경보장尊經寶藏』은 존경각 귀중본 중 130여건의 고문헌에 대한 해제집입니다. 1475년(成宗 6)에 설립된 존경각은 국립 고등 교육기관 성균관의 도서관이었습니다. 학문을 좋아하기로 유명한 성종은 교서관이나 지방 감영에서 서책을 인쇄하면 성균관에도 책을 반사頒賜하라는 규정을 법전인 『경국대전經國大典』에 남겨 정례화하였습니다. 존경각에서는 법 조항에 따라 국가 기관이나 지방 감영에서 간행된 서적을 받아 수장하는 방식으로 장서를 확충해 나갔습니다. 뿐만 아니라 현종대顯宗代에는 '성균관成均館'에서 경서經書를 간행하여 성균관 유생을 비롯하여 과거시험을 준비하는 전국의 유생들에게 양서良書를 보급하기도 했습니다. 성균관에서 간행한 경서는 여러 차례 중간重刊하거나 지방에서 번각飜刻하여 널리 읽혔습니다. 그래서 『존경보장尊經寶藏』 에서는 고문헌 해제에 앞서 조선 존경각이 현재의 동아시아학술원 존경각이 되기까지 소장되어 있던 고문헌 및 성균관 간행 경서를 수록하였습니다.

### 반궁을 수리하고 축석을 둘러 벽옹의 옛 제도와 같이 하길 명하다
[命修泮宮 築石以環 如壁雍舊制]

그러나 일제강점기와 한국전쟁을 겪는 사이 존경각의 문헌들은 산실되었고 성균관대학교 중앙도서관 고서실 에서 남은 고문헌 일부를 보관하고 있었습니다. 성균관대학교 건학 600년을 맞은 2000년을 기점으로 동아시아학술원이 개원되었고, 동시에 고서 전문 도서관인 존경각을 부활시켜 학술원 산하에 두었습니다. 존경각에서는 2000년 당시 중앙도서관 고서실에 수장된 고문헌을 인계받은 이후 2024년 현재에 이르기까지 조선 성균관 존경각의 전통을 계승하고 21세기 존경각의 위상을 높이기 위하여 고문헌을 꾸준히 수집해 해왔습니다. 고문헌 수집과정과 정리작업은 선학들이 남겨놓은 역사적 문화적 가치를 재발견할 수 있는 귀중한 시간이었습니다.

존경각에서는 이러한 선학이 이루어놓은 학문과 정신을 잘 보존하고 연구하여 형언할 수 없는 소중한 우리 민족의 자산을 발양 계승하고자 하는 목적으로 본 해제집『존경보장尊經寶藏』발간을 준비한 것입니다.

이번 해제 대상 고문헌은 기존에 귀중본으로 분류되어 있던 고문헌 중 1592년 임진왜란 이전 조선 간행본과 중국 명나라 초 간행본, 희귀한 고문서 일부를 대상으로 한 총 133종입니다. 아마도 존경각 소장 귀중본의 극히 일부일 것입니다. 이번 기회를 빌어 발간하는 존경각 해제집『존경보장尊經寶藏』을 계기로 향후 지속적으로 존경각 소장 고문헌 해제집을 발간하고자 합니다.

이를 위해 존경각 소장 고문헌의 전수 조사를 위해 digitizing 사업을 수행하고 있음도 말씀드리고자 합니다. 이를 통하여 체계적인 고문헌 관리 시스템을 적용하고 더 많은 귀중본을 발굴하게 되면 귀중본 해제집의 보유편도 간행할 수 있으리라 기대하고 있습니다.

많고 많은 선비들 있어
[濟濟多士]

이렇게 많은 귀중본들이 체계적으로 정리되어 세상에 그 존재를 알리게 된 것은 그동안 고문헌 수집과 정리에 많은 노고를 아끼지 않으신 동아시아학술원 역대 원장님들에게 감사를 드립니다. 아울러 이번 해제집의 간행은 총장님의 지지와 학교법인 삼성재단의 지원이 있었기에 가능했습니다. 이 자리를 빌려 깊은 감사의 인사를 드립니다. 해제를 맡아주신 여러 분야의 선생님들께 감사드리오며 해제집 제작 총괄에 힘써 주신 동아시아학술원 존경각 선생님들의 노고에 다시금 진심으로 감사드립니다.

2025년 4월

성균관대학교 동아시아학술원 원장
김경호

# 목차

# 사부史部

# 자부子部

## 집부 集部

## 고문서古文書

· 《존경보장尊經寶藏》은 조선시대 성균관成均館의 도서관이자 간행처였던 존경각尊經閣의 역사를 되짚어보고, 현재 고서 전문 도서관인 존경각 소장 귀중본貴中本을 소개하고자 기획되었다.

· 성균관과 책의 역사에서는 조선 존경각의 연혁과 위치, '존경각尊經閣' 장서인이 날인된 책, 존경각에서 간행한 책을 소개하였다. 존경각 소장 자료를 활용하였다.

· 고문헌 해제에 수록된 자료는 기존에 성균관대학교 동아시아학술원 존경각 귀중본·희구본稀覯本으로 지정되어 있던 고문헌 350여종 중 귀중본에 해당하는 134종을 대상으로 하고 있다.

· 그간 지정 기준이 모호하던 존경각 귀중본과 희구본의 구분을 명확히 하였다. 귀중본·희구본 350여종 중 1592년(임진왜란) 이전에 간행된 한국본, 1572년(융경隆慶) 이전에 간행된 중국본을 귀중본으로 지정한 것이 134종이다.

· 고서는 경부經部·사부史部·자부子部·집부集部로 분류하여 수록했다. 각 부 안에서는 보물과 서울시 유형문화유산을 앞세우고 나머지는 유별類別로 배열하였다. 다만 사부史部-9 사마방목司馬榜目-신묘년辛卯年(1591)(貴 B13KB-0052)의 경우 서울시 유형문화유산으로 지정된 사부史部-7·8과의 내용상 유사성을 고려하여 함께 배열하였다.

· 같은 유류類 안에서는 가나다순으로, 서명이 같은 경우 간행 시기가 이른 순으로 배열하였다.

· 고문서古文書는 기존에 귀중본·희구본으로 지정되어 있던 3종을 모두 수록하였고 발행 시기순으로 배열히었다.

· 연도는 서기로 표기하고, 해당 왕의 재위 연도를 괄호 안에 표기하였다.

· 추정한 내용은 '[ ]'로 표기하고, 판독이 어려운 경우는 '□'로 표기하였다.

· 영문 표기의 경우 한국본은 한국 한자음을, 중국본은 중국음을 따랐다.

· 《존경보장尊經寶藏》에는 보물, 유형문화유산 및 간행본을 위주로 수록하였다. 가치가 높은 유일본 필사본과 간찰簡札, 서화書畫 등의 자료가 포함되어 있는 희구본은 따로 간행할 예정이다.

# 목록 기술 방식

## 서명書名

보물 및 서울특별시 유형문화유산은 지정된 서명을 준용하였다. 이외의 것들은 권수제卷首題를 기준으로 하였다. 권수제가 없거나 불분명한 경우에는 판심제版心題, 표제表題 등에서 적합한 것을 선택하고 서지 목록에 명시하였다.

## 저자著者

고도서에 드러나 있는 편저자의 성명과 저작 역할어를 그대로 기록하였다. 왕명을 받아 편찬한 경우 왕의 묘호廟號와 명편命編, 명찬命撰으로 표기하였다.

## 발행發行

책이 발행된 지역인 발행지, 책을 간행한 기관이나 간행 주체를 기록한 발행처, 도서의 간행 연도인 발행년을 기록하였다. 해당 서적 안에 발행사항이 나타나 있지 않고 외부 자료를 통해 간행사항을 밝힌 경우 [ ]로 표시하였다. 조선본은 조선 왕의 묘호와 왕년을, 중국본은 중국 왕의 묘호와 왕년을 표시하고 서력연대는 ( ) 안에 표시하였다.

## 주기注記

다양한 정보의 일반 주기사항을 서명, 저자사항, 판사항, 발행, 형태순으로 기술했다.
권수제卷首題와 다른 서명이 있는 경우 표제어를 앞세워 기술했다. 서명을 권수제가 아닌 것에서 채기한 경우 주기에 기술했다.
해당 서적에 발행사항이 나타나 있지 않고 외부 자료를 통해 간행사항을 밝힌 경우 그 근거를 주기에 밝혀 주었다.
해당 서적이 결질본缺帙本일 경우 존경각 소장본의 권차卷次를 기술했다.
서발문과 편제면·간기의 내용을 기술했다.
도서의 표지부터 시작하여 내부의 정보까지 차례로 기술했다. 어미魚尾나 변란邊欄 등 판식이 다른 경우 '판식版式'을 표제어로 앞세워 기술했다.
특징을 기술할 때의 순서는 간행 시기부터 존재했을 특징(각수명刻手名·비점批點·표점標點·성점聲點 등)부터 적고, 소장자가 기록한 구결口訣·비점批點·표점標點·성점聲點 등 필사한 것은 뒤에 두었다.
도서에 찍은 인장의 글자인 인기印記는 하단에서부터 기술했다.

| | |
|---|---|
| 완질본完帙本 | 도서가 간행될 당시의 온전한 구성을 갖추고 있는 책. |
| 결질본缺帙本 | 도서가 간행될 당시의 구성에서 누락이 있는 책. '낙질본落帙本'이라고도 함. |
| 표지表紙 | 고문서 등을 재활용하여 능화판菱花版에 찍어내 무늬를 만들고, 치자물을 들이거나 기름을 먹여 단단하게 만들어 책지冊紙를 보호하는 기능을 하는 것. '책의冊衣'라고도 함. |
| 면지面紙 | 표지表紙의 뒷면에 붙여 재활용한 고문서의 지저분한 면을 가리는 깨끗한 종이로, 보통 책지에 사용되는 저지楮紙의 끝을 접어 표지보다 작은 크기로 만든 후 부착함. |
| 책지冊紙 | 책의 내용을 인출印出하거나 필사할 때 사용하는 종이. 조선에서는 저지楮紙를, 중국에서는 죽지竹紙를 주로 사용함. |
| 배접褙接 | 책지가 얇을 때 인출한 면의 뒷면에 다른 종이를 붙여 보강하는 것. |
| 표제表題 | 앞표지에 적힌 고도서의 제목. 표지 좌측상단에 직접 필사하거나, 제첨題籤에 필사 · 인출印出하여 붙이기도 함. |
| 제첨題籤 | 고도서의 제목을 인출印出하거나 필사한 종이, 혹은 비단. '제첨題簽'이라고도 함. |
| 편목篇目 | 표지 상단 우측부터 좌측으로 해당 책에 수록된 편명篇名을 적은 것. |
| 책사冊絲 | 책을 묶는 실. 조선에서는 명주실이나 무명실을 꼬아 염색하여 사용하는데 치자물을 들인 황색 표지에는 홍사紅絲를, 흰색 표지에는 청사靑絲를 사용함. |
| 사침안정법四針眼訂法 | 책의 오른쪽에 네 개의 구멍을 뚫어 장정하는 방법. 주로 중국이나 일본에서 사용하며, 조선에서도 작은 책자의 장정에 사용함. |
| 오침안정법五針眼訂法 | 책의 오른쪽에 다섯 개의 구멍을 일정한 간격을 두고 뚫어 장정하는 방법. 주로 조선에서 사용함. |
| 육침안정법六針眼訂法 | 사침안법의 서뇌書腦 상하단 마모 및 접힘을 보완하기 위하여 상하단에 구멍을 하나씩 더 뚫어 장정하는 방법. '강희철康熙綴'이라고도 함. |
| 서뇌書腦 | 책을 선장線裝했을 때 표지가 묶인 부분으로, 세로로 좁게 남아 있는 여백. |
| 서구書口 | 책이 열리는 부분으로, 선장본에서는 보통 판심 부분이 바깥쪽으로 접혀 보임. |
| 서배書背 | 책을 선장했을 때 책지가 묶인 부분으로, '책등'이라고도 함. |
| 서배제書背題 | 책을 쌓아 보관할 때 찾기 쉽도록 서배에 적은 제목. 해당 책의 책차冊次나 수록 편명篇名이 함께 적혀 있기도 함. |
| 서근書根 | 책을 선장했을 때 책지 하단 바깥 부분. |
| 서근제書根題 | 책을 쌓아 보관할 때 찾기 쉽도록 책지 하단 바깥에 적은 제목. 해당 책의 책차冊次나 수록 편명篇名이 함께 적혀 있기도 함. |
| 책차冊次 | 한 질帙의 도서 중 해당 책의 순서로, 주로 표제表題 하단이나 서근제書根題 옆에 적음. 一 · 二 · 三 · 四 · 五…로 매기기도 하지만 上 · 下, 乾 · 坤, 上 · 中 · 下, 天 · 地 · 人, 春 · 夏 · 秋 · 冬, 元 · 亨 · 利 · 貞, 仁 · 義 · 禮 · 智 · 信, 禮 · 樂 · 射 · 御 · 書 · 數, 金 · 石 · 絲 · 竹 · 匏 · 土 · 革 · 木, 忠 · 質 · 文 등으로 매기기도 함. |
| 총책수總冊數 | 도서 한 질帙 전체의 책수. 주로 서뇌書腦 하단이나 앞표지 우측하단에 적음. 소장 도서가 낙질본이어도 총책수 기록이 있다면 전체 책수를 산정할 수 있음. |
| 필사본筆寫本 | 종이에 붓으로 쓴 책. |
| 목판본木板本 | 목판에 새겨 찍은 책. |
| 목활자본木活字本 | 나무로 만든 활자로 조판하여 찍은 책. |
| 금속활자본金屬活字本 | 구리, 철, 납 등으로 주조한 활자로 조판하여 찍은 책. |

| | |
|---|---|
| 갑인자甲寅字 계열 금속활자 | 갑인년甲寅年인 1434년(세종 16)에 주조한 금속활자. 경연청經筵廳 소장 『효순사실孝順事實』·『위선음즐爲善陰騭』·『논어論語』 등의 책에 있는 글씨와 진양대군晉陽大君(훗날 세조)의 글씨로 자본字本으로 삼음. 비슷한 글씨체를 여섯 차례 개주改鑄하여 조선 후기까지 사용함. 처음 주조한 갑인자는 초주갑인자初鑄甲寅字로 부르기도 하며, 경진년(1580년, 선조 13)에 두 번째로 개주한 재주갑인자再鑄甲寅字는 경진자庚辰字, 무오년(1618년, 광해군 10)에 세 번째로 개주한 삼주갑인자三鑄甲寅字는 무오자戊午字, 무신년(1668년, 현종 9)에 네 번째로 개주한 사주갑인자四鑄甲寅字는 무신자戊申字, 임진년(1772년, 영조 48)에 개주한 오주갑인자五鑄甲寅字는 임진자壬辰字, 정유년(1777년, 정조 1)에 추가로 주조한 육주갑인자六鑄甲寅字는 정유자丁酉字로 부름. |
| 탁본拓本 | 비석이나 현판 등을 먹을 묻혀 찍어낸 작품. |
| 초간본初刊本 초인본初印本 | 서명과 저자가 같은 어떤 도서의 간행이 여러 차례 이루어졌을 때 가장 처음 간행된 판본. 목판본은 초간본, 활자본은 초인본으로 일컬음. |
| 중간본重刊本 | 서명과 저자가 같은 어떤 도서의 간행이 여러 차례 이루어졌을 때 초간본을 바탕으로 하되 내용에 편집이나 수정을 가하고 새로 목판을 새겨 거듭 간행한 판본. |
| 후쇄본後刷本 | 서명과 저자가 같은 어떤 도서의 간행이 여러 차례 이루어졌을 때 이전의 목판을 그대로 보관하고 있다가 후대에 그대로 인출한 판본. 내용과 판식은 동일하지만 목리木理가 많고 목판에 균열이 생기는 등 인출 상태가 좋지 않다는 특징이 있음. |
| 보판補板 | 후쇄본을 찍을 때 상태가 좋지 않은 목판을 다시 새겨 보충한 목판. |
| 번각본飜刻本 | 서명과 저자가 같은 어떤 도서의 간행이 여러 차례 이루어졌을 때 이전의 책을 새로운 나무판에 엎어 판각한 뒤 인출한 목판본. '복각본覆刻本'이라고도 함. 인쇄 상태가 후쇄본보다 좋고, 내용상 변화가 있을 수 있으며 판식 또한 이전 판본과는 다르다는 특징이 있음. 활자본 도서를 번각한 목판본에는 이전 활자본의 특징이 남아 있어 해당 도서의 저본底本을 추측할 수 있음. |
| 저본底本 | 어떤 도서의 본바탕이 되는 책으로, 그대로 엎어 간행한 번각본에도 저본이 있지만 편집이나 판식을 달리하여 간행한 책도 존재할 수 있음. |
| 표제면標題面 | 서문이나 내용에 앞서 책의 첫머리에 서명과 간행처 등을 따로 표기한 면. 앞면지面紙나 앞표지 다음 장에 수록함. |
| 표제標題 | 표제면標題面에 적힌 서명. 조선에서는 '편제編題', 중국에서는 '봉면제封面題'라고도 일컬음. '내제內題'라고도 일컬으나 권수제卷首題와의 혼동을 피하기 위해 본 해제서에서는 '표제標題'로 일컬음. |
| 권수제卷首題 | 권의 첫머리에 있는 제목. 보통 권수제를 고서의 서명으로 삼으며, 그 외의 정보에서 서명을 가져왔을 때에는 목록에 명기함. |
| 권미제卷尾題 | 권의 마지막에 있는 제목. '권말제卷末題'라고도 함. |
| 판심版心 | 목판 가운데의 공간으로, 장책粧冊했을 때 서구書口 쪽에 위치하게 되는 부분. 상판구上版口와 하판구下版口, 어미魚尾로 구분됨. |
| 어미魚尾 | 판심 안에 판각된 물고기 꼬리 모양의 무늬. 어미 안에 꽃잎 모양이 있는 경우 반곽에 나타나는 꽃잎의 개수에 준하여 'ㅇ엽화문어미ㅇ葉花紋魚尾'로, 검게 칠해져 있는 경우 '흑어미黑魚尾', 비워져 있는 경우 '백어미白魚尾'로 지칭함. |
| 쌍어미雙魚尾 | 어미가 위아래 2개 있는 것. 위쪽 어미는 아래로, 아래쪽 어미는 위로 향하여 서로 마주보는 경우 상하내향上下內向으로 지칭함. 어미의 꼬리 방향이 모두 아래로 향한 경우 상하하향上下下向으로 지칭함. 어미가 3개 있는 경우는 상하내향중하향上下內向中下向으로 지칭함. |
| 판구版口 | 어미魚尾의 위와 아래 공간으로, 상판구上版口와 하판구下版口로 지칭함. |
| 흑구黑口 | 판구가 흑색으로 채워져 있는 경우를 흑구黑口라 하고 비워져 있는 경우를 백구白口라 하며, 백구의 경우 따로 표기하지 않음. |
| 화구花口 | 상판구上版口에 글자나 도상圖像이 판각되어 있는 경우. |
| 판심제版心題 | 판심版心에 표기된 제목. 어미魚尾 사이에 위치하기도 하고, 상판구에 위치하기도 함. |
| 각수명刻手名 | 목판을 새긴 장인이 자신의 표지標識를 판구版口나 어미魚尾에 남긴 것으로, 품삯의 산정을 위한 것으로 추정됨. 각수의 이름이나 법명法名 일부인 한자漢字 혹은 한글, 지역명, 그림 등으로 표시함. |

| 광곽匡郭 | 책판 전체의 둘레. |
|---|---|
| 반곽半郭 | 광곽匡郭의 반쪽 면으로, 판식의 이동異同을 판단할 때 중요한 요소가 됨. 세로 길이는 상변부터 하변까지, 가로 길이는 우측 변란邊欄부터 판심版心까지의 길이를 측정. |
| 변란邊欄 | 광곽 테두리를 이르는 말로, 목판본 및 활자본 형태사항의 중요한 요소. 모두 두 겹이면 사주쌍변四周雙邊, 좌우가 두 겹이면 상하단변좌우쌍변上下單邊左右雙邊, 모두 홑겹이면 사주단변이라 기재함. |
| 행자수行字數 | 본문의 행수와 한 행에 배열된 글자 수로, 반곽에 수록된 행수와 글자 수를 표기. 주석註釋이나 구결口訣 등을 2행의 작은 글자로 배열한 경우, 행자수 뒤에 소자쌍행小字雙行이라 기재함. |
| 표점標點 | 구점句點을 본문의 우측에, 두점讀點을 본문의 중앙에 표시하거나 구두점句讀點을 모두 본문 우측에 작은 원점으로 표시한 것의 총칭. |
| 성점聲點 | 중국의 사성점四聲點을 해당 글자의 사변四邊 끝에 표시한 것. |
| 백위白圍 | 책의 내용 중 특정 항목을 강조하고 싶을 때 바탕은 희게 남기고 해당 항목 주변부에 선으로 둘레를 친 것. |
| 계선界線 | 행行과 행 사이에 있는 구분선. 계선이 있으면 유계有界, 없으면 무계無界. |
| 목리木理 | 목판의 나뭇결이 인쇄면에 나타난 것. 주로 여러 차례 간행하여 목판이 마모된 후쇄본後刷本에서 볼 수 있음. |
| 매목埋木 | 목판의 일부를 수정할 때 수정할 부분을 파내고 새로운 목재를 채워넣은 것. 수정된 내용을 판각한 부분이 돌출되어 있고 목판 마모의 정도가 달라 매목한 사실을 알 수 있음. |
| 서미書眉 | 광곽 위의 여백. 상란上欄이라고도 함. |
| 서각書脚 | 광곽 아래의 여백. 하란下欄이라고도 함. |
| 난외欄外 | 광곽 바깥의 여백으로, 서미書眉와 서각書脚 외의 좌우 여백을 지칭할 때 사용함. |
| 권차卷次 | 권의 순서를 숫자로 표시한 것. |
| 서序·발跋 | 고도서의 편찬자와 저작 동기, 내용, 간행 경위 등을 적은 것. |
| 서제序題 | 서문의 제목으로, 서문에서 지칭한 해당 도서의 제목. |
| 목록제目錄題 | 목록의 제목으로, 에서 지칭한 해당 도서의 제목. |
| 간기刊記 | 책의 간행시기와 간행처를 표시한 것으로, 주로 책말冊末이나 표제면標題面에 있음. |
| 필사기筆寫記 | 고도서를 필사한 인물, 시기, 장소, 목적 등을 적은 기록. |
| 내사기內賜記 | 임금이 반사頒賜한 내사본內賜本의 앞면지에 반사 받은 사람과 반사된 책의 서명, 반사 연월 등을 승지承旨가 기록한 것. 내사본의 제1면에는 '선사지기宣賜之記', '규장지보奎章之寶', '흠문지보欽文之寶', '동문지보同文之寶' 등의 내사인內賜印이 날인됨. |
| 장서인藏書印 | 존경각에 소장되기 이전에 해당 책을 소유했던 사람이 날인한 도장. |
| 인찰공책지印札空冊紙 | 필사본을 제작할 때에 사용한 책지 중 광곽과 계선이 있는 종이. 광곽과 계선을 필사한 경우는 필사 인찰 공책지, 목판木版으로 찍어낸 경우는 목판 인찰공책지, 활판活版으로 찍어낸 경우는 활판 인찰공책지로 지칭함. 하판구下版口에 소장자의 재호齋號나 당호堂號 등을 적기도 함. |
| 차자구결借字口訣 | 한자의 음이나 뜻을 차용하여 적은 구결. |
| 한글 구결口訣 | 한글로 적은 구결. |
| 비점批點 | 도서의 내용에서 좋은 부분이나 중요한 부분에 찍는 점. 목판에 새겨 인출하기도 하고 소장자기 직접 찍기도 함. |
| 관주貫珠 | 도서의 내용에서 좋은 부분이나 중요한 부분에 치는 원형 부호로, 이 부호가 이어져 있으면 마치 '구슬을 꿴 것[貫珠]'같아 붙여진 명칭. |
| 낙장落張 | 책장 전체가 누락된 것. |
| 결손缺損 | 책장의 일부가 훼손된 것. |
| 보사補寫 | 낙장이나 결손이 있어 누락된 내용이 있는 것을 보충하여 필사한 것. |

儀禮經傳通解 卷第十九之二十
儀禮經傳通解 卷第十六之八
儀禮經傳通解 卷第十三之五
儀禮經傳通解 卷第十一之二
儀禮經傳通解 卷第九之十
儀禮經傳通解 卷第八
儀禮經傳通解 卷第七
儀禮經傳通解 卷第五之六
儀禮經傳通解 卷第三之四
儀禮經傳通解 卷第二
儀禮經傳通解 卷第一
家禮 士冠禮 冠義

儀禮集傳集註
儀禮集傳集註
儀禮集傳集註
儀禮集傳集註
儀禮集傳集註 一
儀禮集傳集註
儀禮經傳通解 卷第二十三
儀禮經傳通解 卷第二十二
儀禮經傳通解 卷第二十一
邦國禮 大射儀 大射義

『의례경전통해儀禮經傳通解』
貴 단산 A05A-0002

衣纁袡而占反爲一素端一皮

曰不襲婦服

而死於公館復私館不復

者自卿大夫

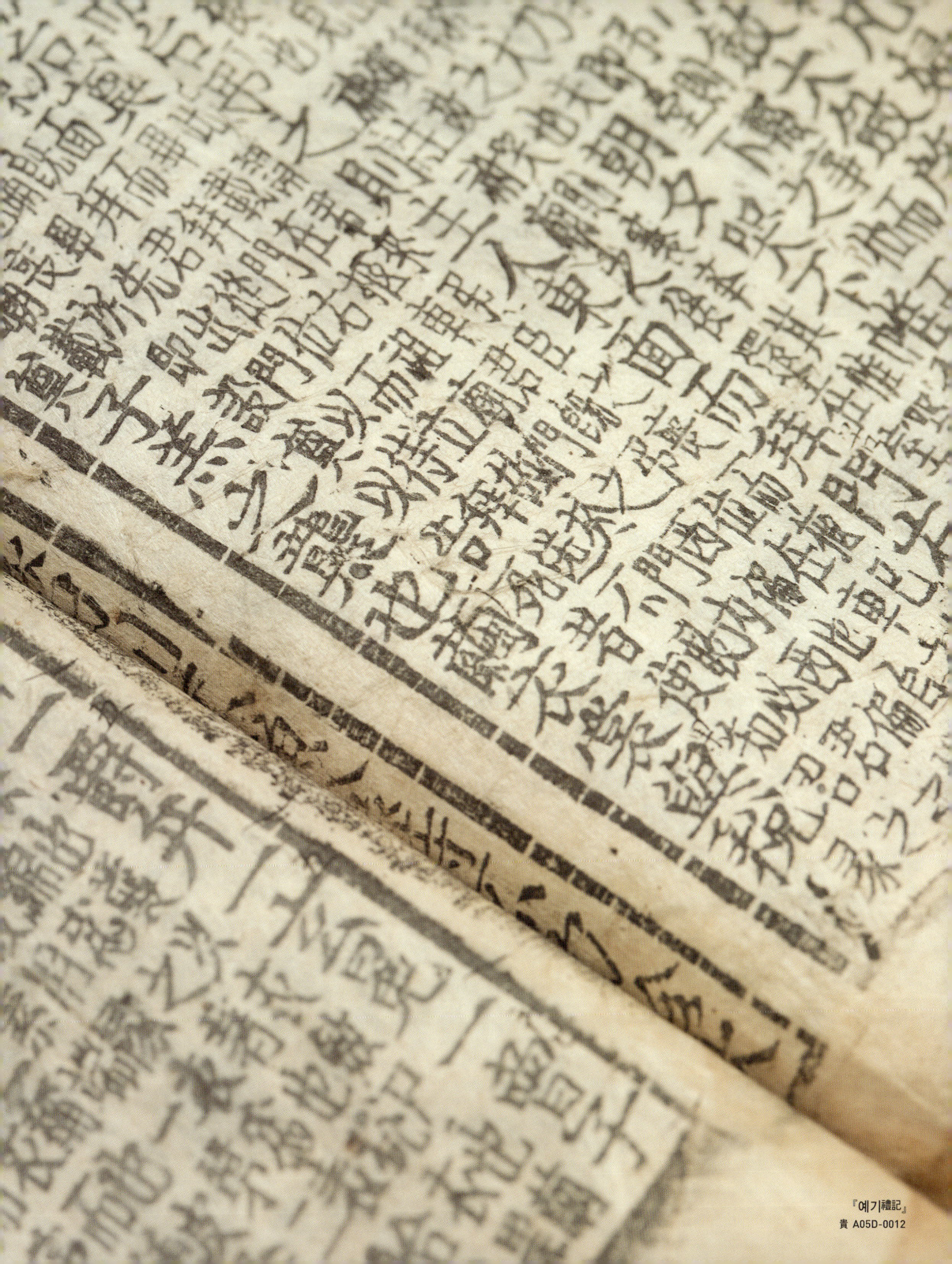

『황여일가장사초黃汝一家藏史草』
貴 B06B-0093

朝散大夫慶尚道體泉郡守臣李□□

味方滯頼
五□

김연金緣 내사본內賜本
『소보우공주의少保于公奏議』
貴 단산 B11FC-0001

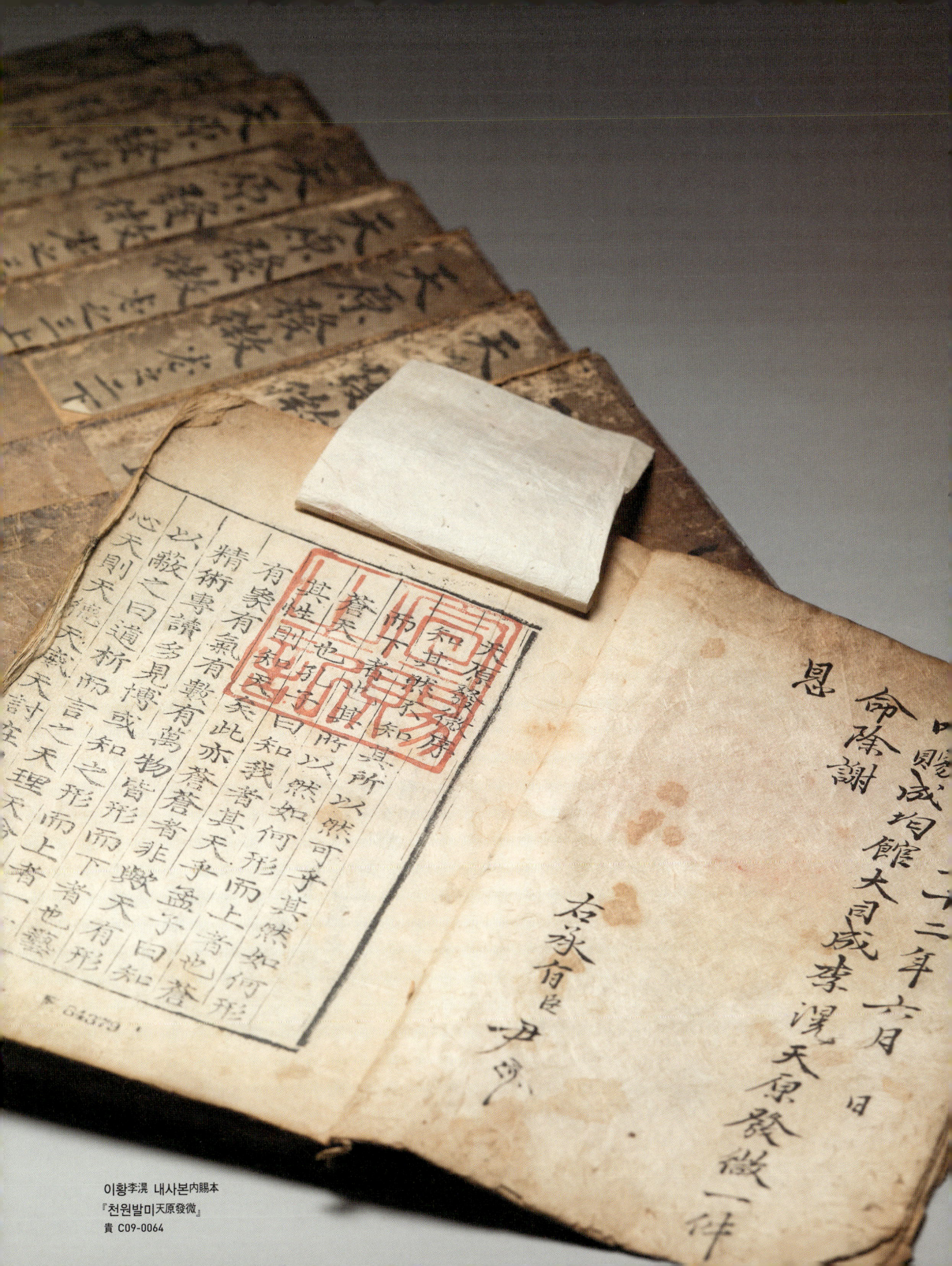

右承旨臣尹[印]

恩命除謝

命除謝二十二年六月　日
賜成均館大司成李滉天原發微一件

蒼天也其所以然如何乎其然如何
師下有知其然不知其所以然可乎其然如何
心則天德天敵天討在天理天上者也[藝]
以嚴之曰道折而上者也[藝]
精術變有氣有數有萬物蒼者非歐天有形
有柔有剛讀多見博或知之形而下者也[藝]
其性則知天曰知我著其天矛盆子曰知
有象有數有藏有萬物蒼者非歐天有形

天原發微日房

知其然不知[印]

斯道雖復明於濂洛然不一再傳而其弊有未救

議者蓋其教人在不滯於言語文字而然微朱子

挺生其後遡流尋源推闡而尊大之則濂洛之學

殆廢矣朱子議論愈多義理愈明其大無不該其

微無不析稱停適均搜抉無隱觀諸兩自著述可

見其所以有功於前聖來學於是乎甚大先正謂

其集群儒之大成而媲之孔子信矣然或者又議

其道問學之功多此殆非所以論朱子者夫存心

致知二者相資窮理固兩以致盡心之功而存心

實兩以爲致知之本朱子義理之所以精皆自尊

朱子語類卷之一百四十終

# 咏物詩

江左朱之藩撰并書

## 松濤

歷落長松萬壑間　時傳天籟到崇關　翻空作
覽波光轉入夜　渾添澗水潺雲巻廣陵飛
八月鰲來東海湧　三山歸雲巢鶴驚無定

## 戎欲乘槎任往還

## 竹粉

篁龍初振拂春雲　剖出琅玕色未分疑有

# 紀勝詩

江左朱之蕃□□書

## 鍾山龍蟠

千秋王氣鬱巃嵸紫翠縈迴亘遠空矯
游蹤天北極昂昂雄奮大江東鯨揺奇
石流雲繞鬢偃長松曉霧籠好駐羣仙
笙鶴馭五城三島若為通

## 石城虎踞

崔嵬雜堞俯汪洋作鎮南天衛帝鄉絕

0003001

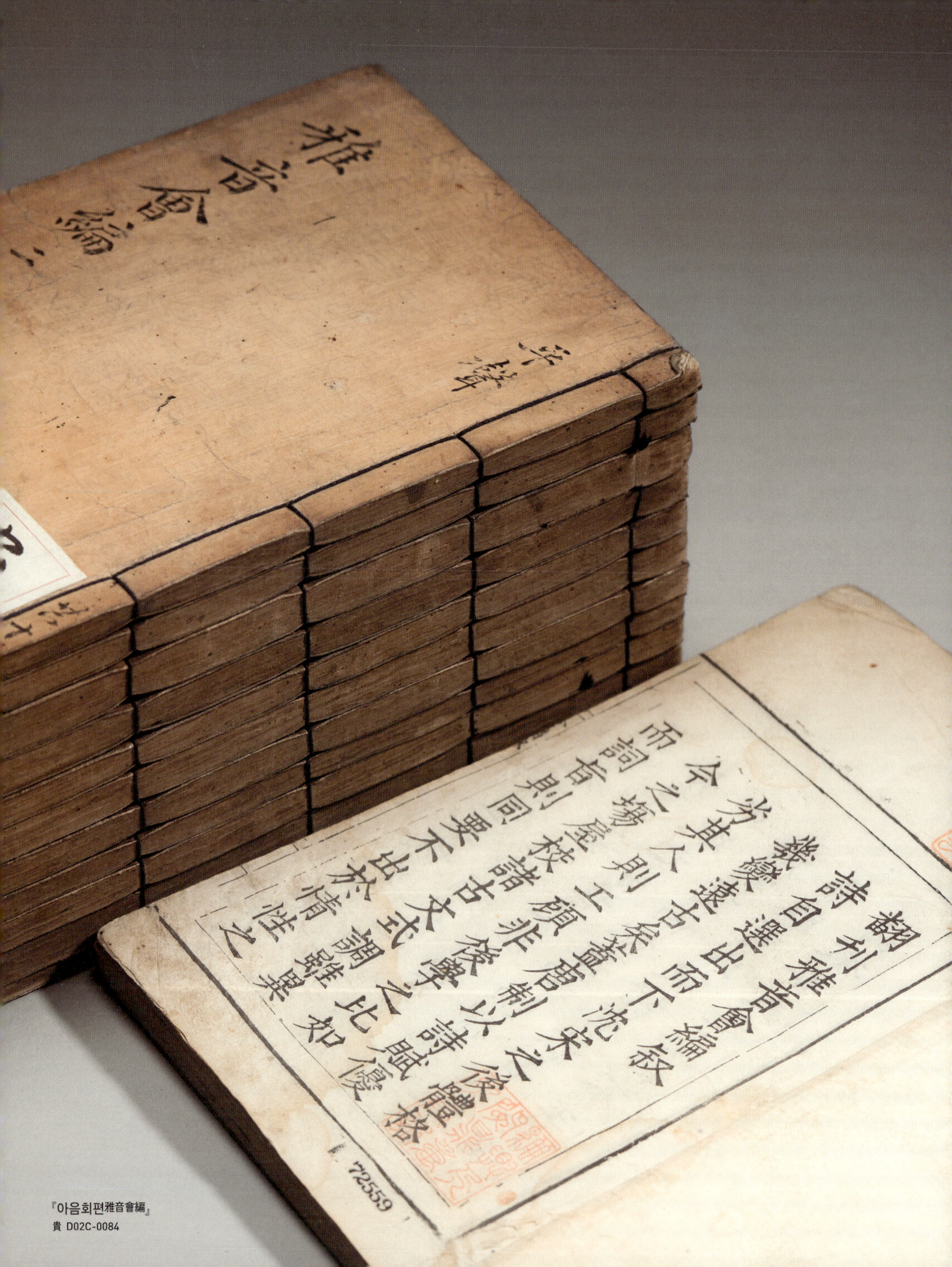

觀刊雅音會編敍

詩自唐以降變而爲詞自詞而曲且變矣

而調亦變焉蓋變古出新不泥于古後校

全以東人則口則土簡本非後以詩題優

而調字則與同要求出於式調雖優體格

則別校譜占領唐制以詩題優體格

詩字擬釐校譜占領唐制以詩題優

土調亂某比如優

情誰以

有彼此之別

治人。則所以別。彼下彼此同列及 故

別。故君子之治人也。即以其

人以爲道也。張子所謂以衆人

人能改即止。蓋責之以其所能

人以爲道也。即以其人之道

人能改君子之治人之道各在當

歲曰。諸執之。柯伐柯。其

來遠之。然豈遠人。其則不遠

不處遠人則。其身而道不遠人以衆人

1670년(현종 11) 성균관 간행
『중용장구대전中庸章句大全』(稀 A09C-0016)의
성점聲點과 표점標點

道也。張子所謂虛盡其蓋以甚其

伐柯其身哉則不遠道所謂人染以甚其

睆其遠柯初遠入不染以榮以

則道人身尚初遠入榮以甚為

與尚已何所不入榮以

已何本所愈不染以為

不道本所愈染以為

墓已以為

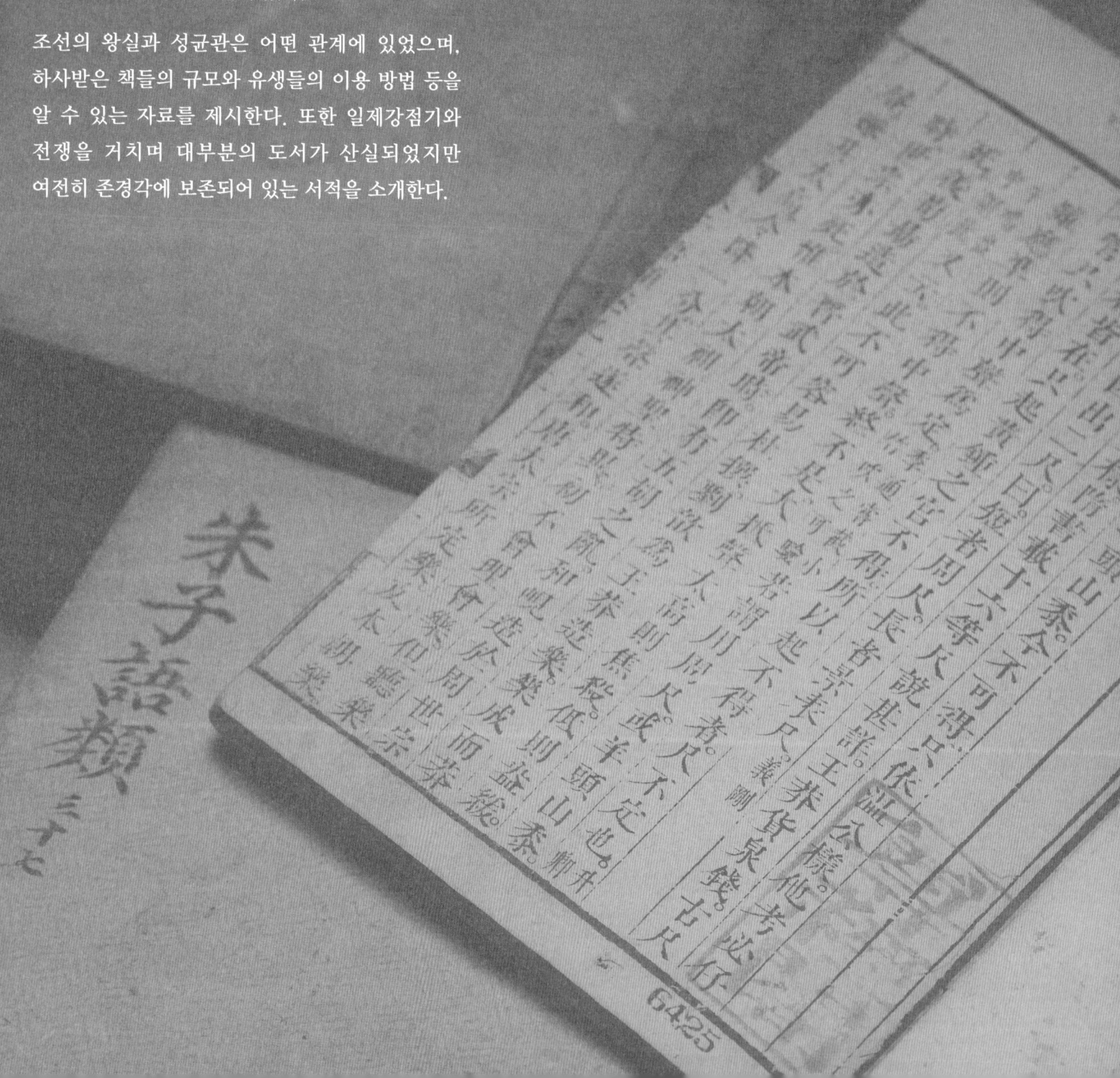

# 성균관의
# 도서관 존경각

존경각尊經閣은 조선의 호문지주好文之主인 성종
成宗이 명하여 성균관成均館에 설치한 도서관이다.
성종이 '존경각尊經閣'이라는 이름을 직접 내렸고
많은 서적을 하사함으로써 거재居齋하고 있던 유생
儒生들의 학문에 도움을 주었다.

조선의 왕실과 성균관은 어떤 관계에 있었으며,
하사받은 책들의 규모와 유생들의 이용 방법 등을
알 수 있는 자료를 제시한다. 또한 일제강점기와
전쟁을 거치며 대부분의 도서가 산실되었지만
여전히 존경각에 보존되어 있는 서적을 소개한다.

## 도성의 중심,
## 문묘文廟와 성균관成均館

우선 「수선전도首善全圖」를 통해 조선 왕실에서 문묘와 성균관이 차지하는 위상을 살펴볼 수 있다.

수선전도
首善全圖

B16JB-0003

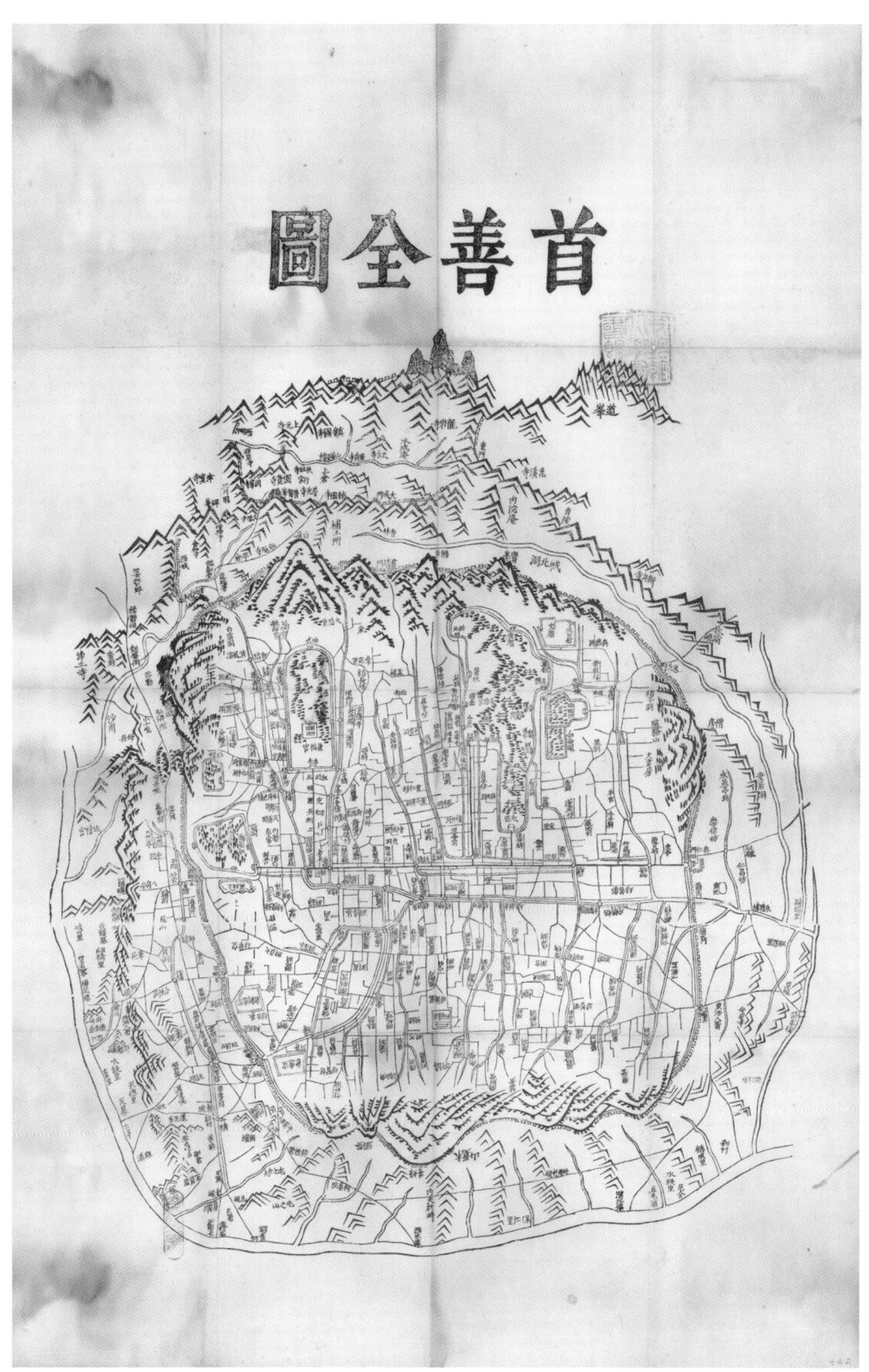

문묘文廟와 성균관成均館을 상단에 배치한 조선 도성의 지도이다. 1825년(순조 25)경 김정호金正浩(?~1866)가 직접 판각하여 인출했다고 전해진다.

수선전도首善全圖(B16JB-0003) 중 문묘文廟와 성균관成均館

'수선首善'은 '선善을 숭상한다'는 의미로, '수선지지首善之地'는 선을 숭상하는 장소인 태학太學, 즉 성균관成均館을 가리킨다. 훗날에는 그 의미를 확장하여 '도성'의 의미로도 해석하지만 이 지도의 상단에 문묘와 태학이 배치되어 있기에 '수선전도'라고 지칭할 수 있는 것이다. 중국 북경의 지도인『경사성내수선전도京師城內首善全圖』에도 역시 문묘와 국자감國子監이 우측상단에 보인다.『수선전도』의 창덕궁昌德宮, 창경궁昌慶宮 상단에 문묘와 성균관이 자리하고 있다. 문묘와 성균관을 정면으로 표현하고 궁궐의 모습이 측면으로 배치된 것 또한 '수선'의 의미를 강조하고, 공자孔子의 교화教化가 미치는 도성의 안온한 이미지를 구현하고자 한 의도적 배치로 볼 수 있다.

이처럼 도성의 정신적 중심이자 지리적으로도 궁궐 가까이 자리한 성균관에는 궁궐의 은택이 미쳤다. 거재居齋 유생의 학업에 도움을 주고자 서책을 비치하도록 하고, 이를 법제화하였다.

## 성종成宗, 성균관에의 서적 반사頒賜를 법제화하다

『경국대전經國大典』은 조선 세조가 편찬을 명하고 성종대에 반포된 법전이자, 현재 전해지는 조선시대 최고最古의 법전이다. 『경국대전』「예전禮典」'장문서藏文書'에는 인출한 책을 비치하여야 하는 장소 중에 성균관이 포함되어 있었다.

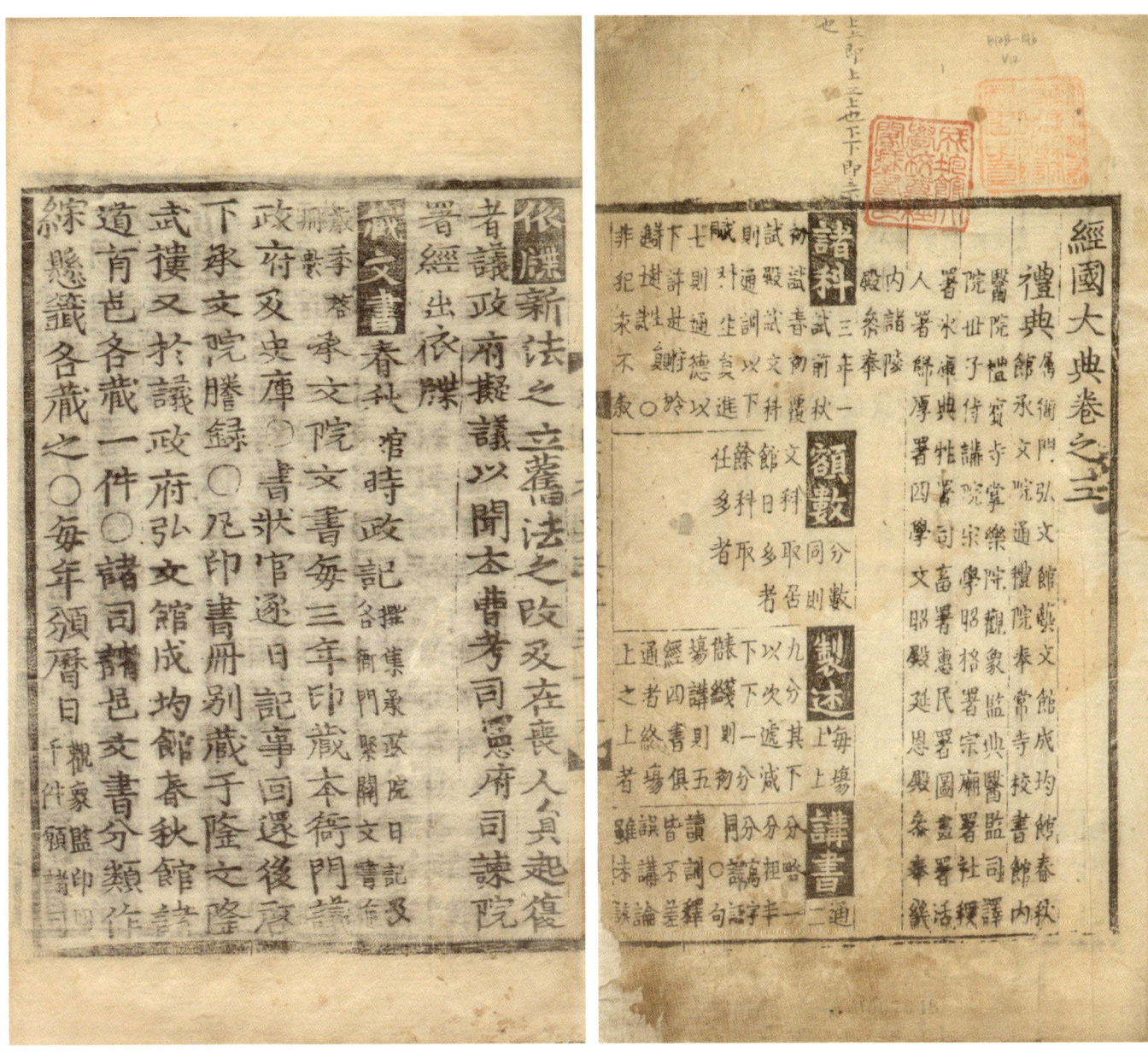

경국대전經國大典(稀 B13B-0014b) 권3 「예전禮典」 장문서藏文書

서책을 인출하면 융문루, 융무루에 따로 보관한다. 또 의정부, 홍문관, 성균관, 춘추관, 여러 도읍에 각각 1건을 보관한다. [凡印書册 別藏于隆文·隆武樓 又於議政府·弘文館·成均館·春秋館·諸道首邑 各藏一件]

# 존경각尊經閣에서 수장收藏하고 있던 서적의 규모

## 존경각기
## 尊經閣記

검여 C10C-0050

1475년 사가四佳 서거정徐居正이 지은 「성균관존경각기成均館尊經閣記」의 내용에 의하면, 1475년(成宗 7) 좌의정 한명회韓明澮가 장서각藏書閣 건립을 청하였고 성종은 명륜당 북쪽에 전각을 짓도록 명하였다. 또한 직접 '尊經閣'이라는 이름을 내렸고 사서오경 四書五經 각 100건을 하사하셨다. 『경국대전』 「예전禮典」 '장문서'의 기록과 같이, 전교서 典校署(훗날 교서관校書館) 및 팔도의 감영에 소장하고 있는 책판으로 책을 인출하면 성균관으로 보내왔기 때문에 존경각에서는 수만 권의 책을 수장하고 있었다고 한다. 사예司藝와 학정學正 각 한 사람을 시켜 책의 출납을 담당하게 하였다.

존경각尊經閣에 대한 기문記文으로, 1475년 사가四佳 서거정徐居正이 편찬하고 현대 서예가인 섬여剡如 유희강柳熙綱(1911~1976)이 1975년 소장 고문헌을 도서관에 기증할 당시 이를 기념하기 위하여 제작한 병풍으로, 서거정의 「존경각기」를 알맞게 줄여 적은 것이다.

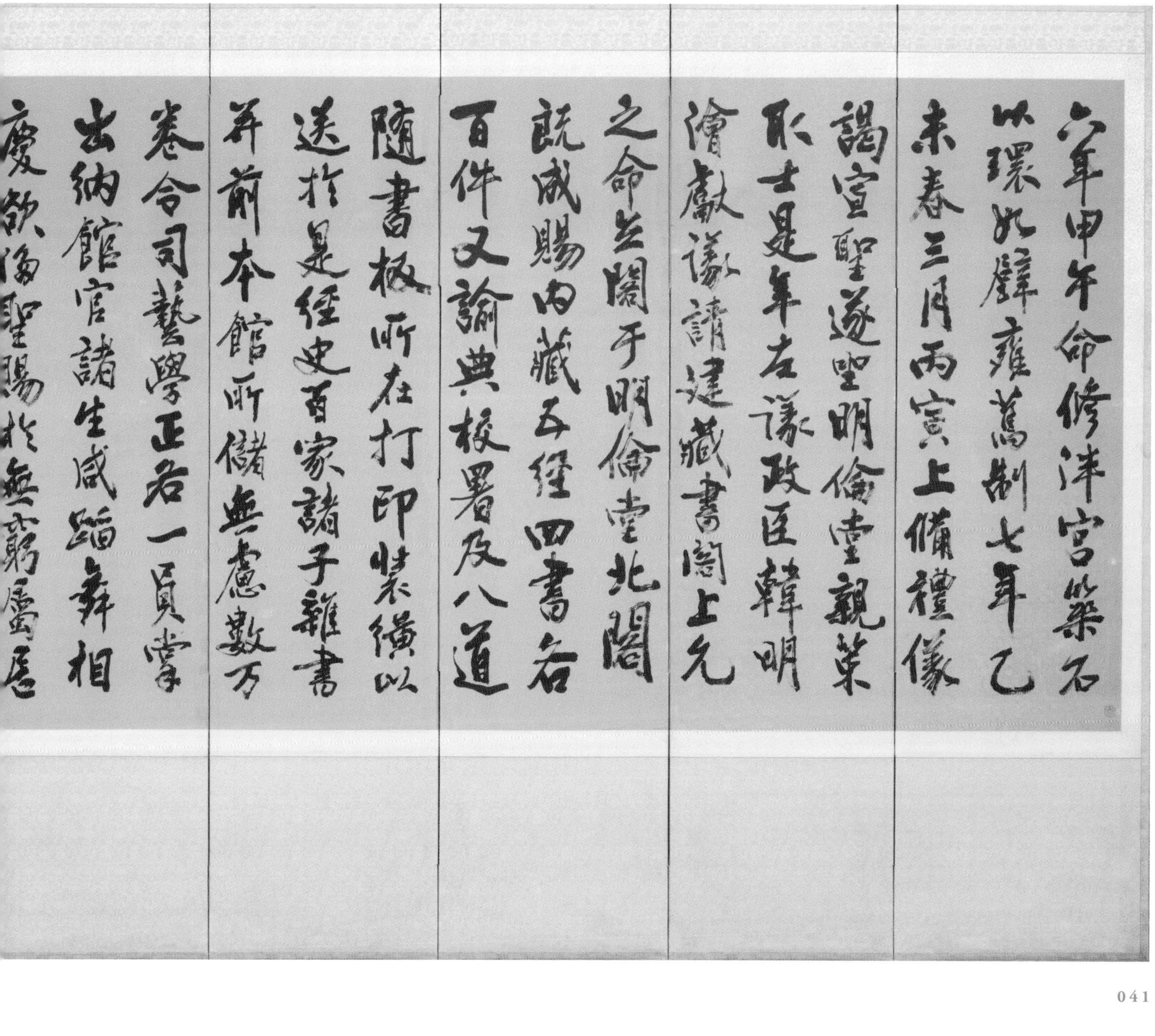

軍甲午命修泮宮斲石
以環北壁雍蔿劇七年乙
未春三月丙寅上備禮儀
謁宣聖遂聖明倫堂親策
取士是年右議政臣韓明
澮獻議請建藏書閣上允
之命立閣于明倫堂北閣
既成賜內藏五經四書各
百件又諭典校署及八道
隨書板所在打印裝襧以
送於是經史百家諸子雜書
幷前本館所儲無慮數万
卷令司藝學正各一員掌
出納館官諸生咸蹈舞相
慶頌揚聖賜於無窮盧慮

# 존경각尊經閣의 위치

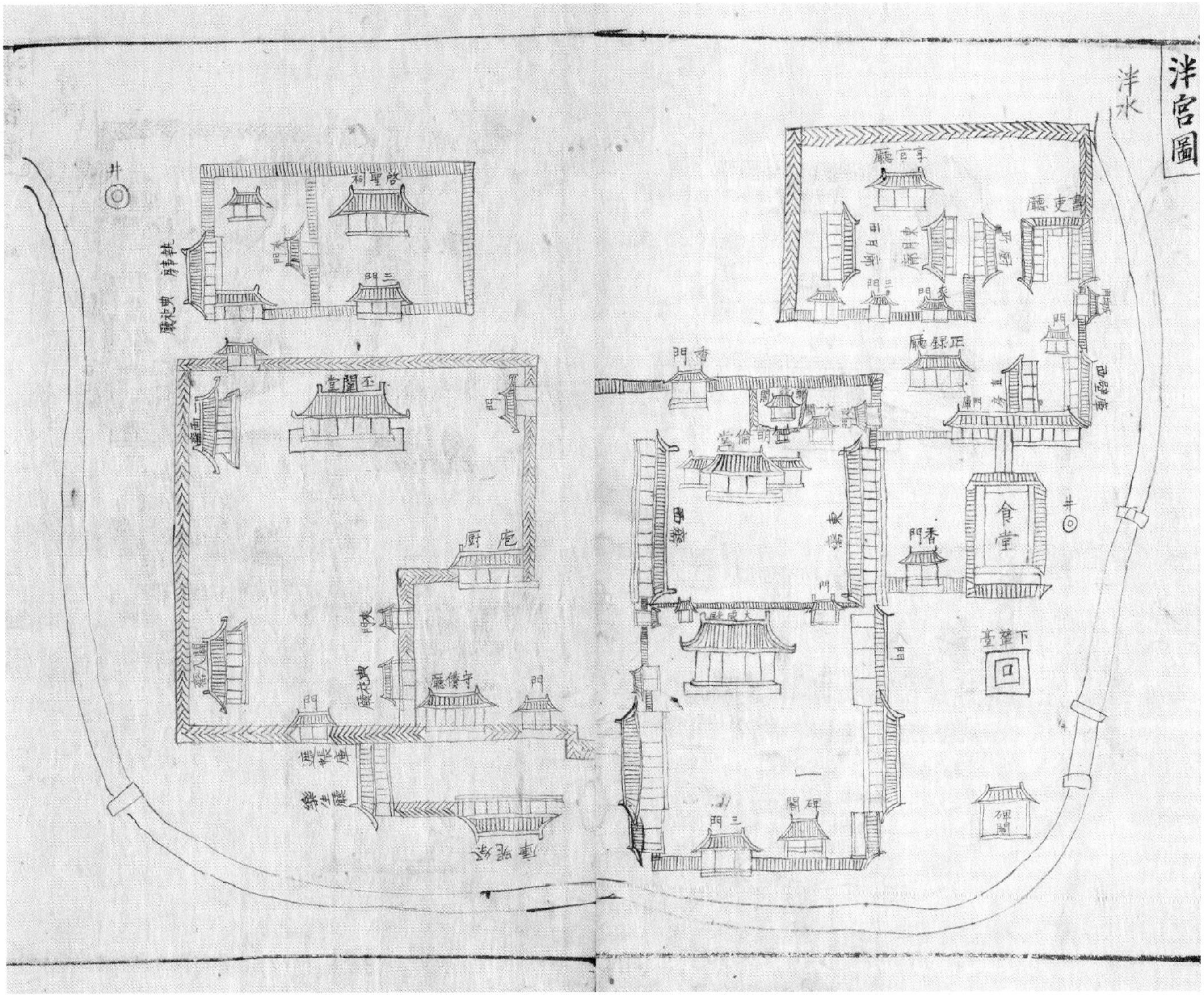

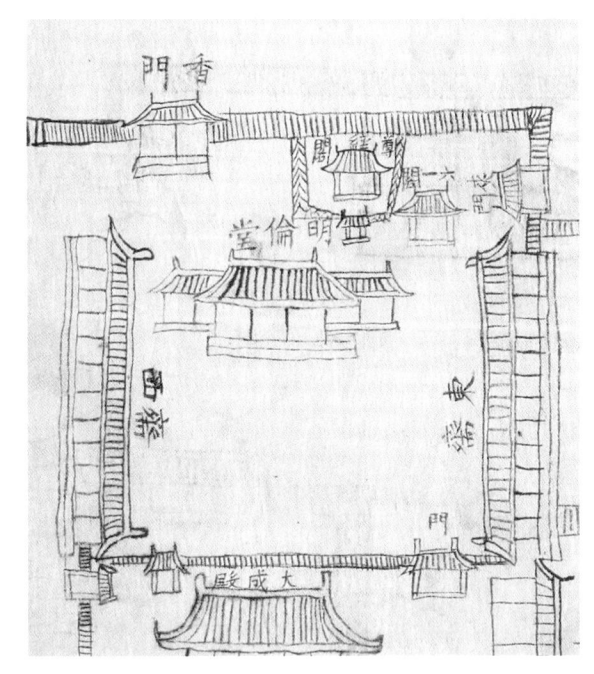

## 학전촬요
## 學典撮要

稀 B13FB-0047
19世紀 筆寫本

———

『학전촬요學典撮要』는 성균관과 관련된 도설圖說, 기記, 윤음綸音,
운영 절목과 활동 내용 등 관련 기록을 모은 책이다. 『학전촬요』에
수록된 「반궁도泮宮圖」에 의하면 존경각은 명륜당 뒤쪽에 위치
하고 있다.

## 조선 성균관 존경각尊經閣 소장 자료

존경각에 소장되었던 자료들은 장서인藏書印을 통해서 확인할 수 있다. 동아시아학술원 존경각에는 '존경각尊經閣'·'경학원인經學院印'·'명륜학원지인明倫學院之印' 등이 찍힌 장서가 10여 종 보관되어 있으며, '존경각장尊經閣章'·'존경각장尊經閣藏'·'존경각표尊經閣表' 등이 찍힌 일부 장서는 서울대학교 규장각한국학연구원에 소장되어 있는 것으로 파악되고 있다. 다음은 조선시대 성균관 존경각 및 경학원經學院, 명륜학원明倫學院 시절부터 소장하고 있는 책이다.

### 주자어류대전
### 朱子語類大全

稀 C02-0122a
淸代 木版本
—

1270년(咸淳 6) 여정덕黎靖德이 기존에 나온 주희의 어록 및 어류를 모아 엮은 것으로, 주희가 만년에 제자들과 문답한 내용이다. 본서는 청대에 간행된 중국 목판본으로, 날인된 '존경각尊經閣' 인장을 통해 조선시대 성균관의 도서관인 존경각 시절부터 소장되어 있던 서적임을 알 수 있다.

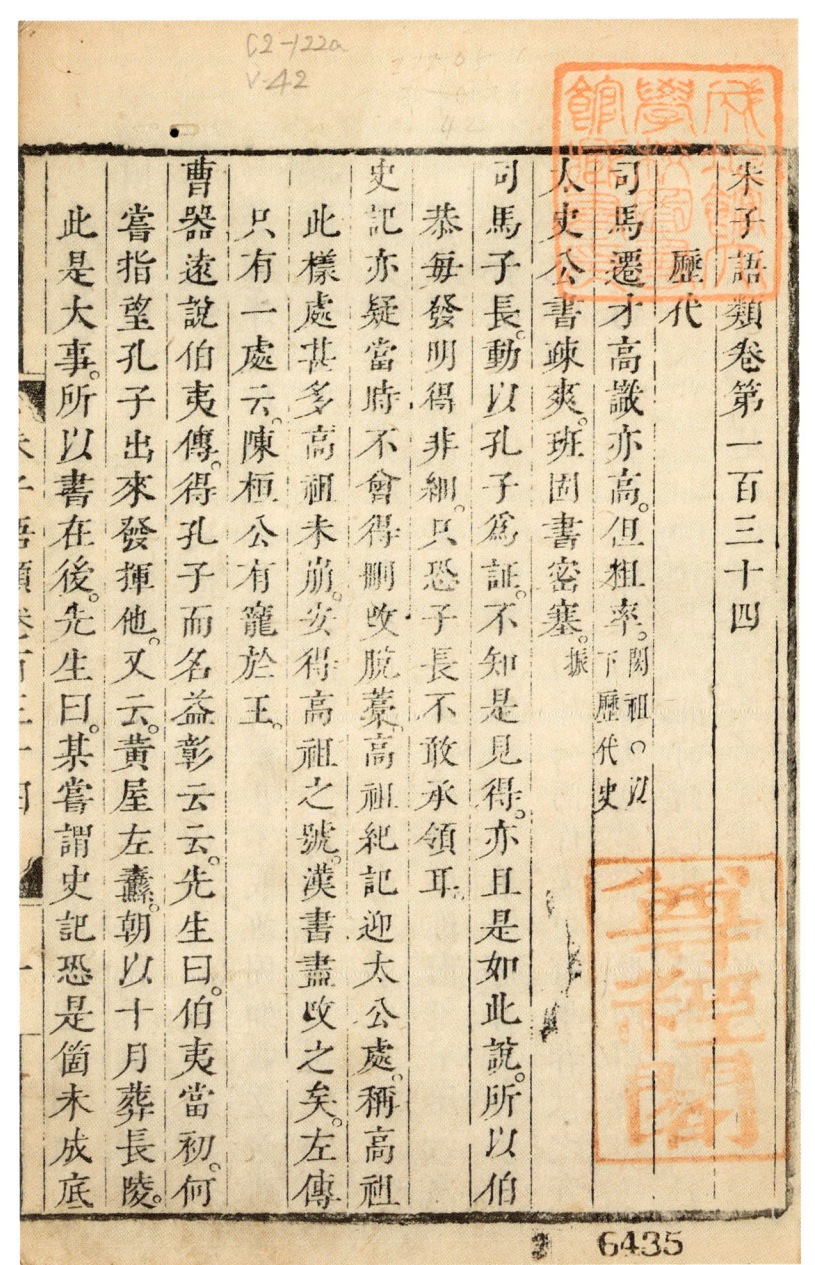

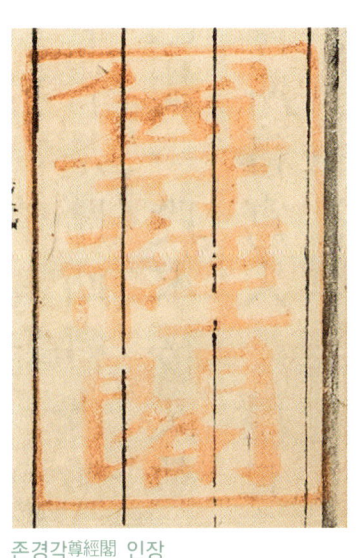

존경각尊經閣 인장

퇴헌退軒 조영순趙榮順(1725~1775)의 시문집詩文集으로, 아들 조원철
趙元喆, 조정철趙貞喆 등이 간행하였다. 1887년(고종 24) 성균관을
개칭한 경학원에 소장되어 있던 책이다.

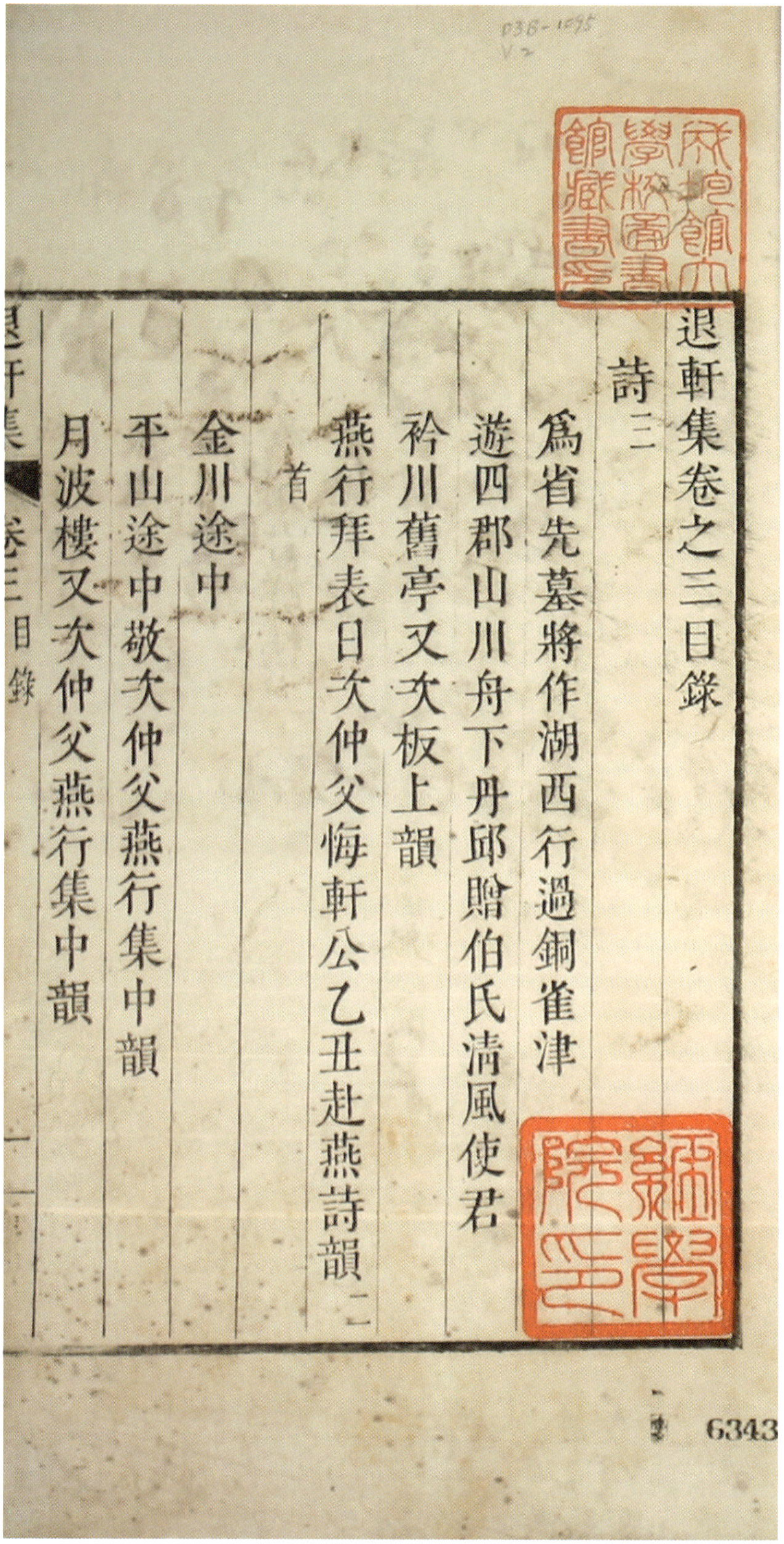

退軒集卷之三目錄

詩三

為省先墓將作湖西行過銅雀津

遊四郡山川舟下丹邱贈伯氏清風使君

衿川舊亭又次板上韻

燕行拜表日次仲父悔軒公乙丑赴燕詩韻二
首

金川途中

平山途中敬次仲父燕行集中韻

月波樓又次仲父燕行集中韻

6343

## 퇴계선생언행록
## 退溪先生言行錄



퇴계退溪 이황李滉(1501~1570)의 언행을 정리한 책으로, 도산서원陶山書院에서 간행한 목판본이다. 1930년에 조선총독부가 경학원 산하에 설치한 명륜학원에 소장되어 있던 책이다.

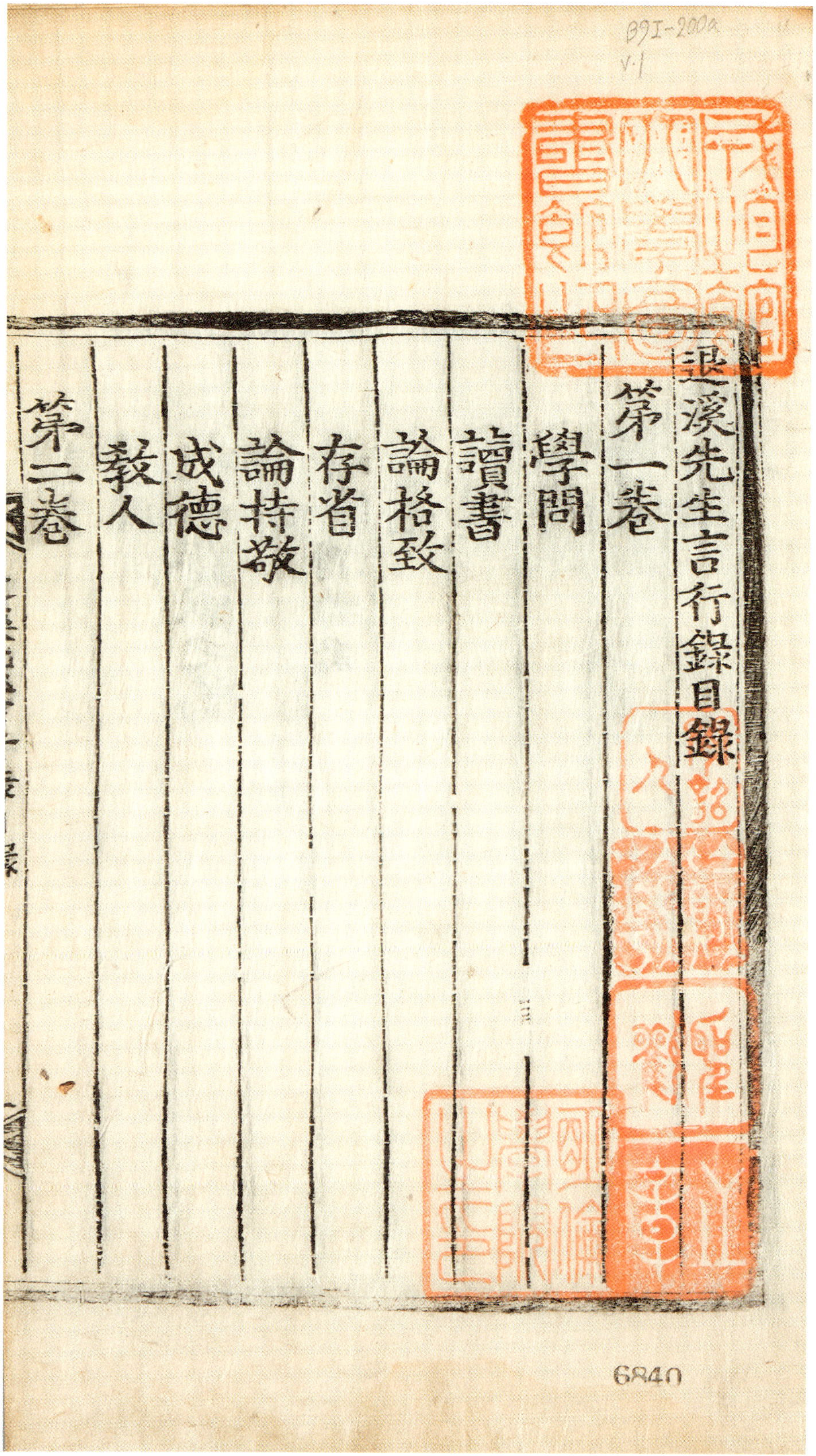
退溪先生言行錄目錄
第一卷
學問
讀書
論格致
存省
論持敬
成德
敎人
第二卷

'명륜학원지인明倫學院之印' 인장

존경각 설립 초기에 수장하고 있던 수만 권의
서적은 전란과 화재 등으로 유실되었다. 때문에
17세기 성균관에서는 사서四書와 『시전대전詩傳
大全』을 간행하기에 이르렀다. 성균관 간행 서책은
임금이 대신들에게 책을 상으로 내려 주는 내사
본內賜本으로도 사용되었다. 성균관 간행 서적이
국왕의 은사품恩賜品이 되었다는 것은 성균관
유생만을 위한 교재가 아니었음을 보여주는 사례
이다.

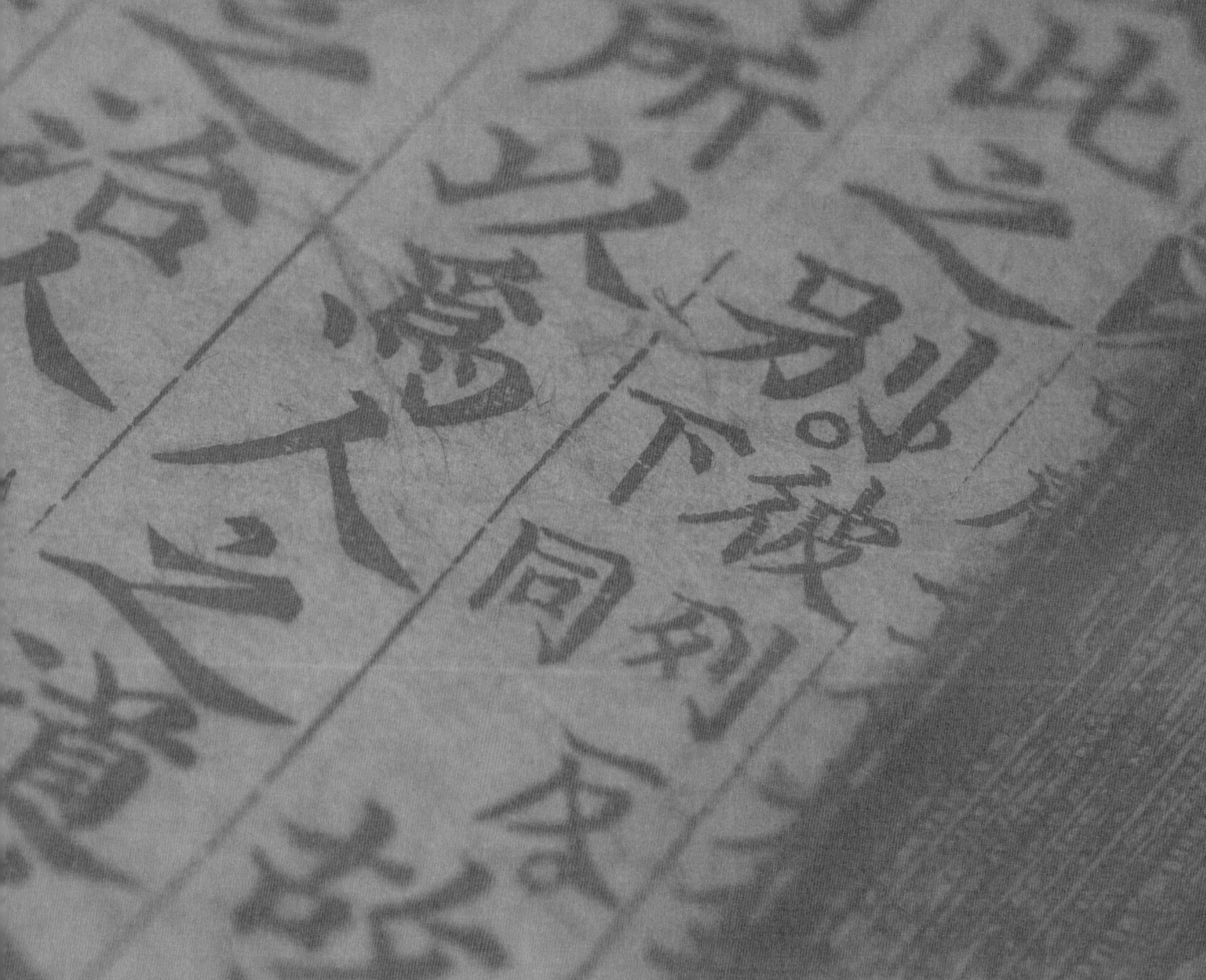

# 논어집주대전
## 論語集註大全

명明 성조成祖 영락제永樂帝(재위 1402~1424)의 명을 받아 호광胡廣 (1370~1418) 등 42인이 『논어집주論語集註』에 대한 여러 주석 註釋을 모은 책이다. 성균관成均館 초간본初刊本인 1670년 간본과, 1686년 중간본重刊本, 1686년 중간본의 후쇄본後刷本, 1686년 중간본을 저본으로 한 지방 번각본飜刻本 등을 소장하고 있다.

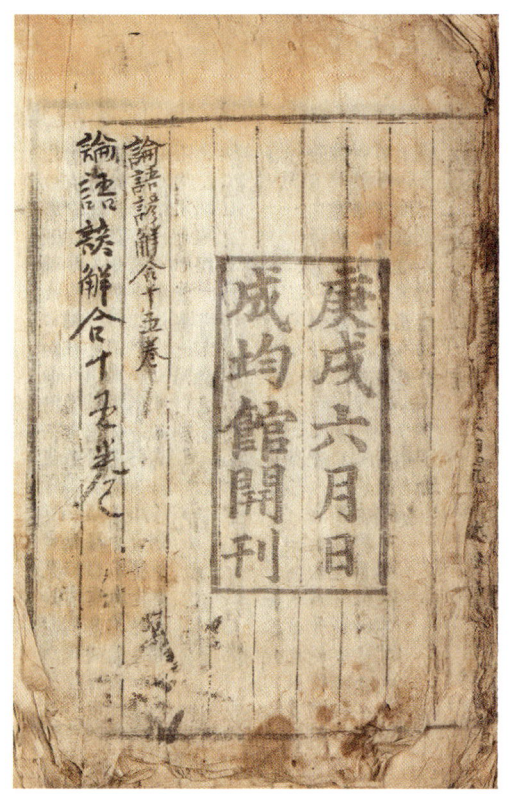

성균관 초간본
1670년

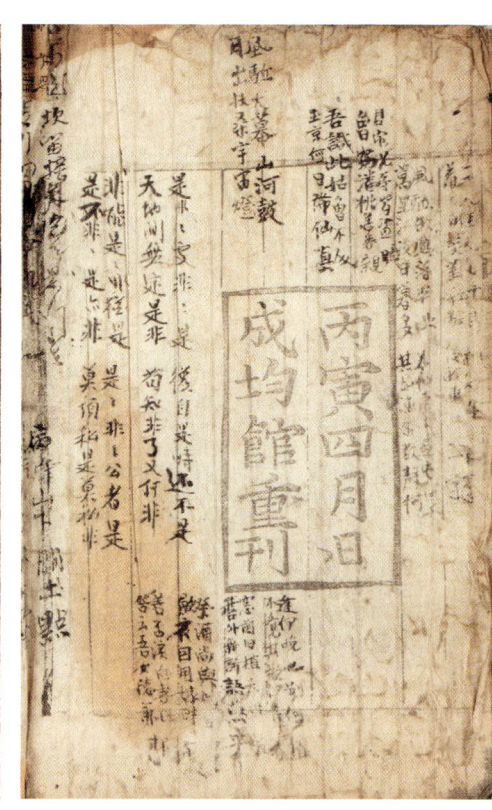

성균관 중간본
1686년

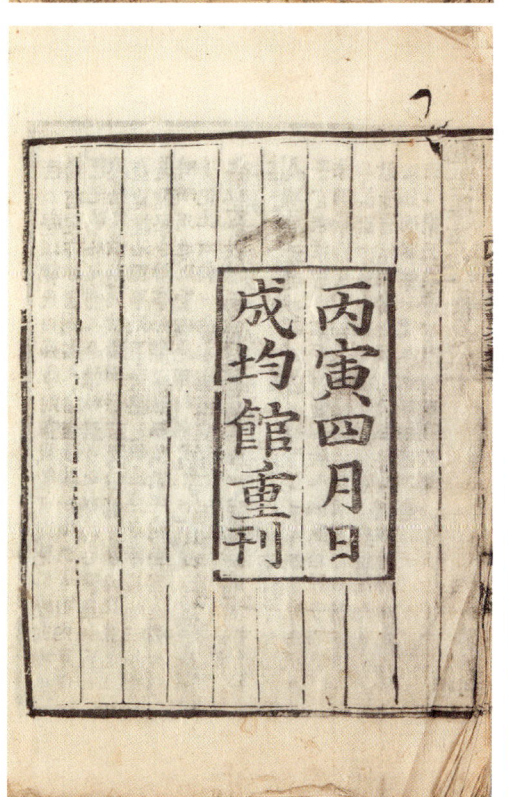

성균관 중간본
1686년
후쇄

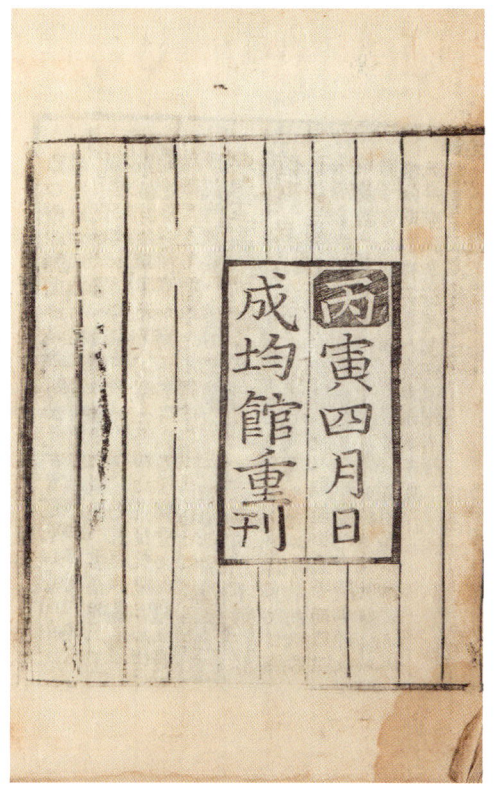

지방 번각본
18세기 추정

## 논어집주대전
## 論語集註大全

稀 A09D-0023
1670년(顯宗 11) 간행본

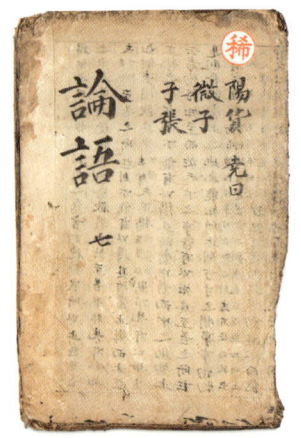

표제는 '논어論語', 권수제 · 판심제는 모두 '논어집주대전論語集註大全'이다. 표제 하단에는 '칠七'이라는 책차冊次가, 표지 우측상단에는 편목篇目이 묵서되어 있다. 판식은 사주쌍변, 10행22자, 상하내향2엽화문어미이다. 표점標點 · 성점聲點이 판각되어 있어 성점이 표기된 명간본을 저본으로 하여 간행되었음을 알 수 있다. 목리木理가 많이 보이고 인출 상태가 좋지는 않아 후쇄본으로 판단된다. 권20 말미에는 '경술년(1670) 6월에 성균관에서 간행했다[庚戌六月日 成均館開刊]'는 내용의 간기刊記가 있다.

권19 제13장은 낙장인데, 보사補寫하기 위해 필사 인찰공책지 1장을 끼워넣었다. 그러나 필사를 마치지는 못했다. 책의 서미書眉에는 차자구결借字口訣이 묵서되어 있고, 난외欄外와 행간에는 비점批點이 표시되어 있다.

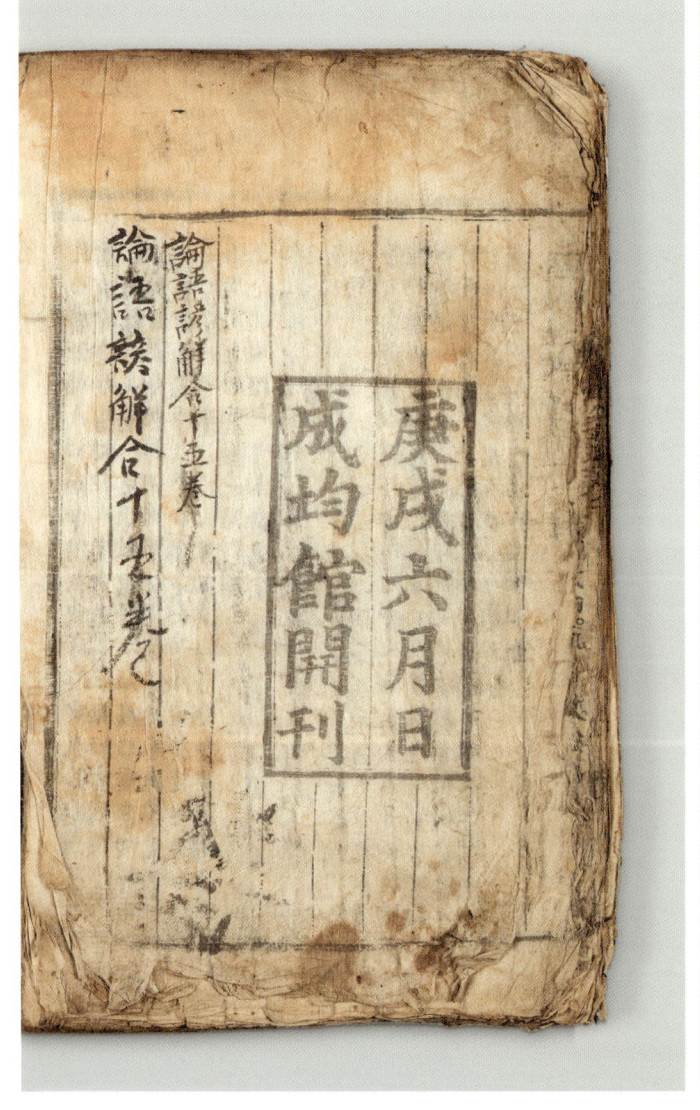

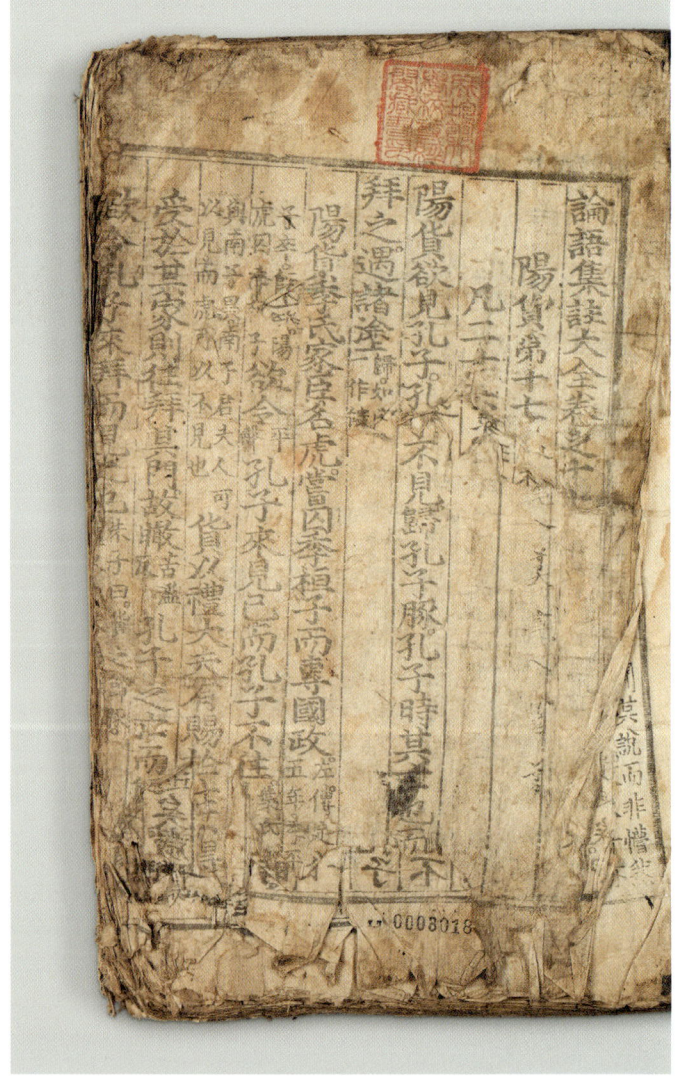

## 논어집주대전
## 論語集註大全

稀 A09D-0008p
1686년(肅宗 12) 중간본

———

표제는 '논어論語'이고, 표지 우측상단에는 편명이 필사되어 있다. 판식은 사주쌍변, 10행 22자, 상하내향2엽화문어미이다. 표점標點·성점聲點이 드문드문 판각되어 있는 1670년 성균관 간행『논어집주대전』의 번각 목판과 사주단변의 보판補板이 섞여 있다. 목리木理가 많고 인쇄면이 고르지 않다. 권20 말미에는 '병인년(1686) 4월에 성균관에서 중간했다[丙寅四月日 成均館重刊]'는 내용의 간기刊記가 있다.

서미書眉에는 언해가 묵서되어 있다. 행간에는 차자구결借字口訣과 한글음, 관주貫珠와 비점批點이 표시되어 있다. 서미와 서각書脚에 첨지籤紙가 부착되어 있는데, '영공사일태이일靈公四一泰二一'·'시선이언詩善而焉' 등 의미를 알기 어려운 구절이 묵서되어 있다. 각 장의 요체가 되는 글자를 따고 각 장의 숫자를 조합한 구절로 보이는데,『논어집주대전』의 순서와 내용을 외우기 위한 것으로 보인다.

본서는 1670년 성균관 간행『논어집주대전』의 목판에 보판을 삽입하여 1686년에 중간한 판본으로, 성균관에서 사서대전을 여러 차례 간행한 정황을 파악할 수 있다. 성균관 간행본 사서대전을 좋은 교재로 인식하고 있었으며, 이에 대한 학생들의 수요를 짐작할 수 있다.

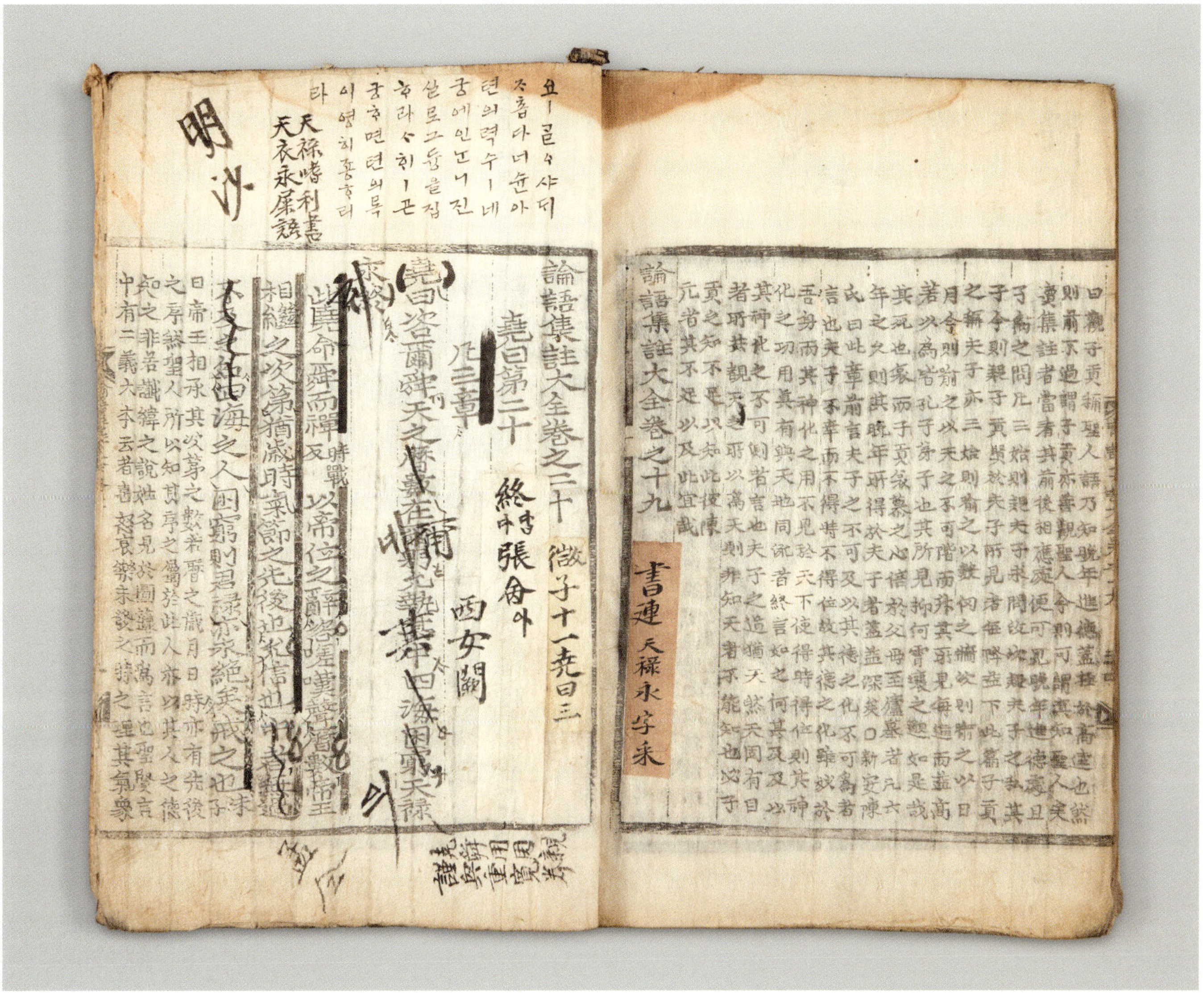

# 논어집주대전
# 論語集註大全

稀 A09D-0025
1686년(肅宗 12) 중간본의 후쇄본

———

표제는 '논어論語', 권수제·판심제는 모두 '논어집주대전論語集註大全'이다. 서뇌書腦 하단에는 총책수가 '공칠共七'이라고 묵서되어 있다. 본서는 사주쌍변, 상하내향2엽화문 어미에 표점標點·성점聲點이 드문드문 판각되어 있는 1670년 성균관 간행본의 번각본과 사주단변, 상하내향흑어미의 보판補板이 섞여 있다. 여러 차례의 인출을 거친 탓에 1686년 중간본과 비교해보아도 목리木理가 많고 인면印面이 고르지 않으며, 목판 균열 또한 많이 나타난다. 말미에는 '병인년(1686) 4월에 성균관에서 중간했다[丙寅四月日 成均館重刊]'는 내용의 간기刊記가 있다. 책의 서미書眉에는 언해가 묵서되어 있고, 행간에는 차자구결借字口訣이 표시되어 있다.

본서는 1670년 성균관 간행『논어집주대전』의 목판에 보판을 삽입하여 1686년에 중간한 판본을 후쇄한 책이다. 성균관에서 사서대전을 여러 차례 간행한 정황을 파악할 수 있다.

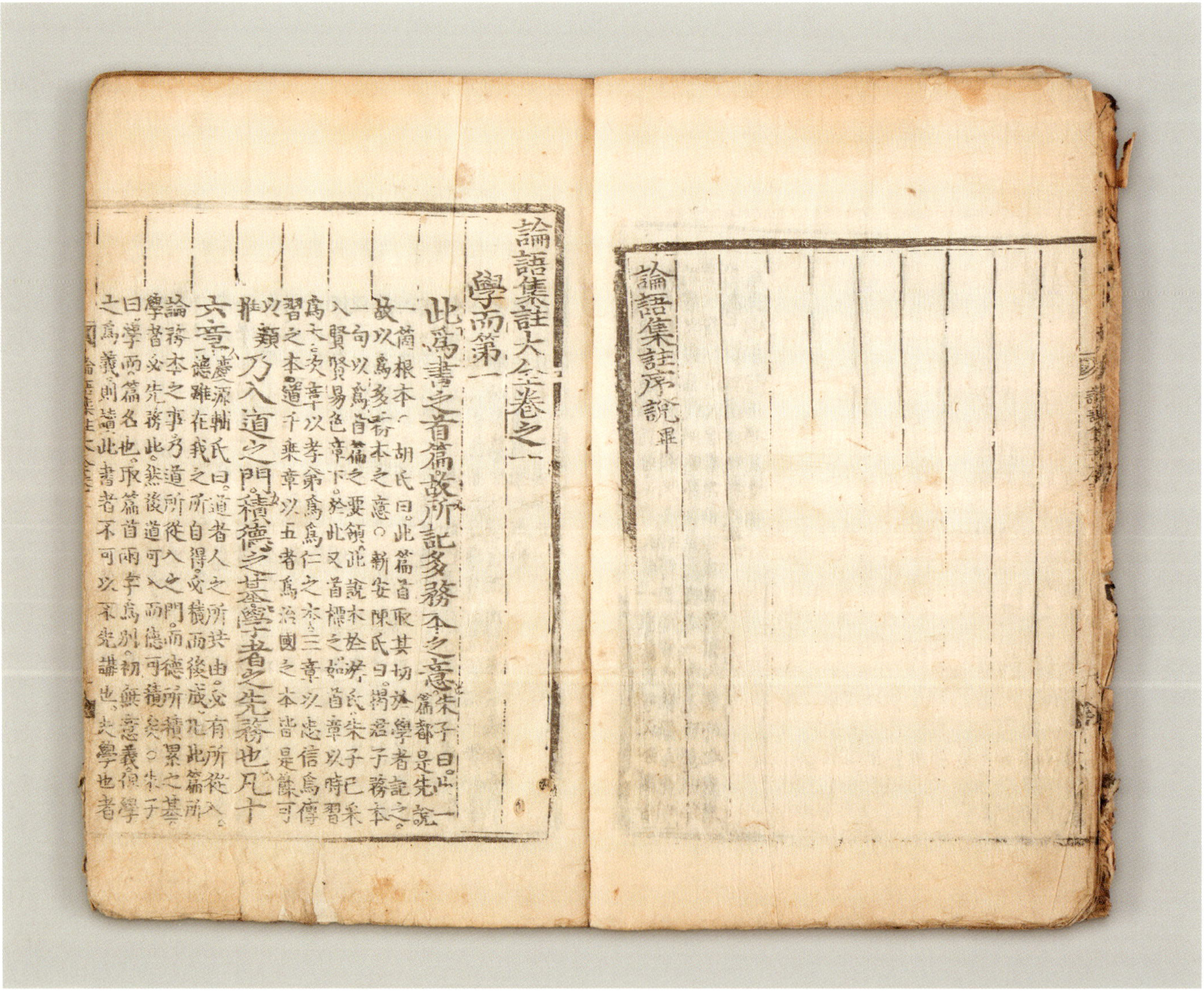

## 논어집주대전
## 論語集註大全

稀 A09D-0024
1686년(肅宗 12) 중간본의 지방 번각본(18세기 추정)

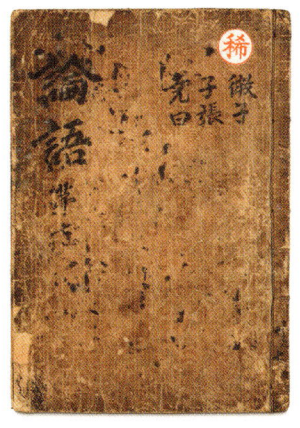

표제는 '논어論語', 권수제·판심제는 모두 '논어집주대전論語集註大全'이다. 표제 하단에는 '제칠第七'이라는 책차冊次가, 표지 우측상단에는 편명이 묵서되어 있다. 시뇌書腦 하단에는 총책수가 '공칠共七'이라고 묵서되어 있다. 본서는 성점聲點 판각이 거의 누락되었고 모두 사주단변인 점이 '병인년(1686) 4월에 성균관에서 중간했다[丙寅四月日 成均館重刊]'는 내용의 간기刊記가 있는 여타 판본들과는 다르다. 간기 중 '병인'의 '병丙'자가 음각으로 되어 있다는 점 또한 다르다. 이러한 점으로 미루어 보아 지방에서 성균관 중간본을 번각한 판본이라고 판단하였다. 책의 서미書眉에는 언해가 묵서되어 있고, 행간에는 차자구결借字 口訣이 표시되어 있다.

본서는 1686년 성균관 중간본을 지방에서 번각한 책으로, 성균관 간행 사서 대전을 좋은 교재로 인식하고 있었으며, 이에 대한 학생들의 수요를 짐작할 수 있다.

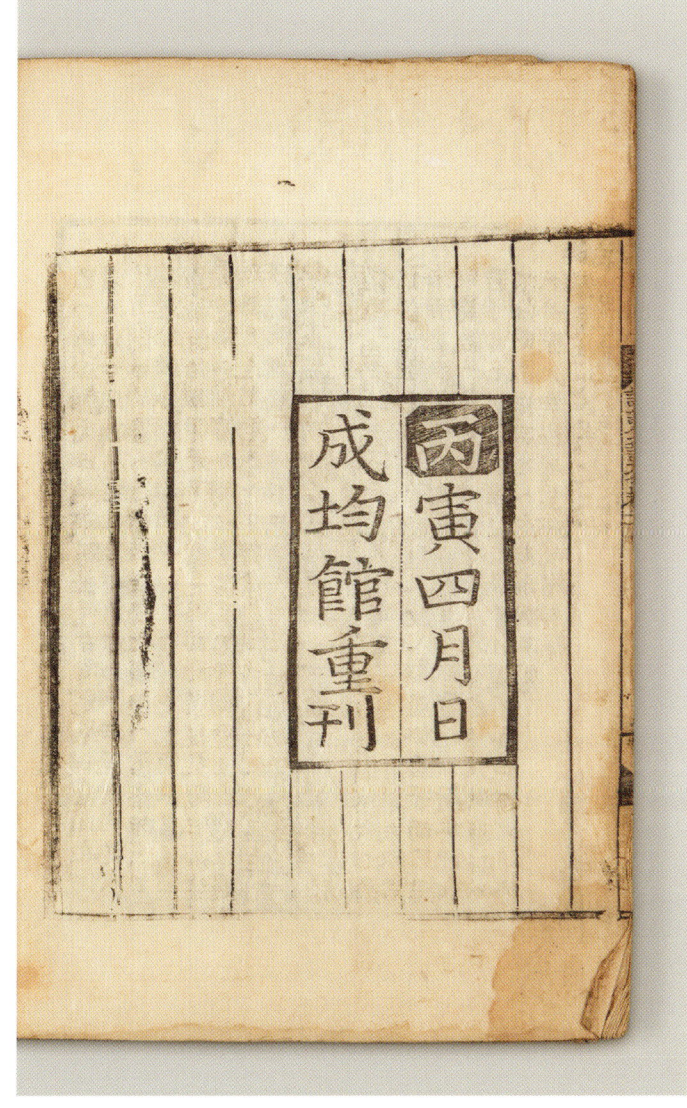

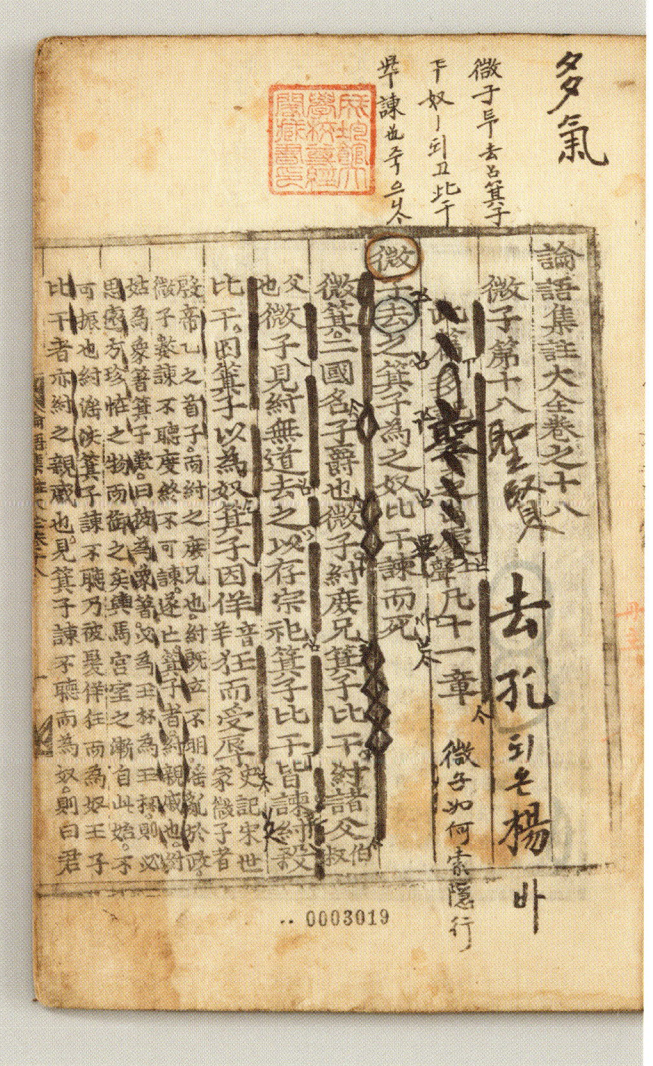

# 맹자집주대전
## 孟子集註大全

명明 성조成祖 영락제永樂帝(재위 1402~1424)의 명을 받아 호광胡廣(1370~1418) 등 42인이 『맹자집주孟子集註』에 대한 여러 주석註釋을 모은 책이다. 성균관成均館 초간본인 1670년(현종 11) 간본과 1686년(숙종 12) 중간본을 소장하고 있다.

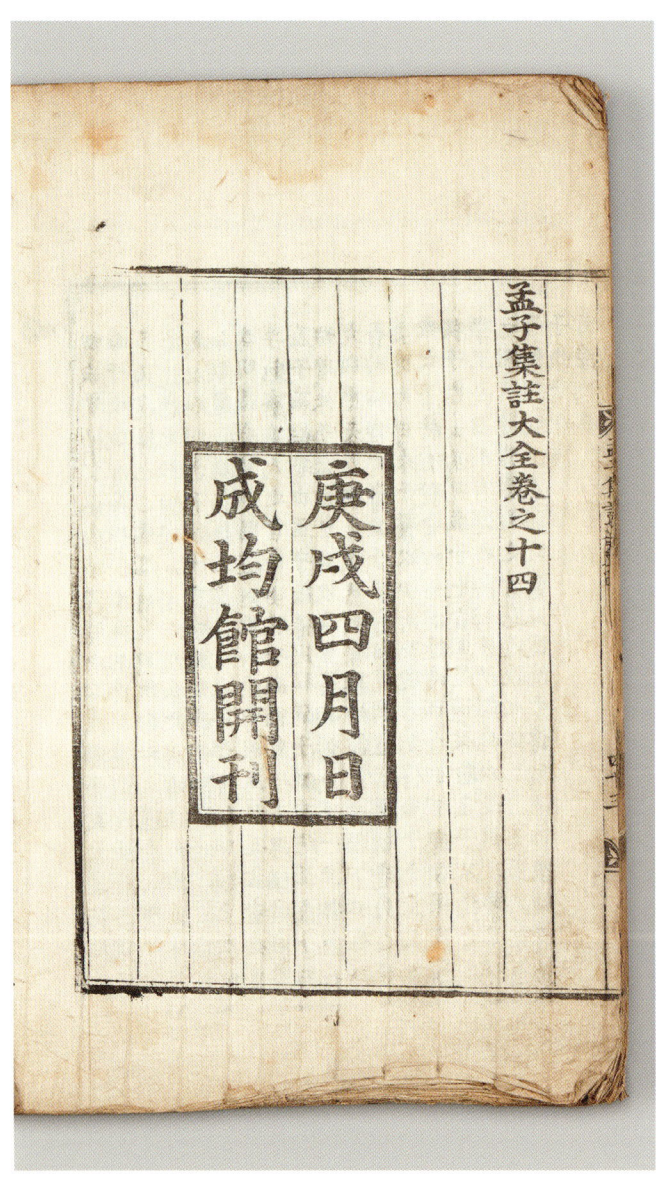

성균관 초간본

1670년

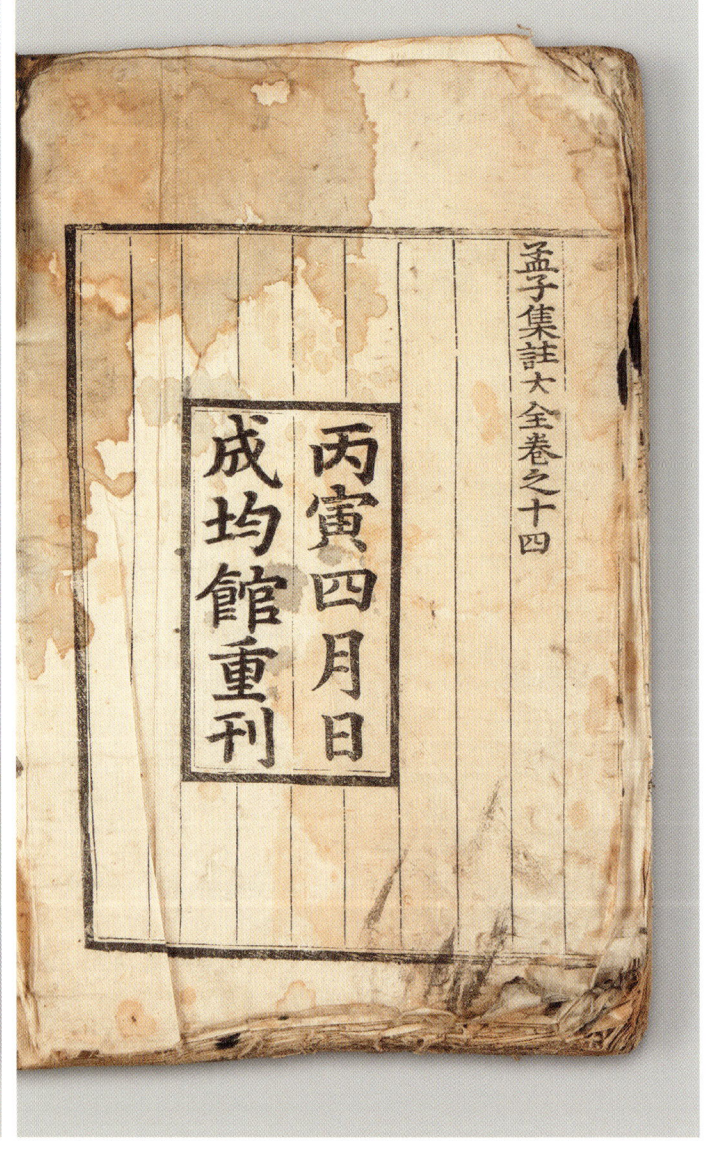

성균관 중간본

1686년

# 맹자집주대전
## 孟子集註大全

稀 A09E-0017
1670년(顯宗 11) 간행본

표제는 '맹자孟子', 권수제·판심제는 모두 '맹자집주대전孟子集註大全'이다. 각 책의 표제 하단에는 책차冊次가 묵서墨書되어 있고, 표지 우측상단에는 편목篇目이 필사되어 있다.

판식은 사주쌍변, 10행22자, 상하내향2엽화문어미이다. 표점標點·성점聲點이 판각되어 있어 성점이 표기된 명간본을 저본으로 하여 간행되었음을 알 수 있다. 인출 상태가 좋은 편이다.

본문 중 대문大文의 우측 혹은 난외欄外에 차자구결借字口訣이 달려 있다. 서미書眉에 대문 또는 주석이 인출되어 있다. 일부 세주細註에 주묵朱墨으로 권圈을 치거나 비점批點이 찍혀 있으며, 본문 곳곳에 글자를 보사補寫한 흔적이 있다.

각 책 권수에는 '박봉명[朴鳳鳴]' 등의 장서인이 날인되어 있고, 원형 봉함인 및 장서인 4과가 각 책수冊首에 묵인墨印되어 있으나 판독이 어렵다. 책4 표지 우측 아래에 이전 소장자의 장서기인 '책주오冊主吳'가 묵서되어 있다.

책7 권14 말미에는 '경술년(1670) 4월에 성균관에서 개간했다[庚戌四月日 成均館開刊]'는 내용의 간기刊記가 있다.

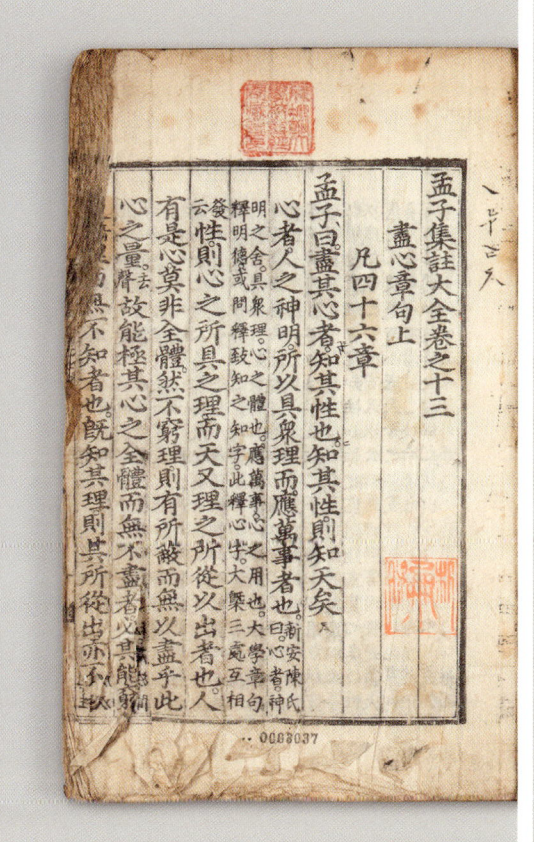

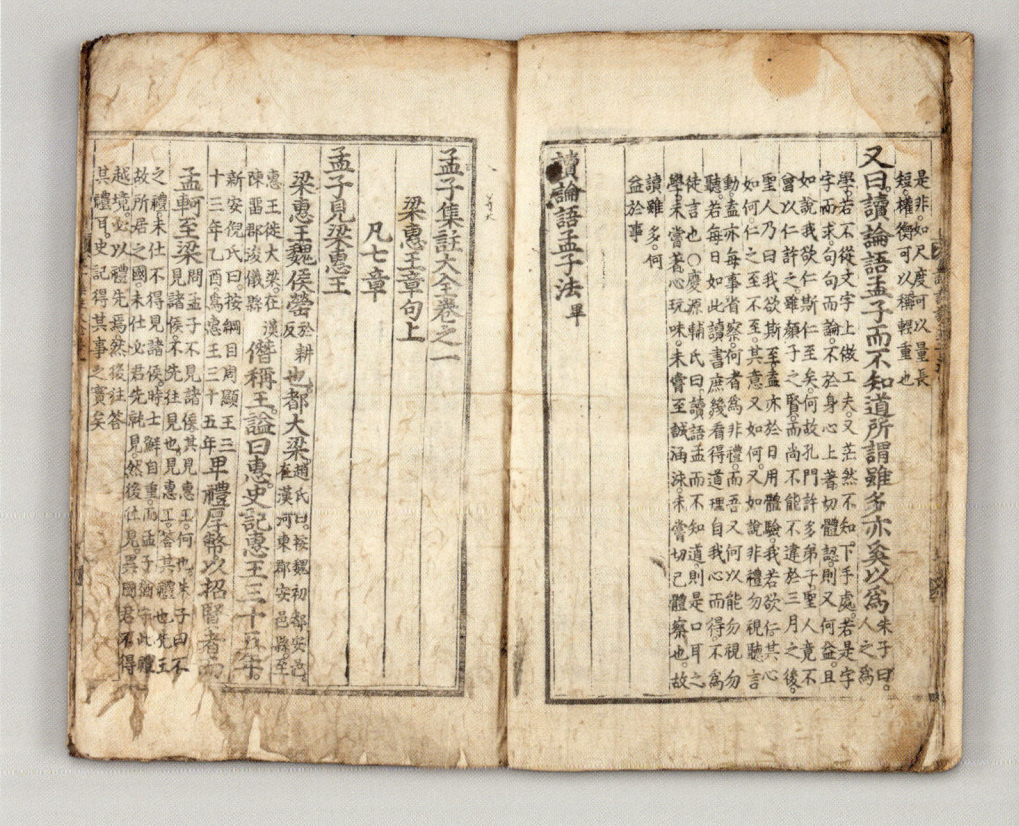

## 맹자집주대전
## 孟子集註大全

稀 A09E-0005i
1670년(顯宗 11) 간행본

표제는 '맹자孟子', 권수제·판심제는 모두 '맹자집주대전孟子集註大全'이다. 표제 우측에는 편목篇目이 묵서되어 있다.

대문大文의 행간이나 서미書眉 및 난외欄外에는 차자구결借字口訣이 달려 있다. 본문 곳곳에 글자를 보사補寫한 흔적이 있다.

책3 표지 이면裏面에 '맹자 3권을 기미년 3월 22일 삼댁에서 빌려다 읽었다[孟子參卷 己未三月二十二日三宅借讀之也]', '계해년 10월 28일 지산리[癸亥十月卄八日芝山里]' 등의 묵서墨書가 있어 이전 소장자가 거창居昌 지산리芝山里 일대에 거주하였고 삼댁三宅에서 이 책을 빌려와 있었던 것으로 추정된다. 성균관 간행본 사서대전을 성균관 및 서울의 유생들만 본 것이 아니라 지방의 유생들도 열람한 것이다.

책7 권14 말미에는 '경술년(1670) 4월에 성균관에서 개간했다[庚戌四月日 成均館開刊]'는 내용의 간기刊記가 있다.

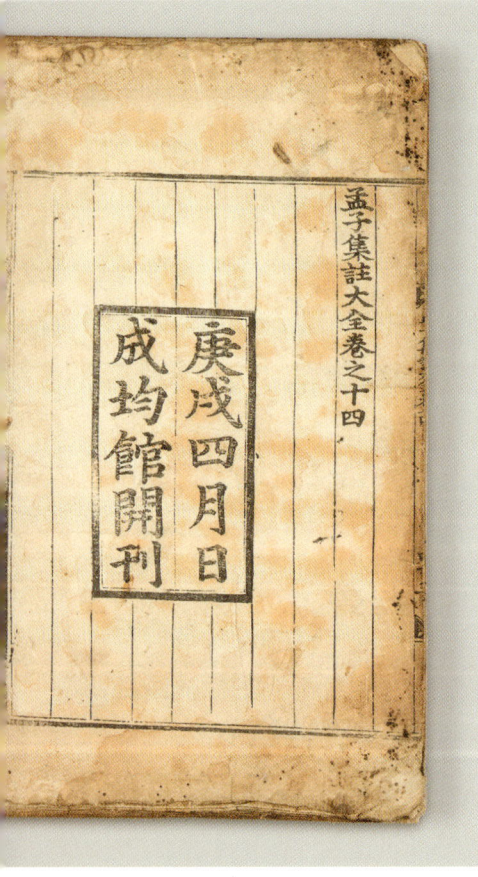

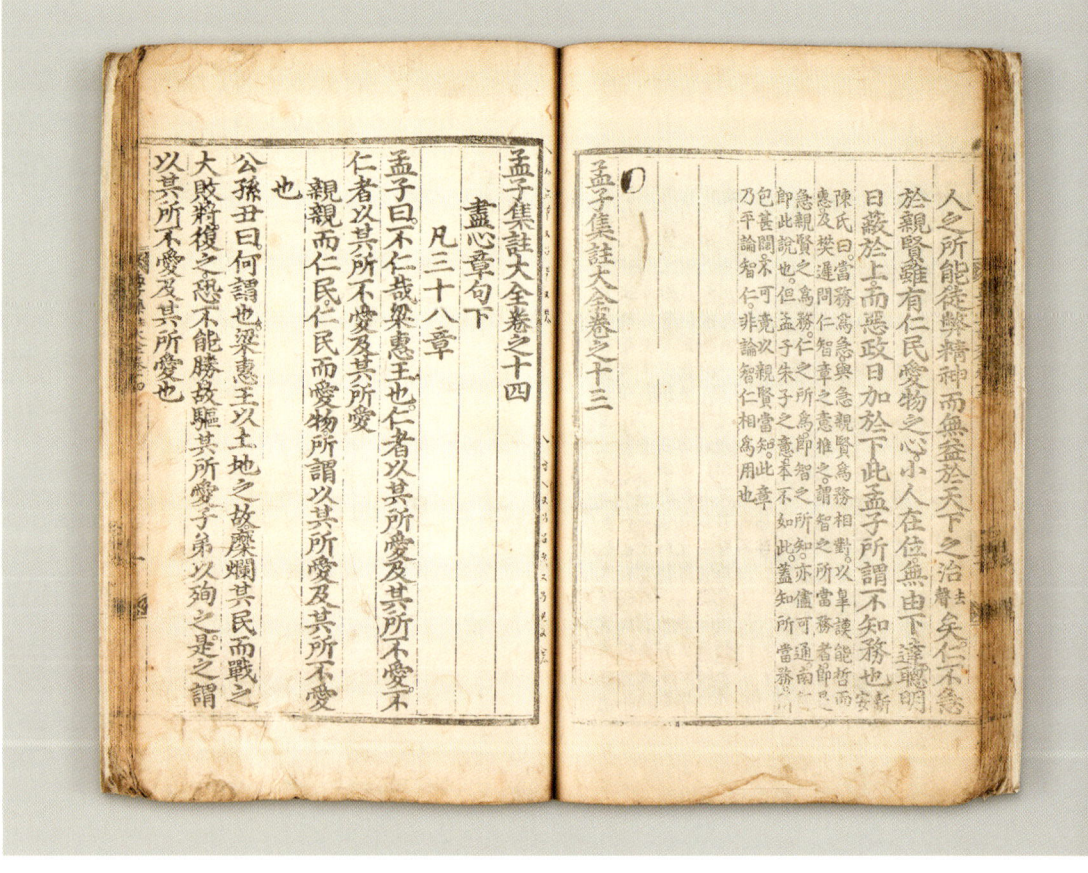

맹자집주대전
孟子集註大全

稀 A09E-0005g
1686년(肅宗 12) 중간본

표제는 '맹자孟子', 권수제·판심제는 모두 '맹자집주대전孟子集註大全'이다. 각 책의 표제 하단에는 책차册次와 편목篇目이 묵서墨書되어 있다. 책7 권14 말미에는 '병인년(1686) 4월에 성균관에서 중간했다[丙寅四月日 成均館重刊]'는 내용의 간기刊記가 있다.

대문大文 위 서미書眉에는 언해諺解를 적어 놓았고, 경문經文의 우측에는 구결口訣이 달려 있다. 본문의 본주本註 우측에는 간혹 관주貫珠를 표시하였다. 그 밖에 난외欄外 또는 면지面紙, 본문의 여백 등에 주석이나 시구詩句 등이 필사되어 있다. '정월 29일에 읽음[正月二十九日讀]'(책3), '11월 28일에 읽기 시작함[十一月二十八日始讀]'(책3), '계미년 11월 23일 이 맹자 4권을 읽기 시작함[癸未十一月二十三日此孟子四卷始讀]'(책4), '계사년 정월 21일부터 3월 17일에 이르러 마침[癸巳自正月二十一日至三月十七日終]'(책4), '계사년 9월 초6일 맹자를 읽기 시작함[癸巳九月初六日孟子始讀]'(책4), '계사년 11월 10일에 읽기를 마침[癸巳十一月十日末讀]'(책6) 등의 독서 기록과, '11월 28일에 구입[十一月二十八日購入]'(책3), '계묘년 3월 14일 책주인 홍씨가 씀[癸卯三月十四日書册主洪]'(책6) 등의 매득기 및 장서기가 남아 있다.

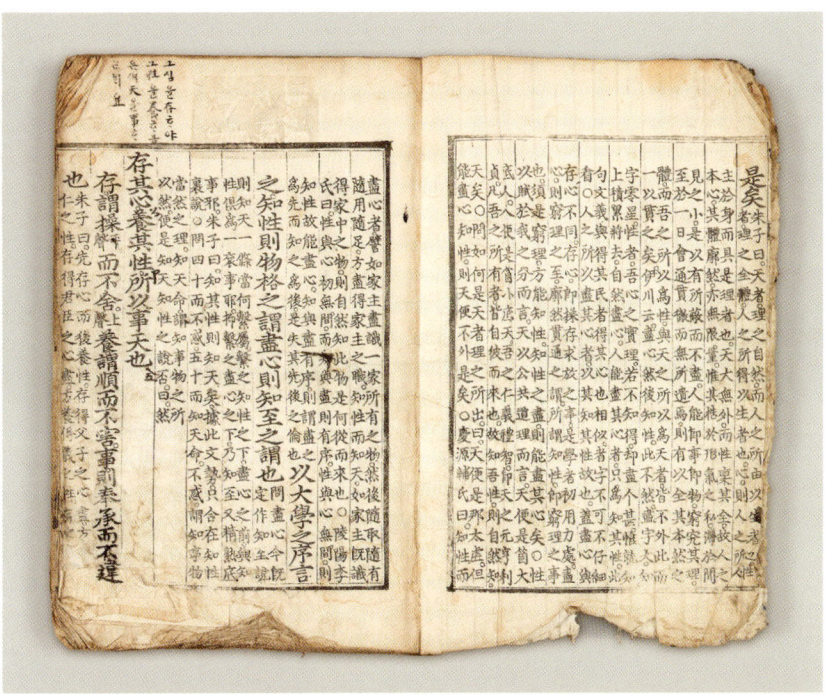

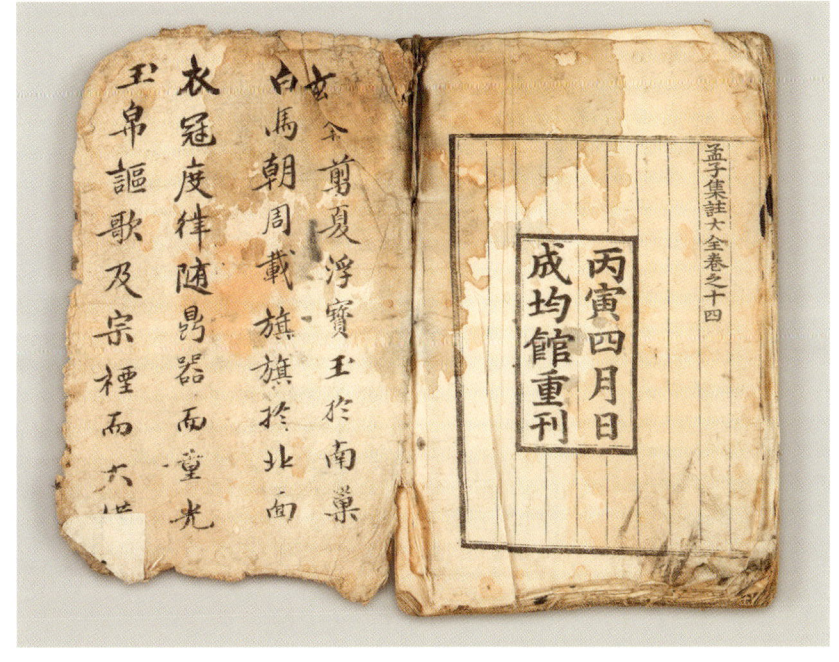

명明 성조成祖 영락제永樂帝(재위 1402~1424)의 명을 받아 호광胡廣(1370~1418) 등 42인이 『대학장구大學章句』에 대한 여러 주석註釋을 모은 책이다. 1669년(현종 10) 간행본을 소장하고 있다.

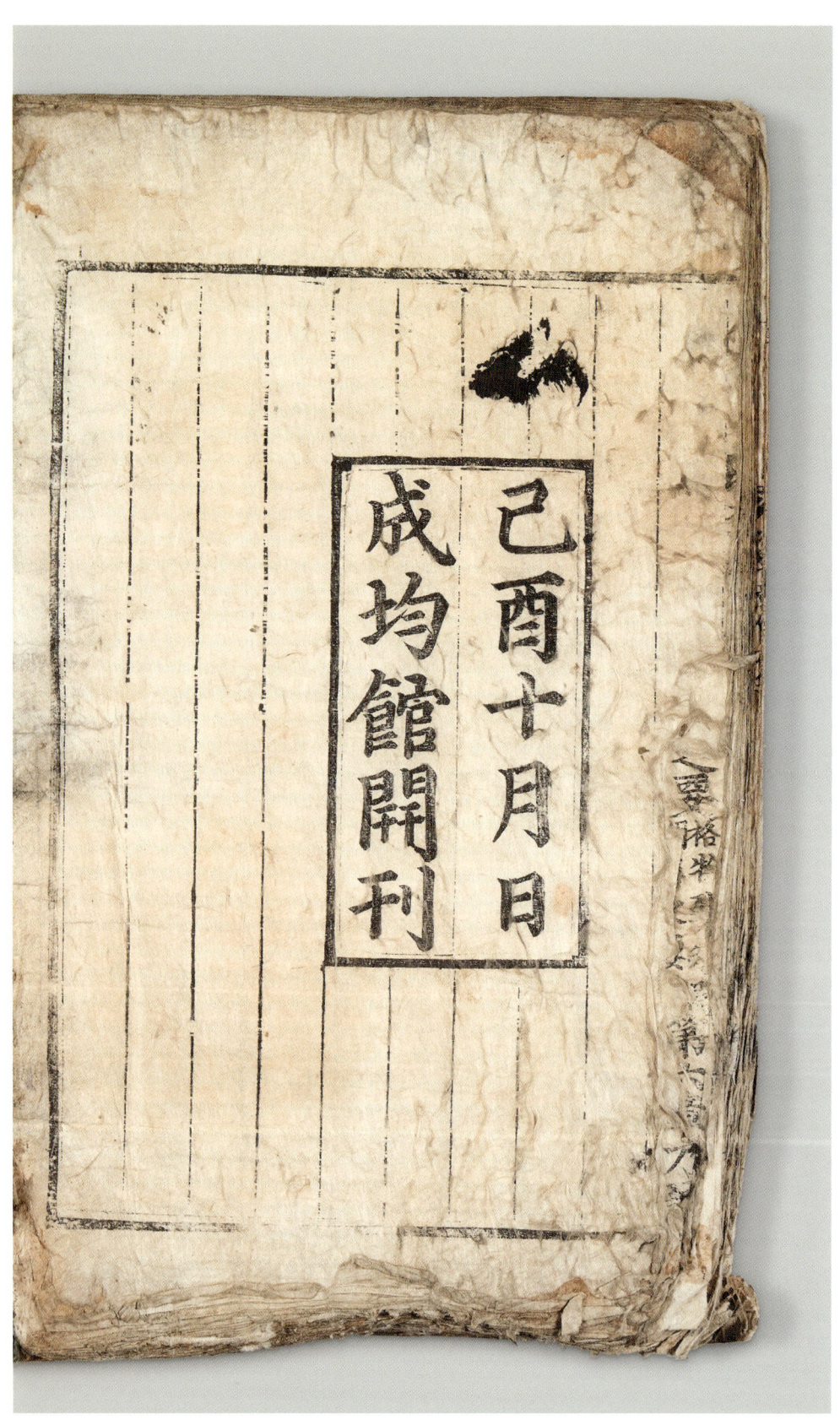

## 대학장구대전
## 大學章句大全

稀 A09B-0004e
1669년(顯宗 10) 간행본

———

표제는 '대학大學'이다. 판식은 사주쌍변, 10행22자, 상하내향2엽화문어미이다. 표점標點·성점聲點이 판각되어 있어 성점이 표기된 명간본을 저본으로 하여 간행되었음을 알 수 있다. 말미에는 '기유년(1669) 10월에 성균관에서 간행했다[己酉十月日 成均館開刊]'는 내용의 간기刊記가 있다. 인출 상태가 매우 좋아 간행 직후에 내사한 초간본으로 추정된다.

책 제1면 「독대학법讀大學法」의 우측상단에는 '선사지기宣賜之記'가 날인되어 있는데 앞면지面紙에 있어야 할 내사기內賜記는 결락된 상태이다. 우측하단에는 '배천장유□□白川張裕□□', '일락당式樂堂'이라는 인장이 날인되어 있다. 앞표지 면지에는 '을축 1월 초10일에 읽기 시작함[乙丑元月初十日 始讀]', '무인년 3월 15일에 시작[戊寅三月十五日始]' 등 독서 기록이, 뒷표지 면지에는 '책 주인은 박정산이다[册主 朴丁山이라]'라는 장서기藏書記 등이 묵서墨書되어 있다.

책의 서미書眉에는 장章의 차례가 묵서되어 있고, 드문드문 언해諺解도 보인다. 난외欄外와 행간에는 차자구결借字口訣이 묵서되어 있다. 곳곳에 비점批點이 남서藍書되어 있다.

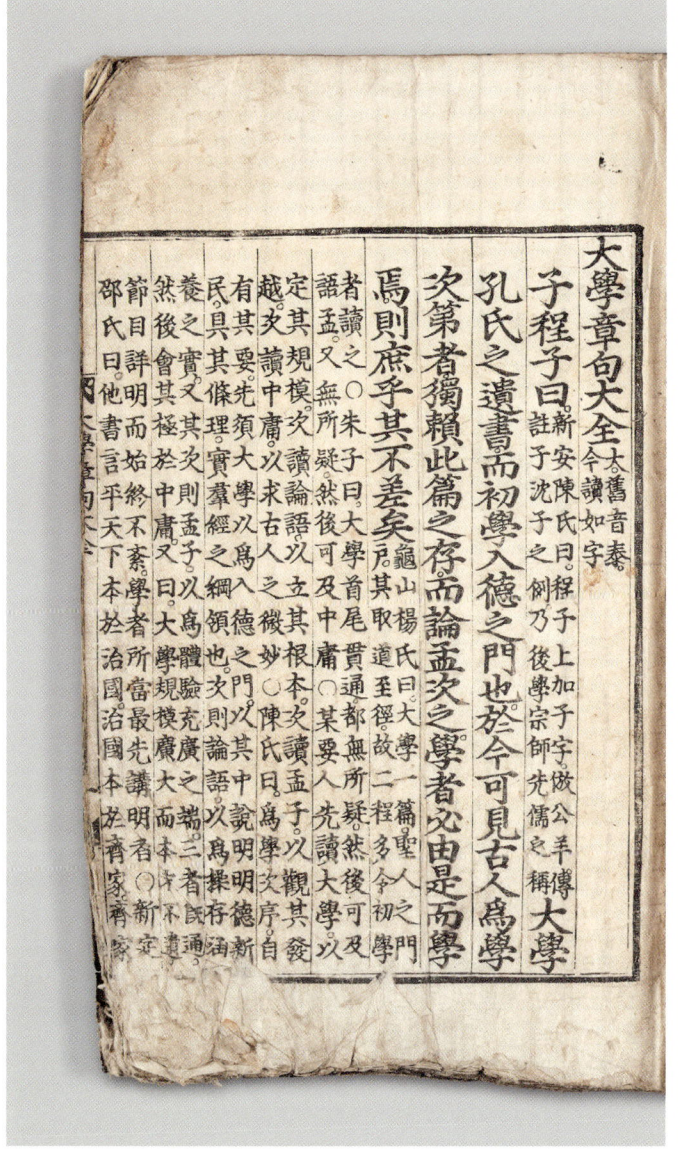

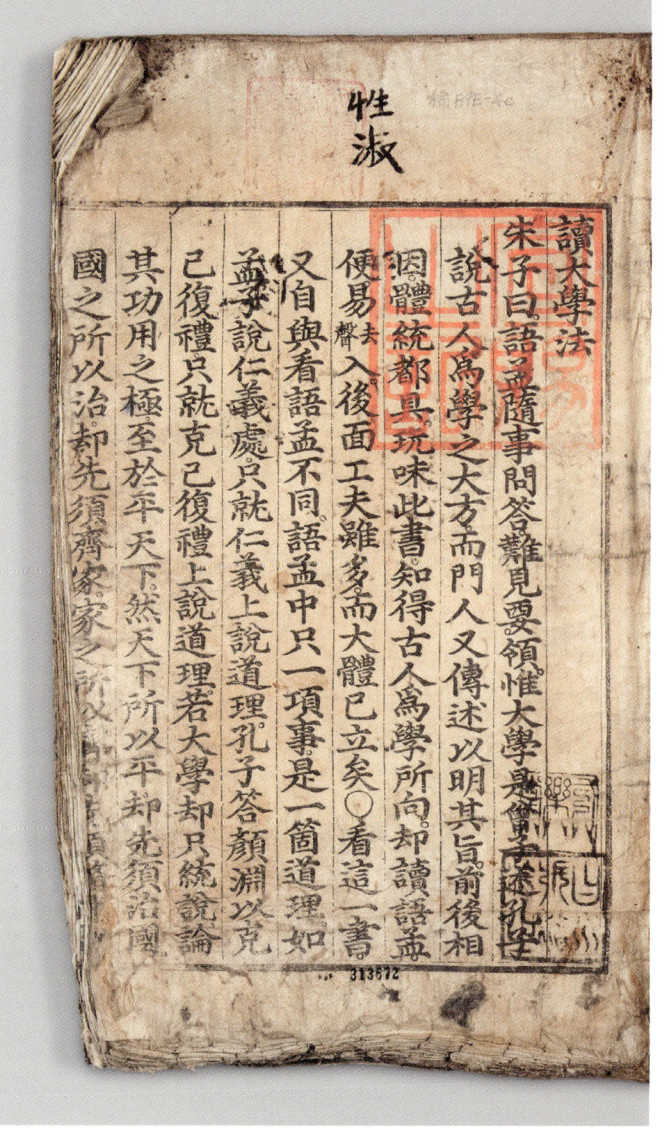

# 중용장구대전
## 中庸章句大全

명明 성조成祖 영락제永樂帝(재위 1402~1424)의 명을 받아 호광胡廣(1370~1418) 등 42인이 『중용장구中庸章句』에 대한 여러 주석註釋을 모은 책이다. 1670년(현종 11) 초간본과 1686년 중간본을 소장하고 있다.

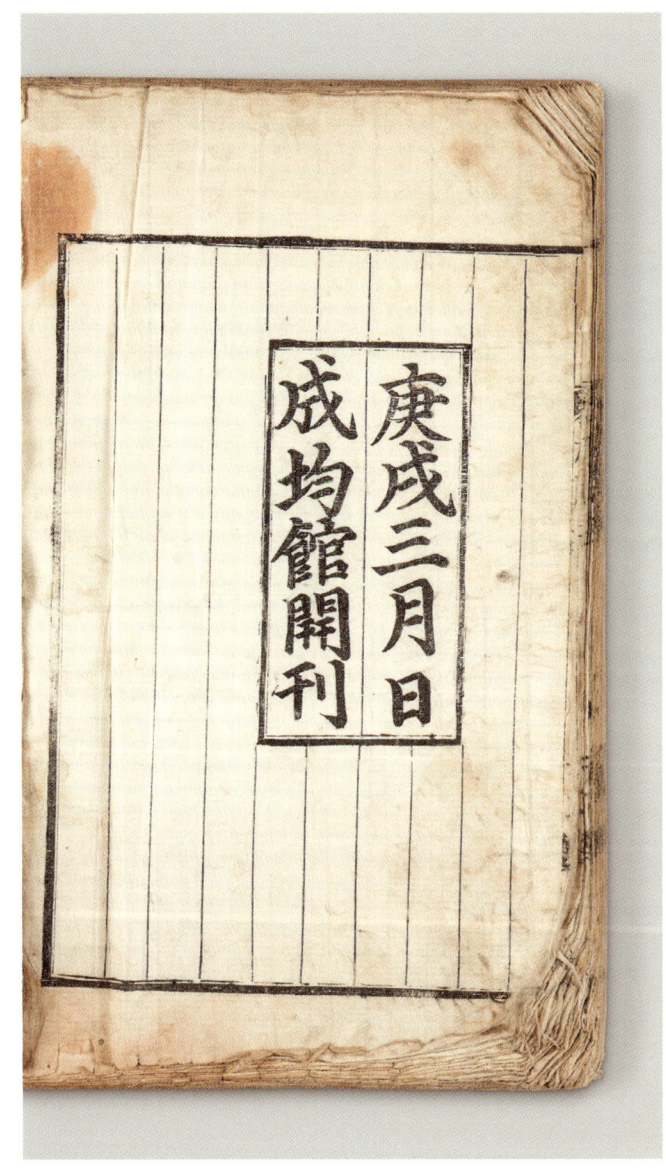

초간본

1670년(顯宗 11)

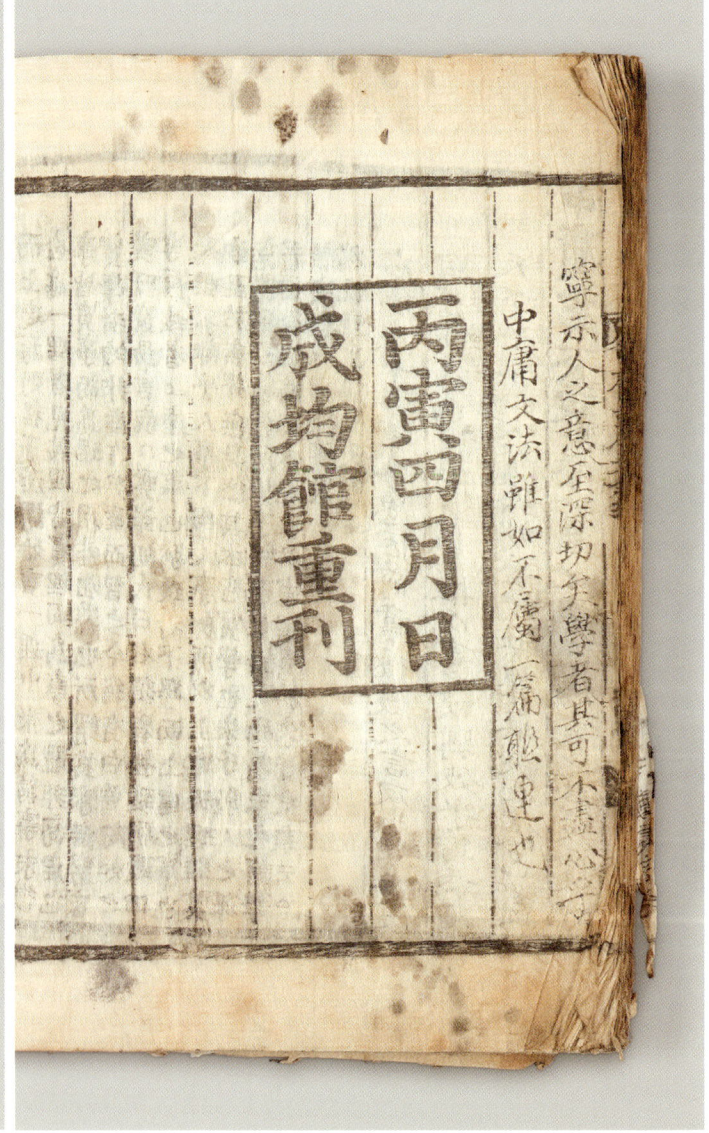

중간본

1686년(肅宗 12)

## 중용장구대전
## 中庸章句大全

稀 A09C-0016
1670년(顯宗 11) 간행본
—

권수제·판심제는 모두 '중용장구대전中庸章句大全'이다. 판식은 사주쌍변, 10행22자, 상하내향2엽화문어미이다. 표점標點·성점聲點이 판각되어 있어 성점이 표기된 명간본을 저본으로 하여 간행되었음을 알 수 있다. 인출 상태가 매우 좋아 간행 직후에 내사한 것으로 추정된다. 말미에는 '경술년(1670) 3월에 성균관에서 간행했다庚戌三月日成均館開刊'는 내용의 간기刊記가 있다.

앞면지面紙에는 우승지 김익경金益炅(1629~1675)이 쓴 '강희11년(1672) 8월16일 병조참의 홍처대(1609~1676)에게 『중용장구대전』을 내사한다康熙十一年八月十六日 內賜兵曹參議洪處大中'는 내용의 내사기內賜記가 있고, 제1면 우측상단에는 '선사지기宣賜之記'가 날인되어 있다. 우측하단에는 '당성홍□□□□□唐城洪□□□□□'·'홍사□□洪士□□'와 백문 정방형의 '□곡□谷' 인장이 찍혀 있다. 인문이 잘 보이지 않지만 홍처대가 내사받은 책을 당성 남양 홍씨 가문에서 소장하고 있었던 것을 확인할 수 있다.

난외欄外에는 차자구결借字口訣이 묵서되어 있고, 행간에는 비점批點과 관주貫珠가 표시되어 있다. 책의 서미書眉에는 주석이나 언해가 필사되어 있다.

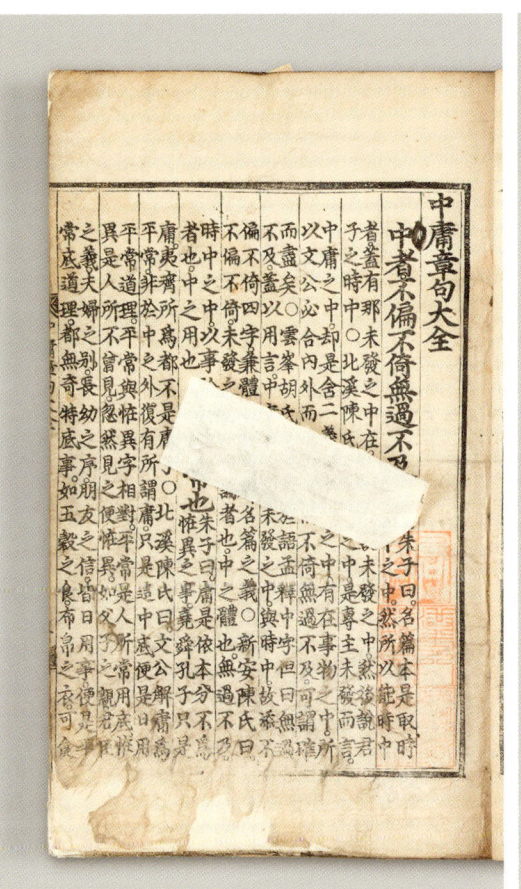

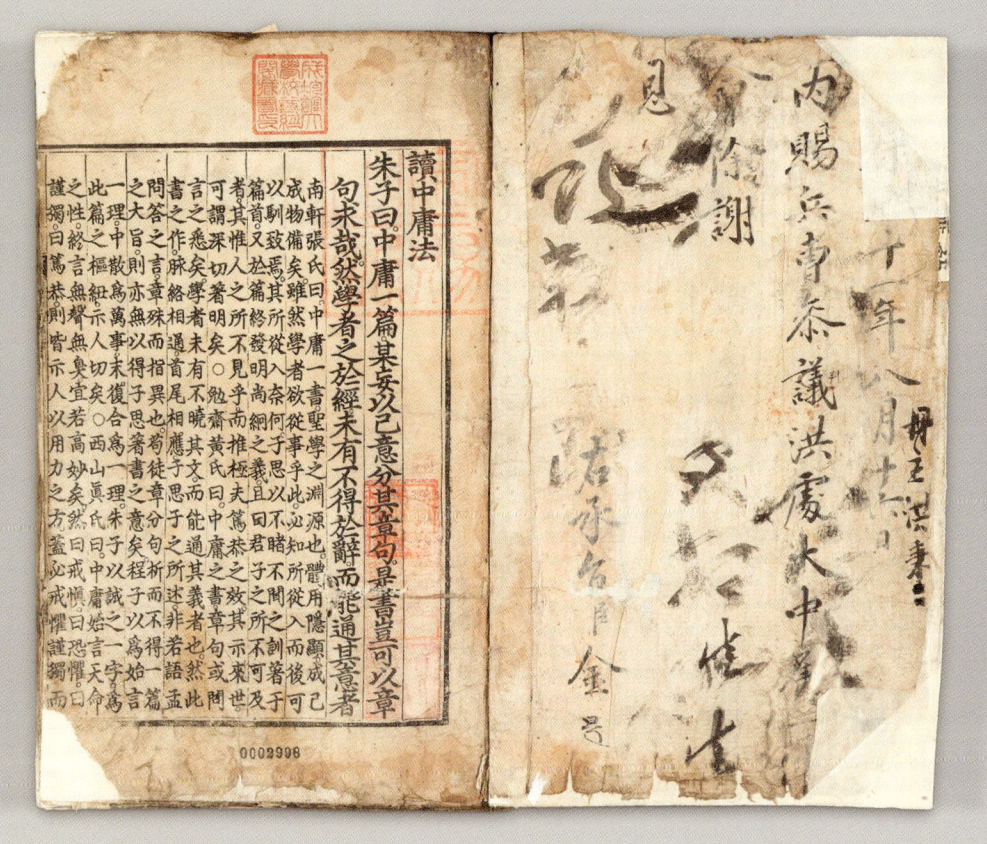

稀 A09C-0004h c.2
1670년(顯宗 11) 간행본

# 중용장구대전
中庸章句大全

표제는 '중용中庸', 권수제·판심제는 모두 '중용장구대전中庸章句大全'이다. 판식은 사주쌍변, 10행22자, 상하내향2엽화문어미이다. 표점標點·성점聲點이 판각되어 있어 성점이 표기된 명간본을 저본으로 하여 간행되었음을 알 수 있다. 인출 상태가 매우 좋아 간행 직후에 내사한 초간본으로 추정된다. 말미에는 '경술년 (1670) 3월에 성균관에서 간행했다[庚戌三月日 成均館開刊]'는 내용의 간기刊記가 있다.

'선사지기宣賜之記'와 인문을 판독하기 어려운 인장 2과, '이진태□ 李鎭泰□', '완산完山'이 날인되어 있다. 내사기는 결락되고 없지만 '선사지기'가 날인된 것을 통해 누군가에게 반사된 책이며, 본관이 전주인 이진태라는 인물이 소장하던 책임을 알 수 있다.

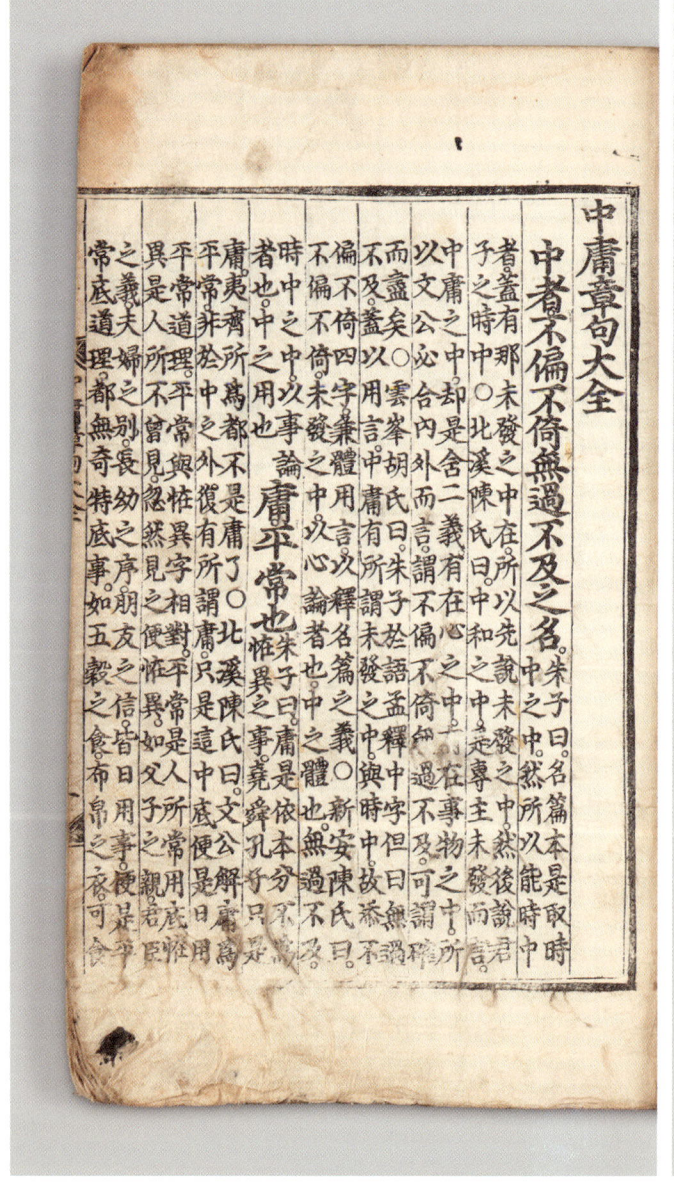

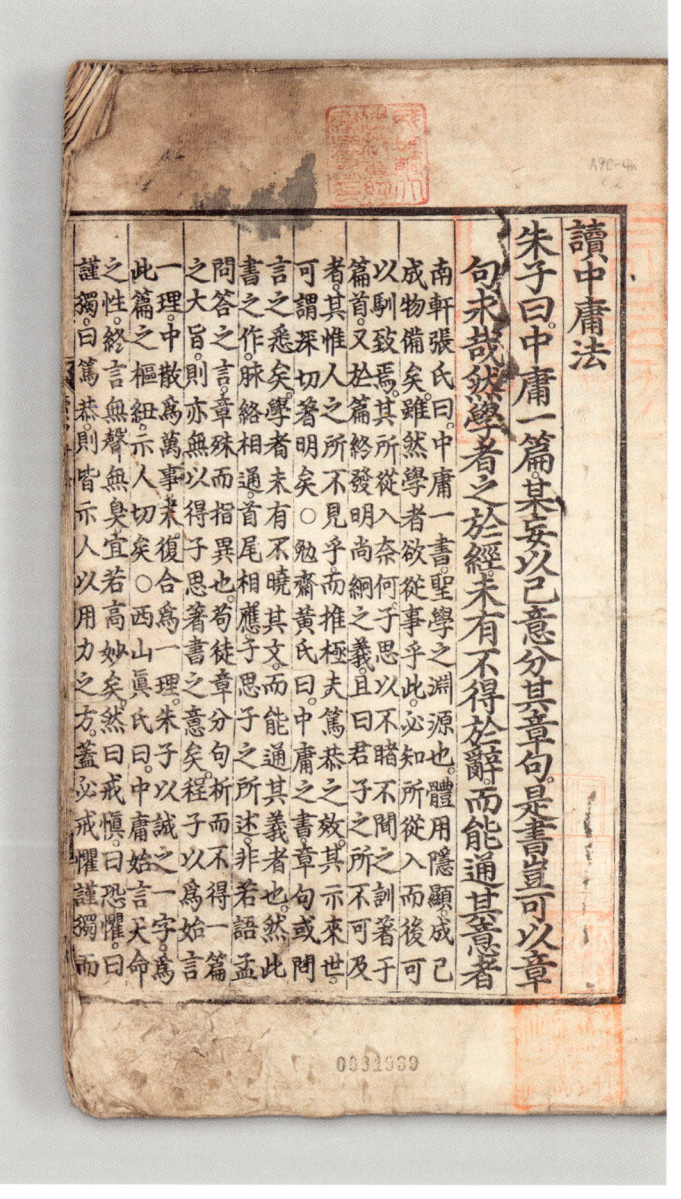

## 중용장구대전
## 中庸章句大全

稀 A09C-0004h
1670년(顯宗 11) 간행본의 후쇄본

———

권수제 · 판심제는 모두 '중용장구대전中庸章句大全'이다. 난외欄外와 행간에는 차자구결借字口訣이 묵서되어 있고, 비점批點과 관주貫珠가 표시되어 있다. 서미書眉에는 주석이나 언해가 필사되어 있다. 말미에는 '경술년(1670) 3월에 성균관에서 간행했다庚戌三月日 成均館開刊'는 내용의 간기刊記가 있다. 그러나 인쇄면이 고르지 않고 목판이 마멸된 것이 보여 초간본의 후쇄본으로 판단된다.

뒷표지 면지에는 '책 주인은 며지곶면 대전동 홍생원댁이고, 대대로 전해지는 물건이다.[册主洪生員宅 於知串面 大田洞 世世相傳之物]'라는 장서기藏書記 등이 묵서되어 있다. 책을 물려받을 사람에게 도움이 되도록 주묵朱墨으로 '병자 식년시에 통으로 급제한 부분[丙子式通中]', '계유년 식년시에서 책주인이 순통으로 급제한 부분[癸酉式册主純通中]' 등, 중요한 내용을 표시하였다. 식년시에 출제된 문제를 표시하여 공부에 도움이 되도록 한 점이 주목할 만하다.

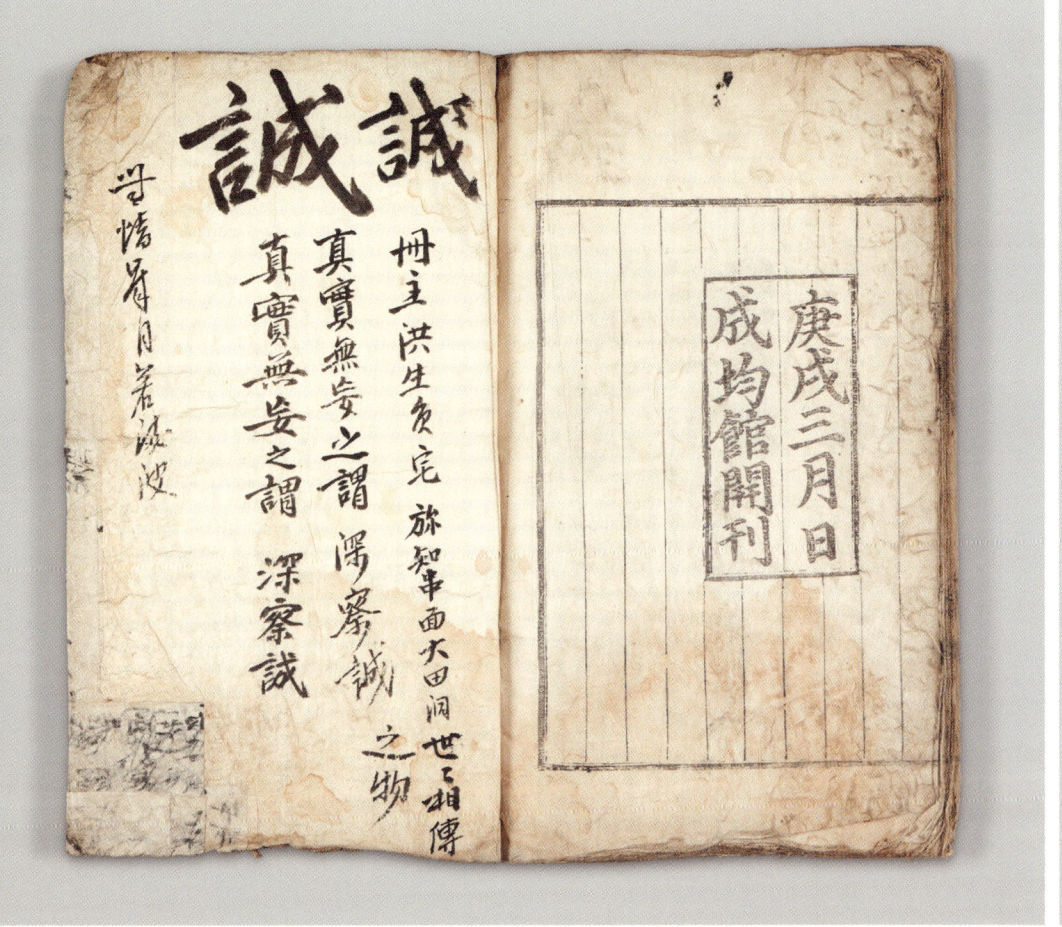

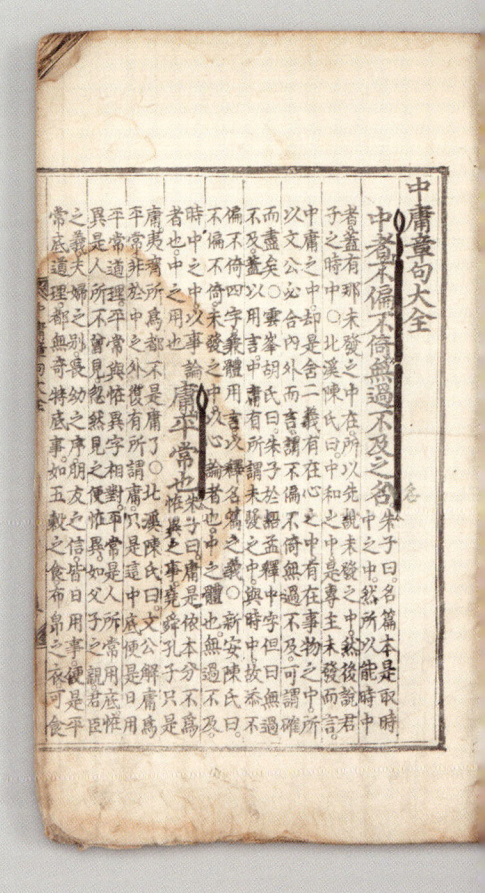

# 중용장구대전
## 中庸章句大全

稀 A09C-0018
1686년(肅宗 12) 중간본

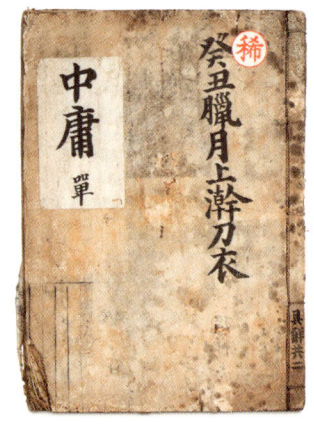

표제는 '중용中庸', 권수제·판심제는 모두 '중용장구대전中庸章句大全'이다. 판식은 사주쌍변, 10행22자, 상하내향2엽화문어미이다. 표점標點·성점聲點이 드문드문 판각되어 있는 1670년 성균관 간행『중용장구대전』목판의 번각본과 사주단변의 보판補板이 섞여 있다. 여러 차례의 인출을 거친 탓에 1670년 간행본에 비해 목리木理가 많고 인면印面이 고르지 않으며, 목판 균열 또한 많이 나타난다. 말미에는 '병인년(1686) 4월에 성균관에서 중간했다[丙寅四月日 成均館重刊]'는 내용의 간기刊記가 있다.

표지에는 '계축년 12월 상한에 도의함[癸丑臘月上澣刀衣]'이라는 기록이 있다. 행간에는 비점批點이 표시되어 있고, 책의 서미書眉에는 주석이 묵서되어 있다. 서미와 서각書脚이 좁은 편이고 서미의 주석 윗부분이 잘려 나간 것도 있어서, 오랜 기간 책을 열람하여 닳은 책의 위아래를 개장改裝할 때 잘라낸 것으로 보인다.

본서는 1670년 성균관 간행『중용장구대전』의 목판에 보판을 삽입하여 1686년에 중간한 판본으로, 성균관에서 사서대전을 여러 차례 간행한 정황을 파악할 수 있다. 인쇄 상태가 좋지 않음에도 불구하고 성균관 간행본 사서대전을 좋은 교재로 인식하고 있었으며, 이에 대한 학생들의 수요를 짐작할 수 있다.

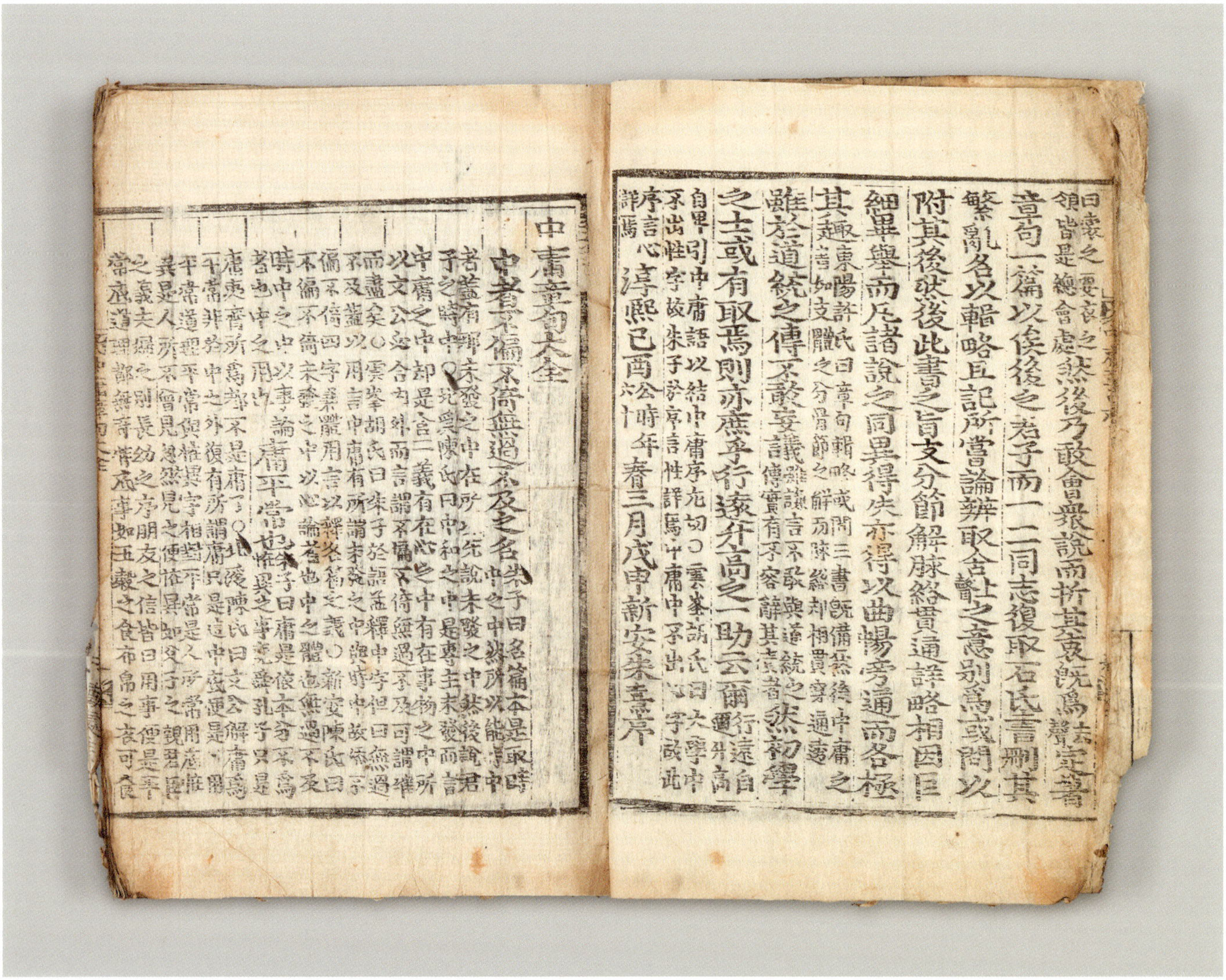

# 시전대전
## 詩傳大全

1672년(顯宗 13) 간행본

명明 성조成祖 영락제永樂帝(재위 1402~1424)의 명을 받아 호광胡廣(1370~1418) 등 42인이 『시경詩經』에 대한 여러 주석註釋을 모은 책이다. 본서는 1672년(현종 13) 성균관成均館에서 간행한 목판본이다.

표제는 '시전詩傳', 판심제 및 권수제는 모두 '시전대전詩傳大全'이다. 판식은 사주쌍변, 10행22자, 상하내향2엽화문어미이다. 표점標點·성점聲點이 판각되어 있어 성점이 표기된 명간본을 저본으로 하여 간행되었음을 알 수 있다. 말미에는 '임자년(1672) 5월에 성균관에서 간행했다[壬子五月日 成均館開刊]'는 내용의 간기刊記가 있다.

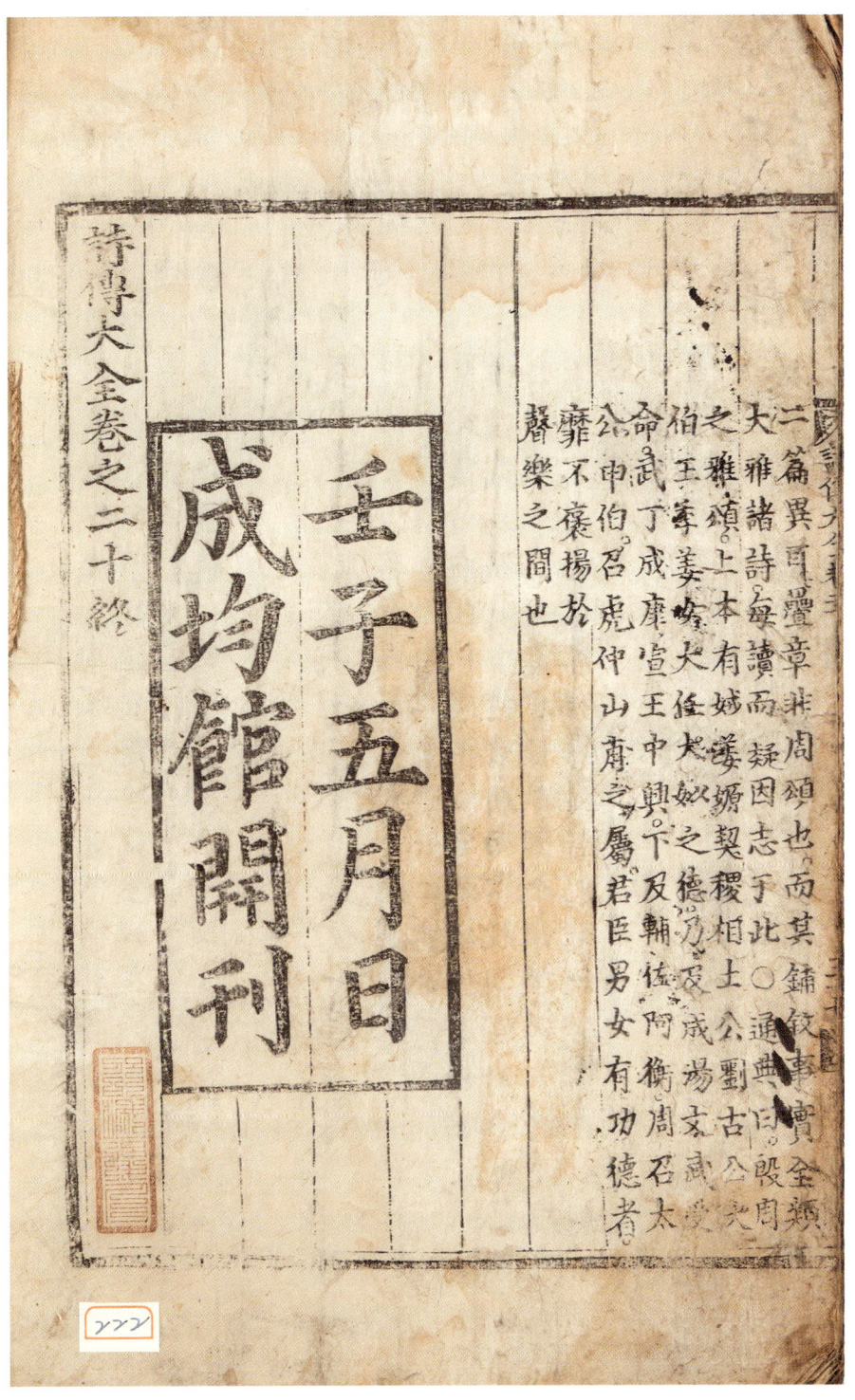

권수卷首에는 '오봉주인五峯主人'·'채규연장蔡圭演章'·'인천仁川' 등의 인장이 날인되어 있고, 권말卷末에는 주문 장방형의 '소성후인邵城後人'이 날인되어 있다.

책의 난외欄外에는 차자구결借字口訣과 한글구결이 곳곳에 표기되어 있다. 본문 내용에 밑줄이 그어져 있고, 관주貫珠 및 비점批點을 찍기도 했다.

본서에는 밑줄·관주 및 경문의 순서를 외우기 위한 문장 등이 필사되어 있어, 당시 학생들의 공부 방법을 알 수 있는 자료가 된다.

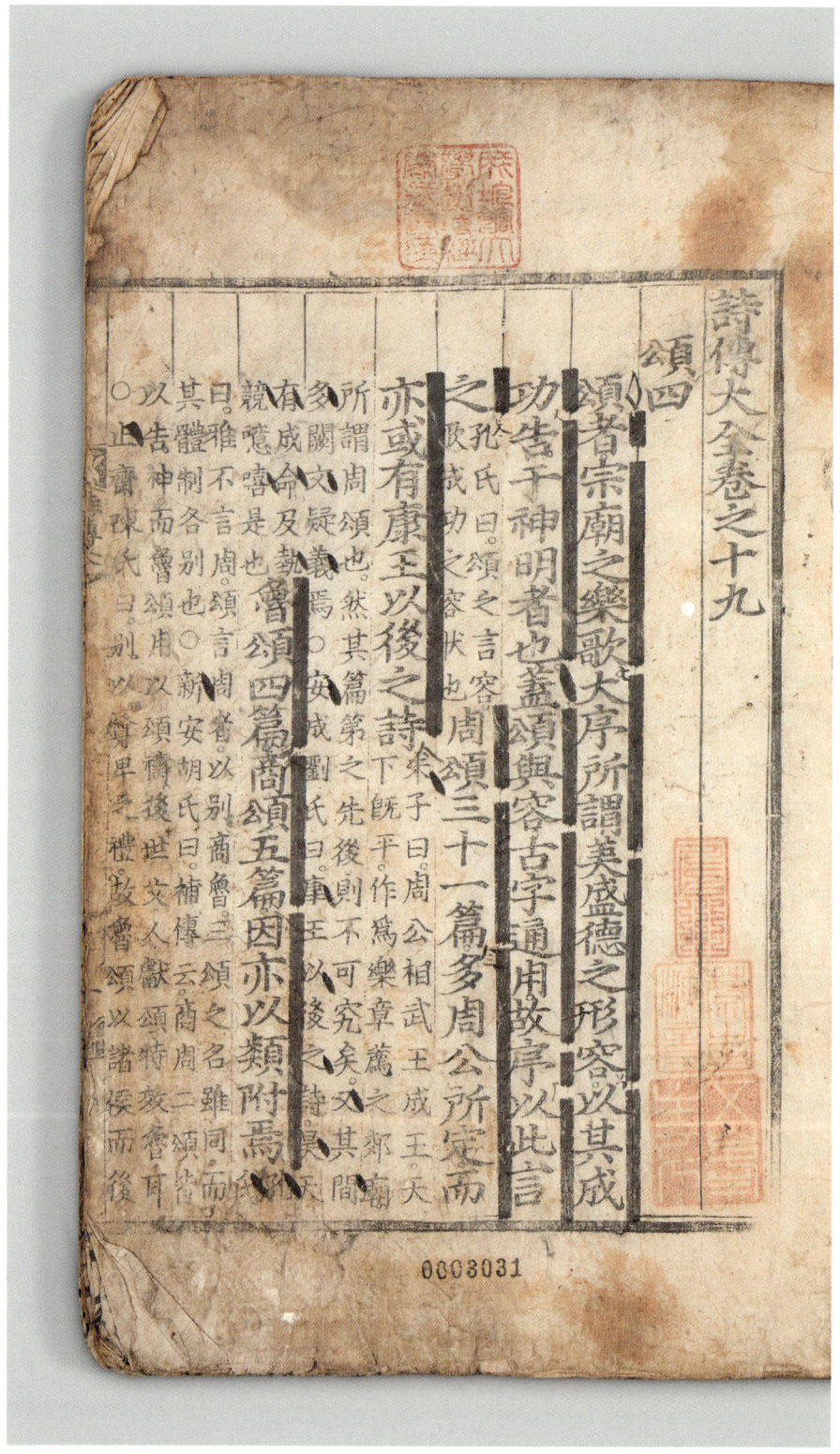

이음종이를 사용하여 인출하였다. 책의 서미書眉에는 언해諺解와 교감주校勘註 등이
묵서墨書되어 있다. 난외欄外와 행간 곳곳에는 차자구결借字口訣과 한글음 등이 묵서
되어 있다. 본문 내용에 밑줄이 그어져 있고, 관주貫珠 및 비점批點을 찍기도 했다.
『시전대전』 경문의 요체가 되는 글자를 따고 구결을 붙인 문장이 필사되어 있는데,
경문의 순서를 외우기 위하여 지은 문장으로 보인다.

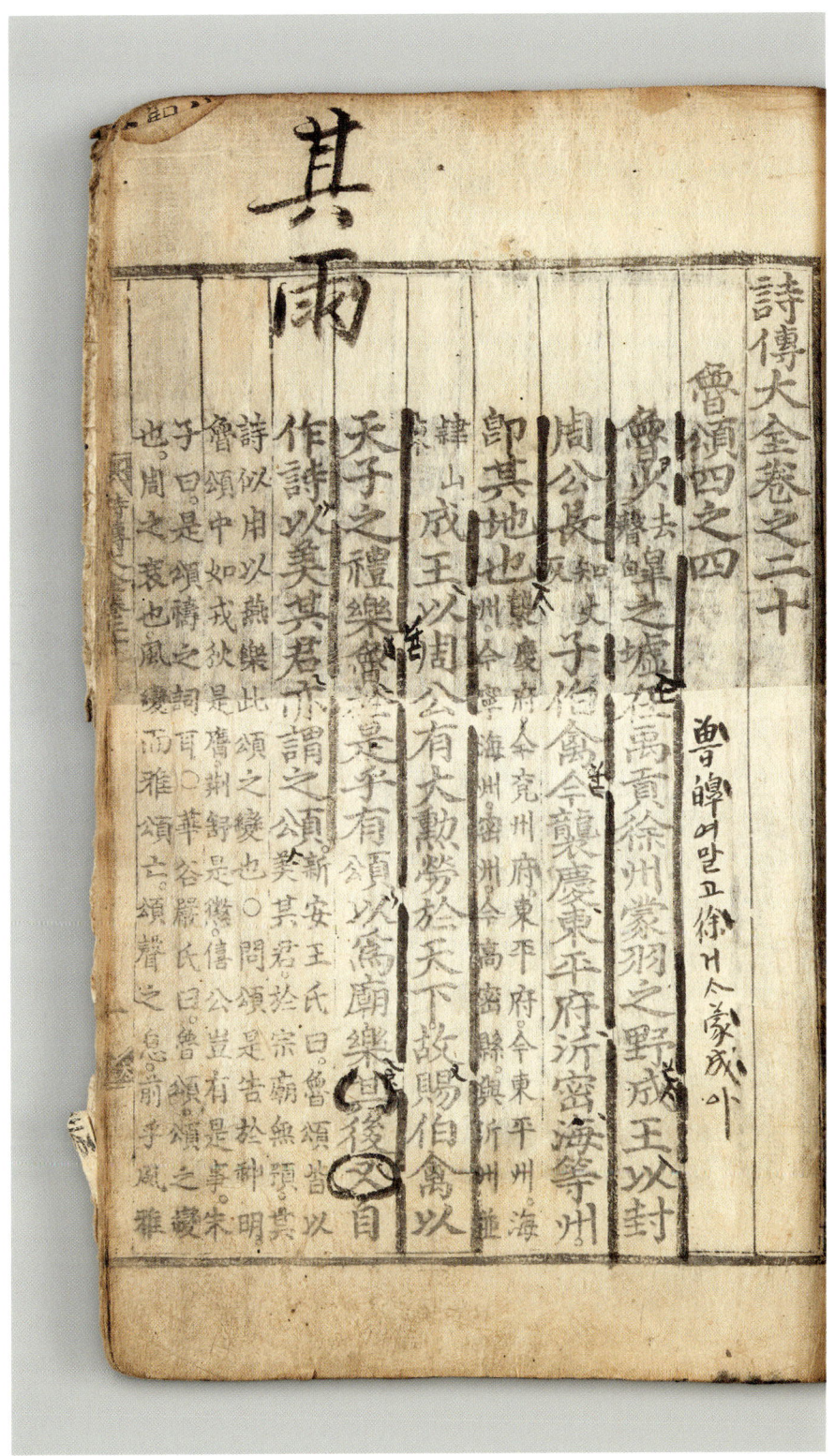

경부　　춘추경좌씨전구해
經部　　春秋經左氏傳句解
1

Chunchugyeong-Jwaseajeon-guhae

貴 A07B-0019

서명　　春秋經左氏傳句解
저자　　林堯叟(宋) 音註
판본　　木版本(明版飜刻)
발행　　慶尙道 淸道: 淸道郡, 世宗13(1431)刊
형태　　50卷 5册(共70卷7册): 四周單邊, 半郭 17.3 × 12.6 cm, 有界, 14行24字 小字雙行,
　　　　大黑口, 上下下向黑魚尾; 23.5 × 15.5 cm
주기　　版心題: 左
　　　　標題面: 宗文堂刊 春秋正經全文左傳 林堯叟音註
　　　　刊記: 宣德六年(1431)十一月日 淸道開板
　　　　所藏: 卷1-9, 卷20-29, 卷40-49, 卷50-59, 卷60-70(第1·3·5·6·7册)
　　　　[座目]: 都觀察黜陟使 安質, 淸道知郡事 朱邵, 監校(幼學敎導 金樂山), 校正(成均
　　　　生員 高云識, 都色戶長 金結, 記官 金自謹), 刻手(禪師 洪照·惠寶·海心 等, 學生
　　　　李友柏·金連, 記官 金遂賫 等八十)
　　　　總册數: 共七册(書腦)
　　　　藏書記: 神光陳氏家藏(第7册 末尾)
　　　　楮紙

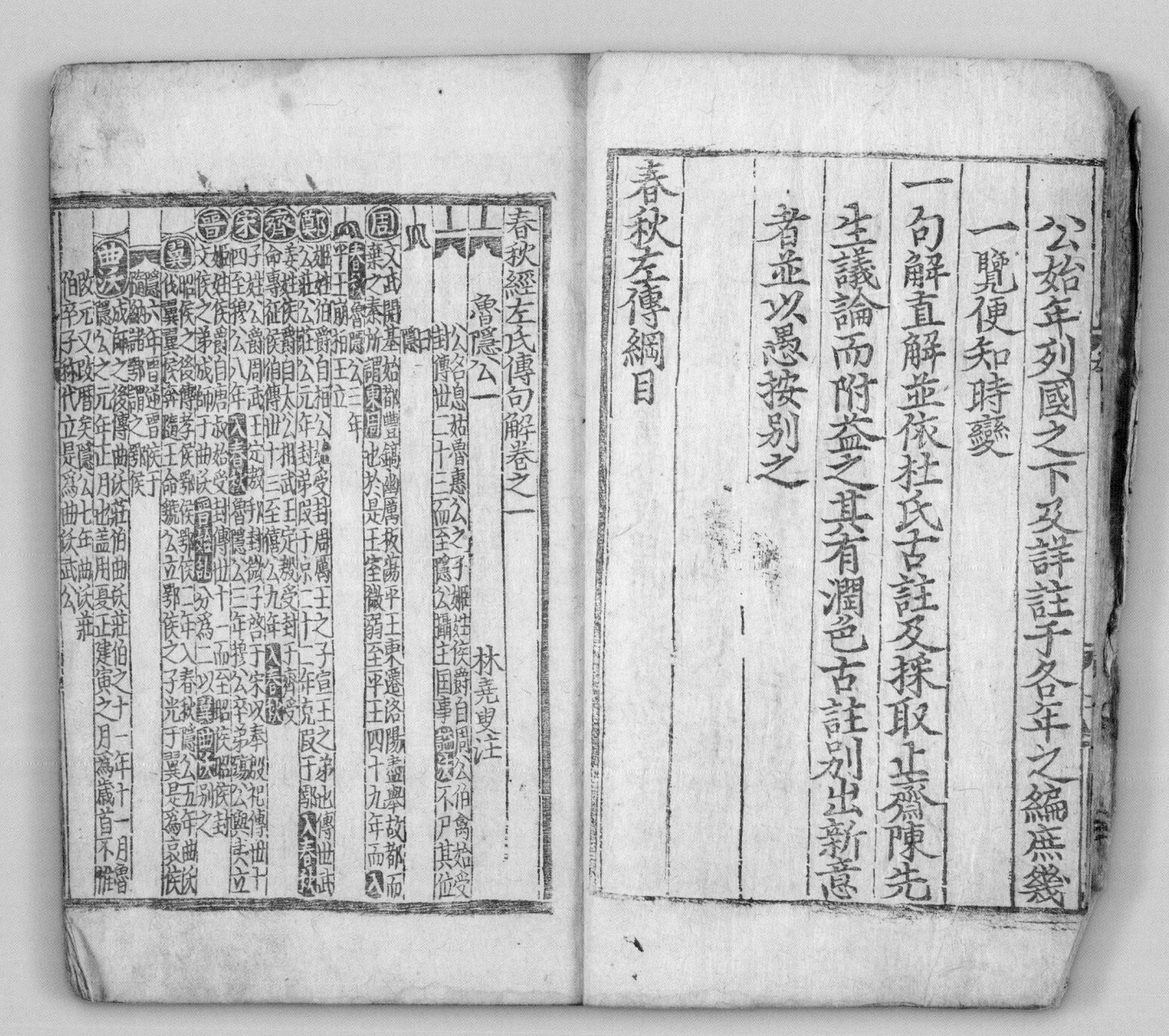

송나라 학자 임요수林堯叟(?~?)가 편찬한 좌구명左丘明(?~?)의 『춘추좌씨전春秋左氏傳』에 대한 해설서이다. 본서는 1431년(세종 13) 청도淸道에서 간행된 목판본으로, 2022년에 보물로 지정되었다.

표제는 '좌전左傳', 판심제는 '좌左', 권수제는 '춘추경좌씨전구해春秋經左氏傳句解'이다. 연화문 표지에 오침안정법五針眼訂法으로 장황粧繡하였다. 표지 우측 상단에는 수록 편명이, 서뇌書腦에는 총 책수總冊數 표시인 '공칠共七'이 적혀 있다. 판식은 사주쌍변四周雙邊, 유계有界, 14행 24자, 흑구黑口, 상하하향흑어미上下下向黑魚尾이다. 제1책에 '종문당간宗文堂刊 춘추정경전문좌전春秋正經全文左傳 임요수음주林堯叟音註'라는 표제면標題面이 있다. 간간이 서미書眉에 두주杜註가 묵서되어 있고 본문에 주묵朱墨 꺾쇠 표시와 구점句點 및 비점批點 등이 있다. 제2책 책말에 '신광진씨가장神光陳氏家藏'이라는 장서기藏書記가 있다.

『춘추』는 오경 중 하나로, 춘추시대 노魯나라 은공隱公 원년(B.C.722)부터 애공哀公 14년(B.C.481)까지 242년간 12명의 군주의 시대를 기록한 편년체 역사서이다. 기존 사관史官이 기록한 것을 기원전 5세기 초에 공자가 편수編修한 것으로 1,800여 개의 조목이 간결하게 서술되어 있다. 공자는 각 역사적 사실에 대해 비평과 설명은 배제하되 포폄褒貶에 따라 용어를 달리하는 이른바 춘추필법春秋筆法에 따라 서술하였는데, 이를 통해 역사적 사실과 더불어 도덕적 판단 기준을 제시하고자 하였다. 그러나 간결한 내용으로 인해 해석이 쉽지 않아 후대 여러 주석서가 나왔는데, 대표적으로 춘추전국시대 공양고公羊高의 『공양전公羊傳』, 곡량숙穀梁俶의 『곡량전穀梁傳』, 좌구명左丘明의 『좌씨전左氏傳』이 있다. 『공양전』과 『곡량전』은 경문 해석을 중심으로 하는 것에 비해, 『좌씨전』은 기록에 대한 실증적 해석에 중점을 두었다. 후한대 이후 『공양전』보다 『좌씨전』이 보다 널리 수용되었다. 이후 서진西晉의 두예杜預가 『춘추』의 경문과 『좌씨전』을 합친 『춘추경전집해春秋經傳集解』가 춘추의 기본 주해서가 되었다. 이는

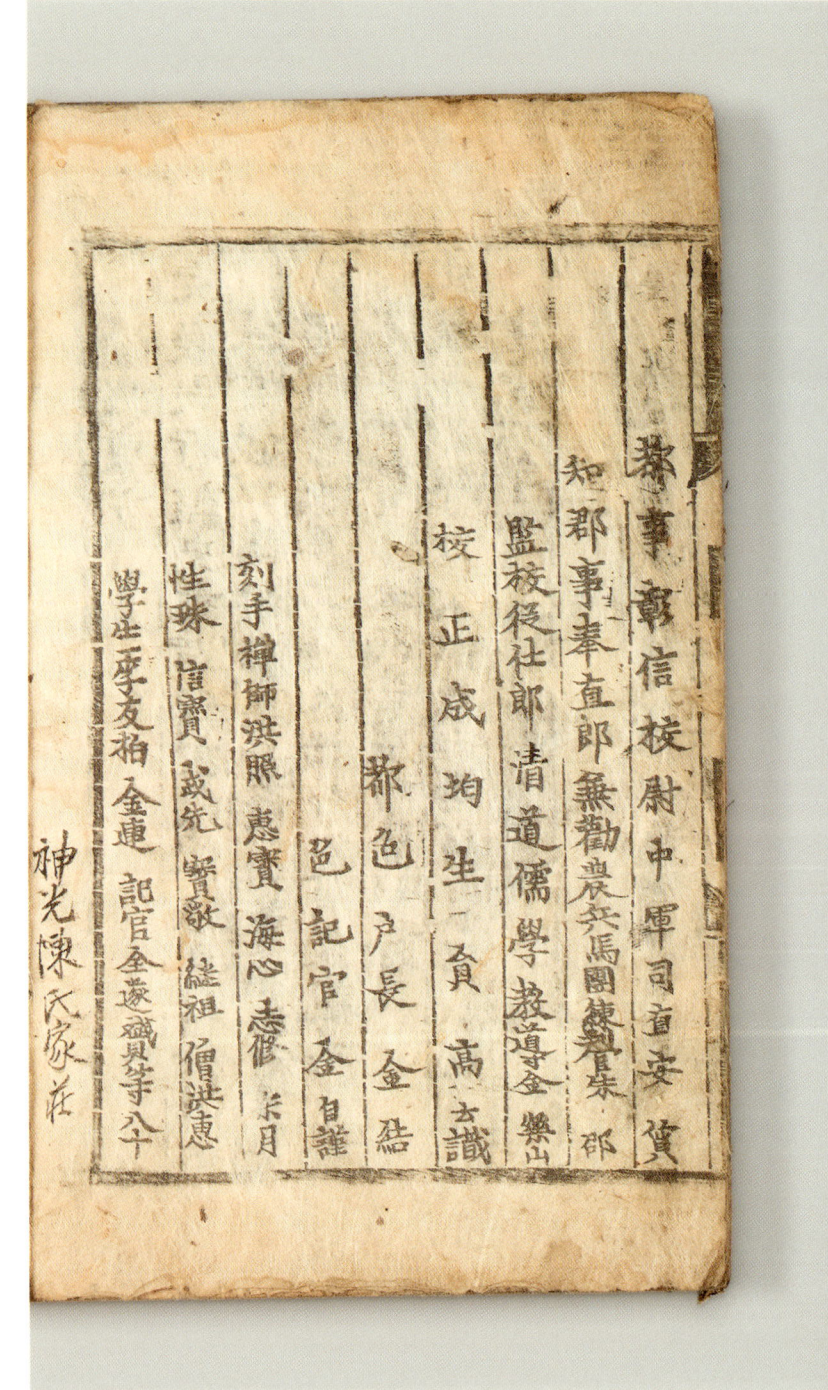

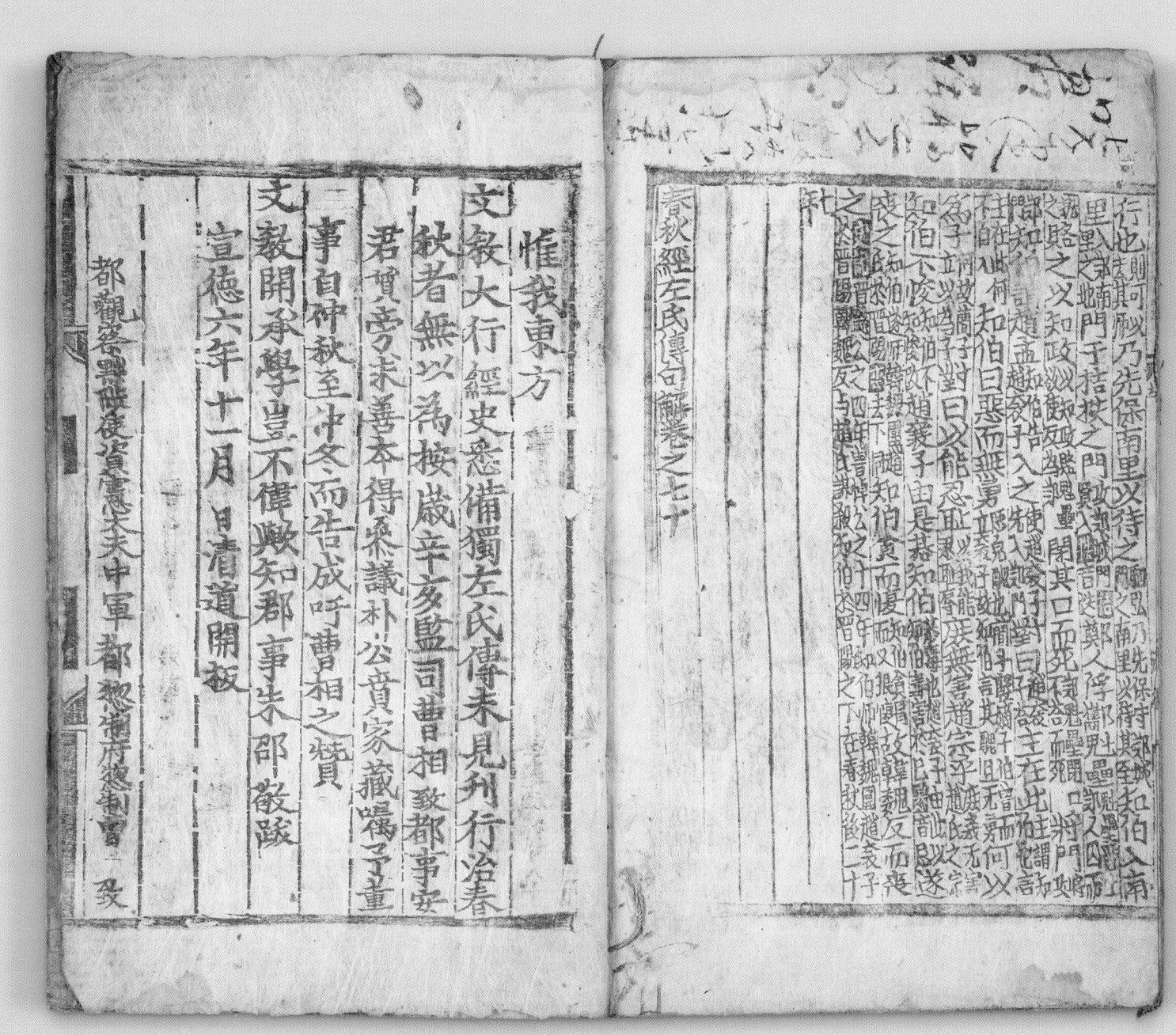

春秋經左氏傳句解卷之七十

惟我東方
文教大行經史悉備獨左氏傳未見刊行迺春
秋者無以為據歲辛亥監司曹曰相致都事安
君賓雲未善本得柔議補公貲家藏囑子重
事自神秋至仲冬而告成呼曹相之貲
文教開承學豈不偉歟知郡事朱邵敬跋
宣德六年十一月日清道開板
都觀察黜陟使資憲大夫中軍都惣制府惣制臣□□發

당나라 때 편찬된『춘추정의春秋正義』의 바탕이 되기도 하였다. 송나라 이후 금나라 침입의 영향으로 호안국胡安國이 『춘추』를 기반하여 존왕양이尊王攘夷 사상에 대해 논한『춘추호씨전春秋胡氏傳』을 편찬하면서 이 책이 널리 통용되었다.

본서는 초학자들을 위해 편찬된 것으로,『춘추좌씨전』을 구절마다 세주를 달아 해설하는 방식으로 되어 있다. 연도는 갑자甲子로 표기하였고 인명과 지명에 대해 상세히 설명하였으며, 음독音讀이 어려운 부분에는 반절을 표기하였다. 또한『춘추』기사의 시말始末을 강목綱目으로 나타냈으며, 고주古注는 진나라 두예杜預의 『춘추경전집해春秋經傳集解』에 의거하되 진부량陳傅良의 학설을 추가하거나 임요수가 의견을 제시하기도 하였다.

본서의 제1책 책수冊首에는 범례에 해당하는 '춘추좌씨전괄례시말구해강목春秋左氏傳括例始末句解綱目'이 있다. 본문은 전체 70권으로 구성되어 있으나, 존경각본은 50권 5책만 남아 있다. 본문의 구성은 다음과 같다.

| 책차 | 권차 | 편목篇目 |
| --- | --- | --- |
| 1 | 권1~2 | 魯隱公 1~2 |
| | 권3~4 | 魯桓公 1~2 |
| | 권5~7 | 魯莊公 1~3 |
| | 권8 | 魯閔公 |
| | 권9 | 魯僖公 1 |
| 3 | 권20 | 魯文公 4 |
| | 권21~25 | 魯宣公 1~5 |
| | 권26~29 | 魯成公 1~4 |
| 5 | 권40~44 | 魯襄公 9~13 |
| | 권45~49 | 魯昭公 1~5 |
| 6 | 권50~59 | 魯昭公 6~15 |
| 7 | 권60 | 魯昭公 16 |
| | 권61~64 | 魯定公 1~4 |
| | 권65~70 | 魯哀公 1~6 |

제1책은 권1~9로, 노은공부터 노희공 1까지 수록되어 있다. 제3책은 권20~29로, 노문공 4부터 노성공 4까지 수록되어 있으며, 제5책은 권40~49로 노양공 9부터 노소공 5까지, 제6책은 권50~59로 노소공 6~15가 수록되어 있는데, 권59는 제11장 이후 결락되어 있다. 마지막으로 제7책은 권60인 노소공16과 권61~64인 노정공, 권65~70인 노애공이 수록되어 있다. 그리고 제7책 책말에 주소朱邵의 발문과 '선덕 육년십일월일 청도개판宣德六年十一月日 淸道開板'이라는 간기, 그리고 경상도관찰사 조치曺致 등 참여자 명단이 있다. 도관찰출척사都觀察黜陟使 안질安質과 청도지군사 주소가 주축이 되어 간행하였다. 감교監校는 청도 유학교도幼學敎導 김요산金樂山, 교정은 성균생원成均生員 고운식高云識과 도색都色 호장戶長 김결金結, 기관기관記官 김자근金自謹이 맡았다. 각수는 선사禪師 홍조洪照, 혜보惠寶, 해심海心 등 승려의 이름과 학생學生 이우백李友柏·김연金連, 기관기관記官 김수빈金遂賓 등 80명이라고 되어 있다.

표제면標題面의 내용을 통해 종문당宗文堂이라는 서사書肆에서 간행된 원판본을 저본으로 번각되었음을 알 수 있다. 주소의 발문에 따르면 1431년 경상도 관찰사 조치와 안질安質이 박분朴賁의 장서를 구해 주소에게 간행을 부탁했다고 하였다. 참고로 동일한 내용인『음주전문춘추괄례시말좌전구두직해音註全文春秋括例始末左傳句讀直解』가 계미자癸未字로 간행되었는데, 1453년(단종 1)에 금산錦山에서 번각하였다.

본서는 두예의 『춘추경전집해』에 이어 남송부터 명나라 초까지 가장 널리 읽혔던 『좌씨전』 주석서이다. 이는 중국뿐만 아니라 조선에서도 초기부터 다양하게 간행되어 읽히면서 춘추학 발전의 토대가 되었는데, 세종대 집현전 학사들이 편찬한 『춘추경전집해』에 크게 참고되었다. 또한 중국본이 전래되어 계미자를 비롯한 활자본과 원본을 충실히 번각한 목판본이 간행되어 조선 전기 출판문화사 및 서적교류사적으로도 중요한 자료라 할 수 있다. 이유리

주제어

춘추좌씨전春秋左氏傳, 좌전左傳, 춘추경전집해春秋經傳集解, 두예杜預, 좌구명左丘明, 종문당宗文堂, 임요수林堯叟

## 중정채허재선생역경몽인
## 重訂蔡虛齋先生易經蒙引
zhòngdìng càixūzhāi-xiānsheng yìjīng mengyǐn

貴 A02-0008

| | |
|---|---|
| 서명 | 重訂蔡虛齋先生易經蒙引 |
| 저자 | 蔡淸(明) 撰 ; 宋兆禴(明) 重訂, 董奕壯(明) 等較 |
| 판본 | 木版本 |
| 발행 | [中國(明)] : [刊寫者未詳], [嘉靖8(1529)]奏, [17世紀]較刊 |
| 형태 | 12卷12冊 : 四周單邊, 半郭 21.2×11.6 cm, 有界, 9行26字, 無魚尾 ; 23.9×13.5 cm |
| 주기 | 版心題: 易經蒙引, 表題: 易蒙引 |
| | 重刻易經蒙引叙: [同安次]崖林希元叙 |
| | 奏刊易經蒙引勘合: 嘉靖八年(1529)九月二十九日 本部尙書李等…建陽縣書坊作速 |
| | 刊刻完備 |
| | 竹紙 |

經部
2

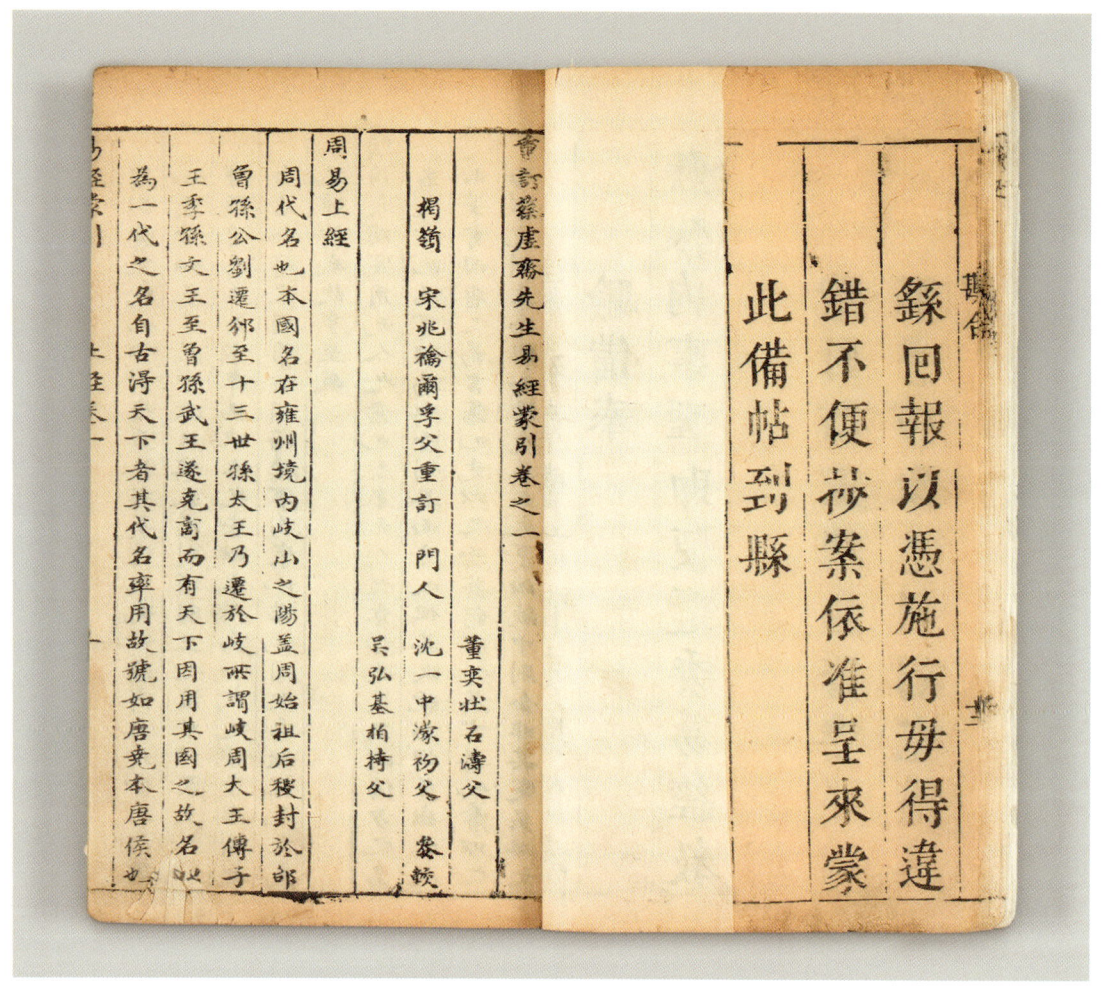

명대明代의 학자 채청蔡淸(1453~1508)이 초학자를 위해 사서四書의 의리義理를 강해한 책이다. 본서는 송조약 宋兆禴(1600~1642)이 중정重訂하여 간행한 중국본이다.

12권 12책으로 구성된 목판본이다. 표제表題는 '역몽인易蒙引'이며, 중국본 특유의 사침안정법四針眼訂法을 유지하고 있는 표지 우측상단에는 편목篇目이 기재되어 있다. 판심제는 '역경몽인易經蒙引'이고 판심 중간 에는 편목篇目 및 권차卷次가, 하단에는 장차張次가 판각되어 있다. 판식은 사주단변四周單邊, 유계有界, 9행 26자, 무어미無魚尾이다.

본서에 수록된 「주간역경몽인감합奏刊易經蒙引勘合」에 의하면 초간본은 1529년(嘉靖 8) 건양현建陽縣에서 간행하였다. 초간본의 서문과 범례만 수록되어 있고 중정본의 간기가 남아있지 않아 그 발행사항을 상세히 알 수는 없으나, 『역경몽인』을 중정重訂한 송조약宋兆禴의 생몰년을 고려해 보았을 때 17세기에 간행되었을 것으로 추정된다.

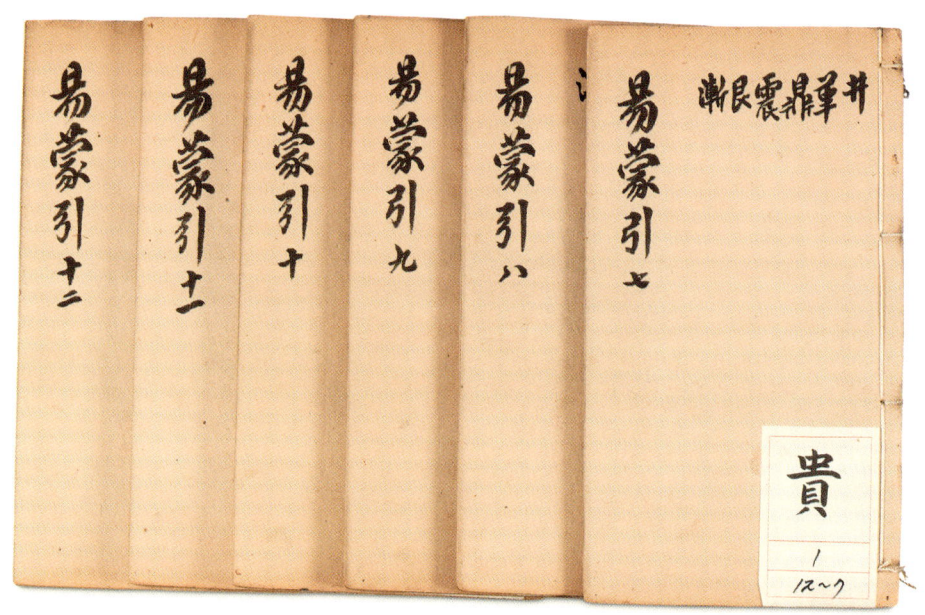

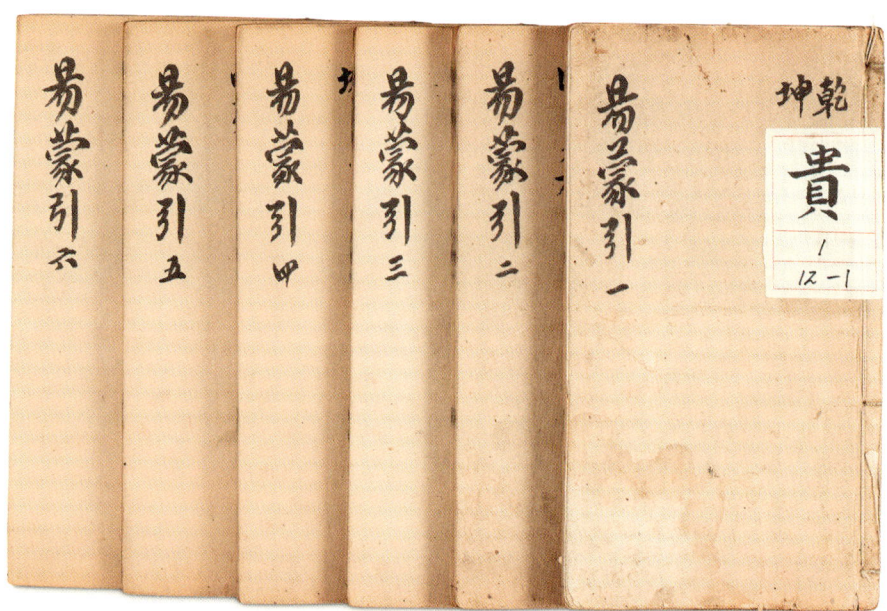

본서는 1529년 초간본『역경몽인』을 바탕으로 하여 중정한 12권 12책의 완질본이다. 동일한 판본은 한국에 없는 것으로 보인다. 동일한 서명의『역경몽인』(C1-26)이 한국학중앙연구원 장서각에 소장되어 있는데, 이는 24권으로 분권되어 있는 명말明末 간행 돈고재각본敦古齋刻本으로 하향흑어미下向黑魚尾의 판식을 가지고 있다. 하버드 엔칭 도서관 소장본(T 234 4932b) 또한 돈고재각본이다. 이외에도 사고전서에 수록된 판본과 1669년(寬文 9) 일본에서 훈점訓點을 추가한 판본 등이 남아있다.

서울대학교 규장각한국학연구원 소장『채허재선생사서몽인蔡虛齋先生四書蒙引』은 본서와 같은 송조약宋兆㮦 중정 간본이지만 본서와 마찬가지로 정확한 발행사항을 확인하기 어렵다. 다만 판식이 10행 27자, 상하향흑어미上下向黑魚尾로 본서와는 조금 다른 것으로 보아 역시 돈고재 간본으로 보인다.

편찬자인 채청의 자는 개보介夫이고, 복건성 진강晉江 사람이다. 어린 시절에 후관현侯官縣의 임비林玭를 스승으로 삼아『역경易經』을 배웠다. 1484년(成化 20)에 진사가 되어 환로에 나아갔으며 관직이 남경南京 국자감 좨주祭酒에 이르렀다. 진강晉江의 천주泉州 개원사開元寺에서 이정기李廷機, 장악張岳, 임희원林希元, 진침陳琛 등의 학자들과 함께 『역易』을 연구하였다. 이때 채청의 학설이 당시 역경 연구가들 사이에서 큰 인기를 얻었고, 학문적 영향력이 점차 커지게 되었다. 저술로는 『역경몽인』과 『사서몽인四書蒙引』·『하낙사견河洛私見』·『통감수필通鑑隨筆』 등이 있다. 채청 사후인 1529년(嘉靖 8)에 그의 후손인 채존원蔡存遠이 『역경몽인』·『사서몽인』을 조정에 진달하였고, 이를 건양현에서 간행한 것이 초간본이다.

『역경몽인』을 중정한 송조약의 호는 희공喜公이다. 현재의 광동성 게양시揭陽市 용성구榕城區인 조주부潮州府 게양현揭陽縣 사람이다. 채청의 문인 중 하나로, 초간본을 교정하여 중간하는 일을 주도하였다.

『역경몽인』의 편찬 목적은 채청의 아들 채존원蔡存遠이 1529년에 찬술한 「주간역경몽인감합」에 잘 드러나 있다. 부친 채청의 노력이 『역경몽인』에 담겨 있다고 밝히고, 부친의 유지를 받들어 황제에게 이 책을 바치기 위해 간행한다고 하였다. 부친이 『역경』에 대한 자료를

| 책차 | 권차 | 내용 |
|---|---|---|
| 1 | [卷首] | 重刻易經蒙引叙, 凡例三則, 奏刊易經蒙引勘合 |
| | 卷1 | 周易上經 乾·坤 |
| 2 | 卷2 | 屯-大有 |
| 3 | 卷3 | 謙-剝 |
| 4 | 卷4 | 復-離 |
| 5 | 卷5 | 咸-睽 |
| 6 | 卷6 | 蹇-困 |
| 7 | 卷7 | 井-漸 |
| 8 | 卷8 | 歸妹-未濟 |
| 9 | 卷9 | 繫辭上傳 1-5章 |
| 10 | 卷10 | 繫辭上傳 6-12章 |
| 11 | 卷11 | 繫辭下傳 1-12章 |
| 12 | 卷12 | 說卦傳, 序卦傳, 雜卦傳 |

널리 수집하고 본인의 학설을 추가하여 『몽인蒙引』이라는 제목을 붙이고 간행에 적절한 시기를 기다렸다고 하였다. 이 책이 『역경』 해석의 모범이라고 생각한 채존원은 예부에 『역경몽인』을 진상하여 간행할 것을 청하였다.

다음은 본서의 책별로 수록된 내용을 정리한 표이다.

권수에는 임희원이 쓴 「중각역경몽인서重刻易經蒙引叙」와 「범례삼칙凡例三則」, 「주간역경몽인감합」이 수록되어 있다. 뒤이어 제시되는 제1권의 첫 줄에는 「주역상경周易上經」이라고 제목을 표시하고 있으며, 그 다음 줄에는 「중정채허재선생역경몽인권지일重訂蔡虛齋先生易經蒙引卷之一」이라고 책 제목과 권 수를 명시하고 있다. 세 번째 줄과 네 번째 줄에는 저자 채청과 작업 참여자 명단을 보여주고 있다.

『주역周易』 경문과 주희의 『역본의易本義』를 수록하고 해당 내용에 대한 여러 학설을 모아 한 글자 낮추어 기술하였다. 『주역』 경문과 『역본의』의 내용을 구분하기 위해 『역본의』 위에 원섬(○)을 달아 수록하였다. 다양한 학설을 광범위하게 인용하여 논증의 근거로 삼았다.

『역경몽인』은 의義와 리理로 역을 해석하던 송대 의리역학義理易學 저작 중 하나이다. 기본적으로 주희의 『역본의』를 수용하였고, 이에 대하여 상세하게 주석을 달았다. 그러나 조선 후기에는 이러한 주석이 너무 자질구레하다는 평가를 받고 있다. 정조正朝가 1799년(정조 23) 7월16일에 연경으로 가는 사신들에게 중국 서적을 사오지 말라는 내용으로 신칙한 유시諭示에는 『몽인』을 포함한 중국 경서 주석들이 점점 지리멸렬하고 거칠어진다[遂及於所謂蒙引汪訂諸家 轉益蔑裂鹵莽]는 평가를 내리고 있다.

그러나 본서는 송조약 중정본重訂本 중에서도 여타의 판본과는 판식이 다른 판본으로, 희소한 가치가 있다고 판단된다. 김소희

주제어
중정채허재선생역경몽인重訂蔡虛齋先生易經蒙引, 역경몽인易經蒙引, 채청蔡清

서명　　周易傳義大全
저자　　胡廣(明) 奉勅纂修
판본　　木版本(明板本 飜刻)
발행　　[朝鮮]: [刊寫者未詳], [17世紀初盤]刊
형태　　19卷10冊(全 卷首1冊 · 24卷14冊, 共15冊): 四周雙邊, 半郭 23.8×16.9 cm, 有界,
　　　　10行22字 小字雙行, 大黑口, 上下內向黑魚尾; 33.0×21.4 cm
주기　　所藏: 卷1-7, 10-11, 14-21, 23-24(10冊)
　　　　標點 · 聲點
　　　　印記: 純義體仁 · [光金儒世](卷23·24)
　　　　借字口訣(書眉 墨書), 한글口訣 · 한글音(欄外 墨書), 補寫: 卷20 第38張
　　　　楮紙

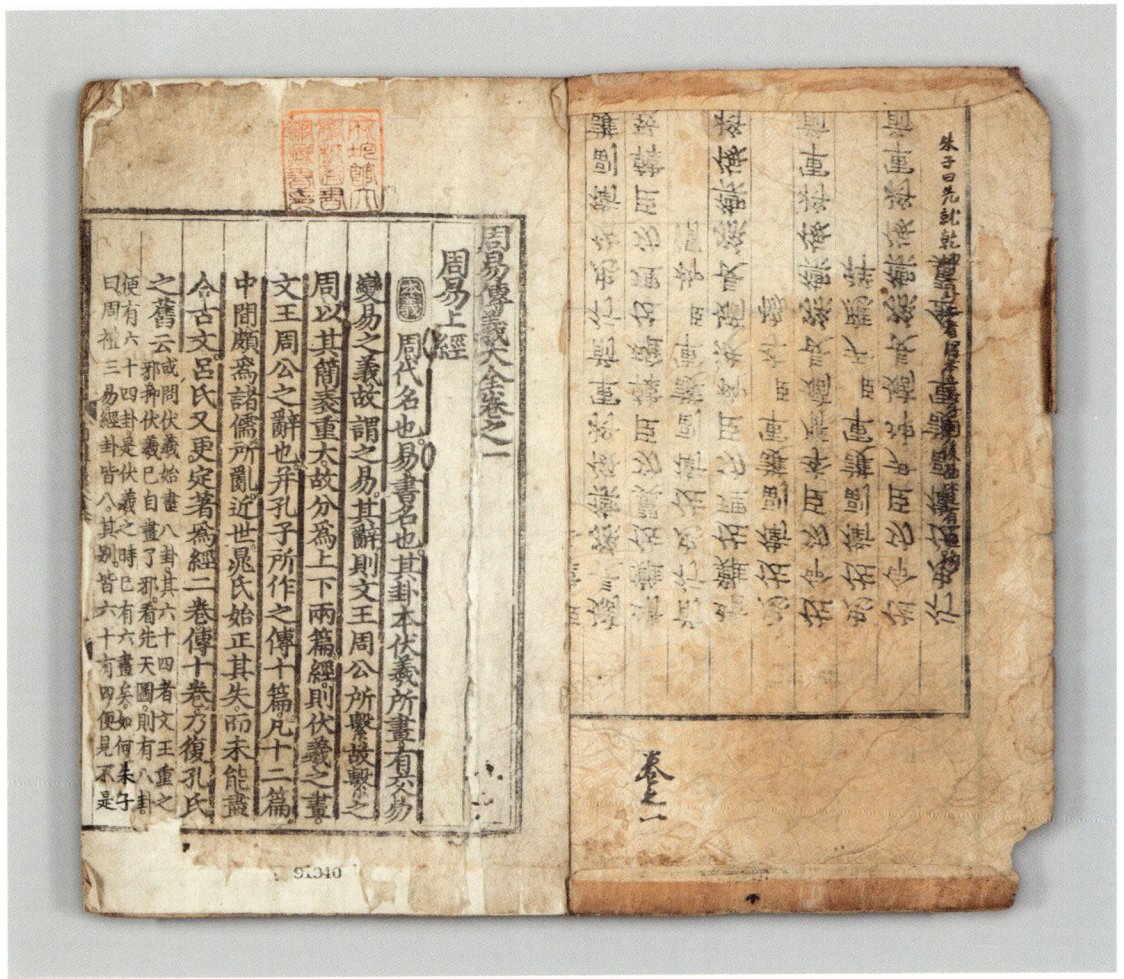

명대明代 성소成祖 영락제永樂帝(재위 1402~1424)의 명을 받아 호광胡廣(1370~1418) 등 42인이 『주역周易』에 대한 주석註釋을 집대성한 책이다. 본서는 임진왜란 이전에 간행한 원판본을 바탕으로 하고, 임란 이후 결실된 판목을 17세기 초반에 보충하여 간행한 목판본이다.

권수제 및 판심제는 모두 '주역전의대전周易傳義大全'이다. 판식은 사주쌍변四周雙邊, 10행 22자, 대흑구大黑口, 상하내향흑어미內向魚尾이다. 명간본明刊本을 저본으로 하였으므로, 상하 대흑구大黑口의 판식을 비롯하여 표점標點과 성점聲點 등을 그대로 판각하여 명간본의 특색이 살아 있다.

경문經文의 서미書眉와 구절 말미에는 차자구결借字口訣이 묵서墨書되어 있으며, 전傳과 본의本義 일부에는 구절 말미에 관주貫珠 혹은 비점批點이 표기되어 있다.

九二曰見龍在田利見大人何
也庸言之信庸行之謹閑邪存
化易曰見龍在田利見大人君
〔傳〕以龍德而處正中者也旣
庸信庸謹遣次必於是也旣
邪旣閑則誠存矣善世而不
正己而物正也皆大人之事
邪則則誠復自存如人有室垣墻
墻其誠則雖是兩事然亦只
有一箇善一箇惡丟善即是
誠自存而閑其邪者乃在於

주요 저자인 호광의 자는 광대光大, 호는 황암晃庵이다. 강서江西 길수吉水 사람이다. 조정의 문학가이며 내각수보로서 남송대의 명신이었던 호전胡銓의 후손이다. 1400년(建文 2)에 과거에서 진사進士로 장원을 하였다. 한림수찬翰林修撰을 제수받았으며 성조成祖가 즉위하자 시강侍講으로 발탁되었다. 이후 호광은 한림수찬翰林修撰·문연각대학사文淵閣大學士·좌춘방대학사左春坊大學士·예부 상서禮部尚書 등을 역임하였고, 성조의 두터운 신임을 받았다. 그는 1414년(永樂 12)부터 2년간 오경대전五經大全·사서대전四書大全·『성리대전性理大全』편찬에 참여하였다. 1418년(永樂 16) 향년 49세의 나이로 호광이 세상을 떠나자, 성조는 그를 예부상서禮部尚書로 추증하고 문목文穆이란 시호를 내렸다. 명나라의 문신이 시호를 얻은 것은 호광으로부터 시작되었다. 명나라 인종이 즉위하고서는 태자소사太子少師를 더하여 추증하였다. 저술로는 『호문목공잡저胡文穆公雜著』·『호문목집胡文穆集』등이 있다.

『주역전의대전』은 오경대전의 첫 부분에 수록된 것으로, 송대 이후 여러 유학자들의 축적된 학설을 종합하고 정리하여 『주역』의 해석을 통일하고자 하는 목적이 컸다. 「인용선유성씨引用先儒姓氏」만도 240명이나 되는 만큼 규모가 방대하다. 이는 『주역』을 비롯한 사서오경을 국가적 교과서로 만들어, 이를 바탕으로 성리학을 관학官學으로 자리매김토록 하였다는 의의가 있다.

1414년 한림학사 호광을 비롯하여 시강侍講 양영楊榮 · 김유자金幼孜 등 42인은 오경대전五經大全 · 사서대전四書大全 · 『성리대전性理大全』의 편찬을 황제로부터 명받았고, 1415년(永樂 13) 9월에 완성하였다. 교정을 본 주사현周士顯은 원나라 건덕로建德路 수창壽昌 사람으로 자는 회옹晦翁이다.

본서는 총 권수卷首 1책과 24권 14책 중 권1, 권2~3, 권4~5, 권6~7, 권10~11, 권14~15, 권16~17, 권18~19, 권20~21, 권23~24에 해당하는 19권 10책의 결질본이다. 『주역전의대전』은 일반적으로 서론에 해당하는 권수卷首, 본문에 해당하는 상경上經 · 하경下經의 경문經文, 단전彖傳 · 상전象傳 · 문언전文言傳과 계사전繫辭傳 · 설괘전說卦傳 · 서괘전序卦傳 · 잡괘전雜卦傳으로 구성된다. 이 책 권16~17은 하경의 투괘姤卦부터 혁괘革卦까지, 권20~21은 하경의 손괘巽卦부터 미제괘未濟卦까지를 담고 있다. 괘의 경문 아래에는 각 괘의 단사彖辭 · 상사象辭와 정이程頤의 『이천역전伊川易傳』, 주희朱熹의 『주역본의周易本義』가 있으며, 그 아래에는 송대 이후 여러 학자들의 견해를 기록한 주석이 달려있다.

『주역전의대전』은 명에서 간행된 직후 사신 편으로 조선에 유입된 뒤, 세종 이래 여러 차례 국가적 차원에서 간행되었다. 존경각 소장본은 결질본이지만, 17세기 명판본의 번각본으로 당대 통행본의 정황을 알려주는 중요한 자료이다. 이시연

주제어
주역전의대전周易傳義大全, 주역본의周易本義, 영락대전永樂大全, 주희朱熹, 호광胡廣

## 주역본의계몽익전
## 周易本義啓蒙翼傳
Juyeok bonui gyemong ikjeon

貴 단산 A02-0046
———

| | | 경부 |
|---|---|---|
| 서명 | 周易本義啓蒙翼傳 | 經部 |
| 저자 | 胡一桂(元) 學 | 4 |
| 판본 | 木版本 | |
| 발행 | [慶尙道 星州]: [星州牧], [宣祖3(1570)]刊 | |
| 형태 | 3卷3冊：半郭 20.5 × 15.8 cm, 四周單邊, 有界, 11行21字 小字雙行, 大黑口, 上下 內向黑魚尾；29.7 × 19.0 cm | |
| 주기 | 版心題: 翼傳 | |

發行事項 推定: 서울대학교 규장각한국학연구원 소장 동일판본『周易本義啓蒙翼傳』(想白古 181.111–H65j–v.1–3)의 '新刊啓蒙翼傳跋: 會星州牧聞詔金侯克一 … 挈其書去 以告于監司完山李公陽元氏 議以克諧 於是命與旁邑 撲事分功 不數月而工告訖 … 隆慶四年歲在庚午(1570) … 李滉'

序: 皇慶癸丑(1313)…胡一桂庭芳父序

落張: 新刊啓蒙翼傳跋(2張)

印記: 富弼彥遇, 光城金氏, [後彫堂], 雙溪家藏, 李中模信

楮紙

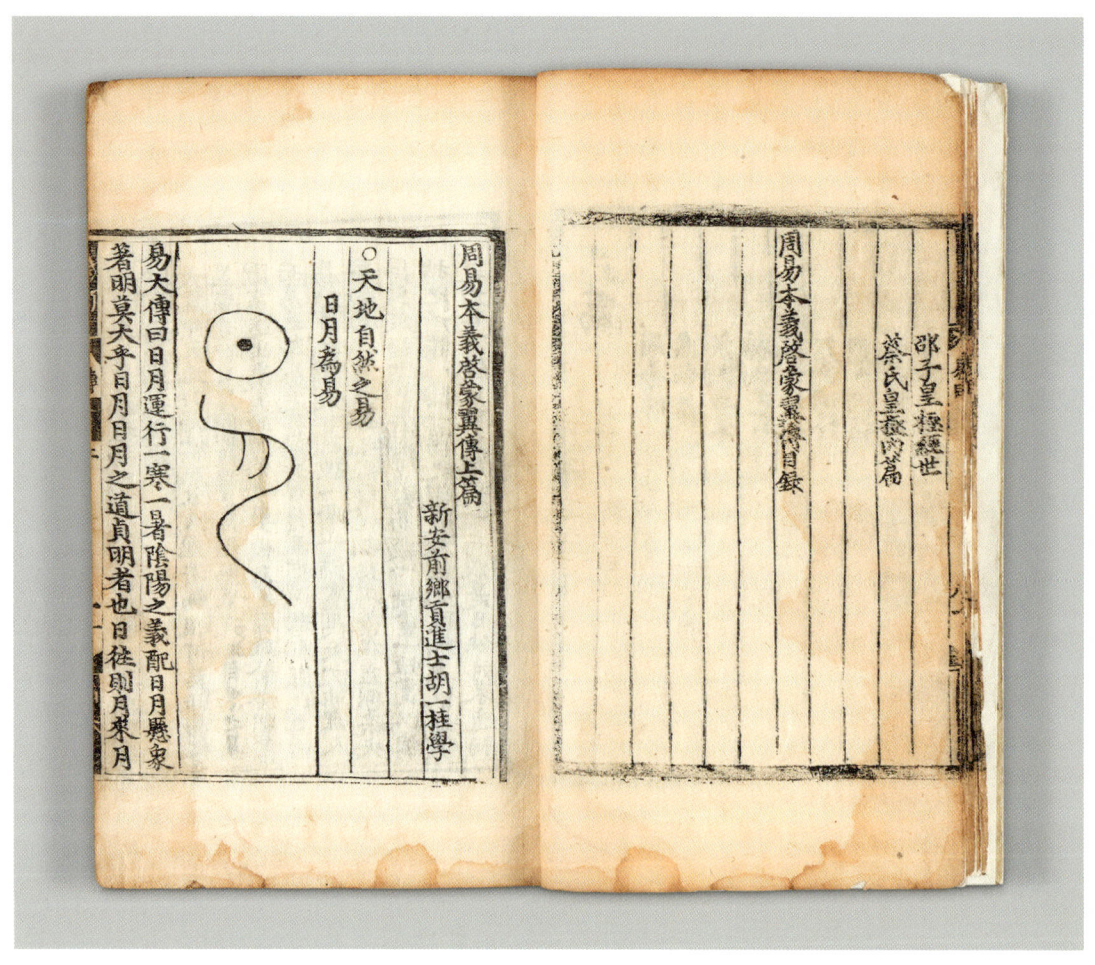

원대元代의 학자 호일계胡一桂(1247~?)가 주희의『역학계몽易學啓蒙』과『주역본의周易本義』에 본인의 주석인 익전翼傳을 단 것이다. 본서는 1570년(선조 3) 조선 성주목星州牧에서 간행한 목판본이다.

상중하 3책으로 구성되어 있다. 3책 중 상책上冊·하책下冊은 현대에 개장하여 표제가 남아있지 않으며, 중책中冊의 표제는 '계몽익전啓蒙翼傳'이다. 판심제는 '익전翼傳'이다. 판식은 사주단변四周單邊, 11행 21자, 대흑구大黑口, 상하내향흑어미上下內向黑魚尾이다.

권수에는 '부필언우富弼彥遇'·'광성김씨光城金氏'·'후조당[後彫堂]' 등 광산김씨 후조당 장서인이 날인되어 있어, 본서가 후조당 가장서의 일부였음을 알 수 있다. '쌍계가장雙溪家藏'·'이중모신李中模信' 또한 날인되어 있어 본서의 유전流轉 상황을 짐작할 수 있다.

편찬자인 호일계의 자는 덕부德夫, 호는 인재人齋이며 온주溫州 영가永嘉 사람이다. 부친인 호방평胡方平 또한 역에 대한 이해가 깊어 주희의 『역학계몽』에 주석을 단 『역학계몽통석易學啓蒙通釋』을 찬술하기도 하였다. 호일계는 1270년(咸淳 6) 천거되었으나 벼슬하지 않고 학문에 정진하며 제자들을 가르쳤다. 저술로는 『주역본의계몽익전』 외에도 『역본의부록찬소易本義附錄纂疏』, 『고주례보정古周禮補正』, 『사서제강四書提綱』 등이 있다.

『주역본의계몽익전』은 『주역본의』와 호일계의 부친의 『역학계몽통석』에 상세한 전을 붙인 책으로, '익전翼傳'으로 지칭하였다. 본서의 권수에는 서문과 목록이 있으며, 제3책말에는 본래 1570년 이황李滉이 쓴 발문 2장이 있으나 제1장 일부만 남고 결락된 상태이다. 본서와 동일한 판식의 서울대학교 규장각한국학연구원 소장본 『주역본의계몽익전』(想白古 181.111-H65j-v.1-3)의 「신간계몽익전발新刊啓蒙翼傳跋」을 참고해보면, 성주목사인 김극일金克一이 이 책을 좋다고 여겨 전주감사인 이양원李陽元에게 고하였다. 이를 좋다고 여긴 이양원이 다시 여러 고을에 명하여 몇 개월 만에 이 책을 간행하였다는 기록이 있다.[會星州牧聞詔金侯克一 … 挈其書去 以告于監司完山李公陽元氏 議以克諧 於是命與旁邑 揆事分功 不數月而工告訖 … 隆慶四年歲在庚午(1570) … 李滉] 동일한 서명을 가진 책으로 1686년(숙종 12)에 간행된 목판본 또한 전해지고 있는데, 어미의 모양 및 글씨체 등 판식이 다르다. 본서에는 상편上篇 · 중편中篇 · 하편下篇까지 수록되어 있는데, 1686년 간행본에는 「외편外篇」이 더 전해지는 등의 내용상 차이점도 존재한다. 발문 내용에 따르면[侍讀官李徵明所啓 啓蒙翼傳 曾有校讐刊行之敎 故臣等 相議校正 今方印出 而元本中 多有訛誤之字 必須精細竄改] 본서가 바로 그 교감 간행본이고, 1686년 간행본이 원본의 오자를 교정하고 외편을 더하여 간행한 판본으로 추정된다.

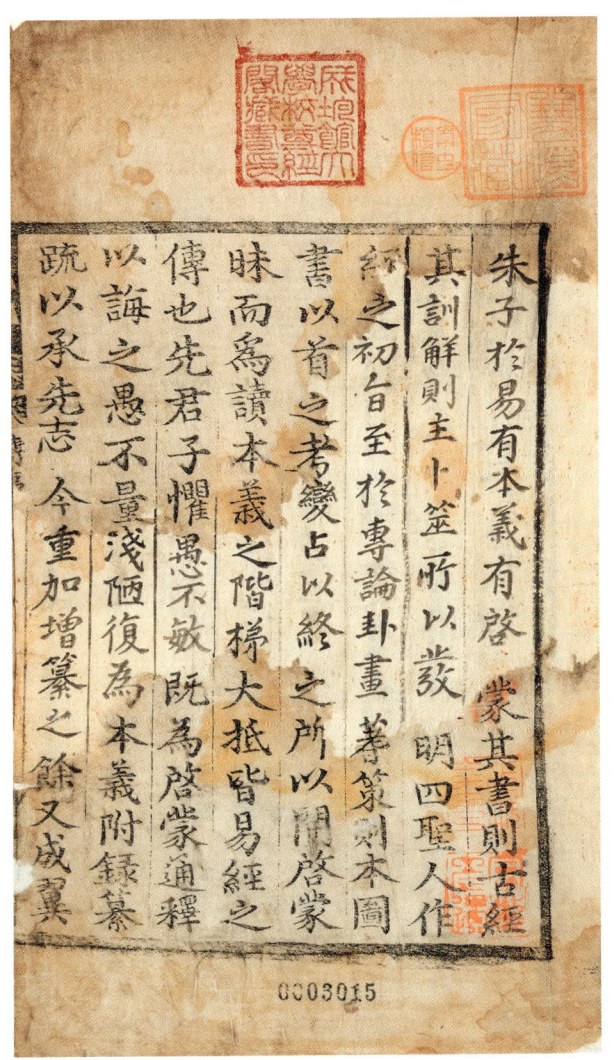

『역학계몽』에 나타난 주희 역학 이론을 상편上篇 · 중편中篇 · 하편下篇에 수록하였고, 외편外篇에는 경방京房, 양웅揚雄, 사마광司馬光 등의 설을 수록하여 총 4편으로 편찬하였다. 그러나 조선본인 본서는 처음부터 외편 없이 간행되었는데, 주희의 설만을 수록하기 위한 것으로 보인다.

권수에는 1313년(皇慶 2)에 쓴 호일계의 자서自序가 있다. 상편에는 '천지자연지역天地自然之易', '복희역伏羲易', '문왕역文王易', '주공역周公易', '공자역孔子易'으로 구분하여 각각의 특징을 요약하여 설명하였다. 중편에는 '삼대역三代易', '고역古易', '고역지변古易之變', '고역지복古易之復', '역학전수易學傳授', '역학전주易學傳注'를 수록하였는데, 고역古易에 대한 여러 학자들의 설을 해석하였다. 하편의 '거요擧要', '서법筮法', '변의辨疑'에서는 이理 · 기氣 · 수數 · 역易의 개념과 괘효卦爻에 대한 다양한 분석을 전거와 함께 수록하였다.

본서는 송말 원초의 『역학계몽』에 대한 주석서로, 『주역본의』를 바탕으로 한 복서卜筮를 강조하는 한편 대전大傳의 의리를 설명하고 있는 책이다. 또한 경상도 성주목에서 간행한 책으로, 외편을 제외하고 간행하였다. 이황의 발문과 광산 김씨 예안파 김부필의 장서인을 통해 당시 영남 지역의 문인들이 이 책을 열독하였다는 사실을 알 수 있어, 서적 문화사적으로도 의미가 있는 자료이다. 김소희

주제어
주역본의계몽익전周易本義啓蒙翼傳, 호일계胡一桂, 호방평胡方平, 역학계몽易學啓蒙, 주역본의周易本義

# 서전대문
# 書傳大文
### Seojeon daemun

貴 A03-0015
___

| | | |
|---|---|---|
| 서명 | 書傳大文 | 경부 |
| 저자 | 蔡沈(宋) 集傳 ; [編者未詳] | 經部 |
| 판본 | 金屬活字本(乙亥字) | 5 |
| 발행 | [漢城] : [校書館], [明宗~宣祖初]印 | |
| 형태 | 下卷1冊(全 上下卷2冊) : 四周雙邊, 半郭 23.0 ×15.3 cm, 有界, 9行17字 口訣雙行, 大黑口, 上下內向三葉花紋魚尾 ; 28.3 ×18.8 cm | |
| 주기 | 卷尾題: 書傳大全 | |
| | 大文: 乙亥字大字, 借字口訣: 乙亥字小字 | |
| | 楮紙(이음종이) | |

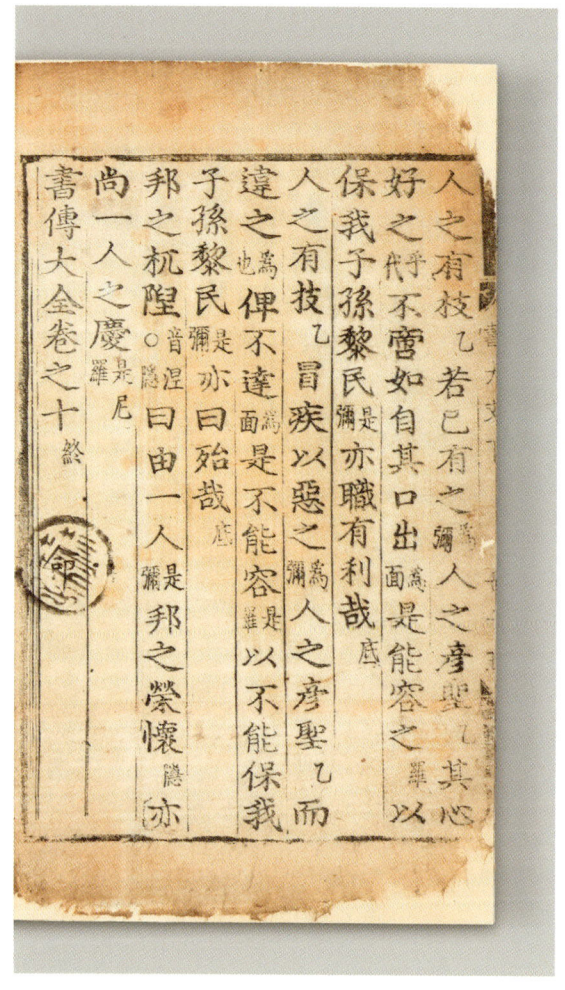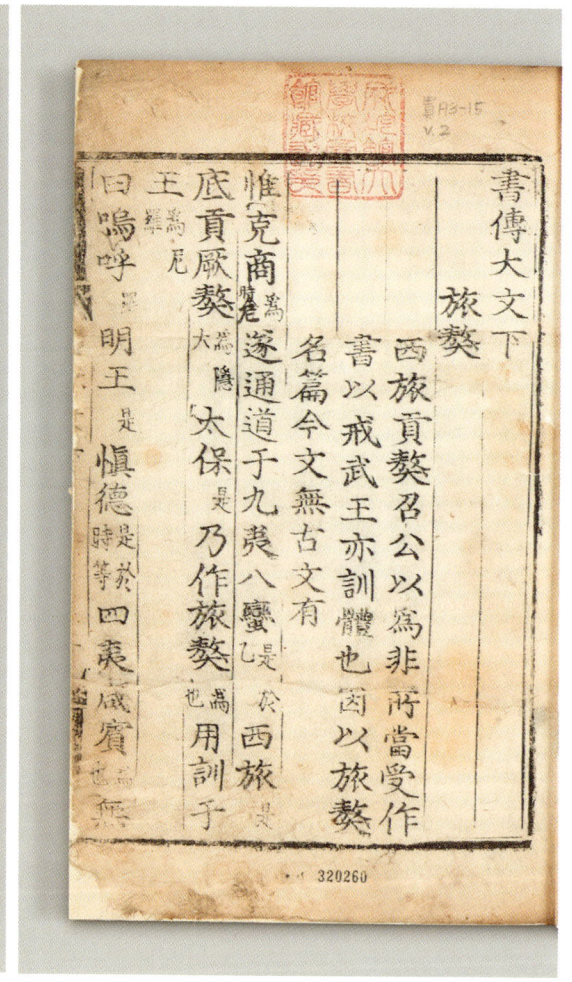

남송南宋의 학자 주희朱熹(1130~1200)가 제자인 채침蔡沈(1167~1230)을 시켜 편찬한 『서집전書集傳』의 내용 중 경문經文에 차자구결借字口訣을 달고, 각 편의 대지大旨를 주석한 것만을 모아 간행한 책이다. 본서는 전체 상·하 2권으로 구성된 을해자본 『서전대문』 가운데 하권에 해당하는 1책이다. 상권 제1책의 우서虞書 「요전堯典」부터 주서周書 「홍범洪範」까지의 내용이 없다.

표제는 '서전書傳', 판심제는 '서대문書大文', 권미제卷尾題는 '서전대전書傳大全'이다. 판식은 사주쌍변四周雙邊, 9행 17자, 대흑구大黑口, 상하내향3엽화문어미의 금속활자본이다. 본서는 금속활자인 을해자乙亥字에 목활자 보자補字를 섞어 간행하였다. 경문經文과 채침의 주석에는 을해자 중자中字를 사용하였고, 차자구결은 을해자 소자小字를 사용하여 쌍행으로 배열하였다.

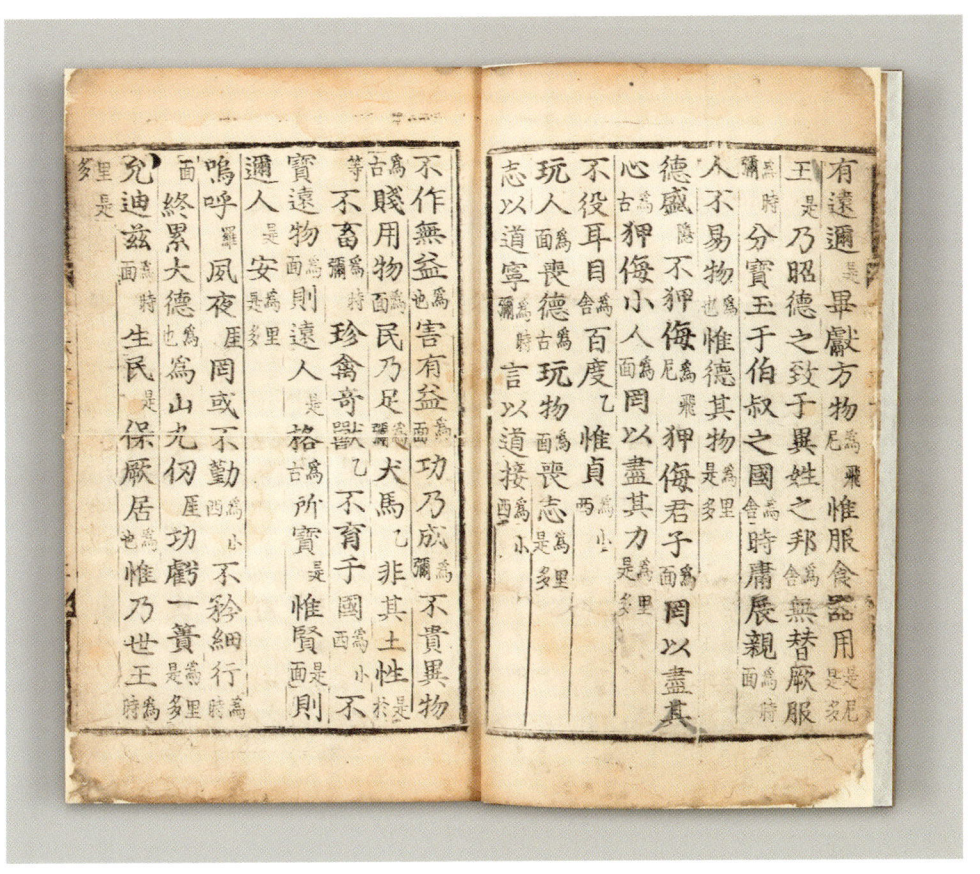

『서집전』은 당요唐堯부터 진목공秦穆公까지의 사적史蹟이 남아 있는 것을 채록한『서경書經』에 주희의 제자 채침이 이전의 학설을 모아 1206년(開禧 2) 편찬을 완성한 책이다. 원대元代 이후 거자舉者들의 수험서로 많이 이용되었다. 본서는『서집전』중 경문만을 가져와 소자쌍행으로 구결을 달았고, 각 편제篇題 아래 채침의 주석은 4자를 내려 원문만을 수록하였다. 동일한 판본으로는 고려대학교 도서관 화산문고본(화산 貴 132 2)이 있다.

본서는 이음종이를 사용하여 인출하였으며, 곳곳에 비점批點이 남묵藍墨으로 표기되어 있는 것으로 보아 초견인쇄 교정본으로 판단된다. 차자구결인 '에[於是]'에 남묵으로 '애[厓]'의 생략형인 '애[厂]'가 표기되어 있다. '시유천명時有天命' 뒤의 차자구결 '이니[是尼]' 다음의 중자中字 '시時'에는 '⌒' 모양의 수정 기호가 가필되어 있고, '이니[是尼]' 하단에는 '시時'가 덧붙여져 있다. 이는 대문으로 인출된 '시時'를 없애고 '이니[是尼]'를 '이시니[是時尼]'로 수정하라는 의미로 읽힌다.

사서삼경四書三經의 대문을 따로 간행한 서적은 대개 16~17세기 사이 교서관校書館에서 경진자庚辰字, 무오자 戊午字, 무신자戊申字 등으로 간행한 사례가 있다. 이 책들은 모두 세자世子에게 강학하기 위하여 교서관에서 간행한 책으로, 본서 또한 그러한 목적으로 간행되었으리라 추정된다. 을해자본인 본서는 세자 강학용 서적으로 대문만을 모아 책으로 간행한 것 중 이른 시기에 속하며, 차자구결까지 함께 간행하는 일은 더욱 드물다. 본서는 결질본임에도 불구하고 어린 세자를 위하여 구결까지 세세하게 교정한 흔적이 남아 있는 을해자본『서전대문』으로, 희소한 가치가 있다고 판단된다. 김소희

주제어
서전대문書傳大文, 서집전書集傳, 세자世子 강학용講學用

참고문헌
임종욱 등,『중국역대인명사전』, 이회문화사, 2010.

貴 A04-0011n

---

| | |
|---|---|
| 서명 | 詩傳大全 |
| 저자 | 胡廣(明) 等奉勅纂 |
| 판본 | 金屬活字本(戊午字) |
| 발행 | [漢城]: [校書館], [光海君朝]印 |
| 형태 | 1卷 1册(全20卷)：四周雙邊, 半郭 27.7 × 17.3 cm, 有界, 10行18字 小字雙行, 上下內向三葉花紋魚尾 : 36.0 × 22.2 cm |
| 주기 | 所藏: 卷2 楮紙 |

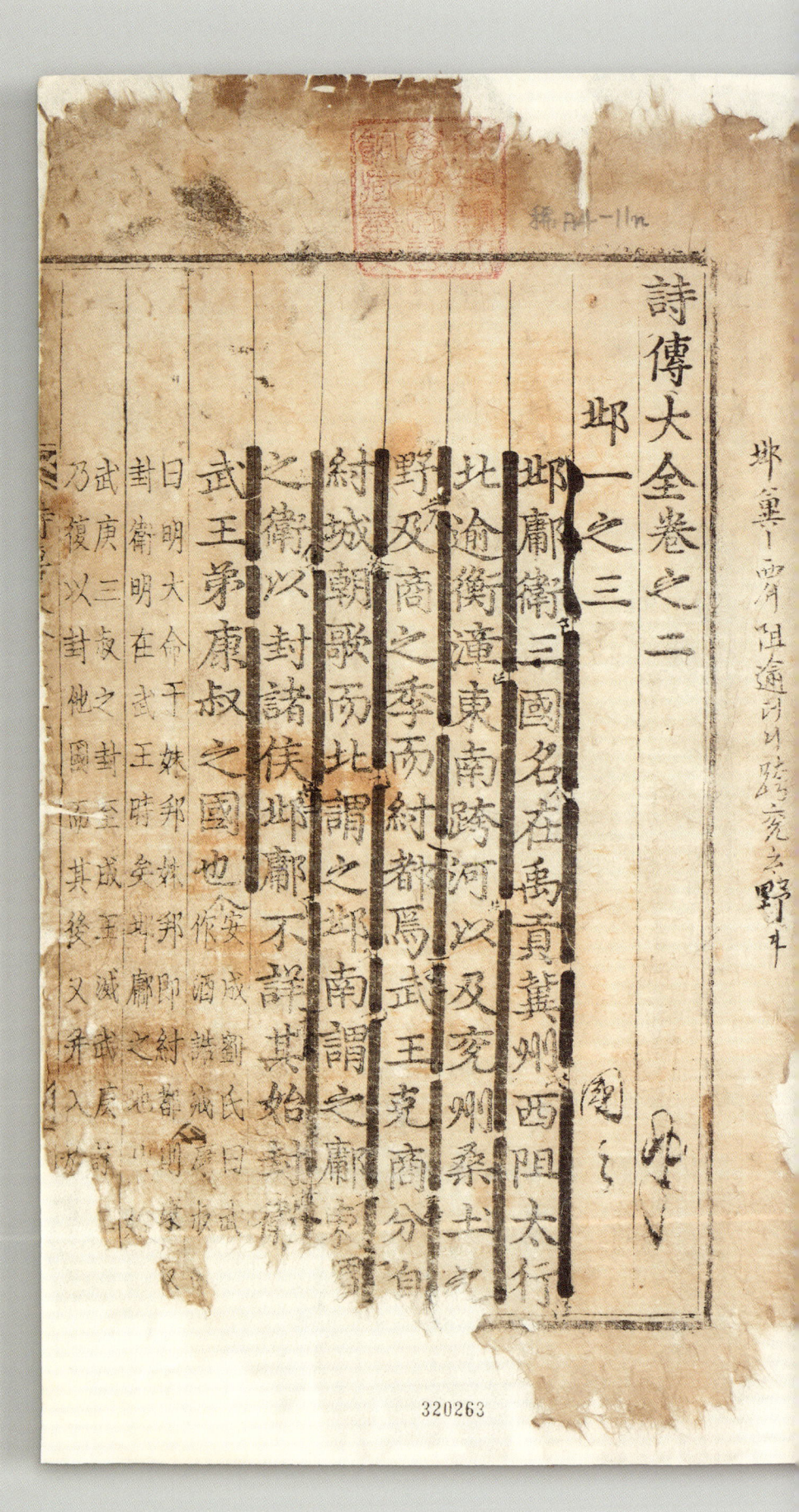

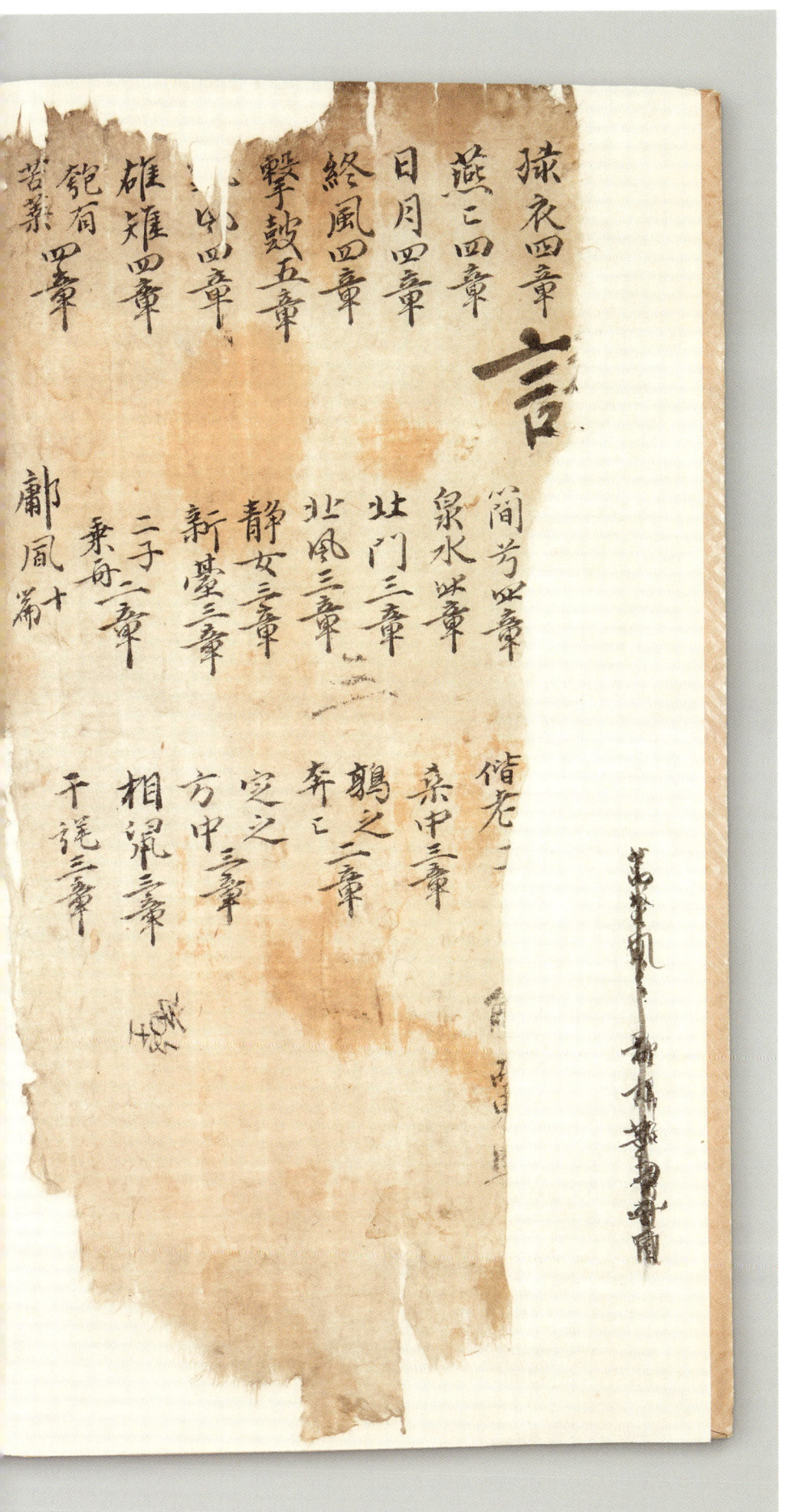

명나라 성조成祖 영락제永樂帝(재위 1402~1424)가 호광胡廣(1370~1418) 등의 학자들에게 명하여 1415년(永樂 13)에 완성된 사서오경대전四書五經大全 중 하나로, 『시경詩經』에 대한 여러 학자들의 주석을 종합하여 정리한 책이다. 본서는 17세기 초에 삼주갑인자三鑄甲寅字인 무오자戊午字로 간행한 책이다.

표제 및 권수제, 판심제 모두 '시전대전'이다. 표지는 현대에 개장된 것으로, 오침안정법五針眼訂法으로 장황粧䌙하였다. 판식은 사주쌍변四周雙變, 유계有界, 10행 18자, 상하내향3엽화문어미이다. 무오자는 광해군대에 세 번째로 개주改鑄한 갑인자 계열의 활자이다. 갑인자 계열의 활자 중에서 박력이 없다는 평가를 받는 활자이지만, 그 인본이 드물고 간행 연대가 이른 시기에 속하므로 귀중본으로 지정하였다. 무오자 인본『시전대전』은 국립중앙도서관, 서울대학교 규장각 한국학연구원, 성암고서박물관 등에 소장되어 있다.

전체적으로 밑줄과 비점批點 및 관주貫珠 등이 묵서墨書되어 있다. 또한 서미書眉 등의 여백에 장차章次, 언해諺解 및 구결 등이 묵서墨書되어 있다. 행간에는 차자구결借字口訣과 한글구결이 곳곳에 표기되어 있다. 각 장의 첫 글자를 따고 구결을 붙인 문장이 필사되어 있는데, 장의 순서를 외우기 위한 것으로 보인다.

호광의 자는 광대光大, 호는 황암晃庵, 시호는 문목文穆이며, 강서성江西省 길수吉水 출신이다. 1400년(建文 2)에 진사에 급제하여 한림원翰林院 수찬修撰이 되었다. 성조가 즉위한 후 시강侍講을 거쳐 문연각대학사文淵閣大學士 및 예부상서禮部尚書 등을 역임하며 명초 관학官學의 기틀을 주도적으로 마련하였다. 저서로는 『호문목집胡文穆集』이 있다.

오경 중 하나인 『시경』은 중국 최초의 시가집으로, 주나라 때의 시가를 모아 엮은 것이다. 원래 3,000여 편이었으나 공자가 제자들의 교육을 위해 편집하면서 305편이 되었다. 공자는 육경六經 중 『시경』을 가장 중시했는데, 가사를 통해 주대의 정치와 민심을 살펴볼 수 있기 때문이다. 내용은 크게 풍風·아雅·송頌 세 부분으로 구성되어 있다. 풍은 여러 제후국에서 불리던 160개의 민요를 모은 것으로 국풍國風이라고도 한다. 내용은 주로 남녀 간의 사랑을 다루고 있다. 아는 궁중에서 불리던 곡으로 대아大雅 31편, 소아小雅 74편으로 나뉜다. 송은 종묘의 제사에 쓰이던 곡으로, 다시 주송周頌·노송魯頌·상송商頌으로 나뉜다. 『시경』은 최소 네 종류가 있었다고 전해지지만 현재 전하는 것은 『모시毛詩』뿐이다. 당나라 때 공영달孔穎達 등이 태종太宗의 명으로 당시까지의 주석을 집성한 『모시정의毛詩正義』가 『시경』 해석의 기준이 되었으나, 남송대 주희朱熹가 편찬한 『시경집전詩經集傳』으로 바뀌었다. 명대에 들어와 성조는 사서오경대전과 『성리대전性理大全』을 편찬하게 하였다. 이를 통해 송대 이후 여러 성리학자들의 학설을 정리함으로써 교육의 기준을 정립하였고, 성리학을 관학으로 자리 잡도록 하였다. 이후 이들 대전본은 명나라뿐만 아니라 조선에서도 경전 해석의 기준이 되었으며, 사서오경대전에 포함된 『시전대전』 또한 마찬가지이다.

『시전대전』이 우리나라에 전해진 시기는 정확히 알기 어려우나, 1419년(세종 1) 명나라가 경녕군敬寧君을 통해 보내온 기록이 가장 이른 기록이다. 이후 1426년(세종 8)과 1433년(세종 15)에도 유입되어 세종대에 적어도 세 차례 유입되었다. 그리고 1427~1428년(세종 9~10) 사이에 삼도三道에서 분담하여 처음 간행되었다. 그리고 갑인자가

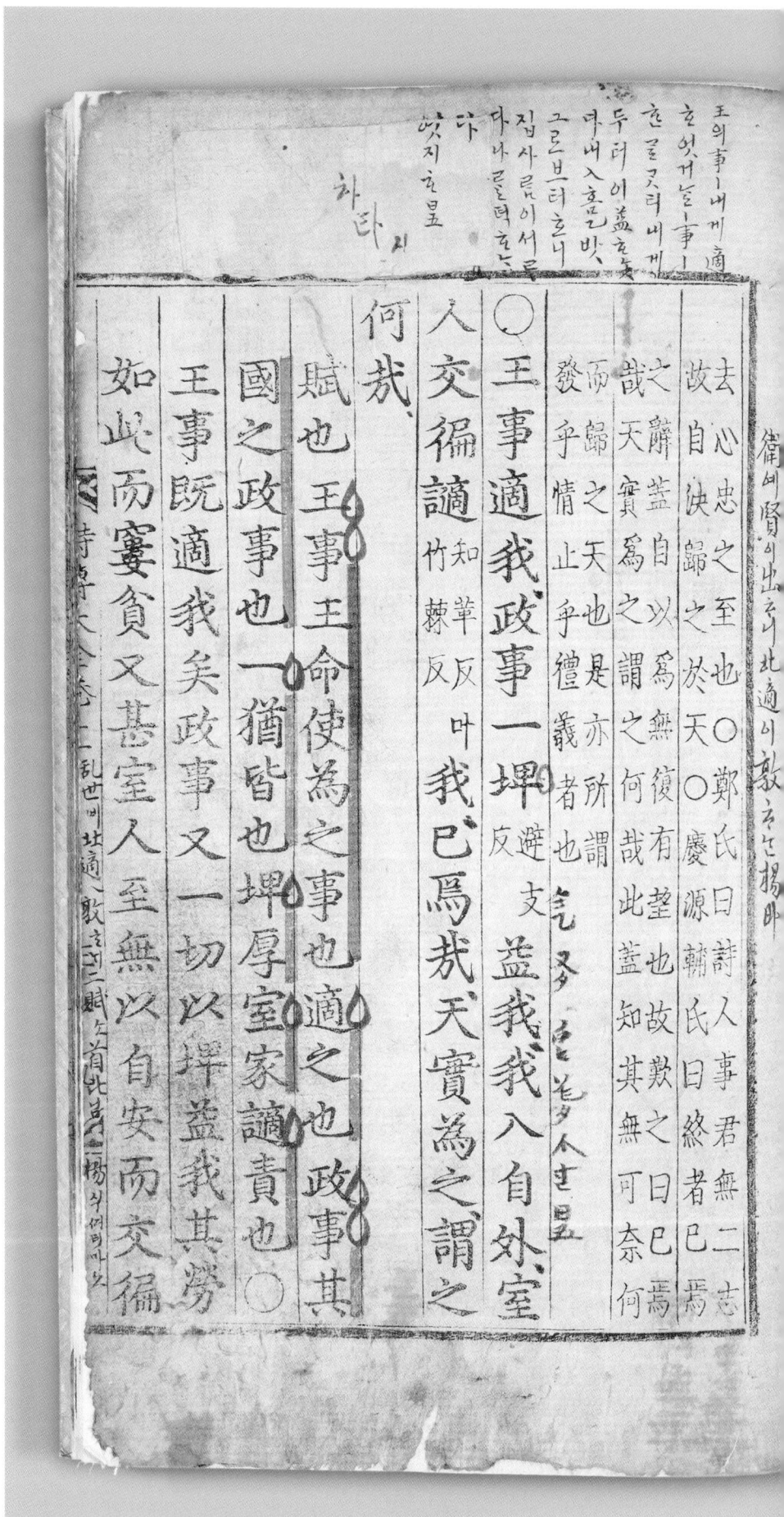

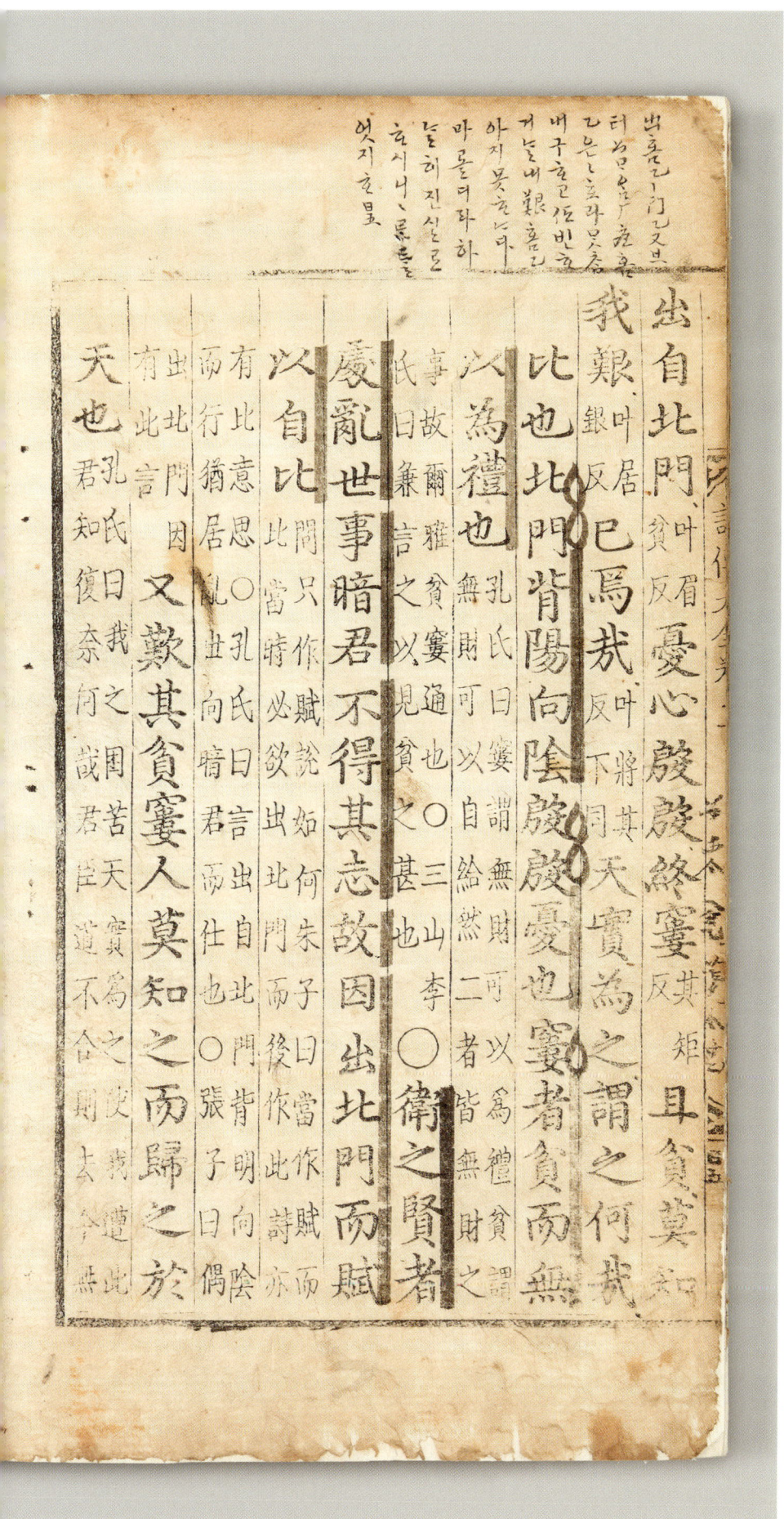

주조된 이듬해인 1435년(세종 17)에는 활자로도 간행되었다. 본서는 광해군대에 간행된 무오자본으로, 이외에도 국립중앙도서관, 서울대학교 규장각한국학연구원, 성암고서박물관 등에 소장되어 있다. 존경각 소장본은 전체 20권 중 풍에 해당되는 내용으로 「패邶」 19편이 수록되어 있다.

『시전대전』은 송대 이후 학자들의 학설을 집성하여 경전 해석의 기준을 마련했으며, 주변 국가에 전해져 널리 읽혔다는 점에서는 의미가 있다. 그러나 원나라 예사의倪士毅의 『사서집석四書輯釋』에서 크게 바뀐 점이 없으며, 이 책이 국가적으로 편찬됨으로써 이후 새로운 경전 연구가 쇠퇴했다는 점에서 후대에 큰 비판을 받았다. 또한 무오자본은 광해군의 실정으로 간행이 활발히 이루어지지 않은데다 연이은 전란으로 인본이 비교적 희소하다는 점에서 서지적으로도 가치가 크다. 뿐만 아니라 밑줄·관주 및 장의 순서를 외우기 위한 문장 등이 필사되어 있어, 당시 학생들의 공부 방법을 알 수 있는 자료가 된다.
이유리

주제어
시전詩傳, 영락대전永樂大全, 주희朱熹, 호광胡廣, 무오자戊午字

참고문헌
임종욱 등, 『중국역대인명사전』, 이회문화사, 2010.

# 의례경전통해
# 儀禮經傳通解
Uiryegyeongjeon tonghae

貴 단산 A05A-0002

| | | |
|---|---|---|
| 서명 | 儀禮經傳通解 | 경부 |
| 저자 | 朱熹(宋) 解 ; 黃幹(宋) 集注 | 經部 |
| 판본 | 金屬活字本(甲寅字混入補字) | 7 |
| 발행 | [漢城]: [校書館], [宣祖卽位年(1568)]印 | |
| 형태 | 37卷20冊 : 揷圖 : 四周雙邊, 半郭 25.2×17.1 cm, 有界, 10行17字 小字雙行, 上下下向三葉花紋魚尾 ; 36.2×22.8 cm | |
| 주기 | ㄴ表題: 儀禮經傳通解(第1~14冊)·儀禮集傳集註(第15~20冊), 卷首題: 儀禮經傳通解(卷1~23)·儀禮集傳集註(卷24~37) |
| | 發行事項 推定: 『宣祖實錄』卽位年(1568)十月丁卯條 '朱子晚年 專意禮書 作儀禮經傳通解 (中略) 此冊今在弘文館 宜令[校]書館 刊印行布 以便學禮者參考取法 其後通解書, 刊行于世' |
| | 買得記: 萬曆九年辛巳(1581)資以易之(第1冊 앞面紙) |
| | 印記: 純義體仁·[光金儒世](卷首·卷尾), 宣賜之記(第17冊) |
| | 校正(部分印出), 校勘(朱墨) |
| | 楮紙 |

남송南宋의 학자 주희朱熹(1130~1200)가 『의례儀禮』를 경경으로 삼고 여러 경사經史에 나오는 예문禮文 및 제가諸家의 주소註疏 모아 편찬하던 『의례경전통해儀禮經傳通解』를 완성하지 못하자, 제자 황간黃幹(1152~1221)이 『의례집전집주儀禮集傳集注』를 덧붙여 완성한 책이다. 본서는 1568년(선조 1)경 교서관에서 초주갑인자初鑄甲寅字로 간행한 책이다.

제1~14책까지의 표제表題는 '의례경전통해儀禮經傳通解', 제15~20책의 표제는 '의례집전집주儀禮集傳集註'이며, 표제 우측상단에 편목篇目이 묵서되어 있다. 판식은 사주쌍변, 10행 17자, 상하하향3엽화문어미이며 보자補字가 섞여 있다. 『선조실록』1568년 10월 정묘조를 보면 "'주자朱子가 노년에 예서禮書에 전념하여 『의례경전통해儀禮經傳通解』를 편찬하다가 완성하지 못하고 졸하였는데, (중략) 그 책이 지금 홍문관에 있으니 교서관校書館으로 하여금 간인刊印 반포하게 하여 예학을 익히는 자들의 참고와 취법取法에 편리하도록 하소서."하였다. 그 뒤 『통해通解』가 간행되었다.[朱子晚年 專意禮書 作儀禮經傳通解 (中略) 此冊今在弘文館 宜令書館 刊印行布 以便學禮者參考取法 其後通解書 刊行于世]'라는 기록이 있어, 본서가 1568년에 교서관에서 간행한 『의례경전통해』라고 추정할 수 있다.

권1~23의 권수제는 '의례경전통해儀禮經傳通解', 권24~37의 권수제는 '의례집전집주儀禮集傳集注'로, 황간이 『의례집전집주』를 보충하여 완성한 『의례경전통해』의 편제를 그대로 따랐다. 판심제는 권1~37까지 '의례경전통해儀禮經傳通解'로 모두 동일하다. 권36 제3~4장에 공란이 있다.

제1책 앞면지面紙에는 '만력9년 신사(1581) 자금을 주고 바꿈[萬曆九年辛巳 資以易之]'이라는 묵서가 있다. 각 책수책수冊首와 책말冊末에는 '순의체인純義體仁'·'광김유세[光金儒世]'가 날인되어 있어, 본서가 광산김씨 예안파 후조당 체인體仁 김순의金純義의 소장본이었음을 알 수 있다. 제17책에는 '선사지기宣賜之記'가 날인되어 있는데 내사기內賜記는 없다. 잘못 인출된 글자만을 도려내고 다른 종이에 찍어 붙이는 방식으로 수정하였다. 균자均字가 잘 이루어지지 않은 글자에 주묵朱墨으로 표시가 되어 있는 것으로 보아 재견인쇄본再見印刷本으로 보인다.

萬曆九季辛巳資以易之

儀禮經傳目録

漢書藝文志禮古經五十六卷經十七篇

右氏戴氏○今按此即今儀禮也十七本作十七臨江劉敞云當作十七計其篇數則然今從之末嘉張淳曰漢初未有儀禮之名疑後漢學者見十七篇中有儀有禮遂合而名之也

記百三十一篇 著所記也七十子後學明堂

陰陽三十三篇 古明堂之遺事

曲臺后倉九篇 臺后倉為記故名曰曲

王史氏二十篇 七十

明堂陰陽說五篇 周官經六篇 周官傳

四篇 王莽時劉歆置博士師古曰即今周官禮也亡其冬官以考工記充之

劉歆曰易曰有夫婦父子君臣上下然後

儀禮經傳通解卷第一

士冠禮第一　家禮一之上

傳曰夫禮始於冠本於昏重於喪祭尊於　夫音扶朝

朝聘和於射鄉此禮之大體也　直遙反○

始猶根也本猶榦也鄉鄉飲酒

士冠禮○筮于廟門　筮市例反廟古廟字○

筮著也問日吉凶於

著以著閒曰吉凶於

冠必筮日於廟門者重以成人之禮成之也

筮者以蓍問日吉凶於易者也冠必筮日於廟門者

子孫也廟謂禰廟不於堂者嫌著之靈由廟

易○著音尸福乃禮反○疏曰著草

之靈者著易説卦云幽贊於神明而生著是也

神○著音尸卜掌三易一曰連山二曰歸藏

三曰周易筮得卦以易辭占吉凶也周易筮

易著周禮太卜掌三易一曰連山二曰歸藏三曰周易

法用四十九著分之爲二而掛扐一撲之以四

歸奇於扐再扐而爲一變合掛扐得五若四

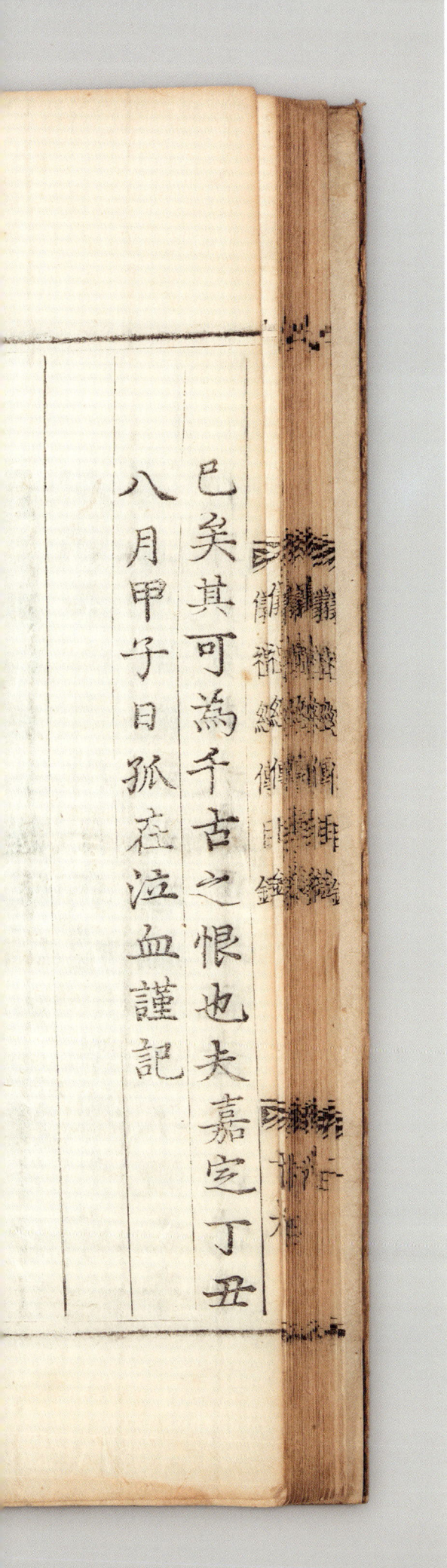

편저자 주희의 자는 원회元晦·중회仲晦, 호는 회암晦庵이다. 본래 휘주 무원婺源 사람이었지만 그의 부친이 복건성에서 벼슬하면서 복건성에 살게 되었다. 19세에 진사에 급제하였고, 천주 동안현 주부로 임명되었다. 동안에서 돌아온 후 이동李侗에게서 학문을 배웠다. 주희는 『논어』·『맹자』·『대학』·『중용』을 사서四書로 내세우고, 사서에 대한 그의 주석은 과거시험의 표준이 되었다. 『의례경전통해』외에 『자치통감강목資治通鑑綱目』·『역학계몽易學啓蒙』·『소학집주小學集註』·『근사록近思錄』 등의 저술을 남겼다.

주희는 예학에도 관심을 가져 1194년(光宗 5)에 삼례三禮를 정리할 것을 조정에 건의하였지만 수용되지 않았다. 『주자연보』에 의하면 주희가 『의례경전통해』를 편수한 것은 1196년(慶元 2)으로 확인된다. 그러나 『의례경전통해』는 일시에 완성된 것이 아니라 최초의 구상부터 최종형태가 정해지기까지 적어도 19년 이상 걸렸다. 『의례경전통해』의 최종형태가 결정되고, 『의례경전통해』라는 이름이 정해진 것은 주희가 세상을 떠나기 얼마 전인 1198~1199년 사이의 일이다. 『의례경전통해』는 삼례를 중심으로 한漢·진晉이하 당唐의 여러 학자의 학설을 모아 교정한 것이며, 착종錯綜된 예를 바로 잡고 의법도수儀法度數를 갖추어 전례典禮를 마련하고자 이 책을 편찬한 것이다.

37권 중 권1~23에 해당하는 「가례家禮」, 「향례鄕禮」, 「학례學禮」, 「방국례邦國禮」는 주희가 만년에 직접 편찬하고 서명을 '의례경전통해'로 수정하였다. 권24~37에 해당하는 「왕조례王朝禮」 부분은 주희가 초고를 작성한 후 수정을 끝내지 못했기 때문에 초고草稿의 서명인 '의례집전집주儀禮集傳集注'로 되어 있다. 또한 권15의 「서수書數」와 권25의 「복서卜筮」는 원문이 유실되어 전하지 않는다.

삼례를 포함한 여러 경전을 각각의 주제별로 분류 편찬한 것은 예문과 그에 대한 해석들이 여러 경전에 흩어져 있어 일일이 찾아야 하는 번거로움을 없애고 예문에 대한 전체의 내용을 알도록 하려는 뜻에서이다. 또한 많지는 않지만 주희는 소 아래에 '금안今按'이라고 표시하여 글자가 잘못된 곳이나 인용한 출처 및 주소의 잘못된 부분을 지적하거나, 예문에 대한 평가와 내용에 대한 해석을 알려주고 있다.

본서는 선조연간에 금속활자로 간행된 것이다. 이는 조선 전기의 이 텍스트에 대한 중앙조정의 관심과 판본의 제작과 유통에 대한 단서를 확인하게 해주는 귀중한 문헌이다 이시연

주제어
의례경전통해儀禮經傳通解, 주희朱熹, 황간黃幹

# 의례경전통해속
## 儀禮經傳通解續
Uiryegyeongjeon tonghaesok

貴 단산 A05A-0003

| | | 경부 |
|---|---|---|
| 서명 | 儀禮經傳通解續 | 經部 |
| 저자 | 黃幹·楊復(宋) 編 | |
| 판본 | 金屬活字本(鑄甲寅字混入補字) | 8 |
| 발행 | [漢城]: [校書館], [宣祖4(1571)]印 | |
| 형태 | 目錄1冊, 29卷32冊, 共33冊 : 揷圖 : 四周雙邊, 半郭 25.1 ×17.4 cm, 有界, 10行17 | |
| | 字 小字雙行, 上下向三葉花紋魚尾 ; 33.8 ×22.7 cm | |
| 주기 | 發行事項 推定:『宣祖實錄』4년(1571)7월8일 '校書館啓 儀禮經傳續已畢印 請進上 | |
| | 頒賜 一依元集例 上從之' | |
| | 總冊數: 共三十三(書腦 墨書) | |
| | 印記: 金垓達遠·敬菴(冊首), 純義體仁·[光金儒世](冊尾) | |
| | 買得記: 萬曆己卯(1579)春 買得於京(第1冊 뒷面紙) | |
| | 校勘(書眉 籤紙) | |
| | 楮紙 | |

남송南宋의 학자 주희朱熹(1130~1200)의 『의례경전통해儀禮經傳通解』에서 누락된 상례喪禮·제례祭禮를 그 제자인 황간黃幹(1152~1221)·양복楊復(?~?)이 보충한 책이다. 본서는 1571년(선조 4)경 교서관에서 초주 갑인자初鑄甲寅字로 간행한 책이다.

목록 1책, 29권 32책으로 구성된 표제 및 권수제, 판심제는 모두 '의례경전통해속儀禮經傳通解續'이다. 표지 우측상단에는 편목篇目이 묵서되어 있고, 서뇌書腦에는 총책수總冊數가 '공삼십삼共三十三'으로 적혀 있어 본서가 완질본임을 알 수 있다. 판식은 사주쌍변, 10행 17자, 상하하향3엽화문어미로 보자補字가 섞여 있다. 『선조실록』1571년 7월 무진조를 보면 '교서관이 『의례경전속儀禮經傳續』의 간행을 마치고 진상하면서 원집元集 예에 따라 반사頒賜하기를 청하니, 상이 따랐다.[校書館啓 儀禮經傳續已畢印 請進上頒賜 一依元集例 上從之]'라는 기록이 있어 본서가 1568년(선조 1)에 간행한 『의례경전통해』에 이어 1571년에 간행한 『의례경전통해속』 이라고 추정할 수 있다. 본서와 『의례경전통해』의 판식 및 활자가 동일한 것 또한 그 증거이다.

제1책 뒷면지面紙에는 '만력 기묘년(1579)에 서울에서 사왔음[萬曆己卯春 貿得於京]'이라는 묵서가 있다. 각책 권수에는 '김해달원金垓達遠'·'경암敬菴'이, 책말에는 '순의체인純義體仁'·'광김유세[光金儒世]'가 날인되어 있어, 본서가 광산김씨 예안파 경암敬菴 김해金垓와 체인體仁 김순의金純義의 소장본이었음을 알 수 있다. 김해의 증조부는 김효로金孝盧, 조부는 관찰사 김연金緣, 부친은 김부의金富儀이다. 김순의 또한 그 후손으로, 광산 김씨 예안파에서 대대로 이 책을 소장해온 정황이 엿보인다.

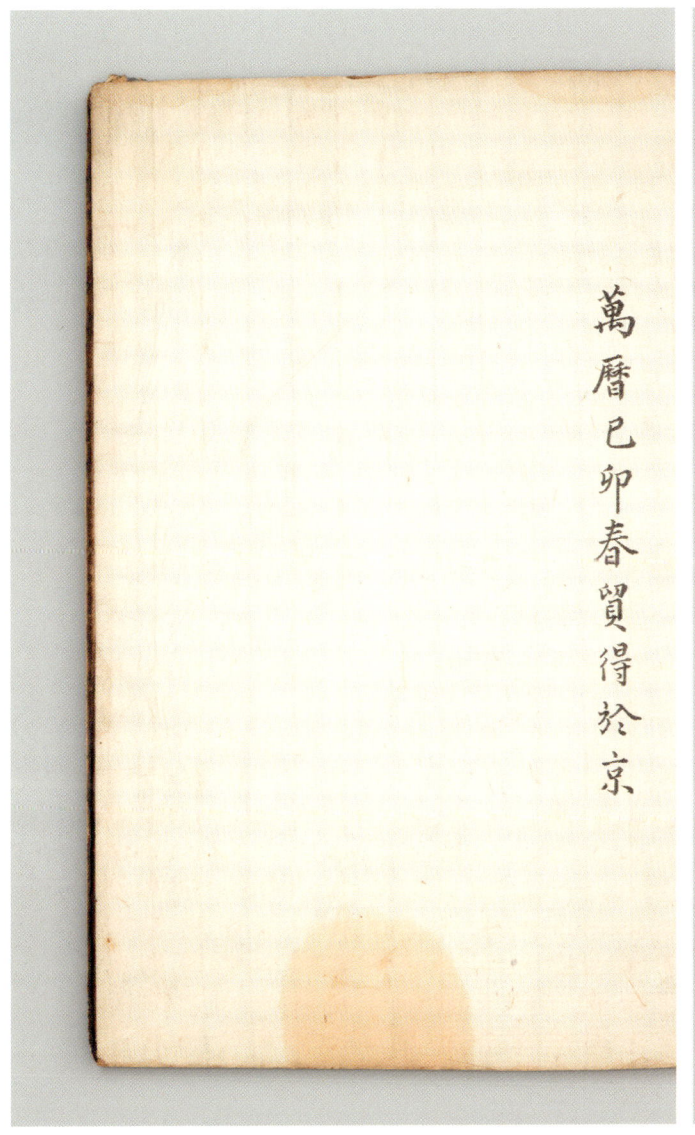

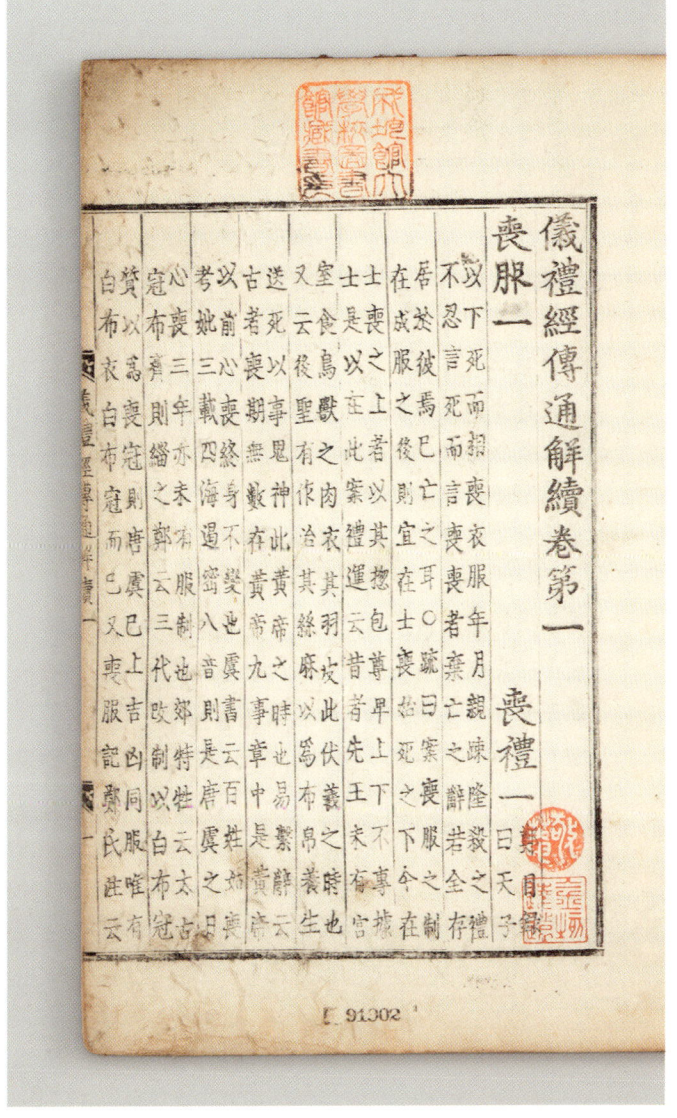

교감 사항이 있을 때에는 서미書眉에 첨지籤紙를 붙여 표시하였다. 예를 들어 '유모사즉복지이월乳母死則服之二月'의 서미에 '이二는 삼三의 오류이다[二三之誤]'라고 적힌 첨지가 붙어있는 것 등이다. 잘못 인출된 글자만을 도려내고 다른 종이에 찍어 붙이는 방식으로 수정하였다. 균자均字가 잘 이루어지지 않은 글자에 주묵朱墨으로 표시가 되어 있는 것으로 보아 재견인쇄본再見印刷本으로 보인다.

편저자 황간은 1175년(淳熙 2)부터 주희의 문인이 된 인물로, 후에 주희의 사위가 되었다. 음보蔭補로 관직 생활을 시작하였고 신금현新淦縣 · 한양군漢陽軍 · 안경부安慶府 지사知事 등의 관직을 역임하였다. 백록동서원白鹿洞書院에서 강학하며 제자를 양성하기도 했다. 『육경강의六經講義』, 『예기집주禮記集注』, 『논어통석論語通釋』 등의 저술이 있다.
황간과 함께 『의례경전통해속』을 편찬한 양복은 주희와 황간의 문인으로, 진덕수眞德秀가 민현閩縣의 군학郡學에 양복을 머무르게 하여 강학하도록 할 정도로 학문에 정통한 인물이었다. 특히 예학禮學에 밝았으며, 『의례경전통해속』 외에 『문공가례주文公家禮注』 등의 저술이 있다.

『의례경전통해속』은 『의례경전통해』에서 빠진 상례喪禮와 제례祭禮에 대한 내용으로, 주희의 유지를 받들어 그의 제자인 황간과 양복이 함께 편수하였다. 권1~16은 「상례」, 권17~29는 「제례」로 편찬하던 중 황복이 「제례」를 완성하지 못한 채 1221년(嘉定 14)에 세상을 떠났고, 이듬해에 29권본 『의례경전통해속』을 남강도원南康道院에서 간행하였다. 이후 1246년(淳祐 6)에 양복이 미완성된 「제례」를 14권으로 재편한 『의례경전통해속』이 간행되었으나 크게 유행하지는 못하였다. 본서 또한 29권본을 저본으로 하였다. 이후 중국 간행본으로는 1222년(嘉定 15) 간본을 저본으로 하여 원명대元明代 남경南京 국자감國子監에서 중수한 체수본遞修本, 청대 『사고전서四庫全書』 수록본 등이 전해진다. 본서는 원명대의 남경 국자감 간본을 저본으로 간행되었으리라 추측할 수 있다.
존경각 소장본의 권별 내용은 다음과 같다.

| 책차 | 권차 | 분류 | 내용 |
|---|---|---|---|
| 1 | 卷首 | – | 儀禮經傳通解續目錄 |
| 2 | 卷1 | 喪禮1 | 喪服 一 |
| 3 | 卷2 | 喪禮2上 | 士喪禮上 二 |
| 4 | 卷3 | 喪禮2下 | 士喪禮下 三 |
| 5 | 卷4 | 喪禮3 | 士虞禮 四 |
| 6 | 卷5 | 喪禮4上 | 喪大記上 五 |
| 7 | 卷6 | 喪禮4下 | 喪大記下 六 |
| 8 | 卷7 | 喪禮5 | 卒哭祔練祥禫記 [七] |
| | 卷8 | 喪禮6 | 服 八 |
| 9 | 卷9 | 喪禮7 | 喪服變除 九 |
| 10 | 卷10 | 喪禮8 | 喪服制度 十 |
| | 卷11 | 喪禮9 | 喪服義 十一 |
| 11 | 卷12 | 喪禮10 | 喪通禮 |
| 12 | 卷13 | 喪禮11 | 喪變禮 |
| 13 | 卷14 | 喪禮12 | 弔禮 |
| 14 | 卷15 | 喪禮13 | 喪禮義 |
| 15-16 | 卷16 | 喪禮14 | 儀禮喪服圖式(五服圖, 五服義例, 五服式, 五服沿革) |
| 17 | 卷17 | 祭禮1 | 特牲饋食禮 |
| 18 | 卷18 | 祭禮2 | 小牢饋食禮 |
| 19 | 卷19 | 祭禮3 | 有司徹 |
| 20 | 卷20 | 祭禮4 | 諸侯遷廟, 諸侯釁廟 |
| | 卷21 | 祭禮5 | 祭法 |
| 21 | 卷22 | 祭禮6 | 天神 |
| 22 | 卷23 | 祭禮7 | 地示 |
| 23 | 卷24 | 祭禮8 | 百神 |
| 24-26 | 卷25 | 祭禮9 | 宗廟 |
| 27-28 | 卷26 | 祭禮10 | 因事之祭 |
| 29-30 | 卷27 | 祭禮11 | 祭統 |
| 31-32 | 卷28 | 祭禮12 | 祭物 |
| 33 | 卷29 | 祭禮13 | 祭義 |

권1~16까지는 상례, 권17~29까지는 제례의 내용이 수록되어 있다. 그러므로 1246년 양복 중수본이 아닌 황간과 양복이 편수한 미완성 『의례경전통해』를 저본으로 한 것임을 알 수 있다. 한 권의 내용이 적은 경우 한 책에 2권의 내용을 수록하였다. 한 권의 내용이 많은 경우에는 2책, 혹은 3책으로 분책하였다.

상례 중 권1 상복喪服부터 권6 상대기하喪大記下까지, 권8 복복부터 권11 상복의喪服義까지 편목篇目 뒤에는 '일一'~'십일十一'의 권차가 병기되어 있지만 상례 권7 및 권12~29 편목에는 없다.

본서는 중국 원명대에 간행된 『의례경전통해속』을 저본으로 하여 조선에서 1571년경 초주갑인자로 간행한 책이다. 이 책은 앞서 해제한 『의례경전통해』와 더불어 정조~순조대에 함께 번각되기도 하였다. 조선 중기 의례에 대한 조정의 관심이 이 책의 간행에 드러나 있다. 선본善本으로 인식되어온 이 책이 청대淸代 중국에는 거의 남아 있지 않은 문헌이었던 만큼, 조선 후기인 정조~순조대 번각본의 대본이 된 이 책은 그 중요성을 더한다. 본서는 조선의 의례에 대한 인식뿐만 아니라 선본의 보존을 가능하게 했던 실증적 자료로서의 가치가 크다. 또한 이전 소장자인 김해金垓 등의 인물이 남긴 매득기를 통해 교서관에서 인출한 책을 예안에 사는 인물이 소장할 수 있었음을 알 수 있는데, 책의 유통에 대한 미시사적 연구에 있어서도 중요한 자료이다. 김은슬

주제어
의례경전통해속儀禮經傳通解續, 주희朱熹, 황간黃幹, 양복楊復

# 신간의례도해
## 新刊儀禮圖解
Shin-gan uirye dohae

貴 단산 A05C-0004

| | | |
|---|---|---|
| 서명 | 新刊儀禮圖解 | 경부 |
| 저자 | [盧堯文(明)] 等編 ; [楊復(宋)] 圖解 | 經部 |
| 판본 | 木版本(甲寅字飜刻) | 9 |
| 발행 | [全羅道] 錦城(羅州), 宣祖18(1585)刊 | |
| 형태 | 儀禮·儀禮圖17卷8冊, 儀禮旁通圖1冊, 共9冊 ; 揷圖 : 四周雙邊, 半郭 23.3 × 17.2 cm, 有界, 10行17字 小字雙行, 花口, 上下內向三葉花紋魚尾 ; 32.4 × 21.5 cm | |
| 주기 | 表題: 儀禮圖 | |
| | 書名은 序題임 | |
| | 總冊數: 共九(書腦) | |
| | 刊記: 萬曆十三年乙酉(1585) 錦城開刊 | |
| | 新刊儀禮圖解序: 嘉靖十五年丙申(1536)夏六月壬辰 國子監祭酒呂柟序 | |
| | 刻儀禮圖後序: 丙申(1536)…董承叙序 | |
| | 板式: 內向黑魚尾 混入 | |
| | 印記: 純義體仁, [光金儒世], 檀油文庫 | |
| | 藏書記: 後凋堂(第3冊 卷首面, 第4冊 뒷面紙) | |
| | 楮紙 | |

송대宋代 양복楊復(?~?)의 『의례도儀禮圖』를 명대明代의 감생監生 노요문盧堯文(?~?) 등이 교정하고, 학자 여남 呂柟(1479~1542)과 동승서童承叙(1495~1542)가 교정한 『의례儀禮』·『의례방통도儀禮旁通圖』와 함께 간행한 책이다. 본서는 1585년(선조 18) 금성錦城(현재의 나주羅州)에서 간행한 갑인자본 번각 목판본이다.

서명은 서제序題에 근거하였다. 표제는 '의례도儀禮圖'이다. 각 책 앞표지 서뇌書腦 하단에는 총책수總冊數가 '공구共九'로 적혀 있어 본서가 완질본임을 알 수 있다. 판식은 사주쌍변四周雙邊, 유계有界, 10행 17자, 상하내향3엽화문어미(흑어미 등 혼입)이다. 제1~8책까지는 각 권별로 『의례』의 내용을 앞세우고, 그 뒤에 해당하는 『의례도』의 내용을 수록하였다. 제9책에는 『의례방통도』가 수록되어 있다. 그러므로 권수제 및 판심제는 해당 내용에 따라 '의례儀禮'·'의례도儀禮圖'·'의례방통도儀禮旁通圖'로 달라진다.
제3책 권수면卷首面, 제4책 뒷면지面紙에 '후조당後凋堂'이라는 장서기藏書記가 묵서墨書되어 있다. 또한 각 책 수책수首와 책말에는 '순의체인純義體仁'·'광김유세[光金儒世]'가 날인되어 있어, 본서가 광산김씨 예안파 후조당 체인體仁 김순의金純義의 소장본이었음을 알 수 있다.

『의례도』를 편찬한 양복의 자는 지인志仁이고, 복안福安(복건성福建省에 속한 지명) 사람이다. 주희朱熹의 문하에서 황간黃幹과 가깝게 지내며 주희의 예학을 계승한 것으로 알려져 있다. 저술로는 『의례도』 외에도 주희의 『가례家禮』에 주석을 단 『가례잡설부주家禮雜說附註』, 황간과 함께 편찬한 『의례경전통해속儀禮經傳通解續』 등이 있다.

新刊儀禮圖解序

儀禮本周公所作其篇目甚多遭秦焚
書漢高唐生止傳其十七篇與淹中經
同后倉能明之然多士庶人卿大夫諸
侯之禮宋朱文公欲以儀禮為經禮記
為傳其徒楊復遂圖解儀禮存其編于
十三經註疏中栯卒業太學時嘗約所
友五七人率其子弟習行于寶印寺今
三十餘年心未之能忘也近蒙
聖恩誤授今官圖報靡稱伏覩

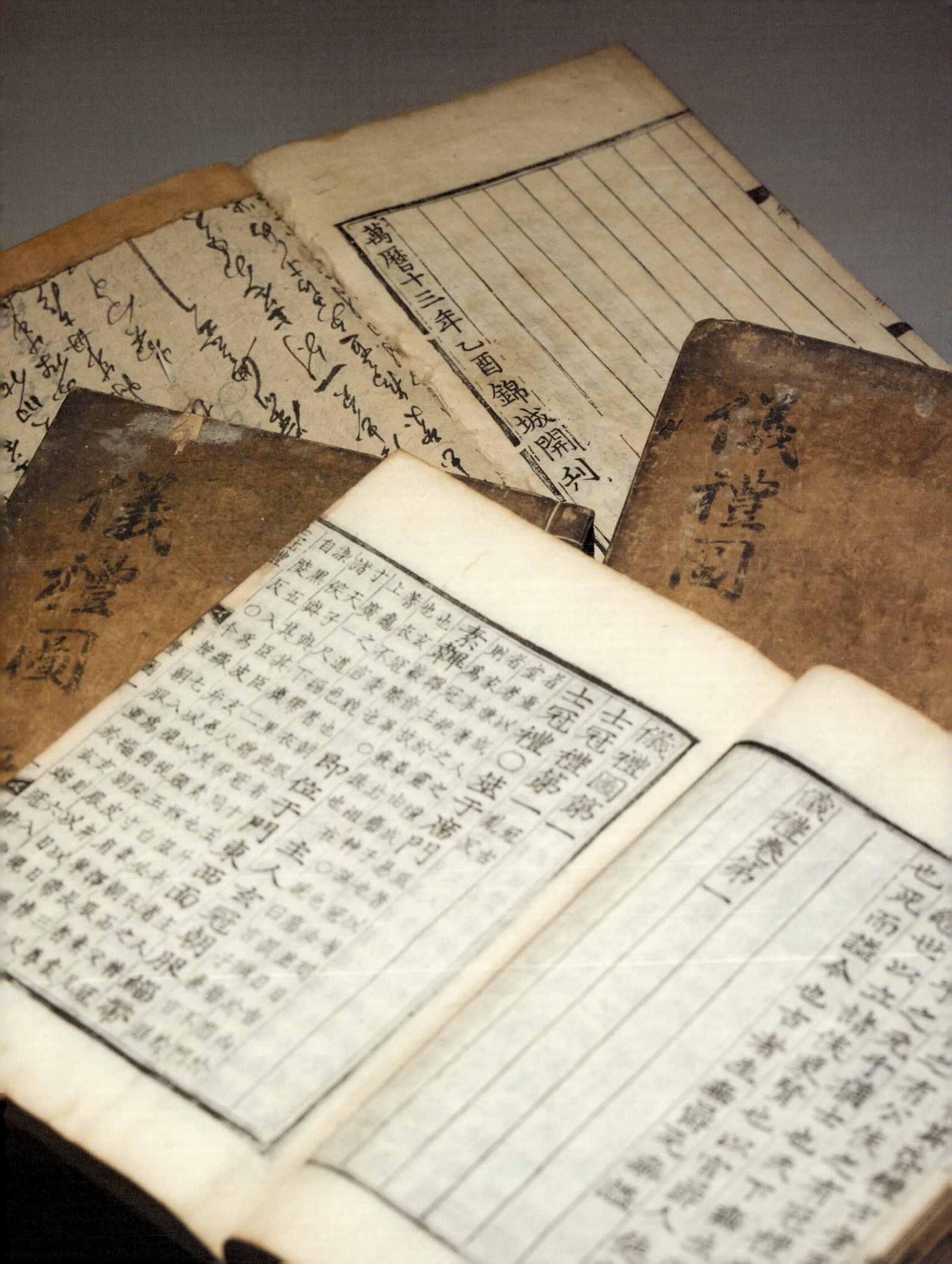

권수에 수록된 양복의 서에 의하면, 언릉彦陵의 조언숙趙彦肅이 특생特牲과 소뢰少牢에 대한 이례도二禮圖를 지어 주희에게 질문하자 주희는 「관혼도冠昏圖」와 당실堂室 제도를 입수하여 함께 살펴보고는 좋다고 여겼다고 한다. 양복은 이에 스승인 주희의 뜻에 근본하여 17편의 경문을 기록하고 옛 학설을 발췌하여 주소를 달았고, 각 의례 절차와 진설 방법 등을 기록한 후 205개의 도식을 추가하였다. 또한 「궁묘문宮廟門」, 「면변문冕弁門」, 「생정예기문牲鼎禮器門」 등 25개의 도식은 따로 '의례방통도'라 이름붙였다.

본서는 17권 9책으로 구성되어 있으며, 권수에는 여남呂柟이 1536년(嘉靖 15)에 지은 「신간의례도해서」와 주희의 「회암주문공걸수삼례주차晦庵朱文公乞修三禮奏箚」, 가공언의 「의례주소서儀禮注疏序」, 양복과 진보陳普가 지은 「의례도서儀禮圖序」 등이 수록되어 있다.
본문은 『의례』 각 권의 경문 아래 정현의 주와 가공언의 소를 수록하고, 해당 권말에 양복의 『의례도』를 배치하였다. 권1 「사관례士冠禮」, 권2 「사혼례士昏禮」, 권3 「사상견례士相見禮」, 권4 「향음주례鄕飮酒禮」, 권5 「향사례鄕射禮」, 권6 「연례燕禮」, 권7 「대사의大射儀」, 권8 「빙례聘禮」, 권9 「공식대부례公食大夫禮」, 권10 「근례覲禮」, 권11 「상복喪服」, 권12 「사상례士喪禮」, 권13 「기석례旣夕禮」, 권15 「특생궤식례特牲饋食禮」, 권16 「소뢰궤식례少牢饋食禮」, 권17 「유사철有司徹」로 구성되어 있다. 마지막 제9책에는 『의례방통도』가 따로 수록되어 있고, 책말에는 동승서가 1536년(嘉靖 15)에 쓴 「각의례도후서刻儀禮圖後序」 및 '1585년(선조 18)에 금성에서 개간했다[萬曆十三年乙酉 錦城開刊]'는 내용의 간기가 수록되어 있다.

『의례도』는 원대元代 건안여씨建安余氏 근유당勤有堂에서 간행된 이래 편차를 달리하여 여러 차례 간행되었다. 명대 간본으로는 본서의 저본이 된 1536년 간행 『신간의례도해』와, 원대 간본을 명대에 수보修補하여 간행한 판본 등이 있다. 청대淸代 간본으로는 1785년(乾隆 50) 내부內府 간행본과 1680년(康熙 19) 『통지당경해通志堂經解』 수록본 및 문연각사고전서본文淵閣四庫全書本 등이 있다. 그러나 금성 목판본처럼 『의례』의 경문을 권별로 수록하고 해당 도설을 교차 편집하여 열람에 편리하도록 편차한 판본은 찾지 못하였다. 조선 주자소에서 간행한 초주갑인자본 『신간의례도해』조차도 『의례』 경문과 『의례도』를 따로 편차하였다. 존경각 소장본은 1585년 선조 연간에 금성에서 목판본으로 간행된 판본으로, 중국 명간본을 저본으로 하였을 것으로 보인다. 그러나 명간본 및 이전에 조선 주자소 간행본과는 다른 편차를 지니고 있어 열람에 편리하다. 또한 광산 김씨 예안파 후조당에서 소장하고 있던 책으로, 희소한 가치가 있다. 김은슬

주제어
신간의례도해新刊儀禮圖解, 의례도儀禮圖, 의례방통도儀禮旁通圖, 양복楊復, 여남呂柟, 동승서童承叙

참고문헌
千惠鳳 著, 『日本 蓬左文庫 韓國典籍』, 지식산업사, 2003.

서명
저자
판본
발행
형태

주기

禮記

陳澔(元) 集說

木版本(元版飜刻)

[慶尙道]: [尙州], [恭讓王3(1391)], 補板後刷

4卷1册(缺帙)：四周單邊, 半郭 19.8×13.0 cm, 無界, 11行21字 小字雙行, 小黑口,
上下下向黑魚尾；26.0×16.3 cm

版心題: 礼記

異書名：禮記集說

發行事項 推定：『淸芬室書目』卷3 「禮記」 條 '高麗恭讓王三年(1391)辛未 尙州刻
本 陳澔集說…四周單邊 無界 每半葉 十一行二十一字 注雙行 匡郭長 一九·0糎乃至
二0·五糎 廣 一三·0糎 黑口 尾有洪武貳拾肆年(1391)玖月 慶尙道都觀察使安翊進
重刊陳澔集說禮記牋'

所藏：卷10-13

板式：上下單邊 左右雙邊 및 有界 混入, 書耳(篇名)

著者：後學東匯澤陳澔集說(卷首題 次行)

藏書記：平海宅書(앞表紙 裏面)

印記：[舊廬]

楮紙

경부
經部
10

원대元代의 학자 진호陳澔(1260~1341)가 『예기禮記』에 대한
제가諸家의 설을 모은 책이다. 본서는 원대元代 간본을 경상도
상주尙州에서 번각한 판본의 후쇄본으로 추정된다.

권10~13에 해당하는 결질본으로, 판심제는 '예기礼記'이다.
판식은 사주단변四周單邊, 무계無界, 11행 21자, 상하흑구上下
黑口, 상하하향흑어미上下向黑魚尾이다. 상하단변 좌우쌍변인
변란이 섞여 있고, 권수卷首 및 권말卷末에는 일부 계선이
있는 부분이 존재한다. 서이書耳에 편목篇目이 기재되어 있다.
이러한 특징들은 모두 원판元版의 특징으로, 본서가 원판元版
번각본임을 알려주는 증거가 된다.
본서 앞면지面紙에는 '평해댁서平海宅書'라는 장서기藏書記가
있고, 제1면에는 '옛 집[舊廬]'이라는 의미의 정방형 인장이
묵인墨印되어 있다.

『예기』는 오경五經 가운데 하나로, 중국 동주東周 이후부터
한대漢代 때까지의 국가적 의례를 기록한 책이다. 여러 사람의
기록을 모은 책이므로 내용에 체계가 없고 편차編次 또한 일정
하지 못하다. 그래서 후한後漢의 학자 정현鄭玄의 주석에 이어
당唐의 공영달孔穎達이 소疏를 다는 등, 많은 주석서가 나오게
되었다. 『예기집설禮記集說』은 『예기』에 대한 여러 주소註疏와
학설을 집대성한 책이다. 『예기집설』의 편찬자 진호의 자는
가대可大, 호는 운장雲莊이다. 『예기집설』은 『예기』의 주석서
중 그 당시 가장 권위 있는 책이며, 명대 성조成祖 영락제
永樂帝의 칙명으로 편찬한 『예기집설대전禮記集說大全』의 저본이
되었다.
존경각 소장본은 권10의 상복소기喪服小記, 대전大傳, 소의少儀,
권11 학기學記, 악기樂記, 권12 잡기雜記, 권13, 상대기喪大記,

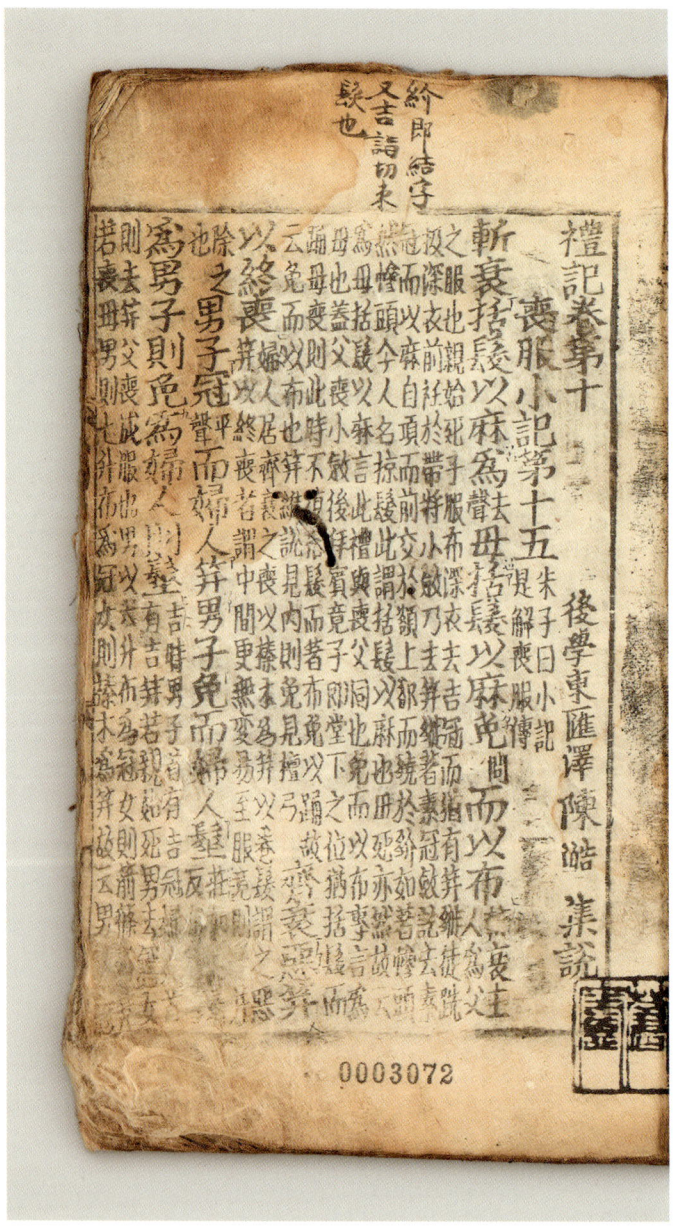

제법祭法, 제의祭義 등이 수록되어 있는 1책의 결질본이다.
『청분실서목淸芬室書目』권3에 수록된 '예기' 항목에는 본서의
형태 사항과 일치하는 책이 저록되어 있다. 사주단변四周
單邊, 무계無界, 반엽 11행 21자 주쌍행, 반곽의 세로 길이는
19.0~20.5cm, 가로 길이는 13.0cm, 흑구黑口라고 되어 있는
이 책이 바로 본서와 같은 책이라고 추정해 볼 수 있다. "책의
말미에는 '홍무24년(1391) 9월 경상도 도관찰사 안익진이
진호의 『집설예기전集說禮記傳』을 중간한다[尾有洪武貳拾肆年
玖月 慶尙道都觀察使安翊進重刊陳澔集說禮記牋]'는 기록이 있다"고
되어 있다. 또한 『도은선생문집陶隱先生文集』권5에 수록된
「진중간진호집설예기전進重刊陳澔集說禮記牋」에는 '지난번에
신이 명을 받고 남쪽으로 올 적에, 신臣 김자수金子粹와 민안인
閔安仁이 국가의 아름다운 뜻을 본받아 진호陳澔가 지은 『예기
집설禮記集說』1부部를 간행하도록 신에게 부탁하였습니다.
이에 상주尙州에 이문移文하여 목판에 새기게 하였더니, 목사牧使
신臣 이복시李復始 등이 이 일을 성실하게 감독한 결과 다섯
달이 지나 모두 완성하기에 이르렀습니다.[項臣受命南來 臣金子
粹閔安仁體國家美意 以陳澔集說一部 囑臣刊行 移文尙州 俾之鋟梓 牧使
臣李復始等董事惟謹 閱五月而功告成]'라는 내용이 있다. 이 두 가지의
내용에 근거하여 상주 간행본으로 추정해 볼 수 있지만,
상하단변上下單邊 좌우쌍변左右雙邊 및 유계有界인 보판補板이
섞여 있어 고려시대의 원판 번각본에 보판을 추가하여 조선
초기에 후쇄한 판본으로 여겨진다.

본서는 1책의 결질본이지만 원판본을 번각한 고려 목판에
보판을 추가하여 조선 초기에 인쇄한 목판본이다. 명 영락
연간에 편찬된 사서오경대전四書五經大全이 조선에서 간행
되어 활발히 보급되기 이전, 조선 전기에 『예기집설』이
어떻게 유통되었는지를 알 수 있는 자료라고 하겠다. 김소희

주제어
예기禮記, 예기집설禮記集說, 진호陳澔

참고문헌
박문열, 「高麗版 『禮記集說』의 殘存本에 관한 硏究」, 『서지학
　　　연구』 77, 한국서지학회, 2019.

貴 A06-0001

———

| | |
|---|---|
| 서명 | 性理律呂直解 |
| 저자 | 韓邦奇(明) 圖解 |
| 판본 | 木版本 |
| 발행 | [朝鮮]: [刊寫者未詳], [17世紀]刊 |
| 형태 | 不分卷 1冊 : 揷圖 : 四周雙邊, 半郭 24.0 × 16.0 cm, 有界, 11行21字, 上下內向三葉花紋魚尾 ; 33.0 × 20.8 cm |
| 주기 | 版心題: 律呂直解 |
| | 律呂直解序: 正德七年(1512)…何景明叙 |
| | 律呂直解序: 弘治十七年(1504)…韓邦奇識 |
| | 律呂直解後序: 正德辛巳(1521)…衛淮書 |
| | 落張: 第42, 43張 |
| | 印記: 陟州後裔□□□藏 |
| | 楮紙 |

명나라 유학자 한방기韓邦奇(1479~1556)가 이해하기 어려운 채원정蔡元定(1135~1198)의 『율려신서律呂新書』에 해설을 덧붙인 책이다. 본서는 『율려직해律呂直解』를 조선에서 재간행한 목판본이다.

표제 및 권수제는 '성리율려직해性理律呂直解', 판심제는 '율려직해律呂直解'이다. 표점標點이 판각되어 있다. 판식은 사주쌍변四周雙邊, 유계有界, 11행 21자, 상하내향흑어미上下內向黑魚尾의 목판본이다. 간혹 1엽~3엽화문어미가 섞여 있다. 판식으로 보아 17~18세기에 간행된 책으로 보인다. 제 42・43장이 결락되었다. 종이는 강원도나 함경도 등지에서 생산하던, 짚풀이 섞인 얇은 닥지이다. 제1면에는 주문 정방형 인장 '척주후예□□□□장陟州後裔□□□□藏'이 날인되어 있다.

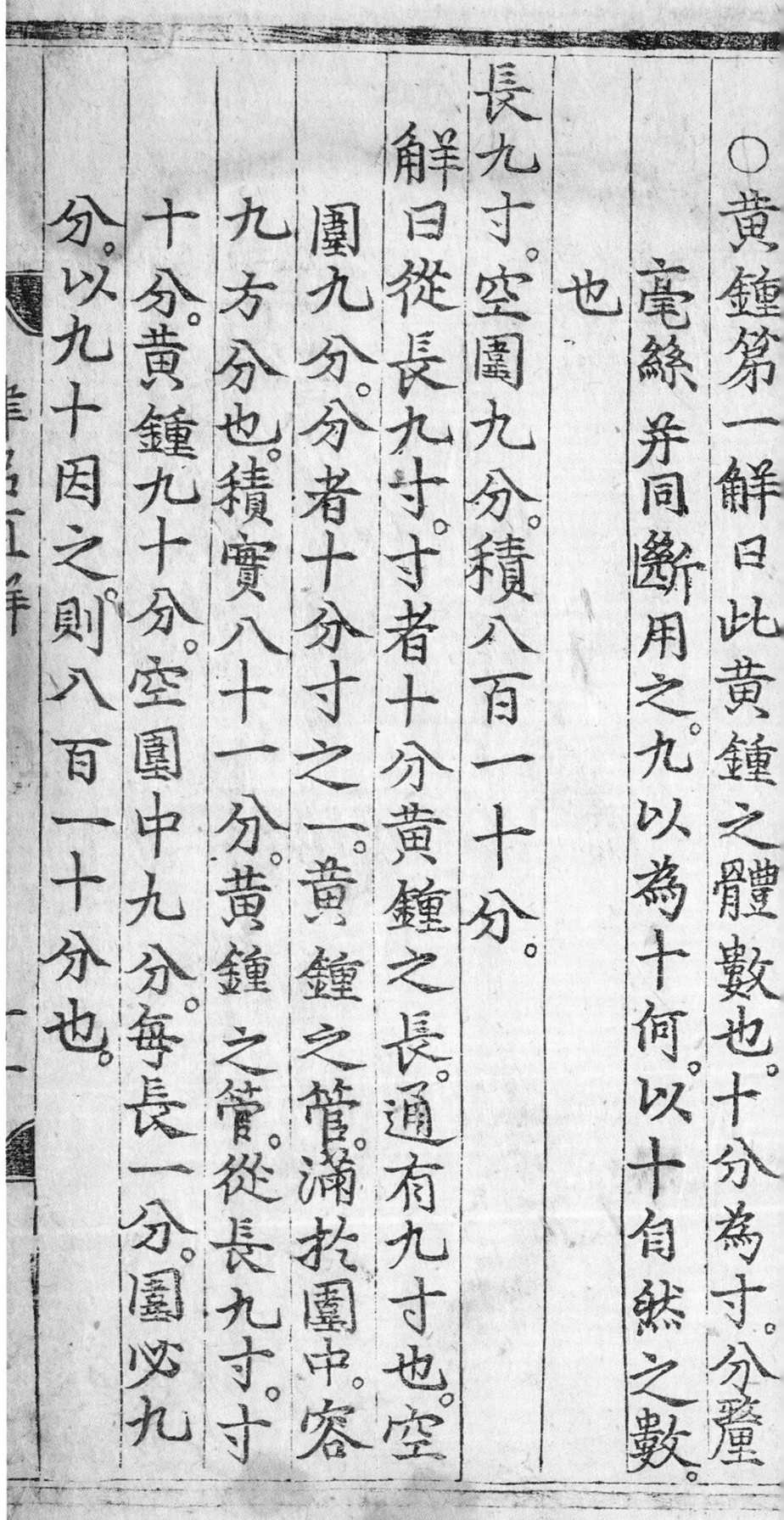

# 十二管篆圖

黃鐘篆埋子向午
大呂篆埋丑向未
太簇篆埋寅向申
夾鐘篆埋卯向酉
姑洗篆埋辰向戌
仲呂篆埋巳向亥
蕤賓篆埋午向子
林鐘篆埋未向丑
夷則篆埋申向寅
南呂篆埋酉向卯
無射篆埋戌向辰
應鐘篆埋亥向巳
子丑寅卯辰巳午未申酉戌亥

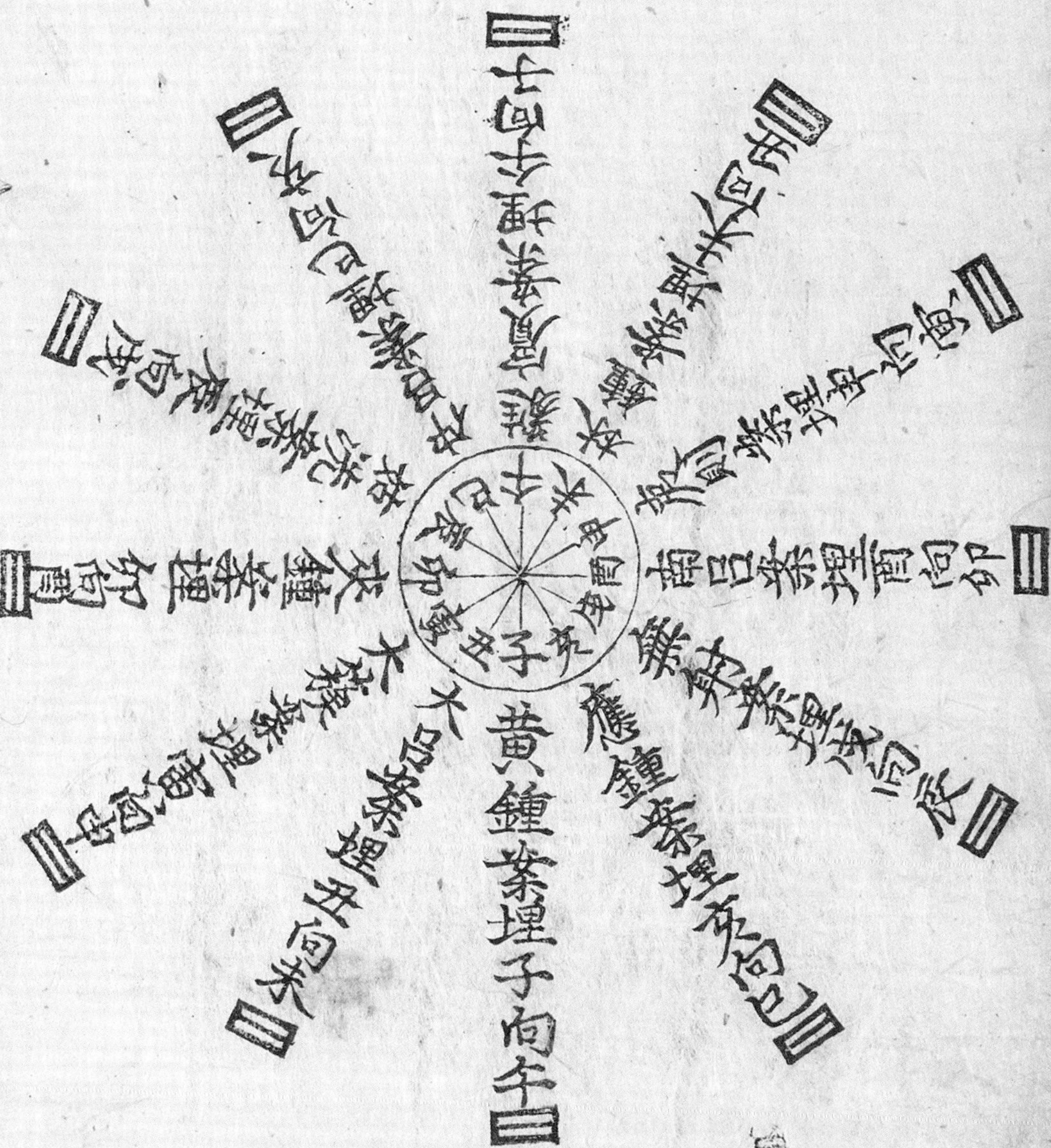

편찬자인 한방기의 자는 여절汝節, 호는 원락苑洛이며, 명나라 섬서陝西 조읍朝邑 사람이다. 1508년(正德 3) 진사進士가 되어 이부주사吏部主事에 서임되면서 관직 생활을 시작하였다. 황제에게 직언을 하여 미움을 받고 평양통판平陽通判으로 좌천된 이래 여러 차례 파직과 복직을 거듭하였다. 성격이 강직하고 절검節儉을 실천하였다. 경사經史와 천문, 지리, 병법 등에 통달했다는 평가를 받는다. 저서로『역학계몽의견易學啓蒙意見』과『홍범도해洪範圖解』,『역점경위易占經緯』등이 있고, 문집으로『원락집苑洛集』이 있다.

본서의 권수卷首에는 하경명何景明이 1512년(正德 7)에 쓴「율려직해서律呂直解序」와 한방기가 1504년(弘治 17)에 쓴「율려직해서」가 수록되어 있다. 다음으로 도설圖說과 율려에 관련된 도를 수록하였다.「십이율기운지도十二律氣運之圖」,「십이율생차지도十二律生次之圖」,「십이율격팔상생지도十二律隔八相生之圖」,「선궁도旋宮圖」,「오음청탁지서五音淸濁之序」,「오음상생지서五音相生之序」,「육십사조기조지도六十四調起調之圖」,「십이관안도十二管案圖」가 수록되어 있다.

권수제 '성리율려직해' 하단에는 다시 '율려직해律呂直解'가 판각되어 있다. 그 다음 행에는 '한방기도해韓邦奇圖解'라는 저작자와 저작 역할어가 기재되어 있다. 세 번째 행부터 본문이 시작된다. 다음은 그 내용을 정리한 표이다.

| 순서 | 내용 |
|---|---|
| 1 | 黃鍾 |
| 2 | 黃鍾之實 |
| 3 | 黃鍾生十一律 |
| 4 | 十二律之實 |
| 5 | 變律 |
| 6 | 律生五聲 |
| 7 | 變聲 |
| 8 | 八十四聲圖 |
| 9 | 六十調圖 |
| [10] | [候氣] |
| [11] | [審度] |
| 12 | 嘉量 |
| 13 | 謹權衡 |

이 책은『율려신서』에 해설을 한 책이므로, 그 편차 또한『율려신서』의 순서를 그대로 따랐다. 다만 10편과 11편은 낙장으로 인하여 내용을 알 수 없지만,『율려신서』의 내용을 참고한다면「후기候氣」와「심도審度」가 수록되어 있었을 것이다. 권말에는 위회衛淮가 1521년(正德 16)에 쓴「율려직해후서律呂直解後序」가 수록되어 있다.

『율려신서』는『성리대전서性理大全書』와 함께 조선에 들어왔다. 박연朴堧이 음계를 조절하고 아악雅樂을 바로 잡을 때 문헌적 근거로 사용되었다. 『악학궤범樂學軌範』에도 다수 인용되었다. 이처럼『율려신서』가 조선에서 자주 참고되었기에, 해설서인『율려직해』또한 그 쓰임이 많았을 것으로 추정된다.

본서는 1504년에 작성한 한방기의 서문이 수록된 목판본으로, 동일한 서명의 책을 찾을 수 없다. 한국에서도 유일본인 것으로 판단되어 희귀본으로서의 가치가 크다. 김소희

주제어
성리율려직해性理律呂直解, 한방기韓邦奇, 율려신서律呂新書

五月蕤賓　蕤繼也賓導也言陽始導陰氣使繼養物也　午布物也

六月林鍾　林君也言陰氣受任助蕤賓君主種物使長大也　未昧物味也

七月夷則　夷傷也則法也言陰氣賊傷之物也　申申物堅也

八月南呂　南任也言陽氣尚旅助　酉物留也

九月無射　夷則任成萬物而使陰衆畢剝落之終而復始也　戌物畢也

十月應鍾　應承也言陽氣極應種物蔽藏也　亥八物荄也

呂　助也陰氣助陽氣也

律　述也陽氣述也助

律呂名義

---

律呂直解後序

啟洛先生為生貞時著斯集大僉南克王公刊之于漢
州大卿崑山周公刊之于平陽都憲莆田方公刊之于
杭州杖皆留于其地先生既居留賢士大夫欲得是集者
眾同州幕洪洞岳君復將刊之淮不使弗良于言夫其
刊之者多欲之者眾則是集可知也且三公皆當世名
卿岳君位雖早而志向高守尚盉而寸有餘故每及于
文事則先生之所與又可知矣
正德辛巳十月吉日靜深齋衞淮書

| 서명 | 春秋集傳大全 | 경부 |
| --- | --- | --- |
| 저자 | 胡廣(明) 等受命編 | 經部 |
| 판본 | 金屬活字本(乙亥字) | 12 |
| 발행 | [漢城]: [校書館], [宣祖8(1575)]印 | |
| 형태 | 1卷 1冊(缺帙) 四周單邊, 半郭 27.5×21.0 cm, 大字6行16字 中字12行21字 小字雙行, 上下下向黑魚尾；35.8×24.4 cm | |
| 주기 | 版心題·表題: 春秋, 異書名: 春秋四傳 | |

發行事項 推定:『宣祖實錄』8년(1575) 3월 7일 '上問于校書館… 四書五經印出進上件

今幾何 館對曰…四書五經進上二十件內 大學·春秋·禮記 已畢印'

所藏: 卷18

四傳 諸家註疏音訓附(卷首題 次行)

楮紙(藁精紙)

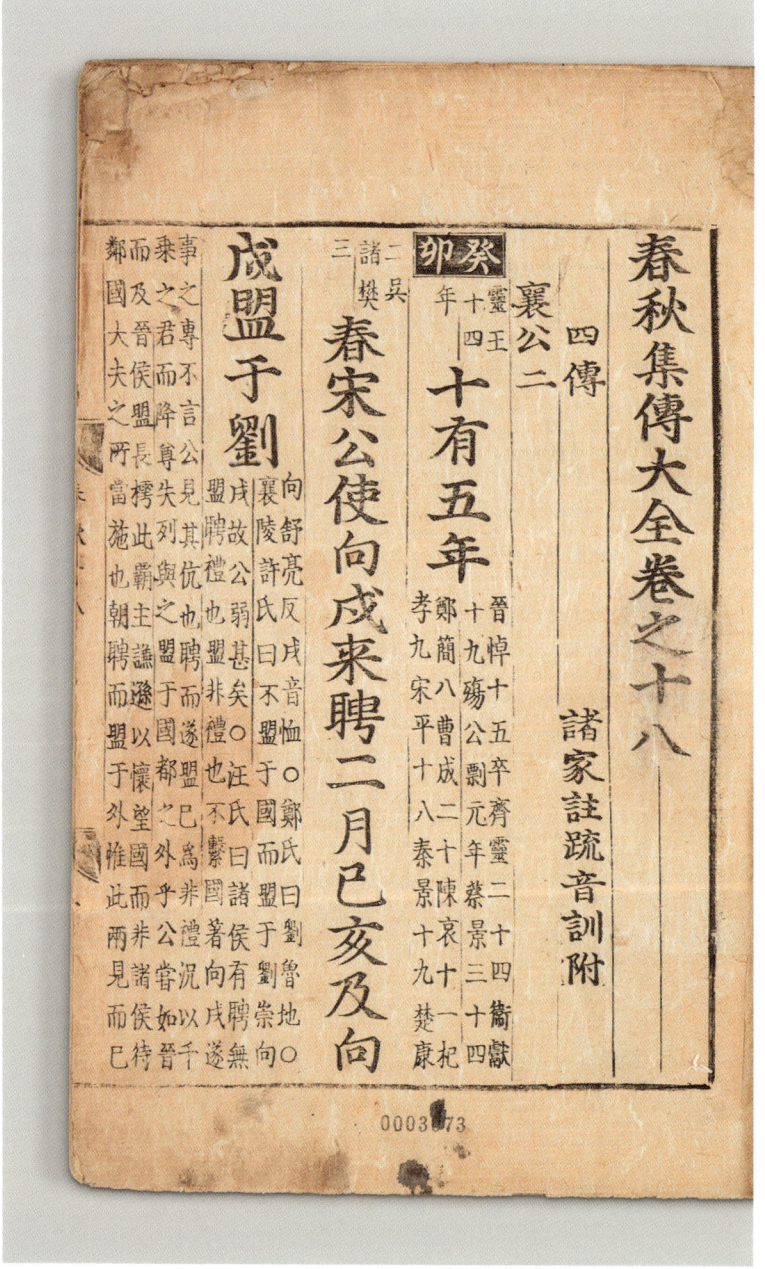

명대明代 성조成祖 영락제永樂帝(재위 1402~1424)가
호광胡廣(1370~1418) 등의 학자들에게 명하여 1415년
(永樂 13)에 완성된 사서오경대전四書五經大全 중 하나
이다. 『좌씨전左氏傳』을 중심으로 하고『공양전公羊傳』·
『곡량전穀梁傳』·『호씨전胡氏傳』삼전三傳 및 제가
諸家의 주석을 덧붙였다. 본서는 조선에서 1575년
(선조 8)경 간행한 을해자본乙亥字本이다.

표제와 판심제는 '춘추春秋', 권수제는 '춘추집전대전
春秋集傳大全'이다. 황색표지에 오침안정법五針眼訂法
으로 장황粧䌙하였다. 판식은 사주단변四周單邊, 유계
有界, 대자大字 6행 16자, 중자中字 12행 21자, 상하
하향흑어미上下下向黑魚尾이다. 경문經文은 대자, 이에
대한 사전四傳의 내용은 중자로 표기하였는데, 출처는
음각陰刻으로 나타내었다. 곳곳에 주묵朱墨으로
표시가 되어 있다.

호광의 자는 광대光大, 호는 황암晃庵, 시호는 문목文穆이며, 강서성江西省 길수吉水 출신이다. 1400년(建文 2)에 진사에 급제하여 한림원翰林院 수찬修撰이 되었다. 성조가 즉위한 후 시강侍講을 거쳐 문연각대학사文淵閣大學士, 예부상서禮部尙書 등을 역임하며 명초 관학官學의 기틀을 주도적으로 마련하였다. 저서로는 『호문목집胡文穆集』이 있다.

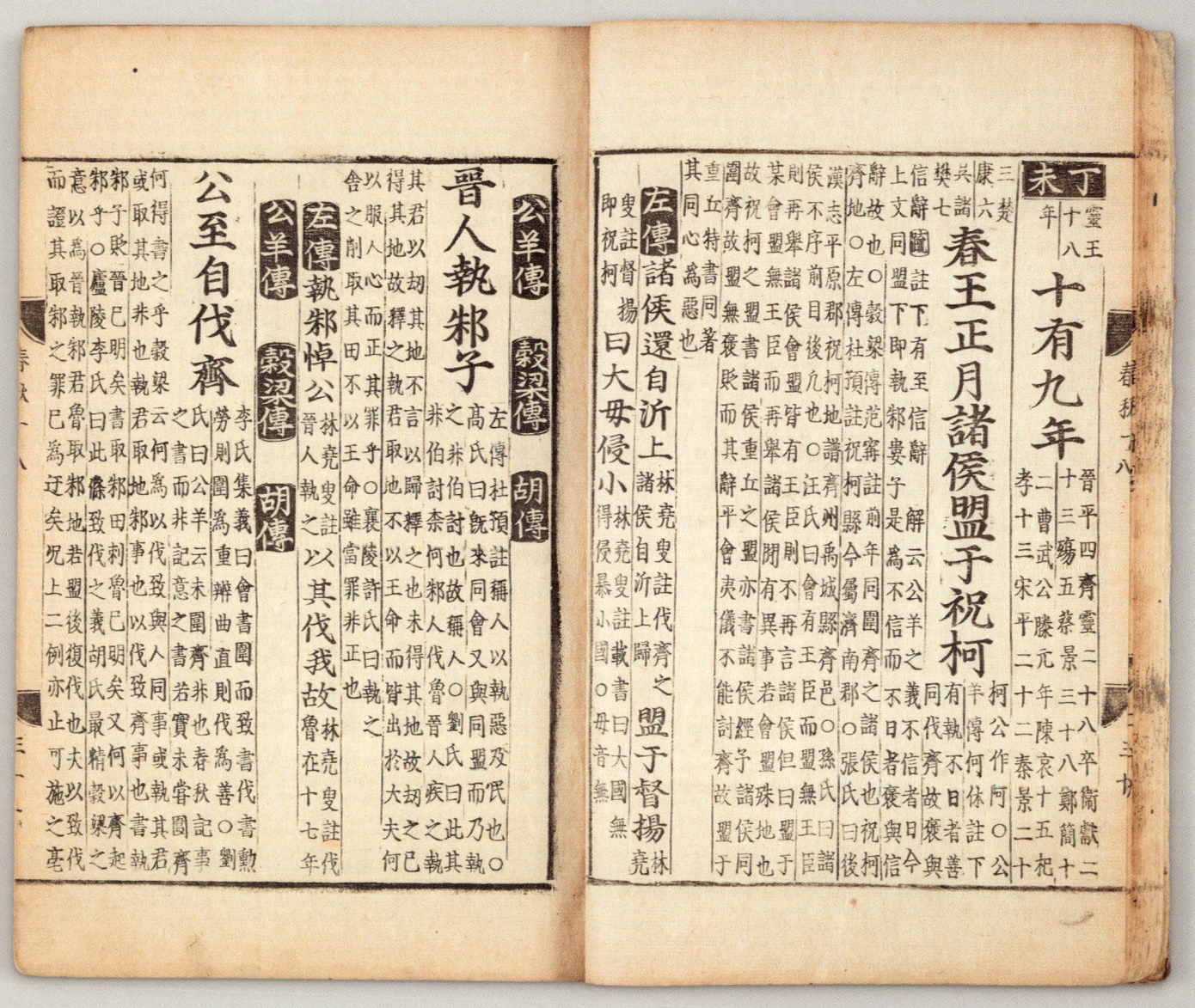

『춘추』는 오경 중 하나로, 춘추시대 노魯나라 은공隱公 원년(B.C.722)부터 애공哀公 14년(B.C.481)까지 242년간의 역사를 편년체로 기록한 것이다. 기존 사관史官이 기록한 것을 기원전 5세기 초에 공자가 편수編修한 것으로 1,800여 개의 조목이 간결하게 서술되어 있다. 공자는 각 역사적 사실에 대해 비평과 설명은 배제하되, 포폄褒貶에 따라 용어를 달리하는 이른바 춘추필법春秋筆法에 따라 서술하였는데, 이를 통해 역사적 사실과 더불어 도덕적 판단 기준을 제시하고자 하였다. 그러나 간결한 내용으로 인해 해석이 쉽지 않아 후대 여러 주석서가 나왔는데, 대표적으로 춘추전국시대 공양고公羊高의『공양전公羊傳』, 곡량숙穀梁俶의『곡량전穀梁傳』, 좌구명左丘明의『좌씨전左氏傳』이 있다.『공양전』과『곡량전』은 경문 해석을 중심으로 하는 것에 비해,『좌씨전』은 기록에 대한 실증적 해석에 중점을 두었다. 후한대 이후『공양전』보다『좌씨전』이 널리 수용되었다. 이후 서진西晉의 두예杜預가『춘추』의 경문과『좌씨전』을 합쳐『춘추경전집해春秋經傳集解』를 완성하면서 춘추학의 기본이 되었는데, 이는 당나라 때 편찬된『춘추정의春秋正義』의 바탕이 되기도 하였다. 송대에 이르러 금 침입의 영향으로 호안국胡安國이『춘추』에 기반하여 존왕양이尊王攘夷 사상에 대해 논한『춘추호씨전春秋胡氏傳』을 편찬하면서 이 책이 널리 통용되었다. 명대 성조는 경전의 해석을 표준화하기 위해 사서오경대전의 편찬을 명하였다.『춘추대전』은 원나라 왕극관汪克寬의『춘추호전부록찬소春秋胡傳附錄纂疏』를 토대로 편찬된 것으로, 경문과 호안국의 주석을 함께 본문으로 삼고, 나머지 삼전三傳과 호광의 의견을 주석으로 달았다.

조선에는 1419년(세종 1) 명나라가 경녕군敬寧君 이비李裶를 통해 사서오경대전四書五經大全과『성리대전性理大全』을 보내오면서 처음 전해졌다. 세종은 삼도三道에 인쇄할 책지冊紙를 분담하게 하고 판각하도록 명하였고, 1429년(세종 11) 경상감영에서 완성되었다. 이후 성종은 홍문관의 유생에게 명하여 새로운『춘추집전대전』을 편찬하였는데, 경문 다음에 사전의 내용을 주석이 아닌 본문에 순서대로 나열하였다. 또한『춘추호씨전』의 모든 주석을 세주로 달았으며, 임요수任堯叟 등의 음훈音訓을 달았다. 이에 따라 원래 37권이었던 본문이 55권으로 증가하였다. 존경각 소장본은 성종 때 새롭게 편찬된 것으로 보이는데, 권18 애공이哀公二만 남아 있다. 같은 간본이 국립중앙도서관에 소장되어 있다.

본서는 성종대 편찬된『춘추』주해서의 표준으로, 사전은 물론 이에 대한 당대 학자들의 주석과 음주가 망라되어 있다. 특히 명대의『춘추대전』은『춘추호씨전』을 위주로 되어 있는 것에 비해, 본서는 사전이 동등하게 배치되어 있어『춘추』의 미언대의微言大義를 정확히 파악할 수 있다는 점에서 의미가 크다. 이유리

주제어
춘추대전春秋大全, 오경대전五經大全, 영락제永樂帝, 호광胡廣, 성종成宗

참고문헌
김동민,「조선조 간행본『춘추』주해서의 특징」,『한국문화』73, 서울대학교 규장각한국학연구원, 2015.

## 음주전문춘추괄례시말좌전구두직해
## 音註全文春秋括例始末左傳句讀直解

Eumjujeonmun chunchu-gwalryesimal jwajeon
gudujikhae

貴 구용 A07B-0020

---

| | |
|---|---|
| 서명 | 音註全文春秋括例始末左傳句讀直解 |
| 저자 | 林堯叟(宋) 著 |
| 판본 | 金屬活字本(甲寅字多混入補字) |
| 발행 | [漢城]: [校書館], [明宗年間]印 |
| 형태 | 6卷2册(共20册)：四周單邊, 半郭 25.5 ×17.5 cm, 有界, 10行17字 小字雙行, 大黑口, 上下內向三葉花紋魚尾：32.3 ×21.3 cm |
| 주기 | 版心題·表題：左傳 |
| | 所藏：卷55-57(第16册), 卷58-60(第17册) |
| | 君公名(書耳) |
| | 總册數：共二十(書腦) |
| | 印記：[尹泰後] |
| | 楮紙(이음종이) |

송나라 학자 임요수林堯叟(?~?)가 편찬한 좌구명左丘明, (?~?)의 『춘추좌씨전春秋左氏傳』에 대한 해설서이다. 본서는 16세기에 간행된 초주갑인자혼입보자본初鑄甲寅字多混入補字本이다.

표제와 판심제는 '좌전左傳', 권수제는 '음주전문춘추괄례시말좌전구두직해音註全文春秋括例始末左傳句讀直解'이다. 표지 우측 상단에는 수록 편목篇目이, 하단에는 책자가 적혀 있다. 서뇌書腦에는 총책수總册數 표시인 '공이십共二十'이 적혀 있다. 판식은 사주쌍변四周雙邊, 유계有界, 10행 17자, 대흑구大黑口 상하내향3엽화문어미이다. 서이書耳에 편목이 소자小字로 인쇄되어 있으며, 이음종이를 사용하였다. 본문에 간간이 차자구결借字口訣이 묵서墨書되어 있고, 책수와 책말에 '윤태후[尹泰後]'라는 인기가 있다.

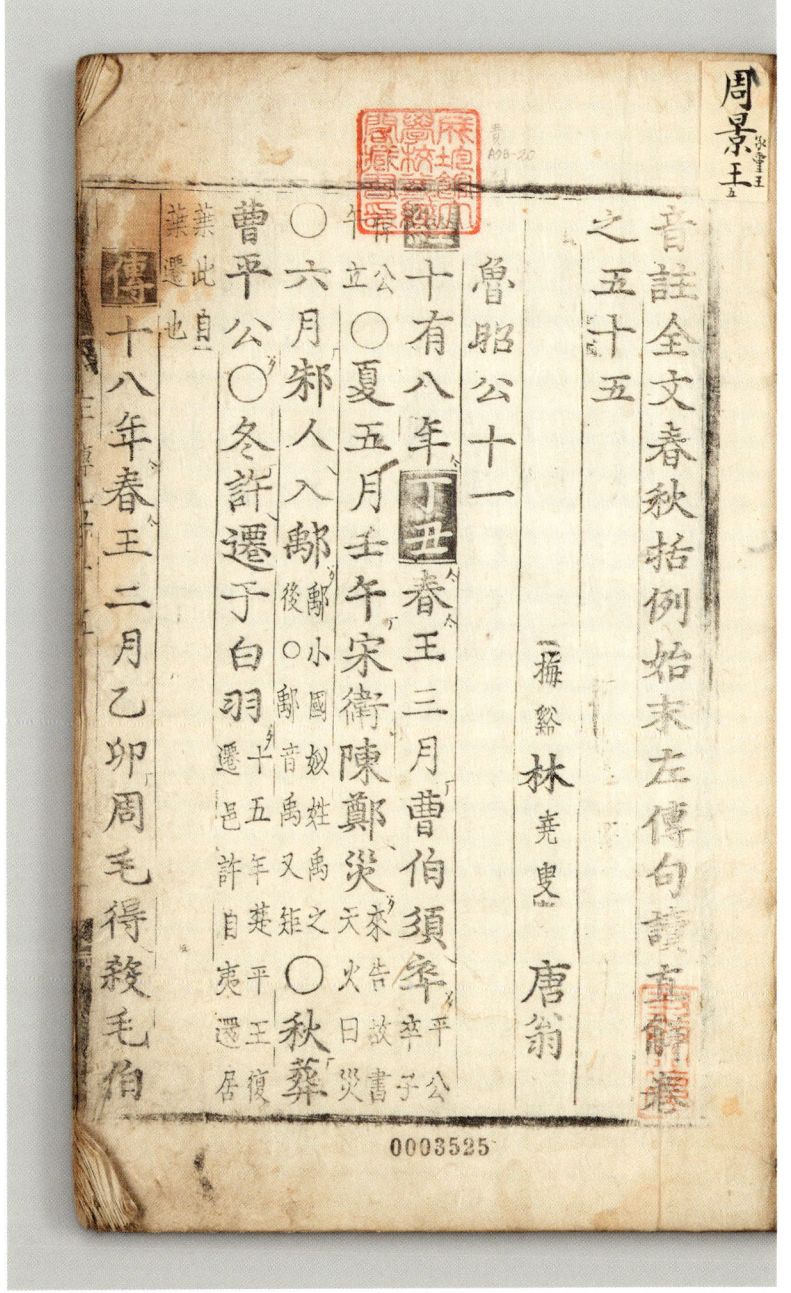

梅谿　林堯叟　唐翁

魯昭公十二

經 二十有一年 庚辰 春王三月葬蔡平公○

夏晉侯使士鞅來聘 晉頃公即位通嗣君也○

宋華亥向寧華定自陳入于宋南里以叛 自外至故日入披其邑故日叛內里宋邑名

秋七月壬午朔日有食之○

八月己亥叔輒卒 叔弓之子叔伯張之

冬蔡侯朱出奔 晉人辭楚東國立○

公如晉至河乃復 晉人辭公故還

오경五經 중 하나인 『춘추』는 춘추시대 노魯나라 은공隱公 원년(B.C.722)부터 애공哀公 14년(B.C.481)까지 242년간 12명의 군주의 시대를 기록한 편년체 역사서이다. 기존 사관史官이 기록한 것을 기원전 5세기 초에 공자孔子가 편수編修한 것으로, 1,800여 개의 조목에 대하여 포폄褒貶에 따라 용어를 달리하는 춘추필법春秋筆法으로 서술하였다. 그러나 춘추필법은 간결한 내용으로 해석이 어려워 후대 여러 전傳이 나오게 되었다. 대표적으로 춘추전국시대 공양고公羊高의 『공양전公羊傳』, 곡량숙穀梁俶의 『곡량전穀梁傳』, 좌구명左丘明의 『좌씨전左氏傳』이 있다. 『공양전』과 『곡량전』은 경문 해석을 중심으로 하는 것에 비해, 『좌씨전』은 기록에 대한 실증적 해석에 중점을 두었다. 후한대 이후 『공양전』보다 『좌씨전』이 보다 널리 수용되었다. 이후 서진西晉의 두예杜預가 『춘추』의 경문과 『좌씨전』을 합친 『춘추경전집해春秋經傳集解』를 편찬하였고, 이 책은 당나라 때 편찬된 『춘추정의春秋正義』의 바탕이 되기도 하였다.

『음주전문춘추괄례시말좌전구두직해』는 초학자들을 위해 편찬된 것으로, 『춘추좌씨전』을 구절마다 세주를 달아 해설하는 방식으로 되어 있다. 연도는 갑자甲子로 표기하였고, 인명과 지명에 대해 상세히 설명하였으며, 읽기 난해한 부분에는 반절을 표기하였다. 또한 『춘추』 기사의 시말始末을 강목綱目으로 나타냈으며, 고주古注는 진나라 두예杜預의 『춘추경전집해春秋經傳集解』에 의거하되 진부량陳傅良의 학설을 추가하거나 임요수가 의견을 제시하기도 하였다. 본문은 전체 70권으로 구성되어 있으나, 존경각본은 권55인 노소공魯昭公 11부터 권60인 노소공 16까지 6권 2책만 남아 있다.

이 책이 한반도에 언제 전래하였는지는 알기 어려우나, 1403년(태종 3)에 주조된 계미자癸未字로 처음 간행되었다. 이후 1431년(세종 13)에 다시 간행되었는데, 종문당宗文堂에서 간행된 원판본인 『춘추경좌씨전구해春秋經左氏傳句解』를 번각한 것이다. 그리고 1453년(단종 1)에 금산錦山에서 계미자본을 번각하였는데, 이는 먼저 간행된 번각본이 원판본 특유의 조밀한 글자로 가독성이 떨어지기 때문에 계미자본을 번각한 것으로 보인다. 본서는 이후 16세기에 갑인자본으로 간행된 것이다.

본서는 두예의 『춘추경전집해』에 이어 남송대부터 명초까지 가장 널리 읽혔던 『좌씨전』 주석서이다. 이는 중국뿐만 아니라 조선에서도 초기부터 다양하게 간행되어 읽히면서 춘추학 발전의 토대가 되었는데, 세종대 집현전 학사들이 편찬한 『춘추경전집해』에 크게 참고되었다. 또한 중국본이 전해져 계미자를 비롯한 활자본 및 원본을 충실히 번각한 목판본이 간행되어 조선 전기 출판문화사 및 서적 교류사 측면에서 중요한 자료라 할 수 있다. 이유리

주제어
임요수林堯叟, 좌전구두직해左傳句讀直解, 춘추좌씨전春秋左氏傳, 좌전左傳, 춘추경전집해春秋經傳集解, 두예杜預

참고문헌
김동민, 「조선조 간행본 『춘추』 주해서의 특징」, 『한국문화』73, 서울대학교 규장각한국학연구원, 2015.

# 논어집주중정집석장도통의대성
## 論語集註重訂輯釋章圖通義大成
### Noneo jipju jungjeongjibseok jangdo tong-ui daeseong

貴 A09D-0016

| | | 경부 |
|---|---|---|
| 서명 | 論語集註重訂輯釋章圖通義大成 | 經部 |
| 저자 | [倪士毅(元)] 輯釋 ; [趙汸(明)] 訂正, 王逢(明) 通義, 金德玹(明) 校正 | 14 |
| 판본 | 金屬活字本(甲辰字) | |
| 발행 | [漢城]: [校書館], [宣祖2(1569)]印 | |
| 형태 | 3卷1冊(缺帙) 挿圖: 四周雙邊, 半郭 22.5 × 16.0 cm, 有界, 12行20字 小字雙行, 上下內向三葉花紋魚尾; 30.0 × 19.5 cm | |
| 주기 | 版心題: 論語通義 | |

發行事項 推定: ①『宣祖實錄』2年(1569) 6月 20日, '尹根壽啓曰 … 四書章圖 今雖印出 而此意當可知也' ② 일본 蓬左文庫 소장 甲辰字本『四書輯釋章圖通義大成』(蓬左 122-1)의 內賜記 '隆慶四年(1570) 十月日 內賜永川君眉壽四書章圖一件 命除謝恩 右承旨臣兪(署名)'

所藏: 卷11-13

標點·評點(活印)

諺解·借字口訣(書眉 墨書)

印記: 金復式[季]純誌

藏書記: 冊主沙村宅(卷尾 墨書)

楮紙(이음종이)

원대元代 학자인 예사의倪士毅(1303~1348)의 『사서중정집석四書重訂集釋』을 원元의 조방趙汸(1319~1369)이 교정하고 명明의 정복심程復心(1279~1368)이 장도章圖를 추가하여 『사서장도중정집석四書章圖重訂集釋』을 편찬하였다. 그 후 『사서장도중정집석』에 명의 왕원선王元善(?~?)이 통고通考하고 왕봉王逢(?~?)이 정정訂定 및 통의通義하여 편찬한 책이 『사서집주장도중정집석통의대성論語集註重訂輯釋章圖通義大成』이다. 본서는 조선 교서관에서 1569년경 갑진자甲辰字로 간행한 책으로, 그 중『논어論語』권11「선진先進」에서 권13「자로子路」에 해당하는 부분이다.

표제는 '논어장도論語章圖'이며, 앞표지 우측상단에는 '선진先進'·'안연顔淵'·'자로子路'라는 편목篇目이 묵서되어 있다. 판식은 사주쌍변, 유계有界, 12행 20자, 상하내향3엽화문어미이다. 표점標點과 평점評點, 밑줄까지 활자로 인쇄했다는 특징이 있다. '통의通義'·'통고通考' 등은 음각한 활자를 사용하여 명시성을 높였고, 장도에 해당하는 부분은 목판으로 제작하여 활자판에 삽입하였다. 이음종이를 사용하여 인출하였다.

서미書眉에는 언해와 편목篇目, 경문의 순서가 묵서되어 있다. 난외와 서미, 행간의 구절에는 차자구결借字口訣이 기록되어 있다. 본문 내용에 관주貫珠 및 비점批點을 찍기도 했다.

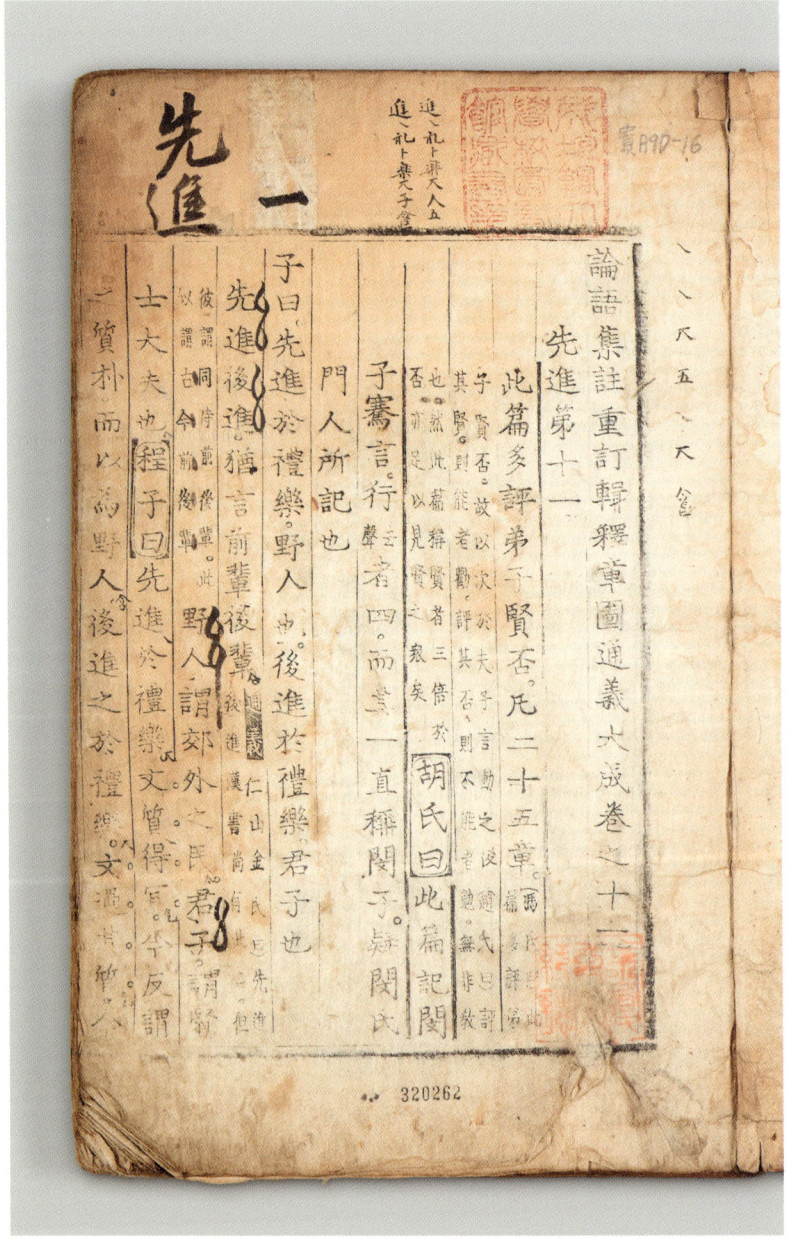

之民、非謂教之時務罷。一曰講義云（甫軒

金鼓旗物之用、坐作進退之節、亦在所教矣。（甫軒

張氏曰、所謂教者、教之以孝弟忠信之義、使

皆有親其上死其長之心、而又教之以戰陣

兵法是也。若未之教而驅民以戰、謂之殄民

已矣。（馮氏曰、孟子曰、不教民而用之、謂之殃民、蓋

本諸此。（陳先生曰、此章與上章、承上章之意而反言

者以類相從。乃承上章之意而反言之也。（石

山陰陸氏曰、使其心志、習於金革車騎旌旗、即此三章觀之、莫如聖人

義、耳目習於金鼓馳驅之變、此三章

矢干戈弓矢、手足習習於弓

之義民謂言兵之最精者、莫如聖人

教戰

┌ 以教而後戰言 ┐
│              ├ 知親其上
│              ├ 知死其長 ─○ 可以即戎
└ 以不教而戰言 ┐
               ├ 必有敗亡
               └ 是謂棄之 ○

右第三十章。鄱陽李氏曰。此章。明用兵之道。

四字 沙村完

二

# 論語集註重訂輯釋章圖通義大成卷之十三

## 子路第十三

凡三十章

子路問政。子曰。先之勞之 勞如字。[通義]石山金氏曰先。當作去聲。謂率先之也

[蘇氏曰]凡。民之行。去聲 以身先之。則不令而行。凡。民之事。以身勞之。則雖勤不怨。朱子曰先。是率他。欲民親其親。必先之以孝。欲民長其長。必先之以弟。勞。是為他勤勞。如循行阡陌勸課農桑之類。[饒氏曰]集註以先之為先其行。勞之為勞其事。是又分政之本末而言。行者政之本。孝弟忠信之類是也。事者政之末。農畝師役之類是也。行與事。雖是分說。其實是政裏面事

請益。曰無倦。無。古本作毋

[吳氏曰]勇者喜於有為。而不能持久。故以此告之。

[通義]雲峯胡氏曰集註分行與事是開說。下句則總兩言俱要無倦。朱子曰橫渠云必身為之倡。且

권수에는 주문 방형의 '김복일○순지金復弌○純誌'라는 인장이 날인되어 있고, 권말에는 '책의 주인은 사촌댁이다[册主沙村宅]'라는 장서기가 묵서되어 있다. 김복일의 본관은 의성義城, 자는 계순季純, 호는 남악南嶽이다. 부친은 생원 김진金璡이고, 모친은 여흥민씨驪興閔氏 민세경閔世卿의 딸이다. 형은 학봉鶴峯 김성일金誠一이며, 안동에 거주하던 인물이다. 장서기의 '사촌沙村'은 의성의 지역 이름으로, 김복일이 거주하던 안동과 가까운 거리이다. 이를 통해 본서가 의성김씨 김복일의 집안에서 소장하고 있던 책임을 알 수 있다.

『사서집석』의 편찬자 예사의의 자는 중홍仲弘, 호는 도천道川이며 원대元代의 휘주徽州 휴녕休寧 사람이다. 송末이 멸망하자 은거하여 학문과 제자 양성에 매진한 진력陳櫟의 문인이다. 『사서집석』에 장도를 붙인 정복심程復心의 자는 자견子見, 호는 임은林隱이며 강서 무원 사람이다.

본서는 갑진자로 간행한 『사서집주장도중정집석통의대성四書集註章圖重訂集釋通義大成』 중 논어 권11~13에 해당하는 부분이다. 이 책은 예사의가 사서에 대한 해석을 모은 『사서중정집석四書重訂集釋』을 원元의 조방趙汸이 교정하고 명의 정복심이 장도章圖를 추가하여 『사서장도중정집석四書章圖重訂集釋』이 되었다. 그 후 명의 왕원선王元善이 통고通考하고 왕봉王逢이 정정訂定 및 통의通義하여 편찬한 책이 『사서집주장도중정집석통의대성』이다. 동일한 판본으로는 일본 호사문고[蓬左文庫] 소장본(蓬左 122-1)이 있는데, 39권 23책의 가장 완정한 형태이다. 잔본殘本은 서울대 규장각한국학연구원, 고려대학교 도서관, 영남대학교 도서관, 성암문고 등에 전해진다.

본서는 1569년(선조 2)경 교서관에서 간행한 것으로 보인다. 『선조실록宣祖實錄』 1569년 6월 20일조에서 윤근수尹根壽가 '지금 비록 『사서장도』를 인출했으나 이러한 뜻은 마땅히 아셔야 할 것입니다.[四書章圖 今雖印出 而此意當可知也]'라고 하였다. 교서관에서 인출하여 관료들에게 반사頒賜하기 위한 목적으로 간행한 책들 중에 이 책이 언급되어 있다. 그 뒤에 이어지는 기대승奇大升의 말에는 '정복심程復心의 『사서장도』는 당판唐板 1권이 있는데 지금의 이른바 『사서장도』와는 다른 점이 있으니, 이는 틀림없이 그것을 바탕으로 하여 증익增益한 것입니다.[程復心『四書章圖』 有唐板一卷 與今所謂『四書章圖』有異 必因此而增益也]'라는 내용이 있다. 당시 인출한 『사서장도』는 정복심의 『사서장도』에 예사의의 『중정사서집석』을 증익한 책인 『사서집석장도통의대성』을 교서관 활자인 갑진자로 간행한 것임을 짐작할 수 있다. 동일한 판본인 일본 호사문고 소장본에는 '1570년(선조 3) 10월 영천군 이미수에게 사서장도 1건을 내사한다[隆慶四年十月日 內賜永川君眉壽四書章圖一件]'는 내용의 내사기內賜記가 있다고 알려져 있다. 이러한 두 가지 근거에 의하여 본서는 1569년경 간행된 책임을 확인할 수 있다. 또한 호사문고 소장본의 「독논맹자집주법讀論孟子集註法」 말미에는 명초의 간기인 '서림정당신간書林正堂新刊'이 그대로 남아 있어 그 저본을 알 수 있다. 또한 이 책은 일본에도 전해져 재산행되기도 했는데 이 일본 간행본은 정조正朝가 명하여 편찬한 규장각 도서 목록인 『규장총목奎章總目』에도 수록되어 있다.

이 책은 사서에 대한 집석과 장도章圖를 모아 교정하고 집대성한 책이다. 본서는 명 초기의 목판본을 저본으로 하여 교서관에서 재간행한 책으로, 사서에 대한 여러 해석과 장도를 한 번에 볼 수 있다는 점에서 당시 좋은 평가를 받았던 책이다. 비록 결질본이지만 갑진자로 간행하고 삽도 또한 세밀하여 서지학적으로도 가치가 높은 책이다. 김소희

주제어
논어집석論語輯釋, 사서집석장도통의대성四書輯釋章圖通義大成, 논어통의倪士毅, 예사의倪士毅, 김복일金復一, 중정사서집석重訂四書輯釋

참고문헌
千惠鳳 著, 『日本 蓬左文庫 韓國典籍』, 지식산업사, 2003.

| 서명 | 中庸章句 | 경부 |
|---|---|---|
| 저자 | 朱熹(宋) 章句 | 經部 |
| 판본 | 木版本 | 15 |
| 발행 | [中國(明)]: [司禮監], [正統12(1447)]刊, [後刷] | |
| 형태 | 不分卷 1冊: 四周雙邊, 半郭 22.2 × 15.6 cm, 有界, 8行14字 小字雙行, 大黑口, 上下下向黑魚尾; 33.8 × 19.9 cm | |
| 주기 | 卷首題: 中庸, 表題: 中庸大全 | |
| | 書名은 版心題임 | |
| | 版式: 標點·聲點 | |
| | 校勘·註釋(籤紙 墨書), 借字口訣(欄外 墨書) | |
| | 褙接記: 鉉德在完西青石橋 敎授子弟時 朴兄奉奎白紙一卷助給 故糊背破冊以完 其賜豈忽 以時後章 以爲不忘之戒 乙巳抄夏旬七日 | |
| | 墨書: 臼山田愚 字子·明辛丑八月十三日生 申鉉德 甲辰九月十八日 行執摯禮於同門人 金漢哲精舍 賜 | |
| | 墨書: 靜·退·栗·沙·尤, 農·渼·近·梅·鼓 | |
| | 綿紙(楮紙 褙接) | |

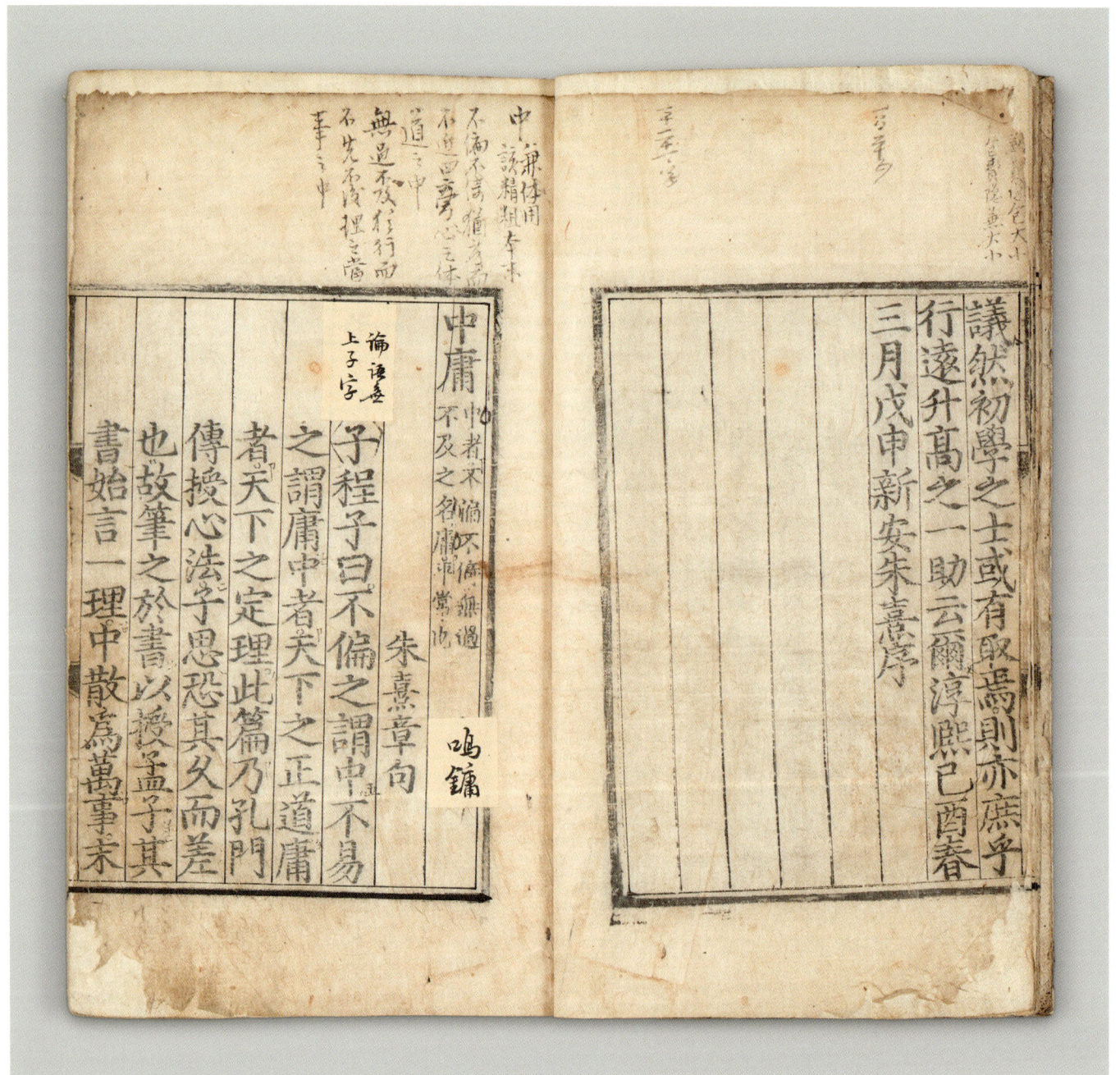

남송南宋의 학자 주희朱熹(1130~1200)가 『예기禮記』 제31편의 내용을 33장으로 나누고 주석을 단 책이다. 본서는 중국 명대 사례감司禮監 간본을 번각하여 후쇄한 중국 목판본이다.

표제는 '중용대전中庸大全'으로 되어 있지만 주희의 주석만을 수록한 『중용장구』로, 여러 주석을 모은 『중용장구대전』보다 내용이 소략하다. 권수제는 '중용中庸', 판심제는 '중용장구中庸章句'로, 서명은 판심제에 근거하였다. 판식은 사주쌍변, 8행 14자, 상하대흑구上下大黑口, 상하하향흑어미上下下向黑魚尾의 목판본이다. 중국 국가도서관에서 수장하고 있는 명明 1447년(정통正統 12) 사례감 간행본 『중용장구』(00788-0002)와 동일 판본으로 표점標點과 사성점四聲點이 판각되어 있다. 다만 목리木理가 다수 관찰되어 후쇄본으로 여겨진다. 『중용장구대전中庸章句大全』에 보이는 교감校勘과 주석註釋이 서미書眉나 첨지籤紙에 묵서되어 있다. 서각書脚이나 난외에는 차자구결借字口訣이, 행간에는 비점批點과 관주貫珠, 한글음 및 한글구결이 묵서되어 있다.

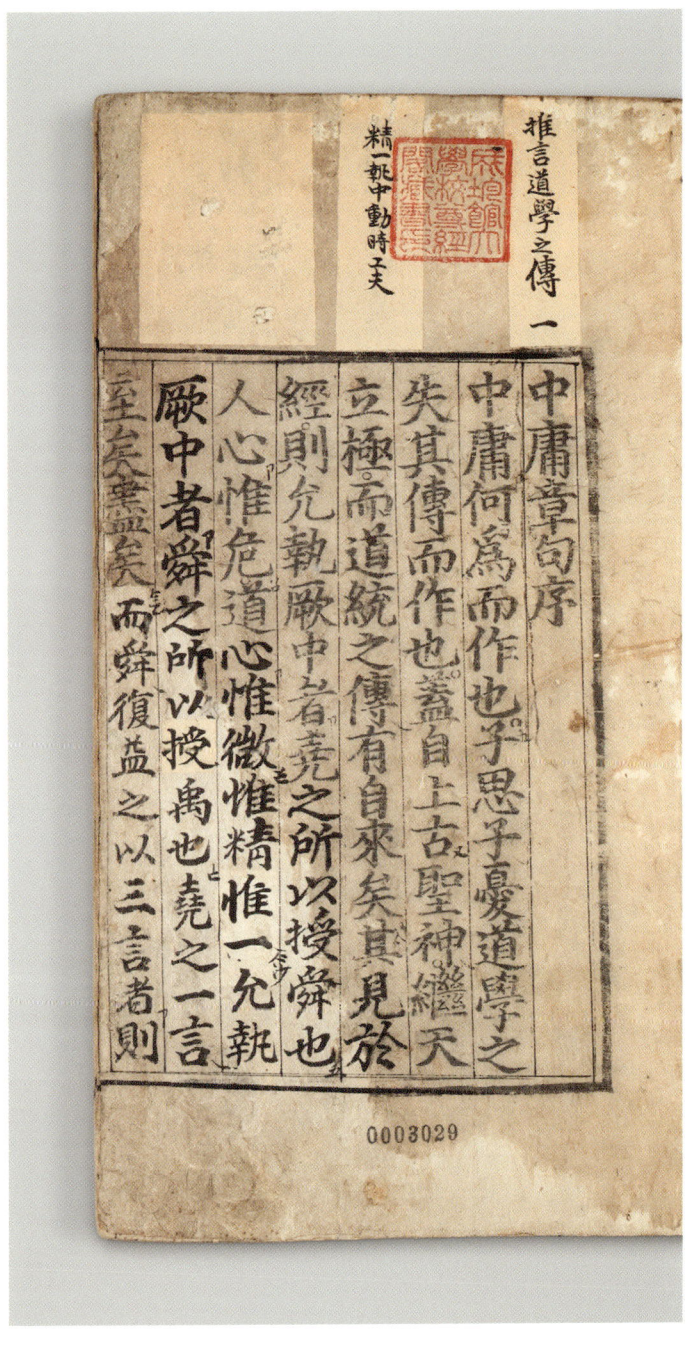

각 장의 요체가 되는 글자를 따고 각 장의 숫자를
조합한 후 구결을 붙인 문장이 필사되어 있는데, 『중용
中庸』 장의 순서와 내용을 외우기 위하여 지은 문장
으로 보인다. 뒷면지面紙에는 정암靜庵 조광조趙光祖,
퇴계退溪 이황李滉, 율곡栗谷 이이李珥, 사계沙溪 김장생
金長生, 우암尤庵 송시열宋時烈의 호 앞 글자를 딴 정靜·
퇴退·율栗·사沙·우尤, 농암農巖 김창협金昌協, 미호渼湖
김원행金元行, 근재近齋 박윤원朴胤源, 매산梅山 홍직필洪
直弼, 고산鼓山 임헌회任憲晦의 호 앞 글자를 딴 농農·
미渼·근近·매梅·고鼓가 묵서되어 있다. 이 또한 조선
유학자들의 호를 외우기 위한 것으로 보인다. 뒷면지
에는 구산臼山 전우田愚와 신현덕申鉉德이 동문인同門人
김현철金漢哲에게 예를 행하고 지키라는 의미로 이 책을
준다는 의미의 지어識語가 묵서되어 있다.

『중용中庸』은 본래 『예기禮記』의 한 편목篇目으로,
『십삼경주소十三經注疏』에서 주목을 받게 되었고 남송
대에는 『대학大學』과 함께 사서四書에 편입되면서부터
이에 대한 주석서가 따로 나오게 되는 등, 독립적인
경서가 되었다.
본서는 명대 내부각본內府刻本인 1447년(正統 12)에
간행된 사례감 간본과 같은 행자수와 판형을 가지고
있지만, 서체 및 지질의 특성으로 보아 번각본을
후쇄한 것으로 추정된다. 그러나 중국에서는 이 또한
내부각본으로 보고 있으므로 매우 희귀한 서적임에는
틀림이 없다. 이 책이 어떻게 조선으로 들어오게
되었는지는 알 수 없지만, 후대에는 간재 전우가
소장하고 있었음을 알 수 있다. 또한 배접기褙接記라고
명명할 수 있는 기록이 남아 있다. '현덕鉉德이 전주의
청석교에 있으면서 자제를 가르치고 있을 때 박봉규
朴奉奎 형이 백지를 1권 주어서 파손되어 있는 책을
배접할 수 있었다.[鉉德在完西靑石橋 敎授子弟時 朴兄奉奎白紙
一卷助給 故糊背破冊以完]'는 기록이 있다. 실제로 이 책은
얇은 중국 면지綿紙에 인쇄되어 있는데, 저지楮紙로
한 장씩 배접되어 있다.

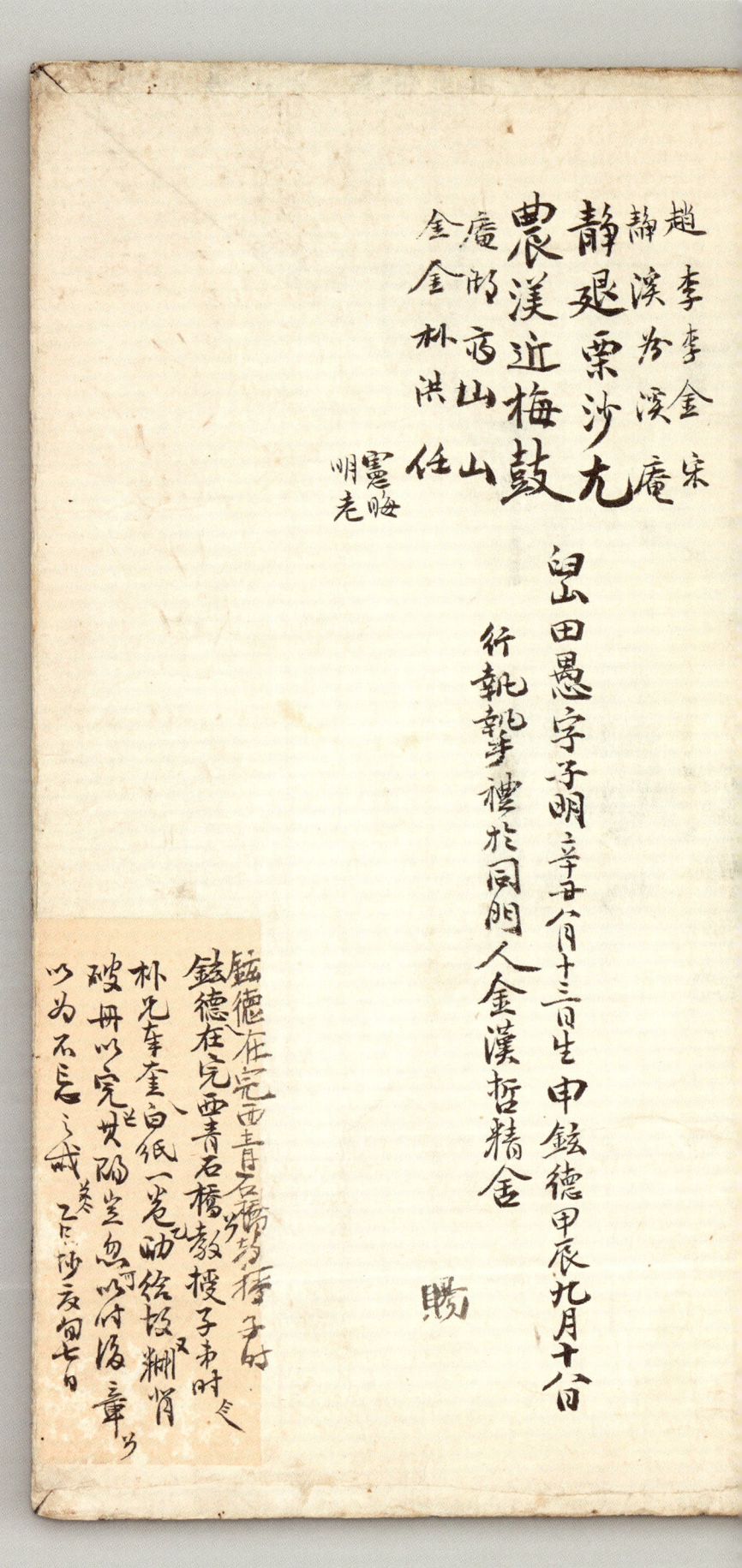

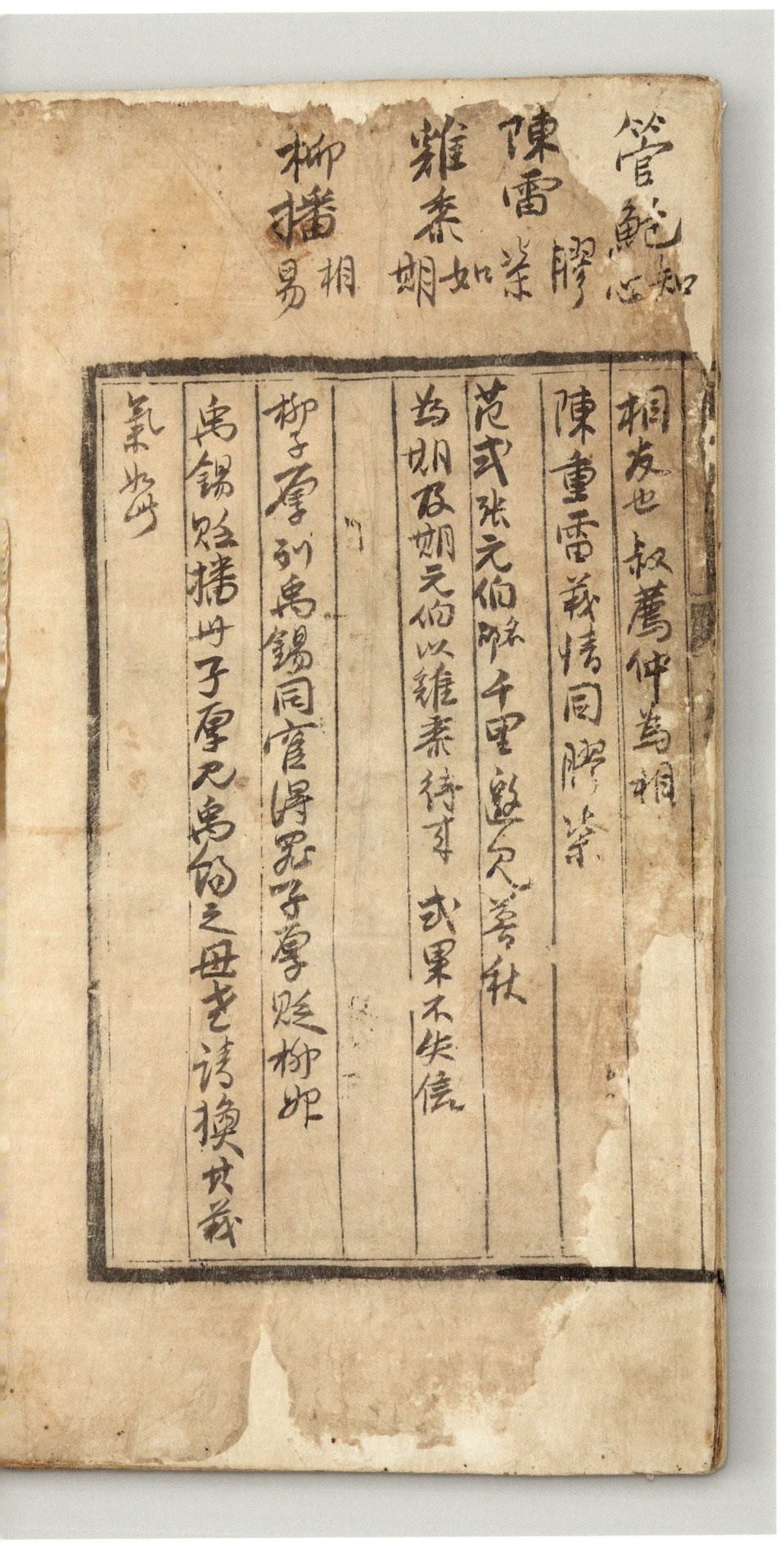

『중용장구』는 과거시험의 교재로 채택되어 매우 중시하게 여겨졌다. 특히 이 책은 중국 사례감 간본의 중국 번각본으로 희소한 가치가 있다. 게다가 배접 기록이 남아 있는 책으로, 문화사적 으로도 의미가 깊다. 김소희

주제어
중용장구中庸章句, 주희朱熹, 사례감司禮監

참고문헌
안현주,『조선시대 사서의 판본연구』, 전남대학교 박사 논문, 2007.

貴 단산 A10A-0002

| 서명 | 埤雅 |
|---|---|
| 저자 | 陸佃(宋) 撰 |
| 판본 | 金屬活字本(初鑄甲寅字混入補字) |
| 발행 | [漢城]: [校書館], 中宗33(1538)頒賜 |
| 형태 | 20卷5冊: 四周雙邊, 半郭 25.1 × 17.1 cm, 有界, 10行17字, 上下內向三葉花紋魚尾; 36.7 × 22.2 cm |
| 주기 | 重刊埤雅序: 是歲天運庚口八月中秋日 京口後學張存性中叙 |
| | 識: 正統九年歲次甲子(1444)冬十月吉日贛州府通判錢塘鄭暹識 |
| | 重刊埤雅全集序: 成化十五年歲在己亥(1479)五月既望 賜進士浙工按察司副使新喻胡榮序 |
| | 埤雅序(陸宰): 宣和七年(1125)六月旦謹序 |
| | 內賜記: 嘉靖十七年(1538)正月日 內賜司諫院司諫金緣 埤雅一件 命際謝恩 左副承旨 臣黃(手決) |
| | 印記: 宣賜之記, 男富儀謹追記, 先相公家藏書楮紙 |

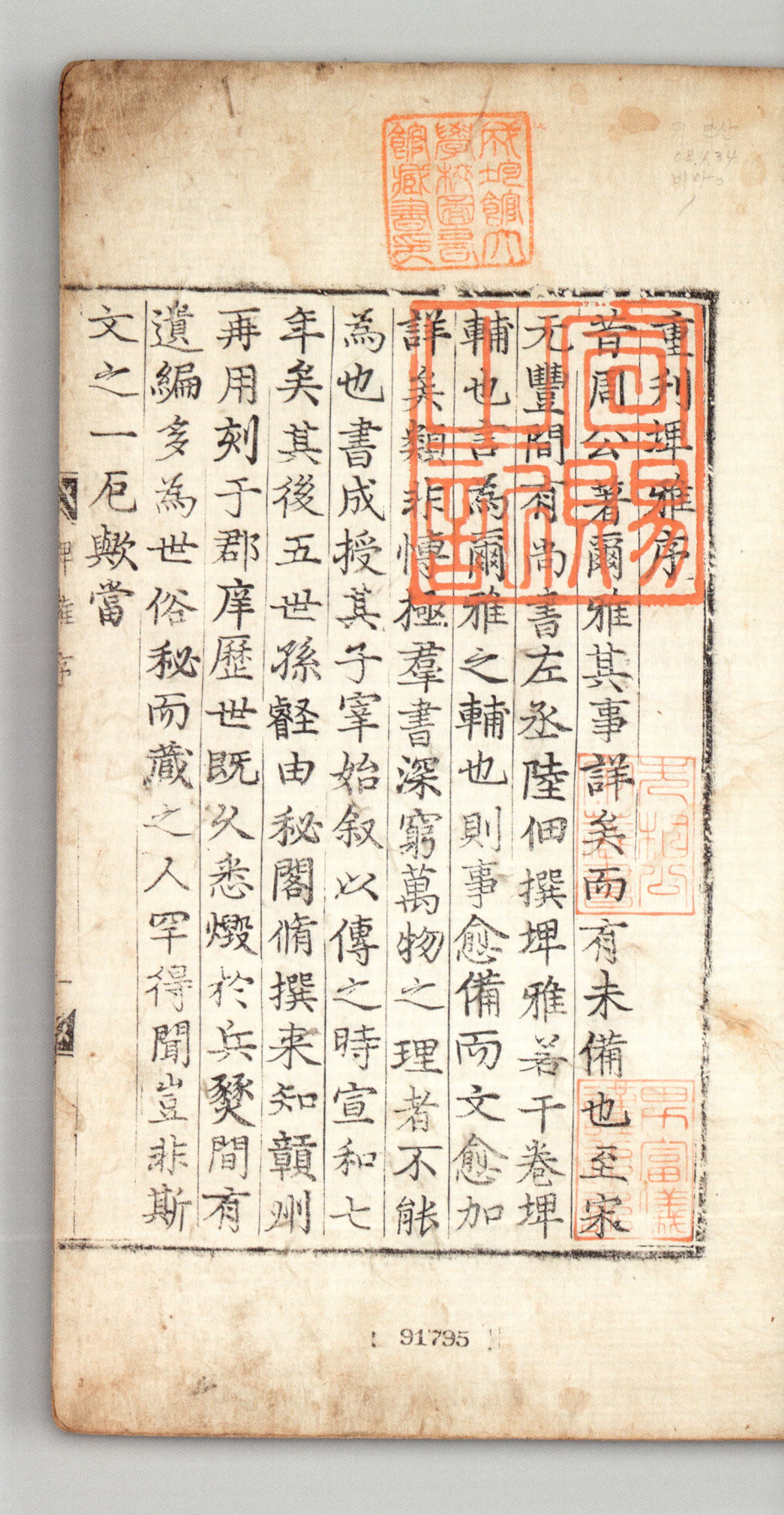

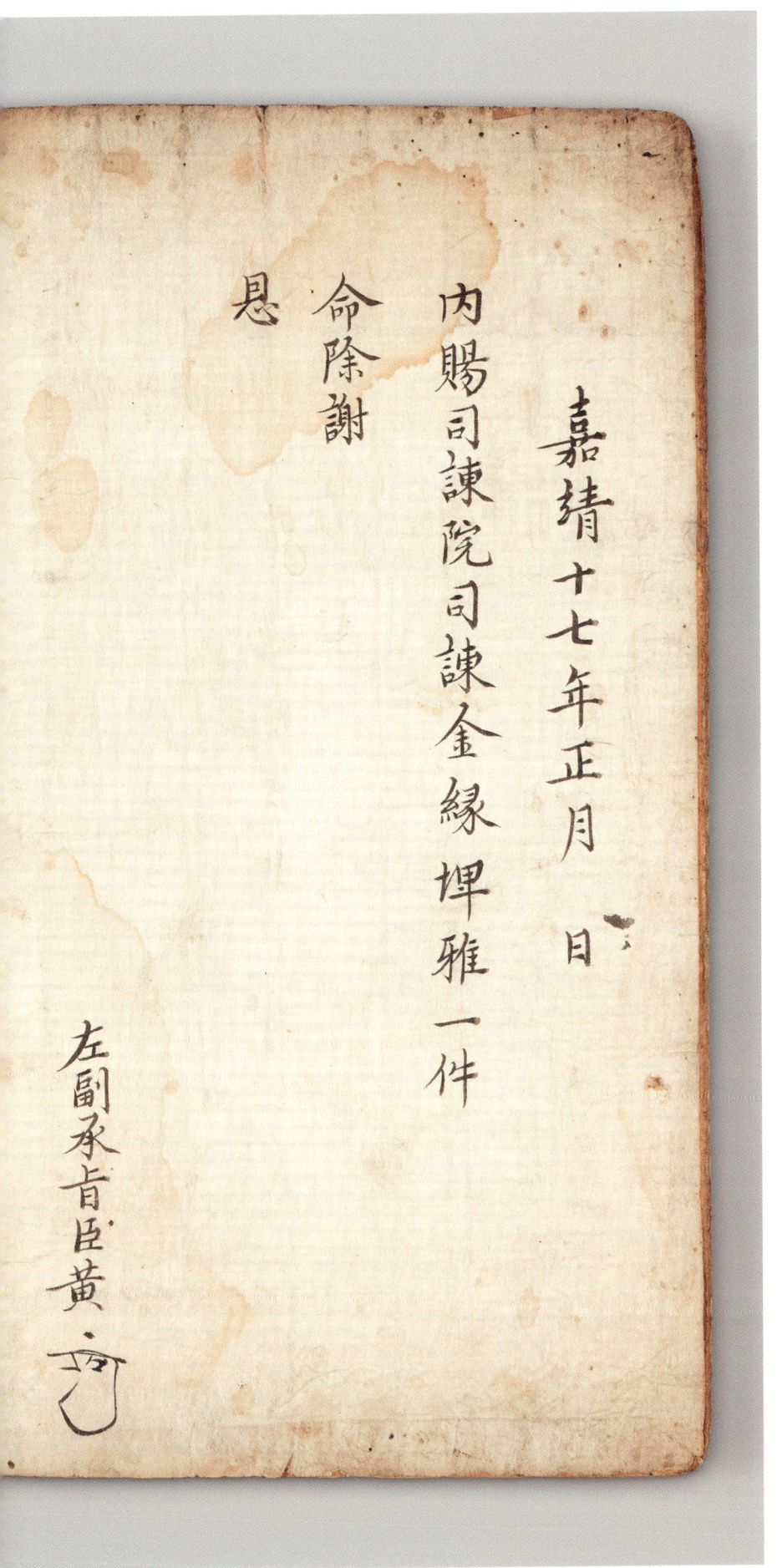

北宋北宋 때 학자 육전陸佃(1042~1102)이 『이아爾雅』에 수록된 297개 명물名物에 대해 풀이한 훈고서訓詁書이다. 본서는 1538년(중종 33) 이전에 후기 초주갑인자初鑄甲寅字로 간행되었으며, 총 20권 5책으로 구성된 완질본完帙本이다.

표제와 권수제·판심제 모두 '비아埤雅'이다. 각 책 표제 하단에는 책차冊次가 적혀 있고 는데, 제2책은 '제사지칠第四之七', 제3책은 '제팔지십일第八之十一', 제4책은 '제십이지십오第十二之十五', 제5책은 '제십륙지이십第十六之二十'이 적혀 있으며, 제1책은 '제일지삼第一之三'이 적혀 있었을 것으로 보이지만 현재는 '삼三'만 육안으로 식별된다.

판식은 사주쌍변四周雙邊, 유계有界, 10행 17자, 상하내향 3엽화문어미의 초주갑인자본이다. 제1책 앞면지面紙에는 '1538년(중종 33) 정월 사간원 사간司諫院司諫 김연에게 『비아埤雅』 1건을 내사內賜한다[嘉靖十七年正月日 內賜司諫院司諫金緣埤雅一件]'는 내용의 내사기內賜記가 있다. 내사기를 쓴 사람은 '좌부승지左副承旨 신황臣黃'으로 되어 있는데, 당시 좌부승지로 있던 황기黃琦라는 인물이다.

제1책 「중간비아서重刊埤雅序」의 우측상단에는 '선사지기宣賜之記'가 날인되어 있고, 우측하단에는 김연金緣의 차남 김부의金富儀 장서인인 '남부의근추기男富儀謹追記', '선상공가장서先相公家藏書'가 날인되어 있다. 또한 각 책 뒷면지面紙에는 '단산문고檀汕文庫'라는 장서인 1과가 날인되어 있다. 단산檀山은 본서를 처음 종중으로부터 내사받은 김연의 15대 주손胄孫인 김종구金鍾九의 호이므로, 본서가 김연으로부터 16대에 걸쳐 광산김씨光山金氏 예안파禮安派 후조당종택後彫堂宗宅에 대대로 전해졌음을 알 수 있다.

『비아』의 저자 육전陸佃은 월주越州 산음山陰 사람으로 자는 농사農師, 호는 도산陶山이다. 송宋나라 때의 관리이자 학자로 육유陸遊의 조부祖父이다. 1070년(熙寧 3)에 진사에 합격하였고, 벼슬은 채주추관蔡州推官, 국자감직강國子監直講, 중서사인中書舍人, 급사중給事中, 지정주知鄭州, 지태주知泰州, 지해주知海州, 예부시랑禮部侍郎, 상서우승尚書右丞, 상서좌승尚書左丞 등을 역임했다. 저서로 『도산집陶山集』, 『비아埤雅』, 『예상禮象』, 『춘추후전春秋後傳』, 『갈관자주鶡冠子注』 등이 있다.

제1책 권수卷首에는 경□庚□ 8월 장존張存이 쓴 「중간비아서重刊埤雅序」, 1444년(正統 9) 10월 정섬 鄭暹이 쓴 「비아서埤雅序」, 1479년(成化 15) 5월 호영 胡滎이 쓴 「중간비아전집서重刊埤雅全集序」, 1125년 (宣和 7) 6월 저자 육전의 아들 육재陸宰가 쓴 「비아서」 등 서문 4개가 차례로 수록되어 있다. 총목록은 따로 수록되어 있지 않고, 각 권별로 목록目錄이 수록되어 있다. 권별 목록에는 모두 '중대부中大夫 수守 상서 좌승尙書左丞 상주국上柱國 오군吳郡 개국공開國公 사자금어대賜紫金魚袋 육전陸佃 찬撰'이 기재되어 있다. 호영의 「중간비아전집서」에는 이 책을 중간하게 된 경위가 상세히 기술되어 있다. 본래 20권으로 1125년에 간행된 『비아』 초간본이 있었으나, 병화 兵火로 인해 사라지게 되었고 육전의 5세손이 소장 하고 있던 가장본마저 결질본이 되었다. 백여 년이 지난 후 선화 연간의 책을 얻게 되어 전 병부상서 兵部尙書 서정양徐貞襄이 중간하면서 호영에게 서문을 부탁하였다고 되어 있다.

『이아』에 수록된 명물 중 297가지를 선정하고 '석어釋魚'·'석수釋獸'·'석조釋鳥'·'석충釋蟲'·'석마 釋馬'·'석초釋草'·'석목釋木'·'석천釋天'의 여덟 조목 으로 분류하여 그 어석語釋을 풀이하였다. 여덟 조목 으로 나누어 수록한 것은 『이아』와 같으나, 분류명 중 『이아』의 '석축釋畜'을 '석마'로 수정하였고, 각 조목 별로 수록한 종수를 줄였다. 그러나 여러 전거를 인용하여 그 설명은 더욱 상세하고 풍부하다.

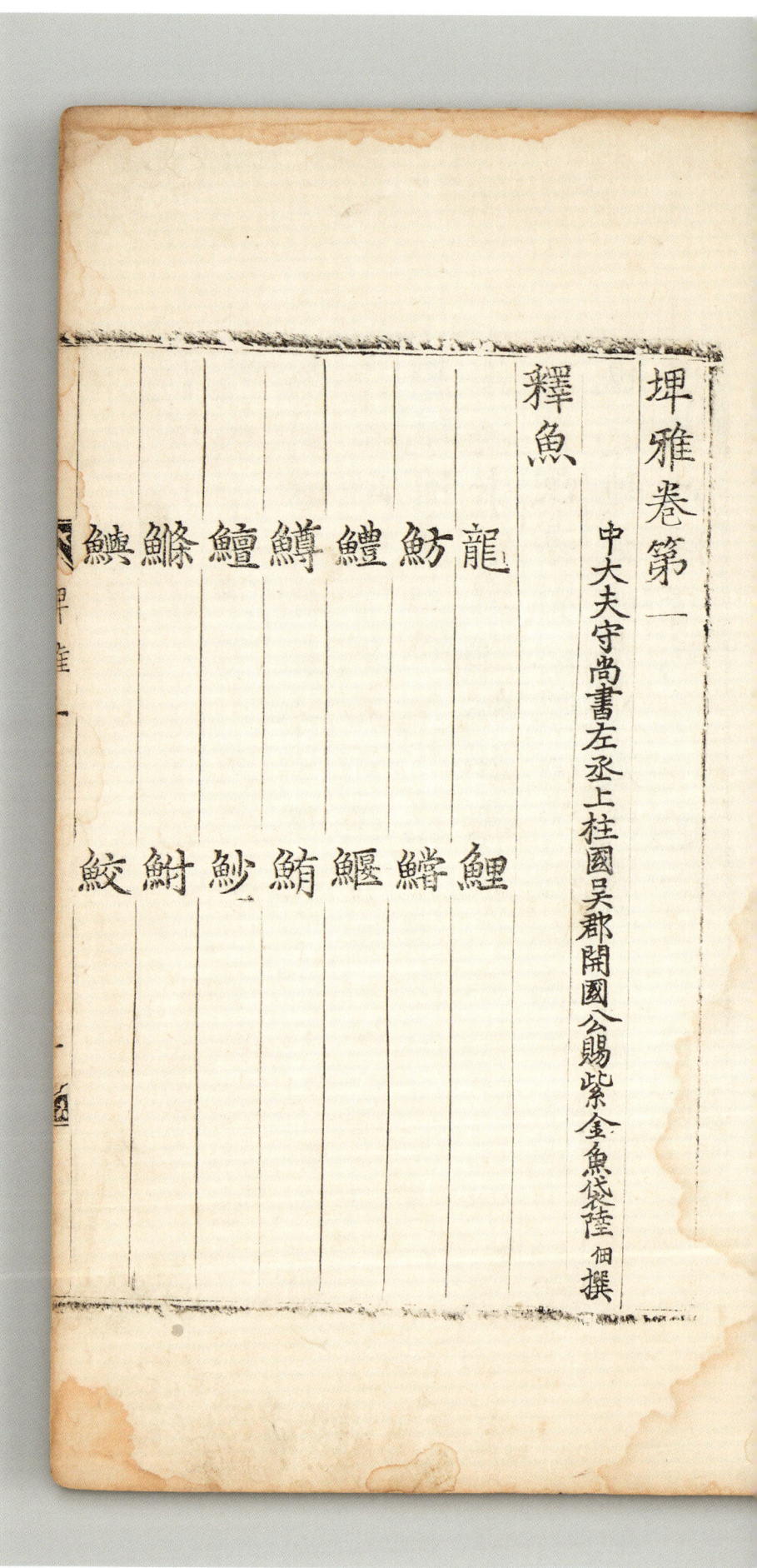

본서는 일실될 위기에 있던 초간본 『비아』를 얻어 중간한 명간본을 저본으로 하여 중종 연간 조선 교서관에서 인출한 후기초주갑인자본이다. 동일한 판본이 한국에는 소장되어 있지 않아 희소한 가치가 있다. 또한 김연이 내사받은 후 광산김씨 후조당에서 대대로 소장하고 있던 서적으로, 그 소종래와 간행년을 추정해볼 수 있는 귀중한 자료로 판단된다. 김소희

주제어
비아坤雅, 육전陸佃, 금속활자본金屬活字本, 중종연간中宗年間

참고문헌
竇秀艳, 「明贛州府刻《埤雅》版本述略」, 『东方论坛』, 2012年第3期.

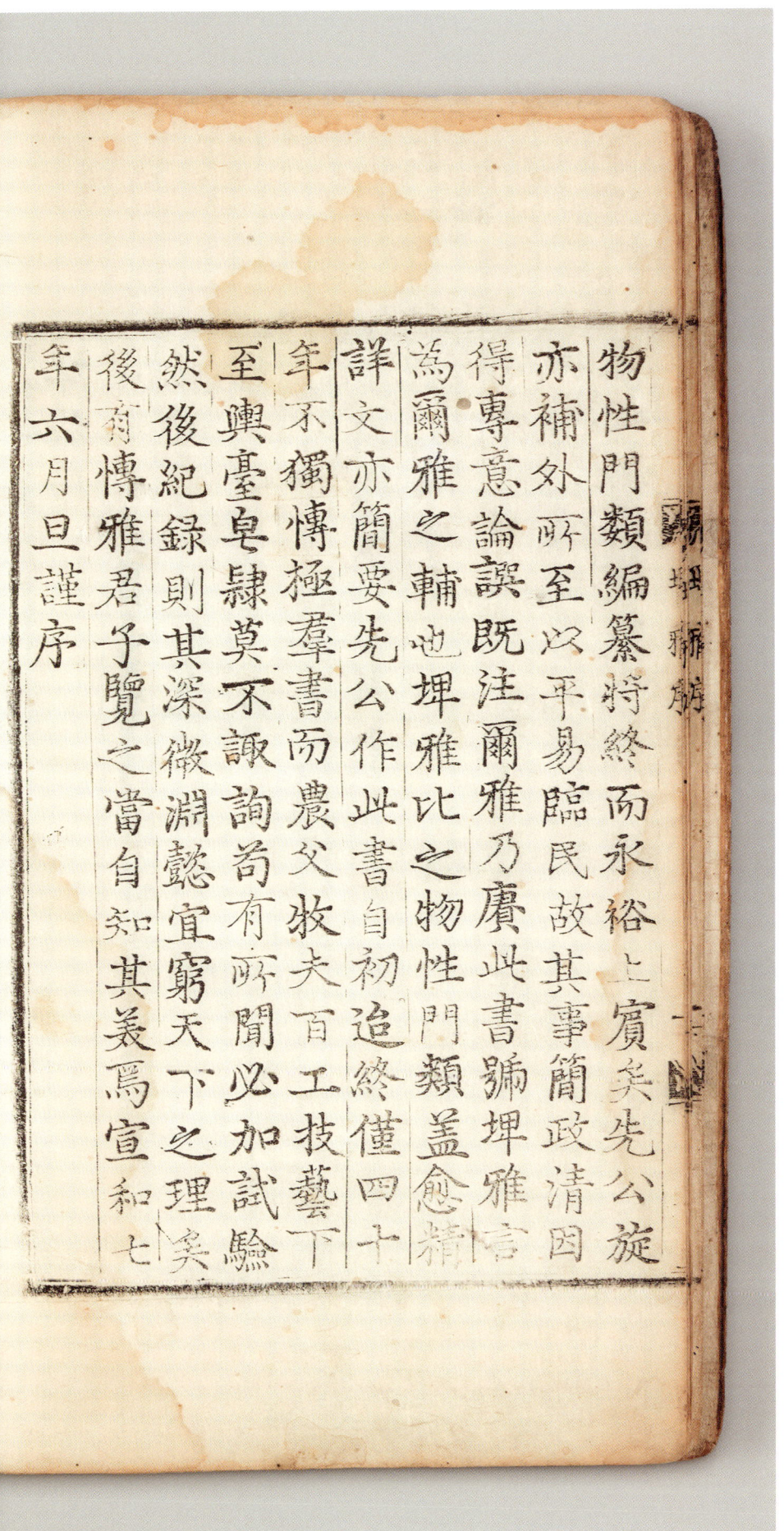

物性門類編纂將終而永裕上賓矣先公旋
亦補外所至以平易臨民故其事簡政清因
得專意論誤既注爾雅乃虞此書騍埤雅言
為爾雅之輔也埤雅比之物性門類蓋愈精
詳文亦簡要先公作此書自初追終僅四十
年不獨博極群書而農父牧夫百工技藝下
至興臺皁隸莫不諏詢苟有所聞必加試驗
然後紀錄則其深微淵懿宜窮天下之理矣
後有博雅君子覽之當自知其義焉宣和七
年六月旦謹序

# 대광익회옥편
# 大廣益會玉篇
Daegwang ikhoe okpyeon

貴 A10B-0052

| | |
|---|---|
| 서명 | 大廣益會玉篇 |
| 저자 | 陳彭年(宋) 等受命編 |
| 판본 | 木版本 |
| 발행 | [朝鮮]: [刊寫者未詳], [16世紀] |
| 형태 | 30卷2冊：插圖：四周雙邊, 半郭 21.0 × 13.1 cm, 有界, 12行字數不定 小字雙行, 大黑口, 上下下向黑魚尾：29.2 × 17.5 cm |
| 주기 | 版心題: 玉・玉篇 |
| | 大廣益會玉篇幷序: 准大中祥符六年(1013)…陳彭年等…至准勅故牒 |
| | 大廣益會玉篇序: [顧野王] |
| | 進玉篇啓: [顧]野王…罔知攸錯謹啓 |
| | 原刊記: 永樂甲午(1414)良月 廣勤書堂新栞(玉篇廣韻指南 末尾) |
| | 版式: 補板混入 |
| | 落張: 卷10 末尾(東部–來部 缺) |
| | 楮紙 |

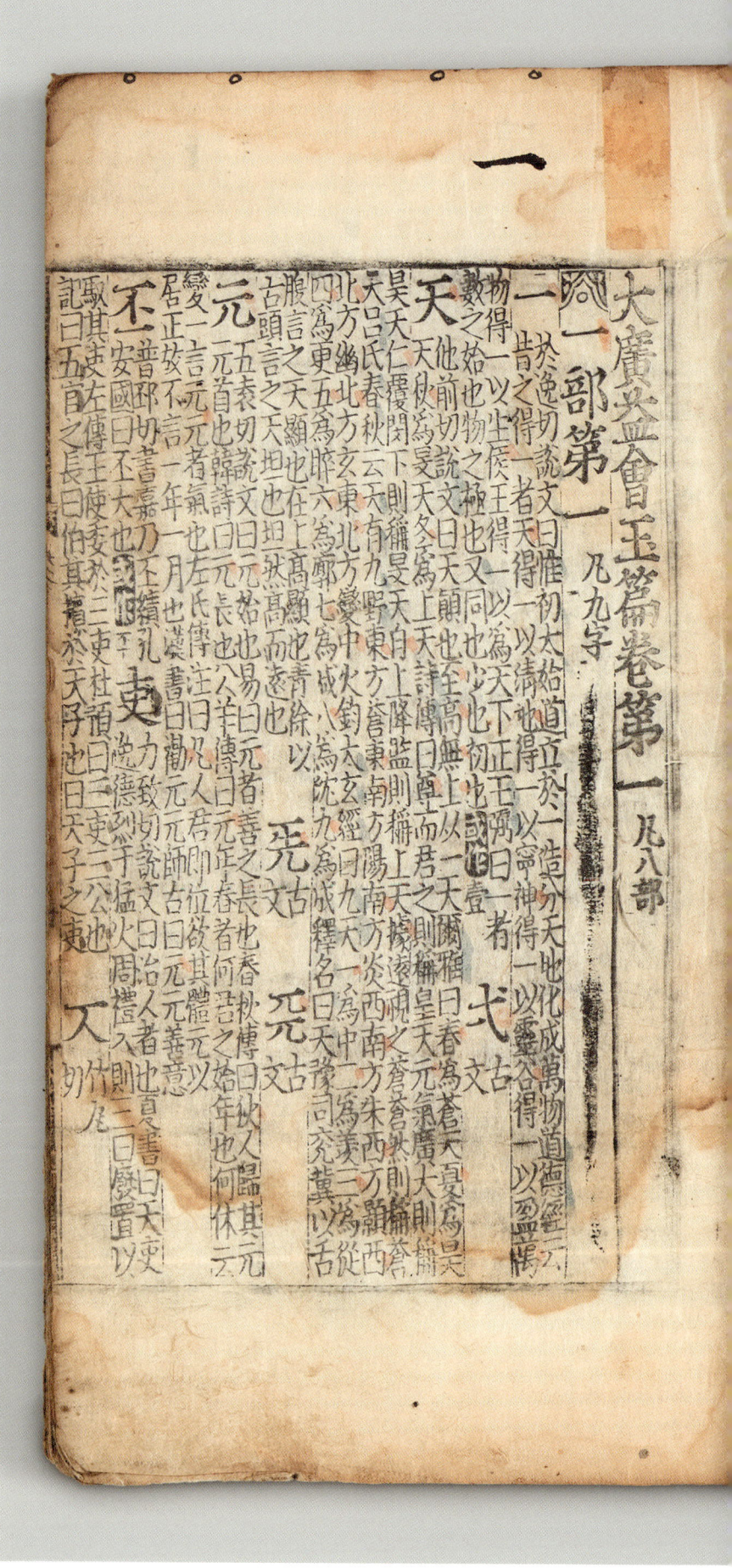

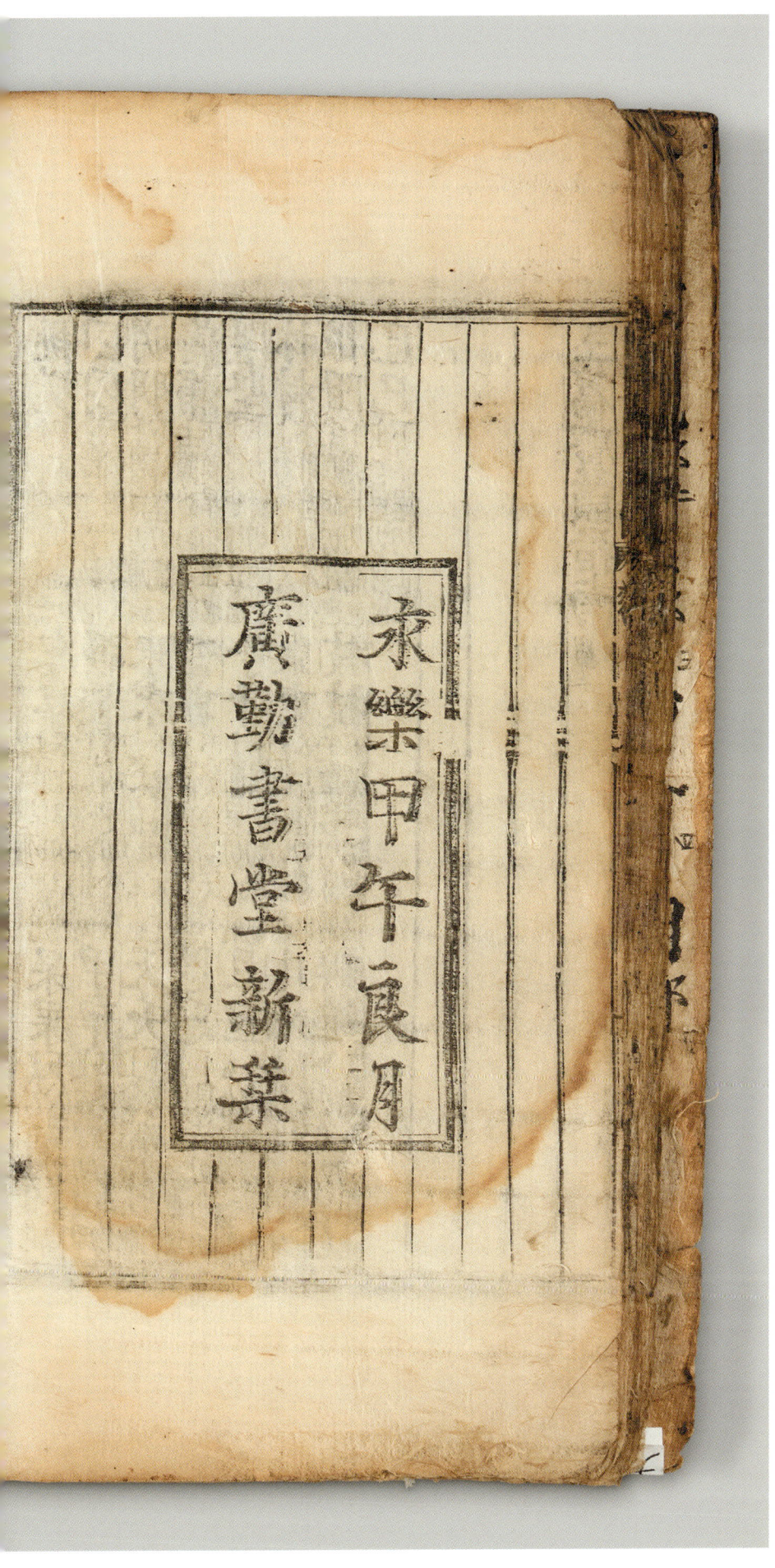

양梁나라 고야왕顧野王(519~581)이 편찬한 『옥편
玉篇』을 중수重修하라는 송宋 진종眞宗의 칙명을
받아 진팽년陳彭年 등이 편찬한 책이다. 본서는
명대明代 광륵서당廣勤書堂에서 1414년(永樂 12)에
간행한 목판본『대광익회옥편』을 번각하고, 보판을
추가하여 조선에서 간행한 목판본이다.

표제는 '대광익회大廣益會', 판심제版心題는 '옥玉' · '옥편
玉篇'이다. 판식은 사주쌍변四周雙邊, 12행, 대흑구
大黑口, 상하하향흑어미이며, 상하단변좌우쌍변 ·
상하내향흑어미의 보판이 섞여 있다. 판구版口 혹은
권말에 각수刻手 표시가 있는데, '사四', '타-당' 등
이다.
앞뒷면지面紙에는 해당 책에 수록된 부수部首를
필사하였고 해당 부수가 수록된 부분의 서미書眉
에도 부수를 필사하여 빠른 탐색을 돕고 있다.
곳곳에 묵색 · 주색 · 남색으로 비점批點이 표시되어
있다. 제1책 권10 말미에는 낙장이 있어 속부
束部부터 래부來部의 10개 부수에 대한 내용이 누락
되어 있고 해당 부분에 '10자부는 결락되고 없다
[十字部落無]'는 묵서가 있다. 총목의 해당 부분
서미書眉에는 '이하 10자는 없고 빠져 있다[此下十
字零落欠也]'는 묵서가 있다.

『대광익회옥편』의 주 편찬자인 진팽년은 자가 영년永年이며, 건창군建昌軍 남성南城(지금의 강서성江西省에 속한 지역) 사람이다. 985년(雍熙 2)에 진사가 되어 환로에 나아갔다. 한림학사겸용도각학사翰林學士兼龍圖閣學士로 있던 1013년(大中祥符 6)에 진종의 칙명을 받아 『대광익회옥편』을 중수하게 되었다. 기존에 사용하던 『옥편』에 글자를 추가하고 주석을 줄여 보다 많은 사람들이 사용할 수 있도록 하였다.

'옥편玉篇'은 본래 운서韻書에서 글자를 찾는 검자檢字를 위한 책으로, 『대광익회옥편』 또한 진팽년 등이 칙명을 받아 편찬한 『중수광운重修廣韻』의 검자를 위해 편찬한 책이다. 1책의 권수에는 진팽년陳彭年이 1013년에 쓴 「대광익회옥편병서大廣益會玉篇幷序」와 고야왕이 쓴 「대광익회옥편서大廣益會玉篇序」 및 「진옥편계進玉篇啓」가 수록되어 있다. 그 뒤에는 「대광익회옥편총목大廣益會玉篇總目」이 수록되어 있는데 모두 30권, 총 542부로 구성되어 있다는 기록이 있다. 총목에서 권차는 원점圓點으로 표시하고 부수의 순서는 음각陰刻하여 명시성을 높였다. 총목 뒤에 수록된 「옥편광운지남玉篇廣韻指南」에는 사성四聲에 대한 총론격의 설명과 예시가 수록되어 있다. 이해를 돕기 위하여 '삼십육자모오음오행청탁방통촬요도三十六字母五音五行淸濁傍通撮要圖' · '사성오음구농반뉴도四聲五音九弄反紐圖' 등의 도설을 수록하였다. 「옥편광운지남」 말미에는 '영락 갑오년(1414)양월 광륵서당 신간[永樂甲午良月 廣勤書堂新栞]'이라는 원간기原刊記가 남아 있다.

조선 간행본의 인쇄 시기는 당시의 서발문이 남아 있지 않아 상세히 알기는 어렵다. 그러나 국립중앙도서관 소장 『대광익회옥편』(일산貴3234-11, 고 323-4)은 본서와 달리 7권으로 구성되어 있다. 국립중앙도서관 소장본에는 1537년(嘉靖 16) 김경金璟이 쓴 발문과 '김해부신간金海府新刊'이라는 간기가 있다. 김해부 간본의 서문 말미에는 '영락 신묘년(1411) 가을에 신북헌에서 간행한다[永樂辛卯菊節 新北軒刊行]'는 원간기原刊記가 있다. 1414년 광륵서당 판본을 번각한 본 해제서는 저본의 간행년이 김해부 간행본의 그것보다 더 앞서 있으며, 판식의 형태 또한 김해부 간행본보다 앞선 판본이다.

본서는 진팽년 등이 칙명을 받아 편찬한 『중수광운』의 검자를 위해 편찬한 『대광익회옥편』을 조선에서 번각한 책이다. 명 초기의 판식은 물론 광륵서당의 간기가 그대로 남아 있어 그 저본을 알 수 있는데,

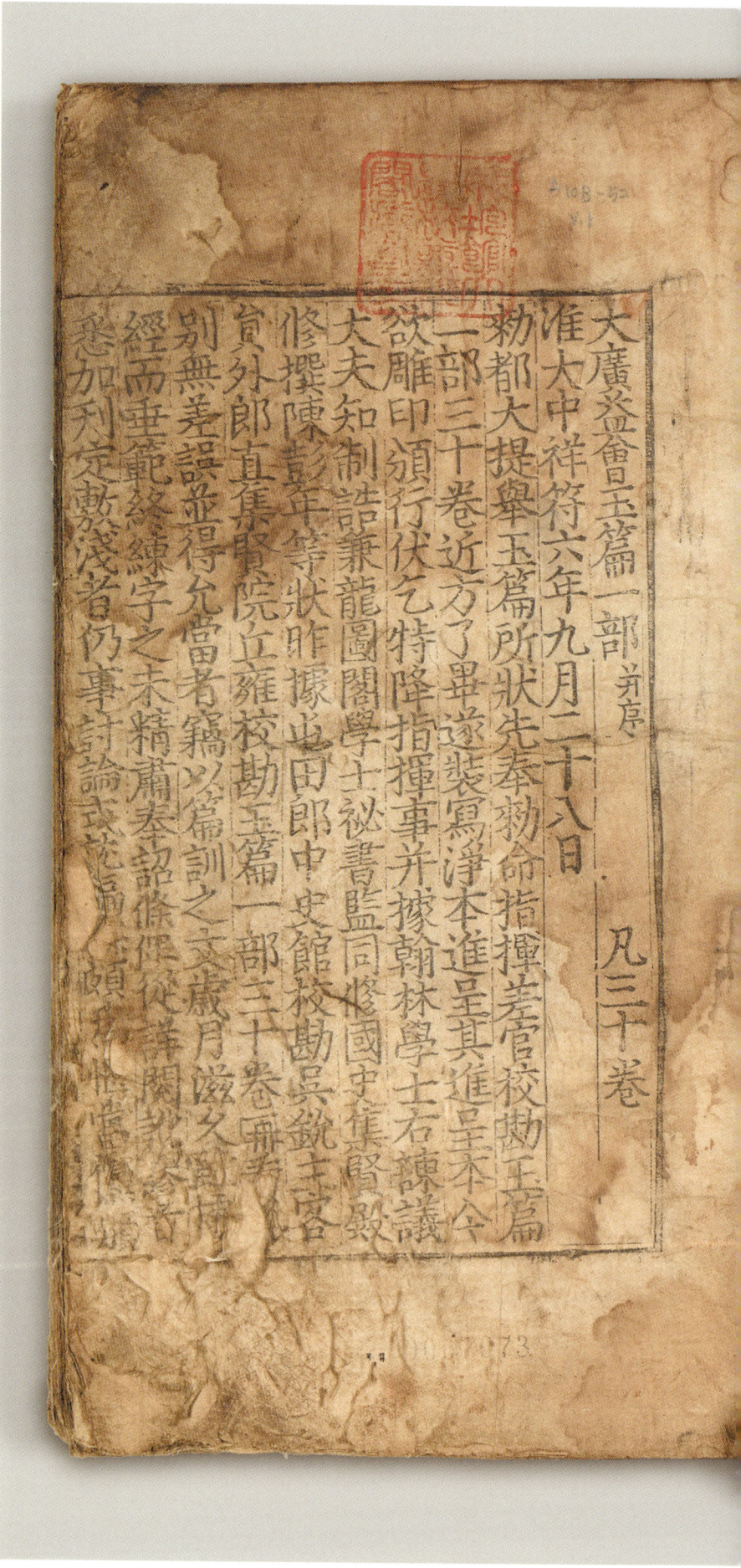

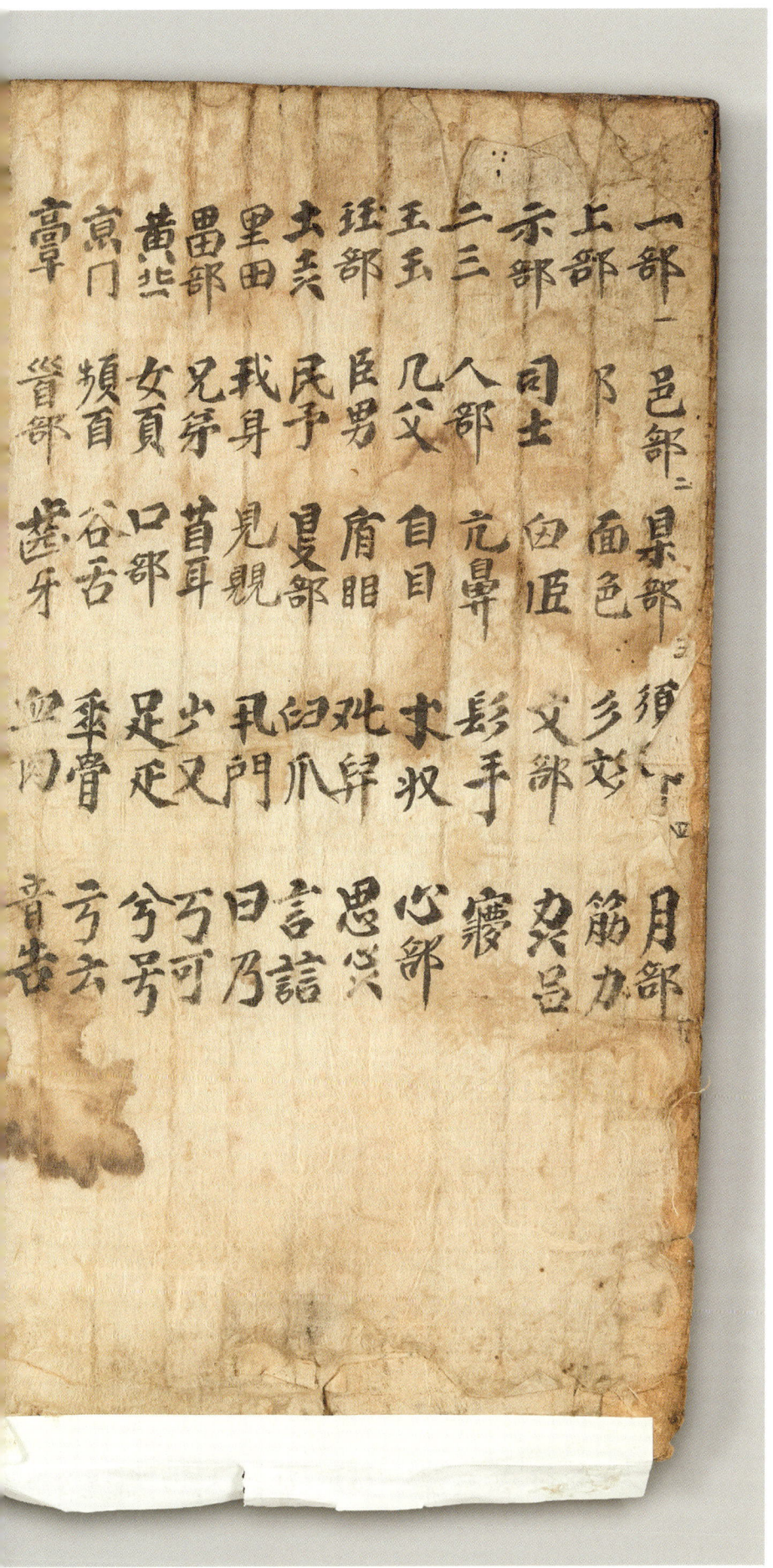

이 원본은 중국에도 남아 있지 않아 희소성이 있다. 비록 조선에서의 간행처를 알 수 없고 낙장이 조금 있지만, 조선에서 번각할 당시 각수 표시가 남아 있고 판본 또한 드물어 희소한 가치가 있다. 김소희

주제어
대광익회옥편大廣益會玉篇, 옥편玉篇, 자전字典, 진팽년陳彭年

# 사부
# 史部

2

사부
史部

1

黃 B06B-0093

황여일가장사초
黃汝一家藏史草
Hwang-yeoil gajangsacho

서명 黃汝一家藏史草
저자 [黃汝一(朝鮮) 編]
판본 筆寫本(原稿本)
발행 [朝鮮]: [刊寫者未詳], 宣祖20(1587)書-宣祖22(1589)
형태 不分卷 12冊 : 行字數不定 ; 24.5 × 19.3 cm
주기 楮紙
서울특별시 유형문화유산

1587년(선조 20) 12월부터 1589년(선조 22) 8월까지 황여일黃汝一
(1556~1622)이 승정원 주서注書로 재직하면서 작성한 승정원일기承政院日記
초책草冊과 예문관 검열檢閱로 재직하면서 작성한 입시기사入侍記事 초본
이다. 2024년에 서울특별시 유형문화유산으로 지정되었다.

본 소장본은 12책으로, 승정원의 주서注書가 작성한 초책草册으로 보인다. 본문은 계선이나 변란 없는 백지에 필사하였고, 왕을 지칭하는 부분이나 왕과의 관련된 어휘에서는 대두擡頭 및 격자格字하였다. 표지 좌측에는 수록 내용의 일자와 날씨가, 우측에는 해당 초책에 기록된 주요 행사가 작성되어 있다. 가운데 에는 '수修'가 쓰여 있는데 이 초책은 정리를 거쳐 『승정원일기承政院日記』에 반영된 것으로 보인다. 매 책 표지에는 다음과 같은 기록이 있다.

| 책수 | 표지 기록 |
|---|---|
| 1 | 丁亥十二月二十六日庚辰 停常參經筵 有都目政 [修] |
| 2 | 戊子正月初一日乙酉陰晴 停朝賀經筵 仁順王后國忌齋戒 [修] □□□□ |
| 3 | 戊子正月初六日庚寅晴 停常參經筵 己卯 [修] |
| 4 | 戊子正月初八日壬辰陰晴 停常參經筵 夜對 ䷣地澤臨變 損之復 生我我克大吉 四□(五)一一 行吉謁吉 [修] |
| 5 | 戊子正月十一日乙未朝陰午晴夜雪 停朝參經筵 [修] [籤紙]今正月十一日午時日暈右珥未時日暈 |
| 6 | 戊子正月十二日丙申晴 停常參經筵 [修] □□□(星未修) |
| 7 | 戊子正月十四日戊戌晴寒 停常參經筵有政 [修] |
| 8 | 戊子七月初五日丙辰 政廳 |
| 9 | 戊子七月二十三日甲戌晴 晝講 |
| 10 | 己丑八月十六日辛卯晴 引見 |
| 11 | 戊子正月初三日丁亥晴 停常參有賀禮夜對 [釁 二 修] |
| 12 | 戊子正月初四日戊子朝陰夕晴 停常參經筵春享大祭齋戒 [修] |
| 13 | 己丑八月十三日戊子 朝講 |

황여일은 선조와 광해군 시기에 활약한 문신이다. 1585년(선조 18)에 문과에 급제하였고, 공조참의를 지냈다. 특히 임진왜란기에 도원수 권율의 종사관으로 활약하였고, 1598년(선조 31) 명나라 사신 정응태丁應泰의 무고 사건을 해명하기 위해 정사 이항복李恒福, 부사 이정구李廷求와 함께 서장관書狀官으로 파견되어 임무를 수행하였다.

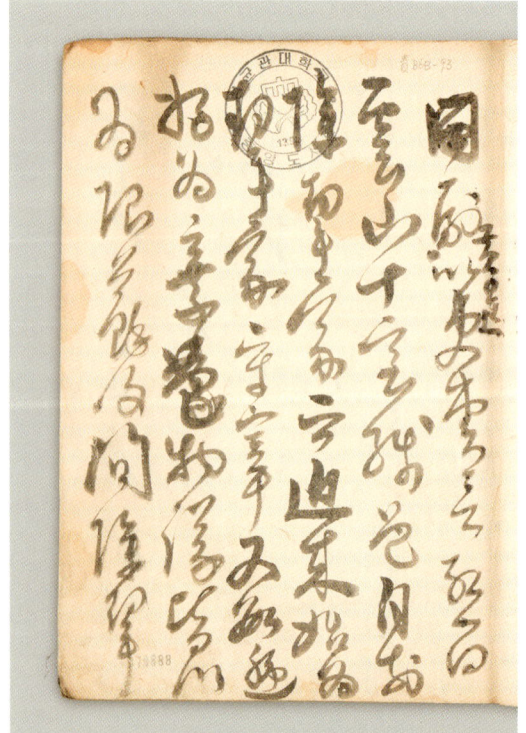
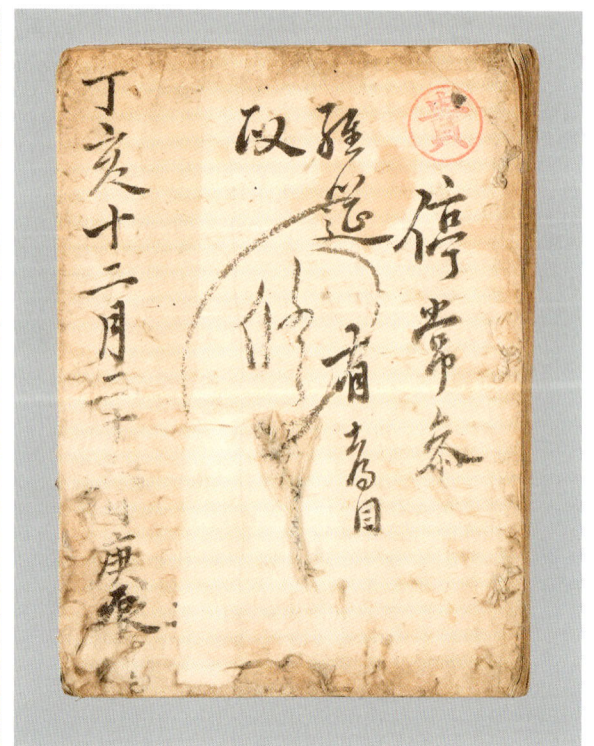

문과 급제 이후 예문관 검열檢閱로 재직하였고, 실록에는 1588년(선조 21) 1월 20일에 출입을 마음대로 하였다는 혐의로 파직되었다는 기사가 있다. 그리고 같은 해 정월에 류성룡 같은 인재를 중용하여야 한다고 권유한 바가 있다고 한다.

승정원일기는 한 달에 한 책 또는 두 책으로 엮어지며, 각 책의 본문은 일자별로 구별되어 정리되어 있다. 매일의 일기는 다음과 같이 구성되어 있다.

①은 일자와 날씨, 승지와 주서의 좌목, 국왕의 위치와 경연·상참의 시행 여부를 기재한 부분이다. ①에 기재되는 요소는 특정 문서를 베낀 것이 아니므로, 엄밀히 말하면 일기를 편찬하기 위해 매일 생산한 기록이다. 일자에 바로 이어서 쓰는 '청晴', '음陰'과 같은 날씨 정보는 입직주서가 궁궐을 기준으로 관찰하여 주관적인 판단에 의해 적어 놓은 기록이다. 상참 및 경연의 시행 여부는 승정원 승지가 전날에 취품取稟하게 되어 있다. ①에 기재되는 당일 시행 여부에 대한 기록은 승지가 그날의 사실을 확인하여 생산한 것이다.

②는 당일 승정원에 출납한 문서를 정리하여 베껴서 기록해 놓는 부분이다. 중앙과 지방 관아 및 관리가 국왕에게 올리는 계본啓本, 장계狀啓와 같은 정형화된 업무에 따른 보고서, 중앙 아문이 급한 일을 처리하기 위해 수시로 올리는 초기草記, 삼사三司의 언관이나 승지 등이 올리는 계사啓辭, 내외 신료들이 국왕에게 시정時政에 대한 의견이나 개인적인 사정을 피력하는 내용의 상소上疏·차자箚子와 같은 문서가 이에 해당된다.

③은 국왕이 거둥하는 의례 또는 신료를 인접하는 자리[筵席] 등의 공식 석상에 있을 때, 국왕과 신하의 행동과 언설을 등재한 부분이다. 해당 자리에 입시入侍한 주서는 보고 들은 것을 급하게 적어 두었다가, 물러난 후 연설筵說의 초본을 작성했다. 이를 초책이라고 불렀다. 즉 입시기사入侍記事는 주서가 직접 생산한 기록물이라고 할 수 있다. 주서는 뒤에 함께 입시했던 2원의 사관史官, 즉 예문관의 봉교奉教·대교待教·검열檢閱이 작성한 초책과 비교 대조해 보고, 빠졌거나 잘못 기록된 부분을 수정·보완하여 승정원일기에 등재했다.

승정원일기의 ①과 ②부분은 해당 일에 입직入直한 주서가 작성하였고, ③부분은 해당 연석에 입시한 주서가 작성하게 되어 있었다. 따라서 같은 일자의 일기라도 구성 부분에 따라 작성한 주서가 다를 수 있었고, 그 기록을 일기에 싣기 위한 초책도 자연히 ①, ②부분을 정리한 것과 ③부분만 정리한 것이 각각 다른 형태로 남아 있을 수밖에 없다.

황여일의 문집 『해월집海月集』의 행장行狀에는 참하관 관력이 검열檢閱, 대교待教, 봉교奉教만 기록되어 있다. 또한, 실록에서도 검열 이외에 재직한 기록은 찾을 수 없다. 하지만 문과 급제자는 분관分館된 이후 또는 이전에 승정원 가주서假注書에 재직하는 것이 흔한 일이었고, 예문관 검열 재직자는 주천注薦에도 들어 실주서實注書에 임명되는 경우가 많았다. 따라서 본 자료가 작성된 1587년 12월~1589년 8월에 황여일이 승정원 주서의 직임을 수행했을 것으로 보인다.

하지만 위에서 설명한 승정원일기 ③부분에 등재하는 입시기사入侍記事는 주서의 역할로 작성한 것인지 예문관 참하관(사관)으로 재직할 때 입시하여 작성한 것인지는 구분하기 어렵다. 왜냐하면 승정원 주서와 예문관 참하관은 같은 인물이 며칠 사이를 두고 체직과 제수를 반복하면서 번갈아 가며 재직하는 경우가 많았기 때문이다.

황여일이 작성한 초책은 총 13책이 남아 있다. 다음은 각 책별로 일자 순서와 기사의 유형에 따라 정리한 표이다.

| 연번 | 일자 | 내용구분 | 책 청구기호 |
| --- | --- | --- | --- |
| 1 | 1587년(선조 20) 12월 26일 | ①, ② | B06B-0093 v.1 |
| 2 | 1588년(선조 21) 1월 1일 | ①, ② | B06B-0093 v.2 |
| 3 | 1588년(선조 21) 1월 3일 | ①, ②, ③ | B06B-0093 v.10 |
| 4 | 1588년(선조 21) 1월 4일 | ①, ② | B06B-0093 v.11 |
| 5 | 1588년(선조 21) 1월 6일 | ①, ② | B06B-0093 v.3 |
| 6 | 1588년(선조 21) 1월 8일 | ①, ② | B06B-0093 v.4 |
| 7 | 1588년(선조 21) 1월 11일 | ①, ② | B06B-0093 v.5 |
| 8 | 1588년(선조 21) 1월 12일 | ①, ② | B06B-0093 v.6 |
| 9 | 1588년(선조 21) 1월 14일 | ①, ② | B06B-0093 v.7 |
| 10 | 1588년(선조 21) 7월 5일 | ② | |
| 11 | 1588년(선조 21) 7월 23일 | ③ | B06B-0093 v.8 |
| 12 | 1589년(선조 22) 8월 13일 | ③ | B06B-0093 v.12 |
| 13 | 1589년(선조 22) 8월 16일 | ③ | B06B-0093 v.9 |

각 일자에 따라 기록된 내용을 간단히 정리하면 다음과 같다.

| | 기록일자 | 내용 |
|---|---|---|
| 1 | 12월 26일 경진 | 상참 경연 정지, 도목정사가 있었음. |
| | | 동부승지 황섬黃暹이 올린 이조의 초기草記 |
| | | 북병사의 서장으로 우부승지 이성중李誠中에게 전교 |
| | | 정언 송순宋諄 계사啓辭 |
| | | 관상감 유성 출현 보고 단자單子 |
| | | 우부승지 이성중李誠中이 올린 승정원 초기草記 |
| | | 동부승지 황섬이 올린 사용원의 초기草記 |
| | | 제수기사: 박숭원朴崇元 승정원 좌부승지, 김우옹金宇顒 안동부사, 변국간卞國幹 충청도 수군절도사, 이수린李壽麟 장흥부사 제수 등 |
| 2 | 정월 초1일 기유 | 조하 경연 정지. 인순왕후의 국기 재계 |
| | | 용담현龍潭縣 지난해 12월 13일 지진 |
| | | 판부사 김귀영 이하 문안 계사啓辭 |
| | | 전라감사 윤두수 12월 13일 지진발생 계본啓本 |
| | | 홍문관 명단: 옥당 부제학 윤선각尹先覺, 교리 오억령吳億齡 · 홍인상洪麟祥 · 조인득趙仁得 · 노직盧稷 · 이상홍李尙弘 |
| | | 경연 명단: 참찬관 황섬黃暹, 시독관 홍인상洪麟祥, 검토관 조인득趙仁得, 기사관 정치원鄭致遠 |
| 3 | (선조 21) 정월 초3일 정해 | 상참 정지, 신년하례가 있었음. 야대. |
| | | 교서 별좌 이명생李命生의 상소를 승정원이 비밀 입계함 |
| | | 지평 윤승훈尹承勳 계사啓辭 |
| | | 야대기사:『통감강목』진강 등 |
| 4 | (선조 21) 정월 초4일 무자 | 상참 경연 정지. 춘향대제春享大祭 재계齋戒 |
| | | 동부승지 황섬黃暹 계사啓辭 |
| | | 전 공주제독관公州提督官 조헌趙憲이 충청도 옥천에서 올린 상소上疏 |
| 5 | (선조 21) 정월 초6일 경인 | 상참 경연 정지 |
| | | 평안감사 계본啓本 |
| | | 기타기록: 유성룡의 인품, 가계, 수학, 학문 등에 대해 기술 |
| 6 | 정월 초8일 임진 | 상참 경연 정지 야대 |
| | | 우부승지 이성중李誠中에게 내린 전교傳敎 |
| | | 야대 명단: 참찬관 이성중, 시독관 오억령, 검토관 노직盧稷 등 |
| | | 야대 기사:『통감강목』진강 등 |
| 7 | 정월 11일 을미 | 상참 경연 정지 |
| | | 우부승지 이성중이 올린 의금부의 초기草記 |
| | | 우부승지 이성중 계사啓辭 |
| | | 명단: 대사헌 김응남金應南, 집의 정창연鄭昌衍, 장령 한옹韓顒 · 정숙남鄭淑男, 지평 유영경柳永慶 |
| | | 지평 윤승훈 계사啓辭 |
| 8 | 정월 12일 병신 | 상참 경연 정지 |
| | | 지평 윤승훈 계사啓辭 |
| 9 | 정월 14일 무술 | 상참 경연 정지, 정사가 있음 |
| | | 정언지鄭彦智 대사헌, 박응복朴應福 병조 참지, 심원해沈源海 곽산군수, 이대이李大頣 금천현감 제수 |
| | | 함경감사 이광李洸 계본 |
| | | 지평 유영경柳永慶 계사啓辭 |

| 10 | 7월 5일 병진 | 정청政廳 |
| | | 이비吏批 판서 이양원李陽元, 참판 권극례權克禮, 참의 백유양白惟讓, 도승지 정윤복丁胤福 |
| | | 병비兵批 판서 정鄭, 참판 이李, 참의 고高, 참지參知 박朴 |
| | | 이비와 병비가 올린 계사啓辭 |
| 11 | 7월 23일 갑술 | 주강畫講 |
| | | 경연 명단: 특진관 황임黃琳, 동지사 이양원李陽元, 참찬관 이로李輅, 시독관 정숙남鄭淑男, 검토관 박홍로朴弘老, 기사관 윤형尹洞 · 황여일黃汝一 · 박승종朴承宗 |
| | | 주강 기사:『시경』진강 등 |
| 12 | 8월 13일 무자 | 조강朝講 |
| | | 묘정(卯正, 5시경) 입시함. 상이 선정전에 납시었음 |
| | | 경연 명단: 영사 이산해李山海, 특진관 변협邊協, 지사 정탁鄭琢, 특진관 이산보李山甫 참찬관 이유인李裕仁, 장령 정숙남鄭淑男, 시독관 박홍로朴弘老, 정언 허성許筬, 검토관 유대진兪大進 기사관 황정철黃廷喆, 황여일黃汝一, 유대정兪大禎 |
| | | 조강 기사 :『시경』진강 등 |
| 13 | 8월 16일 신묘 | 인견引見 |
| | | 진초(辰初, 7시경) 입시함. 상이 선정전에 납시었음 |
| | | 인견 명단: 우상 정언신鄭彦信, 첨지 신립申砬, 전라병사 이일李鎰, 승지 황우한黃佑漢, 기사관 이상의李尙毅 · 황여일黃汝一 · 유대정兪大禎 |
| | | 인견 기사: 정언신, 신립, 이일과 변비便秘에 대해서 논함 |

13책으로 구성된 본서의 기록은 임진왜란 이전의 기사를 담고 있다. 현재 남아 있는『승정원일기』에는 인조대부터의 기록만 남아 있다. 때문에 인조대 이전의 조정 대소신료와 국왕의 정책 결정 과정에 대한 사료는 실록 기록에 크게 의존하는 형편이다. 같은 날의 실록 기사는 매우 소략한데 비해, 본서의 입시기사 4건은 국왕과 신료의 발언이 매우 구체적으로 기록되어 있다. 여기서 살필 수 있는 내용 정보는 연대기 사료의 부족한 부분을 보완할 수 있다. 황여일이 남긴 이 자료는 16세기 후반의 초책으로 승정원의 기록 관리가 어떤 체계로 이루어졌는지를 파악할 수 있다. 숙종대 주서를 지낸 이담명李聃命이 남긴 것도 있지만, 본서는 그보다 좀 더 이른 시기의 자료로 가치가 높다. 유지영

주제어
승정원일기承政院日記, 사초史草, 초책草冊, 주서注書, 검열檢閱, 연설筵說, 황여일黃汝一

참고문헌
정만조,「承政院日記의 作成과 史料的 價値」,『韓國學論叢』24, 2001.
명경일,「정조대 傳敎軸을 통해 본『承政院日記』의 문서 謄錄 체계」,『古文書硏究』44, 2014.

## 선조 기축년사초
## 宣祖 己丑年史草
Seonjo gichuknyeon sacho

貴 B06B-0102

서명    宣祖 己丑年史草
저자    [編者未詳]
판본    筆寫本
발행    [朝鮮]: [刊寫者未詳], 宣祖22(1589)書
형태    不分卷 1冊：行字數不定；40.4 × 18.0 cm
주기    楮紙
       서울특별시 유형문화유산

사부    史部

2

宣祖 己丑年史草

[編者未詳]

1589년(선조 22) 7월 28일부터 9월 중순까지의 사초史草를 베껴 쓴 책으로, 불분권不分卷 1책의 필사본筆寫本이다. 2019년에 서울특별시 유형문화유산으로 지정되었다.

서명은 내용에 근거하였다. 본서는 근대에 표지를 개장改裝한 것으로 보이며, 새로운 백지白紙에 원고原稿가 적힌 종이를 배접하여 책을 보수하였다. 표제는 '기축일기己丑日記'이며 표제 하단에 책차冊次가 '전소'으로 적혀 있다. 본서는 광곽·계선·판심·어미 등이 전혀 없고, 행수行數는 처음에는 8행이었다가 중간에 글씨가 바뀌는 부분부터는 11~12행이며 자수字數 또한 일정하지 않다. 본문 곳곳에 묵말墨抹하거나 글자를 고치는 등 교정의 흔적이 많이 보이며, 본문 일부에는 상단에 흰색 부전지附箋紙를 부착하여 내용을 추가하기도 하였다. 또한 중간에 필체가 크게 바뀌는 부분이 있는 것으로 보아 본서는 최소 2명 이상이 필사에 참여한 것이 아닌가 한다.

1589년 7월 29일부터 같은 해 9월 27일까지의 기간 동안 승정원承政院에서 출납한 왕명문서, 중외 아문의 계장啓狀, 소차疏箚 등의 문서와 국왕과 신하가 연석筵席에서 나눈 대화 등을 베껴놓은 일기다. 승정원에서 출납한 계사啓辭와 초기草記를 특정 관서에 한정하지 않고 등재하고 있고, 입시기사入侍記事 역시 포함되어 있는 점을 볼 때 기록의 범위는 승정원일기와 유사하다고 볼 수 있다. 하지만 16세기 후반부터 18세기 초에 걸쳐 남아 있는 승정원일기 초책草冊의 형태와는 달리 기재되어 있는 글자의 모양과 행렬이 작은 글자로 일관되게 기록되어 있는 특징을 갖고 있다. 따라서 이 일기는 승정원일기의 초책을 후대에 일기 형태로 재편집한 기록으로 보는 것이 타당하다. 상단의 일부와 하단의 상당 부분이 훼손되어 판독할 수 없는 글자가 다수 있다. 필체筆體는 행서行書가 섞인 해서楷書로, 최소한 2인 이상이 필사에 참여한 것으로 보인다. 9월 2일과 4일과 기사와 같은 경우 원래의 기록에 보충하여 끼워 넣은 날짜이다. 8월 3일과 4일, 9월 14일과 15일은 차례가 뒤바뀌어 기록되어 있다.

승정원일기는 한 달에 한 책 또는 두 책으로 엮어지며, 각 책의 본문은 일자별로 구별되어 정리되어 있다. 매일의 일기는 크게 세 부분으로 구성되어 있다.

가장 첫 번째 부분에는 일자와 날씨, 승지와 주서의 좌목, 국왕의 위치와 경연·상참의 시행 여부를 기재한다. 두 번째는 당일 승정원이 출납한 문서를 정리하여 베껴서 기록해 놓는 부분이다. 중앙과 지방 관아 및 관리가 국왕에게 올리는 계본啓本, 장계狀啓와 같은 정형화된 업무에 따른 보고서, 중앙 아문이 급한 일을 처리하기 위해 수시로 올리는 초기草記, 삼사三司의 언관이나 승지 등이 올리는 계사啓辭, 내외 신료들이 국왕에게 시정時政에 대한 의견이나 개인적인 사정을 피력하는 내용의 상소上疏·차자箚子와 같은 문서가 이에 해당된다. 세 번째는 국왕이 거둥하는 의례 또는 신료를 인접하는 자리[筵席] 등의 공식 석상에 있을 때 국왕과 신하의 행동과 언설을 등재한 부분이다. 승정원일기의 첫 번째 부분에 좌목이 드러나 있으면 해당 초책이나 이를 베낀 일기의 기록이 누가 남긴 것인지 파악할 수 있다. 하지만 『선조 기축년사초』에는 승정원 관원의 좌목이나 입시한 인원의 명단이 제대로 정리되어 있지 않아 입직한 주서나 입시한 주서의 이름을 찾아낼 수 없다.

일기가 실려 있는 기사의 날짜는 7월 29일·30일, 8월 1일·4일·3일·5일·23일·24일·25일·26일·27일·28일·29일, 9월 1일·2일·3일·4일·5일·6일·7일·8일·9일·10일·11일·12일·13일·15일·14일·16일·17일·18일·19일·20일·21일·22일·24일·25일·27일이다.

이 일기는 임진왜란 이전 시기인 1588년(선조 21) 7월 말부터 9월 말까지 승정원의 출납문서와 입시기사를 담고 있다. 승정원일기가 인조대부터의 기록만 남아 있기 때문에 인조대 이전의 조정의 대소신료와 국왕의 정책 결정 과정에 대한 사료는 실록의 기록에 크게 의존하는 형편이다. 특히 입시기사의 경우, 해당 일의 실록 기사가 매우 소략하지만 여기서는 국왕과 신료의 발언이 매우 구체적으로 기록되어 있다. 여기서 살필 수 있는 내용 정보는 연대기 사료의 부족한 부분을 보완할 수 있다. 유지영

주제어
선조기축년사초宣祖己丑年史草, 기축일기己丑日記, 승정원承政院, 연석筵席

완영일록
完營日錄
Wanyeong ilrok

貴 B06B-0109

서명 完營日錄
저자 [徐有榘(朝鮮)] 記
판본 筆寫本
발행 [朝鮮]: [刊寫者未詳], [純祖33-34(1833-1834)]記
형태 8卷8冊：四周單邊, 半郭 19.5×13.7 cm, 有界, 10行20字 小字雙行, 小黑口, 無魚
尾；27.2×17.5 cm
주기 下版口：自然經室藏(木板 印札空冊紙)
楮紙
서울특별시 유형문화유산

사부 史部
3

조선 후기의 문신 서유구徐有榘(1764~1845)가 전라도 관찰사로
재직하던 1833년(순조 33) 4월부터 1834년(순조 34) 12월까지
수행한 공무 기록이다. 2024년에 서울특별시 유형문화
유산으로 지정되었다.

제1~7책은 원표지를 그대로 보존하고 있고, 제8책만은
원표지 위에 현대 표지를 추가한 형태로 장황粧䌙하였다.
표제 및 권수제는 모두 '완영일록完營日錄'이며 판심제는 없다.
표제 하단에는 책차冊次가 일一·이二·삼三·사四·오五·
육六·칠七·팔八로 기재되어 있다. 표지 우측상단에는 해당
책에 수록된 일기의 범위가 '自□□(干支)○(숫자)月 以○
(숫자)月至'의 형태로 묵서되어 있다. 하판구下版口에는 '자연
경실장自然經室藏'이 새겨져 있고, 좌우쌍변, 10행, 소흑구
小黑口, 무어미無魚尾의 목판 인찰공책지印札空冊紙에 필사하
였다. 자연경실自然經室은 서유구의 서재로 알려져 있다.
각 달의 첫머리 서미書眉에 '○(숫자)月'을 묵서하여 탐색에
용이하도록 하였다.

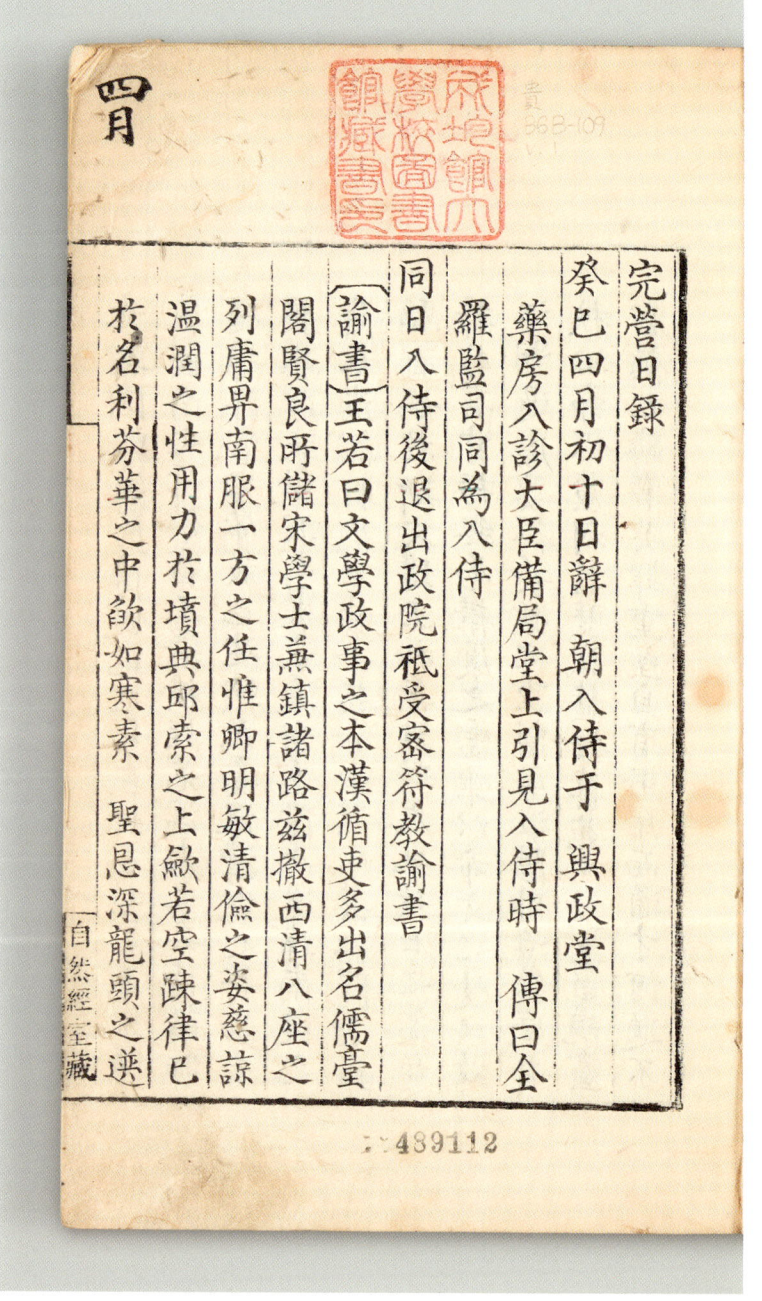

저자인 서유구의 본관은 달성達城, 자는 준평準平, 호는 풍석楓石, 용주자蓉洲子이다. 부친은 이조판서를 지낸 서호수徐浩修이며 모친은 한산이씨韓山李氏 이이장李彛章의 딸이다. 이후 당숙이자 대제학을 지낸 서명응徐命膺의 아들인 서철수徐澈修에게 출계出系하였다. 1786년(정조 10)에 생원시에 합격하고 1790년(정조 14)에 문과에 급제하였다. 1792년(정조 16)에 규장각 대교待敎를 시작으로, 부교리, 순창 군수, 사헌부 장령, 의주 부윤, 성균관 대사성, 홍문관 부제학을 지냈다. 1806년(순조 6)에 서형수徐瀅修가 김달순金達淳의 옥사에 연루되어 유배되자, 이후 서유구도 체직되어 금화金華, 번계樊溪, 두릉斗陵 등지로 옮겨 다니며 저술을 하였다. 1824년 (순조 24)에 복직되어 회양부사淮陽府使, 양주 목사, 강화도 유수, 사헌부 대사헌, 형조 판서, 호조 판서, 홍문관 제학, 전라도 관찰사, 병조 판서 등을 역임하였고, 1839년(헌종 5)에 벼슬에서 물러나 번계에 터를 잡고 저술 활동을 하였다. 이때 자신의 서재를 '자연경실自然經室'이라고 하였는데, 지리서인『수경주水經注』에서 숭고산嵩高山의 서남쪽 소실少室에 '자연경서自然經書'가 있다고 한 부분에서 가져온 것이다. 이후 1845년 (헌종 11) 82세의 나이로 생을 마감하였다.

본서의 내용은 1833년에서 1834년에 해당하는 기간의 기록이지만, 서유구가 1839년 번계로 거처를 옮겼을 때의 서재 이름인 자연경실이 들어간 '자연경실장自然經室藏' 판심제의 원고지에 필사된 것을 보면 필사 시기는 1839년 이후이다. 다음 표는 권차별 해당 기간을 정리한 것이다.

| 권차 | 해당 기간 |
|---|---|
| 卷1 | 1833년 4월 10일 ~ 10월 29일 |
| 卷2 | 1833년 11월 1일 ~ 12월 30일 |
| 卷3 | 1834년 1월 1일 ~ 1월 29일 |
| 卷4 | 1834년 2월 1일 ~ 3월 15일 |
| 卷5 | 1834년 3월 16일 ~ 5월 15일 |
| 卷6 | 1834년 5월 16일 ~ 7월 29일 |
| 卷7 | 1834년 8월 1일 ~ 10월 15일 |
| 卷8 | 1834년 10월 16일 ~ 12월 30일 |

각 권은 일지의 형식으로 시간순으로 되어 있으며, 관찰사의 업무 일지뿐만 아니라 장계狀啓, 보첩報牒, 감결甘結, 관문關文 등의 문서가 모두 포함되어 있다. 이 일지에 보이는 내용을 몇 가지로 나누어 보면 다음과 같다.

(1) 농사를 권면함
서유구는 전라도 관찰사로 있던 기간에 두 차례 순행을 나섰다. 첫 번째는 1833년 8월 16일에서 26일까지이고, 두 번째는 1834년 9월 8일에서 9월 21일까지다. 두 번의 순행 모두 농사의 형편을 살피기 위해서라고 밝히고 있을 만큼 가장 중요하게 여긴 것이 농정農政이었다. 농사를 권면하는 일로 감결을 발송한 것도 여러 차례인데, 농사를 권장하는 것은 '위로는 국가의 재정과 관련이 되고 아래로는 백성의 목숨이 달려 있기'때문이라고 밝히고 있다.(1834년 5월 3일 조) 농사를 권면하는 방법으로 우금牛禁·주금酒禁·송금松禁을 강조하였다. 우금牛禁은 농사를 잘 짓기 위해서는 소가 필요하기 때문에 도살을 금하는 것이다. 그러나 잘 지켜지지 않아 우금과 관련한 감결도 여러 차례 보인다. 몰래 도살한 자는 그 속전贖錢으로 농우農牛를 사서 권경勸耕할 것에 대한 관문關文이 있다. 또한 우역牛疫 약방문도 베껴서 발송한 내용도 나타난다. (1834년 1월 17일) 주금酒禁은 술을 빚는데 곡식을 소비하는 것과 주정酒酊을 막기 위해서라고 하였다. 실제로『완영일록』에는 술이 원인이 된 살옥 사건들이 종종 나온다. 송금松禁을 하는 이유는 소나무는 한번 도끼질을 하면 썩게 되어 민둥산이 되고, 이는 산사태의 원인이 되어 전답이 모래로 덮이고 방죽의 둑이 무너지기 때문이다.(1833년 4월 10일)

1834년 7월에는 가뭄이 심해지자 전라 감영에서 물을 퍼 올리는 기구를 만들어서 '학음鶴飮'이라고 명명하고 순창, 나주, 임피, 고부군에 내려보냈다. '두레박에 비해 일은 절반이나 효과는 갑절이니', 써보고 효과가 있다면 똑같이 만들어서 다른 여러 곳에서 사용할 것을 지시하였다. 1834년 11월에는 흉년에 대한 대책으로 자신이 찍어낸『종저보種藷譜』를 내려보내며 고구마를 심을 것을 신칙하였다.

## (2) 기민饑民을 진휼하고 환정還政을 엄정히 관리함

1833년 11월에는 재해를 입은 논밭에 대하여 조세를 감면하는 표재俵災 관문을 보냈고, 1834년 10월에는 재실 분등 장계를 올려 전라도의 부족한 재결에 관한 윤허를 받아 백성들의 부담을 덜어주고자 하였다. 흉년으로 인해 많은 기민饑民이 발생하자, 보릿고개가 시작되기 전인 1월부터 3월 사이에 집중적으로 진휼 정책을 시행하였다.

1834년 4월 4일 진안현의 보장報狀에 데김한 글에서 '봄이 끝나고 여름이 되어 백성들의 곤궁함이 더욱 심하니, 급한 상황을 구제하는 절차를 갑절로 유의할 것'을 지시하였고, 옥구현에도 '한 명의 백성도 굶어 죽는 근심이 없는지 다시 탐문할 것'을 지시하였다. 이 기간에 실화失火 혹은 방화放火로 인한 화재 사건도 여러 차례 있었다. 1834년 4월에는 몇 번에 걸쳐 무주 지역 걸인乞人들이 방화하여 50호 이상의 집이 불에 탔고, 5월에는 금산, 전주, 고산, 무주에서 화재로 80여 호의 집이 불에 탔다. 그리고 1834년 10월에는 담양부에서 150여 호가 불에 타는 대형 화재가 있었다. 이런 이유로 화재로 터전을 잃은 이들에 대한 진휼이 이루어졌다. 당시 환곡의 폐단에 대한 구체적인 내용도 본서를 통해 확인할 수 있다. 서유구는 도의 각 지역에 환정을 엄격하게 관리할 것을 산칙하였고, 농간을 부리는 아전들을 철저하게 조사하여 처벌하였다.

## (3) 기타 사항

전라도 관찰사의 중요한 업무인 세곡稅穀 운반과 관련한 기록, 관리 포폄襃貶 관련 문서, 조정에 강우降雨를 보고하는 장계 등도 포함되어 있다. 이와 함께 96건의 살옥 사건에 대한 기록도 있다. 관찰사는 장杖 이상의 형벌로 규정된 형사 사건의 심리를 관장하고, 범법자의 체포를 지휘하며, 정배定配 죄인 관리 및 보고 등의 활동을 아우르고 있기에 살옥 사건을 처리하는 것이 주요 업무 중 하나였다.

이 외에도 특기할 사항으로는 1834년 10월 30에는『계원필경桂苑筆耕』을 인쇄하여 합천 해인사海印寺와 태인현의 무성서원武城書院에 보내어 보관하도록 한 것이다.『계원필경』의 서문에도 서유구가 홍석주洪奭周가 소장하던 책을 교정하여 취진자聚珍字로 인쇄하여 태인현泰仁縣의 무성서원武城書院과 합천군陜川郡의 가야사 伽倻寺에 나누어 보관하였다는 내용이 보인다.

『완영일록』은 전라도 관찰사의 공무 수행 일지이다. 이를 통해 조선시대 전라도의 지방 제도를 알 수 있고, 살옥 사건의 심리로 말미암아 당시 사회의 풍속도 엿볼 수 있으며, 환곡還穀의 폐단에 대한 구체적인 실태도 살펴볼 수 있다. 또한 농업에 지대한 관심을 가지고 여러 가지 시도를 하며 백성들의 고충을 덜고자 하는 서유구의 실학적 면모도 볼 수 있다. 이러한 점에서 본서가 갖는 의의가 크다고 할 수 있다. 신로사

주제어
완영일록完營日錄, 서유구徐有榘

참고문헌
최치원,『계원필경집桂苑筆耕集』, 한국문집총간 1.
배경옥,「『누판고鏤板考』의 평론評論과『완영일록完營日錄』의 농정農政에 나타난 서유구의 실학적 측면」,『전북사학』49, 2016.

| | | 사부 |
|---|---|---|
| 서명 | 史鉞 | 史部 |
| 저자 | 晏璧(明) 纂集 | 4 |
| 판본 | 金屬活字本(甲辰字小字) | |
| 발행 | [漢城]: [鑄字所], [成宗年間]刊 | |
| 형태 | 20卷2冊：四周單邊, 半郭 21.0 × 12.1 cm, 有界, 19行19字, 黑口, 上下內向黑魚尾 ; 24.6 × 14.8 cm | |
| 주기 | 史鉞序: 洪武三十一年歲次戊寅(1398) 嘉平之月上澣…河南董倫伯常甫書于玉堂之署 永樂八年歲次庚寅(1410)…晏璧書于稽古齋時日南至也序終 | |
| | 發行年 推定: 『淸芬室書目』卷6 | |
| | 印記: 筥城鳴玉·默齋大售·東谷居士(正方形朱印), □□□秀山憲圖□(圓形墨印) | |
| | 楮紙 | |
| | 서울특별시 유형문화유산. | |

명나라 안벽晏璧(?~?)이 편찬한 역사서이다. 본서는 조선에서 갑진자甲辰字의 소자小字만을 이용하여 인출하였으며, 15세기 성종成宗(재위 1469~1494) 재위 기간에 간행된 것으로 추정된다. 2024년에 서울특별시 유형문화유산으로 지정되었다.

표제 및 서제序題, 권미제卷尾題는 모두 '사월史鉞'이며 판심제는 없다. 황갈색 종이 표지에 흰색 책사冊絲를 사용하여 장황粧䌙하였다. 표제 하단에는 책차가 건乾·곤坤으로 표기되어 모두 2책으로 구성된 전질임을 확인할 수 있다. 제1책의 앞면지面紙에는 편제篇題가 필사되어 있다. 권수에는 서문이 수록되어 있으며, 서미書眉에는 색인 기능을 할 수 있도록 편목篇目 등을 필사하였다. 본문의 각 편이 시작되는 부분과 중요 구문 등에 검은색, 붉은색 비점을 표시하였다. 서문이 끝나는 다음 행에 '사월권지일史鉞卷之一'이 바로 시작되어 있으며, 각 권卷이 새로 시작될 때도 마지막 줄 바로 다음 줄에서 바로 시작되는 등 새로운 장에서 시작하거나 장차를 별도로 나누지 않고 있다. '사월권지일史鉞卷之一' 다음 줄에는 글자를 1칸 낮추어 '군도제일성군君道第一聖君'이 인쇄되어 있다. '군도제오포학君道第五暴虐'의 경우 글자를 3칸 낮추어 인쇄되었는데, 이를 통해 전체적인 인쇄 형식이 동일하지 않음을 알 수 있다. 새로운 인물 항목으로 시작될 때도 별다른 구분 기호가 나타나지 않지만, 먹과 주묵을 함께 사용하여 새로 나타나는 인물명에 전체적으로 밑줄을 그어 놓았다. 판식은 사주단변四周單邊, 유계有界, 19행 19자, 흑구黑口, 상하내향흑어미上下內向黑魚尾이다. 각 책 권수 하단에는 주문朱文 정방형의 '오성명옥筥城鳴玉', '묵재대수默齋大售', '동곡거사東谷居士', 묵색墨色 원형 '□□□수산헌도□□□秀山憲圖□'인장이 날인되어 있다. 이전 소장자가 1543년(중종 38) 진사시에 합격한 정명옥丁鳴玉이었음을 알 수 있다.

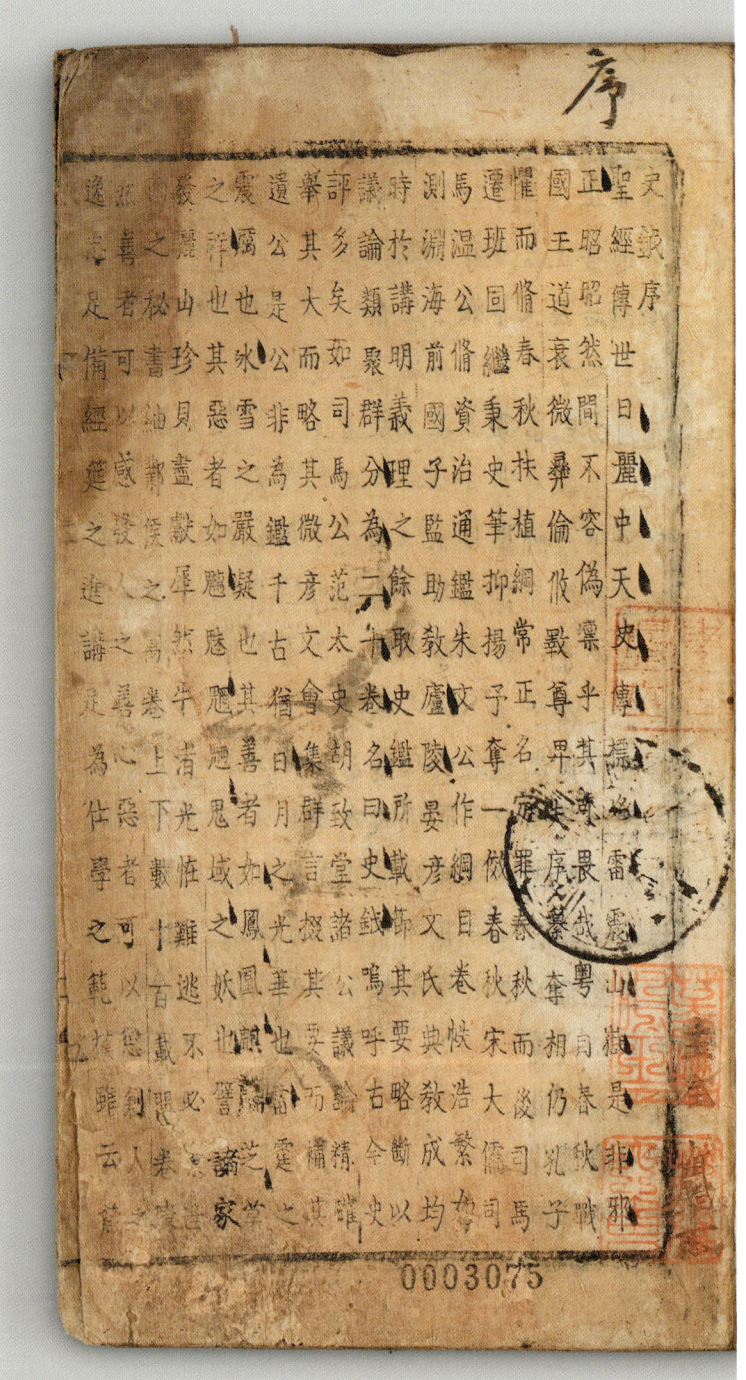

편찬자인 안벽은 명나라 여릉(廬陵, 지금의 강서성) 사람으로, 자字는 언문彦文이다. 명나라의 실록인 『태종문황제실록太宗文皇帝實錄』1404년(永樂 2) 1월 28일조에 산동山東 안찰사첨사按察司僉事가 되었다는 정보 외에는 자세한 생애나 이력을 알 수 없는 인물이다.

본서는 20권 2책으로 구성되어 있다. 제1책은 10권으로 분권되어 있으나 제2책에는 별도의 권차 표기가 되어 있지 않다. 제1책의 권수卷首에는 1398년(洪武 31)에 작성된 동륜董倫의 서문과 1410년(永樂 8)에 작성된 안벽의 서문이 수록되어 있다. 목록은 제1책 앞면지面紙에 필사된 것을 제외하면 별도로 찾아볼 수 없다. 「사월서史鉞序」에 의하면, 안벽이 전교성균典敎成均이었을 때 사마광의 『자치통감資治通鑑』에서 군신君臣·부자父子·부부夫婦·형제兄弟·붕우朋友와 관련된 내용을 정리하여 구분하고, 성현聖賢·문무文武·충효忠孝·우의友義·절직節直·혼포昏暴·간난姦亂·청고淸高·탐혹貪酷·참녕讒佞 등의 주제로 나누어 20권의 역사서로 만든 책이 바로 이 책이라고 한다. 삼황오제부터 원나라까지의 중국 역사를 세분하여 인물과 사건 등에 관하여 긍정적 측면과 부정적 측면으로 분류하여 논평한 책이다.

제1책은 '군도君道'와 '신도臣道'로 구성하였고, 제2책은 '신도臣道', '자도子道', '제도弟道', '우도友道', '후도后道', '모도母道', '부도婦道', '외도外道'로 구성하였다. 모두 9개 항목으로 구분하였다. 다음은 내용을 정리한 표이다.

| 책차 | 분류 | 세부차례 | 소분류 | 책차 | 분류 | 세부차례 | 소분류 |
|---|---|---|---|---|---|---|---|
| 제1책 | 君道 | 第一 | 聖君 | 제2책 | 臣道 | 第九 | 賢臣 |
| | | 第二 | 賢君 | | | 第十 | 武臣 |
| | | 第三 | 庸君 | | | 第十一 | 武臣 |
| | | 第四 | 亡國 | | | 第十二 | 武臣 |
| | | 第五 | 暴虐 | | | 第十三 | 武臣 |
| | | 第六 | 簒逆 | | | 第十四 | 文臣 |
| 제1책 | 臣道 | 第一 | 列國 | | | 第十五 | 高節 |
| | | 第二 | 聖賢 | | | 第十六 | 忠義 |
| | | 第三 | 賢臣 | | | 第十七 | 剛直 |
| | | 第四 | 賢臣 | | | 第十八 | 廉潔 |
| | | 第五 | 賢臣 | | | 第十九 | 酷虐 |
| | | 第六 | [賢臣] | | | 第二十 | 諛馬 |
| | | 第七 | 賢臣 | | | 第二十一 | 姦邪 |
| | | 第八 | 賢臣 | | | 第二十二 | 叛逆 |
| | | | | | | 第二十三 | 五胡 |
| | | | | | | 第二十四 | 外藩 |
| | | | | | | 第二十五 | 借僞 |
| | | | | | | 第二十六 | 爲夷狄 |
| | | | | | | 第二十七 | 外戚 |
| | | | | | | 第二十八 | 中興 |
| | | | | | | 第二十九 | 女禍 |
| | | | | | | 第三十 | 壅蔽 |
| | | | | | | 第三十一 | 黨禍 |
| | | | | 제2책 | 子道 | 第一 | |
| | | | | | 弟道 | 第二 | |
| | | | | | 友道 | 第三 | |
| | | | | | 后道 | 第四 | |
| | | | | | 母道 | 第五 | |
| | | | | | 婦道 | 第六 | |
| | | | | | 外道 | 第七 | |

史鑑卷之一
聖君道第一

天開於子地闢於丑人生於寅天地之化育賢茹毛飲血判而為萬物之靈為天上聖王蘊五行之秀人物無為而化之下

天地之化靈為天上聖土之為大賢茹經綸天地之本原大經立天之化育賢仁義天地之本原高物覩天之

謂大之本聖聖參天地之化育賢人之謂神聖人作而一

史鑑卷之一聖君道第一

察時歛日南至文淵閣序終備

古開君道因敦敎陰陽肇判歲次庚寅奉勅

心齋司歛求公議之簡覽者實不深意惟斧鉞奉勅

義之規文顆發之潛誅奸妖之史法國讒外佞扶道編類二之成始

之節興嬖奄姦亂冗清高貪酷讒謗聖賢等文武忠孝友義節臣父

難於撿閱子典教成均時因取史鑑所載君臣父

節興嬖奄姦亂冗清高貪酷讒謗聖賢等文武忠鑑孝友義節載君臣

書終裁夫慮陵東等少璧處書提云于籍按

正東無事少實補探貫古穿人本之末

卷之十卷女禍黨禍及中直

道成始郭校原始惡發終孝

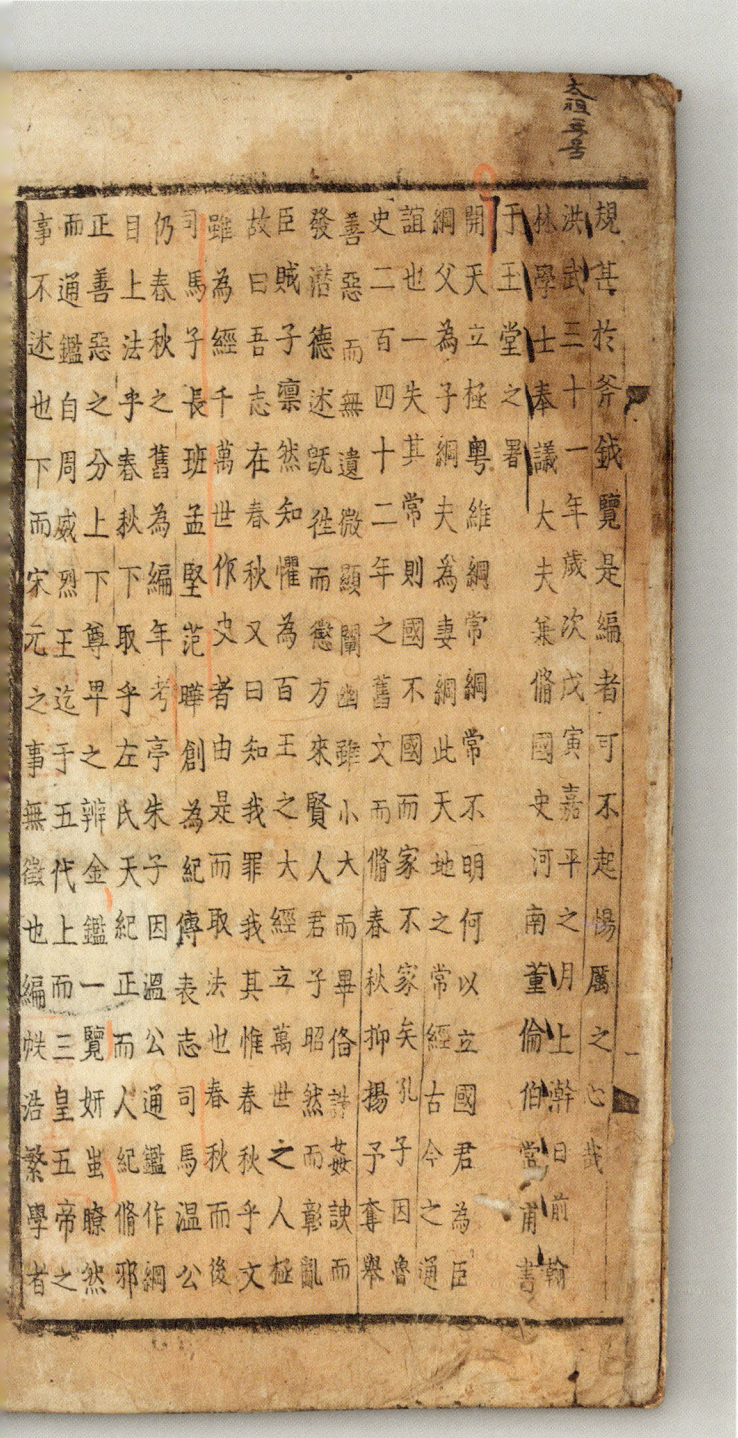

주로 군君, 신臣 항목에 해당하는 부분이 대다수를 차지하고 있다. 첫 번째 항목인 '군도'에서는 '성군聖君·현군賢君·용군庸君'으로 세부 항목을 나누었다. '성군·현군·용군'이라는 세부 항목이 시작될 때마다 해당 내용의 전체적인 설명을 수록한 후, 그 항목에 해당하는 인물들과 역사적 사실을 이어서 기술하고 있다. 예를 들어 성군 항목에서는 '태호복희씨太昊伏羲氏, 염제신농씨炎帝神農氏, 황제헌원씨黃帝軒轅氏, 소호금천씨少昊金天氏, 전욱고양씨顓頊高陽氏, 제곡고신씨帝嚳高辛氏, 제요도당씨帝堯陶唐氏, 제순유우씨帝舜有虞氏, 하후씨우夏后氏禹, 은왕성탕殷王成湯, 주문왕周文王, 무왕武王'에 대한 내용이 수록되어 있다.

두 번째 항목인 '신도'에서는 '열국列國·성현聖賢·현신賢臣·무신武臣·문신文臣·고절高節·충의忠義·강직剛直·염결廉潔·혹학酷虐·유마諛馬·간사奸邪·반역叛逆·오호五胡·외번外藩·참위僭僞·위이적爲夷狄·외척外戚·중흥中興·여화女禍·옹폐壅蔽·당화黨禍'로 분류하여 그에 대한 인물이나 사건 등을 서술하고 있다.

내용 중에는 진정제秦定帝(태정제秦定帝로 수정되어야 함), 태왕자영秦王子嬰(진왕秦王으로 수정되어야 함)과 같이 오자로 인쇄된 경우도 있다. 또 권8의 신도 제6에서는 '현신賢臣'이라는 세목이 인쇄되지 않은 경우도 확인된다. 내용상 제3~9까지 '현신'에 대한 내용이 수록되어 제6도 '현신賢臣'으로 추정할 수 있다.

『사월』은 일본 내각문고, 국립중앙도서관, 성암고서박물관, 계명대 동산도서관, 고려대 등에 소장되어 있다. 모두 갑인자 소자로 간행된 동일판본이다. 『사월』은 주제별로 역대 인물을 분류하고 역사적 사실과 그에 대한 평가가 포함된 서적으로, 중국 역사와 역사적 인물에 대한 전반적인 이해를 높일 수 있다. 이 책은 갑진자 소자만 사용되어 책을 간행하였는데, 갑진자는 1484년(성종 15)에 주자소鑄字所에서 주자된 것이기에 15세기 초 중국에서 간행된 이후 멀지 않은 시점에 조선에서 간행된 것임을 알 수 있다. 갑진자를 활용하여 간행된 책은 다양하지만 갑진자 소자만을 활용하여 인행된 사례는 많지 않아 인쇄사적인 측면에서도 가치가 있다. 이혜정

주제어
안벽롱벽, 사월史鉞, 역대사감부월歷代史鑑斧鉞

| | |
|---|---|
| 서명 | 少保于公奏議 |
| 저자 | 于謙(明) 著；李賓(明) 編 |
| 판본 | 金屬活字本(乙亥字混入補字) |
| 발행 | [漢城]: [校書館], 中宗15(1520)內賜 |
| 형태 | 10卷12冊：四周單邊, 半郭 23.7×16.5 cm, 有界, 10行18字, 大黑口, 上下內向黑魚尾；33.4×21.2 cm |
| 주기 | 版心題: 奏議, 表題: 于公奏議 |
| | 少保于公奏議序: 成化丙申(1476)夏六月朔日…溫陽李賓書 |
| | 板式: 內向3葉花紋魚尾 混入, 標點 |
| | 內賜記: 正德十五年(1520)閏八月日 內賜藝文館檢閱金緣于公奏議一件 命除謝恩 右副承旨臣柳(手決) |
| | 總冊數: 共十二 |
| | 印記(第1冊): 宣賜之記, 男富儀謹追記, 先相公家藏書 |
| | 楮紙 |
| | 서울특별시 유형문화유산 |

사부
史部
5

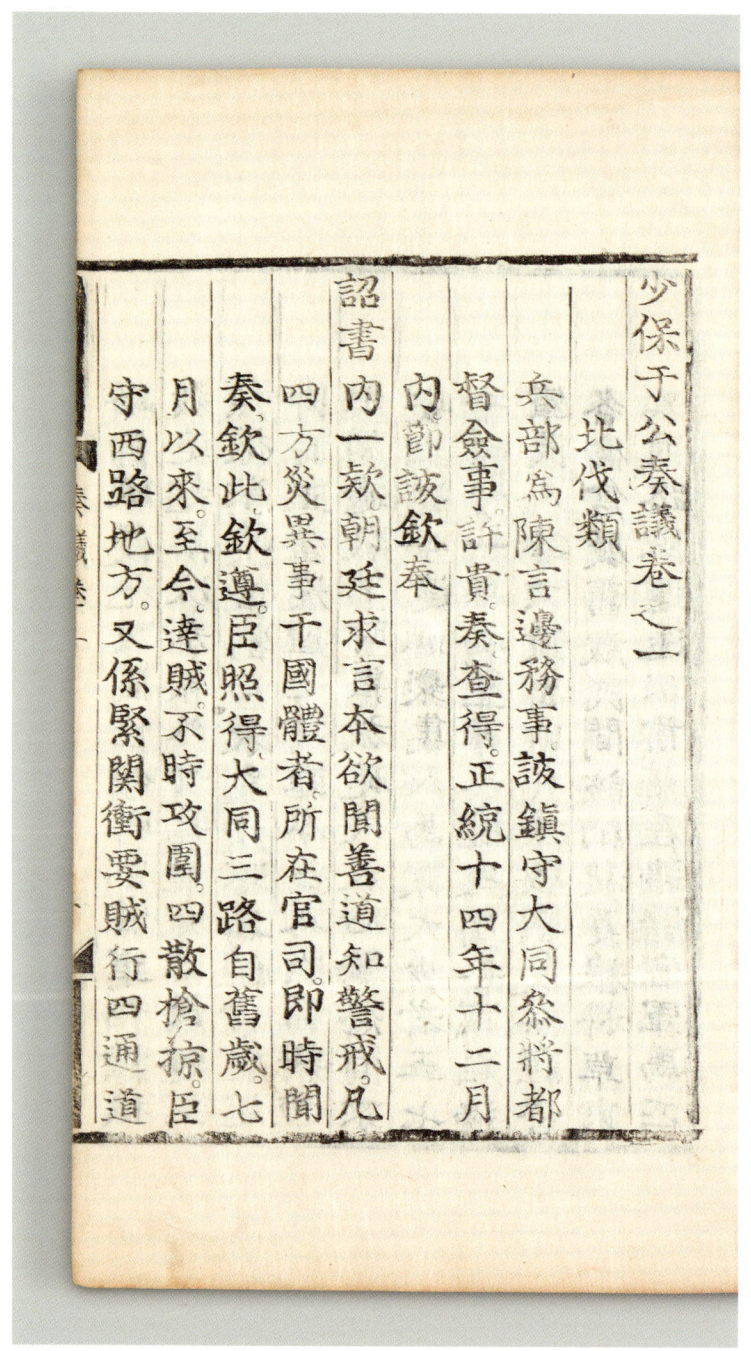

명나라 초기의 충신 우겸于謙(1398~1457)의 주의奏議를 모아 편찬한 주의류 선집選集이다. 본서는 보자補字를 혼용한 을해자乙亥字 인본으로, 내사기內賜記에 따르면 1520년(중종 15)경 간행된 것으로 보인다. 2024년에 서울특별시 유형문화유산으로 지정되었다.

표제表題는 '우공주의于公奏議', 판심제版心題는 '주의奏議'이다. 표지 서뇌書腦 하단에 총책수總冊數가 '공십이共十二'로 적혀 있어 본 해제 대상서가 완질본임을 알 수 있다. 판식은 사주쌍변四周單邊, 유계有界, 10행 18자, 대흑구大黑口, 상하내향흑어미上下內向黑魚尾의 금속활자본이다. 표점標點이 인출 당시부터 삽입되어 있는 판식은 을해자본에서는 드문 편이다.

본서의 앞면지面紙에는 '정덕15년(1520) 윤8월 예문관 검열 김연에게 『우공주의』 1건을 내사한다. 사은을 면제한다. 좌승지 류(수결)[正德十五年閏八月日 內賜藝文館 檢閱金緣于公奏議一件 命除謝恩. 右副承旨臣柳(手決)]'라는 내용의 내사기가 있다. 내사기를 통해 이 책의 이전 소장자가 김연金緣이었음을 확인할 수 있다. 김연은 광산김씨光山金氏 예안禮安 오천烏川 입향조인 김효로金孝盧의 아들이다. 제1면 우측상단에는 '선사지기宣賜之記'가 날인되어 있고 우측하단부터 장방형 주문인 '남부의근추록男富儀謹追錄'·'선상공가장서先相公家藏書'가 날인되어 있다. 김부의金富儀는 김연의 아들로, 부친이 내사받은 서적을 광산김씨 예안파 가문에서 소장하고 있었음을 알 수 있다.

저자인 우겸于謙은 자가 정익廷益, 호는 절암節庵이고 시호는 충숙忠肅으로 절강浙江 항주부杭州府 전당현錢塘縣 사람이다. 『명사明史』에 따르면 일곱 살일 때 그의 범상치 않음을 알아 본 한 승려가 '훗날의 재상'이라 평가하였다고 한다. 이후 1421년(永樂 19) 진사로 입격하였고, 주고후朱高煦의 난에서 공을 세우면서 명 선종 宣宗에게 주목받았다. 명 영종英宗이 즉위한 후에는 권세를 휘두르던 환관 왕진王振에게 화를 입어 하옥 되기도 했으나 다시 병부시랑으로 기용되었다. 후에 병부상서로 임명된 우겸은 수도를 성공적으로 방어 하고 그 공으로 소보少保, 태자태부太子太傅에 임명되었으며 백성들에게도 신망을 얻게 되었다. 그러나 강직한 성품 때문에 정적 역시 많았으며 명나라에 복귀한 영종이 탈문奪門의 변을 일으켜 대종을 폐위시키고 다시 제위에 오르게 되자 무고로 처형되고 말았다. 그러나 성화 연간(1465~1487)에 사면되었고 1489년 (弘治 2)에는 광록대부光祿大夫 주국桂國 태부太傅로 추증되었으며, 숙민肅愍이라는 시호도 받게 되었다. 만력 연간(1573~1620)에는 충숙忠肅 시호를 다시 받았다. 그의 저서로『우충숙집于忠肅集』, 『절암시문고節菴詩文稿』가 전해지며 우국충정의 심경을 읊은「석회음石灰吟」이 후대에 널리 알려져 있다.

본서는 10권 12책으로 구성되어 있다. 제1책 권수卷首에는 1476년(成化 12) 6월 이빈李賓이 작성한「소보 우공주의서少保于公奏議序」와「소보우공주의목록少保于公奏議目錄」이 있다. 서문에 따르면 본서는 이빈이 당시 병부상서 항충項忠으로부터 우겸의 주의 일부를 얻어 읽고는 경탄하여 이를 10권 구성의 책으로 편집한 것이라 한다. 이빈은 우겸을 당나라의 명재상 육지陸贄에 비견하였다. 이빈은 본서에 수록된 우겸의 문장이 '공무와 관련된 자질구레한 것'이라 말하는 트집에 대해, 육지도 '이사吏事에 밝을 뿐'이란 비난을 받았다는 사실을 들어 변호하였다. 뿐만 아니라, 우겸이 '한낱 서생이 잘 알지도 못하면서 군무軍務를 다스리는 것' 이란 의심에 대해서도 다음과 같이 반박하였다. 문무를 겸비한 윤길보尹吉甫와 공자의 문하였던 중유 仲由와 염구冉求를 들어 우겸의 재주와 식견이 충분하다고 강조한 것이다. 이빈은 후학들이 옛것만을 찾을 것이 아니라 본서를 통해 이하夷夏의 정숙情熟, 산천과 도로의 험이險易, 융마戎馬를 궤향饋餉하고 조발調發 하는 방법에 대해 알게 될 것이라 주장하였다.

각 권의 구성을 보면 첫머리에 서명과 권차 및 분류를 기술하고 이어서 본문이 시작된다. 그 시작은 어떤 관청에서 어떤 일로 상주하는 것인지와 함께 간략한 정부가 기술되어 있고, 말미에는 그에 내한 황제의 답변까지 갖추어져 '봉성지시奉聖旨是…흠차欽此'라는 투식으로 귀결된다. 상주하는 관청은 대부분 병부兵部 이며 상주문은 병과兵科, 내부內府, 예과禮科, 형과刑科, 이과吏科 등에서 초출抄出한 것으로 파악된다. 이러한 점에 미루어 볼 때 서문에서 병부상서 항충이 이빈에게 건넨 것은 특정 관청의 상주문을 베껴둔 일종의 초책抄冊이었던 것으로 보인다. 본서는 또한 개행改行과 간자間字도 철저하게 지켰는데 조칙詔勅, 성지聖旨, 천토天討, 흠의欽依, 칙륵, 사賜, 준准, 명命, 은恩, 황황皇皇, 예睿, 사社, 청請, 군군 등의 용어는 간자 없이 개행을 하고, 조조朝, 국국國, 병兵, 진鎭, 재재, 숙熟, 의毅, 총總, 경經, 정廷, 종宗, 성지聖旨의 정확한 내용 등은 한 글자를 간자하고 개행하였으며, 구체적 항목을 나열하는 계개計開의 경우 3~7글자를 간자하기도 했다.
다음은 존경각 소장본 각 책의 내용을 정리한 표이다.

| 책차 | 권차 | 분류 | 세부내용 | 건수 |
|---|---|---|---|---|
| 1 | 1 | 北伐類 | 陳言邊務事(1), 邊務事(4), 預定安邊事(1), 備邊保民事(1), 緊急軍情事(1), 聲息事(2), 軍務事(5), 邊備事(1), 邊計事(1), 走回人口事(1) | 총18건 |
| 2 | 2 | | 邊務事(5), 被虜走回人口事(1), 聲息事(1), 走回人口事(2), 軍務事(4), 整飭邊備事(1), 烟火事(1), 聲息事(1), 預備邊務事(1) | 총17건 |
| 3 | 3上 | 南征類 | 懷柔遠人事(1), 警急邊情事(1), 苗賊聚衆劫殺等事(1), 捷音事(1), 捷音等事(1), 軍務事(2) | 총7건 |
| 4 | 3下 | | 地方賊情事(1), 邊情危急事(1), 軍務等事(1), 賊情事(1), 防患事(1), 求討等事(1), 强賊流劫鄕村殺死人命等事(1), 陳言御寇救患等事(1) | 총8건 |
| 5 | 4上 | | 處置邊務事(1), 賊情事(3), 陳言禦寇救患等事(1), 苗賊出劫殺死人命事(1), 軍務事(2), 邊情事(1), 陳言撫安夷民事(1), 海賊等事(1) | 총11건 |
| 6 | 4下 | | 禦寇等事(1), 捷音等事(1), 乞恩保安邊境軍情事(1), 陳言邊患等事(1), 守備地方事(1), 班師事(1), 預防邊患事(1), 邊情事(2), 被賊殺虜人命等事(1) | 총10건 |
| 7 | 5 | 雜行類 | 災異等事(1), 軍務事(3), 寬恤事(1), 邊務事(3), 聲息事(1), 聚衆謀殺土官事(1), 禁約操軍事(1), 缺軍征守事(1), 賊情等事(1), 陳言事(1) | 총14건 |
| 8 | 6 | | 來歸人▨…▨(1), 整點軍伍等事(1), 邊患等事(1), 撫安等事(1), 軍務事(1), 殺虜事(1), 邊務事(2) | 총8건 |
| 9 | 7 | | 災異事(1), 乞恩事(3), 陳言事(1), 擅調官軍事(1), 建言事(1), 安民事(1), 敎習功臣子孫等事(1), 邊務事(1), 糾劾事(4), 軍務事(7), 劾奏事(1) | 총22건 |
| 10 | 8 | | 保擧官員事(1), 病故官員事(1), 邊務事(2), 陳言備邊事(1), 擒獲達賊事(1), 怠廢軍政事(1), 操備省減粮儲等事(1), 邊務事(1), 糾劾事(2), 軍務事(1), 關隘▨…▨(1), 軍民利便事(1), 備邊禦寇事(1), 乞恩憐憫事(1), 防患事(1), 安邊固國强兵禦寇事(1) | 총18건 |
| 11 | 9 | | 西番劫殺人命事(1), 邊務事(3), 謀殺父母等事(1), 預防邊患事(1), 欽依事(1), 乞恩事(1), 建言事(1), 流賊劫掠等事(1), 安邊事(1), 息苗安民事(1), 邊情事(1) | 총13건 |
| 12 | 10 | | 邊情事(4), 盤詰事(1), 嚴邊疆以招撫夷虜事(1), 休息事(1), 邊務事(1), 番賊爲惡搶擄等事(1), 公務事(1), 夷人進貢事(1), 糾劫事(1) | 총12건 |

제1~2책 북벌류北伐類는 오이라트의 북경 침공에 대비한 내용이고, 제3~6책 남정류南征類는 북경 수비에 성공한 이후 명나라의 세력이 쇠약해진 틈을 타서 일어난 강남과 서북지방의 반란세력들에 대처한 내용이다. 제7~12책은 잡행류雜行類로 관원官員, 길은乞恩, 두 핵糾劾, 진공進貢 등 북벌류와 남정류보다 폭넓은 범위의 내용을 다루고 있다. 이 가운데 특기할 것으로 권9 잡행류 흠의사欽依事는 조선의 6대 국왕 단종 이홍휘李弘暐의 주계奏啓에 대한 내용으로 야인여직野人女直의 체류를 허용하지 않고 한족 포로 29명을 요동도사遼東都司에게 송환시킨 일을 다루고 있는데 그 세부적인 내용이 『단종실록端宗實錄』에 수록된 것과 일부 다르기 때문에 참고할 만하다.

『소보우공주의』는 성균관대학교 존경각 외에 일본 호사문고[蓬左文庫], 고려대학교 도서관에 소장되어 있으며 모두 을해자로 간행된 동일 판본이다. 본서의 전본이 드물기도 하지만 존경각 소장본은 오천칠군자 烏川七君子이자 역동서원易東書院의 초대원장을 역임한 김부의金富儀의 인장이 날인되어 있다는 점에서 가치가 높다. 김민현

주제어
충신忠臣, 토목보土木堡, 이문吏文

위정공간록
魏鄭公諫錄
Wijeonggong ganrok

貴 단산 B11FC-0004

| | |
|---|---|
| 서명 | 魏鄭公諫錄 |
| 저자 | 王綝(唐) 撰 |
| 판본 | 金屬活字本(甲寅字混入補字) |
| 발행 | [漢城]: [鑄字所], 中宗37(1542) 頒賜 |
| 형태 | 5卷2册 : 四周雙邊, 半郭 25.0 × 17.0 cm, 有界, 10行17字, 大黑口, 上下內向三葉 花紋魚尾 ; 36.0 × 21.8 cm |
| 주기 | 後識: 茂陵馬萬頃 |
| | 後識: 淳熙己亥(1179)···吳興李 |
| | 內賜記: 嘉靖二十一年(1542)四月日 內賜承政院右副承旨金緣 魏鄭公諫錄一件 命除 謝恩 左承旨 臣洪(手決) |
| | 印記: 宣賜之記, 男富儀謹追錄, 先相公家藏書 |
| | 楮紙 |
| | 서울특별시 유형문화유산 |

사부
史部

6

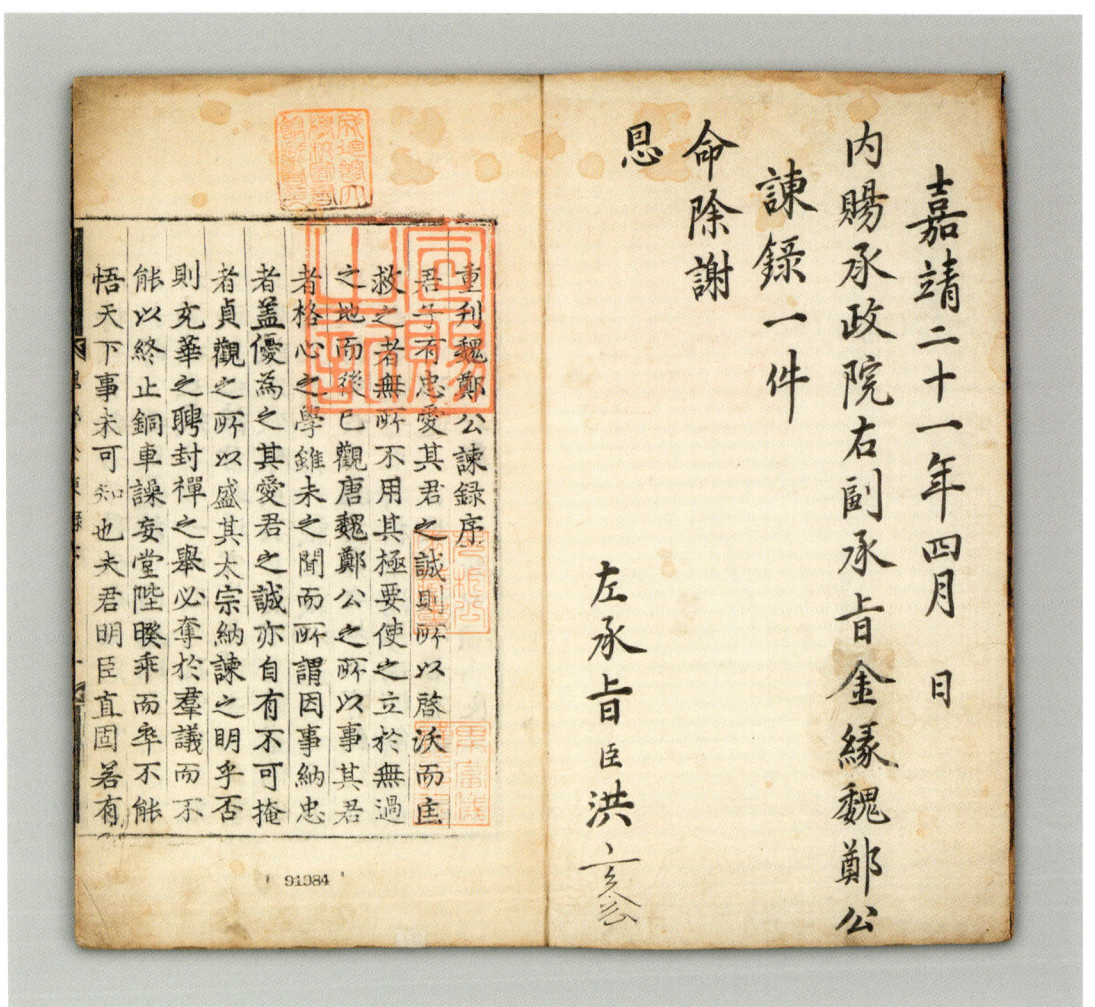

당唐의 문신文臣인 위징魏徵(580~643)이 태종太宗(재위 626~649)에게 올린 간주諫奏·문대問對 등을 당唐의 왕침王綝(?~702)이 모아 수록하고, 유사遺事를 붙여 5권으로 편찬한 책이다. 본서는 조선에서 초주갑인자로 간행한 책이다. 2024년에 서울특별시 유형문화유산으로 지정되었다.

제첨에 필사한 표제는 '위정공간록魏鄭公諫錄'이다. 표제 하단에는 책차가 상上·하下로 기재되어 있다. 판식은 사주쌍변四周雙邊, 유계有界, 10행 17자, 상하 대흑구大黑口, 상하내향3엽화문어미의 초주갑인자본으로, 보자補字가 많이 섞여 있다. 식자植字가 잘못된 곳은 도려내고 다른 종이에 재인출하여 수정한 흔적이 있다.

앞면지面紙에는 '가정21년(1542) 4월에 승정원 우부승지 김연에게 『위정공간록』 1건을 내사한다. 사은을 면제한다. 좌승지 홍(수결)[嘉靖二十一年四月日 內賜承政院右副承旨金緣 魏鄭公諫錄一件 命除謝恩 左承旨 臣 洪(手決)]'이라는 내용의 내사기內賜記가 있다. 당시 승정원의 좌승지였던 홍춘경洪春卿이 쓴 내사기를 통해 이 책의 이전 소장자가 김연金緣이었음을 확인할 수 있다. 김연은 광산김씨光山金氏 예안禮安 오천烏川 입향조인 김효로金孝盧의 아들이다. 「중간위정공간록서重刊魏鄭公諫錄序」의 제1면 우측상단에는 '선사지기宣賜之記'가 날인되어 있고 우측하단부터 장방형 주문인 '남부의근추록男富儀謹追錄'·'선상공가장서先相公家藏書'가 날인되어 있다. 김부의金富儀는 김연의 아들로, 부친이 내사받은 서적을 광산김씨 예안파 가문에서 소장하고 있었음을 알 수 있다.

위징의 자는 현성玄成이고, 곡성曲成 사람이다. 직간直諫을 서슴지 않아 당 태종을 보좌하여 '정관지치貞觀之治'를 이루어 낸 공신으로 꼽힌다. 편찬자인 왕침의 자는 방경方慶이고, 함양咸陽 사람이다. 측천무후則天武后 때 광주도독廣州都督을 지냈고, 삼례三禮에 해박한 지식을 가진 것으로 알려져 있다.

본서에 수록된 오흥이씨吳興李氏의 후지後識에는 그 간행 경위가 잘 드러나 있다. 『위정공간록』은 남송南宋 시기인 1179년(淳熙 6)에 오흥이씨가 문객門客 마만경馬萬頃에게 교정을 부탁하여 간행한 책이다. 「중간위정공간록서」에 의하면, 그 뒤로 본서가 전해지지 않다가 1507년(嘉靖 2)에 증대유가 오鳴의 지방관으로 부임했을 때 그 지방의 장서가인 황보록皇甫錄의 소장본을 접하게 되었다. 그리하여 군수郡守 임사소林思紹에게 번각飜刻하게 하였다고 한다.

제1책의 책수册首에는 1507년 감찰어사監察御史 증대유曾大有가 쓴 「중간위정공간록서」와 총목록이 수록되어 있다. 제1책에는 권1~2, 제2책에는 권3~5가 수록되어 있다. 다음은 내용을 정리한 표이다.

| 제1책(上) | | | |
|---|---|---|---|
| | 諫詔免租賦又今輸納 | | 諫聘鄭仁基女爲充華 |
| | 諫簡點中男入軍 | | 諫解薛仁方官加杖 |
| | 諫復龐相壽任 | | 諫處張君快等死 |
| | 諫斬叱奴隋 | | 諫貴臣遇親王下馬 |
| | 諫武官起服 | | 諫責顯仁宮官司 |
| | 諫討擊馮盎 | | 諫河南安置突厥部落 |
| | 諫科祖孝孫罪 | | 諫出韋元方爲華陰今 |
| | 諫決王文楷杖 | | 諫平高昌以爲州縣 |
| | 諫皇甫德參上書以爲訕謗 | | 諫高昌不失臣禮 |
| | 諫國家愛珠 | | 諫封禪 |
| 卷1 | 諫西域諸國入朝 | 卷2 | 諫西行諸將不得上考 |
| | 諫科園川縣官罪 | | 諫親格猛獸晨出夜還 |
| | 諫優長樂公主禮數 | | 諫禁張士貴 |
| | 諫所行事與貞觀初有異 | | 諫案驗告許 |
| | 諫權萬紀任心彈射 | | 諫內出高昌婦女與薛萬均對事 |
| | 諫魏王不得折辱貴臣 | | 諫新羅國獻美女 |
| | 諫於虢州採銀 | | 諫閻竪妄有奏 |
| | 諫聽諫與貞觀初不同 | | 諫責房玄齡等 |
| | 諫遣使西域市馬 | | 諫李弘節家人賣珠坐所擧 |
| | 諫益州北門造綾錦 | | 諫上書多論綾錦 |
| | | | 諫移魏王居武德殿院 |

제1책 권1에는 「간조면조부우령수납諫詔免租賦又令輸納」, 「간간점중남입군諫簡點中男入軍」 등 20편, 권2에는 「간빙정인기녀위충화諫聘鄭仁基女爲充華」, 「간해설인방관가장諫解薛仁方官加杖」 등 21편의 주문주문(奏文)이 수록되어 있다. 제2책 권3에는 「대돌궐대설對突厥大雪」, 「대북번요란수발병對北蕃擾亂須發兵」 등 31편, 권4에는 「대소거전수문제조對所居殿隋文帝造」, 「대주제말주우열對周齊末主優劣」 등 31편의 대문對文이 수록되어 있다. 권5에는 「혹주공아당친或奏公阿黨親」, 「권귀질공權貴疾公」 등 27편의 주대奏對 및 연음燕飮에서 쓴 글 등이 다양하게 수록되어 있다. 제2책 말미에는 마만경과 오흥이씨가 1179년에 쓴 2편의 후지와, 1507년 전 감찰어사 두계杜啓가 쓴 「중간위정공간록후서重刊魏鄭公諫錄後序」가 수록되어 있다.

본 존경각 소장본은 1507년 목판본을 저본底本으로 삼아 1542년(중종 37) 초주갑인자初鑄甲寅字로 인행한 책이다. 『중종실록』 37년(1542) 2월 22일 기사에는 '상께서 승정원에 이 책을 내려주면서 말씀하시기를, "이 책은 치도에 관계되는 책이니 많이 인출하여 널리 전포하라."[以魏鄭公諫錄 下于政院曰 此册關於治道 其多印廣布之]'라고 되어 있다. 존경각 소장본에는 같은 해 4월에 반사한 내사기가 있는 것으로 보아, 2월에 중종의 명을 받들어 이 책을 인출한 직후 대신들에게 반사한 것으로 보인다. 같은 해인『중종실록』37년 5월 1일 기사에는 중종이 근래에 인출한 책 중 세자에게 보일 만한 책을 승정원에 묻자, "『위정공간록』같은 책은 치도에 관한 책이니, 사서와 오경을 강습하는 여가에 보면 임금의 덕에 보탬이 있을 것입니다.[如魏鄭公諫錄 則關於治道 四書五經講習餘暇覽之 則可以輔益君德]"라고 하였다. 중종이 간행을 명하여 간행한 본서는 대신들 뿐만 아니라 세자 또한 읽었을 것으로 보인다.

『위정공간록』은 중국에서 중간되었고, 중간본을 조선에서 입수하였다. 본서는 치도에 도움이 되는 책으로 평가되어 조선에서 재간행되었다. 중종은 승정원 우부승지였던 김연을 위시한 여러 대신들에게 이 책을 반사하였다. 대신들의 기탄없는 간언을 부탁하는 중종의 마음이 이 책에 드러나 있다. 이혜정

주제어
위정공간록魏鄭公諫錄, 간록諫錄, 왕침王綝

사마방목司馬榜目－
만력십삼년을유(1585)
萬曆十三年乙酉(1585)
팔월이십사일八月二十四日
Samabangmok(1585)

貴 B13KB-0049

서명 司馬榜目－萬曆十三年乙酉(1585)八月二十四日
저자 [校書館(朝鮮)] 編
판본 金屬活字本(庚辰字)
발행 [漢城]: [校書館], 宣祖18(1585)印
형태 不分卷 1冊: 四周雙邊, 半郭 23.0 × 15.7 cm, 有界, 9行16字 小字雙行, 上下內向
　　　三葉花紋魚尾; 31.2 × 19.5 cm
주기 丙申(1596)同伴錄: 柳舜翼(1559−1632), 宋爾昌 等 25員(뒷面紙 墨書)
　　　楮紙
　　　서울특별시 유형문화유산.

사부
史部

7

1585년(선조 18) 8월 24일 치러진 생원生員 · 진사시進士試에
입격入格한 사람들의 정보와 시관試官의 이름 등을 기록한 책
이다. 본서는 1585년 재주갑인자再鑄甲寅字로 간행한 금속
활자본金屬活字本으로, 불분권不分卷 1책이다. 2024년에 서울
특별시 유형문화유산으로 지정되었다.

표제는 없으나 앞면지面紙에 '을유방목사마乙酉榜目司馬'라고
적혀 있다. 권수제는 '만력십삼년을유팔월이십사일사마방목
萬曆十三年乙酉八月二十四日司馬榜目', 판심제는 '방목榜目'이다.
판식은 사주쌍변四周雙邊, 유계有界, 9행 16자, 상하내향
2 · 3엽화문어미이다.

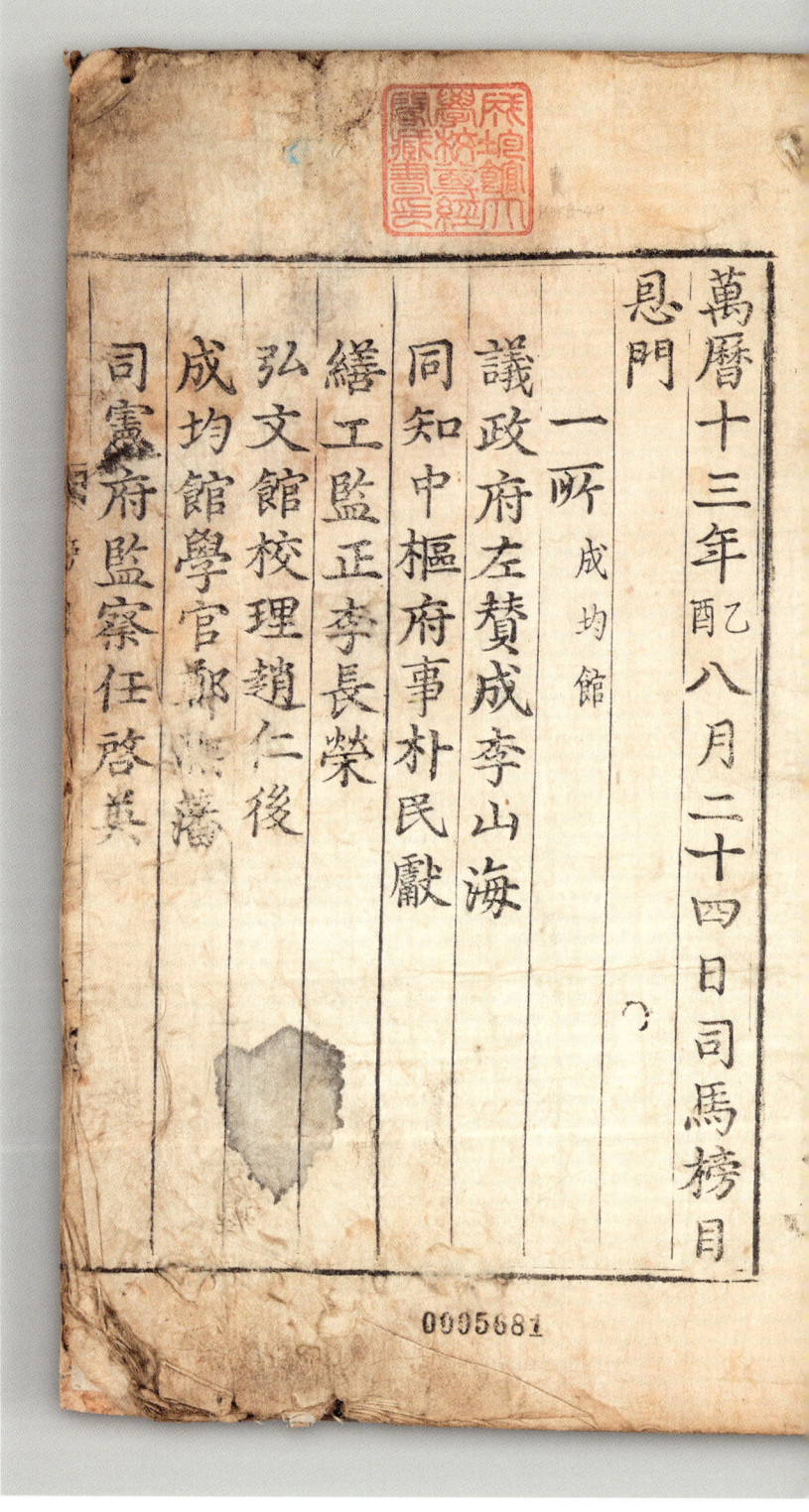

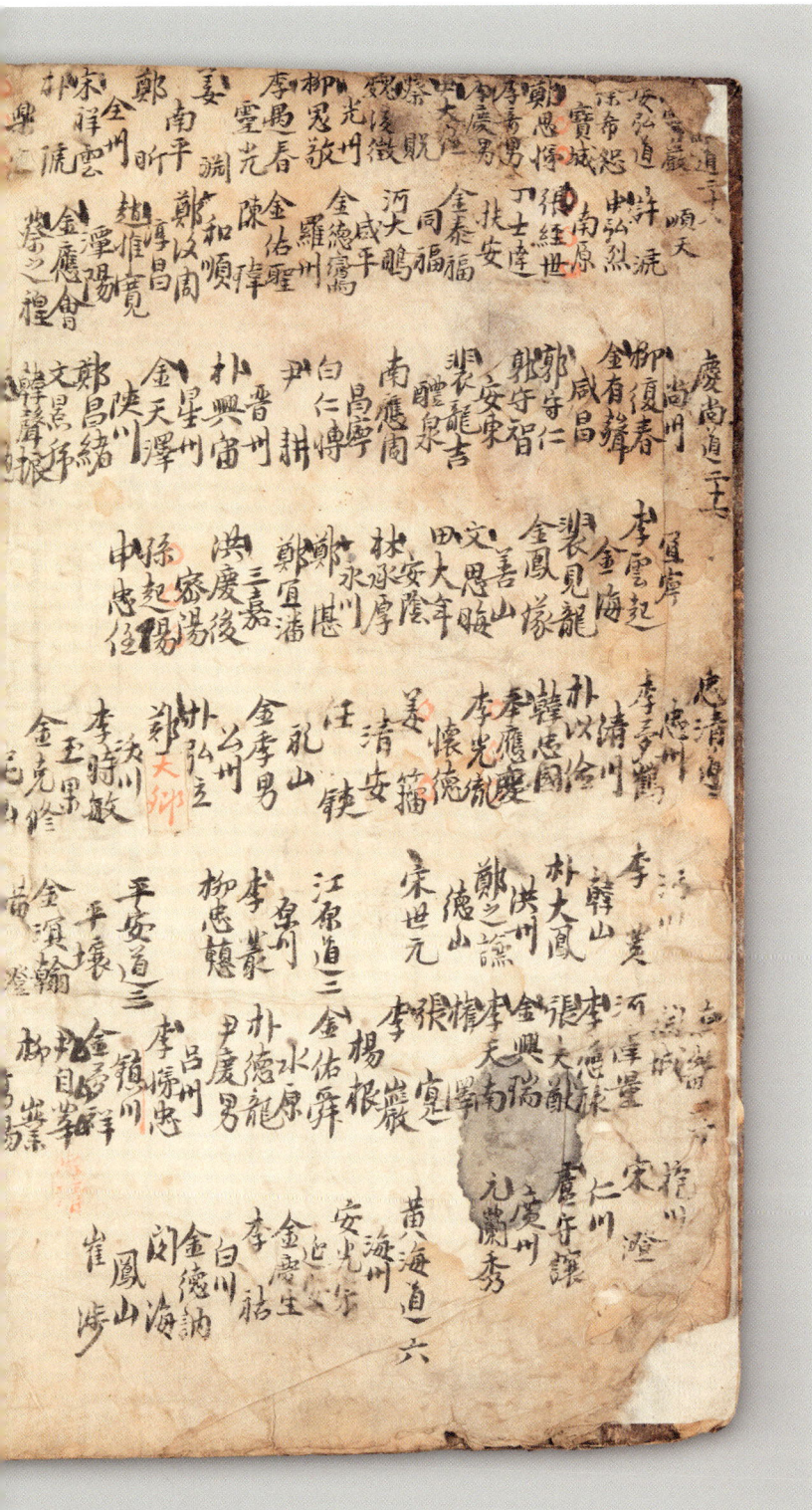

특정 입격자의 이름 또는 안항雁行에는 주묵朱墨 또는 흑묵黑墨으로 권圈을 치거나 비점批點을 찍었고, 일부 입격자의 성명 상단에 '병술추별丙戌秋別, 병술년 가을 별시에 급제하였음' 등 과거 급제 관련 정보를 부기附記하였다.

본서는 크게 세 부분으로 구성된다. 첫 번째는 사마방목의 가장 앞부분으로 시장試場과 시관試官에 관한 사항이 기재된 '은문恩門'이다. 일소一所인 성균관成均館의 시관은 의정부좌찬성議政府左贊成 이산해李山海, 동지중추부사同知中樞府事 박민헌朴民獻, 선공감정繕工監正 이장영李長榮, 홍문관교리弘文館校理 조인후趙仁後, 성균관학관成均館學官 정희번鄭熙藩, 사헌부감찰司憲府監察 임계영任啓英 6명이었고, 이소二所인 장악원掌樂院의 시관은 의정부우참찬議政府右參贊 안자유安自裕, 호조참판戶曹參判 홍연洪淵, 성균관사성成均館司成 정유청鄭惟清, 장악원첨정掌樂院僉正 정윤우丁允祐, 홍문관수찬弘文館修撰 유근柳根, 사헌부감찰司憲府監察 이충성李忠誠 6명이었다.

두 번째는 사마방목의 핵심이라고 할 수 있는 생원·진사시의 합격자 명단으로, '원방原榜'이라 지칭한다. 생원시 1등 5명, 생원시 2등 25명, 생원시 3등 70명 도합 100명의 정보가 열거되어 있으며 같은 형태로 진사시 1등 5명, 진사시 2등 25명, 진사시 3등 70명의 정보가 기재되었다. 생원시 1등은 이상의李尚毅, 이춘상李春祥, 안홍도安弘道, 정사제鄭思悌, 이계지李繼祉 5명이고, 생원시 2등은 유사경柳思敬, 백인박白仁博, 신흠申欽, 강연姜淵, 정흔鄭昕 등 25명이며, 생원시 3등은 안덕인安德仁, 구성具成, 김봉의金鳳儀, 윤경립尹敬立, 윤경尹耕 등 70명이다. 진사시 1등은 정협鄭恊, 박증朴繪, 신흠申欽, 김선여金善餘, 정사달丁士達 5명이고, 진사시 2등은 홍경후洪慶後, 박경남朴敬男, 김제남金悌男, 김려金礪, 황징黃澄 등 25명이며, 진사시 3등은 이익李釴, 박건朴楗, 김명한金溟翰, 최동립崔東立, 김수현金壽賢 등 70명이다.

원방은 합격자 본인의 정보와 가족의 정보로 구분된다. 본인에 관한 내용은 응시 당시의 직역이나 관직, 이름, 자字, 출생년 간지干支, 본관本貫, 거주지가 기재된다. 예를 들어 생원시 장원인 이상의의 직역은 유학幼學이고, 자는 이원而遠, 출생년은 경신년庚申年이며, 본관은 여주驪州, 거주지는 서울로 기재

生員試

一等五人

幼學李尚毅 庚申 而遠　本驪州居京

父奉正大夫行文化縣令友仁　兄尚弘 尚寬 尚信

嚴侍下　鴈行

幼學李春禔 甲寅 仁慶　本全州居京

父彰善大夫行江城副令傲

具慶下　鴈行 兄禛 祉

幼學安弘道 甲寅 景康　本竹山居豐德

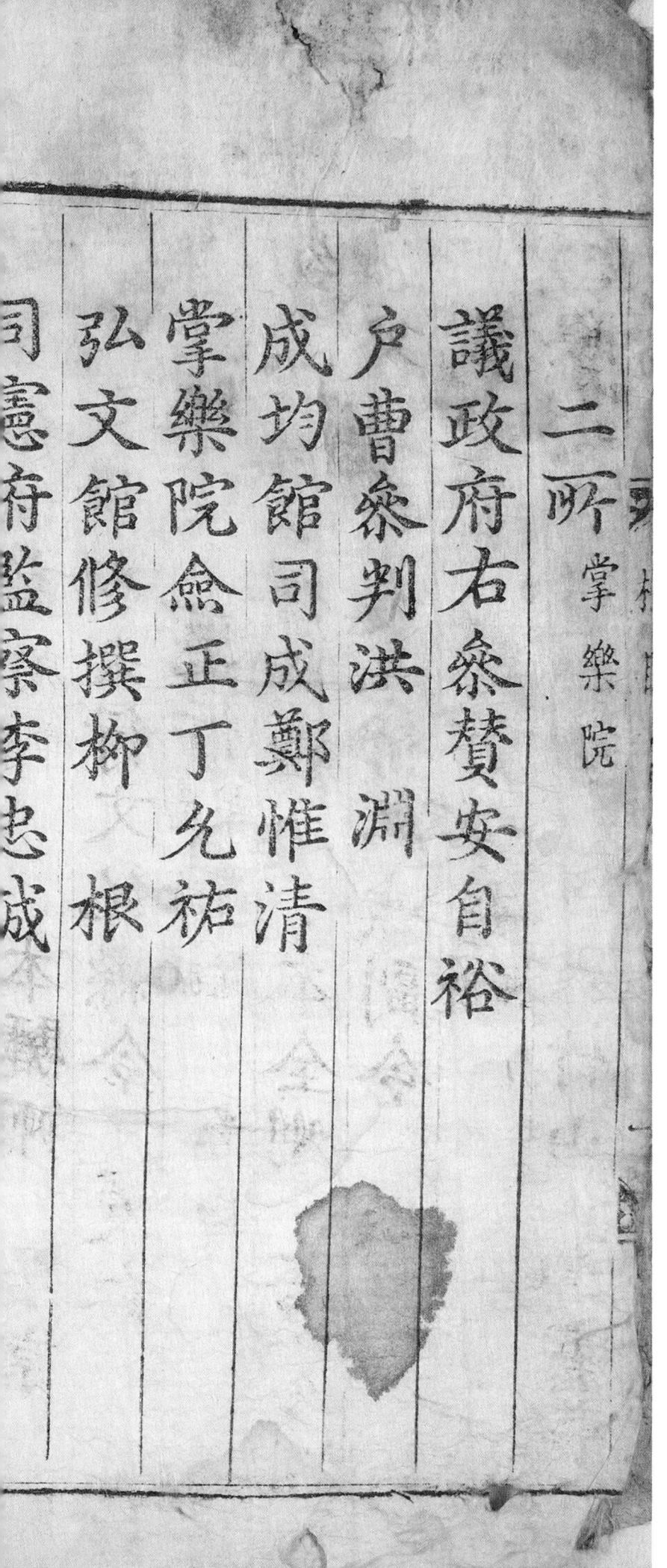

되었다. 가족에 관한 내용은 아버지의 품계, 관직, 부모의 구존俱存 여부, 형제의 이름을 적은 안항雁行으로 구성된다. 부모의 구존 여부는 부모가 모두 살아계신다는 의미의 '구경하具慶下', 모두 돌아가셨다는 의미의 '영감하 永感下', 어머니만 살아계신다는 의미의 '자시하慈侍下', 아버지만 살아계신다는 의미의 '엄시하嚴侍下' 4가지 가운데 하나가 명시된다. 예컨대 이상의의 아버지는 봉정대부奉正大夫 문화현령文化縣令 이우인李友仁이며 형제는 형 이상홍李尚弘과 동생 이상관李尚寬, 이상신李尚信이다. 부모님은 아버지만 살아계신다는 의미로 '엄시하'가 적혀 있다.

세 번째는 부록附錄으로, 지역별 급제자의 이름이 도별, 지역별, 이름의 순서로 나열되어 있다. 은문과 원방이 금속 활자본인데 반해 부록 부분은 필서筆書되어 간행 이후 합격자 명단을 도별로 정리하여 작성한 것으로 추정된다. 전라도, 경상도, 충청도, 강원도, 평안도, 경기, 황해 도의 순서이며 함경도 출신의 합격자는 없었다. 참고로 권말에는 「병신동반록丙申同泮錄」이 필사되어 있으나 본서와의 연관성을 알기는 어렵다. 1585년(선조 18)에 생원시 합격자인 신경락申景洛의 이름도 있지만 1588년 (선조 21) 생원시에 합격한 윤시남尹是男, 1589년(선조 22) 진사시 합격자인 인물 신경효辛慶孝도 있어서 본서와의 연관성 없이 후대에 동반同泮의 이름을 작성한 것으로 추정된다.

선조 재임 당시 임진왜란의 발발로 수많은 자료가 인멸 되었는데 이로 말미암아 후에 편찬된 『선조실록』은 그 내용이 매우 부실한 편이다. 따라서 이 시기의 사회와 경제 등은 말할 것도 없고 역사와 문화 등을 연구하려면 자료 부족으로 여러 가지 어려움을 겪는데 이 생원·진사시 방목은 비록 명단에 불과하지만 이를 정치하게 분석할 경우 사료의 부족을 메울 수 있는 매우 큰 가치를 지닌다.

첫째, 선조 18년(1585)의 생원·진사시에서 유명한 인물이 많이 배출되었다. 신흠申欽과 정문부鄭文孚가 그 대표적인 인물이다. 신흠과 정문부는 이 생원·진사시 양과兩科에 모두 합격한 후 신흠은 이듬해인 1586년에 그리고 정문부는 3년 후인 1588년에 각각 문과에 합격 하였다. 이외에도 김제남金悌男, 이정귀李廷龜, 배용길 裵龍吉, 박동열朴東說 등 조선 전기와 중기에 이름을 널리 날린 걸출한 인물들이 이 시험을 통해 배출되었다.

둘째, 해당 생원·진사시 양과에 합격한 인물 중 이몽학 李夢鶴이 있는데 그가 만일 임진왜란 당시 한현韓絢과 함께 충청도에서 반란을 일으킨 이몽학과 동일한 인물이라면 그의 출신에 대한 구체적인 자료가 추가되는 셈이다. 그는 '왕실의 서얼 출신으로 아버지에게 쫓겨나 충청도와 전라도 등지를 전전하다가 임진왜란이 일어나자 한현 등과 모의해서 반란을 일으킨 사람'으로 소개되어 있을 뿐이다. 그런데 이 시험에 합격한 이몽학은 본관이 전주, 거주지는 충주여서 위에 소개한 이몽학과 동일인일 가능성이 있다. 따라서 그간 밝혀지지 않았던 이몽학의 학력 등에 대해 보완할 자료로 활용될 수 있다.

셋째, 개성 출신의 다양한 인물이 이 시험을 통해 많이 합격한 점이 주목된다. 생원시에 합격한 하위량河偉量(本 江華), 이응록李膺祿(本 河濱), 장대유張大猷(本 大元), 김흥서金興瑞(本 鎭川), 이천남李天男(本 牛峯), 권택權澤(本 安東), 진사에 합격한 하위량河偉量(本 江華), 장식張寔(本 鎭安), 이암李巖(本 梁州) 등 9명이나 된다. (양과 합격자 1명 중복 계산) 해당 인물들의 생원·진사시 합격을 통해 개성이 당시 중앙정부에 인물을 공급하는 주요 지역이었다는 것을 알 수 있다.

넷째, 희귀 성씨나 희귀 본관을 가진 자가 적지 않다는 점도 주목된다. 바로 위에서 살펴본 개성 출신들의 널리 알려지지 않은 본관을 쓰고 있다는 점이 눈에 띄는데 이외에도 생원시 합격자인 대구大丘 백인박白仁博, 남평南平 서희서徐希恕, 성주星州 송세원宋世元, 문의文義 박덕룡朴德龍, 연안延安 전대년田大年, 은진恩津 임승후林承厚 등이다. 생원·진사시가 인재 공급로供給路로서 여전히 중요한 역할을 하고 있음을 알 수 있다.

마지막으로 선조 18년 8월의 사마방목은 국사편찬위원회가 소장한 『을유8월사마방목乙酉八月司馬榜目』(MF A지수532)과 국립중앙도서관이 소장한 『만력13년을유8월24일사마방목萬曆十三年乙酉八月二十四日司馬榜目』(古朝26-73)에서도 확인된다. 다만 두 책은 모두 필사본인데 비해 본서는 금속활자본이라는 차이점이 있다. 게다가 권수卷首에 도별 합격자 명단을 정리하여 수록한 책은 본서가 유일하다. 본서와 가장 유사한 책은 국사편찬위원회 소장본으로 내용상의 차이는 없으나 국사편찬위원회 소장본에 등과登科와 구중俱中을 포함한 부록이 수록되었다는 점에서 차이가 있다. 국립중앙도서관 소장본에는 은문恩門이 없고 합격자 정보의 가족 관계 정보에 부모의 구존 여부와 안항이 없다. 본서는 임진왜란 이후 이전 사료가 상당 부분 소실된 상황에서 두 기관이 소장한 사마방목과 함께 선조 18년(1585) 8월에 실시된 식년시의 생원·진사 합격자의 정보를 확인할 수 있다는 점에서 가치가 높다. 뿐만 아니라 16세기 중엽부터 원방原榜의 가족 관계 사항에서 부모 구존 여부와 형제 이름이 추가되는 현상이 발견되는데, 본서는 그러한 경향의 전형으로 평가될 수 있다. 유지영

주제어
사마방목司馬榜目, 생원시生員試·진사시進士試, 사마시司馬試, 을유방목사마乙酉榜目司馬

참고문헌
최진옥, 『朝鮮時代 生員 進士 硏究』, 韓國精神文化硏究院 박사학위논문, 1994.

사부
史部
8

사마방목司馬榜目—
만력십칠년기축(1589)삼월십칠일
萬曆十七年己丑(1589)三月十七日
종계증광
宗系增廣
Samabangmok(1589)

貴 B13KB-0048

서명　司馬榜目—萬曆十七年己丑(1589)三月十七日宗系增廣
저자　[校書館(朝鮮)] 編
판본　金屬活字本(庚辰字)
발행　[漢城]: [校書館], 宣祖22(1589)印
형태　不分卷 1冊: 四周雙邊, 半郭 24.0 ×15.8 cm, 有界, 9行16字 小字雙行, 上下內向三
葉花紋魚尾; 28.0 ×19.7 cm
주기　楮紙
서울특별시 유형문화유산.

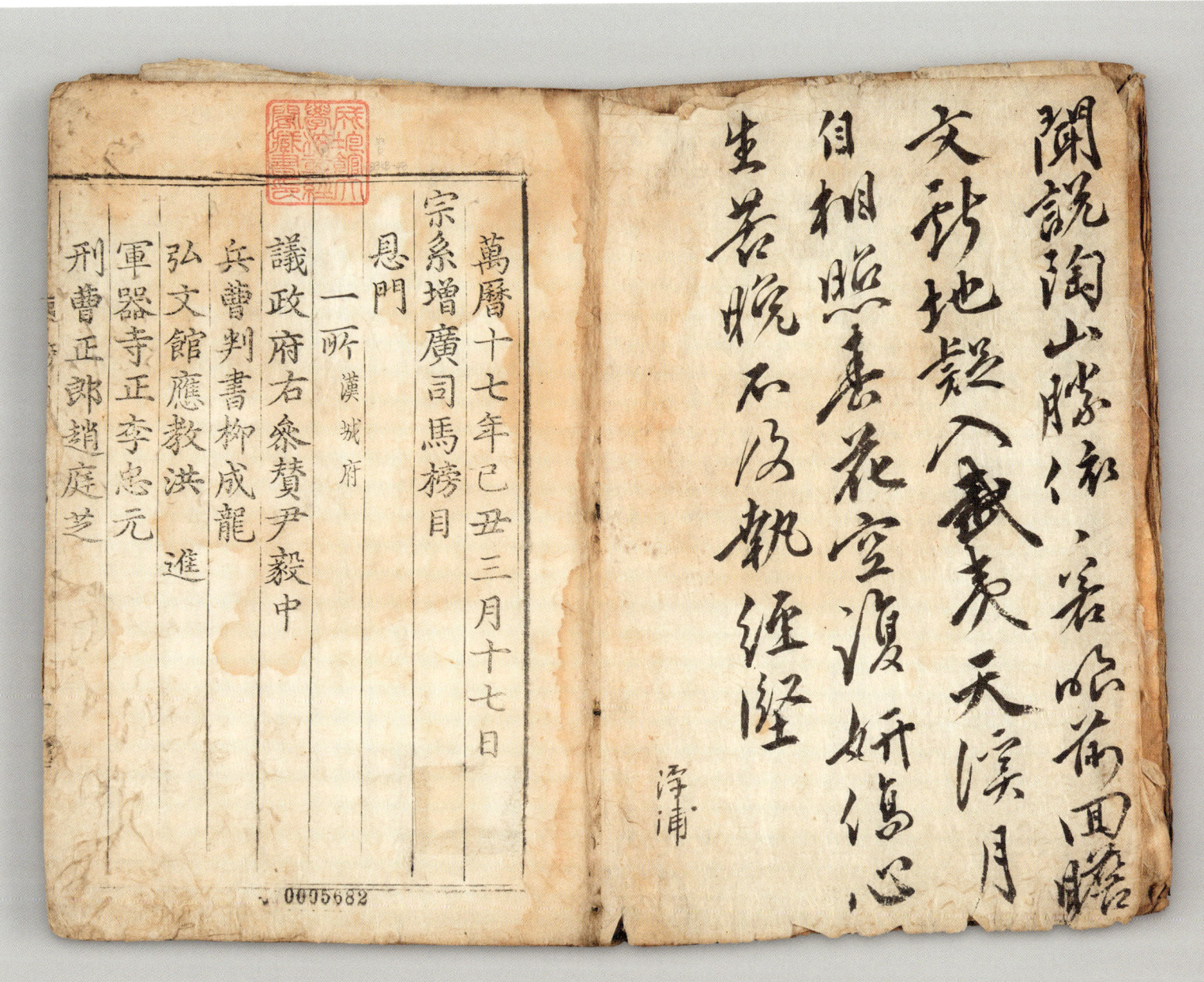

1589년(선조 22) 3월 종계변무宗系辨誣를 기념하여 시행된 증광시增廣試의 생원生員·진사시進士試 합격자
정보가 수록된 책이다. 본서는 1589년 재주갑인자再鑄甲寅字로 간행한 금속활자본金屬活字本으로, 불분권不分卷
1책이다. 2024년에 서울특별시 유형문화유산으로 지정되었다.

生員試

一等五人

幼學黃謹中 庚申 一之 身愼中 散中 本昌原 居京

父義禁府都事承訓郎琇 具慶下 鴈行

幼學河受一 癸丑 太易 本晉州 居同

父學生河 慈侍下 鴈行 弟天一 鏡輝

幼學張元海 己未 士灝 本豐德 居京

司憲府監察姜壽男

二所 掌樂院

吏曹參判金應南

同知中樞府事韓準

繕工監正任榮老

弘文館校理李廷立

李碅

司憲府監察李瑗

표제는 '기축사마방목己丑司馬榜目', 권수제는 '만력십칠년기축삼월십칠일종계증광사마방목萬曆十七年己丑三月十七日宗系增廣司馬榜目', 판심제는 '방목榜目'이다. 앞면지面紙에 정방형 인장이 날인된 책지册紙를 배지背紙로 활용하였다. 판식은 사주쌍변四周雙邊, 유계有界, 9행 16자, 상하내향2·3엽화문어미이다.

특정 입격자의 성씨 또는 이름에 권圈을 치거나 비점批點을 찍었고, 일부 입격자 성명 위에 '별시장원別試壯元' 등 과거 급제 관련 정보를 부기附記하거나 사망한 입격자 위에는 '선仚'을 기입하였다.

종계변무란 명나라 『태조실록太祖實錄』, 『대명회전大明會典』에 태조 이성계의 세계世系가 고려 권신 이인임李仁任 후손으로 잘못 기재되어 이를 수정해달라고 200년간 요청하여 수정된 사건을 말한다. 1589년(선조 22) 3월 17일 태조의 종계宗系가 요청대로 수정되어 성절사聖節使 윤근수尹根壽가 명나라로부터 『대명회전』 1책을 반급頒給 받아 왔다. 이를 기념하며 증광시增廣試를 실시하였고 이때 생원·진사시에 입격入格한 사람들의 정보를 기록한 책이다.

본서는 크게 두 부분으로 구성된다. 첫 번째는 사마방목의 가장 앞부분으로 시장試場과 시관試官에 관한 사항이 기재된 '은문恩門'이다. 일소一所인 한성부漢城府의 시관은 의정부우참찬議政府右參贊 윤의중尹毅中, 병조판서兵曹判書 유성룡柳成龍, 홍문관응교弘文館應敎 홍진洪進, 군기시정軍器寺正 이충원李忠元, 형조정랑刑曹正郎 조정지趙庭芝, 사헌부감찰司憲府監察 강수남姜壽男 6명이었고, 이소二所인 장악원掌樂院의 시관은 이조참판吏曹參判 김응남金應男, 동지중추부사同知中樞府事 한준韓準, 선공감정繕工監正 임영로任榮老, 홍문관교리弘文館校理 이정립李廷立, 홍문관교리弘文館校理 이괵李䃡, 사헌부감찰司憲府監察 이원李瑗 6명이었다.

두 번째는 사마방목의 핵심이라고 할 수 있는 생원·진사시의 합격자 명단으로 '원방原榜'이라 지칭한다. 생원시 1등 5명, 생원시 2등 25명, 생원시 3등 70명 도합 100명의 정보가 열거되어 있으며 같은 형태로 진사시 1등 5명, 진사시 2등 25명, 진사시 3등 70명 총 100명의 정보가 기재되었다. 생원시 1등은 황근중黃謹中, 하수일河受一, 장원해張元海, 민대수閔大脩, 최충원崔忠元 5명이고, 생원시 2등은 홍경신洪慶臣, 정홍익鄭弘翼, 이정면李廷冕, 신잠辛潛, 정문회鄭文晦 등 25명이며, 3등은 이경李警, 육공달陸公達, 심액沈詻, 김존경金存敬, 우정침禹廷琛 등 70명이다. 진사시 1등은 이성길李成吉, 윤휘尹暉, 신경효辛慶孝, 이형장李亨長, 유시회柳時會 5명이고, 진사시 2등은 김봉명金鳳鳴, 홍경신洪慶臣, 유경종柳慶宗, 이인기李麟奇, 이천주李天柱 등 25명, 박돈朴潡, 권득기權得己, 순경진荀慶震, 이천李蕆, 권흔權昕 등 70명이다.

원방은 합격자 본인의 정보와 가족의 정보로 구분된다. 본인에 관한 내용은 응시 당시의 직역이나 관직, 이름, 자字, 출생년 간지干支, 본관本貫, 거주지가 기재된다. 예컨대 생원시 장원이었던 황근중의 직역은 유학幼學이고, 자는 일지一之, 출생년은 경신년庚申年이며, 본관은 창원昌原, 거주지는 서울로 기재되었다. 가족에 관한 내용은 아버지의 품계, 관직, 부모의 구존俱存 여부, 형제의 이름을 적은 안항雁行으로 구성된다. 예를 들자면 황근중의 아버지는 승훈랑承訓郎 의금부도사義禁府都事 황수黃琇이며 형제는 동생인 황신중黃愼中과 황경중黃敬中이다. 부모님은 모두 살아계신다는 의미로 '구경하'가 적혀 있다.

사마방목이 생원시 합격자 100명과 진사시 합격자 100명이므로, 총 200여 명의 명단에 불과하지만 이를 세밀하게 분석할 경우 당시의 정치, 사회, 문화의 여러 상황을 조망하는데 매우 좋은 자료로 활용될 수 있다.

첫째, 최고의 관료를 배출하는 문무과 시험 합격자는 아니지만 생원·진사시 합격자 역시 걸출한 인물들이 상당했다. 그중에서도 허균許筠, 장만張晚, 강홍립姜弘立, 김화金澕이 이 시험을 통해 배출되었다. 허균은 생원시에 합격한 후 1594년(선조 27)의 정시 문과에 급제하여 여러 관직을 두루 거쳤는데 특히 사행으로 중국을 여러 차례 다녀오면서 양명학을 받아들여 주자학에 치우친 우리나라의 학문 풍토를 크게 비판했다. 장만은 생원·진사시 양과兩科에 합격한 인물로 문무를 겸비하고 재략이 뛰어나 이괄의 난을 진압한 공으로 진무공신振武功臣 1등에 책록되었다. 강홍립은 정묘호란 때 후금군의 선도가 되어 강화에서 화의를 주선했으나 역신逆臣으로 몰려 관직을 삭탈당하는 등의 고초를 겪었다. 김화는 이괄의 난 당시 병조좌랑으로서 인목대비를 호위하였고, 정묘호란 때에는 동궁을 배위한 공로를 가진 인물이다. 이상의 네 인물은 관력과 생애에서는 차이를 보였으나 모두 1589년(선조 22) 생원·진사시 합격자라는 공통점을 가졌다.

둘째, 희귀 성씨나 희귀 본관을 가진 자가 적지 않게 배출되었다는 점이다. 생원 합격자로 풍덕豊德 장원해張元海(서울 거주), 청주淸州 손효선孫孝先(청주 거주), 직산稷山 조색趙穡(서울 거주), 진천鎭川 임억령林嶷齡(진천 거주), 부평富平 이덕수李德粹(서울 거주), 용성龍城 송함宋諴(봉산 거주) 등은 요즈음 널리 알려지지 않은 본관을 사용하고 있었다. 또한 진사 합격자로는 수안遂安 이형장李亨長(서울 거주), 청해靑海 이린기李麟奇(서울 거주), 남양南陽 송유길宋裕吉(흥양 거주), 예안禮安 김거金勮(榮川 거주) 등도 희귀한 본관을 사용하고 있다. 희성稀姓)이나 희귀한 본관을 사용하는 여러 지역 출신자들이 지속적으로 생원·진사시에 합격하고 있었다는 사실은 조선 정부가 전기까지는 그만큼 인재를 널리 구하려고 노력하고 있었다는 것을 보여주는 중요한 자료라고 할 수 있다.

셋째, 문과방목이 집성集成되어 전해지는 데 반해 사마방목은 각 회별 별도로 전해지고 있어 소재 파악이 어려운 상황에서 본서는 당대 생원·진사시 합격자 정보의 축적에 기여한다. 특히 임진왜란 이후 상당수의 사료가 소실되었음을 감안하면 임진왜란 이전의 사마방목이라는 점에서 더욱 가치가 높다. 선조 22년(1589) 3월의 사마방목은 한국학중앙연구원 장서각 소장『만력17년기축3월개종계증광사마방목萬曆十七年己丑三月改宗系增廣司馬榜目』[시흥 반남박씨 금계군 박동량 종가, 경기도 유형문화재 제249호]에서도 확인된다. 다만 본서와 달리 한국학중앙연구원 장서각 소장본은 필사본이라는 차이가 있다. 유지영

주제어
사마방목司馬榜目, 생원生員·진사시進士試, 사마시司馬試, 기축사마방목己丑司馬榜目

참고문헌
최진옥,『朝鮮時代 生員 進士 硏究』, 韓國精神文化硏究院 박사학위논문, 1994.

| | |
|---|---|
| 서명 | 司馬榜目–辛卯年(1591) |
| 판본 | 木版本 |
| 발행 | [朝鮮]: [刊寫者未詳], [宣祖24(1591)頃]刊 |
| 형태 | 不分卷 1冊：四周雙邊, 半郭 23.7 × 17.1 cm, 有界, 10行16字 小字雙行, 上下內向<br>黑魚尾；33.5 × 21.7 cm |
| 주기 | 楮紙 |

사부
史部
9

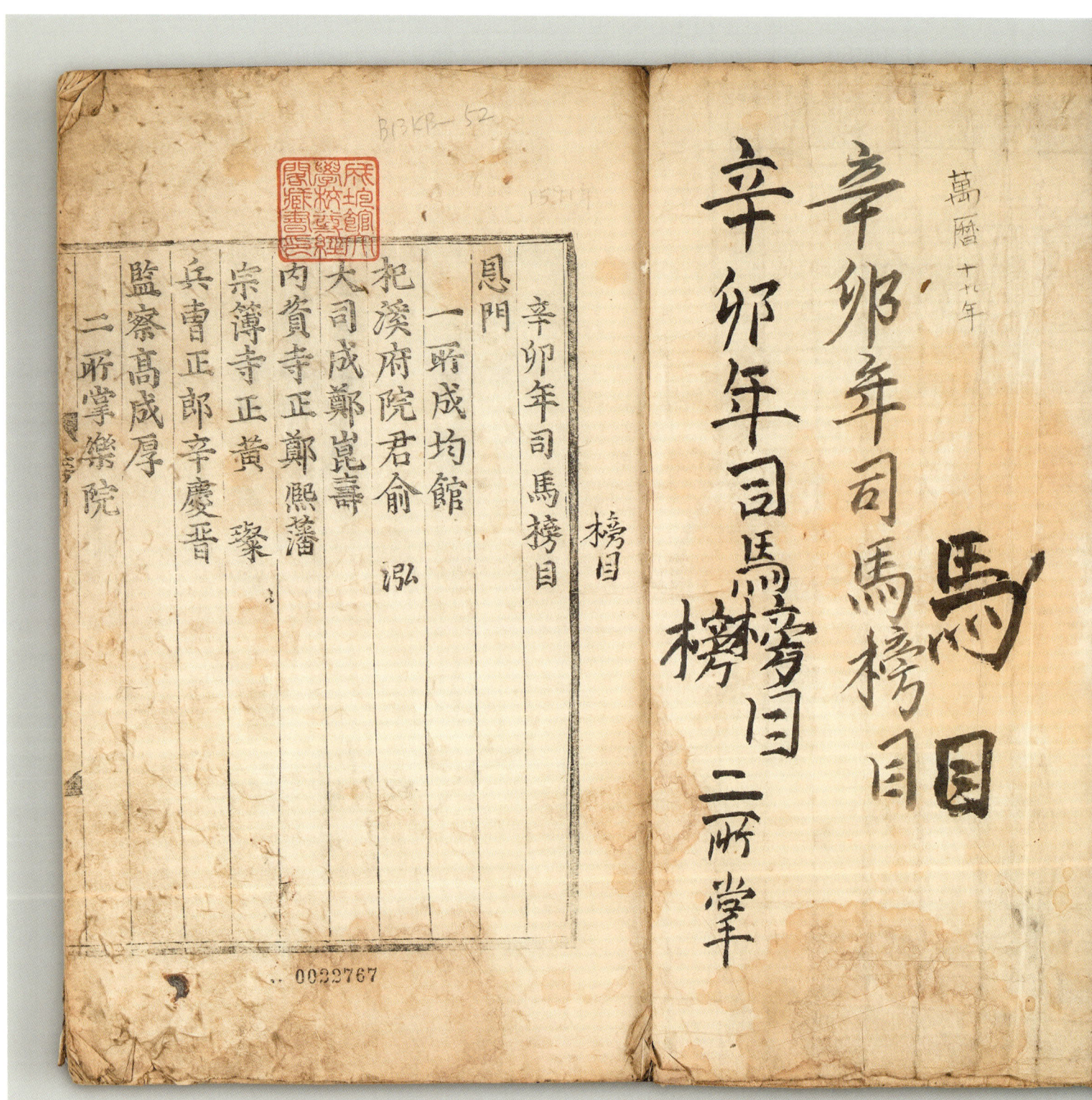

본서는 1591년(선조 24) 시행된 식년시式年試의 생원生員 · 진사시進士試 합격자 정보를 나열한 명부이다. 시관試官의 이름, 생원시 합격자 98명, 진사시 합격자 100명의 이름이 성적순으로 기재되어 있다.

표제와 권수제는 '신묘년사마방목辛卯年司馬榜目', 판심제는 '방목榜目'이다. 판식은 사주쌍변四周雙邊, 무계無界, 10행 16자, 상하내향흑어미上下內向黑魚尾이다. 특정 입격자의 이름 또는 안항雁行에 흑묵黑墨으로 권圈을 치거나 비점批點을 찍었고, 일부 입격자의 성명 위에 '남행가선南行嘉善 자子 금군禁君', '문과文科' 등 해당 입격자에 관한 정보를 부기附記하였다. 간혹 특정 인물 아래에 흰색 또는 청색 부전지附箋紙를 부착하여 정보를 부기하기도 하였다.

불분권不分卷 1책으로 구성된 본서는 별도의 간기刊記가 수록되지 않아 간인처와 간인 시기를 확인할 수 없다. 내지에는 '신묘년사마방목'과 함께 '이소장二所掌'이 쓰여있다. 본서는 크게 두 부분으로 구성된다. 첫 번째는 사마방목의 가장 앞부분으로 시장試場과 시관試官에 관한 사항이 기재된 '은문恩門'이다. 일소一所인 성균관成均館의 시관은 기성부원군杞城府院君 유홍俞泓, 대사성大司成 정곤수鄭崑壽, 내자시정內資寺正 정희번鄭熙藩, 종부시정宗簿寺正 황찬黃璨, 병조정랑兵曹正郎 신경진辛慶晉, 감찰監察 고성후高成厚로 총 6인이었다. 이소二所인 장악원掌樂院의 시관은 형조판서刑曹判書 윤탁연尹卓然, 오위장五衛將 이제민李齊閔, 사재감정司宰監正 원사안元士安, 홍문관교리弘文館校理 이상홍李尙弘, 호조정랑戶曹正郎 권율權慄, 감찰監察 이희급李希級으로 구성된 6인이었다. 권율의 이름 아래에는 '도원수都元帥 만취당晚翠堂'이 적힌 첨지가 붙어있다.

두 번째는 사마방목의 핵심이라고 할 수 있는 생원 · 진사시의 합격자 명단으로 '원방原榜'이라 지칭한다. 생원시 1등 4명, 생원시 2등 25명, 생원시 3등 69명, 도합 98명의 정보가 열거되어 있다. 같은 형태로 진사시 1등 5명, 진사시 2등 25명, 진사시 3등 70명, 총 100명의 정보가 기재되어 있다. 생원시 1등은 성순成恂, 목장흠睦長欽, 이춘정李春禎, 최산립崔山立 4명이고, 생원시 2등은 김광유金光裕, 고경리高敬履, 오상립吳尙立, 위정망魏廷望, 조원범趙元範 등 25명이며, 3등은 심엄沈㤿, 허광익許光益, 권임權任, 이성李惺, 유석준柳錫俊 등 69명이다. 다만 방목 내의 항목명은 '일등오인一等五人', '삼등칠십인三等七十人'이라고 적혀 있어 실제 인원수와 차이를 보인다. 보통의 사마방목에는 생원과 진사의 합격자가 각각 100명씩 기재되어 있는 것을 감안하면, 해당 사마방목에 생원시의 합격자가 총 98명으로 합산되는 것은 독특하다. 진사시 1등은 민여임閔汝任, 김여중金汝重, 이경안李景顔, 임희지任義之, 이덕기李德基 5명이고, 진사시 2등은 유천柳仟, 심종직沈宗直, 박근효朴根孝, 조성립趙成立, 김영명金永明 등 25명, 진사시 3등은 김봉金鳳, 이여빈李汝馪, 최정호崔挺豪, 김신국金藎國, 이구징李久澄 등 70명이다.

원방은 합격자 본인의 정보와 가족의 정보로 구분된다. 본인에 관한 내용은 응시 당시의 직역이나 관직, 이름, 지字, 출생년 간지干支, 본관本貫, 거주지의 순서로 기재된다. 예를 들어 생원시 장원인 성순의 직역은 유학幼學이고, 자는 군실君實, 출생년은 임자년壬子年이며, 본관은 창녕昌寧, 거주지는 서울로 기재되었다. 가족에 관한 내용은 아버지의 품계, 관직, 부모의 구존俱存 여부, 형제의 이름을 적은 안항雁行으로 구성된다. 예를 들자면 성순의 아버지는 통훈대부通訓大夫의 품계를 가진 창락도찰방昌樂道察訪 성팔원成八元이었고, 부모의 구존 여부는 '구경하' 즉, 부모님이 모두 살아계셨으며, 형제 관계는 형인 성신成愼과 동생인 성흔成忻이 있었다고 기록되어 있다.

사마방목을 세밀하게 분석한다면 당시의 정치, 사회, 문화의 여러 상황을 조망하는데 매우 좋은 자료로 활용할 수 있다. 특히 임진왜란 발발 이후 사료가 부족한 상황에서 해당 사마방목은 임진왜란 이전 생원 · 진사시에 합격한 인물들에 관한 정보를 얻을 수 있어 사료적 가치가 높다.

첫째, 최고의 관료를 배출하는 문무과 시험 합격자는 아니었지만 생원 · 진사시 합격자 역시 걸출한 인물들이 상당했다. 먼저 주목되는 인물로 김집金集, 김신국金藎國, 김여중金汝重이 이 시험을 통해 배출되었다는 점이다. 특히, 김집은 김장생의 아들로 아버지와 함께 예학을 완성하였다고 평가받는 인물이다. 광해군 초반에 헌릉참봉獻陵參奉에 제수되었으나 광해군의 통치에 반대하여 은퇴하였다가 인조반정 이후 조정에

生員試

一等五人

幼學成恂〔君實〕 本昌寧 居京

父通訓大夫前行昌樂道察訪 八元

具慶下

兄慎 弟忻

幼學睦長欽〔禹卿 壬申〕

鴈行 本泗川 居京

具慶下

兄守欽 叙欽 弟大欽

幼學李春禎〔仁瑞 丙午〕 本全州 居京

父嘉善大夫漢城府左尹詹

鴈行

具慶下

幼學○○

父彰善大夫行江城副令儆

刑曹判書尹卓然

五衛將李齊閔

司宰監正元士安

弘文館校理李尚弘

戶曹正郎權慄

監察李希汲

돌아왔고, 효종에게도 부름을 받아 함께 북벌을 계획하기도 하였다. 또한 김집은 송시열에게 학문을 전하여 기호학파의 형성에 중요한 역할을 했을 뿐만 아니라 조선후기 예학의 발전에도 영향력을 행사한 인물로 평가된다. 이외에도 우의정 김상용金尙容과 좌의정 김상헌金尙憲의 아우인 김상복金尙宓, 대북大北에 호응하여 이이첨의 심복으로 활약했으나 인조반정 이후 정인홍 등과 함께 처형된 이정원李挺元 등도 해당 생원·진사시에 합격한 인물이었다.

둘째, 희귀 성씨나 희귀 본관을 가진 자가 적지 않게 배출되었다는 점이다. 생원 합격자로 온양 오상립吳尙立 (서울거주), 가흥 조신준曹臣俊(개성 거주), 영암 조형曹迥(이천 거주), 충주 안숭직安崇直(서울 거주) 등은 요즈음 널리 알려지지 않은 본관을 사용하고 있었다. 또한 진사 합격자로는 황주 정봉남鄭鳳男(진천 거주), 아산 한여공 韓汝恭(목천 거주), 은진 배문상裵文祥(은진 거주), 남양 문덕룡文德龍(합천 거주), 음죽 이춘경李春景(서울 거주) 등도 희귀한 본관을 사용하고 있다. 희성稀姓이나 희귀한 본관을 사용하는 여러 지역 출신자들이 생원·진사시에 합격한 사실은 당시 조선 정부가 그만큼 인재를 널리 구하고자 노력하고 있었다는 것을 보여주는 중요한 자료라고 할 수 있다.

셋째, 집성集成되어 전해지는 문과방목과 달리, 사마방목은 각 회별로 전해지고 있어 소재 파악이 어려운 상황에서 본서는 당대 생원·진사시 합격자 정보의 축적에 기여한다. 임진왜란으로 인해 상당수의 사마 방목이 소실되었기에, 임진왜란 이전의 사마방목이라는 점에서 가치가 있다. 해당 사마방목은 다른 기관의 소장본이 없는 유일본이기에 더욱 귀중한 자료이다. 방목류를 데이터베이스화한 작업에서 선조 24년 식년 사마시 합격자 정보의 출전으로 활용되고 있다. 원방原榜의 가족 관계 사항에서 부모 구존 여부와 형제 관계 등 다양한 정보를 수집하기에도 용이하다는 점에서 높이 평가할 수 있다. 유지영

주제어
사마방목司馬榜目, 생원生員·진사시進士試, 사마시司馬試, 신묘년사마방목辛卯年司馬榜目

참고문헌
최진옥, 『朝鮮時代 生員 進士 硏究』, 韓國精神文化硏究院 박사학위논문, 1994.

전한서
前漢書
Jeonhanseo

貴 단산 B02CB-0011
——

| 서명 | 前漢書 |
| --- | --- |
| 저자 | 班固(漢) 撰 |
| 판본 | 金屬活字本(甲寅字混入補字) |
| 발행 | [漢城] : [校書館], [中宗-明宗年間]印 |
| 형태 | 54卷42册(共70卷49册) : 四周雙邊, 半郭 25.0 ×17.0 cm, 有界, 10行20字 小字雙行, 上下內向三葉花紋魚尾 ; 33.5 ×21.7 cm |
| 주기 | 所藏: 第1-18 · 22-23 · 25-26 · 28-31 · 33-36 · 38-49册 |
| | 總册數: 共四十九(書腦 墨書) |
| | 藏書記: 禮安(앞面紙 墨書) |
| | 印記(第1册): 男富儀謹追記, 先相公家藏書 |
| | 楮紙(이음종이) |

중국 후한시대의 역사가 반고班固(32~92)가 저술한 기전체紀傳體의 역사서이다. 보자補字가 많이 섞인 초주갑인자初鑄甲寅字로 인출한 금속활자본으로, 간행시기는 중종中宗~명종明宗 연간으로 추정된다.

본서의 표제는 '전한서前漢書', 권수제는 '한서漢書', 판심제는 '전한前漢'이다. 판심제의 경우에는 '전한' 다음에 '기紀' · '표表' · '지志' · '전傳' 등 체제와 관련된 사항을 뒤에 부기하였다. 예컨대, '기'의 경우에는 '전한기前漢紀'로, '표'는 '전한표前漢表', 지는 '전한지前漢志', 전은 '전한전前漢傳'으로 인출하였다. 표제 하단에는 책차册次가 '일一' · '이二' · '삼三'으로부터 '사십구四十九'까지 순차적으로 매겨져 있고, 서뇌書腦 하단에는 총책수總册數가 '공사십구共四十九'로 필사되어있다. 판식은 사주쌍변四周雙邊, 유계有界, 10행 20자, 상하내향3엽화문어미이다.

제5책의 세기 다음에 제6책이 연표가 아닌 지志로 시작되는 것으로 보아, 연표 권1~8은 총책수의 대상에 포함하지 않은 것으로 보인다. 따라서 42책으로 구성된 본 해제서는 7책이 결본임을 알 수 있다. 결본은 제19책, 제20책, 제21책, 제24책, 제27책, 제32책, 제37책이다. 표지 우측상단에는 해당 체제와 편제篇題가 필사되어 있다. 이음종이를 사용하여 인출하였고, 서미書眉에는 주석이 적힌 첨지가 부착되어 있다.

제1책 권수 하단에만 '남부의근추기男富儀謹追記', '선상공가장서先相公家藏書'의 장서인이 날인되어 있다. 이 장서인은 안동 예안의 광산김씨 읍청정挹淸亭 김부의金富儀가 자신의 서적에 날인했던 장서인의 일종이다. 이 장서인은 부친 김연金緣에게서 물려받은

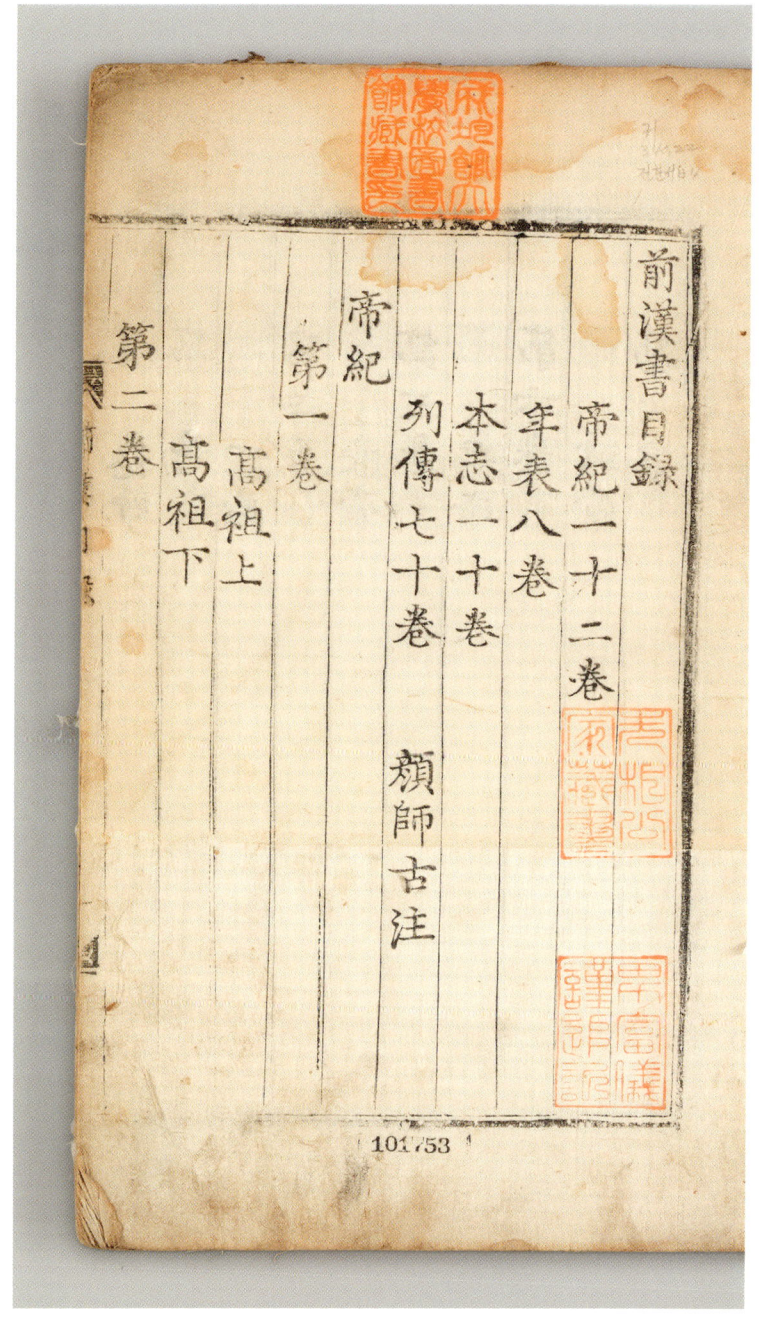

서적들에 날인되어 있었다는 특징이 있다. 김부의는 형인 후조당後彫堂 김부필金富弼과 함께 퇴계 이황에게 수학했던 인물이다. 장서인 이외에도 열전에 해당하는 제17책, 제23책, 제25~49책까지 대부분의 앞면지面紙에는 '예안禮安'이라고 묵서한 장서기가 남아있어, 예안 광산김씨 집안에서 소장했던 책임을 알 수 있다.

『전한서』를 편찬한 반고는 후한대後漢代의 인물로, 자字는 맹견孟堅이다. 부친 반표班彪의 뒤를 이어 한나라의 역사를 찬술하였다. 국사를 편찬할 때 사견私見으로 재단한다는 이유로 무고를 당하였으나 그의 아우 반초班超의 상서上書로 풀려났다. 이후 명제明帝의 칙령을 받아 『전한서』를 저술하게 되었다. 난대령사蘭臺令史로 임명된 후 진종陳宗·윤민尹敏·맹이孟異 등과 함께 「세조본기世祖本紀」를 편찬하였다. 전교비서典校秘書에 임명된 후에는 「열전列傳」과 「재기載記」를 편찬하였다. 그러나 흉노 정벌에 실패하고 옥사獄死하여 『한서』의 편찬을 마무리 짓지 못하였고, 화제和帝의 명으로 누이동생인 반소班昭가 「팔표八表」와 「천문지天文志」를 편찬하였다. 훗날 마속馬續이 보완하여 완성하였지만, 반고가 세운 대강大綱을 그대로 유지하여 완성하였으므로 그의 저술로 보는 의견이 지배적이다. 『한서』는 반고의 부친 반표와 반고, 그의 누이 반소, 마속이 마무리한 한의 역사서로, 39~120년까지 약 80년에 걸쳐 완성되었다.

본서는 78권 42책으로 구성되어 있으며 권수 및 권말에 서발문이 수록되어 있지 않다. 제1책 권두에는 총목록이 수록되어 있고, 제49책 서전敍傳 제70하下의 권말에는 '십일제기十一帝紀 일십삼권一十三卷, 팔표八表 일십권一十卷, 십지十志 일십팔권一十八卷, 칠십열전七十列傳 칠십구권七十九卷'의 총권수가 기록되어 있다.
『사기』의 체재를 모방해 「기紀」 12편, 「표表」 8편, 「지志」 10편, 「전傳」 70편, 모두 100편으로 이루어졌다. 1편을 다시 상하, 또는 상중하로 구분하여 「기」 13권, 「표」 10권, 「지」 18권, 「전」 79권, 모두 120권으로 구성되어 있다. 『사기』와 『한서』의 구성은 「본기」와 「열전」의 형식이 동일하나, 『한서』에서는 「기紀」·「전傳」으로 축약하였다는 점이 다르다. 또한 『한서』에는 「세가」가 없고, 『사기』에서 「세가」로 분류했던 전한前漢 초기 9명의 제왕·외척 등은 일괄하여 「전」에 편입시켰다. 『한서』에서 「표」는 연표 이외에 「백관공경표百官公卿表」·「고금인표古今人表」를 추가로 수록하였고, 『사기』의 「서書」는 「지志」로 개편하였다. 내용상의 변화는 「예서禮書」·「악서樂書」가 「예악지禮樂志」로, 「율서律書」·「역서曆書」가 「율력지律曆志」로, 「평준서平準書」는 「식화지食貨志」로, 「봉선서封禪書」는 「교사지郊祀志」로, 「천관지天官志」는 「천문지天文志」로, 「하거서河渠書」는 「구혁지溝洫志」로 각각 바뀌었다. 또한 『한서』에서는 「형법刑法」·「오행五行」·「지리地理」·「예문藝文」의 4개 지志를 첨가하여 내용을 풍부하게 하고 있다.
해제대상서의 각 책별 내용은 다음과 같다.

| 책수 | 수록 내용 |
| --- | --- |
| 1 | 前漢書目錄, 高帝紀 第1上 |
| 2 | 高帝紀 第1下, 惠帝紀 第2, 高后紀 第3, 文帝紀 第4 |
| 3 | 景帝紀 第5, 武帝紀 第6 |
| 4 | 昭帝紀 第7, 宣帝紀, 元帝紀 |
| 5 | 成帝紀, 哀帝紀, 平帝紀 |
| 6 | 律曆志 第1上, 律曆志 第1下 |
| 7 | 禮樂志 第2 |
| 8 | 刑法志 第3 |
| 9 | 食貨志 第4上下 |
| 10 | 郊祀志 第5上下 |
| 11 | 天文志 第6 |
| 12 | 五行志 第7 上, 五行志 第7 中之上 |
| 13 | 五行志 第7 中之下, 下之上 |
| 14 | 五行志 第7 下之下, 地理志 第8上 |
| 15 | 地理志 第8下, 第9 溝洫志 |
| 16 | 藝文志 第10 |
| 17 | 陳勝項藉傳 第1~魏豹田儋韓王信傳 第3 |
| 18 | 韓彭英盧吳傳 第4, 荊燕吳傳 第5 |
| | 〈缺冊, 第19~21冊 / 6~15〉 |
| 22 | 萬石衛直周張傳 第16~賈誼傳 第18 |
| 23 | 爰盎晁錯傳 第19, 張馮汲鄭傳 第20 |
| | 〈缺冊, 第24冊 21~22〉 |
| 25 | 景十三王傳 第23~衛青霍去病傳 第25 |
| 26 | 董仲舒傳 第26~司馬相如傳 第27上 |
| | 〈缺冊, 第27冊 司馬相如傳 第27下, 第28~29〉 |
| 28 | 杜周傳 第30~司馬遷傳 第32 |
| 29 | 武五子傳 第33~嚴朱吾丘徐嚴終王賈傳 第34下 |
| 30 | 東方朔傳 第35~楊胡朱梅云傳 第37 |
| 31 | 霍光金日磾傳 第38~趙充國辛慶忌傳 第39 |
| | 〈缺冊, 第32冊〉 |
| 33 | 王貢兩龔鮑傳 第42~韋賢傳 第43 |
| 34 | 魏相丙吉傳 第44~眭兩夏侯京翼李傳 第45 |
| 35 | 趙尹韓張兩王傳 第46~蓋諸葛劉鄭孫毋將何傳 第47 |
| 36 | 蕭望之傳 第48~宣元六王傳 第50 |
| | 〈缺冊 第37冊〉 |
| 38 | 薛宣朱博傳 第53~翟方進傳 第54 |
| 39 | 谷永杜鄴傳 第55~何武王嘉師丹傳 第56 |
| 40 | 揚雄傳 第57上~揚雄傳 第57下 |
| 41 | 儒林傳 第58~酷吏傳 第60 |
| 42 | 貨殖傳 第61~佞幸傳 第63 |
| 43 | 匈奴傳 第64上 |
| 44 | 匈奴傳 第64下~西南夷兩粵朝鮮傳 第65 |
| 45 | 西域傳 第66上~西域傳 第66下 |
| 46 | 外戚傳 第67上~外戚傳 第67下 |
| 47 | 元后傳 第68~王莽傳 第69上 |
| 48 | 王莽傳 第69中~王莽傳 第69下 |
| 49 | 敍傳 第70上, 敍傳 第70下 |

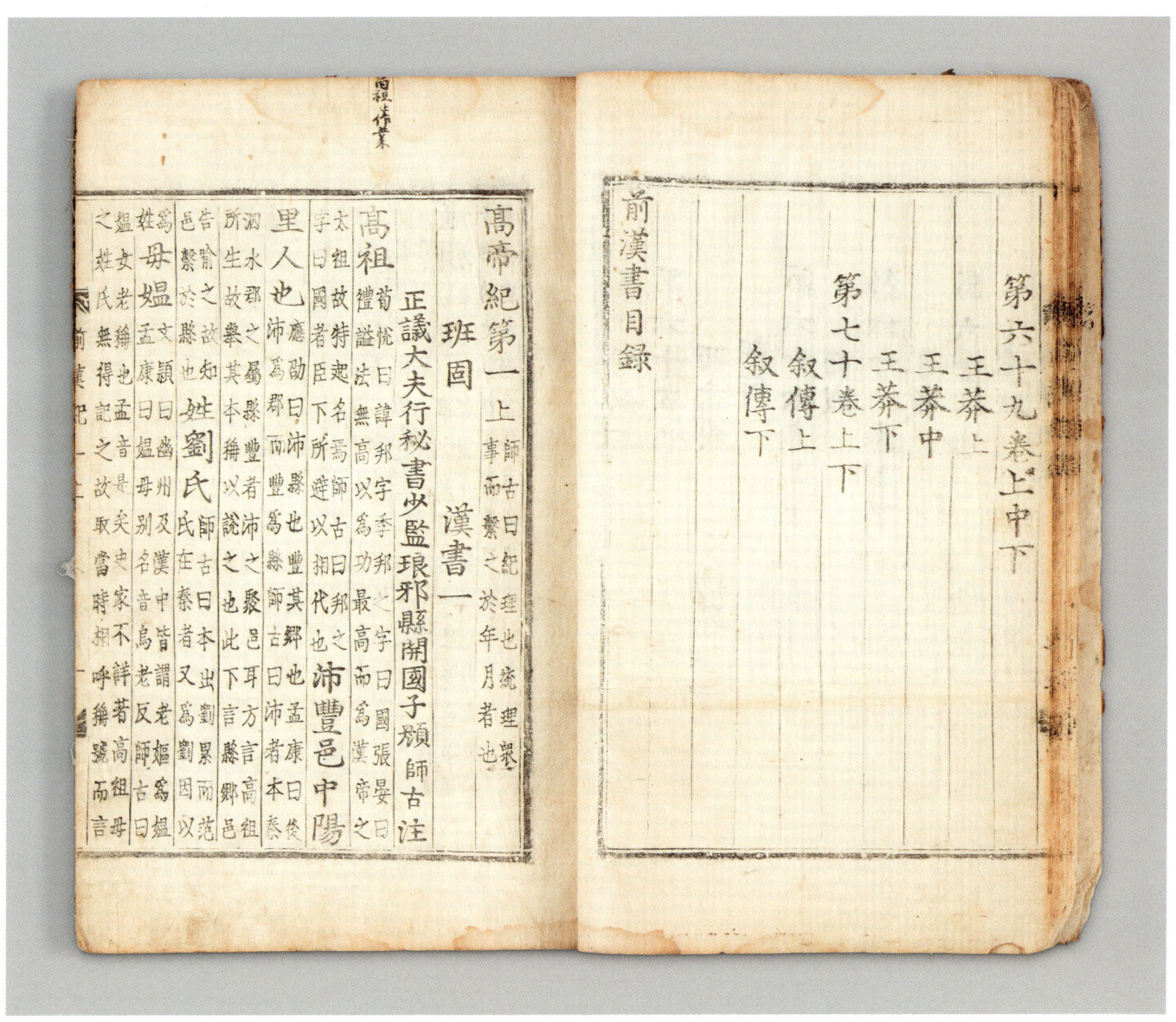

『사기』가 통사라면 『한서』는 한 대代만을 대상으로 하여 서술한 단대사斷代史이다. 『한서』는 훗날 정사正史를 편찬할 때 단대사로 편찬하게 되었는데, 이는 『한서』의 영향이라고 할 수 있다.

조선본 『한서』는 경자자, 초주갑인자 2종이 조선전기에 인출되었고, 조선후기에는 능치륭의 『한서평림』을 저본으로 현종실록자본이 인출된 후 이를 토대로 목판본으로 번각유통되었다. 본서와 같은 초주갑인자본 『한서』는 국립중앙도서관 외에 서울대학교 규장각한국학연구원, 고려대학교 도서관, 연세대학교 학술 정보원, 영남대학교 도서관, 한국학중앙연구원 장서각 송첨가 기탁자료 등에 소장되어 있다. 존경각 소장본은 타기관 소장본에 비해 비교적 결본이 적다. 아울러 이음종이의 사용, 16세기 인물의 장서인 날인, 두주의 필사 등을 통해 인출시기와 유통상황 및 독서경향을 연구하는데 있어서 가치를 지닌다. 김소희

주제어
전한서前漢書, 반고班固, 초주갑인자初鑄甲寅字, 김부의金富儀

후한서
後漢書
Huhanseo

貴 단산 B02CB-0015

| | | | |
|---|---|---|---|
| 서명 | 後漢書 | | 사부 |
| 저자 | 范曄(宋) 撰 | | 史部 |
| 판본 | 金屬活字本(甲寅字混入補字) | | 11 |
| 발행 | [漢城]: [校書館], [中宗─明宗年間]印 | | |
| 형태 | 120卷46冊 : 四周雙邊, 半郭 24.9×16.8 cm, 有界, 10行17字 小字雙行, 上下內向 | | |
| | 三葉花紋魚尾 ; 33.7×21.4 cm | | |
| 주기 | 總冊數: 共四十六(書腦) | | |
| | 印記: 男富儀謹追記, 先相公家藏書, 檜油文庫 | | |
| | 楮紙(이음종이) | | |

송대의 역사가인 범엽范曄(398~445)이 후한대後漢代의 역사를 서술한 기전체紀傳體 정사正史이다. 본서는 보자補字가 많이 섞인 초주갑인자본初鑄甲寅字本으로, 간행 시기는 중종中宗(재위 1506~1544)~명종明宗(재위 1545~1567) 연간으로 추정된다.

본서의 표제는 '후한서기後漢書紀', 권수제는 '후한서後漢書', 판심제는 '후한後漢'이다. 판심제의 경우에는 '후한' 다음에 '기紀, 지志, 전傳' 등 체제와 관련된 사항을 뒤에 부기하였다. 예컨대, '기'의 경우에는 '후한기'로, 지는 '후한지', 전은 '후한전'으로 인출하였다. 표제 하단에는 책차가 일一, 이二, 삼三으로부터 사십육四十六까지 순차적으로 매겨져 있고, 서뇌書腦 하단에는 총책수總冊數가 '공사십육共四十六'으로 필사되어 있다. 판식은 사주쌍변四周雙邊, 유계有界, 10행 17자, 상하내향3엽화문어미이다. 국립중앙도서관 소장 동일본의 경우에는 제1책이 서문과 목차로 구성되어 있는데, 본서에는 해당 부분이 누락되어 있다. 따라서 총목차 등이 실린 제1책은 총책수로 포함하지 않았기에, 46책으로 구성된 본 해제서는 1책이 없는 결본임을 알 수 있다.

표지 우측상단에는 편제篇題가 필사되어 있다. 제1책 권수 하단에만 '남부의근추기男富儀謹追記', '선상공가장서先相公家藏書'의 장서인이 날인되어 있다. 이 장서인은 안동 예안의 광산김씨 읍청정挹淸亭 김부의金富儀가 자신의 서적에 날인했던 장서인의 일종이다. 이 장서인은 부친 김연金緣에게서 물려받은 서적들에 날인되어 있었다는 특징이 있다. 김부의는 형인 후조당後彫堂 김부필金富弼과 함께 퇴계 이황에게 수학했던 인물이다. 이음종이를 사용하여 인출하였다.

光武帝紀第一上

范曄　後漢書一上
唐章懷太子賢註

世祖光武皇帝諱秀字文叔南陽蔡陽人

世祖廟稱也謚法能紹前業曰光克定禍亂曰武禮祖有功而宗有德光武中興故廟稱世祖也

秀之字曰茂南陽郡今鄧州南陽縣也季兄之次故字文叔升次仲故字文叔為

南陽蔡陽人鄧州南陽縣今屬鄧州縣蔡陽故城在今隨州棗陽縣西南故

高祖九世之孫也出自景

長沙郡今潭州出自景帝生按文言出自景帝生長沙定王發放曰拔文言

帝生長沙定王發

發生舂陵節侯買買生

舂陵定王發定王發子字當作子字子字發文意不足蓋此生字當作發發文意不足

買生鬱林太守外

鬱林郡今州鬱林縣前書曰

宗室四王傳陽縣東事具四王傳

光武帝紀第一下　張　王　校正

편찬자인 범엽은 남북조시대南北朝時代 송宋의 관인官人으로 자字는 울종蔚宗이고, 순양順陽ㆍ산음山陰(현재 절강성 소흥현) 출신이다. 경서經書와 사서史書를 비롯하여 문장文章ㆍ예서隸書ㆍ음률音律에 통달했다. 일찍부터 여러 관직을 역임하고 형주별가종사荊州別駕從事까지 이르렀으나 부친의 사망으로 사임했다. 범엽은 자유로운 행동이 많았는데, 424년(景平 2) 팽성태비彭城太妃가 죽었을 때 장례일에 저녁 아우 범광의范廣義의 집에서 술을 마시고 음악을 연주한 사건으로 팽성태수彭成太守로 좌천되었다. 『후한서』를 저술한 것은 이 무렵(432년 경)으로 짐작된다. 범엽은 『동관한기東觀漢紀』를 위주로 하고 『후한서』ㆍ『후한기』 등을 참고하여 「기紀」 10권(『제기帝紀』 9권, 『후비后紀』 1권), 「열전」 80권을 저술했는데, 「지志」가 결여된 채 세상에 전해졌다. 남조 양梁의 유소劉昭가 『후한서』에 주석할 때, 빠져 있던 「지志」를 추가하였다. 이때 서진西晉 사마표司馬彪의 『속한서續漢書』의 내용을 참고한 것으로 알려져 있다. 그러나 이후 사마표의 『속한서』도 「지」를 제외하고는 산일되었고, 유소의 주석본 『후한서』 또한 전해지지 않게 되었다. 후에 북송北宋 진종眞宗 때인 1022년(乾興 1) 손석孫奭 등의 건의로 범엽의 『후한서』에 사마표의 『속한서』 잔본 「율력律曆」, 「천문天文」, 「예의禮儀」, 「제사祭祀」, 「오행五行」, 「군국郡國」, 「백관百官」, 「여복輿服」 등의 8지 30권을 더해 『후한서』로 합각했다. 이 때문에 현행본 『후한서』 120권은 「기」 10권과 「열전」 80권이 범엽 찬ㆍ이현 주, 「지」 30권이 사마표 찬ㆍ유소 주가 되었다.

본서 역시 「제기帝紀」 10권, 「지」 30권, 「열전」 80권의 총120권 46책으로 구성되어 있으며 권수 및 권말에 서발문이 수록되어 있지 않다. 본서와 동일본인 국립중앙도서관 소장 초주갑인자본과 동일한 체제이다. 본기와 열전은 범엽이, 지는 사마표가 편찬하였다는 기록이 권수제 하단마다 인쇄되어 있으며 권말에는 저본 교정자의 관함과 이름이 인쇄되어 있다. 다음은 책별로 수록된 권차와 내용을 정리한 표이다.

| 구성 | 책차 | 권차 | 수록 내용 | 구성 | 책차 | 권차 | 수록 내용 |
|---|---|---|---|---|---|---|---|
| 紀 | 1 | 1 | 武帝 | | 24 | 29~30 | 劉平-班彪 |
| | 2 | 2~4 | 明帝, 章帝, 和帝, 殤帝 | | 25 | 31~33 | 第五倫-何敞 |
| | 3 | 5~6 | 安帝, 順帝, 沖帝, 質帝 | | 26 | 34~36 | 鄧彪-陳寵 |
| | 4 | 7~9 | 桓帝, 靈帝, 獻帝 | | 27 | 37~38 | 班超-徐璆 |
| | 5 | 10上下 | 皇后紀 | | 28 | 39~41 | 王充-橋玄 |
| 志 | 6 | 1~3 | 律曆 上ㆍ中ㆍ下 | | 29 | 42~44 | 崔駰-楊震 |
| | 7 | 4~9 | 禮儀上ㆍ中ㆍ下,祭祀上ㆍ中ㆍ下 | | 30 | 45~47 | 章帝八王-謝弼 |
| | 8 | 10~12 | 天文 上ㆍ中ㆍ下 | | 31 | 48~49 | 虞詡-張衡 |
| | 9 | 13~16 | 五行 1ㆍ2ㆍ3ㆍ4 | | 32 | 50 | 馬融, 蔡邕 |
| | 10 | 17~20 | 五行 5ㆍ6, 郡國 1ㆍ2 | | 33 | 51~53 | 左雄-杜喬 |
| | 11 | 21~23 | 郡國 3-5 | | 34 | 54~56 | 吳祐-王允 |
| | 12 | 24~27 | 百官 1-4 | 傳 | 35 | 57~59 | 劉淑-何進 |
| | 13 | 28~30 | 百官 5, 輿服 上ㆍ下 | | 36 | 60~61 | 鄭泰-朱儁 |
| 傳 | 14 | 1~3 | 劉玄劉盆子列傳-公孫述 | | 37 | 62~64上 | 董卓-袁紹 |
| | 15 | 4~6 | 宗室四王三侯-寇恂 | | 38 | 64下~66 | 袁譚-董恢 |
| | 16 | 7~8 | 馮異-臧宮 | | 39 | 67~68 | 酷吏列傳, 宦者列傳 |
| | 17 | 9~12 | 耿弇-馬武 | | 40 | 69上下 | 儒林列傳 |
| | 18 | 13~14 | 竇融-馬援 | | 41 | 70上下 | 文苑列傳 |
| | 19 | 15~17 | 卓茂-趙典 | | 42 | 71~72上 | 獨行列傳 |
| | 20 | 18~19 | 桓譚-郅惲 | | 43 | 72下~74 | 方術列傳, 逸民列傳, 列女傳 |
| | 21 | 20~21 | 蘇竟-陸康 | | 44 | 75~76 | 東夷列傳, 南蠻西南夷列傳 |
| | 22 | 22~25 | 樊宏-鄭玄 | | 45 | 77~78 | 西羌傳, 西域傳 |
| | 23 | 26~28 | 鄭興-楊琁 | | 46 | 79~80 | 南匈奴列傳,烏桓列傳,鮮卑列傳 |

본서의 구성상 특징은 『한서』에서는 「외척전外戚傳」에 해당하는 황후皇后를 「기」에 편입하였다는 점, 열전에 당고黨錮·환자宦者·문원文苑·독행獨行·방술方術·일민逸民·열녀列女 등의 분야를 새롭게 추가했다는 점이다. 이 「전」에서는 당시 유형화된 인물상으로부터 후한 사회의 일단을 관찰할 수 있다. 또한 「지」에는 「여복지」와 「백관지」가 추가되어 당시에 사용되던 수레와 복식, 백관에 대한 기록이 상세하게 기록되어 있다.

범엽의 『후한서』는 진수陳壽의 『삼국지』보다 늦게 성립되었고 그의 서술은 사료에 충실하지는 않았다. 또한 자신의 논론과 찬찬을 덧붙였으므로 『사기』·『한서』보다는 낮은 평가를 받는다. 그러나 후한말의 역사나 「동이전東夷傳」 등은 내용이 매우 풍부하므로 그 사료적 가치는 여전히 높다.

본서와 같은 초주갑인자본 『후한서』는 국립중앙도서관, 성암고서박물관에 소장되어 있다. 국립중앙도서관 소장본에는 서문과 목차가 남아있다. 존경각 소장본은 국립중앙도서관본에 이어 비교적 결본이 적은 편이며, 인출시기 및 유통상황을 알 수 있는 16세기 인물의 장서인이 날인되어 있어 희소한 가치를 지닌다. 김소희

주제어
후한서後漢書, 범엽范曄, 초주갑인자初鑄甲寅字, 김부의金富儀

| | |
|---|---|
| 서명 | 晉書 |
| 저자 | [房玄齡(唐) 奉勅纂] |
| 판본 | 金屬活字本(甲寅字混入補字) |
| 발행 | [漢城]: [校書館], [中宗-明宗年間]印 |
| 형태 | 2卷1册(缺帙): 四周雙邊, 半郭 25.0×17.1 cm, 有界, 10行17字, 上下內向三葉花紋魚尾: 32.3×20.9 cm |
| 주기 | 所藏: 卷82-83<br>印記: 周氏世鵬, 商山<br>楮紙(이음종이) |

서진西晉부터 동진東晉과 오호십육국五胡十六國의 역사를 수록한 기전체紀傳體 역사서로 중국 24정사 正史 가운데 하나이다. 본서는 보자補字가 섞인 초주 갑인자본初鑄甲寅字本으로, 간행시기는 중종中宗(재위 1506~1544)~명종明宗(재위 1545~1567) 연간으로 추정 된다.

본서의 표제 및 권수제는 '진서晉書'이며, 판심제는 '진晉'이다. 표제 하단에는 '八十二之八十三'으로 권차가 매겨져 있고, 우측 상단에는 편차篇次가 필사되어 있다. 판식은 사주쌍변四周雙邊, 유계有界, 10행 17자, 상하내향3엽화문어미이다. 권수 하단에 주문朱文 정방형의 '주씨세붕周氏世鵬'과 백문白文 정방형의 '상산商山'이 날인되어 있어, 백운동서원의 설립을 추진한 주세붕周世鵬의 장서였음을 알 수 있다.

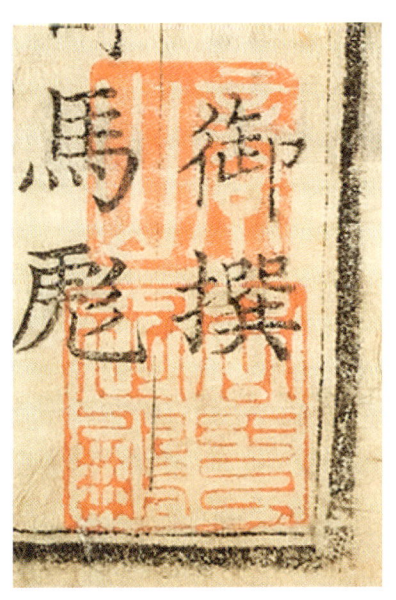

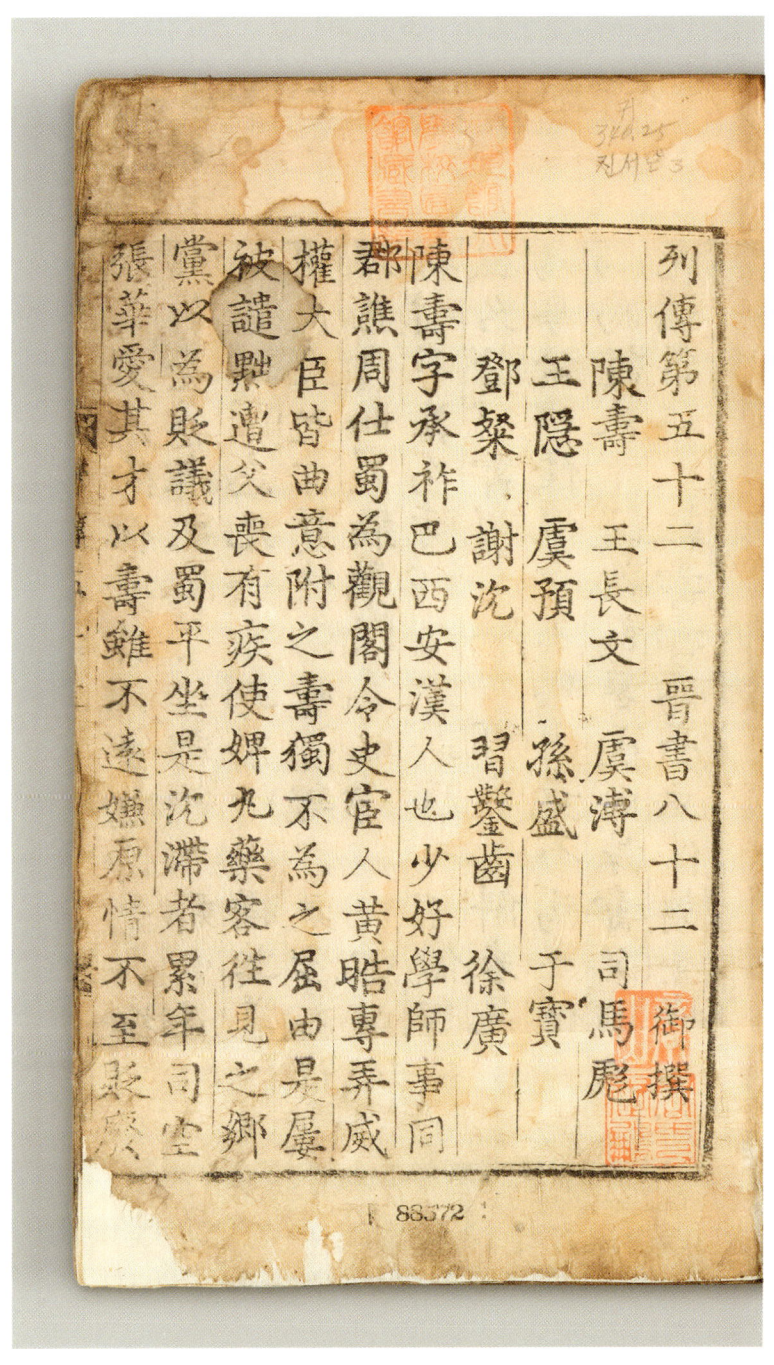

진대晉代부터 남북조南北朝시대까지 진晉의 역사를 수록한 사서史書는 당唐 태종太宗의 『수진서조修晉書詔』에 의하면 모두 18종류가 있었다. 그러나 이 가운데 장영서臧榮緖의 『진서晉書』만이 서진西晉·동진東晉을 모두 포괄하면서 기紀·록錄·지志·전傳 등으로 구성하고 있다. 당대唐代 편찬한 『진서』는 바로 장영서의 『진서』를 위주로 하면서 그 외의 『진서晉書』들과 『십육국춘추十六國春秋』·『어림語林』·『세설신어世說新語』·『수신기搜神紀』 등의 사료 및 잡서雜書 등을 참고하여 저술되었다. 당 태종은 646년(貞觀 20)에 조서詔書를 내려 『진서』의 편찬을 명했고, 방현령房玄齡·저수량褚遂良·허경종許敬宗 등이 감수監修, 령호덕분令狐德棻·경파敬播·이연수李延壽·이순풍李淳風·상관上官 의儀 등 20여 명이 『진서晉書』의 편찬에 참여하여 648년(貞觀 22)에 완성했다. 그리고 『진서』 가운데 「선제기宣帝紀」, 「무제기武帝紀」, 「육기전陸機傳」, 「왕희지전王羲之傳」 등은 태종太宗이 편찬한 것이라 전해진다.

『진서』는 265년(泰始 1) 서진의 무제武帝부터 420년(元熙 2) 동진의 공제恭帝까지 156년의 역사를 수록하고 있으며, 「제기帝紀」 10권, 「지志」 20권, 「열전列傳」70권, 「재기載記」 30권으로 구성되어 있다. 본서는 그중 권82~83에 해당하는 「열전」 52~53에 해당하는 부분이다. 「제기」 10권은 서진 4제帝, 동진 11제帝를 수록하고 있으며, 『삼국지三國志』의 예에 따라 제위에 오르지 못한 사마의司馬懿·사마사司馬師·사마소司馬昭 등도

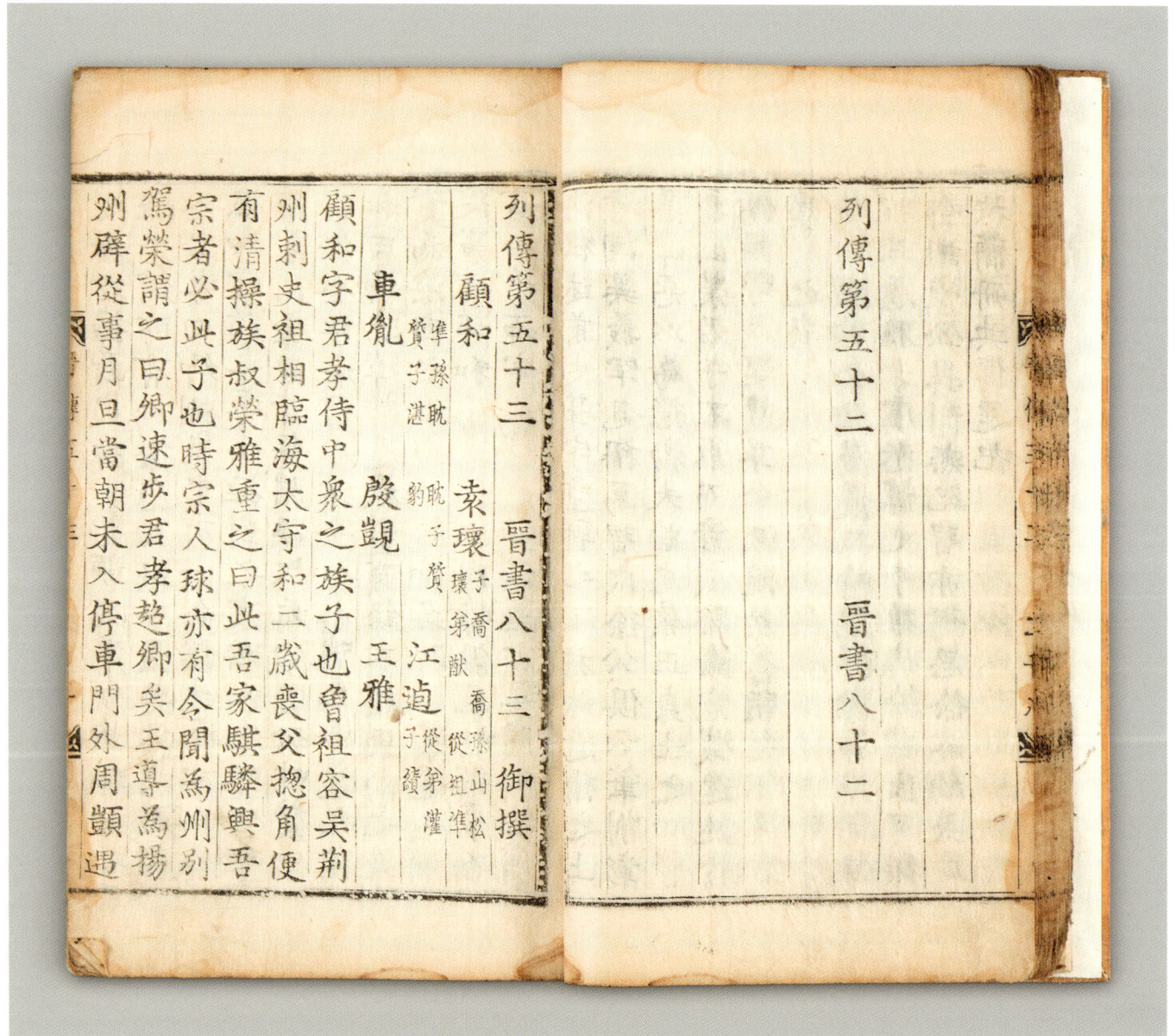

「제기」에 포함시켰다.「지」20권은 지리地理·역률曆律·예禮·악樂·직관職官·여복輿服·식화食貨·오행五行·형법刑法 등으로 장영서藏榮緒의 『진서』와 심약沈約의 『송서宋書』 등 많은 사료를 참고하였다. 또한「식화지食貨志」는 그 내용이 후한後漢·삼국시대三國時代부터 서진과 동진을 포함하고 있으며,「지」가 없는 『후한서』와 『삼국지』의 결함을 보완하고 있다. 그리고「천문지天文志」·「율력지曆律志」는 천문학자인 이순풍李淳風의 저작으로 여러「지志」가운데 비교적 완전한 것이라는 평가를 받고 있다.「열전」70권은「제기」와 관련 있는 인물들의 전기 50권 이외에 후비后妃·종실宗室·효우孝友·충의忠義·양리良吏·유림儒林·문원文苑·외척外戚·은일隱逸·예술藝術·열녀烈女·사이四夷·판역叛逆 등으로 구분하여 772명의 인물들을 수록하고 있다.「열전」은 『진서』가운데 비교적 완벽하다는 평가를 받는 부분으로 당시 문벌귀족의 세력이 강성했던 영향을 받아 조손祖孫·부자父子나, 많은 경우에는 10명까지의 인물을 한 개의 전傳에 수록한 것이 가장 큰 특징이라 할 수 있다. 또한「왕침전王沈傳」에 수록된 석시론釋詩論,「노포전魯褒傳」의 전신론錢神論 등은 당시의 사치풍조를 말해 주고 있다.「재기」30권은 서진 말 북방에서 들어온 오호십육국五胡十六國들의 행적을 기록한 것으로 이전 사서의「본기本紀」와「세가世家」의 관계라 할 수 있다. 그러나 사실상 그 내용은 서진에 복속했던 전량前涼·서량西涼을 제외한 십사국十四國에 대한 것들로 남송南宋 때에 산일된 북위北魏 최홍崔鴻의 『십육국춘추十六國春秋』가 대부분의 내용을 차지하고 있어 십육국十六國의 역사를 연구하는데 중요한 사료이다. 『진서』는 이전까지 개인에 의해 이루어졌던 사서 저술이 대규모 관변사학官邊史學으로 변화해 가는 것을 보여주는 상징적인 자료로서 사료의 인용방법과 그 체례體例가 후세에 계승되어 24정사正史 중에서도 비교적 완벽한 것이라는 평가를 받는다. 그러나 여러 사람이 편찬에 참여한 관찬 사서라는 점 때문에 기휘忌諱가 많고,「제기」와「열전」의 내용이 서로 모순되며, 인용된 사료의 범위가 그다지 넓지 않다는 단점도 있다.

초주갑인자본 『진서』는 서울대학교 규장각한국학연구원, 성암고서박물관, 계명대학교 도서관 등에 일부만 전해지고 있다. 본서는 특히 한국 서원 연구의 시초인 백운동서원을 설립한 주세붕의 장서인이 남아있어, 한국인쇄사와 장서사 분야에서 의미가 있는 서적이다. 김소희

주제어
진서晉書, 초주갑인자初鑄甲寅字, 주세붕周世鵬

| 서명 | 東國史略 | 사부 |
| --- | --- | --- |
| 저자 | [朴祥(朝鮮)] 編 | 史部 |
| 판본 | 木版本 | 13 |
| 발행 | [朝鮮]: [刊寫者未詳], [壬亂以前]刊 | |
| 형태 | 3卷1册(全6卷2册) : 四周單邊, 半郭 20.5 × 14.8 cm, 有界, 12行19字 小字雙行, | |
| | 上下黑口, 上下內向黑魚尾 ; 28.3 × 17.5 cm | |
| 주기 | 卷首題: 東國史畧(卷1), 東國史略(卷2-3) | |
| | 編者推定: 金烋 編『海東文獻總錄』에 의함 | |
| | 板式: 一葉·三葉花紋魚尾 混入 | |
| | 破損: 卷3 第19張~22張 一部 | |

단군조선에서 고려 말까지의 역사를 기록한 6권 2책의
편년체 역사서이다. 중종中宗(재위 1506~1544) 때 눌재訥齋
박상朴祥(1474~1530)이 편찬한 것으로 추정된다. 본서는
그중 제1책(권1~3)에 해당하는 결질본이다.

표지는 현대에 개장되었고, 제첨題籤에 필사되어 있는
표제는 '동국사략東國史略'이다. 권1의 권수제만 '동국
사략東國史畧'으로 이체자가 사용되었고, 권1~3의 권미제
卷尾題 및 권2~3의 권수제는 모두 '동국사략東國史略'이다.
판식은 사주단변四周單邊, 유계有界, 12행 19자, 상하흑구
上下黑口, 상하내향3엽화문어미이다. 편년체로 각 왕대
별로 행을 바꿨고, 내용이 바뀔 때 권점圈點(○)으로 구분
하였다. 삼국의 국명과 왕명은 음각陰刻하여 명시성을
높였다. 본문의 '마한馬韓'·'진한辰韓'·'변한弁韓'에는
음각이 되어 있지 않아 원형으로 표시하고 서미에 다시
필사하기도 했다.
책지册紙는 다른 고문서를 재활용하여 전체적으로 배접
하였다. 서미書眉에는 편목篇目이나 주요 인물명, 인물의
사망이나 사건 등의 요어要語를 묵서하여 열람과 탐색에
도움을 주고 있다. 제1장 및 책말에는 낙장 및 결손이
있다.
현전하고 있는 박상의 『동국사략』은 금속활자인 갑진자로
간행된 것이 가장 이른 시기의 인본이다. 국립중앙
도서관 일산문고에 소장되어 있는 『동국사략』(일산貴
211-19)이 갑진자본으로, 명종(재위 1545~1567)·선조
연간(재위 1567~1608)에 인출하였을 것으로 추정된다.
갑진자본『동국사략』의 행자수가 본 목판본과 동일하고
판식이 흡사한 것으로 미루어 보아 본 목판본이 갑진자본을
저본으로 하여 간행되었음을 짐작할 수 있다. 『동국
사략』은 이후 조선 후기에 운각인서체자로도 인출
되었다.

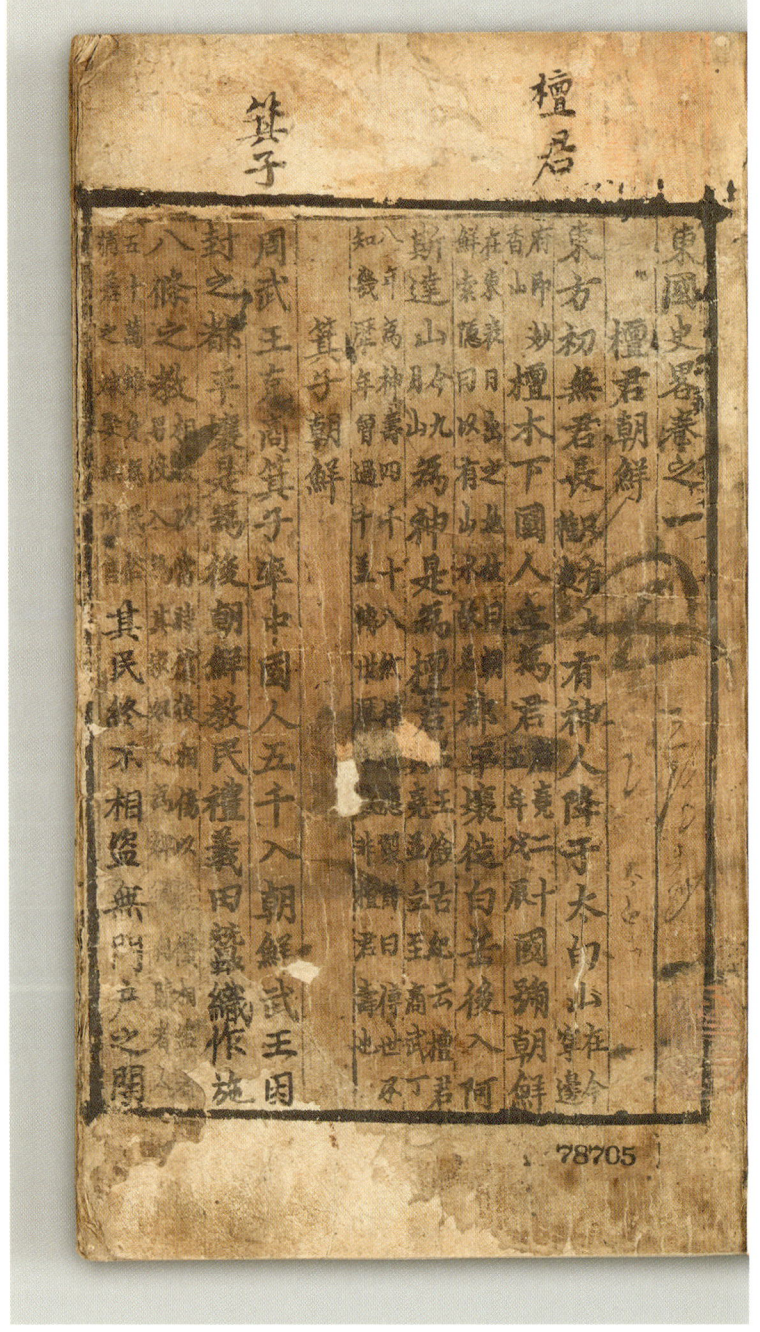

본서에는 박상이 편찬했다는 내용은 드러나 있지 않다. 『태종실록』 3년(1403) 8월 30일 기록에 '좌정승左政丞 하륜 등이 새로 편수한 『동국사략』을 바쳤는데, 하륜이 참찬 권근·지의정 이첨과 함께 편수하였다.[左政丞河崙等 進新修『東國史略』崙與參贊權近·知議政李詹修之]'는 기록이 있다. 또한 조선총독부의 『조선도서해제朝鮮圖書解題』에도 권근이 편찬하였다는 기록이 있어서 그간 이 책의 찬자가 권근으로 잘못 알려져 있었다. 『동국사략』이라는 제명을 가진 책은 하륜과 권근이 편찬한 것 외에도 이우李堣, 박상, 민제인閔齊仁의 저술이 있다. 유희령柳希齡이 『동국사략』에 음주音註를 달아 편찬한 『표제음주동국사략標題音註東國史略』과, 1906년(광무10)에 현채玄采가 지은 『동국사략』도 있다.

이 책의 편자가 박상임을 알 수 있는 기록은 임보신任輔臣의 『병진정사록丙辰丁巳錄』에서 찾을 수 있다. 박상이 『동국사략』을 편찬할 때 목은牧隱 이색李穡의 시를 인용했다고 되어 있다. 또한 김휴金烋의 『해동문헌총록海東文獻總錄』에서는 『동국사략』의 종류를 크게 네 가지로 나누었는데, 그중 본서의 내용과 일치하는 책의 찬자를 박상으로 기록하고 있다.

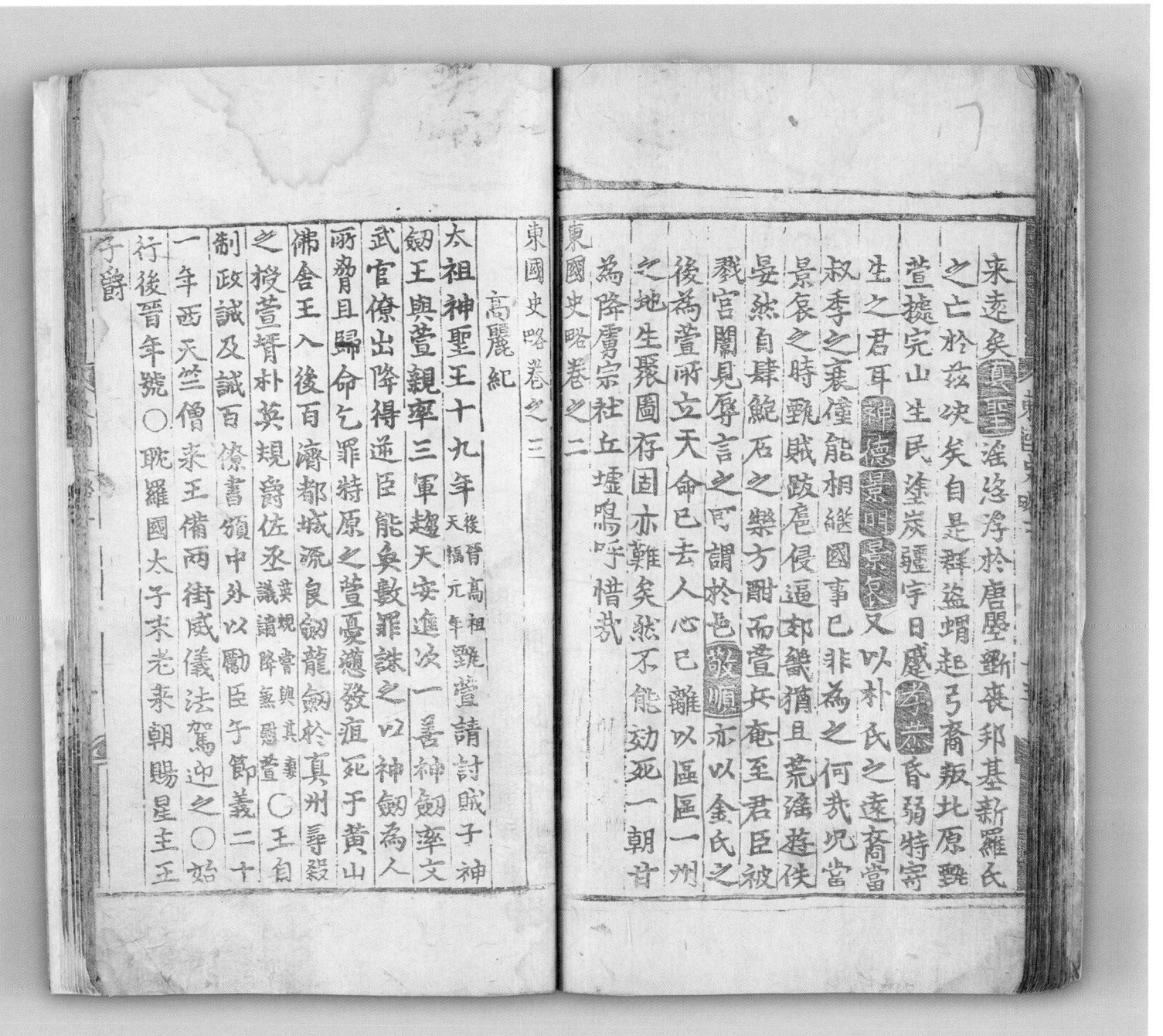

편찬자인 박상의 본관은 충주忠州, 자는 창세昶世, 호는 눌재訥齋이다. 1501년(연산군 1) 식년문과式年文科에 을과乙科로 급제한 이후 본격적으로 환로宦路에 나아갔다. 사림파士林派의 일원으로, 그 역사적 견해를 본서에 직접 드러내지는 않아 객관성을 유지하고자 하였다. 그러나 다른 역사서에서 발췌·수록한 논평은 사림의 의견을 대변하고 관변적 시각을 배제한 것이었다.

다음은 본서의 내용을 정리한 표이다. 제1책의 내용은 본서를 참고하였고, 결질인 제2책의 내용은 국립중앙도서관 소장 동일 판본(한貴古朝50-142)의 내용을 참고하였다.

| 책차 | 권차 | | 내용 |
|---|---|---|---|
| 제1책 | 권1 | | 檀君朝鮮, 箕子朝鮮, 衛滿朝鮮, 四郡, 二府, 三韓, 三國 |
| | 권2 | 新羅紀 | 文武王~敬順王 |
| | 권3 | | 太祖~仁宗 |
| 제2책(缺) | 권4 | 高麗紀 | 毅宗~元宗 |
| | 권5 | | 忠烈王~忠定王 |
| | 권6 | | 恭愍王~高麗 滅亡 |

권1에서는 단군조선檀君朝鮮, 기자조선箕子朝鮮, 위만조선衛滿朝鮮, 사군四郡, 이부二府, 삼한三韓의 역사를 서술하고 있다. 『동국통감東國通鑑』에서는 외기外紀로 다룬 역사를 본기로 편입시켰다는 점이 특징적이다. 그 뒤에 삼국三國 고구려, 백제, 신라의 역사를 개략적으로 서술하였다. 권1의 말미에 수록된 「역년도歷年圖」에서는 각국 왕의 치적을 수록하고, 『동국통감』에 수록된 사가史家의 논평을 간략하게 보충하고 있다. 중심 내용은 왕조와 인물에 대한 것으로, 유학자의 관점에서 인물을 평가하고 있다. 특히 국가와 관원의 시각에 치우친 논평을 주로 채택한 『동국통감』 등의 관찬사서와 달리 사림의 입장에서 채택한 논평이 주종을 이룬다.
권2에서는 신라기新羅紀라 하여 문무왕부터 다룬 것으로 되어 있으나 실제적으로는 문무왕 9년 이후 신라 말까지의 역사만을 기록하고 있다. 권3에서부터 권6까지는 고려기高麗紀로, 고려 태조 19년부터 공양왕까지의 역사를 수록하였다.

본서는 16세기 사림士林 중 한 사람인 박상의 역사 인식 태도를 잘 보여주는 책이다. 또한 15세기의 관찬사서官撰史書에서 17세기 이후의 강목체 사찬사서私撰史書로 편찬 형태가 변화하는 과도기적 특징이 드러난다는 점에서 의미가 있다. 이혜정

주제어
동국사략東國史略, 눌재訥齋 박상朴祥, 해동문헌총록海東文獻總錄

참고문헌
김두종, 『한국고인쇄기술사』, 탐구당, 2021.
金烋, 『海東文獻總錄』, 학문각, 1969.
鄭求福, 「16-17세기의 私撰史書에 대하여」, 『전북사학』1, 1977.

동국통감
東國通鑑
Dongguk tonggam

貴 우송 B03B-0013b

서명　東國通鑑
저자　徐居正(朝鮮) 等撰
판본　金屬活字本(甲辰字)
발행　[漢城]: [史局], [成宗15(1484)]印
형태　37卷 11册(全56卷)：四周單邊, 半郭 20.8×14.5 cm, 有界, 12行19字 小字雙行,
　　　小黑口, 上下內向黑魚尾；26.4×17.5 cm
주기　發行事項 推定:『成宗實錄』15년(1484) 11월 13일 '達城君徐居正等 撰東國通鑑以進'
　　　및『中宗實錄』37년(1542) 7월 27일 '近世徐居正 摠裁史局 撰東國通鑑 至爲該博
　　　鑄字印頒 亦罕於世'
　　　所藏: 卷12-24, 29-52
　　　印記: 金瑹伯溫, 聞韶世家
　　　楮紙(이음종이)

1458년(세조 4) 서거정徐居正(1420~1488) 등이 왕명으로 고대부터 고려시대까지의 역사를 편년체로 편찬한 책으로, 1484년(성종 15)에 완성되었다. 본서는 갑진자본甲辰字本으로, 제1~3책, 제8책, 제16책이 결락되어 있다.

표제와 권수제는 '동국통감東國通鑑', 판심제는 '동감東鑑'이다. 황색 표지에 오침안정법五針眼訂法으로 장황粧䌙하였으며, 표지 우측 상단에는 각 책 수록 시대 및 왕명이 묵서되어 있다. 그러나 대부분이 표지가 해져 있으며 일부 개장된 경우도 있다. 매 책수册首 우측 하단과 면지에 걸쳐 관인으로 추정되는 정방형 주인朱印이 있고, 그 위에 원방형圓方形 묵인墨印과 정방형 묵인이 겹쳐 날인되어 있다. 정방형 묵인은 본관이 의성義城인 김율金瑹의 것으로, 인문은 '김율백온金瑹伯溫'·'문소세기聞韶世家'이다. 또한 매 책 첫머리 혹은 말미에 '주김율主金瑹'이라는 묵서가 있으며, '광평 채씨에게 빌려옴[借覽廣平蔡(手決)]'이라는 묵서가 앞표지 혹은 뒷표지에 보이는 경우도 있는데, 제13책에는 그 옆에 '이름은 승선, 자는 문달이다. 가정 갑오년(1534)에 생원이 되었다[名承先字文達 嘉靖甲午榜生員]'라고 적혀 있다.

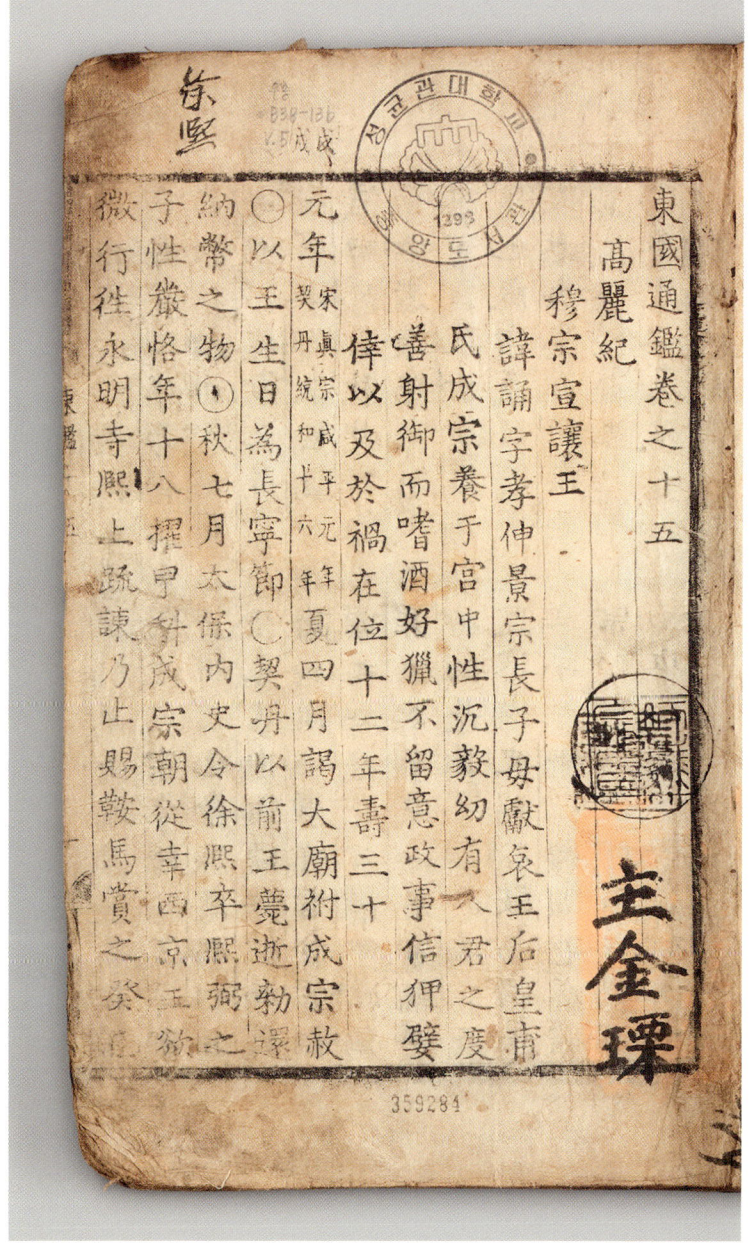

1458년 세조는 우리나라에 편년체 통사通史가 없다는 점을 들어, 최항崔恒, 양성지梁誠之 등에게 『자치통감資治通鑑』과 같은 역사서 편찬을 명하였다. 그러나 1467년(세조 13) 이시애의 난과 세조의 사망으로 중단되었다가, 1483년(성종 13) 서거정이 건의하고 성종이 허락하면서 이듬해 1484년(성종 14)에 완성되었다.

서거정의 자는 강중剛中, 호는 사가정四佳亭, 본관은 달성이다. 1438년(세종 20) 생원진사시에 합격하였고, 1444년 (세종 26)에 식년문과에 급제하였다. 이후 사재감직장司宰監直長 · 집현전박사 · 부교리 등을 역임하였고 1452년(문종 2) 에는 수양대군과 함께 종사관으로 명나라 사행을 수행했다. 1457년(세조 3) 문과중시에 급제한 후 공조참의 · 예문관 제학 · 한성부판윤 · 병조판서 등을 역임하였다. 1471년(성종 2)에는 순성명량좌리공신純誠明亮佐理功臣 3등에 녹훈되어 달성군達城君에 봉해졌다. 그는 15세기 관학을 이끌었던 학자로, 관직을 지내는 동안, 『동국통감』뿐만 아니라 『경국 대전』 · 『동국여지승람』 · 『동문선』 · 『연주시격언해』 등 법률 · 역사 · 지리 · 문학 등 나라의 제도와 문물의 기반이 되는 여러 분야의 서적을 편찬하는 데 기여하였다. 개인 문집으로는 『사가집四佳集』이 있고, 그 외의 저술로 『필원잡기 筆苑雜記』 · 『동인시화東人詩話』 · 『태평한화골계전太平閑話滑稽傳』 등이 있다.

『동국통감』은 편찬되고 난 뒤 갑진자로 처음 간행되었다. 이후 16세기에는 갑인자본과 그 번각본, 조선 후기에는 무신자본 등으로도 간행되었다. 갑진자본은 존경각 외에도 국립중앙도서관, 계명대학교, 충남대학교, 일본 손케이 카쿠문고[尊經閣文庫] 등에 소장되어 있으나, 완질본은 손케이가쿠문고본 정도로, 현전본 중 완질본은 많지 않다.

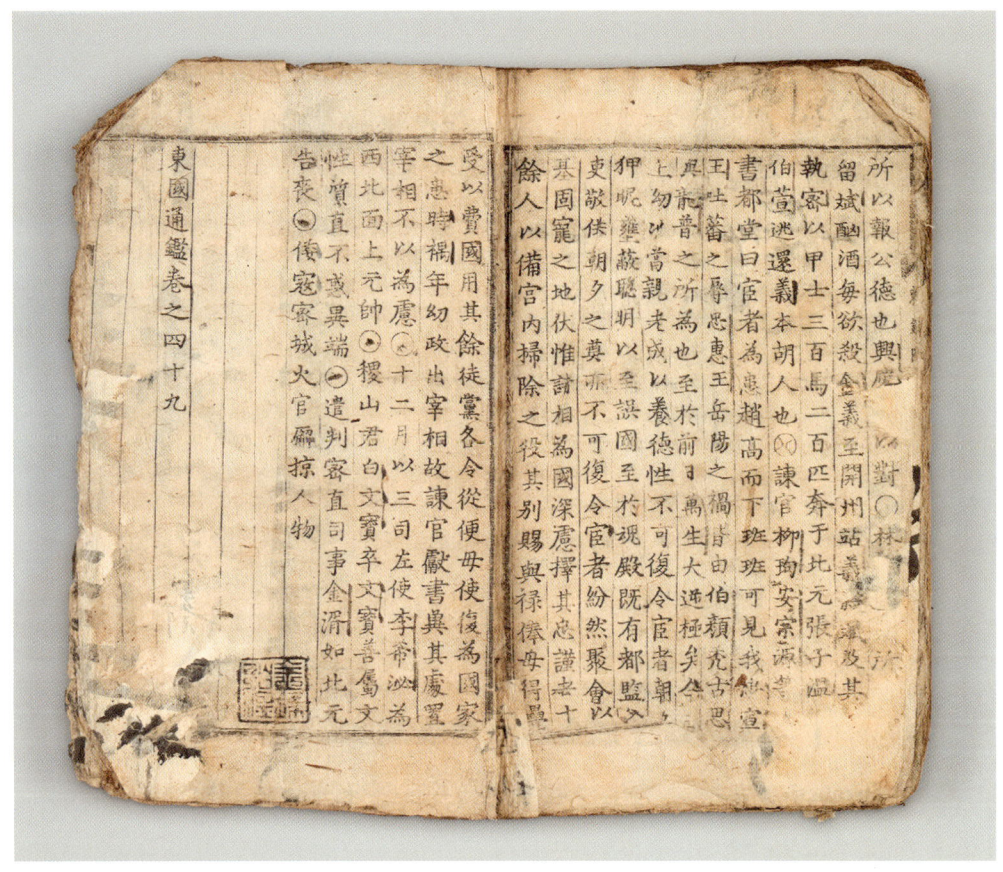

본서는 제1~3책(권1~11), 제8책(권25~28), 제16책(권53~56)의 내용이 결락되어 있다. 갑진자본 이후에 간행된 무신 자본 등 『동국통감』 완질본이 있어 그 전체적인 내용을 살펴볼 수 있다. 고조선부터 고려시대까지의 역사가 「외기外紀」 및 56권에 걸쳐 수록되어 있다. 다만, 단군조선檀君朝鮮 · 기자조선箕子朝鮮 · 위만조선衛滿朝鮮 · 사군四郡 · 이부二府 · 삼한三韓은 권1 앞에 「외기」로 묶어 약술하였다. 이 부분은 본서에는 결락된 제1책에 수록되어 있는데, 제1책 에는 이외에도 서거정의 「진동국통감전進東國通鑑箋」, 이극돈李克墩의 「동국통감서東國通鑑序」 · 「동국통감범례東國通 鑑凡例」 · 「신라세계전수지도新羅世系傳授之圖」 · 「고구려세계전수도高句麗世系傳授圖」 · 「백제세계전수도百濟世系傳授圖」 · 「고려세계전수도高麗世系傳授圖」 · 「동국통감목록東國通鑑目錄」이 있다. 『동국통감』 전체의 수록 내용은 다음과 같다.

| 수록 역사 | 권차 | 내용 | 수록 역사 | 권차 | 내용 |
|---|---|---|---|---|---|
| 三國紀 | 1 | 신라(朴赫居世~儒理王) | 新羅紀 (신라 문무왕9 ~고려 태조18) | 9 | 文武王~神文王 |
| | | 고구려(東明聖王~大武神王) | | 10 | 孝昭王~憲德王 |
| | | 백제(溫祚王~多婁王) | | 11 | 興德王~神德王 |
| | 2 | 신라(儒理~阿達羅王) | | 12 | 景明王~敬順王 |
| | | 고구려(大武神王~新大王) | 高麗紀 | 13 | 太祖~景宗 |
| | | 백제(多婁王~肖古王) | | 14 | 成宗 |
| | 3 | 신라(伐休王~訖解王) | | 15 | 穆宗~顯宗 |
| | | 고구려(故國川王~故國原王) | | 16 | 顯宗~靖宗 |
| | | 백제(肖古王~比流王) | | 17 | 文宗~順宗 |
| | 4 | 신라(訖解王~炤智王) | | 18 | 宣宗~肅宗 |
| | | 고구려(故國原王~長壽王) | | 19 | 肅宗~睿宗 |
| | | 백제(契王~東成王) | | 20 | 睿宗 |
| | 5 | 신라(炤智王~眞平王) | | 21~23 | 仁宗 |
| | | 고구려(文咨王~嬰陽王) | | 24~25 | 毅宗 |
| | | 백제(東城王~武王) | | 26~28 | 明宗 |
| | 6 | 신라(眞平王~善德女王) | | 29 | 神宗~康宗 |
| | | 고구려(嬰陽王~寶藏王) | | 30~32 | 高宗 |
| | | 백제(武王~義慈王) | | 34~36 | 元宗 |
| | 7 | 신라(善德女王~太宗王) | | 37~41 | 忠烈王 |
| | | 고구려(寶藏王) | | 42 | 忠宣王~忠肅王 |
| | | 백제(義慈王) | | 43 | 忠肅王 |
| | 8 | 신라(太宗王~文武王) | | 44 | 忠惠王~忠惠王復位 |
| | | 고구려(寶藏王) | | 45 | 忠惠王~忠定王 |
| | | | | 46~49 | 恭愍王 |
| | | | | 50~53 | 辛禑 |
| | | | | 54~56 | 恭讓王 |

권1~12는 삼국시대, 권13~56은 고려시대에 대해 다루고 있다. 새로운 왕이 즉위하면 왕명 다음 행에 해당 왕에 대해 간략히 설명한 후, 원년부터 연대순으로 기사가 나열되어 있다. 해가 바뀔 때마다 행을 바꿨으며, 연차 밑에는 소자小字로 해당 연도의 중국 국가의 연호가 제시되어 있다. 또한 서미書眉에는 활자로 해당 간지, 서이書耳에는 해당 본문의 국호와 왕명이 인쇄되어 있다.

본서는 조선에서 처음 편찬된 편년체 통사이다. 단군조선부터 삼한까지의 내용이 이전에 간행된 역사서에 비해 보완되어 있고, 해당 시기의 역사를 한반도 주류로 인식하고 있다는 점에서 의미를 지닌다. 다만, 동이족보다 중국과의 관련성에 대한 비중이 높고, 전설이나 신화적 내용이 거의 다 삭제되었다는 점에서 15세기 훈구파의 유교적 관점 역사관도 보여준다. 또한 장서인과 묵서 등으로 소장자는 물론, 빌린 시기와 인물에 대한 기록도 남아 있어 본서의 내력에 대해 알 수 있나. 17세기 일본에서도 간행되어있기에 출판문화사적으로도 귀중한 자료이다. 이유리

주제어
동국통감東國通鑑, 동감東鑑, 서거정徐居正

참고문헌
白承鎬, 「朝鮮時代における『東国通鑑』の刊行と享受」, 『アジア遊学198:海を渡る史書-東アジアの「通鑑」-』, 勉誠出版, 2016.
李裕利, 「朝鮮本『東国通鑑』の日本での流伝及び刊行」, 『アジア遊学198:海を渡る史書-東アジアの「通鑑」-』, 勉誠出版, 2016.

| | |
|---|---|
| 서명 | 新增資治宋元通鑑節要 |
| 저자 | 劉氏永德堂(明) 校刊 |
| 판본 | 木活字本 |
| 발행 | [朝鮮]: [刊寫者未詳], [16世紀]印 |
| 형태 | 19卷11冊(缺帙): 四周單邊, 半郭 26.1 × 17.5 cm, 有界, 10行20字 小字雙行, 小黑口, 上下內向二葉花紋魚尾; 34.7 × 22.5 cm |
| 주기 | 版心題: 宋元通鑑, 表題: 宋鑑 |
| | 所藏: 卷4~10, 13~14, 17~19, 22~23, 26~30(11冊) |
| | 板式: 內向一葉・三葉花紋魚尾・黑魚尾 混入, 書耳(歷朝名), 頭註(活印) |
| | 藏書記: 後彫堂弟(卷8 末尾) |
| | 印記: 檀汕文庫(卷27 末尾) |
| | 楮紙 |

사부

史部

15

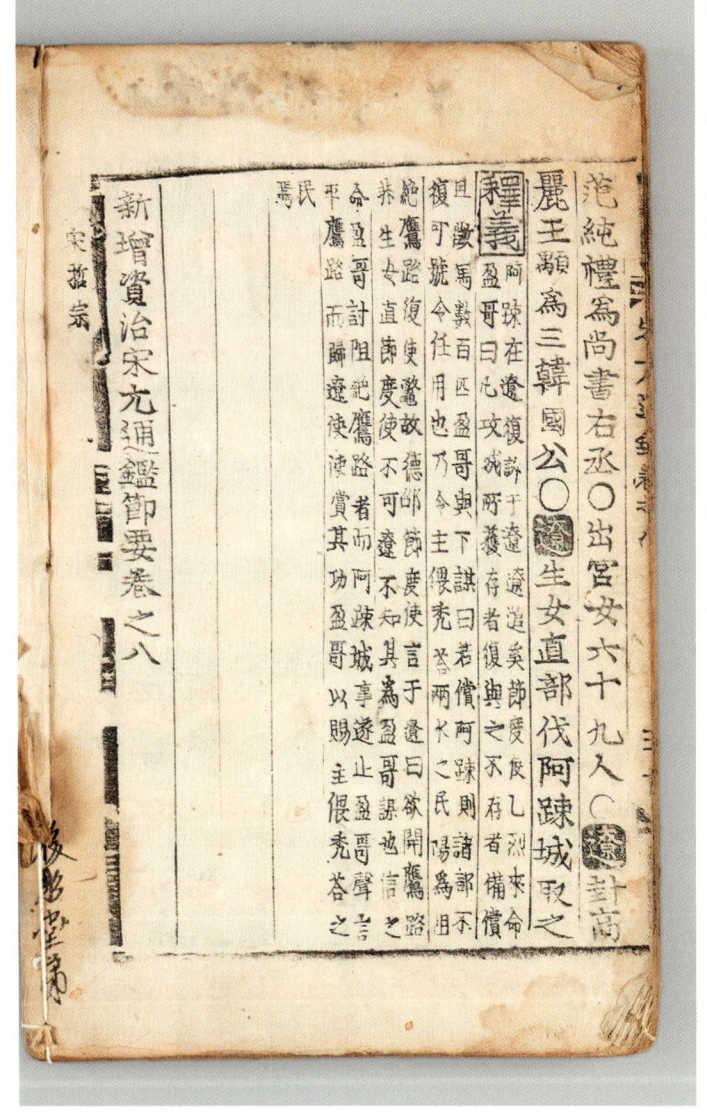
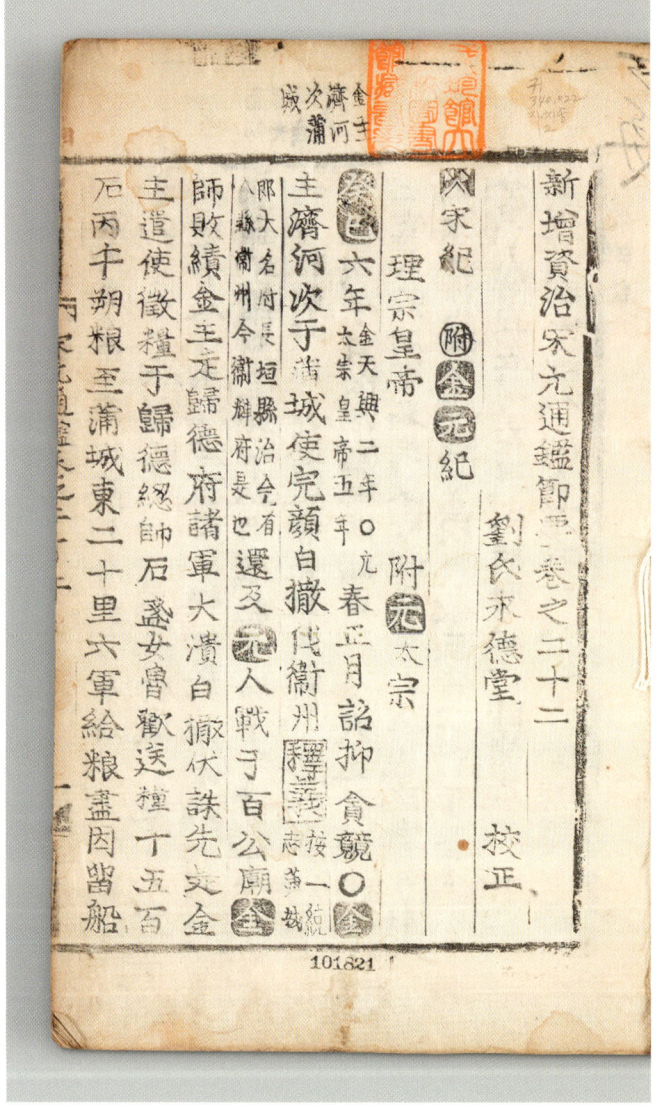

명나라 초기의 출판업자 유염劉剡(?~?)이 편찬한 편년체編年體 송·원 역사서 『증수부주자치통감절요속편增修附註資治通鑑節要續編』의 증보판이다. 본서는 유씨劉氏 영덕당永德堂에서 교정 간행한 책을 저본으로 하여 16세기 조선에서 간행한 목활자본이다.

권수제는 '신증자치송원통감절요新增資治宋元通鑑節要', 판심제는 '송원통감宋元通鑑', 표제는 '송감宋鑑'이다. 제목 어디에도 '속편續編'이 명기되어 있지 않지만 내용은 『증수부주통감절요속편』을 바탕으로 하고 있다. 판식은

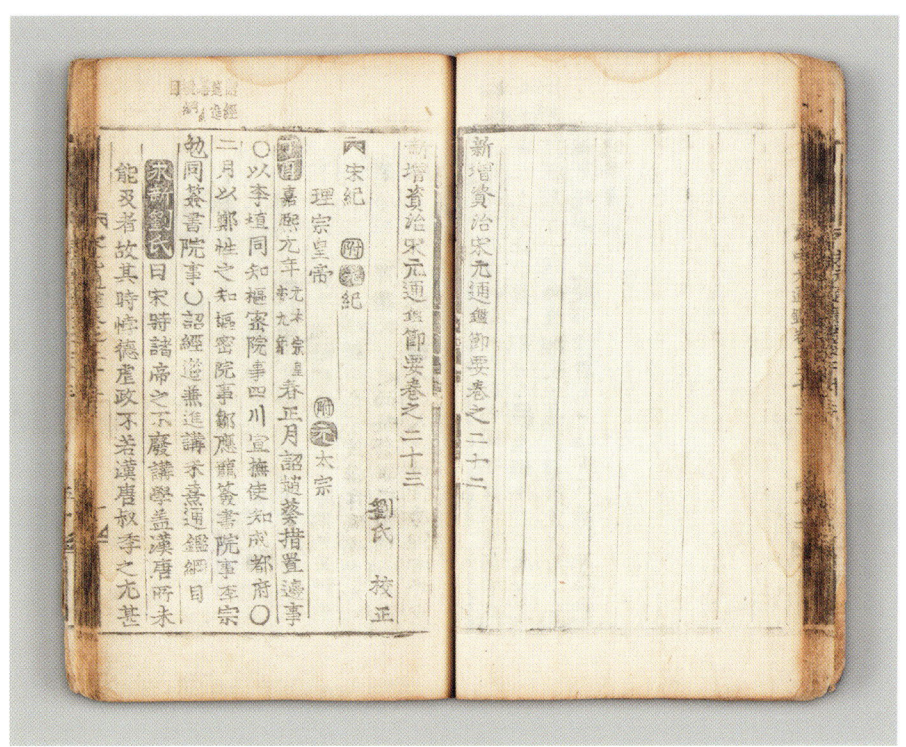

사주단변, 10행 20자, 소흑구小黑口, 상하내향2엽화문어미로, 1엽·3엽화문어미 및 흑어미黑魚尾가 섞여 있다. 서이書耳에 역조명歷朝名이 판각되어 있고, 두주頭註가 활자로 인쇄되어 있다.

권8 말미末尾에는 '후조당제後彫堂弟'라는 장서기藏書記가 묵서墨書되어 있고, 권27 말미에는 '단산문고檀汕文庫'라는 현대 인장이 날인되어 있어 광산 김씨 후조당에서 소장하고 있던 책임을 알 수 있다.

본서를 교정하여 간행한 유씨 영덕당은 명나라 건양建陽 지역의 방각본坊刻本 판매처로 추정된다. 자세한 기록은 찾을 수 없으나 서울대학교 규장각한국학연구원 소장『신간자치통감속편송원증보단론新刊資治通鑑續編宋元增補斷論』에 (想白古952-Y93s) '1522년 음력 10월 길일 유씨 영덕서당에서 새로 간행하였다[嘉靖元年孟冬之吉 劉氏永德書堂新刊]'는 간기刊記가 있으므로 그 운영 시기는 가정 연간(1521~1567) 전후일 것으로 본다.

본서는 원래 30권 16책 완질完帙 구성이지만 성균관대학교 존경각에는 18권 11책만 남아 있다. 서문의 경우 제1책이 결락되어 확인할 수 없고 발문 역시 없다. 다만 제16책 권말에 명 태조가 원나라를 몰아낸 공업을 칭송한 유기劉基의 「서맥송瑞麥頌」과 「평서촉송平西蜀頌」이 부록으로 있기 때문에 본서의 저본인『증수부주자치통감절요속편』과의 관계를 짐작할 수 있다. 가 권의 구성을 보면 첫머리에 서명 및 권차가 표기되어 있다. 다음 행에 해당 시기 중국의 정통을 계승하였다고 판단한 송·원의 역사를 각각 '송기宋紀', '원기元紀'로 표현하고, 동시대에 병존했던 요·금 등의 역사를 요기遼紀, 금기金紀와 같이 구분하여 부록으로 표시하고 있다. 그 다음 행에는 해당 시기 제위에 있었던 황제의 시호諡號와 재위 기간 및 수명, 그리고 그에 대한 간략한 정보와 논평이 소주小註로 기재되어 있으며 간혹 유씨 영덕당에서 간행한 것이라는 간기가 추가되어 있기도 하다. 내용은 상기한 바와 같이 크게 송나라와 원나라의 역사를 위주로 하고 요나라, 금나라 등 동시대 국가를 부록으로 처리하였는데, 이는『자치통감강목資治通鑑綱目』의 범례凡例에 따른 것이다. 그에 따르면 중국의 정통은 오롯이 천자의 제도로 사방을 다스린 나라에게 부여되는 것으로서 주周, 진秦, 한漢, 진晉, 수隋, 당唐이 정통을 계승한 것으로 본다. 그러나『자치통감강목』이 다루는 중국의 역사는 오대五代에 그쳤기 때문에 후대의 학자들은 주희를 계승하여 송·원의 역사를 집필하고자 하였다. 그리하여 원말명초의 이학자들은『자치통감강목』의 범례에 따라 분열의 시대인 오대를 거쳐 송나라, 원나라, 명나라로 이어지는 정통을 밝히고자 하였고 그 일환으로 등장하게 된 것이 유염이 선덕연간(1425~1435)에 편찬한『증수부주자치통감절요속편』이다. 이는『소미가숙점교부음통감절요少微家塾點校附音通鑑節要』의 속편에 해당하며 명나라 전반에 걸쳐 과거 교재로서 각광 받았다. 해당 서적은 1497년(弘治 10) 유염의

질손 유홍의劉弘毅가 본문에 '석의釋義'를 추가한 이후로 수차례 증보가 이루어졌는데, 본서는 그에 더하여 '신증新增', '속론續論', '송사논단宋史論斷', '보주補註', 구준丘濬의 『세사정강世史正綱』 내용 일부 등이 추가되어 상품성을 더욱 높인 것이라 할 수 있다.

다음은 존경각 소장본 각 책의 내용을 정리한 표이다.

| 책차 | 권차 | 정통 | 시호 | 수록범위 | 부록 |
|---|---|---|---|---|---|
| 2 | 卷4 | 宋紀 | 仁宗皇帝 | 天聖元年(1023)~嘉祐 8(1063) | 契丹紀, 夏紀 |
| 3 | 卷5 | | 英宗皇帝 | 治平元年(1064)~治平 4(1067) | |
| | 卷6 | | 神宗皇帝 | 熙寧元年(1068)~熙寧 6(1073) | 遼紀 |
| 4 | 卷7 | | 神宗皇帝 下 | 熙寧 7(1074)~元豊 8(1085) | |
| | 卷8 | | 哲宗皇帝 | 元祐元年(1086)~元符 3(1100) | 遼紀, 夏紀 |
| 5 | 卷9 | | 徽宗皇帝 | 建中靖國元年(1101)~政和4(1114) | |
| | 卷10 | | 徽宗皇帝 下 | 政和 5(1115)~宣和 7(1125) | 遼紀, 金紀, 夏紀, 西遼紀 |
| 7 | 卷13 | | 高宗皇帝 | 紹興元年(1131)~紹興 7(1137) | 金紀, 西遼紀, 夏紀 |
| | 卷14 | | 高宗皇帝 | 紹興 8(1138)~紹興 13(1143) | |
| | 卷17 | | 孝宗皇帝 下 | 淳熙元年(1174)~淳熙 16(1189) | |
| 9 | 卷18 | | 光宗皇帝 | 紹熙元年(1190)~紹熙 5(1194) | |
| | 卷19 | | 寧宗皇帝 | 慶元元年(1195)~嘉定 3(1210) | 金紀, 西遼紀, 夏紀, 元紀 |
| 11 | 卷22 | | 理宗皇帝 | 紹定 6(1233)~端平 3(1236) | 金紀, 元紀 |
| | 卷23 | | 理宗皇帝 | 嘉熙元年(1237)~寶祐 6(1258) | 元紀 |
| 13 | 卷26 | | 恭宗皇帝,端宗皇帝,帝昺 | 德祐元年(1275)~祥興 2(1279) | |
| 14 | 卷27 | 元紀 | 世祖皇帝,成宗皇帝 | 至元 16(1279)~大德 11(1307) | |
| 15 | 卷28 | | 武宗皇帝,仁宗皇帝, 英宗皇帝 | 大德 11(1308)~至治 2(1323) | |
| | 卷29 | | 泰定皇帝,明宗皇帝,文宗皇帝,寧宗皇帝,順皇帝 | 泰定元年(1324)~至元6年(1340) | |
| 16 | 卷30 | | 順皇帝 下 | 至正元年(1341)~戊申(1368) | |

제2~5, 7, 9, 11, 13책은 송 인종부터 남송 소제에 이르기까지 약 250년의 송나라 역사를 다룸과 동시에 거란과 하, 금, 원을 부록으로 삼고 있다. 제14~16책은 원 세조부터 순치제에 이르기까지 약 100년의 원나라 역사를 다루는데, 송나라 1279년(祥興 2)과 원나라 1279년(至元 16) 중국의 정통이 송·원 모두에게 중첩되는 문제가 있어 후대에 비판을 받기도 했다. 또한 원나라의 연호는 순치제 1367년(至元 27)까지만 기술하고 다음 해인 1368년(至元 28)의 경우 간지干支만 표기하면서 명나라가 원나라의 영토를 점령해 나가는 사실을 집중적으로 기술하였으며, 명 태조가 1368년(洪武 1) 1월 보위에 오르고 건원建元하였다는 기사와 함께 그 공업을 칭송한 유기의 「서맥송」과 「평서촉송」을 덧붙여 그 정통성이 송·원을 거쳐 명으로 전해졌음을 밝혔다.

『신증자치송원통감절요』는 전본이 드물어 성균관대학교 존경각과 계명대학교 동산도서관 두 기관에만 소장된 것으로 확인된다. 존경각본과 계명대본은 모두 16세기 목활자로 간행된 동일 판본이며, 당시 학인들이 과거 교재인 '송감宋鑑'을 보다 능동적으로 활용하려 했던 모습을 보여준다는 점에서 의미가 있다. 김민현

주제어
송감宋鑑, 송원절요宋元節要, 유염劉剡, 과거科擧

참고문헌
김민현, 『조선에서 간행된 宋鑑과 續綱目의 서지학적 연구』, 한국학중앙연구원 한국학대학원 고문헌관리학전공 박사학위 논문, 2023.

## 자치통감강목
## 資治通鑑綱目
### Jachitonggam gangmok

서명　資治通鑑綱目

저자　朱熹(宋) 編；王幼學(元) 集覽, 汪克寬(元) 考異

판본　金屬活字本(庚子字)

발행　[漢城]：[鑄字所], [世宗10(1428)]跋

형태　2卷2冊(缺帙)：四周單邊, 半郭 23.7 × 14.8 cm, 有界, 11行22字 小字雙行, 大黑口,
　　　上下內向黑魚尾；31.2 × 18.5 cm

주기　版心題：綱目

　　　板式：四周雙邊, 11行21字(卷59)

　　　綱目跋：就永樂庚子(1420)冬十有一月 我殿下發於宸衷 命工曹參判臣 李蕆 新鑄字樣
　　　極爲精緻…宣德三年(1428)閏四月日…卞季良拜手稽首敬跋

　　　所藏：卷10, 卷59

　　　印記(卷10)：[□山世家], [尹氏之章](鼎形)

　　　楮紙

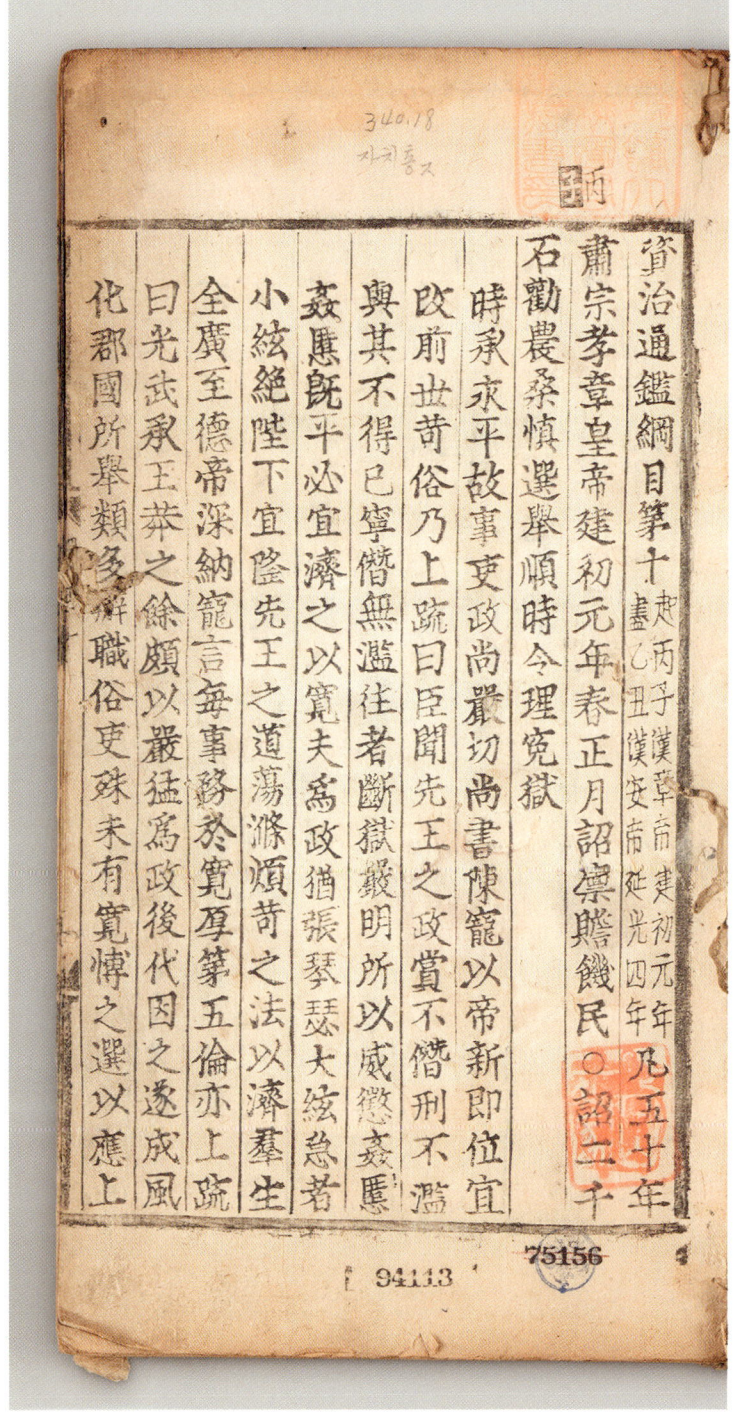

남송南宋의 학자 주희朱熹(1130~1200)가 제자 조사연趙師淵
(1150~1210)과 함께 사마광司馬光(1019~1086)의 역사서
『자치통감資治通鑑』을 『춘추春秋』에 의거하여 재편집한
것이다. 본서는 금속활자인 경자자庚子字로 인출되었
으며, 1428년(세종 10) 변계량卞季良(1369~1430)의 발문이
남아 있다.

판심제는 '강목綱目'이다. 표지 우측상단에는 편목篇目이,
하단에는 수록 권차卷次가 적혀있다. 권10의 권수卷首
하단에는 장방형 백문인인 '□산세가□山世家'가, 권미
卷尾 하단에는 '윤씨지장尹氏之章'이라는 징형鼎形 인장이
날인되어 있다. 그러나 권59에는 이 인장이 날인되어
있지 않고 앞면지面紙 하단에 '정순鄭順'이라는 묵서가
있어 이 두 책의 소장자가 달랐음을 알 수 있다.
판식 면에서도 권10은 사주단변四周單邊, 11행 22자인
반면 권59는 사주쌍변四周雙邊, 11행 21자로 서로
다르다.

본서의 대표 편찬자인 주희는 자가 원회元晦 또는 중회仲晦, 호는 회암晦庵, 고정考亭, 만년에는 자양선생紫陽先生, 자양부자紫陽夫子, 창주병수滄州病叟, 운곡노인雲谷老人 등으로 불리었으며 시호는 문文이다. 복건성 우계尤溪 출신으로 송대 이학理學을 집대성한 유학자이며 학자들은 존칭인 주자朱子라고 부른다. 1148년(紹興 18) 진사에 입격하여 송 고종高宗, 효종孝宗, 광종光宗, 영종寧宗 4대를 섬겼으며, 긴 시간 저술에 전념하여 사서오경四書五經에 주석을 붙이고 다양한 저술을 남겼다.

본서의 또 다른 편찬자인 조사연趙師淵은 자가 기도幾道, 호가 눌재訥齋이며 송 태조 넷째 아들 조덕방趙德芳의 8세손이다. 1172년(乾道 8) 진사로 입격하였고 1174년(淳熙 1) 주희가 번천서원樊川書院에서 강학할 때 제자가 되었다. 스승인 주희와 더불어 사마광의 『자치통감』 등 여러 서적을 간추리는 작업을 하였는데 『자치통감강목』 목目의 서사敍事를 담당하던 와중에 주희가 사망하였다. 이러한 까닭으로 강목의 서문과 제요提要는 주희가, 범례凡例는 주희와 조사연 두 사람이 조율하여 정하였지만 『자치통감강목』 59권의 세부적인 내용은 모두 조사연이 만든 것이라고도 한다. 1194년(淳熙 5) 조사연은 권신이었던 한탁주韓侂胄에게 배척되어 벼슬을 버리고 귀향하였으며 이때부터 이학理學에 전심하였다. 이후 얼마간 벼슬에 나아가기도 했으나 곧 파직되어 집에서 사망하였다.

본서는 원래 59권 59책 완질完帙 구성이지만 성균관대학교 존경각에는 2권 2책만 남아 있다. 이에 서문은 확인할 수 없으나, 존경각본 권말에 변계량卜季良의 발문이 남아 있어 본서의 간행 시기를 짐작할 수 있다. 변계량의 발문은 1420년(세종 2) 경자자를 개량하게 된 배경과 금속활자의 이로움을 설명한 것으로, 1428년(세종 10) 윤4월에 작성된 것이다. 각 권의 구성을 보면 첫머리에 서명과 권차 및 각 권에 해당하는 기간이 표시되어 있고 다음 행에 해당 시기에 황제의 시호諡號와 연호年號 및 강綱이 기술되는 방식이다. 편년체 역사서이기 때문에 춘정월春正月부터 시간의 흐름대로 사건을 서술하되 1월 이후부터는 연호를 생략하고 '모년某年'이라고만 기술하였으며 서미書眉에는 그에 해당하는 간지干支를 표시하였다. 본문의 서술 방식은 강綱과 목目으로 구분되는데, 목이 강보다 한 글자 아래에 기술되는 간자間字 방식을 채택하였다. 강의 경우

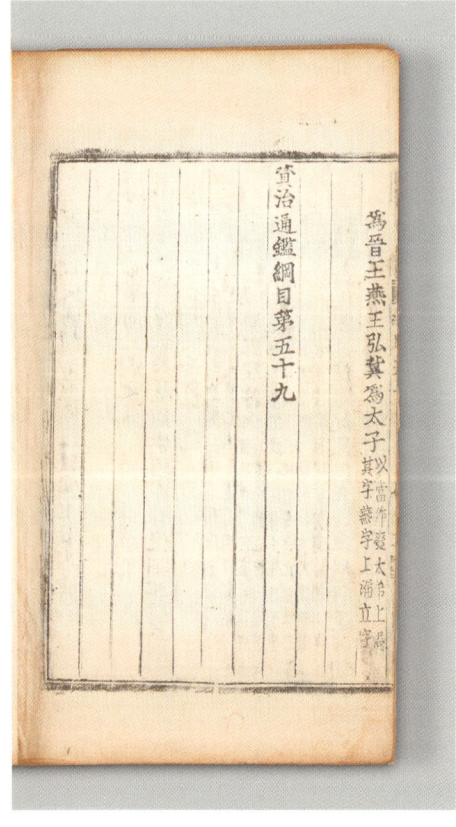
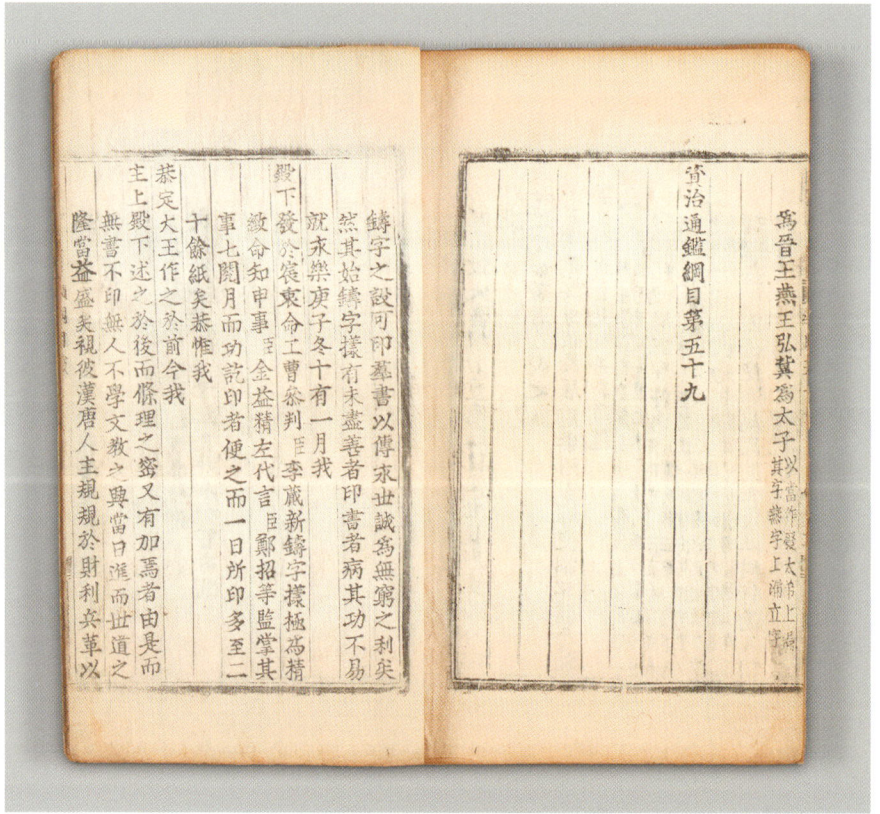

『춘추』를 모방하여 여러 역사서의 좋은 점을 참고하여 취하고, 목은 『춘추좌씨전春秋左氏傳』을 모방하여 여러 유자儒者의 좋은 점을 고찰하여 모은 것이라 한다. 본문에는 '집람集覽', '고이考異'가 음각陰刻으로 표시되어 있는데 '집람'은 왕유학王幼學이 1318년(연우 5) 편찬한 용어 해설집 『통감강목집람通鑑綱目集覽』을, '고이'는 왕극관汪克寬이 편찬한 자의字義 해석집 『통감강목범례고이通鑑綱目凡例考異』를 의미한다. 전체적인 내용은 『자치통감』과 마찬가지로 주周 32대 위열왕이 진晉 대부 3인을 제후로 삼은 기원전 403년(위열왕 23)부터 후주後周 시종훈柴宗訓이 즉위한 959년(顯德 6)에 이르기까지 1362년의 역사를 다루고 있다. 그러나 존경각 소장본은 권10 후한後漢 숙종효장황제肅宗孝章皇帝 76년(建初 1)부터 효화황제孝和皇帝, 효상황제孝殤皇帝를 거쳐 효안황제孝安皇帝 125년(延光 4)에 이르기까지 제1책, 권59 오대五代 952년(임자)부터 959년(기미)에 이르기까지 제2책만 남아있는 상황이다. 본서는 『자치통감』이 조위曹魏를 황제로 여기고 촉한蜀漢을 구적寇賊으로 삼은 것과 주량朱梁을 황제로 여기고 하동河東을 구적으로 삼은 사례, 측천무후則天武后의 연호를 사용하면서 당 중종中宗의 연호를 배척한 사례, 굴원屈原과 사호四皓의 일이 삭제된 사례, 양웅揚雄과 순욱荀彧의 일이 채택된 사례 등 『춘추』의 권선징악 취지와 동떨어져 있는 부분이 있어, 이를 바로잡고자 편찬하게 된 것이라 한다. 그리하여 범례에서 계통系統, 세년歲年, 명호名號, 즉위卽位, 개원改元, 존립尊立, 붕장崩葬, 찬적簒賊, 폐사廢徙, 제사祭祀, 행행行幸, 은택恩澤, 조회朝會, 봉배封拜, 정벌征伐, 폐출廢黜, 파면罷免, 인사人事, 재상災祥 총 19개 항목에 대한 기준을 세워 편집하게 되었다. 이는 송대 이학의 영향을 받은 후대 학자들이 역사서를 편찬할 때 큰 영향을 주었다.

경자자로 간행된 11행 21자본 『자치통감강목』은 국립중앙도서관, 서울대학교 규장각한국학연구원, 청주고인쇄박물관, 호림박물관 등 기관에서 각각 낙질落帙을 소장하고 있다. 59권 59책의 완질은 중국 상해도서관에 보관되어 있다. 존경각 소장본은 비록 낙질이지만 세종 시기 금속활자 인쇄술과 통감학通鑑學에 대한 이해 수준을 보여준다는 점에서 높은 가치를 지닌다. 김민현

주제어
강목綱目, 주자朱子, 정통론正統論, 세종世宗

참고문헌
朱熹 編著 ; 辛承云 譯註, 『(譯註) 資治通鑑綱目 : 思政殿訓義』, 서울 : 傳統文化硏究會, 2015.
노요한, 「朝鮮前期 通鑑學의 硏鑽에 대하여 – 世宗代의 通鑑書 刊行을 중심으로 –」, 『어문연구語文硏究』44, 2016.

# 자치통감강목
# 資治通鑑綱目
Jachitonggam gangmok

貴 B03C-0017a
———

| 서명 | 資治通鑑綱目 | 사부 |
| --- | --- | --- |
| 저자 | 朱熹(宋) 編；王幼學(元) 集覽；尹起莘(宋) 發明 | 史部 |
| 판본 | 金屬活字本(癸丑字) | 17 |
| 발행 | [漢城]：[鑄字所]，[成宗朝]印 | |

형태　　資治通鑑綱目・集覽・發明1卷 1冊(缺帙)：四周雙邊，半郭 27.0 ×16.2 cm，有界，8行16字 小字雙行，大黑口，上下內向黑魚尾：34.6 ×22.0 cm

주기　　版心題・表題：通鑑綱目
　　　　發行事項 推定：『淸芬室書目』「資治通鑑綱目」 條
　　　　所藏：『資治通鑑綱目』卷6，『資治通鑑綱目集覽』卷6，『資治通鑑綱目發明』卷6(漢宣帝~漢成帝)
　　　　楮紙
　　　　藏書記：冊主鳳城琴

남송南宋의 학자 주희朱熹(1130~1200)가 제자 조사연趙師淵(1150~1210)과 함께 사마광司馬光(1019~1086)의 역사서 『자치통감資治通鑑』을 『춘추春秋』에 의거하여 재편집한 것이다. 본서는 성종연간(1469~1494) 말부터 중종연간(1506~1544) 초에 간행된 것으로 추정되며 금속활자인 계축자癸丑字로 인출한 책이다.

표제表題와 판심제版心題는 모두 '통감강목通鑑綱目'이다. 판식은 사주단변四周雙邊, 유계有界, 8행 16자, 대흑구大黑口, 상하내향흑어미上下內向黑魚尾이다. 본서의 저본이 된 명대 경창본經廠本의 표점標點과 성점聲點을 그대로 인출하였다. 『자치통감강목』 권6 뒤에 원元 왕유학王幼學의 『자치통감강목집람資治通鑑綱目集覽』 권6, 송宋 윤기신尹起莘의 『자치통감강목발명資治通鑑綱目發明』 권6이 차례로 수록되어 있다. 책말의 '책주봉성금冊主鳳城琴'이라는 장서기藏書記와 수결手決은 이전 소장자가 봉화금씨奉化琴氏라는 정보를 제공한다.

본서의 편자인 주희・조사연趙師淵의 생애에 대해서는 사부史部-16 자치통감강목資治通鑑綱目(貴 B03C-0017)을 참고하기 바란다.

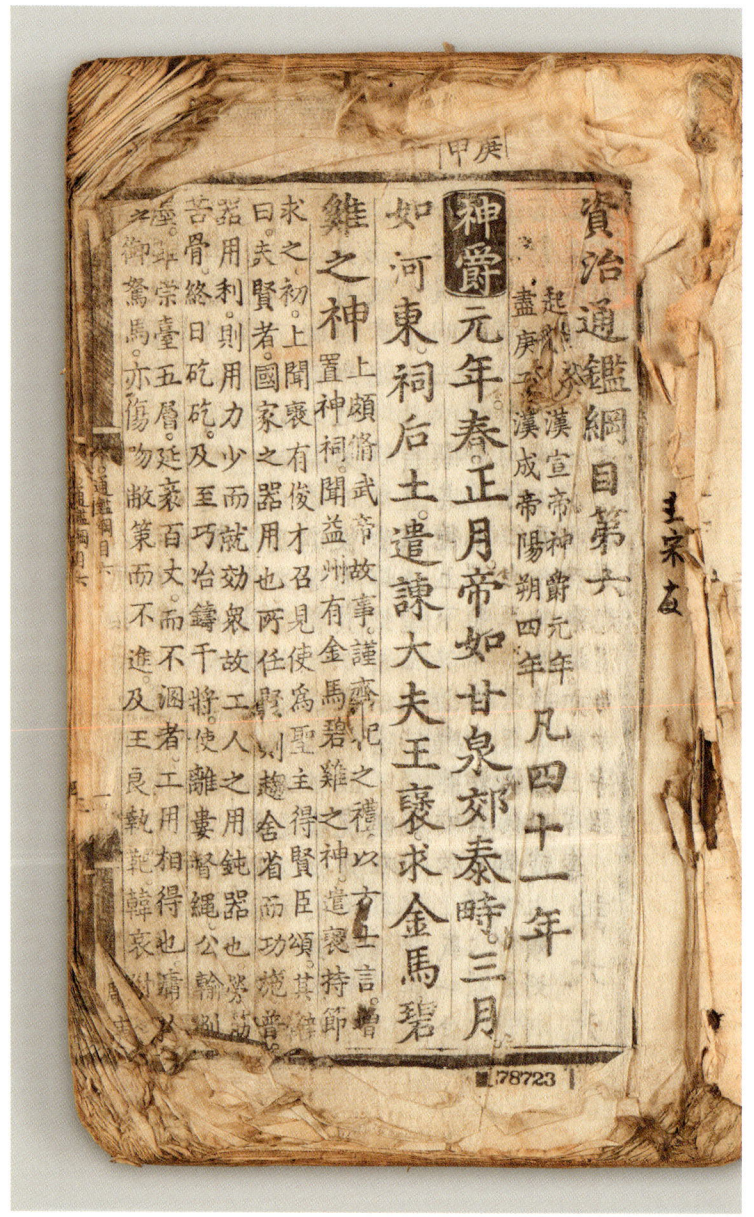

본서의 대표 편찬자인 주희는 자가 원회元晦 또는 중회仲晦, 호는 회암晦庵, 고정考亭, 만년에는 자양선생紫陽先生, 자양부자紫陽夫子, 창주병수滄州病叟, 운곡노인雲谷老人 등으로 불리었으며 시호는 문文이다. 복건성 우계尤溪 출신으로 송대 이학理學을 집대성한 유학자이며 학자들은 존칭인 주자朱子라고 부른다. 1148년 (紹興 18) 진사에 입격하여 송 고종高宗, 효종孝宗, 광종光宗, 영종寧宗 4대를 섬겼으며, 긴 시간 저술에 전념하여 사서오경四書五經에 주석을 붙이고 다양한 저술을 남겼다.

본서 편찬의 또 다른 주역인 조사연趙師淵은 자가 기도幾道, 호가 눌재訥齋이며 송 태조 넷째 아들 조덕방趙德芳의 8세손이다. 1172년(乾道 8) 진사로 입격하였고 1174년(淳熙 1) 주희가 번천서원樊川書院에서 강학할 때 제자가 되었다. 스승인 주희와 더불어 사마광의 『자치통감』 등 여러 서적을 간추리는 작업을 하였는데 『자치통감강목』 목目의 서사敍事를 담당하던 와중에 주희가 사망하였다. 이러한 까닭으로 강목의 서문과 제요提要는 주희가, 범례凡例는 주희와 조사연 두 사람이 조율하여 정하였지만 『자치통감강목』 59권의 세부적인 내용은 모두 조사연이 만든 것이라고도 한다. 1194년(淳熙 5) 조사연은 권신이었던 한탁주韓侂冑에게 배척되어 벼슬을 버리고 귀향하였으며 이때부터 이학理學에 전심하였다. 이후 얼마간 벼슬에 나아가기도 했으나 곧 파직되어 집에서 사망하였다.

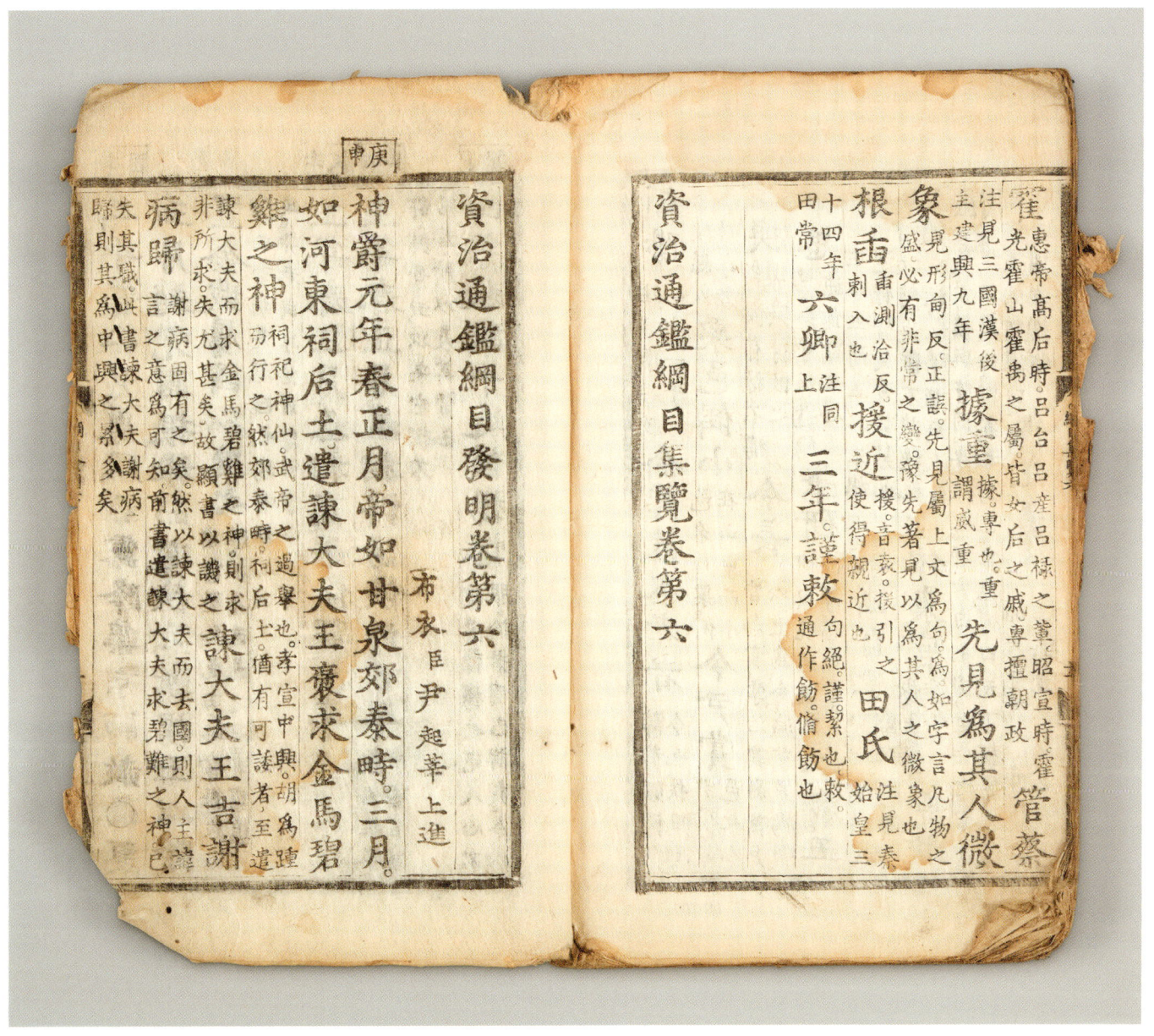

본서는 원래 59권 완질完帙 구성이지만 성균관대학교 존경각에는『자치통감강목』제6,『자치통감강목집람資治通鑑綱目集覽』제6,『자치통감강목발명資治通鑑綱目發明』제6이 순서대로 합철되어 도합 1책만 남아 있고 서·발문은 결락되어 확인할 수 없다. 각 권의 구성을 보면 첫머리에 서명과 권차 및 각 권에 해당하는 기간이 표시되어 있고 다음 행에 해당 시기 황제의 시호諡號와 연호年號 및 강綱이 기술되는 방식이다. 그러나 한 황제가 여러 연호를 쓰는 경우 시호를 생략하고 연호만 기술하기도 했다. 또한, 편년체 역사서이기 때문에 춘정월春正月부터 시간의 흐름대로 사건을 서술하되 1월 이후부터는 연호를 생략하고 '모년某年'이라고만 기술하였으며 서미書眉에는 그에 해당하는 간지干支를 표시하였다. 본문의 서술 방식은 강綱과 목目으로 나뉘는데 강을 대자大字, 목을 소자小字로 인출하여 구분하는 방식을 취하였다. 강의 경우『춘추』를 모방하여 여러 역사서의 좋은 점을 참고하여 취하고, 목은『춘추좌씨전春秋左氏傳』을 모방하여 여러 유자儒者의 좋은 점을 고찰하여 모은 것이라 한다. 본문이 끝난 후에는『자치통감강목집람』과『자치통감강목발명』이 연이어 합철되어 있는데『자치통감강목집람』은 왕유학이 1318년(延祐 5) 편찬한 용어 해설집이고,『자치통감강목발명』은 윤기신尹起莘이『자치통감강목』의 취지를 설명하기 위해 편찬한 서적이다. 전체적인 내용은『자치통감』과 마찬가지로 주周 32대 위열왕威烈王이 진晉 대부 3인을 제후로 삼은 기원전 403년(위열왕 23)부터 후주後周 시종훈柴宗訓이 즉위한 959년(顯德 6)에 이르기까지 1362년의 역사를 다루고 있다. 그러나 존경각 소장본은 권6 전한前漢 효선황제孝宣皇帝 기원전 61년(神爵 1)부터 효원황제孝元皇帝를 거쳐 효성황제孝成皇帝 기원전 21년(陽朔 4)에 이르기까지 1책만 남아 있는 상황이다. 본서는『자치통감』이 조위曹魏를 황제로 여기고 촉한蜀漢을 구적寇賊으로 삼은 것과 주량朱梁을 황제로 여기고 하동河東을 구적으로 삼은 사례, 측천무후則天武后의 연호를 사용하면서 당 중종中宗의 연호를 배척한 사례, 굴원屈原과 사호四皓의 일이 삭제된 반면 양웅揚雄과 순욱荀彧의 일이 채택된 사례 등『춘추』의 권선징악 취지와 동떨어져 있기 때문에 이를 바로잡고자 편찬하게 된 것이라 한다. 그리하여 범례에서 계통系統, 세년歲年, 명호名號, 즉위卽位, 개원改元, 존립尊立, 붕장崩葬, 찬적簒賊, 폐사廢徙, 제사祭祀, 행행行幸, 은택恩澤, 조회朝會, 봉배封拜, 정벌征伐, 폐출廢黜, 파면罷免, 인사人事, 재상災祥 총 19개 항목에 대한 기준을 세워 편집하였다. 이는 송대 이학의 영향을 받은 후대 학자들이 역사서를 편찬할 때 큰 영향을 주었다.

계축자본『자치통감강목』은 2012년 보물로 지정된 서울역사박물관 소장본을 비롯하여 국립중앙도서관, 서울대 규장각한국학연구원, 성암고서박물관 등의 기관에 각각 낙질落帙로 전해진다. 본서의 저본인 명나라 경창본은 교감이 엄정하지 못하다는 평가를 받기도 했지만 당시 조선에서 이루어진 금속활자의 인쇄 수준과 통감류 서적의 유통 정황을 보여준다는 점에서 출판문화사적 가치가 있다. 김민현

주제어
강목綱目, 주자朱子, 정통론正統論

참고문헌
朱喜 編著；辛承云 譯註,『(譯註) 資治通鑑綱目：思政殿訓義』, 서울：傳統文化研究會, 2015.

## 증수부주자치통감절요속편
增修附註資治通鑑節要續編
Jeungsubujoo jachitonggamjeolyo sokpyeon

貴 중재 B03C-0022b
———

서명    增修附註資治通鑑節要續編
저자    劉剡(明) 編輯；張光啓(明) 訂正
판본    木版本
발행    [中國(明)]：[刊寫者未詳]，[宣德年間(1426–1435)]刊
형태    6卷1冊(全30卷5冊)：四周雙邊, 半郭 15.3×11.3 cm, 有界, 14行21字 小字雙行,
       小黑口, 上下下向黑魚尾；22.2×14.2 cm
주기    版心題：鑑續, 表題：宋鑑
       所藏：卷16–21
       朝鮮式 改裝
       印記：完山世家, 信古堂
       竹紙

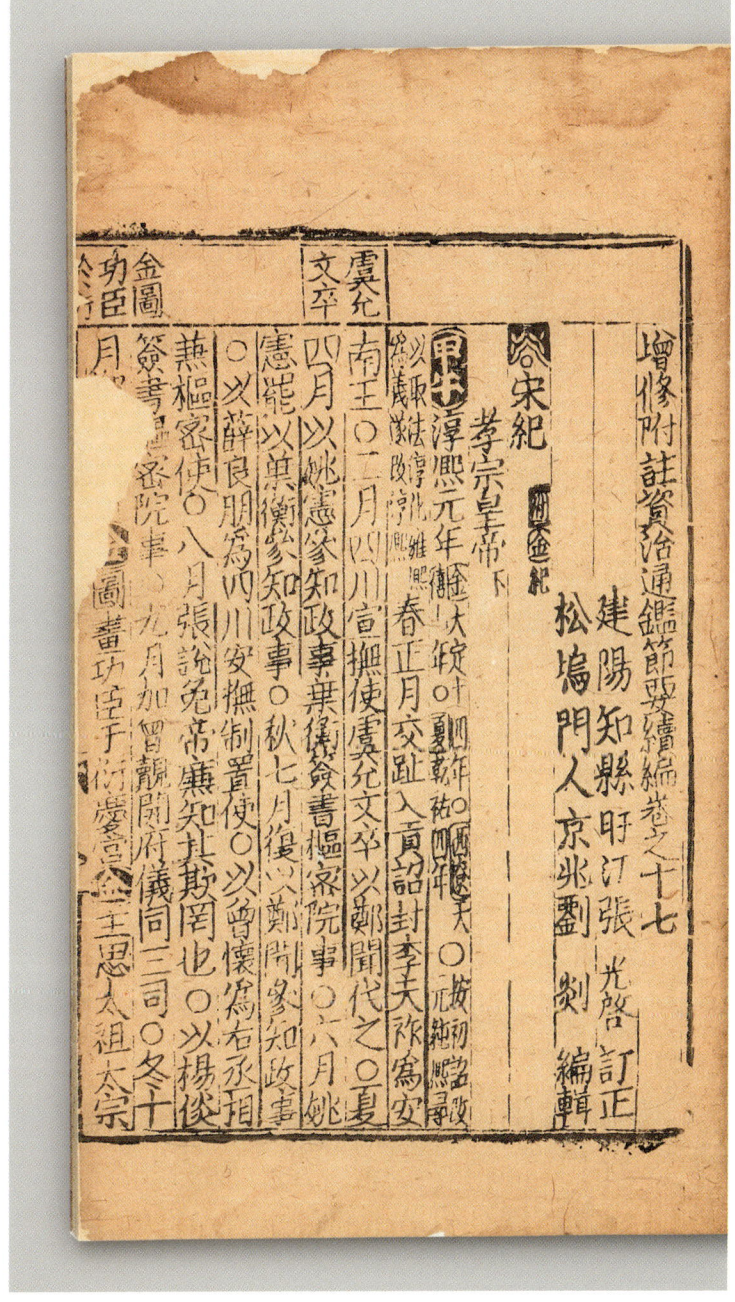

명나라 초기의 출판업자 유염劉剡(?~?)이 편찬한 송나라와
원나라의 편년체編年體 역사서다. 본서는 목판으로
인출되었으며 간행시기는 선덕연간(1425~1435)으로
추정되는 명판본明板本이다.

표지는 조선식으로 개장되어 있다. 책 주변부가 떨어져
나간 곳이 많아 전체적으로 배접하고 수리복원한 것
으로 보인다. 표제는 ‘송감宋鑑’, 판심제版心題는 ‘감속
鑑續’이다. 편식은 사주쌍변四周雙邊, 유계有界, 14행 21자,
대흑구大黑口, 상하하향흑어미上下下向黑魚尾이다. 두주
頭註를 상단에 배치하고 하단에 내용과 주석을 수록
하였다. 왕력명이 책판 좌측에 해당하는 a면 중앙에
서이書耳 형태로 판각되어 있다.

책수冊首 및 책말冊末에는 정방형 주문인朱文印 ‘신고당
信古堂’과 ‘완산세가完山世家’가 날인되어 있다. 신고당은
중재重齋 김황金榥(1896~1978)의 당호堂號이다.

본서의 편집자인 유염은 건양建陽 숭화崇化 사람으로 자가 용장用章, 호는 인재仁齋이다. 당나라 유고劉翶의 17세손이자 원나라 유군좌劉君佐의 현손으로서 명나라 선덕宣德~정통正統 연간(1425~1449)에 방각본坊刊本의 편찬으로 이름을 떨쳤다. 강서江西 낙평樂平의 송오松塢 왕봉王逢에게 수학하여 스스로 '송오문인松塢門人'이라 일컬었으며 배우기를 그치지 않았다고 한다. 평생토록 벼슬길을 멀리하고 교서教書, 편서編書, 교서校書, 각서刻書에 열중하여, 명나라 가정 연간(1521~1567)에 편찬된 『건양현지建陽縣志』에는 '무릇 서방에서 간행되는 서적 가운데 유염이 교정한 것이 많다'고 되어 있다. 유염이 편찬하거나 간행한 도서에는 『송원통감전편宋元通鑑全編』, 『소미가숙점교부음통감절요少微家塾點校附音通鑑節要』, 『증수부주자치통감절요속편增修附註資治通鑑節要續編』, 『상설고문진보대전詳說古文眞寶大全』, 『사서통의四書通義』 등이 있고, 1440년(正統 5)에는 주공천朱公迁이 편찬한 『시경소의회통詩經疏義會通』을 간행하기도 했다. 이 가운데 『소미가숙점교부음통감절요』 30권, 『증수부주자치통감절요속편』, 『상설고문진보대전』 등은 조선에서도 폭넓게 간행 및 유통된 바 있다. 권수면에는 유염 외에도 건양지현建陽知縣 우강旴江 장광계張光啓가 정정訂正하였다고 되어 있기 때문에 일부 소장처는 주요 편찬자를 장광계로 판단하기도 한다. 그러나 선행연구에 따르면 그는 감수관의 역할만 맡았을 뿐이다.

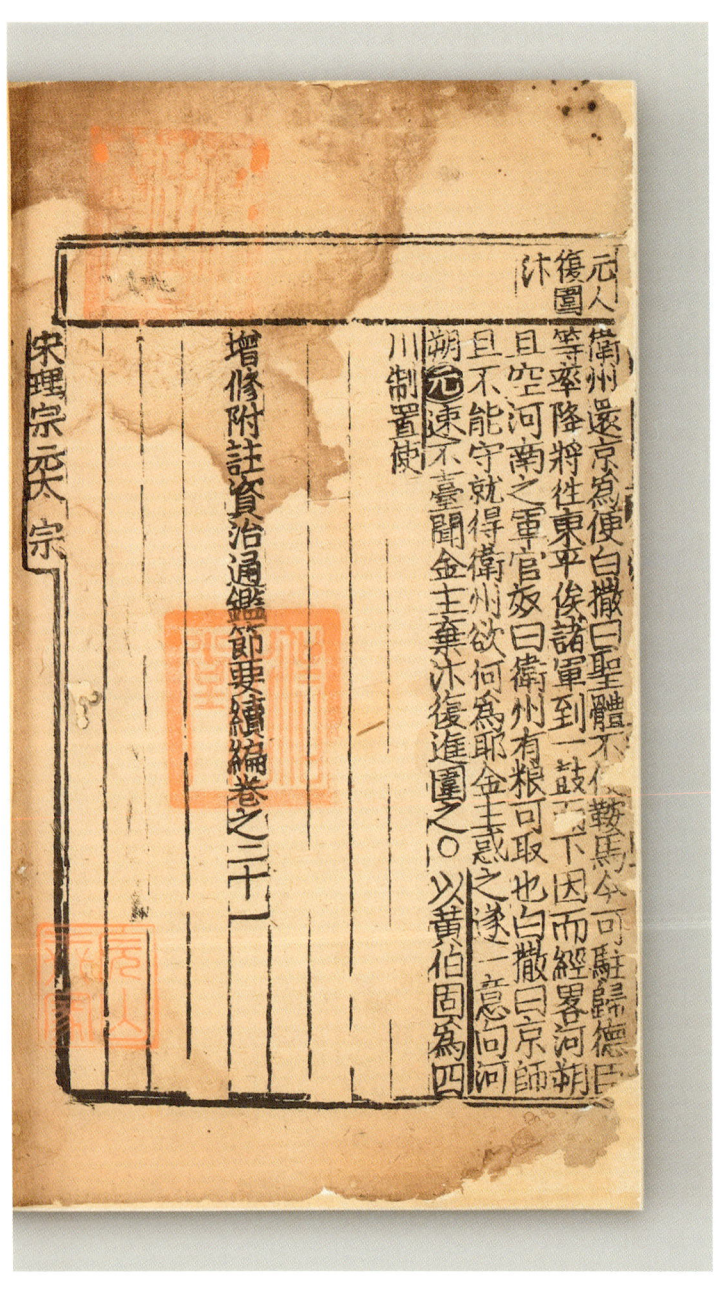

본서는 원래 30권 5책 완질完帙 구성이지만 성균관대학교 존경각에는 6권 1책만 남아 있다. 서문의 경우 제1책이 결락되어 확인할 수 없지만 원래 1429년(宣德 4) 장광계가 찬술한 「증수부주통감절요속편서增修附註通鑑節要續編序」와 「자치통감절요속편범례資治通鑑節要續編凡例」, 「송조전수지도宋朝傳授之圖」, 「원조전수지도元朝傳授之圖」가 있고, 발문 역시 원래는 권30 권말에 유염이 작성한 지문誌文이 있으나 현재 결락된 상태이다. 각 권의 구성을 보면 첫머리에 서명과 권차 및 편저자 표시, 그리고 해당 시기 중국의 정통을 계승하였다고 판단한 송ㆍ원의 역사를 각각 '송기宋紀', '원기元紀', 동시대에 병존했던 요ㆍ금 등의 역사를 요기遼紀, 금기金紀와 같이 구분하여 부록으로 표시하고 있다. 그 다음 행에는 해당 시기 황제의 시호諡號와 재위 기간 및 수명, 그리고 그에 대한 간략한 정보와 논평이 소주小註로 기재되어 있다. 내용은 상기한 바와 같이 크게 송나라와 원나라의 역사를 위주로 하고 요나라, 금나라 등 동시대 국가를 부록으로 처리하였는데, 이는『자치통감강목資治通鑑綱目』의 범례凡例에 따른 것이다. 그에 따르면 중국의 정통은 오롯이 천자의 제도로 사방을 다스린 나라에게 부여되는 것으로서 주周, 진秦, 한漢, 진晉, 수隋, 당唐이 정통을 계승한 것으로 본다. 그러나『자치통감강목』이 다루는 중국의 역사는 오대五代에 그쳤기 때문에 후대의 학자들은 주자를 계승하여 송ㆍ원의 역사를 집필하고자 하였다. 그리하여 원말명초의 이학자들은『자치통감강목』의 범례에 따라 분열의 시대인 오대를 거쳐 송나라, 원나라, 명나라로 이어지는 정통을 밝히고자 하였다. 그 일환으로 등장하게 된 것이 유염이 선덕연간(1425~1435)에 편찬한『증수부주자치통감절요속편』이다. 본서는 원말명초 한림학사 진경陳桱의『통감속편通鑑續編』을 토대로 이도李燾의『속자치통감장편續治通鑑長編』, 유심원劉深源ㆍ유시거劉時擧의『속송편년자치통감續宋編年資治通鑑』및 여중呂中의『대사기강의大事記講義』, 호일계胡一桂의『십칠사찬고금통요十七史纂古今通要』를 참조하였고, 원 세조가 송을 평정한 이후로는 장구소張九韶의『원사절요元史節要』와 양인梁寅의『원사략元史略』을 따랐다고 한다.

다음은 존경각 소장본의 내용을 정리한 표이다.

| 책차 | 권차 | 정통 | 시호 | 수록범위 | 부록 |
|------|------|------|------|----------|------|
| 제1책 | 卷16 | 宋紀 | 孝宗皇帝 | 隆興元年(1163)~隆興9年(1173) | 金紀, 西遼紀, 夏紀 |
| | 卷17 | | 孝宗皇帝 下 | 淳熙元年(1174)~淳熙16年(1189) | |
| | 卷18 | | 光宗皇帝 | 紹熙元年(1190)~紹熙5年(1194) | 金紀, 西遼紀, 夏紀, 元紀 |
| | 卷19 | | 寧宗皇帝 | 慶元元年(1195)~嘉定3年(1210) | |
| | 卷20 | | 寧宗皇帝 下 | 嘉定4年(1211)~嘉定17年(1224) | 金紀, 夏紀, 元紀 |
| | 卷21 | | 理宗皇帝 | 寶慶元年(1225)~紹定5年(1232) | |

권16~17은 송 효종, 권18은 송 광종, 권19~20은 송 영종, 권21은 송 이종으로 약 70년의 남송 역사를 다루면서 금, 서요, 하, 원나라를 부록으로 삼고 있다.

『증수부주자치통감절요속편』은 선덕 연간에 최초 간행된 이후 명나라에서 줄곧 각광 받아 사론史論을 추가한 증보판이 연이어 간행되었고, 명나라 말기 강감류綱鑑類 서적의 유행에도 그 토대가 되었다. 존경각 소장본은 일본 시립 요네지와 도서관[米澤圖書館]에 소장된 1433년(선덕 8) 쌍계서당雙桂書堂 간본과 판식板式과 자체字體가 유사하여 초기 간본으로써 가치를 지니고 있다. 김민현

주제어
송감宋鑑, 송 인전요宋元節要, 유염劉剡, 과거科擧

참고문헌
김민현,『조선에서 간행된 宋鑑과 續綱目의 서지학적 연구』, 한국학중앙연구원 한국학대학원 고문헌관리학전공 박사학위논문, 2023.

| 서명 | 增修附註資治通鑑節要續編 | 사부 |
|---|---|---|
| 저자 | 劉剡(明) 編輯 ; 張光啓(明) 訂正 | 史部 |
| 판본 | 木版本(乙亥字飜刻) | 19 |
| 발행 | [忠淸道] : [刊寫者未詳], [宣祖23(1590)]頒賜 | |
| 형태 | 14卷7册(全30卷15册) : 四周單邊, 半郭 24.2 × 16.9 cm, 有界, 10行19字 小字雙行, 大黑口, 上下內向黑魚尾 ; 33.0 × 21.5 cm | |
| 주기 | 版心題 : 鑑續, 表題 : 宋鑑 | |

주기
版心題 : 鑑續, 表題 : 宋鑑
[後識] : 宣德龍集壬子(1432)孟秋吉日 後學劉剡拜書(卷30 末尾)
內賜記 : 萬曆庚寅(1590)七月日 [內賜續通鑑一件□□□上(墨抹)](第4·6·7·11·13册 앞面紙)
總册數 : 共十五(書腦)
所藏 : 卷6·7,10~13,19~22,25·26,29·30(第4·6·7·10·11·13·15册)
板式 : 一·二·三葉花紋魚尾 混入, 頭註 및 書耳, 刻手(連山·天安·韶楊·燕岐·淸州·公州太玄 等)
印記 : 延安後人, [弘文館], [官印 1顆]
楮紙

명나라 초기의 출판업자 유염劉剡(?~?)이 편찬한 편년체編年體로 구성된 송나라와 원나라의 역사서다. 본서는 16세기 후반에 간행된 것으로 추정되며 금속활자인 을해자로 인출된 판본을 번각한 목판본이다.

표제는 '송감宋鑑', 판심제版心題는 '감속鑑續'이다. 앞표지 서뇌書腦 하단에는 총책수總册數가 '공십오共十五'로 기록되어 있어, 총 30권15책의 완질본 중 14권7책만 소장하고 있음을 알 수 있다. 각 책 앞면지面紙에 모두 내사기가 필사되어 있었을 것으로 추정되나 '만력경인 칠월일萬曆庚寅七月日'까지 남아 있고 내사받은 기관명과 관인官印은 묵말墨抹된 상태이다. 1590년(宣祖 23) 어느 기관에 내사된 책임을 알 수 있다.

판식은 사주단변四周單邊, 유계有界, 10행 19자, 대흑구大黑口, 상하내향흑어미上下內向黑魚尾이다. 1엽, 2엽, 3엽화문어미가 섞여 있고 두주頭註와 왕력명이 책판 좌측에 해당하는 a면 중앙에 서이書耳 형태로 판각되어 있다. 흑구에 연산連山·천안天安·연기燕岐·청주淸州·공주公州 등의 지명이 음각陰刻되어 있는데, 이를 통해 충청도 일대에서 판각한 책으로 추정해볼 수 있다. 여기에는 창양韶楊·태현太玄 등의 각수명刻手名도 표시되어 있다.

책수册首 우측 상하단에 날인된 인장은 지워져 있거나 도려내져 있고, 정방형 주백상간인朱白相間印 '연안후인延安後人'이 각책 말미에 날인되어 있다. 지워진 장방형의 인장은 '홍문관弘文館'으로 보인다.

『증수부주자치통감절요속편』의 편자인 유염의 생애와 편찬 경위에 대해서는 사부史部-18 증수부주자치통감절요속편增修附註資治通鑑節要續編(貴 중재 B03C-0022b)을 참고하기 바란다.

본서는 원래 30권 15책 완질完帙 구성이지만 성균관대학교 존경각에는 14권 7책만 남아 있다. 서문의 경우 제1책이 결락되어 확인할 수 없지만 타 기관에 소장된 다른 판본을 보게 되면 원래 1429년(宣德 4) 장광계가 찬술한 「증수부주통감절요속편서增修附註通鑑節要續編序」와 「자치통감절요속편범례資治通鑑節要續編凡例」, 「송조전수지도宋朝傳授之圖」, 「원조전수지도元朝傳授之圖」가 있다. 제15책 권말에는 본서의 편찬자인 유염이 작성한 지문誌文이 있는데 원나라 역사 서술의 참고문헌과 송말원초 역사에서 문천상文天祥의 행적과 문장을 집중하여 기술하게 된 배경, 원나라 역사 말미에 유기劉基가 명 태조의 공업을 칭송하며 찬술한 「서맥송瑞麥頌」과 「평서촉송平西蜀頌」을 부록으로 삼은 배경 등이 기술되어 있다.

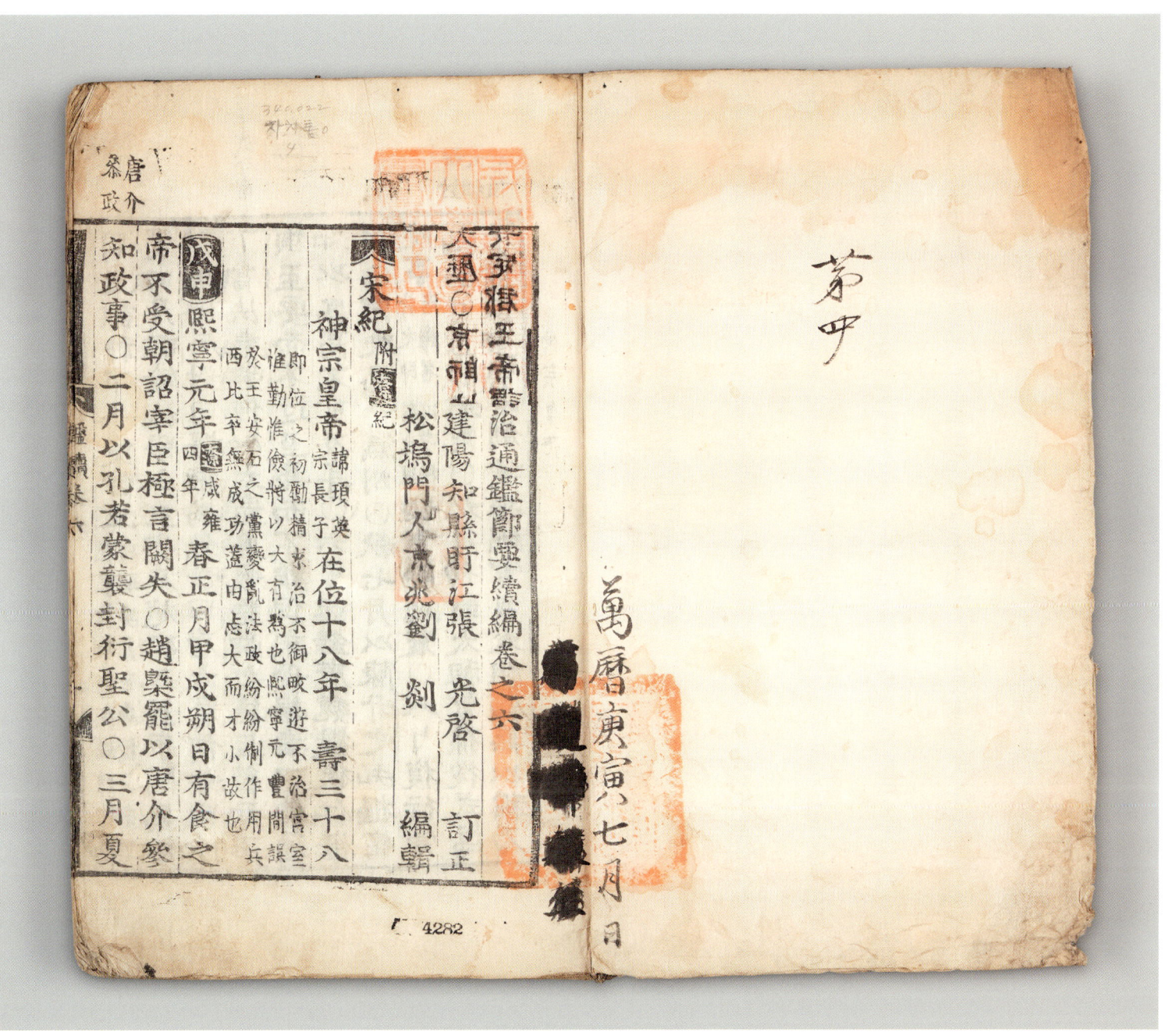

다음은 존경각 소장본 각 책의 내용을 정리한 표이다.

| 책차 | 권차 | 정통 | 시호 | 수록범위 | 부록 |
|---|---|---|---|---|---|
| 4 | 卷6 | 宋紀 | 神宗皇帝 | 熙寧元年(1068)~熙寧6年(1073) | 遼紀 |
| | 卷7 | | 神宗皇帝 下 | 熙寧7年(1074)~元豊8年(1085) | |
| 6 | 卷10 | | 徽宗皇帝 | 政和5年(1115)~宣和7年(1125) | 遼紀, 金紀, 夏紀, 西遼紀 |
| | 卷11 | | 欽宗皇帝 | 靖康元年(1126)~靖康2年(1127) | 金紀, 西遼紀, 夏紀 |
| 7 | 卷12 | | 高宗皇帝 | 建炎元年(1127)~建炎4年(1130) | |
| | 卷13 | | 高宗皇帝 二 | 紹興元年(1131)~紹興7年(1137) | |
| 10 | 卷19 | | 寧宗皇帝 | 慶元元年(1195)~嘉定3年(1210) | 金紀, 西遼紀, 夏紀, 元紀 |
| | 卷20 | | 寧宗皇帝 下 | 嘉定4年(1211)~嘉定17年(1224) | 金紀, 夏紀, 元紀 |
| 11 | 卷21 | | 理宗皇帝 | 寶慶元年(1225)~紹定5年(1232) | |
| | 卷22 | | 理宗皇帝 二 | 紹定6年(1233)~端平3年(1236) | 金紀, 元紀 |
| 13 | 卷25 | | 度宗皇帝 | 咸淳元年(1265)~咸淳10年(1274) | 元紀 |
| | 卷26 | | 恭宗皇帝,端宗皇帝,帝昺 | 德祐元年(1275)~祥興2年(1279) | |
| 15 | 卷29 | 元紀 | 泰定皇帝,明宗皇帝,文宗皇帝,寧宗皇帝,順皇帝 | 泰定元年(1324)~至元6年(1340) | |
| | 卷30 | | 順皇帝 下 | 至正元年(1341)~戊申(1368) | |

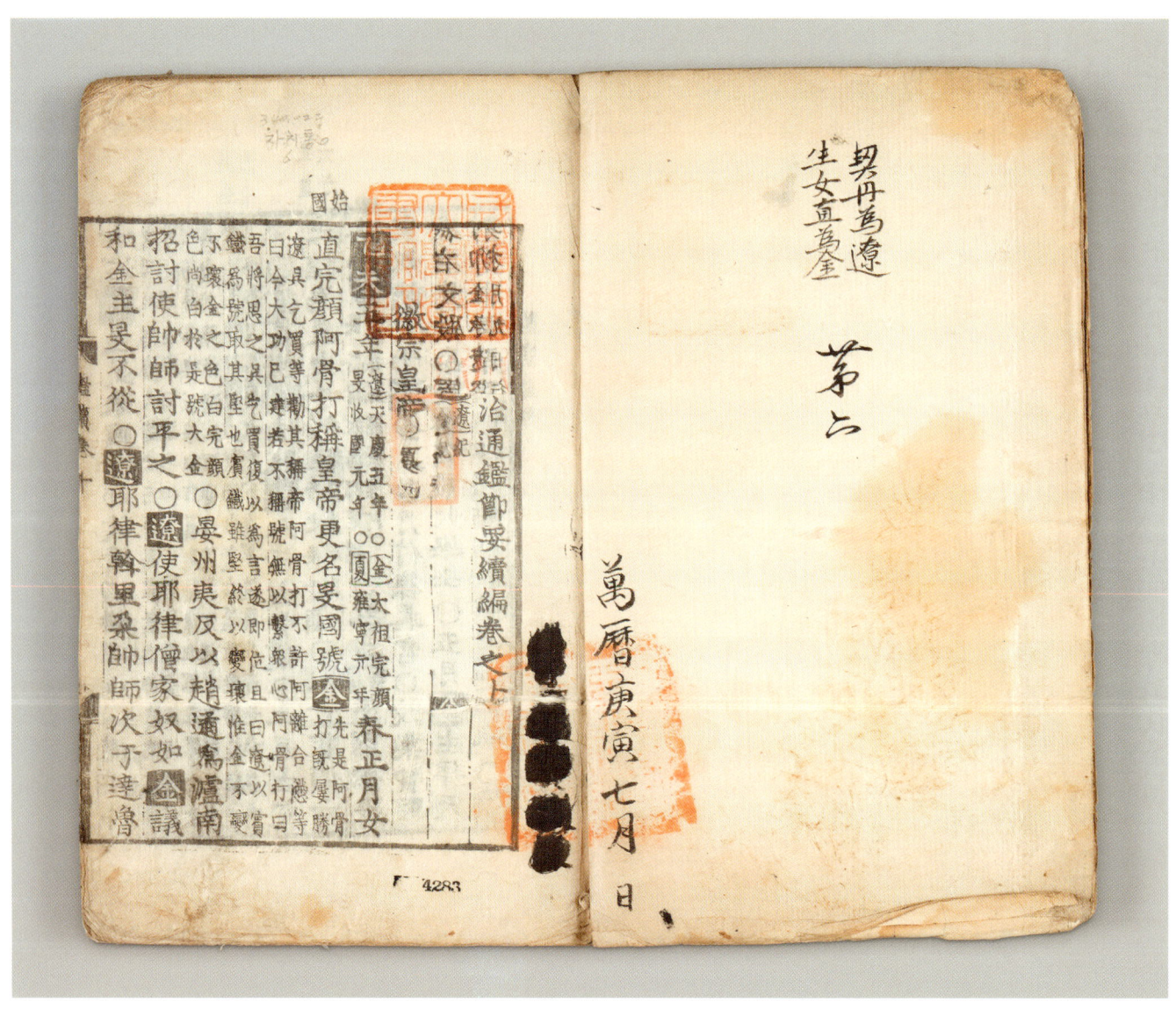

제4, 6~7, 10~11, 13책은 결락된 부분을 차치하고 송 신종부터 남송 소제에 이르기까지 약 200년의 송나라 역사를 다룸과 동시에 요, 금, 하, 원을 부록으로 삼고 있다. 제15책은 원 태정황제부터 순치제에 이르기까지 약 40년의 역사를 다루는데, 원나라의 연호는 1367년(至正 27)까지만 기술하고 다음 해인 1368년의 경우 간지干支만 표기하면서 명나라가 원나라의 영토를 점령해나가는 사실을 집중적으로 기술하였다. 또한 명 태조가 1368년(洪武 1) 1월 보위에 오르고 건원建元하였다는 기사와 함께 그 공업을 칭송한 유기의 「서맥송」과 「평서축송」을 덧붙여 그 정통이 송·원을 거쳐 명으로 전래되었음을 밝혔다.

『증수부주자치통감절요속편』은 조선 전반에 걸쳐 금속활자인 초주갑인자, 을해자, 무신자, 임진자는 물론이고 이를 기반으로 재간행된 번각본까지 다양한 판종이 유통되었다. 뿐만 아니라 본서와 같이 을해자를 기반으로 번각된 판본만 하더라도 3종 이상이다. 존경각 소장본은 장서기藏書記가 일부 남아 있기 때문에 그 유통 시기를 가늠할 수 있는 조선 전기 간행본이자, 당시 지식인들의 송·원 역사에 대한 인식을 좌우한 주요 학습 교재로서 문화사적 의의가 있다. 김민현

주제어
송감宋鑑, 송원절요宋元節要, 유염劉剡, 과거科擧

참고문헌
김민현, 『조선에서 간행된 宋鑑과 續綱目의 서지학적 연구』, 한국학중앙연구원 한국학대학원 고문헌관리학전공 박사
    학위논문, 2023.

# 전한기
# 前漢紀
Qián Hàn Jì

貴 B03C-0023

---

| | | |
|---|---|---|
| 서명 | 前漢紀 | 사부 |
| 저자 | 荀悅(漢) 撰 ; 黃姬水(明) 校刊 | 史部 |
| 판본 | 木版本 | 20 |
| 발행 | [中國(明)]: [吳郡(蘇州)], [嘉靖27(1548)]序 | |
| 형태 | 14卷8冊(全30卷16冊): 上下單邊左右雙邊, 半郭 19.2 × 13.8 cm, 有界, 11行20字, 上下向白魚尾 ; 23.5 × 16.0 cm | |
| 주기 | 書名은 版心題임 | |

發行事項 推定: 國家圖書館 소장 동일판본『前漢紀』(202.222 01837)의 서문 '嘉靖歲戊申(1548)…吳黃姬水讚'

所藏: 卷17-30(第9-16冊), 落張: 第11冊 卷22 第5張 等

卷首題: 前漢孝宣皇帝紀(卷17-20), 前漢孝元皇帝紀(卷21-23), 前漢孝成皇帝紀(卷24-27), 前漢孝哀皇帝紀(卷28-29), 前漢孝平皇帝紀(卷30)

表題: 前漢紀(第9·11冊), 兩漢紀(第10·12-16冊)

印記: 三山陳氏居敬堂圖書(卷19·22·25·28), 玉色金聲(앞表紙)

藏書記: 金家藏書(앞表紙)

綿紙

---

본서는 명대明代의 시인이자 서각업자인 황희수黃姬水(1509~1574)가 순열荀悅(148~209)이 편찬한『한기』를『전한기前漢紀』로 바꾸고, 원굉袁宏(328~376)의『후한기後漢紀』와 함께 1548년(嘉靖 27)에 간행한『양한기兩漢紀』의 일부이다. 존경각 소장『후한기』(貴B03C-0034)와 한 질을 이루며, 제1~8책이 없는 결질본이다.

서명은 판심제版心題에 근거하였다. 제9·11책의 표제는 '전한기前漢紀', 제10책 및 12-16책의 표제는 '양한기兩漢紀'로, 본서가『양한』의 일부임을 알 수 있다. 표제 하단에는 각 책에 수록된 권차卷次가 묵서墨書되어 있다. 각 책 앞표지 우측상단에는 해당 책에 수록된 역조명歷朝名이, 우측하단에는 '김가장서金家藏書'라는 장서기가 묵서되어 있다. 표지는 조선에 들여와 장황粧䌙한 것으로 보이며, 사침안정법四針眼訂法을 유지하고 있다.

권수제卷首題는 권17~20까지 '전한효선황제기前漢孝宣皇帝紀', 권21~23까지 '전한효원황제기前漢孝元皇帝紀', 권24~27까지 '전한효성황제기前漢孝成皇帝紀', 권28~29까지 '전한효애황제기前漢孝哀皇帝紀', 권30 '전한효평황제기前漢孝平皇帝紀'로 각각 다르다. 판식은 상하단변좌우쌍변上下單邊左右雙邊, 유계有界, 11행 20자, 상하향백어미上下向白魚尾이다. 권19·22·25·28의 권수제면 우측하단에는 '삼산진씨거경당도서三山陳氏居敬堂圖書'라는 인장이 날인되어 있다. 삼산三山 진씨陳氏는 청대淸代의 장서가이자 서각업자인 진약림陳若霖으로, 거경당居敬堂은 그의 장서루藏書樓이자 간행처이다. 명대에 간행된 책을 청대의 서각업자 진약림이 소장하고 있었음을 알 수 있다.

제9·11책의 표제는 '전한기前漢紀', 제10책 및 12~16책의 표제는 '양한기兩漢紀'로, 본서가『양한기』의 일부임을 알 수 있다. 표제 하단에는 각 책에 수록된 권차卷次가 묵서되어 있다. 각 책 앞표지 우측상단에는 해당 책에 수록된 역조명歷朝名이, 우측하단에는 '김가장서金家藏書'라는 장서기藏書記가 묵서되어 있다. 장서기 위에는 정방형 주문인朱文印 '옥색금성玉色金聲'이 날인되어 있다. 표지는 조선에서 사침안정법四針眼訂法으로 개장改裝하였으며, 이에 따라 표제 및 역조명 또한 조선에 들여와 필사한 것으로 보인다.

漢孝宣皇帝紀三卷第十九

神爵元年春正月行幸甘泉郊泰畤三月行幸河東

祠后土賜天下勤事吏及民爵鰥寡孤獨高年所

賑貸貧民勿收行所過無出田租詔曰夫江海百川

之大者今闕無祠其令祠官以時祠江海及洛水膠

東王相張敞爲京兆尹敞字子高河東人先是敞爲

山陽太守郡内清治上書自請曰山陽戸九萬三千

計盜賊未得者十七人他課皆如此臣久居閒處而

忘國事非忠臣也請治劇郡時膠東盜賊並起長吏

不能治乃拜敞爲膠東王相至郡明設購賞開賊盜

令相捕斬除罪吏追捕有功上名尚書調補縣令者

본서에는 결락되어 있지만 대만 국가도서관國家圖書館에 소장되어 있는 동일한 판본의 『전한기』(202.222 01837)에는 황희수가 1548년(嘉靖 27)에 쓴 「각양한기서刻兩漢紀序」[嘉靖歲戊申(1548)…吳黃姬水讚]가 남아있어, 본서의 간행 시기를 유추해볼 수 있다.

『전한기』는 한대漢代의 인물인 순열이 헌제獻帝의 명을 받아『한서漢書』의 내용을 바탕으로 하여 한나라 역사를 편년체로 기록한 책으로, 애초의 서명은『한기漢紀』이다.『한기』·『전한기』·『후한기』라는 서명의 책은 이전에도 많이 간행되었지만, 『양한기』라는 서명 아래『전한기』와『후한기』를 함께 간행한 사례는 송대宋代의 왕질王銍의 간행본이 최초이다. 이후 1548년에 황희수가 간행한 본서가 현존하는 가장 오래된 『양한기』이다. 이를 바탕으로 하여 1598(萬曆 26)에 남경南京 국자감國子監에서 간행한 간본이 있었다. 청대淸代에는 1696년(康熙 35) 양평襄平 장씨蔣氏의 낙삼당樂三堂 간행본, 광서 연간의 1876년(光緒 2) 영남嶺南 학해당學海堂 간본, 1877년(光緒 3) 우남盱南 삼여서옥三餘書屋 간본 등이 있다.
편자인 순열은 후한 말의 인물로, 자는 중예仲豫이다. 현재 하남성河南省에 속해 있는 영음潁陰 사람이다. 어려서부터 역사에 통달하였고, 후에 조조曹操의 천거로 황문시랑黃門侍郞, 비서감秘書監 시중侍中 등을 역임 하였다. 저술로는 인의仁義를 바탕으로 한 정책을 주장한『신감申鑑』과, 기전체紀傳體인『한서』를 편년체 編年體로 재편하고 정리한『한기』가 있다.
본서를 교정하여 간행한 황희수의 자는 치보致甫 혹은 순보淳父이다. 현재의 중국 강소성江蘇省 소주蘇州에 속하는 오현吳縣의 장서가이자, 서각업자이다. 그의 부친인 황성증黃省曾 또한 시화에 조예가 깊었으며 전산서옥前山書屋이라는 장서루藏書樓를 소유한 유명한 장서가였다.「각양한기서刻兩漢紀序」에 의하면 부친이 운간雲間 주씨朱氏의 송간본『양한기』를 구하여 이를 간행하려 했으나 그 뜻을 이루지 못하여, 유지를 받들어 간행을 완료했다고 하였다. 운간은 현재의 상해上海에 속해 있는 화정華亭을 가리키는 것으로 보이며, 따라서 운간 주씨는 명대 화정지역의 장서가인 주대소朱大韶를 말하는 것으로 보이나 확실치 않다.

본서는 역조가 바뀔 때는 각 왕의 즉위 나이와 왕후의 이름 등을 제시하고, 역사 기록은 연호로 시작한다. 연도가 바뀌거나 역조 말미에 수록된 찬讚이 나올 때는 행을 바꾼다. 각 권차별 내용은 다음과 같다.

| 책차 | 권차 | 내용 | 시작 연대 |
|---|---|---|---|
| 1~8(缺帙) | 권1~16 | 高祖皇帝紀~孝昭皇帝紀 | 沛公 元年 劉邦 |
| 9 | 권17 | 孝宣皇帝紀 一 | 本始 元年(B.C. 73) 春正月 |
| | 권18 | 孝宣皇帝紀 二 | [本始] 4年(B.C. 70) 春正月 |
| 10 | 권19 | 孝宣皇帝紀 三 | 神雀 元年(B.C. 61) 春正月 |
| | 권20 | 孝宣皇帝紀 四 | 五鳳 元年(B.C. 57) 春正月 |
| 11 | 권21 | 孝元皇帝紀 上 | 初元 元年(B.C. 48) 春正月 |
| | 권22 | 孝元皇帝紀 中 | 永光 元年(B.C. 43) 春正月 |
| 12 | 권23 | 孝元皇帝紀 下 | [永光] 2年(B.C. 42) 春正月 |
| | 권24 | 孝成皇帝紀 一 | 建始 元年(B.C. 32) 春正月 |
| 13 | 권25 | 孝成皇帝紀 二 | [建始] 3年(B.C. 30) 春正月 |
| | 권26 | 孝成皇帝紀 三 | [建始] 4年(B.C. 29) 秋 |
| 14 | 권27 | 孝成皇帝紀 四 | 元延 元年(B.C. 12) 春正月 |
| | 권28 | 孝哀皇帝紀 上 | 建平 元年(B.C. 6) 春正月 |
| 15 | 권29 | 孝哀皇帝紀 下 | [建平] 4年(B.C. 3) 春正月 |
| 16 | 권30 | 孝平皇帝紀 | 元始 元年(A.D. 1) 春正月 |

권30은 평황제 5년에 이어 왕망王莽(B.C. 45~A.D. 23)의 섭정기인 거섭居攝 및 왕망이 건국한 신新의 초시初始, 건국建國 3년(A.D. 8)으로 끝난다.

본서는 『전한기』와 『후한기』를 『양한기』로 함께 간행한 판본 중 아주 드물게 발견되는 황희수 간본으로 한국에서는 희귀본이다. 청대의 장서가인 진약림의 구장본舊藏本이며, 비록 결질본이지만 존경각에 한 질을 이루는 『후한기』와 함께 소장되어 있어, 귀중본으로서의 가치가 충분하다. 이혜정

주제어
전한기前漢紀, 순열荀悅, 원굉袁宏, 후한기後漢紀, 양한기兩漢紀, 황희수黃姬水

참고문헌
马逸群, 『王铨及其诗文研究』, 暨南大学硕士学位论文, 2014.
陈启云, 「荀悦著述的文本和语境问题 : 『汉纪』与『申鉴』」, 『人文论丛』, 2004.

前漢記卷十七

前漢記卷三十

前漢記卷二十九

前漢記卷二十八

前漢記卷二十七

前漢記卷二十六

前漢記卷二十五

前漢記卷二十四

後漢書表后紀序事

後漢記卷二十一

# 후한기
# 後漢紀
## Hòu Hàn Jì

貴 B03C-0034

———

| | | | |
|---|---|---|---|
| 서명 | 後漢紀 | | 사부 |
| 저자 | 袁宏(晉) 撰；黃姬水(明) 校刊 | | 史部 |
| 판본 | 木版本 | | 21 |
| 발행 | [中國(明)]：[吳郡(蘇州)], [嘉靖27(1548)]序 | | |
| 형태 | 14卷8冊(全30卷)：上下單邊左右雙邊, 半郭 19.0 × 13.8 cm, 有界, 11行20字, 上下 | | |
| | 向白魚尾；23.5 × 15.9 cm | | |
| 주기 | 書名은 版心題임 | | |

發行事項 推定：본서와 함께 간행된 자관소장『前漢紀』(B03C-0023)의 발행사항

所藏：第1·3~8·12冊(卷1·2·5~14·22·23)

卷首題：後漢光武皇帝紀(卷1·2·5~8), 後漢孝明皇帝紀(卷9·10), 後漢孝章皇帝紀
(卷11·12), 後漢孝和皇帝紀(卷13·14), 後漢孝桓皇帝紀(卷22), 後漢孝靈皇帝紀(卷
23)

表題：後漢紀(第1·3~8冊), 兩漢紀(第12冊)

補寫：卷1·2·10~12(木板印札紙)

藏書記：金家藏書(앞表紙)

印記：三山陳氏居敬堂圖書(後漢紀序·卷7·10·13·22), 玉色金聲(앞表紙)

綿紙

진晉의 원굉袁宏(328~376)이 왕망王莽(B.C. 45~A.D. 23)의 치세였던 서기 17년(원풍 4)부터 후한 헌제獻帝(재위 189~220) 치세인 220년(연강 원년)까지의 역사를 편년체로 기록하고, 자신의 견해를 덧붙인 책이다. 본서는 명대明代의 시인이자 서각업자인 황희수黃姬水(1509~1574)가 순열의『전한기』와 원굉의『후한기』를 1548년(嘉靖 27) 함께 간행한『양한기兩漢紀』의 일부로, 존경각에서는 제1·3~8·12책을 소장하고 있다.

제1책과 3~8책의 표제는 '후한기後漢紀', 제12책의 표제는 '양한기兩漢紀'로, 본서가『양한기』의 일부임을 알 수 있다. 표제 하단에는 각 책에 수록된 권차卷次가 묵서되어 있다. 각 책 앞표지 우측상단에는 해당 책에 수록된 역조명歷朝名이, 우측하단에는 '김가장서金家藏書'라는 장서기藏書記가 묵서되어 있다. 장서기 위에는 정방형 주문인朱文印 '옥색금성玉色金聲'이 날인되어 있다. 표지는 조선에서 사침안정법四針眼訂法으로 개장改裝하였으며, 이에 따라 표제 및 역조명 또한 조선에서 필사한 것으로 보인다.

판식은 상하단변좌우쌍변上下邊左右雙邊, 유계有界, 11행 20자, 상하향백어미上下向白魚尾의 목판본이다. 소장 권차 권1·2·5~14·22·23 중 권1·2와 권10~12는 같은 판식의 목판木板 인찰지印札紙에 보사補寫 되어 있다. 본서는 자관 소장본『전한기前漢紀』(貴 B03C-0023)와 함께 간행된『양한기』의 일부이다. 자관 소장본『전한기』에는 누락되어 있지만 대만 국가도서관國家圖書館에 소장되어 있는 동일한 판본의『전한기』 (202.222 01837)에는 황희수가 1548년에 쓴「각양한기서刻兩漢紀序」[嘉靖歲戊申(1548)…吳黃姬水讚]가 남아있어, 본서의 간행 시기를 유추해볼 수 있다.

漢孝桓皇帝紀下卷第二十二

年春正月辛丑南宮嘉德殿火三月

四月甲寅河間孝王遷為王五月

丁卯沔陵長壽門火六月羌寇金城安定

殺吏民中郎將皇甫規討羌大破之先是涼州刺史

郭閎漢陽太守……安定太守孫俊皆不任職倚恃

貞戚有司不敢糾規悉條奏其罪羌人聞之翕然乃

喜一時降者二十餘萬口徵拜議郎論功未畢常侍

左悺私求於規規執正不許遂以餘寇不絕收規

下獄學生張鳳等三百餘人守闕訟規終不省規竟

坐論會赦復徵為尚書頃之復為中郎將討梁並叛

권수제卷首題는 권1~2와 5~8까지가 '후한광무황제기後漢光武皇帝紀', 권9·10이 '후한효명황제기後漢孝明皇帝紀', 권11·12가 '후한효장황제기後漢孝章皇帝紀', 권13·14가 '후한효화황제기後漢孝和皇帝紀', 권22가 '후한효환황제기後漢孝桓皇帝紀', 권23이 '후한효영황제기後漢孝靈皇帝紀'로 각각 다르다. 「후한기서後漢紀序」와 권7·10·13·22의 권수제면 우측하단에는 '삼산진씨 거경당도서三山陳氏居敬堂圖書'라는 인장이 날인되어 있다. 인장이 찍힌 위치를 통해 본래 1책당 3권씩 분책되어 있던 것을 조선에 들여와 개장하며 1책당 2권씩 분책하였을 것으로 보인다. 삼산三山 진씨陳氏는 청대淸代의 장서가이자 서각업자인 진약림陳若霖으로, 거경당居敬堂은 그의 장서루藏書樓이자 간행처이다. 명대에 간행된 책을 청대의 서각업자 진약림이 소장하고 있었음을 알 수 있다. 보사한 권10에도 이 인장이 날인되어 있는 것으로 보아, 조선에 들여오기 이전 중국에서 보사한 것으로 추정된다.

『한기漢紀』·『전한기』·『후한기』라는 서명의 책은 이전에도 많이 간행되었지만, 『양한기』라는 서명 아래 『전한기』와 『후한기』를 함께 간행한 사례는 송대宋代의 왕질王銍이 최초인 것으로 알려져 있다. 이후 1548년에 황희수가 간행한 본서가 현존하는 가장 오래된 『양한기』이다. 이를 바탕으로 하여 1598년(萬曆 26)에 남경南京 국자감國子監에서 간행한 간본이 있었다. 청대淸代에는 1696년(康熙 35) 양평襄平 장씨蔣氏의 낙삼당樂三堂 간행본, 광서 연간의 1876년(光緒 2) 영남嶺南 학해당學海堂 간본, 1877년(光緒 3) 우남盱南 삼여서옥三餘書屋 간본 등이 있다.

편자인 원굉의 자는 언백彦伯으로, 현재 중국 하남성河南省에 속하는 진군陳郡 양하현陽夏縣 사람이다. 각종 자료들을 수집하고 교감하여 8년간에 걸쳐 『후한기』를 편찬하였다. 순열荀悅이 편찬한 『한기漢紀』의 기술 방식에 큰 영향을 받았다. 그 외의 저술로는 『죽림명사전竹林名士傳』·『동정부東征賦』 등이 있었다고 하지만 현전하지 않는다.

본서의 교정 간행인 황희수에 대한 내용은 한 질을 이루는 사부史部-20 전한기前漢紀(貴 B03C-0023)의 내용을 참고하기 바란다.

존경각 소장본 『후한기』는 전체 30권 중 제1책, 3~8책, 12책(卷1·2·5~14·22·23)에 해당하는 부분이다. 각 권차별 내용은 다음과 같다.

| 소장책차 | 권차 | 내용 | 참고 |
|---|---|---|---|
| 제1책 | 권1~2 | 光武皇帝紀 | 補寫 |
| 제2책 (缺帙) | 권3~4 | 光武皇帝紀 | - |
| 제3책 | 권5 | 光武皇帝紀 | 木版本 |
| 제4책 | 권6 | 光武皇帝紀 | 木版本 |
| 제5책 | 권7 | 光武皇帝紀 | 木版本 |
| | 권8 | 光武皇帝紀 | 木版本 |
| 제6책 | 권9 | 孝明皇帝紀上 | 木版本 |
| | 권10 | 孝明皇帝紀下 | 補寫 |
| 제7책 | 권11 | 孝章皇帝紀上 | 補寫 |
| | 권12 | 孝章皇帝紀下 | 補寫 |
| 제8책 | 권13 | 孝和皇帝紀上 | 木版本 |
| | 권14 | 孝和皇帝紀下 | 木版本 |
| 제9~11책 (缺帙) | 권15 | 孝殤皇帝紀 | - |
| | 권16~17 | 孝安皇帝紀 | - |
| | 권18~19 | 孝順皇帝紀 | - |
| | 권20 | 孝質皇帝紀 | - |
| | 권21~22 | 孝桓皇帝紀 | - |
| 제12책 | 권22 | 孝桓皇帝紀下 | 木版本 |
| | 권23 | 孝靈皇帝紀上 | 木版本 |
| 제13~15책 (缺帙) | 권24~25 | 孝靈皇帝紀 | - |
| | 권26~30 | 孝獻皇帝紀 | - |

역조가 바뀔 때는 각 왕의 즉위 나이와 왕후의 이름 등을 제시하고, 역사 기록은 연호로 시작한다. 연도가 바뀌거나 역조 말미에 수록된 찬讚이 나올 때는 행을 바꾼다.

『후한기』는 편년체 서술 방법을 큰 줄기로 하고 해당 시기의 중요 인물과 사건을 배열하여 사건의 인과관계 및 역사의 전개 과정을 조리 있게 기술하였다고 평가받는다. 본서는『전한기』와『후한기』를『양한기』로 함께 간행한 판본 중 드물게 발견되는 황희수의 간본으로 한국에서는 희귀본이다. 청대의 장서가인 진약림의 구장본舊藏本이며, 비록 결질본이지만 존경각에 한 질을 이루는『전한기』와 함께 소장되어 있어, 귀중본으로서의 가치가 충분하다. 이혜정

주제어
후한기後漢紀, 원굉袁宏, 양한기兩漢紀, 황희수黃姬水

참고문헌
张烈,「『两汉纪』及其版本问题」,『古籍整理研究学刊』6, 1990.

# 왕공의공박고
## 王恭毅公駁稿
Wang-gong-ui-gong bakgo



王恭毅公駁稿序
[illegible]與吾儒言大抵若不離要其極必
…古證今原乎情而酌厥中斯足
以[illegible]儒者其孰能諸世之論者往往
岐[illegible]也惟我先尚書恭毅公往讞副
都御史擢大理卿居十有餘年凡兩法司㢠
獄專司詳讞在外諸省悉從處當以報而平
反日益衆其所不可者必參駁之俾歸至當
辯難明快見者驚服且私相傳寫以爲程式
盖兩法司猶奕之當局而大利則旁觀者以

駁稿序

同副承旨臣金

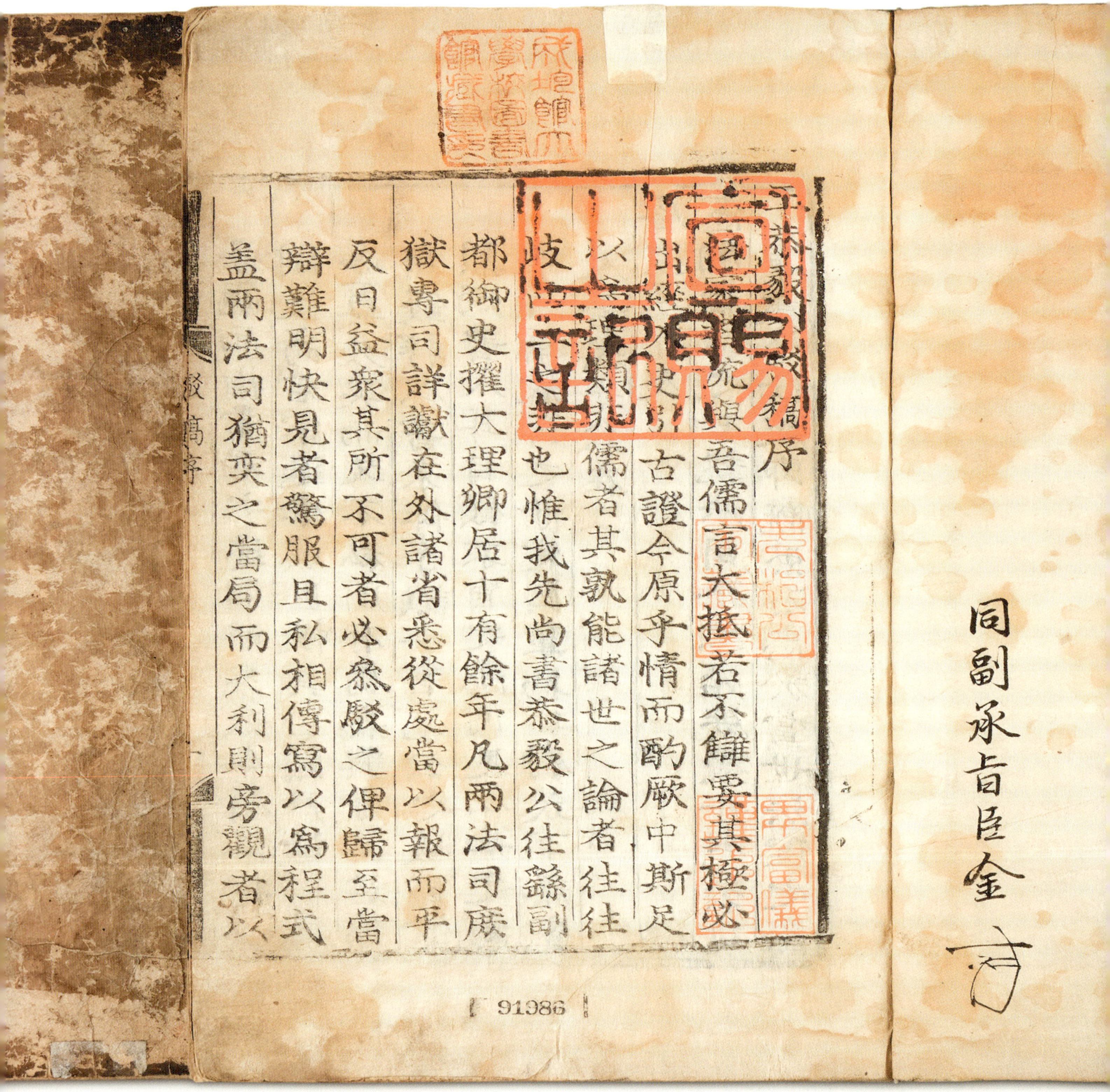

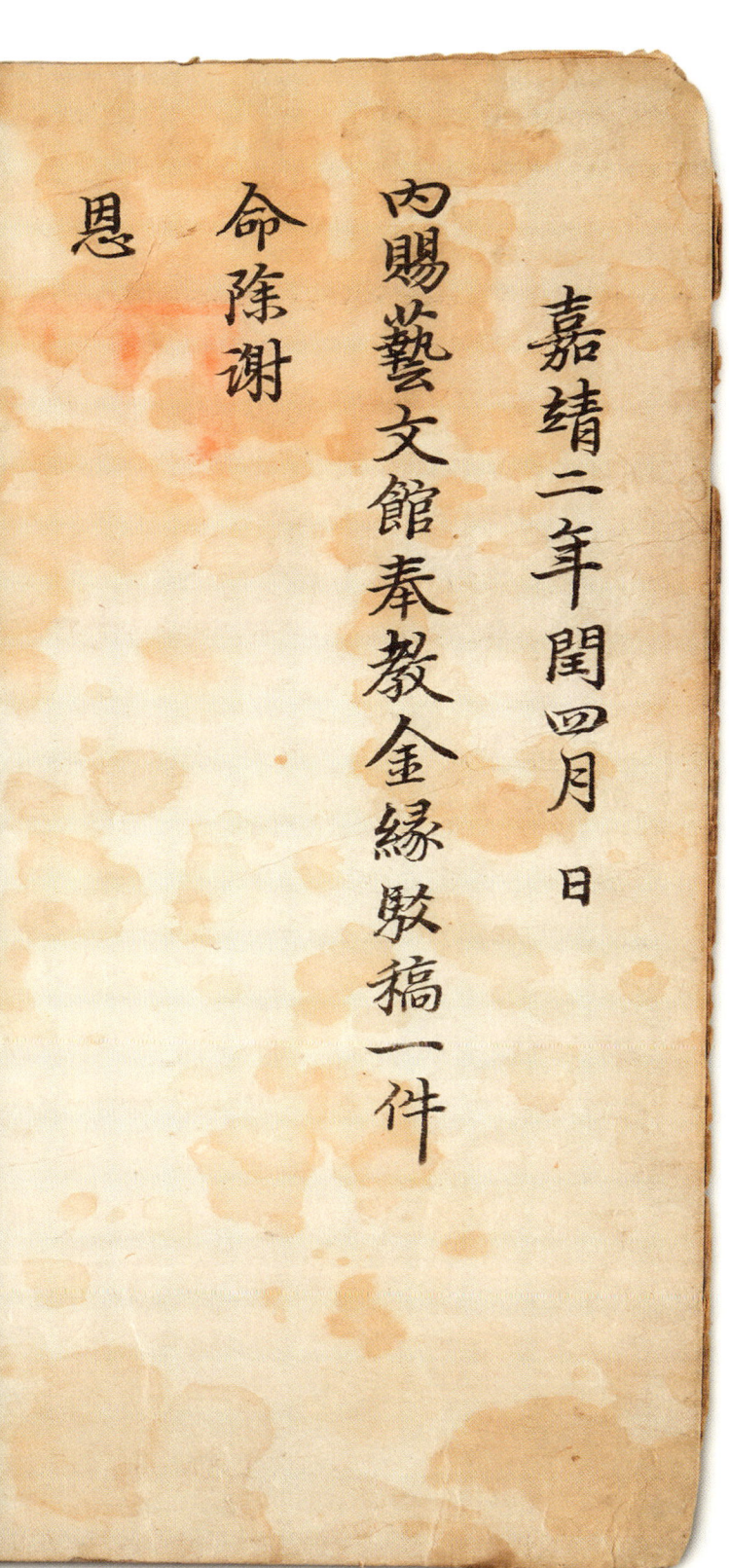

| | |
|---|---|
| 서명 | 王恭毅公駁稿 |
| 저자 | 王槩(明) 撰 |
| 판본 | 金屬活字本(乙亥字) |
| 발행 | [漢城]: [校書館], 中宗18(1523)頒賜 |
| 형태 | 2卷2册：四周單邊, 半郭 23.5×16.5 cm, 有界, 10行18字 小字雙行, 大黑口, 上下<br>內向黑魚尾；33.0×21.3 cm |
| 주기 | 版心題: 駁稿 |
| | 內賜記: 嘉靖二年(1523)閏四月日 內賜藝文館奉敎金緣 駁稿一件 命除謝恩. 同副承<br>旨臣 金(手決) |
| | 王恭毅公駁稿序: 壬子(1492)春三月八日⋯宜谿居士男臣謹序 |
| | 王恭毅公駁稿序: 弘治五年歲次壬子(1492)春三月八日戊寅賜進士弟中憲大夫浙江等<br>處提刑按察司副使江都高銓謹書 |
| | 標點(活印), 校勘註(書眉 墨書) |
| | 印記: 宣賜之記, 男富儀謹追記, 先相公家藏書 |
| | 楮紙 |

중국 명대明代 정치가인 왕개王槩(1418~1474)의 형법서이다. 본서는 조선 16세기 초에 주조한 금속활자인 을해자乙亥字로 간행한 책으로, 1523년(중종 18)의 내사기가 있다.

연당초무늬의 능화문 표지에 오침안정법五針眼訂法으로 장황粧䌙하였다. 표제는 별도로 표시되어 있지 않다. 본문 제1장을 기준으로 보았을 때, 판식은 사주단변四周單邊, 10행 18자, 상하대흑구上下大黑口에 상하내향 흑어미上下內向黑魚尾이다. 권수제卷首題는 '왕공의공박고王恭毅公駁稿', 판심제는 '박고駁稿'이다. 표점標點이 활인活印되어 있다는 점이 여타의 을해자본과는 다른 점이다. 서미書眉에는 교감주校勘註가 묵서墨書되어 있어 이전 소장자가 본서를 열람하였음을 알 수 있다.

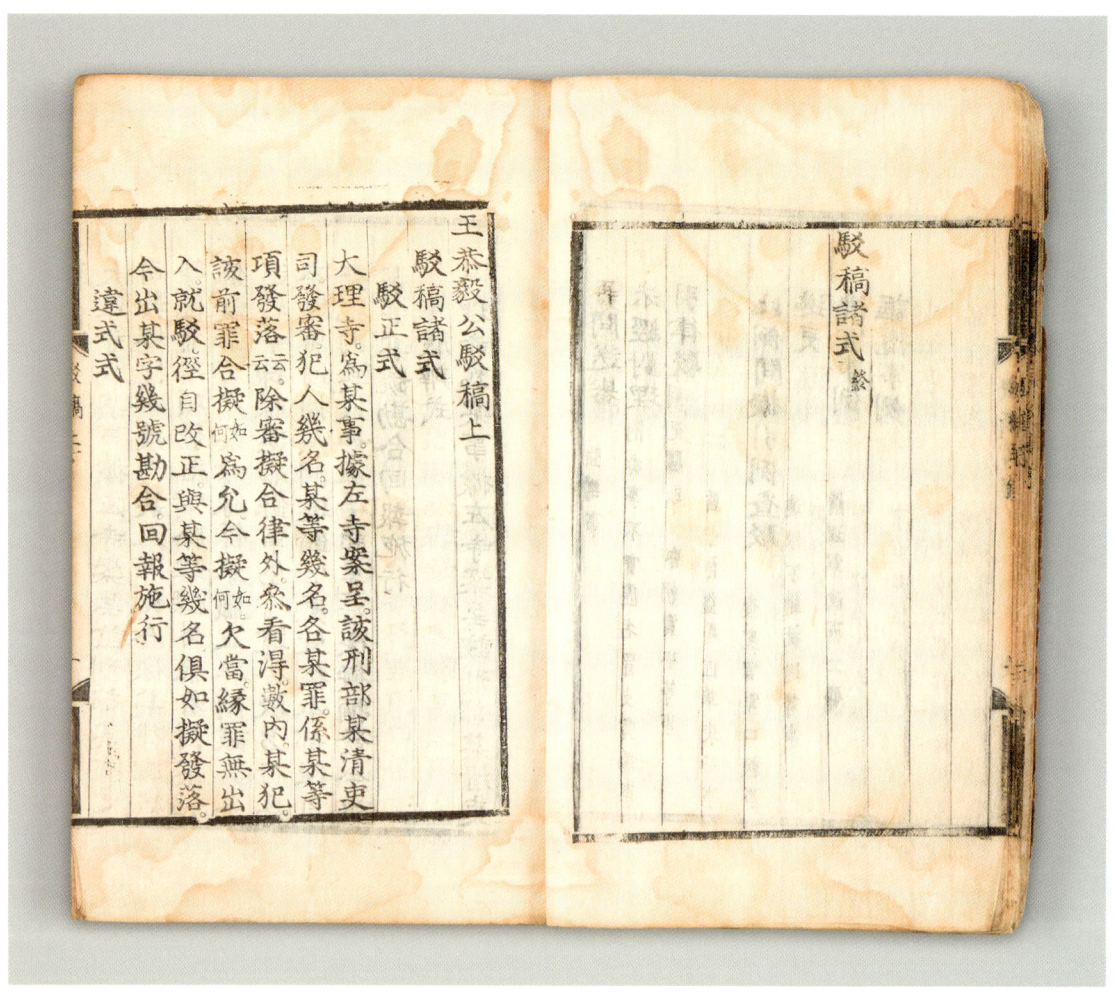

앞면지面紙에는 '가정2년(1523)윤4월 예문관藝文館 봉교奉敎 김연金緣에게 『박고駁稿』 1건을 내사한다'는 내용의 내사기內賜記가 있다. 서문 첫 장에는 내사인內賜印 '선사지기宣賜之記'와 함께 '선상공가장서先相公家 藏書', '남부의근추기男富儀謹追記'라는 오천烏川 광산김씨가光山金氏家의 장서인이 날인되어 있다. 내사기의 내용을 통해 1523년 4월에 당시 예문관 봉교였던 김연金緣에게 반사한 책임을 알 수 있고, 장서인을 통해 안동의 오천 광산김씨 종가에서 대대로 소장했던 전적이라는 것을 알 수 있다. 김연은 조선 중종 때 활동한 문신으로 본관은 광산光山, 자는 자적子迪·자유子裕, 호는 운암雲巖이다. 조부는 김회金淮이고, 아버지는 생원 김효로金孝盧이며 어머니는 이지李持의 딸이다. 슬하에 장남 후조당後彫堂 김부필金富弼과 차남 읍청정挹淸亭 김부의金富儀를 두었다. 김연의 장서는 차자인 김부의의 장서인에 의해서 확인되는데 김부의가 아버지인 김연으로부터 물려받은 장서에 주로 '선상공가장서', '남부의근추기'의 인장을 날인한 사실이 알려져 있다. 주로 중종 연간에 간행되었던 『삼국유사三國遺事』·『전한서前漢書』·『명신언행록名臣言行錄』·『위정공간록魏鄭

公諫錄』·『소보우공주의少保于公奏議』 등의 책이 김연이 아들에게 물려준 장서로 확인된 바 있고, 존경각에는 『위정공간록魏鄭公諫錄』·『소보우공주의少保于公奏議』·『문선文選』 등의 책이 남아 있다. 그 밖에도 안동의 광산김씨 종가에서 보유하고 있는 김부의·김부필 형제의 장서가 국가문화유산으로 지정되어 있기도 하다.

이 책을 편찬한 왕개는 선계宣溪(지금의 강서성 길안) 사람으로 자는 동절同節, 호는 서재恕齋이다. 1442년(正統 7) 회시會試 78위, 전시殿試 29위에 올랐다. 1444년(正統 9) 3월에 산서부 주사를 시작으로 벼슬길에 나아갔으며, 관직이 형부상서刑部尙書에까지 이르렀다. 시호는 공의恭毅로, '왕공의공박고王恭毅公駁稿'라는 서명은 곧 그가 지은 박고駁稿라는 의미이다.

상하 2권으로 구성된 책의 권수卷首에는 왕개의 아들 왕신王臣과 절강안찰사부사浙江按察司副使 고전高銓이 1492년(弘治 5)에 작성한 「왕공의공박고서王恭毅公駁稿序」가 있고 이어서 박고제식駁稿諸式이 수록되었다. 권1에 첫 번째 항목 죄선발罪先發을 시작으로 범죄자수犯罪自首, 기송관원起送官員, 고퇴관원高退官員 등을 비롯하여 절도임시위강도竊盜臨時爲强盜까지 권 2에는 모살謀殺부터 광람사례誑攬事例까지 범죄의 유형과 형사처벌 및 그 방식에 대한 내용을 담고 있다.

『왕공의공박고』는 국내에 현전본이 거의 알려지지 않았다. 현재까지 확인된 바로는 건국대 도서관에 필사본이 남아 있고 중국 명대 간본으로 중국국가도서관 등에 전해진다. 그 내용이 당시 형법 상황과 정책을 살피는데 좋은 자료이다. 조선전기 금속활자인 을해자로 간행하고 김연에게 반사한 책으로 안동의 오천 광산김씨 가문에서 대대로 전해온 장서로서 의미도 있다. 전체적으로 보존상태가 양호하고 현전하는 판본이 매우 희귀할 뿐만 아니라 조선 전기의 어문학, 형법학, 서지학 연구의 가치가 있는 자료로 평가된다. 특히 이 책은 최세진, 유대용, 어숙권 등에 의해서 편찬된 『이문집람吏文輯覽』·『이문속집집람吏文續集輯覽』·『우공주의집람于公奏議輯覽』·『주의택고집람奏議擇稿輯覽』·『비부초의집람比部招議輯覽』 등과 함께 요약본인 『박고집람駁稿輯覽』으로도 간행된 바 있어서 국어사적으로 의미 있는 책이다. 풀이가 까다로운 한자어들을 한자, 언문, 이두 등으로 풀이하거나 대역하여 집람輯覽의 형식으로 편찬하는데 활용되었을 것으로 추정된다. 즉 존경각에 전해지는 책 중에 제작, 반사된 시기와 인물이 거의 유사한 을해자본 『소보우공주의少保于公奏議』와 『우공주의집람于公奏議輯覽』처럼 『왕공의공박고王恭毅公駁稿』와 『박고집람駁稿輯覽』을 같은 선상에 두고 주목할 필요가 있는 책이다. 옥영정

주제어
왕공의공박고王恭毅公駁稿, 왕개王槩

# 전국책
# 戰國策
## Zhàn Guó Cè

費 B06C-0026a

| | |
|---|---|
| 서명 | 戰國策 |
| 저자 | [高誘(漢)] 註 ; [鮑彪(宋)] 注, [吳師道(元)] 校注 |
| 판본 | 木版本 |
| 발행 | [中國(明)] : [刊寫者未詳], [明朝初]刊 |
| 형태 | 1卷 1册(缺帙) : 四周雙邊, 半郭 20.0 × 12.7 cm, 有界, 10行21字 小字雙行, 小黑口, 上下向黑魚尾 ; 25.0 × 15.2 cm |
| 주기 | 原題 : 戰國策校注 |
| | 書名은 版心題임 |
| | 所藏 : 第4卷 齊 |
| | 落張 : 앞表紙, 第1張 前面 |
| | 竹紙 |

사부
史部
23

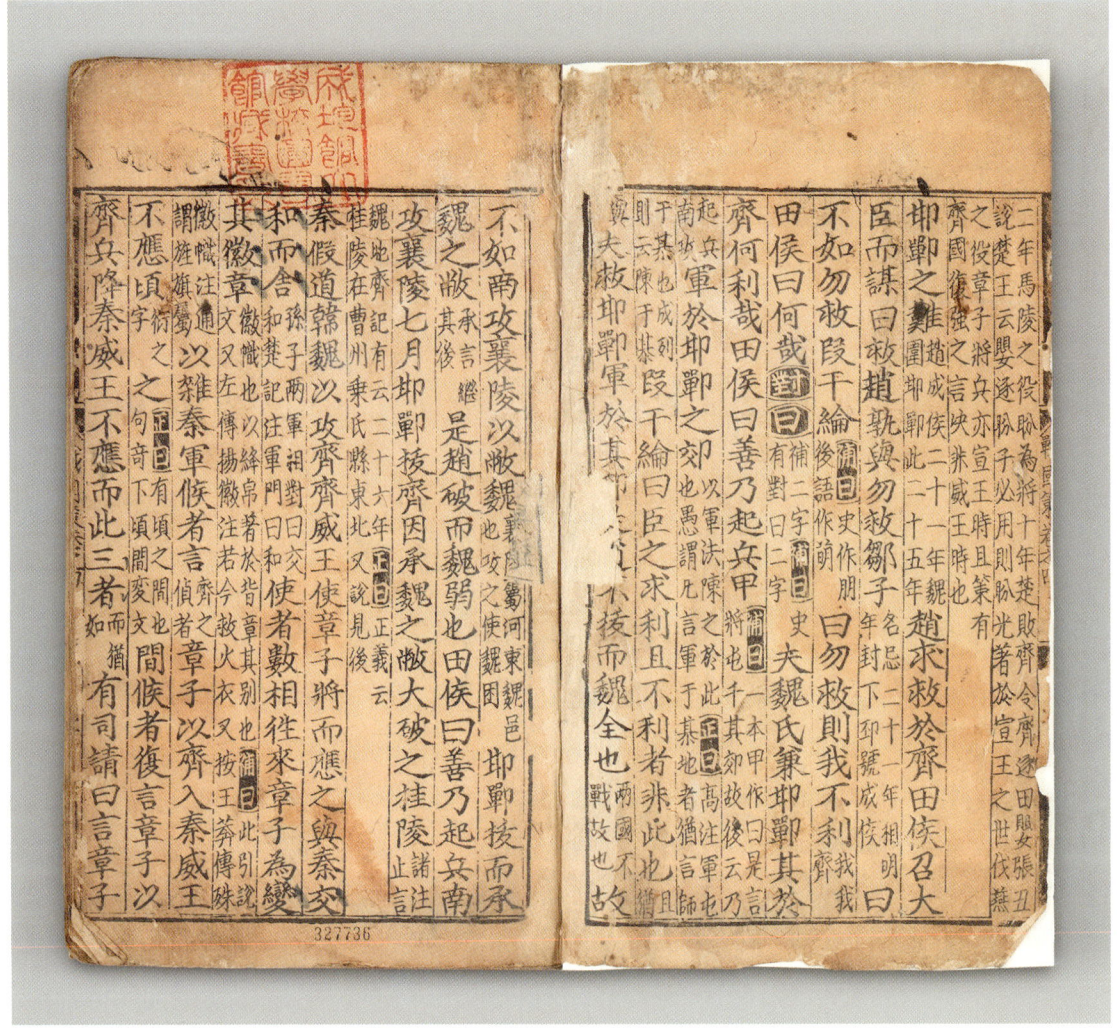

서한西漢의 학자 유향劉向(B.C.77~A.D.6)이 편찬하고 남송南宋의 포표鮑彪(1091~?)가 10권으로 편차한 책이다. 본서는 원元의 오사도吳師道(1283~1344)가 교정하고 주석을 단 것으로, 10권 중 제4권 1책에 해당하는 결질본이다.

판식은 사주쌍변四周雙邊, 유계有界, 10행 21자, 상하 흑구黑口, 상하하향흑어미上下下向黑魚尾이다. 권수제卷首題가 있는 제1장 첫면은 결락되었고, 제27장은 보사補寫하였다. 권미제卷尾題는 '전국책제戰國策齊'이다. '보왈補日'·'정왈正日' 등이 음각陰刻되어 있어 명시성을 높였다. 이러한 부분은 오사도의 『전국책교주戰國策校注』와 일치하고, 1581년(萬曆 9)에 간행된 『전국책전주戰國策全註』와는 미세하게 다르다.

구절이 바뀌는 부분의 서미書眉에 흑색·주색 점을 찍어 표시하였다. 남묵藍墨으로 비점批點이 찍혀 있다. 또한 서미의 첨지에는 교감 내용이 남묵으로 기재되어 있다. 예를 들어 선왕宣王 남양지난南梁之難의 내용 중 '안 됩니다. 한구의 군대가 아직 지치지 않았는데 우리가 구해 주면 우리가 한나라 대신 위나라의 병화를 입고, 우리가 도리어 한나라의 명령을 들어야 하는 처지가 됩니다.[不可 夫韓俱之兵未弊 而我救之 我代韓而受魏之兵 顧反聽命於韓也]' 상단에는 '한구의 구俱자는 오류인 듯하다[韓俱之俱字恐誤]'라는 교감주가 적힌 첨지가 있다. 실제로 '한구韓俱'는 후대의 주석가들에 의해 '한·위'로 수정되었고, '안 됩니다. 한韓·위魏의 군대가 아직 지치지 않았는데 우리가 구해 주면 우리가 한나라 대신 위나라의 병화를 입고, 우리가 도리어 한나라의 명령을 들어야 하는 처지가 됩니다.[不可 夫韓魏之兵未弊 而我救之 我代韓而受魏之兵 顧反聽命於韓也]'로 번역되고 있다.

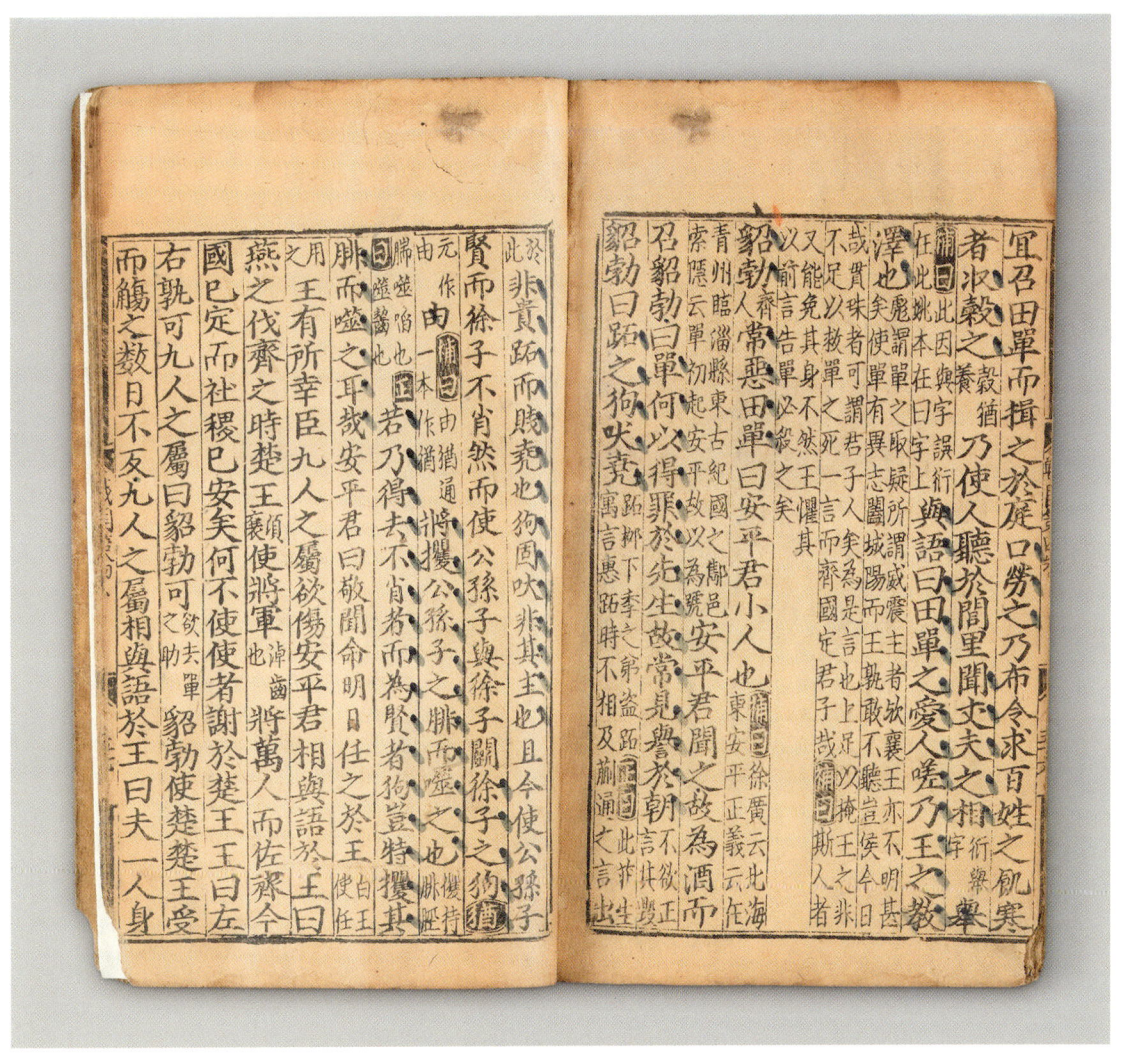

『전국책』을 처음 편찬한 유향은 한漢 성제成帝(재위 B.C.33~B.C.7)의 명으로 당시 남아 있던 『국책國策』·『국사國事』·『단장短長』·『사어事語』·『장서長書』·『수서修書』 등의 역사서를 정리하여 『전국책』 33편篇을 편찬하였다. 서주西周, 동주東周, 진秦, 제齊, 초楚, 조趙, 위魏, 한韓, 연燕, 송宋, 위衛, 중산中山의 역사 기록으로, 전국戰國 초년부터 진秦이 6국을 멸하기까지의 기록이다. 여기에 동한東漢의 학자 고유高誘가 주석하였고, 북송北宋의 학자 증공曾鞏이 제가諸家의 주석을 모은 책을 편찬하였다. 남송의 포표는 증공의 『전국책』을 10권으로 편차하였고, 원의 오사도가 이를 바탕으로 『전국책교주』를 편찬하였다. 『전국책』의 내용 중 '보왈補曰'로 시작하는 주석은 오사도가 보충한 것이고, '정왈正曰'로 시작하는 주석은 원주의 오류를 바로 잡은 것이다.

판식으로 보아 대만 국가도서관 소장『전국책』(204.21 02084)과 동일한 판본으로 보이며, 권수제는 '전국책戰國策'이다. 명간본으로 동일한 판식을 지녔지만, 목판 균열이나 광곽의 탈락이 관찰되는 대만 국가도서관 소장본보다 본서가 조금 더 일찍 간행되었을 것으로 판단된다. 국가도서관 소장본『전국책』의 '한구韓俱'는 '한위韓魏'로 수정된 것 또한 그 증거이다.

본서는 10권본『전국책』의 일부로, 각권별로 '동주책東周策', '서주책西周策' 등으로 구분되어 있는 33권본과는 편차가 다르다. 권4 제齊 위왕威王, 선왕宣王, 민왕閔王, 양왕襄王과, 양왕의 아들이자 마지막 왕인 건建까지의 내용이 수록되어 있다. 권말에는 '범오십구장凡五十九章'이라는 기록이 판각되어 있다.

『전국책』이 우리나라에 유입된 시기는 자세하지 않으며, 그 수요 또한 많지 않았던 것으로 보인다.『성종실록成宗實錄』14년(1483) 12월 8일 기사에는 주강晝講에서『전국책』을 강독하고자 했지만, 시강관侍講官 등의 주청으로『전국책』 대신『서경書經』으로 바꾸었다는 내용이 있다. 유세가들의 술책이 주종을 이루는『전국책』은 주강의 교재로 부적절하다고 판단한 것이다.『성종실록』21년(1490) 3월 13일 기사에는 "행부사과 김흔이 오사도 중교『전국책』1질을 바치니, 마장 1부를 내려주도록 명하였다.[行副司果金訢 進吳師道重校戰國策一帙 命賜馬粧一部]"는 내용이 있어, 당시에도『전국책』은 흔한 책이 아니었음을 알 수 있다. 조선 궁궐 서목 중 중국본의 서목인『규장총목奎章總目』에 오사도 중교본『전국책』은 수록되어 있지 않지만, 장문관張文權이 교집校輯한『전국책담추戰國策譚樞』, 청대의 육농기陸隴其가 평선評選한『전국책거독戰國策去毒』 등이 수록된 것으로 보아 궁궐에서 정사政事를 돌볼 때 종종 참고하였던 것으로 보인다.

조선에서『전국책』을 간행한 기록은 찾기 어렵다.『중종실록中宗實錄』10년(1515) 11월 2일조에 홍문관弘文館에서 간행을 주청한 책 중에『전국책』이 포함되어 있다. 그러나 당시 간행한 책이 어떤 책인지는 알기 어렵다. 대신 숙종대肅宗代에 간행한 것으로 보이는 무신자본戊申字本『전국책』이 현전하고 있다. 존경각 소장 목판본은 무신자본의 저본으로 보인다. 그러나 무신자본에서는 본서에 나타난 오각誤刻 '한구韓俱'는 '한위韓魏'로 바로잡아 간행하였다. 본서는 비록 1책만 남아 있는 결질본이지만 인쇄 상태가 매우 좋고, 현전하는 인본이 드문 편이다. 또한 무신자본『전국책』의 저본으로 보이므로, 조선에서의『전국책』수용 양상 연구에 도움이 되는 자료라고 하겠다. 이혜정

주제어
전국책戰國策, 전국책교주戰國策校注, 유향劉向, 오사도吳師道

참고문헌
劉向 撰 高誘 註,『戰國策』, 臺灣商務印書館, 1968.

| 사부 | 역대요록 | | 서명 | 歷代要錄 |
| --- | --- | --- | --- | --- |
| 史部 | 歷代要錄 | | 저자 | 柳希春(朝鮮) 編 |
| 24 | Yeokdae yorok | | 판본 | 木版本 |
| | | | 발행 | [全羅道]: [錦山], [明宗11(1556)]題 |
| | 貴 B06C-0040 | | 형태 | 內篇·外篇1冊: 四周單邊, 半郭 21.9 ×17.1 cm, 有界, 10行18字, 大黑口, 上下內向混入花紋魚尾 ; 32.6 ×21.0 cm |
| | | | 주기 | 版心題: 要錄 |

發行事項 推定: 1585年(宣祖18) 刊行 木版本『攷事撮要』錦山條 '歷代要錄'
題: 嘉靖丙辰(1556)五月上旬 眉巖居士題
刻手名: '萬全' 等
楮紙

조선 선조宣祖(재위 1567~1608) 때의 문신 미암眉菴 유희춘柳希春(1513~1577)이 지은 역사서이다. 상고上古부터 원元나라까지의 역사를 선유先儒들의 긴요한 의논을 취하여 편집하였다. 본서는 전라도 금산錦山에서 1556 년경 간행한 목판본이다.

표제와 권수제·판심제 모두 '역대요록歷代要錄'이며 표제 하단에는 '합부合部'가 묵서墨書되어 있다. 각 권수에는 내편內篇과 외편外篇으로 적혀 있으나 판심版心에는 '권일卷一', '권이卷二'로 각각 인출되어 있다. 판식은 사주단변四周單邊, 유계有界, 10행 18자, 대흑구大黑口, 상하내향흑어미上下內向黑魚尾이다. 상판구 일부에 '만전萬全' 등의 각수명刻手名이 표시되어 있다.

본문 일부 서미書眉에 주석註釋을 달고, 본문 곁에 선을 긋거나 비점批點을 찍는 등 독서의 흔적이 있다.

책말에는 1556년(명종 11) 5월 본서의 편저자 유희춘이 쓴「요록제요錄題」가 수록되어 있는데, '선유의 지극히 마땅한 의논을 취하여 상세한 절목을 거칠게나마 덧붙여 내·외편을 나누었으니, 상고로부터 원나라에 이르기까지 계통이 서로 이어져 말은 간략하나 일은 구비되어 있다. 이에 어린이와 초학자들이 진실로 이를 암기할 수 있다면, 역대의 다스려짐과 어지러움, 임금·신하의 잘잘못, 도술 및 습속의 변화를 또한 그 대강을 거칠게나마 알 수 있을 것이다. 謹取先儒至論 粗加詳節 分內外篇 起上古訖于元 統緖相承 辭約而事備 童稚初學 苟能記此 則歷代之治亂 君臣 之得失 道術 習俗之變 亦可粗識其梗槪矣'라고 적혀 있어 본서의 편찬 경위를 알 수 있다.

편자인 유희춘은 조선 중기의 문신으로, 본관은 선산善山, 자는 인중仁中, 호는 미암眉巖이다. 1538년(중종 33) 별시 문과에 급제했다. 1547년(명종 2) 양재역 벽서사건으로 제주도·함경도에서 19년 동안 유배생활을 하였으며, 이곳에서 학문에 정진하여 많은 책을 저술했다. 이후 선조가 즉위하자 석방되었다. 만년에는 왕명으로 경서의 구결언해口訣諺解에 참여하여 『대학』을 완성하기도 했다. 대사성大司成·부제학副提學·이조참판吏曹參判 등을 역임하였고, 담양潭陽 의암서원義巖書院 등에 배향되었다. 저서로 『미암일기眉巖日記』·『시서석의詩書釋義』·『강목고이綱目考異』·『속몽구분주續蒙求分註』 등이 있다. 시호는 문절文節이다.

이덕무李德懋는 『역대요록』의 편찬 배경에 대해 사마광司馬光의 『계고록稽古錄』을 본보기 삼아 저술했다고만 간명하게 기록해 두었다. 『계고록』은 사마광이 『자치통감資治通鑑』을 열람하기 편리하도록 간략하게 편년사로 정리하여 총 20권으로 완성한 책이다. 유희춘은 『계고록』의 찬집 의도에 착안하여, 상고부터 원대元代까지의 역사를 이해할 수 있는 주요 사안에 대해 선유先儒의 지론을 선취하여 『역대요록』을 편찬한 것으로 이해할 수 있다.

본서에 수록된 발문에서는 편찬 의도에 대해 다음과 같이 상세히 밝히고 있다. "옛날 사마광이 『계고록』을 지었다. 주자가 정신이 모자란 사람들은 『통감』을 읽기 어려운데 이 책 한 부는 고금을 그 속에 담고 있다 하였으니, 이것이 곧 내가 『역대요록』을 편찬한 의도이다."라고 하였다. 또한, 어린아이라도 기억할 수 있도록 구성하였으며, '역대의 치난治亂'에 관련된 내용을 내편으로 구성했고, '군신의 득실', '도술·습속의 변화' 등 치도治道의 대강을 이해할 수 있는 내용을 외편으로 편성하였음을 밝히고 있다.

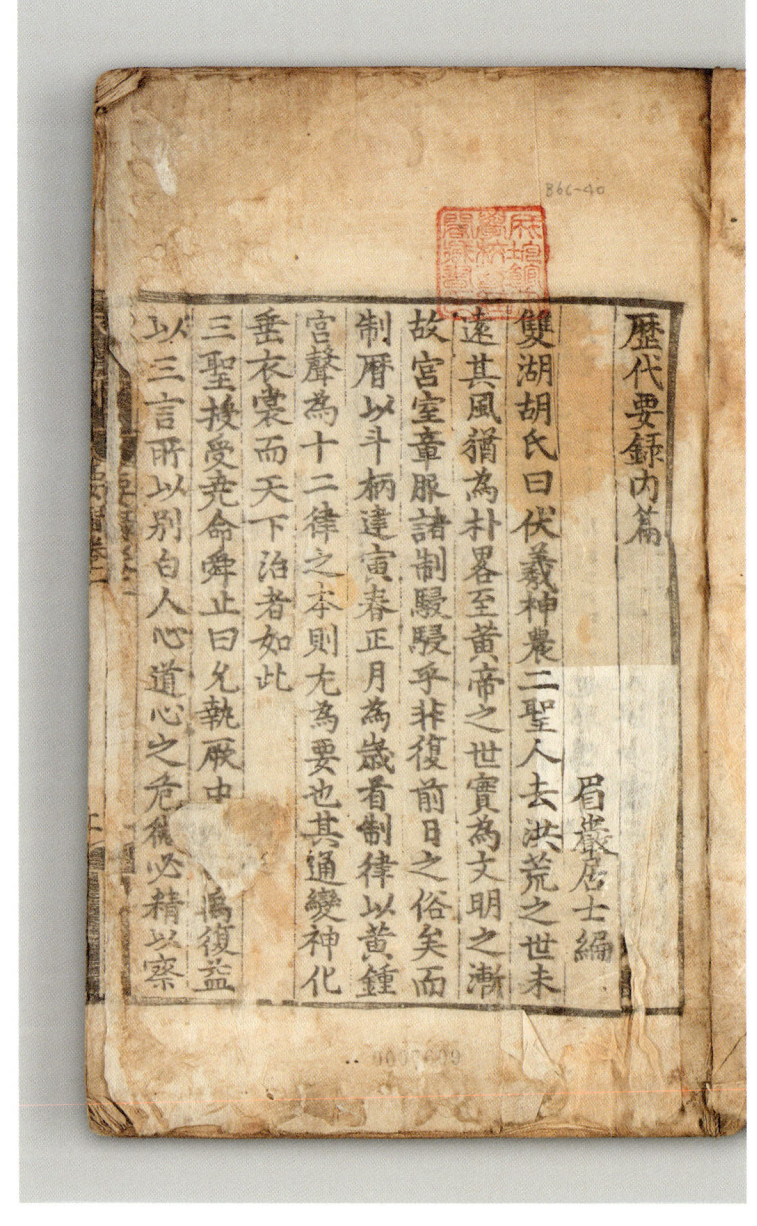

본서는 내편과 외편의 2권 1책으로 구성되어 있으며, 부록과 발문을 수록하였다. 내편 첫 조목은 남송 때의 학자 호일계胡一桂의 『사찬통요史纂通要』 중 복희伏羲·신농神農에 대한 기록을 '쌍호호씨왈雙湖胡氏曰'로 인용하여 시작한다. 이후 『시경집전詩經集傳』에 보이는 주희朱熹의 발언, 사마광司馬光의 『자치통감資治通鑑』·『계고록』, 류섬劉剡의 『소미통감절요외기少微通鑑節要外紀』, 여진余進의 『십구사략十九史略』, 서건학徐乾學의 『자치통감후편資治通鑑後編』, 이동양李東陽의 『역대통감찬요歷代通鑑纂要』 등의 서적에서 사적史蹟을 상고할 수 있는 내용을 취하여 편집하였다. 내편에는 주로 『사찬통요』와 『자치통감』·『계고록』의 내용을 선취하였다. 내편은 총 33개 조목으로 구성되어 있으며, 복희·신농의 등장으로부터 원元이 패망하고 중화中華가 회복되기까지의 역사를 기록하고 있다. 외편은 '논역대군덕가법論歷代君德家法', '논역대봉건병제論歷代封建兵制', '논역대정형

論歷代政刑', '논역대도술습속論歷代道術習俗'의 4개 주제로 분할하여 주제에 해당하는 내용을 각종 문헌에서 추출하여 배치하였다. 예를 들어 외편 첫 조목에서는 주희의 『주자어류朱子語類』 중 한漢 고조高祖의 이야기로 발화한 뒤, 이어 약법삼장約法三章에 관해 주희의 문집 『회암집晦菴集』에 등장하는 내용을 순차적으로 배치하여 내용을 전개함으로써 단순한 역사적 사실의 기록이 아닌 해당 사건에 대한 편자의 의견이 충분히 노출될 수 있도록 구성하였다. 또한 노장老莊과 불가佛家에 대해서도 비판적인 견해를 제시하면서 성리학적 세계관에 위배되는 사상에 대해 배격하는 견해를 보인다.

외편에서는 송나라 호인胡寅의 『독사관견讀史管見』, 서건학의 『자치통감후편』, 여진의 『십구사략』, 사마광의 『자치통감』·『계고록』, 소동파蘇東坡의 『동파전집東坡全集』, 장식張栻의 『남헌집南軒集』, 진덕수眞德秀가 지은 『서산독서기西山讀書記』·『서산문집西山文集』 그리고 『신당서新唐書』·『송사宋史』·『통감절요通鑑節要』 등과 같은 사서史書에 등장하는 역사적 사건 및 의론議論 중 사가들의 포폄이 가해진 기사를 선취하여 유기적으로 재구성함으로써 자신의 역사 인식을 선명하게 제시하였다.

말미에 반영潘榮의 「자치통감총요통론資治通鑑總要通論」과 허형許衡의 「계고천문稽古千文」을 전재轉載하였다. 그 뒤에 부록으로 유기劉基의 「평서촉송平西蜀頌」 병서並序를 수록하였다.

다음은 『역대요록』에서 인용한 서목을 표로 정리한 것이다.

| 저자 | 인용서 |
| --- | --- |
| 胡一桂 | 『史纂通要』 |
| 朱熹 | 『詩經集傳』, 『朱子語類』, 『晦菴集』 |
| 司馬光 | 『資治通鑑』, 『稽古錄』 |
| 劉剡 | 『少微通鑑節要外紀』 |
| 余進 | 『十九史略』 |
| 徐乾學 | 『資治通鑑後編』 |
| 李東陽 | 『歷代通鑑纂要』 |
| 胡寅 | 『讀史管見』 |
| 蘇東坡 | 『東坡全集』 |
| 張栻 | 『南軒集』 |
| 眞德秀 | 『西山讀書記』, 『西山文集』 |
| 江贄 | 『通鑑節要』, 『新唐書』, 『宋史』 |
| 潘榮 | 「資治通鑑總要通論」 |
| 許衡 | 「稽古千文」 |

『역대요록』은 고려대학교, 연세대학교, 일본 국립공문서관國立公文書館 등에 소장되어 있는데 모두 목판본으로, 간행한 동일 판본으로 확인된다.

본서는 상고부터 원대까지의 역사 기술에 있어 조선 후기 정통론에 입각한 역사 인식의 단초를 확인할 수 있는 자료이다. 동시에 유희춘의 역사관을 확인할 수 있는 자료로써 중요한 가치를 지닌다. 전수경

주제어
역대요록歷代要錄, 유희춘柳希春, 자치통감資治通鑑, 계고록稽古錄

| | |
|---|---|
| 서명 | 景賢錄 |
| 저자 | 李楨(朝鮮) 編：李滉(朝鮮) 補編, 鄭崑壽(朝鮮) 參訂 |
| 판본 | 木版本 |
| 발행 | 全羅道 順天：順天府明宗20(1565)刊 |
| 형태 | 2卷1冊：揷圖, 四周單邊, 半郭 22.5 × 17.5 cm, 有界, 11行21字 小字雙行, 無魚尾：29.0 × 20.5 cm |
| 주기 | 卷首題·表題: 景賢錄, 版心題: 錄<br>被傳者: 金宏弼(1454-1504), 曺偉(1454-1503)<br>景賢錄編定別錄總目: 是錄順天刊本 太略謹因先生孫[金]立及外曾孫鄭崑壽等 收錄 寄來草本 參訂爲定本…龜巖李楨謹識<br>[刊記]: 嘉靖四十四年(1565)十二月日 校正幼學張胄星, 刻字監督府人朴謙<br>楮紙 |

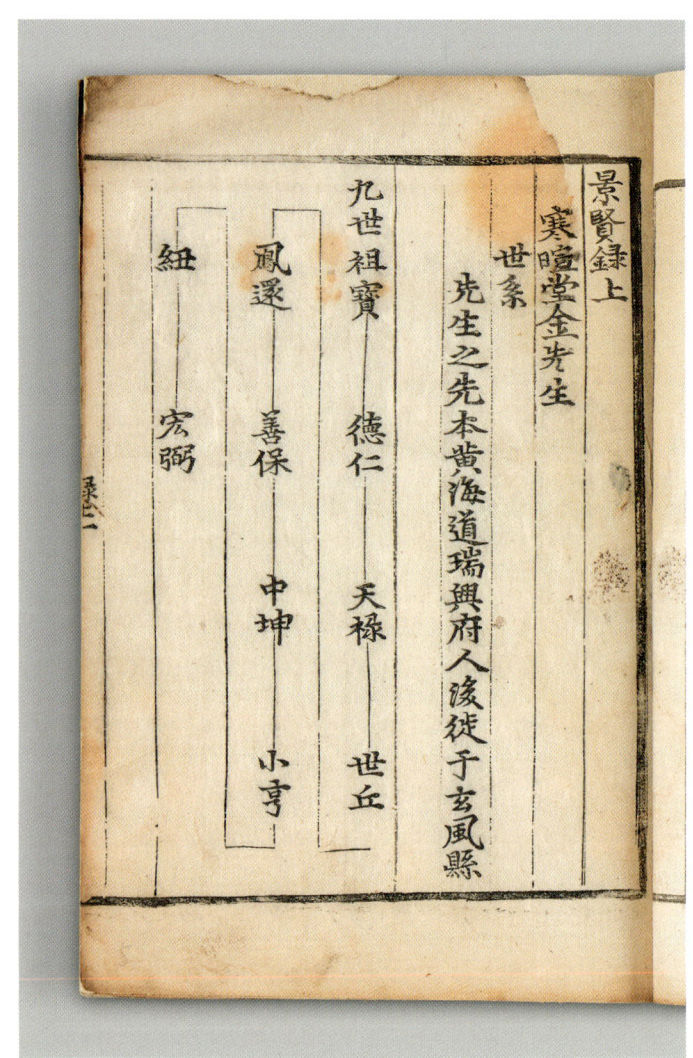

김굉필金宏弼(1454~1504)과 조위曺偉(1454~1503)의 시문 및 행적을 모은 것으로, 이정李楨(1512~1571)과 이황李滉(1501~1570)이 편찬하였다. 본서는 이정이 편찬 후 간행한 초간본으로, 그가 순천부사로 재직하고 있던 1565년(명종 20)에 순천에서 간행한 목판본이다.

표제 및 권수제는 '경현록景賢錄', 판심제는 '록錄'이다. 황색 능화문 표지에 오침안정법五針眼訂法으로 장황粧䌙하였다. 판식은 사주단변四周單邊, 유계유계有界, 11행 21자, 어미魚尾가 없다. 책수冊首와 책말冊末에 묵인이 날인되어 있으나 인문印文은 지워져 있다. 전체적으로 서구書口 부분이 손상되어 내용이 누락된 부분은 별지別紙를 배접하여 보사補寫하였다.

김굉필의 자는 대유大猷, 호는 사옹養翁·한훤당寒喧堂, 시호는 문경文敬이며, 본관은 서흥瑞興이다. 김종직金宗直의 문하에 들어가『소학小學』을 배우며 심취하여 '소학동자小學童子'라고도 불렸다. 1480년(성종 11) 생원시에 합격하여 성균관에 입학하였고, 1494년(성종 25) 경상도관찰사 이극균李克均의 추천으로 남부참봉에 제수되면서 관직에 나갔다. 1496년(연산군 2) 사헌부감찰을 거쳐 형조좌랑이 되었다. 1498년(연산군 4)에 무오사화가 일어나자 평안도 희천에 유배되었는데, 그곳에서 조광조趙光祖에게 학문을 가르쳤다. 1504년(연산군 10) 갑자사화 때 극형에 처해졌다. 1517년(중종 12)에 우의정에 추증되었으며, 1575년(선조 8)에는 시호가 내려진 것에 이어 1610년(광해군 2)에는 오현五賢으로 문묘에 종사되었다.

이정은 1563년(명종 18) 11월에 순천부사로 부임한 후, 순천에 유배된 김굉필과 조위를 기리기 위해 이 책을 편찬하였다. 책수에 수록된「경현록편정별록총목景賢錄編定別錄總目」과 끝에 수록된 이정의 지識를 통해 본서의 편찬 및 간행 경위를 알 수 있다. 이에 따르면, 이정은 이전에 얻은 김굉필의「가범家範」과「행장行狀」, 그리고「의득議得」등의 글을 모아 책으로 엮었다고 한다. 이를 이황에게 보내 의견을 구하자, 이황은 이를 소략하다 여겨 김굉필의 손자인 의흥현감義興縣監 김립金立과 외증손인 정곤수鄭崑壽 등이 갖고 있던 기록을 참고하여 새롭게 편찬하였다. 이정이 처음 완성한 초고본을 구암정본龜巖定本이라 하고, 이황이 수정한 것을 퇴계정본退溪定本이라고 한다. 이 두 원고의 내용은 차이를 보이는데, 대표적으로 구암정본에 실린 '가범'이 퇴계정본에는 빠진 점을 들 수 있다. 이정은 두 원고를 절충하여 1565년(명종 20)에 간행하였는데, 권상은 이황, 권상의 부록인「제현시諸賢詩」와 권하는 박범朴範의 글씨이다.

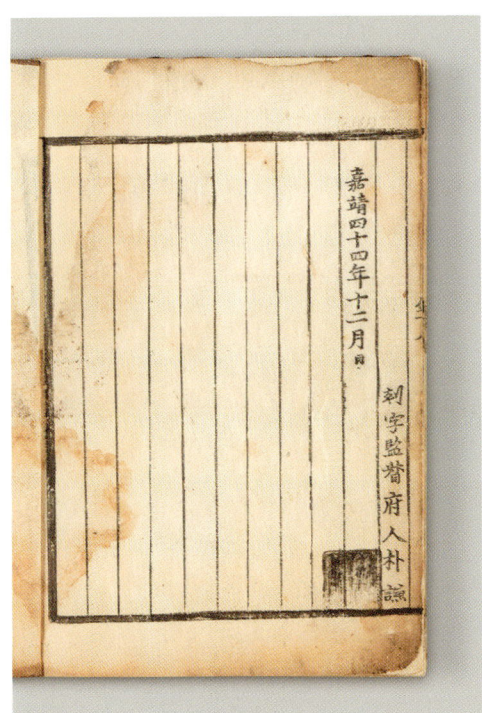
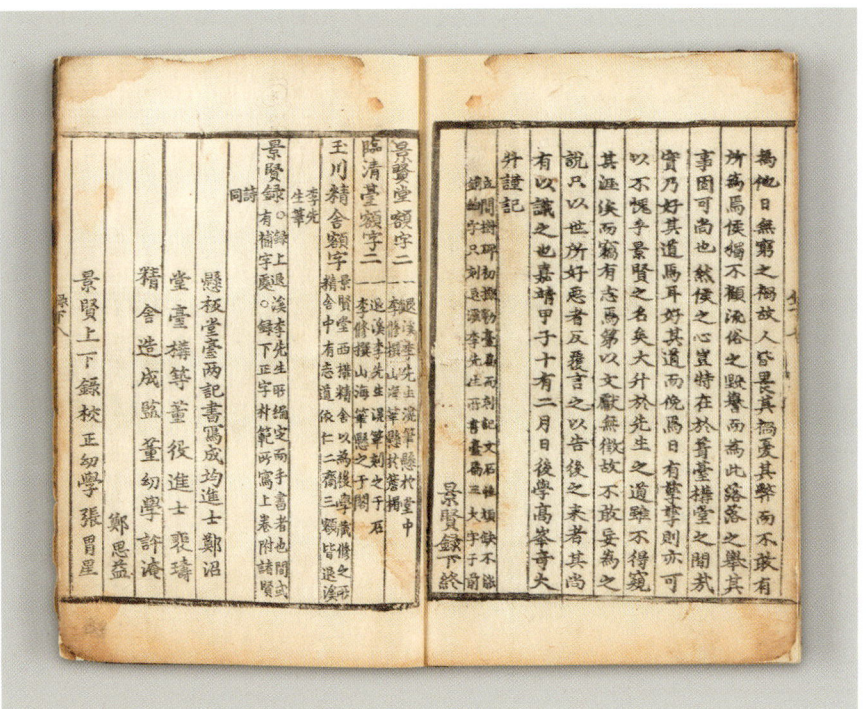

본서와 같은 판본은 충남대, 일본 손케이카쿠문고[尊經閣文庫], 이시카와타케미[石川武美] 기념도서관記念圖書館 등에서 확인된다. 『경현록』은 순천본이 간행된 후에도 1574년(선조 7) 전라도관찰사 박민헌朴民獻이 간행한 갑술중간본甲戌重刊本, 1618년(광해군 10) 순천부사 이수광李睟光이 증보하여 간행한 무오중간본, 1685년(숙종 11) 순천부사 이기만李起萬이 간행한 을축중간본, 그리고 이들 순천본을 대대적으로 증보 및 재편하여 1719년(숙종 45)에 간행된 도동서원道東書院 간본 등을 포함하여 적어도 다섯 차례 증보 및 중간되었다.

전체 2권 1책으로 구성되어 있는 본서의 권수卷首에는 「경현록편정별록총목」과 「경현록목록景賢錄目錄」이 수록되어 있다. 이어서 본문인 권상과 권하가 차례로 수록되어 있다. 권상은 퇴계정본을 바탕으로 하는 김굉필과 관련된 내용으로, '세계世系', '사실事實', '행장', '서술敍述', '시부문詩賦文', '추설追雪', '포증褒贈', '가증加贈', '예전禮典', '청종사請從祀', '부제현시附諸賢詩'가 있다. 권하에는 구암정본에 있는 김종직과 친분이 두터웠던 매계梅溪 조위曹偉에 대한 내용으로, '사실', '임청대기臨淸臺記', '부경현당기附景賢堂記'가 있다. 책말에는 간행을 위해 글씨를 쓴 이들과 판각한 이의 명단이 있고, 간기인 '가정사십사년십이월일嘉靖四十四年十二月日'이 있다.

본서는 당시까지 각각 전하고 있던 김굉필, 조위와 관련된 기록을 모은 것으로, 실기實紀의 성격을 보인다. 김굉필의 문집이 전하고 있기는 하지만, 본서는 그의 행적과 학문, 문학, 교유관계 등에 대해 가장 직접적으로 살펴볼 수 있는 귀중한 자료이다. 무엇보다도 이황이 직접 편찬에 참여하였다는 점에서도 가치가 큰데, 이후 유희춘柳希春이 『국조유선록國朝儒先錄』을 편찬할 때 참고 되기도 하였다. 이를 통해 김종직에서 이어지는 16세기 사림파의 학통 의식에 대해서도 엿볼 수 있다. 또한 본서는 당시 활발한 출판 활동을 보였던 이정이 출판한 서적 중 하나이며, 비교적 선본이 직은 조신 진기본이린 점에서 서지적으로도 가치가 크다. 이유리

주제어
김종직金宗直, 김굉필金宏弼, 조위曹偉, 이정李楨, 이황李滉, 순천본順天本

참고문헌
김훈식, 「順天刊本『景賢錄』의 편찬과 내용」, 『역사와 경계』86, 2013.

# 태사휘국문공연보
## 太師徽國文公年譜
Taesa-hwiguk mungong yeonbo

貴 B09KC-0021

| | | | |
|---|---|---|---|
| 서명 | 太師徽國文公年譜 | | 사부 |
| 저자 | 黃幹(宋) 編 | | 史部 |
| 판본 | 木版本 | | 26 |
| 발행 | [咸鏡道]: [鏡城府], [文宗2(1452)]刊 | | |
| 형태 | 不分卷 1冊; 揷圖, 四周雙邊, 半郭 21.0 × 14.7 cm, 有界, 8行16字, 大黑口, 上下 | | |
| | 內向二葉花紋魚尾; 32.1 × 20.3 cm | | |
| 주기 | 表題: 朱子年譜 | | |
| | 被傳者: 朱熹(1130~1200) | | |
| | 文公先生年譜重刊序: 宣德六年(1431)冬十二月旣望德興後學孫原貞謹序, 八世孫 | | |
| | [朱]湛謹識 | | |
| | 文公年譜序: 洪武二十七(1394)…是歲之九月三日庚子後學汪仲魯謹序 | | |
| | 原刊記: 歙西仇村黃氏刊(冊末) | | |
| | 發行事項 推定: 본서와 동일한 판본인 서울대학교 규장각한국학연구원 소장본(想 | | |
| | 白古貴920.6-Y41t-v.1-2)의 刊記 '龍集壬申(1452)夏鏡城府開刊' | | |
| | 藁精紙 | | |

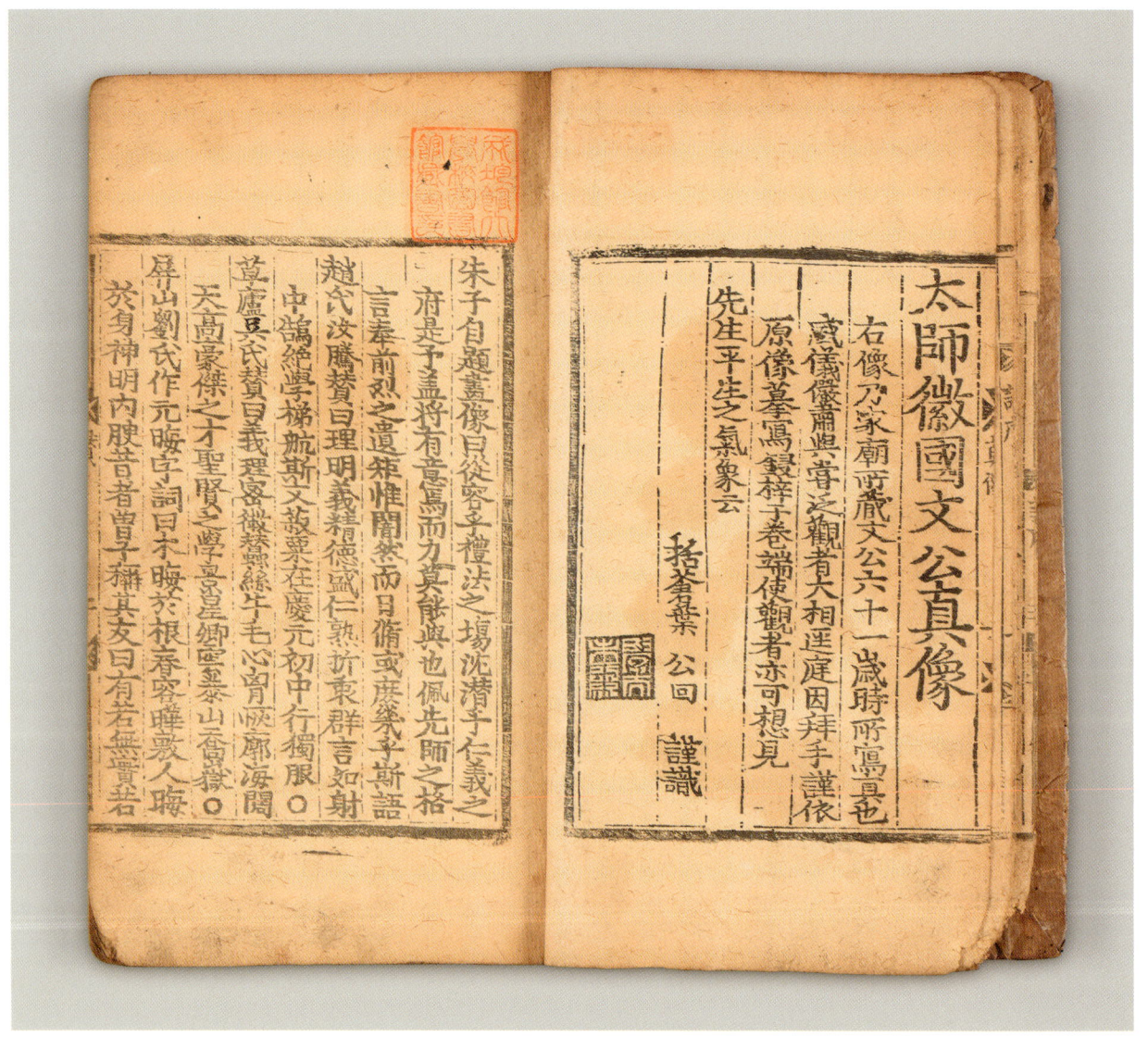

남송南宋의 학자 주희朱熹(1130~1200)가 출생하여 사망할 때까지의 행적에 대해 연월별로 기록한 책으로, 편찬자 및 편찬 시기는 정확히 알려져 있지 않다. 본서는 1431년(宣德 6) 섭공회葉公回(?~?)가 다시 교정 및 간행한 것을 저본으로 하여 조선에서 16세기에 간행된 목판본이다. 또한 『태사휘국문공연보부록太師徽國文公年譜附錄』과 한 질로 구성되어 있는 일반적인 구성이 아닌, 『연보』로만 구성된 불분권 1책이다.

표제는 '주자연보朱子年譜', 권수제는 '태사휘국문 공연보太師徽國文公年譜', 판심제는 '연보年譜'이다. 황색 표지에 오침안정법五針眼訂法으로 장황粧䌙 하였다. 판식은 사주쌍변四周雙邊, 유계有界, 상하 내향2엽화문어미, 9행 20자, 흑구黑口이다. 또한 주희의 진상眞像이 왕중노汪仲魯 서문 뒤에 수록 되어 있다. 전체 82장이다. 또한 제2장 뒷면 서미 書眉 등에 묵서 보주補註가 있다. 권말에는 원간기인 '흡서구촌황씨간歙西仇村黃氏刊'이 있다. 구촌 황씨는 휘주 지역에서 활동했던 각수 집단 중 하나이다.

1431년 손원정孫原貞이 작성한 본서의 서문에 따르면, 본서는 복건성福建省 우계현尤溪縣의 현승 縣丞으로 부임한 섭공회가 주희의 사당을 중수 重修하면서 다시 간행한 것이라 되어 있다. 본서의 책판이 오래되어 글자를 알아보기 어려울 정도로 손상되어 있어 구본舊本을 구하여, 교정하고 재간행하였다. 이때의 구본은 당시 안휘성安徽省과 복건성에 유통되고 있던 판본이다. 다만 이전 판본과 다른 점이 있다면, 당시 전하고 있던 행장 行狀 · 포전襃典 · 기문記文 등 주희와 관련된 자료를 모아 부록을 두었으며, 우계현 유생인 손숙공 孫叔拱 · 정사온程思溫 · 섭화葉華 등이 전체 본문을 교정하여 누락되거나 잘못된 점을 바로 잡았다는 것이다.
『태사휘국문공연보』의 최초 편찬 시기 및 편찬자는 알려지지 않았고, 손원정의 서문 제목에 '중간重刊' 이라 하고 있다. 왕중노의 서문에는 본서가 1394년 (洪武 27)에 주경朱境에 의해 간행되었다는 내용이 있어 이전에 한 차례 이상 간행되었음을 알 수 있다. 섭공회에 대해서는 생몰년과 행적이 알려져 있지 않다.

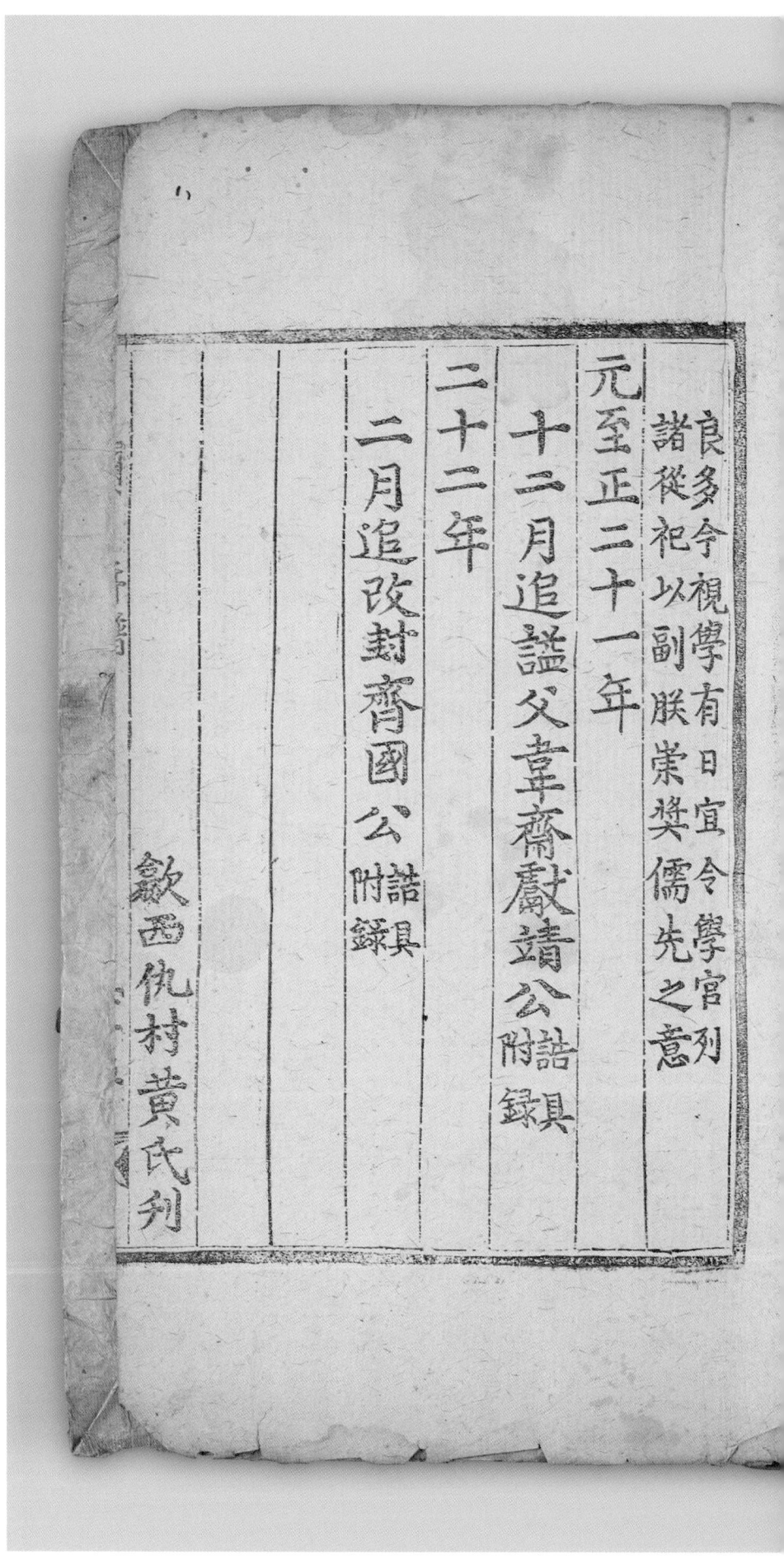

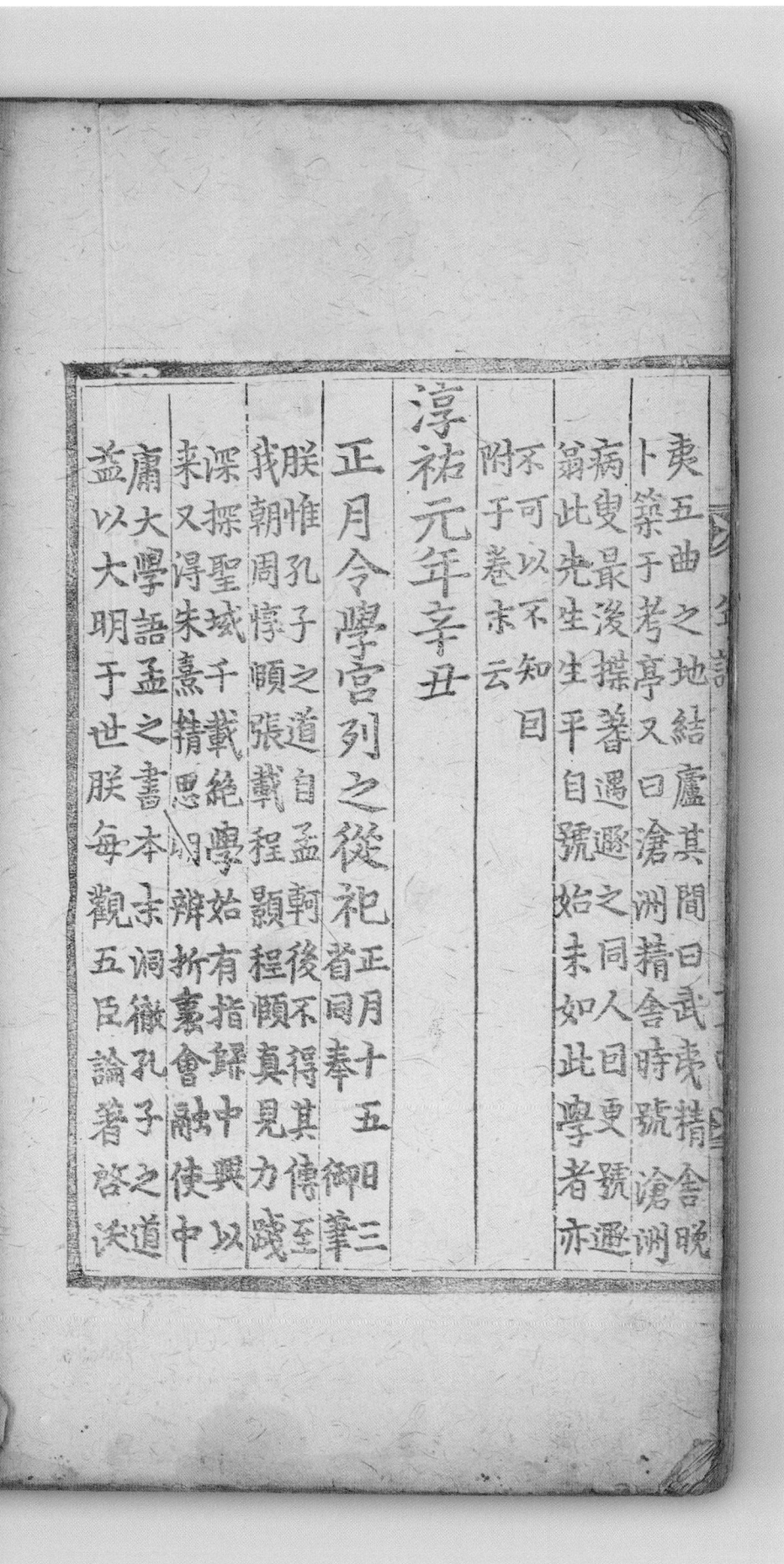

본서의 책수册首에는 1431년 손원정의 「문공선생
연보중간서文公先生年譜重刊序」가 있고, 이어서
주희의 8세손인 주담朱湛의 지식識, 왕중노의 「문공
연보서文公年譜序」가 수록되어 있다. 그 다음에
수록된 「태사휘국문공진상太師徽國文公眞像」에는
섭공회의 지어識語도 있다. 이에 따르면 여기에
실린 주희의 그림은 가묘에 소장된 것으로 주희의
61세 때의 모습을 그린 것이다. 이어서 조여등
趙汝騰, 오수창吳壽昌 외 5명이 주희의 행적과 언행을
들어 찬양한 「찬贊」과 주희의 가계도인 「문공세계
지도文公世系之圖」, 그리고 주희의 묘소에 대한 「문공
영묘형세도文公塋墓形勢圖」 및 주담의 지어識語가
있다.

본문인 연보에는 주희가 태어난 1130년(建炎 4)
부터 그가 사망한 1200년(慶元 6)의 기록을 포함
하여, 사망 후 배향配享과 추증이 이루어진 1362년
(至正 22) 2월까지의 일이 수록되어 있다. 체제는
연호 및 간지를 먼저 제시한 후 행을 바꾸고 한
칸 띄운 후 해당 월과 행적을 적고, 그 밑에 세주
細註로 보충 설명을 하였다. 또한 간간이 해당
내용이 있는 행의 서미書眉에 단변의 외곽선을
두르고 두주頭註로 교감주校勘註를 두었다. 다만
두주는 조선에서 중간되는 과정에서 추가된 것
으로 보인다.

『태사휘국문공연보』가 조선에서 간행된 것은 『퇴계집退溪集』과 『임연재집臨淵齋集』 등에 수록된 이황李滉과 배삼익裵三益, 그리고 이정李楨이 주고받은 서간 등의 기록을 통해 이황과 관련되어 있음을 알 수 있다. 『퇴계집』 속집續集 권4에 수록된 이정에게 보낸 답장에 '신구新舊『연보』에 대한 교정이 이미 끝나 밀양부 교수로 있던 배삼익에게 간행을 부탁하려고 한다'는 내용이 있다. 또한 『임연재집』 권5 「부록」 중 1566년(명종 21) 1월에 이황이 이전 교정에서 놓친 부분이 많고 오자誤字가 많은 이유로, 다시 교정하여 간행되길 바란다는 내용이 있다. 이때부터 1568년(선조 1) 3월까지 이황과 배삼익은 적어도 세 차례 교정하였고, 그 이후 간행이 이루어졌음을 파악할 수 있다. 특히 「문공영묘형세도」 중 '태원泰元'이라는 연호를 광주본 光州本『주자실기朱子實紀』를 통해 고증하여 잘못을 바로잡았다는 두주頭註가 있는데, 이 역시 이황이 배삼익을 통해 바로 잡은 오류로, 『퇴계집』 수록 서간에 언급되어 있기도 하다.

이와 같은 기록상의 내용은 현전본을 통해서도 확인할 수 있는데, 각 판본의 수록 내용의 순서 변화와 두주 등을 비교해 보면, 조금씩 차이가 보인다. 존경각본의 경우 일본 국립국회도서관·경북대·고려대·일본 국립공문서관 등에서 순차적으로 보이는 모든 수정 사항이 반영되어 있을 뿐만 아니라, 일부 두주가 삭제 되거나 장차가 바뀌어 있는 등 추가적으로 수정되어 있다. 또한 이들 현전본과는 서지적으로 검토했을 때 이본異本으로 보인다. 따라서 본서는 앞서 언급한 16세기 현전본 중 가장 늦은 시기에 개정된 판본으로 생각된다.

본서는 주희의 생애뿐만 아니라 사후까지 시간 순서대로 정리되어 있으며, 세계도와 묘지 등 참고할 수 있는 내용이 수록되어 있다. 이를 통해 그의 행적은 물론, 그의 학문 형성 과정을 엿볼 수 있어 그의 삶과 학문을 연결하여 이해할 수 있는 자료로 가치가 높다. 또한 저본으로 삼은 현전본이 희소하다는 점과 조선에서 이황과 문인들의 교정 및 간행 과정이 비교적 구체적으로 남아 있어, 16세기 주자서 유통에 대해서 알 수 있다는 점에서 출판문화사적으로도 의미가 크다. 이유리

주제어
태사휘국문공연보太師徽國文公年譜, 주자연보朱子年譜, 휘주본徽州本

참고문헌
이유리, 「조선 전기 간행 徽州本의 성격과 수용 양상」, 『한국문화』95, 서울대학교 규장각한국학연구원, 2021.

대명일통지
大明一統志
Daemyeong iltongji

서명    大明一統志
저자    李賢(明) 等奉勅纂修
판본    金屬活字本(乙亥字)
발행    [漢城]: [校書館], [明宗19(1564)]頒賜
형태    卷首1册,79卷50册, 共51册(全90卷60册)：揷圖: 四周雙邊, 半郭 22.8 × 16.3 cm,
        有界, 10行18字 小字雙行, 大黑口, 上下內向三葉花紋魚尾；33.7 × 21.5 cm
주기    發行事項 推定: 日本 內閣文庫 소장 동일 판본『大明一統志』(請求番號: 291-0030)
        內賜記 '嘉靖四十三年(1564)六月日 內賜兵曹判書朴忠元 大明一統志一件 命除謝恩
        右承旨臣李[手決]'
        御製大明一統志序(明 正統帝): 天順五年(1461)五月十六日
        進大明一統志表: 天順五年(1461)四月十日 資政大夫吏部尙書兼翰林院學士臣李賢
        等謹上表
        所藏: 卷首1册, 卷1-9 · 12-25 · 27-36 · 38-61 · 63-65 · 70-71 · 73-84 · 87-90
        總册數: 共六十(書腦)
        印記: 宣賜之記, 愼仲, 金氏富儀, 光山後學, 陽谷, 檀汕文庫
        藏書記: 後彫堂(앞面紙)
        楮紙

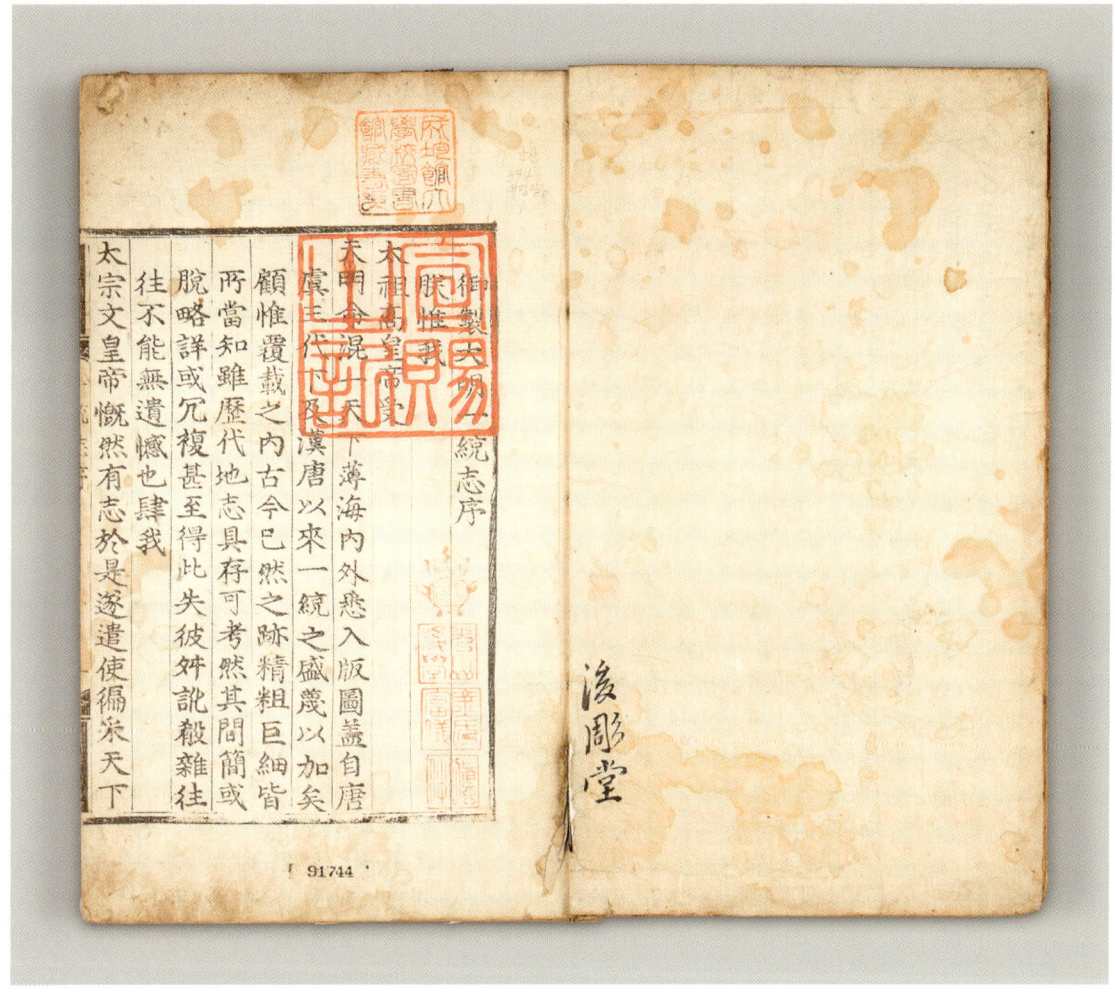

명대明代 중국 전역의 통할統轄 사항과 행정 구획, 각 지방의 지리 형세와 정황, 연혁 등에 대해 개괄적으로 정리한 칙찬勅撰 관수官修의 총지總志이다. 본서는 조선에서 을해자乙亥字를 사용하여 인출한 금속활자본이며, 간행 시기는 1564년(명종 19)경으로 추정된다.

본서의 표제 및 권수제는 '대명일통지大明一統志'이며, 판심제는 '일통지一統志'이다. 표제 하단에는 책차가 '목록目錄', '일一 · 이二 · 삼三' 등으로 매겨져 있고 서뇌書腦에 총책수總册數 '공육십共六十'이 묵서되어 있다.

표지 우측상단에는 관련 지역명이 필사되어 있다. 제1책은 어제서, 진전문, 편찬에 참여한 관원명단, 총목록, 지도地圖에 대한 서문 등으로 구성되어 있다. 권두 상단에 내사인內賜印인 '선사지기宣賜之記'가, 책의 제1장 앞면 하단에는 정방형 주문인朱文印 '신중愼仲'・'김씨부의金氏富儀'・'광산후학光山後學' 및 종정형鐘鼎形 인장 '양곡陽谷'이 날인되어 있어, 안동 예안의 광산김씨 읍청정挹淸亭 김부의金富儀가 내사받은 책이었음을 알 수 있다. 김부의는 형인 후조당後彫堂 김부필金富弼과 함께 퇴계 이황에게 수학했던 인물이다. 일부 앞면지面紙에는 '후조당後彫堂'이 묵서되어 있다.

1461년(天順 5)에 이부상서吏部尚書 겸 한림원학사翰林院學士이며 칙찬勅撰 총재總裁인 이현李賢과 태상사소경太常寺少卿 겸 한림원학사 팽시彭時 등 57인이 어명을 봉행하여 편수하였다. 완성 직후 영종에게 진상하여 『대명일통지』라는 서명을 사여 받고 만수당萬壽堂에서 간행되었다. 명 건국 직후부터 전국적인 지리地理 총지總志를 관찬官撰하려는 움직임이 있었고, 1370년(洪武 3)에는 유생儒士 위준민魏俊民 등이 어명을 받들어 천하天下 주군州郡의 지리 형세를 정리한 『대명지서大明志書』를 편찬하였으나 이 책은 일찍이 유실되었다. 이후 경태 연간(1450~1456)에 진순陳循, 소자蕭鎡 등이 어명을 봉행하여 『환우통지寰宇通志』 190권을 편찬하였으나, 영종 복위 직후 양인이 축출되자 이현 등이 재차 어명을 받아 『환우통지』를 참고 및 요약하여 『대명일통지』를 편찬하게 된 것이다. 이로써 명초 이래의 지지地志 관찬에 대한 일련의 시도는 일단 결실을 보게 되었다. 현존하는 판본은 천순 연간에 간각刊刻된 것이며, 청대에는 신종 판본이 간행되지는 않고 명대 간본이 『사고전서四庫全書』에 수록되었다.
이현의 서문에는 본서의 저술 목적이 잘 드러나 있다. 그 내용에 따르면, 천하통일과 치국 경세를 위해 본서를 편찬했다고 하였으며 역대의 천하 통할統割 방식과 각종 행정구역들의 변천 상황을 간명하게 정리하고 있다.

본래 권수卷首, 본문 90권 모두 60책으로 구성되어 있으나, 존경각 소장본은 79권 51책의 결질본이다. 권수에는 천순 5년 5월 16일에 작성한 「어제서御製序」, 천순 5년 4월 16일에 이현 등이 작성한 「진서표進書表」, 이현・팽시・려원 등 「봉칙수관원직명奉勅修官員職名」, 권별 총목록, 도서圖敍가 수록되어 있다. 구체적인 내용 분류와 권질卷帙의 편성은 다음과 같다. 존경각본에 낙질 부분은 중국기본고적고中國基本古籍庫에 수록된 『명일통지明一統志』를 참고하였으며, [ ]로 표시하였다.

| 분류 | 권차 및 수록 내용 |
|---|---|
| 京師(北直隷) | 卷1 順天府, 卷2 保定府・河間府, 卷3 眞定府, 卷4 順德府・廣平府・大明府, 卷5 永平府・延慶府・保安州・萬全都指揮使司 |
| 南京(南直隷) | 卷6 應天府, 卷7 中都 鳳陽府, 卷8 蘇州府, 卷9 松江府, [卷10 常州府, 卷11 鎭江府], 卷12 揚州府, 卷13 淮安府, 卷14 盧州府・安慶府, 卷15 太平府・寧國府, 卷16 池州府・徽州府, 卷17 廣德州・和州, 卷18 滁州・徐州 등 |
| 山西 布政司 | 卷19 太原府, 卷20 平陽府, 卷21 大同府・潞安府・汾州・遼州・沁州・澤州 등 |
| 山東 布政司 | 卷22 濟南府, 卷23 兗州府, 卷24 東昌府・青州府, 卷25 登州府・萊州府・遼東都指揮使司 등 |
| 河南 布政司 | [卷26 開封府上], 卷27 開封府下・歸德府, 卷28 彰德府・衛輝府・懷慶府, 卷29 河南府, 卷30 南陽府, 卷31 汝寧府・汝州 |
| 陝西 布政司 | 卷32-33 西安府, 卷34 鳳翔府・漢中府, 卷35 平凉府・鞏昌府, 卷36 臨洮府・慶陽府, [卷37 寧夏衛・寧夏中衛・洮州衛軍民指揮使司・岷州衛軍民指揮使司・河州衛軍民指揮使司・靖虜衛・陝西行都指揮使司 등] |
| 浙江 布政司 | 卷38 浙江府, 卷39 嘉興府, 卷40 湖州府, 卷41 嚴州府, 卷42 金華府, 卷43 衢州府, 卷44 處州府, 卷45 紹興府, 卷46 寧波府, 卷47 台州府, 卷48 溫州府 등 |
| 江西 布政司 | 卷49 南昌府, 卷50 饒州府, 卷51 廣信府, 卷52 南康府・九江府, 卷53 建昌府, 卷54 撫州府, 卷55 臨江府, 卷56 吉安府, 卷57 瑞州府・袁州府, 卷58 贛州府・南安府 등 |

| 湖廣 布政司 | 卷59 武昌府・漢陽府, 卷60 興都 承天府・襄陽府・郎陽府, 卷61 德安府・黃州府, [卷62 荊州府・岳州府], 卷63 長沙府・寶慶府, 卷64 衡州府・常德府, 卷65 辰州府・永州府, [卷66 靖州・郴州・施州衛軍民指揮使司・容美宣撫司・永順軍民宣慰司・保靖州軍民宣慰司・五寨長官司・湖廣行都指揮使司 등] |
|---|---|
| 四川 布政司 | [卷67 成都府, 卷68 保寧府・順慶府, 卷69 叙州府・重慶府], 卷70 夔州府・馬湖府, 卷71 龍安府・鎮雄府・潼州府・眉州, [卷72 嘉定州・邛州・瀘州・雅州・東川軍民府・烏蒙軍民府・烏撤軍民府・播州宣慰司・永寧宣撫司], 卷73 天全六番招討使司・思曩日按撫司・黎州按撫司・平茶洞長官司・宋潘等處軍民指揮使司・疊溪守禦軍民千戶所 등 |
| 福建 布政司 | 卷74 福州府, 卷75 泉州府, 卷76 建寧府, 卷77 延平府・汀州府・興化府, 卷78 邵武府・漳州府・福寧州 등 |
| 廣東 布政司 | 卷79 廣州府・韶州府, 卷80 南雄府・惠州府・潮州府, 卷81 肇慶府・高州府, 卷82 廉州府・雷州府・瓊州府 등 |
| 廣西 布政司 | 卷83 桂林府・柳州府, 卷84 慶遠府・平樂府・梧州府, [卷85 浔州府・南寧府・太平府・思明府・思恩軍民府・鎮安府・田州・泗城州・利州・奉議州・向武州・都康州・龍州・江州・上隆州・果化州・恩城州・歸德州・歸順州・思陵州・上林長官司・安隆長官司・程縣・五屯守禦千戶所 등] |
| 雲南 布政司 | [卷86 雲南府・大理府・臨安府・楚雄府・澂江府・蒙化府], 卷87 景東府・廣南府・廣西府・鎮沅府・永寧府・順寧府・軍民府・指揮使司・宣慰司・宣撫司・長官司, 각 州 등 |
| 貴州 布政司 | 卷88 貴陽府, 貴州宣慰使司, 思州府, 思南府, 鎮遠府, 石阡府, 銅仁府, 黎平府, 普安州, 永寧州, 鎮寧州, 安順州, 金筑按撫司와 다수 軍民指揮使司, 衛所 등 |
| 外夷 | 卷89 朝鮮國・女直・日本國・琉球國・于闐, 卷90 安南・占城・暹羅・眞臘・古麻剌國・韃靼・瓦剌 등 56개 주변 국가 및 민족 |

『대명일통지』는 서명 및 체제면에서 『대원일통지大元一統志』를 모방하고 있으며, 남북 양경兩京과 13포정사의 대분류를 바탕으로 각 포정사에 소속된 다수 부府·주州들의 건치 연혁, 군명郡名, 지리 형세와 명승고적, 민심, 풍속, 유명한 산천山川, 토산土産, 서원書院, 인물 등 다양한 세목細目을 간명하게 기록하고 있다. 마지막 2책의 외이外夷에서는 인근 국가 및 주변 민족에 대한 내용을 정리하고 있다. 외이를 제외한 경사, 남경, 각 포정사의 시작 부분에는 해당 전도全圖를 수록하고 있다.

완성 후에도 수시로 천순天順 연간 이후의 사항들이 일부 증보되었다고 하는데, 그다지 많은 분량은 아닌 듯하다. 문자 부분에는 오류가 있으나 지도가 함께 수록되어 있어 명대의 행정 구획에 대한 이해를 돕고 있다. 본서는 명대 중국 전역의 형승과 풍속, 지리정보 등을 망라하였고 고대부터 명대까지의 내용이 담겨 있어 지리 총지로서 유용한 자료이다. 그러나 상대적으로 개별 지역에 대한 내용은 소략하다는 평가를 받고 있다.

본서와 동일한 판본은 국립중앙도서관 외에 영남대학교 도서관, 서울대학교 규장각한국학연구원, 숙명여자대학교 도서관, 소수박물관, 충남대학교 도서관 등에 낙질落帙 형태로 소장되어 있다. 타 기관에 비해 존경각 소장본은 비교적 많은 양이 남아있어, 활자인쇄사 연구에 있어서 귀중한 자료로 활용할 수 있다. 또한 인출 시기와 유통상황을 알 수 있는 16세기 인물의 장서인이 날인되어 있어 희소한 가치를 지닌다. 김소희

주제어
대명일통지大明一統志, 을해자乙亥字

참고문헌
김소희, 「조선시대 『大明一統志』의 수용과 활용」, 『書誌學研究』88, 2021.

京師

古幽薊之地左環滄海右擁太行北枕居庸
南襟河濟形勝甲於天下誠所謂天府之國
也遼金元雖嘗於此建都然皆以夷狄入中
國不足以當形勢之勝至我
太宗文皇帝乃龍潛於此及纘承大統遂建爲
北京而遷都焉于以統萬邦而撫四夷眞足
以當形勢之勝而爲萬世不拔之鴻基自唐
虞三代而來都會之盛未有過焉者也

沙漠

一卷

宣府

保安州

西界

西抵山西界

美荆州

懷慶州

真定府

順德府

廣平府

西南抵河南界

河南界

# 관동일록
## 關東日錄
Kwandong-ilrok

貴 B16HB-0001

| | | |
|---|---|---|
| 서명 | 關東日錄 | 사부 |
| 저자 | 洪仁祐(朝鮮) 撰 | 史部 |
| 판본 | 木版本 | 28 |
| 발행 | [全羅道]: [錦山], [明宗2(1547)]序 | |
| 형태 | 不分卷 1册 : 四周雙邊 半郭 24.7 × 18.9 cm, 有界, 10行18字 註雙行 ; 30.5 × 21.5 cm | |
| 주기 | 發行事項 推定: 1585年(宣祖18) 刊行 木版本『攷事撮要』著錄 '關東日錄'<br>序: 歲重陽前數日 眞城李滉(1501-1570)謹書<br>楮紙 | |

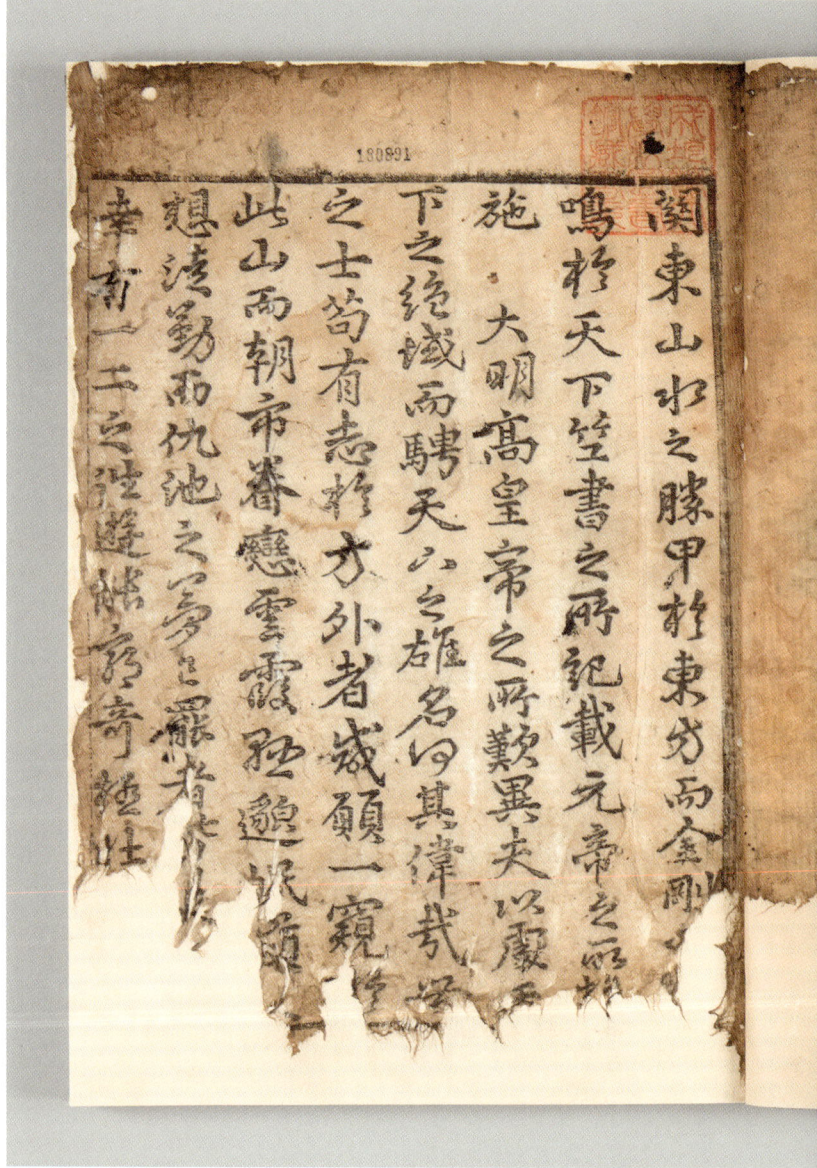

퇴계退溪 이황李滉(1502~1571)의 문인인 치재耻齋 홍인우洪仁祐 (1515~1554)가 1553년(명종 8)에 금강산을 유람한 뒤 일기체 형식으로 서술한 금강산 유람록이다. 목판으로 인출되었으며 간행 시기는 16세기 중반 무렵이다.

후대에 개장한 것으로 보이는 황색 만자문卍字紋 표지에 오침안정법五針眼訂法으로 장황粧䌙하였다. 표제는 '중양전수 일관동기重陽前數日關東記'이다. 판심제는 따로 없으며 어미는 상하내향흑어미이다. 불분권不分卷 1책으로, 권수에는 이황의 수서각手書刻으로 추정되는 서문이 수록되어 있고 뒤이어 본문이 수록되어 있다. 보존상태가 좋지 못하여 전면에 걸쳐 후대에 배접한 흔적이 확인되는데 서문 첫 면의 경우 아랫 부분에 손상이 심하여 글자가 일부 결락되었고 본문 마지막 장이 낙장이다. 그러나 인쇄면이 깨끗하고 목리木理가 거의 없는 것으로 보아 초간본으로 보이며, 동일 판본인 국립 중앙도서관 소장『관동일록』(한貴古朝63-5)은 후쇄본으로 판단 된다. 1585년(선조18)에 간행된 목판본『고사촬요』에 '관동록 關東錄'이 수록되어 있는 것으로 보아, 1585년 이전 금산錦山 에서 간행한 목판본이 바로 이 책이다.

저자인 홍인우의 본관은 남양南陽, 자는 응길應吉, 호는 치재 耻齋이다. 부친은 첨지중추부사를 역임한 홍덕연洪德演이고 모친은 용인이씨龍仁李氏 이사량李思良의 딸이다. 이황의 문하 에서 수학하였으며 서경덕徐敬德, 노수신盧守愼, 허충길許忠吉, 권덕여權德輿 등과 교유하였다. 1537년에 사마시에 합격하였 으나 벼슬에 뜻을 두지 않고 학문에 전념하였다. 부친상을 치르던 중에 몸이 상하여 1554년 40세의 일기로 생을 마감 하였다. 저서로『치재유고耻齋遺稿』가 있다.

본서의 편찬 경위는 홍인우가 1553년 4월에 매부 남언경南彦經, 벗 허충길許忠吉과 함께 금강산 유람을 계획한 데서 비롯되었다. 이후 한 달 남짓 금강산을 유람한 뒤 5월 27일에 한 책으로 엮었으며 9월 무렵 이황에게 서문을 받았다. 간행을 주도한 인물, 간행처, 간행 시기와 관련한 기록은 현재 남아 있지 않다. 다만 여러 정황을 종합하면 본서는 1553~1576년 사이에 간행된 것으로 보인다. 그 근거는 다음과 같다.

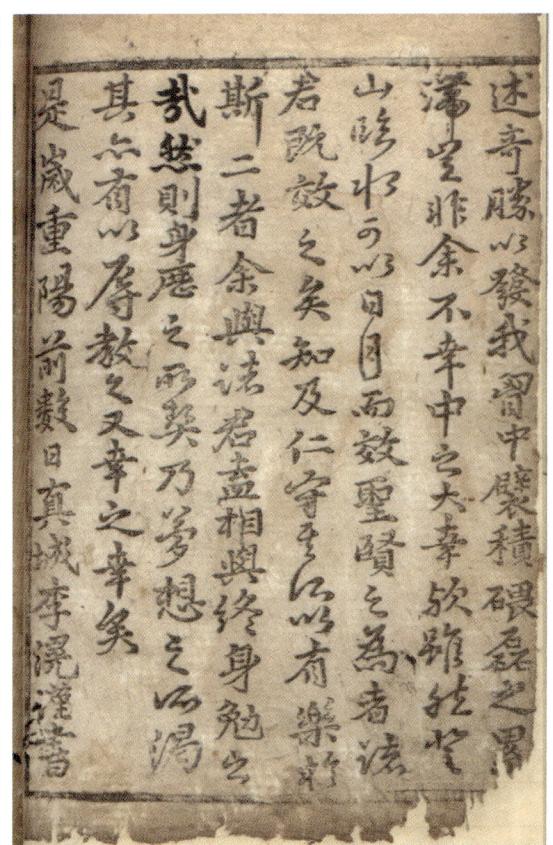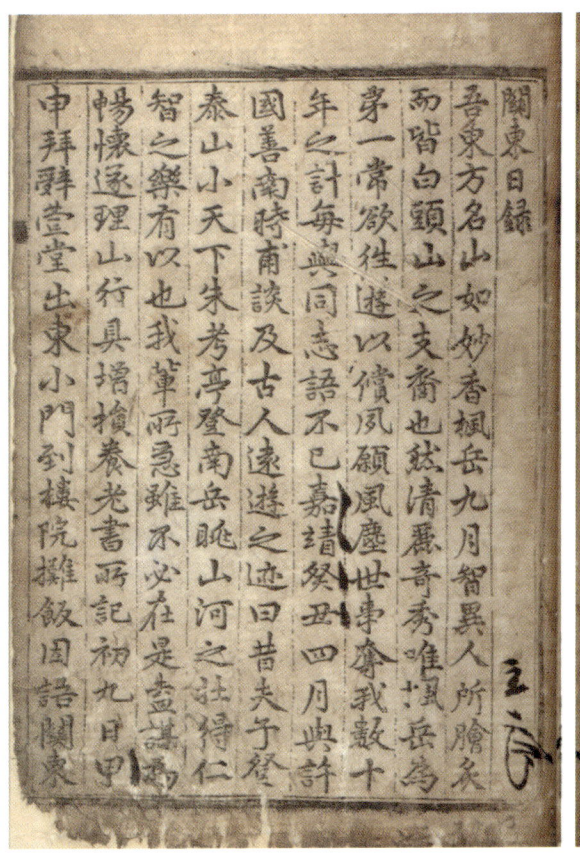

『치재유고』 권3에 율곡栗谷 이이李珥가 본서를 읽고 쓴 발문인 「유풍악록발遊楓嶽錄跋」이 남아 있는데, 이는 저자의 아들 홍진洪進이 1576년에 문집을 간행하기 위해 이이에게 보여주고 받은 글이다. 만일 본서가 1576년 이후에 간행되었다면 이이의 발문이 부기되었을 것이므로 본서의 간행 시기는 금강산을 유람한 1553년에서부터 1576년 이전으로 추정한다.

본서는 이황의 서문과 본문으로 구성되어 있다. 본문은 1553년 4월 9일부터 5월 20일까지 총 42일간 금강산 및 관동지방을 유람한 기록이다. 일자별로 날씨, 경로, 경관, 숙소 등이 상세하게 기록되어 있고 육로 923리, 해로 405리, 산행 280리라는 이동 거리 또한 명시되어 있다. 내용은 경로를 기준으로 크게 서울에서 금강산, 금강산 및 관동지방 유람, 관동에서 서울까지의 세 부분으로 나눌 수 있다. 금강산의 경우 여타의 금강산 유람록과 마찬가지로 암자와 절 및 명승을 중심으로 기록하였는데, 대표적으로 장안사長安寺, 표훈사表訓寺, 정양사正陽寺, 사자암獅子庵 등이 있고 명승으로는 단발령斷髮嶺, 마가연摩訶衍, 만폭동萬瀑洞, 구룡연九龍淵, 비로봉毗盧峯 등이 있다. 관동지방의 경우 통천通川, 양양襄陽, 강릉江陵, 원주原州 등지를 유람하였는데 대표적으로는 총석정叢石亭, 삼일포三日浦, 선유담仙遊潭, 낙산사洛山寺, 경포鏡浦 등이 있다.

『관동일록』은 국립중앙도서관 외에 서울대학교 규장각한국학연구원, 동국대학교 중앙도서관, 성암고서박물관, 계명대학교 동산도서관 등에 소장되어 있는데 모두 목판으로 간행된 동일 판본이다.

본서는 퇴계 이황의 문인인 홍인우가 금강산 및 관동지방 유람한 뒤 남긴 기행록이다. 특히 임란 이전에 편찬된 산수유기라는 점에서 가치가 높다. 임영길

주제어
관동일록關東日錄, 홍인우洪仁祐, 금강산金剛山, 유람기遊覽記

참고문헌
정지아, 「洪仁祐의 關東錄에 대한 고찰」, 『열상고전연구』45, 열상고전연구회, 2015.

# 아비달마대비바사론
# 阿毗達磨大毗婆沙論

Abidalma daebibasaron

貴 C04-0104

---

| | |
|---|---|
| 서명 | 阿毗達磨大毗婆沙論 |
| 저자 | 玄奘(唐) 奉詔譯 |
| 판본 | 木版本 |
| 발행 | [麗末鮮初]: [刊寫者未詳], [14世紀 末]刊 |
| 형태 | 帖裝, 1卷 1册(缺帙): 6行14字; 34.3 × 1155.0 cm |
| 주기 | 卷首題·板首題·表題: 阿毗達磨大毗婆沙論 |
| | 卷尾題: 說一切有部發智大毗婆沙論 |
| | 所藏: 卷16(二十四張), 慈(函次) |
| | 原刊記: 甲辰歲(1244)高麗國大歲都監奉勅彫造 |
| | 刻手名(板首): 德和·'洪礼' 等 |
| | 楮紙 |
| | 서울특별시 유형문화유산. |

부파불교部派佛教 중 설일체유부說一切有部의 논저『아비달마발지론阿毗達磨發智論』에 주석을 단 책으로, 범어梵語로 되어 있던『아비달마대비바사론阿毗達磨大毗婆沙論』(이하『대비바사론』)을 당의 현장玄奘(602?~664)이 한역한 책이다. 본서는 총 200권 중 제16권에 해당한다. 인쇄면이 깔끔하고 얼룩이나 낡은 부분조차 없는 등 보존 상태가 지극히 양호하다. 2022년에 서울특별시 유형문화유산으로 시정되있다.

모두 51면으로 구성된 1권 1책의 목판 절첩본이다. 권수제와 표제, 판수제板首題는 모두 '아비달마대비바사론阿毗達磨大毗婆沙論'이며, 권미제卷尾題는 '설일체유부발지대비바사론說一切有部發智大毗婆沙論'으로 차이가 있다. 황색표지의 절첩본切帖本이다. 표지의 중앙에 쌍행의 테두리를 그려 넣고, 표제를 묵서墨書하였다. 판식은 상하단변上下單邊, 유계有界, 1면面 기준 6행 14자이다. 권말에 '갑진년고려국대장도감봉칙조조甲辰年高麗國大藏都監奉勅彫造'라는 간기를 통해서 1244년(고종 31)에 판각한 재조대장경 경판으로 인출한 것을 알 수 있다. 재조대장경 초간본의 장정이 권축장卷軸裝인 점을 볼 때 본서는 경판을 후쇄하면서 절첩장의 형태로 장정한 것으로 보인다. 인쇄 상태 등을 고려하였을 때, 판각 시점과 차이가 많이 나지 않는 고려 말기 혹은 조선 전기에 후쇄한 것으로 추정된다.

표제의 상단에는 학립사횡鶴立蛇橫이라는 개법장진언開法藏眞言과 관련한 문양을 표시하였고, 하단에는 권차와 함차函次를 묵서하였다. 판수제의 하단에 권차, 장차, 함차를 수록하였다. 일부 판수제에는 '덕화德和', '홍례洪礼' 등 각수명刻手名을 수록하였다.

瞋恚習者如尊者畢陵伽筏蹉語殑
伽神言小婢止流吾今欲渡憍慢習
者如尊者舍利子棄擲醫藥愚癡習
者如尊者笈房鉢底食前咳氣知食
未銷不知後苦而復更食如是等事
其類甚多世尊雖無煩惱餘習而或
時有似愛等言似愛言者如世尊說
善来苾芻能善出家猶具禁戒似瞋
言者如世尊說汝是釋種婢子釋種
是没大家似慢言者如世尊說我是

如来應正等覺成就十力得四無畏
似癡言者如世尊說大王今者從何
慶来告阿難言看天雨不園中何故
高聲大聲或有生疑世尊已断諸煩
惱習云何復有如是等類似煩惱言

阿毗達磨大毗婆沙論卷第十六

五百大阿羅漢等造

三藏法師玄奘奉　詔譯

雜蘊第一中智納息第二之八

如佛世尊訶諸弟子稱言癡人乃至

廣說問何故作此論答欲令疑者得

決定故謂佛世尊愛恚永斷違順平

等拔諍論根滅憍慢本視諸珍寶猶

如瓦礫於一切法覺照無遺無相似

慈

첫머리에 '잡온제일중지납식제이지팔雜蘊第一中智納息第二之八'이라고 되어 있는데, 주요 글자를 하나씩 풀면 다음과 같다. 잡온雜蘊은 모두 8편으로 구성된 『대비바사론』 200권의 첫 편을 가리킨다. 8편은 잡온 이외에 결온結蘊·지온智蘊·업온業蘊·대종온大種蘊·근온根蘊·정온定蘊·견온見蘊 등이다. 여기서 그 분류 단위인 '온蘊'의 범어 'skhandha'는 '한 덩어리'나 '한 떼의 무리' 등을 나타내는 집합명사의 단위이다. 본서는 잡온 중 첫 번째[第一] 부분에서 지납식智納息에 해당하는 하위 분류의 두 번째 중 여덟 번째[第二之八]에 속한다. '납식'은 품品·부部·장章 등과 통하며 같은 종류를 모아 놓았다는 뜻이다. 지납식은 '지智'로 분류되는 다양한 유형을 모아 놓은 장이라는 취지이다.

한 권만 수록된 본서의 제목 '잡온'의 의미는 다음과 같다. 『대비바사론』「서론」에는 '갖가지 차별된 특성을 지닌 주장을 모아 도를 논의하는 분야에 잡온이라는 제목을 달았다.[集種種異相論道 制爲雜蘊]'라고 정의하고, 권2에는 '여러 경전에서 갖가지 어긋나는 뜻을 모아 분별하고 해석하는 분야이니, 잡온이라는 제목을 붙인다[於諸經中 纂集種種不相似義 分別解釋 立爲雜蘊]'라고 한 정의 등으로 미루어 보면 잡온의 '잡雜'은 '상충되는 주장이나 견해를 모아서 섞어 놓고 정리한다.'라는 정도의 뜻이다. 『구사론송소기俱舍論頌疏記』권1 등에서도 이 정의를 그대로 따르고 있다.

저자로 명기된 오백아라한은 아라한과阿羅漢果(arthattva-phala)를 증득한 500명의 성인聖人이라는 의미이다. 이들은 부처님 입멸 후에 불설佛說을 모으기 위한 모임이었던 제1차 결집 또는 제4차 결집 때 모였던 비구들을 나타낸다. 『잡아함경雜阿含經』권23에 '세존께서 사위국에 머무실 때 오백아라한이 함께 있었다.[世尊 住舍衛國 五百阿羅漢俱]'라는 기사에서 알 수 있듯이 부처님 생존 시에 오백아라한이 따라다녔다고 서술되어 있고 이를 경론에서 다양한 맥락으로 활용하고 있으며, 후대에 조각이나 회화 등에 이르기까지 각 분야에서 그 존재를 확인할 수 있다.

한역자 현장玄奘은 당나라를 대표하는 고승으로 그의 한역을 신역新譯이라 하고 그 이전의 한역은 구역舊譯이라 하여 구분할 정도로 불전 역경사의 획을 그은 인물이다. 낙주洛州 구씨현緱氏縣 출신으로 속성俗姓은 진陳, 이름은 위褘이다. 어린 시절부터 유교와 도교를 비롯한 백가의 전적을 두루 학습하였다. 출가한 뒤로 경율론經律論 삼장三藏에 모두 정통하였다 하여 삼장법사三藏法師라 불린다. 장안에 세운 역경원譯經院과 기타의 절에서 19년간 불전 번역에 종사하여 『대반야경大般若經』·『유가사지론』·『대비바사론大毘婆沙論』·『구사론』·『성유식론成唯識論』·『섭대승론』 등을 한역하였다. 일종의 여행보고서에 해당하는 『대당서역기大唐西域記』를 지어 서역·인도·석란錫蘭 등의 역사·지리·종교 그리고 신화와 전설, 풍토와 인정 등을 소개하였다.

『대비바사론』(Abhidharma-mahāvibhāṣā-śāstra)은 『비바사론』·『바사론』 등으로도 불린다. 범어본梵語本은 전하지 않고 한역본만 남아 있으며, 이역본異譯本으로 북량北涼 부다발마浮陀跋摩가 한역한 『아비담비바사론阿毘曇毘婆沙論』이 있다. 『대비바사론』은 원래 100권이었으나 전란으로 40권은 일실되었고, 현재 전하는 60권은 현장 역 200권 중 권111 이전 부분에 해당한다.

『대비바사론』은 협협(Pārśva) 존자를 상수上首로 하고, 법구法救(Dharmatrāta) 존자를 포함한 오백아라한이 모여 12년에 걸쳐 행한 제4차 결집의 성과물이라고 전해진다. 하지만 연구 결과에 따르면, 이 논서가 가니색가 왕 치하에서 이루어진 것도 아니고 세우世友 등이 직접 참여한 것도 아니라고 한다. 성립 시기는 가니색가 왕 이후 용수龍樹(Nāgārjuna) 이전인 100~150년 사이에 카슈미르 지방에서 편찬되었다고 추정된다. 이 논은 『아비달마발지론阿毘達磨發智論』 전체를 축자적逐字的으로 해석한 것으로서 8온蘊으로 구성한 체계도 여기서 가져왔고 각 온蘊이 모두 41납식納息으로 이루어진 형식도 그 문헌에 따른 것이다.

따라서 권미제 '설일체유부발지대비바사론說一切有部發智大毘婆沙論'의 '발지發智'는 여기서 유래한 말이다. 다만 『아비달마발지론』에 들어 있는 말뜻을 풀이하는 데 그치지 않고 논사들의 주석을 바탕으로 부처의 입멸 후 300년 초에 상좌부上座部에서 갈라져 나온 파派인 '설일체유부說一切有部'의 교학을 비판적으로 집대성함으로써 『발지론』 이후 설일체유부의 교학적 발전이 상세히 드러나 있다. 특히 설일체유부의 기본적 범주인 5위 75 법이 종합되어 있지는 않으나 체계적으로 잘 정리되어 있고, 6인 4연설緣說, 3세실유설世實有說, 12연기緣起의 해석, 4제 16행관行觀 번뇌의 분류와 번뇌를 끊는 단계의 설정 등에서 설일체유부 교학의 정통성을 제시하고 있다. 또한, 설일체유부 내부의 서방사西方師·건다라국사揵馱羅國師·외국사外國師·구가습미라사舊迦濕彌羅師 등의 주장을 타파하고 신가습미라유부新迦濕彌羅有部의 설을 정통으로 내세우고 있다. 그러므로 이 가운데는 내용상 『아비달마발지론』에는 없는 많은 문제나 이전 설일체유부 교학에서는 논의되지 않았던 극미론極微論과 같은 문제가 제기되는 등 이 분야 사상의 흐름에서 새로운 면모를 보여 주고 있다.

방대한 전체 분량에서 본서는 비록 한 권에 불과하지만 이것이 판각되었다는 점은 의미가 있다. 대승불교의 설이 주류를 이루고 본서와 같은 아비달마 계통은 방계로 분류하고 소승의 설로 낮추어 보는 경향 속에서 발견되는 드문 자료이므로, 더욱 귀하게 평가받을 만하다. 조영미

주제어
아비달마대비바사론阿毘達磨大毘婆沙論, 대비바사론大毘婆沙論, 설일체유부說一切有部

참고문헌
『雜阿含經』(CBETA 漢文大藏經 大正藏 第02冊, No.0099).
『阿毘達磨大毘婆沙論』(CBETA 漢文大藏經 大正藏 第27冊, No.1545).
『俱舍論頌疏記』(CBETA 漢文大藏經 卍新續藏 第53冊, No.0841).
智冠 編著, 『伽山佛敎大辭林』, 가산불교문화연구원, 1998.
곽동화, 「고려 팔만대장경 〈阿毘達磨大毘婆沙論〉 판각에 관한 사례 연구」, 『서지학연구』46, 2010.

| | |
|---|---|
| 서명 | 胎教新記 |
| 저자 | 師朱堂李氏(朝鮮) 撰；柳儆(朝鮮) 釋音義 |
| 판본 | 筆寫本(手稿本) |
| 발행 | [朝鮮]：[刊寫者未詳]，純祖1(1801)識 |
| 형태 | 不分卷 1冊：無界, 8行20字 小字雙行；5.3 × 17.0 cm |
| 주기 | 諺解 한글書名：틱교신긔언히 |

卷首題：胎教新記章句大全
書名은 表題임
『胎教新記』에 音義한 柳儆은 師朱堂 李氏의 子, 儆은 柳僖(1773~1837)의 初名
胎教新記序：廿一年辛巳(1821)重陽後日 平州申綽(1760~1828)謹序
[胎教新記章句大全後識]：元年辛酉(1801)三月二十七日癸卯 不肖[柳]儆謹識(胎教新記章句大全 末尾)
[胎教新記諺解後識]：歲庚午(1930)夏閏六月念二不肖玄孫[柳]近永謹識
胎教新記音義略(鄭寅普)：丙子(1936)十二月
印記：石泉, 在中 外 1顆(胎教新記序)
楮紙
서울특별시 유형문화유산.

자부
子部
2

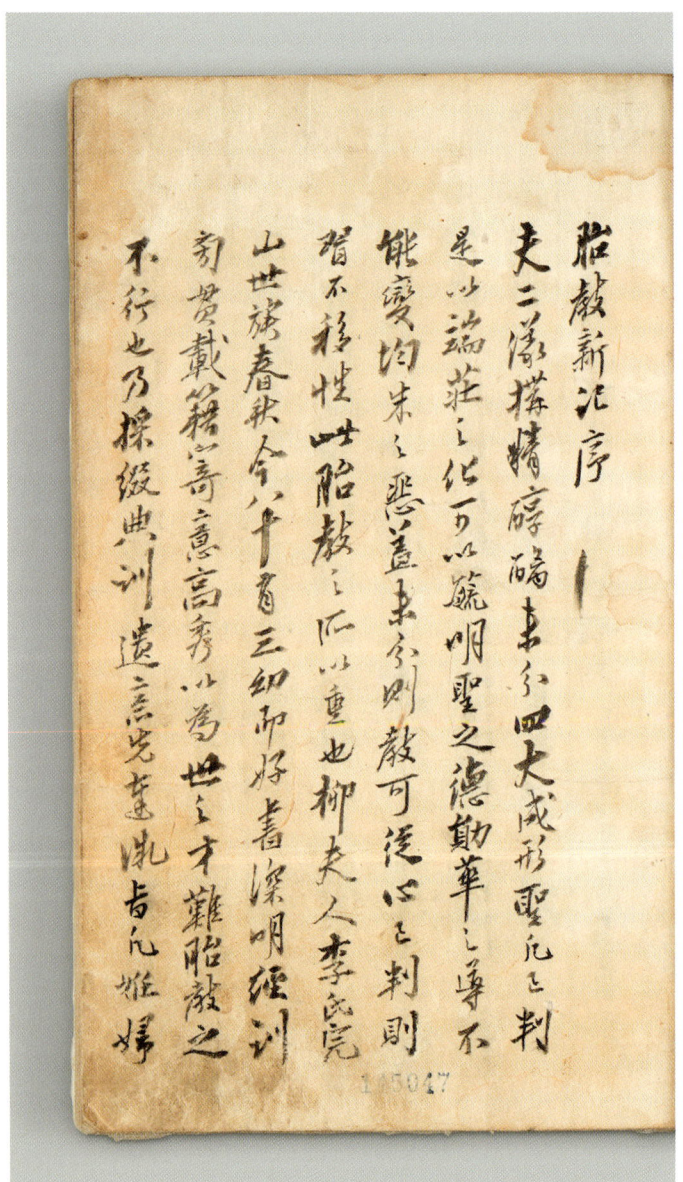

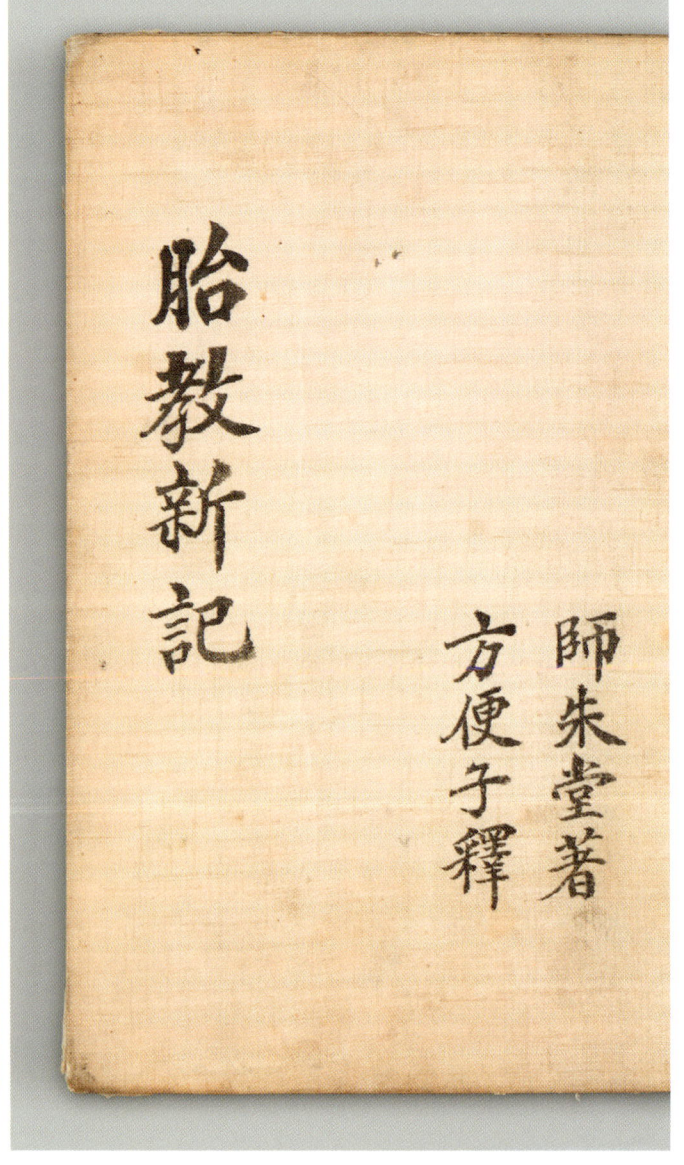

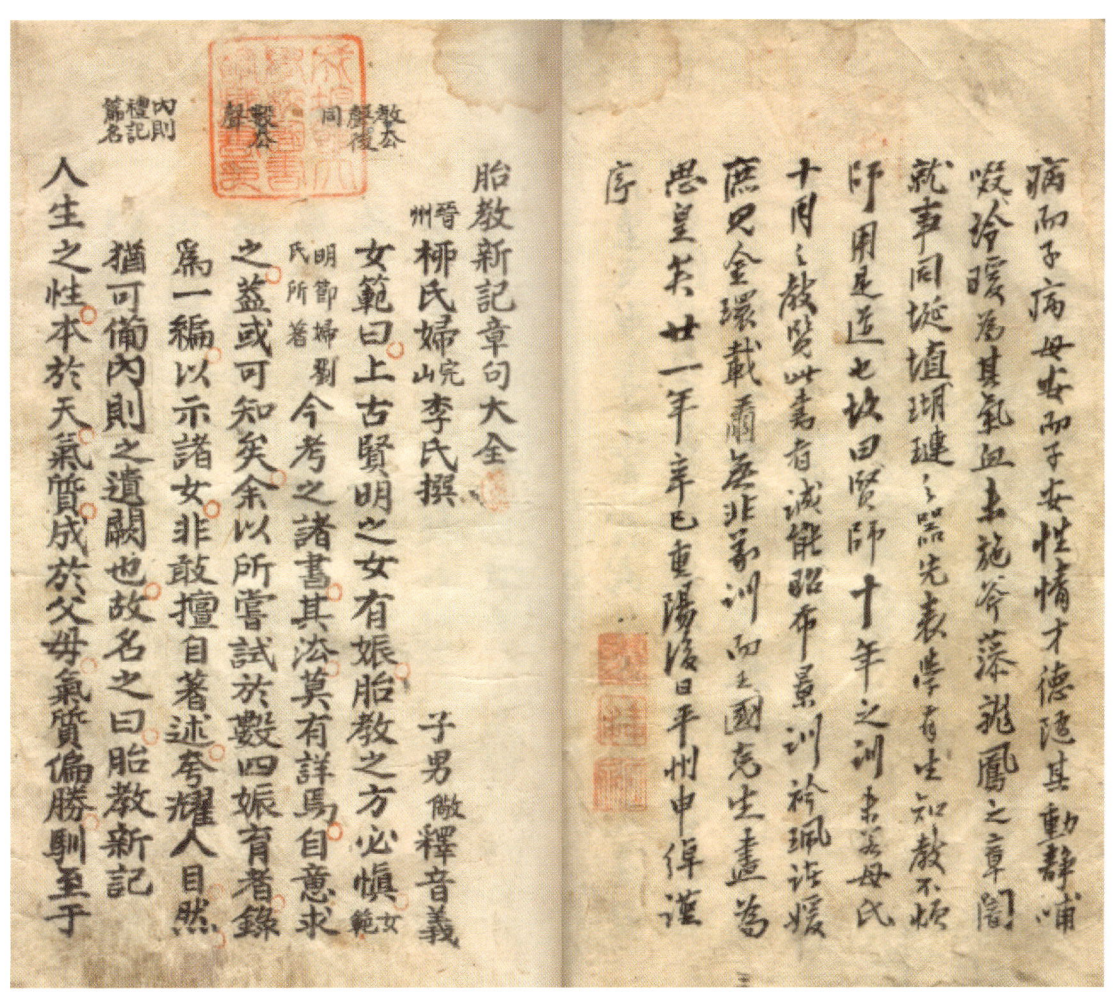

1800년(정조 24) 사주당師朱堂 이씨李氏(1739~1821)가 저술하고 1801년(순조 원년) 그 아들인 유희柳僖 (1773~1837)가 음과 뜻을 주석한 책이다. 본서는 1938년에 예천禮泉에서 석인石印한 석판본 『태교신기장구 대전胎敎新記章句大全』의 저본이 된 필사본으로, 2024년에 서울특별시 유형문화유산으로 지정되었다.

표제表題는 '태교신기胎敎新記'이다. 현대에 개장한 표지는 본래의 표지를 그대로 유지한 채 덧대어져 있어, 예전 모습을 살펴볼 수 있다. 본래의 표지는 주색朱色 비단으로 감싸져 있으며, 표지 우측하단에는 '사주 당師朱堂 저著', '방편자方便子 석釋'이라는 저자와 역할어가 필사되어 있다.

권수卷首에는 신작申綽이 1821년(순조 21)에 쓴 서문이 수록되어 있다. 서문의 말미에는 '석천石泉'·'재중 在中'과, 인문을 알아보기 어려운 인장 하나가 날인되어 있다. 이는 모두 신작의 인장으로, 서문의 필적 또한 신작의 것으로 보인다. 서문 뒤에는 26장張 분량의 『태교신기장구대전胎敎新記章句大全』이 수록되어 있다. 권수제 다음 행에는 '진주류씨부완산이씨晉州柳氏婦完山李氏 찬撰'·'자남경석음의子男儆釋音義'가 필사되어 있어, 모친인 완산이씨의 저작에 아들인 유경柳儆이 음의를 주석했음을 알 수 있다. '경儆'은 『물명유고物名類考』를 편찬한 유희柳僖의 초명初名이다. 모두 10장章으로 구성된 본문에는 주묵朱墨으로 표점이 찍혀 있고, 서미書眉 에는 유희의 주석이 있다.

『태교신기장구대전』 말미에는 유희가 1821년에 쓴 후지後識가 있다. 그 뒤에는 『태교신기언해胎敎新記諺解』가 필사되어 있고, 1930년에 현손 유근영柳近永이 쓴 발문 및 신작이 쓴 이씨의 묘지명에서 뽑은 내용이 6항목이 수록되어 있다. 권말에는 1936년에 정인보鄭寅普가 볼펜으로 쓴 「태교신기음의서략胎敎新記音義序略」이 수록되어 있다. 이 내용은 1938년 석인본 『태교신기장구대전』의 「태교신기음의서략」보다 상세하고 누락된 문장이 없으므로, 본서가 석인본 『태교신기장구대전』의 저본이라고 추정해볼 수 있다.

편자인 사주당 이씨의 본관은 전주全州이며 통덕랑을 지낸 이창식李昌植의 딸이다. 경사經史에 능통하였으며 현명하다고 전해진다. 모친의 저술에 주석을 달아 편찬한 유희의 본관은 진주晉州, 자는 계중戒仲, 호는 서파西陂·방편자方便子·남악南嶽이며 초명은 경儆이다. 부친은 현감을 지낸 유한규柳漢奎이다. 저서로는 『문통文通』·『물명고物名考』·『언문지諺文志』 등이 있다. 다음은 『태교신기』 각 장의 요지要旨와 장하주章下註를 정리한 표이다.

| 要旨 | 分章(節數) | 章下註 |
|---|---|---|
| 只言敎字 | 제1장(6절) | 기질의 병통은 부모에서 연유함을 말함으로써 태교의 이치를 밝힘 [氣質之病 由於父母 以明胎敎之理] |
| 只言胎字 | 제2장(2절) | 비유를 인용하여 태교의 효험을 나타냄 [引譬以見 胎敎之効] |
| 備論胎敎 | 제3장(3절) | - |
| 胎敎之法 | 제4장(14절) | - |
| 雜論胎敎 | 제5장(4절) | 반복하여 권하고 태교를 행하도록 함 [反覆勸人 使行胎敎] |
| | 제6장(1절) | 태교를 행하지 않으면 해가 있다는 것을 극언함 [極言不行胎敎之害] |
| | 제7장(2절) | 미신이나 좋지 않은 것을 꺼리는 것을 경계하여 태에 유익함을 줌 [戒人之以媚神拘忌 爲有益於胎] |
| | 제8장(2절) | 이것 저것 인용하여 태교의 이치를 증험하고, 2장의 뜻을 거듭 밝힘 [雜引以證胎敎之理 申明第二章之意] |
| | 제9장(1절) | 옛사람들이 일찍이 행한 일을 인용하여 1편의 뜻을 실증함 [引古人已行之事 一篇] |
| | 제10장(1절) | 태교의 근본을 추가로 이야기 함 [推言胎敎之本]<br>태교는 丈夫에게 책임이 있으니 부인에게 가르쳐 주어 태교를 극찬하도록 함 [乃責丈夫 使敎婦人 因而極贊之] |

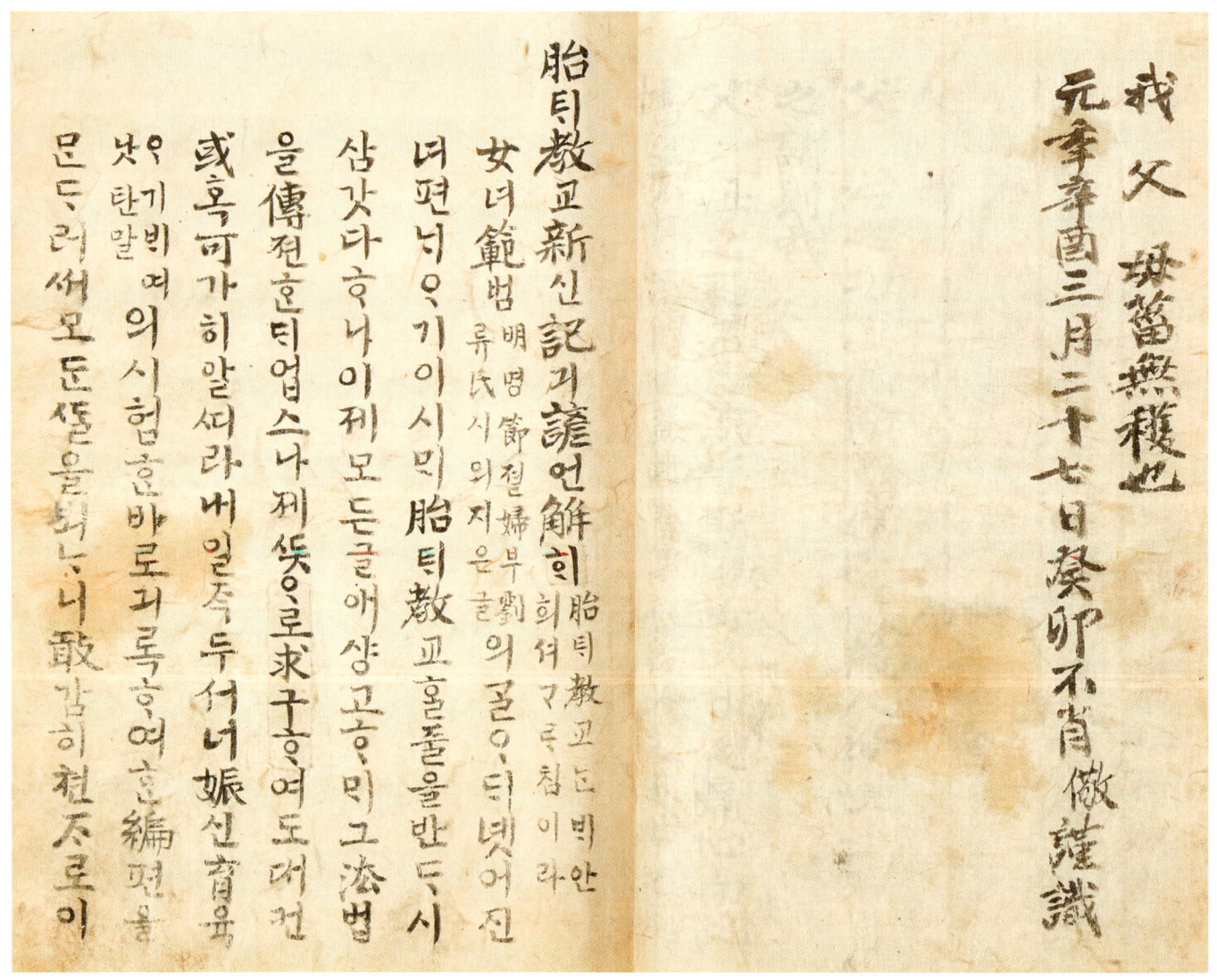

1장은 '가르침이라는 글자[敎字]'에 대한 설명으로, 6절로 이루어져 있다. 스승이 10년 가르치는 것이 모친의 10개월 태교만 못하고, 모친의 10개월 태교가 부친의 하루 태어나게 해주는 것만 못하다. 2장은 '잉태함이라는 글자[胎字]'에 대한 설명으로, 2개의 절로 이루어져 있다. 음양가에서 이야기하는 잉태에 대한 비유를 설명하고 있다. 3장은 태胎와 교敎를 함께 논의한 장으로, 3절로 이루어져 있다. 성왕聖王 등 옛사람들의 태교 방법이 훌륭했으며 지금 임신한 사람들의 태교 방법이 온당치 않아 불초하다는 설명이다. 4장은 태교의 방법을 구체적으로 설명한 장으로, 모두 14절로 이루어져 있다. 양태養胎는 임부 자신뿐만 아니라 일가의 사람들이 함께 하는 것임을 가장 먼저 언급하고 있다. 임부의 도리와 경계해야 할 것에 대해서는『의학입문 醫學入門』을 인용하여 주석을 달고 있다. 임부가 보고 들어야 할 것들과 거동, 침기寢起, 음식 등 태교의 방법을 설명하였다. 5장부터 10장까지는 태교에 대한 기타 논의를 모아 놓은 장이다. 모두 4절로 이루어져 있는 5장에서는 태교의 요점과 마음에 진실로 구해야 하는 어려움에 대하여 설명하고, 사람들에게 태교를 반드시 행하도록 권하였다. 1절로 이루어져 있는 6장에는 태교의 중요성, 2절로 이루어져 있는 7장에는 미신이나 사술邪術 등을 경계하는 내용이 수록되어 있다. 제8~10장은 태를 기름의 당연함과 옛사람들의 태교, 태교의 근본을 이야기하면서 대장부가 먼저 배워 부인에게 가르쳐 주라는 당부이다.

존경각 소장 필사본『태교신기』는 태교胎敎만을 전문적으로 다룬 체계적 저술이다. 1237년(嘉熙 1) 송대의 의사 진자명陳自明이 편찬한『신편부인대전양방新編婦人大全良方』등 부인과 서적에는 태교에 대한 항목이 나오고 있지만 매우 소략하다. 여성의 태교만을 위하여 편찬한 책은 이 책이 유일하다고 볼 수 있다. 또한 의사가 아닌, 아이를 낳아본 여성의 입장에서 딸들을 위해 편안하고 예를 갖춘 결혼의 시작부터 언급한 태교서라는 점에서 그 의의를 찾을 수 있다.

또한『대학장구대전』과 같은 경서를 보는 것과 같은 권위를 느낄 수 있도록 장구 형식으로 편집한 유희의 노력과 모친에 대한 존경의 의미를 엿볼 수 있다.『태교신기장구대전』부분에는 장부가 부인에게 가르치라고 되어 있지만, 말미에 유희가 언해한 틱교신긔언히를 수록하여 여성 스스로 태교를 습득할 수 있도록 배려한 점 또한 높이 평가할 만하다. 본서는 조선 후기 여성 실학자의 저술이자, 여성 스스로 배워 적용할 수 있도록 언해를 붙인 아들 유희의 노력이 추가된 저술이라는 점에서 역사적 의의를 지닌다. 이유리

주제어
태교신기胎敎新記, 사주당師朱堂, 유희柳僖, 신작申綽

참고문헌
국립중앙도서관소장본『胎敎新記章句大全』(우촌古5400-1), 蔡漢作方, 1938.
이사주당·유희 지음 ; 김경미·신명종 옮김,『태교신기』, 문사철, 2020.

# 유설경학대장
## 類說經學隊仗
Yuseol gyeonghak daejang

貴 C15-0054

| | | |
|---|---|---|
| 서명 | 類說經學隊仗 | 자부 |
| 저자 | 朱景元(明) 撰 | 子部 |
| 판본 | 金屬活字本(庚子字) | 3 |
| 발행 | [漢城]: [鑄字所], [世宗2-15(1420-1433)]印 | |
| 형태 | 上中下卷1冊 : 四周單邊, 半郭 19.6 × 11.0 cm, 無界, 16行18字, 大黑口, 上下內向三葉花紋魚尾 ; 24.0 × 13.7 cm | |
| 주기 | 版心題: 隊仗, 表題: 經學隊仗 | |

經學隊仗序: 時永樂二年(1404)春二月十一日 奉政大夫江西提刑僉事江湘裵璉序拜書

名單(册尾 墨書): 柳順源[手決], 安處誠(1477~1517)[手決], 朴誾(1479~1504)[手決]等

楮紙

보물 지정.

중국 명대明代의 인물 주경원朱景元(?~?)이 과거시험에 나올법한 내용을 147가지의 주제로 분류한 책으로, 과거시험 준비에 사용된 거업서擧業書이자 유서類書이다. 본서는 조선 세종 연간에 주조한 금속활자인 경자자庚子字로 인출한 서적이다. 2024년에 보물로 지정되었다.

연화문蓮花紋·회문回紋 표지는 18세기경 개장改裝한 것으로 보이며, 오침안정법五針眼訂法으로 장황粧䌙하였다. 표제表題는 '경학대장經學隊仗', 판심제版心題는 '대장隊仗'이다. 표지 우측상단에 각 권차별로 수록된 조목이 '상권오십조上卷五十条'·'중권사십칠조中卷四十七条'·'하권오십일조下卷五十一条'로 기록되어 있다. 「경학대장서經學隊仗序」의 제목 및 내용 전문, 목록제目錄題와 권수제卷首題는 경자자 중자中字로, 나머지 내용은 소자小字로 인출하였다. 판식은 사주단변四周單邊, 무계無界, 16행 18자, 흑구黑口, 상하내향흑어미上下內向黑魚尾이다. 일부 상하내향3엽화문어미가 섞여 있다. 각 조목명은 본문과 같은 소자로 인출하였고 본문보다 3자 내려 표시하였다. 이전 소장자는 조목명이 눈에 잘 띄지 않는 점을 보완하여, 주묵朱墨으로 각 조목에 꺾쇠를 표기하고 표점標點을 찍었다. 서미書眉에는 권차와 해당 조목명 및 조목의 순서를 묵서墨書하여 탐색에 편리하도록 하였다.

본서의 간행 경위나 시기는 역사 기록에 정확하게 드러나 있지는 않다. 다만 본서를 간행할 때 사용한 경자자 주조에 대한 기록으로 그 간행 시기를 유추해 볼 수 있을 뿐이다. 세종은 즉위 초부터 태종대에 주조한 계미자癸未字보다 인출이 편리한 활자를 만들기 위해 주자소鑄字所를 지원하였다. 경자자는 1420년(세종 2) 11월에 착수하여 이듬해 3월경 주조를 마쳤다. 『세종실록世宗實錄』 3년(1421) 3월 24일의 기록을 보면, 공조참판 이천李蕆과 전 소윤少尹 남급南汲에게 개주改鑄하도록 하였는데, '동판과 활자의 모양이 서로 잘 맞아 밀납을 녹여 붓지 않아도 글자가 움직이지 않았고 글씨가 해정하였으며 하루에 수십에서 백여 장을 인출할 수 있었다'[銅板與字樣相準 不暇鎔蠟 而字不移 却甚楷正 一日可印數十百紙]고 하였다.

경자자본은 11행 21자로 일정하게 인출되어, 고착식 광곽匡郭을 사용한 사실을 확인할 수 있다. 그러나 경자자 소자로만 간행한 본서는 16행 18자의 행관을 지니고 있다. 동일한 판본으로는 국립중앙도서관 소장본(일산貴1230-12)이 있다.

『유설경학대장』의 편찬자에 대해서는 설이 분분하다. 『흠정사고전서총목欽定四庫全書總目』 권137의 「경학대장조經學隊仗條」에도 주경원의 저작이라고 소개되어 있다. 한때 최치원 후손의 가장家藏 서적에서 『유설경학대장』이 나와 최치원의 저작으로 알려지기도 했다. 최치원이 편찬한 책이라고 알려진 이 책은 1927년에 목판본으로, 1958년에 신연활자본으로 간행되기도 했다. 그러나 내용 중에 최치원 이후인 송대宋代의 학설이 들어 있어 그의 저술로 보기 어렵다는 것이 학계의 통설이다. 존경각 소장본의 목록 및 본문의 시작 부분에는 '영가永嘉 주경원朱景元 찬撰'이라는 찬자와 역할어가 표기되어 있어 그간의 논란을 잠재우기에 충분하다.

그러나 편찬자인 주경원이라는 인물에 대해서 자세히 알려진 것이 없어 그 활동 연대에 대한 이견 또한 분분하다. 당 무종武宗 연간(840~846)에 동일한 성명을 가진 인물이 있지만 이 책의 편찬자는 아니다. 『사고전서총목제요四庫全書總目提要』의 『경학대장』조에 따르면 '주경원이 어느 때의 인물인지 알 수 없다[舊本題朱景元撰 景元不知何時人]'고 되어 있다. 또한 '이 책은 도덕·심성 등의 자로 표목을 분류하고 경서의 말을 잡다하게 인용하여 그 의미에 주소를 단 것이다. 문사文詞에 대우가 되어 있어서 "대장隊仗"이라고 이름한 것이다. 실로 송원대의 과거 수험서이지 결단코 당나라 때 인물의 책이 아니며, 대개 성명이 우연이 같았을 뿐이다.[然此書以道德·心性等字分類標目 而雜引經語以疏其義 因詞皆對偶 故以隊仗爲名 實宋·元時科擧策料 決非唐人之書 蓋姓名偶同也]'라고 하였다. 『경학대장』이 저록된 중국의 서목 중 가장 이른 시기의 기록은 명대 정덕연간 하양승夏良勝이 편찬한 『건창부지建昌府志』 권8 전적典籍 수저서收貯書이다. 『경학대장』은 여기에도 주경원의 편찬으로 기록되어 있으므로 『유설경학대장』을 편찬한 인물은 당대의 인물이 아닌 명대 인물로 추정된다.

본서는 상·중·하 3권 1책으로 구성되어 있다. 1404년(永樂 2)에 작성된 배련裴璉의 서문 다음에 목차를 수록하였다. 다음은 각 권별로 수록된 조목을 정리한 표이다.

| 卷次(條目數) | 條目 |
|---|---|
| 上卷(50條目) | 道, 德, 心, 性, 仁, 義, 禮, 智, 信, 孝, 悌, 忠, 誠, 敬, 明, 勤, 謙, 儉, 勇, 敏, 文, 武, 寬, 中, 一, 學, 問, 辨, 敎, 性命, 仁義, 忠恕, 聰明, 剛柔, 志氣, 修身, 齊家, 睦族, 天民, 贊天, 法天, 保天, 敬天, 得天, 君民, 敬民, 得民, 化民, 愛民, 安民 |
| 中卷(47條目) | 用賢, 得賢, 求賢, 治本, 保治, 爲治, 君臣, 君道, 臣道, 正百官, 得諸侯, 古法, 用舊, 用人, 知人, 資人, 創業, 守成, 中興, 傳世, 建極, 謹始, 保終, 察微, 應變, 守常, 取友, 改過, 好善, 成材, 通民情, 贊君德, 進諫, 聽諫, 大臣, 將帥, 近臣, 史臣, 同列, 出, 處, 言行, 名實, 文質, 隱顯, 內外, 文武 |
| 下卷(51條目) | 王伯, 政學, 威權, 告諭, 謀議, 報功, 薦賢, 至公, 遲速, 難易, 天地, 萬物, 人物, 神人, 風俗, 經制, 節義, 名分, 富敎, 制貢, 訓兵, 兵器, 車制, 馬制, 刑德, 謹刑, 刑賞, 賞賚, 禮樂, 境土, 服飾, 射禮, 燕禮, 田獵, 器用, 酒禮, 作樂, 奉祀, 天時, 農事, 都邑, 治水, 封建, 疆理, 宮室, 五行, 卜筮, 禍福, 災祥, 四夷, 文章 |

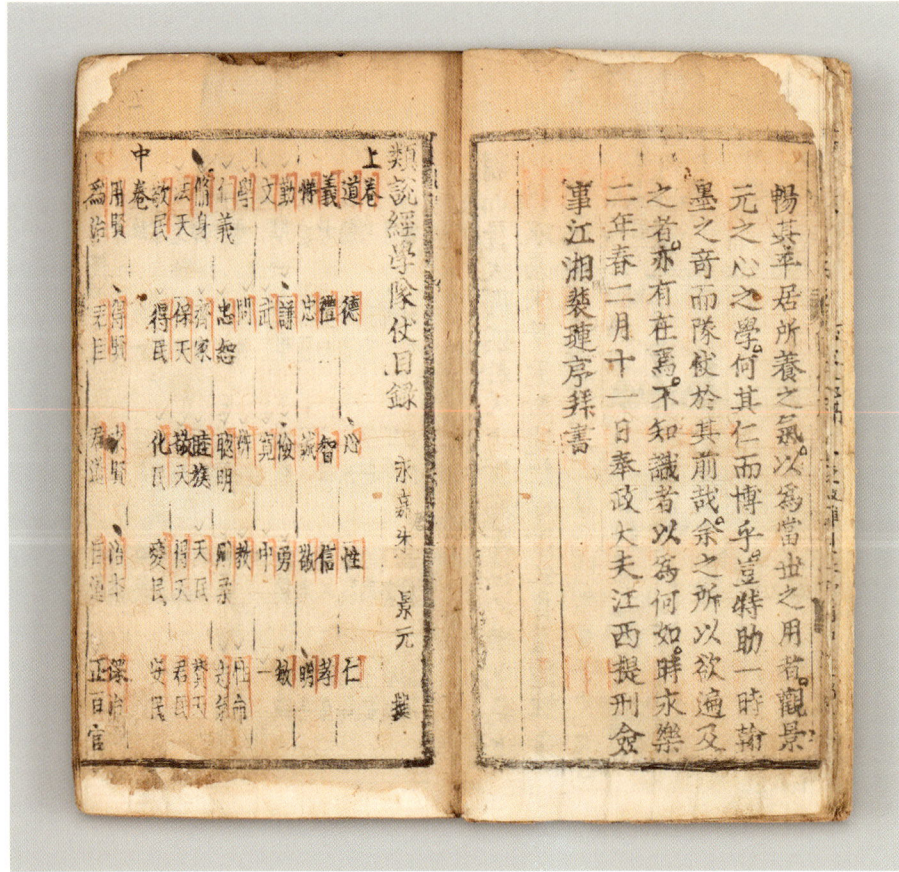

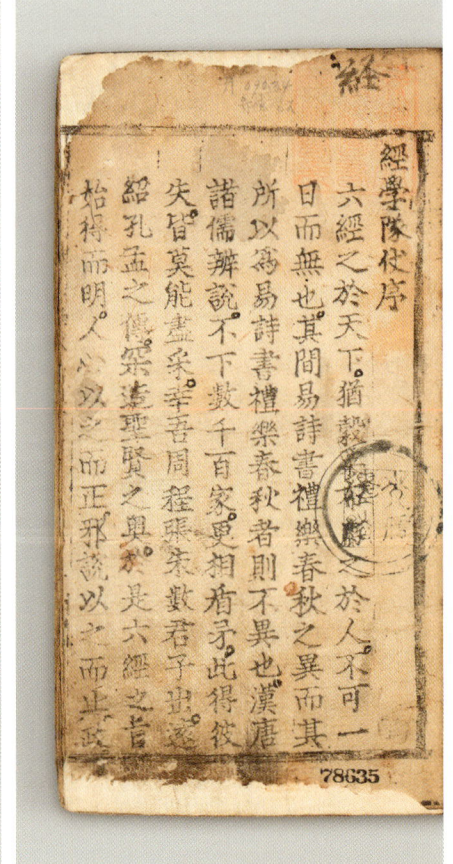

내용은 경서經書에 바탕을 두고, 과거科擧 시험의 문체로 대구對句를 맞추어 작성한 구문을 탐색에 용이하도록 주제별로 배열하였다.

존경각 소장 『유설경학대장』은 1420년에 주조를 지시하고 그 이듬해에 주성鑄成한 경자자 소자小字로 인출한 책이다. 경자자 인본은 많이 전해지고 있지만『유설경학대장』처럼 본문을 모두 소자로 간행한 책은 드물어 희소한 가치가 있다. 또한 존경각 소장본『유설경학대장』은 간행 경위나 시기가 역사 기록에 드러나 있지 않은 상황에서 실물이 남아 있고, 현재 국내에 2종만 전하는 책 중 서문과 목록이 남아 있는 선본善本이므로 더욱 가치가 높다. 명대 거업서의 조선 유통과 금속활자 인쇄사 등 여러 가지 측면에서 의미를 지니는 책이다. 김은슬

주제어
유설경학대장類說經學隊仗, 경학대장經學隊仗

참고문헌
张祝平, 「韩国藏本『经学队仗』述略」, 中国典籍与文化, 2011.
『四庫全書總目提要』卷137 「類說經學隊仗」.

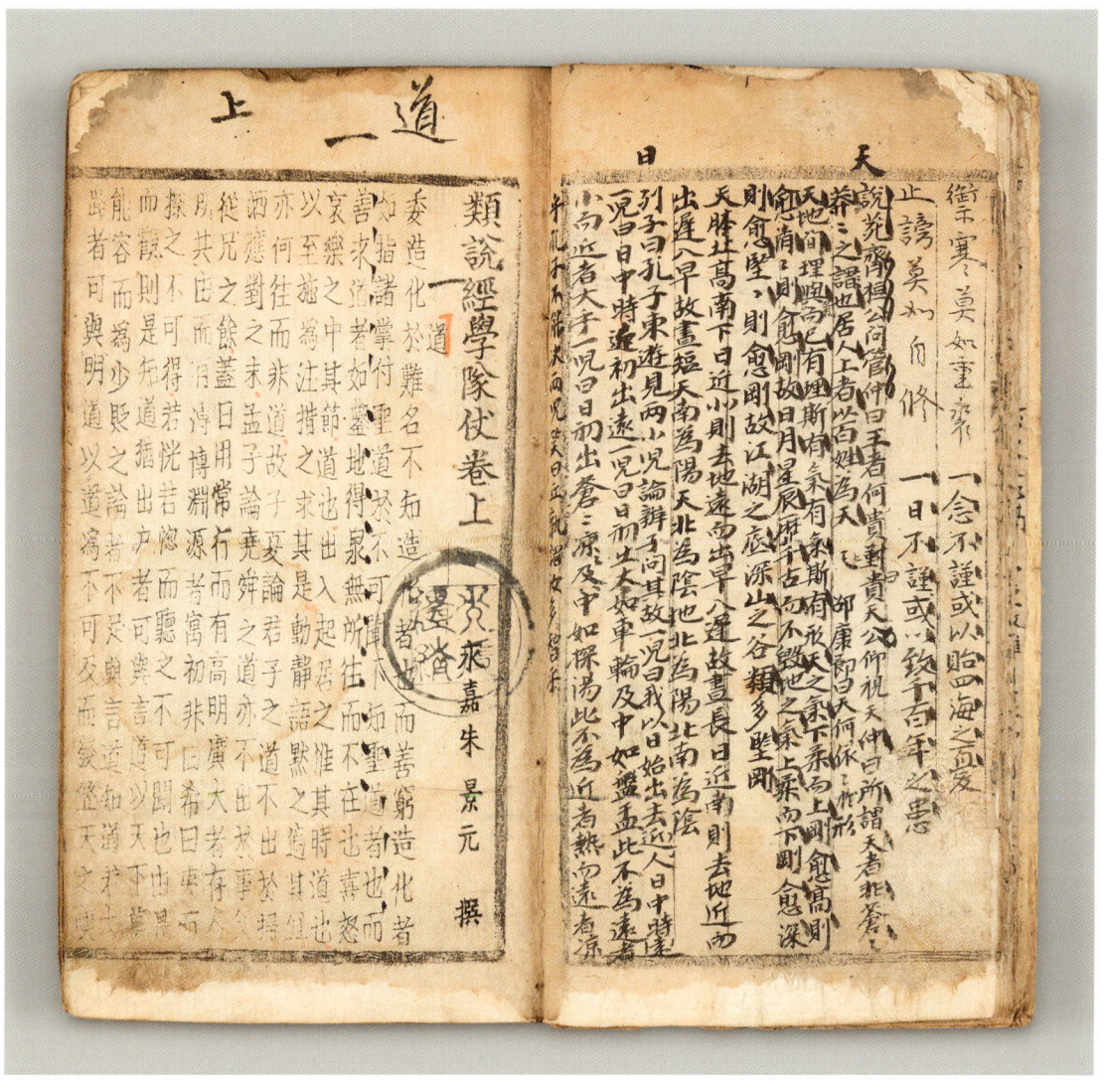

# 진서산독서기을집상대학연의
## 眞西山讀書記乙集上大學衍義
Jinseosandokseogi euljipsang daehakyeonui

貴 C02-0031a

| | | 자부 |
|---|---|---|
| 서명 | 眞西山讀書記乙集上大學衍義 | 子部 |
| 저자 | 眞德秀(宋) 撰 | 4 |
| 판본 | 木版本(明版飜刻) | |
| 발행 | [朝鮮]: [刊寫者未詳], [朝鮮前期]刊 | |
| 형태 | 22卷6册(缺帙): 上下單邊左右雙邊, 半郭 22.6 × 16.0 cm, 有界, 10行20字 小字雙行, 上下下向黑魚尾; 27.8 × 18.5 cm | |
| 주기 | 版心題: 大孝衍義 | |
| | 所藏: 卷5~7, 卷13~16, 卷17~20, 卷21~24, 卷25~28 卷29~32(第2 · 4~8册) | |
| | 落張: 卷28 第4張 以後 等, 補寫: 卷17 第1~2張 等 | |
| | 藁精紙 | |

남송南宋의 진덕수眞德秀(1178~1235)가 역사 기록과 여러 경전의 주석을 참고하여 『대학大學』의 뜻을 부연한 책으로, 1229년(紹定 2)에 편찬하였다. 본서는 조선 전기에 간행한 목판본으로 추정된다.

본서의 표제는 지워져 보이지 않으며, 판심제는 '대학연의大孝衍義', 권수제는 '진서산독서기을집상대학연의 眞西山讀書記乙集上大學衍義'이다. 서미書眉에 두주頭註 및 본문 비점批點 등 일부 독서 흔적이 확인된다. 판심제의 '학學'을 '학孝'자로, 본문에서 '세世'를 '세丗'로 판각한 특징이 보인다. 고정지藁精紙를 사용하여 인출하였다.

편자인 진덕수眞德秀는 복건福建 보성인莆城人이다. 매우 빈곤한 집안에서 태어나 과거에 급제하고 중앙의 요직에 있으면서 여러 차례 주소注疏를 올려 입조入朝한지 10년이 되지 않아 무려 십만언十萬言이 되었으며 사방의 인사들로부터 촉망받는 인재가 되었다. 그러나 국정을 주도하는 사미원史彌遠을 탄핵하다가 오히려 지방관을 전전하게 되었다. 이후 호부상서戶部尙書로 등용되었으나 오래 재직하지는 못하였고 다만 청의 淸議를 영도하는 위치에서 시정時政을 비판하였다. 진덕수는 젊은 시절 주희朱熹의 제자였던 첨체인詹體仁의 문하에서 공부하여 주희의 재전 제자가 되며, 서산정사西山靜舍에서 많은 제자를 양성하여 서산선생西山先生 이라고 불렸다. 저술로는 『진서산독서기을집상대학연의』 외에 『문장정종文章正宗』, 『삼례고三禮考』, 『심경心經』, 『정경政經』 등이 있으며 문집으로 『서산문집西山文集』이 있다.

『진서산독서기을집상대학연의』(이하 『대학연의』)는 진덕수의 저작인 『서산독서기西山讀書記』의 일부분으로, 총 43권으로 이루어져 있다. 진덕수가 경연經筵에서 한 강의를 바탕으로 하여 10년 만에 완성한 대표적인 저술이다. 내용은 『대학大學』의 뜻을 풀어 설명한 것으로, 『대학』의 순서에 따라 역대 제왕帝王의 사례를 들어 제왕학에 참고가 될 수 있도록 저술한 책이다. 서문에서는 '군주가 이 책을 가지고 잘 음미하여 이용 하면 제왕들이 정치를 행하는 순서와 학문을 닦는 근본을 가슴속에 환히 간직할 수 있을 것'이라고 하였다. 주희의 『대학장구大學章句』에 훈고적으로 주소를 붙인 것에만 그치지 않고 『대학』의 뜻을 부연하되 역사적인 선례를 경사經史의 여러 책에서 모아 독창적으로 편집하였다. 주자 성리학의 이념을 현실화한 대표적인 경세학經世學의 성과로 평가된다. 『대학연의』는 원元나라에서부터 경연의 교재로 채택되었고, 이후 명 · 청대에도 제왕학의 전범으로 이용되었다. 우리나라에도 고려말에 성리학이 수입되면서 함께 전래하였고, 조선시대 경연에서도 자주 진강되는 교재로 제왕학에 필수적인 책으로 인식되었다.

본서는 전체 43권 중 22권 6책으로 구성된 결질본이다. 『대학연의』의 체계를 완질본인 서울대학교 규장각 한국학연구원 소장본(古貴181.1-D13je-v.1-12)을 바탕으로 정리해 보자면 다음과 같다.

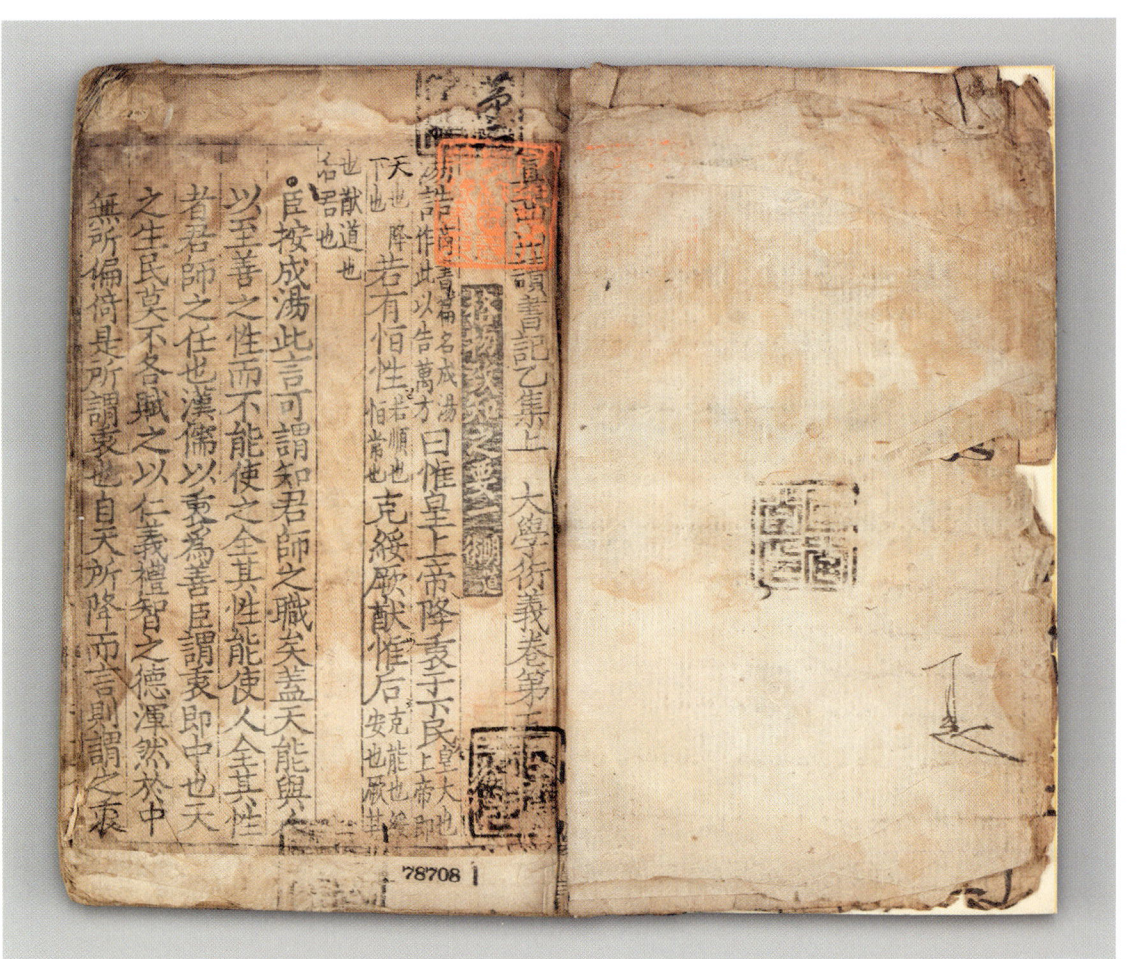

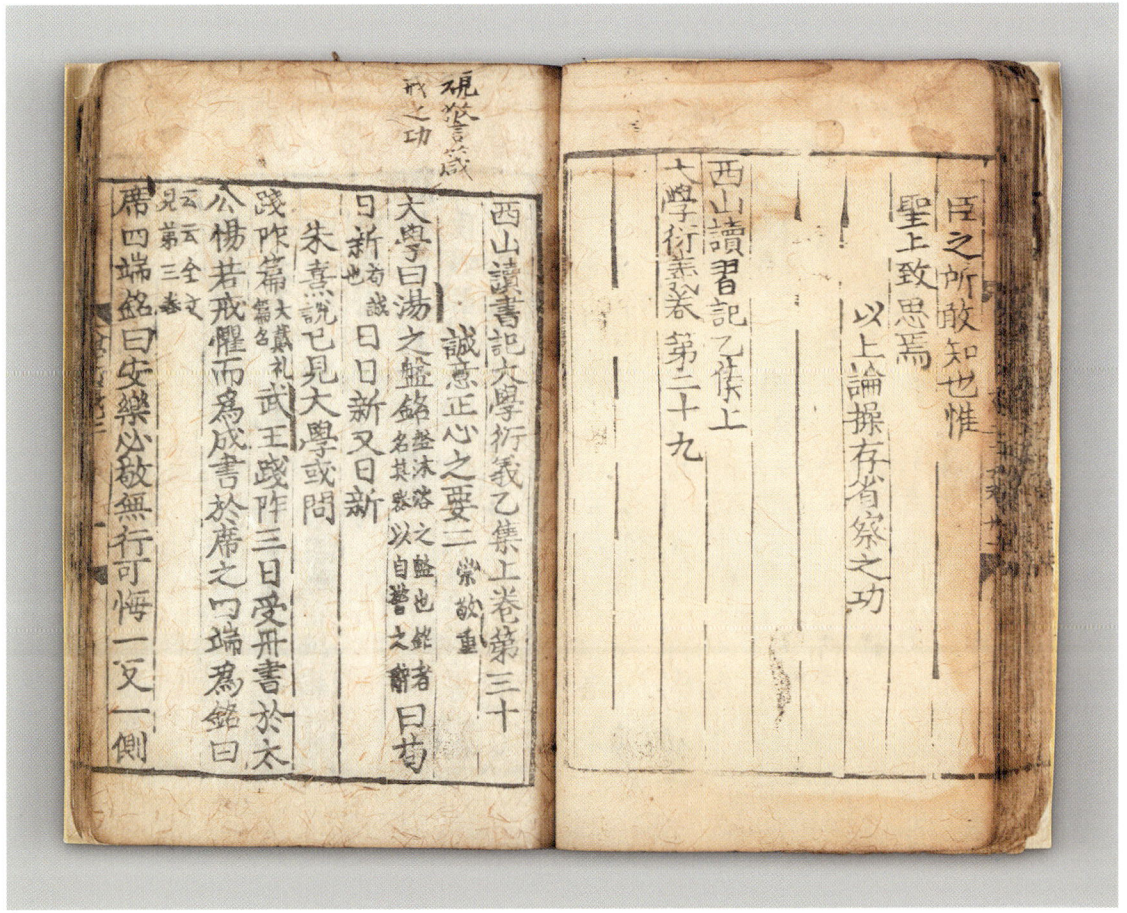

| 권차 | 四大綱 | 세부 내용 |
|---|---|---|
| 1 | 帝王爲治 | 帝王爲治之序 |
| 2~4 | 帝王爲學之本 | 堯舜禹湯文武之學 |
| | | 商高宗周成王之學 |
| | | 漢高文武宣帝之學 |
| | | 漢光武明章唐三宗之學 |
| | | 漢魏陳隋唐數君之學 |
| 5~14 | 格物致知之要 1 | 明道術 |
| 15~24 | 格物致知之要 2 | 辨人才 |
| 25~26 | 格物致知之要 3 | 審治體 |
| 27 | 格物致知之要 4 | 察民情 |
| 28~30 | 誠意正心之要 1 | 崇敬畏 |
| 31~34 | 誠意正心之要 2 | 戒逸欲 |
| 35 | 修身之要 1 | 謹言行, 正威儀 |
| 36~37 | 齊家之要 1 | 重妃匹 |
| 38~40 | 齊家之要 2 | 嚴內治 |
| 41~42 | 齊家之要 3 | 定國本 |
| 43 | 齊家之要 4 | 敎戚屬 |

「제왕위치지서帝王爲治之序」와 「제왕위학지본帝王爲學之本」이 처음에 제시되고, 다음으로 「격물치지지요格物致知之要」, 「성의정심지요誠意正心之要」, 「수신지요修身之要」, 「제가지요齊家之要」의 사대강四大綱의 내용으로 구성되어 있다. 치국治國과 평천하平天下가 대강大綱에 포함되지 않은 이유는 사대강을 실천할 수 있다면 치국·평천하는 저절로 이루어질 수 있으리라 판단했기 때문이다.

당대唐代 대표적인 제왕학의 교과서는 『서경書經』과 당唐 태종太宗의 『정관정요貞觀政要』였고, 이는 송대宋代 초기까지 이어졌다. 그러나 사마광司馬光이 『자치통감資治通鑑』을 편찬하고, 이정二程 형제에 의해 『대학大學』이 독립된 경전으로 격상되면서 『대학』과 『자치통감』이 점차 군왕의 정치지침서로 자리매김하게 되었다. 『송사宋史』에 의하면 1234년(端平 1) 진덕수가 호부상서戶部尙書가 되었을 때 이종理宗에게 바쳤고, 그 해 경연經筵에서 진강進講한 뒤 제왕학 교과서로 채택되었다고 한다. 원대元代·명대明代에도 이러한 추세는 계속 이어졌다. 명대에는 『대학연의』의 내용을 보강한 구준丘濬의 『대학연의보大學衍義補』가 저술되었는데, 이 책은 『대학연의大學衍義』에 포함되지 않은 송대의 사적史蹟과 「치국평천하지요治國平天下之要」가 보충된 것이다.

우리나라에서는 고려 말부터 윤택尹澤, 윤소종尹紹宗 등이 『대학연의』를 경연經筵에서 읽을 것을 건의한 이래 중요하게 읽었다. 이후 조선시대 들어 제왕학帝王學의 전범으로 각광받으며 경연에서 자주 강독하였다. 1575년(선조 8)에는 이이李珥가 『대학연의』를 재구성한 『성학집요聖學輯要』를 편찬하였다.

『대학연의』는 조선시대에 계미자, 초주갑인자, 을해자, 갑진자, 무신자 및 이를 번각飜刻한 목판본에 이르기까지 다양한 판종으로 간행되었다. 비교적 잘 알려진 판본은 조선전기의 초주갑인자번각 목판본인데, 본서는 이와 다른 계통으로 전본이 희귀하다. 고정지를 사용하여 인출하였고, '학孝'과 '세卋'자 등 이체자로 판각한 특징을 지니고 있어 조선전기 인쇄문화를 연구하는데 있어서 활용가치가 높다. 김소희

주제어
진서산독서기을집상대학연의眞西山讀書記乙集上大學衍義, 대학연의大學衍義, 진덕수眞德秀

## 진서산독서기을집상대학연의
## 眞西山讀書記乙集上大學衍義
Jinseosandokseogi euljipsang daehakyeonui

貴 C02-0031
——

| | |
|---|---|
| 서명 | 眞西山讀書記乙集上大學衍義 |
| 저자 | 眞德秀(宋) 撰 |
| 판본 | 金屬活字本(乙亥字混入補字) |
| 발행 | [漢城]: [校書館], [中宗-宣祖初]刊 |
| 형태 | 1卷 1册(缺帙): 四周單邊, 半郭 22.0 × 14.7 cm, 有界, 9行17字, 大黑口, 上下內向 三葉花紋魚尾: 28.6 × 18.6 cm |
| 주기 | 版心題: 衍義<br>所藏: 卷43<br>落張: 第1張, 2張 前面, 44-62張 後面 以後<br>楮紙(이음종이) |

남송南宋의 진덕수眞德秀(1178~1235)가 역사 기록과 여러 경전의 주석을 참고하여 『대학大學』의 뜻을 부연한 책으로, 1229년(紹定 2)에 편찬하였다. 본서는 보자補字를 혼용한 을해자본乙亥字本으로, 간행시기는 중종中宗 ~선조宣祖 연간초인 16세기로 추정된다.

『대학연의』는 진덕수의 저작인 『서산독서기西山讀書記』의 일부분이다. 총 43권으로 이루어져 있으며, 현대에 개장된 본서의 표제는 '대학연의大學衍義', 판심제는 '연의衍義'이다. 권43 1책만 남아 있고 원표지와 전반부 제1장 및 후반부 일부가 낙장되어 있어, 원표제와 권수제는 알 수 없다. 이음종이를 사용하여 인출하였다.

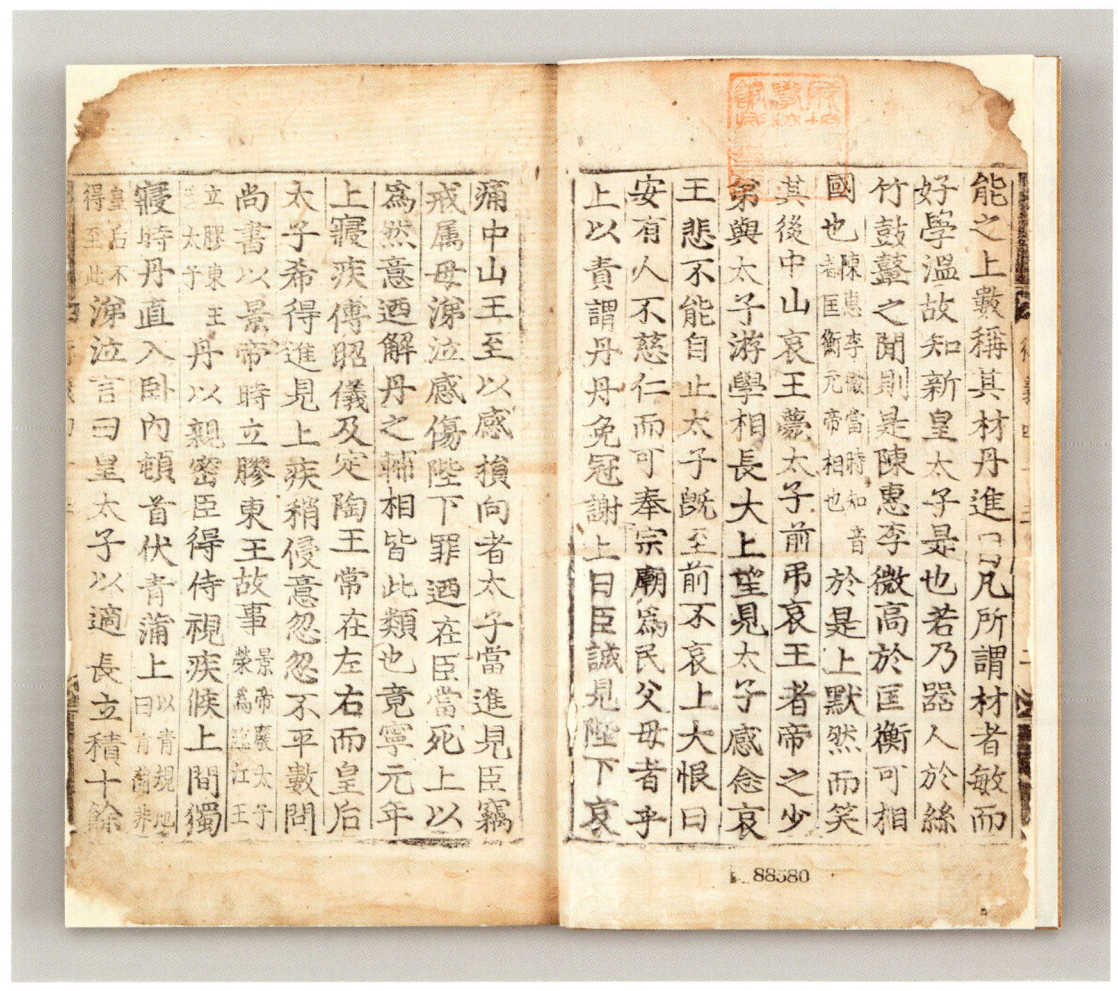

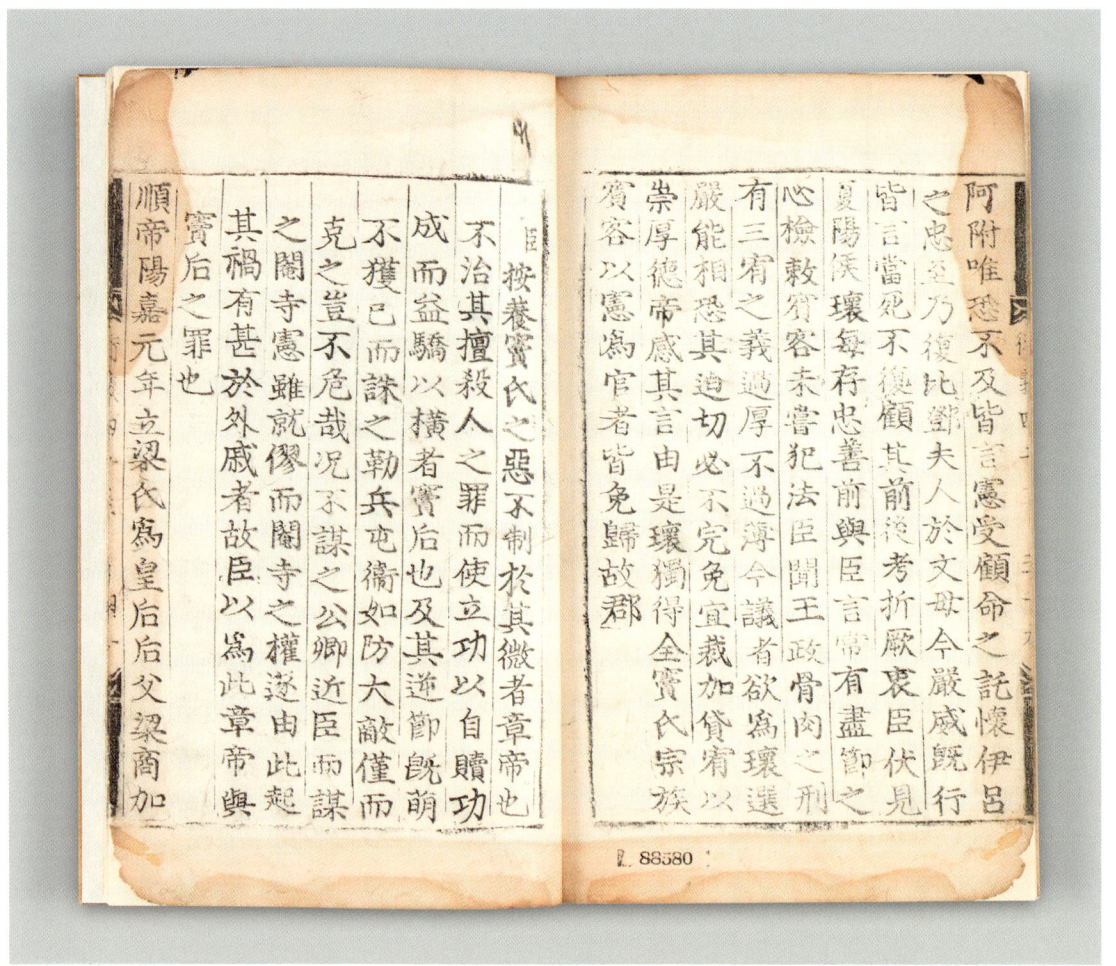

본서는 전체 43권 중 제43권 1책만 남아있는 낙질落帙이다. 편자인 진덕수眞德秀의 생애와 『진서산독서기을집상대학연의』의 편찬 경위 및 내용 등은 자부子部-4 『진서산독서기을집상대학연의』(貴 C02-0031a)를 참고하기 바란다.

『진서산독서기을집상대학연의』는 조선시대에 계미자, 초주갑인자, 을해자, 갑진자, 무신자 및 이를 번각飜刻한 목판본에 이르기까지 다양한 판종으로 간행되었다. 그 중 본서와 동일한 을해자본은 국립중앙도서관 외에 국립중앙박물관, 성암고서박물관, 영남대학교 도서관, 계명대학교 동산도서관, 송파책박물관 등에 소장되어 있다. 이음종이를 사용하여 인출한 을해자본으로 인쇄문화 연구 및 서적의 간행시기를 유추할 수 있는 자료로서 가치가 높다. 김소희

주제어
진서산독서기을집상대학연의眞西山讀書記乙集上大學衍義, 대학연의大學衍義, 진덕수眞德秀, 을해자乙亥字

설문청공독서록
薛文淸公讀書錄
Seolmuncheonggong dokseorok

貴 단산 C02-0044
—

서명　薛文淸公讀書錄
저자　薛瑄(明) 著；吳廷擧(明) 編
판본　木版本(明版飜刻)
발행　[朝鮮]：[刊寫者未詳], 中宗19(1524) 跋
형태　上中下卷1册：四周單邊, 半郭 22.0 × 15.6 cm, 有界, 10行20字, 大黑口, 上下內向
　　　黑魚尾：29.1 × 18.8 cm
주기　版心題：薛子錄
　　　讀書錄要語序：弘治辛酉(1501)正月元日…吳廷擧
　　　薛氏讀書錄序：正德十有六年(1521) 夏四月丁未[胡]纘宗識
　　　薛氏讀書錄後序：蕭世賢謹識
　　　刻讀書錄跋：嘉靖甲申(1524)…蕭世賢謹識
　　　贈與記：族姪金壕景保(1579-?)赴試古都也 琴上舍夾之(琴應夾, 1526-1596) 以紙
　　　印得兩件 與余一件 嘉靖甲子(1564)二月日誌(앞面紙)
　　　印記：富弼彦遇, 光城金氏, 後彫堂(鐘鼎形), 後彫堂(長方形), 檀汕文庫
　　　楮紙

명나라 학자 오정거吳廷擧(1462~1527)가 1501년(弘治 14)에 설선薛瑄(1389~1464)의 『독서록讀書錄』 중 중요한
부분을 뽑아 3권으로 엮은 책이다. 설선이 저술한 원본과 구분하여 『설문청공독서록요어薛文淸公讀書錄要語』
라고도 불린다. 본서는 조선 중기에 간행한 목판본으로, 1564년(명종 19) 금응협琴應夾(1526~1596)이 조카인
김호金壕(?~?)에게 증여한 이래 김부필金富弼(1516~1577)의 장서가 된 책이다.

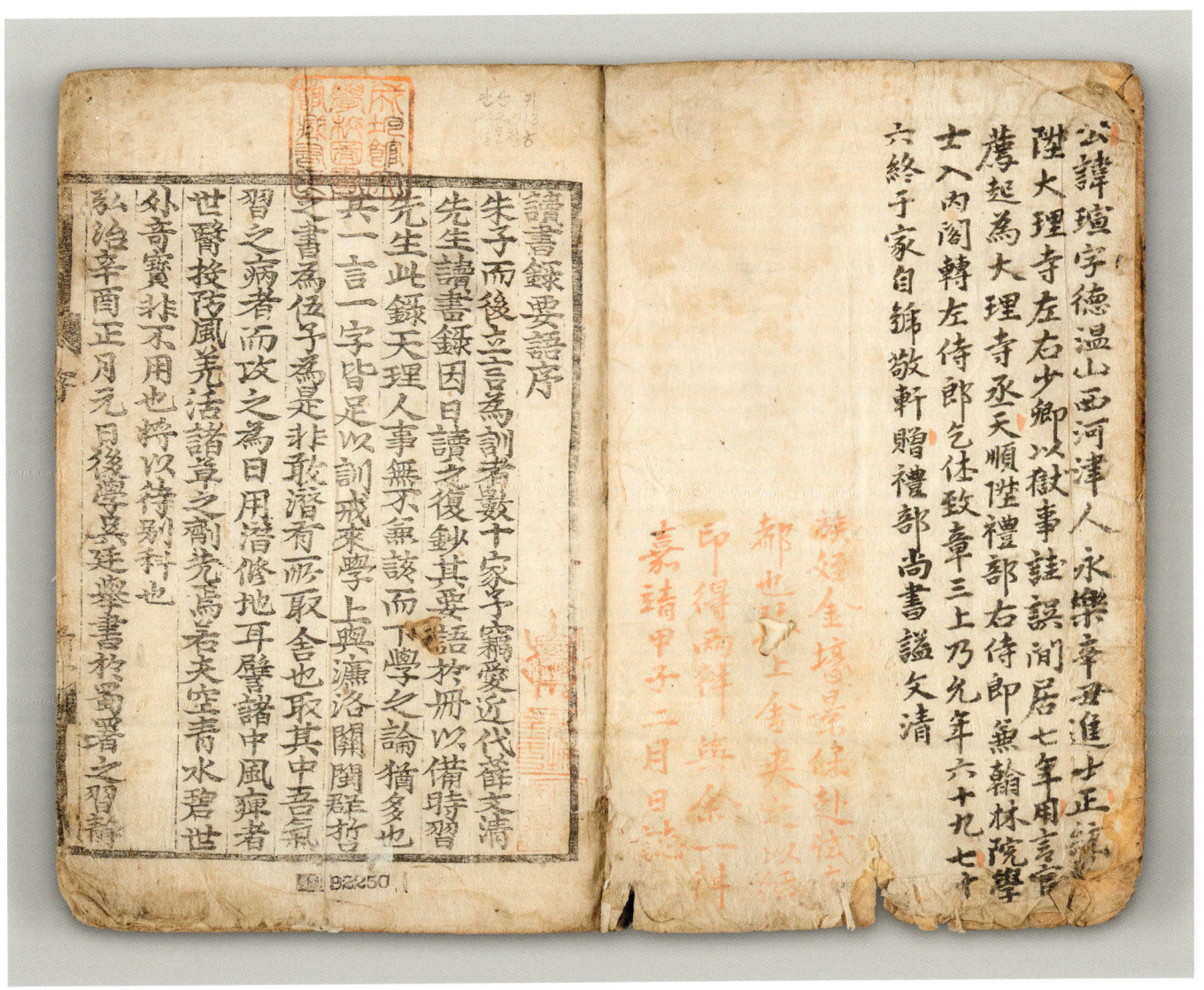

권수제는 '설문청공독서록薛文清公讀書錄', 판심제는 '설자록薛子錄'이다. 황색 연화문蓮花紋 회문回紋 표지에 오침안정법五針眼訂法으로 장황裝纊하였다. 앞면지面紙에는 설선의 생애에 대한 묵서墨書와, 1564년에 주묵朱墨으로 기록한 '금응협이 2건을 인쇄해서 하나를 족질 김호에게 준다'는 내용의 증여기가 있다. 증여받은 김호의 생몰년과 생애는 상세히 알 수 없지만 그의 증조는 광산 김씨 예안파의 입향조入鄕祖인 김효로金孝盧, 조부는 김수수緩, 부친은 김부인金富仁이다. 판식은 사주단변四周單邊, 유계有界, 10행 20자, 흑구黑口, 상하내향흑어미上下內向黑魚尾이다. 일부 서미書眉에 중국본과 비교하여 남긴 교감주 및 보주補註가 있다. 각 책수冊首와 책말冊末에 김부필의 장서인인 '부필언우富弼彦遇'·'광성김씨光城金氏'·'후조당後彫堂'이, 뒷면지에 '단산문고檀山文庫'가 날인되어 있다. '후조당'의 경우 정형鼎形과 장방형長方形 2종의 형태이다.

저자인 설선의 자는 덕온德溫, 호는 경헌敬軒, 시호는 문청공文清公이며, 산서성山西省 하진河津 출신이다. 명대 정주학을 계승한 하동학파河東學派를 창시하였다. 영락永樂 연간(1403~1424)에 진사가 된 후, 감찰어사 및 산동성 제첨학사, 대리시소경大理寺少卿 등을 역임하였는데, 환관 왕진王振의 뜻에 따르지 않아 사형 판결을 받기도 하였다. 1449년(正統 14), 몽골을 통일한 오이라트족의 공격을 받은 토목의 변 때 직접 맞섰으나 패배하여 포로가 되었고, 이듬해 석방되었다가 다시 남궁에 유폐되었다. 이후 영종英宗이 복귀한 후 복직되어 예부 우시랑 및 한림원 학사를 겸직하였으며, 사직 후 귀향하여 후학 양성과 저술에 힘썼다. 1571년(隆慶 5) 공묘孔廟에 배향되었다.

『설문청공독서록』은 설선이 장재張載의 독서법에 따라 자신을 수양하기 위해『성리대전性理大全』및 송대 유학자들의 글을 읽으면서 느낀 것을 기록한 것이다. 설선의 문집인『설선전집薛瑄全集』「연보年譜」에는 그가 감찰어사로 있으면서『성리대전』을 필사하고 음미하였으며 생각나는 것이 있으면 때를 가리지 않고

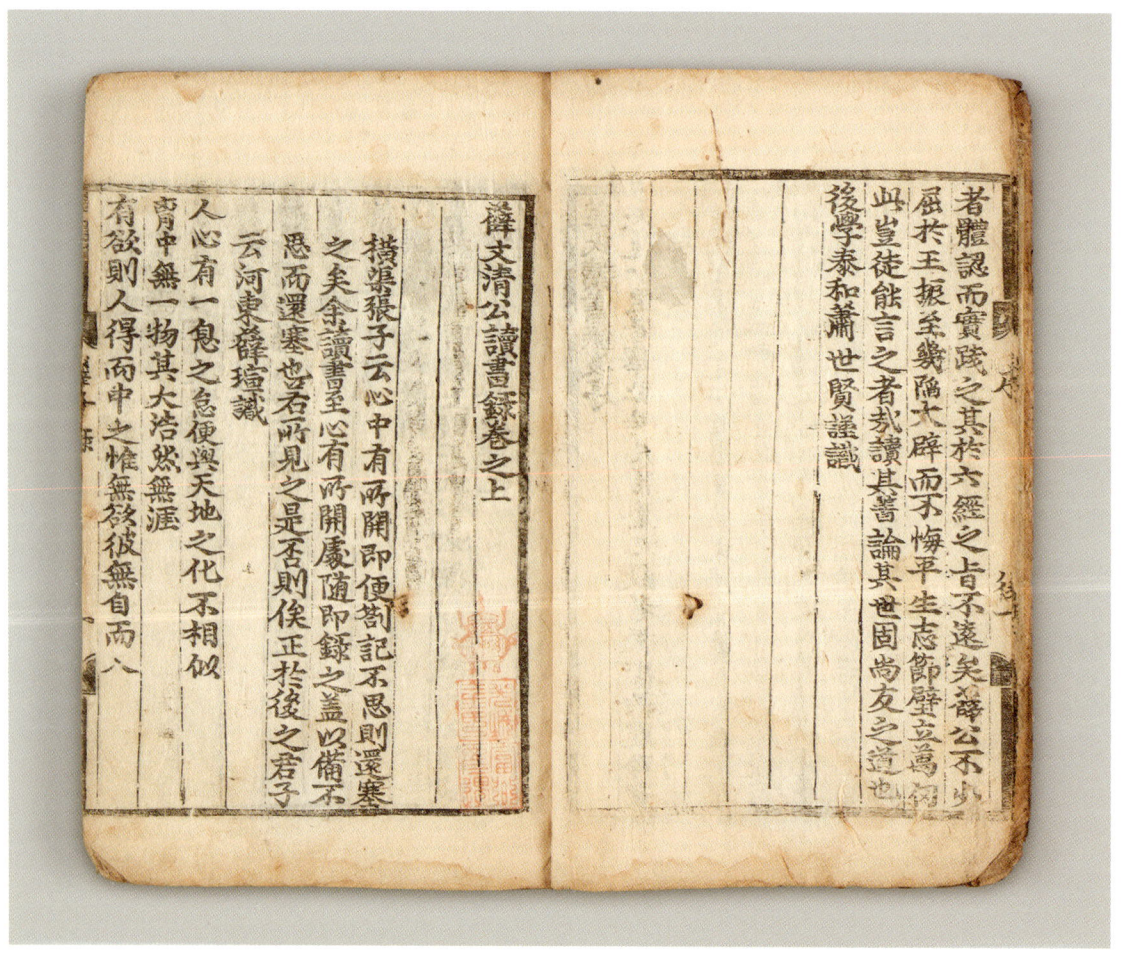

수시로 적어두었다는 내용이 있다. 또한 그는 이후에 저술된『근사속록近思續錄』권1의 첫머리에 '독서 중 수시로 적은 것이 20여 년 축적되어 하나의 책을 이루었으니, 이를『독서록』이라 하였다'라고 언급하기도 하였다. 따라서 본서는 처음부터 저술을 목적으로 한 것이 아니라, 오랜 기간 축적된 공부 내용이라 할 수 있다.

본서는 상上·중中·하下 3권으로 구성되어 있다. 권수卷首에는 1501년 오정거가 쓴「독서록요어서讀書錄要語序」, 호찬종이 쓴 2종의「설씨독서록서薛氏讀書錄序」, 그리고 소세현蕭世賢의「설씨독서록후서薛氏讀書錄後序」가 수록되어 있다. 본문은 따로 정해진 주제에 따라 분류되어 있지 않고, 장章마다 행을 바꾸어 나열하였다.

권말卷末에는 소세현의「각독서록발刻讀書錄跋」이 있다. 발문 내용을 통해 본서는 1524년(嘉靖 3) 호찬종胡纘宗이 간행한 판본을 저본으로 하고 있음을 알 수 있다. 본서가 조선에 들어온 경위는 전하지 않으나, 조선 전기본 중 간기가 있는 성주 천곡서원본川谷書院本의 간행 시기가 1574년(선조 7)이므로 16세기 중반에는 들어온 것으로 추정된다. 천곡서원본은 을해자본을 번각한 것이며, 을해자본은 현재 고려대 만송문고에 전하고 있다. 또한『고사촬요攷事撮要』의 기록을 통해 성주 외에도 합천陜川과 연안延安에서도 간행되었음을 확인할 수 있다. 존경각본은 앞면지의 증여 기록을 통해 늦어도 1564년에는 간행되었으며, 천곡서원본보다 앞서 간행된 것으로 보인다. 기록에는 1564년 금응협이 인쇄해온 이 책 2건 중 하나를 주었다고 되어 있다. 서명書名과 내용이 동일한 충남대학교 도서관 소장본(고서 子.儒家類 175)과 판식을 비교해보면, 행자수는 동일하나 반곽의 크기와 필획에서 차이를 보인다. 참고로 이정李楨의 문집인『구암선생문집龜巖先生文集』권2 부록에는 그가 지방관을 역임하며 간행한 서적이 기록되어 있는데, 이 책이 포함되어 있다.

『설문청공독서록』은 명초 성리학의 발전과 보급을 이끌었던 설선의 대표적인 저서로, 이기론 자체를 다루기보다 기존 이론을 바탕으로 심성을 수양하는 방법을 다룬 것이다. 따라서 본서는 그의 사상과 학문적 성향이 잘 드러나 있어 이황李滉과 문인들에게 중시되었으며, 조선뿐만 아니라 일본에서도 17세기에 간행되었다. 본서의 저본인 명판본의 전본이 매우 드물고, 조선에서 금속활자로 간행한 후 여러 지방에서 간행하였다는 점에서 서지적으로도 중요한 자료이다. 특히 존경각본은 기록과 장서인을 통해 소장 경위가 분명히 드러나고, 간기가 있는 천곡서원보다 앞서 간행되었다는 점에서 16세기 간행 시점의 상한선을 제시하고 있다. 또한 중국본과의 교감주가 있다는 점에서 가치가 크다. 이유리

주제어
설선薛瑄, 오정거吳廷擧, 독서록讀書錄, 하동학파河東學派, 김부필金富弼

참고문헌
魚叔權,『攷事撮要』
李楨,『龜巖先生文集』卷2「附錄」
白井順,「東アジアにおける薛瑄『讀書錄』の刊行と變容」,『日本中國學會報』61, 日本中國學會, 2009.
진원,「주자학의 확산에서 본 薛瑄 학문의 성격」,『退溪學報』127, 퇴계학연구원, 2010.

# 성리대전서
## 性理大全書
### Seongnidaejeonseo

| | | |
|---|---|---|
| 서명 | 性理大全書 | 자부 |
| 저자 | 胡廣(明) 等奉勅纂 | 子部 |
| 판본 | 金屬活字本(甲寅字) | 7 |
| 발행 | [漢城]: [校書館], [中宗─明宗年間]印 | |
| 형태 | 58卷32册(全70卷39册): 四周雙邊, 半郭 25.2 × 17.3 cm, 有界, 10行17字 小字雙行, | |
| | 上下內向三葉花紋魚尾; 33.2 × 21.7 cm | |
| 주기 | 總册數: 共三十九(書腦) | |
| | 所藏: 卷2-13 · 18 · 19 · 22-25 · 28-36 · 39-69 | |
| | 印記: [光金□宋](卷59) | |
| | 楮紙(이음종이) | |

명대明代 성조成祖 영락제永樂帝(재위 1402~1424)의 명으로 호광胡廣(1370~1418) 등 42명의 학자들이 1415년 (永樂 12)경 완성한 성리학 이론서이다. 본서는 16세기에 조선에서 간행한 초주갑인자본이다.

표제 및 권수제, 판심제 모두 '성리대전性理大全'이다. 능화문 황색표지에 오침안정법五針眼訂法으로 장황粧䌙 하였으며, 표지 우측에는 수록 편목篇目이 적혀 있다. 서뇌書腦에는 총책수總册數 표시인 '공삼십구共三十九'가 있다. 판식은 사주쌍변四周雙邊, 유계有界, 10행 17자, 상하내향3엽화문어미이다. 일부 이음종이를 사용하였다.

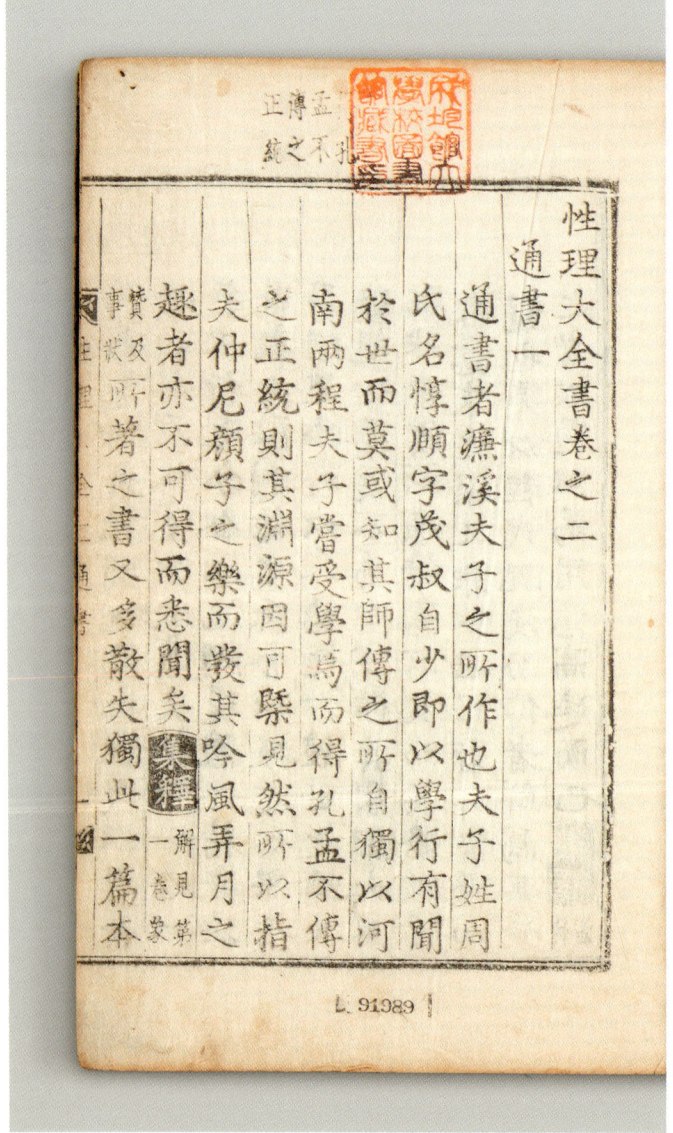

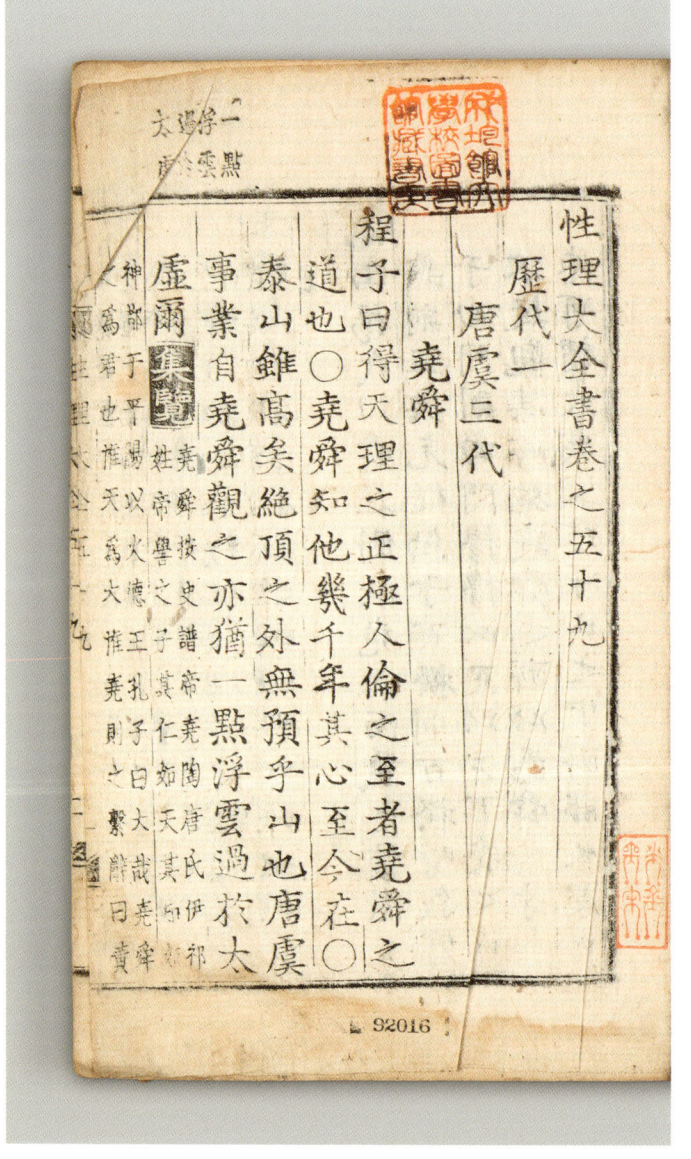

서미書眉에 소자小字로 인쇄된 두주頭註가 있고, 주석 중 '집고集考'·'집람集覽'·'집석集釋'·'보주補註' 등의
표시는 음각陰刻 되어 있다. 또한 일부 본문에 대한 교개校改 및 교감주校勘註가 목판으로 인쇄되어 있거나
(권18·25) 묵서墨書되어 있다. 낙장이 있는 부분의 서미에 표시가 되어 있기도 하다.

편찬자 중 하나인 호광의 자는 광대光大, 호는 황암晃庵, 시호는 문목文穆이며, 강서성江西省 길수吉水 출신이다.
1400년(建文 2) 진사에 급제하여 한림원翰林院 수찬修撰이 되었다. 성조가 즉위한 후 시강侍講을 거쳐 문연각
대학사文淵閣大學士 및 예부상서禮部尚書 등을 역임하며 명초 관학官學의 기틀을 주도적으로 마련하였다.
저서로는 『호문목집胡文穆集』이 있다.

『성리대전서』는 송대부터 원대에 이르는 학자 120명의 학설을 집대성한 것으로, 경전에 나타난 철학을
정리한 책이다. 성조는 국가에서 경전 해석의 표준을 제시함으로써 성리학을 관학화官學化하여 통일된
사상을 기반으로 통치의 효율을 도모하였는데, 사서오경대전四書五經大全도 이때 함께 편찬하였다. 다만
1년이라는 짧은 기간 동안 방대한 분량의 학설을 정리한 결과 편집 체계가 허술하고 기존 저술을 그대로
베낀 부분이 많아 비판받기도 하였다. 『성리대전서』는 1415년에 완성된 후 관판 뿐만 아니라 방각본으로도

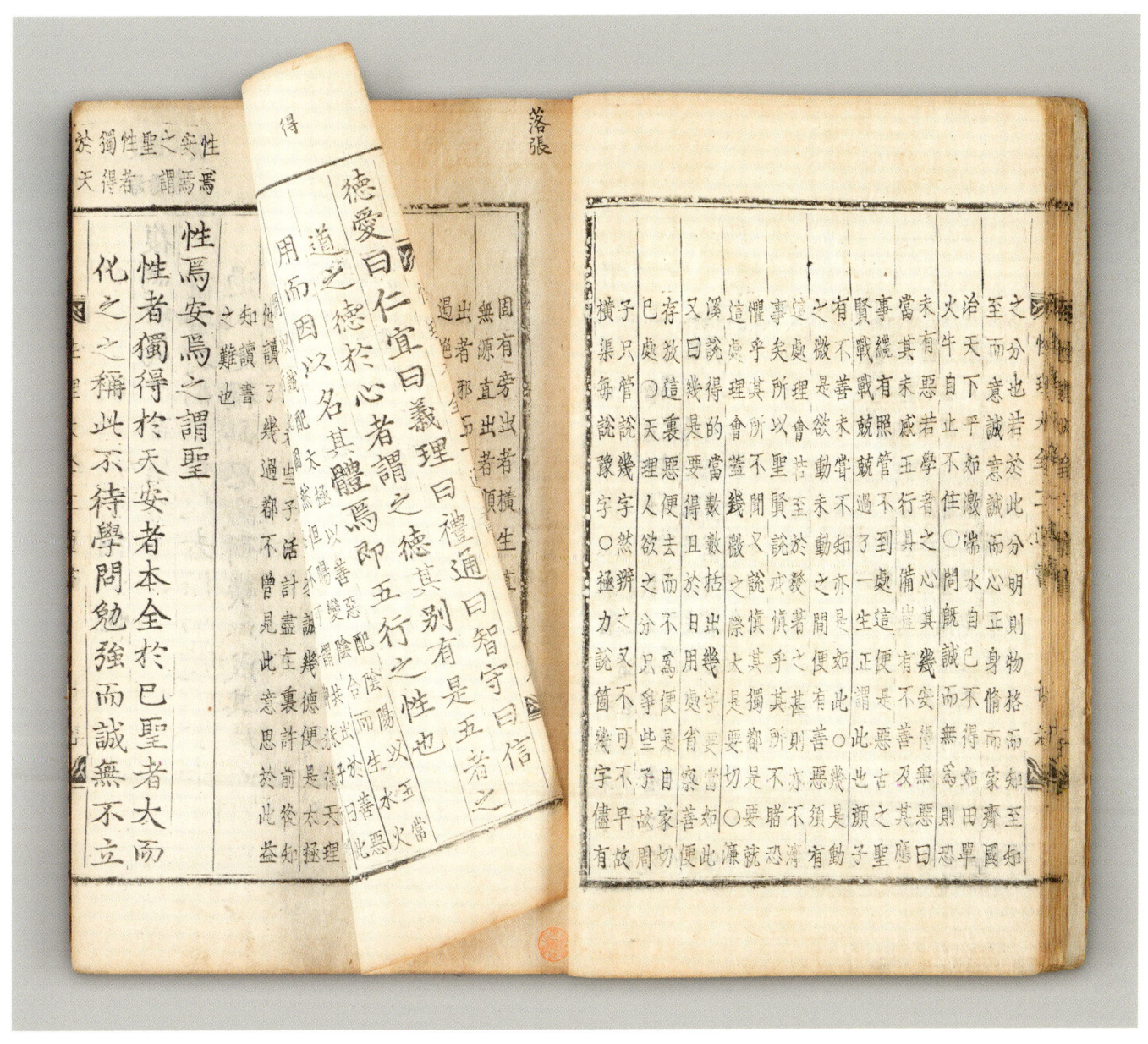

활발히 간행되었으며, 조선과 일본에도 전해졌다. 조선에는 1419년(세종 1) 명나라에 사행을 간 경녕군 敬寧君 이비李裶에게 하사됨으로써 들어왔다. 이후 1425년(세종 7) 하사받은 서적을 간행하기 위한 종이를 바칠 것을 삼도三道에 명하였고, 1427년(세종 9) 경상도 관찰사가 간행이 완료된 서적을 바쳤다. 본서에는 간행 당시의 서발문 등의 정보가 없어 간행 경위를 알기 어려우나, 이 간본을 통해 경상도에서 처음 간행된 후 늦어도 16세기 중반까지는 교서관에서도 활자로 간행된 사실을 알 수 있다.

전체 본문은 원래 70권으로 구성되어 있는데, 존경각본은 권1(제1책), 권14~17(제11~12책), 권20~21(제14책), 권26~27(제18책), 권37~38(제24책), 권70이 결락된 58권 32책이다. 본문은 다음과 같이 구성되어 있다.

| 책차 | 권차 및 수록 내용 | 책차 | 권차 및 수록 내용 |
|---|---|---|---|
| 2 | 卷2 通書一 | 23 | 卷39 諸儒一 |
| 3 | 卷3 通書二, 卷4 西銘 | 24 | 卷40 諸儒二 |
| 4 | 卷5 正蒙一 | 25 | 卷41 · 42 諸儒三 · 四 |
| 5 | 卷6 正蒙二 | 26 | 卷43 · 44 學一 · 二 |
| 6 | 卷7 · 8 皇極經世書一 · 二 | 27 | 卷45 · 46 學三 · 四 |
| 7 | 卷9 皇極經世書三 | 28 | 卷47 · 48 學五 · 六 |
| 8 | 卷10 皇極經世書四 | 29 | 卷49 · 50 學七 · 八 |
| 9 | 卷11 皇極經世書五 | 30 | 卷51~53 學九~十一 |
| 10 | 卷12 · 13 皇極經世書六 · 七 | 31 | 卷54 · 55 學十二 · 十三 |
| 13 | 卷18 · 19 家禮一 · 二 | 32 | 卷56 學十四 |
| 15 | 卷22 · 23 律呂新書一 · 二 | 33 | 卷57 · 58 諸子一 · 二 |
| 16 | 卷24 · 25 洪範皇極內篇一 · 二 | 34 | 卷59 · 60 歷代一 · 二 |
| 18 | 卷28 鬼神, 卷29 性理一 | 35 | 卷61 · 62 歷代三 · 四 |
| 19 | 卷30~32 性理二~四 | 36 | 卷63 · 64 歷代五 · 六 |
| 20 | 卷33 · 34 性理五 · 六 | 37 | 卷65 君道, 卷66 治道一 |
| 21 | 卷35 · 36 性理七 · 八 | 38 | 卷67~69 治道二~四 |

본문은 수록 방식에 따라 크게 두 부분으로 나뉜다. 권25까지는 주돈이周敦頤의 『태극도太極圖』와 『통서通書』 등 성리학의 이론적 토대를 마련한 송대 학자들의 주요 저술이 수록되어 있고, 권26부터는 성리학의 요체를 13개의 항목으로 나누어 학설을 분류하였다.

『성리대전서』는 원대까지의 성리학설을 집성하였고, 동아시아에 전해져 성리학의 권위 확보와 이후 사상 및 교육에 강하게 영향을 끼쳤다. 조선에는 15세기 초에 전해졌고 16세기 중반에 교서관에서 갑인자로 간행한 책이 바로 존경각 소장본이다. 16세기 『주자대전朱子大全』과 『주자어류朱子語類』를 통해 주희의 사상을 직접적으로 받아들이기 전까지 주로 『성리대전서』를 통해 성리학 이론이 수용되었다는 점에서 학술사적 의미가 크다. 이유리

주제어
성리대전性理大全, 영락대전永樂大全, 호광胡廣

참고문헌
권중달, 「性理大全의 形成과 그 影響」, 『中央史論』4, 1985.
우정임, 「조선전기 『性理大全』의 이해과정」, 『지역과 역사』31, 부경역사연구소, 2012.

# 신편음점성리군서구해
# 新編音點性理羣書句解
Shinpyeon eumjeom seongni-gunseo-guhae

貴 단산 C02-0050a
———

| 서명 | 新編音點性理羣書句解 |
| 저자 | 熊節(宋) 編 ; 熊剛大(宋) 解 |
| 판본 | 木版本(甲寅字飜刻) |
| 발행 | [忠淸道]: [淸州牧], 成宗 19(1488)刊, [後刷] |
| 형태 | 前集19卷4冊·後集23卷5冊, 共9冊 : 四周單邊, 半郭 22.8 × 16.7 cm, 有界, 10行18字 小字雙行, 大黑口, 上下向黑魚尾 ; 33.5 × 21.2 cm |
| 주기 | 表題 : 性理羣書 |
| | 所藏 : 前集 卷5~23, 後集 卷1~23 |
| | 卷首題·卷尾題 : 新編音點性理羣書句解(前集 卷5~23), 新刊音點性理羣書句解(後集 卷1~23) |
| | 跋 : 弘治元年戊申(1488)季春日 承訓郞行淸州敎授金孝貞謹跋 |
| | 板式 : 四周雙邊 混入 |
| | 印記 : 愼仲, 金氏富儀, 光山後學, 陽谷 |
| | 楮紙 |

주희朱熹(1130~1200)의 문인인 웅절熊節(?~?)이 주희를 비롯한 송대 학자 7인(周敦頤·張載·程頤·程顥·邵雍·司馬光·朱熹)의 글을 문체별로 분류하여 편집한 것을 웅강대熊剛大(?~?)가 주해한 책이다. 본서는 16세기에 간행된 1488년(성종 19) 청주목淸州牧 각본의 후인본後印本으로, 제1책이 빠진 9책이다.

표제는 '성리군서性理羣書', 전집前集의 권수제는 '신편음점성리군서구해新編音點性理群書句解', 후집後集의 권수제는 '신간음점성리군서구해新刊音點性理羣書句解'이다. 판심제는 전집前集의 경우 '서書', 후집後集의 경우 '서후書後'이다. 황색연화문표지黃色蓮花紋表紙에 오침안정법五針眼訂法으로 장황粧䌙하였다. 또한 표지의 우측에 수록 목차, 서뇌書腦에는 '공십共十'이라 적혀 있다. 판식은 사주단변四周單邊, 유계有界, 10행 18자, 상하향흑어미上下向黑魚尾이다. 책수冊首마다 주문인朱文印 '신중愼仲', '김씨부의金氏富儀', '광산후학光山後學', '양곡陽谷'이 날인되어 있어, 김부의金富儀의 장서였음을 알 수 있다. 인쇄면이 깔끔하지 못하고 목리木理가 다수 관찰되어 후쇄본으로 판단된다.

『신편음점성리군서구해』의 편찬 시기는 전하지 않는다. 다만 현전본 중 가장 오래된 판본이 일본 세이카도문고[靜嘉堂文庫] 소장 송판본宋版本인 것으로 미루어 보아 늦어도 13세기 전반에는 편찬되었을 것으로 추정된다.
편찬자인 웅절은 남송대 학자로 생몰년은 전하지 않는다. 건녕부建寧府 건양建陽 출신으로, 자는 단조端操·원용用元이다. 1199년(慶元 5)에 진사가 되어 통직랑通直郎, 민청지현閩淸知縣 등을 역임하였다. 이외의 저서로는 『중용해中庸解』·『지인당고智仁堂稿』 등이 있다.
웅강대는 웅절과 같이 건양 출신이나, 생몰년은 역시 미상이다. 호는 고계古溪 혹은 물헌勿軒이다. 1214년(嘉靖 7)에 진사가 되어 건안유학建安儒學 교수와 건안서원장建安書院長을 지냈다.

『신편음점성리군서구해』는 처음으로 송대 학자들의 글과 학문을 집성한 책으로, 초학자를 위해 편찬한 책이다. 『사고전서총목제요四庫全書總目提要』에 따르면 이후 명대에 편찬된 『성리대전性理大全』의 제목과 체제에 직접적인 영향을 주었다고 한다. 또한 제목의 '음점音點'에서 알 수 있듯이 본문 중 어려운 글자의 음훈을 풀이하고 구해句解함으로써 이해를 돕고자 하였다.
본문은 크게 전집과 후집으로 구성되어 있는데, 전집과 후집 모두 23권으로 구성되어 있다. 권차별 구성은 다음과 같다. 결락된 전집 제1책 권1~4의 내용은 동일한 서명의 국립중앙도서관 소장본(한貴古朝16-75) 내용을 참고하였다.

| 구분 | 권차 및 내용 | | | |
|---|---|---|---|---|
| 前集 | [卷1] | 傳道支派, 贊 | 卷9 | 圖 (河圖洛書) |
| | [卷2] | 訓, 戒, 箴, 規 | 卷10 | 圖 (先天圖) |
| | [卷3] | 銘, 五言短句, 五言長句 | 卷11 | 圖 (太極圖) |
| | [卷4] | 五言長句, 七言短句, 七言長句 | 卷12 · 13 | 書 (正蒙) |
| | 卷5 | 賦, 序 | 卷14~16 | 書 (皇極經世書) |
| | 卷6 | 序 | 卷17 · 18 | 書 (通書) |
| | 卷7 | 記 | 卷19 | 文 |
| | 卷8 | 說, 錄, 辯, 論 | 卷20~23 | 行實 |
| 後集 | 卷1~13 | 近思錄 (14卷) | | |
| | 卷14~21 | 近思續錄 (14卷) | | |
| | 卷22 · 23 | 近思別錄 (14卷) | | |

전집의 권1~8은 문체별로 문장을 분류하였고, 권9~19는 학술 관련 저술, 권19~23은 제문과 행장이 수록되어 있다. 이는 문집에서 일반적으로 보이는 체제로, 또 다른 성리학 입문서인 『근사록近思錄』이 학습 단계를 고려하여 구성된 것과는 대조적이라 할 수 있다. 후집 말미에는 1488년(성종 19)에 청주 교수 김효정 金孝貞의 발문과 관찰사 김여석金礪石 등 간행 참여자 명단이 있다.

『신편음점성리군서구해』가 언제 우리나라에 전래하였는지는 알기 어려우나, 1415년(태종 15)경 간행된 원판 元版 번각본을 통해 늦어도 조선 초에는 수용되었음을 알 수 있다. 이후 1444년(세종 26) 초주갑인자로 간행된 후에도 여러 차례 간행하였다. 참고로 16세기 중후반의 서적 유통 상황을 알 수 있는 『고사촬요

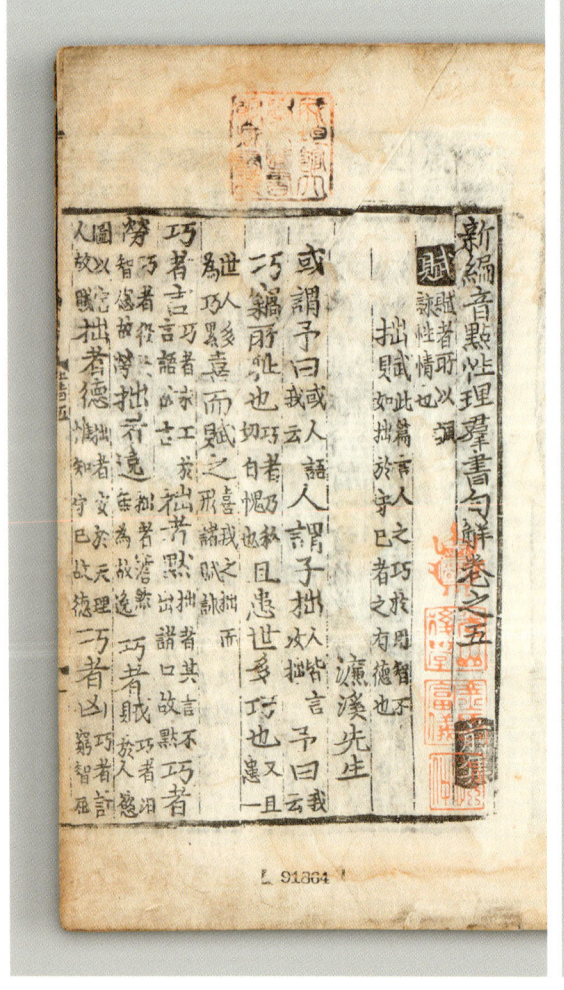
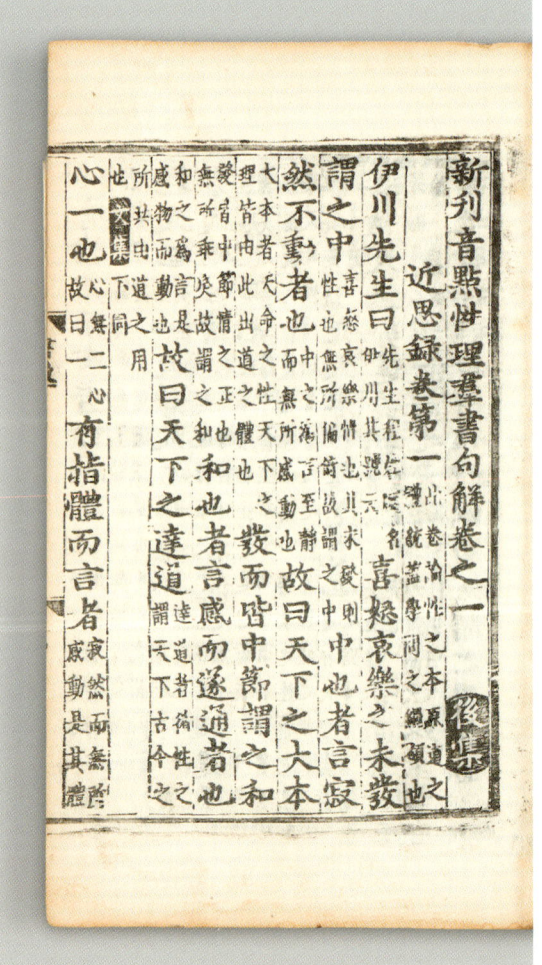

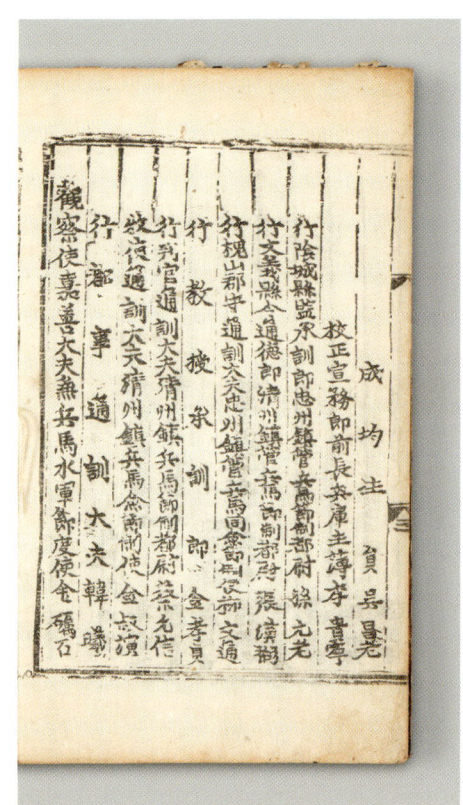
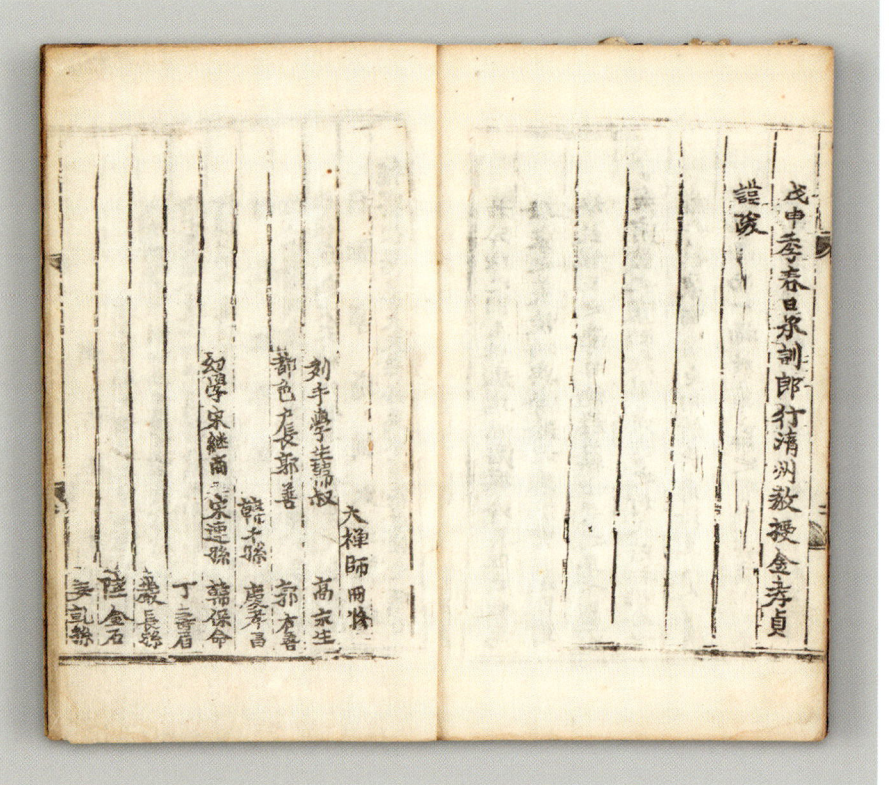

攷事撮要』에는 평양과 청주 지역이 확인되는데, 평양본은 1414년(태종 14) 최이崔怡가 간행한 것으로 원판본 계통이다. 초주갑인자본 간행과 관련해서는 『세종실록世宗實錄』을 통해 살펴볼 수 있다. 1434년(세종 16) 6월 20일 도승지 안숭선安崇善이 보고한 건의 중 『성리군서』가 긴요하지만 글자가 작고 자획이 가늘어 보기 어려우니 큰 글자로 다시 간행해달라는 내용이 있다. 이에 대해 세종은 『성리군서』가 긴요하긴 하나 『성리대전』보다는 못하니 여유가 있을 때 간행하겠다고 답한다. 이후 1444년에 갑인자본을 청주향교淸州鄕校에 반사한다. 존경각본은 김효정의 발문을 통해 갑인자본을 저본으로 간행하였음을 알 수 있다. 동일 판본으로 고려대 만송문고본과 일본 국립공문서관본 등이 확인된다.

현전본을 살펴보면 이외에도 이본異本이 다양하게 존재하고 있어 기록보다 더 많이 간행되었음을 알 수 있다. 또한 16세기에 같은 초주갑인자본으로 다시 간행하였는데, 임고서원臨皐書院에는 이황李滉이 1553년(명종 8)에 내사받은 갑인자본이 전하고 있다. 두 갑인자본을 비교하면 16세기 간본에 보자가 섞여 있다는 것 외에도 일부 글자 배열 등에 차이를 보인다.

본서는 1488년에 청주목에서 간행한 책이다. 주희까지 송대 주요 유학자의 다양한 글을 모아 집성한 초기 형태의 성리학서로, 이후 명대의 『성리대전』 편찬에 직접적인 영향을 주었다. 우리나라에도 『성리대전』 편찬 이전에 전래하여 성리학 수용 초기 단계에서 널리 수용되었다는 점에서 의미가 큰 책이라 할 수 있다. 또한 본서는 간행 시기와 저본을 확실히 알 수 있는 발문과 참여자 명단이 수록되어 있어, 조선 전기 지방의 출판 문화사를 파악할 수 있는 일례로 가치가 크다 이유리

주제어
신편음점성리군서구해新編音點性理羣書句解, 웅절熊節, 웅강대熊剛大, 주희朱熹, 청주본淸州本

참고문헌
김윤제, 「『性理群書句解』의 내용과 편찬경위」, 『규장각』23, 서울대학교 규장각한국학연구원, 2000.
이유리, 『17세기 일본 간행 조선본 性理學書의 서지적 연구』, 한국학중앙연구원 한국학대학원 박사학위논문, 2019.

# 심경부주
## 心經附註
Shimgyeong buju

貴 C02-0079

| | |
|---|---|
| 서명 | 心經附註 |
| 저자 | 眞德秀(宋) 著 ; 程敏政(明) 附註 |
| 판본 | 木版本 |
| 발행 | 咸鏡道 文川: 文川郡, [16世紀]刊 |
| 형태 | 4卷1冊 : 揷圖 ; 四周雙邊, 半郭 20.0 × 14.2 cm, 有界, 10行20字 小字雙行, 上下內向二葉花紋魚尾 ; 26.7 × 18.0 cm |
| 주기 | 心經附註序: 弘治五年壬子(1492)七月望 後學新安程敏政謹序 |
| | [識]: 端平改元(1234)十月旣望 後學顔若愚敬書(總目 末尾) |
| | [識]: 弘治壬子(1492)十月望日 門生歙西沙溪汪祚識 |
| | 心經後論: 嘉靖四十五年歲丙寅(1566)孟秋日 眞城李滉謹書 |
| | 刊記: 文川郡新印 |
| | 板式: 內向一葉花紋魚尾 · 黑魚尾 混入 |
| | 印記: 安東世家(第1面), 金壽恒(卷1 卷首), 久之氏(卷4 末尾), 文谷山人(刊記) |
| | 買得記: 癸丑七月十八日 餞貳戔買得於過去喪人 |
| | 楮紙 |

자부
子部
9

남송南末의 학자 진덕수眞德秀(1178~1235)가 경전 및 여러 유학자들의 격언 중 심성 수양에 도움이 되는 내용을 뽑아 엮은 『심경心經』에 대해 명나라 정민정程敏政(1445~1500)이 주해한 책이다. 본서는 16세기 함경도 문천군文川郡에서 간행된 목판본으로, 4권 1책이다.

권수제는 '심경부주心經附註', 판심제는 '심경心經'이다. 원래의 표지는 황색표지黃色表紙에 오침안정법五針眼訂法으로 장황粧䌙하였다. 판식은 사주쌍변四周雙邊, 유계有界, 10행 20자, 상하하향흑어미上下下向黑魚尾(일부 상하내향흑어미)이다. 이음종이를 사용하여 인출하였다.

장서인은 책수冊首에 주문 정방형의 '안동세가安東世家', 권1 권수卷首에는 '김수항金壽恒', 권4 권말卷末에는 정방형 주백상간朱白相間의 '구지씨久之氏', 책말冊末에는 '문곡산인文谷山人'이 날인되어 있어, 본서가 김수항(1629~1689)의 소장본이었음을 알 수 있다. 전책에 걸쳐 차자구결借字口訣이 묵서墨書되어 있고, 서미書眉에는 보주補註가 주서朱書되어 있다. 권2 제3장, 권3 제27장의 뒷면, 권4 제4장의 뒷면 등에 결손이 있다.

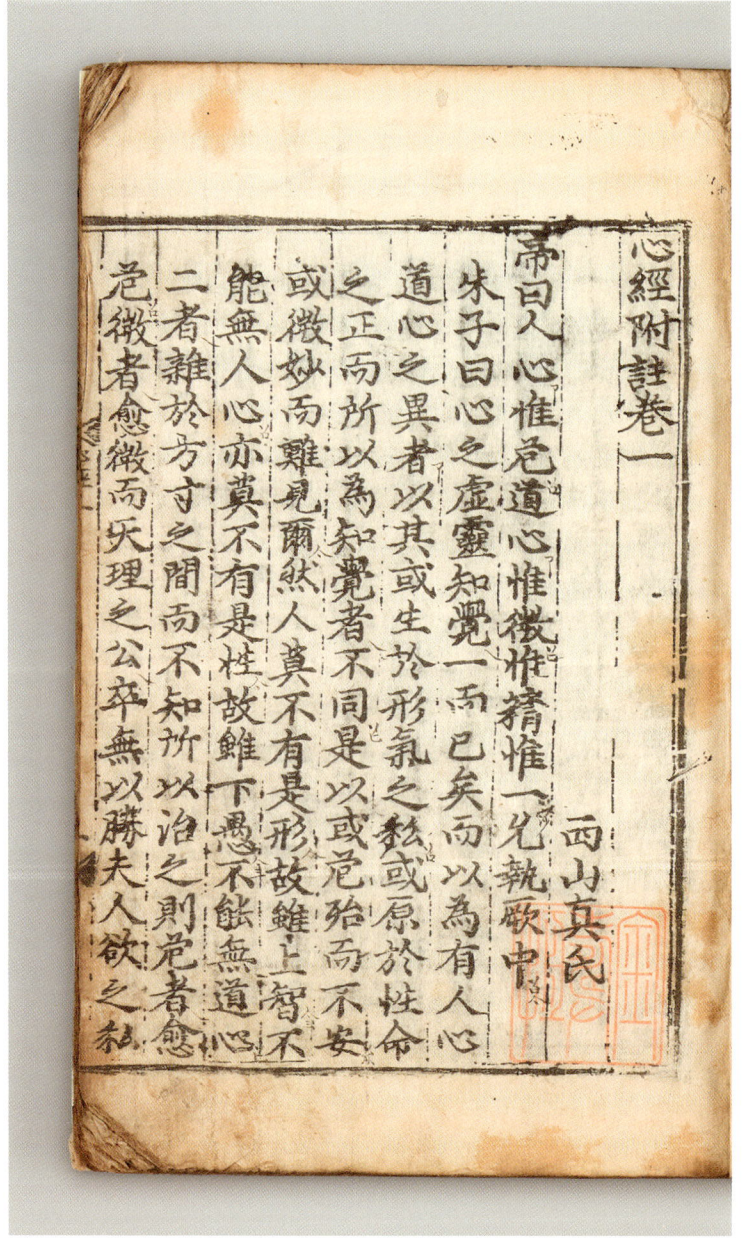

『심경부주』는 원래 『정경政經』과 함께 편찬한 책이다. 그러나 정민정은 『정경』을 제외하고 『심경』만을 간행했는데, 그 이유는 서문에서 다음과 같이 밝히고 있다. 『심경』은 진덕수가 지은 「찬贊」이 있어 그가 직접 편찬한 것이 확실하나, 『정경』은 진덕수를 비롯하여 역대 지방관들이 실무 중 작성한 글들을 모아 참고하고자 한 것이므로 제목에 '경經'을 붙이는 것은 옳지 않다는 취지이다. 이와 함께 정치는 '체體'를 통해 이루어지는 것인데, 마음에 깨닫는 바가 있으면 '체'와 '용用'을 구별하지 않아도 될 것이라 하였다.

권수卷首에는 1492년(弘治 5)에 작성된 정민정의 「심경부주서心經附註序」가 있다. 이어서 「심경총목心經總目」, 1234년(端平 1)에 쓰여진 안약우顏若愚의 「찬」과 「심학도心學圖」, 그리고 1492년 정민정과 그의 문인인 왕조汪祚가 지은 서문이 수록되어 있다. 권4 말미에는 1566년(嘉靖 45) 이황의 「심경후론心經後論」과 간기가 수록되어 있다.

본서는 진덕수가 편찬한 내용과 동일하나, 4권으로 나누었다는 점이 가장 큰 차이점이다. 각 권에 수록된 내용은 다음과 같다.

| 권차 | | 내용 및 인용 서적 |
|---|---|---|
| 1 | 書 | 「大禹謨」人心道心章 |
| | 詩 | 「魯頌」上帝臨汝章, 「大雅」視爾友君子章 |
| | 易 | 「乾」92閑邪存誠章, 「坤」62敬以直內章, 「損大象」懲忿窒慾章, 「益大象」遷善改過章, 「復初九」不遠復章 |
| | 論語 | 子絶四章, 顏淵問仁章, 仲弓問仁章 |
| | 中庸 | 天命之謂性章, 詩潛雖伏矣章 |
| 2 | 大學 | 誠意章, 正心章 |
| | 樂記 | 禮樂不可斯須去身章, 君子反情和志章, 君子樂得其道章 |
| | 孟子 | 人皆有不忍人之心章, 矢人函人章, 赤子之心章 |
| 3 | 孟子 | 牛山之木章, 仁人心章, 無名之指章, 人之於身也兼所愛章, 鈞是人也章, 飢者甘食章, 魚我所欲章 |
| 4 | 孟子 | 雞鳴而起章, 養心章 |
| | 周敦頤 | 「養心說」, 『通書』「聖可學章」 |
| | 程頤 | 「視聽言動四箴」 |
| | 范浚 | 「心箴」 |
| | 朱熹 | 「敬齋箴」, 「求放心齋銘」, 「尊德性齋箴」 |

권1에는 삼경三經과 사서四書 중 『논어』와 『중용』에서 발췌하였으며, 권2에는 사서의 나머지 책인 『대학』과 『맹자』, 그리고 『악기』의 내용도 보인다. 『맹자』의 내용이 이어지는 권3·4는 본서에서 가장 많은 비중을 차지하고 있다. 권4에는 『맹자』의 내용과 송대 학자 4명 – 주돈이·정이·범준·주희 – 의 저술을 수록하였다.

본서에 수록된 안약우의 서문을 통해 정민정은 안약우가 군학郡學에서 간행한 판본을 참고했음을 알 수 있다. 또한 정민정과 왕조의 서문이 작성된 시기로 미루어 볼 때, 1492년 7월에 편찬을 완료하였고 5개월 후인 12월에 간행한 책을 저본으로 하였다. 중국 호남도서관湖南圖書館에 소장된 명판본에는 당시 정민정의 출신지인 휘주 지역에서 활동한 각수명이 판각되어 있다.

『심경부주』가 조선에 언제 전해졌는지는 분명하지 않으나, 산기문고山氣文庫 소장본의 뒷면지面紙에 1523년(중종 18) 광주光州에서 구했다는 묵서가 있다. 이를 통해 늦어도 16세기 초 즈음에는 조선에 전해져 광주에서 간행하였음을 알 수 있다. 참고로 당시 전라도 관찰사가 김안국金安國이었는데, 그가 북경에서 직접 서적을 구해왔으며 서적 간행에 적극적이었다는 사실은 1519년경 전라도 관찰사 재직 당시 간행했을 가능성을 시사한다. 명판본 『심경부주』와 그 형태사항을 비교해보면 조선본은 이를 번각한 것임을 알 수 있다. 『고사촬요攷事撮要』에는 광주·남원·평양에서 간행 사실이 확인되며, 남원본은 현전 여부가 알려져 있지 않고, 평양본은 반엽당 행자수가 광주본과 일치한다.

『심경부주』는 광주에서 처음 간행된 후 궁에서도 읽혔음을 실록을 통해 알 수 있다. 『중종실록中宗實錄』 1541년(중종 36)에는 중종이 이언적李彦迪의 진언을 따라 진덕수의 『대학연의大學衍義』와 함께 『심경부주』를 가져오라고 하면서 세자에게 읽힐 방법을 시강원과 상담하라는 전교를 내린 기록이 확인된다. 그러나 『심경부주』가 보다 널리 간행된 것은 이황李滉의 영향이 크다. 비록 초기에는 자칫 양명학으로 빠질까 경계했던 문인들이 의문을 제기했으나, 이황이 1566년(명종 21)에 이를 변론하는 「심경후론」을 작성하였다. 본서에도 「심경후론」이 수록된 것과 마찬가지로, 1573년(선조 6) 유희춘柳希春의 건의로 간행된 갑인자본부터는 이 내용이 추가되어 있다. 이는 광주본과 구분되는 가장 큰 차이점이기도 하다. 현전하지 않으나 『퇴계집』의 내용을 통해 해주海州와 경주에서도 간행된 것으로 보인다.

존경각 소장본은 16세기 후반 문천군에서 간행한 것으로, 반엽당 행자수가 10행 20자로 광주본은 물론 갑인자본과도 차이를 보인다. 따라서 이를 통해 16세기까지 유통된 본서의 판본이 크게 3종이 있음을 알 수 있다. 동일한 판본이 국립중앙도서관 등에 소장되어 있다.
『심경부주』의 내용을 통해 명대 심학心學이 수용되어 가는 학술 경향의 변화를 엿볼 수 있다. 명나라에서는 널리 유통되지 못한 것과는 대조적으로, 조선에서는 16세기 이황을 중심으로 수용되면서 조선 성리학의 형성과 발전에 영향을 주었다. 서적의 간행에 대해서도 파악할 수 있는 자료가 남아 있으며, 이들 판본이 17세기 일본에도 전해져 간행이 이루어졌다는 점에서 동아시아 서적교류사의 일례로 살펴볼 수 있다. 이유리

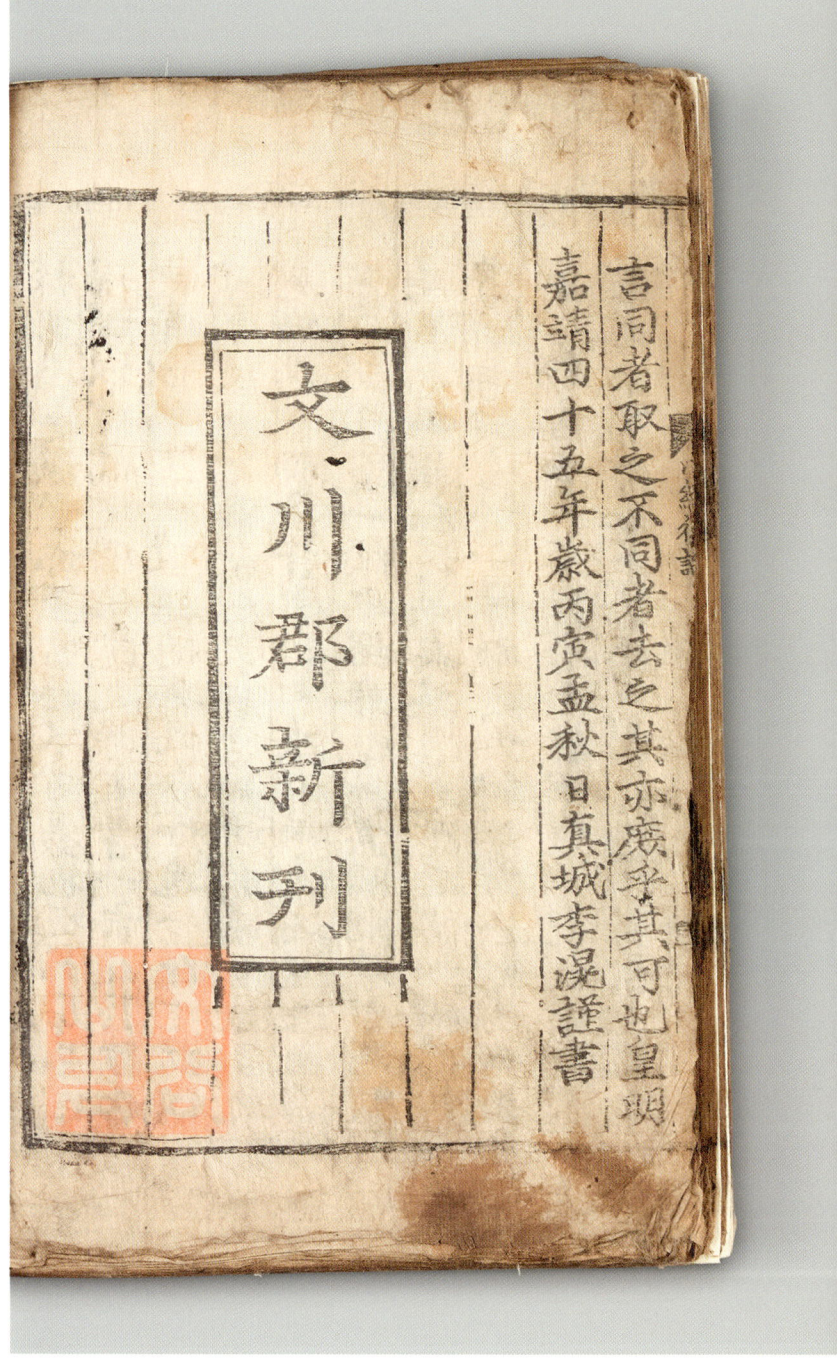

주제어
심경부주心經附註, 심경心經, 진덕수眞德秀, 함경도咸鏡道 문천군文川郡, 김수항金壽恒

참고문헌
윤병태, 「退溪와 心經附註」, 『圖書館學論集』 5, 한국도서관정보학회, 1978.
이상호, 「초기 퇴계학파 제자들의 『심경부주』 이해와 퇴계학의 심학적 경향」, 『국학연구』 34, 한국국학진흥원, 2017.
이유리, 「조선 전기 간행 徽州本의 성격과 수용 양상」, 『한국문화』 95, 서울대학교 규장각한국학연구원, 2021.

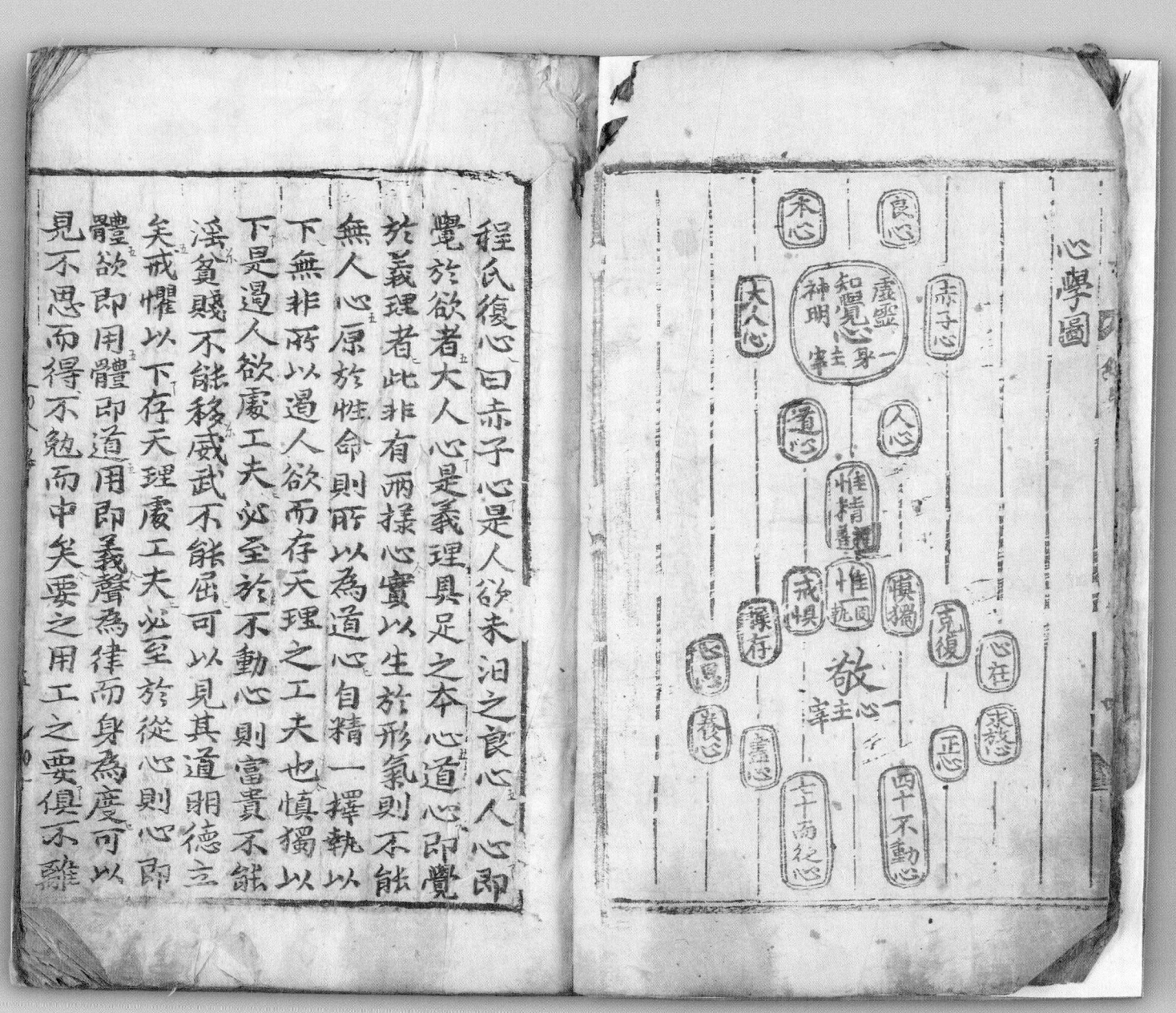

程氏復心曰赤子心是人欲未汩之良心人心即
覺於欲者大人心是義理具足之本心道心即覺
於義理者此非有兩樣心實以生於形氣則不能
無人心原於性命則所以為道心自精一擇執以
下無非所以遏人欲而存天理之工夫也慎獨以
下是遏人欲處工夫必至於不動心則富貴不能
淫貧賤不能移威武不能屈可以見其道明明德立
矣戒懼以下存天理處工夫必至於從心則心即
體欲即用體即道用義聲為律而身為度可以
見不思而得不勉而中矣要之用工之要俱不離

서명　延平李先生師弟子答問

저자　朱熹(宋) 編；周木(明) 校正

판본　木版本

발행　[忠淸道]: [淸州牧], [明宗9(1554)]刊

형태　1卷 1册(缺帙)：四周雙邊, 半郭 18.8×13.4 cm, 有界, 9行16字 小字雙行, 大黑口,
上下內向黑魚尾；28.3×16.3 cm

주기　新校延平答問序: 弘治乙卯(1495)夏四月旣望 後學琴川周木序
所藏: 上卷
發行事項 推定: 연세대학교 도서관 소장 동일 판본『延平李先生師弟子答問』(고서
(귀) 34 0) 刊記 '嘉靖甲寅(1554)冬 淸州牧開刊'
印記: 光城金氏, 富弼彦遇, 後彫堂(鐘鼎形)
楮紙(이음종이)

자부
子部

10

남송南宋의 학자 주희朱熹(1130~1200)가 그가 28세 때인
1157년(紹興 27)부터 34세 때인 1163년(隆興 1)까지 스승
연평延平 이동李侗(1093~1163)과 왕래한 서신 중 학문에 관해
토론한 것을 뽑아 책으로 엮은 것이다. 본서는 명나라의
학자 주목周木(1447~?)이 교정하여 간행한 것을 1554년
(명종 9) 청주목淸州牧에서 중간重刊한 목판본으로, 불분권
1책이다. 「후록後錄」과 「보록補錄」 등이 수록된 제2책이
없는 낙질본이다.

표제는 '연평답문延平答問', 권수제는 '연평이선생사제자답문
延平李先生師弟子答問', 판심제는 '연평이선생延平李先生'이다.
판식은 사주쌍변四周雙邊, 유계有界, 9행 16자, 흑구黑口,
상하내향흑어미上下內向黑魚尾(일부 3엽화문어미)이다. 책수冊首에
김부필金富弼의 장서인인 '부필언우富弼彦遇', '광성김씨光城
金氏', '후조당後彫堂'이 날인되어 있다. 전책에 걸쳐 주묵朱墨
으로 구점句點과 차자구결, 서미書眉에 교감주校勘註 및
한글 어석語釋이 있다. 흑구 일부에는 '원元' 등 각수명이
새겨져 있다.

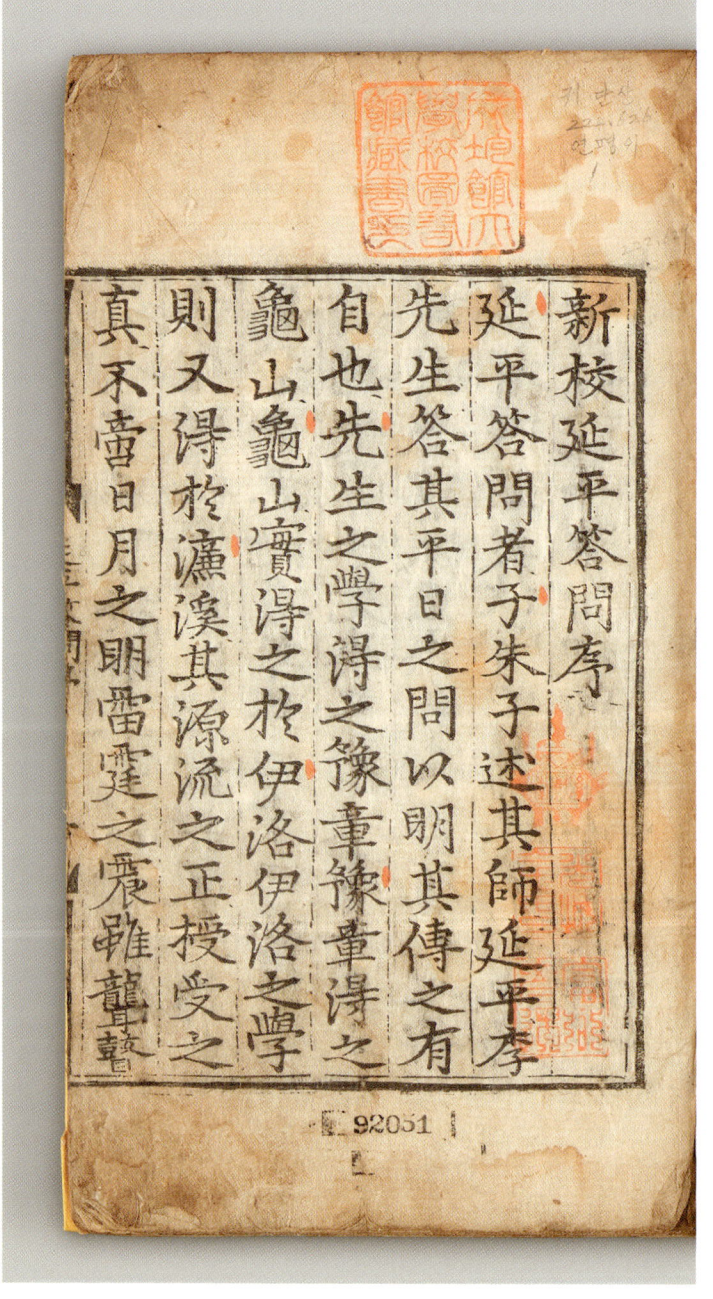

『연평이선생사제자답문』은 1214년(嘉靖 7) 왕경도王耕道가 고숙姑熟 군재郡齋에서 처음 간행하였다. 이후 1216년(嘉靖 9)에 조언약曹彦約이 익창益昌 학궁學宮에서 중간하였고, 건양建陽에서도 간행되는 등 송대에 적어도 세 차례 간행된 것으로 알려져 있다. 그러나 현전본으로는 확인되지 않으며, 이습李瞀의 발문을 통해 명초에 이미 그 전본傳本이 희소했음을 알 수 있다.

주목이 1495년(弘治 8)에 쓴 「신교연평답문서新校延平答問序」에 의하면, 그는 1485년(成化 21)에 조정에 이 책을 교정하여 배포할 것을 건의하였으나 실행되지 못했다고 한다. 그러나 6년 뒤에 연평군상본延平郡庠本을 손에 넣었고, 그로부터 3년 후에 가정본嘉定本(곧 고숙 군재본)을 얻어 교정한 후 보록을 추가하여 엄군嚴郡에서 판각하였다고 한다. 연평군상본의 경우 가정본과 당시 통행본을 대교對校하여 다른 점을 주석을 통해 나타내었는데, 이를 통해 주목이 두 종류의 판본을 실제로 대조하여 교감하였음을 알 수 있다. 일부 주석에서 보이는 '서중요어書中要語'는 『연평이선생서중요어延平李先生書中要語』라는 책으로 보이나 현전하지 않는다. 1513년(正德 8)에 이동의 후손 이습이 주목 교정본을 지인에게서 얻어 새로 간행하였다. 이것이 조선에 전해져 간행된 것으로 보이나, 주목 교정본 역시 현재는 전해지지 않고 있다.

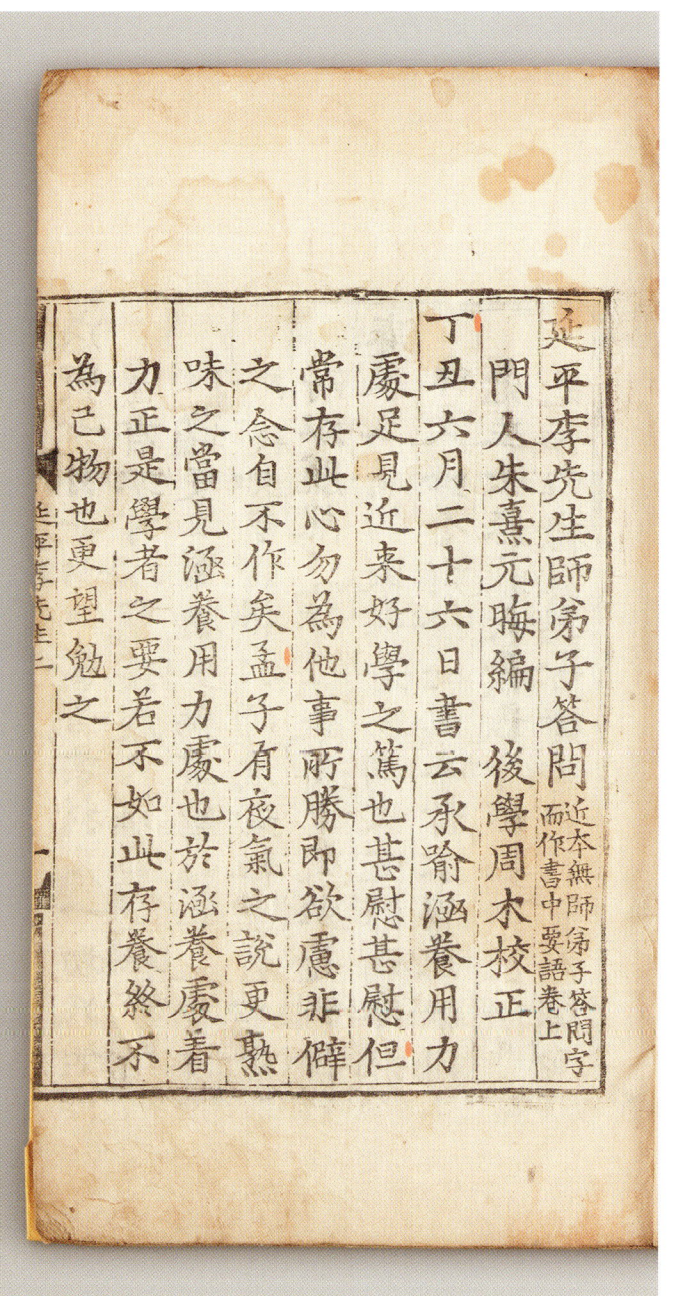

조선에 이 책이 언제 들어왔는지 정확히 알 수 없으나, 적어도 이습의 「연평답문후발」이 작성된 1513년(중종 8) 이후인 것으로 보인다. 다만 허목許穆의 『기언記言』에 수록된 김안국金安國의 행장에 따르면, 김안국이 1518년(중종 13)에 북경北京에 사행을 다녀오며 구해 온 『주자대전朱子大全』·『주자어류朱子語類』 등과 함께 『연평이선생사제자답문』의 간행을 청했다. 그러나 이때 간행했는지의 여부는 확인되지 않는다. 현전본은 이정李楨이 이황의 부탁으로 간행한 것이다. 『퇴계집退溪集』 권21에 수록된 이황의 답신과 본서에 수록된 이황의 발문을 통해, 이황이 남언경南彦經 소장본을 박민헌朴民獻을 통해 빌려 본 후 박민헌에게 부탁하여 청주목사였던 이정에게 간행을 부탁했음을 알 수 있다. 또한 이황은 발문에서 중국본에서 「후록」이 『연평답문』의 본문 앞에 있었는데, 이는 제본이 잘못된 것으로 보고 「후록」을 뒤로 옮겼다고 언급하기도 하였다.

16세기 현전본에는 두 가지의 간기가 확인되는데, 각각 '가정갑인동嘉靖甲寅冬 청주목개간淸州牧開刊'과 '가정병인춘嘉靖丙寅春 순천부개간順天府開刊'이다. 이를 통해 1554년(명종 9)에는 청주목, 1566년(명종 21)에는 순천부에서 간행했음을 알 수 있다. 다만 1585년(선조 18) 간행 목판본 『고사촬요攷事撮要』에는 순천본만 수록되어 있다. 또한 간행과 관련된 인물들의 명단도 있는데, 모두 이정의 이름이 확인되어, 이황의 기록과 일치하고 있다.

청주본과 순천본을 비교해보면 본문이 동일하나 발문의 형태사항에서 차이를 보인다. 청주본은 이습의 발문 행자수가 8행 13자, 이황의 발문 행자수가 7행 14자인데 순천본은 본문과 동일한 9행 16자이다. 또한 흑구어 유무와 어미魚尾 등 판식의 세부적인 부분에서 차이를 보이며, 권수卷首 「신교연평답문서」의 내용 중 '득得'자가 청주본에서는 '득淂'으로 되어 있다. 다만 이황은 이정이 순천부사로 있을 때 이미 간행된 청주본 중 발문을 수정했으니 이후 간행할 때 반영해달라는 요청을 했으나, 실제로 비교해보면 차이는 없다.

권수卷首에는 주목이 1495년에 작성한 「신교연평답문서」가 있다. 이어서 본문이 시작된다. 본문은 서간의 날짜를 먼저 제시한 후 내용이 이어지는데, 첫 행 외에는 첫 칸을 비웠다. 주희는 경전을 읽다가 의심이 드는 내용을 스승 이동에게 서신으로 질문하였고, 이동은 이에 답장을 보냈는데, 본서는 7년간의 서신을 시간 순서에 따라 배열하고 있어 논의 과정을 살펴볼 수 있다. 이는『주자대전朱子大全』및『주자어류朱子語類』등 주희와 관련된 여타 서적들에 비해 체계적이라 할 수 있다.

본서에 수록된 서간은 주로『논어論語』에서 드러나는 유학의 최고 덕목인 '인仁'의 의미와 공자의 위상에 대해 논한 것이다. 주희는『논어』에서 제시한 이상적인 인격에 대해 이해하고, 이를 형이상학적으로 심화시킴으로써 북송대 유학자들이 구축한 신유학의 정체성과 정통성을 확보하고 했음을 엿볼 수 있다. 또한 유학에서 추구하는 이상적인 인격을 갖추기 위해 일상에서 실천할 수 있는 수양 방법에 대한 논의도 살펴볼 수 있다.

이외에도 존경각 소장본에는 결실된 「후록」과 「보록」이 있다. 「후록」은 후대 사람이 추가로 기록한 주희·이동의 논설 및 유문遺文과 유사遺事이고, 「보록」은 명나라 주목이 보충한 주희의 어록이다.


본서에 수록된 서간은 주희가 스승과의 문답을 통해 자신의 학문과 사상을 구축해가는 과정을 살펴볼 수 있다. 특히 내용 중 심성 수양 방법에 대한 논의는 이후 성리학의 주요 쟁점이 되는 인물성동이론人物性同異論과 이일분수론理一分殊論에 영향을 주었다. 또한 이황이 수용하고 간행한 주자서 중 하나로, 17세기 일본에서도 조선본을 저본으로 하여 간행하였다는 점에서 출판문화사적으로도 의미가 있다. 이유리

주제어
연평이선생사제자답문延平李先生師弟子答問, 주희朱熹, 이동李侗, 이황李滉, 이정李楨

참고문헌
연세대학교 도서관 소장『연평이선생사제자답문延平李先生師弟子答問』(고서(귀) 34 0)
임부연, 「인 그리고 공자:이통의『논어』와 공자의『논어』」,『스승 이통과의 만남과 대화『연평답문』』, 이학사, 2006.
이유리,『17세기 일본 간행 조선본 性理學書의 서지적 연구』, 한국학중앙연구원 한국학대학원 박사학위논문, 2019.

자부 　이학유편
子部 　理學類編
　　　Ihak yupyeon

貴 C02-0105
─

| | |
|---|---|
| 서명 | 理學類編 |
| 저자 | 張九韶(元) 編 |
| 판본 | 木版本 |
| 발행 | [中國(明)]: [刊寫者未詳], 成化7(1471)後序 |
| 형태 | 8卷1冊: 四周雙邊, 半郭 18.0×13.0 cm, 有界, 14行22字, 大黑口, 上下內向黑魚尾: 24.2×14.8 cm |
| 주기 | 理學類編序: 臨川吳當(1297-1361)序<br>理學類編後序: 成化辛卯(1471)仲秋日···仁和楊昶序<br>印記: 慶氏, [繪洲世藏 霞山舜氏之印], 全節慶世仁章 外 1顆<br>識語: 嘉靖己酉(1549)春 水原鄕試會託錄(앞面紙)<br>綿紙 |

원말명초元末明初의 관원官員이자 학자인 장구소張九韶(1314~1396)가 경전의 내용과 송원대 학자들의 격언을 7개의 주제에 따라 분류하여 수록하고 이를 주자학적으로 설명하고자 한 책이다. 본서는 1471년(成化 7) 양창楊昶(?~?)이 간행한 명판본으로, 8권 1책이다.

표제 및 권수제는 '이학유편理學類編', 판심제는 '이학理學'이다. 조선에 들여와 개장하여 오침안정법五針眼訂法으로 장황粧䌙하였다. 표지 우측에는 권1~5까지의 목차가 묵서墨書되어 있다. 판식은 사주쌍변四周雙邊, 유계有界, 14행 22자, 흑구黑口, 상하내향흑어미上下內向黑魚尾이다. 장서인은 책수冊首에 인문 미상의 인장 1개와 주문인朱文印 '경씨慶氏', 「이학유편인용선유성씨서목理學類編引用先儒姓氏書目」 말미末尾에 '[증주세장하산순씨지인][繪洲世藏霞山舜氏之印]', 책말冊末에 '전절경세인장全節慶世仁章'이 날인되어 있다. 전절全節은 청주淸州의 옛 지명으로, 청주 경씨 경세인慶世仁(1491~?)이 소장하던 책임을 알 수 있다. 일부 본문에 비점批點이, 서미書眉에 주석이 묵서되어 있다.

편찬자인 장구소의 자는 미화美和이다. 『명사明史』「송눌전宋訥傳」에 따르면 출신지는 강서江西 청강淸江이다. 원나라 때에는 출사하지 못하다가, 명나라 때인 1397년(홍무 3)에 천거로 현학縣學에서 교편을 잡았다. 국자조교國子助敎와 한림편수翰林編修를 역임하였다.

권수卷首에는 오당吳當의 「이학유편서理學類編序」와 목차에 해당하는 「이학유편강목理學類編綱目」, 본서에서 인용한 문헌이 인물별로 나열되어 있는 「이학유편인용선유성씨서목」, 그리고 범례인 「편집대의編輯大意」가 수록되어 있다. 권8 말미末尾에는 1471년 양창의 「이학유편후서理學類編後序」가 수록되어 있다.
본문은 권1「천지天地」, 권2~3「천문天文」, 권4「지리地理」, 권5「귀신鬼神」, 권6「인물人物」, 권7「성명性命」, 권8「이단異端」으로 구성되어 있다. 각 권에 수록된 편목篇目은 다음과 같다.

| 권차 | 분류 | 수록 편목篇目 |
|---|---|---|
| 卷1 | 天地 | 論天地始終, 論天地形體, 論天地之樞紐 |
| 卷2 | 天文 | 論日月星辰, 論日月食 |
| 卷3 | 天文 | 論雲雷風雨之屬, 論虹塊河漢 |
| 卷4 | 地理 | 論地理之廣闊, 論潮汐之消長 |
| 卷5 | 鬼神 | 論鬼神之情狀, 論祭祀之感通 |
| 卷6 | 人物 | 論人物之始生, 論人爲物之靈, 論輪回生死之辨 |
| 卷7 | 性命 | 論性命之理, 論本然之性, 論氣質之性, 論心爲性情之主 |
| 卷8 | 異端 | 論佛老神仙, 論陰陽家之流, 論相人形貌, 論讖諱之說 |

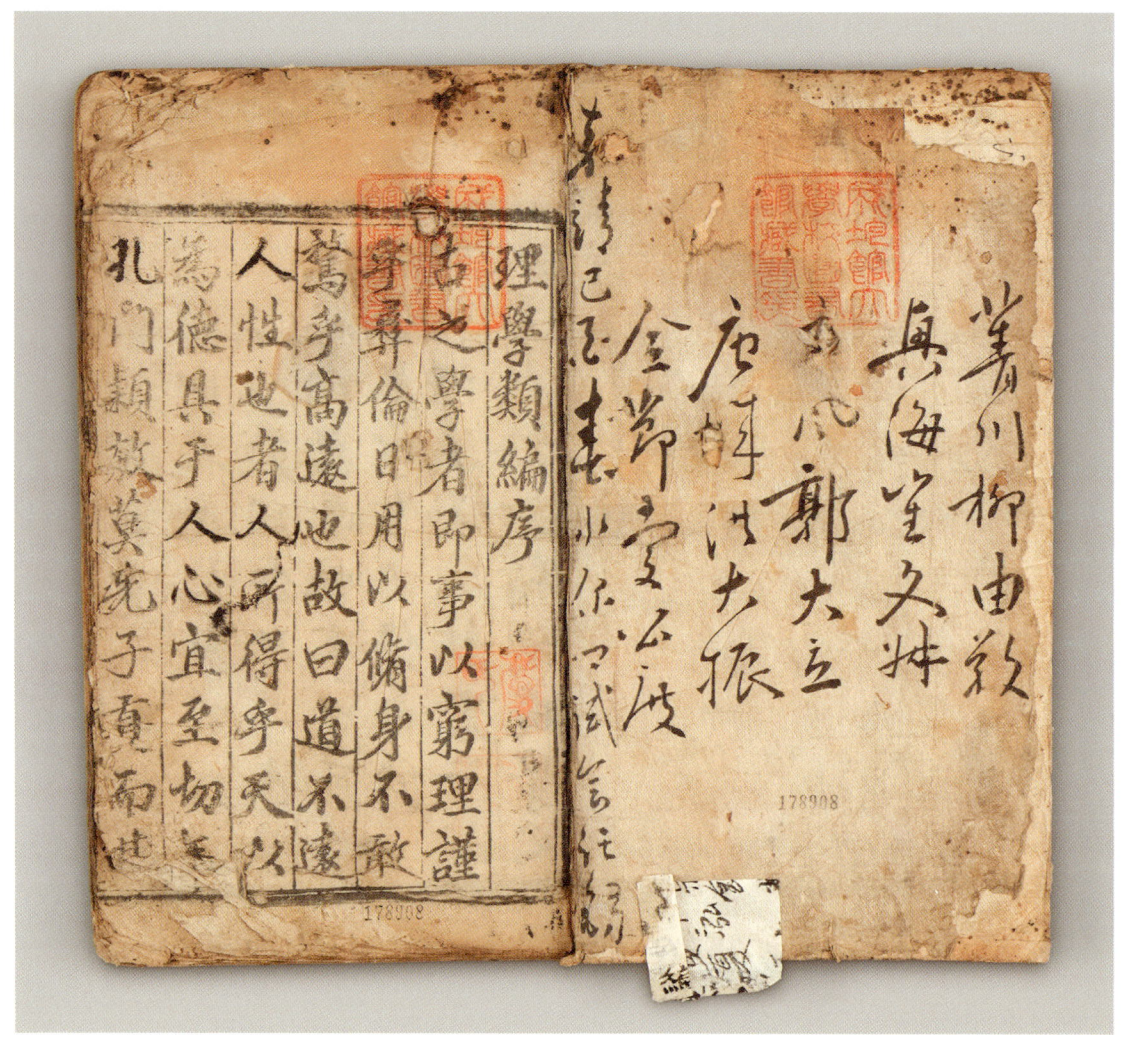

「이학유편인용선유성씨서목」을 보면 인물별 인용 서적이 명시되어 있는데, 송대를 중심으로 순자荀子까지 중국 역대 48인의 저술을 확인할 수 있다. 『사기史記』·『한서漢書』·『자치통감資治通鑑』·『사문유취事文類聚』 등 유학서 외에도 다양한 서적을 인용하여 성리학의 주요 개념에 대한 언설을 찬집하였다. 따라서 이 책은 원대부터 유행하고 있었던 유서類書의 형식으로 편찬된 성리학서라고 할 수 있다.

본서에는 수록되어 있지 않으나, 이보다 앞선 명초明初 간본을 저본으로 한 16세기 조선본에는 저자인 장구소의 서문이 수록되어 있다. 이 서문의 작성 연도는 늦어도 1366년(至正 26)임을 알 수 있다. 그런데 그의 손자 장공공張拱이 1384년(洪武 1)에 쓴 글에 따르면 장구소가 『이학유편』을 편찬한 후 세 차례의 수정을 거쳤다고 하였다. 또한 원래 제목은 '격물편格物編'이었으나 오당吳當의 의견에 따라 '이학유편'으로 변경하였으며, 이것이 30여 년 전이라 밝히고 있다. 따라서 서문이 작성된 1366년보다 이전에 편찬된 것으로 보인다. 명초 간본의 간행 배경을 알 수 있는 내용도 있다. 감세監稅를 위해 장구소의 서재에 들어온 조군趙君이 『이학유편』을 보고 초학자들의 학습에 도움이 될 것이라며 간행에 자신의 재산을 내놓자, 다른 이들도 이에 협력하여 간행이 이루어졌다고 한다.
『중국고적총목中國古籍總目』에 확인되는 현전하는 중국본은 『사고전서四庫全書』 수록본을 제외하면 모두 5종이다. 해당 판본은 명초 간본(상해도서관上海圖書館 등 소장), 1471년 양창각본楊昶刻本(상해도서관 등 소장), 1542년(嘉靖 21) 익부각본益府刻本(남경도서관南京圖書館 등 소장), 명 장극문張克文 각본(중국 국가도서관國家圖書館 등 소장), 명말 간본(북경문물국北京文物局 등 소장)이다. 현전본으로만 보아도 명대에 『이학유편』이 꾸준히 간행되었음을 알 수 있다.

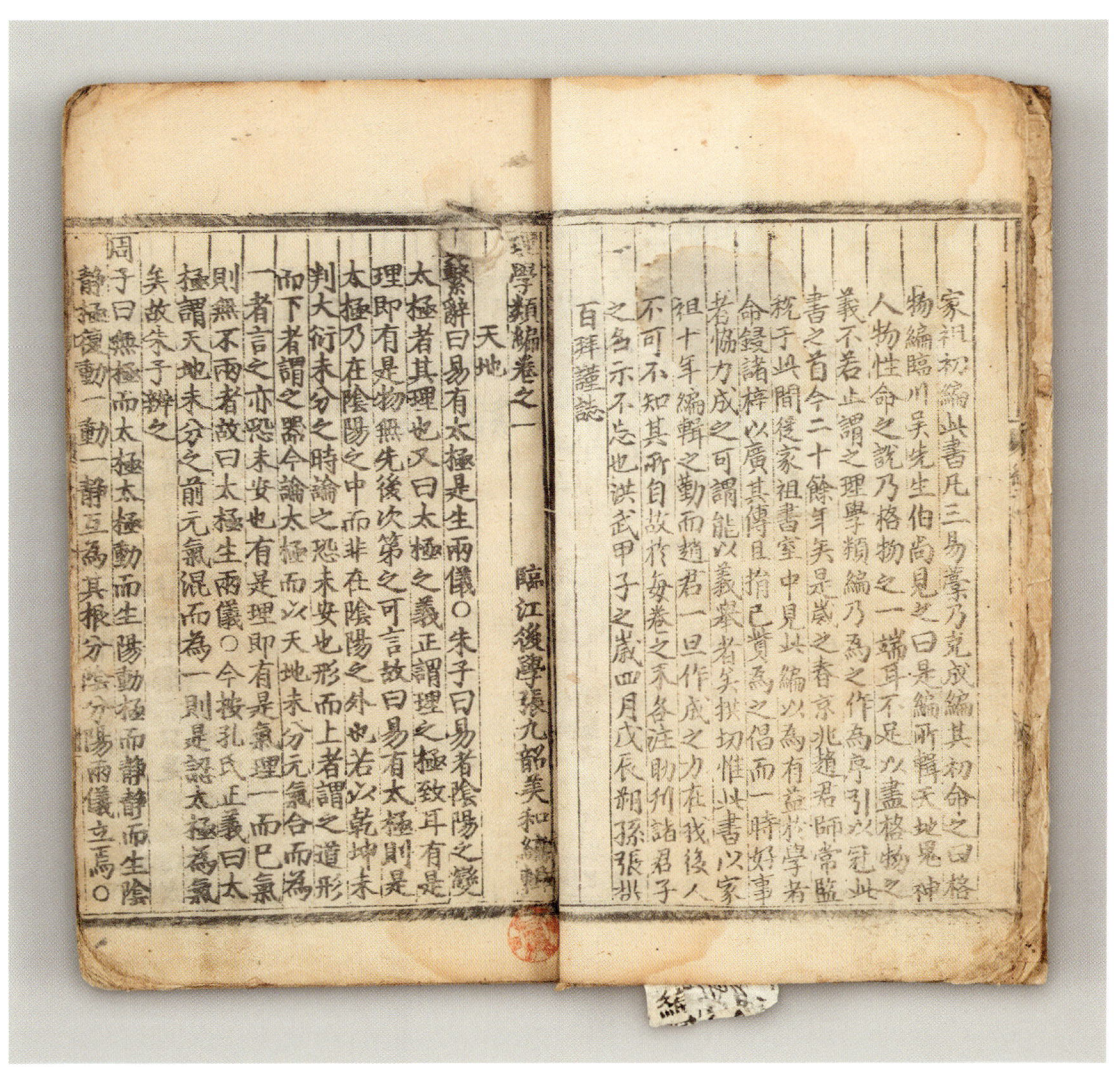

『고사촬요攷事撮要』를 통해 16세기 중반에는 본서와는 다른 계통인 『이학유편』 책판이 남원에 있었음을 파악할 수 있다. 현전본으로는 목판본 1종이 확인되는데, 고려대학교 만송문고와 일본 궁내청宮內廳 서릉부書陵部 등에 소장되어 있다. 판식으로 보아 저본인 명판본을 그대로 번각한 것으로 보인다.

또한 근세 초 일본에서도 주자학이 본격적으로 수용됨에 따라 17세기에만 두 차례 상업 출판으로 간행되었는데, 직각 1649년(慶安 2) 후게쓰 소치[風月宗知]와 1659년(万治 2)에 요시노야 간베에[吉野屋權兵衛] 간본이다. 다만 화각본에는 1542년에 작성된 「중간이학유편서重刊理學類編序」가 수록되어 있어, 조선본과는 별개로 간행이 이루어졌음을 알 수 있다.

『이학유편』은 원대에 유행했던 유서類書의 형식을 빌려 초학자를 위해 성리학의 주요 개념들을 설명한 책으로, 조선과 일본에서도 간행되고 유통되었다. 특히 본서는 조선 전기 간행본의 저본인 명초 간본과는 다른 계통의 판본이라는 특이점이 있다. 또한 당시 조선에 유입되어 조선 조기 학자인 경세인이 소장하고 있던 중국본이라는 점에서 가치가 높이 평가된다. 이유리

주제어
이학유편理學類編, 장구소張九韶, 경세인慶世仁

참고문헌
이유리, 『17세기 일본 간행 조선본 性理學書의 서지적 연구』, 한국학중앙연구원 한국학대학원 박사학위논문, 2019.

# 주자서절요
## 朱子書節要
Jujaseo jeoryo

貴 C02-0120c

---

| | | |
|---|---|---|
| 서명 | 朱子書節要 | 자부 |
| 저자 | 李滉(朝鮮) 編 | 子部 |
| 판본 | 木版本 | 12 |
| 발행 | [朝鮮]: [刊寫者未詳], [16世紀]刊 | |
| 형태 | 15卷8冊 : 四周單邊, 半郭 25.3 × 18.5 cm, 有界, 12行21字 小字雙行, 大黑口, 上下內向黑魚尾 ; 32.5 × 22.7 cm | |
| 주기 | 版心題: 晦菴書節要 | |

與李仲久書: 嘉靖癸亥(1563)二月望 眞城李滉(1501~1570)拜上靜存齋李君案下(第1冊 卷1 末尾)
板式: 二葉花紋魚尾 混入, 刻手名('文'·'上下' 等)
買得記: 甲戌正月買得于本邨 藏之于善軒堂(第4冊 卷7 뒷面紙)
楮紙

조선의 학자 이황李滉(1501~1570)이 『주자대전朱子大全』에 수록된 1,700여 편의 서간 중 학문과 일상에서 실천할 수 있는 1,008편을 선별하여 엮은 것으로, 1556년(명종 11)에 편찬한 책이다. 본서는 16세기에 간행된 것으로 추정되는 목판본으로, 15권 8책이다.

표제 및 권수제는 '주자서절요朱子書節要', 판심제는 '회암서절요晦菴書節要'이다. 황색연화문표지黃色蓮花紋表紙에 오침안정법五針眼訂法으로 장황粧䌙하였다. 서뇌書腦에는 총책수總冊數가 '공팔共八'로 묵서墨書되어 있다. 판식은 사주단변四周單邊, 유계有界, 대흑구大黑口, 12행 21자, 상하내향흑어미上下內向黑魚尾이다. 곳곳에 목판을 매목埋木하여 수정한 것이 있으며, 흑구에 각수 표시가 되어 있다. 간기刊記 및 서발문이 없어 그 간행연대를 정확히 추정하기 어려우나, 제1책 권1 말미에 따로 수록된 「여이중구서與李仲久書」에는 1563년에 본서를 편찬하는 과정이 수록되어 있다.
본문에 비점批點 및 권점圈點이 있고, 서미書眉에 보주補註가 묵서되어 있다.

본서의 토대가 된 『주자대전』은 주희의 문집으로, 본편本編 100권 별집別集 11권, 속집續集 10권으로 구성되어 있다. 이 중 서간은 속집과 별집 합 58권에 걸쳐 수록되어 있다. 주희는 주로 편지를 통해 스승인 이동李侗 및 문인들과 학문을 논했는데, 이황은 이들 내용이 경전 주석의 부족한 부분을 보완할 수 있다는 점에서 중시하였다.

『주자대전』이 우리나라에 처음 전해진 것은 고려시대로, 1290년(충렬왕 16) 중국에 다녀온 안향安珦이 가져온 것으로 알려져 있다. 조선시대에 들어와서는 1427년(세종 17) 세종이 경상도 관찰사에게 명하여 『역경易經』·『서경書經』과 함께 이 책을 판각하도록 명했다는 기록이 실록에 보이나 해당 현전본은 확인되지 않는다. 또한 1476년(성종 7) 5월 사은사로 북경에 간 정효상鄭孝常 등이

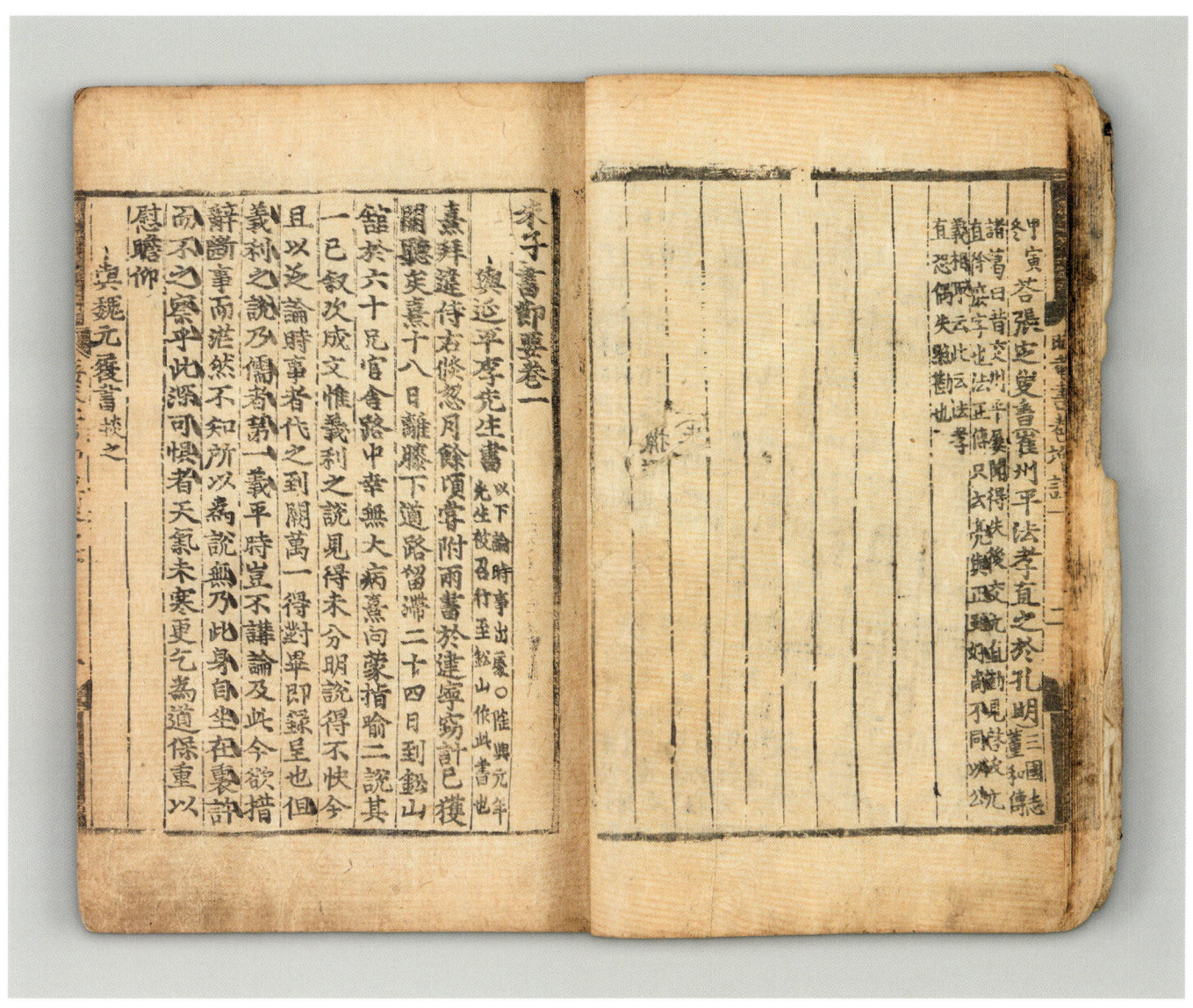

돌아오면서 『주자어류朱子語類』와 함께 이 책을 바쳤다고 하나, 실물은 전하지 않는다. 『주자대전』이 조선에서 비로소 간행된 것은 1543년(중종 38)에 간행된 을해자본이다. 이 해는 이황이 『주자대전』을 처음 접한 때임을 기대승의 서문을 통해 알 수 있다.

『주자서절요』가 조선에서 처음 간행된 것은 1561년(명종 16)에 이황의 문인인 성주목사星州牧使 황준량黃俊良에 의해서이다. 황준량은 본서를 『근사록近思錄』에 필적하는 명저라면서 영천永川 임고서원臨皐書院의 활자를 빌려 간행하였다. 그러나 이황은 원래 간행하여 보급하기 위해서가 아닌 자신의 편의를 위해 엮은 것으로 오자 誤字가 많은 원고를 가지고 간행하길 원치 않았다. 이에 성주본이 간행된 후 이황은 오류를 바로잡고 증주增註를 통해 내용을 보완하고자 하였다. 이에 따라 해주海州·평양·정주定州 등에서 개정본을 간행하면서 판본마다 서명과 체제, 이황의 발문 유무 등에 차이를 보인다. 서명의 경우 『회암서절요晦菴書節要』였으나 1567년(명종 22)경 간행된 정주본부터 『주자서절요』로 바뀌었으며, 본문도 1611년(광해군 10) 간행 천곡서원본川谷書院本부터 15권에서 20권이 되었다. 이후에도 20세기 초까지 전주全州 등지에서도 간행하여, 현재 전하는 판본만 10여 종이다.

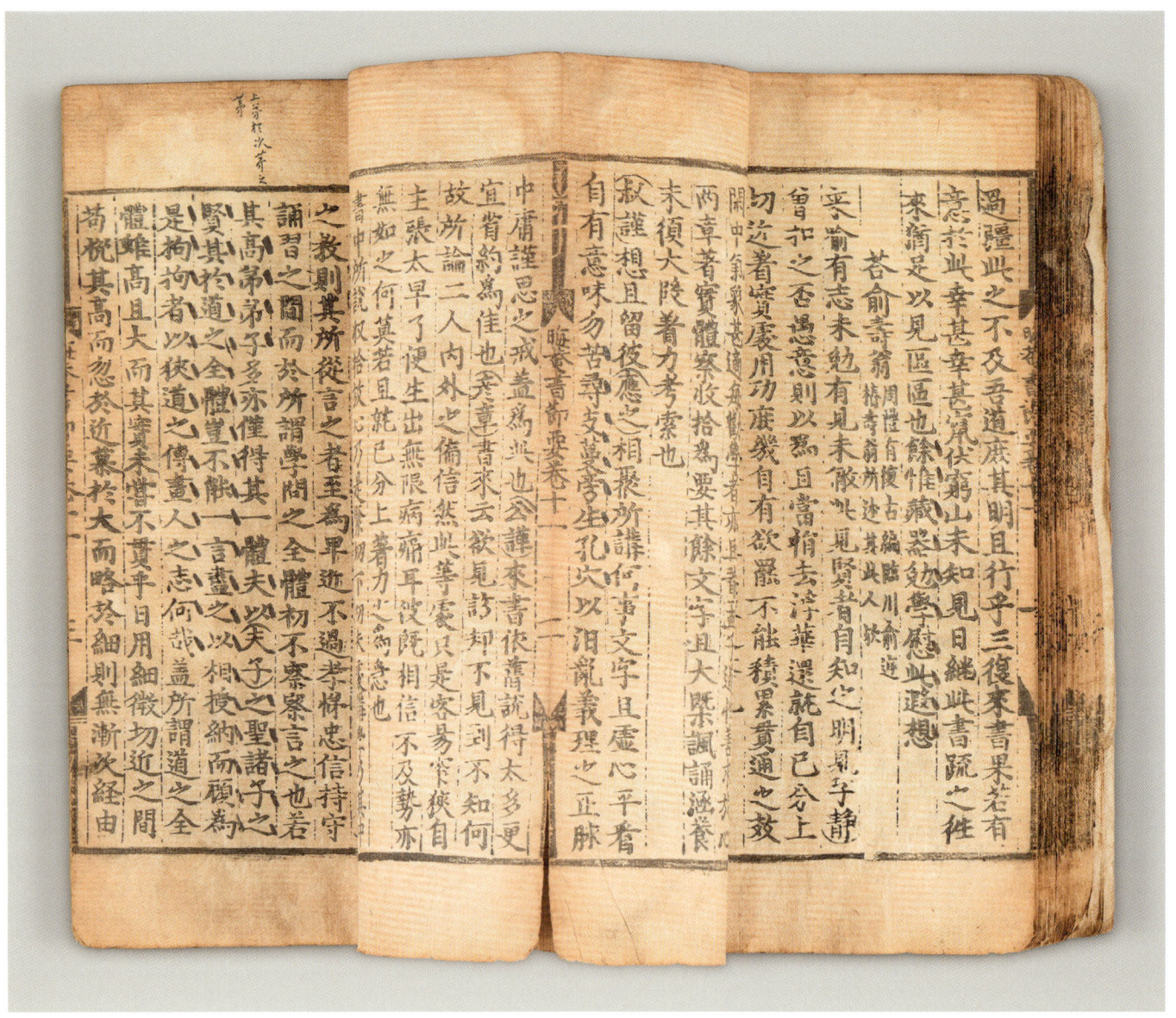

권수卷首에는 서간을 주고받은 인물들의 이름과 인물 정보를 각 권별로 나열한 「주자서절요제자목록朱子書節要諸子目錄」, 권1~3의 주석 중 빠진 부분에 대한 보충인 「주자서증주추간부후朱子書增註追刊附後」가 수록되어 있다. 주석의 내용에 의하면 권4부터는 증주본增註本을 따라 간행하였는데, 이 때문에 「주자서증주추간부후」에는 권1~3의 주석만 수록되어 있다. 본문은 변경되기 전의 체제인 5권으로 구성되어 있으며, 권마다 수신자별로 구분하여 행을 바꾸었고 인명은 괄호로 표시되어 있다. 서발문은 수록되어 있지 않다. 이와 동일한 판본이 국립중앙도서관 등에 낙질落帙로 소장되어 있다.

권1~2는 「시사출처時事出處」로 『주자대전』의 권24~29에 해당하는 내용이다. 권1에는 스승 이동을 비롯한 43명과 논의한 내용이 수록되어 있다. 권2~3은 「왕장여유문답汪張呂劉問答」으로 『주자대전』 권30~35에서 선별한 내용이다. 권2는 왕상서汪尙書를 비롯한 3명, 권3은 여백공呂伯恭 등 5명이다. 권4는 진동보陳同甫 등 22명과 주고받은 서간인 「문답논사問答論事」로, 『주자대전』 권37에 수록된 내용이다. 권5 증구부曾裘父 등 25명과 주고받은 서간인 「문답問答」은 『주자대전』 권38~39에 수록된 내용이다. 권6 하숙경何叔京 등 9명과 나눈 서간인 「지구문인문답知舊門人問答」은 『주자대전』 권40~64에 수록된 내용이다. 권7에는 「속집」, 권8은 「별집」에 수록된 내용으로 각각 이백간李伯諫 등 19명과 주고받은 서간이다.

많은 이들이 쉽게 참고할 수 있도록 『주자대전』의 핵심 내용을 선별하여 엮은 이황의 『주자서절요』는 조선 주자학 발전에 토대가 되었음은 물론 일본에도 큰 영향을 끼쳤다. 조선에서는 17세기 송시열과 그 문인들이 편찬한 『주자대전차의朱子大全箚疑』에 영향을 주는 등 주자학 연구가 『성리대전』이 아닌 『주자대전』 중심으로 이루어지게 하는 계기를 만들었다. 일본에서는 17세기 야마자키 안사이[山崎闇齋]와 문인들을 중심으로 존숭되었으며, 상업 출판으로도 이어져 널리 읽혔다. 또한 여러 차례의 수정 및 간행 과정을 통해 이황과 문인을 중심으로 이루어진 16세기 출판문화사 일면을 엿볼 수 있다는 점에서도 가치가 크다. 이유리

주제어
주자서절요朱子書節要, 주희朱熹, 이황李滉, 주자대전朱子大全

참고문헌
윤병태, 「退溪의 著書와 그 刊行〈朱子書節要를 中心으로〉-退溪書誌의 研究 其二-」, 『退溪學과 韓國文化』7, 경북대학교 퇴계연구소, 1978.
류탁일, 「『朱子書節要』의 編纂 流通과 朴光前의 위치」, 『退溪學과 韓國文化』32, 경북대학교 퇴계연구소, 2003.
류준필, 「퇴계 『주자서절요』 주자문헌 편집 방식 : 『주자서절요』 권1과 『주자대전』 권24~26의 대비」, 『퇴계학논총』14, 퇴계학부산연구원, 2008.
이유리, 『17세기 일본 간행 조선본 性理學書의 서지적 연구』, 한국학중앙연구원 한국학대학원 박사학위논문, 2019.

# 주자어류대전
# 朱子語類大全
Jujaeoryu daejeon

貴 C02-0121

| | | | |
|---|---|---|---|
| 서명 | 朱子語類大全 | | 자부 |
| 저자 | 朱熹(宋) 著; 黎靖德(宋) 類編 | | 子部 |
| 판본 | 金屬活字本(丙子字) | | 13 |
| 발행 | [漢城]: [校書館], [宣祖8(1575)]印 | | |
| 형태 | 134卷53冊(全140卷56冊) : 四周雙邊, 半郭 25.8 × 18.5 cm, 有界, 13行22字 小字雙行, 大黑口, 上下內向三葉花紋魚尾 ; 34.4 × 23.0 cm | | |
| 주기 | 版心題·卷首題·表題: 朱子語類 | | |

書名은 序題임
發行事項 推定: 『宣祖實錄』8年(1575) 3月7日 '上問于校書館… 館對日 朱子語類大全及
天文等書 卷數甚多 故通鑑件數 時未入啓'
朱子語類大全序: 成化九年(1473)…彭時
池州刊朱子語錄後序: 嘉定乙亥(1215)…黃榦
饒州刊朱子語續錄後序: 嘉熙戊戌(1238)…李性傳
饒州刊朱子語後錄後序: 淳祐己酉(1249)…蔡抗
建安刊朱子語別錄後序: 咸淳初元(1265)…吳堅
朱子語類後序: 黃士毅
眉州刊朱子語類序: 嘉定十三年(1220)…魏了翁
徽州刊朱子語類後序(蔡抗): 淳祐壬子(1252)
徽州刊朱子語續類後序(王佖): 淳祐壬子(1252)
朱子語類序目識: 咸淳庚午(1270)…[黎]靖德再書
所藏: 第1~13·15~20·22~24·26~56冊
總冊數: 共五十六(書腦 下段, 墨書)
楮紙(이음종이)

1270년(咸淳 6) 송나라의 관리이자 문인 여정덕黎靖德(?~?)이 주희朱熹(1130~1200)가 만년에 제자들과 문답한 어록語錄과 어류語類를 모아 엮은 책이다. 본서는 조선에서 16세기에 간행한 병자자본丙子字本이다.

서명은 서제序題에 근거하였다. 표제 및 권수제, 판심제 모두 '주자어류朱子語類'이다. 능화문 황색표지에 오침안정법五針眼訂法으로 장황粧䌙하였다. 표지 우측에는 수록 편목篇目이 적혀 있고, 서뇌書腦에는 총책수 總冊數 표시인 '공오십육共五十六'이 묵서墨書되어 있으며, 제1책 앞면지面紙에는 춘사春史라는 인물이 쓴 장서기藏書記가 있다. 판식은 사주쌍변四周雙邊, 유계有界, 13행 22자, 대흑구大黑口, 상하내향3엽화문어미이다. 책말冊末 장원정張元禎의 「주자어류대전후서朱子語類大全後序」는 을해자乙亥字로 인쇄되었으며, 권11 제20장은 필사 인찰공책지를 사용하여 보사補寫하였다. 또한 서미書眉에 두주頭註가 소자小字로 인쇄되어 있으며, 이음종이를 사용하였다. 책지冊紙 이면 곳곳에는 종이를 조달한 것으로 추정되는 지역의 군수 수결手決 및 관인이 날인되어 있다.

1200년(慶元 6)에 주희가 사망한 후 제자들은 그동안 각자 기록해 두었던 스승과의 문답 내용을 모으고 주제별로 분류하여 어록 혹은 어류를 편찬하였다. 어록으로는 대표적으로 '지록池錄'·'요록饒錄'·'요후록 饒後錄'이 있다. '지록'은 1215년(嘉靖 8)에 이도전李道傳이 황간黃榦 등의 도움을 받아 편집하여 지주池州에서 간행한 것으로, 요덕명廖德明 등 제자 33명의 기록이 포함되어 있다. '요록'은 1238년(嘉熙 2)에 이도전의 동생 이성전李性傳이 『주자어속록朱子語續錄』 46권을 편집하여 요주饒州에서 간행한 것이다. '요후록'은 1249년 (순우 9)에 채항蔡抗이 양방 등 주희의 제자 23명의 기록을 포함하여 『주자어후록朱子語後錄』 26권으로 엮어 요주에서 간행한 것이다. 오견吳堅은 1266년(咸淳 2)에 이전의 세 판본에 수록되지 않은 내용을 엮어 『주자 어별록朱子語別錄』을 편찬하였다.
어류는 '촉류蜀類'·'휘속류徽續類' 등으로 나뉜다. '촉류'는 1220년(嘉靖 13) 황사의黃士毅가 지록을 증보하여 26개 부문으로 분류한 것을 사공설史公說이 미주眉州에서 간행한 것으로 140권으로 되어 있다. '휘속류'는 1252년(淳祐 12) 왕필王佖이 40권으로 편찬한 것으로 휘주徽州 자양서원紫陽書院에서 간행되었다.

그러나 기록마다 분량과 내용 등이 제각각이고 분류가 잘못된 경우도 많았는데, 판각이 거듭될수록 오류도 점점 늘어났다. 이에 여정덕은 당시까지 나온 어록 4종과 어류 3종을 모아 내용을 수정하였고, 촉류의 체제에 따라 26부문으로 분류하였으며, 1170년에서 1200년까지 총 97명의 인물이 나눈 문답 내용을 수록하였다. 이것이 현재 일반적으로 알려진 내용으로, 모든 기록을 집성했다는 의미에서 제목을 『주자 어류대전』이라고 하였다.

『주자어류대전』은 1473년(成化 9) 강서번사江西藩司 판본(성화본)을 시작으로 명대 이후 여러 차례 간행 되었다. 조선에도 여러 차례 전해진 것으로 보이는데, 가장 빠른 전래 시기는 『성종실록成宗實錄』에 나오는 1476년(성종 7) 사은사謝恩使로 북경을 방문한 정효상鄭孝常과 박량신朴良信이 가지고 왔다는 기록이다. 간행은 적어도 중종대에 두 차례, 선조대에 두 차례, 영조대에 한 차례 이루어진 것으로 파악되며, 서발문을 통해 성화본 계통인 것을 확인할 수 있다. 선조대에 처음 간행될 때는 유희춘柳希春과 조헌趙憲이 주도하였 는데, 기존 간본에 이황李滉의 교정 사항을 크게 반영하는 등 원문을 교정하여 1575년(선조 8)에 간행하였다. 존경각본은 서미書眉에 두주가 있어 이때 간행된 것으로 생각된다. 『선조실록宣祖實錄』 1575년 3월 7일조 에는 교서관校書館에 『자치통감資治通鑑』 인출하는 일이 어떻게 되었는지를 묻는 기사가 나온다. 교서관은 '주자어류대전』과 천문서의 권질이 너무 많아서 『자치통감』의 인출건을 입계하지 못했습니다.[朱子語類大 全及天文等書 卷數甚多 故通鑑件數 時未入啓]'라고 대답한다. 이는 당시에 교서관에서 『주자어류대전』을 인출하고 있었다는 의미로도 볼 수 있다.

『주자어류대전』은 본래 140권으로 구성되어 있으나, 존경각본은 권31~32(제14책), 권51~52(제21책), 권62~63(제25책)이 결락되어 134권 53책이다. 권수卷首에는 1473년 팽시彭時의 「주자어류대전서朱子語類 大全序」가 수록되어 있고, 이어서 1215년 황간의 「지주간주자어록후서池州刊朱子語錄後序」, 1238년 이성전의 「요주간주자어속록후서饒州刊朱子語續錄後序」, 1249년 채항의 「요주간주자어후록후서饒州刊朱子語後錄後序」, 1266년 오견의 「건안간주자어별록후서建安刊朱子語別錄後序」, 황사의의 「주자어류후서朱子語類後序」, 1220년 위자옹魏了翁의 「미주간주자어류서眉州刊朱子語類序」, 1252년 채항의 「휘주간주자어류후서徽州刊朱子語類後序」, 왕필의 「휘주간주자어속류후서徽州刊朱子語續類後序」가 있다. 다음으로 「주자어록성씨朱子語錄姓氏」과 「주자 어류문목朱子語類門目」, 「주자어류권목朱子語類卷目」, 그리고 끝에 여정덕의 지어識語와 고정考訂이 있다. 존경각 소장본의 책별 내용을 정리하면 다음과 같다.

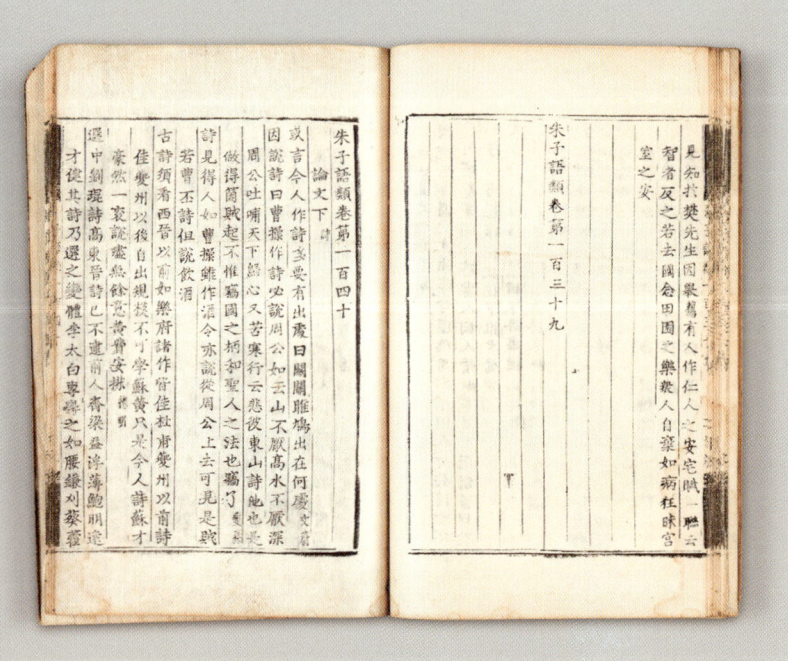

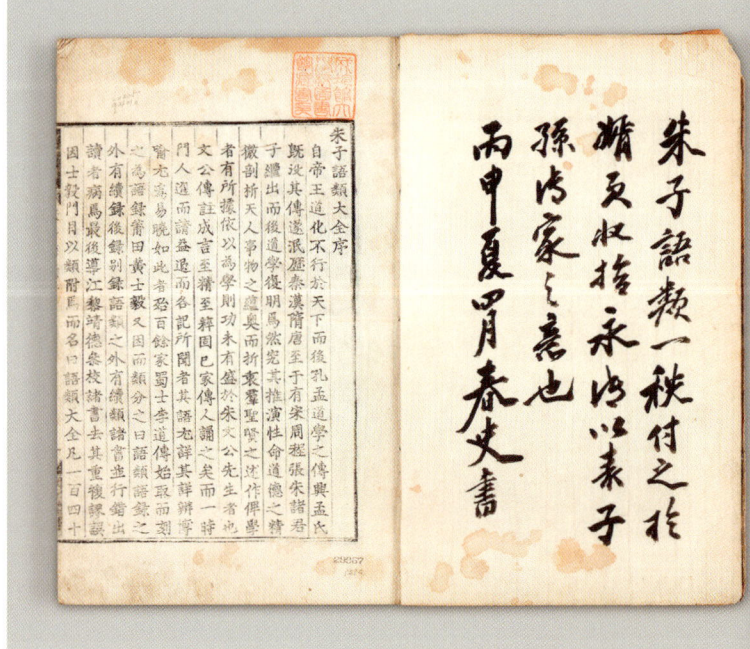

| 책차 | 권차 및 수록 내용 | 책차 | 권차 및 수록 내용 |
|---|---|---|---|
| 1 | 卷1 理氣上 卷2 理氣下 | 29 | 卷69 · 70 易五 · 六 |
| 2 | 卷3 鬼神 卷4 性理一 | 30 | 卷71 · 72 易七 · 八 |
| 3 | 卷5 · 6 性理二 · 三 卷7 學一 | 31 | 卷73 · 74 易九 · 十 |
| 4 | 卷8~11 學二~學五 | 32 | 卷75 · 76 易十一 · 十二 |
| 5 | 卷12 · 13 學六 · 七 | 34 | 卷77 易十三, 卷78 書一 |
| 6 | 卷14 · 15 大學一 · 二(經上 · 下) | 35 | 卷79 書二 卷80 詩一 |
| 7 | 卷16 大學三(傳十章) | 36 | 卷81 詩二 卷82 孝經 卷83 春秋 卷84 · 85 禮一 |
| 8 | 卷17 · 18 大學四 · 五 卷19 論語一 | 37 | 卷86 · 87 禮二 · 三 |
| 9 | 卷20 · 21 論語二 · 三 | 38 | 卷90~91 禮四~五 卷92 樂 |
| 10 | 卷22 · 23 論語四 · 五 | 39 | 卷93 孔孟周程張子 卷94 周子書 |
| 11 | 卷24 · 25 論語六 · 七 | 40 | 卷95 · 96 程子書一 · 二 |
| 12 | 卷26 · 27 論語八 · 九 | 41 | 卷97 程子書三 卷98 張子書一 |
| 13 | 卷28~30 論語十~十二 | 42 | 卷99 張子書二 卷100 邵子書 卷101 程子門人 |
| 14 | 〈缺〉 | 43 | 卷102 楊氏尹氏門人 卷103 羅氏胡氏門人 卷104~106 朱子一~三 |
| 15 | 卷33~34 論語十五~十六 | 44 | 卷107~109 朱子四~六 |
| 16 | 卷35 論語十七 | 45 | 卷110~113 朱子七~十 |
| 17 | 卷36~38 論語十八~二十 | 46 | 卷114~116 朱子十一~十三 |
| 18 | 卷39~41 論語二一~二三 | 47 | 卷117~118 朱子十四~十五 |
| 19 | 卷42~44 論語二四~二六 | 48 | 卷119~120 朱子十六~十 |
| 20 | 卷45~50 論語二七~三二 | 49 | 卷121 朱子十六 卷122 呂伯恭 卷123 陳葉 |
| 21 | 〈缺〉 | 50 | 卷124 陸氏 卷125 老莊 卷126 釋氏 卷127 本朝一 |
| 22 | 卷53~57 孟子三~七 | 51 | 卷127~129 本朝一~三 |
| 23 | 卷58 · 59 孟子八 · 九 | 52 | 卷130 本朝四 |
| 24 | 卷60 · 61 孟子十 · 十一 | 53 | 卷131 · 132 本朝五 · 六 |
| 25 | 〈缺〉 | 54 | 卷133 本朝七 卷134 · 135 歷代一 · 二 |
| 26 | 卷64 中庸三 | 55 | 卷136 歷代三 卷137 戰國漢唐諸子 卷138 雜類 |
| 27 | 卷65 · 66 易一 · 二 | 56 | 卷139~140 論文 |
| 28 | 卷67 · 68 易三 · 四 | | |

『주자어류대전』은 학문뿐만 아니라 정치와 경제, 역사, 문학 등 광범위한 분야에 대한 주희의 견해를 담고 있다. 이는 주희 만년에 기록된 내용이기에 각 주제에 대한 그의 학문과 사상의 깊이를 살펴볼 수 있다. 이에 본서는 성리학을 이해하는 데 필수적인 책으로 동아시아 삼국에서 모두 간행되었다. 존경각본은 국가적인 차원에서 본문을 교정하여 간행한 서적으로 조선의 성리학 이해 과정을 엿볼 수 있다. 이유리

주제어
주자어류朱子語類, 주희朱熹, 여정덕黎靖德, 유희춘柳希春

참고문헌
岡田武彦, 「朱子語類の成立とその板本」, 『中國思想における理想と現実』, 東京:木耳社, 1983.
김문식, 「조선본 『朱子語類』의 간행과 활용」, 『史學志』43, 단국사학회, 2011.
友枝龍太郎, 「朱子語類の成立-付朱子大全」, 『朱子思想の形成』, 東京:春秋社, 1979.

| | |
|---|---|
| 서명 | 北溪先生性理字義 |
| 저자 | 陳淳(宋) 著 |
| 판본 | 木版本 |
| 발행 | 慶尙道 晉州: 晉州府, 明宗8(1553)刊 |
| 형태 | 2卷1冊 : 四周雙邊, 半郭 25.0×17.3 cm, 有界, 10行18字 小字雙行, 大黑口, 上下 內向三葉花紋魚尾 ; 30.7×21.2 cm |
| 주기 | 刊記: 皇明嘉靖癸丑(1553) 晉州開刊 |
| | [有司座目]: 慶尙道觀察使 丁應斗, 奉直郎都事 韓汝哲, 晉州牧使 徐偉, 晉州判官 朴世薰, 校正(梁希閔 · 丘崟) |
| | 印記: 臨淵齋章 · 柳正東(册首 朱印), 臨淵齋章 · 山水亭(册末 墨印) |
| | 楮紙 |

자부
子部
14

송나라 진순陳淳(1158~1223)이 성리학에서 사용되는 주요 용어 25개에 대해 해설한 책이다. 본서는 1553년(명종 8)에 진주晉州에서 간행된 목판본으로 2권 1책이다.

표제 및 판심제는 '성리자의性理字義', 권수제는 '북계선생성리자의北溪先生性理字義'이다. 황색연화문표지黃色蓮花紋表紙에 오침안정법五針眼訂法으로 장황粧䌙하였다. 판식은 사주쌍변四周雙邊(일부 사주단변), 유계有界, 10행 18자, 상하내향3엽화문어미(일부 흑어미 · 2엽화문어미 혼입), 흑구黑口의 목판본이다. 전반적으로 마멸되어 있으며, 보판補版으로 보이는 부분도 있어 1553년 이후에 간행된 것으로 보인다. 책말冊末에 '황명 가정 계축년 (1533)에 진주에서 개간함[皇明嘉靖癸丑 晉州開刊]'이라는 간기가 음각으로 새겨져 있다.

책수冊首에는 장방형 주문인 '임연재장臨淵齋章'이 날인되어 있고, 책말에는 앞서 날인한 장방형 인장 '임연재장'에 종형鐘形 인장 '산수정山水亭'이 추가로 묵인墨印되어 있다. 이는 16세기 인물인 배삼익裵三盆의 장서인으로 알려져 있다. 이 외에도 근대 인장으로 보이는 원형 주문인 '유정동柳正東'이 날인되어 있다.

저자인 진순의 자는 안경安卿, 호는 북계, 시호는 문안文安, 장주漳州 용계龍溪 출신이다. 황간黃幹과 더불어 주희朱熹의 고제高弟이다. 평생 심학心學을 배척하고 정주학程朱學을 주창하였다. 저서에는『북계선생성리자의』외에도 『엄릉강의嚴陵講義』·『논맹학용구의論孟學庸口義』·『이변二辨』등이 있다.

진복陳宓의 서문에 따르면『북계선생성리자의』는 주돈이周敦頤 · 정이程頤 · 정호程顥 · 장재張載 · 주희의 의론을 모두 담고 있다고 하였는데, 주로 사서四書를 바탕으로 하고 있다. 그러므로 주희의『사서집주四書集註』 주해에 담긴 그의 사상을 이해하는 데 도움이 된다.

권수卷首에 진복의「북계선생성리자의서北溪先生性理字義序」와「북계선생 성리자의목록北溪先生性理字義目錄」이 수록되어 있다. 이어서 상하 2권으로 구성된 본문이 있고, 간기 및 경상도 관찰사 정응두丁應斗 등 간행에 참여한 인물들의 명단이 있다. 본서에 수록된 25개 부문의 내용은 다음과 같다.

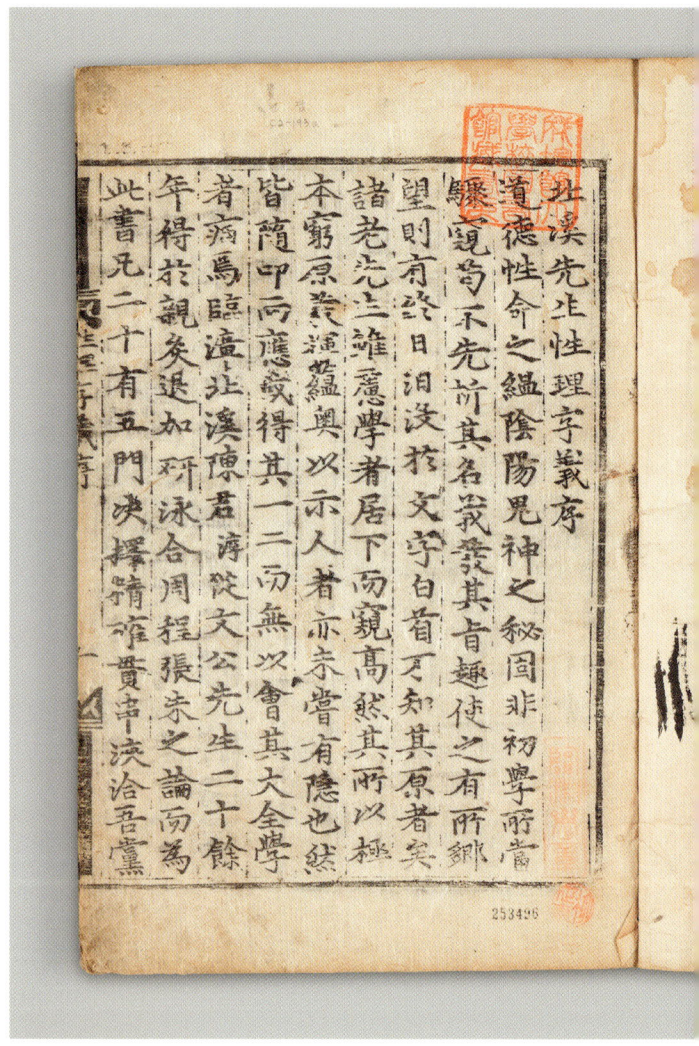

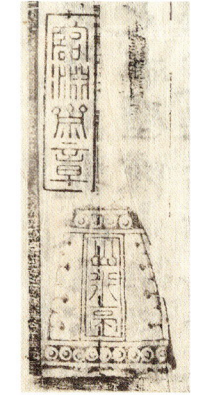

| 권차 | | 수록 편목篇目 및 내용 |
|---|---|---|
| 卷上 | 命字 | 論命猶令, 論命有理有氣, 論人物皆本乎一氣, 論人稟氣清濁, 論天命只是元亨利貞 |
| | 性字 | 論性卽理, 論性命不可全分, 論天命之性本善, 論孟子道性善, 論氣稟之性, 論韓愈言性之差, 論佛氏言性之差, 論後世言性之差 |
| | 心字 | 論心爲一身主宰, 論心以統理, 論心有體用, 論心含理氣, 論萬化改從心出, 論仁敬在心之異, 論心包萬理, 論心至靈妙, 儒佛所論시性之異, 論心爲性情之主, 論心之名, 論程子言心性情之別 |
| | 情字 | 論情與性相對, 論情者心之用, 論情從性發皆善, 論七情是合善惡, 論性之欲爲情 |
| | 才字 | 論才質才能之辨 |
| | 志字 | 論心之所之爲志, 論志有期必之意, 論立志須高明, 論上下皆要立志, 論爲學在初志, 論志者心之所趨, 論立志要高, 論立志要堅定 |
| | 意字 | 論意者心之所發, 論意小而心大, 論毋意誠意之辨, 論思念皆是意 |
| | 仁義禮智信 | 論五常各有界分, 論仁統四端, 論仁義愛宜之理, 論仁爲愛之理, 論義是裁制決斷, 論禮是天理之節文, 論有節文方有儀則, 論智是知覺, 論智如水以成智, 論四端已發未發之異, 論性只是信, 論四端日用常見, 論仁是心之全德, 論四端只是四德, 論四端皆是天理, 論四端只是仁義, 論五常義理鋪敍, 論五常相生脉絡, 論五常隨觸而動 |
| | 孔門教人求仁 | 論仁包萬善, 論諸子言仁之差 |
| | 程子論仁 | 論程子論仁之要, 論言仁之旨不同 |
| | 忠信 | 論忠信在萬善之中, 論二程議論忠信之理, 論忠信各有所主, 論忠信是人用工處, 論言信各有異主, 論聖賢之忠信, 論忠信天人之道, 論忠信爲吾心之主 |
| | 忠恕 | 論忠與恕之義, 論忠恕只是一物, 論忠以貫注便是恕, 論忠恕是學者事, 論忠恕理一而分殊, 論學者須是推已, 論言恕則忠在其中, 論推已之恕以及人, 論後人言恕之差 |
| 卷下 | 誠字 | 論誠是自然之理, 論後世言誠之差, 論誠是眞實之理, 論誠是實理流行, 論思誠是人道, 論聖賢之誠, 論言誠有理有心, 論實理所以長久, 論誠信不同 |
| | 敬字 | 論誠敬之異, 論主一之謂敬, 論敬要存心, 論主一只是無適, 論間斷便是不敬, 論敬爲萬事根本, 論持敬工夫, 論肅敬之容, 論敬在心, 論文公敬齋箴 |
| | 恭敬字 | 論恭敬之異, 論恭敬非二物, 論恭敬之容, 論恭敬之異, 論恭不如敬之切, 論古人皆持敬 |
| | 道字 | 論老莊言道之差, 言佛氏言道之差, 論事物皆具此道, 論學者求道之要, 論道無所不在, 論聖賢言道之旨, 論韓老言道之差, 論韓公見道之差 |
| | 理字 | 論道與理之別, 論理與性之別, 論理義爲體用 |
| | 德字 | 論心之實得處爲德, 論人心有本然之德, 論道德非二物 |
| | 太極 | 論混淪至極之理, 發明周子朱氏太極說, 論太極是極至之義, 太極只是總天地之理, 發明濂溪太極圖說, 老氏說道之差, 人心事物皆有太極, 論極所以立名之義, 論無極之說 |
| | 皇極 | 論皇極乃君爲標準, 論詩說爾極之義, 論實極之義, 論孔氏言皇極之差 |
| | 中和 | 論中和是性情之理, 論中和爲大本達道, 論中有已發未發之異, 論執中是已發之中, 論無咈於理皆是和, 論釋氏議論之差, 論中和中庸之異 |
| | 中庸 | 論庸是平常之義, 論中庸以德行言 |
| | 禮樂 | 論禮樂有本有文, 論禮樂要內外相副, 論禮樂不是二物, 論禮樂無所不在, 論禮樂有益於人 |
| | 經權 | 論權有時中之義, 論用權須理明義精, 論用權之難, 論經權不是相反, 論用權皆當合義 |
| | 鬼神 | 論看議論鬼神之法, 論鬼神是陰陽屈伸之意, 論鬼神爲陰陽所屬, 論人物皆有陰陽便皆有鬼神, 論陰陽魂魄所屬, 論氣之伸爲神屈爲鬼, 論祭祀之義, 論鬼神卽禮樂道理, 論祭祀當以誠, 論子孫與祖宗共一氣, 論與外神非謟, 論神不歆非類, 論人當祀其所當祀, 論祭祀當隨其分, 論祭祀立尸之義, 論祭祀要關係, 論在祀典則當祭, 論五祀之禮, 論道德忠義之祭, 論淫祀不可擧, 論南嶽之祠非是, 論畫像之義失正, 論江淮好淫祀, 論湖南多淫祀, 論理感通之妙, 論淫祀必不惧, 論怪事九當自消 |

송판본이 전하지 않아 정확히 알 수 없으나, 『북계선생성리자의』가 처음 간행된 시기는 1219~1223년 (嘉靖 12~16) 사이에 간행되었을 것으로 추정된다. 현전본 중 시기가 가장 이른 것은 대만 고궁박물원 소장

원판본元版本으로, 판식과 내용에서 송판본의 영향이 보인다. 한편 중국에서는 본서와 별개로 26부문으로 된 『북계선생자의상강北溪先生字義詳講』이 간행 및 유통되었다. 『자의상강』의 경우, 조선에서는 간행되지 않았으나 일본에서는 1668년(寬文 8)에 상업 출판으로 이어져 『북계선생성리자의』와 함께 유통되었다.

조선에 전래한 시기와 경위 역시 전하지 않으나, 본서의 간행 시기가 가장 이르다. 원판본과 비교했을 때 전반적으로 체제와 내용이 비슷하나, 완전히 일치하지는 않는다. 그렇기 때문에 송판본을 저본으로 했을 가능성도 있다. 본서와 동일한 판본이 계명대학교와 일본 국립공문서관, 손케이카쿠문고[尊經閣文庫] 등에 소장되어 있다.

『북계선생성리자의』는 임진왜란 시기에 일본에 전해져 일본 학자들이 소장하였고, 이를 저본으로 필사하거나 활자본으로 간행하였다. 1632년(寬永 9)부터는 여러 차례 상업 출판으로 간행되었다. 조선에서는 이와 달리 17세기에 전하지 않다가, 1636년(인조 14) 통신부사로 일본에 방문한 김세렴金世濂이 화각본和刻本을 오사카에서 필사하여 돌아온 후 1644년(인조 22)에 자신의 부임지인 함영咸營에서 간행하였다.

『북계선생성리자의』는 초학자들을 위해 난해한 성리학 개념을 풀이한 용어집으로 주희의 사서집주를 이해하는 데 필요한 지침서로 참고되었다. 특히 진주 간본인 존경각 소장본은 일본에 전해져 17세기 일본에서 여러 차례 간행되었을 뿐만 아니라, 하야시 라잔[林羅山]이 이를 저본으로 삼아 일본어로 번역한 『성리자의언해性理字義諺解』가 간행되어 널리 참고되었다는 점에서 서적교류사적으로도 의미가 크다 할 수 있다. 이유리

주제어
북계선생성리자의北溪先生性理字義, 성리자의性理字義, 진순陳淳, 진주본晉州本

참고문헌
候外廬 等著 · 박완식 譯, 『송명이학사』2, 이론과 실천, 1995.
井上進, 「『北溪字義』版本考」, 『東方學』80, 東方學會, 1990.
이유리, 「일본에서 역수입한 『북계선생성리자의』」, 『문헌과해석』58, 문헌과해석사, 2012.

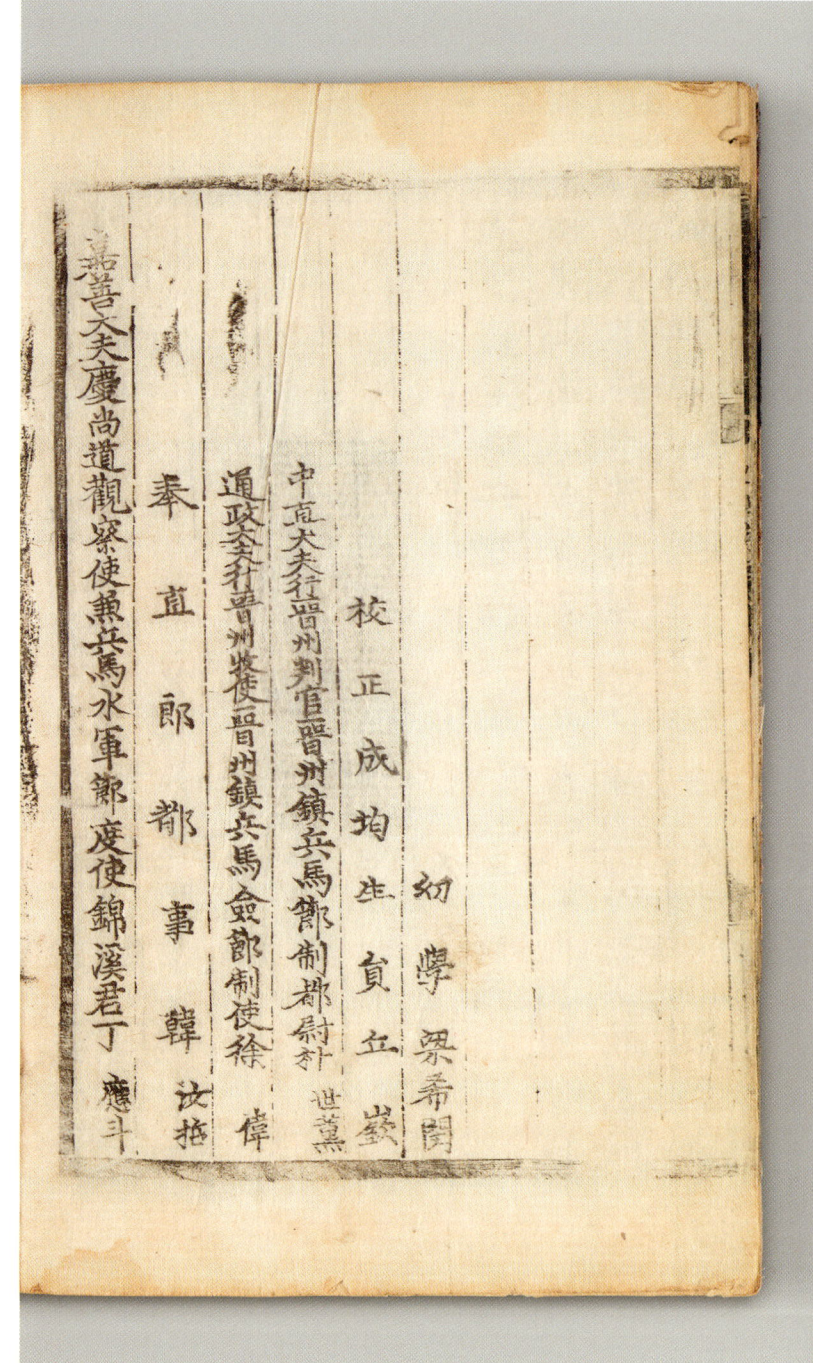

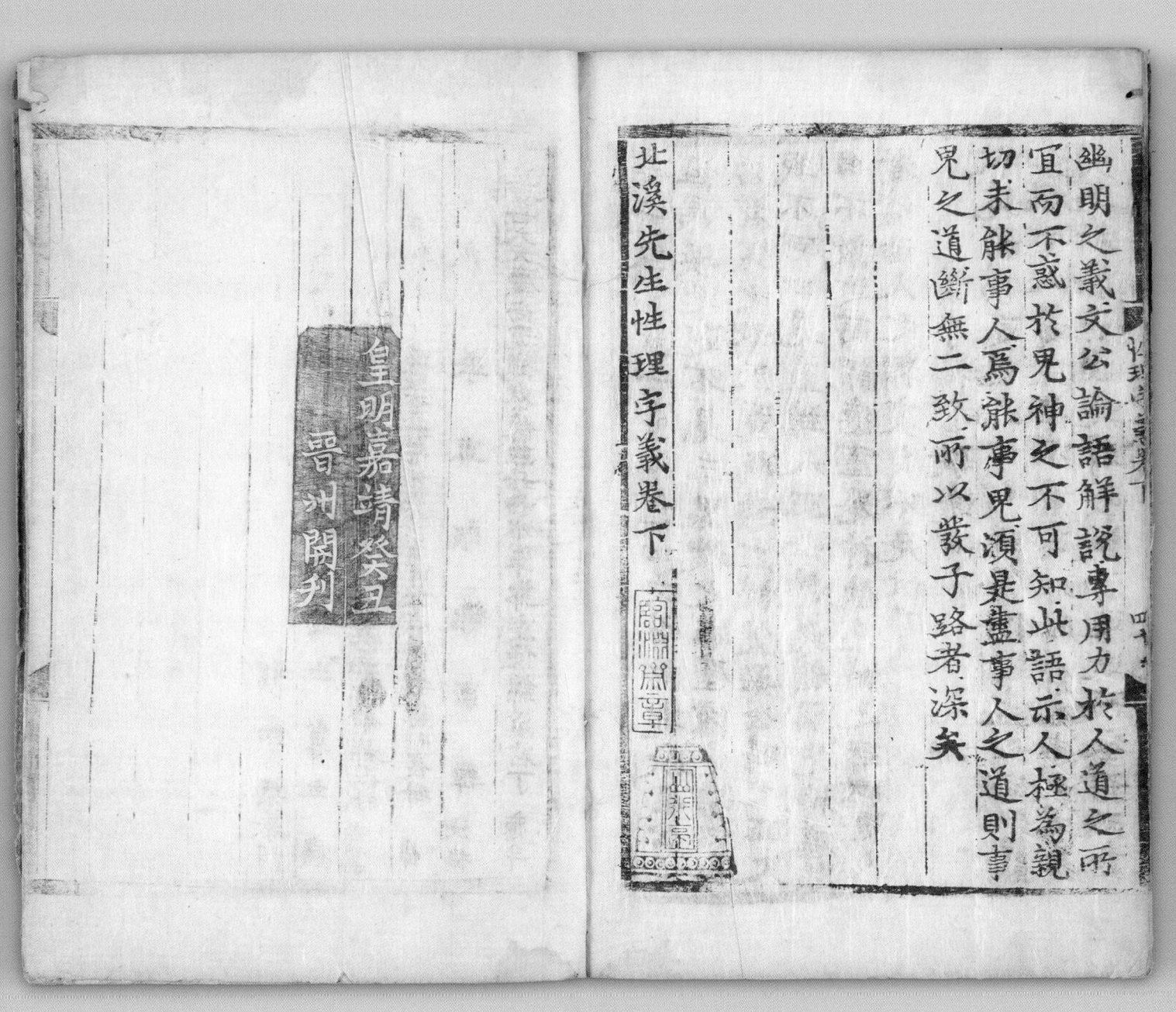

幽明之義文公論語解說專用力於人道之所
宜而不惑於鬼神之不可知此語示人極為親
切未能事人為能事人鬼須是盡事人之道則事
鬼之道斷無二致所以箴子路者深矣

北溪先生性理字義卷下

皇明嘉靖癸丑
晉州開刊

신간표제공자가어구해
新刊標題孔子家語句解
Shin-gan pyoje gongja ga-eo guhae

貴 C02-0266

| 서명 | 新刊標題孔子家語句解 | 자부 |
| --- | --- | --- |
| 저자 | 王廣謀(元) 句解 | 子部 |
| 판본 | 木版本 | 15 |
| 발행 | 江原道 江陵: 江陵府, 太宗2(1402)識 | |

형태　新刊標題孔子家語句解 6卷, 新刊素王事紀, 共1册; 插圖 ; 上下單邊左右雙邊, 半郭
　　　19.2 × 12.0 cm, 有界, 12行22字 小字雙行, 上下黑口, 上下下向黑魚尾 ; 27.0 × 15.5 cm
주기　目錄題: 新刊標題句解孔子家語
　　　板式: 四周雙邊, 四周單邊 混入
　　　原刊記: 泰定甲子(1324)秋 蒼巖書院刊行(新刊素王事紀目錄 末尾)
　　　識: 右家語古今天下寶之 而吾大東未有板本 子得是本 命刊于江陵 以貽後學焉 建文四
　　　年(太宗2, 1402)七月望 潘溪朴嵩識(新刊素王事紀 末尾)
　　　補寫(卷2 第11張 等)
　　　楮紙

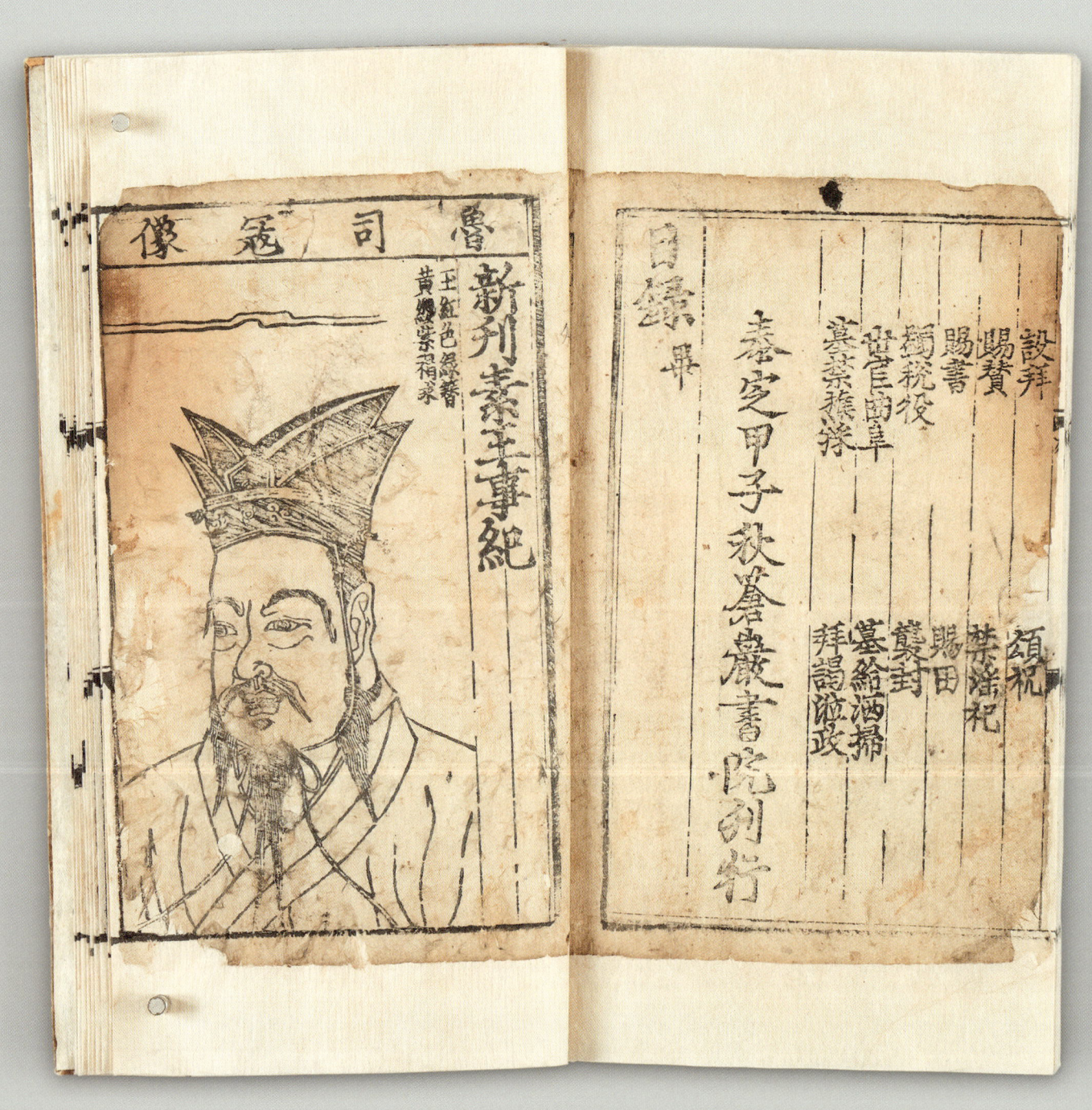

원元나라 왕광모王廣謀(?~?)가 『공자가어孔子家語』를 표제標題 형식으로 해설한 책이다. 『공자가어』는 위魏나라 왕숙王肅(195~256)의 위서僞書로 알려져 있다. 본서는 1402년(태종 2) 강릉에서 원판본元版本을 번각한 것으로, 『표제공자가어구해標題孔子家語句解』 6권과 『신간소왕사기新刊素王事紀』가 함께 수록된 1책이다.

제첨題籤에 필사한 표제는 '소왕사기素王事紀'ㆍ'표제공자가어구해標題孔子家語句解'이고, 하단에는 '합부合部'가 표기되어 있다. 판심제版心題는 서구書口의 마모로 확인할 수 없으며, 목록제目錄題는 '신간표제구해공자가어新刊標題句解孔子家語'이다. 황색만자문표지黃色卍字紋表紙에 오침안정법五針眼訂法으로 장황粧䌙하였다. 판식은 좌우쌍변左右雙邊, 유계有界, 12행 22자, 상하하향흑어미上下下向黑魚尾이다. 본문 중 손상된 부분은 별지에 필사하여 보충되어 있다.
표제標題는 『공자가어구해』에만 달려 있는데, 해당 본문의 바로 위 서미書眉 표제란에 쌍행으로 주석을 달았다. 글자에 대한 주석은 해당 글자를 음각으로 표시한 후 음훈音訓이나 반절음反切音, 혹은 성조를 표기하였다.

『공자가어』는 공자가 공경公卿과 사대부士大夫, 그리고 72명의 제자들과 문답한 내용 중 『논어論語』를 찬집하고 남은 내용을 모아 엮은 것이다. 공자의 11세손인 공안국孔安國이 편찬한 것을 왕숙이 발견하여 주해한 것으로 전하나, 송대 이후 학자들은 고증에 따라 왕숙이 공안국의 이름을 빌려 편찬한 것으로 보고 있다. 송대까지는 『공자가어』 원본이 읽혔으나, 원대에 들어와서는 왕광모, 유상경 등 지방 문인들의 주석본이 유통되었다. 주석자로 알려진 왕광모에 대해서는 그 생애나 이력에 관하여 자세히 알려진 바가 없다. 본서는 조선본에 남겨진 간기를 통해 1324년(泰定 1) 창암서원倉巖書院에서 간행된 것이 가장 오래된 판본임을 알 수 있으나 전하지 않는다. 현전본으로는 이듬해인 1325년(泰定 2)에 숭문서숙崇文書塾에서 간행된 대만 국가도서관 소장본이 가장 이른데, 조선본과 비슷하지만 이본이다. 명나라 초기에는 내부각본으로 간행되었는데, 이와 다른 계통의 주해본인 『표제구해공자가어』도 함께 유통되었다.
원래 『공자가어』와 별개로 전하던 서적으로 생각되는 『소왕사기』는 공자를 비롯한 성현들을 추숭한 사실과 의례에 대해 다룬 것으로, 편찬자 및 간행 시기는 전하지 않는다. 19세기에 간행된 조선본에는 조선문묘배향인朝鮮文廟配享人으로 송준길宋浚吉과 박세채朴世采도 포함되어 있으며, 부록으로 『대명회전大明會典』 중 「사의祀儀」 등이 초록抄錄되어 있다.

본서는 권수卷首에 「신간표제구해공자가어목록新刊標題句解孔子家語目錄」이 실려 있다. 『공자가어』가 10권으로 되어 있는 것과 달리 본문은 6권으로 구성되어 있다. 항목수와 순서는 크게 변화가 없으나, 권10에 수록된 「본성해本姓解」ㆍ「종기해終記解」가 『공자가어구해』에서는 「정론해正論解」 앞에 위치하고 있다. 각 권의 수록 편목篇目은 나음과 같다.

| 권차 | 수록 편목篇目 |
|---|---|
| 卷1 | 相魯, 始誅, 王言解, 大婚解, 儒行解, 問禮, 五儀解 |
| 卷2 | 致思, 三恕, 好生, 觀周, 弟子行, 賢君 |
| 卷3 | 辯政, 六本, 辯物, 哀公問政, 顔回, 子路初見, 在厄 |
| 卷4 | 入官, 困誓, 五帝德, 五帝, 執轡, 本命解, 論禮 |
| 卷5 | 觀鄕射, 郊問, 五刑解, 刑政, 禮運, 冠頌, 廟制, 辯樂解, 問玉, 屈節解, 七十二弟子解 |
| 卷6 | 本姓解, 終記解, 正論解, 曲禮子貢, 曲禮子夏, 曲禮公公西赤 |

권1부터 제자순으로 배치되어 있으며, 모두 44개 항목이 6권에 걸쳐 수록되어 있다. 권6 말미末尾에 찬자와 시기가 없는 후서後序가 있다.
이어서 수록된 「신간소왕사기목록新刊素王事紀目錄」 말미에는 '태정 갑자년(1324) 가을 창암서원에서 간행하였다[泰定甲子秋蒼巖書院刊行]'는 원간기原刊記가 있다. 다음으로 공자의 초상인 「노사구상魯司寇像」, 공자가 일생동안 방문한 나라를 나타낸 「선성역빙기년지도先聖歷聘紀年之圖」, 공자의 조상과 후손들을 간략하게 나타낸 「공자

세계지도孔子世系之圖」, 노나라 애공哀公부터 원나라까지 공자에
내려진 시호 및 작호를 나타낸 「역대봉시작호도歷代封諡爵號圖」가
수록되어 있다. 이어서 노나라부터 송나라까지 공자를 추숭한
일을 기록한 「공자추숭사시孔子追崇事始」가 있는데, 22개의
항목으로 구성되어 있다. 마지막으로 1402년(태종 2) 박은朴訔의
지지誌가 있다.

『신간표제공자가어구해』가 우리나라에 언제 전래하였는
지는 알 수 없으나, 『조선왕조실록』 등의 기록을 통해 조선
시대에 꾸준히 참고했다는 사실은 확인할 수 있다. 강릉본
에는 책말冊末에 1402년 박은의 지가 남아있어 본서의
간행 시기 및 지역 등을 파악할 수 있다. 지에 따르면 본서가
중요한 책임에도 불구하고 아직 조선에는 판본이 전하지
않았기에, 후학들에게 도움이 되고자 강릉에서 자신이 구한
책으로 간행을 명했다고 밝히고 있다. 본서와 동일한 판본이
고려대학교와 국립중앙도서관, 일본 세이키도문고[成簣堂文庫]
등에서 확인된다. 이후 16세기에도 을해자본乙亥字本과 그
번각본이 간행되었다. 이는 3권으로 구성되어 있고, 원간기가
남아있다. 을해자본의 경우 현전본이 강릉본에 비해 많지
않다. 이들 조선 전기본은 임진왜란 시기에 일본에 전해
졌고, 을해자본 혹은 그 번각본이 후시미판[伏見版] 간행에
주요 저본이 되었다.

『신간표제공자가어구해』는 왕숙의 위서僞書로 판명되었으나,
다음의 관점에서 가치를 살펴볼 수 있다. 책의 일부
내용은 일실되어 현전하지 않는 문헌에서 인용되었을 것
으로 추정되며, 『논어』에는 없는 공자의 일화가 수록되어
있으므로 공자 관련 자료의 집일輯佚을 위한 문헌으로서
가치가 있다. 또한 조선에서는 『신간표제공자가어구해』가
『공자가어』보다 더 많이 읽혔다는 점에서도 의미가 있다.
게다가 본서는 원본을 거의 그대로 복각함으로써, 현재
전하지 않는 저본이자 『신간표제공자가어구해』의 초간본
으로 추정되는 판본의 원형을 살펴볼 수 있다. 권말에는
조선에서의 간행 경위에 대해서도 명시되어 있어 조선초
지방 출판문화사 및 유학서 수용에 대해서도 살펴볼 수
있다. 이유리

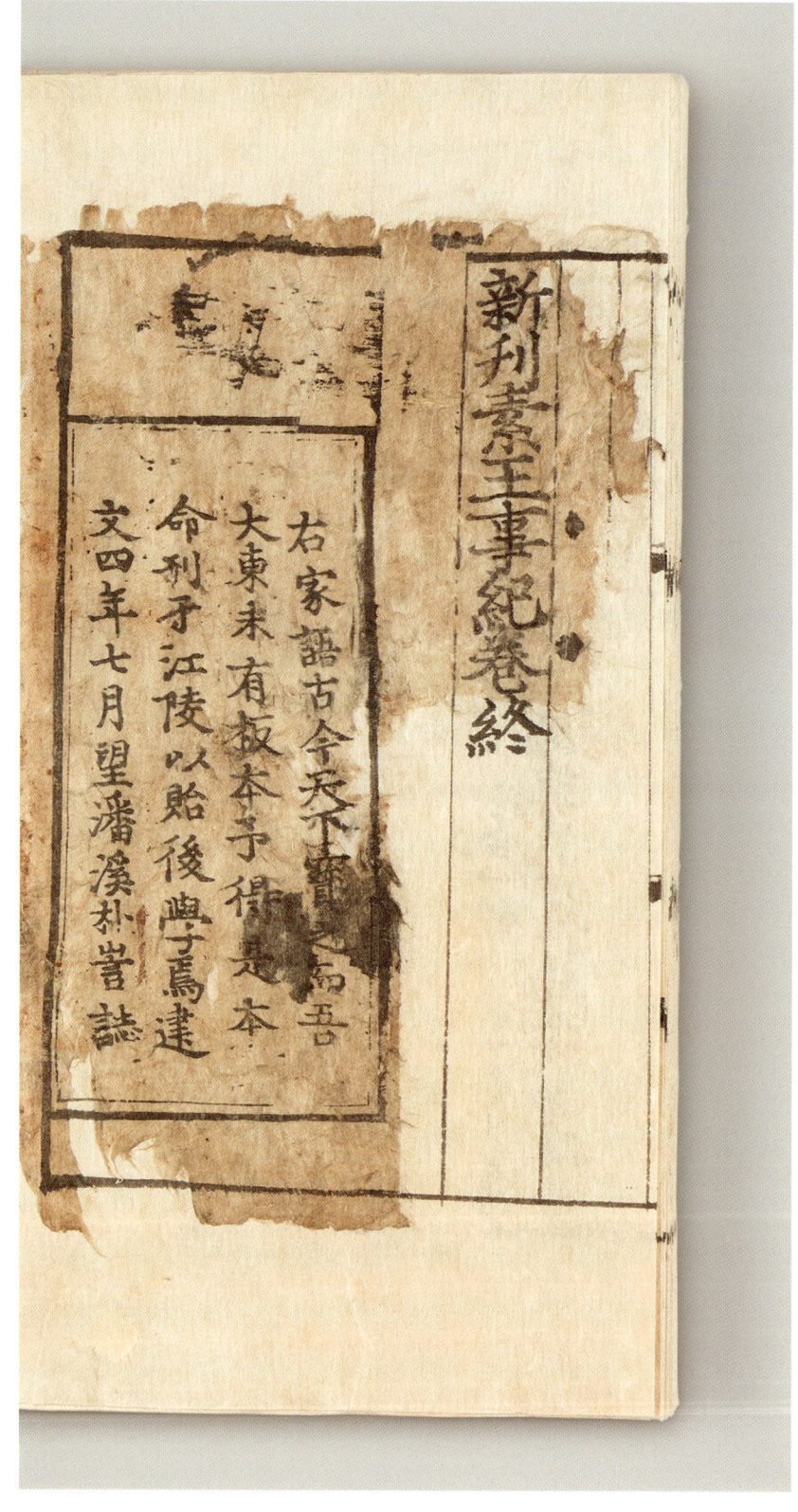

주제어
신간표제공자가어구해新刊標題孔子家語句解, 공자가어구해標題孔子家語句解, 소왕사기素王事紀, 강릉본江陵本

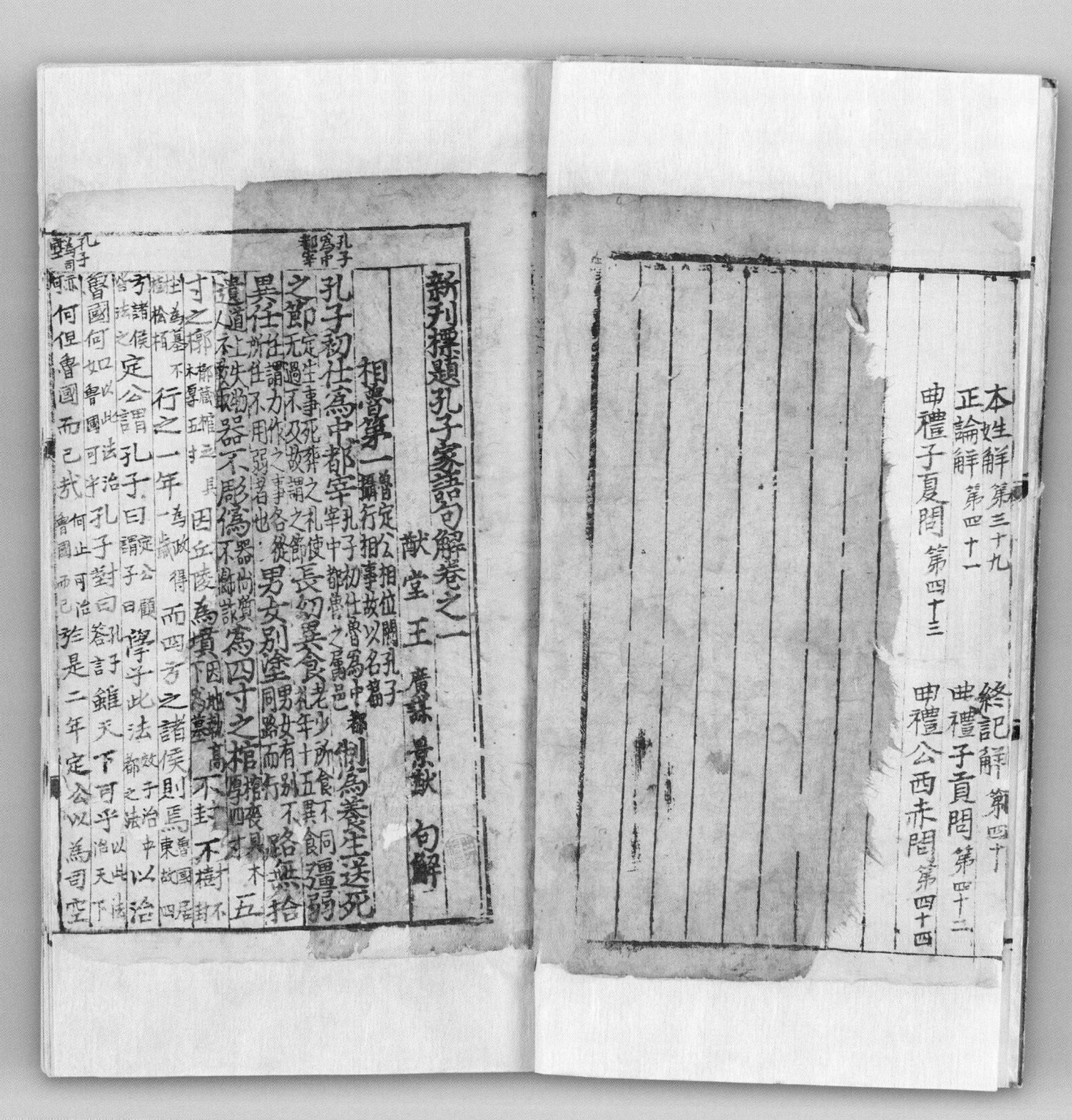

新刊標題孔子家語句解卷之一

相魯第一

獻堂　王廣謀　景猷　句解

孔子初仕為中都宰，制為養生送死之節，長幼異食，強弱異任，男女別塗，路無拾遺，器不雕偽。為四寸之棺，五寸之槨，因丘陵為墳，不封不樹。行之一年，而西方之諸侯則焉。定公謂孔子曰：學子此法以治魯國何如？孔子對曰：雖天下可乎，何但魯國而已哉。於是二年，定公以為司空。

| | | |
|---|---|---|
| 서명 | 近思錄集解 | 자부 |
| 저자 | 葉采(宋) 著 | 子部 |
| 판본 | 木版本(甲寅字飜刻) | 16 |
| 발행 | [全羅道 求禮]: 鳳城精舍, 中宗14(1519)刊 | |
| 형태 | 14卷3冊: 四周雙邊, 半郭 25.8×17.0cm, 有界, 9行18字 小字雙行, 上下下向黑魚尾 ; 33.5×21.5cm | |
| 주기 | 卷首題·版心題·表題: 近思錄 | |
| | 書名은 序題임 | |
| | 近思錄集解序: 淳祐戊申(1248)長至日 建安葉采謹序 | |
| | 刊記: 正德己卯(1519)夏 鳳城精舍刊 | |
| | 印記: 禮榮文鄉, [竹□], [崔□命淳] 外 2顆 | |

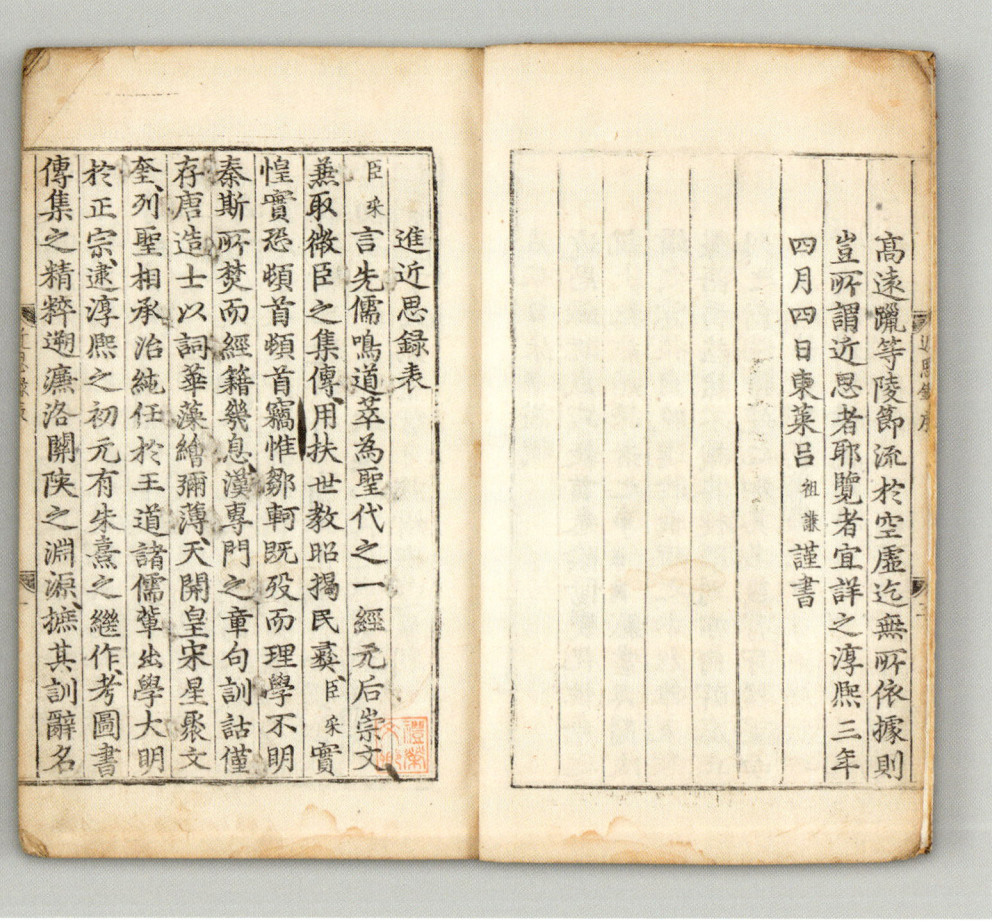

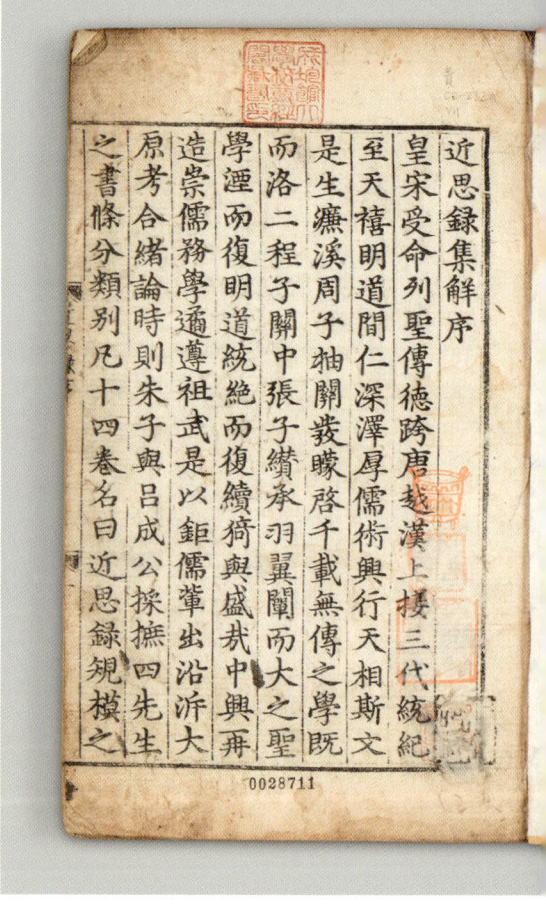

남송南宋의 학자 주희朱熹(1130~1200)와 여조겸呂祖謙(1137~1181)이 편찬한 『근사록近思錄』에 주희의 재전제자
再傳弟子로 알려진 남송대의 학자 섭채葉采(?~?)가 주석을 집대성한 책이다. 본서는 1519년(중종 14) 봉성정사
鳳城精舍에서 초주갑인자본을 번각한 목판본으로, 14권 3책이다.

서명은 서제序題에 근거하였다. 판심제·권수제 및 표제는 모두 '근사록近思錄'이다. 황색만자문표지黃色卍字
紋表紙에 오침안정법五針眼訂法으로 장황粧䌙하였다. 책차는 각각 '충忠'·'질質'·'문文'이다. 판식은 사주쌍변
四周雙邊, 유계有界, 9행 18자, 상하하향흑어미上下下向黑魚尾의 목판본이다.
정방형 주문인朱文印인 '예영문향禮榮文鄉', 종정형 주문인 '죽□竹□' 외 미상의 인장 2개가 날인되어 있고
정방형 묵인墨印 '최□명순[崔□命淳]'이 '예영문향禮榮文鄉' 위에 겹쳐 날인되어 있다.

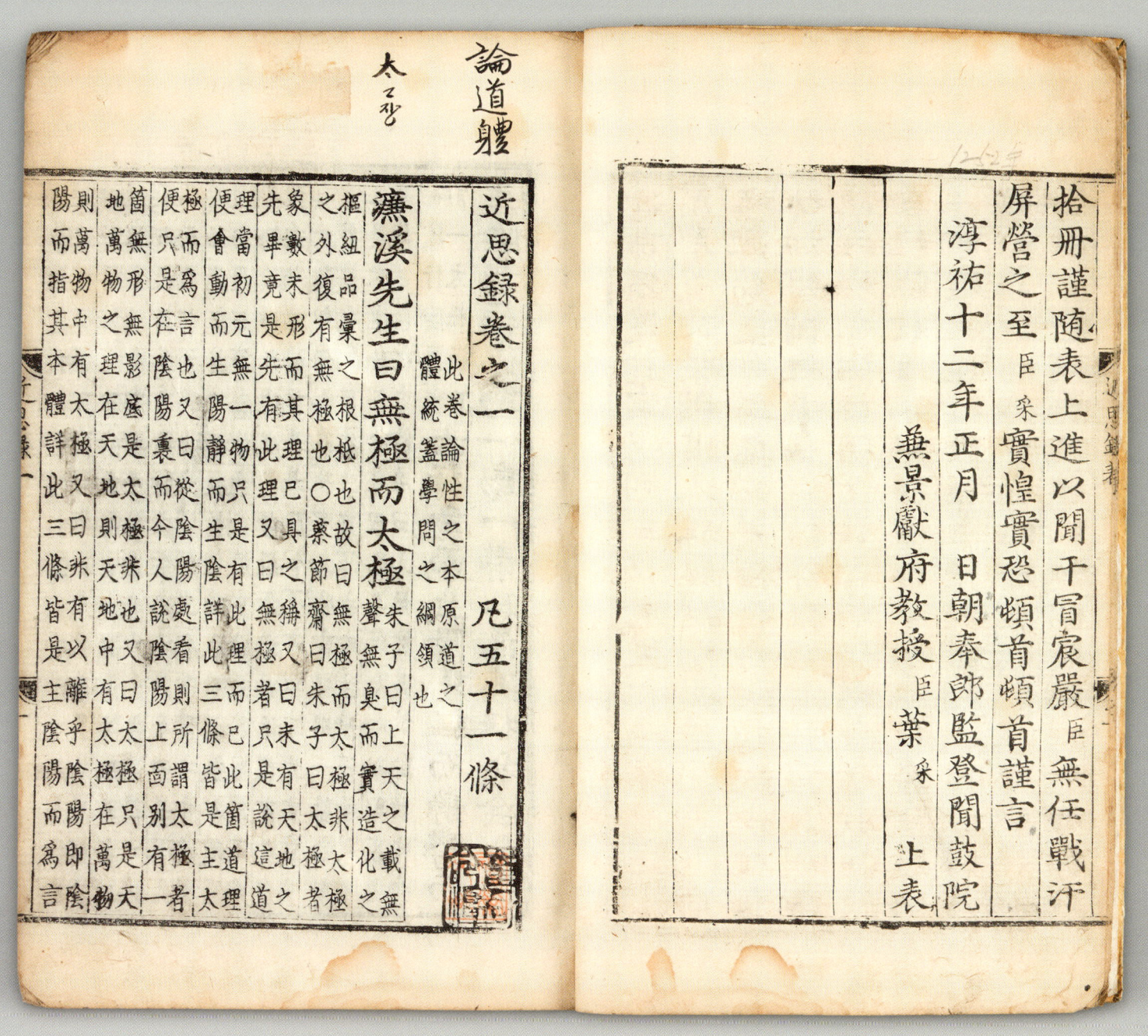

『근사록』은 1175년(淳熙 2)에 주희와 여조겸이 편찬한 성리학 입문서이다. 북송대 성리학의 이론적 토대를 구축한 주돈이周敦頤·정이程頤·정호程顥·장재張載의 어록에서 학문과 심성 수양을 위해 일상생활에서 실천할 수 있는 내용을 뽑아 14개의 주제로 엮은 것이다. 주희의 서문에 따르면, 1175년 여조겸이 방문하여 열흘 동안 머물면서 학문에 대한 이야기를 나누었다. 그 과정에서 선현들의 학문이 광범위하여 초학자들이 학습에 어려움을 겪을 것을 우려하여 함께 『근사록』을 편찬하게 되었다고 밝히고 있다. 주희는 본서를 사서四書 전에 먼저 읽기를 권하기도 하였다. 이처럼 본서는 성리학 입문서로서 중시된 만큼, 편찬 이후 청대까지 많은 주해서가 나왔다.

수록된 내용이 단편적이어서 이해하기 어려운 『근사록』에 대한 이해를 돕고자 많은 주석 및 해설서가 나왔다. 특히 주희와 진순을 주로 하여 여러 학자의 해설을 통해 주석을 달았다. 현전본 중 송대 판본은 전하지 않고 원판본 3종, 명판본 5종, 청판본 12종이 확인된다. 이 중 섭채의 『근사록집해』가 가장 먼저 편찬된 주해서이다.

'근사록서近思錄序'라는 판심제版心題로 묶여 있는 제1책 권수卷首에는 1248년(淳祐 8) 섭채가 작성한 「근사록집해서近思錄集解序」, 「집해목록集解目錄」과 인용 서적의 목록인 「근사록」, 주희와 여조겸의 서서가 수록되어 있다. 그 뒤에 1252년(淳祐 12) 섭채가 편찬한 「진근사록표進近思錄表」와 본문 내용이 이어진다. 전체 622조가 수록된 14권의 편목篇目과 항목 수는 다음과 같다.

| 권차 | 편목篇目 | 항목수 |
|---|---|---|
| 卷1 | 道體 | 51 |
| 卷2 | 爲學大要 | 111 |
| 卷3 | 格物窮理(致知) | 78 |
| 卷4 | 存養 | 70 |
| 卷5 | 改過遷善克己復禮(克己) | 41 |
| 卷6 | 齊家之道(家道) | 22 |
| 卷7 | 出處進退辭受之義(出處) | 39 |
| 卷8 | 治國平天下之道(治體) | 25 |
| 卷9 | 制度(治法) | 27 |
| 卷10 | 君子處事之法(政事) | 64 |
| 卷11 | 敎學之道(敎學) | 21 |
| 卷12 | 改過及人心疵病(警戒) | 33 |
| 卷13 | 異端之學(辨異端) | 14 |
| 卷14 | 聖賢氣象(觀聖賢) | 26 |

권1은 도道의 본체인 태극太極과 성명性命의 원리에 대한 내용을 51조에 걸쳐 설명한 것이다. 권2는 학문을 닦는 요점, 권3은 사물을 통해 이치를 궁구함, 권4는 본래의 착한 심성을 보존하는 법, 권5는 자신을 극복하는 법, 권6은 집안을 다스리는 법, 권7은 나아가고 물러나며 사양하고 받아들이는 법, 권8은 나라를 다스리고 천하를 평화롭게 하는 법, 권9는 정치의 법도, 권10은 군자가 일을 처리하는 법, 권11은 가르치고 배우는 방법에 대한 내용이다. 권12는 잘못을 고친다는 것과 마음의 병통을 논함, 권13은 성리학적 관점에서 다른 학문을 논함, 권14는 성현의 학문을 전수하고자 그 기상을 깊이 연구한 내용이다.

우리나라에 『근사록집해』가 전래한 시기는 고려시대로, 영남대학교에 소장된 원판 번각본을 통해 알 수 있다. 그리고 다른 소장처에 있는 같은 판본의 권14 뒤에는 이인민李仁敏의 지識가 있다. 이를 통해 해당 번각본은 1370년(공민왕 19) 박상충朴尙衷이 진주목사였던 이인민에게 부탁하여 간행되었음을 알 수 있다. 조선시대는 실록의 기록을 통해 간행 시기를 알 수 있다. 1435년(세종 17) 허조許稠가 사서·소학小學의 내용과 표리表裏를 이루는 『근사록집해』를 큰 글자로 인쇄하기를 청하였고, 이듬해 초주갑인자로 간행하였다. 그리고 1444년(세종 26) 청주향교에 『근사록집해』를 비롯하여 『통감훈의通鑑訓義』·『성리군서性理群書』 등 서적 9건을 하사하였다. 이처럼 초주갑인자본을 간행한 후 조선 후기까지 적어도 16차례 간행되었음을 현전본을 통해 파악할 수 있고, 그중에서 16세기까지 간행된 것이 9종이다.

책말冊末의 목기木記를 통해 본서는 1519년(중종 14) 봉성정사에서 간행된 초주갑인자 번각본임을 알 수 있다. 봉성정사의 정확한 위치는 전하지 않으나 『고사찰요攷事撮要』에서 봉성이 구례의 별칭으로 사용되고 있고, 『중종실록中宗實錄』 1518년(중종 13)에 안처순安處順이 구례현감으로 제수받을 때 이 책을 간행할 수 있기를 청하는 기록이 있으므로 구례에 있었을 것으로 보인다. 이와 동일 판본이 일본 국립국회도서관 등에 소장되어 있는데, 국립국회도서관본은 간시쓰 겐키쓰[閒室元佶]의 구장본이기도 하다.

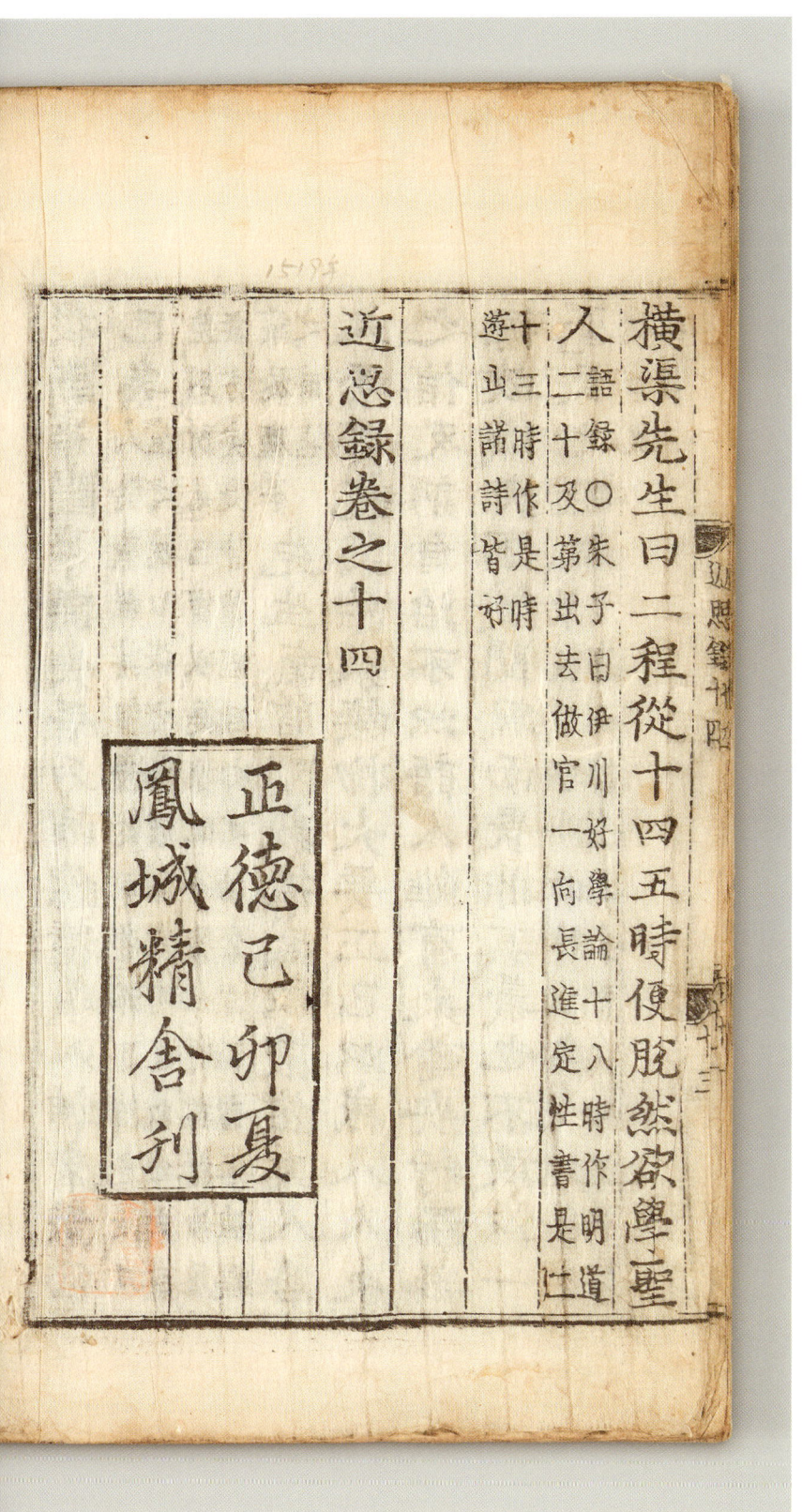

『근사록집해』는 『근사록』이 성리학 입문서로 중시되면서 초학자들의 이해를 돕기 위해 편찬된 많은 주해서 중 가장 먼저 편찬된 것이다. 이후 우리나라와 일본에서도 활발히 유통되었는데 오히려 주희와 여조겸의 『근사록』보다 더 널리 읽혔다. 원판본으로 우리나라에 전해진 후 조선 후기까지 여러 차례 간행되었는데, 본서는 초주갑인자본을 토대로 봉성정사에서 간행된 것이다. 이는 교서관에서 간행된 후 여러 지역에 유통되었다는 점을 시사한다. 더불어 동일 판본이 임진왜란 시기에 일본에 전해졌다는 점에서 서적 교류사적으로도 의미가 크다. 이유리

주제어

근사록집해近思錄集解, 근사록近思錄集解, 봉성정사鳳城精舍

참고문헌

우정훈, 『『근사록』 집해본의 판본 연구』, 중앙대학교 대학원 석사
　　학위논문, 2010.

옥영정, 「동빈문고의 中國飜刻本과 그 가치-『近思錄』과 『韻府群玉』을
　　중심으로-」, 『민족문화논총』51, 영남대학교 민족문화
　　연구소, 2012.

이유리, 「17세기 일본 간행 조선본 『근사록집해』 연구」, 『한국학』
　　44-1, 한국학중앙연구원, 2021.

| | | |
|---|---|---|
| 서명 | 困知記 | 자부 |
| 저자 | 羅欽順(明) 撰 | 子部 |
| 판본 | 木版本 | 17 |
| 발행 | [慶尙道]: [星州牧], [明宗8(1553) 刊] | |

형태　原集 2卷1冊(全 原集2卷 續集2卷): 四周雙邊, 半郭 27.2 × 19.3 cm, 有界, 11行20字, 大黑口, 上下內向黑魚尾; 32.4 × 22.0 cm

주기　發行事項 推定:『古册板所在攷』星州郡條 '困知記 一件…癸丑年(1553)開刊'
　　　困知記序: 嘉靖癸巳(1533)秋八月壬申…黃方撰
　　　困知記序: 嘉靖七年歲次戊子(1528)…羅欽順序
　　　板式: 一·二·三葉花紋魚尾 混入, 刻手名('炅'·'日' 等)
　　　楮紙(이음종이)

명대明代의 학자 나흠순羅欽順(1465~1547)이 불교의 선종禪宗에 침잠해 있다가 격물치지格物致知와 심성心性의 학문을 다시 공부하며 깨우친 것을 기록한 책이다. 본서는 『곤지기』 상·하권 제1책에 해당하는 결질본으로, 경상도 성주星州에서 1553년(명종 8)경 간행된 목판본이다.

표제 및 권수제·판심제는 모두 '곤지기困知記'이다. 판식은 사주쌍변四周雙邊, 11행 20자, 상하대흑구上下大黑口, 상하내향흑어미上下內向黑魚尾의 목판본이며, 어미는 1엽·2엽·3엽화문어미가 섞여 있다. 흑구에는 '경롯' '왈日' 등의 각수 표시가 음각되어 있다. 이음종이를 사용하여 인출하였고, 책의 서미書眉와 서각書脚이 좁은 것으로 보아 후대에 책의 상·하단을 잘라내고 개장한 것으로 보인다.

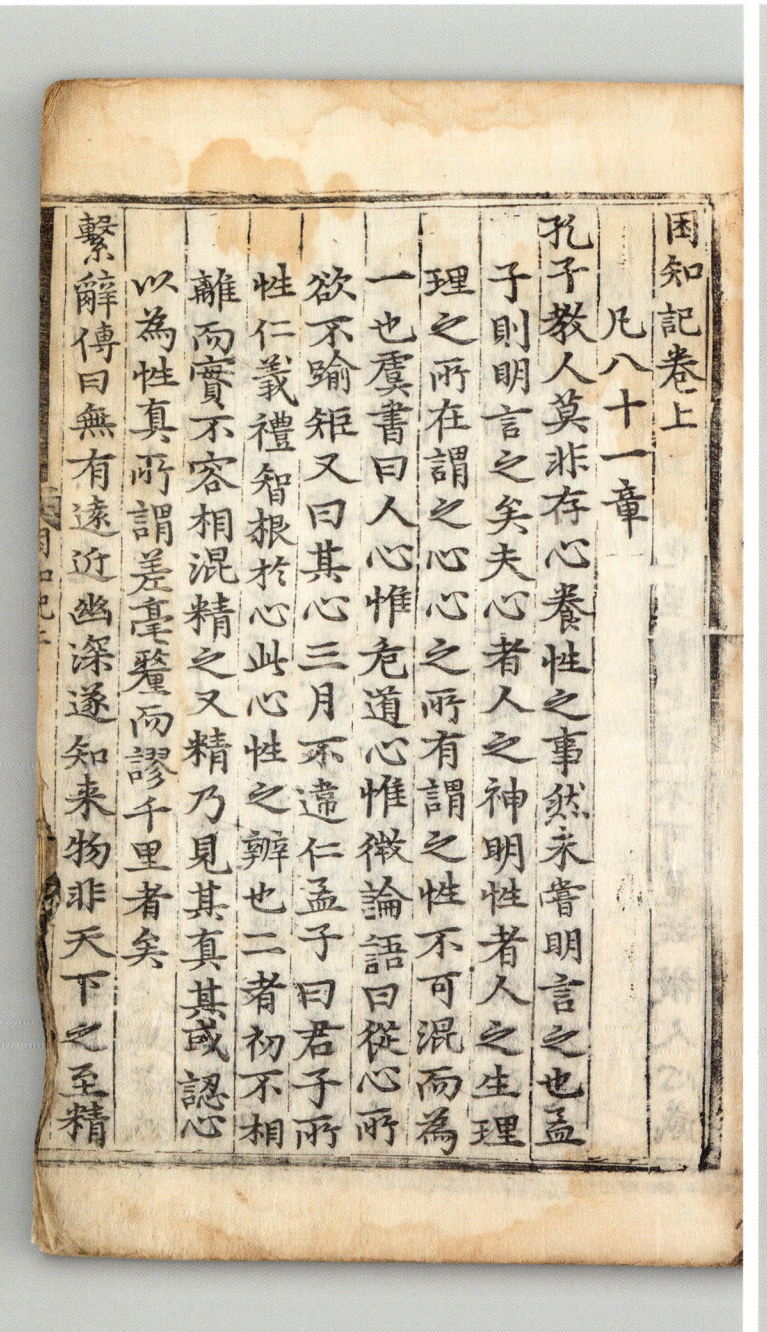

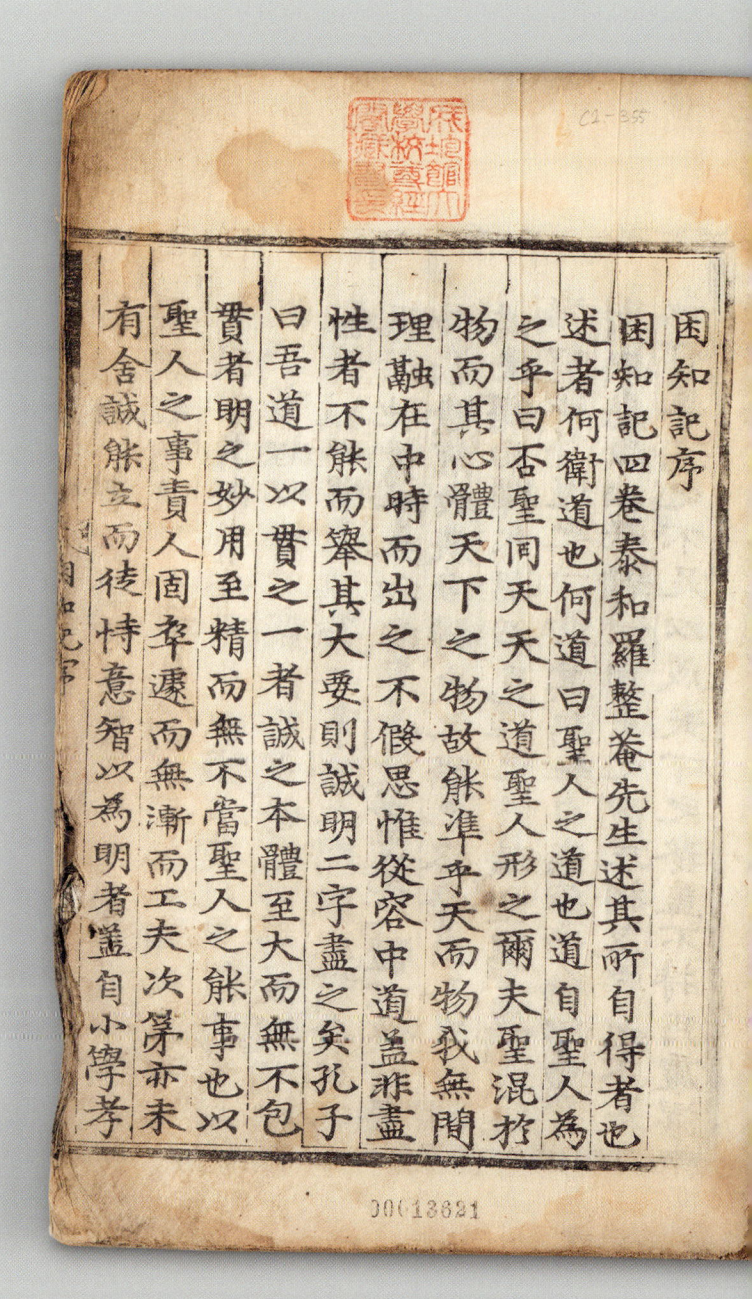

편찬자인 나흠순의 자는 윤승允升, 호는 정암整菴이다. 현재의 강서성江西省 태화현泰和縣 사람이다. 1493년 (弘治 6)에 진사가 되면서 벼슬길에 나아갔다. 명 세종世宗이 이부상서吏部尙書에 임명하기도 했으나 당시 명의 조정에서 정권을 휘두르던 장총張璁 등과 함께 조정에 서기를 꺼려 사직하고 귀향하였다. 나흠순은 한동안 불교의 선학禪學에 빠져 있기도 했으나, 훗날 성리학性理學으로 돌아섰다.『곤지기』는 그 당시 성리학 서적을 읽으며 떠오른 감상이나 단편적인 생각을 별다른 순서 없이 엮은 책이다.

중국에서 1528년(嘉靖 7)에 간행된 초간본『곤지기』는 상·하 2권으로 구성되어 있었던 것으로 보이나 현전하지 않는다. 이후 나흠순과 그 후손들이 추가한 내용을『곤지기속困知記續』상·하,『곤지기삼속困知記三續』·『곤지기사속困知記四續』과 부록附錄, 속보續補, 외편外編 등으로 나누어 간행하였다. 조주부潮州府에서 1537년(嘉靖 16)에 간행한 중간본重刊本, 1592년(萬曆 20) 이정李楨이 중교重校하고 당백원唐伯元이 간행한 징해당씨澄海唐氏 중교본重校本이 전해지고 있다. 그 외의 명대 간본으로는 후손 나정사羅斑仕가 1623년(天啓 3)에 간행한『정암선생존고整菴先生存藁』(일명『나문장공합집羅文莊公合集』)에 수록된『곤지기』가 있다. 청대淸代 간본으로는 건륭제의 칙명으로 1773~1781년에 편찬 간행된『흠정사고전서欽定四庫全書』에 수록된 목판본과, 1866년(同治 5) 복주福州 정의서원正誼書院에서 장백행張伯行이 간행한 총서『정의당전서正誼堂全書』수록본이 있다.

본서는 성주에서 간행한 것으로 추정된다. 1585년(선조 18)에 간행된 목판본『고사촬요攷事撮要』성주조 星州條에『곤지기』가 저록되어 있어, 1585년 이전에『곤지기』가 간행되었음을 알 수 있다.『고책판소재고 古冊板所在攷』의 경상도 성주군조星州郡條에는 '『곤지기』1건은 장지 3권 14장이 필요하고, 책지는 7첩 7장이 필요하다. 계축년(1553)에 개간하였다.[困知記 一件 壯紙 則三卷十四張 冊紙 則七貼八張 癸丑年開刊]'라는 기록이 있다. 본서 외에는 조선 목판본『곤지기』가 발견되지 않았으므로, 본서가 바로 1553년(명종 8)에 성주에서 간행한 목판이라고 추정해 볼 수 있다.

조선 간행본『곤지기』는『곤지기』상하권,『곤지기속』상하권,『곤지기부록』1권으로 구성되어 있다. 연세대학교 도서관, 한국국학진흥원 도서관, 전남대학교 도서관 등에 동일한 판본이 소장되어 있다. 이중 연세대학교 도서관 소장본만이 완질본이고, 나머지는 모두 결질본이다. 1998년 국학자료원에서 펴낸 『역주곤지기譯註困知記』는 조선 간행본『곤지기』결질본을 대상으로 하였다.

권수卷首에는 1533년(嘉靖 12)에 황방黃芳이 지은 「곤지기서困知記序」와, 1528년에 찬자인 나흠순이 지은 「곤지기서」가 수록되어 있다. 권상卷上에는 모두 81장章이, 권하卷下에는 모두 75장이 수록되어 있다. 각 장은 연관성 있는 내용 순으로 배열되지 않고, 찬자가 공부하고 느낀 것을 그대로 적은 단락들로 구성 되어 있다. 단락이 시작되는 곳은 첫 칸을 채워 적고, 다음 행부터는 1글자 낮춰 적었다. '성조聖祖'·'어제 御製' 등은 대두擡頭의 의미로 줄바꿈 후 첫 칸을 채워 적었다.

권상에서는 존심양성存心養性과 도심道心, 격물格物 등에 대한 자신의 견해를 밝히고 있다.『주역周易』· 『논어論語』·『맹자孟子』·『악기樂記』등의 구절에 대한 깊은 통찰도 보인다. 세상의 이치는 추상적인 이리 보다 물질적인 기氣가 더 큰 역할을 한다는 주기론主氣論, 이기일원론理氣一元論의 입장을 취하고 있다.

권하에서는 본인이『능가경楞伽經』에 수록된 성조聖祖의 어제서를 읽고, 성조가 불가와 유가, 도가에 모두 통달하였지만 정사를 논할 때는 항상 유가서를 바탕으로 하였다는 것을 가장 먼저 수록하였다. 또한 경서 에서 도道와 성性을 언급한 부분에 초점을 맞추고, 이에 대한 주희朱熹와 주돈이周敦頤, 정호程顥·정이程頤의 주석을 중심으로 하고 있다. 불교와 선학에 대한 내용은 주로 비판의 대상이 되었다.『시경詩經』·『상서 尙書』·『주역』·『춘추春秋』등의 경서를 언급하는 한편,『통서通書』·『서명西銘』·『정몽正蒙』·『설문청공독 서록薛文淸公讀書錄』·『거업록居業錄』등 주석가들의 저술 또한 인용하였다.

정암 나흠순의 『곤지기』는 중국뿐만 아니라 조선과 일본의 성리학 발전에 기여한 바가 큰 책이다. 본서는 조선 성주에서 1553년에 간행되었다고 추정되는 목판본으로, 『곤지기』 편찬 과정과 이본의 연구에 중요한 자료가 될 수 있다. 이유리

주제어
곤지기困知記, 곤지기속困知記續, 곤지기부록困知記附錄, 나흠순羅欽順

참고문헌
나흠순 저자 · 최중석 역주, 『역주곤지기』, 국학자료원, 1998.
鄭亨愚 · 尹炳泰 編著, 『韓國의 冊板目錄』 下, 보경문화사, 1995.
김시내 · 송정숙, 「조선에서 양명학 관련 문헌의 수용 양상-16세기를 중심으로-」, 『서지학연구』71, 한국서지학회, 2017.

| | | |
|---|---|---|
| 서명 | 高峰和尙禪要 | 자부 |
| 저자 | 持正(元) 錄；洪喬祖(元) 編 | 子部 |
| 판본 | 木版本 | 18 |
| 발행 | 慶尙道 聞慶：深源菴, 中宗20(1525)刊 | |
| 형태 | 不分卷 1冊：四周單邊, 半郭 19.2×12.6cm, 無界, 8行18字, 上下內向黑魚尾；24.4×15.3cm | |
| 주기 | 版心題: 要 | |
| | 卷尾題: 高峰禪要 | |
| | 序: 至元甲午(1294)重九月 天目參學直翁洪喬祖謹書 | |
| | 跋: 至元甲午(1294)十月哉生魄 參學淸苕淨明朱穎遠謹跋 | |
| | 刊記: 嘉靖四年乙酉(1525)孟春有日 慶尙道聞慶地華山深源菴開刊 | |
| | 楮紙 | |

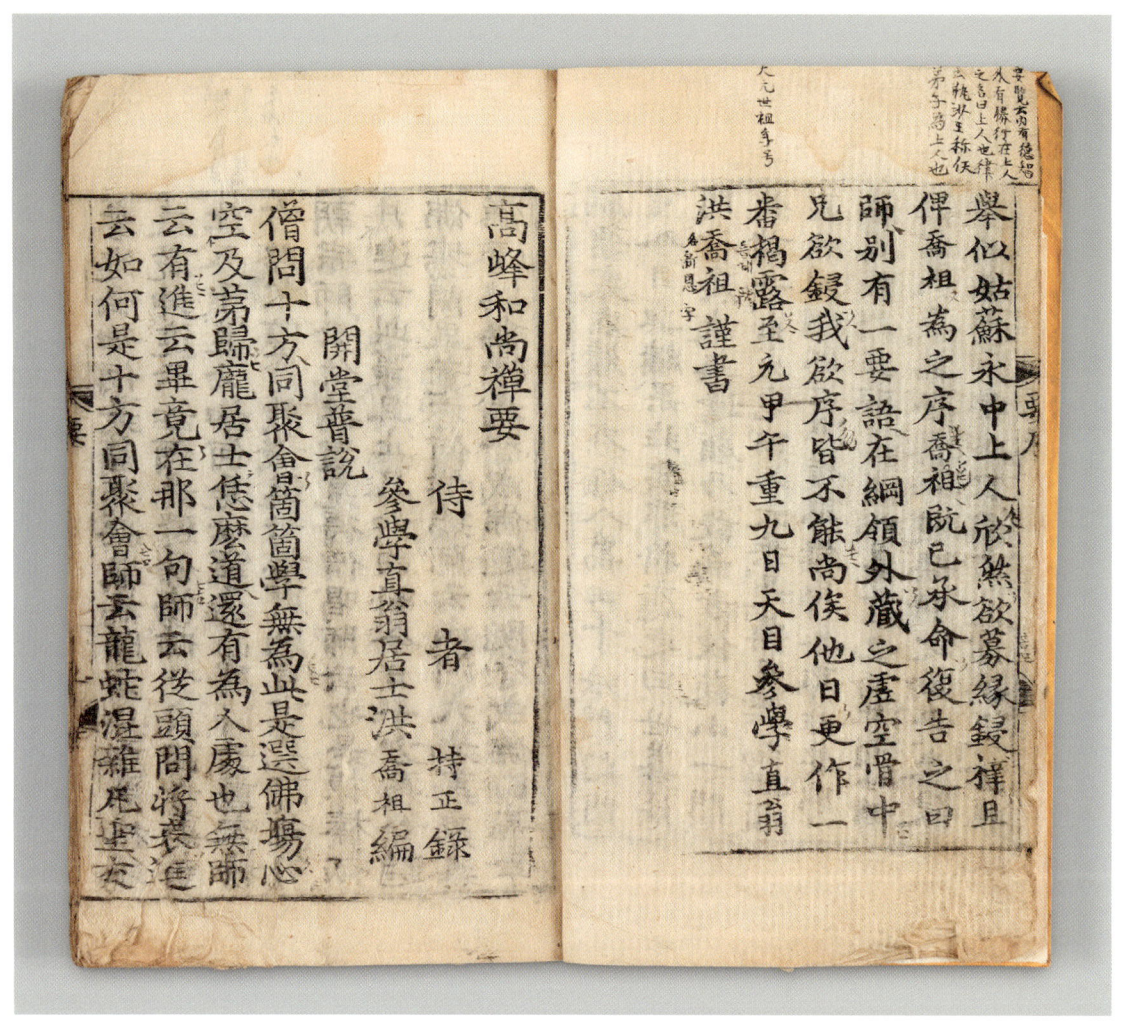

간화선看話禪의 요체를 서술한 책으로, 임제종의 선승인 고봉원묘高峰原妙(1238~1295)의 설을 시자侍子 지정持正(?~?)이 기록하고 홍교조洪喬祖(?~?)가 정리하여 편집하였다. 본서는 1525년(중종 20) 문경聞慶의 심원사深源菴에서 간행한 불분권 1책의 목판본이다.

표제 및 권수제는 '고봉화상선요高峰和尙禪要', 권미제卷尾題는 '고봉선요高峰禪要', 판심제는 '요要'이다. 황색만자문黃色卍字紋 표지에 오침안정법五針眼訂法으로 장황粧䌙하였다. 표제를 연필로 기록하였다는 점, 앞면지面紙와 내지內紙의 오염도 차이가 보인다는 점을 통해서 표지를 개장한 것으로 보인다. 판식은 사주단변四周單邊, 무계無界, 8행 18자, 상하내향흑어미上下內向黑魚尾이다. 본문 말미에 '가정4년 을유년(1525) 1월에 경상도 문경 화산 심원암에서 개간함[嘉靖四年乙酉孟春有日 慶尙道聞慶地華山深源菴開刊]'이라는 간기가 있다.

본문 말미에 간기와 더불어 모연募緣 및 시주자, 각수 등 간행에 참여했던 인물들을 수록하였다. 전체 내용에 차자구결借字口訣을 묵서墨書하였으며, 일부 내용 서미書眉에 보주補註를 묵서하였다. 앞·뒷면지에 여러 묵서가 있으나, 별다른 내용이 없는 낙서로 보인다.

고봉원묘는 남송南宋 때 임제종 선사로 고봉은 호이며 속성俗姓은 서徐이고, 강소성江蘇省 오강吳江 출신이다. 15세에 출가하여 17세에 법주法住 문하에서 공부하였다. 용수사龍鬚寺·천목사天目寺·서봉사西峰寺 등에 머물다가 세수 58세, 법랍 43세로 입적하였다. 시호는 보명광제선사普明廣濟禪師이다. 어록 2권이 전한다.

권수卷首에는 편집자 홍교조의 서문이 실려 있고, 이어서 총 29장으로 구성된 고봉의 설이 수록되어 있다. 말미에는 주영원朱穎遠의 발문跋文이 있는데 마지막 79자 정도가 결손으로 보이지 않는다. 발문의 상변란 위에는 주석으로 『장자莊子』 「천운편天運篇」에 나오는 제환공齊桓公과 윤편輪扁의 독서에 관한 문답이 작은 글씨로 적혀 있기도 하다.
내용의 구성은 다음과 같다.

| | 편명 | 내용 |
|---|---|---|
| 1 | 개당보설開堂普說 | 어떤 학인이 '마음이 텅 비면 급제하여 돌아가리라[心空及第歸]'라고 운운한 방거사龐居士의 게송을 질문으로 제기하자 고봉은 점차로 어떤 분별의 수단도 통하지 않는 몰파비沒巴鼻의 도리로 유도함 |
| 2 | 시중示衆 | 부처님이 꽃을 들고[拈華] 가섭迦葉이 미소 지은 영산회상靈山會上의 근본 취지 |
| 3 | 시직옹거사示直翁居士 | 어떻게 해 볼 방도가 없는 화두와 대결하라는 취지 |
| 4 | 결제시중結制示衆 | 화두 참구 기간 및 화두가 제대로 들리는 과정 |
| 5 | 시중 | 머리부터 발끝까지 안팎이 모두 맑게 드러난 순간에도 여전히 눈 속에 금가루가 붙은 격[透頂透底 內外澄澈 正恁麼時 猶是眼中着屑] |
| 6 | 해제시중解制示衆 | 석 달 90일의 금족禁足을 푸는 날의 법문 |
| 7 | 시중 | 평소 마음에 품고 있던 각종 분별의 범주를 모조리 버리라는 참구의 요건 |
| 8 | 입한시중立限示衆 | 방棒의 맛을 보는 것에 들어 있는 소식이 상賞인지 벌罰인지를 화두로 제기함 |
| 9 | 시중 | 혼침昏沈과 도거掉擧의 본바탕 자체가 불성 |
| 10 | 만참晚參 | 진실로 참구하여[實參] 진실로 깨닫는[實悟] 소식을 문제로 제기 |
| 11 | 시신옹거사示信翁居士 | 화두에 대한 의심[疑]에는 믿음[信]이 요구됨 |
| 12 | 시중 | 항상 꾸준히 뛰어오르다 주관과 객관을 모두 잊으면 원래 오르려던 산이 자기이고 자기가 다름 아닌 산이 될 것이다. |
| 13 | 결제시중 | 불자拂子로 ∴과 三을 그린 후, 이를 알면 선종의 모든 관문을 꿰뚫을 수 있다고 함 |
| 14 | 시중 | 화두를 참구하는 이 일[此事]은 막힌 경계에서 온몸으로 뚫고 들어가려는 듯이 해야 함 |
| 15 | 단양시중端陽示衆 | 약초를 캐는 단오절을 맞아 화두 참구할 때 걸리는 병 |
| 16 | 시중 | 진실과 부합하여 참선하려면 대신근大信根·대분지大憤志·대의정大疑情을 갖춰야 함 |
| 17 | 시이통상인示理通上人 | 여기저기서 비축해 둔 그릇된 지각은 화두 참구에 방해가 됨 |
| 18 | 시중 | 생사의 뿌리를 궁구하면 본분의 자기와 색신色身이 같다 |
| 19 | 해제시중 | 모든 법의 평등과 무이無二라는 이치 제시 |
| 20 | 시중 | 눈앞의 그곳에서 그 시절에 전하는 본분의 소식을 알아차리라는 뜻 |
| 21 | 제야소참除夜小參 | 한 해의 마지막 날을 맞아 선의 종지를 제시 |
| 22 | 시중 | 조금도 의심하지 않는 동시에 어떤 만족도 구하지 않아야 깨달을 수 있음 |
| 23 | 결제시중 | 혹독한 괴로움을 마다하지 않으면서 화두를 벗어나지 말라 |
| 24 | 시중 | "⋯, ⋮, ∴" 등 세 가지 모양을 그려 화두로 제시 |
| 25 | 제야소참 | 초조 달마와 6조 혜능 등의 화두 '부지不知'와 '불식不識' 제시 |
| 26 | 시중 | 본분사는 덕을 닦음으로써 이룰 수 없고, 근기의 차이에 좌우되지도 않으며, 수행 기간과도 무관하다 |
| 27 | 답직옹거사答直翁居士 | 평상심平常心과 무심無心을 화두로 제기 |
| 28 | 통앙산화상의사서通仰山和尙疑嗣書 | 출가와 행각, 화두를 공부하며 깨달음으로 가는 과정 |
| 29 | 실중삼관室中三關 | 방장에서 제기한 세 가지 관문 |

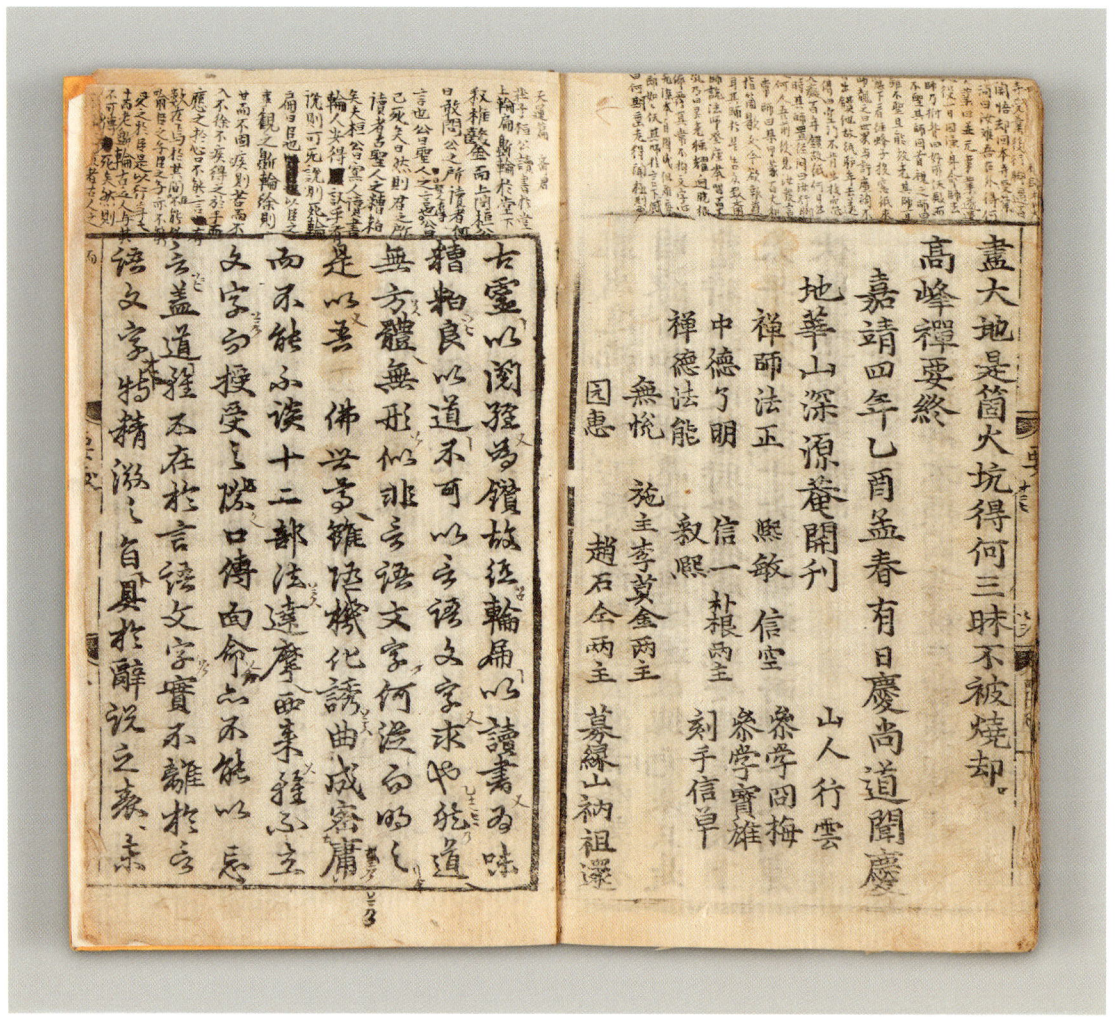

본서는 주로 출가 대중을 대상으로 본분사本分事를 일깨울 목적에서 저술되었다. 간화선 수행의 요소를 거듭 제기하여 마음에 새기도록 하였고, 이 간화선의 모태가 되는 평상심과 일상의 모든 상황을 중시하는 조사선 일반의 선풍禪風도 적지 않게 언급된다. 고려 이후 한국불교 수행법과 사상의 큰 흐름이 어떤 영향 아래서 형성되었는지 그 일면을 엿볼 수 있는 문헌으로 평가된다.

1358년(공민왕 7)에 최초로 간행되었고, 조선시대 설제雪霽가 사집과四集科에 이 문헌을 포함한 이후 강원의 중등과정인 사집과 중 세 번째 과목이 되었다. 본서는 우리나라의 간행본 중 비교적 이른 시기에 속한다. 현전하는 판본으로는 1399년(정종 1) 8월 지리산 덕기사德奇寺 판본, 1501년(연산군 7) 가야산 봉서사鳳棲寺 판본, 1565년(명종 20) 논산 쌍계사雙溪寺 판본, 1604년(선조 37) 하동 쌍계사雙磎寺 판본, 1608년(선조 41) 조계산 송광사松廣寺 판본, 1633년(인조 11) 안변 석왕사釋王寺 판본, 1634년(인조 12) 장흥 천관사天冠寺 판본, 1635년 (인조 13) 정읍 용장사龍藏寺 판본, 1681년(숙종 7) 울산 운흥사雲興寺 판본, 1686년(숙종 12) 승주 징광사澄光寺 판본 등이 있다. 조영미

주제어
고봉화상선요高峰和尙禪要, 지정持正, 홍교조洪喬祖, 간화선看話禪

참고문헌
智冠 編著, 『伽山佛敎大辭林』, 가산불교문화연구원, 1998.

## 금강반야바라밀경
### 金剛般若波羅蜜經
Geumgangbanya baramilgyeong

貴 C04-0010e

<table>
<tr><td>서명</td><td>金剛般若波羅蜜經</td></tr>
<tr><td>저자</td><td>傅大士(梁) 贊 ; 慧能(唐) 口訣 ; 宗密(唐) 纂要 ; 川老(宋) 頌 ; [道川(宋)] 提綱 ; 得通(朝鮮) 說誼</td></tr>
<tr><td>판본</td><td>木版本(丁丑字飜刻)</td></tr>
<tr><td>발행</td><td>慶尙道 安東, 廣興寺, 中宗25(1530)刊</td></tr>
<tr><td>형태</td><td>2卷2冊 : 揷圖 ; 四周單邊, 半郭 26.5 × 19.0 cm, 有界, 9行19字 小字雙行, 上下內向黑魚尾 ; 36.7 × 24.0 cm</td></tr>
<tr><td>주기</td><td>版心題: 金剛經<br>異書名: 金剛般若波羅蜜經五家解, 金剛般若波羅蜜經五家解說誼<br>金剛般若波羅蜜經五家解序文: 永樂乙未(1415)六月日 涵虛堂[己和]衲守伊盟手焚香謹序<br>刊記: 嘉靖九年庚寅(1530)孟夏 慶尙道安東地下杨山廣興寺開板<br>刻手名(魚尾): '羽' 等<br>앞뒷표지 缺落, 借字口訣(行間 墨書), 補註(書眉 墨書)<br>楮紙</td></tr>
</table>

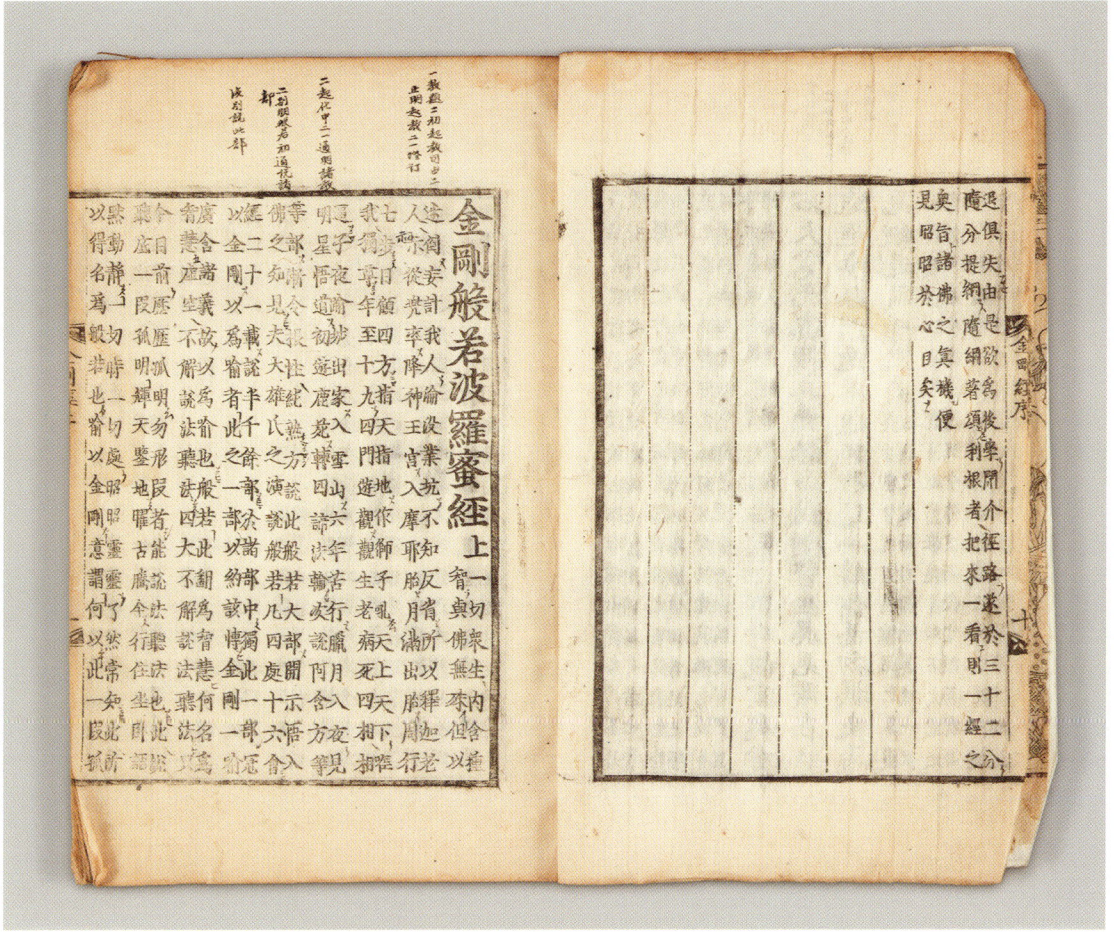

함허득통涵虛得通(1376~1433)이 『금강경오가해金剛經五家解』를 수석한 책이다. 본서는 1530년(중종 25)에 안동 광흥사廣興寺에서 간행한 목판본이다.

1457년(세조 3)의 금속활자본(대자大字 정축자丁丑字, 중자中字·소자小字 갑인자甲寅字)을 번각한 목판본으로, 전체 2권 2책의 완질본이다. 권수제는 '금강반야바라밀경金剛般若波羅蜜經'이지만 정확한 제목은 『금강반야바라밀경오가해설의』이다. 판심제는 '금강경金剛經'이다. 앞·뒤표지는 모두 결락되었으나, 오침안정법五針眼訂法으로 장황糚䌙할 때 사용한 책사冊絲는 남아있다. 판식은 사주단변四周單邊, 무계無界, 경전 원문은 대자 9행 14자, 경전 주석은 중자中字 9행 19자, 상하내향흑어미上下內向黑魚尾이다. 일부 계선界線이 나타나며, 1·2·3엽화문어미가 섞여 있다. 각 책의 권수卷首에는 경전 내용을 묘사한 변상도變相圖인 기원설법도 祇園說法圖를 수록하였다. 제2책 말미에 '가정9년 경인년(1530) 4월에 경상도 안동 하가산 광흥사에서 개판함 [嘉靖九年庚寅孟夏 慶尙道安東地下柯山廣興寺開板]'이라는 간기가 있어서 1530년 광흥사에서 간행하였음을 알 수 있다.

일부 어미에는 '우깑' 등 각수 이름을 판각하였으며, 제2책 말미에 간기와 더불어 권화勸化 및 시주자, 각수 등 간행에 참여했던 인물들을 수록하였다. 또한, 권말에 매은梅隱이 작성한 발문跋文에 의하면 영남의 여러 사찰에 필사본만 전해지고 있고 간본이 없어서 승려인 육청六淸의 발원으로 간행하였음을 알 수 있다. 내용 일부에 차자구결借字口訣을 묵서墨書하였으며, 서미書眉에 보주補註를 묵서하였다. 또한 난외欄外에 '인경임 근명印經林根命' 등 인경과 관련한 인물들이 판각되어 있지 않고 묵서되어 있는데, 이는 후쇄 때 추가로 기록한 것이다.

편찬자인 득통의 이름은 수이守伊, 호는 무준無準·함허당涵虛堂이며 속성俗姓은 유劉이다. 일찍이 성균관에 들어가 유학을 공부했으나, 1396년(태조 5) 21세 때에 친구의 죽음에 무상함을 깨닫고 관악산 의상암義湘庵 에서 출가하였다. 이듬해 회암사檜巖寺에서 무학자초無學自超를 만나 가르침을 받았다. 1406년(태종 6)부터 공덕산功德山 대승사大乘寺에서 4년 동안 반야강석을 세 차례 열었다. 1414년(태종 14)에 자모산慈母山 연봉사 烟峯寺에서 정진하며 이때 당호를 함허당이라 하였다. 1417년(태종 17)부터 2년 동안 세 번에 걸쳐 『금강경오 가해』를 강의하였다. 1431년(세종 13)부터 희양산曦陽山 봉암사鳳巖寺를 중건하고 불교 부흥을 위해 애쓰다가 이 곳에서 세수 58세, 법랍 37세로 입적하였다. 저서에는 『유석질의론儒釋質疑論』·『원각경소圓覺經疏』·『금강반야 바라밀경윤관金剛般若波羅蜜經綸貫』·『현정론顯正論』·『선종 영가집과주설의禪宗永嘉集科註說誼』 그리고 제자들이 시문과 설법 등을 모아 펴낸 『함허당득통화상어록涵虛堂得通和尙 語錄』 등이 있다.

『금강반야바라밀경』은 「함허당득통화상행장涵虛堂得通和 尙行狀」에는 『반야오가설의般若五家說誼』라고 되어 있고, '금강경설의'·'금강반야설의' 등 여러 가지 명칭을 가지고 있다. 중국에서 402년에 처음으로 『금강경』이 번역된 이후 중국·한국·일본 등지에서 찬술된 『금강경』 주소註疏가 2천여 종이 존재한다. 그중 『금강경오가해』는 구마라집鳩摩羅什이 한역漢譯한 『금강경』에 대한 다섯 대사大士의 주석서를 모은 책이다. 남조南朝 양대梁代 부대사傅大士의 찬찬讚贊, 당대唐代 혜능慧能의 구결口訣, 규봉 종밀圭峰宗密의 찬요纂要, 송대宋代 야보도천冶父道川의 송송頌頌, 예장사문豫章沙門 종경宗鏡의 제강提綱으로 구성되어 있으며, 『금강경』 경문 구절마다 다섯 대사의 풀이를 실었다. 여기에 함허득통이 주요하게 해설한 곳은 주로 『금강경』 경문과 도천·종경·규봉종밀의 글이며, 혜능과 부대 사의 풀이에는 거의 해설을 덧붙이지 않았다. 1482년(성종 13) 및 1679년(숙종 5)에 찍은 운흥사판雲興寺板 어제발

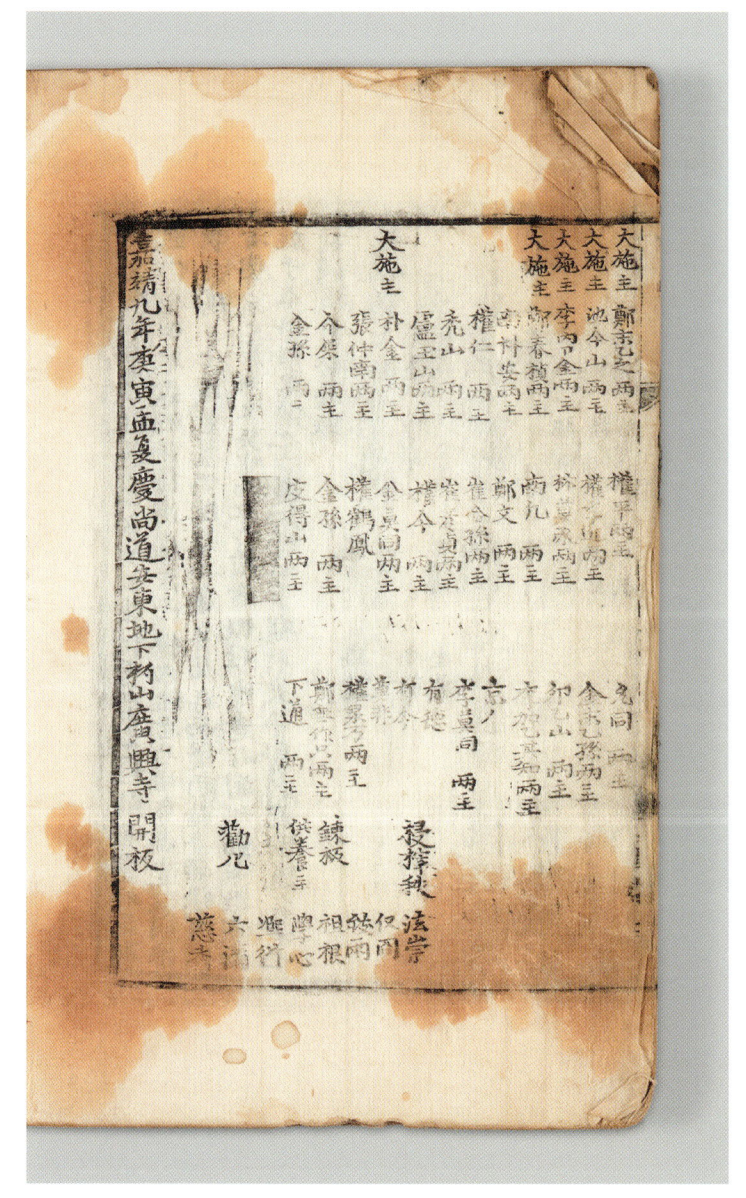

御製跋에 따르면 세조가 혜각존자慧覺尊者 신미信眉와 연경사演慶寺 주지 홍준弘濬 등에게 명하여 이 설의를 교정하게 하여 오가해에 편입 회편會編하여 한 책으로 만들게 하였다고 한다.

본서의 권수卷首에는 「금강반야바라밀경오가해서설金剛般若波羅密經五家解序說」이 수록되어 있다. 이 서문에 소자쌍행小字雙行의 설의說誼 형식의 글이 붙어 있고 서문 끝에 '영락 을미년(1415) 6월 모일에 함허당 납자 수이가 손을 씻고 향을 사르고서 삼가 쓰다.[永樂乙未六月日 涵虛堂衲守伊 盥手焚香 謹序]'라고 되어 있다. 『동문선東文選』권94에도 이 서문이 실려 있는데 여기에는 저자를 석신여釋信如로 밝히고 있고, 『동사열전東師列傳』권2 「함허선사전涵虛禪師傳」에 '대명大明 태종太宗 영락永樂 12년 을미 여름에 「금강경설의서金剛經說誼序」를 자술自述하였는데 이것이 세간에 유포되었다.'라는 글로 보아 신여는 함허득통의 별휘別諱인 듯하다. 서문에서 함허득통은 '경소經疏에서 탈락이나 군더더기나 전도되거나 잘못된 점을 가려내었으며, 여러 판본을 참조하고 여러 스승께 물어 바로잡았다. 그러나 다른 판본에 의거한 점 외에는 한 글자 한 구절도 망령되게 그 사이에 더하거나 덜어내지 않았다.[今之經之疏之中之 或脫或衍或倒或誤者 簡而出之 參之諸本 質之諸師 以正之 然他本所據外 未嘗一字一句 妄自加損於其間]'라며 엄밀하게 풀이하고자 한 뜻을 드러내고 있다.

이어 「조계육조선사서曹溪六祖禪師序」, 「예장사문종경제송강요서豫章沙門宗鏡提頌綱要序」가 수록되어 있다. 본문은 『금강경』과 오대가五大家의 풀이에 대한 주석으로 구성되어 있다. 경문은 대자로, 오대가의 풀이는 1글자 내려 중자로 썼으며 육조·부대사·야보·종경·규봉이라고 검은 바탕에 흰 글씨로 써서 각각을 구분하였다. 함허득통의 설의는 소자쌍행小字雙行으로 해당 문구에 이어서 실었다. 함허득통의 반야공관般若空觀은 그 서문에서부터 설의 전반에 걸쳐 일관되게 전개된다. 특히 『금강경』경문과 도천의 송에 붙인 설의에서 그 진가가 드러난다. 존경각본은 1책 권상의 마지막장이 낙장이다.

『금강경오가해』는 함허득통의 선사로서의 면목을 여실하게 보여 준 저작이자 한국 불교『금강경』주해서 역사에 한 획을 그었다고 해도 과언이 아니다. 고익진은 함허득통이 특히 도천과 종경의 글에 설의를 자세히 붙인 이유를 그들이 교학적 색채를 버리고 선적禪的 반야관般若觀을 짙게 드러냈기 때문으로 보고 있다. 또 『금강경』이 한국 불교에서 차지하는 무게와 『금강경오가해』가 활발하게 간행 유통된 점 등을 들어 함허득통이 한국 불교에 미친 영향을 주목할 필요가 있다고 주장한다. 『금강경오가해설의』가운데 도천의 송, 종경의 제강, 함허득통의 설의에 해당하는 소疏를 뽑아 한글로 해석하여 합편한 언해서諺解書인 『금강경삼가해金剛經三家解』가 1482년(성종 13) 세조의 비인 자성대왕대비慈聖大王大妃의 명에 의해 내수사內需司에서 300부 간행한 점 또한 그 영향력에 대한 증거라 할 수 있다. 조영미

주제어
금강경金剛經, 부대사傅大士, 혜능慧能, 규봉종밀圭峰宗密, 야보도천冶父道川, 종경宗鏡, 금강반야바라밀경오가해金剛般若波羅蜜經五家解, 금강반야바라밀경오가해설의金剛般若波羅蜜經五家解說誼

참고문헌
고익진, 「涵虛의 金剛經五家解說誼에 대하여」, 『불교학보』11, 1974.
智冠 編著, 『伽山佛敎大辭林』, 가산불교문화연구원, 1998.

# 대혜보각선사서
## 大慧普覺禪師書
### Daehae-bogak seonsaseo

貴 C04-0027a

---

| | | | |
|---|---|---|---|
| 서명 | 大慧普覺禪師書 | | 자부 |
| 저자 | 宗杲(宋) 著 ; 慧然(宋) 錄 ; 黃文昌(宋) 重編 | | 子部 |
| 판본 | 木版本 | | 20 |
| 발행 | [朝鮮] : [刊寫者未詳], [禑王13(1387)] 跋, [後刷] | | |
| 형태 | 不分卷 1冊 : 四周單邊, 半郭 16.0 × 11.2 cm, 無界, 11行20字 小字雙行, 無魚尾 ; 24.2 × 15.0 cm | | |
| 주기 | 版心題: 書, 表題: 大慧語錄 | | |
| | 跋: 洪武二十年丁卯(1387) 十月日 推誠保節同德贊化功臣壁上三韓三重大匡領藝文春秋館事韓山府院君李穡跋 | | |
| | 原刊記: 乾道二年歲次丙戌(1166) 八月 勅賜徑山妙喜菴刊行 | | |
| | 落張: 冊末 1張 | | |
| | 借字口訣(行間 墨書), 補註(書眉 墨書) | | |
| | 楮紙 | | |

임제종臨濟宗의 선승인 대혜종고大慧宗杲(1089~1163)가 여러 승려에게 쓴 편지를 혜연慧然(?~?)이 기록하고 정지거사淨智居士 황문창黃文昌(?~?)이 중편重編한 책이다. '대혜서大慧書', '대혜서장大慧書狀', '서장書狀' 등으로 일컫기도 하는 『대혜보각선사서』는 본래 『대혜보각선사어록大慧普覺禪師語錄』 30권 중 권25~30에 수록되어 있던 것을 별도로 간행한 것이다. 본서는 1387년(우왕13)의 발문이 있는 고려본의 후쇄본이다.

불분권 1책의 목판본이다. 권수제는 '대혜보각선사서大慧普覺禪師書', 표제는 '대혜어록大慧語錄', 판심제는 '서書'이다. 오침안정법五針眼訂法으로 장황粧績하였으며, 면지面紙에 '서장건書狀乾', '서장권지일書狀卷之一' 등 책의 이칭과 권차, '성순性淳', '문재서文再書' 등 책의 원소장자와 관련있는 내용을 묵서墨書하였다. 판식은 사주단변四周單邊, 무계無界, 11행 20자, 무어미無魚尾이다.

『대혜보각선사서』는 송나라 경산徑山 묘희암妙喜菴에서 1166년(乾道 2)에 간행된 판본이 고려에 전래된 것으로 알려져 있다. 본서는 조선 간행본 중 현재 전하는 가장 이른 시기의 판본이다. 본서의 본문 말미에 수록된 1387년(洪武 20) 이색李穡의 발문跋文과 발문에 나타나는 '무武'자의 결획을 통해서 고려 말에 판각한 판본임을 알 수 있다. 간기는 확인되지 않아 간행 시기와 장소는 알 수 없으며 발문의 작성 시기를 통해 간행 시기를 추정할 수 있다. 본서는 2010년 보물로 지정된 국립중앙도서관 소장 『대혜보각선사서』와 동일한 판본으로 보이나, 인쇄 상태 등을 비교해 보았을 때 후쇄본으로 보인다. 권말에 '간선幹善', '동원同願'과 같은 간행 실무자 및 시주자들의 이름을 수록하였다. 발문에는 승려인 지담志淡, 각전覺全이 이 책을 널리 전하고자 하여 스스로 비용을 갖추어 판각하였다고 밝히고 있다. 특히 우왕禑王의 왕비인 근비謹妃가 함께 동참하였다는 내용도 있어서 해당 판본은 고려시대 왕실에서도 함께 발원한 판본으로 보인다. 본문에 차자구결借字口訣을 묵서墨書하였으며, 일부 서미書眉에 주석을 묵서하였다.

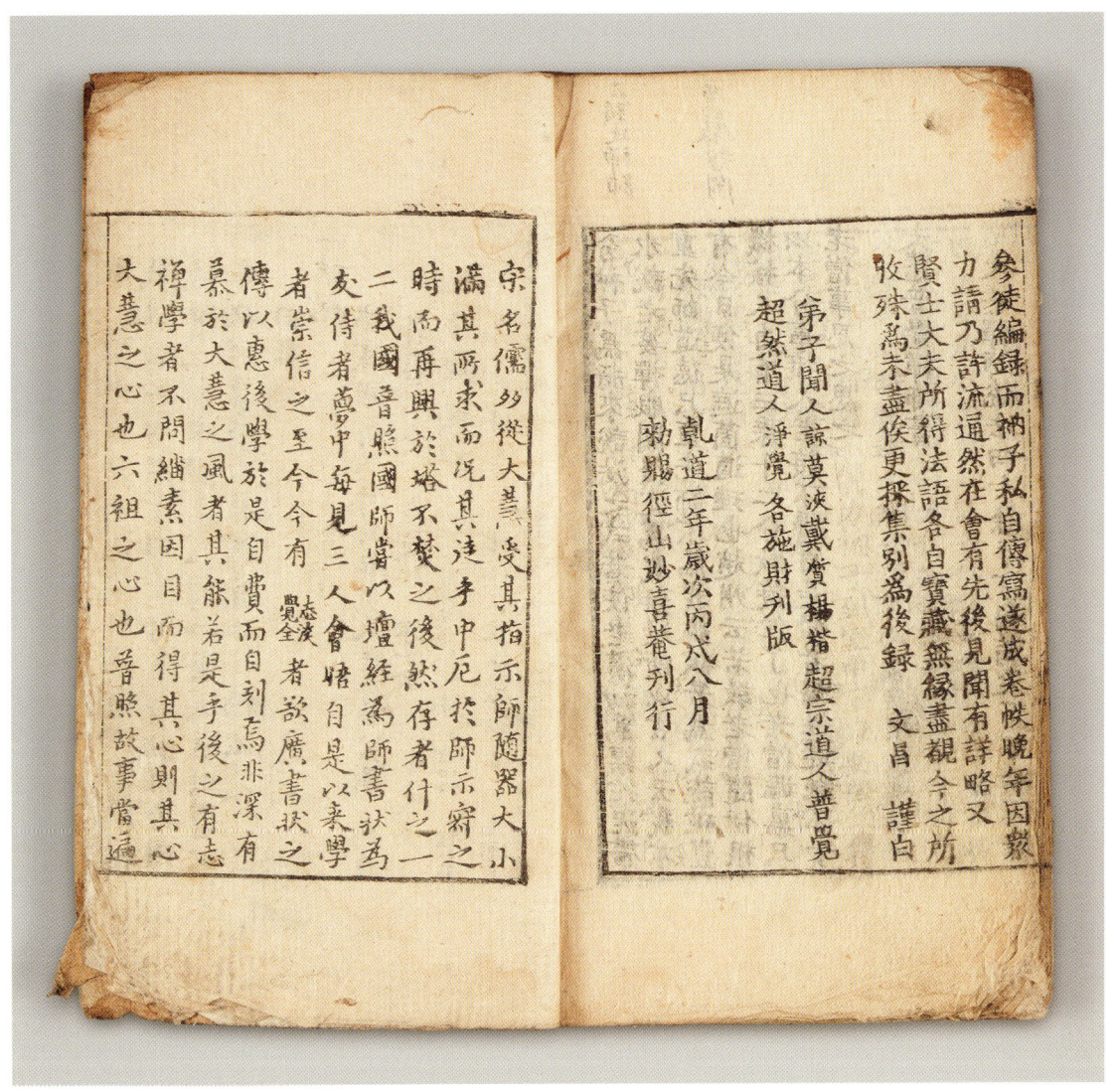

종고는 송나라 임제종의 양기파楊岐派 승려로 자는 담회曇晦, 호는 묘희妙喜 또는 운문雲門이다. 안휘성安徽省 선주宣州 영국寧國 출신이며 속성俗姓은 해奚이다. 16세에 동산東山 혜운사慧雲寺의 혜제慧齊를 찾아가 섬겼고 이듬해 구족계를 받고 선적禪籍을 탐구하였다. 1107년(大觀 1)에 동산미洞山微를 친견한 것을 시작으로 담당 문준湛堂文準 회하會下에 들어갔다가 문준의 권유로 동경東京 천령사天寧寺로 원오극근圜悟克勤을 찾아가 배웠다. 원오에게서 각고로 수행하며 배운 끝에 깨달음을 얻고 그의 법을 이었다. 그 후 얼마 지나지 않아 종고의 이름은 경사京師에 떨쳤고, 승상 여순도呂舜徒가 자의紫衣를 하사하고 불일대사佛日大師라는 호를 내렸다.

이후 금나라와의 전쟁을 피해 강서성 해혼海昏 운문암雲門庵으로 옮겼고 1134년(紹興 4)에는 복건성 양서암洋嶼庵으로 옮겼다. 그곳에서 묵조선默照禪을 공격하고 간화선看話禪을 고취하였다. 승상 장준張浚의 주청으로 경산徑山 능인사能仁寺에 주석駐錫하며 종풍을 크게 떨쳐 '임제臨濟의 재흥再興'이라 일컬어졌다. 효종孝宗이 귀의하여 대혜선사大慧禪師라는 호를 내렸다. 세수 75세, 법랍 58세로 입적하였고 시호는 보각선사普覺禪師이다. 저서에 『대혜어록大慧語錄』·『정법안장正法眼藏』·『대혜무고大慧武庫』 등이 있다.

『대혜보각선사서』에는 모두 42명의 거사와 승려에게 종고가 답한 서신 62편이 실려 있다. 종고는 이 책에서 간화선의 화두참구 공부법을 세밀하게 제시하고 있는데 그중에서도 당나라 승려인 조주 종심趙州從諗의 무자無字 화두를 가장 빈번히 언급하고 있다. '개에게도 불성이 있느냐?'라는 질문에 조주가 무라고 대답하자[州云無] '(무無라는) 이 한 글자는 허다하게 잘못된 지각을 꺾는 무기이다.[此一字子 乃是摧許多惡知惡覺底器仗也]'라고 종고는 단적으로 말한다. 그러면서 이 무자 화두를 어떻게 참구해야 할 것인지 여덟 가지의 방법으로 제시하고 있다. 고려의 보조지눌普照知訥은 이 여덟 가지의 방법에 두 가지를 더하여 십종병十種病으로 정리하고 있다. 『대혜보각선사서』에서는 화두가 타파되지 않는다고 해서 들고 있던 화두를 버려서는 안된다는 점, 화두 공부에서 경계해야 할 혼침昏沈과 도거掉擧에 대해서도 주의를 당부하고 있으며, 급히 서두름과 느슨한 태도 역시 경계하고 있다. 종고는 그저 고요한 곳에 조용히 앉아 묵묵히 좌선만을 일삼는 무리를 맹렬히 비판하며 깨달음이란 스스로의 깨달음이어야 함을 역설한다.

화두 공부법과 공부하는 데서 생길 수 있는 병통을 세밀하게 제시하고 있는『대혜보각선사서』는 간화선의 교과서라 할 만하다. 우리나라 강원에서도 사집과四集科 과정으로 학습되고 있을 만큼 중국은 물론 우리나라 선법禪法에 끼친 영향도 지대하다. 『대혜보각선사서』는 고려에서 조선까지 30종 가까이 간행되었는데, 본서는 현전본 중 가장 이른 시기에 간행된 고려본의 후쇄본으로 희소한 가치가 있다. 조영미

주제어
대혜보각선사어록大慧普覺禪師語錄, 대혜보각선사서大慧普覺禪師書, 대혜서大慧書, 대혜서장大慧書狀, 서장書狀

참고문헌
국가유산청 국가유산포털 대혜보각선사서
https://m.cha.go.kr/public/commentary/culSelectDetail.do?VdkVgwKey=12,16620000,11&pageNo=77010000

# 대혜보각선사서<br>大慧普覺禪師書

## Daehae-bogak seonsaseo

貴 C04-0027

---

서명 　大慧普覺禪師書

저자 　宗杲(宋) 著 ; [慧然(宋) 錄] ; [黃文昌(宋) 重編]

판본 　木版本

발행 　全羅道 順天: 大光寺, 中宗6(1511)刊

형태 　不分卷 1冊 : 四周單邊, 半郭 16.3×11.0cm, 無界, 11行20字 小字雙行, 大黑口,<br>
　　　　上下內向二葉花紋魚尾 ; 23.7×14.8cm

주기 　版心題: 書<br>
　　　　原刊記: 乾道二年歲次丙戌(1166)八月 勅賜徑山妙喜菴刊行<br>
　　　　刊記: 正德六年辛未(1511)冬季朔日 全羅道順天府地母俊山[실은母後山]大光寺開刊<br>
　　　　落張: 第1-3張<br>
　　　　借字口訣(行間 墨書), 補註(書眉 墨書)<br>
　　　　楮紙

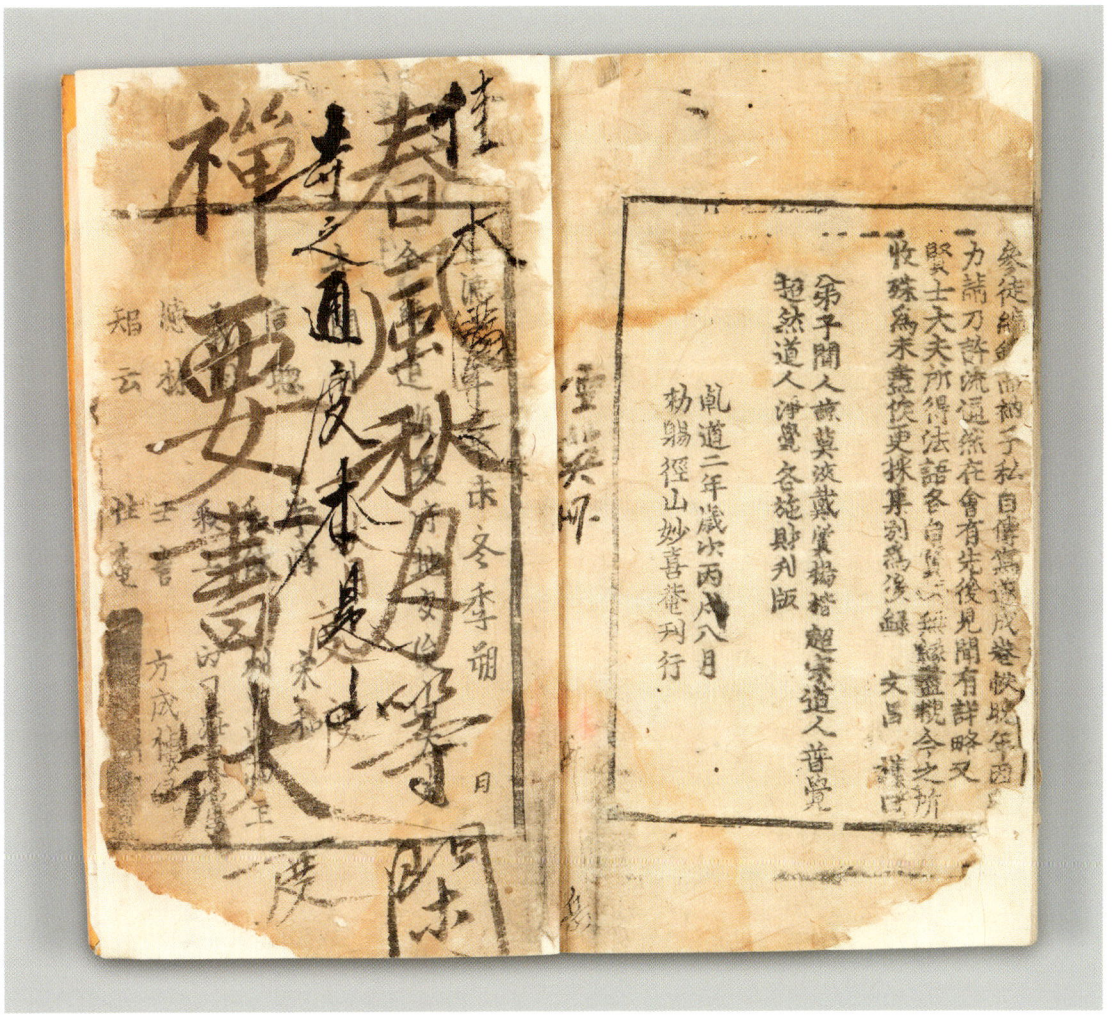

임제종臨濟宗의 선승인 대혜종고大慧宗杲(1089~1163)가 여러 승려에게 쓴 편지를 혜연慧然(?~?)이 기록하고 징지거사淨智居士 황문창黃文昌(?~?)이 중편重編한 책이다. '대혜서大慧書', '대혜서장大慧書狀', '서장書狀' 등으로 일컫기도 하는 『대혜보각선사서』는 본래 『대혜보각선사어록大慧普覺禪師語錄』 30권 중 권25~30에 수록되어 있던 것을 별도로 간행한 것이다. 본서는 1511년(중종 6) 순천順天의 대광사大光寺에서 간행한 불분권 1책의 목판본이다.

표제 및 권미제는 '대혜보각선사서大慧普覺禪師書', 판심제는 '서書'이다. 황색만자문黃色卍字紋 표지表紙에 오침안정법五針眼訂法으로 장황粧䌙하였다. 면지面紙와 내지內紙의 오염도가 차이를 보이는 점, 내지 일부에 보수 흔적이 보이는 점을 통해서 표지를 개장한 것으로 추정할 수 있다. 판식은 사주단변四周單邊, 무계無界,

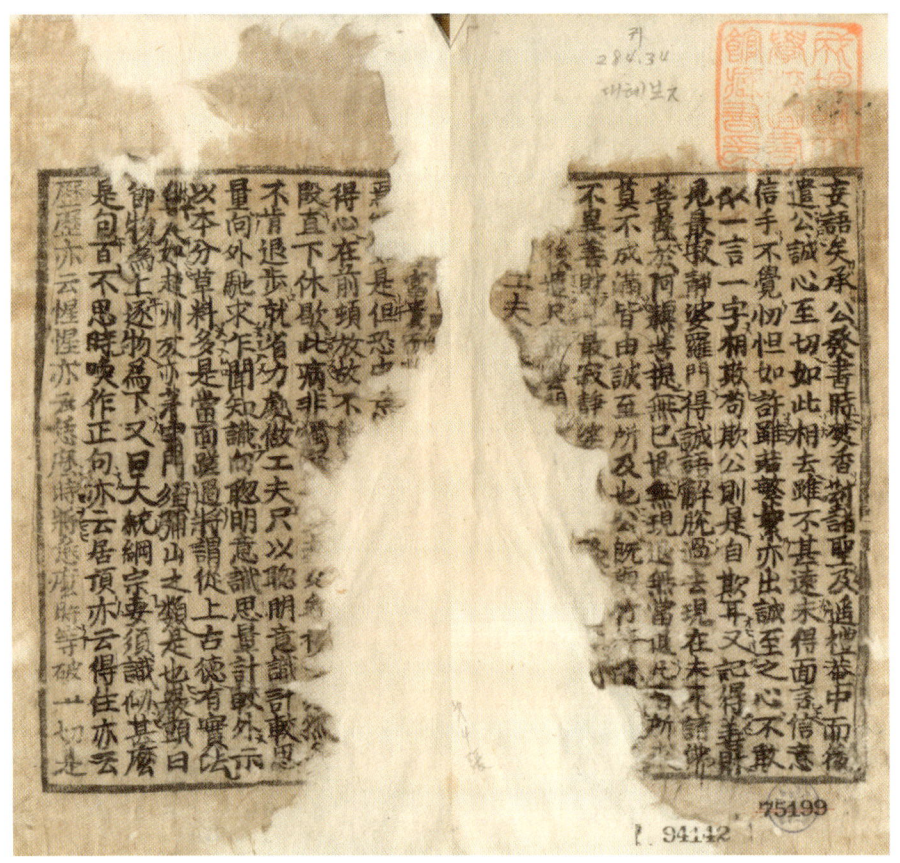

11행 20자, 상하대흑구上下大黑口, 상하내향흑어미上下內向黑魚尾이다. 권말에 '정덕6년 신미년(1511) 겨울 초하룻날에 전라도 순천 모후산 대광사에서 개간함正德六年辛未冬季朔月日 全羅道順天府母後山大光寺開刊'이라는 간기가 있다. 전체 내용 중 제1~3장은 낙장이며, 권말의 간기도 반엽이 결락되어 있다. 권말에 간기와 더불어 시주자 등 간행에 참여했던 인물들을 수록하였다. 본문에 차자구결借字口訣을 묵서墨書하였으며, 일부 서미書眉에 보주補註를 묵서하였다.

편자인 종고의 생애와 『대혜보각선사서』의 편찬 경위 및 내용 등은 자부子部-20 대혜보각선사서大慧普覺禪師書(貴 C04-0027a)를 참고하기 바란다.

화두 공부법과 공부하는 데서 생길 수 있는 병통을 세밀하게 제시하고 있는 『대혜보각선사서』는 간화선의 교과서라 할 만하다. 우리나라 강원에서도 사집과四集科 과정으로 학습되고 있을 만큼 중요한 서적의 하나이다. 중국은 물론 우리나라 선법禪法에 끼친 영향도 지대하다. 『대혜보각선사서』는 국내에 간행처 미상의 1387년(우왕 13)·1418년(태종 18) 간행본과 1511년(중종 6) 대광사 간행본, 1531년(중종 26) 송광사松廣寺 간행본, 1537년(중종 32) 신흥사神興寺 간행본, 1543년(중종 38) 본사本寺 간행본 등 30여 판종이 전하고 있으나 간행처가 분명한 판본으로는 존경각 소장본이 가장 시기가 빠르다. 조영미

주제어
대혜보각선사어록大慧普覺禪師語錄, 대혜보각선사서大慧普覺禪師書, 대혜서大慧書, 대혜서장大慧書狀, 서장書狀

참고문헌
智冠 編著, 『伽山佛敎大辭林』, 가산불교문화연구원, 1998.
慈怡 主編, 『佛光大辭典』, 北京圖書館出版社, 1989.
『書狀』(CBETA 漢文大藏經 大正藏 第47冊, No.1998A).

자부 　몽산화상법어약록
子部 　蒙山和尙法語略錄
22 　　Mongsan-hwasang beobeoyangnok

貴 C04-0030

| 서명 | 蒙山和尙法語略錄 普濟尊者法語附 |
| 저자 | 蒙山(元) 撰 ; 信眉(朝鮮) 譯解 |
| 판본 | 木版本 |
| 발행 | [江原道] : 金剛山 榆岾寺, 中宗16(1521)刊 |
| 형태 | 不分卷 1冊 : 四周雙邊, 半郭 21.2×15.3 cm, 有界, 8行17字 小字雙行, 上下內向黑魚尾 ; 27.5×18.3 cm |
| 주기 | 한글書名 : 몽산향쌍법엉략록<br>版心題 : 法語<br>諺解本<br>刊記 : 正德十六年(1521) 十一月日 金剛山榆岾寺開板<br>補寫 : 落張 第1-5張<br>楮紙 |

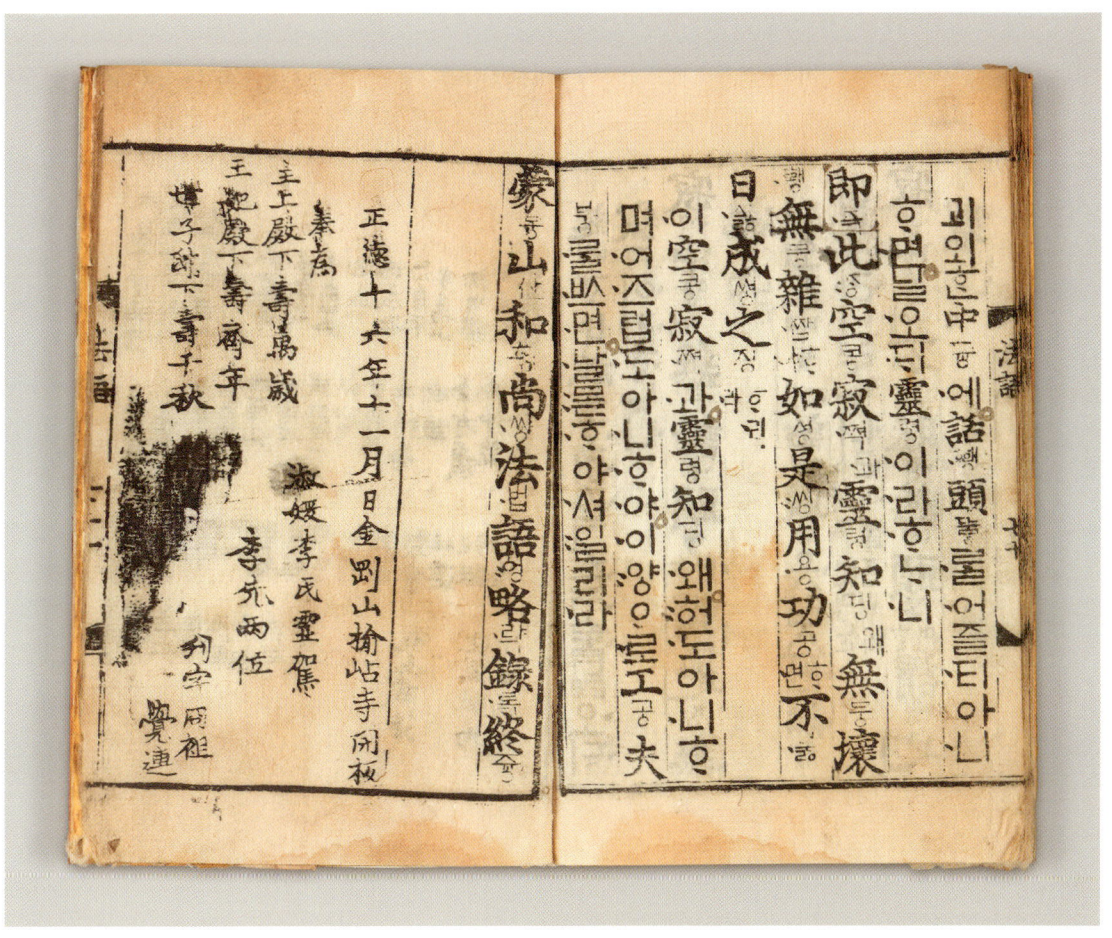

원元나라 승려 몽산덕이蒙山德異(1231~1308)의 법어法語에 혜각존자慧覺尊者 신미信眉(?~?)가 한글로 구결을 달고 역해한 언해서이다. 몽산의 법어 6편과 나옹혜근懶翁惠勤(1320~1376)이 지은 「시각오선인법어示覺悟禪人法語」를 실었다. 몽산의 법어는 조선시대에 널리 유통되고 읽힌 불교서 중의 하나로 화두話頭 참구법參究法과 좌선의 요체를 집어낸 수행 기본서이다. 본서는 1521년(중종 16) 금강산金剛山 유점사榆岾寺에서 간행한 불분권 1책의 목판본이다.

권수제는 '몽산화상법어약록蒙山和尙法語略錄', 표제는 '몽산화상법어약록언해蒙山和尙法語略錄諺解', 판심제는 '법어法語'이다. 원표지를 유지한 채 현대에 개장하였다. 각각의 표지에 제첨題籤을 부착하여 표제를 묵서墨書하였다. 판식은 사주쌍변四周雙邊, 유계有界, 8행 17자, 상하내향흑어미上下內向黑魚尾이다. 권말에 '정덕16년 (1521) 11월에 금강산 유점사에서 개판함[正德十六年十一月 金剛山榆岾寺開板]'이라는 간기가 있다. 본서는 언해본으로 한자 밑에 한자음을 한글로 표기하였다. 권말에 간기와 더불어 화주化主 및 시주자, 각수 등 간행에 참여했던 인물들을 함께 수록하였다. 특히 주상전하, 왕비전하, 세자저하의 축원과 중종의 비인 숙원이씨淑媛李氏의 명복을 빌고 있는 것을 통해 불서 간행에 왕실이 관여했을 가능성이 있다. 전체 내용 중 제1~5장은 낙장이고, 인찰공책지印札空冊紙에 보사補寫하였다. 권말에 이전 표지의 배접지 일부가 수록되어 있는데, 내용, 판식 등으로 보아 1516년(중종 11)에 간행된 『서정록西征錄』의 일부임을 알 수 있다.

몽산은 임제종臨濟宗의 양기파楊岐派 승려로, 고균비구古筠比丘라고도 불린다. 강서성 고안高安 출신이며 속성俗姓은 노盧이다. 소주蘇州 승천사承天寺의 고섬여형孤蟾如瑩에게서 참구하였고, 경산徑山에서 허당지우虛堂智愚를 알현하였으며 복주福州 고산鼓山에서 완산정응皖山正凝에게서 수학하여 인가를 받고 법을 이었다. 몽산 및 그 제자의 고려 승려들과의 교류는 몽산이 관여한 각종 불서가 고려에 전래된 배경이 된다. 1290년(至元 27)에 '덕이본 단경'이라고 불리는 『육조단경六祖壇經』을 다시 편찬하고 유포하는 데에 힘썼다. 그 외 관련 불서로 『불조삼경佛祖三經』·『몽산화상육도보설蒙山和尙六道普說』이 유명하다. 「나옹화상행장懶翁和尙行狀」의 '경인庚寅 4월 8일에 평강부平江府 휴휴암休休菴에서 여름 안거[結夏]를 지냈다.'라는 글에 근거하여 1350년(至正 10)에 나옹혜근이 휴휴암에서 몽산을 친견하고 그의 법어를 약록하였다가 추후에 엮은 것으로 알려져 있다. 하지만 몽산의 생몰년과 활동 시기 등을 미루어 1350년 친견 기록에 대한 이론異論도 있다.

신미信眉는 조선 전기 세종, 문종, 세조의 신임을 받은 승려로 본관은 영동永同, 속명은 김수성金守省, 호는 혜각존자慧覺尊者이다. 부친은 김훈金訓, 동생은 김수온金守溫이다. 신미는 제자인 학열學悅, 학조學祖와 함께 왕실본 불서와 간경도감본刊經都監本 불서 간행에 크게 관여하였다. 1472년(성종 3)에 간경도감에서 간행한 『몽산화상법어약록언해』(현 호암미술관 소장본)에는 김수온의 발문이 실려 있는데, 그 내용에 따르면 인수대비仁粹大妃의 발원으로 간행되었다고 한다.

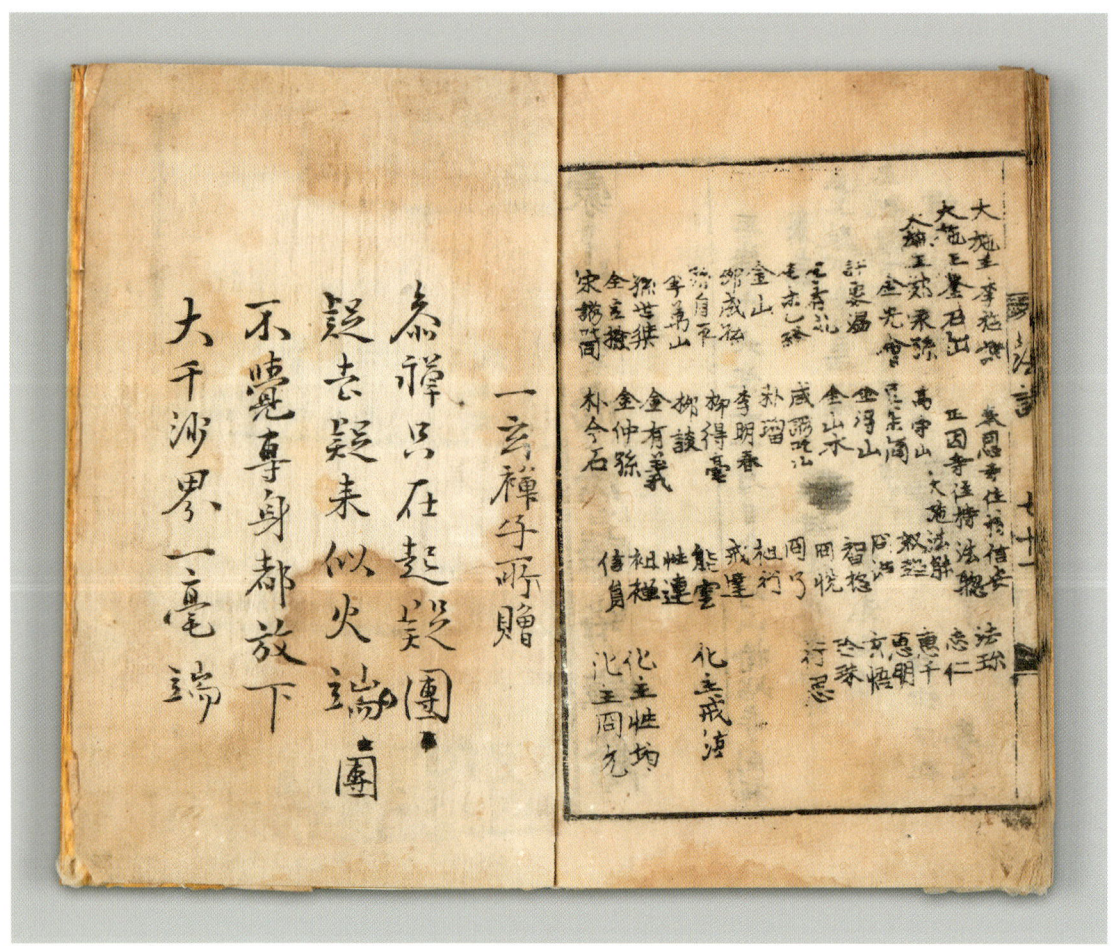

초간본의 정확한 간행 시기는 알 수 없으나 연구자들은 본서의 한글 구결에도 방점이 있고 동국정운식 한자음 표기가 본문과 언해문에 모두 표기되어 있는 점, 본문의 분절 단위가 짧은 점, 본문이 끝난 다음 행에 1글자 공격空格을 두어 언해문을 시작하고 있는 점, 협주 제시 방식, '해탈解脫'의 '해解'에 해당하는 한자음이 ':갱'로 달린 점 등을 들어 간경도감이 아닌 교서관校書館 간행본으로 본다. 간행 시기는 『월인석보月印釋譜』가 간행된 1459년(세조 5)에서 활자본 『아미타경언해阿彌陀經諺解』가 간행된 1461년(세조 7) 사이로 추정한다. 본서의 권수제는 '蒙몽山산和행尙 · 쌍法 · 법語:엉略 · 략錄 · 록'이라 되어 있고 쌍행으로 '보제 존자법어부普濟尊者法語附'라고 쓰여 있다. 간기가 없는 동국대본에는 첫 장 셋째 행에 '혜각존자신미慧覺尊者 信眉 역해譯解'라는 역자명과 역할어가 있고 역시 간기가 없는 고려대 만송문고본에는 '혜각존자신미慧覺尊 者信眉'라는 역자명이 있으며, 1472년(성종 3) 간행된 호암미술관 소장본은 역자가 삭제된 채 빈 행으로 남겨 두었는데, 존경각본 역시 역자명 없이 보사補寫되어 있다.

시고원상인示古原上人(고원상인에게 주는 법어), 시각원상인示覺圓上人(각원상인에게 주는 법어), 시유정상인示惟正上人 (유정상인에게 주는 법어), 시총상인示聰上人(총상인에게 주는 법어), 무자십절목無字十節目, 휴휴암주좌선문休休庵主坐禪文 등 몽산의 법어 6편에 이어 나옹이 각오선인에게 준 법어인 시각오선인법어示覺悟禪人法語가 마지막에 실려 있다. 간기와 시주질施主秩에 이어 권말의 백지에 「일현선자소증一玄禪子所贈」이라는 제하의 7언 4구의 시가 필사되어 있다. 이 시는 『나옹화상가송懶翁和尙歌頌』에 「당도원구게唐道元求偈」라는 제목으로 실려 있는 나옹의 시로 이 불서와의 관련성에 따라 필사한 것으로 보인다.

본서는 원대元代의 구어체를 반영하고 있어 중국어에 대한 역사적 연구 자료로서도 가치가 있으며, 판식版式과 언해 양식 등이 간경도감판 불경 언해서들과 다르다는 점에서 서지학적 연구 자료로서의 가치도 있다. 또한 고려 말 몽산 법어의 수용이 미친 영향과 조선시대에 이르기까지 몽산이 한국 불교에 남긴 사상적 영향 등에도 주요한 연구 과제로서 의미를 갖는다. 무엇보다도 한글 창제 직후의 문헌들에서 발견되는 특징이 보이며 15세기 국어의 모습이 담겨 국어사 자료로서의 가치가 크다. 다양한 이본의 계통을 파악하고 원간본을 유추하는 데에 존경각본은 중간본으로서 귀중한 자료이다. 조영미

주제어
몽산화상법어약록蒙山和尙法語略錄, 보제존자법어부普濟尊者法語附, 몽산법어언해蒙山法語諺解, 몽산덕이蒙山德異, 혜각존자 신미慧覺尊者信眉, 나옹혜근懶翁惠勤

참고문헌
장윤희, 『몽산법어언해』, 채륜, 2012.
김무봉, 「몽산화상법어약록언해해제」, 『몽산화상법어약록언해』, 세종대왕기념사업회, 2002.
남권희, 「『蒙山和尙六道普說』諺解本의 書誌的 考察」, 『어문론총』 25, 경북어문학회, 1991.
김영욱 · 조영미 · 한재상 역주, 『정선 선어록』, 대한불교조계종 한국전통사상서 간행위원회, 2009.
智冠 編著, 『伽山佛敎大辭林』, 가산불교문화연구원, 1998.

## 묘법연화경
## 妙法蓮華經
Myobeop yeonhwagyeong

貴 C04-0032d
——

서명 妙法蓮華經
저자 鳩摩羅什(姚秦) 奉詔譯
판본 木版本
발행 黃海道 瑞興: 歸進寺, 中宗8(1513)刊
형태 2卷1册(全7卷)：四周單邊, 半郭 23.0×16.6cm, 無界, 8行13字 小字雙行, 大黑口,
上下內向黑魚尾 ; 33.7×21.0cm
주기 版心題: 法
跋: 瑞興地故進寺開板 正德八年癸酉(1513)… 打牛跋[故은 歸의 異體字]
所藏: 卷6-7
板式: 有界混入(卷末), 標點·聲點(板刻)
楮紙

자부
子部
23

구마라집鳩摩羅什(344~413 또는 350~409)이 한역한 7권본『묘법
연화경妙法蓮華經』이다. 본서는 황해도 서흥瑞興 귀진사歸進寺
에서 1513년(중종 8)에 간행한 목판본이다. 11품으로 구성
되어 있고, 말미에 숭효사崇孝寺 주지 대선사大禪師 타우打牛
(?~?)가 지은 발문跋文이 실려 있다.

권수제는 '묘법연화경妙法蓮華經', 판심제는 '법法'이다. 모두
황색표지에 오침안정법五針眼訂法으로 장황粧䌙하였다. 판식은
사주단변四周單邊, 무계無界, 8행 13자, 상하내향흑어미上下內
向黑魚尾이다. 권말에 수록한 승려 타우打牛의 발문跋文을
통해서 1513년에 간행하였음을 알 수 있으며, 발문 끝부분에
'서흥 귀진사에서 개판함[瑞興地歸進寺開板]'이라는 간기가
있다.
전체 내용에 표점標點 및 성점聲點을 함께 판각하였다. 위에서
서술한 타우의 발문에 의하면 본서와 함께 천태종天台宗
사찰인 귀진사에서 중례문中禮文 즉『천지명양수륙재의찬요
天地冥陽水陸齋義纂要』를 함께 간행하였음을 알 수 있다.

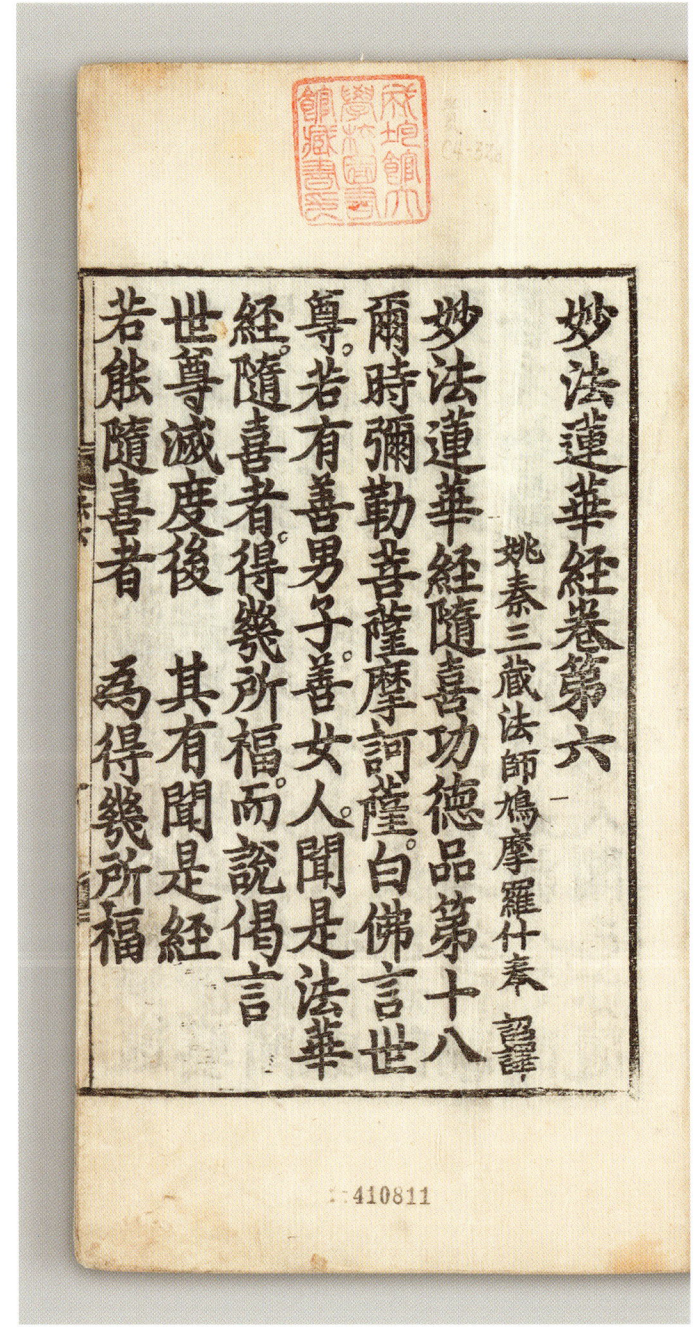

중앙아시아 구자국龜玆國(Kucha) 출신 구마라집Kumārajiva은 중국 불교사에서 대표적인 역경가이다. 구마라집은 방대한 불전을 한역하면서 이전 한역에 보이는 숱한 오역을 수정하였다. 401년(弘始 3) 후진後秦 시대의 지배자 요흥姚興이 후량後梁을 토벌하고 국사國師의 예를 갖추어 구마라집을 장안長安으로 초빙하였고, 승조僧肇 등 제자들과 함께 경론을 한역하였다. 한역한 경론의 수는 문헌에 따라 기록이 다르지만 대체로 『묘법연화경』을 비롯하여 『유마경維摩經』·『대품반야경大品般若經』·『소품반야경小品般若經』·『사익경思益經』·『아미타경阿彌陀經』·『좌선삼매경坐禪三昧經』·『대지도론大智度論』·『중론』·『백론』·『십이문론十二門論』·『십송율十誦律』·『성실론成實論』 등 300권 이상인 것으로 알려져 있다. 413년 세수 70세로 입적하였다.

이 경의 범어梵語 제목 'Saddharma-puṇḍarīka sūtra'에서 삿다르마Saddharma의 한역어는 묘법妙法 또는 정법正法이다. 묘법은 가장 절묘한 궁극의 진리를, 정법은 바른 이치를 담은 진리를 뜻한다. 뿐다리카 puṇḍarīka의 한역어는 연화蓮華 또는 백련화白蓮華이다. 이런 유의 연꽃은 최상의 깨달음이나 그 깨달음을 펼치는 중생제도를 비유하는데, 흙탕물(번뇌, 망상)에서도 청정한 본질을 잃지 않고 피는 연꽃과 같은 깨달음의 특성을 상징한다. 그뿐만 아니라 연꽃은 번뇌와 깨달음이나 속박과 해탈 등의 가능한 모든 대립 중 그 어느 편으로도 기울어지지 않고 모두 벗어난 불법의 진실을 나타내기도 한다. 대승경전의 대표적 문헌으로 '법화경法華經' 또는 '대승묘전大乘妙典'이라고도 한다. 인연因緣과 법화칠유法華七喩(화택유火宅喩·궁자유窮子喩·약초유藥草喩·화성유化城喩·의주유衣珠喩·계주유髻珠喩·의자유醫子喩)로 대표되는 비유로 교리를 풀어간 점이 특징이다.

본서는 권6의 「수희공덕품隨喜功德品」·「법사공덕품法師功德品」·「상불경보살품常不輕菩薩品」·「여래신력품如來神力品」·「촉루품囑累品」·「약왕보살본사품藥王菩薩本事品」과, 권7의 「묘음보살품妙音菩薩品」·「관세음보살보문품觀世音菩薩普門品」·「다라니품陀羅尼品」·「묘장엄왕본사품妙莊嚴王本事品」·「보현보살권발품普賢菩薩勸發品」으로 구성되어 있다.

권6을 시작하는 「수희공덕품」에서는 『법화경』을 듣고 따라서 기뻐하는 마음[隨喜]을 일으킴으로써 얻는 공덕의 크기를 헤아리는데, 이런 연유로 '수희공덕품'이라 한다. 「법사공덕품」은 경을 지니고 읽고 외우며 해설하고 베껴 쓰는 등 다섯 가지가 법사의 공덕에 속하므로 이에 근거하여 지어진 품명이다. 「상불경보살품」에서는 여래가 과거세에 보살로서 수행하던 시절에 네 무리 대중[四衆]에게 동일하게 귀착하는 이치를 설하자 네 무리 대중이 늘[常] 변함없이 설하는 가볍지 않은[不輕] 말씀을 기억하고는 이 보살에게 '상불경'이라는 명호를 붙였다고 밝힌다. 「여래신력품」은 여래가 지닌 열 가지 신통한 능력을 보여 주어 그 법을 전한다는 취지가 중심이다. 이 신통한 능력은 그 자체로는 무의미하며, 무지한 중생을 교화하려는 목적에서 그들의 믿음과 신뢰를 이끌어 내려는 수단이다. 「촉루품」에서는 여래가 당시 대중들에게 경을 전해 주는 내용이 주제가 된다. 「약왕보살본사품」에서는 약왕보살이 과거세에 고행하면서 경에 통했다는 본생담本生談이 중심이 된다.

권7을 여는 「묘음보살품」의 품명은 이 보살이 색신色身의 신통한 능력을 두루 나타내는 일로 붙여졌다. 「관세음보살보문품」은 중생에게 두루 응하는 관세음보살의 미묘한 작용을 나타내는 품이다. 이 품은 경전과 독립적으로 달리 유포되기도 한다. 관음 신앙의 유포와 더불어 중요시되는 품이다. 「다라니품」에서는 다라니신주陀羅尼神呪를 밝힌다. 만물의 법도에 본래 세 가지가 있음을 분명히 보여 준다. 이전 세 품이 사람을 경전에 통하는 법도로 삼았다면, 이 품에서는 여래가 대신주大神呪를 설하시어 경전을 넓히고 법을 옹호하여 유통하도록 보살에게 권한다. 「묘장엄왕본사품」은 묘장엄왕이 과거세에 겪었던 인연과 불법에 귀의하는 과정이 중심 내용이다. 「보현보살권발품」은 보현이 동방에서 찾아와 사람들에게 발심하여 이 경을 듣도록 권하는 인연이 중심 내용이다.

권말에는 「발문」이 수록되어 있는데, 본서에 대한 타우打牛 대선사의 견해를 간명하게 밝혔다. '불·여래께서 한평생 설하신 수많은 경론은 마음에서 나오지 않음이 없으니, 한마디 말마다 모두 본성을 나타내므로 본성을 보고 부처가 되는 견성성불이야말로 이 (경이 전하는) 일승의 미묘한 법이다. … 반드시 궁극의

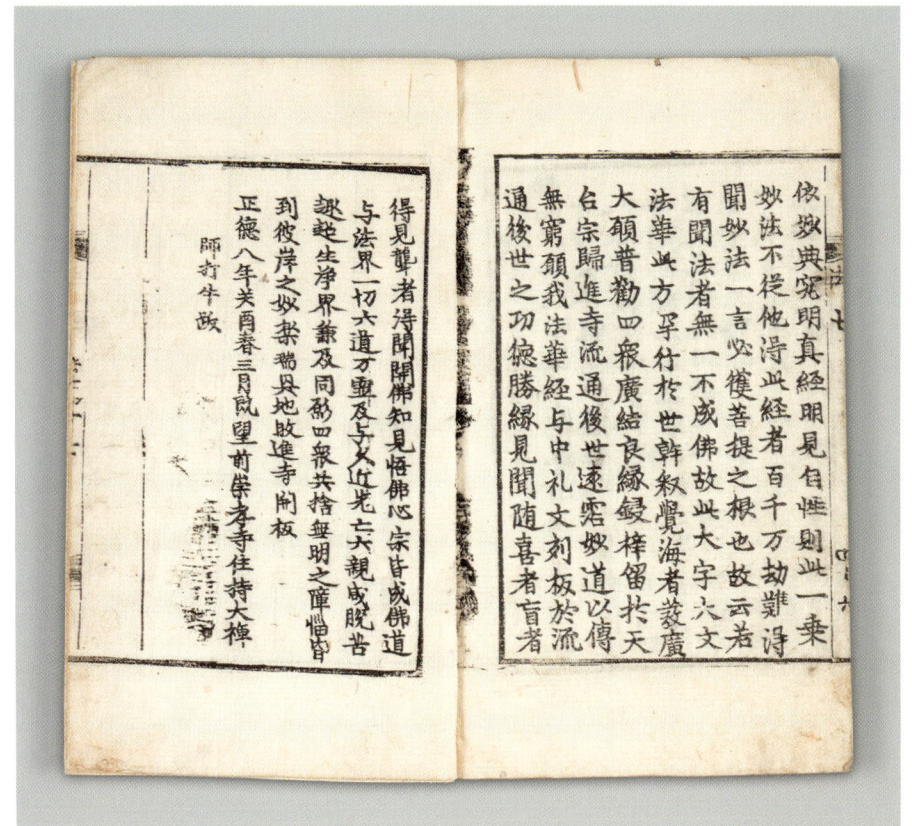
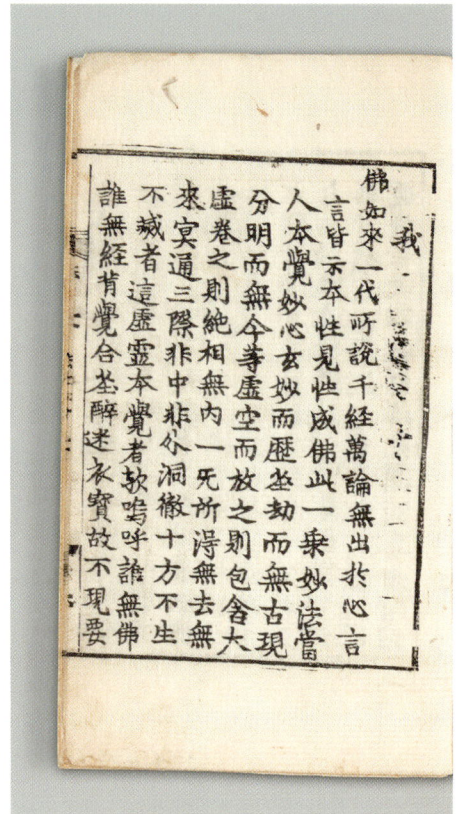

경전(『법화경』)에 근거하여 진실한 경전(마음, 본성)의 뜻을 구명함으로써 자기 본성을 분명하게 본다면 [見性] 이 일승의 미묘한 법은 (자기 이외에) 다른 것을 따라 얻지 못함을 알게 되리라. 이 경은 백천만의 무수한 겁이 지나도 얻을 수 없지만 미묘한 법의 한마디 말만 들어도 틀림없이 보리(깨달음)의 근본을 획득할 것이다.[佛如來一代所說 千經萬論 無[不]出於心 言言皆是本性 見性成佛 此一乘妙法 … 要依妙典究明眞經 明見自性 則此 一乘妙法 不從他得 此經者 百千萬劫難得 聞妙法一言 必獲菩提之根也]'라고 한다. 곧 이 경의 근본적인 진실은 견성으로 성취할 수 있다는 선종[佛心宗]의 주장을 펼쳤다.

타우의 「발문」은 '부처님 일대의 설법 전체가 모두 마음에서 나왔기에 한마디 말마디 모두 본성을 펼쳐 보이므로 본성을 보고 성불함[見性成佛]이 일승의 미묘한 법'이라는 말로 시작하여 '사부대중이 함께 무명의 괴로운 장애를 버리고 모두 피안(열반)의 묘한 즐거움에 도달한다.'라는 말로 마친다.

『묘법연화경』은 조선시대에 가장 많이 간행된 불서로, 초주갑인자 계통, 을해자 계통, 성달생서본 계통, 대자본 계통 등으로 크게 나뉜다. 본 불서는 1470년(성종 1) 정희왕후가 발원하여 왕실에서 간행된 원간본과 그 번각본으로 형성된 대자본 계통으로 1470년부터 1700년대까지 40여종이 현전하고 있다. 그중에서도 1470년 원간본 이후 1513년(중종 8) 귀진사 번각본이 가장 시기가 이르다. 조영미

주제어

묘법연화경妙法蓮華經, 구마라집鳩摩羅什, 귀진사歸進寺

참고문헌

『妙法蓮華經文句』(CBETA 漢文大藏經 大正藏 第34冊, No.1718).
『妙法蓮華經玄贊』(CBETA 漢文大藏經 大正藏 第34冊, No.1723).
정왕근, 「朝鮮時代〈妙法蓮華經〉의 板本 硏究」, 중앙대학교 문헌정보학과 박사학위논문, 2012.

| | |
|---|---|
| 자부 | 묘법연화경 |
| 子部 | 妙法蓮華經 |
| 24 | Myobeop yeonhwagyeong |

貴 C04-0032b

| | |
|---|---|
| 서명 | 妙法蓮華經 |
| 저자 | 鳩摩羅什(姚秦) 奉詔譯 |
| 판본 | 木版本 |
| 발행 | [朝鮮]: [刊寫者未詳], 中宗13(1518)刊 |
| 형태 | 2卷1冊(全7卷): 四周雙邊, 半郭 23.5×16.3cm, 有界, 8行13字 小字雙行, 大黑口, 上下內向黑魚尾; 34.5×22.0cm |
| 주기 | 版心題: 法華經 |
| | 妙法蓮華經弘傳序: 終南山釋道宣述 |
| | 刊記: 正德十三年戊寅(1518)仲秋日 重以開板 |
| | 所藏: 卷1-2(1冊) |
| | 表紙 缺落, 標點·聲點(板刻), 借字口訣(行間 墨書) |
| | 印記: 德□, 重之 |
| | 楮紙 |

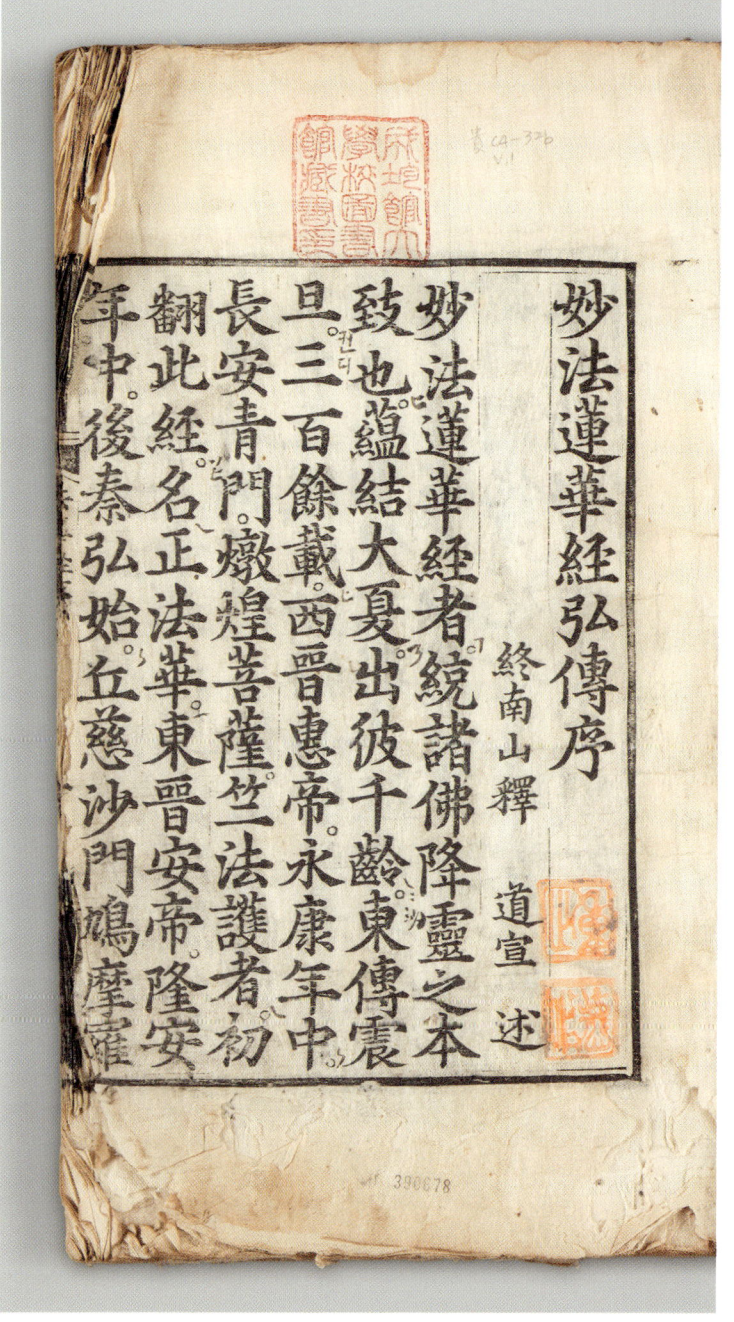

구마라집鳩摩羅什(344~413 또는 350~409)이 한역한 7권본 『묘법연화경妙法蓮華經』이다. 본서는 1518년(중종 13) 조선 간행 목판본으로, 전체 7권 중 권1~2에 해당하는 부분이다.

권수제는 '묘법연화경妙法蓮華經', 판심제는 '법화경法華經'이다. 앞·뒤 표지는 모두 결락되어 면지面紙만 현전한다. 판식은 사주쌍변四周雙邊, 유계有界, 8행 13자, 상하대흑구上下大黑口, 상하내향흑어미上下內向黑魚尾이다. 권2 말미에 '정덕13년 무인년(1518) 8월에 거듭 개판함[正德十三年戊寅仲秋日 重以開板]'이리는 간기가 있다. 간행처, 간행참여자 등은 수록되어 있지 않다. 전체 간기 및 간행참여자 등 기록은 권7의 말미에 수록되어 있을 가능성이 있다.

전체 내용에 표점標點을 함께 판각하였으며, 일부 표점 옆에 차자구결借字口訣을 별도로 묵서墨書하였다. 서문의 권수제 하단에 정방형 주문인 '덕□德□', '중지重之'가 날인되어 있다.

본서는 전체 7권 또는 8권 중 1권인 서품序品 · 방편품方便品, 2권인 비유품譬喻品 등 2권 3품의 1책에 해당하는 부분이다. 모두 여섯 차례에 걸쳐 한역된 『묘법연화경』 중 연대기 순서로 다섯 번째에 해당한다. 본서는 요진姚秦 때인 406년(弘始 8) 구마라집鳩摩羅什의 한역에 도선道宣이 서문을 붙인 판본이다.

편역자인 구마라집의 생애와 『묘법연화경』의 편찬 경위 및 내용은 자부子部-23 『묘법연화경妙法蓮華經』 (貴 C04-0032d)을 참고하기 바란다.

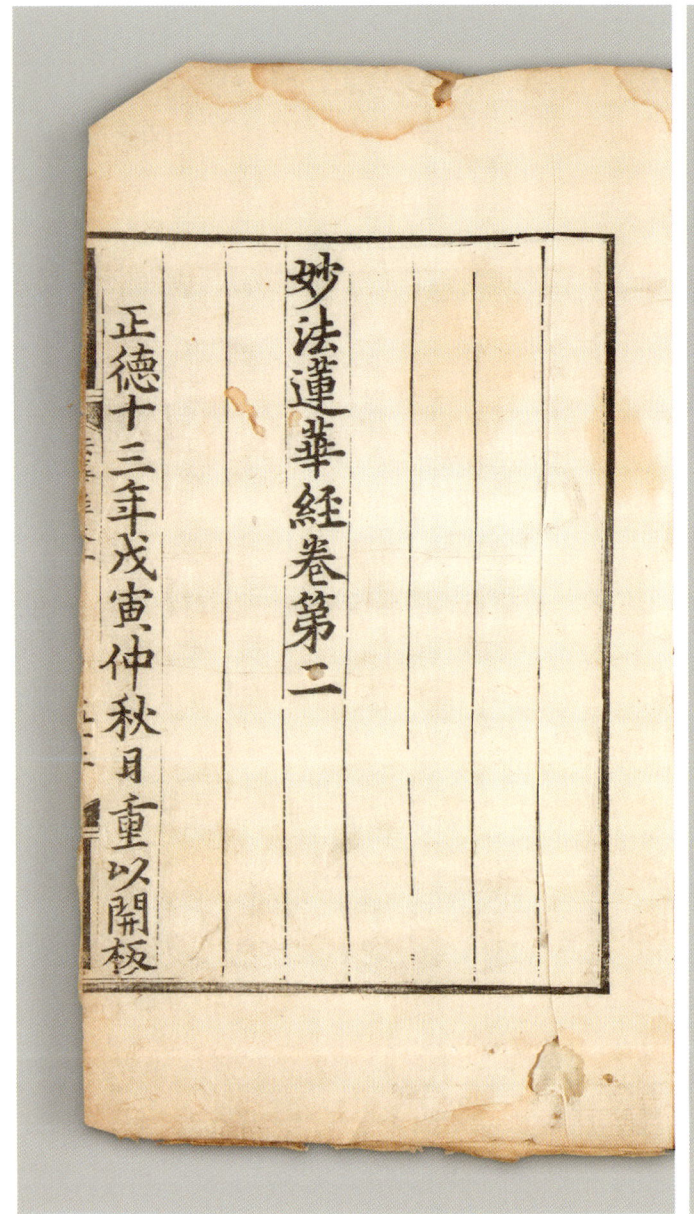 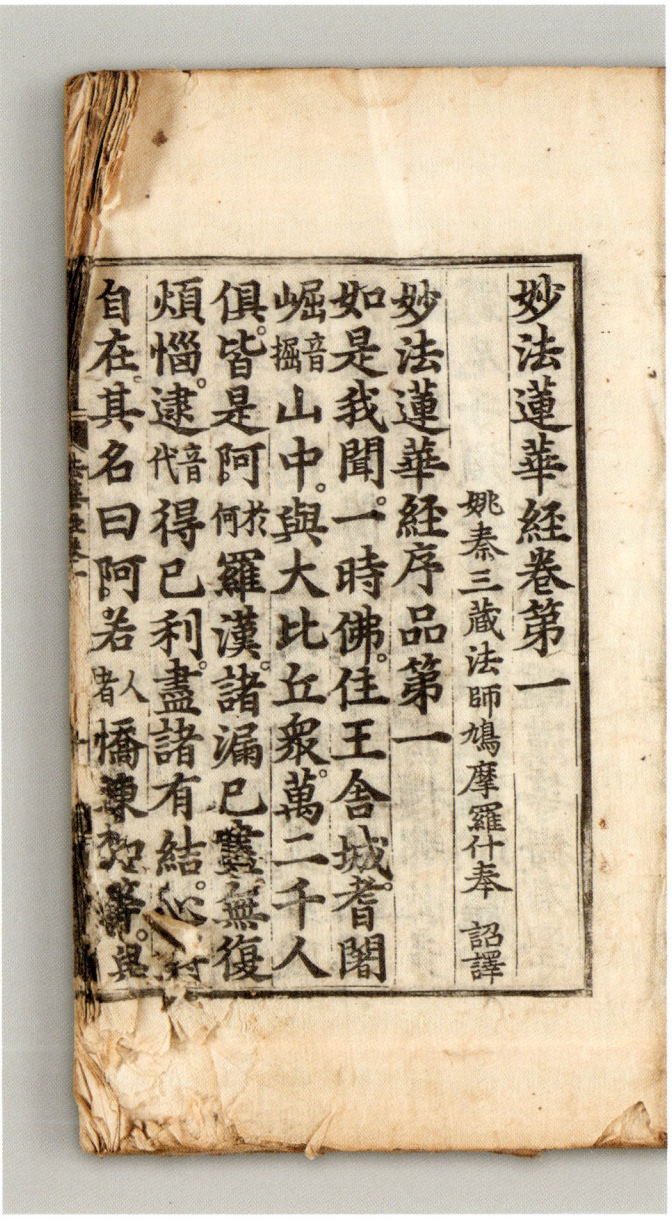

권수卷首에는 도선道宣의 「묘법연화경홍전서妙法蓮華經弘傳序」가 실려 있다. 도선은 축법호竺法護가 『정법화경正法華經』이라는 제명으로 이 경을 한역한 이래 구마라집의 한역과 그 뒤 사나굴다闍那笈多의 한역에 이르기까지 내력을 소개한 다음 이 경의 전체적인 요지를 간명하게 밝히고 있다. 마지막에 '여섯 감각 기관을 일찍감치 청정하게 씻어내고 자비로운 존자(부처님)의 경사스러운 법회를 우러르며 속히 4덕德을 성취하여 극락정토[樂土]라는 대도에 이르기를 바란다.[庶得早淨六根 仰慈尊之嘉會 速成四德 趣樂土之玄猷]'라고 마무리한다.

본문은 다음과 같이 전개된다. 첫째, 서품에서는 이 경의 교설을 전하는 주요한 이유를 밝힌다. 이 경을 설하기 전에 여섯 가지 상서로운 현상이 나타난다. 이 세간에 부처님이 출현한 이유를 드러내기 위한 조짐이다. 이 경을 설한 주체가 누구인지, 어느 곳에서 설했는지, 어떤 목적 때문에 설했는지, 설을 마치면 그 결과로 받는 어떤 과보果報가 있는지 등을 밝힘으로써 경 전체를 이끌어 가는 서품으로서의 확고한 성격을 드러낸다. 둘째, 방편품은 총 28품 가운데 여래수량품如來壽量品과 함께 본 경의 핵심 교설을 수록하고 있다. 부처님 제자 중 지혜로서는 으뜸[智慧第一]인 사리불舍利弗이 대고중對告衆으로서 부처님과 문답하는 형식이다. 셋째, 비유품에서는 제목 그대로 이 경의 근본 교설을 비유에 실어서 전한다. 후대의 경론 주석가들에 의해 널리 인용되는 불난 집[火宅]의 비유가 여기에 수록되어 있다. 불난 집에서 놀이에 열중한 자식들을 끌어내기 위해 양이 끄는 수레[羊車]와 사슴이 끄는 수레[鹿車]와 소가 끄는 수레[牛車]로 유도하여 집 밖으로 끌어내었다가 결국은 그들 각각에게 큰 흰 소가 끄는 수레[大白牛車]를 나누어 준다는 이야기가 중심 흐름이다.

『묘법연화경』은 조선시대에 가장 많이 간행된 불서로, 초주갑인자 계통, 을해자 계통, 성달생서본 계통, 대자본 계통 등으로 크게 나뉜다. 본 불서는 1470년(성종 1) 정희왕후가 발원하여 왕실에서 간행된 원간본과 그 번각본으로 형성된 대자본 계통으로 1470년부터 1700년대까지 40여종이 현전하고 있다. 그중에서도 1470년 원간본, 1513년(중종 8) 귀진사 번각본 이후 확인되는 간행본으로 간행처는 알 수 없으나 상당히 이른 시기의 판본으로 보인다. 조영미

주제어
묘법연화경妙法蓮華經, 구마라집鳩摩羅什

참고문헌
『妙法蓮華經義記』(大正藏第33冊, No.1715).
『法華玄論』(CBETA 漢文大藏經 大正藏 第34冊, No.1720).
『法華經通義』(CBETA 漢文大藏經 卍新續藏 第31冊, No.0611).
智冠 編著, 『伽山佛敎大辭林』, 가산불교문화연구원, 1998.
정왕근, 「朝鮮時代〈妙法蓮華經〉의 板本 硏究」, 중앙대학교 문헌정보학과 박사학위논문, 2012.

# 묘법연화경
## 妙法蓮華經
Myobeop yeonhwagyeong

貴 C04-0032c

| | | |
|---|---|---|
| 서명 | 妙法蓮華經 | 자부 |
| 저자 | 鳩摩羅什(姚秦) 譯 ; 戒環(宋) 解 | 子部 |
| 판본 | 木版本(甲寅字飜刻) | 25 |
| 발행 | 全羅道 長興: 寶林寺, 宣祖14(1581)刊 | |
| 형태 | 7卷6冊 ; 揷圖 ; 四周單邊, 半郭 23.0×16.0cm, 有界, 10行18字 小字雙行, 上下下向 | |
| | 黑魚尾 ; 31.5×21.2cm | |
| 주기 | 版心題: 妙法 | |
| | 妙法蓮華經弘傳序: 終南山釋道宣述 | |
| | 妙法蓮華經要解序(及南 撰): 靖康丁未(1127)暮春中澣日謹序 | |
| | 刊記: 萬曆九年辛巳(1581)四月孟澣日 全羅道長興地迦智山寶林寺開板 | |
| | 校正: 義衍 等, 雕刻秩: 天眞 等, 鍊板: 道一, 木手: 寶敬, 本寺住持: 法眞 | |
| | 借字口訣·諺解(行間 墨書), 補註(書眉 墨書), 批點(朱書) | |
| | 楮紙 | |

구마라집鳩摩羅什(344~413 또는 350~409)이 한역한 7권본『묘법연화경妙法蓮華經』을 송대宋代 온릉溫陵 개원연사
開元蓮寺의 계환戒環이 풀이한 책이다. 『법화경요해法華經要解』·『표치법화경요해標幟法華經要解』 등으로도
일컫는다. 본서는 1581년(선조 14) 장흥長興의 보림사寶林寺에서 간행한 목판본이다.

권수제는 '묘법연화경妙法蓮華經', 판심제는 '묘법妙法'이다. 6책 모두 황색표지에 오침안정법五針眼訂法으로
장황粧䌙하였으며 표제는 표기하지 않았다. 판식은 사주단변四周單邊, 유계有界, 10행 18자, 상하하향흑어미
上下下向黑魚尾이다. 계선界線이 인쇄되지 않은 부분이 다수 있으며, 어미의 경우 상하하향2엽화문어미인
목판이 섞여 있다. 제1책 권수卷首에 변상도變相圖 3장을 수록하였다. 변상도는 불법을 수호하는 동진보살
童眞菩薩과 경전의 내용을 묘사한 내용이다. 변상도에는 변상도 판각과 관련한 인물들에 대한 기록을 별도로
수록하였다. 권7 말미에 '만력9년 신사년(1581) 4월에 전라도 장흥 가지산 보림사에서 개판함[萬曆九年辛巳
四月孟澣日 全羅道長興地迦智山寶林寺開板]'이라는 간기가 있다.
본문 일부 난외欄外에 '지영智英' 등 시주자들의 이름을 판각하였고, 일부 어미에는 '옥玉' 등 각수 이름을
판각하였다. 권1의 말미에는 발원문發願文과 회민懷敏의 발문跋文을 수록하였으며, 권7 말미에는 간기와
더불어 간선화사幹善化士 및 시주자, 교정, 각수 등 간행에 참여했던 인물들을 수록하였다.

편역자인 구마라집의 생애와『묘법연화경』의 편찬 경위 및 내용은 자부子部-23『묘법연화경妙法蓮華經』
(貴 C04-0032d)을 참고하기 바란다.
『묘법연화경』에 주석한 계환은 중국 송나라 때 인물이지만 상세한 일대기와 생몰연대를 알 수 있는 자료는
없다. 교敎와 선禪을 아울렀는데 그중 교학은 화엄華嚴을 뿌리로 삼아 천태天台의 교법을 흡수하는 방식이고,
그렇게 익힌 안목이 주석에 그대로 반영되어 있다. 계환의 다른 저작『화엄경요해華嚴經要解』의 서문에 따르면,
화엄의 깊은 이치를 궁구하지 못하다가 마침내 방산方山 이통현李通玄 장자의 설에서 핵심을 깨우쳤고,
청량국사淸涼國師 징관澄觀의 설에서도 도움을 받았다고 한다. 개원연사에 머물면서 휘종徽宗이 통치하던
선화 연간(1119~1125)에『묘법연화경』,『수능엄경계환해首楞嚴經戒環解』 등을 저술하였다고 전한다.

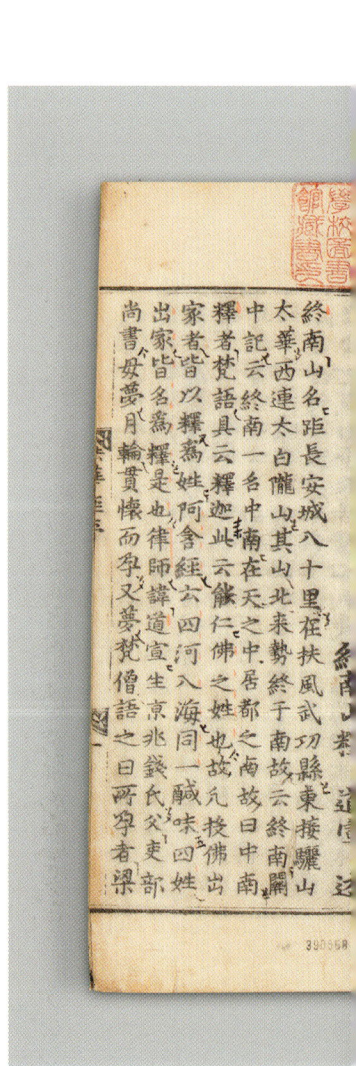

권수卷首에는 변상도變相圖와 일여一如가 주석을 단 도선道宣의 「묘법연화경홍전서妙法蓮華經弘傳序」, 1127년(靖康 2) 봄에 복주福州 상생선원上生禪院 급남及南이 지은 「묘법연화경요해서妙法蓮華經要解序」가 수록되어 있다.

본문은 「통석경제通釋經題」·「통술비의通述鄙意」·「통서과판通敍科判」·「역경인시譯經人時」·「정석서품正釋序品」의 다섯 조목으로 나누어 서술하고 있다.

「통석경제」는 '묘법연화경'이라는 제목에 대한 풀이이다. 제목 풀이를 앞세우는 방식은 불경 해석의 관습에 속한다. 「통술비의」에서는 주석자 계환 자신이 이 경을 풀이하는 인연과 의도 등을 서술한다. 「통서과판」에서는 경을 효과적으로 풀이할 목적에 따라 유형별로 나누는 방식을 서술하고 있다. '이 경의 총 28품을 단락 별로 세 부분으로 나누었다. 첫째는 서분序分 1품이고, 둘째는 정종분正宗分 19품이며, 셋째는 유통분流通分 8품이다.'라고 하였는데, 이는 도안道安이 경전 전체를 구분하는 기본적인 틀로 사용한 이래로 하나의 전통이 되었다. 「역경인시」에서는 한역자 구마라집을 간명하게 소개하고 한역한 시기를 밝힌다. 「정석서품」에서는 본격적으로 경전의 각 구절과 문구에 담긴 의미를 풀이한다.

계환이 주석하는 근본적인 방법은 화엄종을 토대로 천태법화종天台法華宗의 교법을 조화한 관점이지만, 『법화경』에 대한 풀이이므로 '삼승을 방편으로 드러내어 일승의 진실을 밝힌다.[開三顯一]'라는 가장 보편적인 『법화경』의 이념 또한 곳곳에서 강조하고 있다. 화엄과 천태를 조화한다고 말한 까닭은 양 종 사이의 분명한 차이를 인정하면서도 궁극적으로 무차별을 주장하는 관점이 중심축을 이루고 있기 때문이다.

권1 말미에는 이 경을 독송한 공덕으로 모두 극락에 왕생하여 무량수불을 친견하고 함께 성불할 것을 염원하고, 이어서 이 경전의 공덕은 다른 모든 경을 관통한다는 취지의 발문이 수록되어 있다.

妙法蓮華經卷第七

萬曆九年辛巳四月孟澣日全羅道長興地
迦智山寶林寺開板

供養大施主漢京兩主
布施施主比丘惠敬保
布施施主金亇孫兩主　李明伊兩主
多勿沙里兩主
李億金兩主　黃玉居兩主
朴已文兩主　天真玉軒　雕刻秩
朴風世兩主　靈守仅圓
朴漢孫兩主　雪清圓應
成万伊兩主　仅軒令卜

校正義竹　園市千學
志安　印寛真應
別佐惠海　妙正仅玉
供養主正一　隱菴法清
士峻　自正
錬板道一　士正　金石仇之兩主
木手宝教　幹善化士道葉
本寺住持法真

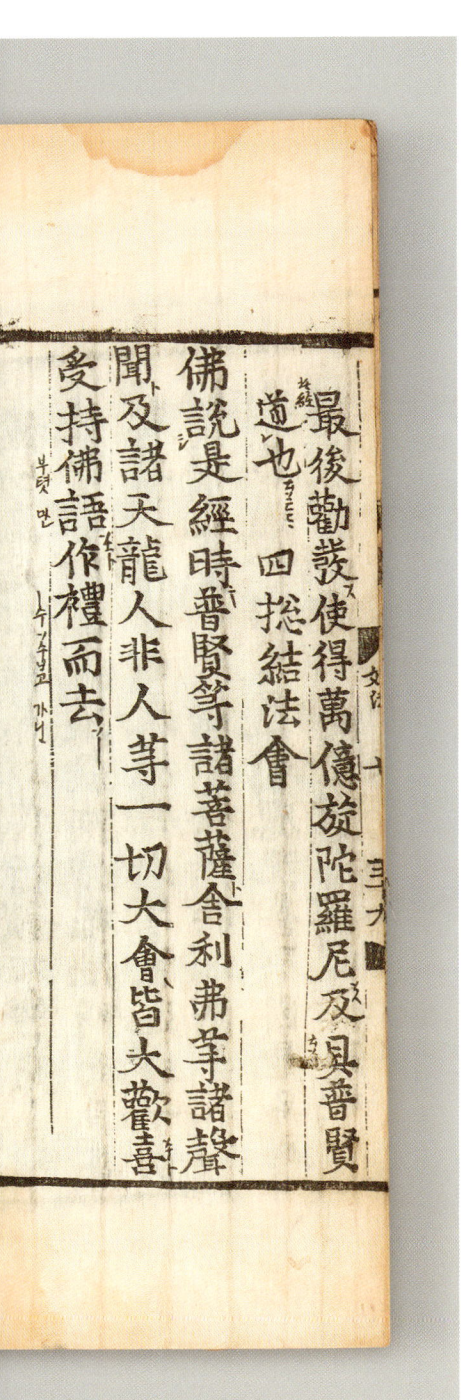

조선 후기 민창도閔昌道가 쓴 「중간염송설화서重刊拈頌說話序」에 계환의 『법화경』 풀이를 두고 '옛 사람들이 삼매를 체험한 눈으로 밝힌 솜씨라 여겼다.'라고 칭송하였다. 『법화경』에 대한 계환의 깊은 이해와 뚜렷한 선맥禪脈이 그 배경이 된다. 화엄종華嚴宗의 교법과 천태종天台宗의 교법을 기반으로 『묘법연화경』의 구절을 주석한 본서 곳곳에는 당시에 유행하던 선사상禪思想의 요소도 적지 않게 스며들어 있다. 선禪·교敎 양 종의 요소를 골고루 갖추고 『묘법연화경』의 각 구절과 그 강요를 밝히고 있다는 점에서 계환의 주석은 단지 이 경전 해석에 한정되지 않고 당시까지 꽃피웠던 불교의 주요 성과를 고루 드러내고 있다고 평가된다.

『묘법연화경』은 조선시대에 가장 많이 간행된 불서이다. 초주갑인자 계통, 을해자 계통, 성달생서본 계통, 대자본 계통 등으로 크게 나뉜다. 본 불서는 1450년(세종 32) 왕실에서 간행한 원간본과 그 번각본으로 형성된 초주갑인자 계통으로 1450년부터 1700년대까지 40여 종이 현전하고 있다. 조영미

주제어
묘법연화경妙法蓮華經, 구마라집鳩摩羅什, 보림사寶林寺

참고문헌
『朝鮮佛敎通史』(CBETA 漢文大藏經 大藏經補編 第31冊, No.0170).
『華嚴經要解』(CBETA 漢文大藏經 卍新續藏 第08冊, No.0238).
『偓溪廣聞禪師語錄』(CBETA 漢文大藏經 卍新續藏 第69冊, No.1368).
『大明三藏法數』(CBETA 漢文大藏經 永樂北藏 第181冊, No.1615).
「重刊拈頌說話序」, 『韓國佛敎全書』 5, 東國大學出版部, 1979.
智冠 編著, 『伽山佛敎大辭林』, 가산불교문화연구원, 1998.
정왕근, 「朝鮮時代 〈妙法蓮華經〉의 板本 硏究」, 중앙대학교 문헌정보학과 박사학위논문, 2012.

# 법집별행록절요병입사기
## 法集別行錄節要并入私記
### Beobjip-byeolhaengnok jeolyo byeong-ipsagi

貴 C04-0036c

| | | |
|---|---|---|
| 서명 | 法集別行錄節要并入私記 | 자부 |
| 저자 | 知訥(高麗) 著 | 子部 |
| 판본 | 木版本 | 26 |
| 발행 | 平安道 祥原, 解脫寺, 宣祖3(1570)刊 | |
| 형태 | 不分卷 1冊; 四周單邊, 半郭 19.0×13.5cm, 無界, 10行21字 小字雙行, 上下內向黑魚尾; 27.2×16.6cm | |
| 주기 | 版心題: 私記 | |

板式: 一葉花紋魚尾 混入, 刻手名 '眞'・'性'(下板口)
刊記: 隆慶四年庚午(1570)五月日 平安道祥原地大靑山解脫寺開板 深谷寺移留
卷末: 大安元年(1209)己巳夏月日 海東曹溪山牧牛子知訥私記
冊尾: 施主秩, 刻手, 供養, 化士
借字口訣(行間 墨書), 補註(書眉 墨書)

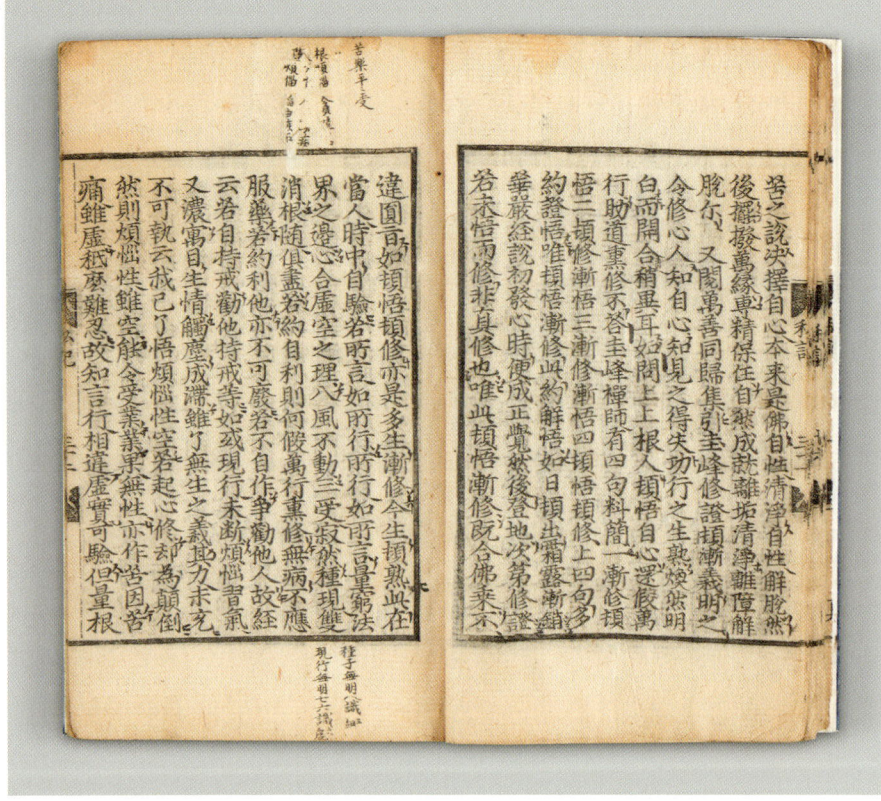

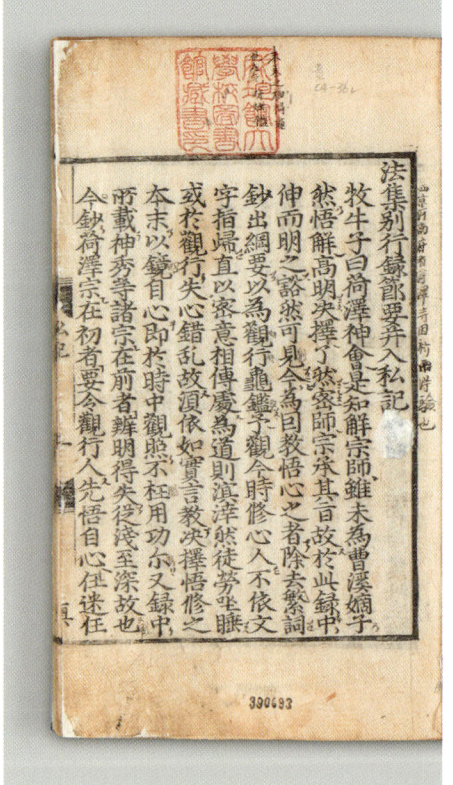

고려의 고승 지눌知訥(1158~1210)이 규봉종밀圭峰宗密(780~841)의 『법집별행록法集別行錄』을 요약하고 자신의 평가와 논의를 붙여 편찬한 책이다. 본서는 1570년(선조 3) 평안도 상원祥原의 해탈사解脫寺에서 간행한 불분권 1책의 목판본이다.

권수제는 '법집별행록절요병입사기法集別行錄節要并入私記', 판심제는 '사기私記'이다. 청색만자모란문靑色卍字牡丹紋 표지表紙에 오침안정법五針眼訂法으로 장황粧䌙하였다. 면지面紙와 내지內紙의 오염도 차이를 통해서 표지를 개장한 것으로 추정한다. 판식은 사주단변四周單邊, 무계無界, 10행 21자, 상하내향흑어미上下內向黑魚尾이다. 권말에 '융경4년 경오년(1570) 5월에 평안도 상원 대청산 해탈사에서 개판하여 심곡사로 옮겨 보관함[隆慶 四年庚午五月日 平安道祥原地大靑山解脫寺開板 深谷寺移留]'이라는 간기가 있다. 경판을 판각한 사찰인 해탈사, 보관하고 간행한 사찰인 심곡사를 별도로 간기에 수록하였다.

권말에 간기와 더불어 화사化士 및 시주자, 각수 등 간행에 참여했던 인물들을 수록하였다. 본문 전체에 차자구결借字口訣을 묵서墨書하였으며, 본문 일부 서미書眉에 보주補註를 묵서墨書하였다.

제목에서 '절요節要'는 지눌이 『법집별행록』에서 간추린 핵심 구절들을 가리킨다. 또 '병입사기幷入私記'는 '지눌의 해설을 아울러 포함시켰다.'라는 뜻이다. 1209년(희종 5)에 나온 본서의 제명은 줄여서 『절요』라고도 한다.

편자인 지눌은 고려 중기 불교계의 타락을 비판하고 결사結社 운동 등으로 혁신을 주창하며 새로운 길을 모색하던 선승禪僧이다. 속성俗姓은 정鄭, 자호는 목우자牧牛子, 시호諡號는 불일보조佛日普照이다. 1165년(의종 19) 나이 여덟에 부모의 허락을 받고 종휘선사宗暉禪師 문하로 출가하였다. 구족계具足戒를 받은 다음부터 특별한 스승의 지도 없이 경론經論을 읽으며 공부했다. 25세에 보제사普濟寺 선담禪談 법회에 참석하여 승과僧科에 합격하였다. 이를 계기로 당시 타락한 불교계의 실태를 개탄하여 10여 도반들과 결사를 맺었다. 그것은 불교를 정화할 목적으로 세속적 명예와 이익을 버리고 산림에 은둔하면서 선정禪定을 익히고 지혜를 고루 갖추는[習定均慧] 수행자의 본분에 충실함을 핵심으로 한다. 42세에 거조사居祖寺에서 송광사松廣寺로 거처를 옮기면서 수선결사修禪結社를 맺었다. 1210년(희종 6) 3월 27일 세수 53세, 법랍 45세로 입적하였다. 저서로 『수심결修心訣』, 『계초심학인문誡初心學人文』, 『화엄론절요華嚴論節要』, 『원돈성불론圓頓成佛論』, 『간화결의론看話決疑論』 등이 있다.

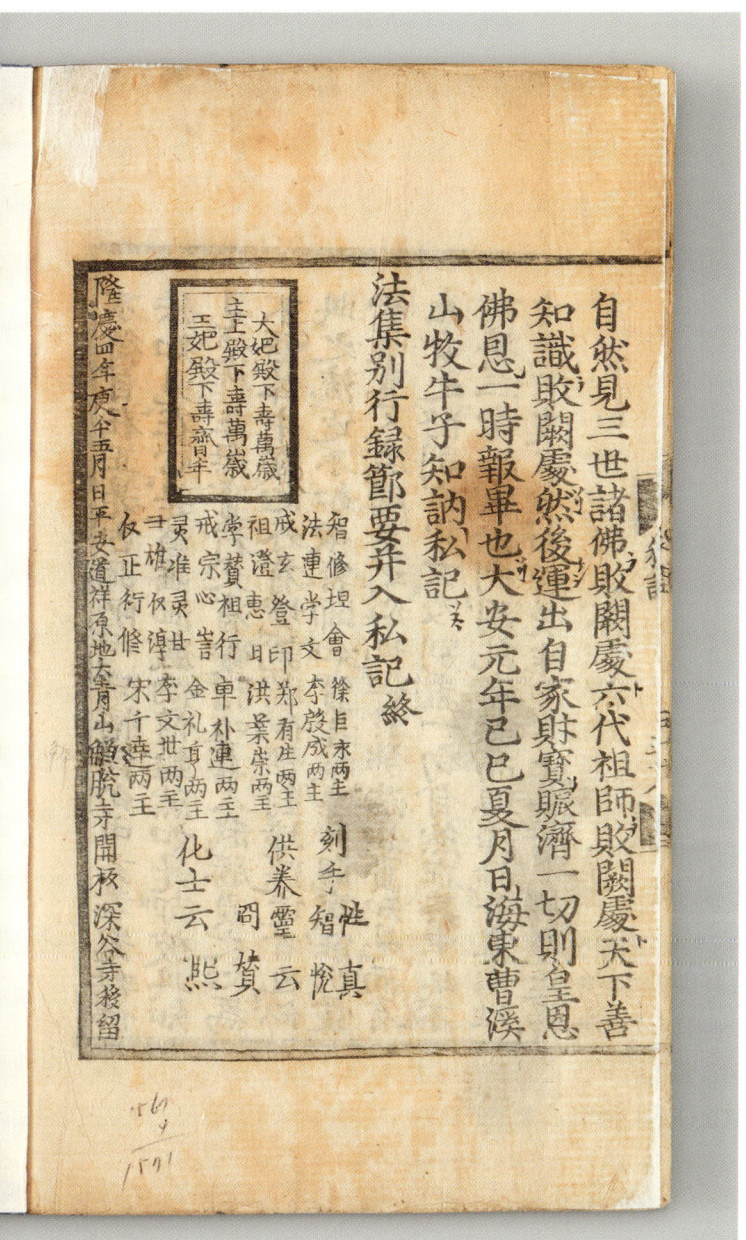

본서의 저본인 『법집별행록』은 종밀이 중국 선종사에서 혜능慧能의 선 사상을 널리 퍼뜨린 하택신회河澤神會의 사상을 드러낼 목적에서 저술한 책이다. 지눌은 종밀의 설을 해설하고 평가하면서 그 시대에 알맞은 수행의 지침을 마련하고자 했다. 기본적으로 선禪과 교教를 아울렀던 종밀과 마찬가지로 그 영향을 받았던 지눌도 그 기조를 현실에 적용했고 그 저술마다 드러내었다. 특히 본서에는 선교통합禪教統合을 지향하지만 선에 뿌리를 두기 때문에 결국은 교를 버리고 선으로 들어간다는 사교입선捨教入禪을 강조한다. 지눌 이후 시대마다 등장하는 선교 일치의 관점은 본서에 의해서 확립되었다고 해도 틀린 말은 아니다. 또한, 본서는 우리나라 전통 강원의 교과목으로서 사집과四集科에 속해 있기도 하다.

조선시대에는 이 책에 다시 해설을 붙인 책이 유통되었는데 대표적으로 회암정혜晦岩定慧의 『법집별행록절요사기해法集別行錄節要私記解』, 연담유일蓮潭有一의 『법집별행록절요과목병입사기法集別行錄節要科目幷入私記』가 있다.

『법집별행록절요병입사기』는 1486년(성종 17) 규봉암圭峰庵 판본이 가장 시기가 이르며, 1537년(중종 32) 신흥사 간행본, 1554년(명종 9) 유점사 간행본 등 현전본은 27종이 넘는다. 1700년대 초까지 간행이 되었으나 주로 16~17세기에 활발한 간행이 이루어졌다. 그중 본서는 1570년(선조 3) 해탈사에서 간행된 책으로, 그 간행 시기가 이른 편에 속하는 중요한 판본이다. 조영미

주제어
법집별행록절요병입사기法集別行錄節要幷入私記, 지눌知訥, 법집별행록法集別行錄

참고문헌
智冠 編著, 『伽山佛教大辭林』, 가산불교문화연구원, 1998.

# 삼경합부
# 三經合部
## Samgyeong hapbu

貴 C04-0043
___

| | | | |
|---|---|---|---|
| 서명 | 三經合部 | 자부 | |
| 저자 | [編者未詳] | 子部 | |
| 판본 | 木版本 | 27 | |
| 발행 | [朝鮮]: [刊寫者未詳], [成宗10(1479)跋] | | |
| 형태 | 佛說大報父母恩重經・佛說長壽滅罪護諸童子陀羅尼經・藥師瑠璃光如來本願功德經 1册: 揷圖; 四周單邊, 半郭 27.8×14.8 cm, 無界, 8行16字, 大黑口, 上下內向黑魚尾; 27.9×18.8 cm | | |
| 주기 | 版心題: 父・長・藥師經 | | |
| | 書名은 原表紙記錄에 依함 | | |
| | 原表紙記錄: 附三經合部 佛說大報父母恩重經 長壽滅罪陁羅尼經 十二願藥師經 | | |
| | [跋](册末, 筆寫): 粤有淸信士尹哲中者 發大善心 立弘誓願 模印地藏經一件 六卷 合部一件 長壽父母恩重藥師經各一件 衣以御帑之帛 裹以紅紗之幅…成化十五年(1479)十月日 住大慈衲無瑕謹跋 | | |
| | 刊記: 景泰二年辛未(1451)八月日開刊(藥師瑠璃光如來本願功德經) | | |
| | 改裝表紙裏面記錄: 咸豊七年丁巳(1857)元月 大寺畓文書券雜物節目成册 | | |
| | 楮紙 | | |

조선 전기에『불설대보부모은중경佛說大報父母恩重經』·『불설장수멸죄호제동자다라니경佛說長壽滅罪護諸童子陁羅尼經』·『약사유리광여래본원공덕경藥師琉璃光如來本願功德經』을 합간合刊한 책이다.

앞면지面紙에는 '삼경합부三經合部'라는 기록이 있다. 판심제는『불설대보부모은중경』의 경우 '부父',『불설장수멸죄호제동자다라니경』은 '장長',『약사유리광여래본원공덕경』은 '약사경藥師經'이다.『부모은중경』과『장수경』의 판식은 계선이 없는 8행 16자인 반면,『약사경』은 계선이 있는 9행 15자의 판식을 지니고 있다. 판심제 작성 방식과 행자수 등을 보았을 때『부모은중경』,『장수경』은 함께 간행되었고,『약사경』은 별도로 간행되었는데 이를 합철하였을 가능성이 높다. 또한『약사경』의 뒷면에만『약사경』본문과 같은 서체로 작성된 '경태景泰 2년 신미辛未(1451년) 8월에 개판. 대시주大施主 명빈明嬪 김씨金氏'라는 간기가 있어서 간행 시기도『약사경』의 간행 시기일 가능성이 있다.

『불설대보부모은중경』권수제면에는 '책주冊主 청파淸波'라는 장서기가 있다.『불설대보부모은중경』에는 묵서墨書가 있는데, 차자구결借字口訣이 주로 필사되어 있고 한글구결 또한 곳곳에 보인다. 서미書眉에는 한글 어석語釋 및 언해가 필사되어 있다.

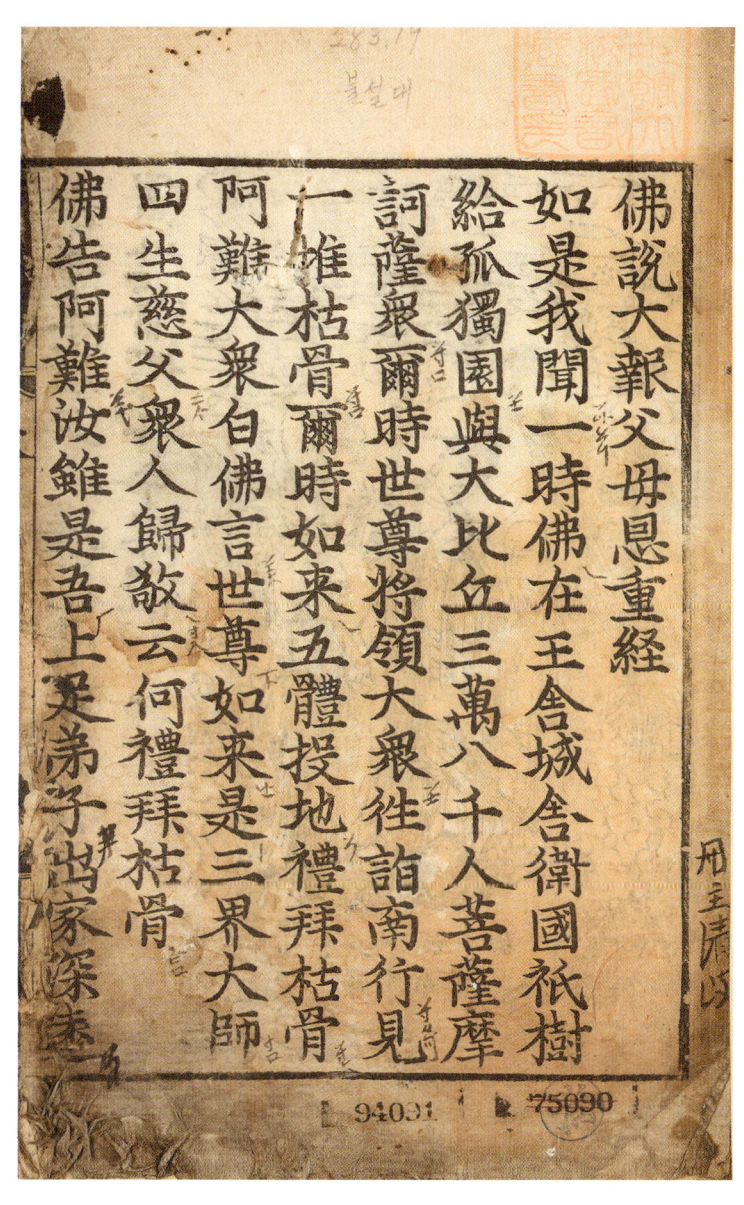

본서의 권말에는 승려 무하無瑕가 1479년(성종 10)에 쓴 발문이 필사되어 있다. 발문에는 세 경서를 합간하며 서원한 청신사淸信士 윤철중尹哲中의 바람을 적고 있다. 발문 내용에 의하면 당시 『지장경地藏經』 1건, 『육권합부六卷合部』 1건, 『장수경』·『부모은중경』·『약사경』 각 1건을 간행하여 어탕御帑의 비단[帛]을 이용하여 책의冊衣를 갖추고 홍사紅紗의 폭으로 감싸 제작한 책이다. 아울러 이 경서들을 합간하여 모든 사문들에게 보시하고 그 공덕으로 육친이 그 가피加被를 입어 극락인 안양국安養國에 왕생하기를 기원하고 있다. 본서의 뒤표지에 푸른 비단 일부가 남아 있어서 당시 왕실에서 제작한 흔적을 확인할 수 있다. 발문의 작성 시기를 통해서 볼 때 기존에 간행된 불서들을 1479년에 다시 인출하여 장황하고 발문을 남긴 것으로 보인다.

명빈김씨는 이미 1432년에 발원하여 『부모은중경』과 『장수경』을 합간한 적이 있다. 1432년(세종 14) 합간본은 흑석사에 소장되어 있으며 존경각 소장본과는 판식이 다른 형태이다. 다만, 이중 『장수경』 권수卷首의 2면은 당시 1432년에 간행한 『장수경』의 일부분으로 뒷부분과 판심 및 행자수가 다르다. 제3면부터의 『장수경』은 1562년(명종 17) 광흥사廣興寺 간행본의 저본으로 보이는데, 지금까지 확인되지 않았던 판본이다. 필사한 발문의 작성 시기인 1479년 10월은 이미 명빈김씨가 세상을 떠난 후이므로 1451년(문종 1)에 간행되었다고 보기는 어려우며, 명빈김씨가 생전에 발원하여 간행한 불서를 모아서 인출 및 합철했을 것으로 보인다.

한역자 미상의 『불설대보부모은중경』은 『부모은중경』이라고도 하며, 유교 문화를 기반으로 하는 중국에서 지어낸 위경僞經이라는 의혹이 짙지만, 인도 찬술이라 해도 효孝를 중시하는 중국에 틀림없이 큰 영향을 주었을 것이다. 이 경을 선별한 이유는 왕가에도 효가 절실한 문제일 수밖에 없었기 때문이다. 『장수멸죄다라니경』의 온전한 제목은 『불설장수멸죄호제동자다라니경佛說長壽滅罪護諸童子陀羅尼經』이고 한역자는 불타파리佛陀波利(Buddhapālita)이다. 병을 다스려 장수하도록 이끄는 다라니와 지은 죄업을 소멸하는 방법 등을 주제로 한다. 현장玄奘이 한역한 『십이원약사경』의 원제목은 『약사유리광여래본원공덕경藥師琉璃光如來本願功德經』이다. 이 경전은 약사유리광여래가 계시는 정토淨土를 묘사하고 있으며, 중생이 겪는 갖가지 액난과 아홉 가지 횡사橫死도 이 여래의 명호名號를 외우고 경전을 독송하면 면할 수 있고, 임종 직전에 이를 시행하면 그 정토에 왕생할 수 있다고 전한다.

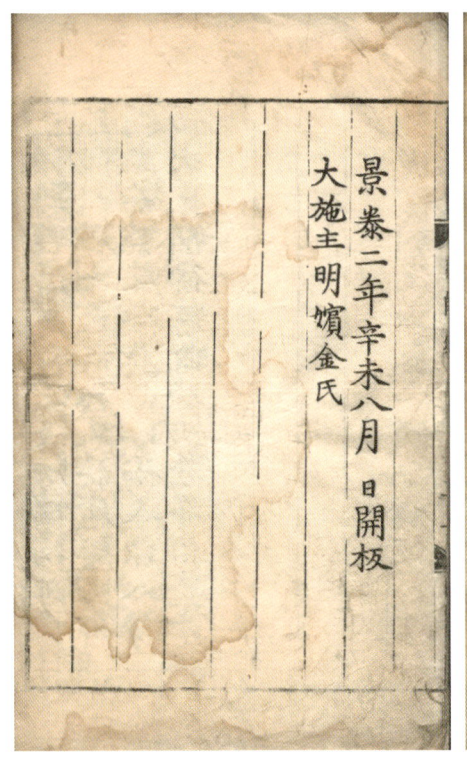
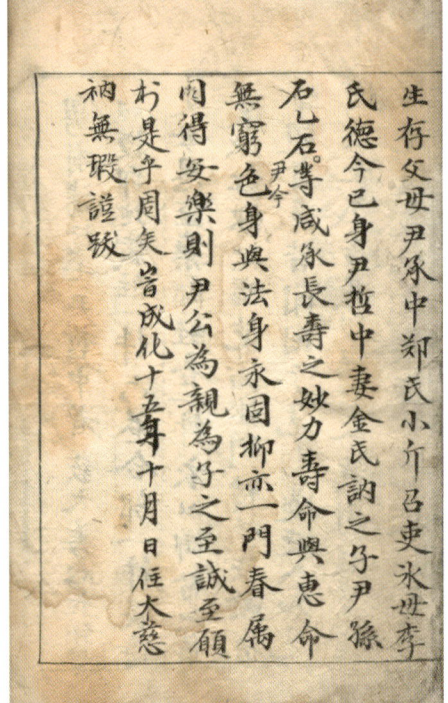

하나로 엮은 이들 세 경전에는 서로 연결되는 특성이 있다. 가족 관계의 주요 덕목인 효행을 비롯하여 장수와 건강의 토대가 되는 도덕률 그리고 죽은 뒤에 오는 극락정토 등 세속의 공통 관심사에서 하나의 부수로 합철하였으리라 추정할 수 있다. 가장 기본적인 삶의 괴로움에 속하는 병과 죽음을 비롯하여 고통과 갈등을 유발하는 온갖 비행 그리고 그것을 극복하는 비법과 죽음 이후의 세계가 생전의 언행과 맺고 있는 인과 관계의 양상 등이 주로 수록되어 있는 경전들이다. 이러한 제반 문제를 타개해 나가는 해법을 수행이나 심오한 교리를 깨달음으로써 성취하는 자각의 방식이 아니라 다분히 의타적 세계로 제시된 하화중생下化衆生의 쉬운 방편으로 열어 준 경전을 선별했다고 평가할 수 있다. 조영미

주제어
불설대보부모은중경佛說大報父母恩重經, 불설장수멸죄호제동자다라니경佛說長壽滅罪護諸童子陀羅尼經, 약사유리광여래본원공덕경藥師瑠璃光如來本願功德經, 십이원약사경十二願藥師經, 삼경합부三經合部, 육권합부六卷合部, 육경합부六經合部, 지장경地藏經

참고문헌
『大唐西域記』(CBETA 漢文大藏經 大正藏 第51冊, No.2087).
『續高僧傳』(CBETA 漢文大藏經 大正藏 第50冊, No.2060).
慈怡 主編,『佛光大辭典』, 北京圖書館出版社, 1989.
智冠 編著,『伽山佛敎大辭林』, 가산불교문화연구원, 1998.

| | | |
|---|---|---|
| 서명 | 禪源諸詮集都序 | 자부 |
| 저자 | 宗密(唐) 述 | 子部 |
| 판본 | 木版本 | 28 |
| 발행 | 全羅道 高山(完州): 花岩寺, 成宗24(1493)重刊 | |
| 형태 | 禪源諸詮集都序 上下卷, 發心修行章, 合1冊 ; 揷圖 ; 四周單邊, 半郭 19.0×13.3 cm, 無界, 10行20字 小字雙行, 上下內向黑魚尾 ; 27.8×17.0 cm | |
| 주기 | 跋: 大叟謹跋 | |
| | 刊記: 弘治六年癸丑(1493)七月 全羅道高山地佛名山花岩寺重刊 | |
| | 合刊: 發心修行章(元曉) | |
| | 楮紙 | |

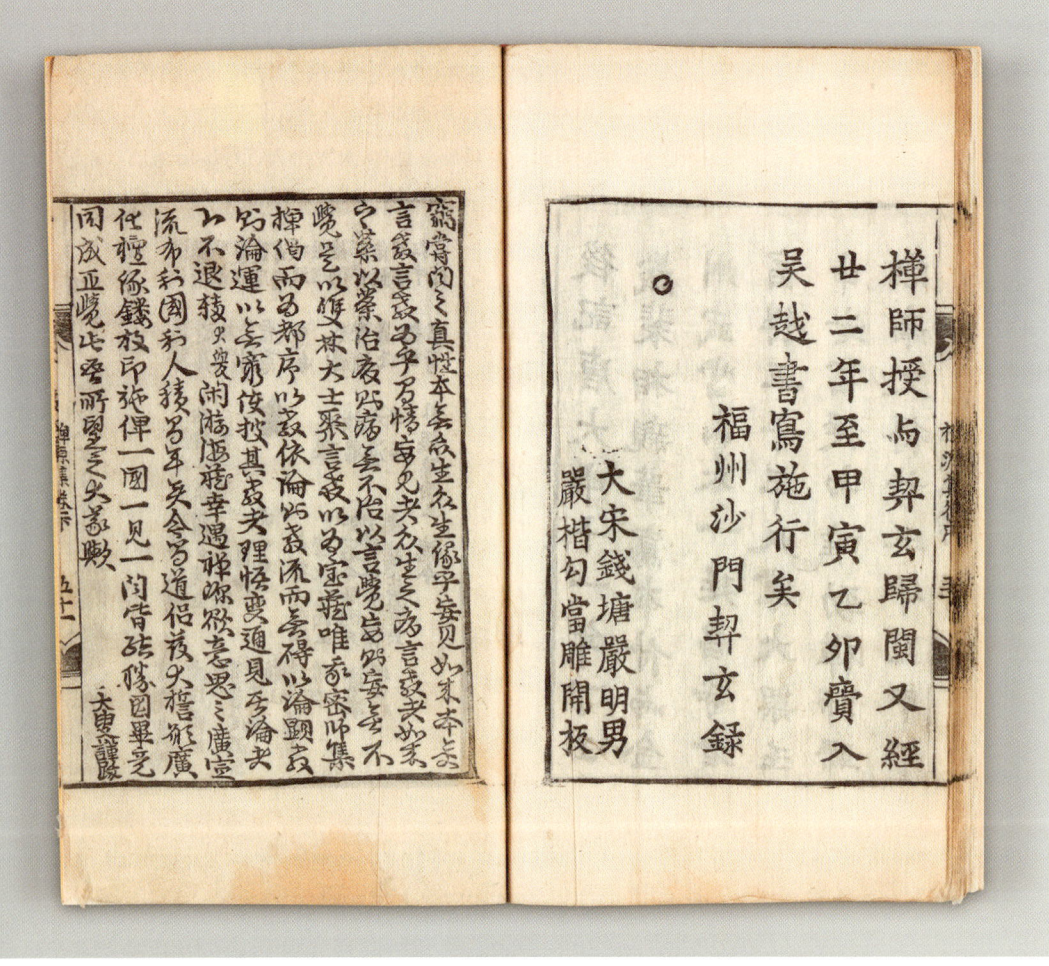

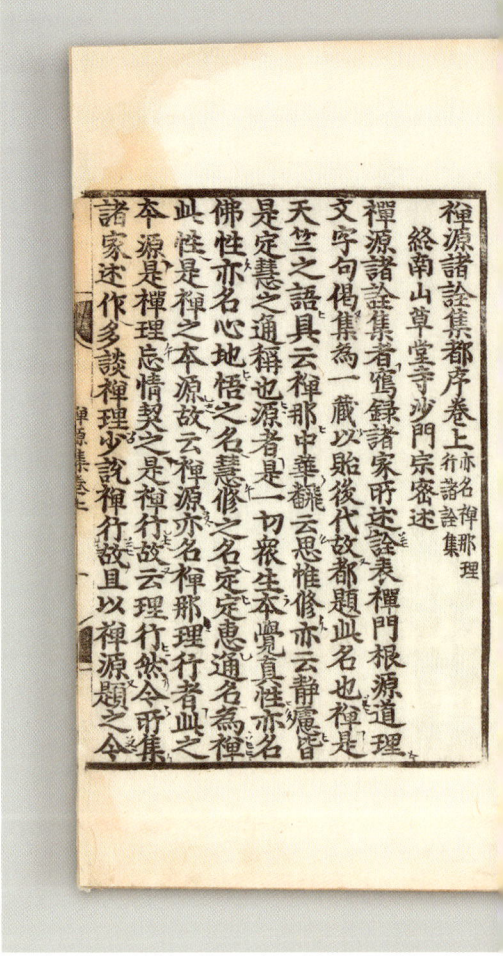

당나라의 고승 규봉종밀圭峯宗密(780~841)이 지은 『선원제전집도서禪源諸詮集都序』와 신라 고승 원효元曉
(617~686)가 지은 불교 입문서 『발심수행장發心修行章』을 합간合刊한 책이다. 본서는 1493년(성종 24) 전라도
완주完州 화암사花岩寺에서 중간重刊한 2권 1책의 목판본이다.

권수제와 표제는 '선원제전집도서禪源諸詮集都序', 판심제는 '선원집禪源集'이다. 황색만자문표지黃色卍字紋表紙에
오침안정법五針眼訂法으로 장황粧䌙하였다. 면지面紙와 내지內紙의 오염도 차이를 통해서 표지를 개장한 것
으로 추정한다. 판식은 사주단변四周單邊, 무계無界, 10행 20자, 상하내향흑어미上下內向黑魚尾이다. 권하의
말미에 '홍치6년 계축년(1493) 7월에 전라도 고산 불명산 화암사에서 중간함弘治六年癸丑七月有日 全羅道高山地
佛名山花岩寺重刊'이라는 간기가 있다.

본문 일부에 도표圖表를 수록하였으며, 권말에 원효元曉가 편찬한 『발심수행장發心修行章』을 함께 수록하였다. 권하의 말미에 간기와 더불어 서사書寫 및 시주자 등 간행에 참여했던 인물들을 수록하였다. 본문 전체에 차자구결 借字口訣을 묵서墨書하였으며, 본문 일부 서미書眉에 보주補註를 묵서하였다.

규봉종밀은 규산대사圭山大師라고도 불리며 시호는 정혜선사定慧禪師이다. 청량징관淸涼澄觀의 법을 이은 중국 화엄종 5조이자 선종 종파로는 하택종荷澤宗에 속한다. 어려서부터 유학과 불교를 수학하였다. 당나라 헌종대인 807년 (元和 2)에 과거시험을 보러 가는 길에 수주遂州에서 도원화상道圓和尙의 설법을 듣고 출가하여 구족계를 받았다. 도원의 권유로 정중사淨衆寺 신회神會의 제자 남인선사南印禪師와 낙양 보국사報國寺의 신조神照를 배알하였으며, 810년 (元和 5)에 징관 문하로 들어가 화엄 교학을 배웠다. 841년(會昌 1)에 홍복탑원興福塔院에서 입적하였다. 저술로는 유교와 도교의 망집妄執을 타파하고 인류의 본원을 궁구한 『원인론原人論』을 비롯하여 『우란분경소盂蘭盆經疏』, 『화엄경윤관華嚴經綸貫』, 『원각경대소석의초圓覺經大疏釋義抄』, 『금강반야경소론찬요金剛般若經疏論纂要』, 『기신론소주 起信論疏注』, 『주화엄법계관문注華嚴法界觀門』, 『중화전심지선문사자승습도中華傳心地禪門師資襲圖』 등이 있다.
원효의 속성俗姓은 설薛, 아명은 서당誓幢, 또 다른 이름[第名]은 신당新幢이다. 그의 전기는 『송고승전宋高僧傳』· 『삼국유사三國遺事』· 『동사열전東師列傳』 등에 전하며, 「고선사서당화상비高仙寺誓幢和上碑」에 그의 일대기가 기록되어 있다. 신라 압량군押梁郡의 남쪽, 불지촌佛地村의 북쪽에서 태어났다. 출가 후에 집을 희사喜捨하여 초개初開라는 절로 만들었다. 태양과 같은 부처님의 지혜를 비로소 비춘다라는 뜻에서 자칭 '원효元曉'라 하였다. 저술로는 『화엄경소 華嚴經疏』· 『금강삼매경소金剛三昧經疏』· 『대승기신론大乘起信論』· 『십문화쟁론十門和諍論』 등이 있다.

『선원제전집도서』는 『선나이행제전집禪那理行諸詮集』이라고도 하며 『도서』라 약칭한다. 선종禪宗 제가諸家의 저술 가운데서 선문禪門의 현의玄義에 관한 언구와 게송偈頌을 모은 책으로 원래는 100권이었으나 회창법난會昌法難과 당말오대唐末五代의 난 때 일실되고 『선원제전집도서』만 남아 전한다.
권수卷首에는 홍주자사겸어사중승洪州刺史兼御史中丞 배휴裴休가 쓴 「선원제전집도서서禪源諸詮集都序」가 실려 있다. 권상 권수제 하단에는 '선나이행제전집禪那理行諸詮集이라고도 한다.'라는 주석을 두었고 다음 행에 '종남산終南山 초당사草堂寺 사문종밀술沙門宗密述' 이라는 저자와 역할어를 밝히고 있다. 본문에서는 우선 제목을 설명하고, 선禪· 교敎 양종을 조화시키기 위함이라는 이 책의 편찬 동기를 밝히고 있다.
상권에서는 5종선種禪을 분류하고, 선종의 세 종파인 식망수심종息忘修心宗· 민절무기종泯絕無寄宗· 즉현심성종卽顯心 性宗을 교종의 세 종파인 밀의의성설상교密意依性說相敎· 밀의파상현성교密意破相顯性敎· 현시진심즉성교顯示眞心卽性敎와 대비하고 화합하여 설명하였다. 하권에서는 선종의 3종파를 구체적으로 분석하여 심불心佛과 선교를 고요히 잊으면 생각마다 부처이고 구절마다 모두 선이며, 선과 교의 양교가 모두 부처를 이루는 행문行門임을 밝혀놓았다.
계현契玄의 후기에 의하면 '당나라 대중大中 11년(857)에 상국 배휴가 친히 필사한 본은 금주金州 무당산武當山 태일 연창사太一延昌寺의 노숙老宿에게 주었고 이것이 유경선사唯勁禪師를 거쳐 934년(淸泰 1)에 계현이 얻어 954~955년 (保大 12~13)에 오월吳越에 가지고 들어가서 서사하였다.'고 되어 있다. 이 무렵 간행된 송판본은 상하 2권본 『도서』의 모본이 되며, 이후 4권으로 분권分卷된 명장본明藏本 등이 간행되었다. 우리나라에는 10세기 말에 전래되어 명장본이 들어오기 전까지 주로 이 송판본을 저본으로 하여 간행 유통되었다. 존경각본 역시 송판본을 저본으로 하고 있다. 말미에는 대수大叟의 발문이 초서체로 실려 있다.

모두 706자에 4언의 구로 이루어져 있는 『발심수행장』은 출가한 초학자에게 불도를 믿고 행하려는 마음을 일으켜 수행에 힘쓸 것을 권하는 글이다. 우리나라 불교전문강원의 한 수학 과정인 사미과沙彌科의 필수 과목 중 하나 이다. 발심은 발보리심發菩提心 또는 발원심發願心의 약칭이다. 도심道心을 발하여 보리를 구하고자 하는 마음을 일으킨다는 뜻이며, 불도를 성취하고 갖는 최초의 생각이다. 원효는 이 글에서 사대四大로 이루어진 육신은 무상 하며 백 년이란 세월도 잠시라는 점을 일깨워 수행에 힘쓸 것을 강조한다. 불도를 성취하기 위해 닦아야 하는 수행 조목인 육바라밀六波羅蜜을 순서대로 모두 들고 있지는 않지만 초학자의 핵심 수행법인 육바라밀의 정신이 구절마다 녹아 있다.

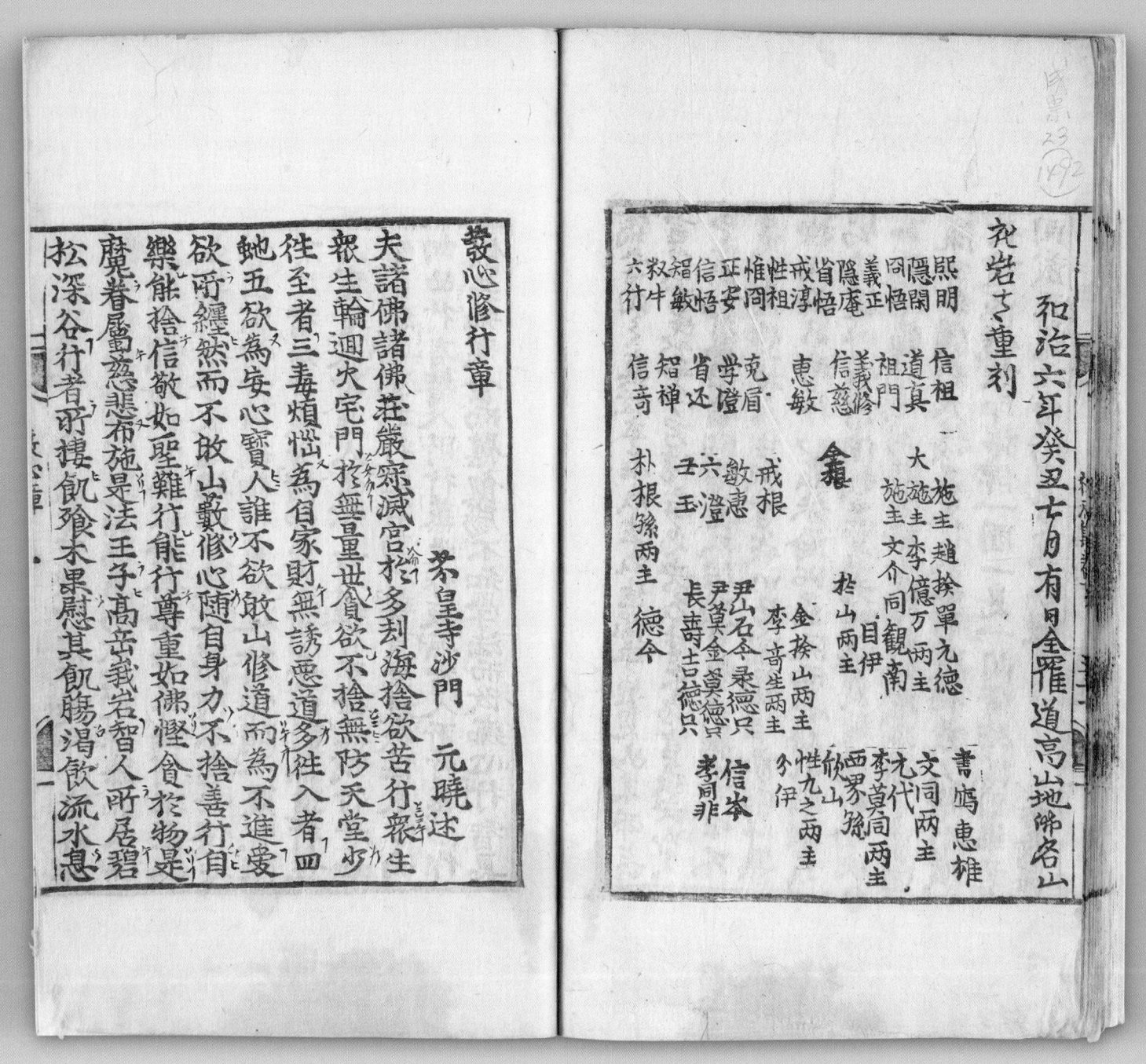

『도서』는 교가와 선가가 한쪽으로만 치우쳐 있던 것을 조화하기 위한 목적에서 만들어진 책으로서 교와 선에 돈점頓漸이 모두 들어 있음을 밝힌 교선일치 사상의 체계적 논서이다. 『도서』는 조선 중기 이후 우리 나라 불교 강원의 사집과四集科 과목으로 채택되어 오늘날까지 필수과목 교재로 사용되고 있다. 존경각본은 우리나라에 남아 있는 판본 가운데 비교적 이른 시기에 간행된 판본으로서 이후 『도서』의 유통과 보급에 많은 영향을 끼쳤다.

『발심수행장』은 지눌知訥의 『계초심학인문誡初心學人文』, 야운野雲의 『자경문自警文』 등과 함께 초학자에게 수행의 길잡이 역할을 하였다. 이 세 책을 합본한 『초발심자경初發心自警』을 간행해 불교 입문 교재로도 활발히 사용하였으며 지금까지도 여전히 필수 교재의 지위를 유지하고 있다는 점에서 한국 불교의 대표

저작이라 할 만하다. 1233년(고종 20)에 간행된 것을 비롯하여 여러 차례 간행되었으며 16세기에는 언해한 『발심수행장언해發心修行章諺解』가 간행되는 등, 이 책의 비중을 짐작할 수 있다. 조영미

주제어
규봉종밀圭峯宗密, 선원제전집도서禪源諸詮集都序, 선나이행제전집禪那理行諸詮集, 원효元曉, 발심수행장發心修行章

참고문헌
『禪源諸詮集都序』(CBETA 漢文大藏經 大正藏 第48冊, No.2015).
『宋高僧傳』(CBETA 漢文大藏經 大正藏 第50冊, No.2061).
『三國遺事』, 『韓國佛敎全書』6, 東國大學出版部, 1979.
『東師列傳』『韓國佛敎全書』10, 東國大學出版部, 1979.
智冠 編著, 『伽山佛敎大辭林』, 가산불교문화연구원, 1998.
慈怡 主編, 『佛光大辭典』, 北京圖書館出版社, 1989.
서수정, 「『禪源諸詮集都序』의 간행과 유통판본 고찰」, 『한국불교학』59, 한국불교학회, 2011.

| 서명 | 水陸無遮平等齋儀撮要 | 자부 |
|---|---|---|
| 저자 | [編者未詳] | 子部 |
| 판본 | 木版本 | 29 |
| 발행 | 全羅道 順天: 大光寺, 中宗9(1514)刊 | |

형태　不分卷 1冊: 揷圖; 四周雙邊, 半郭 23.5×16.4cm, 無界, 8行17字 小字雙行, 大黑口,
　　　上下內向黑魚尾; 31.2×19.9 cm

주기　版心題: 水
　　　刊記: 正德九年甲戌(1514)正月日 全羅道順天地母後山大光寺開板
　　　楮紙

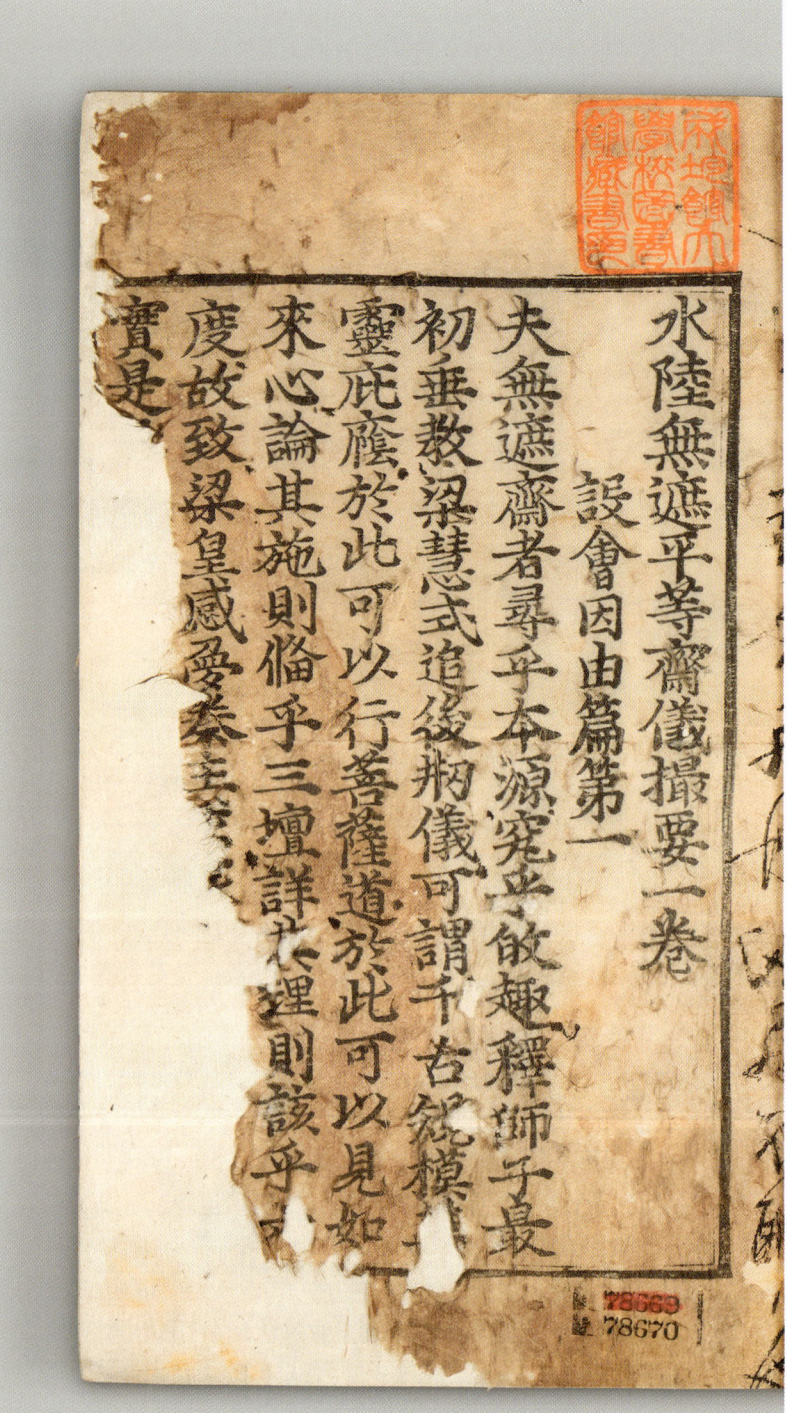
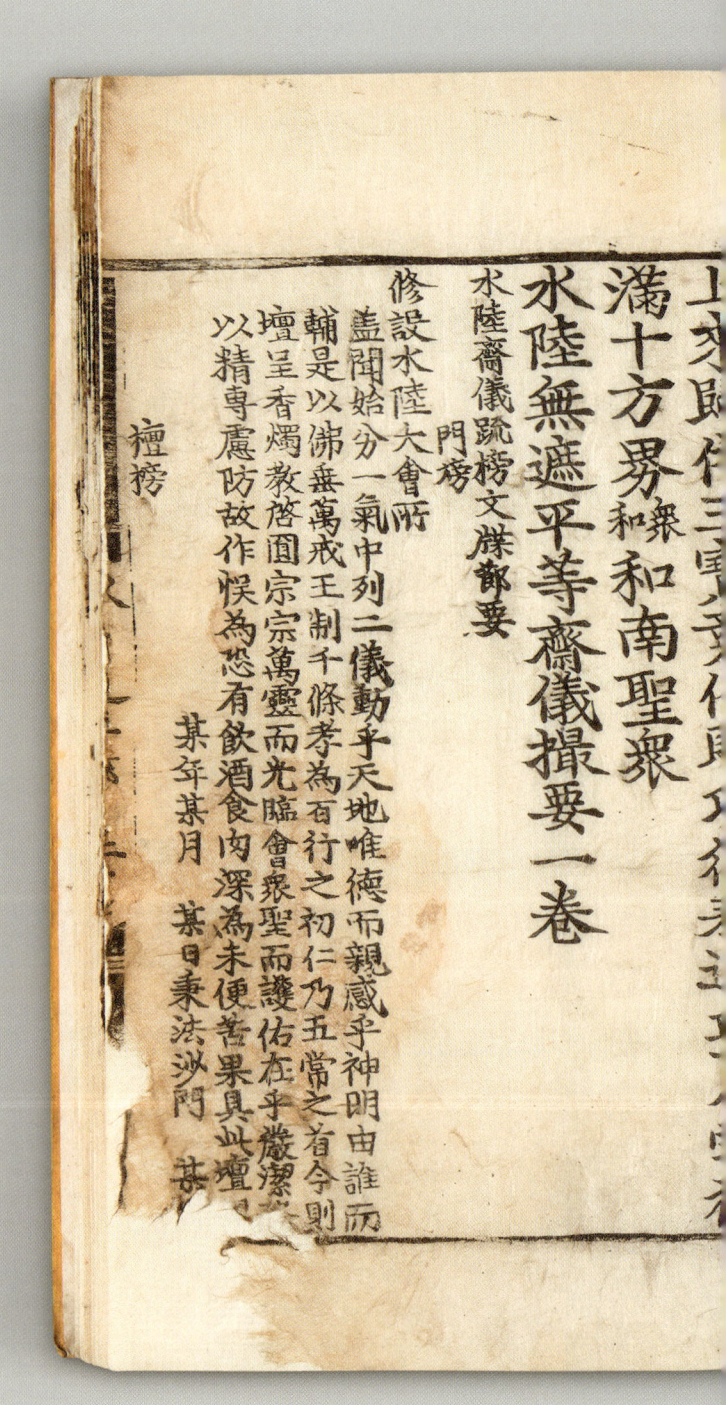

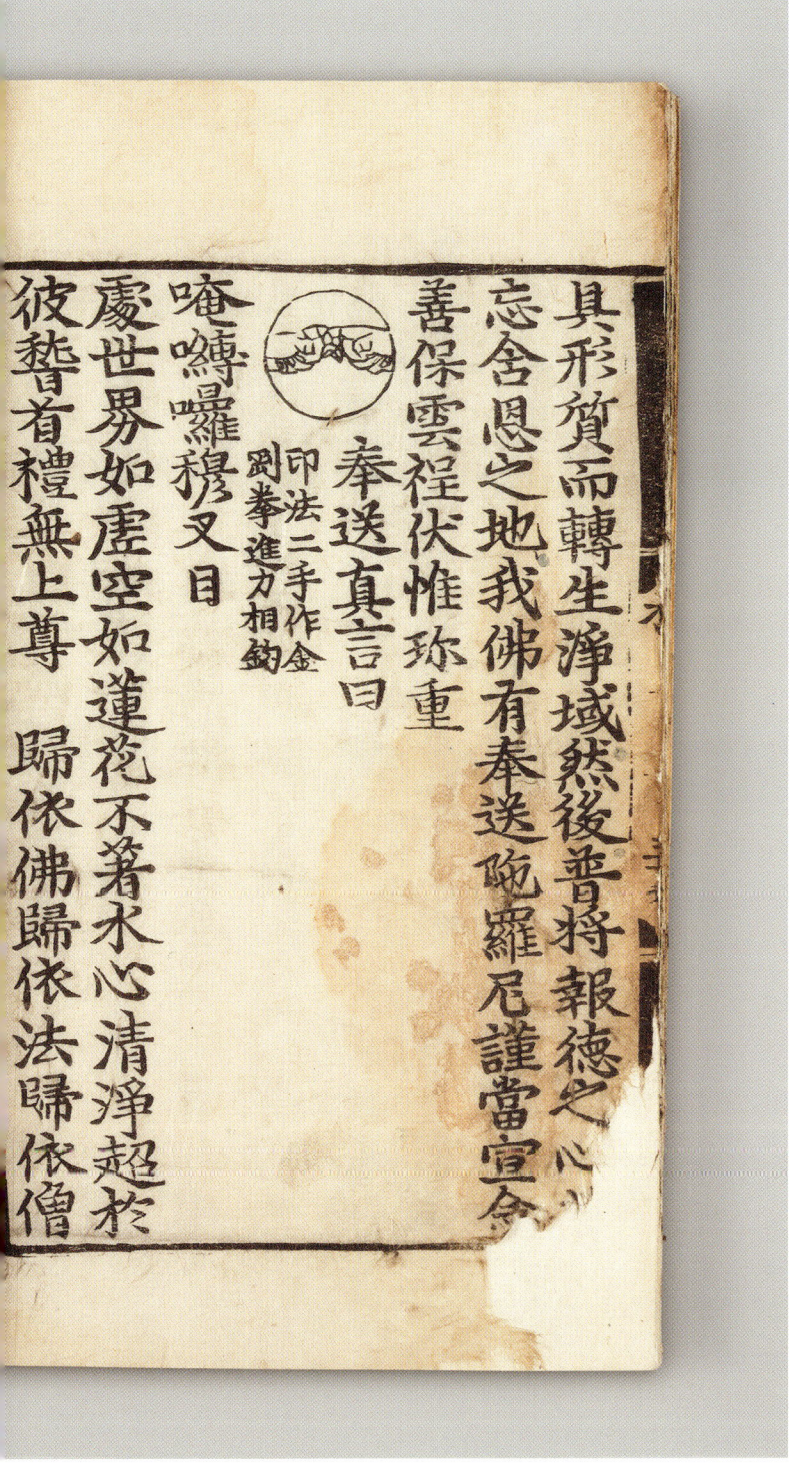

수륙재水陸齋라는 의식과 그 절차의 핵심을 가려 뽑은 의례서이다. 본서는 1514년(중종 9) 전라도 순천順天 모후산母後山 대광사大光寺에서 간행한 책이다.

불분권 1책의 목판본이다. 권수제는 '수륙무차평등재의촬요水陸無遮平等齋儀撮要', 판심제는 '수水'이다. 황색만자문표지黃色卍字紋表紙에 오침안정법五針眼訂法으로 장황粧䌙하였다. 면지面紙와 내지內紙의 오염도 차이를 통해서 표지를 개장한 것으로 추정한다. 판식은 사주쌍변四周雙邊, 무계無界, 8행 17자, 상하대흑구上下大黑口, 상하내향흑어미上下內向黑魚尾이다. 부록에 해당하는 「수륙재의소방문첩절요水陸齋儀疏榜文牒節要」는 15행 26자이다. 본문 중간에 각 진언眞言 및 의식과 관련한 수인手印을 그림으로 표현하여 수록하였다. 권말에 '정덕9년 갑술년(1514) 1월에 전라도 순천 모후산 대광사에서 개판함[正德九年甲戌正月日 全羅道順天地母後山大光寺開板]'이라는 간기와 더불어 발원문發願文, 간선幹善 및 시주자 등 간행에 참여했던 인물들을 수록하였다. 본서는 중봉中縫 및 판심 하단 부분이 대부분 훼손되어 보존 처리를 통해 보강한 것을 확인할 수 있다.

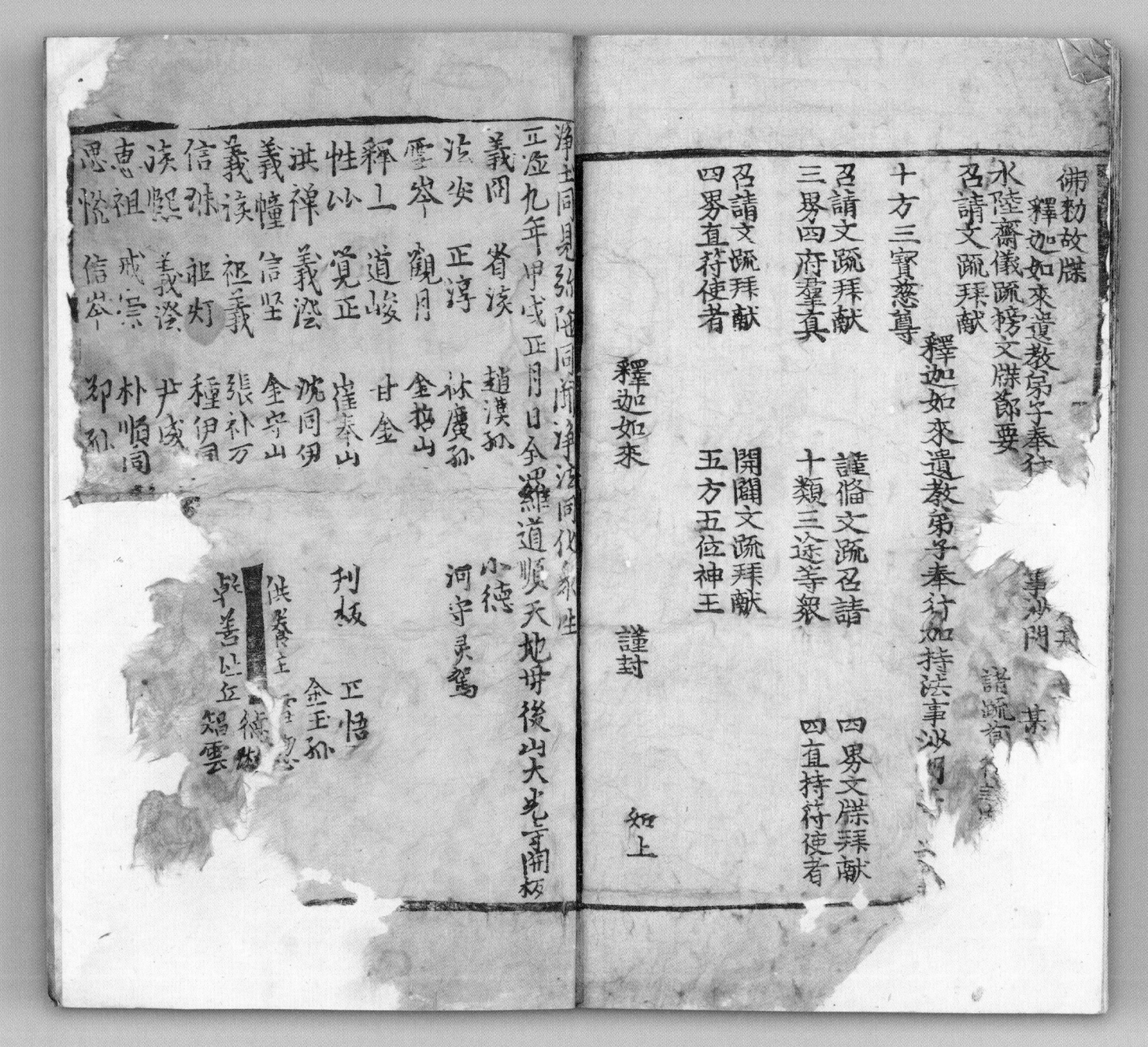

'수륙水陸'이란 물과 뭍에 사는 모든 중생을 통칭한다. 시방법계十方法界 중에서 불佛·성문聲聞·연각緣覺·보살菩薩 등 청정한 사성四聖은 씻어 내는 기능을 지닌 물[水]에 비유하고, 천도天道·인도人道·수라修羅·방생傍生·아귀餓鬼·지옥地獄 등 여섯 부류의 범부[六凡]는 번뇌에 오염되고 먼지로 덮인 육지[陸]에 비유한다.

수륙재는 바라문婆羅門과 선인仙人을 '물'로, 아귀餓鬼는 '육지'를 대표하는 존재로 상징화하여 수륙 모든 곳의 성인이나 범부에게 평등하게 공양을 베푸는 의식이다. 『구발염구아귀다라니경救拔焰口餓鬼陀羅尼經』과 『구면연아귀다라니신주경救面然餓鬼陀羅尼神呪經』 등의 경전에 근거한 불교 의례로, 여기에는 아난阿難의 꿈에 아귀가 나타나 음식을 구하자 아난이 음식을 베푼다는 이야기가 나온다. 수륙재의 본래 명칭은 '법계성범

| 순서 | 편목篇目 |
|---|---|
| 1 | 設會因由篇 |
| 2 | 嚴淨八方篇 |
| 3 | 發菩提心篇 |
| 4 | 呪香通序篇 |
| 5 | 呪香供養篇 |
| 6 | 召請使者篇 |
| 7 | 安位供養篇 |
| 8 | 奉送使者篇 |
| 9 | 開闢五方篇 |
| 10 | 安位供養篇 |
| 11 | 召請上位篇 |
| 12 | 獻座安位篇 |
| 13 | 普禮三寶篇 |
| 14 | 召請中位篇 |
| 15 | 天仙禮聖篇 |
| 16 | 獻座安位篇 |
| 17 | 召請下位篇 |
| 18 | 引詣香浴篇 |
| 19 | 加持澡浴篇 |
| 20 | 加持化衣篇 |
| 21 | 出浴參聖篇 |
| 22 | 加持禮聖篇 |
| 23 | 受位安座篇 |
| 24 | 加持變供篇 |
| 25 | 宣揚聖號篇 |
| 26 | 說示因緣篇 |
| 27 | 宣密加持篇 |
| 28 | 呪食現功篇 |
| 29 | 孤魂受饗篇 |
| 30 | 懺除業障篇 |
| 31 | 發四弘誓篇 |
| 32 | 捨邪歸正篇 |
| 33 | 釋相護持篇 |
| 34 | 修行六度篇 |
| 35 | 觀行偈讚篇 |
| 36 | 廻向偈讚篇 |
| 37 | 奉送六道篇 |

수륙보도대재승회法界聖凡水陸普度大齋勝會'로, 아귀를 구제할 목적에서 법식을 베푼다는 맥락에서 '시아귀회施餓鬼會'라고도 하고, '수륙법회水陸法會'·'수륙도량水陸道場'·'비제회悲濟會'라고도 일컫는다. 우리나라에서는 기록상 968년(광종 19)에 처음 시행하였다는 기사가 『고려사高麗史』권2 세가世家 2에 나온다. 조선시대에도 수륙재는 지속되었고, 특히 임진왜란 이후 망자를 위해 빈번하게 설행되었다.

『수륙무차평등재의촬요』는 수륙재 의식의 요지를 뽑아서 구성한 책으로, 1448년(세종 30) 순안順安 법흥사法興寺 간본을 시작으로 1694년(숙종 20) 합천 해인사 간본에 이르기까지 총 43차례 개간되었다. 그만큼 불교계에서 수륙재를 시행할 때 전범이 되는 책으로 간주되었다.

본서의 구성을 보면, 먼저 수륙재를 베풀어 시행하게 된 인연을 밝히는 설회인유편設會因由篇을 시작으로 법회에 참석한 육도중생을 배웅하여 그들의 본래 자리로 보내드리는 제37 봉송육도편奉送六道篇까지 의식의 절차에 따르는 문구를 순서대로 수록하였다. 각 의식문에는 63종의 진언眞言이 붙어 있고, 그 각각의 진언에는 수인手印의 도상을 나타내고 하단에는 수인하는 작법[印法]을 상세하게 묘사하고 있다.
본서는 다음과 같은 순서로 구성되어 있다.
본문에 이어 부록인 「수륙재의소방문첩절요」가 수록되어 있다. 그 내용은 문방門榜, 단방壇榜, 욕실방浴室榜, 간경방看經榜, 소청사자소召請使者疏, 개통오로소開通五路疏, 상위소上位疏, 중위소中位疏, 하위소下位疏, 원만회향소圓滿廻向疏, 행첩行牒 등이다.

본서는 불교의 대표적인 의식과 그 도리를 담은 수륙재를 시행하는 구체적인 방법을 제시하고, 그 내용을 풀이한 의례문의 전형을 보인다. 특히 우리나라 수륙재의 특징을 밝히는 자료로서 귀중한 가치를 지니고 있다. 조영미

주제어
수륙무차평등재의촬요水陸無遮平等齋儀撮要, 수륙재水陸齋, 시아귀회施餓鬼會

참고문헌
『佛祖統紀』(CBETA 漢文大藏經 大正藏 第49册, No.2035).
彌燈 譯, 『수륙무차평등재의촬요』, 불광출판사, 2022.

| | |
|---|---|
| 서명 | 儒釋質義論 |
| 저자 | [涵虛得通(朝鮮)] 著 |
| 판본 | 木版本 |
| 발행 | 全羅道 興德縣: 烟起寺, 中宗32(1537)刊 |
| 형태 | 上下卷 1冊: 四周單邊, 半郭 20.0×13.8cm, 無界, 10行20字, 大黑口, 上下內向黑魚尾; 28.4×17.5cm |
| 주기 | 版心題: 質, 表題: 質義論 |
| | 刊記: 嘉靖十六年丁酉歲(1537) 興德縣逍遙山烟起寺開刊 |
| | 冊末: 刊行秩(法師默信 等), 刊手(信眉), 鍊板, 供養, 化士 |
| | 板式: 一葉花紋魚尾 混入, 施主秩 '義雄'·'德熙' 等(欄外 板刻) |
| | 墨書: 藏書記 '彌白堂 守嘿子'(表紙 右下段), 借字口訣(行間), 補註(書眉) |
| | 印記: [無量壽佛法寶] |
| | 楮紙 |

자부

子部

30

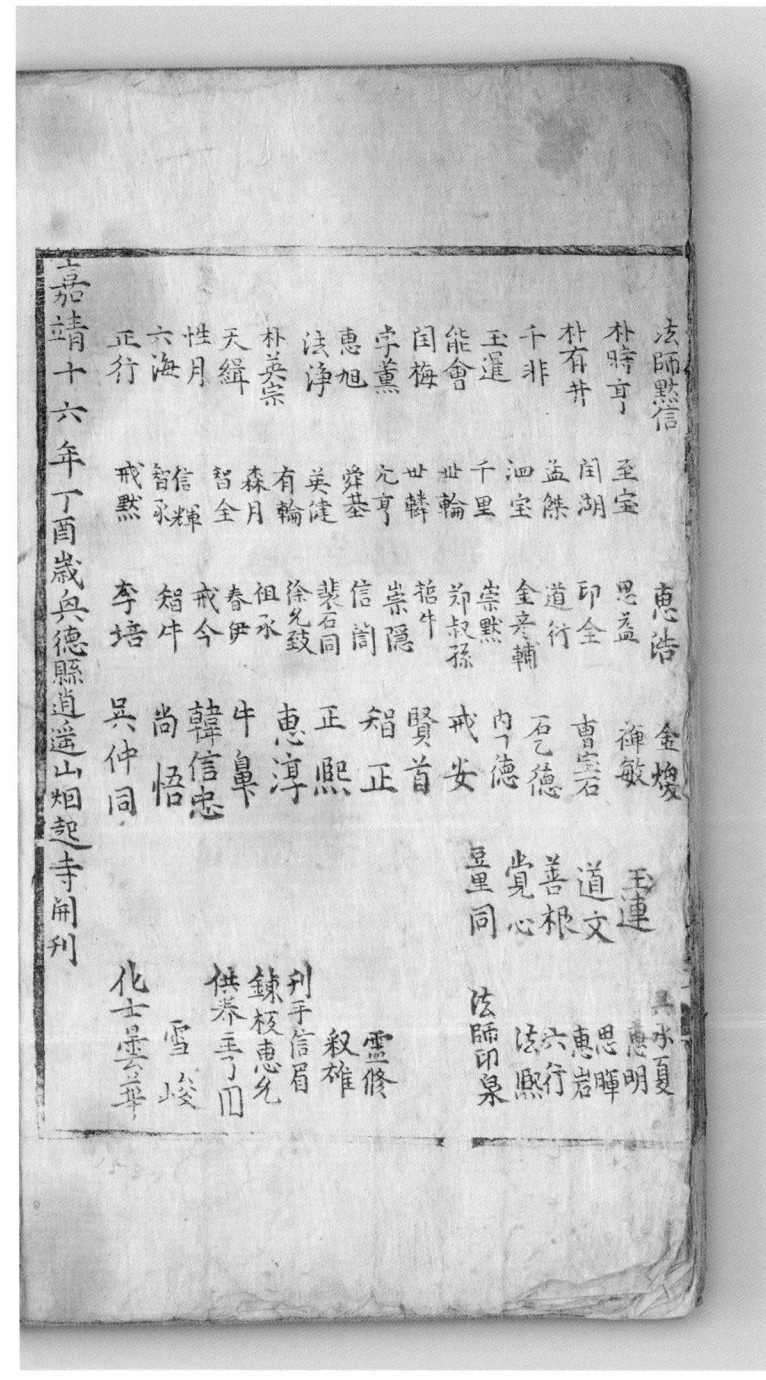

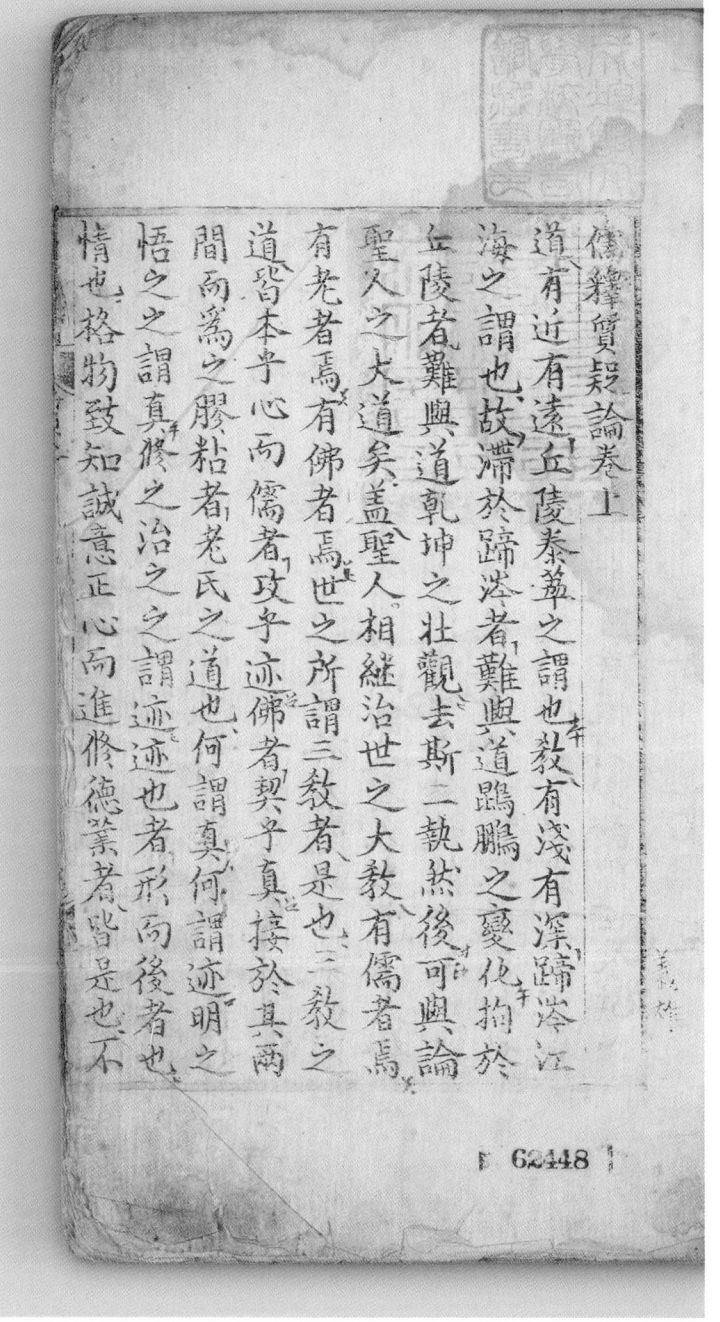

삼교三敎 중 특히 유교儒敎와 불교佛敎의 차이점을 문답 형식으로 비교하고 분석한 책이다. 본서는 1537년(중종 32)에 전라도 흥덕현興德縣 연기사烟起寺에서 간행한 상하권 1책의 목판본이다.

권수제는 '유석질의론儒釋質疑論', 표제는 '질의론質疑論', 판심제는 '질質'이다. 황색표지에 오침안정법五針眼訂法으로 장황粧䌙하였다. 판식은 사주단변四周單邊, 무계無界, 10행 20자, 상하대흑구上下大黑口, 상하내향흑어미上下內向黑魚尾이다. 권하의 말미에 '가정16년 정유년(1537) 흥덕 소요산 연기사에서 개간함[嘉靖十六年丁酉歲興德縣逍遙山烟起寺開刊]'이라는 간기가 있다.

표제의 상단에는 학립사횡鶴立蛇橫이라는 개법장진언開法藏眞言과 관련한 문양을 표시하였고, 표지 우측 하단에는 '미백당彌白堂 수묵자守嘿子'라는 원소장자와 관련한 내용을 묵서墨書하였다. 본문 난외欄外에 '서종지徐從智', '덕희德熙' 등 시주자의 이름을 판각하였고, 권상·권하 말미에 화사化士 및 시주자 등 간행에 참여했던 인물들을 수록하였다. 본문 전체에 차자구결借字口訣을 묵서하였으며, 본문 일부 서미書眉에 보주補註를 묵서하였다. 책수冊首 및 책말冊末에 '무량수불법보[無量壽佛法寶]'로 보이는 인장이 날인되어 있는데, 송광사 등에 현전하는 인장의 모습과 비교해 볼 때 관에서 제작한 관인으로 보인다.

본서는 1537년에 흥덕현興德縣 소요산逍遙山 연기사烟起寺에서 개간開刊한 판본이며, 국내에 전하는 판본은 많지 않다. 1582년(선조 15)에 용인 서봉사瑞鳳寺, 1591년(선조 24)에 고달산高達山 불봉암佛峰庵에서 간행한 판본 정도가 확인된다.

저자는 미상으로 보기도 하고, 권상로權相老의 「불교결의佛敎決疑」에서는 함허득통涵虛得通으로 보고 있다. 득통의 이름은 수이守伊, 다른 호로는 무준無準이라 하고 헌호軒號는 함허당涵虛堂이며 속성俗姓은 유劉이다. 일찍이 성균관에 들어가 유학을 공부했으나, 1396년(태조 5) 21세에 친구의 죽음에 무상함을 깨닫고 관악산 의상암義湘庵에서 출가하였다. 이듬해 회암사檜巖寺에서 무학자초無學自超를 만나 가르침을 받았다. 1421년(세종 3)에는 세종의 청으로 개성 대자사大慈寺에 머물면서 왕실 영가靈駕들의 명복을 빌고, 왕과 신하들에게 설법하였다. 1431년(세종 13)부터 희양산 봉암사를 중건하고 불교 부흥을 위해 애쓰다가 이곳에서 세수 58세, 법랍 37세로 입적하였다. 저서에는 『유석질의론』 외에 『원각경소圓覺經疏』, 『금강반야바라밀경오가해설의金剛般若波羅蜜經五家解說誼』, 『금강반야바라밀경윤관金剛般若波羅蜜經綸貫』, 『현정론顯正論』, 『선종영가집과주설의禪宗永嘉集科註說誼』, 『함허당득통화상어록涵虛堂得通和尙語錄』 등이 있다.

내용은 유교와 불교의 차이점을 문답 형식으로 정리하고 있다. 상권의 문답은 첫째, 3교의 대요와 심성론에 대한 문답이다. 둘째, 내실은 그렇지 못하고 겉만 그럴싸한 승려들을 가려내 일반 백성들 대신 부역을 시키는 편이 이익이 되리라는 제기이다. 셋째, 유자들이 불교를 배척하는 논리를 깨뜨려 보라는 것이다. 넷째, 불교는 서쪽 오랑캐의 가르침이어서 중국에서 펼칠 수 없으며 중국 성인의 가르침으로는 하도낙서河圖洛書보다 뛰어난 것이 없는데 이를 불교에서는 논하지 않으니 열등하다는 주장이다. 다섯째, 물음과 답은 앞의 넷째 문답의 부연에 가깝다. 여섯째, 부처가 하도낙서를 논하지 않은 이유가 무엇인가 하는 점이다. 일곱째, 불교가 중국에 늦게 전래된 이유를 묻는다.

處育舒有卷一柳一揚無非為衆生成就佛智之方
便也

世雄
祖戒　靈祐　道真　法淳　萬熙　能濟
性安　侁戒　學聰　寬准　希俊　靈熙
守眉　如仁　云暹　思悅　真應　道熙
智雲　卯海　敬云　覺澄　道照
尭能　王暹　克崇　仅崇　李闓
省黙　智正　慧安　戒能　聖恩　祖祖
　　　一翁　海梅　志堅　玉精　性祖
　　　邪岢　聖恩　能敏　孝修
　　　雪澄　智同　道純　玉精
　　　性崇　敬熙　崔進　覺連
義灯　道照　英俊　行全
惠仁　英俊　雪情
玉修　信義　義敷
符熙　　　　性心
　　　能宝　思悟

儒釋質疑論卷下

通天下一道也工變化一氣也均萬物一理也然有
淺奧之不同故聖人之教慶三焉釋曰真空舉性體
而言也老曰谷神明變化而言也儒曰大本依事物
而言也至大無我無為至虛無始至靈無竭包
含衆妙寂然不動為三才之祖為萬法之源故曰真
空一氣盛矣靈妙發矣花造化未能無物故曰谷
神物有本末事有終始格物致知萬殊一理故曰大
本三教雖殊道則一也比猶種樹也如地含養之謂
真空如種生芽之謂谷神枝葉同根之謂大本根幹

하권의 요지는 삼교가 비록 다르지만 도道는 하나이며, 불교를 뿌리에 비유하고 있다. 하권의 열두 문답은 다음과 같다. 첫째, 삼재三才의 시작에 대한 설이 유교와 불교가 다른 이유이다. 둘째, 오행이 생성하는 수의 근거이다. 셋째, 불교에서 말하는 일월日月의 운행과 추위와 더위에 대한 설이 역상曆象과 다른 까닭이다. 넷째, 삼세인과三世因果 및 죄와 복의 응보이다. 다섯째, 악함이 받는 응보의 근거이다. 여섯째, 선악이 일으키는 감응이다. 일곱째, 불교의 시식施食에 대한 의문과 신주가지법神呪加持法에서 3·7·49의 수로 하는 이유이다. 여덟째, 염주가 108개의 구슬로 이루어진 이유이다. 아홉째, 불교를 공부하는 지름길이다. 열째, 참화參話와 정혜定慧의 뜻과 관계이다. 열한째, 불법을 깨달았다고 하는 이의 그릇됨과 올바름을 가려내는 법이다. 열두째, 비보사찰裨補寺刹이 필요한 이유이다.

본서에서 삼교를 회통하고자 한 취지는 높이 평가할 만하다. 그러나 무리하게 유불의 같은 점을 연결 짓거나, 유교를 낮추고 불교를 치켜세운 점은 연구자에 따라 평가가 엇갈릴 것으로 보인다. 조영미

주제어
유석질의론儒釋質疑論, 삼교三敎, 심성론心性論, 음양오행론陰陽五行論, 하도낙서河圖洛書

참고문헌
박해당 옮김, 『유석질의론』, 동국대학교출판부, 2021.
權相老, 「佛敎決疑」, 『佛敎』46·47 합호, 1928.
智冠 編著, 『伽山佛敎大辭林』, 가산불교문화연구원, 1998.

# 육조대사법보단경
# 六祖大師法寶壇經
Yukjo-daesa beopbodangyeong

貴 C04-0059

| | | 자부 |
|---|---|---|
| 서명 | 六祖大師法寶壇經 | 子部 |
| 저자 | 惠能(唐) 述 ; 法海(唐) 集 | 31 |
| 판본 | 木版本 | |
| 발행 | 慶尙道 居昌 : 玉泉寺, 燕山君2(1496)刊 | |
| 형태 | 不分卷 1冊 : 四周單邊, 半郭 16.3×12.0cm, 無界, 9行17字 小字雙行, 大黑口, 上下內向黑魚尾 ; 22.0×15.2cm | |
| 주기 | 版心題: 壇, 表題: 六祖壇經 | |

六祖大師法寶壇經序(古筠比丘德異 撰): 至元二十七年庚寅歲(1290)中春日
[後識]: 令韜, 跋: 所南翁跋, 延祐丙辰(1316) 瑞光景瞻書
刊記: 弘治九年(1496)五月日 慶尙道居昌土玉泉寺開板(補寫)
補寫: 六祖大師法寶壇經序 2張, 卷末 3張 等
借字口訣(行間 墨書)
楮紙

중국 당대唐代의 대선사大禪師이자 선종禪宗 제6조인 혜능惠能(638~713)의 일대기와 법어法語를 수록한 책이다. 혜능의 소주韶州 대범사大梵寺 설법을 중심으로 하고 그의 어록 등을 문인 법해法海(?~?)가 집록集錄하였다. 본서는 1496년(연산군 2) 거창居昌 옥천사玉泉寺에서 간행한 불분권 1책의 목판본이다.

권수제는 '육조대사법보단경六祖大師法寶壇經', 표제는 '육조단경六祖壇經', 판심제는 '단壇'이다. 황색표지에 오침안정법五針眼訂法으로 장황粧績하였다. 면지面紙와 내지內紙의 오염도 차이를 통해서 표지를 개장한 것으로 추정한다. 판식은 사주단변四周單邊, 무계無界, 9행 17자, 상하대흑구上下大黑口, 상하내향흑어미上下內向黑魚尾이다. 권말에 '홍치9년(1496) 5월에 경상도 거창 옥천사에서 개판함[弘治九年五月日慶尙道居昌土玉泉寺開板]'이라는 원간기를 전사傳寫한 부분이 있어서 1496년(연산군 2) 옥천사 간본으로 추정할 수 있다. 전체 내용 중 서문序文, 발문跋文 및 간기 부분이 결락되어 판식板式을 그려 넣고 내용을 보사하였다. 권말에 간기와 함께 화주化主 및 시주자, 각수 등 간행에 참여했던 인물들의 이름도 함께 보사하였다.
1496년 옥천사에서는 대규모 개판 불사가 있었던 것으로 보인다. 옥천사에서 간행한 『육조대사법보단경』 권말에 수록된 간행참여자 명단에서는 당시 간행 불서의 규모를 확인할 수 있다. 당시 『육조대사법보단경』, 『육경합부六經合部』, 『불조삼경佛祖三經』, 『불설장수멸죄호제동자다라니경佛說長壽滅罪護諸童子陀羅尼經』, 『불설대보부모은중경佛說大報父母恩重經』, 『반야심경般若心經』이 동시에 간행된 것으로 보인다.
불서 간행에 참여한 시주자 중에는 관직에 있었던 이들이 확인되는데, 『육경합부』의 시주이자 전체 불서의 대시주자는 어모장군禦侮將軍 전삼척진前三陟鎭 수군첨절제사水軍僉節制使 김한원金漢元, 『육조대사법보단경』의 시주는 족친위族親衛 창신교위彰信校尉 신자겸愼自謙, 『불조삼경』의 시주는 충순위忠順衛 돈용부위敦勇副尉 김신흠金愼欽, 『장수경』의 시주는 보공장군保功將軍 박지영朴之榮으로 확인된다. 또한 다수의 대선사, 선사, 대덕 등 승려들도 간행에 참여하여 상당한 규모의 불사가 있었던 것을 추정할 수 있다.

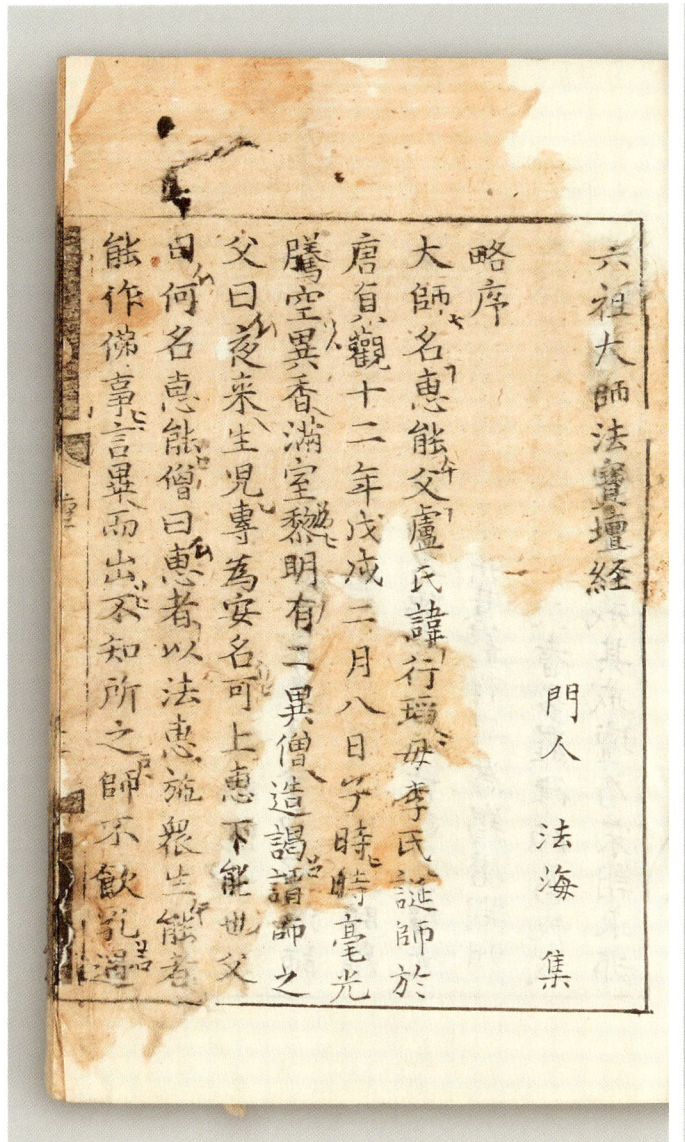

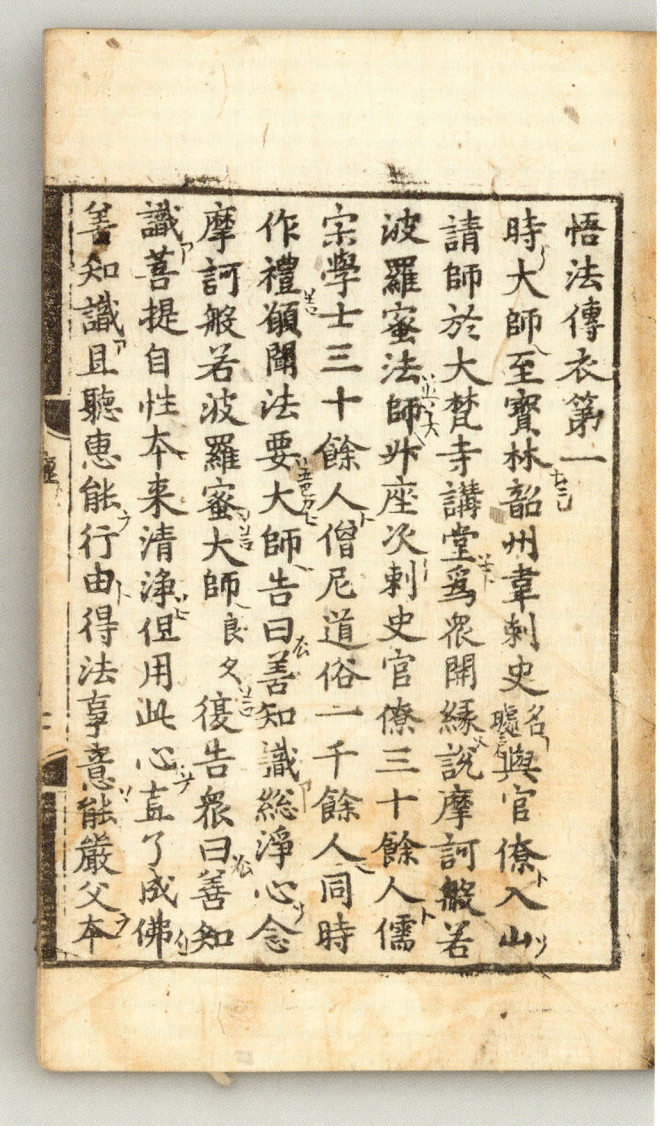

『육조대사법보단경』(이하『단경』)에는 돈오頓悟·견성見性·무념無念을 특색으로 본체[定]보다 작용[慧]을 중시하는 남종선南宗禪의 근본 종지宗旨가 잘 드러나 있다. '법보法寶'는 불법승佛法僧 삼보三寶의 하나로 이 책에 담긴 법어가 보배처럼 귀중함을 나타낸다. '단壇'은 법을 설해 주는 자리로 높직하게 만들어 일정한 경계를 그은 곳이다. 부처님의 친설에만 붙이는 '경經'이라는 명칭을 조사祖師의 어록에 붙여 선종의 근본 전거로서 경전과 같은 권위를 부여하였다.

본문을 시작하기 전에 법해가 편찬한 약서略序를 수록하였는데, 혜능의 전기에 해당하는 내용이다. 약서에 의하면 혜능의 속성俗姓은 노盧, 본관은 하북성 범양范陽이며 광동성 신주新州(신흥현新興縣)에서 태어났다. 제5조 홍인弘忍에게서 인가를 받고 나서 수년간 몸을 피해 있다가 676년(上元 3)에 남해에 이르러 법성사法性寺에서 인종법사印宗法師를 만나 구속계를 받고, 소앙韶陽 조계曹溪 보림사寶林寺로 가서 돈오법문頓悟法門을 크게 떨쳤다. 705년(神龍 1)에 당唐 중종中宗이 설간薛簡을 보내어 그를 궁으로 불렀으나 질병을 핑계로 사양하고 가지 않았다. 중종이 혜능의 옛집을 고쳐서 국은사國恩寺라 하였는데 혜능은 이곳에서 713년(開元 1) 8월에 세수 76세로 입적하였다. 유록遺錄으로는『단경』을 비롯하여『금강경구결金剛經口訣』등이 있다.

권수卷首에는 몽산덕이蒙山德異가 1290년(至元 27)에 지은 서序가 수록되어 있다. 본문은 10항으로 나뉘어 수록되어 있는데 대승사본大乘寺本이나 흥성사본興聖寺本과는 그 차례나 제목이 다르다. 다음은 존경각본의 내용을 정리한 표이다.

| | 항목 | 내용 |
|---|---|---|
| 1 | 悟法傳衣 | 혜능이 祖師에 오르기까지의 과정에 선의 흐름을 바꾸는 씨앗이 잉태됨 |
| 2 | 釋功德淨土 | 공덕과 정토의 핵심을 밝힘 |
| 3 | 定慧一體 | 정과 혜가 상호 의존하는 하나요, 선후 관계가 아니라 동시임 |
| 4 | 教授坐禪 | 북종선을 비롯한 선대의 선법에서 좌선에 편향된 점을 비판 |
| 5 | 傳香懺悔 | 부처와 아라한의 공덕인 五分法身을 들고 향을 사르는 의미 |
| 6 | 參請機緣 | 無盡藏, 法海, 法達, 智通, 智常, 志道, 行思, 懷讓 등과의 문답 |
| 7 | 南頓北漸 | 頓과 漸의 의미 |
| 8 | 唐朝徵詔 | 則天武后와 中宗이 보낸 내시 薛簡에게 참된 좌선과 道의 뜻을 설파 |
| 9 | 法門對示 | 5온·12입·18계 三科法門과 36가지 법[三十六對法] 설파 |
| 10 | 付囑流通 | 자성을 깨달으면 곧 부처요, 자기 마음이 바로 부처 |

책 말미에는 영도令韜의 후지後識, 소남옹所南翁의 발跋, 1316년(충숙왕 3)에 서광경첨瑞光景瞻이 쓴 발문이 있다.

『단경』은 좌선에 경도되어 있던 이전의 선법 흐름을 바꾸어 새롭게 선종의 근간을 제시하고 선종사에 한 획을 그은 문헌이라 할 수 있다. 우리나라에서는 덕이본『단경』을 주로 간행하였는데 1300년(충렬왕 26)에 간행된 이래 1316년에 혜감국사慧鑑國師 만항萬恒이 펴낸 간행본, 1370년(공민왕 19) 남원 귀정사歸正寺 간행본, 1479년(성종 10) 병풍암屛風庵 간행본에 이어 이 판본이 비교적 이른 시기에 간행된 책에 속하며 보존 상태도 양호하다. 조영미

주제어
육조대사법보단경六祖大師法寶壇經, 혜능惠能, 남종선南宗禪

참고문헌
김영욱,『왕초보 육조단경 박사되다』, 민족사, 2010.
김영욱,『壇經禪思想의 研究 : 北宗批判을 통한 慧·用思想의 성립과 전개』, 해조음, 2012.
慈怡 主編,『佛光大辭典』, 北京圖書館出版社, 1989.

## 지장보살본원경
## 地藏菩薩本願經
Jijangbosal bonwon-gyeong

貴 C04-0064

---

| | |
|---|---|
| 서명 | 地藏菩薩本願經 |
| 저자 | 法燈(唐) 譯 |
| 판본 | 木版本 |
| 발행 | 黃海道 兎山: 石頭寺, 明宗13(1558)刊 |
| 형태 | 上中下卷1冊: 四周單邊, 半郭 18.0×13.5cm, 無界, 10行16字, 小字雙行, 大黑口, 上下內向黑魚尾; 29.0×17.5cm |
| 주기 | 版心題: 地, 表題: 地藏經 |
| | 刊記: 嘉靖三十七年戊午(1558)閏七月日 黃海道兎山地鶴鳳山石頭寺開板 |
| | 板式: 內向二葉·三葉花紋魚尾 混入, 借字口訣(雙行板刻), 施主秩('大施主崔世丁' 等, 欄外板刻) |
| | 各卷 末尾 收錄 內容(板刻): 卷上(說呪 句節 및 한글音 標記), 卷中(釋音, 祝願 收錄), 卷下(釋音, '此經出大藏秘密經橫字函', 大施主 '崔世丁兩主' 等, 刻手 '一庵', 木手 '玄牛', 化士 '惠玲') |
| | 楮紙 |

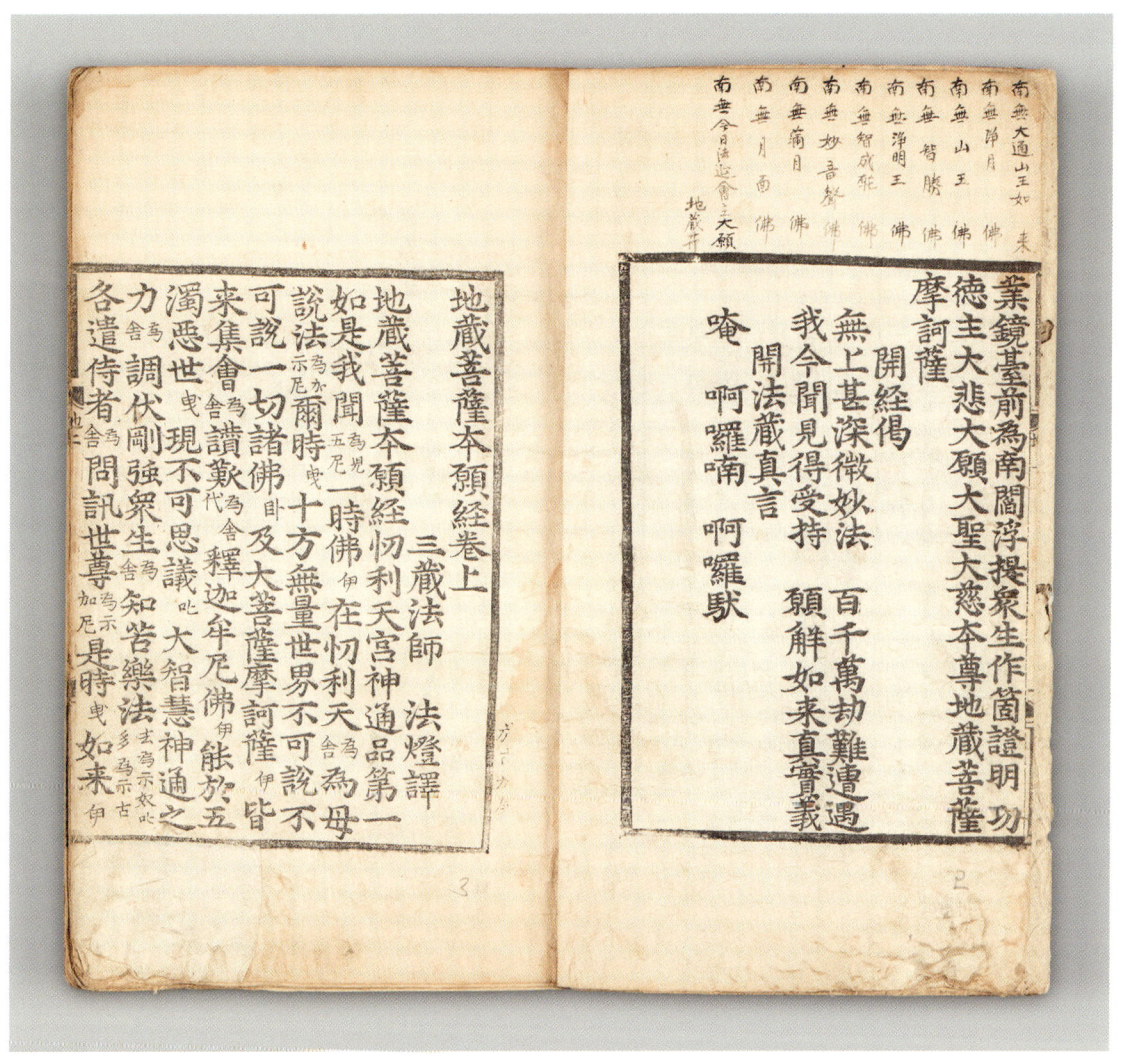

지장보살地藏菩薩의 본원공덕本願功德과 본생本生의 서원誓願을 기술한 경전이다. 본서는 1558년(명종 13)에 황해도黃海道 토산兎山 석두사石頭寺에서 간행한 상중하권 1책의 목판본이다.

권수제는 '지장보살본원경地藏菩薩本願經', 표제는 '지장경地藏經', 판심제는 '지地'이다. 황색표지에 오침안정법五針眼訂法으로 장황粧䌙하였다. 판식은 사주단변四周單邊, 무계無界, 10행 16자, 상하대흑구上下大黑口, 상하내향흑어미上下內向黑魚尾이다. 차자구결借字口訣이 쌍행으로 판각되어 있다. 권말에 '가정37년 무오년(1558) 윤7월에 황해도 토산 학봉산 석두사에서 개판함[嘉靖三十七戊午年閏七月日 黃海道兎山地鶴鳳山石頭寺開板]'이라는 간기가 있다. 권하의 말미에 '이 경전은 대장비밀경 횡자함에서 나왔음[此經出大藏秘密經橫字函]'이라는 기록이 있어서 저본에 대해서 유추할 수 있다. 권말에 간기와 함께 화사化士 및 시주자, 각수 등 간행에 참여했던 인물들을 수록하였다.

『지장경』은 1449년(세종 31) 판본을 비롯하여 조선 전기에서 후기까지 한문본, 언해본, 한글본까지 30종 이상 간행되었는데, 간행처와 간행시기가 확실한 10행 16자본은 석두사 간행본의 시기가 가장 이르다.

『지장보살본원경地藏菩薩本願經』은 『지장본원경』, 『지장경』으로도 일컫는다. 지장보살이 과거세에 세웠던 서원이 지닌 공덕[本願功德]과 본 경을 독송하여 얻는 불가사의한 이익 등을 설한다. 『대승대집지장십륜경大乘大集地藏十輪經』, 『점찰선악업보경占察善惡業報經』과 함께 '지장삼경地藏三經'이라 부른다.

본서의 권수제 다음 행에는 역자가 '삼장법사三藏法師 법등法燈 역譯'으로 기록되어 있는데, 일반적으로 『지장보살본원경』은 당나라 때 실차난타實叉難陀(Śikṣānanda)의 한역으로 알려져 있다. 이러한 한역자의 혼동은 본 경이 중국에서 지은 위경僞經이라는 설과 밀접하게 관련되어 있다. 『개원석교록開元釋敎錄』이나 『정원신정석교목록貞元新定釋敎目錄』 등에는 한역자의 이름이 없고, 송宋·원元·명明 등에서 펼쳐 낸 대장경과 고려대장경高麗大藏經 중에는 보이지 않다가 가장 후대인 명장明藏에만 명기되어 있다. 이로 보면 실차난타가 한역했다는 설은 설득력이 부족하며 후대에 덧붙여졌을 가능성이 크다. 본서에는 '삼장법사 법등 역'이라고 되어 있지만, 『항수경恒水經』·『첨파비구경瞻婆比丘經』 등에 역자로서 '삼장법사 법거法炬'라는 법명은 발견할 수 있어도 '삼장법사 법등'이라는 칭호는 볼 수 없으며, '법등'과 '법거'가 의미상 통하는 일반 명사이기도 해서 삼장법사 법거를 가리키는 이름으로도 생각할 수 있지만 확실하지는 않다. 명나라 때 주굉袾宏은 『운서법휘雲棲法彙』 권17 「당역지장경발唐譯地藏經跋」에서 한역자를 '법등법거法燈法炬'라고 주장하기도 하였다. 『지장십륜경地藏十輪經』을 근거로 증보한 위경僞經이라는 설도 있다.

한역자 법거는 서진西晉 말기의 승려로 308년(永嘉 2) 축법호竺法護가 『보요경普曜經』을 한역할 때 필수筆受라는 직책으로 참여하여 그 뒤 『항수경』 등의 한역에 중요한 역할을 했다는 것 외에 자세한 행적은 알 수 없다. '법등' 또는 '법등법거'라는 인물의 실존은 알 수 없다. 실차난타는 당나라를 대표하는 역경승에

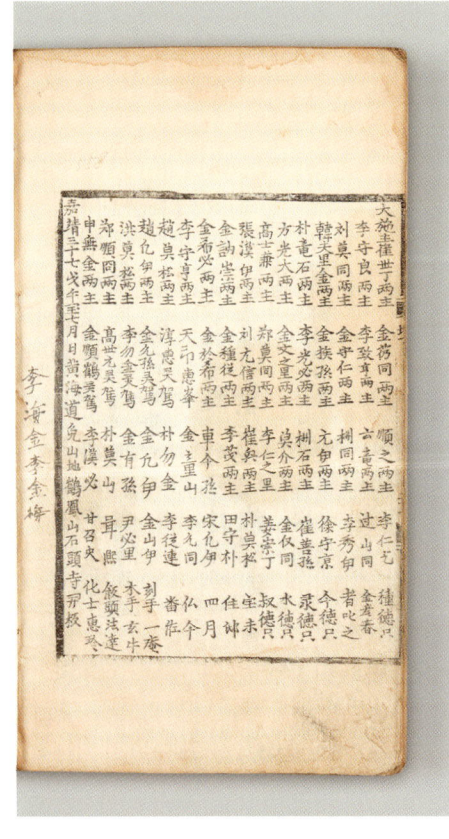
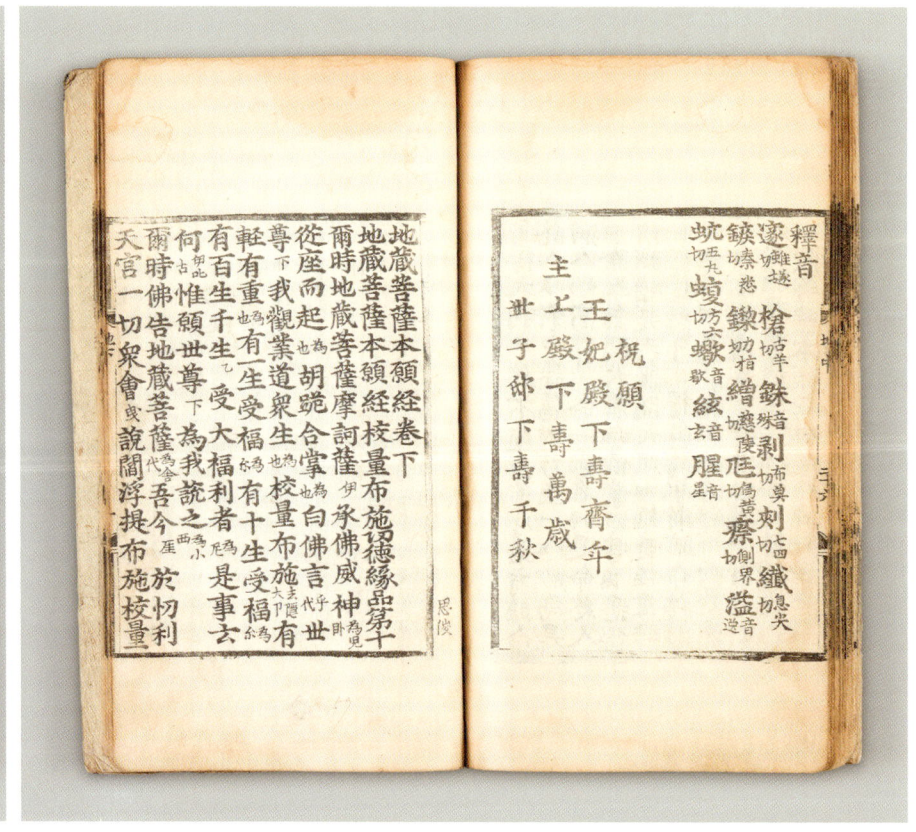

속하며 우전국于闐國 출신이다. 한역 이름은 학희學喜이다. 측천무후則天武后가 구역舊譯 60권본 『화엄경華嚴經』을 보완할 목적으로 우전국에 사신을 보내자 695년(證聖 1)에 『화엄경』 범어본을 가지고 당나라에 들어와 약 2년에 걸쳐 신역新譯 80권본 『화엄경』을 완역하였다. 그 뒤로 『대승입능가경大乘入楞伽經』 7권과 『대승기신론大乘起信論』 2권 등 모두 19부 107권의 경론을 한역하였다.

권수卷首에는 경을 읽기 전에 유명幽冥 세계인 지옥을 관장하는 지장보살에게 귀의하는 지극한 마음을 담아 읊는 의식문과 개경게開經偈 그리고 개법장진언開法藏眞言 등이 실려 있다. 경은 모두 상중하권 13품으로 구성되어 있다. 권상은 1품에서 4품까지, 권중은 5품에서 9품까지, 권하는 10에서 13품까지이다. 『열장지진閱藏知津』 권5에 요약되어 있는 각 품의 내용은 다음과 같다.

| | 品 | 내용 |
|---|---|---|
| 1 | 도리천궁신통품忉利天宮神通品 | 부처님이 도리천에서 어머니께 설법하면서 문수보살文殊菩薩을 상대로 지장보살의 과거세 인연을 설함. |
| 2 | 분신집회품分身集會品 | 지장보살이 그 교화를 받는 중생들과 함께 부처를 찾아와 친견하자 부처가 정수리를 쓰다듬어 주고 법을 전했다는 이야기. |
| 3 | 관중생업연품觀衆生業緣品 | 마야부인이 업보로 초래되는 악한 윤회의 길[惡趣]에 대하여 묻고 지장보살이 다섯 가지 무간지옥無間地獄에 떨어지는 과보를 대답함. |
| 4 | 염부중생업감품閻浮衆生業感品 | 정자재왕보살定自在王菩薩이 다시 과거세의 인연에 대해 묻고 부처는 두 가지 요소로 간략하게 대답함. |
| 5 | 지옥명호품地獄名號品 | 보현보살普賢菩薩이 지옥의 명호에 대하여 묻고 지장보살이 대답함. |
| 6 | 여래찬탄품如來讚歎品 | 부처가 몸에서 광명을 비추고 큰 음성을 내어 지장보살을 찬탄함. |
| 7 | 이익존망품利益存亡品 | 지장보살이 부처님께 아뢰어 중생들이 악을 끊고 선을 닦도록 권함. |
| 8 | 염라왕중찬탄품閻羅王衆讚歎品 | 귀왕鬼王과 염라천자閻羅天子가 중생이 선한 도에 의지하지 않는 까닭을 묻자 부처가 길을 잃은 사람과 같다는 비유를 들어줌. |
| 9 | 칭불명호품稱佛名號品 | 지장보살이 중생에게 이익을 주고자 과거세 모든 부처의 명호名號를 외울 때 얻는 공덕을 설함. |
| 10 | 교량포시공덕연품校量布施功緣品 | 지장이 묻고 부처가 분별하여 대답하는 형식의 문답. |
| 11 | 지신호법품地神護法品 | 불법을 수호하는 지장보살의 형상 앞에 공양을 하여 얻는 열 가지 이익을 밝힘. |
| 12 | 견문이익품見聞利益品 | 부처가 정수리의 광명을 방출하며 미묘한 음성으로 지장보살을 칭찬하시자 관세음보살이 부사의不思議한 불사佛事를 묻고 부처가 대답함. |
| 13 | 촉루인천품囑累人天品 | 부처가 다시 지장보살의 정수리를 쓰다듬으며 그의 능력을 칭찬한 다음 중생제도를 당부함. |

『지장보살본원경』의 주석서로는 악현岳玄의 『지장본원경과문地藏本願經科文』 1권, 영요靈耀의 『지장본원경륜관地藏本願經綸貫』 1권과 『지장본원경과주地藏本願經科註』 6권, 상근常謹의 『지장보살영험기地藏菩薩靈驗記』 1권 등이 있다.

『지장경』은 위경 여부를 떠나 중국과 우리나라에 널리 유포되면서 큰 영향력을 발휘하였고, 그에 관한 주석과 연구도 활발히 전개되었다. 한문 문화권에서 지장보살은 가장 일반적인 보살신앙의 대상이었고, 보살사상사에서 보면 아마도 최후기일 것으로 추정한다. 여기에는 여래장사상如來藏思想을 기반으로 삼아 대승과 소승의 대립을 지양하려는 의도도 보이므로 불교 사상사 측면에서도 소홀히 할 수 없는 경전으로 평가된다. 특히 본서에는 차자구결借字口訣이 판각되어 있어 당시 조선의 구결 연구에도 귀중한 자료이다. 또한 매권 말미마다 석음釋音을 수록한 점도 주목할 만하다. 조영미

주제어
지장보살본원경地藏菩薩本願經, 지장본원경地藏本願經, 지장경地藏經, 실차난타實叉難陀, 삼장법사三藏法師, 법등法燈, 법거法炬, 위경僞經

참고문헌
『雲棲法彙』(CBETA 漢文大藏經 嘉興藏 第33冊, No.B277).
『閱藏知津』(CBETA 漢文大藏經 嘉興藏 第31冊, No.B271).
『大乘大集地藏十輪經』(CBETA 漢文大藏經 大正藏 第13冊, No.0411).
慈怡 主編, 『佛光大辭典』, 北京圖書館出版社, 1989.

# 치문경훈
# 緇門警訓
## Chimum gyeonghun

貴 C04-0068

———

서명 緇門警訓
저자 智賢(元) 編；如巹(明) 增補
판본 木版本
발행 慶尙道 豊基: 石崙菴, 中宗32(1537)刊
형태 本集下卷・續集 1冊(全 本集上下卷・續集)：四周單邊, 半郭 20.3×14.0cm, 無界,
　　　11行20字, 大黑口, 上下內向黑魚尾；25.5×16.5cm
　　　版心題: 緇・緇續・緇續集
주기 識: 吳城西幼住庵比丘永中謹識(緇門警訓 卷下 末尾)
　　　刊記: 嘉靖十六年丁酉(1537)月日 慶尙道豊基地小伯山石崙菴開板
　　　墨書: 借字口訣(行間), 補註(書眉)
　　　楮紙

자부
子部
33

불가에서 수행에 교훈이 될 만한 명문을 모은 편자 미상의
『치림보훈緇林寶訓』을 증보한 책이다. 1313년(皇慶 2)에 원대
元代의 선사禪師인 환주지현幻住智賢이 9권으로 편찬하였고,
명나라의 선사 여근如巹(1425~?)이 속집을 추가하여 10권으로
증보하였다. 『치문집설緇門集說』 또는 『치문집주緇門集註』
라고도 한다. 본서는 1537년(중종 32) 경상도 풍기豊基 석륜암
石崙菴에서 간행한 목판본으로, 전체 『치문경훈緇門警訓』 본집
本集 상하권과 속집 1권 중 본집 권하, 속집 1권으로 구성된
결질본이다.

권수제와 표제는 '치문경훈緇門警訓', 판심제는 권하 부분 '치緇',
속집 부분 '속續'이다. 황색만자문표지黃色卍字紋表紙에 오침
안정법五針眼訂法으로 장황粧䌙하였다. 면지面紙와 내지內紙의
오염도 차이를 보았을 때 표지를 개장한 것으로 보인다.
제첨題籤에 표제를 묵서墨書하였다. 판식은 사주단변四周單邊,
무계無界, 11행 20자, 상하대흑구上下大黑口, 상하내향흑어미
上下內向黑魚尾이다. 권말에는 '가정16년(1537) 경상도 풍기
소백산 석륜암에서 개판함[嘉靖十六年丁酉月日慶尙道豊基地小伯山
石崙菴開板]'이라는 간기와 함께 화주化主 및 시주자, 각수 등
간행에 참여했던 인물들을 수록하였다. 본문 전체에 차자
구결借字口訣을 묵서하였으며, 본문 일부 서미書眉에 보주補註를
묵서하였다.

편자인 환주지현幻住智賢은 원대의 임제종 선사로, 『고봉선요
高峰禪要』의 편집자로도 유명하다. 속집을 증보한 여근如巹은
명대의 임제종 선사로 1450년(景泰 1)에 공곡경륭空谷景隆을
수길산修吉山 호림사虎林寺에서 만나 그의 법을 계승하였다.
그 뒤 깊은 곳에 숨어 수행하고자 절강성 가화산嘉禾山 진여
강사眞如講寺에 은둔하였으나, 그 덕을 흠모한 학인들이
구름처럼 찾아들었고 전한다. 마지막 행적은 묘연하다.

10권본으로 보면 상권은 1~5권과, 하권은 6~9권과, 속집은
10권과 각각 대응하는데, 존경각 소장본은 1~5권 90편이

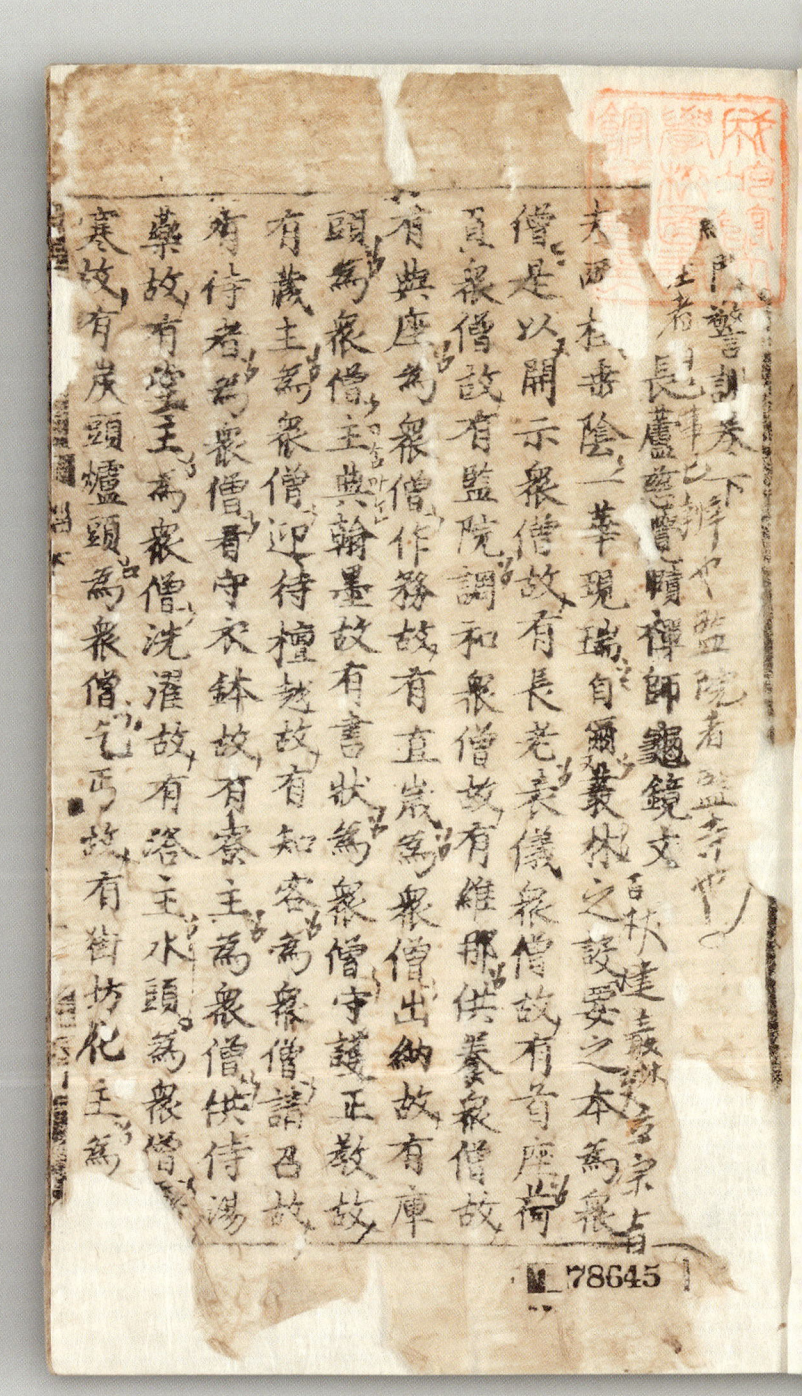

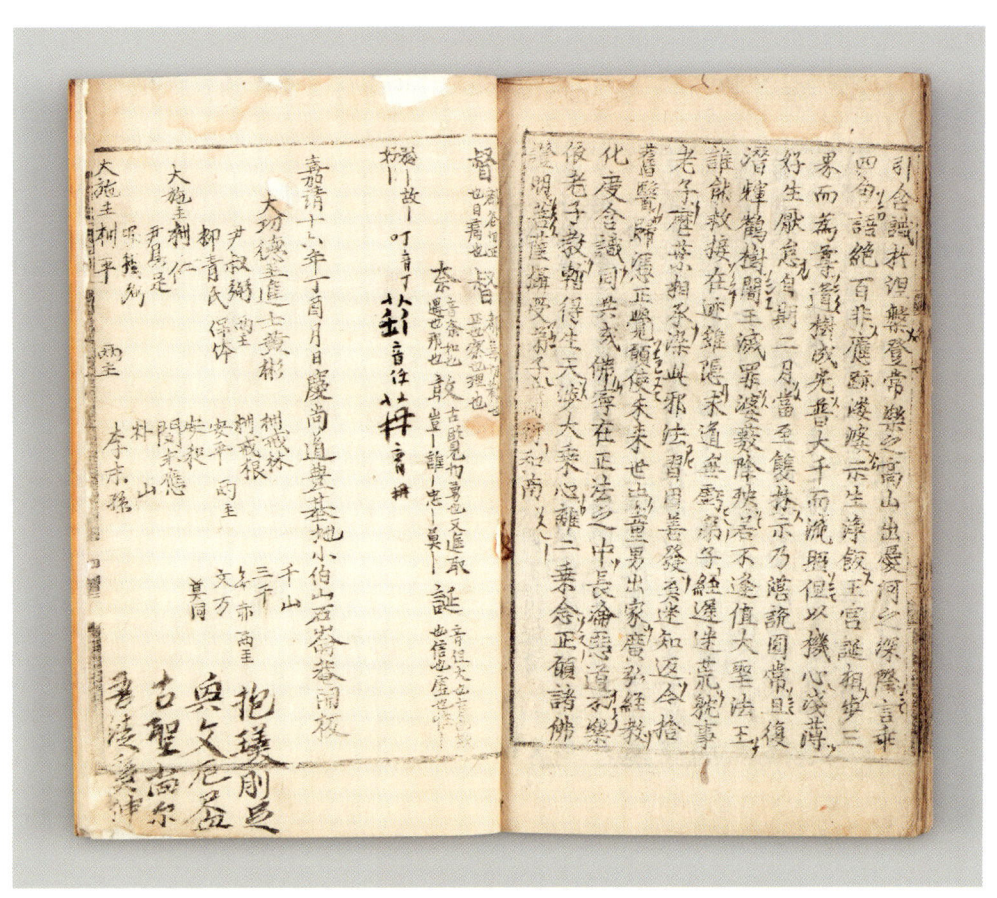

없는 낙질이다. 하권은 「장로자각이선사귀경문長蘆慈覺頤禪師龜鏡文」에서 「대지율사입측수훈大智律師入廁垂訓」 까지 85편이다. 속집은 「찬불전법게讚佛傳法偈」, 「선림묘기전서禪林妙記前序」, 「석옥공선사송경시자회리성사 石屋珙禪師送慶侍者回里省師」, 「결제소참상당結制小參上堂」, 「상태재문공자성인商太宰問孔子聖人」, 「종산철우인선 사시동행법회鍾山鐵牛印禪師示童行法晦」, 「무주영안선원신건법당기撫州永安禪院新建法堂記」, 「송문제집조재논불교 宋文帝集朝宰論佛教」, 「후한서교사지後漢書郊祀志」, 「항주정자사수일법진선사소지회향문杭州淨慈寺守一法眞禪師掃 地回向文」, 「수주대홍산영봉사시방선원기隨州大洪山靈峰寺十方禪院記」, 「당수아법사청송법화경가唐修雅法師聽誦法 華經歌」, 「양황사도사불조梁皇捨道事佛詔」 13편으로 구성되어 있다.

이 책을 구성하는 글의 성격을 몇 가지로 분류하면 다음과 같다. 첫째, 수행자로서 지녀야 할 행동거지·마음가짐·생활 규범 따위를 제시한다 둘째, 좌선이나 화두 참구 등 수행의 의미와 방법 등을 보여 준다. 셋째, 구도의 진심과 열정을 알 수 있는 본보기를 수록하였다.

『치문경훈』은 고려 후기의 대선사大禪師인 태고보우太古普愚가 1348년(충목왕 4) 원나라에서 가지고 들어온 것으로 알려져 있다. 그 뒤 30년 후 1378년(우왕 4)에 명회明會와 도암道庵이 뜻을 모아 각판하고 유통시켰다. 조선 때인 1695년(숙종 21)에 백암성총栢庵性聰이 『치문집주緇門集註』를 지어 하동 쌍계사雙磎寺에서 원문과 봉합한 형태로 중간하였다. 조선 중기부터 사미과沙彌科 교재로 사용하였을 만큼 본서는 주옥과 같은 단편의 명문을 모아 수행과 문자 학습의 동기를 유발하기에 적절하였다고 평가할 수 있다. 조영미

주제어
치문경훈緇門警訓, 치문집설緇門集說, 치문집주緇門集註, 여근如㦸, 성총性聰

참고문헌
慈怡 主編, 『佛光大辭典』, 北京圖書館出版社, 1989.

# 불설대보부모은중경
## 佛說大報父母恩重經
Bulseol daebo bumoeunjunggyeong

貴 C04-0082b

| | | |
|---|---|---|
| 서명 | 佛說大報父母恩重經 | 자부 |
| 저자 | 鳩摩羅什(姚秦) 譯 | 子部 |
| 판본 | 木版本 | 34 |
| 발행 | 江原道 鐵原: 深原寺, 宣祖10(1577)刊 | |
| 형태 | 不分卷 1冊; 揷圖; 四周單邊, 半郭 20.2×14.2 cm, 無界, 10行18字 小字雙行, 大黑口, 上下內向黑魚尾; 27.5×17.8 cm | |
| 주기 | 諺解書名 : 부모의은갑논경이라, 異書名 : 불설대보부모은듕경 | |
| | 版心題: 恩, 表題: 父母恩重經 | |
| | 諺解本 | |
| | 刊記 : 萬曆五年丁丑(1577)六月日 江原道鐵原地寶盖山深原寺留板 | |
| | 冊末: 施主秩, 刊字, 供養, 化主 | |
| | 板式: 有界 混入, 施主秩 '仇叱非' 等(欄外 板刻) | |
| | 楮紙 | |

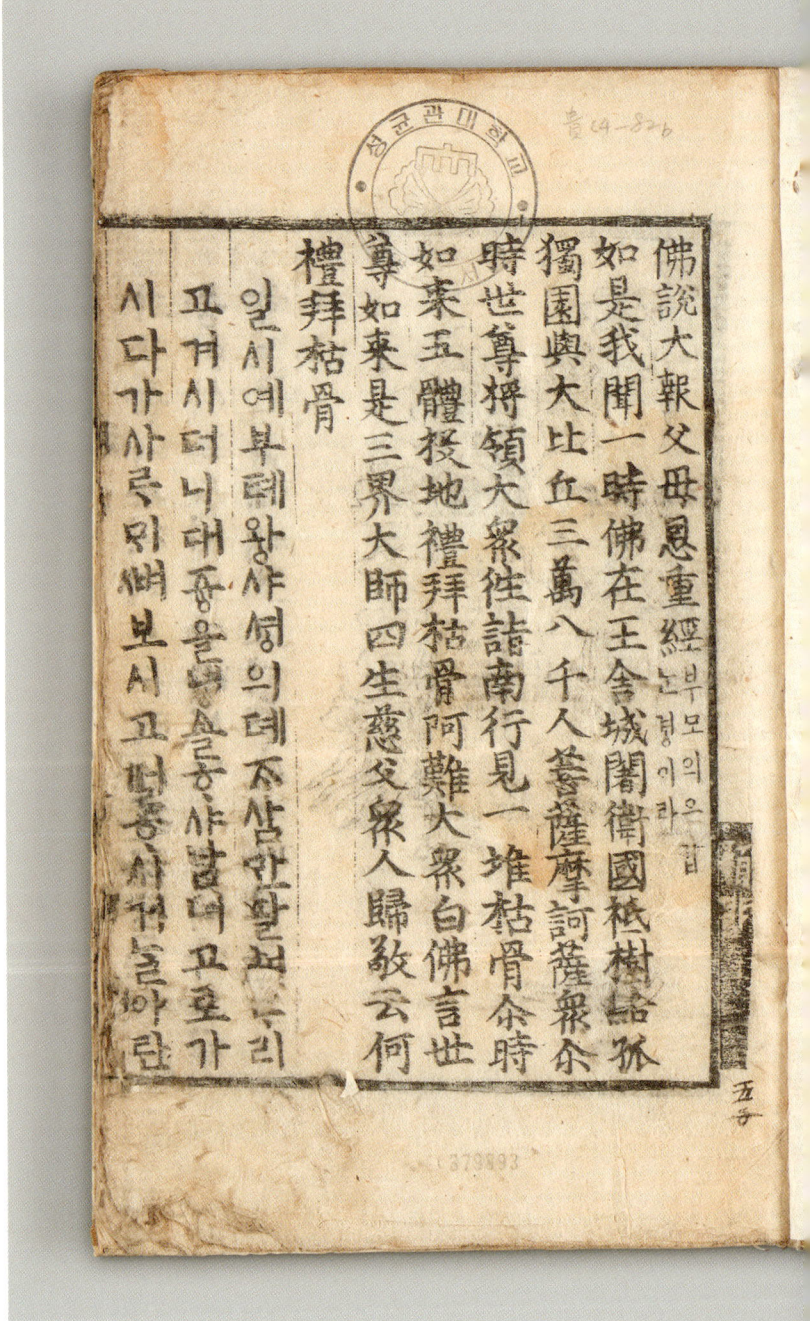

『불설대보부모은중경佛說大報父母恩重經』에 도상圖像과 언해諺解를
수록한 책이다. 본서는 1577년(선조 10) 철원鐵原 보개산寶盖山
심원사深原寺에서 간행한 불분권 1책의 목판본이다.

권수제는 '불설대보부모은중경佛說大報父母恩重經', 표제는 '부모
은중경父母恩重經', 판심제는 '은恩'이다. 황색만자문표지黃色卍字
紋表紙에 오침안정법五針眼訂法으로 장황粧䌙하였다. 표지에 제첨
題籤을 부착하여 표제를 묵서墨書하였다. 판식은 사주단변四周單邊,
유계有界, 10행 18자, 상하대흑구上下大黑口, 상하내향흑어미上下
內向黑魚尾이다. 본문 중간에 경전 내용을 표현한 변상도變相圖를
수록하였다. 권말에 '만력5년(1577) 강원도 철원 보개산 심원사에
유판함[萬曆五年丁丑六月日 江原道鐵原地寶盖山深原寺留板]'이라는 간기가
있다.

본서는 한문으로 된 경전 내용을 먼저 제시하고 그 뒤에 한글
해석을 수록한 언해본이다. 본문 난외欄外에 '구질비仇叱非' 등
시주자들의 이름을 수록하였다. 경전 말미에 보부모은중진언
報父母恩重眞言, 불설왕생진언佛說往生眞言 등 의식과 관련한 각종
진언을 수록한 것이 특징적이다. 권말에는 간기와 함께 발원문
發願文, 화주化主 및 시주자, 각수 등 간행에 참여했던 인물들을
수록하였다.

第五 迴乾就濕恩

母自身俱濕　將兒以就乾
兩乳充飢渴　羅袖掩風寒
恩憐恒廢寢　弄振躭歡
但令孩子穩　慈母不求安

頌曰

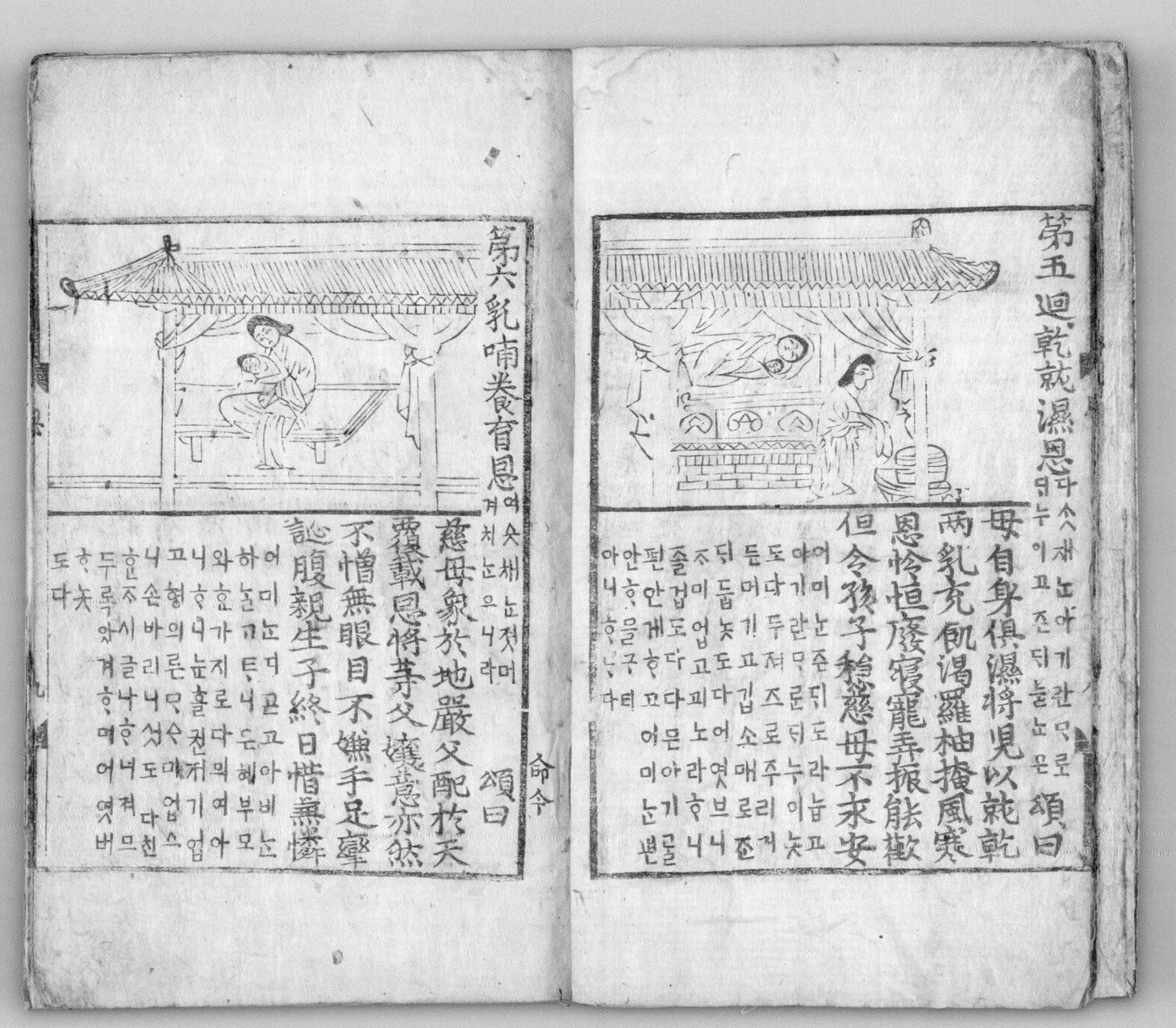

第六 乳哺養育恩

慈母象於地　嚴父配於天
覆載恩將等　爺孃意亦然
不憎無眼目　不嫌手足攣
誕腹親生子　終日惜兼憐

頌曰
命令

'부모은중경父母恩重經' 또는 '은중경恩重經'으로 약칭하는 『불설대보부모은중경』은 중국에서 찬술된 위경僞經이라는 견해가 일반적이다. 우리나라에는 통일신라 후반 내지 고려 초에 전래된 것으로 보며 일제강점기에 이르기까지 한문본과 언해본 그리고 한문과 언해를 함께 실은 판본 등 모두 수십 차례 간행·유통되었으며 다양한 이본異本이 존재한다. 그중 언해본은 전라도 완주 인근에 거주하던 오응성吳應星이 모친상을 치른 후에 부모의 극락왕생을 기원하며 증조부 때부터 내려오던 한문본을 바탕으로 1545년(인종 1)에 간행한 것을 초간본으로 본다. 존경각 소장본의 판본 상태는 비교적 양호하나 중간중간 낙장이 있고 판심부에 일부 결손이 있다. 연구자들은 국어학적 관점과 도상의 특징상 본서의 저본을 1553년(명종 8)에 간행된 화장사華藏寺 간행본으로 본다. 'ㅇ'이 많이 보이는 점, 방점 표기가 없는 점, '음식'을 '오식'이라 오각한 점, 도상에서 집 기둥이 검지 않은 점 등이 화장사본과 동일하기 때문이다.

본서의 권수卷首에는 부처가 왕사성王舍城 기수급고독원祇樹給孤獨園에서 남쪽으로 향하던 중 어느 뼈 무덤을 보고 절을 하자 아난阿難과 제자들이 그 이유를 묻고 답하는 내용인 여래정례도如來頂禮圖가 수록되어 있다. 이어서 부모의 은혜를 열 가지 조목을 들어 도상[十恩變相圖]과 함께 게송으로 보여 준다. 첫째, 처음에 아이를 배어 품고 지켜 주신 은혜[懷耽守護恩: 처삼미 비여셔 몸 간슈ᄒᆞᄂᆞᆫ 은니라], 둘째, 해산을 맞아 고통을 받으신 은혜[臨産受苦恩: 둘재ᄂᆞᆫ 둘ᄎᆞ니 슈고ᄒᆞᄂᆞᆫ 은니라], 셋째, 자식을 낳고 나서는 그 기쁨에 그간의 시름을 다 잊으신 은혜[生子忘憂恩: 세재ᄂᆞᆫ ᄌᆞ식 나ᄒᆞ니 시름 니즌 은니리], 넷째, 쓴 것은 먹어 삼키고 단 것은 뱉어 먹여 주신 은혜[咽苦吐甘恩: 네재ᄂᆞᆫ 쁜 것 머거셔 둔 깃 도ᄒᆞ이 미기ᄂᆞᆫ 은], 다섯째, 아기는 마른자리에 누이고 어머니는 진자리에 누우신 은혜[廻乾就濕恩: 다숫재ᄂᆞᆫ 아기란 ᄆᆞ로 디 누이고 즌 디 눈ᄂᆞᆫ 은], 여섯째, 젖을 먹여 키워 주신 은혜[乳哺養育恩: 여슷채ᄂᆞᆫ 젓머겨 치ᄂᆞᆫ 으니라], 일곱째, 깨끗지 못한 것을 씻어 주신 은혜[洗濁不淨恩: 닐곱채ᄂᆞᆫ 싯노라 ᄒᆞ니 조티 아니훈 은], 여덟째, 자식이 먼 곳에 가 있으면 늘 마음으로 염려해 주신 은혜[遠行憶念恩: 여듧채ᄂᆞᆫ ᄌᆞ시기 나갓거든 ᄉᆞ렴ᄒᆞᄂᆞᆫ 은], 아홉째, 자식을 위해서라면 모든 어려움을 대신해 주신 은혜[爲造惡業恩: 아홉채ᄂᆞᆫ 모딘 업 젼ᄂᆞᆫ 은니라], 열째, 죽을 때까지 자식을 생각하며 가엾이 여겨 주신 은혜[究竟憐愍恩: 열채ᄂᆞᆫ 내죵을 싱각ᄒᆞ고 어엿버 ᄒᆞᄂᆞᆫ 은]이다.

뒤이어 여덟 가지의 비유와 팔비유도八譬喩圖가 수록되어 있다. 부처의 설법을 다 들은 제자들은 자신들이 부모에게는 죄인임을 깨닫고 다시금 부모의 은덕에 어떻게 보답해야 할지를 묻고 부처는 답을 해준다. 마지막으로 이 경의 이름을 무엇이라 할지 묻는 아난에게 부처는 '대보부모은중경'이라 하라고 일러준다. 그 뒤에는 보부모은중진언報父母恩重眞言과 불설왕생진언佛說往生眞言이 수록되어 있다.

존경각 소장본은 고려시대에 이어 조선시대에도 『부모은중경』이 얼마나 많이 간행되고 유통되었는지를 방증하는 또 하나의 판본이다. 낙장은 있으나 착간錯簡은 없으며 판본 상태도 양호한 편이다. 현재로서는 강원도 일대에서 간행된 가장 오래된 판본으로서의 가치를 인정받고 있다. 여러 언해본이 전하는 가운데서도 존경각본이 갖는 차별점은 국어 연구사 측면에서도 의미를 갖는다. 조영미

주제어
불설대보부모은중경佛說大報父母恩重經, 부모의은갑ᄂᆞᆫ 경이라

참고문헌
박철민, 「1577年 鐵原 深源寺 刊行 『佛說大報父母恩重經(諺解)』의 저본과 특징」, 『大東文化研究』 119, 성균관대학교 대동문화연구원, 2022.
김영배 번역, 『역주 불설대보부모은중경언해』, 세종대왕기념사업회, 2011.
智冠 編著, 『伽山佛敎大辭林』, 가산불교문화연구원, 1998.

| | |
|---|---|
| 서명 | 六經合部 |
| 판본 | 木版本 |
| 발행 | [漢城]: 禪宗(興天寺), 世祖6(1460) 刊 |
| 형태 | 金剛般若波羅蜜經・大方廣佛華嚴經入不思議解脫境界普賢行願品・大佛頂首楞嚴神呪・觀世音菩薩禮文・妙法蓮華經觀世音菩薩普門品・佛說阿彌陀經 1冊：四周單邊, 半郭 19.5×13.0 cm, 無界, 8行17字 小字雙行, 無魚尾；30.5×17.5 cm |
| 주기 | 版心題: 金(金剛般若波羅蜜經)・行(大方廣佛華嚴經入不思議解脫境界普賢行願品)・頂(大佛頂首楞嚴神呪)・口(觀世音菩薩禮文)・普(妙法蓮華經觀世音菩薩普門品)・阿(佛說阿彌陀經) |
| | 板式: 大黑口・內向黑魚尾 混入(金剛般若波羅蜜經), 8行15字(妙法蓮華經觀世音菩薩普門品) |
| | 金剛般若波羅蜜經 末尾: 刊記(天順四年庚辰(1460) 禪宗開板), 施主秩(判閣尹贊 等), 刻者(古未), 化主(雪雲) |
| | 觀世音菩薩禮文 末尾: 施主秩(安璐兩主 等) |
| | 楮紙 |

자부
子部
35

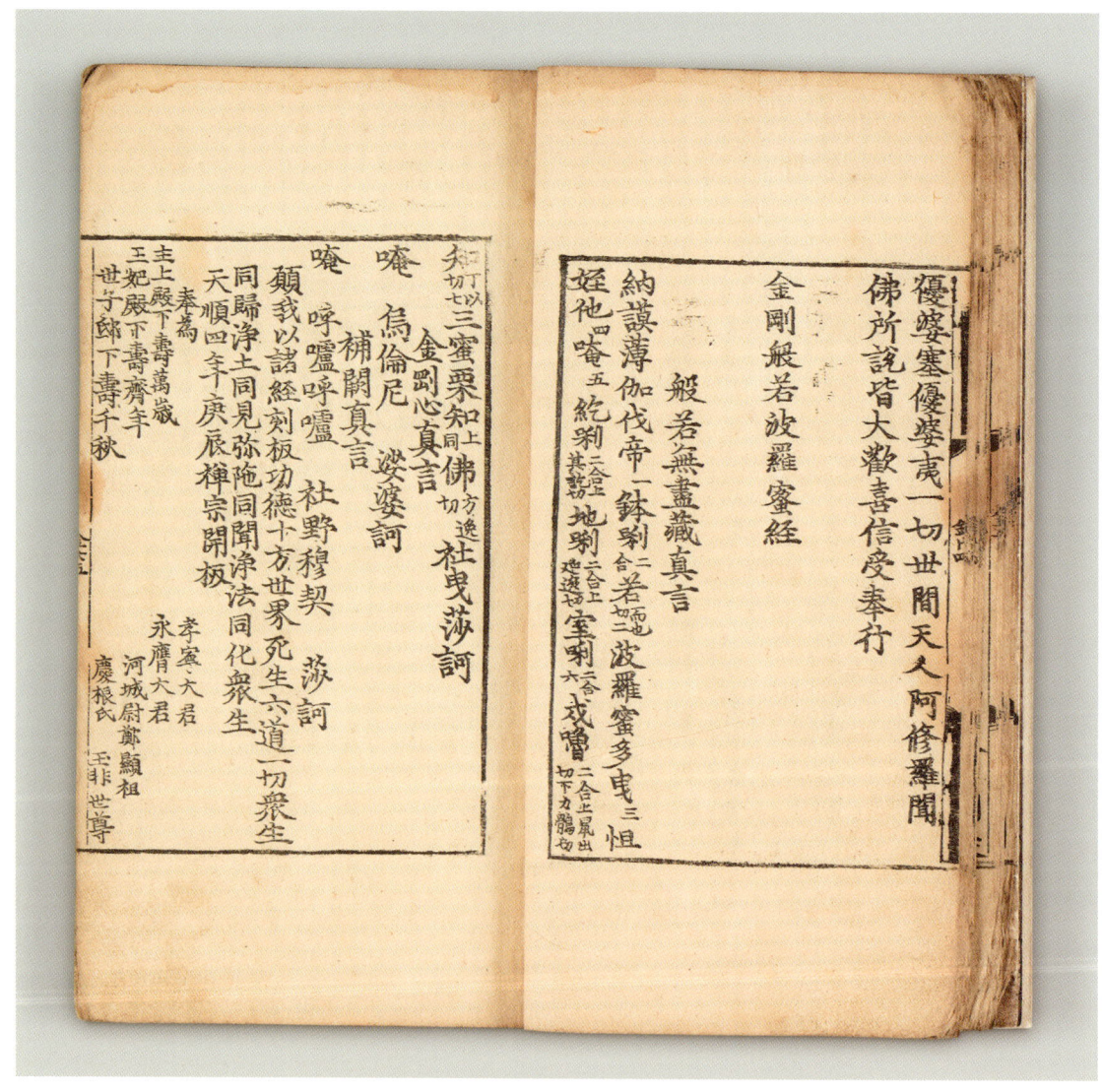

잘 알려진 불가의 여섯 경전인 『금강반야바라밀경金剛般若波羅蜜經』・『대방광불화엄경입부사의해탈경계보현행원품大方廣佛華嚴經入不思議解脫境界普賢行願品』・『대불정수능엄신주大佛頂首楞嚴神呪』・『관세음보살예문觀世音菩薩禮文』・『묘법연화경관세음보살보문품妙法蓮華經觀世音菩薩普門品』・『불설아미타경佛說阿彌陀經』을 조선전기에 합간合刊한 1책의 목판본이다. 『금강반야바라밀경』과 『불설아미타경』은 전체를 수록하였고 나머지는 각 경전의 일부만 수록하고 있다.

'육경합부六經合部'라는 명칭은 1472년(성종 3) 간행한 판본에 수록한 김수온金守溫의 발문跋文에서 비롯하였다. 판심제는 『금강반야바라밀경』의 경우 '금金', 『대방광불화엄경입부사의해탈경계보현행원품』의 경우 '행行', 『대불정수능엄신주』의 경우 '정頂', 『관세음보살예문』의 경우 '구口', 『묘법연화경관세음보살보문품』의 경우 '보普', 『불설아미타경』의 경우 '아阿'로 모두 다르다. 적색만자문표지赤色卍字紋表紙에 오침안정법五針眼訂法으로 장황粧䌙하였다. 면지面紙와 내지內紙의 오염도 차이를 통해서 근현대에 표지를 개장한 것으로 추정한다. 판식은 사주단변四周單邊, 무계無界, 8행 17자, 무어미無魚尾이다. 일부 흑구黑口와 상하내향흑어미上下內向黑魚尾도 혼재한다. 『금강반야바라밀경』 말미末尾의 축원문과 발원자 명단에서 효령대군孝寧大君·영응대군永膺大君·하성위河城尉 정현조鄭顯祖 등의 인물을 확인할 수 있다. '천순4년 경진년(1460) 선종에서 개판함[天順四年庚辰禪宗開板]'이라는 간기가 있다. 1424년(세종 6) 불교의 종파를 선종과 교종의 양종으로 통폐합할 당시, 선종도회소禪宗都會所를 서울의 흥천사興天寺로, 교종 도회소敎宗都會所를 흥덕사興德寺로 하였다. 이때부터 원각사가 창건되는 1464년(세조 10) 이전까지 도성 안의 사찰은 흥천사와 흥덕사뿐이었으므로, 선종은 흥천사를 가리킨다. 『묘법연화경관세음보살보문품』은 8행 15자이며, 『관세음보살예문觀世音菩薩禮文』의 말미에는 시주자들의 이름을 수록하였다.

『육경합부』의 유래는 1424년(세종 6) 전라도 고산 안심사安心寺에서 신현信玄이 성달생成達生에게 『금강경』을 필서해 줄 것을 요청했는데, 이에 성달생은 『금강경』 외에 당시 사람들에게 널리 받아들여진 5종의 불교

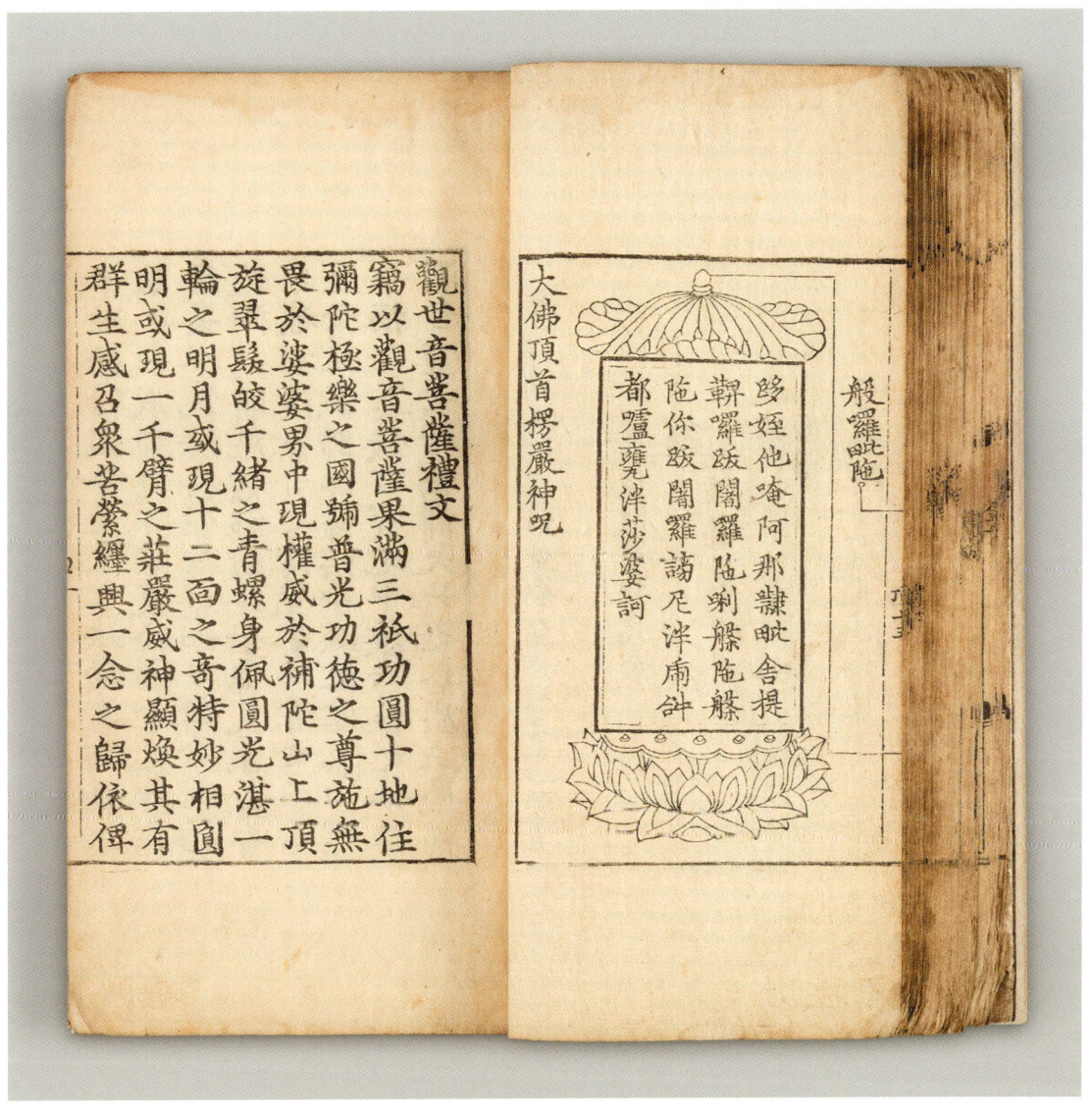

경전을 함께 필서하여 함께 간행하도록 하였다. 성달생이 처음 필사할 때는 '육경합부'라는 말을 쓰지 않았으나, 1472년(성종 3)에 인수대비가 간행하면서 권말에 붙어 있는 갑인소자甲寅小字로 찍은 김수온金守溫의 발문을 통해 '육경합부'라고 하였음을 알 수 있다.

본서의 여섯 경전은 다음과 같은 순서로 수록되어 있다. 먼저 구마라집鳩摩羅什이 한역한 『금강반야바라밀경』은 본래 공空의 도리를 설한 반야般若 계열 경전 중 가장 간명하고 대중적으로 많이 알려져 있다. 본문 앞에는 독경하기 전에 불보살에게 가호를 청하는 금강경계청金剛經啓請과, 정구업진언淨口業眞言·청팔금강請八金剛·청사보살請四菩薩·발원장發願丈·운하범云何梵이 수록되어 있다. 말미에는 반야무진장진언般若無盡藏眞言·금강심진언金剛心眞言·보궐진언補闕眞言이 수록되어 있다.

반야삼장般若三藏이 한역한 『화엄경보현행원품』은 세 가지 『화엄경』 중 40권본 『화엄경』의 제40권에 해당하는 부분으로, 『대방광불화엄경大方廣佛華嚴經』 권제사십卷第四十 「입부사의해탈경계보현행원품入不思議解脫境界普賢行願品」이다. 선재동자善財童子가 55선지식을 찾아 가르침을 받으러 다니는 구도의 이야기가 중심이다. 말미에는 속질만보현다라니速疾滿普賢陀羅尼·보현보살멸죄주普賢菩薩滅罪呪·보현보살옹호수지진언普賢菩薩擁護受持眞言이 수록되어 있다.

반라밀제般剌蜜帝가 한역한 『대불정수능엄신주』는 『수능엄경首楞嚴經』 권3의 찬불게讚佛偈와 권7 일부로 구성되어 있다. 찬불게는 '미묘하고 맑은 몸[法身]으로 (모든 공덕) 총괄하여 지니시고 전혀 동요하지 않는 존자시여![妙湛總持不動尊]'라는 구절로 시작해서 '금강金剛처럼 견고한 마음 흔들림 없도다.[爍迦羅心無動轉]'

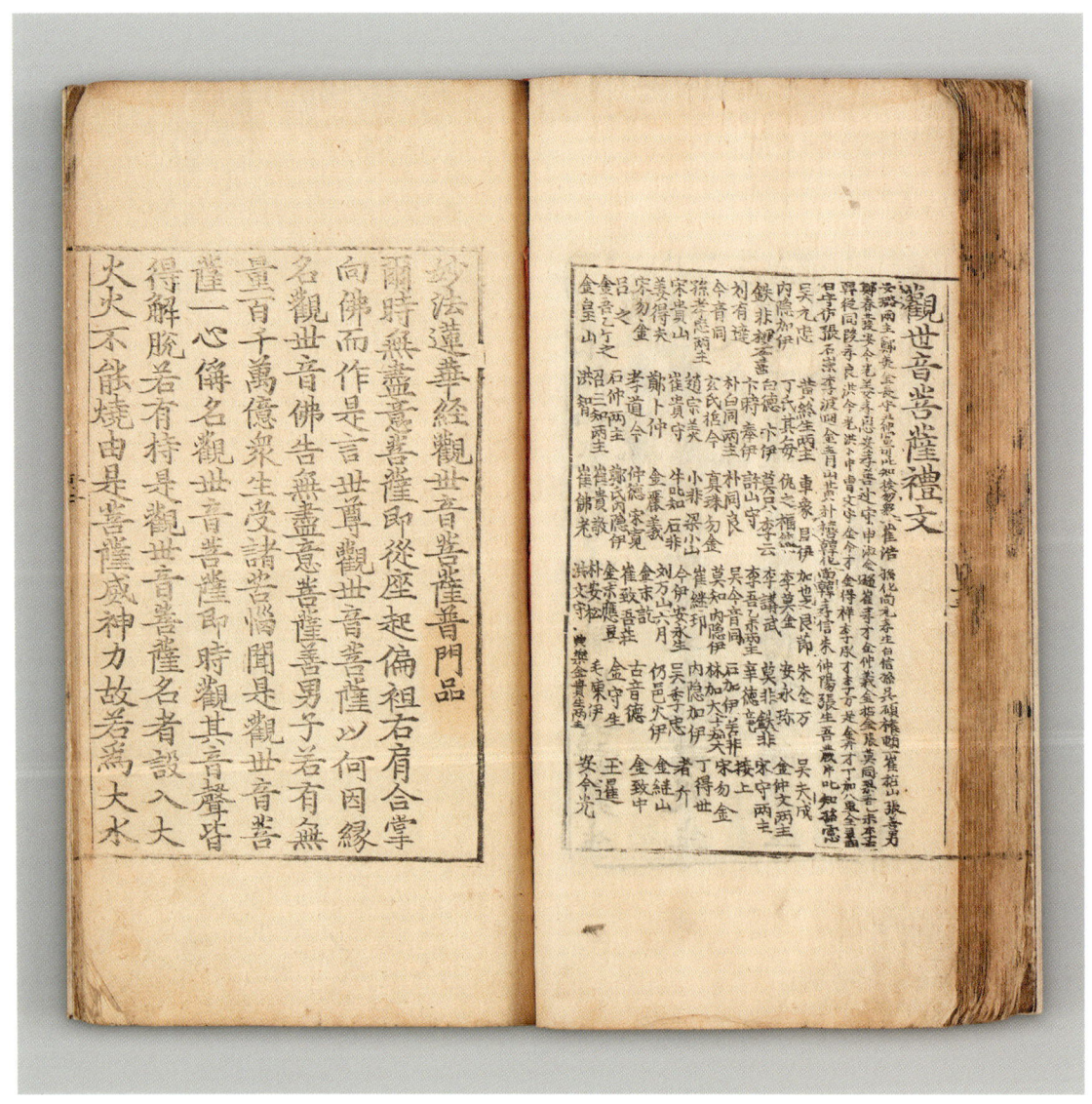

라는 구절로 마치는 18구의 게송이다. 그 뒤에는 시방에 상주하는 불법승佛法僧 삼보三寶에 귀의하는 구절이 삽입되어 있다.

『관세음보살예문』은 예참禮懺 의식에 쓰는 문구이다. 관세음보살을 예배 대상으로 삼아 치르는 의식에서 그 공덕을 찬탄하는 의례문이다. 연초기도나 특별기도 등을 행할 때 주로 읽는다. 관음예문례觀音禮文禮라고도 한다.

구마라집이 한역한 『법화경보문품』은 관음신앙觀音信仰의 근거가 되는 경전으로, 『관음경보문품觀音經普門品』·『관세음경觀世音經』·『관음경』·『보문품경』 등이라고도 한다. 이 품을 따로 간행한 별행본도 많이 유통되었다.

역시 구마라집이 한역한 『아미타경』은 정토 신앙을 대표하는 경전이다. 경 말미에는 무량수불설왕생정토주無量壽佛說往生淨土呪·결정왕생정토진언決定往生淨土眞言·상품상생진언上品上生眞言·아미타불심주阿彌陀佛心呪·아미타불심중심주阿彌陀佛心中心呪·무량수여래심주無量壽如來心呪·무량수여래근본인無量壽如來根本印을 수록하였다. 이어서 근본다라니根本陀羅尼를 제시하고 '한 번 외우자마자 몸에 쌓인 10악·4중·5무간죄를 소멸하고 일체의 업장이 모두 소멸한다.[纔誦一遍卽滅身中十惡四重五無間罪 一切業障皆滅]'라고 함으로써 다라니가 불도의 근본 목적과 부합한다는 취지를 밝힌다. 이것은 이상의 여섯 경전을 다라니 중심으로 취합했다는 의도와도 통한다.

『육경합부』와 같이 여러 경전을 합하여 간행하는 방식은 우리나라에 두드러진다. 초판 이래 30여 종의 판본이 지속적으로 간행되어 인쇄사의 중요한 자료가 되는 『육경합부』는 현재까지 49종의 판본이 알려져 있다. 그중 19종은 후대에 『금강경』 중심으로 변용된 것이고, 주요 판본 30종 중 28종이 임진왜란 이전 조선 전기 간행본이다. 세종대 6종, 세조대 12종, 예종대 1종, 성종대 7종, 명종대 2종이 간행되었으며, 조선 후기에는 인조와 현종대에 각 1종씩 간행되었다. 30종 중 29종은 목판본이며 1종이 1465년(세조 11)에 인출된 을유자본乙酉字本 금속활자본이다. 『육경합부』는 1424년 초판에 이어 1440년(세종 22)에 화악산華岳山 영제암永濟庵에서 목판으로 간행하였고, 1472년에 인수대비仁粹大妃(소혜왕후昭惠王后)가 다시 간행하기도 했다. 본서는 세조대에 흥천사에서 간행한 목판본으로, 조선 전기에 유행한 『육경합부』 간행의 일면을 살펴볼 수 있다. 조영미

주제어
금강반야바라밀경金剛般若波羅蜜經, 대방광불화엄경입부사의해탈경계보현행원품大方廣佛華嚴經入不思議解脫境界普賢行願品, 대불정수능엄신주大佛頂首楞嚴神呪, 관세음보살예문觀世音菩薩禮文, 묘법연화경관세음보살보문품妙法蓮華經觀世音菩薩普門品, 불설아미타경佛說阿彌陀經

참고문헌
安震湖 編, 『釋門儀範』, 法輪社, 1982.
송일기·김유리, 「『육경합부』의 판본 연구」, 『서지학연구』52, 2012.
智冠 編著, 『伽山佛敎大辭林』, 가산불교문화연구원, 1998.

| | |
|---|---|
| 서명 | 天原發微 |
| 저자 | 鮑雲龍(宋) 著 ; 鮑寧(元) 辨正 |
| 판본 | 金屬活字本(乙亥字) |
| 발행 | [漢城] : [校書館], [明宗8(1553)]頒賜 |
| 형태 | [卷首]1册 · 5卷9册, 共10册 ; 揷圖, 四周單邊, 半郭 21.5×15.0 cm, 有界, 9行17字 小字雙行, 上下內向三葉花紋魚尾 ; 31.0×19.5 cm |
| 주기 | 內賜記 : 嘉靖三十二年(1553)六月日 內賜成均館大司成李滉天原發微一件 命除謝恩 右承旨臣尹(手決)<br>天原發微序 : 元貞二年丙申(1296)十二月十五日己酉里友弟方回萬里序, 庚辰歲(1280)長至日紫陽後學鮑雲龍(1226-1296)序<br>天原發微序 : 至元辛卯(1291)三月十一日方回(1227~1305)序<br>天原發微辨正序 : 於是事于天順庚辰(1460)三月…越明年(1461)二月書成…是月望日新安歙邑鮑寧敍<br>跋天原發微後 : 元貞丙申(1296)曹涇跋<br>天原發微後序 : 大德己亥(1299)歲季冬望日剡源戴表元序, 天順辛巳(1461)夏五月望日鮑寧題<br>原刊本 刻手名 : 仇川黃文善 文敬 文希 永富刊<br>板式 : 四周雙邊 混入<br>楮紙 |

자부
子部
36

송말원초의 학자인 포운룡鮑雲龍(1226~1296)이 역易의 핵심 용어와 개념을 해설한 것을 1461년(天順 5) 포영鮑寧(1391?~1462?)이 변정辨正한 것이다. 본서는 권수卷首 1책과 본문 5권 9책으로 구성된 10책의 완질본으로, 1553년(명종 8) 당시 성균관 대사성이었던 이황李滉(1501~1570)에게 내사된 책이다.

황색연화문표지黃色蓮花紋表紙의 제첨題籤에 쓰인 표제는 '천원발미天原發微', 판심제는 '천天'이다. 표지 우측상단에는 수록 편목篇目을, 서뇌書腦에는 총책수總册數인 '공십共十'을 묵서墨書하였다. 판식은 사주단변四周單邊, 유계有界, 9행 17자, 상하내향흑어미上下內向黑魚尾이다. 제1책 권수卷首와 제5책 권3상上, 제7~10책 권4상上~5하下는 상하내향3엽화문어미이다. 제1책 앞면지面紙에는 '가정32년(1553) 6월에 성균관 대사성 이황에게 『천원발미』 1건을 내사한다.[嘉靖三十二年六月日 內賜成均館大司成李滉天原發微一件]'는 내용의 내사기가 있고, 책수册首에는 '선사지기宣賜之記'가 날인되어 있다. 그 외에도 정방형 주문인 '경호지장景浩之章' · '진성이황眞城李滉' · '하산정사霞山精舍'가 날인되어 있다.

포운룡의 자는 경상景翔, 호는 노재魯齋로, 휘주徽州 흡현歙縣 출신이다. 1258년(寶祐 6)에 진사가 되었다. 원대元代에 들어서는 은거하며 학문과 강학에 힘썼다. 특히 『주역周易』에 정통하였다고 알려져 있다. 포영의 호는 밀재謐齋, 자는 정밀庭謐이며 흡현 출신이다. 시문과 경학에 밝았으며, 『휘주부지徽州府志』 편찬에 참여하였다. 1296년(元貞 2)에 쓰여진 방회方回의 서문에 따르면, 방회가 포운룡의 부탁으로 『천원발미』의 서문을 써 주기로 승낙했지만 간행을 진행하던 포운룡이 사망하여 서문이 들어갈 한 권을 간행하지 못했다고 되어 있다. 그러나 1299년(大德 3) 대표원戴表元의 「천원발미후서天原發微後序」를 통해 이때에는 간행이 완성되었음을 알 수 있다. 또한

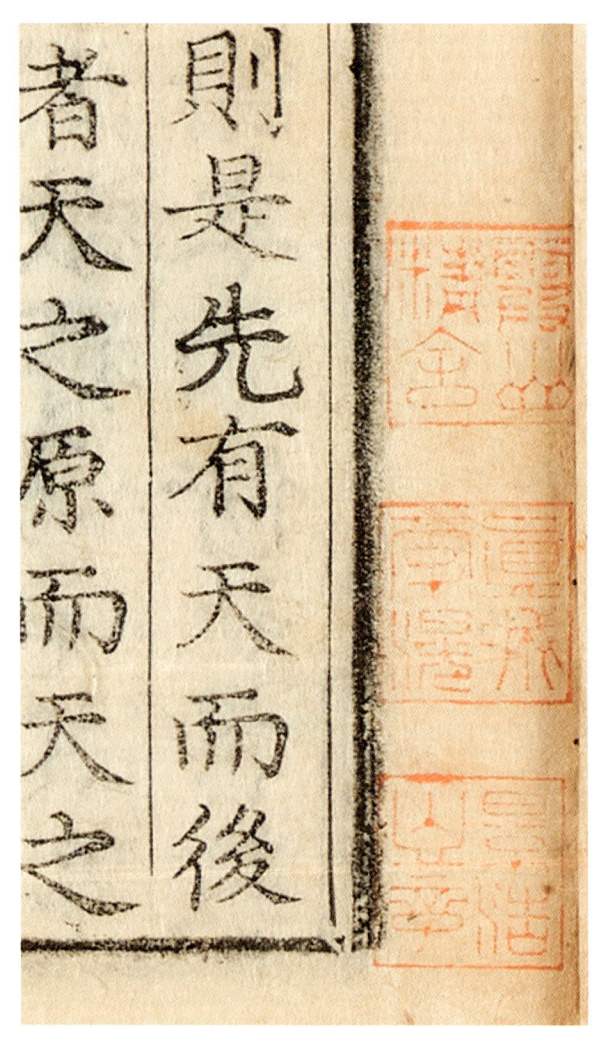

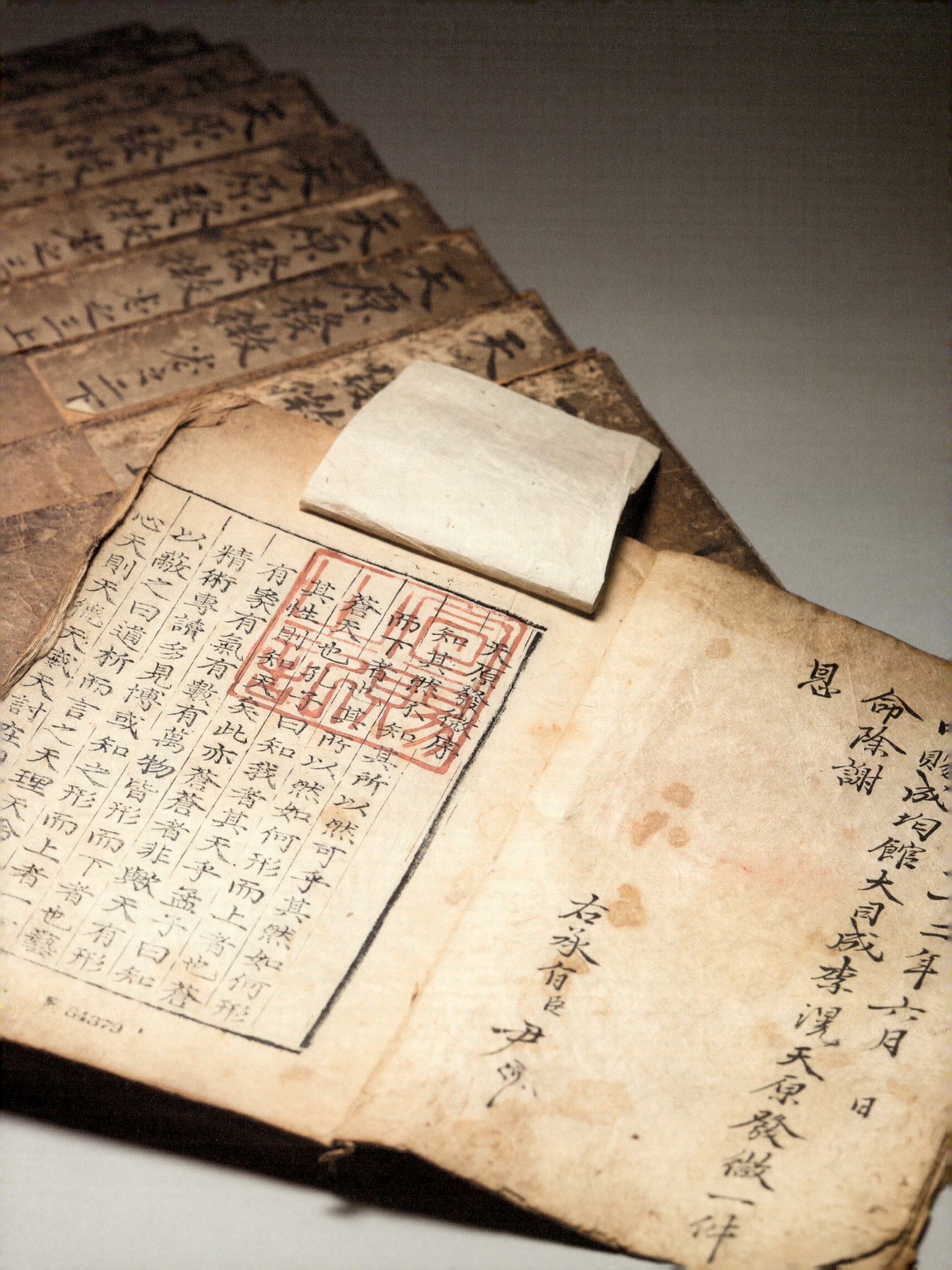

右ページ（右から左へ）：

恩
命除謝
　　　　　　賜成均館大司成李漢天原發微一件
二年六月　日

右承旨臣
尹明

左ページ本文（右から左へ）：

天原發微房
和其然不紹
師下蒼也紹其
蒼天也孔丘曰知
其性目曰和其
所以然可乎其然如何形
以然何形而其然如何形
有炎有氣有數有萬物
精術專讀多見博或和
必穀之曰遠析而或管形而
心天則天德天裁而或言之
天則天德天裁天討之
討之天理天上者也藝

포영이 1461년에 쓴 「천원발미후서」 말미末尾의 제題에도 본서가 원정 연간에 간행되어 성행하였고, 지원至元 연간(1335~1340)에 수정되었다는 내용이 있다. 따라서 처음 간행된 시기는 알기 어려우나 늦어도 1296년과 1299년 사이에는 간행된 것으로 추정된다.

명대에 들어서는 포영이 변정辨正하여 1461년(天順 5)에 휘주 흡현의 경독서당耕讀書堂에서 간행하였다. 그가 작성한 제문에 따르면, 『천원발미』가 전란 이후 거의 전하지 않게 되었고 그나마 전해지는 필사본에는 오류가 많았다. 정통正統 연간(1436~1449)에 마을의 사대부가 중각하고자 하였으나 결국 이루어지지 못했고, 1460년(天順 4) 봄에 교정 및 변정을 완료하고 마을 사람들의 지원을 받아 마침내 간행하게 되었다고 하였다. 1461년의 변정을 통해 기존의 오류가 수정되었다. 이때의 변정 방식은 「변정범례辨正凡例」를 통해 알 수 있는데, 이에 따르면 주희의 『효경간오孝經刊誤』와 『중용혹문中庸或問』과 같이 원문을 그대로 두고 그 뒤에 수정 내용을 배치하는 것이다. 또한 한 권으로 되어 있는 「문답절요問答節要」는 앞부분에 있는 포영의 설명을 통해 원래 3권으로 되어 있었음을 알 수 있다. 1461년본은 현재 대만 국가도서관과 국립고궁박물원, 일본 국립공문서관 등에서 확인되나, 국립공문서관본은 후수본後修本인 것으로 보인다.

『천원발미』가 조선에 전래된 시기는 전하지 않는다. 다만 이색李穡의 『목은집牧隱集』에 『천원발미』의 소장이 확인되고 있어 고려시대부터 전래하였음을 알 수 있다. 이는 시기적으로 볼 때 포영의 변정본 이전 서적으로 생각된다. 조선시대에 들어와서 간행과 관련된 가장 이른 기록은 성현成俔의 『용재총화慵齋叢話』이다. 권2에 수록된 성종이 편찬·간행한 서적 중에서 확인된다. 16세기에 『천원발미』를 구하는 과정은 『미암일기초眉巖日記抄』의 기록을 확인할 수 있다. 유희춘柳希春이 김안국金安國의 아들인 김요선金堯選을 통해 접한 후 책쾌冊儈 박온정朴溫精을 통해 구했다고 되어 있다.

현전본 중 가장 이른 간본은 본서와 동일한 16세기 간행 을해자혼입보자본이다. 다만 현전본 중에는 같은 활자본이라도 같은 곳에 사용된 활자의 획 모양과 조판 등에 차이가 있다. 내사기가 없는 고려대·계명대 소장본 계열이 본서와는 다르고, 일본 호사문고[蓬左文庫]에 소장된 박계현朴啓賢 내사본 등이 본서와 동일한 계열이다. 또한 서울대학교 규장각 소장 이홍유李弘有 구장서는 본서와 같은 인본이나 내사본은 아니다.

제1책에는 1296년에 작성된 방회의 「천원발미서天原發微序」, 1290년(至元 27) 포운룡과 1291년(至元 28) 방회의 「천원발미서」, 포영의 「천원발미변정서天原發微辨正序」, 「천원발미총목天原發微總目」, 「변정범례辨正凡例」가 수록되어 있다. 그리고 목판으로 간행된 「천원발미각류도天原發微各類圖」가 이어지는데, '하도낙서河圖洛書' 등 역易과 관련된 도설들이 수록되어 있다. 다음으로 포영의 「천원발미편목명의天原發微篇目名義」, 「문답절여問答節要」가 수록되어 있다. 제2책부터 본문 권1이 시작되고, 제3·4책은 권2상·하, 제5·6책은 권3상·하, 제7·8책은 권4상·하, 제9·10책은 권5상·하로 상하 각 1책씩 배분되어 있다. 모두 5권에 걸쳐 25편이 수록되어 있는데, 각 권마다 수록된 편목篇目은 다음과 같다.

| 권차 | 수록 내용 |
| --- | --- |
| 各類之圖 | 河圖之圖, 洛書之圖, 伏羲易, 伏羲八卦, 伏羲六十四卦, 十二月卦氣圖, 文王八卦, 文王六十四卦, 洪範九疇圖, 六律六呂圖 |
| 卷1 | 太極, 動靜, 靜動, 辨方, 玄渾 |
| 卷2 | 分二, 衍五, 觀象, 太陽, 太陰 |
| 卷3 | 少陽, 小飮, 天樞, 歲會, 司氣 |
| 卷4 | 卦氣, 盈縮, 象數, 先後, 左右 |
| 卷5 | 二中, 陽復, 數原, 鬼神, 變化 |

권5 말미에는 1296년 조경曹涇의 「발천원발미후跋天原發微後」, 1299년 대표원의 「천원발미후서」, 1461년 포영의 제題가 있고, 원본의 각수명이 있다.

『천원발미』는 초학자에게 난해한 『주역』의 주요 개념을 주희의 해석을 통해 설명한 책으로, 동아시아 삼국에서 모두 간행되어 유통되었다. 특히 본서는 이황의 구장서라는 점에서도 가치가 크다고 할 수 있는데, 그가 1557년(嘉靖 36)에 주희의 『역학계몽易學啓蒙』을 변석한 『계몽전의啓蒙傳疑』를 편찬할 때 이 책을 참고했을 가능성도 생각할 수 있다. 이유리

주제어
천원발미天原發微, 포운룡鮑雲龍, 포영鮑寧, 이황李滉, 내사기內賜記

참고문헌

이유리, 「조선 전기 간행 徽州本의 성격과 수용 양상」, 『한국문화』95, 서울대학교 규장각한국학연구원, 2021.

| | | | |
|---|---|---|---|
| 서명 | 再送嚴上座歸南序 | | 자부 |
| 저자 | 李瑢(朝鮮) 撰幷書 | | 子部 |
| 판본 | 木版本 | | 37 |
| 발행 | [朝鮮]: [刊寫者未詳], [壬亂以前]刊 | | |
| 형태 | 不分卷 1冊 : 四周單邊, 半郭 24.0×13.8 cm, 有界, 5行12字 ; 28.3×17.4 cm | | |
| 주기 | 再送嚴上座歸南序: 時景泰統御紀元(1450)秋七月下澣 琅玕居士安平大君瑢書<br>楮紙 | | |

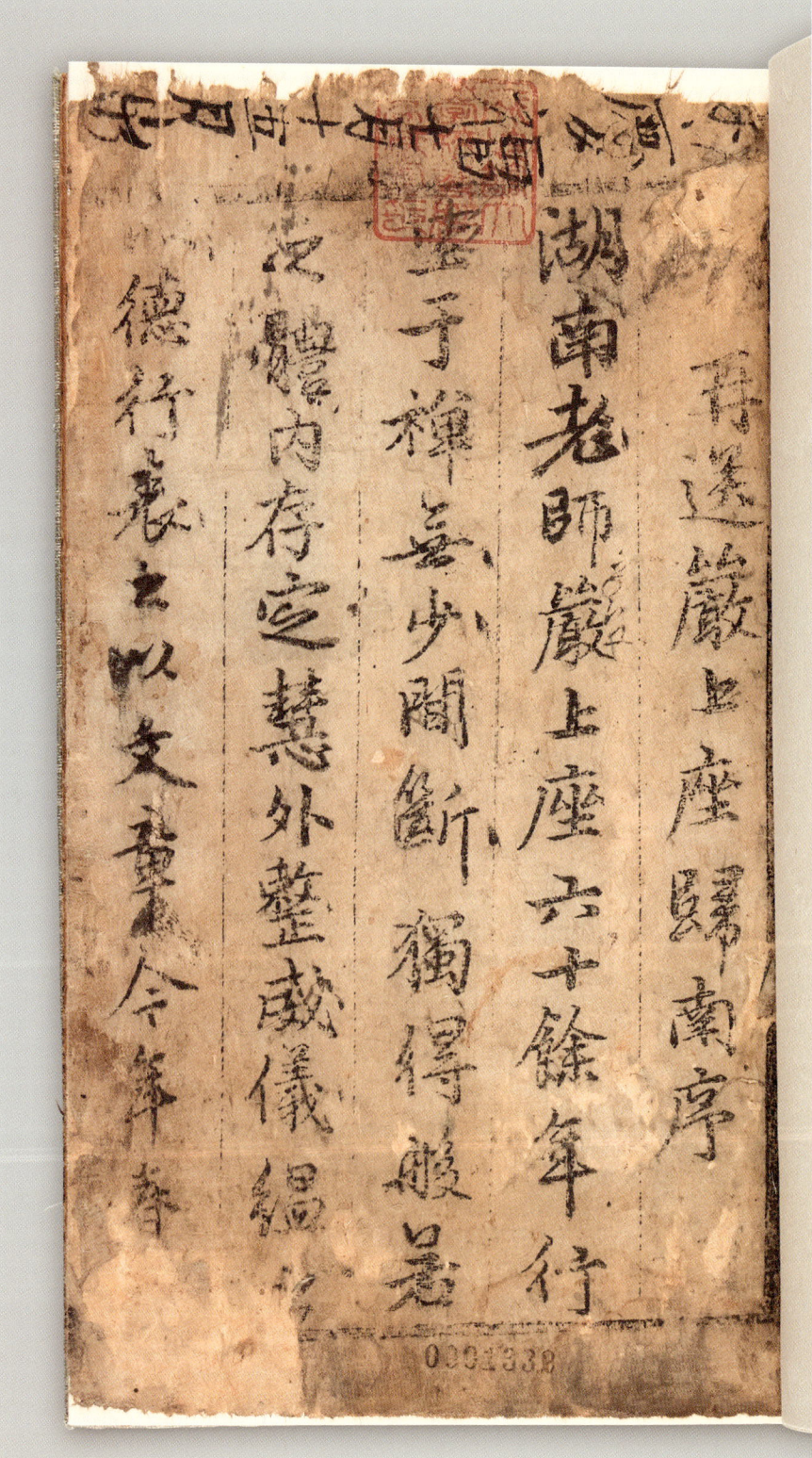

조선 세종世宗(1397~1450)의 3남인 안평대군安平大君 이용李瑢(1418~1453)이 1450년(세종 32) 왕실의 불사를 마치고 전라도 본사本寺로 돌아가는 엄상좌嚴上座(?~?)를 전송하며 써준 서문의 필적을 그대로 목판에 새겨 인쇄한 책이다. 본서는 임진왜란 이전에 간행된 불분권 不分卷 1책의 목판본이다.

표제와 권수제 모두 '재송엄상좌귀남서再送嚴上座歸南序' 이며, 판심제는 따로 없다. 본래 표지를 유지한 채 근래에 새로 장황粧䌙한 표지가 덧대어져 있다. 판식은 사주단변四周單邊, 유계有界, 행수行數는 5행으로 일정하나 자수字數는 일정하지 않다. 어미魚尾나 주문註文 또한 따로 없다.

본문 곳곳에 희미해진 글자를 보사補寫한 흔적이 있으며, 본문 일부에 먹으로 비점批點 또는 권점圈點을 찍기도 하였다. 본문 서미書眉에 '박경복 7월 15일 출[朴慶福七 月十五日出]', '7월 15일 지[七月十五日知]' 등의 묵서墨書가 있는데, 과거 책주册主가 스스로 책을 읽고 남긴 기록 이거나, 누군가에게 판매 또는 대여해주면서 남긴 기록 등으로 보이나 확실하지 않다.

권말에 '때는 경태 통어 기원(1450) 가을 7월 하순에 낭간거사 안평대군 이용이 썼다.[時景泰統御紀元秋七月下澣 琅玕居士安平大君瑢書]'는 기록이 있어 본서의 저자와 작성 시기를 알 수 있다.

안평대군은 세종과 소헌왕후昭憲王后 심씨沈氏 사이에 셋째로 태어났다. 이름은 용瑢, 자는 청지淸之, 호는 비해당匪懈堂·낭간거사琅玕居士·매죽헌梅竹軒이다. 이용은 조선 초기 15세기 전반의 명필로 예술에 대한 자질을 타고났고, 왕자로서 최고의 환경에서 시詩·서書·화畵 등 고급 문예에 심취할 수 있었다. 특히 그는 원元 조맹부趙孟頫의 글씨를 깊이 체득하고 이를 널리 보급시켜 조선 전기에 이른바 송설체松雪體의 유행을 선도한 인물이다.

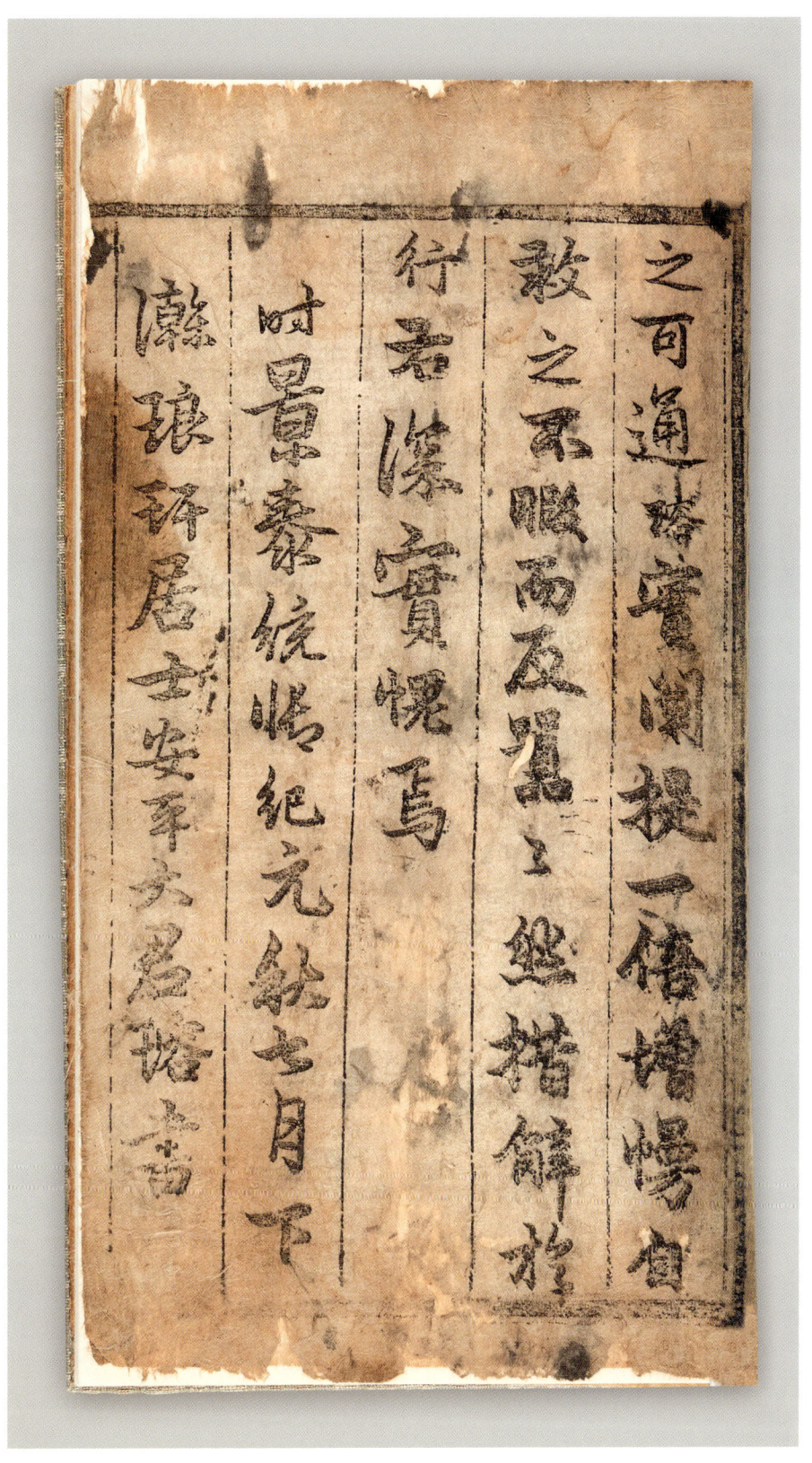

안평대군은 많은 승려들과 교분을 맺었다. 서문의 내용에도 있듯이 그는 수암대화상秀菴大和尙에게 불법을 배웠고, 세종 말의 불사 때는 신미信眉의 도움을 받았다. 안평대군이 서문을 써준 엄상좌嚴上座에 대해서는 자세하지 않으나 「재송엄상좌귀남서」의 내용을 통해 안평대군과의 교유를 짐작할 수 있다. 서문 앞부분의 내용에 따르면 호남湖南의 노사老師 엄상좌가 60여 년간 좌선坐禪 수행에 전념하여 반야般若의 요체를 터득한 인물로 묘사되어 있어 당시 70세가 넘은 선승이었음을 알 수 있다. 그리고 '금년 봄에 들어와 내불당內佛堂을 통솔하다가 교체될 즈음에 나에게 한마디 말을 해달라고 하였다.'라는 내용이 있다. 이를 통해 엄상좌가 1450년(세종 32) 봄에 내불당에 들어왔다가 7월 하순에 교체되어 자신의 본사가 있던 전라도로 돌아갔던 것으로 추정된다. 『조선왕조실록』에 따르면 그해 정월 22일에 세종이 위독하자 내불당에서 병을 덜고 장수를 기원하는 공작재孔雀齋를 행한 바 있다. 당시에 엄상좌가 불사를 주관하도록 초빙되었던 것으로 보인다. 세종은 2월 17일에 서거하여 6월 12일 경기도 광주 영릉英陵에 장사 지냈다. 엄상좌는 7월까지 내불당에 있으면서 세종의 추복을 빌다가 전라도 본사로 내려가게 되었고, 교체되어 돌아가던 즈음에 안평대군에게 부탁하여 이 서문을 받았던 것으로 추정된다.

「재송엄상좌귀남서」의 내용은 호남의 노승 엄상좌가 60여 년을 좌선 수행한 대선사임을 알리고, 내불당의 불사를 마치고 전라도 본사로 돌아갈 때 이 글을 써준다는 작성 배경을 밝히고 있다. 그 뒤로는 반야般若의 대도大道를 부연 설명하며 일용日用과 동정動靜 사이에서 정각正覺의 요체를 식별할 사람은 오직 엄상좌 뿐이라며 칭송하는 내용으로 끝을 맺었다.

이 필적과 제목이 유사한 「송엄상좌귀남서送嚴上座歸南序」가 국립중앙박물관에 소장되어 있다. 돌에 새겨 음각陰刻으로 간행한 석각본으로, 석판 1매에 4행씩 모두 8매에 모각하였다. 이 석각본 글씨는 활달한 필치를 보이고, 특히 붓끝의 움직임을 예리하게 모각해 필세도 강하게 드러난다. 마지막 판 끝에 작은 해서로 '기미맹하복창군정모간己未孟夏福昌君楨摸刊'이라고 새겨 1679년(숙종 5)에 복창군福昌君 이정李楨에 의해 간행되었음을 알 수 있다. 복창군은 인조의 3남 인평대군麟坪大君 이요李㴇의 아들로, 1680년(숙종 6) 경신대출척庚申大黜陟 때 역모했다는 무고로 아우 복선군福善君·복평군福平君과 함께 사사당한 인물이다.

그런데 석각본 「송엄상좌귀남서」는 불교의 교리와 관련된 난해한 글이 주요 내용을 이뤄 목판본 「재송엄상좌귀남서」의 내용과는 다르다. 마지막 면에는 '경태통어기원추칠월하한景泰統御紀元秋七月下澣 낭간거사안평대군청지서琅玕居士安平大君淸之書'라고 하여 목판본 「재송엄상좌귀남서」와 같은 날짜를 적었지만 안평대군의 이름 대신 자字 '청지淸之'로 서명한 것이 다르다. 현재 이와 유사한 필적들이 여럿 전한다. 복창군 이정이 모각 간행했다는 관서 부분만 빠진 양각陽刻의 목판본도 있고, 비단 또는 종이에 정치하게 모사하여 필사본처럼 보이는 모사본도 있다. 내용을 기준으로 이들을 종합해보면 맨 끝의 서명을 '청지'로 쓴 것은 「송엄상좌귀남서」이고 '용瑢'으로 쓴 것은 「재송엄상좌귀남서」라고 판단된다. 이밖에 엄상좌를 찬미하는 「엄상좌찬嚴上座贊」(석각, 6매 1면3행)도 국립중앙박물관에 전하고 있어 「송엄상좌귀남서」와 일련의 것임을 말해준다.

존경각 소장본 「재송엄상좌귀남서」는 목판본 필적으로, 정밀하게 새긴 석각본 필적에 비해 예리한 맛은 덜하다. 다만 본서는 그 내용을 통해 세종 서거 직전 당시 왕실 내불당에서 엄상좌의 역할과 안평대군과의 교유상을 알려준다. 또한 안평대군이 이 글에서 자신이 수암대선사를 섬겨 반야般若의 대의大義를 전수받았다고 하였듯이 왕실과 승단의 관계망을 파악하기 위한 자료로도 중요한 가치가 있다. 유지복

주제어
엄상좌嚴上座, 안평대군安平大君, 이용李瑢, 불당佛堂, 송설체松雪體

참고문헌
이완우, 「安平大君 李瑢의 文藝活動과 書藝」, 『미술사학연구』 246·247, 2005.
국립중앙박물관 미술부, 『조선왕실의 묵향』, 국립중앙박물관, 2006.
심경호, 「안평대군의 「再送嚴上座歸南序」 등 불교 관련 시문에 관해서」, 『민족문화연구』 68, 2015.

<table>
<tr><td>자부<br>子部<br>38</td><td>신전결과고금원류지론<br>新箋決科古今源流至論<br>Xīnjiān Juékē Gǔjīn Yuánliú Zhìlùni</td></tr>
</table>

| | |
|---|---|
| 서명 | 新箋決科古今源流至論 |
| 저자 | 林駉(宋) 撰 |
| 판본 | 木版本(南宋本飜刻) |
| 발행 | [中國(明)]: [刊寫者未詳], [成化(1465~1487)年間]刊 |
| 형태 | 前集10卷2冊, 後集6卷1冊, 續集10卷2冊, 別集10卷2冊, 共7冊(全8冊) : 四周雙邊, 半郭 18.3×11.9cm, 有界, 15行25字 小字雙行, 小黑口, 上下下向黑魚尾 ; 23.2×14.5cm |
| 주기 | 發行事項 推定: 『國立中央圖書館善本書目』「新箋決科古今源流至論」條, '明成化飜刻' (中華叢書委員會 編, 1957~1958)<br>所藏: 後集(第4冊 卷1-5) 缺<br>印記: 愼仲, 金氏富儀, 光山後學, [陽谷](鐘鼎形)<br>竹紙 |

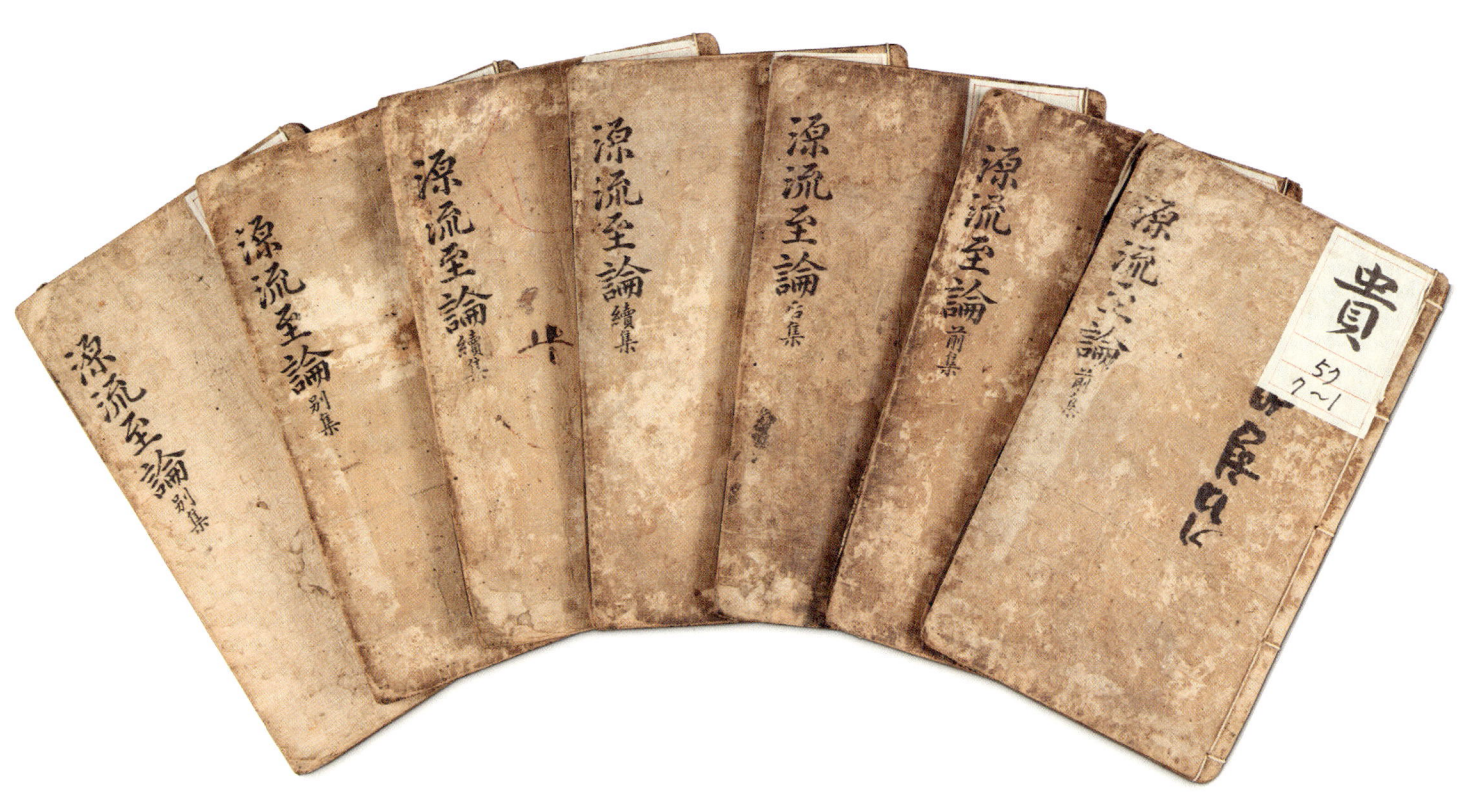

송宋의 임경林駉(?~?)이 치세治世에 필요한 여러 사실들을 주제별로 모아서 성리한 책이다. 본시는 중국 명대에 판가된 7책의 목판본이다.

존경각 소장본은 표지를 조선식으로 개장하면서 각 책의 목록이 제거되고 간기 부분이 결락되어 간행 시기를 특정 짓기가 어렵다. 좀 더 면밀한 검토를 거쳐야겠지만 판식의 특징으로 미루어 보면 국립도서관, 성암문고 소장본과 같은 1427년(세종 9) 일신서당 간본에 가까운 것으로 보인다. 각 책의 권수卷首에는 '신중愼仲', '김씨부의金氏富儀', '광산후학 光山後學'과 종정형鐘鼎形 인장 '양곡[陽谷]'이 날인되어 있다. 이를 통해 광산김씨 가문의 김부의가 소장했던 책임을 알 수 있다.

본래 전집 10권, 후집 10권 속집 10권 별집 10권으로 구성되어 있으며 전집·후집·속집은 송나라 임경이, 별집은 송나라 황리옹黃履翁이 찬하였다. 책 제목의 '결과決科'는 과거고시科擧考試를 가리키며 이 책이 바로 과업편저科業編著의 유서類書임을 의미한다.

원각본과 명각본에서는 옛 서명인 '신전결과고금원류지론新箋決科古今原流至論'을 사용하였고, 청나라의 『사고전서四庫全書』 편찬 이후에는 서명을 『고금원류지론古今原流至論』이라고 고쳐 사용했다. 중국의 과거시험용 전문 유서인 『옥해玉海』·

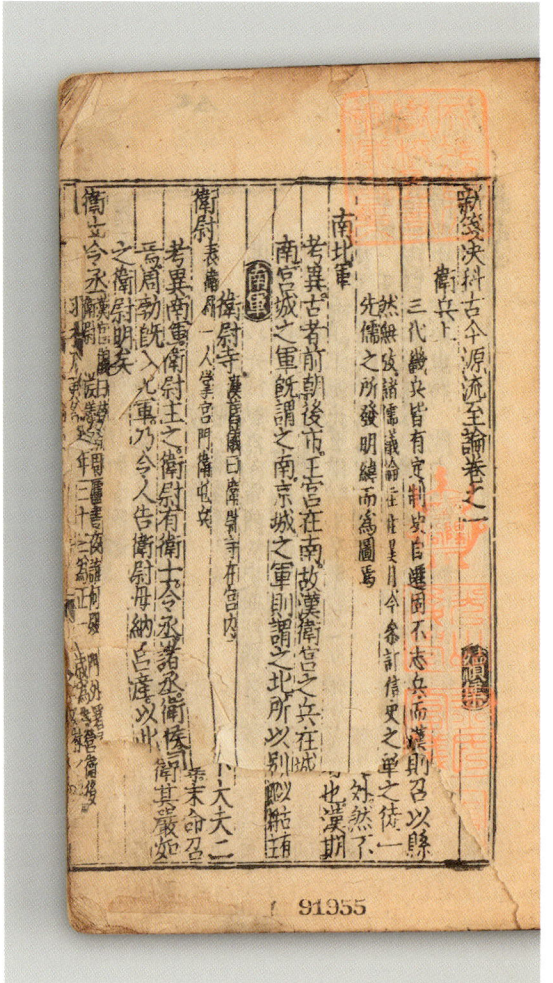

『영가팔면봉永嘉八面鋒』·『산당고색山堂考索』·『우주문망宇宙文芒』 등의 책들도 조선에 유입되어 활용되었는데, 『신전결과고금원류지론』 역시 그중 하나이다.

이 책을 편찬한 임경은 자字가 덕송德頌이며 영덕寧德(현 중국 복건성福建省) 사람으로 생몰년은 확실하지 않다. 그는 일찍이 역학易學의 장원으로 향시에 합격하였고, 책을 쓰고 제자를 키워냈다고 전한다. 별집을 편찬한 황리옹黃履翁의 자는 길보吉父이며, 삼산三山(현 중국 복건성 복주福州) 사람이다. 송 이종理宗 1232년(紹定 5)에 진사進士가 되었다고 전해지는 것 외에 그의 생애나 관적貫籍에 대해서는 알려진 것이 없다.

『신전결과고금원류지론』은 전집, 후집, 속집, 별집 각 10권으로 구성되어 있다. 예를 들어 후집의 각 권별로 수록된 내용을 보면, 권1에는 치감강목治鑑綱目, 주자통서周子通書, 문공사서文公四書, 성誠, 복復이 실려 있고, 권2에는 용용勇, 의리義利, 강유剛柔, 군권君權, 내외경중內外輕重, 권3에는 내항內降, 본조관제本朝官制 상하上下, 한관제漢官制, 예례, 권4에는 역대인재歷代人才 상하, 건소제장建紹諸將, 오초인물吳楚人物, 이학이동理學異同, 이학연원理學淵源, 권5에는 사표史表, 사지史志, 태원太元, 중설中說, 선천역先天易, 원경援經, 권6에는 의경擬經, 명경明經, 무거武擧, 굉사宏詞, 당제堂除, 이부吏部, 권7에는 비변備邊 상하, 거주擧主, 장복章服, 변경지안變更持安, 권8에는 장권將權, 장재將才, 장수협화將帥協和, 변장邊將, 강무講武, 권9에는 군정軍政, 군기軍器, 잠명箴銘, 장서藏書, 율법律法, 봉사奉使, 권10에는 번진藩鎮, 이서吏胥, 전제田制, 수리水利가 수록되어 있다. 이상의 편목篇目에서도 알 수 있듯이 이 책은 군주의 치세에 필요한 일들의 유래를 밝히고 사례를 제시함으로써 군주의 정사에 지침으로 삼으려는 의도로 편찬된 책이다. 즉 송나라 신종神宗 이후 과거시험을 통한 관리의 선발 방식이 시부詩賦보다는 책론策論 중심으로 바뀜에 따라 이를 준비하는 선비들이 고금의 전장제도典章制度를

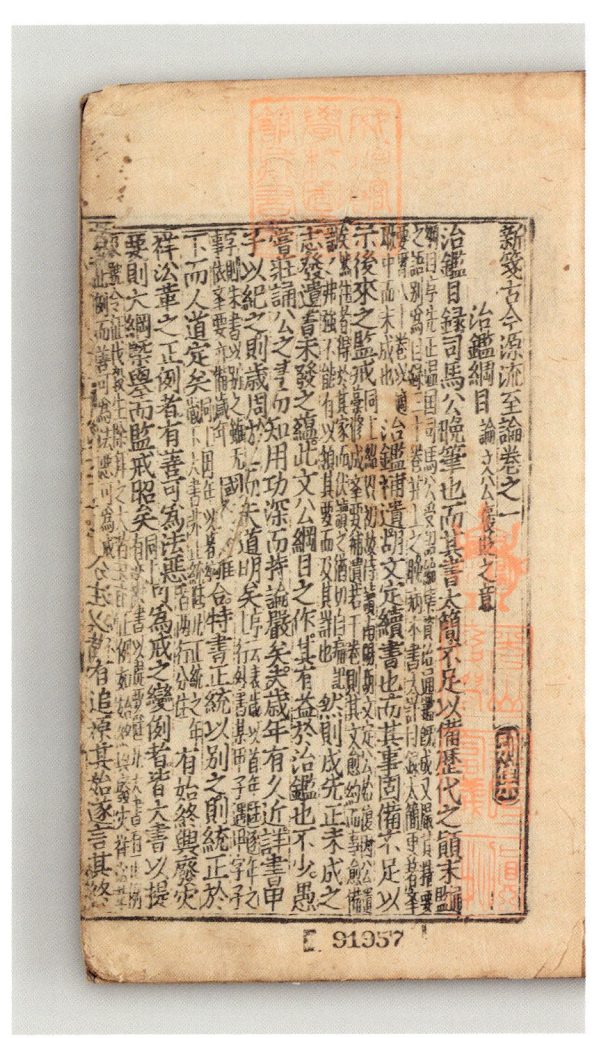

일목요연하게 파악하는 데 도움을 주고자 편찬한 것이다. 민동閩東의 마사서방麻沙書坊에서 간행한 것이 가장 많다고 알려져 있다.

이 책의 중국간본은 원각본과 명각본 등이 비교적 다양하게 남아있는 편이다. 문헌기록 및 현전본을 통해 살펴볼 수 있는 원간본을 간행시기별로 살펴보면 『송원판각도석宋元版刻図釋』에 수록된 1307년(大德 11) 간행의 건양서림 류극상劉克常 간본, 『서림청화』에 수록된 대덕연간 첨씨詹氏 건양서원建陽書院 간본 및 1317년(延祐 4) 원사서원圓沙書院 간본과 대만 국립고궁박물원에 소장된 연대 미상의 원간본을 들 수 있다. 이 중 류극상 간본과 원사서원 간본은 '사주쌍변四周雙邊, 15행 25~26자, 상하하향흑어미上下下向黑魚尾, 흑구黑口'의 판식으로 존경각 소장본과 유사하지만 존경각 소장본에서 간기를 확인하기 어려워 동일본임을 판단하기 어렵다. 류극상 간본에는 간행사실이 류극상의 목기木記로 수록되어 있고, 원사서원 간본에는 종형과 정형의 패기가 있다는 점에서 차이를 보인다. 연대 미상의 원간본은 변란邊欄, 판구版口, 어미魚尾가 류극상 간본 및 원사서원 간본과 동일하나 12행 22자로 행자수에 차이가 있으며, 음각으로 판각되어 있던 '전집前集'의 표시도 없다. 현재 국내 소장본으로 조선 초기 원판 번각본은 보이지 않으며, 세종연간에 경자자로 인출한 인본이 성암고서박물관, 연세대도서관, 규장각, 하버드엔칭도서관 등에 소장되어 있다. 이 인본을 상기 원판본의 판식과 비교해보면 변란, 판구, 어미의 모양이 매우 유사하며 원사서원이나 건안의 류극상 간본과 동일하게 권수제 하단에 '속집'이 음각으로 판각되어 있다. 즉, 1420년(세종 2)에 조선에서 금속활자 인본인 경자자본이 제작되자 목기 및 패기를 없애고 행자수를 바꾸었지만 기존 원간본의 서체와 판식은 그대로 유지한 것을 알 수 있다. 이렇게 제작된 경자자본은 그 이후에 다시 번각되어 유통되었다.

중국의 학자 심진沈津의 「신전결과고금원류지론의 판본감정」에서 해당 서적의 판본으로 원나라 1317년(延祐 4) 원사서원 각본 2질, 명나라 선덕 2년(1427) 건양서원 류극상 각본, 건양서원 첨씨詹氏 각본·주사전朱士全 각본, 1489년(弘治 2) 매은서당梅隱書堂 각본, 1537년(嘉靖 16) 백평각본白坪刻本, 1590년(萬曆 18) 서림書林 정세괴鄭世魁 종문당宗文堂 각본 등을 들고 있다. 그 밖에도 정확한 간행시기를 알 수 없는 명내 판본이 북경도서관, 상해도서관, 하남성도서관, 북경대학도서관 등지에 소장되어 있다.

국내의 소장본 중에 국립중앙도서관에는 후집 권1에서 권3, 권4에서 권6, 나머지 권7에서 권10까지를 한 책씩 장정하여 모두 3책을 만든 것이 있다. 권1에 들어가기 전 책머리에 전체의 목록이 권별로 열거되어 있다. 목록 말미에는 '선덕 정미년(1427) 중하에 신서당에서 간행함[宣德丁未仲夏日 新書堂刊行]'이라는 명판明版의 간기가 그대로 남아있어서 국내에 유통된 명각본을 확인할 수 있다. 그 밖에 고려대도서관 원광대도서관 등에 낙질落帙로 전해신나. 그 중에 8권 4책이 남은 인광대 소장본의 전집 목록의 마지막장과 별집 복록의 마지막 장에 '성화 경자년(1480) 봄 상인재에서 간행함[成化庚子春 尚忍齋刊行]', '성화 경자년(1480) 봄 일신서당에서 새로 간행함[成化庚子春日新書堂新刊]'이라는 내용의 패기牌記가 남아있어서 1480년(成化 16)에 상인재尙忍齋와 일신서당日新書堂 등에서 나누어 간행한 사실도 파악할 수 있다. 존경각 소장본과 비교해 보면 고대본과 원광대본은 12행의 판식이어서 차이가 있다.

『신전결과고금원류지론』이 우리나라에 언제부터 전해졌는지는 명확하게 알려져있지 않지만 세종 때부터 이 책에 대한 언급이 있고 조정에서 참고서적으로 활용한 기록을 확인할 수 있다. 예를 들어 『세종실록

世宗實錄』25년(1443) 6월 22일 행수行守의 법을 세우는 논의를 하는 자리에서 황희黃喜 · 신개申槪 · 권제權踶
등이 이 책을 근거로 하고 있다. 이때는 1443년(세종 23)으로 이미 경자자로 인쇄한『신전결과고금원류지론』이
간행되어 유통되고 있었다. 또한 1432년(세종 14)에도 과거시험에 책을 숨겨 표절하는 생도 등에게 응시를
정지하게 하는 전지傳旨를 내리면서 과장科場에서 존중하여 표본으로 삼을 수 있는 고문古文의 책으로
『원류지론源流至論』, 『책학제강策學提綱』, 『단지독대丹墀獨對』, 『송원파방宋元播芳』 등을 언급하고 있다.

존경각 소장본은 표지를 조선식으로 개장하면서 각 책의 목록이 제거되고 간기가 수록된 부분이 결락되어
그 간행시기를 특정 짓기가 어렵다. 좀 더 면밀한 검토를 거쳐야겠지만 존경각 소장본 판식의 특징으로
미루어 보면 국립도서관, 성암문고본과 같은 1427년(세종 9) 일신서당 간본에 가까운 것으로 보인다. 비록
후집의 권1~4가 결락되었지만 현재 국내에서 가장 방대한 분량이 남아 있어서 가치가 크다. 또한 본서는
오천 광산김씨 김부의金富儀의 장서로, 16세기 중반 조선의 문중 장서를 살필 수 있는 책이어서 더욱 의미가
있다. 옥영정

주제어
신전결과고금원류지론新箋決科古今源流至論, 원류지론源流至論, 임경林駉

참고문헌
沈津, 『美國哈佛大學哈佛燕京圖書館中文善本書志』, 上海辭書出版社, 1999.
陳堅, 馬文大 撰輯, 『宋元版刻图释』, 學苑出版社, 2000.

자부 　신편고금사문유취
子部 　新編古今事文類聚
39　Shinpyeon gogum sammunyuchui

子 C15-0040

| 書名 | 新編古今事文類聚 |
|---|---|
| 著者 | 富大用(元) 編 |
| 版本 | 金屬活字本(甲辰字) |
| 發行 | [漢城]: [校書館], [成宗 24(1493)]頒賜 |
| 形態 | 2卷1冊(缺帙): 四周單邊, 半郭 20.7×15.0 cm, 有界, 12行19字 小字雙行, 大黑口, 上下內向二葉花紋魚尾; 28.5×18.2 cm |
| 註記 | 編者: 祝穆(前集·後集·續集·別集), 富大用(新集·外集), 祝淵(遺集) |
| | 發行事項 推定: 『成宗實錄』24年(1493)9月29日 '校書館印進事文類聚 命以九十件 頒賜文臣' |
| | 所藏: 卷174·175(新集) |
| | 落張: 卷174 第1張, 卷175 第3~4張前面, 第6張 以下落張 |
| | 藏書記: 成宗十五年甲辰銅活字 明成化二十年 西紀一四八四年 成宗十五年甲辰鑄造 成宗二十四年印進 距今四百八十年落 西紀一九六四年三月日(뒷面紙) |
| | 楮紙 |

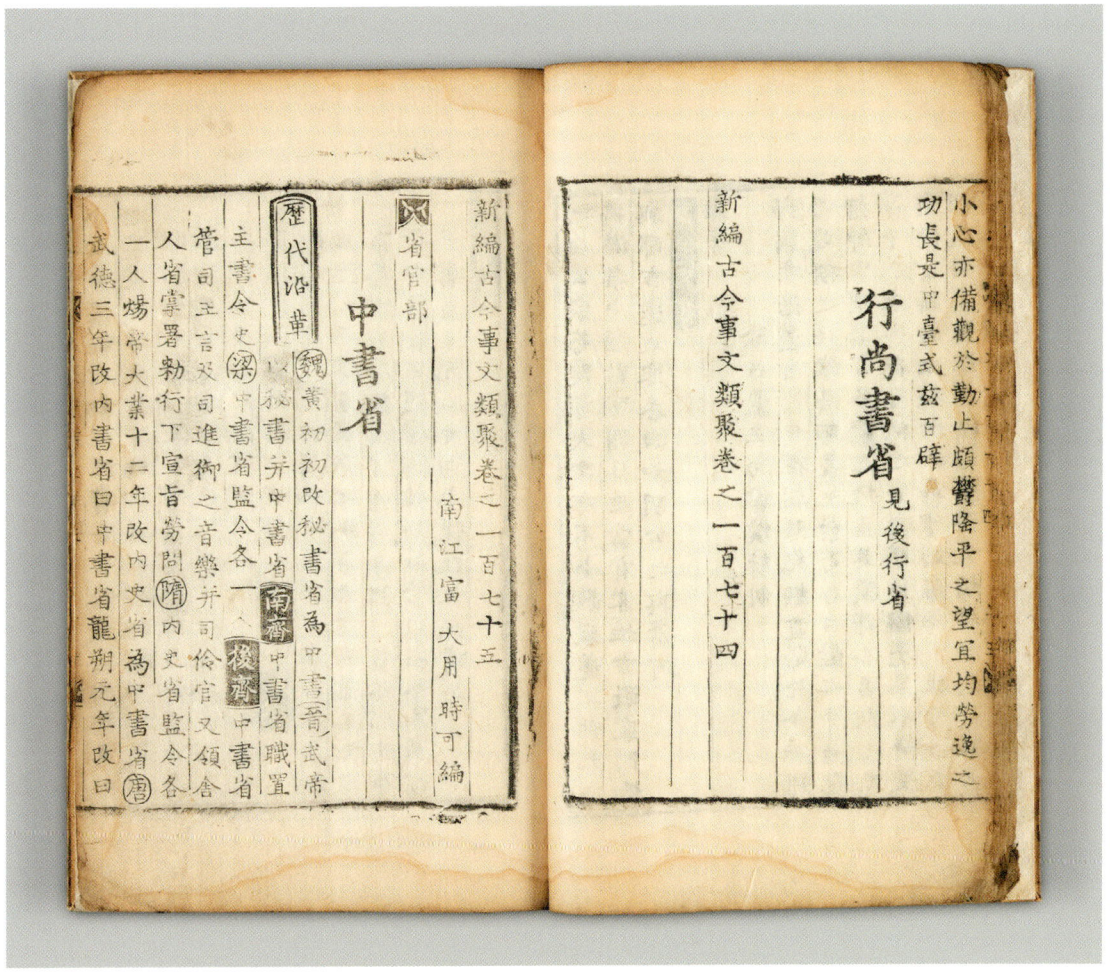

남송의 학자 축목祝穆(1190~1256)이 1246년(淳祐 6)에 편찬한 유서類書로, 당시까지 전하던 역사적 사실과 시문 등을 『예문유취藝文類聚』 등의 체제에 따라 항목별로 분류한 책이다. 본서는 15세기 말 조선에서 갑진자甲辰字로 간행한 책으로, 권174·175에 해당하는 1책이다.

표제는 '신편사문유취新編事文類聚', 권수제는 '신편고금사문유취新編古今事文類聚'이다. 후대에 개장한 만자문卍字紋 황색 표지에 오침안정법五針眼訂法으로 장황粧䌙하였다. 좌측에는 청색 제첨題籤에 서명과 간본의 정보가 적혀 있다. 판식은 사주단변四周單邊, 유계有界, 12행 19자, 흑구黑口, 상하내향2엽화문어미로, 자부子部-40 신편고금사문유취新編古今事文類聚(C15-0040k)와 다르다. 항목명은 을해자乙亥字 대자大字를 사용하였고, '역대연혁歷代沿革'은 쌍행雙行의 백위白圍를 두른 연립활자聯立活字, '고금사실古今事實'·'고금문집古今文集'·'시구詩句' 등은 음각陰刻, 나라명은 음각 혹은 백위로 표시되어 있다.

편찬자인 축목의 초명은 병丙, 자는 화보和甫·백화伯和·화보和父·장은노인樟隱老人이다. 휘주부徽州府 흡현歙縣 출신이나, 어릴 때 건녕부建寧府 숭안崇安으로 이주하였다. 1198년(慶元 4)부터 동생 축계祝癸와 건양建陽의 창주정사滄洲精舍에서 고부姑夫인 주희에게 학문을 배웠다. 관직은 적공랑迪功郎을 지냈으며, 후에 흥화군興化軍의 함강서원涵江書院 산장山張이 되었다. 저서로 지리지인 『방여승람方輿勝覽』과 『문공주선생연보文公朱先生年譜』 등이 있다.

축목은 지식에서 구양순歐陽詢의 『예문유취』, 서견徐堅의 『초학기初學記』에서 사실과 시문을 뽑고 체제에 따라 엮은 후 '고금사문유취古今事文類聚'라 제목을 붙였다고 밝히고 있다. 따라서 축목이 처음 편찬한 『고금사문유취』는 전집前集 60권, 후집後集 50권, 속집續集 28권, 별집別集 32권이었다. 원대에 들어와 부대용의 신집新集과 외집外集이 추가되어 간행되면서 제목이 『신편고금사문유취』가 된 것으로 보인다. 그리고 1603년(萬曆 31) 당부춘唐富春의 덕수당德壽堂에서 간행될 때 축연의 유집遺集이 추가되었다.

현전하는 중국본 중 가장 오래된 것은 1326년(泰定 3) 여릉廬陵 무계서원武溪書院 간본인데, 이 판본은 명대까지 체수遞修되어 간행되었다. 또한 이와 다른 계통의 원판본이 전하며, 명대에는 내부각본內府刻本 뿐만 아니라 명실당明實堂 등의 여러 서사에서 간행되었다. 조선에는 이전부터 전해졌을 것으로 생각되나, 『성종실록成宗實錄』 1481년(성종 12) 12월에 명나라에서 『자치통감資治通鑑』·『정씨유서程氏遺書』 등과 함께 『신편고금사문유취』를 보내왔다는 기록이 있다. 그리고 1493년(성종 24) 9월 29일 기사에는 이 책을 비롯한 90건을 간행하여 신하들에게 반사頒賜하라는 명을 내린 내용이 확인된다. 갑진자본은 이 무렵 간행된 것으로 보인다. 그러나 존경각본 외에도 국립중앙도서관 및 일본 시립 요네자와도서관[米澤圖書館] 등에 현전하는 갑진자본을 비교해 보면 광곽 및 어미의 형태 등에 각각 차이를 보인다. 따라서 16세기까지 적어도 세 차례 간행된 것으로 보인다.

전체 본문은 전집 60권 후집 50권 속집 28권 별집 32권과 원대 부대용富大用이 증보한 신집 36권, 외집 15권, 명대 축연祝淵의 유집遺集 15권까지 총 238권으로 구성되어 있다. 존경각본은 신집에 해당하는 권174~175만 수록되어 있으며, 권174의 첫 부분과 권175의 제3~4장 및 제6장 이하는 낙장이다.
본서의 제1책에는 책수에 축목의 지가 있고, 이어서 「신편고금사문유취총목新編古今事文類聚總目」이 있다. 모두 을해자 대자로 반엽당 7행으로 되어 있는데, 무계서원본과 비교했을 때 동일하다. 본문의 구성은 다음과 같다.

| 구분 | 編者 | 卷數 | 수록 항목 |
|---|---|---|---|
| 前集 | 祝穆 | 60권 | 天道部, 天時部, 地理部, 帝系部, 人道部, 仕進部, 仙佛部, 民業部, 技藝部, 樂生部, 嬰疾部, 神鬼部, 喪事部 |
| 後集 | | 50권 | 人倫部, 娼妓部, 奴僕部, 肖貌部, 穀菜部, 林木部, 竹筍部, 果實部, 花卉部, 鱗蟲部, 介蟲部, 毛麟部, 羽蟲部 |
| 續集 | | 28권 | 居處部, 香茶部, 燕飮部, 食物部, 燈火部, 朝服部, 冠履部, 衣衾部, 樂器部, 歌舞部, 璽印部, 珍寶部, 器用部 |
| 別集 | | 32권 | 儒學部, 文章部, 書法部, 文房四友部, 禮樂部, 性行部, 仕進部, 人事部 |
| 新集 | 富大用 | 36권 | 三師部, 三公部, 省官部, 省屬部, 六曹部, 樞密院部, 御史臺部, 諸院部, 國史院部, 諸寺部, 諸監部, 殿司部, 諸庫局 |
| 外集 | | 15권 | 東宮官部, 睦親府部, 王府官部, 節使部, 統軍司部, 諸司使部, 諸提學部, 路官部, 縣官部 |
| 遺集 | 祝淵 | 15권 | 三師部, 樞密院, 省官部, 諸院部, 東宮官部, 國史院部, 六曹部, 寺監部, 省屬部, 封爵部, 王府官部, 節使部, 殿司部, 統軍司部, 府司部, 監司部, 諸提學部, 路官部, 宮觀部 |

본서는 당시까지의 지식을 체계적으로 집성하여 참고하기 쉽게 구성하였다. 또한 편찬 과정에서 일문逸文을 보완하고 오류를 수정했다는 점에서 가치를 지닌다. 특히 본서는 조선시대에 가장 많이 활용된 공구서인데, 이를 가지고 학습뿐만 아니라 각종 의식에 대한 전례典禮를 고증하거나 풍속을 시정하는 등에 참고하였다. 또한 조선 후기에는 당부춘본으로 새롭게 간행되었으며, 일본에서도 상업출판으로 간행되는 등 전근대 시기 동아시아에서 널리 유통되었다. 이유리

주제어
축목祝穆, 부대용富大用, 유서類書, 갑진자甲辰字

참고문헌
민경삼, 「『事文類聚』考略 : 朝鮮嶺營新刊本을 중심으로」, 『중국어문논총』 18, 중국어문연구회, 2000.

| | |
|---|---|
| 자부 | |
| 子部 | 신편고금사문유취 |
| 40 | 新編古今事文類聚 |
| | Shinpyeon gogum sammunyuchui |

貴 C15-0040k

| | |
|---|---|
| 서명 | 新編古今事文類聚 |
| 저자 | 祝穆(宋) 編 |
| 판본 | 金屬活字本(甲辰字) |
| 발행 | [漢城]: [校書館], [成宗 24(1493)]頒賜 |
| 형태 | 4卷 1冊(缺帙): 四周單邊, 半郭 21.0×14.6cm, 有界, 12行19字 小字雙行, 大黑口, 上下內向黑魚尾; 27.4×18.3cm |
| 주기 | 編者: 祝穆(前集·後集·續集·別集), 富大用(新集·外集), 祝淵(遺集) |
| | 發行事項 推定: 『成宗實錄』24年(1493) 9月 29日 '校書館印進事文類聚 命以九十件 頒賜文臣' |
| | 所藏: 卷122-125(續集), 落張: 卷125 第31張 以下 |
| | 楮紙 |

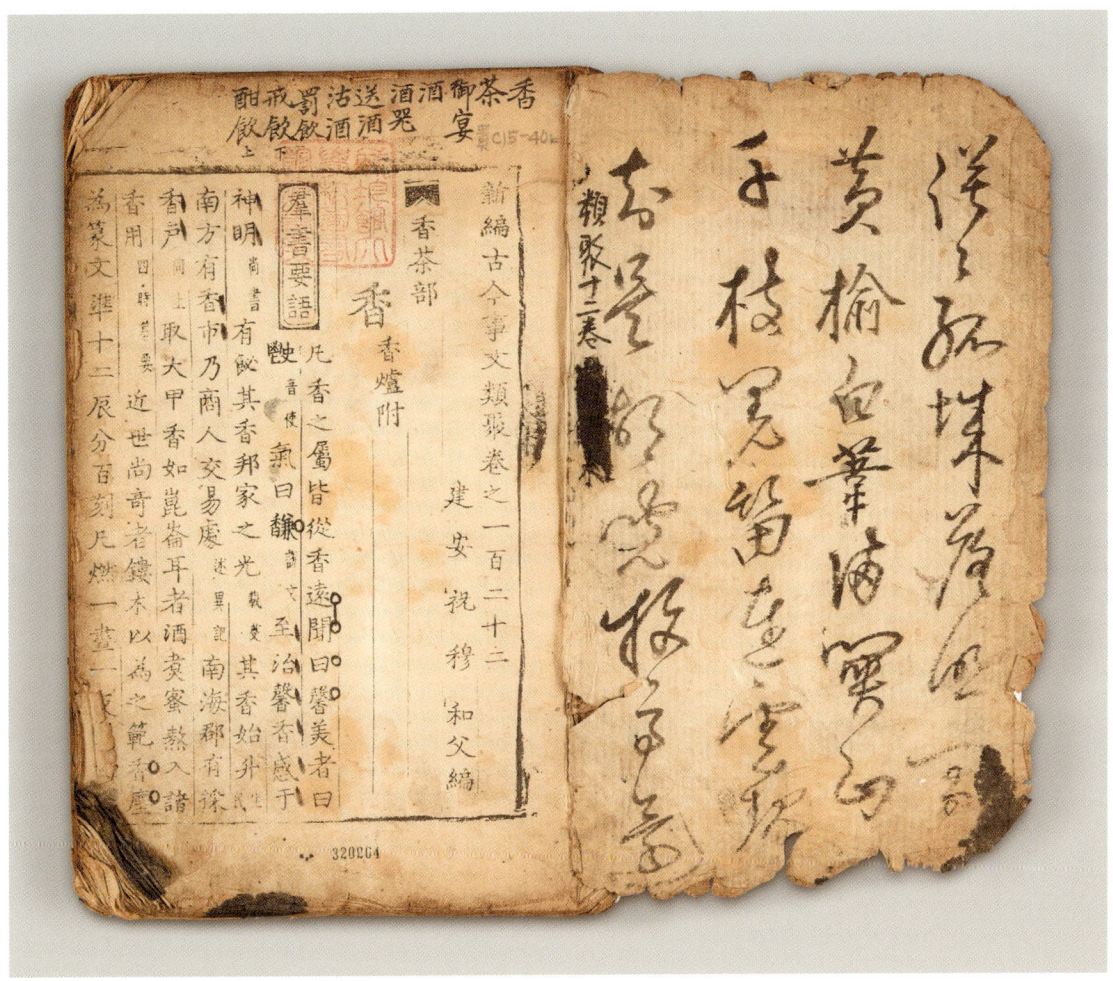

남송의 학자 축목祝穆(1190~1256)이 1246년(淳祐 6)에 당시까지 전하던 역사적 사실과 시문 등을 모아 『예문유취藝文類聚』 등의 체제에 따라 항목별로 분류한 유서類書이다. 본서는 15세기 말 조선에서 갑진자甲辰字로 간행한 책으로, 권122~125에 해당하는 1책이다.

권수제는 '신편고금사문유취新編古今事文類聚'이다. 황색 능화문 표지에 오침안정법五針眼訂法으로 장황粧䌙하였다. 판식은 사주단변四周單邊, 유계有界, 12행 19자, 흑구黑口, 상하내향흑어미上下內向黑魚尾로, 자부子部-39 신편고금사문유취新編古今事文類聚(C15-0040)와 다르다. 항목명은 을해자乙亥字 대자를 사용하였고, '역대연혁歷代沿革'은 쌍행雙行의 백위白圍를 두른 연립활자聯立活字, '고금사실古今事實'·'고금문집古今文集'·'시구詩句' 등은 음각陰刻, 나라명은 음각 혹은 백위로 표시되어 있다. 서미書眉에 간간이 묵서墨書가 있고, 본문에는 권점圈點과 비점批點 등이 묵서되어 있다.

본서의 편자인 축목祝穆의 생애와 편찬 경위, 내용 등은 자부子部-39 신편고금사문유취新編古今事文類聚(貴 C15-0040)를 참고하기 바란다.

전체 본문은 전집前集 60권, 후집後集 50권, 속집續集 28권, 별집別集 32권과 원대 부대용富大用이 증보한 신집新集 36권, 외집外集 15권, 명대 축연祝淵의 유집遺集 15권까지 총 238권으로 구성되어 있다. 존경각본은 속집에 해당하는 권122~125만 남아 있으며, 권125는 마지막 장인 제32장이 결락되고 없다.

본서의 제1책에는 책수에 축목의 지가 있고, 이어서 「신편고금사문유취총목新編古今事文類聚総目」이 있다. 모두 을해자 대자로 반엽당 7행으로 되어 있는데, 무계서원본과 비교했을 때 동일하다.

본서는 당시까지의 지식을 체계적으로 집성하여 참고하기 쉽게 구성하였다. 또한 편찬 과정에서 일문逸文을 보완하고 오류를 수정했다는 점에서 가치를 지닌다. 특히 본서는 조선시대에 가장 많이 활용된 공구서로, 이를 가지고 학습뿐만 아니라 각종 의식에 대한 전례典禮를 고증하거나 풍속을 시정하는 등에 참고하였다. 조선 후기에는 당부춘본으로 새롭게 간행되었으며, 일본에서도 상업출판으로 간행되는 등 전근대 시기 동아시아에서 널리 유통되었다. 이유리

주제어
축목祝穆, 부대용富大用, 유서類書, 갑진자甲辰字

참고문헌
민경삼, 「『事文類聚』考略 : 朝鮮嶺營新刊本을 중심으로」, 『중국어문논총』18, 중국어문연구회, 2000.

서명　新編詩學集成押韻淵海
저자　嚴毅(元) 編輯
판본　木版本
발행　[中國(明)]: [新安余氏], [成化10(1474)]刊
형태　1卷1冊(全20卷12冊): 四周雙邊, 半郭 19.5×12.0 cm, 有界, 12行字數不定 小字雙行,
　　　黑口, 上下下向黑魚尾; 23.0×14.5 cm
주기　版心題: 勻海, 表題: 韻海
　　　發行事項 推定: 하버드 옌칭도서관 소장 동일판본(HOLLIS No.: 990079098400203941)의
　　　牌記 '明成化甲午(1474) 新安余氏重新刊行'
　　　總冊數: 叢十二(表紙 右側下段)
　　　所藏: 卷3
　　　印記: [國口], [首陽]
　　　竹紙(褙接), 朝鮮式 改裝

원나라 엄의嚴毅(?~?)가 편찬한 운서이다. 본서는 1474년
(成化 10)에 간행한 중국 목판본으로, 『예부운략禮部韻略』의
운을 참고하여 운자별韻字別로 배열하고, 용례를 정리
하였다.

표제는 '운해韻海', 판심제는 '운해勻海'이며, 황색 회문回紋
표지에 붉은색 책사冊絲를 사용하여 장황粧䌙하였다. 표제
하단에는 책차가 '이二'로 매겨져 있고 서뇌書腦 하단에는
총책수總冊數가 '총십이叢十二'로 필사되어 있어 본서가 12
책으로 구성된 책 중 제2책에 해당함을 확인할 수 있다.
표지 우측상단에는 편제篇題인 '지支'가 필사되어 있다.
판식은 사주쌍변四周雙邊, 유계有界, 12행 자수부정字數不定
소자쌍행小字雙行, 흑구黑口, 상하하향흑어미上下下向黑魚尾
이다. 책지冊紙로 쓰인 죽지竹紙가 얇고 서미書眉 일부를
도려내는 등의 결손이 많아 전체를 조선 저지楮紙로 배접
하였다.

앞면지面紙에는 '정미정월丁未正月 홍목洪牧 윤치성尹致誠
수윤음사연전령受綸音辭緣傳令'과 시문 등이 필사되어
있다. 윤치성은 1800년(정조 24)에 태어난 인물로, 정미년은
1847년(헌종 13)이다. 권수卷首 하단에는 주문朱文 정방형의
'수양首陽'과 '국口國口'이 날인되어 있어, 이전 소장자의
본관이 해주海州로 추정된다.

본서는 하버드 옌칭도서관에 소장된 판본(HOLLIS No.:
990079098400203941)과 동일본으로 추정된다. 하버드 옌칭
도서관에는 20권 10책 전질이 소장되어 있는데, '명明
성화갑오成化甲午 신안여씨중신간행新安余氏重新刊行'이라는
간기를 통해 1474년에 간행된 사실을 확인할 수 있다.
국내에는 한국학중앙연구원 장서각에 유사한 서명의 책인
『시학집성압운연해詩學集成押韻淵海』가 소장되어 있으나
동일본인지의 여부는 확인이 어렵다.

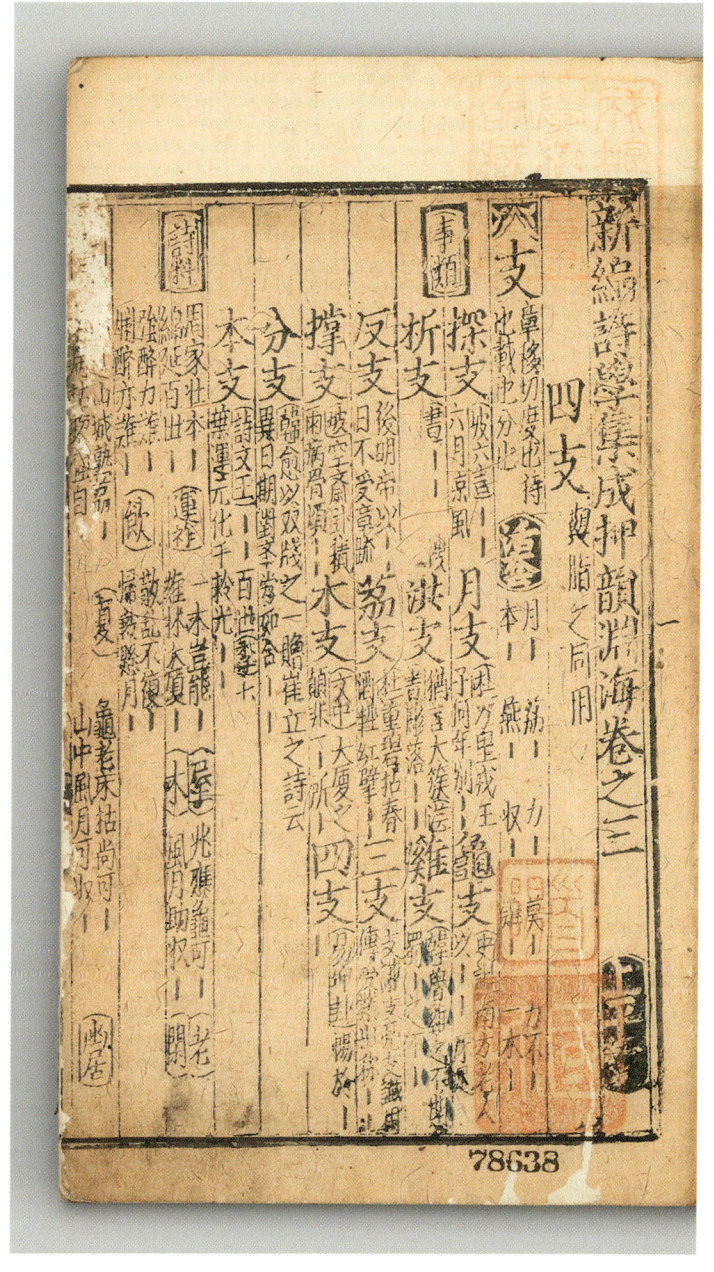

저자인 엄의는 원나라 사람으로 건안인建安人이다. 자字는 자인子仁이다. 그의 생애에 관한 내용은 상세히 알려진 것이 없다. 원래 20권 12책으로 구성되었으나, 존경각에서는 권3에 해당하는 1책을 소장하고 있다. 본서에 수록된 운자韻字는 『예부운략』의 운자를 참고하여 편찬된 것이다. 권1~10은 상평성上平聲, 권11~20은 하평성下平聲의 운자韻字 및 그와 관련된 내용들만 수록되어 있다. 즉, 측성仄聲인 상성上聲·거성去聲·입성入聲의 한자는 이 책에 수록되지 않았다. 상평성과 하평성에는 각각 15개의 운부韻部가 있는데 그 내용을 정리하면 다음과 같다.

| 상평성上平聲 | | 하평성下平聲 | |
|---|---|---|---|
| 권1 | 1 東 [獨用] | 권11 | 1 先 [與仙同用] |
| 권2 | 2 冬 [與鍾同用] | 권12 | 2 蕭 [與宵同用] |
| 권2 | 3 江 [獨用] | 권13 | 3 希 [獨用] |
| 권3 | 4 支 [與脂之同用] | 권13 | 4 豪 [獨用] |
| 권4 | 5 微 [獨用] | 권14 | 5 歌 [與戈同用] |
| 권4 | 6 魚 [獨用] | 권14 | 6 麻 [獨用] |
| 권5 | 7 虞 [與模同用] | 권15 | 7 陽 [與唐同用] |
| 권6 | 8 齊 [獨用] | 권16 | 8 庚 [與耕清同用] |
| 권6 | 9 佳 [與皆同用] | 권17 | 9 青 [獨用] |
| 권7 | 10 灰 [與咍同用] | 권17 | 10 蒸 [與登同用] |
| 권8 | 11 眞 [諄臻同用] | 권18 | 11 尤 [侯幽同用] |
| 권9 | 12 文 [與殷同用] | 권19 | 12 侵 [獨用] |
| 권9 | 13 元 [魂痕同用] | 권19 | 13 覃 [與談同用] |
| 권10 | 14 寒 [與桓同用] | 권20 | 14 鹽 [添嚴同用] |
| 권10 | 15 刪 [與山同用] | 권20 | 15 咸 [銜凡同用] |

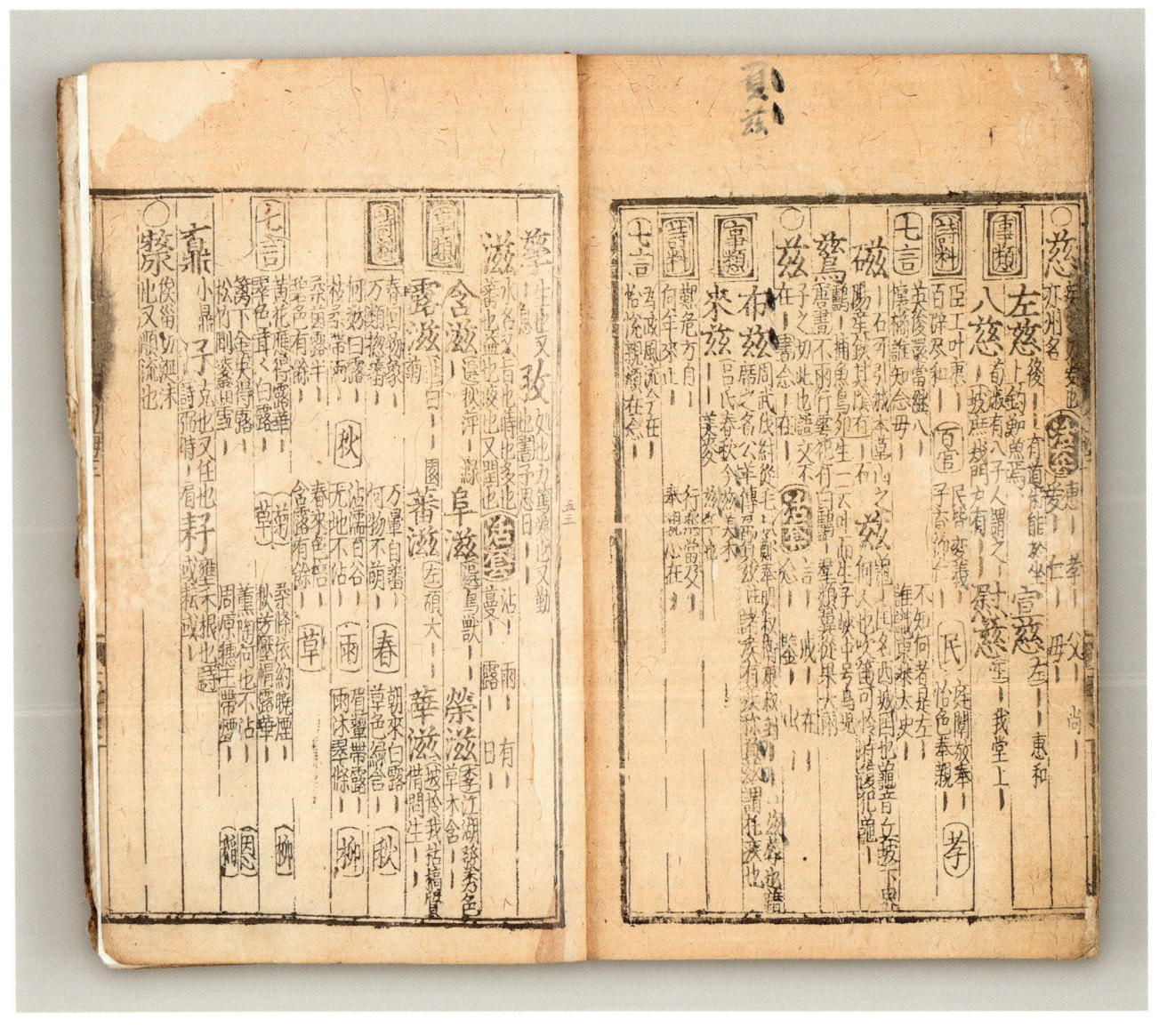

운韻은 소리의 값이 같고 성조가 같은 음을 말하는데, 북송대『광운廣韻』에는 206개의 운을 수록하고 있다. 시를 지을 때 이러한 운서를 기준으로 압운押韻을 맞추었지만 지나치게 많은 운은 오히려 사용할 수 있는 한자 단어가 축소되는 등 번거로움과 불편함을 초래하였다. 그런 연유로 운은 다르지만 발음이 비슷하고 통용할 수 있는 것을 모아 통합하여 함께 사용한 것을 통운通韻이라고 한다.『신편시학집성압운연해』의 운부를 살펴보면 '동冬'·'종鍾', '지支'·'지脂'·'지之' 등 운이 달라도 동용同用으로 분류되어 함께 쓰이는 한자가 적용되어 있는 것을 알 수 있다.

본서는 운별로 한자를 분류하고 순서대로 배열하여, 각 운자 아래 음가를 반절反切로 주음注音하였으며, 이어서 뜻도 함께 풀이하였다. 예를 들어 '지支' 아래에는 '장이절章移切 도야度也 대야待也 재야載也 분야分也'가 쌍행雙行으로 기록되어 있다. '장이절章移切'은 '장章'과 '이移'의 반절음 즉 장의 'ㅈ'과 이의 'ㅣ'의 음을 합하여 '지'라는 소리값이 나온다는 주음注音이고, '도야度也·대야待也·재야載也·분야分也'는 의미를 설명하고 있는 훈고訓詁이다. 그 아래에는 '활투活套' 항목을 음각으로 인쇄하였다. '활투'는 단어 사용 용례를 보여주는 투식을 의미하는 것으로, '지支'의 '활투' 항목을 살펴보면, '월月-, 본本-, 려荔-, 연燕-, 력力-, 수收-, 막莫-, 난難-, 력부力不-, 일목一木-' 등이 있다. 마지막 '-' 대신 해당 운자를 조합하여 단어를 쉽게 만들 수 있도록 하였다. 다만 이렇게 열거된 용례의 출처는 따로 밝히고 있지 않다.

'활투' 밑으로 간혹 '체자体字' 항목을 음각으로 인쇄하였다. 예를 들어 '수陲'라는 운자의 경우 그 뜻을 '변방, 부근, 근처'로 풀이할 수 있는데, 글자 아래 '체자' 항목에는 '가장자리, 변방'을 뜻하는 '변邊'이 기록되어 있다. '헤치다, 풀다, 열다, 개척하다'라는 뜻을 가진 '피披'의 '체자'는 '개장開長'이며, 비석을 의미하는 '비碑'의 '체자'는 '각석刻石'이라고 기록되어 있다. 이러한 예시는 모두 의미가 비슷하여 표제어 한자를 대체할 수 있는 다른 한자를 수록한 것으로 보인다. 다만 액체나 가루를 거르는 용구를 의미하는 체 '사篩'의 '체자'는 '소疎·밀密'로 나타나는데, 이것은 그물의 밀도를 표현하는 단어가 사용된 것이다. 이를 통해 모든 '체자' 항목이 동의어를 나열하고 있는 것은 아니며, 해당 운자를 묘사하고 표현하기에 적합하고 의미상 관련된 한자를 나열하는 경우도 있는 것을 알 수 있다.

'체자' 다음은 '사류事類' 항목을 배열하였다. 해당 운자로 끝나는 두 글자, 세 글자, 네 글자(주로 2~3 글자) 단어를 열거하고 그 출처와 시구를 기록해 놓은 부분이다. '지支'자 운으로 끝나는 단어는 '탐지探支·월지月支·구지龜支·석지析支' 등이 있다. 이 단어 하단에는 저자와 작품명을 간략하게 줄여서 기록한 후 백위白圍를 둘렀고, 해당 단어를 사용한 시구를 수록하였다. '탐지探支'의 경우 '坡六言 --六月凉風'의 구절이 실려 있다. 이 구절은 소식蘇軾의「화하장관육언차운和何長官六言次韻」중 '장강은 크게 보호해주기를 바라니 가지를 더듬어 팔월의 시원한 바람을 찾네[長江大欲見庇 探支八月凉風]' 구절을 적어놓은 것이다.

다음으로 '시료詩料' 항목을 배열하여 해당 운자로 끝나는 시구를 적어두었다. 오언시五言詩, 칠언시七言詩로 나누어 시구를 기록하고 있으며, 그 출처는 알 수 없는 경우가 많다. 시구를 기록할 때는 운자별로 내용에 따라 배열하였는데, 시제에 해당하는 단어에 백위를 둘러 글자에 어떤 주제로 지은 시구인지 쉽게 볼 수 있도록 구성하였다.

본서는 운별로 한자를 배열하여 운에 따라 한자를 쉽게 찾을 수 있도록 만든 책이다. 각 운자를 사용하여 만들 수 있는 다양한 단어 용례와 시구를 확인할 수 있도록 만든 시운류 서적의 대표적인 책이라고도 할 수 있다. 이런 종류의 서적으로 가장 처음 작성된『시학활투압운대성詩學活套押韻大成』은 이미 일실되어 그 내용을 알 수 없지만,『신편시학집성압운연해』를 편찬할 때『시학활투압운대성』을 참조하여 편집하였다. 본서를 통해 초기 운서의 특징을 살펴볼 수 있다는 점에서 가치가 있으며 집일학輯佚學 분야에 중요한 자료료 판단된다. 이혜정

주제어
운해韻海, 운서韻書, 연해淵海

참고문헌
張健,「詩韻類書籍考論」,『中國文化研究所學報』65, 2017.

不中者希孟聞命在耳以今思之公之德
愛乎不可及也夫寪達不貳其操其確也
人於側陋中其明也已在屋漏言行無可
敬也已既敬且明確守其操山公所以保
年以永終譽者也天順辛卯冬十月一漙...
忠它難翊戴純誠明亮佐理切臣崇政大...
敦寧府事兼知經延春秋館事晉山君姜...
謹狀

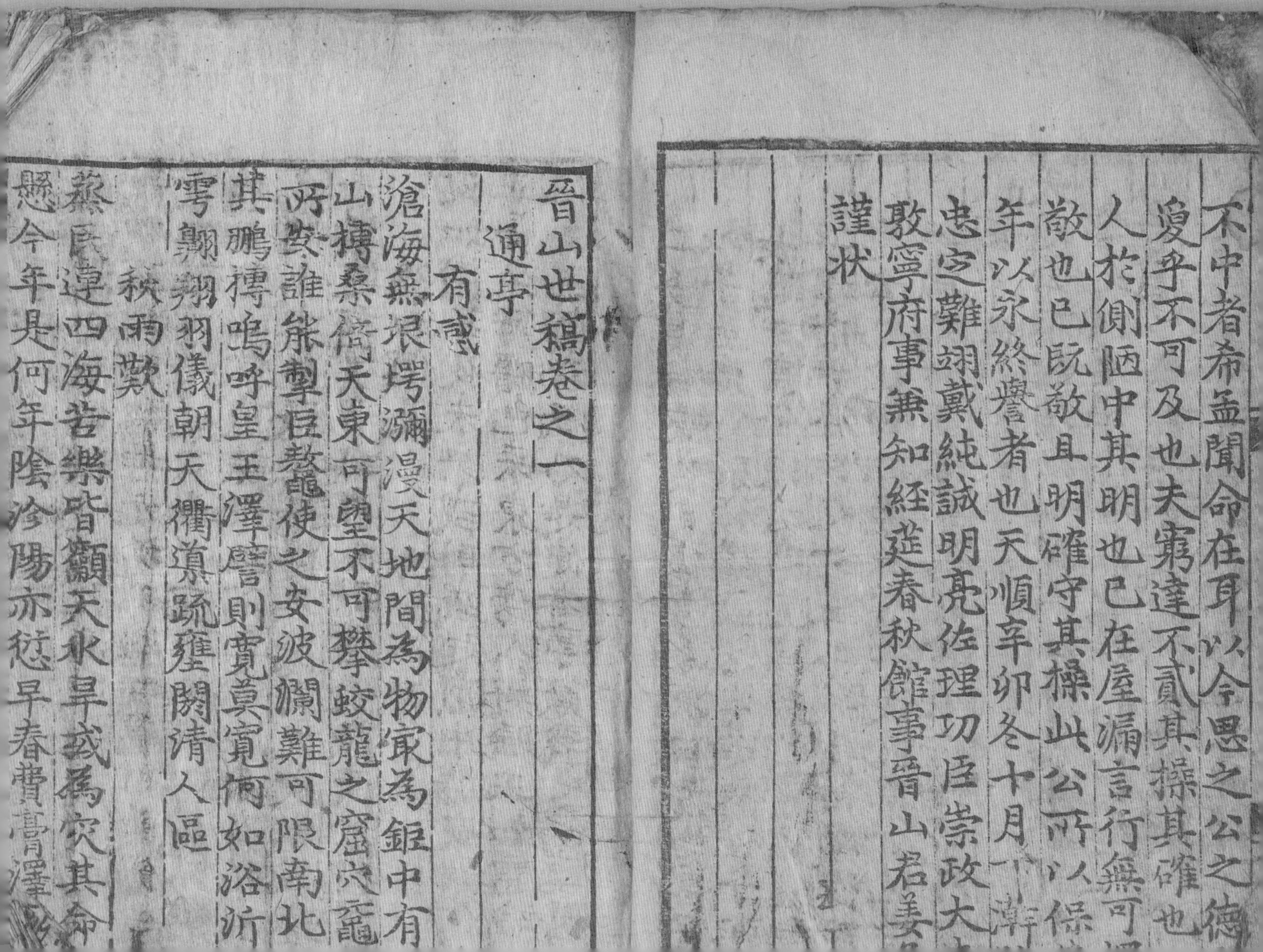

晉山世稿卷之一

通亭

有感

滄海無根垮瀰漫天地間為物寰為鉅中有
山撑桑偃天東可望不可攀蛟龍之窟穴黿
所安誰能掣巨鰲龜使之安波攔難可限南北
其鵬搏鳴呼皇王澤曆則寬莫寬徇如浴沂
零翾翔羽儀朝天衢道疏雍關清人區

秋雨歎

蒸民連四海苦樂皆顬天永旱戎為穴其命
懸今年是何年陰沴陽亦愁早春費菁澤...

진산세고
晉山世稿
Jinsansego

貴 D02B-0339

| | |
|---|---|
| 서명 | 晉山世稿 |
| 저자 | 姜希孟(朝鮮) 編 |
| 판본 | 木版本 |
| 발행 | 慶尙道 咸陽: 咸陽郡, 成宗4(1473)刊 |
| 형태 | 4卷1冊: 四周單邊, 半郭 19.5×13.3cm, 有界, 11行19字, 小黑口, 上下內向黑魚尾; 25.0×16.5cm |
| 주기 | 版心題: 世稿 |

序: 成化癸巳(1473)暮春下澣…崔恒叙, 鄭昌孫序
世稿跋: 以□□[宗直]故人之弟 而又嘗從事于史局…於吾郡(咸陽)財力 當有所溁也 蓋圖所以錄諸
梓…癸巳(1473)冬十月日 □□□□□□□□[咸陽郡守嵩善金宗直識]
題仁齋詩藁後: 成化紀元之七年(1471)七月旣望…徐居正, 成化七年(1471)十月…崔灝
楮紙

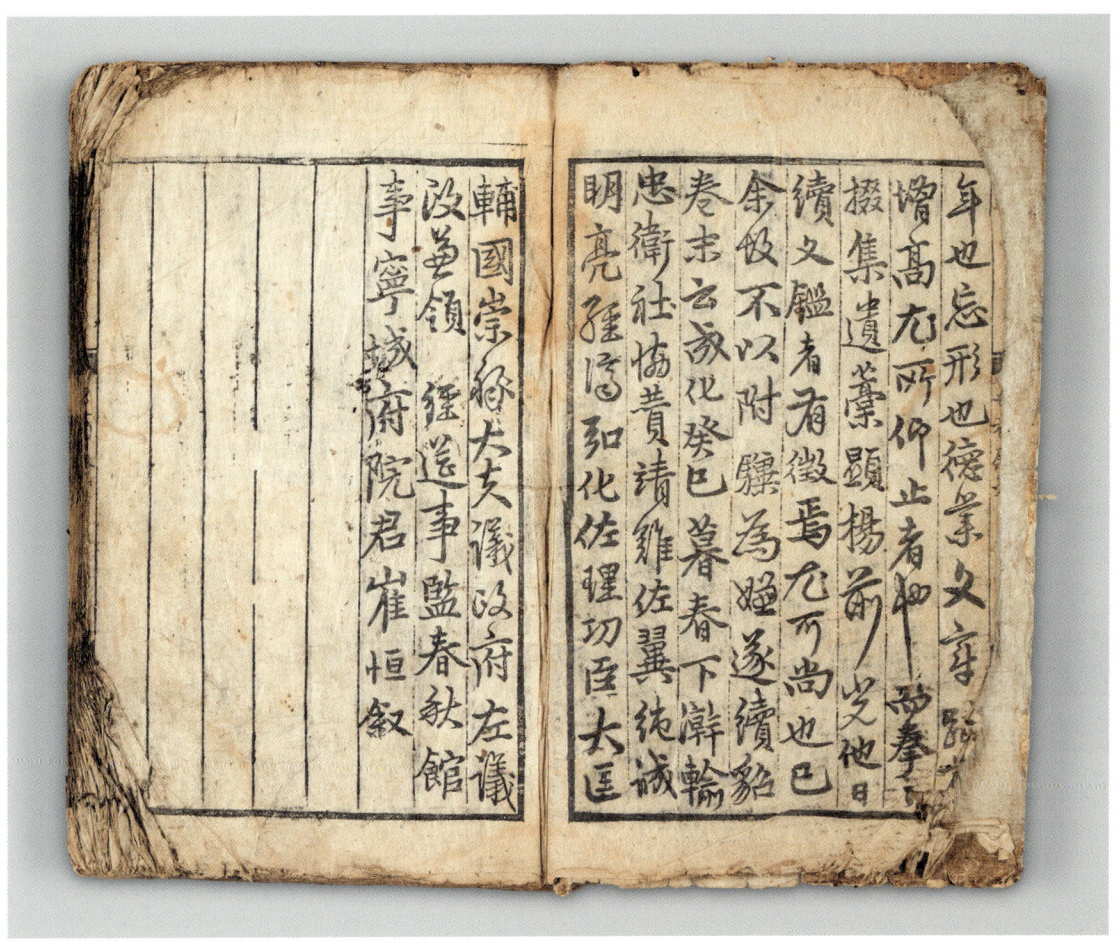

고려말 조선 초기의 문신이자 학자인 통정通亭 강회백姜淮伯(1357~1402)과 그의 아들 완역재玩易齋 강석덕
姜碩德(1395~1459), 동성공의 손사인 인재仁齋 강희안姜希顏(1417~1465)의 시문을 수록한 문집이다. 본서는
강희안의 아우인 강희맹姜希孟(1424~1483)이 1473년(성종 4) 함양咸陽에서 간행한 4권 1책의 목판본이다.

표제表題는 작게 '진산세고晉山世稿'라고 묵서墨書되어 있다. 표지에 '전운옥편全韻玉篇'이 더 크게 적혀 있는 것
으로 보아 『전운옥편』의 표지를 재활용한 것으로 보인다. 권수제는 '진산세고晉山世稿', 판심제는 '세고世稿'
이다. 판식은 사주단변, 11행 19자, 소흑구小黑口, 상하내향흑어미上下內向黑魚尾이다. 김종직金宗直이 1473
년에 쓴 「세고발世稿跋」에는 그 간행 내력이 상세하게 기술되어 있다. 강희맹이 천령天嶺(함양)의 군수로

있는 김종직에게『진산세고』의 간행을 부탁하였고, 각수 9명이 6월부터 9월까지 판각을 마쳤다는 내용이다. 본문의 '종직宗直'이라는 두 글자와 말미의 '함양군수咸陽郡守 숭선嵩善 김종직金宗直 지識'는 도려내어져 있지만 전체적으로 배접褙接되어 있어 눈에 잘 띄지 않는다. 동일한 판본으로는 1998년에 보물로 지정된 박영돈 소장『진산세고』와, 후쇄본인 서울대 규장각한국학연구원 소장본(奎6691) 등이 있다.

존경각 소장본『진산세고』의 권수卷首에는 영성부원군寧城府院君 최항崔恒과 정창손鄭昌孫 두 사람이 작성한 서문이 수록되어 있다. 최항의 서문은『동문선』제95권에도 수록되어 있다. 서문 앞부분의 손상이 심해 잘 보이지 않는다. 보물로 지정된『진산세고』와 비교해보면, 최항 서문 앞에는 신숙주의 서문「진산세고서 晉山世稿叙」와 존경각 소장본에서 결락된 최항의 서문 1장이 더 있다. 그 뒤에는 정창손이 쓴 서문이 있다. 다음으로『진산세고』권1인 강회백의 문집『통정집通亭集』의 내용을 시작하기 전에 강희맹이 쓴「통정선생 도순문사강공행장通亭先生都巡問使姜公行狀」을 앞세운 후 강회백의 작품 99수를 수록하였다. 행장의 내용에 따르면, 강회백의 자는 백보伯父, 호는 통정으로 문하찬성사를 지낸 강시姜蓍의 아들이다. 1376년(우왕 2)에 문과에 급제하고 양촌陽村 권근權近의 문하에서 성리학을 수학하였다. 성균관成均館 좨주祭酒로 벼슬에 올랐고, 조선이 건국되자 계림부윤鷄林府尹에 임명되었다. 1398년(태조 7) 동북면도순문사東北面都巡問使로 임명되었으나 고사하였다.

다음으로『진산세고』권2 강석덕의 문집『완역재집玩易齋集』이 수록되어 있다. 문집 내용에 앞서 강희맹이 1471년(성종 2) 겨울 10월 하순에 쓴「완역재선생대민강공행장玩易齋先生戴愍姜公行狀」이 수록되어 있다. 행장에 따르면 강석덕의 자는 자명子明, 호는 완역재玩易齋로, 강회백의 아들이고 영의정을 지낸 안효공安孝公 심온 沈溫의 사위이다. 문절공文節公 이행李行의 문하에서 수학하였다. 세종초에 지양근군사知楊根郡事로 발탁되었고 사헌부 대사헌, 산릉도감 제조 등을 역임하였다. 본문에는 시 38수, 제題 4수, 만장挽章 2편, 찬讚·

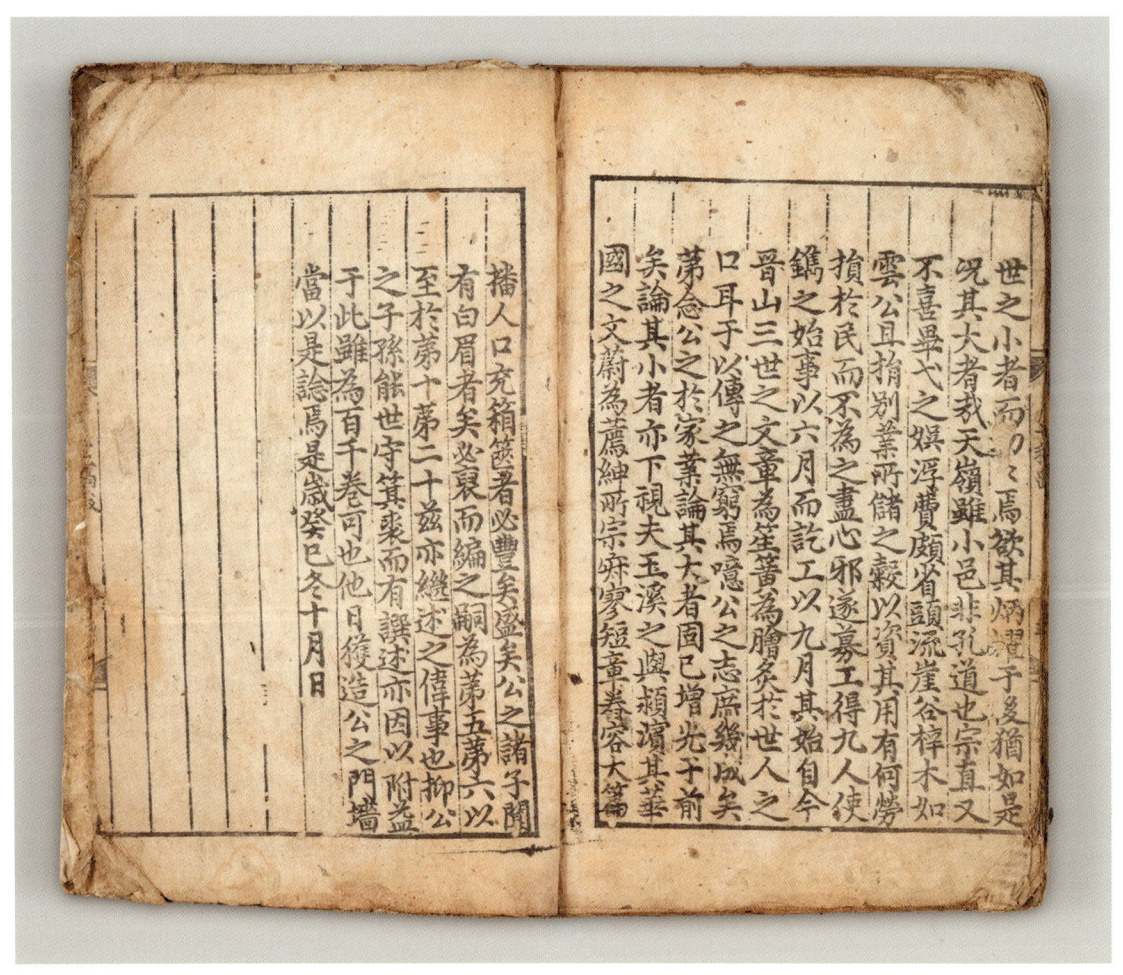

행장·설설(設說) 각 1편, 서(序) 3편, 서서(書) 1편, 발발(跋) 2편이 수록되어 있다.

다음은 『진산세고』 권3 강희안의 문집 『인재집仁齋集』으로, 시(詩) 160수, 부부(賦) 7편이 수록되어 있다. 강희안의 자는 경우(景愚), 호는 인재(仁齋)이다. 시서화 삼절(三絕)로 시는 당나라의 유종원(柳宗元)과 같았고, 그림은 송나라의 유송년(劉松年)과 곽희(郭熙)와 같았으며, 글씨는 왕희지와 조맹부에 비견되었다.

다음은 『진산세고』 권4 강희안의 『양화소록養花小錄』이다. 강희맹이 쓴 「양화소록서養花小錄叙」와 강희안의 자서(自序)가 먼저 수록되어 있다. 노송(老松)·만년송(萬年松) 등 나무 기르는 법과 국화(菊花)·매화(梅花) 등 꽃 기르는 법, 종분내화수법(種盆內花樹法)·최화법(催花法)·백화기의(百花忌宜) 등 수목·원예의 방법이 수록되어 있다.

책말에는 서거정(徐居正)과 최호(崔灝)가 쓴 발문, 1473년 겨울 10월에 김종직이 쓴 발문, 「제인재시고후題仁齋詩稿後」 등이 수록되어 있다.

후에 정두경(鄭斗卿)은 『진산세고』를 평하였는데 이는 『진산세고속집』의 서문을 쓰면서 이전에 지은 『진산세고』와 함께 평가한 것이다. 특히 통정공 강회백의 시문은 많이 남아 있지 않기 때문에 그의 문풍을 이해하는 데 많은 도움이 된다. 강석덕의 시문 중 「제몽도원도시권題夢桃源圖詩卷」과 「청산백운도사靑山白雲圖辭」는 조선 초기 회화의 대표적 인물인 안견(安堅)의 「몽유도원도夢遊桃源圖」를 이해하는 데 자료적 가치가 있다. 강희안의 『양화소록』은 조선 초기의 원예학을 이해하는 데 많은 도움을 주고 있다. 각 화분의 품종은 물론이고 재배·관리법이나 화초의 성질까지도 역대 선인들의 처방을 발췌·활용하여 상세히 설명하고 있다. 이것은 단순한 화분의 재배·관리에서 끝나는 것이 아니라 현대과학에서의 식물학에도 크게 도움이 될 수 있는 내용이다.

『진산세고』는 조선시대 세고 가운데 가장 앞선 것이며, 특히 권4에 수록된 『양화소록』은 화훼 관련 전문 서적 가운데 가장 오래된 것으로 평가되어 역사 및 학술자료로서 가치가 높다. 방현아

주제어
진산세고晉山世稿, 통정집通亭集, 완역재집玩易齋集, 인재집仁齋集, 양화소록養花小錄

참고문헌
강희맹 편간, 『晉山世藁』(증보국역), 신영사, 2011.
유풍연, 「晉山世稿小考」, 『漢字漢文敎育』9, 한국한자한문교육학회, 2002.

명공묘선육방옹시집
名公妙選陸放翁詩集
Myeonggongmyoseon yukbangong sijip

| | | |
|---|---|---|
| 서명 | 名公妙選陸放翁詩集 | 집부 |
| 저자 | 陸游(宋) 撰 ; 羅椅(宋)·劉振翁(元) 選 | 集部 |
| 판본 | 木版本 | 2 |
| 발행 | [全羅道]: [全羅監營(全州)], [世祖 11(1465)跋] | |
| 형태 | 前集2卷·後集4卷. 共1冊(全 前集10卷 後集8卷) : 四周雙邊, 半郭 18.7×13.0cm, 有界, 11行20字 小字雙行, 上下內向黑魚尾 ; 24.0×15.9cm | |
| 주기 | 卷首題: 澗谷精選陸放翁詩集(前集卷2·後集卷2), 須溪精選陸放翁詩集(後集 卷3·4) | |
| | 卷尾題: 放翁詩(前集 卷2), 名公精選唐三体詩集(後集 卷1), 須溪精選陸放翁詩集(後集 卷2·3) | |
| | 發行事項 推定: ①『清芬室書目』「名公妙選陸放翁詩集後集」條 ② 서울대학교 규장각 한국학연구원 소장 동일 판본『陸放翁詩集』(想白古貴 895.115-Y95y-v.1-4) 成任跋 殘存 | |
| | 所藏: 前集 卷1-2, 後集 卷1-4 | |
| | 落張: 後集 卷4 南軒 以後 | |
| | 藏書記: 主宣城後人金(手決) | |
| | 印記: 永春堂 | |
| | 楮紙 | |

남송대 시인 육유陸游(1125~1210)의 시를 선별하여 엮은 책이다. 본래 송대 나의羅椅(1214~?)가 엮은 전집前集 10권과 원대 유진옹劉振翁(1233~1297)이 엮은 후집後集 8권, 총 18권으로 되어 있다. 본서는 전집 2권, 후집 4권 1책만 남아 있는 결질 목판본이며, 1465년(세조 11) 전라감영에서 간행된 초간본初刊本이다.

표제表題는 '육방옹시집陸放翁詩集'이다. 전집·후집 권1의 권수제는 '명공묘선육방옹시집名公妙選陸放翁詩集', 권2의 권수제는 '간곡정선육방옹시집澗谷精選陸放翁詩集'이며 후집 권3·4의 권수제는 '수계정선육방옹시집須溪精選陸放翁詩集'이다. 권미제卷尾題의 경우 전집 권2는 '방옹시放翁詩', 후집 권1은 '명공정선당삼체시집名公精選唐三体詩集', 후집 권2·3은 '수계정선육방옹시집須溪精選陸放翁詩集'이다. 표지는 황색 표지에 오침안정법五針眼訂法으로 장황粧䌙하였고, 좌측에는 백지 제첨題籤에 표제가 묵서墨書되어 있다.

판식은 사주쌍변四周雙邊, 유계有界, 11행 20자, 상하내향흑어미上下內向黑魚尾이다. 본문에 비점批點이 새겨져 있고 '전집'·'후집'은 권수제·권미제 하단에 음각陰刻되어 있다. 이러한 형태는 원판본元板本의 판식에서 볼 수 있는 것으로, 본서가 원판본의 번각본임을 짐작할 수 있다. 책수冊首와 책말冊末에 '영춘당永春堂'이라는 묵인墨印이 날인되어 있으며, 전체적으로 구점句點·권점圈點·비점批點 등이 묵서 혹은 주서朱書되어 있다.

저자인 육유는 산음山陰(현 절강성浙江省 소흥紹興) 출신으로, 자는 무관務觀, 호는 방옹放翁이다. 생전에 남긴 시가 1만 수首에 달하여 중국 역사상 가장 많은 시를 남긴 인물이기도 하다. 어릴 때부터 글재주가 뛰어나 12세 때 문음門蔭으로 등사랑登仕郎에 올랐으나, 과거에 급제한 것은 34세 때이다. 이후 추밀원편수관樞密院編修官 및 예부낭중禮部郞中 등을 역임했으나, 여러 차례 파면되기도 하였다. 만년에 남송이 멸망하자 귀향하여 은거하였다. 그는 전원생활의 즐거움 등 비교적 폭넓은 주제로 시를 남겼으며, 저서로『검남시고劍南詩稿』등이 있다.

名公妙選陸放翁詩集卷之一

放翁陸游　務觀撰

澗谷羅椅子遠選

古詩

醉酒歌

漢州鸚黃鸑鳳雛不鷙不搏德有餘眉州玻瓈

駒出門已無萬里塗病夫少年要清都

琱脾犬德殿門辰奏書故黃耳

王不除褊忘人間尋酒壚壽麻王帆

三不除褊忘人間尋酒壚壽麻王帆不可

육유의 시집으로는 남송대에 육유의 아들인 육자우陸子遹가 편찬한『방옹선생검남시고放翁先生劍南詩藁』등이 있는데,『명공묘선육방옹시집』역시 육유의 초기 시선집 중 하나이다. 홍치본弘治本『정선육방옹시집』에 수록된 유경인의 발문에 따르면,『명공묘선육방옹시집』은 나의와 유진옹이 엮은 책이 따로 전해지다 원대 서사書肆에서 합간合刊되어 유통되기 시작하였으나 간본은 드물다고 하였다. 나의의『간곡정선육방옹시집』은 송원교체기에 저술되었는데, 1301년(大德 5)에 손자 나경羅憼이 가전 되던 것을 책으로 간행하였다. 여기에는 육유의 시 중 주로 자연을 주제로 한 295수가 수록되어 있다. 유진옹의『수계정선육방옹시집』은 간행 경위가 전하지 않으며, 수록된 시 220수는 주로 애국주의 정서를 다룬 것이다.

본서의 체제는 다음과 같다. 낙질인 부분의 내용은 서명과 편제가 동일한 집부集部-3 명공묘선육방옹시집 名公妙選陸放翁詩集(貴 D03C-0055)을 참고하였다.

| 구분 | 권차 | 목차 | 구분 | 권차 | 목차 |
|---|---|---|---|---|---|
| 前集 | 1 | 古詩 | 後集 | 1 | 古詩 |
| | 2 | 古詩 | | 2 | 古詩 |
| | [3] | 七言八句 | | 3 | 古詩 |
| | [4] | 七言八句 | | 4 | 古詩 |
| | [5] | 七言八句 | | [5] | 古詩, 七言八句 |
| | [6] | 七言八句 | | [6] | 七言八句 |
| | [7] | 七言八句 | | 7 | 七言四句 |
| | [8] | 七言八句, 七言四句 | | 8 | 七言四句, 五言八句, 五言四句 |
| | [9] | 七言四句 | | | |
| | [10] | 五言八句, 五言四句 | | | |

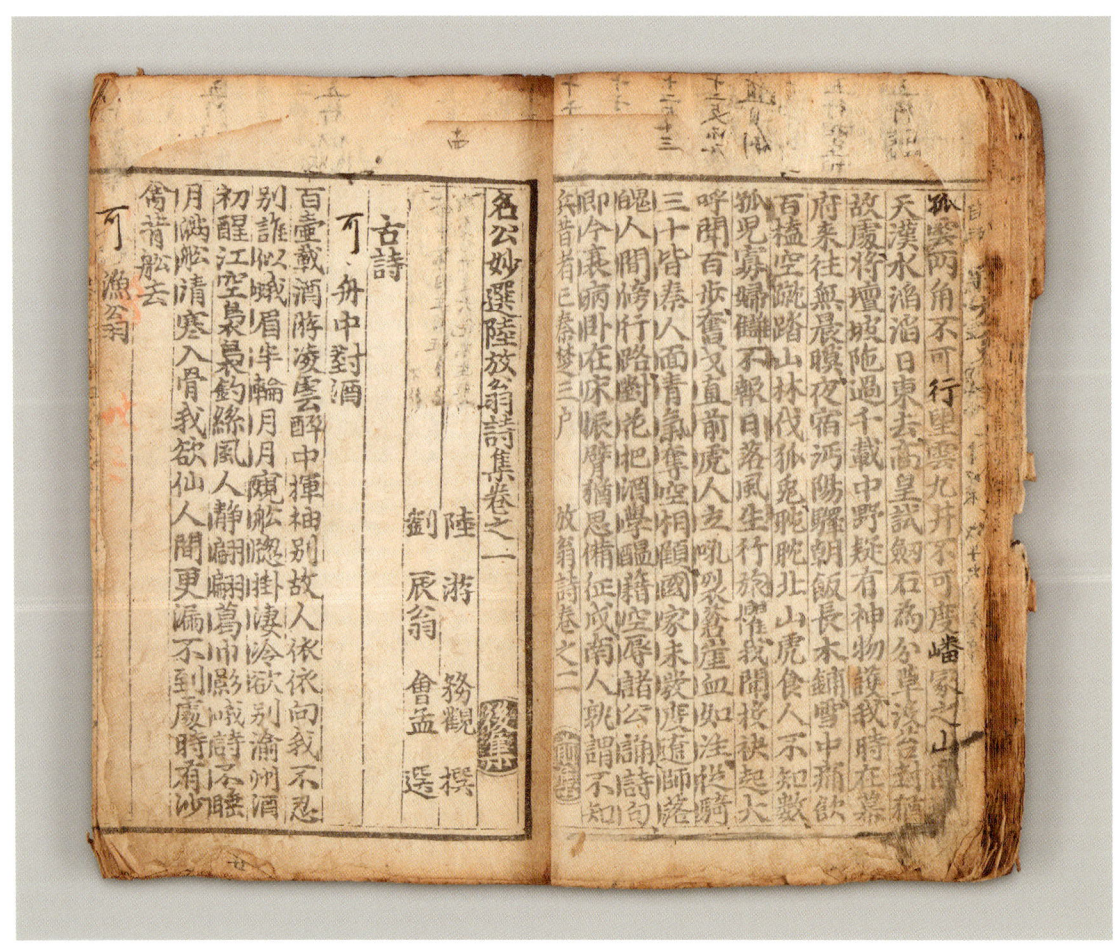

『명공묘선육방옹시집』이 한반도에 전래한 시기 및 경위는 알려져 있지 않으나, 1465년(세조 11) 전라감영 간본인 본서를 초간본으로 보고 있다. 같은 서명의 책이 국립중앙도서관 · 계명대 · 동국대 · 서울대 규장각 한국학연구원 등에 소장되어 있는데, 국립중앙도서관본 · 계명대본은 11행 21자로 판식이 다르지만 내용은 동일하고, 성임成任의 발문이 수록되어 있다. 규장각본이 존경각 소장본과 동일본이며 가장 완질에 가깝지만 성임의 발문은 극히 일부만이 남아 있다. 계명대본에 수록된 성임의 발문에 따르면, 성임은 평소 육유의 시를 애독하고 있었는데 1464년(세조 10) 전라도관찰사로 부임하여『명공묘선육방옹시집』을 널리 알리고자 간행을 시작하였다. 그러나 중간에 임기가 끝났고, 후임자인 김길통金吉通이 완료하였다고 한다. 초간본이 간행된 이후 16세기까지 적어도 세 차례 더 간행되었다.『고사촬요故事撮要』순창조淳昌條에 '육방옹陸放翁'이 저록著錄되어 있어, 목판본 중 하나는 순창에서 간행되었을 것으로 보인다.

『명공묘선육방옹시집』은 원대에 합본되어 간행된 후 육유의 시선집 중 가장 널리 유통된 것으로, 중국뿐만 아니라 조선에서도 여러 차례 간행되어 문인들에게 읽혔다. 특히 본서는『검남시집』에도 실리지 않은 14수가 수록되어 있어 실전失傳을 막았다는 점에서 의미가 크다. 또한 본서는 원판본의 계통으로, 그 원형을 살펴볼 수 있다는 점에서 서지적 가치 또한 높다. 이유리

주제어
육유陸游, 나의羅椅, 유진옹劉振翁, 완영본完營本, 성임成任

참고문헌
당윤희,「朝鮮에서 간행한 ≪名公妙選陸放翁詩集≫에 대한 고찰」,『중국어문논총』71, 2015.

| | |
|---|---|
| 서명 | 名公妙選陸放翁詩集 |
| 저자 | 陸游(宋) 撰 ; 羅椅(宋) · 劉振翁(元) 選 |
| 판본 | 金屬活字本(乙亥字 小字) |
| 발행 | [漢城]: [鑄字所], [世祖年間(1456~1468)]印 |
| 형태 | 前集 10卷 · 後集 8卷, 共1冊 : 四周單邊, 半郭 20.2×12.2cm, 有界, 14行16字, 上下內向黑魚尾 ; 27.0×16.2cm |
| 주기 | 卷首題: 澗谷精選陸放翁詩集 · 須溪精選陸放翁詩集 · 名公妙選陸放翁詩集, 版心 題: 前·後, 表題: 放翁詩選 |
| | 藏書記: 主咸呂宅 |
| | 印記: 張氏家藏, 玉山世家 |
| | 楮紙 |

집부
集部

3

남송대南宋代 시인 육유陸游(1125~1210)의 시를 선별
하여 엮은 책이다. 송대宋代 나의羅椅(1214~?)가 엮은
전집前集 10권과 원대元代 유진옹劉辰翁(1233~1297)이
엮은 후집後集 8권, 총 18권으로 구성되어 있으며,
모두 한 책에 수록되어 있다. 본서에는 서발문이 없으며,
1465년(세조 11) 전라감영全羅監營에서 간행된 후 얼마
지나지 않아 을해자乙亥字 소자小字로 간행한 판본이다.
표제表題는 '방옹시선放翁詩選', 권수제卷首題는 전집의
경우 대부분 '간곡정선육방옹시집澗谷精選陸放翁詩集',
후집은 '수계정선육방옹시집須溪精選陸放翁詩集'이며 모두
'명공묘선육방옹시집名公妙選陸放翁詩集'으로 된 부분도
보인다. 판심제의 경우 전집은 '전前', 후집은 '후後'이다.
표지는 후대에 개장改裝된 황색 표지에 오침안정법
五針眼訂法으로 장황糚䌙하였다. 판식은 사주단변四周單邊,
유계有界, 14행 16자, 상하내향흑어미上下內向黑魚尾이다.
권1 권수卷首의 우측 여백에 '주함려댁主咸呂宅'이라 적혀
있으며, 간간이 비점批點 및 권점圈點, 교감주校勘註 등이
묵서墨書되어 있다. 권수에 정방형 주문인 '장씨가장
張氏家藏'과 주백상간인朱白相間印 '옥산세가玉山世家'가
날인되어 있다.

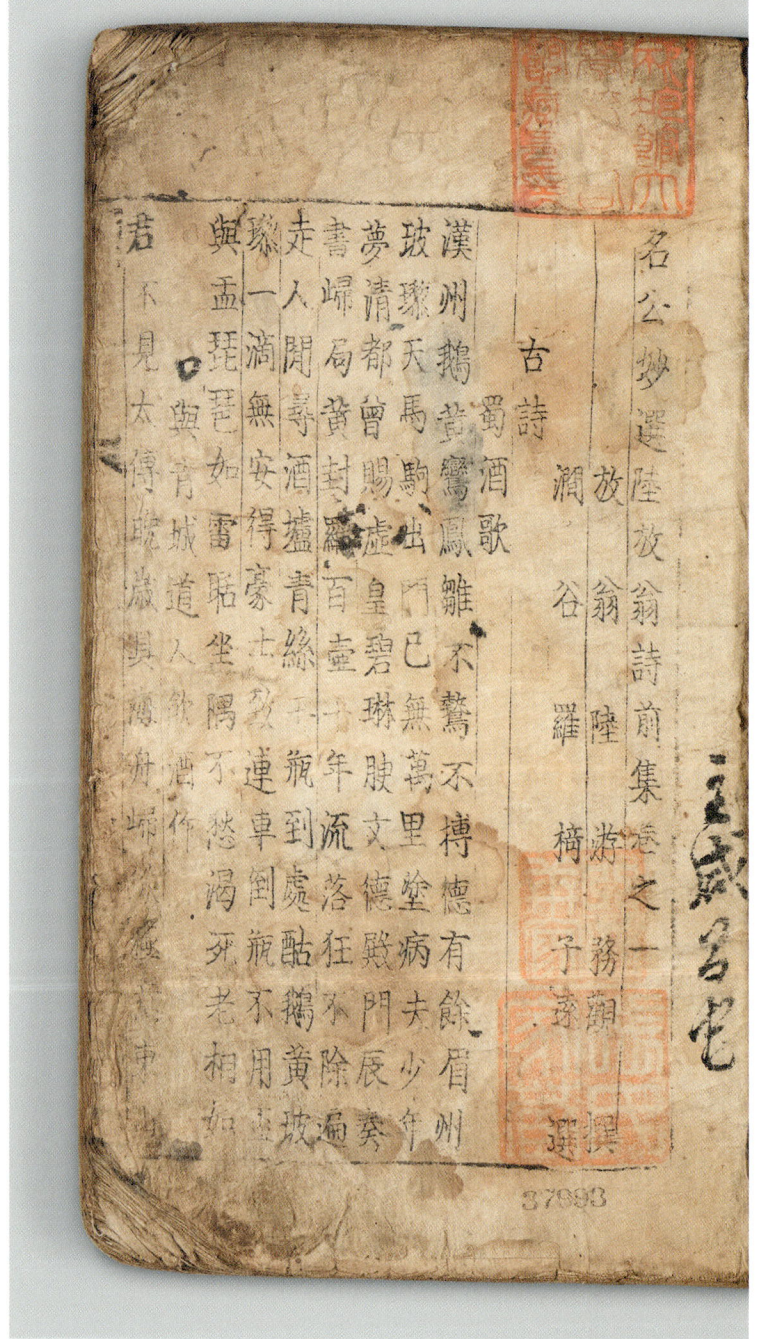

저자인 육유의 생애와 그의 시집 간행에 대한 내용은 집부集部-2 명공묘선육방옹시집名公妙選陸放翁詩集
(貴 D03C-0055a)을 참고하기 바란다.

『명공묘선육방옹시집』의 체제는 다음과 같다.

| 구분 | 권차 | 목차 | 구분 | 권차 | 목차 |
|---|---|---|---|---|---|
| 前集 | 1 | 古詩 | 後集 | 1 | 古詩 |
| | 2 | 古詩 | | 2 | 古詩 |
| | 3 | 七言八句 | | 3 | 古詩 |
| | 4 | 七言八句 | | 4 | 古詩 |
| | 5 | 七言八句 | | 5 | 古詩, 七言八句 |
| | 6 | 七言八句 | | 6 | 七言八句 |
| | 7 | 七言八句 | | 7 | 七言四句 |
| | 8 | 七言八句, 七言四句 | | 8 | 七言四句, 五言八句, 五言四句 |
| | 9 | 七言四句 | | | |
| | 10 | 五言八句, 五言四句 | | | |

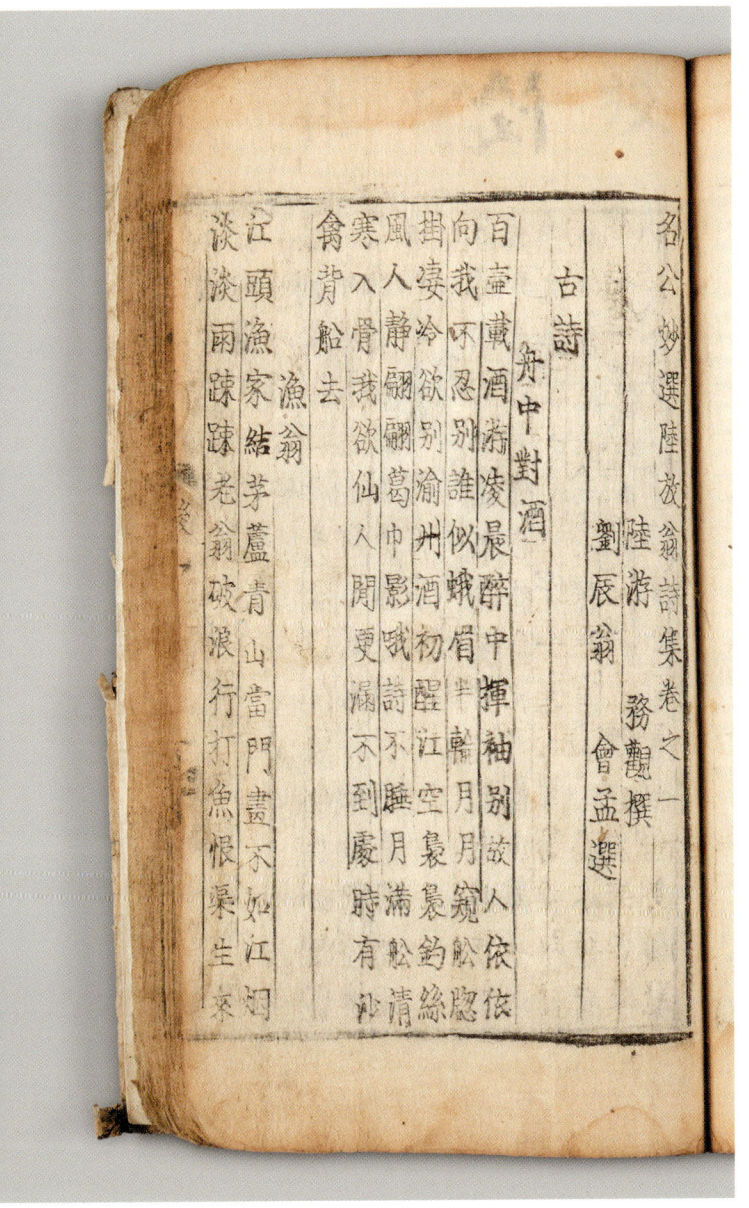

『명공묘선육방옹시집』이 한반도에 전래한 시기 및 경위는 알려져 있지 않으나, 1465년(세조 11) 전라감영에서 간행된 판본이 조선시대에 처음 간행된 간본으로 보인다. 이 전라감영본에는 당시 전라도관찰사였던 성임成任의 발문이 있는데, 작성 시기를 통해 1465년에 간행된 것임을 알 수 있다. 『명공묘선육방옹시집』은 16세기까지 적어도 세 차례 더 간행되었는데, 『고사촬요攷事撮要』의 순창조에 이 책이 확인되고 있어 순창에서도 간행되었음을 알 수 있다. 본서는 초간본初刊本이 간행된 이후 비슷한 시기에 간행된 것으로 보고 있다. 초간본과 비교해보면, 금속활자로 간행되면서 초간본의 비점批點이 없어졌고 소자쌍행小字雙行이던 유진옹의 평어가 1행으로 바뀌는 등 변화를 보인다.

『명공묘선육방옹시집』은 원대 합본되어 간행된 후 육유의 시선집 중 가장 널리 유통된 것으로, 중국뿐만 아니라 조선에서도 여러 차례 간행되어 문인들에게 읽혔다. 특히 본서는 『검남시집』에도 실리지 않은 14수가 수록되어 있어 실전失傳을 막았다는 점에서 의미가 크다. 또한 을해자 소자본은 존경각 소장본 외에는 알려진 바가 없는 매우 희소한 간본이므로 서지적 가치 또한 매우 높다고 할 수 있다. 이유리

주제어
육유陸游, 나의羅椅, 유진옹劉振翁, 을해자본乙亥字本, 성임成任

참고문헌
당윤희, 「朝鮮에서 간행한 《名公妙選陸放翁詩集》에 대한 고찰」, 『중국
　　어문논총』71, 2015.

# 초사
## 楚辭
Chosa

貴 D01-0002c

———

| | |
|---|---|
| 서명 | 楚辭 |
| 저자 | [屈原(楚)] 等撰 ; [朱熹(宋)] 集註 |
| 판본 | 金屬活字本(甲寅字混入補字) |
| 발행 | [漢城]: [校書館], [明宗朝]印 |
| 형태 | 5卷1冊(缺帙): 四周單邊, 半郭 24.0×15.6cm, 有界, 9行16字 小字雙行, 大黑口, 上下內向三葉花紋魚尾; 32.5×20.0cm |
| 주기 | 異書名: 楚辭集註 |
| | 所藏: 卷4-8(1冊) |
| | 印記: [昌寧曺氏](8卷首)와 海(冊紙 書眉右側) |
| | 楮紙(이음종이) |

집부
集部
4

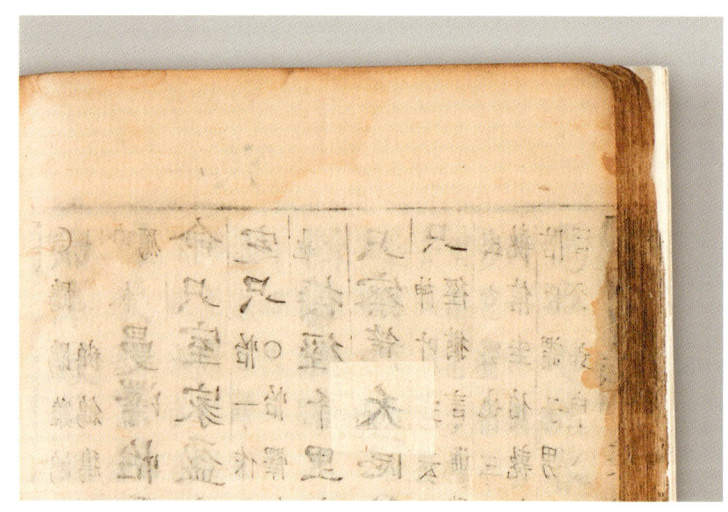

오자誤字를 도려내고 수정한 흔적

남송南宋의 학자 주희朱熹(1130~1200)가 후한後漢 왕일王逸(89?~158)의 『초사장구楚辭章句』와 송宋 홍흥조洪興祖 (1090~1155)의 『초사보주楚辭補注』를 참고하여 선별한 작품을 수록하고 『초사집주楚辭集注』·『초사후어楚辭 後語』·『초사변증楚辭辨證』으로 나누어 편찬한 책이다. 본서는 16세기에 간행된 갑인자혼입보자본甲寅字混 入補字本 중 『초사집주』 권4~8에 해당하는 부분이다.

표제와 권수제, 판심제 모두 '초사楚辭'이다. 원래의 표지를 그대로 보존한 채 현대에 장황粧績하였다. 원표지는 황색 표지이며, 오침안정법五針眼訂法으로 장황粧績하였다. 판식은 사주단변四周單邊, 유계有界, 9행 16자, 대흑구 大黑口, 상하내향3엽화문어미이다. 오자誤字를 도려내고 올바른 글자를 다시 인출하여 수정한 흔적이 있다. 권8 권수에는 '[창녕조씨][昌寧曺氏]'로 추정되는 주문인朱文印이 날인되어 있고, 권8을 제외한 매 권수卷首 및 권말卷末의 장서인은 모두 도려내어져 있다. 전체적으로 본문에 비점批點과 밑줄 등이 표시되어 있고, 책지 冊紙 서미書眉마다 '해海'가 묵인墨印되어 있다. 또한 드물게 차자구결借字口訣이 묵서墨書되어 있다.

遠遊第五　離騷二十三

遠遊者屈原之所作也屈原既放悲
歎之餘眇觀宇宙陋世俗之阨狹悼
年壽之不長於是作為此篇思欲制
鍊形魂排空御氣浮遊八極後天而
終以盡反復無窮之世變雖曰寓言
然其所設王子之詞苟能充之實長
生久視之要訣也

崟頭角高皃巖瀾也罷知熊黃白文从此

以上曾陳山林傾危草木茂盛虺蜥所居

虎兒兩行不宜育道德養

情性欲使畐原還歸鄹邑也

淹留虎豹鬥兮熊羆咆禽獸駭兮亡其曹

攀援桂枝兮聊

王孫兮歸來山中兮不可以久留

援字咆蒲交反叶蒲侯反曹叶祖侯反歸來一作來歸○再言兮其援桂枝聊淹留者

明原未肯歸意不可得而招也故又言山中之不可居著而於終篇卒致其意若曰

不敢不留但不可以久耳

氷不敢遠必其來之詞也

楚辭卷第八

『초사楚辭』는 초나라 민간에서 전승되던 노래를 전한前漢 유향劉向이 선집選集한 것이다. 유향은 자신의 시와 함께 16인의 작품을 수록하였는데, 이 중 가장 널리 읽힌 것은 굴원屈原의 「이소離騷」이다. 『초사장구』는 왕일이 『초사』를 장구로 나누어 주해한 것이며, 『초사보주』는 홍홍조가 『초사장구』의 주석을 보완한 책이다. 주희는 이 두 책에 수록된 초사 작품을 선별하고 편제를 달리하여 『초사집주』를 편찬하였다. 주희는 이 책을 1195년(慶元 1) 경에 완성하였고 간행은 1198년에 이루어졌다. 세 부분을 최초로 합각合刻한 것은 1235년(端平 2)으로, 이 단평연간 간행본은 중국 국가도서관에 『초사후어』 4권 1책이 현전하고 있다. 1321년(至治 1) 우신형虞信亨 중간본重刊本 등 다수의 현전본을 통해 원대元代에도 이 책이 활발히 간행되었음을 알 수 있다.

한반도에는 늦어도 삼국시대에 전래하여 수용되었는데, 본격적으로 수용된 것은 조선시대에 들어와서이다. 태종은 시학詩學을 장려하기 위해 이 책을 교본으로 권장하였고, 세종은 시학의 진흥과 신하들의 충심을 고취시키기 위해 적극적으로 이 책의 보급에 힘썼다.

조선시대 간행 현전본 『초사집주』 중 가장 이른 시기의 것은 1428년(세종 10) 간행 경자자본庚子字本이고, 경자자본을 저본으로 하여 1454년(단종 2)에 밀양부密陽府에서 번각하였다. 밀양부 간본에 수록된 밀양부사 이교연李晈然의 발문에 따르면, 그가 밀양부사로 부임한 1453년(단종 1) 겨울에 경상도관찰사 이숭지李崇之가 와서 자신이 얻은 책의 주해가 상세하니 간행하여 배포해야 한다고 하였다. 따라서 밀양본은 이숭지 소장 경자자본을 저본으로 하여 간행되었음을 알 수 있다. 그리고 이 밀양본에는 우신형 중간본의 목기가 확인되고 있어, 경자자본은 이를 바탕으로 간행되었음을 알 수 있다. 경자자본을 저본으로 한 번각본은 밀양본 외에도 평양본平壤本이 1종 더 있음을 『고사촬요攷事撮要』를 통해 확인할 수 있다. 본서는 16세기에 간행된 갑인자본이다. 경자자본 및 경자자 번각본에 보이는 원간기와 이교연의 발문, 변계량의 주자발은 수록되어 있지 않다. 같은 판본이 고려대와 일본 손케이카쿠문고[尊經閣文庫] 등에 소장되어 있다.

『초사집주』는 크게 세 부분으로 구성되어 있는데, 『초사집주』 8권과 후대에 이를 계승한 작품을 모은 『초사후어楚辭後語』 6권, 기존의 주석을 비판하고 작품을 비평한 『초사변증楚辭辯證』 2권이다. 본서는 『초사집주』 권4~8만 남아 있다. 권4에는 「원유遠遊」, 권5에는 「원유」, 「복거卜居」, 「어부漁父」, 권6에는 「구변九辯」, 권7에는 「초혼招魂」, 「대초大招」, 권8에는 「석서惜誓」, 「조굴원弔屈原」, 「복부服賦」, 「애시명哀時命」, 「초은사招隱士」가 수록되어 있다.

『초사집주』는 사辭와 부賦의 기원이 될 만큼 후대 문학사에 막대한 영향을 주었는데, 이로 인해 『시경詩經』에 버금가는 권위를 인정받았다. 또한 사와 부는 과거시험 과목으로 채택되기도 했지만, 정치적 시련을 겪은 문인들의 심정을 작품으로 승화하는데에 자주 활용되었다는 점에서 문학사적 의미를 찾을 수 있다. 뿐만 아니라 갑인자본은 밀양본에 비해 전본傳本이 희소하다는 점에서 서지학적으로도 그 가치가 높다. 이유리

주제어
초사집주楚辭集註, 유향劉向, 주희朱熹, 굴원屈原

참고문헌
김보경, 「김시습과 남효온, 추방된 비전과 굴원·초사 수용-조선 전기 정신사의 한 조망대로서-」, 『동방한문학』67, 동방한문학회, 2016.
신두환, 「한국의 '초사' 수용 양상 연구」, 『한국고전연구』32, 한국한문고전학회, 2016.
李裕利, 「十七世紀日本における朝鮮版『楚辭集註』の受容について」, 『日本文学ジャーナル』26, 古典ライブラリー, 2023.

| | | |
|---|---|---|
| 서명 | 皇華集 | 집부 |
| 판본 | 金屬活字本(甲寅字混入補字) | 集部 |
| 발행 | [漢城]: [校書館], [世宗-中宗]序 | 5 |
| 형태 | 11冊(合帙): 四周雙邊, 半郭 25.2×16.9 cm, 有界, 10行17字, 上下內向三葉花紋魚尾; 32.4×21.0 cm | |
| 주기 | 序文作成年代(撰序者): 1冊 1450(世宗32)序, 2冊 1457(世祖3)序 權擥, 3冊 1459(世祖5)序 洪允成·1460(世祖6)序 崔恒, 1492(成宗23)序 洪貴達, 4冊 1460(世祖6)序 崔恒, 5冊 1464(世祖10)序 李承召, 6-7冊 1476(成宗7)序 徐居正·李石亨, 8-9冊 1488(成宗19)序 魚世謙·金宗直, 10-11冊 1521(中宗16)序 南袞 | |
| | 板式(第4冊): 四周單邊, 半郭 25.2×16.9 cm, 有界, 10行17字, 上下內向黑魚尾 | |
| | 藏書記: 借覽海陽金[手決](第4冊 뒷面紙) | |
| | 印記: 男富儀謹追記, 先相公家藏書 | |
| | 楮紙 | |

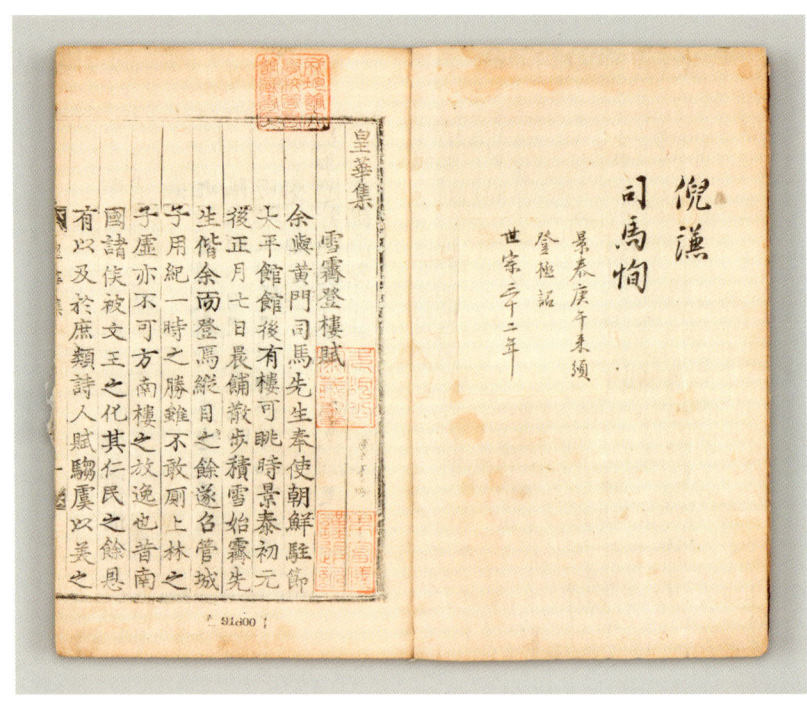

1450년(세종 32) 반등극조사 『황화집』

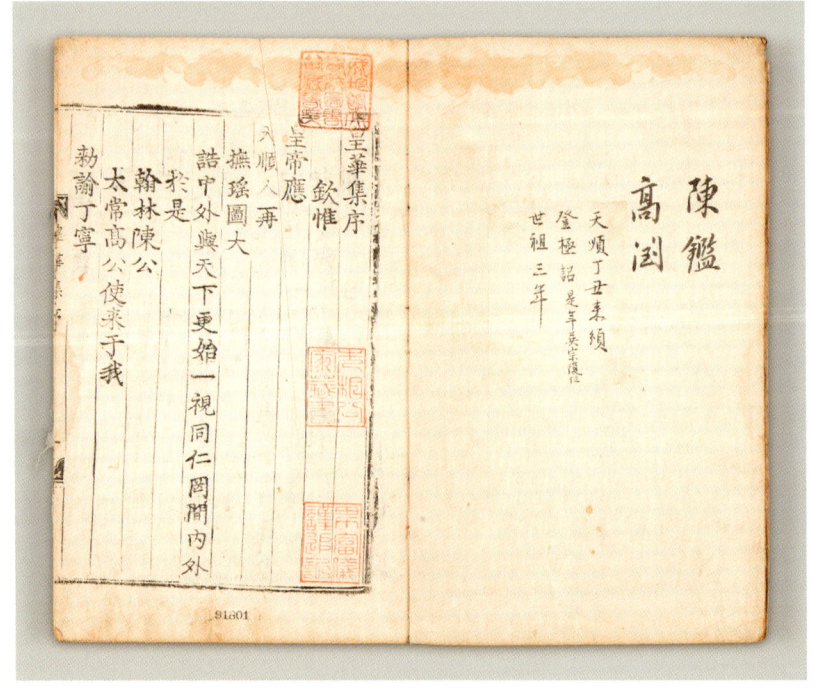

1457년(세조 3) 반복위조사 『황화집』

본서는 1450년(세종 32)부터 1521년(중종 16)까지 명나라 문관 사신이 조선에 와서 지은 시문과 이 시문에 수창酬唱한 조선 접반사接伴使와 관원들의 시문을 모아 간행한 역대『황화집皇華集』10종을 모은 것이다.

표제表題는 모두 '황화집皇華集'이다. 제1~3책, 5~11책의 판식은 사주쌍변四周雙邊, 유계有界, 10행 17자, 상하내향3엽화문어미이다. 갑인자甲寅字에 목활자인 갑인자체 훈련도감자訓鍊都監字를 섞어 인출하여, 인쇄면이 고르지 못하고 흐릿한 편이다. 제4책의 판식은 사주단변四周單邊, 유계, 10행 17자, 상하내향흑어미上下內向黑魚尾로 다른 책과 조금 다르다. 변란邊欄 및 어미의 형태뿐 아니라 먹빛이 또렷하다는 점 또한 다르다. 제4책 뒷면지面紙에는 '해양김씨에게서 빌려 보다[借覽海陽金(手決)]'라는 기록이 있다. '해양海陽'은 전라도 나주羅州의 속현屬縣 광산光山의 옛 지명으로, 광산김씨에게서 빌려 보았다는 의미이다.

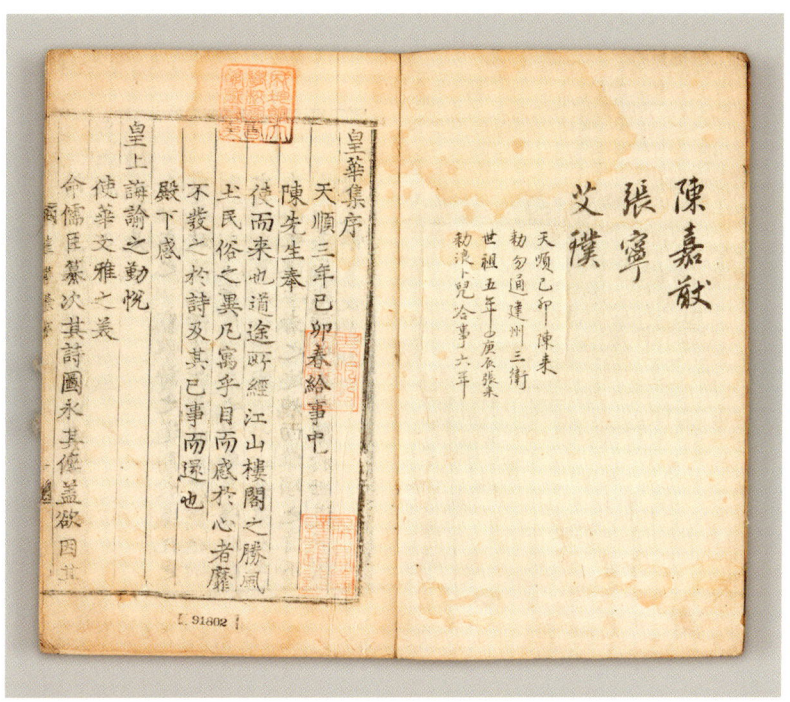

1459년(세조 5) 반칙유사(陳嘉猷)『황화집』

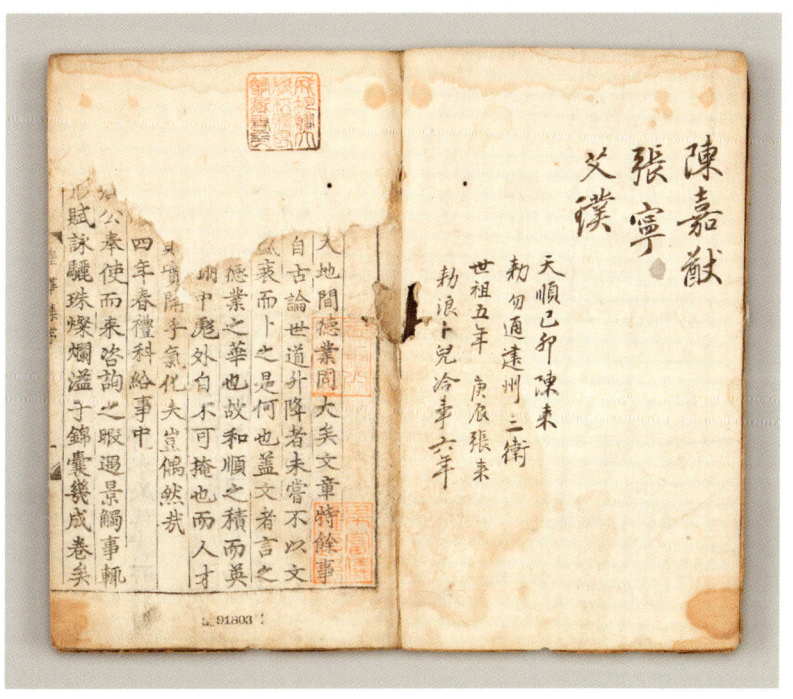

1460년(세조 6) 반칙유사(張寧)『황화집』

장방형 주문인 '남부의근추기男富儀謹追記'·'선상공가장서先相公家藏書'가 각 책수冊首에 날인되어 있다. 이는 광산김씨 예안파禮安派 김부의金富儀의 장서인으로, 부친 김연金緣의 장서를 보관해 왔음을 알 수 있다.

『황화집』의 '황화皇華'는 『시경詩經』 소아小雅의 「황황자화皇皇者華」라는 시에서 나온 말인데, 이 시는 원래 임금이 사신을 보낼 때 읊은 시였다. '황화집'이란 사신이 먼 이국에 와서 두루 물으며 풍속을 살핀 것을 기록한 책이라는 뜻이다. 명나라 사신이 조선에 올 때 이국의 풍물을 보고 감회가 없을 수 없으므로 문관 사신의 경우 이를 시문으로 기록하곤 했다. 그러면 이들을 맞이하는 원접사가 다시 시를 지어 화답했다. 사실 명나라는 일반적으로 환관을 사신으로 보냈기에, 문관을 파견하는 일은 극히 드물었다. 명나라는 조선에 이 점을 누차 강조하면서 조선에 특별한 후의를 표하고 있음을 보였다. 그래서 조선에서는 문관 사신이 온 일을 기념하기 위해 시문을 모아 문집으로 만들었는데, 이를 총칭해서 '황화집'이라고 했다. 그런데 시간이 지나면서 조선에 오는 사신과 이들을 맞이하는 원접사 모두 기존의 『황화집』을 참조하게 되면서 자연히 시문의 우열에 대한 판별이 없을 수 없었다. 그래서 후대로 갈수록 사신이나 원접사나 시 수창을 점차 중요시하게 되었다. 또 사신의 입장에서는 살아생전에 문집을 만들어 대대로 전할 수 있는 좋은 기회였고, 조선의 입장에서도 조선이 문화국임을 대내외에 선양할 수 있는 절호의 기회였다. 이러한 이유로 『황화집』은 문관 사신이 올 때마다 꾸준히 만들어졌고, 이로써 『황화집』은 조선과 명의 우호의 상징이 되었다.

본서는 9차에 걸쳐 파견된 사신들의 『황화집』 10종을 모은 것으로, 장영張寧의 『황화집』 2종이 서로 다른 판본으로 수록되어 있다. 따라서 주요 저자와 서문을 쓴 사람이 매우 많다. 명사明使의 정사正使 및 부사副使, 그리고 접반사接伴使와 찬서자撰序者를 표로 정리하면 아래와 같다. 표에서 '명사 – 부사' 항목 중 빈칸은 무관武官이어서 시문을 창작하지 않아 『황화집』에서 그 이름을 기록하지 않았으므로 비워둔 것이다.

| 책 | 사신 회차 | 연 도 | 사 행 명 | 명사 – 정사 | 명사 – 부사 | 접반사 (원접사) | 찬서자 |
|---|---|---|---|---|---|---|---|
| 1 | 1 | 1450(庚午, 世宗32) | 頒登極詔使 | 翰林院侍講 倪謙 | 刑科給事中 司馬恂 | 工曹判書 鄭麟趾 | – |
| 2 | 2 | 1457(丁丑, 世祖3) | 頒復位詔使 | 翰林院修撰 陳鑑 | 太常博士 高閏 | 戶曹判書 朴元亨 | 權擥 |
| 3 | 3 | 1459(己卯, 世祖5) | 頒勅諭使 | 刑科給事中 陳嘉猷 | – | 刑曹判書 朴元亨 | 洪允成 |
|   | 4 | 1460(庚辰, 世祖6) | 頒勅諭使 | 禮科給事中 張寧 | – | 刑曹判書 朴元亨 | 崔恒 |
|   | 8 | 1492(壬子, 成宗23) | 頒冊立皇太子詔使 | 兵部郎中 艾璞 | – | 戶調判書 盧公弼 | 洪貴達 |
| 4 | 4 | 1460(庚辰, 世祖6) | 頒勅諭使 | 禮科給事中 張寧 | – | 刑曹判書 朴元亨 | 崔恒 |
| 5 | 5 | 1464(甲申, 世祖10) | 頒登極詔使 | 太僕寺丞 金湜 | 中書舍人 張珹 | 禮曹判書 朴元亨 | 李承召 |
| 6·7 | 6 | 1476(丙申, 成宗7) | 頒冊立皇太子詔使 | 戶部郎中 祁順 | 行人司左司副 張瑾 | 議政府左參贊 徐居正 | 徐居正, 李石亨 |
| 8·9 | 7 | 1488(戊申, 成宗19) | 頒勅諭使 | 右春坊右庶子 兼 翰林院侍講 董越 | 工科給事中 王敞 | 吏曹判書 許琮 | 魚世謙, (金宗直) |
| 10·11 | 10 | 1521(辛巳, 中宗16) | 頒登極詔使 | 翰林院修撰 唐皋 | 兵科給事中 史道 | 議政府左參贊 李荇 | 南袞 |

모두 11책으로 구성되어 있다. 6~7책, 8~9책, 10~11책은 같은 시기의 시문을 모아 상·하권을 이루고
있다.

1책은 1450년(세종 32)에 정사 예겸倪謙과 부사 사마순司馬恂이 왔을 때 지은 시문을 모은 것이다. 원접사는
정인지鄭麟趾였다. 1권의 권두에 수록된 시문은 「설제등루부雪霽登樓賦」이다. 예겸이 눈이 개인 후 한양의
태평루에 올라 온 세상이 새하얀 눈으로 덮인 것을 보고, 황제의 은혜가 조선에 널리 퍼져 태평성대가
이루어졌으니 조선은 영원히 번국藩國이 되어 황제를 보호하라는 내용이다.

2책은 1457년(세조 3)에 정사 진감陳鑑과 부사 고윤高閏이 왔을 때의 시문을 모은 것이다. 접반사는 박원형
朴元亨이고 서문은 권람權擥이 지었다. 진감이 조선에 왔을 때 마침 오랫동안 내리던 비가 갠 것을 기념해
지은 「희청부喜晴賦」와 이에 차운한 김수온金守溫의 「화희청부和喜晴賦」가 있다.

3책은 세 종류의 『황화집』으로 이루어져 있다. 첫 번째는 1459년(세조 5)에 정사 진가유陳嘉猷가 왔을 때의
시문을 모은 것이다. 접반사는 박원형이고 서문은 홍윤성洪允成이 지었다. 지은 시는 23제 27수이다. 「등태평
관루가登太平館樓歌」에서는 조선에 사행 온 소감을 읊었는데, 그 제목이 있어야 할 줄이 비어 있다. 다음은
1460년(세조 6)에 온 장영張寧의 시문을 모은 것이다. 접반사는 박원형이고 서문은 최항崔恒이 지었다.
한강의 연회에서 지은 「등한강루십수登漢江樓十首」에는 신숙주, 권람, 박원형, 윤자운尹子雲 등의 차운시가
실려 있다. 권말에는 유종원柳宗元의 「기자비箕子碑」에 반박하는 「천순사년天順四年 …어태평관於太平館…」이
있는데, 다른 판본에는 「변유종원기자묘비어辨柳宗元箕子廟碑語」라는 제목으로 되어 있다. 마지막은 1492년
(성종 23)에 반책립황태자조사頒册立皇太子詔使로 온 애박艾璞의 시문을 모은 것이다. 접반사는 노공필盧公弼이고
서문은 홍귀달洪貴達이 지었다. 애박이 지은 시는 13제 15수에 불과해 역대 『황화집』 중 1506년(중종 1)에 온
서목徐穆 다음으로 분량이 적다.

4책은 표지 안쪽에 3책과 같이 '진가유, 장영, 애박'이라는 사신 이름이 수기로 적혀 있으나, 실제 내용은
1460년(세조 6)에 온 장영張寧의 『황화집』이 전부다. 서문은 없고 3책과 내용은 같지만 판본은 다르다. 3책
에서는 글쓴이가 달라지면 제목 밑에 '장영'이라는 사신의 이름이 있지만, 4책에서는 글쓴이가 달라졌는
데도 사신의 이름이 없다. 또 태평관에서 지은 시의 제목은 3책에서는 「삼월삼일우태평관유감三月三日寓太
平館有感」이지만, 4책에서는 「삼월삼일우태평관감이유작三月三日寓太平館感而有作」으로 되어 있다.

5책은 1464년(세조 10)에 반등극조사頒登極詔使로 온 정사 김식金湜과 부사 장성張珹의 시문을 모은 것이다.
원접사는 박원형이고 서문은 이승소李承召가 지었다. 박원형에게 지어준 장성의 「만절당기晩節堂記」가 있다.

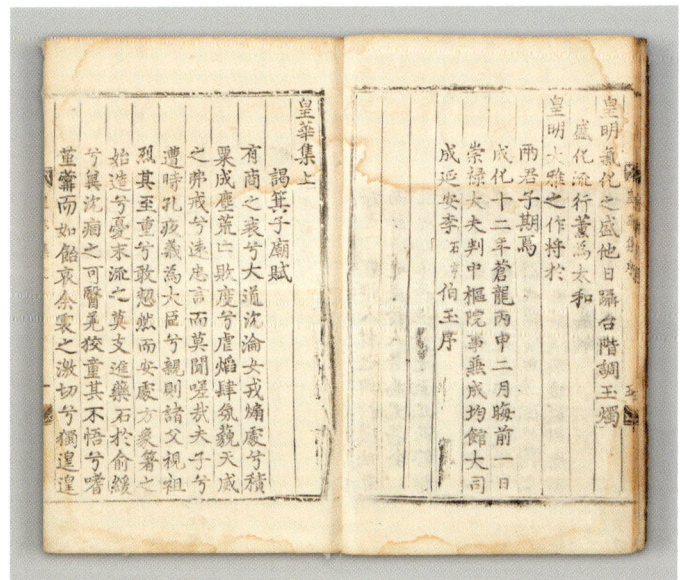
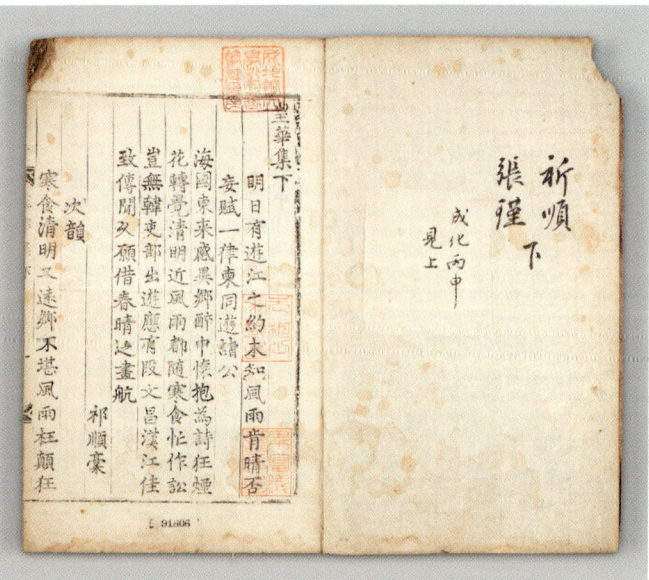

1476년(성종 7) 반책립황태자조사 『황화집』

6책과 7책은 1476년(성종 7)에 온 기순祁順과 장근張瑾의 시문으로, 상·하 2권으로 이루어져 있다. 원접사는 서거정徐居正이고 서문은 서거정과 이석형 李石亨이 각각 지었다. 기순과 서거정은 속작과 다작으로 수창 대결을 펼치기도 했는데, 그 흔적이 『황화집』 곳곳에 보인다. 특히 상권의 「평양 회고平壤懷古」와 하권의 「중과대동강重過大同江」, 「봉황산鳳凰山」 등은 고구려와 수·당의 전쟁을 소재로 삼은 작품이다. 이를 통해 이들이 얼마나 치열하게 수창 대결을 했는지 엿볼 수 있다.

8책과 9책은 1488년(성종 19)에 온 동월董越과 왕창王敞의 시문으로, 상·하 2권으로 이루어졌다. 원접사는 허종許琮이고 서문은 어세겸魚世謙이 지었다. 동월은 총수산聰秀山을 총수산蔥秀山으로 개명하고 「제총수산題蔥秀山」 (상권)과 「유총수산기遊蔥秀山記」(하권)를 지었다. 동월의 대작인 「조선부 朝鮮賦」는 사행 1년여 뒤에 지어졌기 때문에 본 『황화집』에는 수록되어 있지 않다.

10책과 11책은 1521년(중종 16)에 온 당고唐皐와 사도史道의 시문으로, 상·하 2권으로 이루어졌다. 원접사는 이행李荇이고 서문은 남곤南袞이 지었다. 앞면지面紙에 '중종 17년'이라고 수기로 쓴 것은 16년의 오기이다. 상권(10책)에서 곽산郭山의 효녀 김사월金四月에 감명을 받고, 첫 구 마지막 글자에 각각 '효孝·녀女·김金·사四·월月·지之·문門'을 한 글자씩 운으로 달아 「제곽산김효녀이효녀김사월지문칠자위운題郭山金孝女以孝女金四月之門七字爲韻」이라는 칠언절구 7수를 지었다. 하권(11책)에서 당고는 「조기 자사弔箕子詞」를 지어 기자에게 동국 사람들에게 복을 내려 악기와 요기를 없애 달라고 기원하기도 했다. 또 당고는 「평양승적平壤勝蹟」 20수를, 사도는 「평양승적」 19수를 지어 평양의 명승지를 노래했다. 그런데 10책 상권 제39장에는 평양에서 지은 시들이 잘못 들어가 있다. 이에 따라

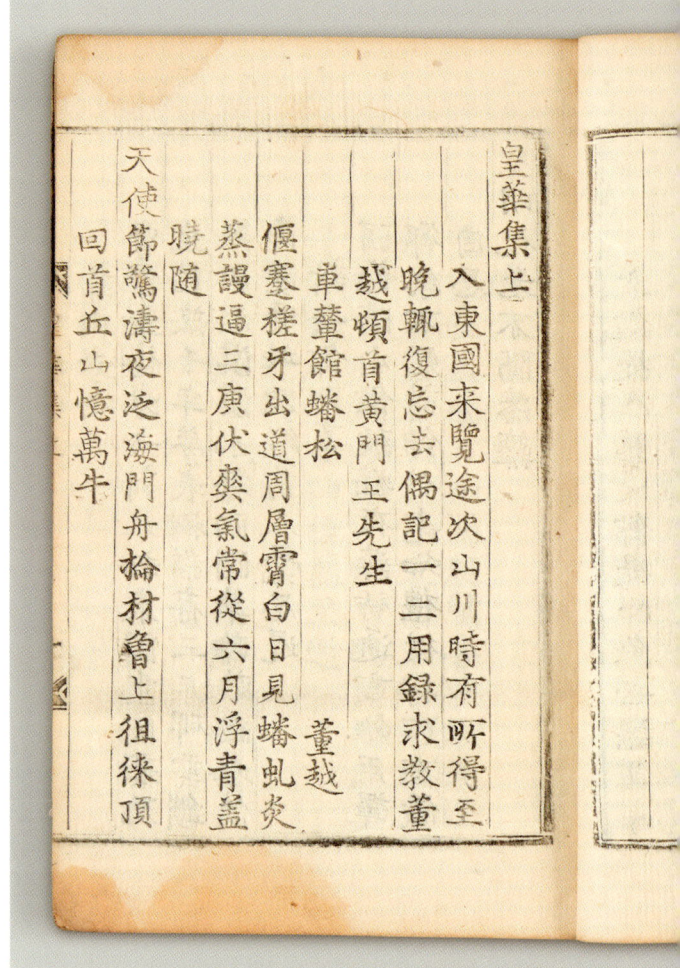

1488년(성종 19) 반칙유사 『황화집』

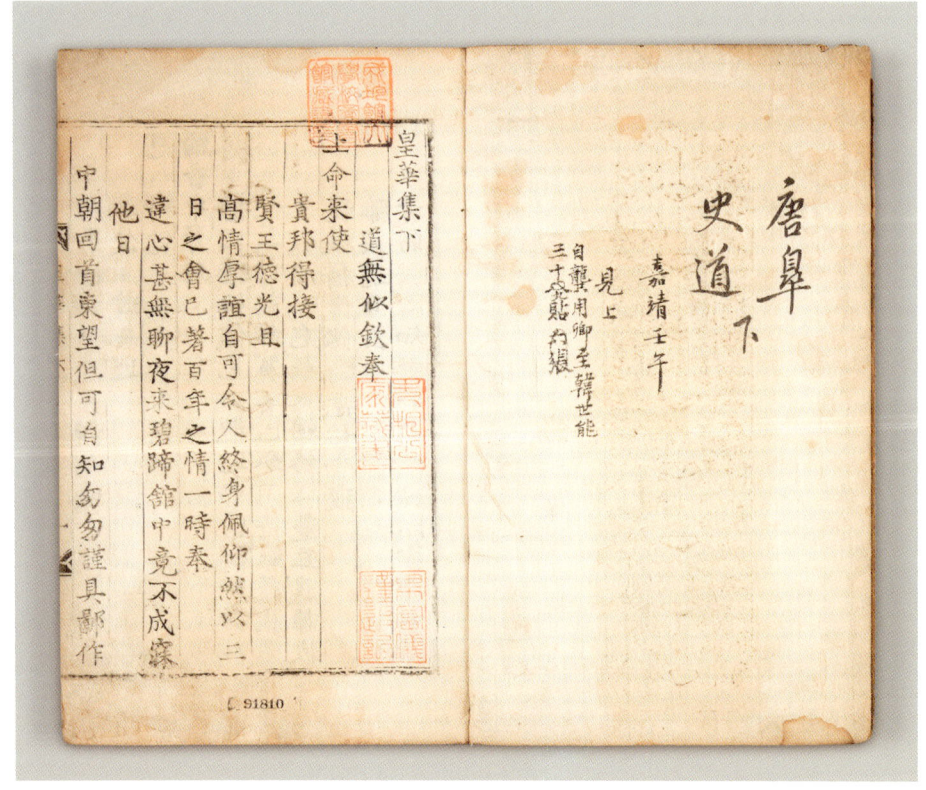

1521년(중종 16) 반등극조사 『황화집』

이희보의 시 5수부터 소세양의 시가 모두 빠졌다. 이 10책의 제39장은 11책 하권 제39장으로 들어가야 하고, 11책 제39장은 10책의 상권 제39장으로 들어가야 한다. 판심의 권차를 확인해 보아도 서로 바뀐 것을 확인할 수 있다. 이는 책을 인출하고 급히 제책製冊하는 과정에서 빚어진 오류로 보인다.

본서는 1450년부터 1521년까지 아홉 차례에 걸쳐 간행된 10종의『황화집』을 모은 것으로, 시문의 분량과 사신 인품의 우열 등이 극과 극을 이루기까지 한다. 그러므로『황화집』의 다양한 사례를 한 번에 파악할 수 있는 자료로서 그 가치가 크다고 하겠다. 신태영

주제어
황화집皇華集, 명사明使, 예겸倪謙, 기순祁順, 동월董越, 서거정徐居正

참고문헌
신태영,『명나라 사신은 조선을 어떻게 보았는가 -『皇華集』研究-』, 다운샘, 2005.

| | | 집부 |
|---|---|---|
| 서명 | 皇華集 | 集部 |
| 저자 | 宣祖(朝鮮) 命編 | 6 |
| 판본 | 金屬活字本(庚辰字) | |
| 발행 | [漢城]: [校書館], 宣祖16(1583)序 | |
| 형태 | 不分卷 1冊 : 四周雙邊, 半郭 26.5×17.0 cm, 有界, 10行18字, 上下內向三葉花紋魚尾 ; 32.4×20.7 cm | |
| 주기 | 皇華集序: 萬曆十一年(1583)正月二十五日 崇禎大夫判敦寧府事兼判義禁府事五衛都府 都摠管臣鄭惟吉(1515~1588)謹序 楮紙 | |

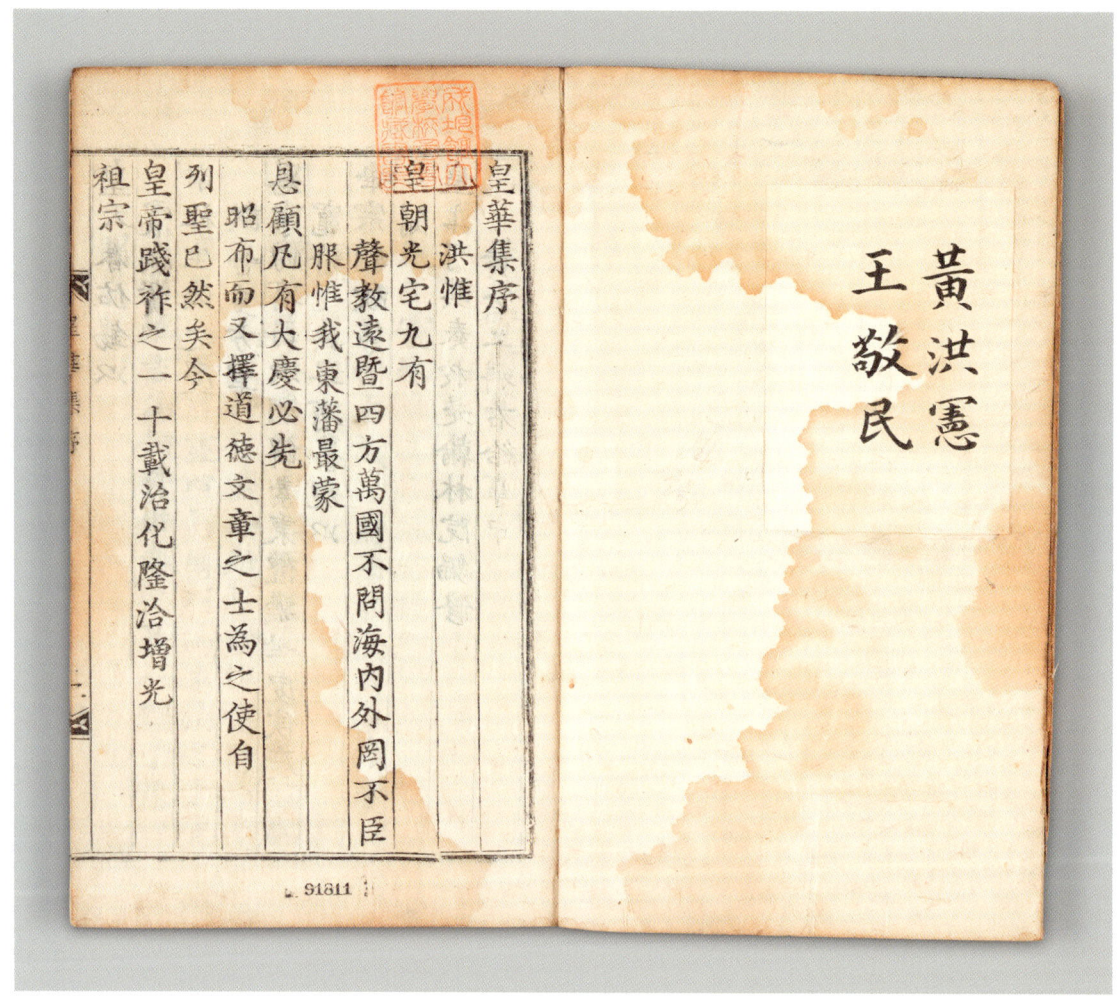

1582년(선조 15)에 반책립황태자탄생조사頒冊立皇太子誕生詔使로 온 정사正使 황홍헌黃洪憲(?~1600)과 부사副使 왕경민王敬民(1536~?)의 시문을 모은 『황화집』이다. 원접사遠接使는 이이李珥(1536~1584)이고 관반館伴은 정유길鄭惟吉(1515~1588)이다.

표제 및 권수제, 판심제는 모두 '황화집皇華集'이다. 앞면지面紙에는 '황홍헌黃洪憲', '왕경민王敬民'이 묵서墨書 되어 있는 별지가 붙어 있다. 판식은 사주쌍변四周雙邊, 유계有界, 10행 18자, 상하내향3엽화문어미이며 재주갑인자再鑄甲寅字인 경진자庚辰字로 인출하였다. 경진자는 1580년(선조 13)에 주조한 금속활자로, 1583 년경 간행한 본서는 인출 상태가 매우 좋다. 또한 임진왜란 이전에 마지막으로 간행된 『황화집』으로, 전해지는 인본이 드물다.

정사였던 황홍헌의 자는 무중懋中, 호는 규양葵陽이며, 중국 절강성折江省 가흥嘉興 출신이다. 1571년(隆慶 5)에 진사가 되어 한림원편수翰林院編修가 되었고, 1575년(萬曆 3)에 대명회전찬수관大明會典纂修官이 되었다. 1582년(萬曆 10)에 황태자가 태어나자 이를 알리기 위해 조선에 사신으로 파견되었다. 황홍헌은 자신을 맞이하러 온 원접사 이이를 보고는 역관에게 이이가 산림의 선비가 아닌지 물었다. 이것은 혹시나 자신을 홀대해 조관朝官이 아닌 산림의 선비를 원접사로 보낸 것은 아닌지 의심했기 때문이다. 그러나 역관에게 원접사가 구도장원九度壯元을 한 사람이라는 말을 듣고 곧바로「천도책天道策」을 지은 사람인지 물었다. 역관이 그렇다고 하자, 그 이후로 황홍헌은 이이를 율곡 선생님이라고 부르며 늘 예를 갖추어 존경했다고 한다. 부사였던 황경민은 중국 하남성河南省 서화西華 출신으로 1582년에 공과우급사중工科右給事中으로 조선에 사행을 왔다.

원접사였던 이이의 본관은 덕수德水이고, 자는 숙헌叔獻, 호는 율곡栗谷이다. 1558년(명종 13) 문과 초시에서「천도책」을 지어 장원하였고, 전후 아홉 번 모두 장원하여 '구도장원공'이라고 불렸다. 1568년(선조 1) 천추사의 서장관으로 명나라에 다녀왔다. 1582년(선조 15) 이조판서가 되었다. 특히 성리학에 뛰어나 수많은 제자를 길러냈으며, 시무에도 밝아 수많은 정책과 대비책을 제시하였다. 저서로는『성학집요聖學輯要』·『동호문답東湖問答』등이 있고, 문집으로는『율곡전서栗谷全書』가 있다. 시호는 문성文成이고 문묘文廟에 배향되었다.

본서는 모두 1책으로 구성되어 있다.「황화집서皇華集序」는 정유길鄭惟吉이 썼다. 조선과 명나라의 관계가 돈독함을 과시하고 사신이 조선에 와서 훌륭한 시를 지었다고 칭송하며 이를 기념하여 문집으로 간행한다는 것은 여러『황화집』의 공통된 내용이다. 이를 통해 조선의 문물이 명과 비견할 만큼 뛰어나다는 것을

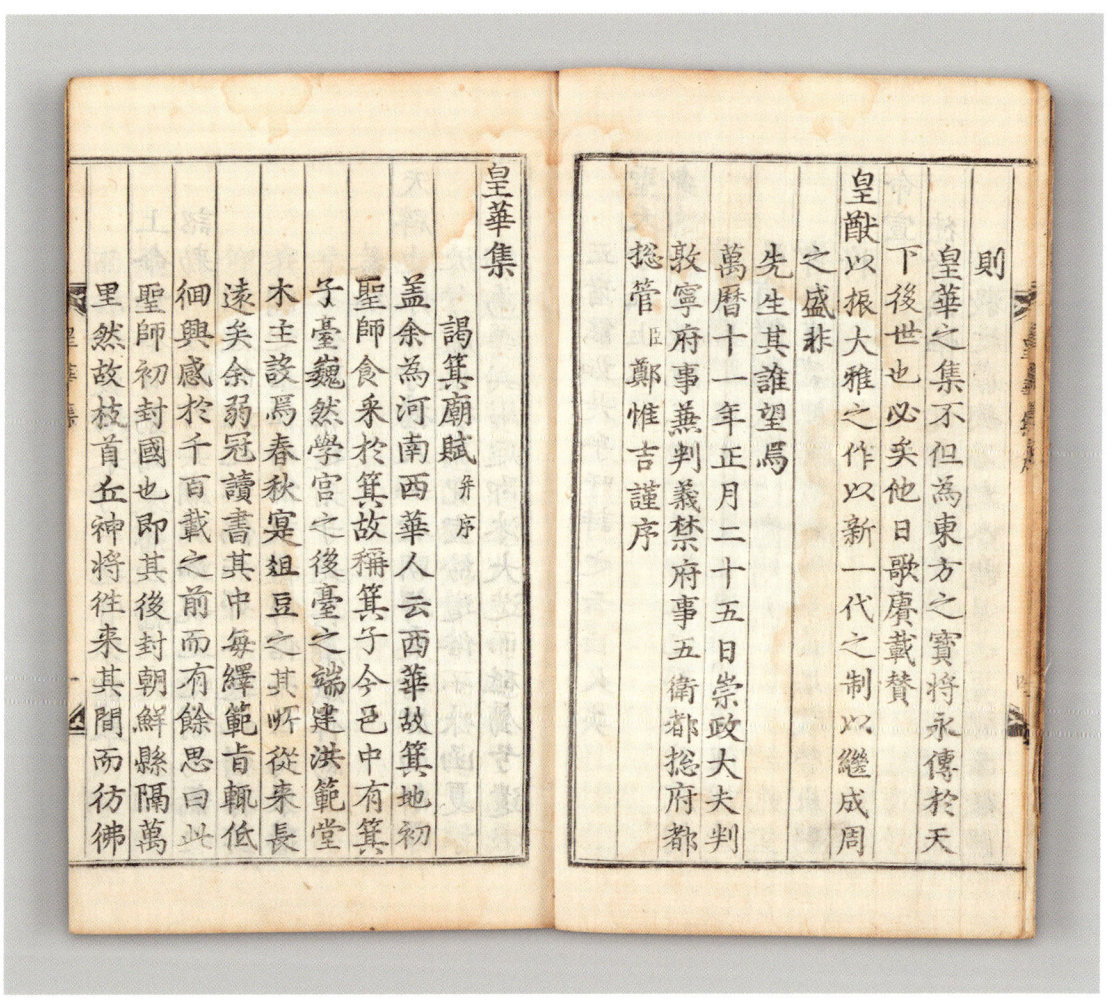

널리 알리고자 하는 의도도 있었다.

본 『황화집』에는 정사의 글이 아닌 부사인 왕경민의 「알기묘부謁箕廟賦」가 제일 먼저 나온다. 이에 대해 이이가 차운한 부도 실려 있다. 참고로 왕경민은 이이가 지은 「기자실기箕子實記」를 받아 갔다. 「알기묘부」 다음에는 황홍헌이 지은 「고죽성알이제묘孤竹城謁夷齊廟」, 「범대동강화왕급간운泛大同江和王給諫韻」을 비롯해 산해관부터 압록강을 건너기 전까지 지은 시가 함께 실려 있다.

『황화집』에는 일반적으로 사신이나 원접사가 지은 시 다음에 화답한 시가 실려 있는데, 본서에는 황홍헌이 평양까지 오면서 지은 시 19제 26수를 한 번에 이어서 기록한 후, 이어서 원접사 이이의 차운시 7제 13수를 기록했다. 또 왕경민의 시 25제 31수도 한 번에 기록하고 이어서 차운시 18제 20수를 기록했다. 이것은 사신들이 그동안 지은 시를 평양에 이르러서야 원접사에게 내놓았기 때문이다. 차운한 시의 수가 차이가 나는 것은, 원접사 이이가 모든 시에 화답하지 않고 압록강 이후에 지은 시에만 차운했기 때문이다.

왕경민의 「알문묘謁文廟」부터는 사신들이 돌아갈 때 지은 시들이다. 황홍헌의 「화석정花石亭」과 왕경민의 「제화석정시題花石亭詩」는 이이의 화석정에 대해 듣고 지은 시이다. 또 당시 영의정이었던 박순에게 「평원정십영平遠亭十詠」을 써 주기도 했다. 정유길, 이덕형李德馨, 이이, 허봉許篈, 김첨金瞻 등의 조선 관원과 사역원의 역관들에게 준 증별시와 화답시들이 있다.

마지막에는 사신들이 지은 산문 세 편이 실려 있다. 황홍헌의 「공제고황제어제시장후恭題高皇帝御製詩章後」는 권근權近에게 명태조明太祖가 지어준 시와 권근의 응제시를 본 소감을 적은 것인데, 종계변무宗系辨誣에 관한 간략한 내용이 들어 있다. 황홍헌은 명태조의 어제시를 보니, 이인인李人(이인임李仁任의 오기誤記)이 두 임금을 찬역했다는 기사가 사실이 아니며 명태조도 이미 이를 알고 있었음을 명확히 알았다고 하였다. 마지막으로 황홍헌과 왕경민이 이이에게 준 「여원접사첩與遠接使帖」 두 편이 있다.

본서에는 정사 황홍헌이 원접사 이이를 매우 존경했고 부사 왕경민이 기자의 나라인 조선에 온 것을 매우 감격해 하는 시문이 담겨 있다. 임진왜란 직전의 사신과 원접사의 관계뿐 아니라, 그 당시 외교 관행과 문화까지 알아볼 수 있는 매우 귀중한 자료이다. 신태영

주제어
황화집皇華集, 황홍헌黃洪憲, 이이李珥, 알기묘부謁箕廟賦

참고문헌
신태영, 『명나라 사신은 조선을 어떻게 보았는가 -『皇華集』硏究-』, 다운샘, 2005.

貴 단산 D02B-0022
——

서명　東文選
저자　徐居正(朝鮮) 等受命編
판본　木版本(乙亥字飜刻)
발행　[漢城]: [刊寫者未詳], [壬亂以前]刊
형태　53卷14冊(全130卷): 四周單邊, 半郭
　　　21.0×14.7cm, 有界, 9行17字, 小黑口,
　　　上下內向黑魚尾; 30.8×19.8cm
주기　東文選序: 成化紀元之十四年着龍戊戌
　　　(1478)二月下浣…臣徐居正拜手稽首序
　　　楮紙

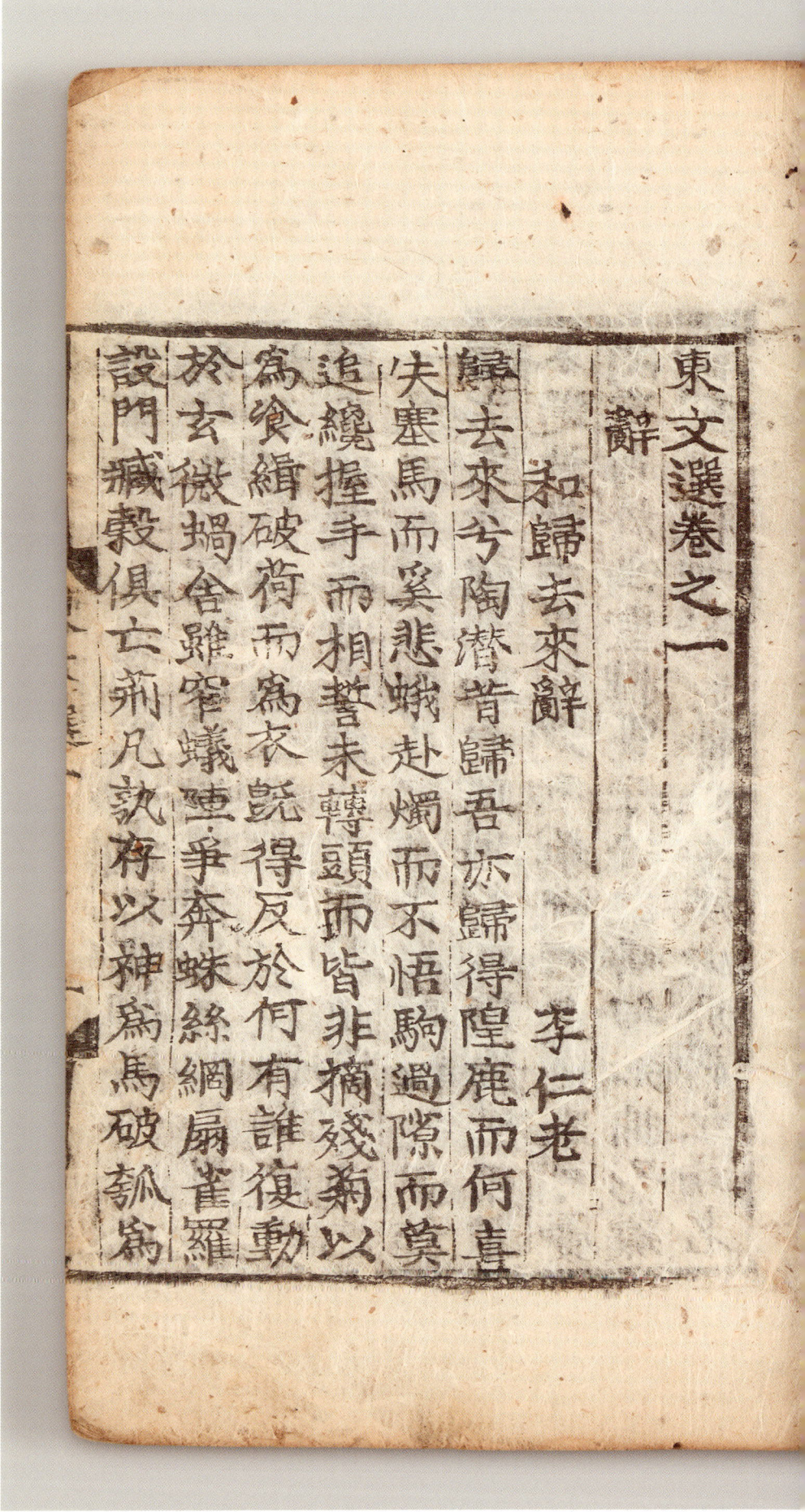

1478(성종 9년)에 성종成宗의 명으로 우리나라의 역대 시문을 모아 문체별로 나누어 편찬한 시문집이다. 서거정徐居正(1420~1488)을 중심으로 노사신盧思愼(1427~1498), 강희맹姜希孟(1424~1483), 양성지梁誠之(1415~1482) 등이 찬수를 담당하였다. 본서는 초인본初印本인 을해자본乙亥字本을 번각한 목판본이다.

53권 14책의 결질본으로, 전체 130권 중 권1~3, 권16~19, 권22~24, 권34~39, 권42~44, 권47~48, 권51~57, 권71~85, 권96~100, 권106~110 부분이다. 14책 모두 황색표지에 오침안정법五針眼訂法으로 장황粧䌙하였다. 판식은 사주단변四周單邊, 유계有界, 9행17자, 상하내향흑어미上下內向黑魚尾이다. 별도의 간기가 없어서 정확한 간행에 대해서 알기가 어렵다. 글자체의 형태 및 판식板式을 통해서 을해자乙亥字 간행본의 번각으로 추정할 수 있다.

제1책의 권수에는 서거정의 서문과 양성지의 진전문進箋文, 『동문선』 편찬에 참여한 관원의 명단이 수록되어 있다. 각 책 표제 하단에는 해당 책에 수록한 권차를 표기하였으며, 표제 우측에는 수록한 편명篇名을 표기하였다.

주 편찬자인 서거정의 본관은 대구大丘, 자는 강중剛中, 자원子元, 호는 사가정四佳亭이다. 그는 경사經史뿐 아니라 천문天文·지리地理·의약醫藥·풍수風水까지 거의 모든 부문에 능통했다. 1444년 문과에 급제하였고, 1453년 수양대군首陽大君의 종사관으로 명나라에 사행을 다녀왔다. 1467년 예문관 대제학으로 문형文衡이 되었다. 1471년 순성명량좌리공신純誠明亮佐理功臣 3등에 녹훈되어 달성군達城君에 봉해졌다. 1476년 원접사遠接使가 되어 중국 사신 기순祁順을 맞이하였는데, 이때 그의 명성이 중국 조정에 널리 알려졌다. 『동문선』, 『역대연표歷代年表』, 『신찬동국여지승람新撰東國輿地勝覽』, 『동국통감東國通鑑』 등을 찬진하였고, 23차에 걸쳐 과거시험을 관장하였다. 문집으로 『사가집四佳集』이 있고, 편서로는 『동인시화東人詩話』, 『태평한화골계전太平閑話滑稽傳』, 『필원잡기筆苑雜記』, 『동인시문東人詩文』 등이 있다. 시호는 문충文忠이다.

『동문선』의 편찬 의도는 서거정의 「동문선서」에 잘 나타나 있듯이, 우리나라의 훌륭한 문장을 널리 알려 사라지지 않게 하기 위한 것이다. 동시에 조선은 훌륭한 문물을 가진 나라로서 조선의 문장은 중국 어느 나라 문장의 아류가 아닌 독자적인 조선의 문장임을 천명하였다. 그리고 문장은 어디까지나 도道를 근본으로 삼아야 하며 형식에 매달려서는 안 된다는 문학관도 제시하였다. 여기에는 당대 조선의 상승하는 국운과 조선의 문물과 문장에 대한 관각문인館閣文人으로서의 자부심이 깊게 투사되어 있다고 할 수 있다. 서문에서 서거정은 비록 글의 이치가 순정하고 정치교화에 도움이 될 만한 글을 골랐다고 했지만, 실제로는 되도록 많은 작가의 많은 작품을 모아 후대에 전하려고 노력한 것으로 보인다. 조선이 유교의 나라였고 서거정이 유학자였지만 불교와 도교 관련 글이 195편이나 실려 있어, 유교라는 단 한 가지 기준으로만 글을 선정하지 않았음을 알 수 있다. 조선조 이전의 나라는 유학뿐 아니라 불교도 높이 숭상했다는 점에서 이러한 선정 태도는 오히려 온당하고 합리적이라고 할 수 있다. 『동문선』의 이러한 선정에 대해 당대에 모두 좋게만 본 것은 아니었다. 성현成俔은 『용재총화慵齋叢話』에서 '정선한 것이 아니라 종류대로 모은 것이다.'라고 하였고, 이수광李晬光도 『지봉유설芝峰類說』에서 '채선採選한 범위는 넓지만, 선정자의 좋고 싫음에 따라 취사선택했다.'고 비판하기도 했다. 그러나 오히려 『동문선』이 다양하고 폭넓은 작품을 두루 수록했기 때문에, 오늘날 역대 문화와 문장의 모습을 알 수 있는 귀중한 자료가 되고 있다.

본서는 전체 130권 45책 중 53권 14책으로 구성되어 있다. 1책에는 서거정의 「동문선서東文選序」, 「진동문선전進東文選箋」과 찬집관 명단, 그리고 권1에서 권3까지 수록되어 있다. 서거정은 「동문선서」에서 본서를 편찬한 의도와 문화적 자부심을 드러냈다. 즉, 우리나라에는 예로부터 훌륭한 문장이 많았지만 전적이 부족하여 후대에 전해지는 것이 드물었다. 이에 성종의 명으로 우리나라의 문장을 널리 모으고, 그중 사리詞理가 순정醇正하고 치교治敎에 도움이 되는 것을 골라 이를 문체대로 나누어서 한 질로 만들었으니, 이것이 바로 『동문선』이었다. 또 서거정은 조선의 문장은 중국 문장의 아류가 아닌 당당한 조선의 문장임을 천명하였고, 문장은 관도지기貫道之器로서 어디까지나 도를 근본으로 삼아야 한다는 문학관도 제시하였다. 양성지는 「진동문선전」에서, '시운時運에는 성쇠의 차가 있어서 문장에도 높고 낮음의 차가 있다. 그런데 문풍文風은 고려에서 크게 떨쳤고 덕교德敎는 조선에서 지극히 융성하였으므로, 뛰어난 선비들이 일어나 수많은 글을 지었다. 그래서 현철賢哲들의 정수精粹를 모아 장래 학자들의 모범이 될 수 있도록 본 문집을 만든 것이다.'라고 했다. 이어서 수록된 찬집관 명단에는 노사신盧思愼, 강희맹姜希孟, 서거정, 양성지, 이파李坡, 최숙정崔淑精, 이길보李吉甫, 최호원崔灝元, 박미朴楣, 김계창金季昌, 배맹후裵孟厚, 황숙黃淑, 유자분柳自汾, 박사동朴思東, 김중연金仲演, 유계분柳桂芬, 남제南悌, 김학기金學起, 지달하池達河, 김석원金錫元, 최숙경崔淑卿, 정석견鄭錫堅, 이의무李宜茂 등 총 23명이 있다.

다음은 책과 권에 따라 내용을 정리한 표이다. 작품수는 제목을 기준으로 하였다.

| 책 | 권 | 분류 - 작품수 | 책 | 권 | 분류 - 작품수 |
|---|---|---|---|---|---|
| 책1 | 권1 | 사辭 - 10 | 책10 | 권71 | 기記 - 14 |
| | | 부부賦 - 8 | | 권72 | 기記 - 16 |
| | 권2 | 부부賦 - 14 | | 권73 | 기記 - 15 |
| | 권3 | 부부賦 - 13 | | 권74 | 기記 - 16 |
| 책2 | 권16 | 칠언율시七言律詩 - 102 | 책11 | 권75 | 기記 - 19 |
| | 권17 | 칠언율시七言律詩 - 98 | | 권76 | 기記 - 16 |
| | 권18 | 칠언배율七言排律 - 38 | | 권77 | 기記 - 20 |
| | 권19 | 오언절구五言絕句 - 68 | | 권78 | 기記 - 14 |
| | | 칠언절구七言絕句 - 88 | | 권79 | 기記 - 12 |
| 책3 | 권22 | 칠언절구七言絕句 - 158 | 책12 | 권80 | 기記 - 19 |
| | | 육언六言 - 3 | | 권81 | 기記 - 16 |
| | 권23 | 조칙詔勅 - 9 | | 권82 | 기記 - 15 |
| | | 교서敎書 - 35 | | 권83 | 서序 - 22 |
| | 권24 | 교서敎書 - 16 | | 권84 | 서序 - 17 |
| 책4 | 권34 | 표전表箋 - 41 | | 권85 | 서序 - 24 |
| | 권35 | 표전表箋 - 37 | 책13 | 권96 | 설설說 - 31 |
| | 권36 | 표전表箋 - 35 | | 권97 | 설설說 - 21 |
| 책5 | 권37 | 표전表箋 - 53 | | 권98 | 설설說 - 25 |
| | 권38 | 표전表箋 - 41 | | 권99 | 논論 - 14 |
| | 권39 | 표전表箋 - 37 | | 권100 | 전傳 - 16 |
| 책6 | 권42 | 표전表箋 - 42 | 책14 | 권106 | 첩膜 - 33 |
| | 권43 | 표전表箋 - 32 | | | 의議 - 7 |
| | 권44 | 표전表箋 - 40 | | 권107 | 잡저雜著 - 17 |
| 책7 | 권47 | 장狀 - 35 | | 권108 | 잡저雜著 - 18 |
| | 권48 | 장狀 - 61 | | | 상량문上梁文 - 5 |
| 책8 | 권51 | 찬찬贊 - 55 | | 권109 | 제문祭文 - 43 |
| | 권52 | 주의奏議 - 9 | | 권110 | 제문祭文 - 9 |
| | 권53 | 주의奏議 8 | | | 축문祝文 - 14 |
| | 권54 | 주의奏議 - 4 | | | 소疏 20 |
| 책9 | 권55 | 주의奏議 - 11 | | | |
| | 권56 | 주의奏議 - 2 | | | |
| | | 차자箚子 - 12 | | | |
| | | 문文 - 8 | | | |
| | 권57 | 서서書 - 15 | | | |

책1 권1의 첫 작품은 이인로李仁老의 「화귀거래사和歸去來辭」이다. 권2에는 서도西都·북경北京·강도江都에 관해 읊은 최자崔滋의 「삼도부三都賦」가 있다. 권3에는 신숙주가 명나라 사신 예겸倪謙의 부에 차운한 「차예겸설제등루부次倪謙雪霽登樓賦」가 실려 있다.

책2 권17에는 권근權近이 명태조에게 응제한 시 「금강산金剛山」과 「탐라耽羅」가 있다. 권18의 김찬金贊의 「동녀시童女詩」는 원나라에서 고려 양가집 딸 50명을 궁녀로 뽑아간 일을 읊은 시이다.

책3은 권22부터 시작한다. 권24의 「구언교서求言敎書」는 이첨李詹이 지은 것으로, 객성客星이 자미紫微를 범하고 화성火星이 여귀輿鬼에 들어간 변괴가 있어, 그 이유가 무엇인지 묻는 내용이다.

책4부터 책6까지는 표전表箋이다. 장문의 표전도 있지만, 이곡李穀의 「사은기거표謝恩起居表」(권37)처럼 20자 밖에 안 되는 것도 있다. 책6의 표지에는 권45까지 있다고 했지만, 실제로는 권44까지 있다. 책7은 장상狀 인데 끝에 있는 이첨李詹의 「대인예장代人禮狀」의 마지막 한 장에 있어야 할 '奉除書, 不敢遲留, 先問起居 之際, 將爲謁見. 遙伸欵曲之懷.'의 23자가 결락缺落이다.

책8의 권52부터 책9의 권56까지는 주의奏議이다. 권56에 이규보의 「구시마문효퇴지송궁문驅詩魔文效退之送 窮文」이 있다.

책10 권71부터 권82까지는 기記인데, 권82에 신석조辛碩祖의 「성균관수사종준기成均館受賜鍾樽記」가 있다.

책12 권83부터 서序인데, 권두에는 원효元曉의 「법화경종요서法華經宗要書」가, 권84에 최해崔瀣의 「동인문서 東人文序」가 있다.

책13의 권96부터 권98까지는 설說이다. 권96에 이규보의 「경설鏡說」이 있다. 권100은 전傳인데, 최해崔瀣의 「예산은자전猊山隱者傳」이 있다.

책14의 권108의 잡저雜著 18편은 모두 책제策題이다.


『동문선』은 15세기 중반까지 우리나라의 중요한 시문을 수록한 문집으로 그 중요성과 가치는 매우 크다. 본서는 성균관대학교 존경각에 소장되어 있는 『동문선』(貴 D02B-0435)보다 앞선 판본이라는 점에서, 『동문선』의 간행의 사적 전개 과정을 연구하는 데에도 귀중한 자료가 될 것이다. 신태영

주제어
동문선東文選, 서거정徐居正, 양성지梁誠之

속동문선
續東文選
Sok dongmunseon

| | |
|---|---|
| 서명 | 續東文選 |
| 저자 | [申用漑(朝鮮) 等受命編] |
| 판본 | 金屬活字本(乙亥字) |
| 발행 | [漢城]: [校書館], [中宗13(1518)]印 |
| 형태 | 3卷2冊(全 目錄2卷·續東文選21卷): 四周雙邊, 半郭 23.1×16.5cm, 有界, 10行18字 小字雙行, 大黑口, 上下內向黑魚尾; 32.6×20.6cm |
| 주기 | 著者·發行事項 推定:『中宗實錄』1518年 7月 12日 '撰集廳堂上申用漑·金銓·南袞等 進所撰『續東文選』' 所藏: 續東文選 卷3 1冊, 卷4-5 1冊 板式: 三葉花紋魚尾 混入 楮紙(이음종이) |

『동문선東文選』이 1478년(성종 9)에 간행된 이후, 40년 동안의 시문을 모아서 1518년(중종 13)에 신용개申用漑 (1463~1519)·김전金詮(1458~1523)·남곤南袞(1471~1527)·최숙생崔淑生(1457~1520) 등이 중심이 되어 편찬한 『동문선』의 속집이다. 본서는 1518년에 을해자乙亥字로 간행한 초인본初印本으로, 전체 21권 중 권3~5에 해당하는 2책이다.

권수제와 표제, 판심제는 '속동문선續東文選'이다. 2책 모두 황색표지에 오침안정법五針眼訂法으로 장황粧䌙 하였는데, 권3이 수록된 책의 뒤표지는 개장改裝하였고 권5 말미부터 뒤표지 일부에는 결락이 있다. 각 책 표제 하단에는 해당 책에 수록한 권차를 표기하였으며, 표지 우측 상단에는 수록한 편목篇目을 표기하였다. 판식은 사주쌍변四周雙邊, 유계有界, 10행 18자, 상하대흑구上下大黑口, 상하내향흑어미上下內向黑魚尾이며 일부 상하내향3엽화문어미가 섞여 있다. 본서에는 별도의 간기가 없지만, 『중종실록中宗實錄』 1518년 7월 12일 조의 '찬집청 당상 신용개·김전·남곤 등이 편찬한 『속동문선』을 올렸다撰集廳堂上申用漑·金銓·南袞等 進所撰 續東文選'는 기록을 통해 본서가 바로 1518년에 을해자로 간행한 『속동문선』이라고 추정할 수 있다.

주 편찬자인 신용개는 신숙주申叔舟의 손자로 본관은 고령高靈, 자는 개지漑之, 호는 이요정二樂亭·송계松溪 이다. 1488년(성종 19) 문과에 급제했고 1492년(성종 23) 사가독서賜暇讀書를 했다. 1504년(연산군 10)에 성절사 聖節使로 명나라에 다녀오다가 갑자사화甲子士禍에 연루되어 전라도 영광靈光으로 유배되었다. 1506년(중종 원년) 중종반정 이후 형조참판으로 서용되었고 1518년(중종 13)에는 그 관직이 좌의정에 이르렀다. 무예에도 뛰어나 문무를 겸비하였으며 인품이 고매하였다고 전해진다. 문집으로 『이요정집二樂亭集』이, 편서로 『속동문선』과 『속삼강행실도續三綱行實圖』 등이 있다. 시호는 문경文景이다.

중종의 명으로 서문을 쓴 김전의 본관은 연안延安이고, 자는 중륜仲倫, 호는 나헌懶軒이다. 1489년(성종 20) 문과에 장원급제했다. 1496년(연산군 2) 사가독서를 했으며, 춘추관수관으로 『성종실록』 편찬에 참여했다. 1498년(연산군 4) 무오사화戊午士禍 때 파직되었다가 1501년(연산군 7)에 서용되어 관직에 나아갔다. 이후 여러 차례의 사화로 좌천과 서용을 반복하다가 남곤 심정沈貞과 기묘사화己卯士禍에 가담하여 조광조趙光祖 등의 사림파를 축출하였고, 1520년(중종 15)에는 그 관직이 영의정에 이르렀다. 청렴결백하고 문장에도 뛰어 났지만, 기묘사화에 가담하여 많은 비난을 받았다. 시호는 충정忠貞이다.

『속동문선』은 『동문선』 편찬 이후 40년 동안의 시문을 모아 편찬한 책이다. 수록된 작가는 서거정徐居正, 김종직金宗直, 김일손金馹孫, 이승소李承召, 어무적魚無迹 등을 중심으로 37종의 문체에 1,281편을 수록하였다. 신용개, 김전, 남곤, 최숙생 등의 이름으로 중종에게 올린「진속동문선전進續東文選箋」에 나타난 것처럼 중종 이전의 연산조는 조선의 문물이 쇠락한 시기였다. 그러므로 중종과 그 집권자들은 정치뿐 아니라

五言古詩

贈性柘上人　　　　　金守溫

壬辰秋七月休沐出東郭村家無樹陰塊坐苦

愁寂東望有青山上有浮雲白似聞大伽藍新

創號妙積興言跨鞍馬草草觸炎熱惟時大潦

後道途半沙磧高林僵喬木指點平丘驛行行

入深麓瀑漏水濺石兀兀殿閣崇鏊鏊鍾鼓擊

客行悠悠至釋子雙雙出迎我秩秩延坐我涼

涼席日暮山昏幽壑雲漠鴉夜深聲寥寥松

조선의 문화를 일신할 필요가 있었다. 또 중종반정 이후 사림이 약진하여 이전의 관학파가 득세했을 때보다 유학에 더 경도된 시기이기도 했다. 이러한 제반의 사정으로 유학 중심의 순정한 시문을 모아 제시할 필요도 있었다. 그 결과 『속동문선』은 기존의 『동문선』과 달리 숭유억불 정책을 제대로 반영하여 되도록 유교 문화 중심으로 시문을 선정하려고 했고, 이에 사림의 종장인 김종직과 그 제자들의 작품이 큰 비중을 차지했다. 한편 중국에 보내는 표문表文은 모두 제외하였다는 점에서 편찬자들의 자주적인 면모를 볼 수 있다.

본서는 모두 3권 2책으로 구성되어 있는 결질본이다. 첫 번째 책은 권3의 오언고시五言古詩이다. 권3의 제31장이 빠져 제2수 4구 4자부터 5수 11구 4자까지가 결락缺落이다. 김수온金守溫, 서거정, 노사신盧思愼, 김종직, 김시습金時習, 유호인俞好仁, 조위曹偉, 박은朴誾, 이우李堣 등의 작품이 수록되어 있다.
두 번째 책은 권4~5의 칠언고시이다. 권4 제12~15장, 권5 제33~34장 등 낙장이 있다. 권4에는 김수온, 서거정, 김종직 등의 작품이 수록되어 있다. 권5에는 최숙정崔淑精, 성현成俔, 김흔金訢, 유호인, 조위, 신종호 申從濩, 정희량鄭希良, 어무적魚無迹 등의 작품이 수록되어 있다.

본서는 을해자본 『속동문선』 초인본의 일부이다. 이후의 번각본과 『동문선』·『속동문선』 합인본合印本의 저본이 되었으므로 서지학적으로 희소한 가치가 인정되는 자료이다. 또한 『동문선』과 40년 뒤의 『속동문선』을 통해 문인들의 의식변화를 살펴볼 수 있다는 점에서 의미있는 자료이다. 신태영

주제어
속동문선續東文選, 신용개申用漑, 김전金詮

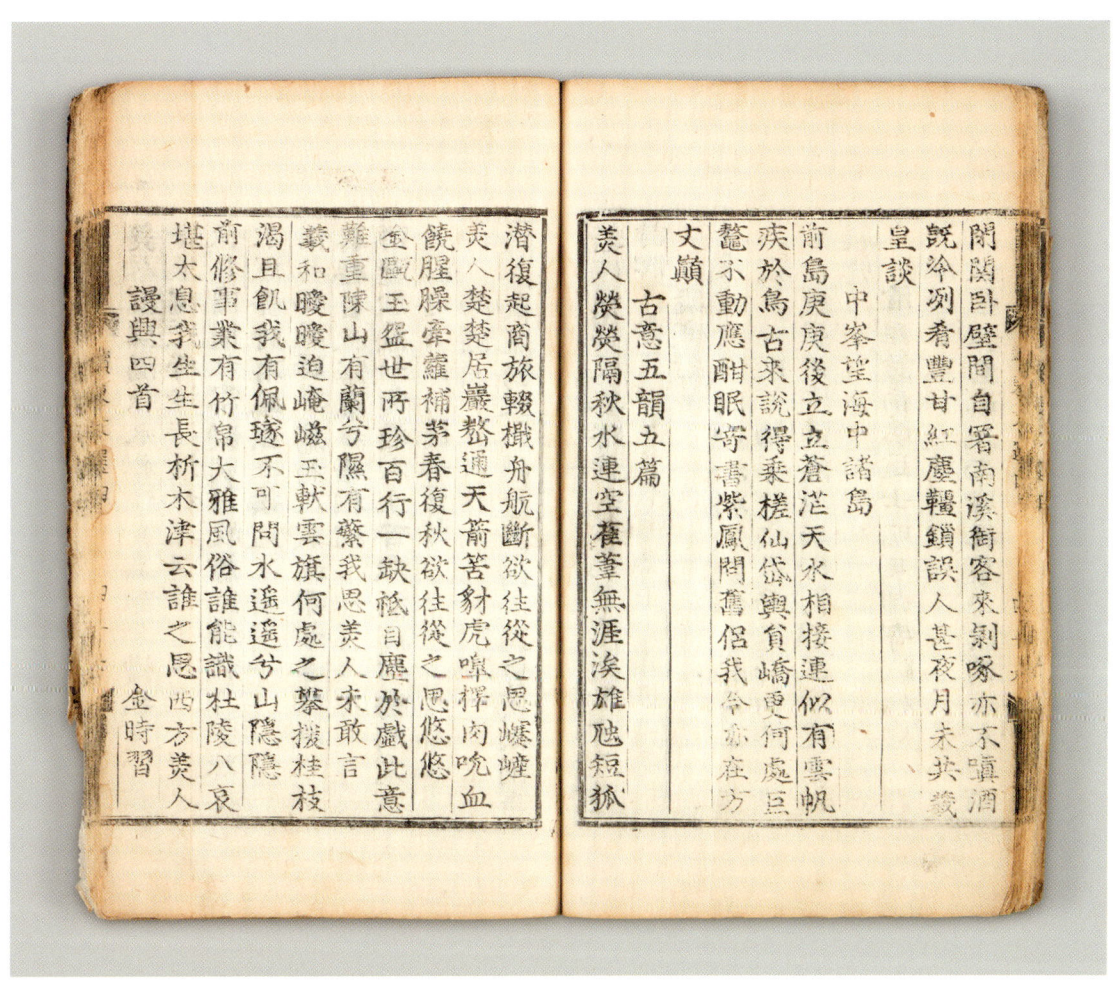

# 유송도록
## 遊松都錄
Yusongdorok

| | |
|---|---|
| 서명 | 遊松都錄 |
| 저자 | [蔡壽·曹偉(朝鮮) 等編] |
| 판본 | 木版本 |
| 발행 | [慶尙道]: [善山府], [中宗10(1515)]跋 |
| 형태 | 不分卷 1冊: 四周雙邊, 半郭 18.8×13.8 cm, 有界, 11行16字 小字雙行, 大黑口, 上下 內向黑魚尾: 26.3×16.4 cm |
| 주기 | 發行事項 推定: ① 충남대학교 도서관 동일 판본『遊松都錄』(集.隨錄類-1318)에 수록된 跋文 '乙亥(1515)季夏 平城後學李希輔(1473-1548)謹跋' ② 1515년 李希輔 善山府使 在職 ③ 1568년(宣祖 1) 刊行 乙亥字本『攷事撮要』善山條 '松都錄' |
| | 遊松都錄序: 成化十四年蒼龍戊辰(1478)六月晦 四佳老隱徐居正剛中序 |
| | 識: 仁川蔡壽謹識 |
| | [後識]: 戊辰(1478)端陽節 嵩善人金宗直謹識 |
| | 楮紙 |

집부
集部
9

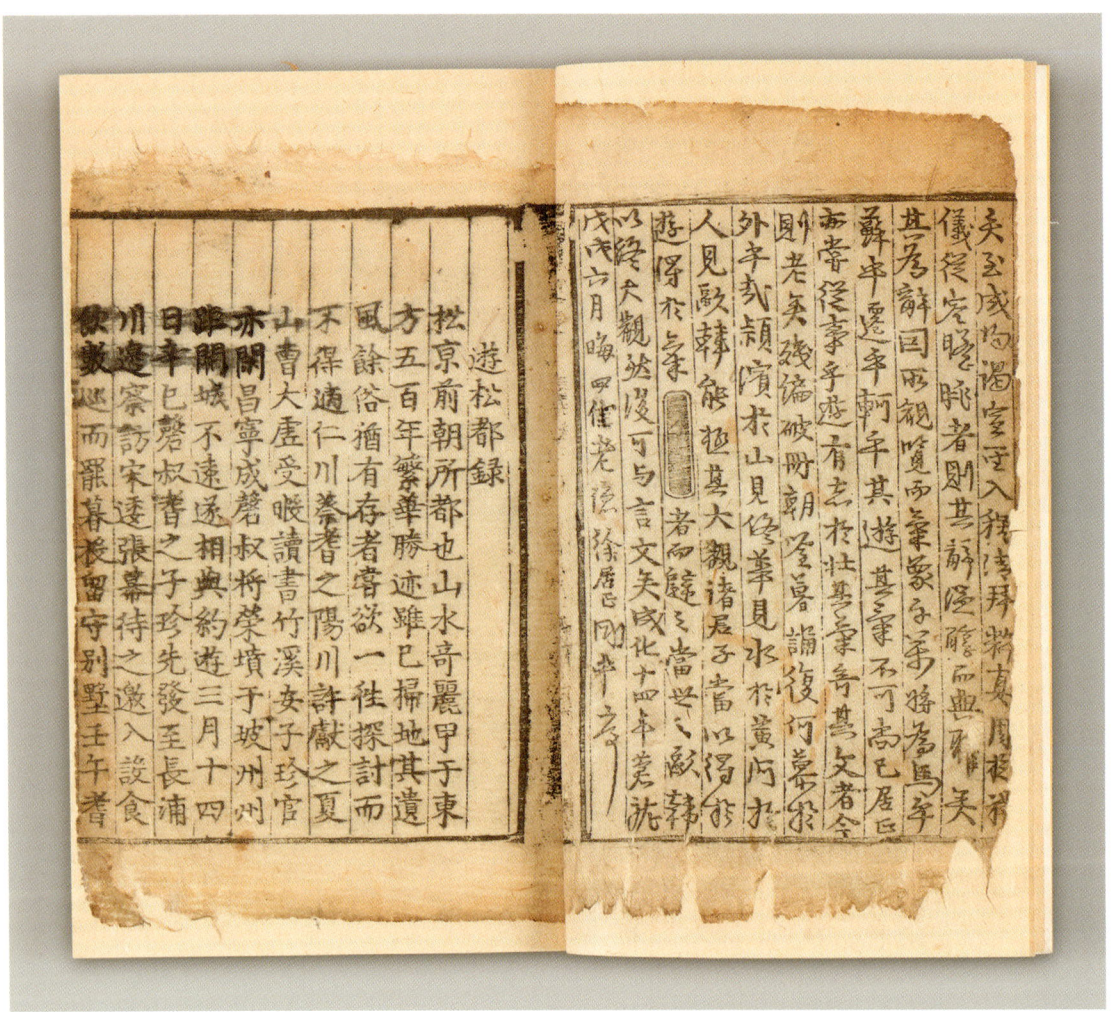

15세기 후반 신진 관료 문인들이 1477년(성종 8) 송도松都(지금의 개성開城)를 유람하고 남긴 기행록이다. 본서는 1515년(중종 10)경 간행된 목판본이며, 경상도 선산善山에서 간행한 것으로 추정된다.

권수제과 표제는 '유송도록遊松都錄'이며, 판심제는 결락이 심하여 파악하기 어렵다. 황색만자문표지黃色卍字紋表紙에 오침안정법五針眼訂法으로 장황粧䌙하였다. 면지面紙와 내지內紙의 오염도 차이를 통해서 표지를 개장한 것으로 보인다. 본서는 배접을 통해서 책을 수리한 흔적을 확인할 수 있는데, 책을 수리할 때 표지 또한 함께 개장하였을 것으로 추정된다. 제첨題籤을 사용하여 표제를 묵서墨書하였다. 판식은 사주쌍변四周雙邊, 유계有界, 11행 16자, 상하대흑구上下大黑口, 상하내향흑어미上下內向黑魚尾이다.

본서에는 별도의 간기나 서발문이 없어서 정확한 간행 연도를 알기 어렵지만, 충남대학교 도서관 소장 동일 판본 『유송도록』에 수록되어 있는 1515년(중종 10) 이희보李希輔의 발문을 통해 그 간행 연도를 유추해볼 수 있다. 또한 1515년경 이희보가 선산부사善山府使로 있었고, 1568년(선조 1) 간행 을해자본『고사촬요攷事撮要』의 선산조善山條에 '송도록松都錄'이 저록되어 있는 것을 통해 이 책이 선산에서 간행되었다고 추정할 수 있다. 본서의 간행을 주도한 선산부사 이희보는 채수蔡壽의 사위인 김감金勘·김안로金安老·이자李耔와 교유하던 인물이기도 하다. 충남대학교 도서관 소장본 이외에 계명대학교 도서관, 일본 손케이카쿠문고 [尊經閣文庫] 등에도 본서와 동일한 판본이 소장되어 있다.

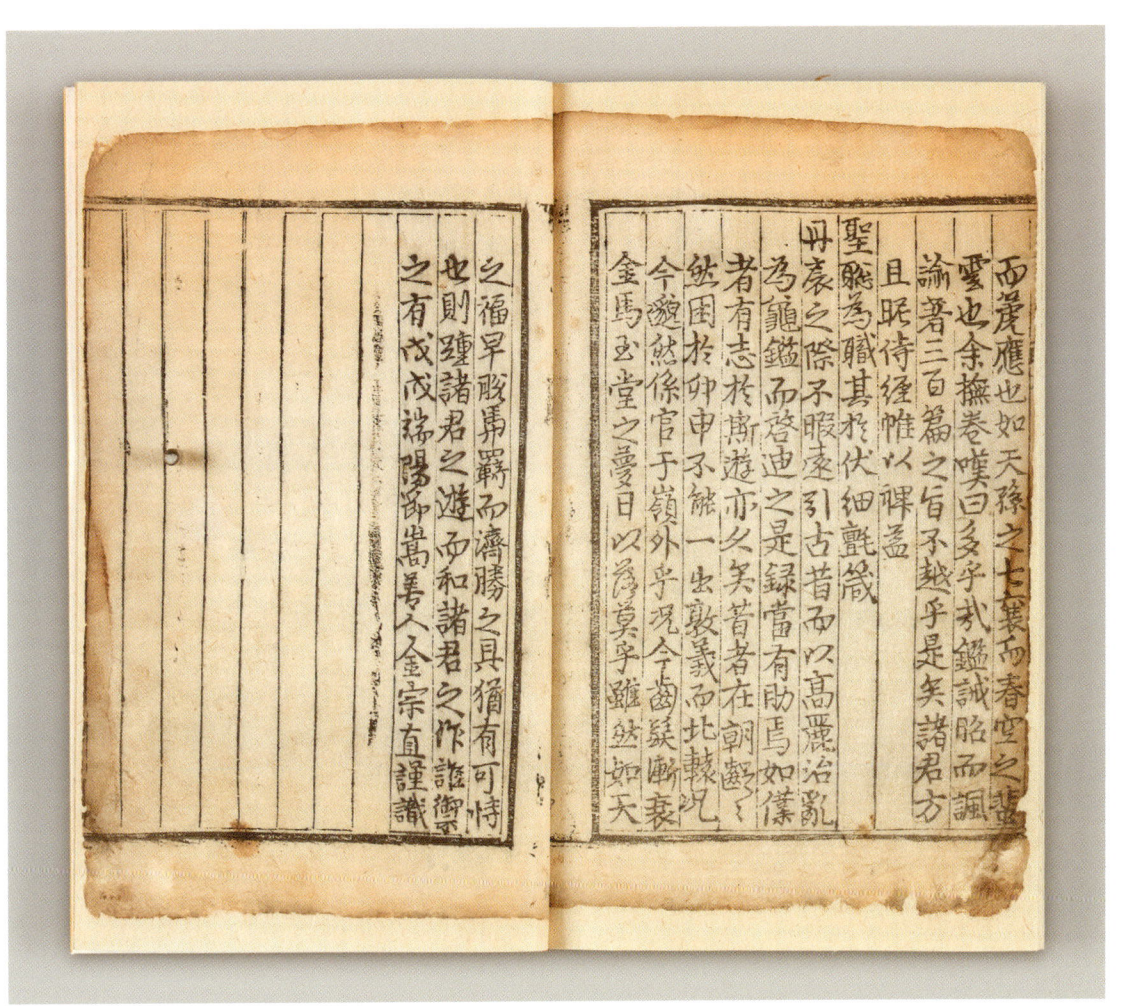

편자는 채수로 알려져 있으나 편자와 관련하여 석연찮은 부분이 있다. 김종직金宗直의 지識에 따르면 조위曹偉가 송도를 유람한 이듬해인 1478년(성종 9)에 서문을 받기 위해 유람록을 가져왔다고 한다. 채수와 조위는 1477년(성종 8)에 송도 유람을 함께 한 인물들이므로 현재로서 편자를 특정할 수 없다고 본다. 따라서 채수와 조위의 인적 사항을 간략하게 서술한다.

채수의 본관은 인천仁川, 자는 기지耆之, 호는 나재懶齋이다. 부친은 남양 도호부사를 역임한 채신보蔡申保이고 모친은 문화유씨文化柳氏 유승순柳承順의 딸이며 처는 안동권씨安東權氏 권이순權以順의 딸이다. 1468년(세조 14) 생원시에 합격하고 1469년(예종 1) 문과에 장원급제하였다. 1485년(성종 16) 하정사賀正使·성절사聖節使로 명明에 다녀왔고 예문관 수찬, 홍문관 교리, 대사헌, 한성부 좌윤, 호조 참판 등을 역임하였다. 저서에 『나재집懶齋集』이 있다.

조위의 본관은 창녕昌寧, 자는 태허太虛, 호는 매계梅溪이다. 부친은 울진현령蔚珍縣令을 지낸 조계문曺繼門이고 모친은 문화유씨文化柳氏 유문柳汶의 딸이다. 1472년(성종 3) 생원진사시에 합격하였고 1474년(성종 5) 문과에 급제하였다. 1498년(연산군 4) 성절사聖節使로 명明에 다녀왔고 호조 참판, 충청도 관찰사, 동지 중추부사 등을 역임하였다. 무오사화戊午士禍 때 김종직과 연루되었다는 죄목으로 오랜 기간 유배 생활을 하다가 생을 마감하였다. 문집으로는 『매계집梅溪集』이 있다.

본서는 불분권不分卷 1책으로 구성되어 있으며, 권수卷首에는 1478년(성종 9)에 쓴 서거정徐居正의 서문이, 권말卷末에는 1478년에 쓴 김종직의 지識가 실려 있다. 다른 소장처의 동일 판본에는 서거정과 김종직의 글이 권수에, 이희보의 발문이 권말에 실려 있다. 서거정의 서문과 김종직의 지가 1478년에 작성되었으므로 유람록을 완성한 지 37년 만에 목판으로 간행한 것이다. 채수가 생전에 원고를 갖고 있다가 자신의 사위들과 교유한 이희보에게 전해주었고, 이희보가 발문을 붙여 간행한 것으로 보인다.
내용은 크게 전반부와 후반부로 나눌 수 있다. 전반부에는 채수의 「유송도록」이 실려 있고, 후반부에는 당시 유람에 참여한 허침許琛, 조위, 안침安琛, 성현成俔, 성세명成世明, 성세원成世源의 시 24제 103수가 실려 있다. 절구, 율시, 고시 등 다양한 형식의 시가 수록되어 있는데 대체로 한 장소에서 한 명이 시를 지으면 나머지 인원이 그 시에 차운하는 방식으로 수창하였다. 1476년(성종 7) 3월 사가독서賜暇讀書에 선발된 채수, 허침, 조위, 유호인俞好仁, 권건權健, 양희지楊熙止 등이 처음에 송도 유람을 계획하였다. 이듬해 유호인, 권건, 양희지는 직무로 인해 동행하지 못하고 채수, 허침, 조위 세 사람만 유람을 떠났는데 도중에 안침과 성현, 성현의 조카 성세명과 성세원이 합류하였다. 이들은 3월 14일에 출발하여 3월 25일까지 총 12일간 송도를 유람하였다. 대표적으로 개성에 있는 연복사演福寺를 비롯하여 공민왕이 2층의 팔각전을 세우고 조성한 장소이자 이성계가 위화도에서 회군할 때 최영의 부대와 최후의 접전을 벌인 화원花園, 고려 성균관成均館, 박연폭포朴淵瀑布, 한때 화려하고 거대했던 사찰인 왕륜사王輪寺 등을 유람하고 시를 남겼다. 단순히 승경을 유람한 뒤에 지은 시도 있지만 쇠락한 전조前朝의 유허를 목도한 뒤 흥망興亡에 대한 소회를 읊은 시도 있다.

본서는 조선 전기 신진 관료 문인들이 고려의 수도였던 송도를 유람하고 남긴 기행록이다. 송도는 전 왕조의 수도였다는 이유로 조선 후기까지 차별의 대상이 된 지역인데 『유송도록』은 고려가 멸망한 지 1세기도 채 되지 않았을 때의 송도 모습을 생생하게 담아내고 있어 문화사 및 생활사 방면에서 큰 가치를 지닌다. 아울러 사가독서를 하던 촉망받는 문인들이 단순히 승경을 즐기기 위해 유람한 것이 아니라, 송도에서 고려를 거울삼아 과오를 되풀이하지 않겠다는 관념을 표출한 점 또한 눈여겨볼 만하다. 본서는 현전하는 유람기 중에서도 상당히 이른 시기에 편찬된 자료이므로 유람기 연구에서도 반드시 고려되어야 할 자료이다. 임영길

주제어
유송도록遊松都錄, 채수蔡壽, 조위曺偉, 개성開城, 고려高麗, 유람기遊覽記

참고문헌
이동재, 『조선의 젊은 선비들 개성을 가다』, 보고사, 2008.
이동재, 「梅溪 曺偉 편집 『遊松都錄』 소재 한시 연구」, 『한문교육논집』31, 한국한문교육학회, 2008.
정용건, 「연산조 말기 관료 문인의 성격과 문한 활동-姜渾, 金勘, 李希輔를 중심으로-」, 『고전과해석』35, 고전문학 한문학연구학회, 2021.

오신주문선
五臣注文選
Oshinju Munseon

貴 D02C-0050

| | |
|---|---|
| 서명 | 文選 |
| 저자 | 蕭統(梁) 撰 ; 呂延濟·劉良·張銑·呂向·李周翰(唐) 注 |
| 판본 | 木版本(甲寅字飜刻) |
| 발행 | [慶尙道 大丘] : [慶尙監營], [中宗4(1509)跋] |
| 형태 | 2卷1册(全30卷) : 四周單邊, 半郭 23.3×16.9cm, 有界, 10行17字 小字雙行, 大黑口,<br>上下內向黑魚尾 ; 33.2×21.5cm |
| 주기 | 異書名: 五臣注文選<br>發行事項 推定: 本館所藏 동일판본『文選』(단산 D02C-0050a) 黃瑾의 跋 '舊無板本…<br>在成廟嘗命鑄本印之 而今其書存于人者亦寡矣 正德己巳(1509)春 晉川姜相公[姜渾]<br>出爲方伯來莅南土…求得善本 分付列郡 視力之大小輕重 而程其功課力 就畢而功告成矣'<br>所藏: 卷1-2(第1册)<br>落張: 册首 1張 및 册尾 2張 等<br>楮紙 |

주周나라부터 양梁나라까지 130여 인의 시문詩文 750여 편을 양나라 소명태자昭明太子(소통蕭統, 501~531)가 선별하여 수록한 『문선文選』에 당唐나라의 오신五臣이 주석한 책이다. 본서는 갑인자본 『오신주문선五臣注文選』을 1509년(중종 4) 경상감영慶尙監營에서 번각한 목판본이다.

표제는 '문선文選 오신주五臣注'이며, 제첨題籤에 필사되어 있다. 황갈색 표지에 흰색 책사册絲를 사용하여 장황粧纊하였다. 표제 하단에는 책차가 '권일지이卷一之二'로 표기되어 있으며, 현재 제1책만 소장되어 있다. 이제裏題 및 권수제는 모두 '문선文選'이고, 판심제는 '선選'이다. 이제 하단에는 '일부壹部'가, 이제 우측에는 '동도부東都賦·남도부南都賦·서도부西都賦·삼도부三都賦·동경부東京賦·촉도부蜀都賦·서경부西京賦 합칠수合七首'라는 편제篇題가 필사되어 있다. 판식은 사주단변四周單邊, 유계有界, 10행 17자, 흑구黑口, 상하내향흑어미上下內向黑魚尾이다. 권수卷首의 '진집주문선표進集注文選表'의 제1장과 권2의 제46장부터 마지막장까지 결락되었다. 글귀 중에서 중요 문구라고 생각되는 곳에는 밑줄을 긋거나 비점批點을 찍어 별도로 표기하고 있으며, 서미書眉에는 특정 단어의 음이나 뜻을 기록하고 있다.

『문선』의 저자인 소통은 양나라 사람으로 자字는 덕시德施, 시호는 소명태자昭明太子이다. 부친은 양나라 초대황제 무제武帝 소연蕭衍이고, 모친 정중천丁仲遷의 딸인 귀빈貴嬪 정령광丁令光이다. 부인은 채준蔡撙의 딸인 소덕황후昭德皇后 채씨蔡氏이다. 소통은 아버지 소연이 양나라를 건국하기 1년 전에 태어났고, 양나라 건국 이후 황태자로 책봉되었다. 즉위 전에 사망하였으나 손자인 소동蕭棟이 양나라 3대 황제로 즉위하면서 소명황제昭明皇帝로 추존되었다. 소통은 학문과 문학적 재능이 어렸을 때부터 뛰어났다고 알려져 있으며 당시 뛰어난 문인과도 지속적으로 교류하였다고 한다. 그 당시에 전해지던 뛰어난 시문을 편집하여 『문선』으로 엮어 편찬하였다.

소통이 지은 『문선』은 130여 인의 문장가들의 부賦, 시詩, 소騷, 칠七, 조詔, 책册, 영令, 교教, 책문策文, 표表, 상서上書, 계啓, 탄사彈事, 전牋, 주기奏記, 서書, 이移, 격檄, 난難, 대문對問, 설론設論, 사辭, 서序, 송頌, 찬贊, 부명符命, 사론史論, 사술찬史述贊, 논論, 연주連珠, 잠箴, 명銘, 뇌誄, 애哀, 비문碑文, 묘지墓誌, 행장行狀, 조문弔文, 제문祭文 등 39종의 문체를 선별하여 30권으로 구성하였다.

京都上　班孟堅西都賦一首　賦甲

　東都賦一首

　張平子西京賦一首　班孟堅

兩都賦序　班孟堅

史人銑遷護中或長洛安陽西成康
曰日漢軍護日固安陽没而
人九書憲爲宼賦賦作而頌
銑歲云敗郎總者兩土頌聲
日能班坐後帝古都伐寢
漢屬固免實憲詩賦兩王
書文字官憲出之以都澤
云至孟死出征流調賦竭
班明堅獄征匈也不以而
固帝扶中奴奴向定調詩
字時風明以以日之不不
孟爲安帝固固之或定作
堅蘭陵循爲爲或辭之或
扶臺令蘭臺蘭昔辭昔
風令臺
安

『문선』은 편찬된 이후 시문을 익히기 위한 중요 서적으로 인식되어, 후대에도 지속적으로 여러 학자들이 연구하고 주석서를 편찬하기도 하였다. 당나라 이선李善은 주석을 달아 658년(顯慶 3)에 『문선주文選注』60권을 편찬하였고, 718년(開元 6)에는 여연제呂延済·유량劉良·장선張銑·여향呂向·이주한李周翰 5명의 학자가 『오신주문선五臣註文選』30권을 편찬하였다. 당나라 공손라公孫羅 등도 주를 썼다고 하는데 유행하진 않았다. 이후 송대에는 이선의 『문선주』와 『오신주문선』을 합하여 『육신주문선六臣註文選』60권이 편찬되었다. 여러 기록에 따르면 우리나라에도 삼국시대에 이미 들어와 널리 읽혔던 필수 서적 중 하나였고, 『문선』의 체제를 빌려와 『동문선東文選』을 간행하는 등 많은 영향을 주었다.

본서와 동일한 판본인 집부集部-11 『문선』(단산 D02C-0050a) 제27책 권30의 말미에는 1509년 황필黃㻶이 쓴 발문이 수록되어 있어 『문선』의 인행과 관련된 내용을 살필 수 있다. 발문의 내용에 의하면 성종조에 활자로 『문선』을 찍었으나 황필이 발문을 작성할 당시에 이미 보기 힘들었다는 사실을 밝히고 있다. 또한 1509년에 강혼姜渾이 경상도관찰사를 지낼 때 황필이 『문선』 간행을 권하였는데, 강혼이 『문선』의 선본을 구하고 여러 군郡에 명하여 책을 간행하게 하였다는 내용이 담겨 있다. 이를 통해 본서가 1509년경 간행된 목판본이며, 갑인자본 오신주 『문선』은 성종 연간인 15세기에 간행되었다는 사실을 알 수 있다.

본서는 『오신주문선』으로 전체 30권 중 권1~2에 해당하는 1책만 소장되어 있다. 권수卷首에는 718년(開元 6) 여연조呂延祚의 「진집주문선표進集注文選表」, 당나라 현종이 고역사高力士를 보내 구칙口勅한 「선구칙宣口勅」이 있으며, 소명태자의 서문인 「문선서文選序」가 수록되어 있다. 다만 자관 소장본에는 「진집주문선표」의 제1장이 결락되었으며, 권2의 제46장부터 마지막장까지 결락되었다. 소명태자의 서문 마지막에는 『문선』의 편집에 대한 내용이 수록되어 있다. 주나라부터 양나라 대까지의 자료를 선별하여 30권으로 편집하고 같은 문체끼리 모아 순서대로 배열하였으나, 부賦와 시詩는 그 내용이 많고 체제가 하나로 통일할 수 없어 세부 항목으로 나누어 시대에 따라 배열하였다고 기록하였다.

매 권수에는 해당 권에 수록된 자료의 목록을 수록하고 있다. 본문 첫 행에는 '문선권제일文選卷第一 부갑賦甲'과 같이 권수제와 문체명을 기록하였고, 제2행에는 '경도京都 상上', '반맹견서도부班孟堅西都賦 일수一首'와 같이 문체 내의 세부 편목篇目과 수록 부의 제명을 기록하였다. 권2부터는 제2행에 '양소명태자찬梁昭明太子撰 오신주五臣注'라는 찬자와 주석자 정보가 기록되어 있다. 다음은 권1, 2에 수록된 내용을 정리한 표이다.

| 권차 | 문체 | | 내용 |
| --- | --- | --- | --- |
| 1 | 賦甲 | 京都上 | 班孟堅 (西都賦·東都賦), 張平子 (西京賦) |
| 2 | 賦乙 | 京都中 | 張平子 (東京賦·南都賦), 左太冲 (蜀都賦) |

『오신주문선』은 계명대학교 도서관과 일본日本 동경대학東京大學 동양문화연구소東洋文化研究所 등에 소장되어 있다. 중국 양나라 대까지의 선문이 포함되어 있고, 편찬된 이후 지속적으로 동아시아에 큰 영향을 주었던 시문선집이라고 할 수 있다. 중국에서는 송나라 이후 『육신주문선』이 유행하면서 『오신주문선』을 보기 어려웠던 데에 반해 조선에서는 『육신주문선』보다 『오신주문선』이 유행하면서 여러 차례 간행된 것으로 추정되어 『문선』을 연구하는 데 의미 있는 책이라고 할 수 있다. 이혜정

주제어
소통蕭統, 소명태자昭明太子, 문선文選, 시문선집詩文選集

참고문헌
김학주, 『조선시대 간행 중국문학 관계서 연구』, 서울대학교출판부, 2000.
소통, 『문선 역주』1-10, 소명출판, 2010.

서명
저자
판본
발행
형태

주기

蕭統(梁) 撰；呂延濟·劉良·張銑·呂向·李周翰(唐) 注
木版本(甲寅字飜刻)
慶尙道 大丘：慶尙監營, 中宗4(1509)跋,[後刷]
18卷15冊(全30卷25冊)：四周單邊, 半郭 23.5×16.5cm, 有界, 10行17字 小字雙行,
大黑口, 上下內向黑魚尾；32.5×21.0cm
所藏：卷1-7·9-10·18-24·28·30(15冊)
異書名：五臣注文選
總冊數：共卄五(書腦 墨書)
跋：舊無板本…在成廟嘗命鑄本印之 而今其書存于人者亦寡矣 正德己巳春 晉川姜
相公[姜渾] 出爲方伯來莅南土…求得善本 分付列郡 視力之大小輕重 而程其功課力
就畢而功告成矣…正德己巳(1509)十二月下澣 通訓大夫軍資監正知製敎兼校書館校
理黃瑾跋
印記：先相公家藏書, 男富儀謹追記(第1冊)
藏書記：後彫堂(앞面紙)
楮紙

주周나라부터 양梁나라까지 130여 인의 시문詩文 750여 편을
양나라 소명태자昭明太子(소통蕭統. 501~531)가 선별하여 수록한
『문선文選』에 당唐나라의 오신五臣이 주석한 책이다. 본서는
갑인자본『오신주문선五臣注文選』을 1509년(중종 4) 경상감영
慶尙監營에서 번각한 책의 후쇄본이다.

본서의 표제와 권수제는 '문선文選'이며, 판심제는 '선選'이다.
황갈색 표지에 흰색 책사冊絲를 사용하여 장황粧績하였다.
제3책의 원표지는 결락되어 황색 만자문卍字紋 표지를 덧대어
장황하였으며, 제첨題籤 위에 표제와 책차를 필사하였다.
소장된 서적은 제1~4, 6·7·15~21·25·27책의 총 15책
이다. 제2책 권3의 제3·12·21·40·53장 등 소장 서적
일부가 결락되어 있다. 표제 하단에는 책차가 '일一', '이지삼
二之三'과 같이 해당 책에 수록되어 있는 권차를 기록하고 있다.
판식은 사주단변四周單邊, 유계有界, 10행 17자, 흑구黑口,
상하내향흑어미上下內向黑魚尾이다. 글귀 중에서 중요 문구라고
생각되는 곳에는 검은색 밑줄을 긋거나, 비점을 찍어 별도로
표기하고 있으며, 서미書眉에는 특정 단어의 음이나 뜻을 기록
하고 있다. 권수卷首 '진집주문선표進集注文選表'의 제1장에는
주문인朱文印 '선상공가장서先相公家藏書'와 '남부의근추기男富
儀謹追記'가 날인되어 있으며, 앞면지面紙에 '후조당後彫堂'이라는
장서기가 필사되어 있다. 이를 통해 본서가 예안禮安 오천
烏川 광산김씨 후조당 김부필金富弼의 아우인 김부의金富儀의
서적이었음을 알 수 있다.

편자인 소통과 주석본의 성립 과정에 대한 내용은 집부集部
-10 오신주문선五臣注文選(貴 D02C-0050)을 참고하기 바란다.

본서는 『오신주문선』으로 전체 30권 중 제1~4책, 6~7책, 제13~19책, 제23 · 25책에 해당하는 15책을 소장하고 있다. 제1책 권수卷首에는 718년(開元 6) 여연조呂延祚의 「진집주문선표進集注文選表」, 당나라 현종이 고역사高力士를 보내 구칙口勅한 「선구칙宣口勅」이 있으며, 소명태자의 서문인 「문선서文選序」가 수록되어 있다. 소명태자의 서문 마지막에는 『문선』의 편집에 대한 내용이 나타나는데, 주나라부터 양나라까지의 자료를 선별하여 30권으로 편집하여 같은 문체끼리 모아 순서대로 배열하였으나, 부賦와 시詩는 그 내용이 많고 체제가 하나로 통일할 수 없어 세부 항목으로 나누어 시대에 따라 배열하였다고 기록하였다. 권30 말미에는 정덕正德 기사己巳(1509) 12월 하한下澣 황필黃㻶의 발문이 있는데, 이 발문에는 『문선』의 인행과 관련된 내용이 수록되어 있다. 발문에는 성종조에 활자로 『문선』을 찍었으나 황필이 발문을 적을 당시에 이미 보기 힘들었다는 사실을 밝히고 있다. 또한 1509년(중종 4)에 강혼姜渾이 경상도관찰사를 지낼 때 황필이 『문선』 간행을 권하였는데, 강혼이 『문선』의 선본을 구하고 여러 군郡에 명하여 책을 간행하게 하였다는 내용이 담겨 있다. 이를 통해 1509년 이후 간행된 목판본임을 알 수 있다.

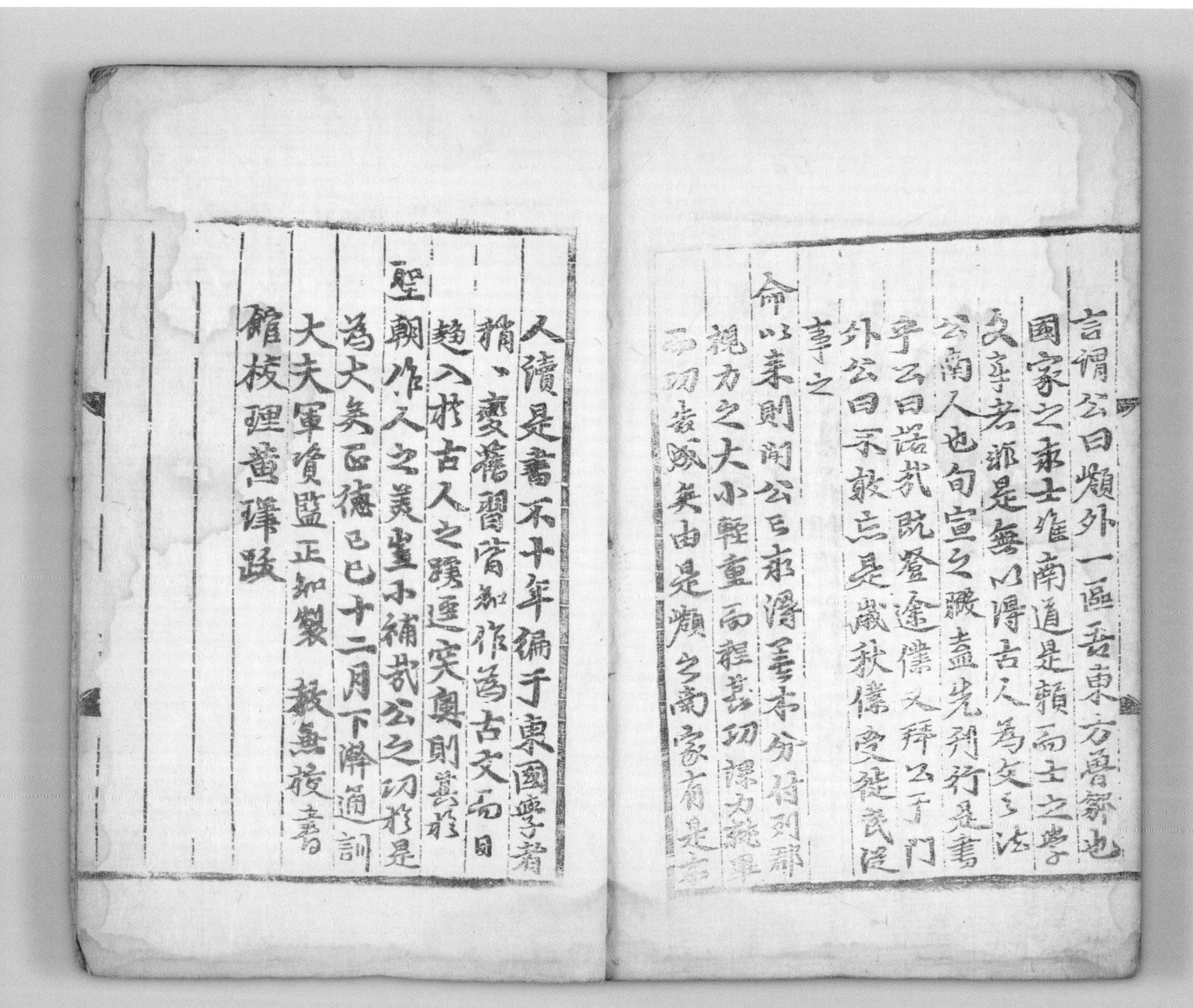

매 권수에는 해당 권에 수록된 자료의 목록을 수록하고 있다. 본문 첫 행에는 '문선권제일文選卷第一 부갑賦甲'과 같이 권수제와 문체명을 기록하였고, 제2행에는 '경도京都 상上', '반맹견서도부班孟堅西都賦 일수一首'와 같이 문체 내의 세부 편목篇目과 수록 부의 제명을 기록하였다. 권2부터는 제2행에 '양소명태자찬梁昭明太子撰 오신주五臣注'라는 찬자와 주석자 정보가 기록되어 있다. 다음은 수록된 내용을 정리한 표이다.

| 책차 | 권차 | 문체 | | 찬자(작품명) |
|---|---|---|---|---|
| 1 | 1 | 賦甲 | 京都上 | 班孟堅 (西都賦・東都賦), 張平子 (西京賦) |
| 2 | 2 | 賦乙 | 京都中 | 張平子 (東京賦・南都賦), 左太沖 (蜀都賦) |
| | 3 | 賦丙 | 京都下 | 左太沖 (吳都賦・魏都賦) |
| 3 | 4 | 賦丁 | 郊社 | 楊子雲 (甘泉賦) |
| | | | 耕藉 | 潘安仁 藉田賦 |
| | | | 畋獵上 | 司馬長卿 (子虛賦・上林賦), 楊子雲 (羽獵賦) |
| | 5 | 賦戊 | 畋獵下 | 楊子雲 (長楊賦), 潘安仁 (射雉賦) |
| | | | 紀行 | 班叔皮 (北征賦), 曹大家 (東征賦), 潘安仁 (西征賦) |
| 4 | 6 | 賦己 | 遊覽 | 王仲宣 (登樓賦), 孫興公 (遊天台山賦) |
| | | | 宮殿 | 鮑明遠 (蕪城賦), 王文考 (魯靈光殿賦), 何平叔 (景福殿賦) |
| | | | 江海 | 木玄虛 (海賦), 郭景純 (江賦) |
| | 7 | 賦庚 | 物色 | 宋玉 (風賦), 潘安仁 (秋興賦), 謝惠連 (雪賦), 謝希逸 (月賦) |
| | | | 鳥獸 | 賈誼 (鵩鳥賦), 禰正平 (鸚鵡賦), 張茂先 (鷦鷯賦), 顏延年 (赭白馬賦), 鮑明遠 (舞鶴賦) |
| | | | 志上 | 班孟堅 (幽通賦) |
| | | 〈缺〉 | | |
| 6 | 9 | 賦壬 | 論文 | 陸士衡 (文賦) |
| | | | 音樂 | 王子淵 (洞簫賦), 傅武仲 (舞賦), 馬季長 (長笛賦), 嵇叔夜 (琴賦), 潘安仁 (笙賦), 成公子安 (嘯賦) |
| | | 賦癸 | 情 | 宋玉 (高唐賦・神女賦・登徒子好色賦), 曹子建 (洛神賦) |
| 7 | 10 | 詩甲 | 補亡 | 束廣微 (補亡詩) 6首 |
| | | | 述德 | 謝靈運 (述祖德詩) 2首 |
| | | | 勸勵 | 韋孟 (諷諫詩), 張茂先 (勵志詩) |
| | | | 獻詩 | 曹子建 (上責躬詩・應詔詩), 潘安仁 (關中詩) |
| | | | 公讌 | 曹子建 (公讌詩), 王仲宣 (公讌詩), 劉公幹 (公讌詩), 應德璉 (侍五官中郎將建章臺集), 陸士衡 (皇太子讌玄圃宣猷堂有令賦詩), 陸士龍 (大將軍讌會被命作詩), 應吉甫 (晉武帝華林集), 謝宣遠 (九日從宋公戲馬臺送孔令), 范蔚宗 (樂遊應詔), 謝靈運 (九日從宋公戲馬臺送孔令), 顏延年 (應詔曲水讌・皇太子釋奠會), 丘希範 (侍讌樂遊苑送徐州應詔), 沈休文 (應詔樂遊儀呂僧珍) |
| | | | 祖餞 | 曹子建 (送應氏 2首), 孫子荊 (征西官屬送於陟陽候作), 潘安仁 (金谷集作), 謝宣遠 (王撫軍庾西陽集別作), 謝靈運 (隣里相送方山), 謝玄暉 (新亭渚別范零陵), 沈休文 (別范安成) |
| | | 〈缺〉 | | |
| 13 | 18 | | 七下 | 張景陽 (七命 8首) |
| | | | 詔 | 漢武帝 (詔・賢良詔) |
| | | | 冊 | 潘元茂 (魏王九錫文) |
| | | | 令 | 任彥昇 (宣德皇后令) |
| | | | 教 | 傅季友 (爲宋公修張良廟教・修楚元王墓教), 王元長 (永明九年策秀才文・永明十一年策秀才文 各5首), 任彥昇 (天監三年策秀才文 3首) |

| 책차 | 권차 | 문체 | 찬자(작품명) |
|---|---|---|---|
| 14 | 19 | 表 | 孔文擧 (薦禰衡表), 諸葛亮 (出師表), 曹子建 (求自試表・求通親表), 羊祜 (讓開府表), 李令伯 (陳情表), 陸機 (謝平原内史表), 劉越石 (勸進表), 張士然 (爲吳令謝詢求爲諸孫置守塚人表), 庾元規 (讓中書令表), 桓溫 (薦譙元彦表), 殷仲文 (自解表), 傅季友 (爲宋公至洛陽謁五陵表・爲宋公求加贈劉前軍表), 任彦昇 (爲齊明帝讓宣城郡公表・爲范尚書讓吏部封侯第一表・爲蕭揚州薦士表・爲褚諮議蓁讓代兄襲封表・爲范始興作求立太宰碑表) |
| 15 | 20 | 上書 | 李斯 (上秦始皇書), 鄒陽 (上書吳王・於獄中上書自明), 司馬長卿 (上疏諫獵), 枚叔 (上書諫吳王・上書重諫吳王), 江文通 (詣建平王上書) |
| | | 啓 | 任彦昇 (奉答七夕詩啓・爲卞彬謝脩卞忠貞墓啓・上蕭太傅固辭奪禮啓) |
| | | 彈事 | 任彦昇 (奏彈曹景宗・奏彈劉整), 沈休文 (奏彈王源) |
| | | 牋 | 楊德祖 (答臨淄侯牋), 繁休白 (與文帝牋), 陳孔璋 (答東阿王牋), 吳季重 (答魏太子牋), 吳季重 (在元城與魏太子牋), 阮嗣宗 (爲鄭沖勸晉王牋), 謝玄暉 (拜中軍記室辭隨王牋), 任彦昇 (到大司馬記室牋・勸今上牋) |
| | | 奏記 | 阮嗣宗 (奏記詣蔣公) |
| 16 | 21 | 書上 | 李少卿 (答蘇武書), 司馬子長 (報任少卿書), 楊子幼 (報孫會宗書), 朱叔元 (與彭寵書), 孔文擧 (論盛孝章書), 陳孔璋 (爲曹洪與魏文帝書), 阮元瑜 (爲曹公作與孫權書), 魏文帝 (與朝歌令吳質書・與鍾大理書), 曹子建 (與楊德祖書・又與吳季重書), 吳季重 (答東阿王書), 應休璉 (與滿公琰書・與侍郎曹長思書・與廣川長岑文瑜書・與從弟君苗君冑書) |
| 17 | 22 | 書下 | 嵇叔夜 (與山巨源絶交書), 孫子荊 (爲石仲容與孫皓書), 趙景眞 (與嵇茂齊書), 丘希範 (與陳伯之書), 劉孝標 (重答劉秣陵沼書) |
| | | 移 | 劉子駿 (移書讓太常博士), 孔德璋 (北山移文) |
| | | 檄 | 司馬長卿 (喻巴蜀檄), 陳孔璋 (爲袁紹檄豫州・檄吳將校部曲文), 鍾士季 (檄蜀文) |
| | | 難 | 司馬長卿 (難蜀父老) |
| 18 | 23 | 對問 | 宋玉 (對楚王問) |
| | | 設論 | 東方曼倩 (答客難), 楊子雲 (解嘲), 班孟堅 (答賓戲) |
| | | 辭 | 漢武帝 (秋風辭), 陶淵明 (歸去來辭) |
| | | 序 | 卜子夏 (毛詩序), 孔安國 (尚書序), 杜元凱 (春秋左氏傳序), 皇甫士安 (三都賦序), 石季倫 (思歸引序), 陸士衡 (豪士賦序), 顏延年 (三月三日曲水詩序), 王元長 (三月三日曲水詩序), 任彦昇 (王文憲集序) |
| 19 | 24 | 頌 | 王子淵 (聖主得賢臣頌), 楊子雲 (趙充國頌), 史孝山 (出師頌), 劉伯倫 (酒德頌), 陸士衡 (漢高祖功臣頌) |
| | | 贊 | 夏侯孝若 (東方朔畫贊), 袁彦伯 (三國名臣序贊) |
| | | 符命 | 司馬長卿 (封禪文), 揚子雲 (劇秦美新), 班孟堅 (典引) |
| | | | 〈缺〉 |
| 23 | 28 | 論下 | 劉孝標 (廣絶交論) |
| | | 連珠 | 陸士衡 (演連珠 50首) |
| | | 箴 | 張茂先 (女史箴) |
| | | 銘 | 班孟堅 (封燕然山銘), 崔子玉 (座右銘), 張孟陽 (劍閣銘), 陸佐公 (石闕銘・新刻漏銘) |
| | | 誄上 | 曹子建 (王仲宣誄), 潘安仁 (楊荊州誄・楊仲武誄) |
| | | | 〈缺〉 |
| 25 | 30 | 碑文下 | 王簡棲 (頭陀寺碑文), 沈休文 (齊安陸昭王碑文) |
| | | 墓誌 | 任彦昇 (劉先生夫人墓誌) |
| | | 行狀 | 任彦昇 (齊竟陵文宣王行狀) |
| | | 弔文 | 賈誼 (弔屈原文), 陸士衡 (弔魏武帝文) |
| | | 祭文 | 謝惠連 (祭古冢文), 顏延之 (祭屈原文), 王僧達 (祭顏光祿文) |

목록과 본문 내용에 약간의 차이가 있음을 확인하였다. 예를 들어 권20의 「상서上書」 목록에는 사마장경司馬長卿의 상서 3편이 「상소간렵上疏諫獵」 1수, 「어숙주서간오왕비於叔奏書諫吳王濞」 1수, 「중간거병重諫舉兵」 1수로 되어 있다. 그러나 실제 본문을 확인해보면 사마장경의 작품은 「상소간렵上疏諫獵」 1수이며, 나머지 2편은 매숙枚叔의 문장으로 기록되어 있는 등 일부 오류가 있다.

『오신주문선』은 계명대학교 도서관과 일본日本 동경대학東京大學 동양문화연구소東洋文化研究所 등에 소장되어 있다. 중국 양나라 대까지의 선문이 포함되어 있고, 편찬된 이후 지속적으로 동아시아에 큰 영향을 주었던 시문선집이라고 할 수 있다. 중국에서는 송나라 이후 『육신주문선』이 유행하면서 『오신주문선』을 보기 어려웠던 데에 반해 조선에서는 『육신주문선』보다 『오신주문선』이 유행하면서 여러 차례 간행된 것으로 추정되어 『문선』을 연구하는 데 의미가 있는 책이라고 할 수 있다. 이혜정

주제어
소통蕭統, 소명태자昭明太子, 오신주문선五臣注文選, 문선文選, 시문선집詩文選集

참고문헌
김학주, 『조선시대 간행 중국문학 관계서 연구』, 서울대학교출판부, 2000.
소통, 『문선 역주』1-10, 소명출판, 2010.

서명　增補六臣註文選
저자　蕭統(梁) 撰；李善·呂延濟·留良·張銑·李周翰·呂向(唐) 註, 陳仁子(宋) 校補
판본　木版本
발행　[中國(明)]: [刊寫者未詳], [明朝前期]刊
형태　60卷36冊: 四周單邊, 半郭 20.7×13.2cm, 有界, 10行21字 小字雙行, 上下內向黑
　　　魚尾; 28.4×17.6cm
주기　版心題·表題: 文選
　　　서명은 目錄題임
　　　[諸儒議論後識]: 大德己亥(1299)冬茶陵古迂陳仁子書
　　　原刊記: 茶陵東山陳氏古迂書院刊行(諸儒議論後識 末尾)
　　　卷首題: 增補六臣註文選(卷3等), 卷尾題: 增補六臣註文選(卷2等)
　　　刻手名(下版口)
　　　總冊數: 共三十六(書腦 墨書)
　　　印記: 字眙上·王士禛印(第1卷首), 趙□龍□·□羊·[高□□□□□□□兪之樂章]
　　　(各冊 卷首, 刀割)
　　　綿紙

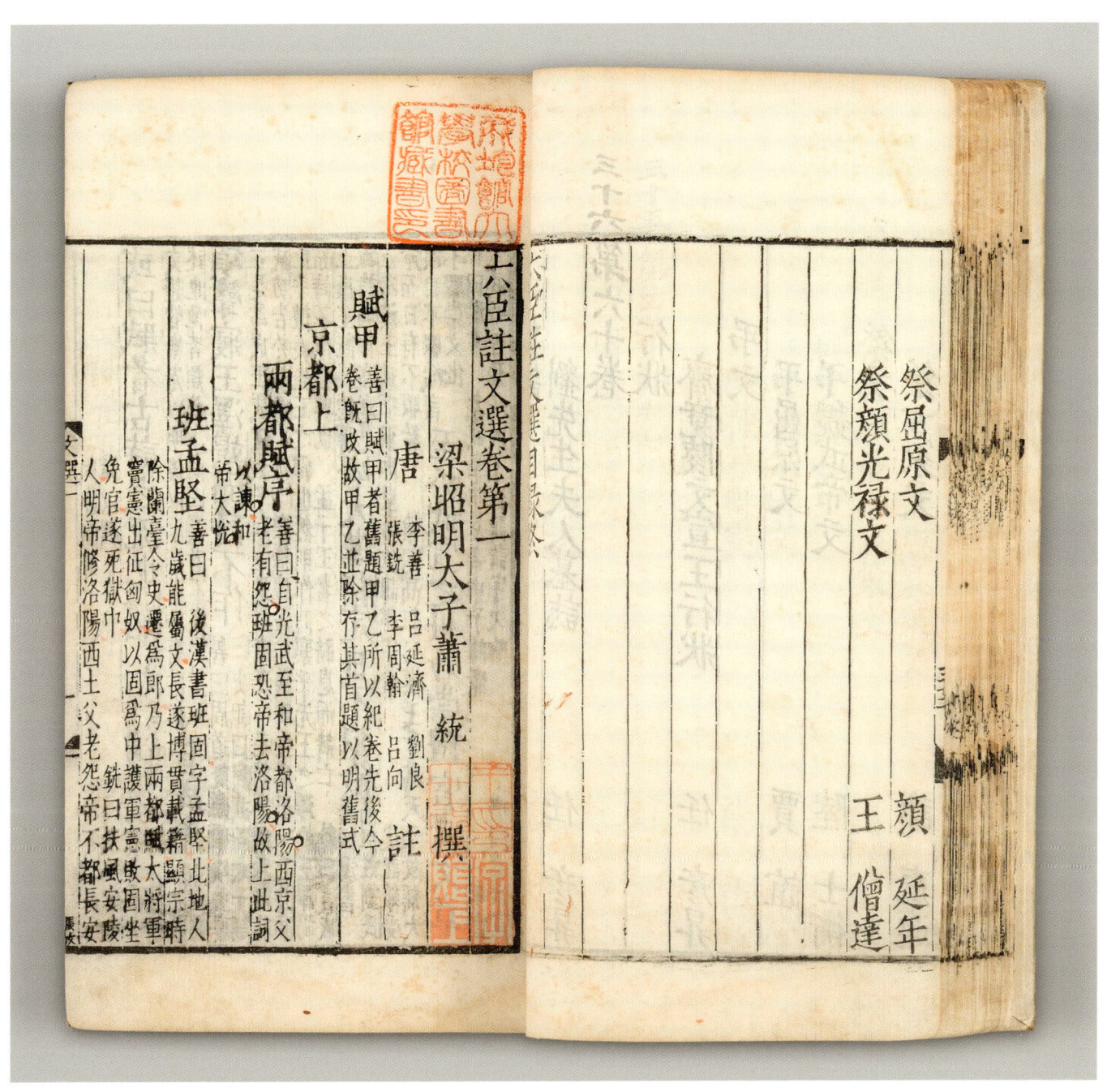

주周나라부터 양梁나라까지 130여 인의 시문詩文 750여 편을 양나라 소명태자昭明太子(소통蕭統, 501~531)가
선별하여 수록한 『문선文選』에 당唐나라의 이선李善과 오신五臣의 주석을 함께 편집한 책이다. 본서는 명대에
간행한 목판본이다.

서명은 목록제목錄題에 근거하였다. 판식은 사주단변四周單邊, 유계有界, 10행 21자, 상하내향흑어미上下內向
黑魚尾며, 하판구下版口에 각수명刻手名이 판각되어 있다. 「제유의론후지諸儒議論後識」의 말미에는 '다릉茶陵
동산진씨東山陳氏 고우서원간행古迂書院刊行'이라는 원간기原刊記가 있다.
권1 첫 면에는 장서인 '왕사정인王士禎印', '자이상字貽上'이 날인되어 있다. 각 책 권수마다 '조□룡□趙□
龍□'·'□상□羊'·'[고□□□□□□□□□□륜지락장][高□□□□□□□侖之樂章]'이 날인되어 있는데, 칼로 도려
내어 인문印文을 알아보기 어렵다.

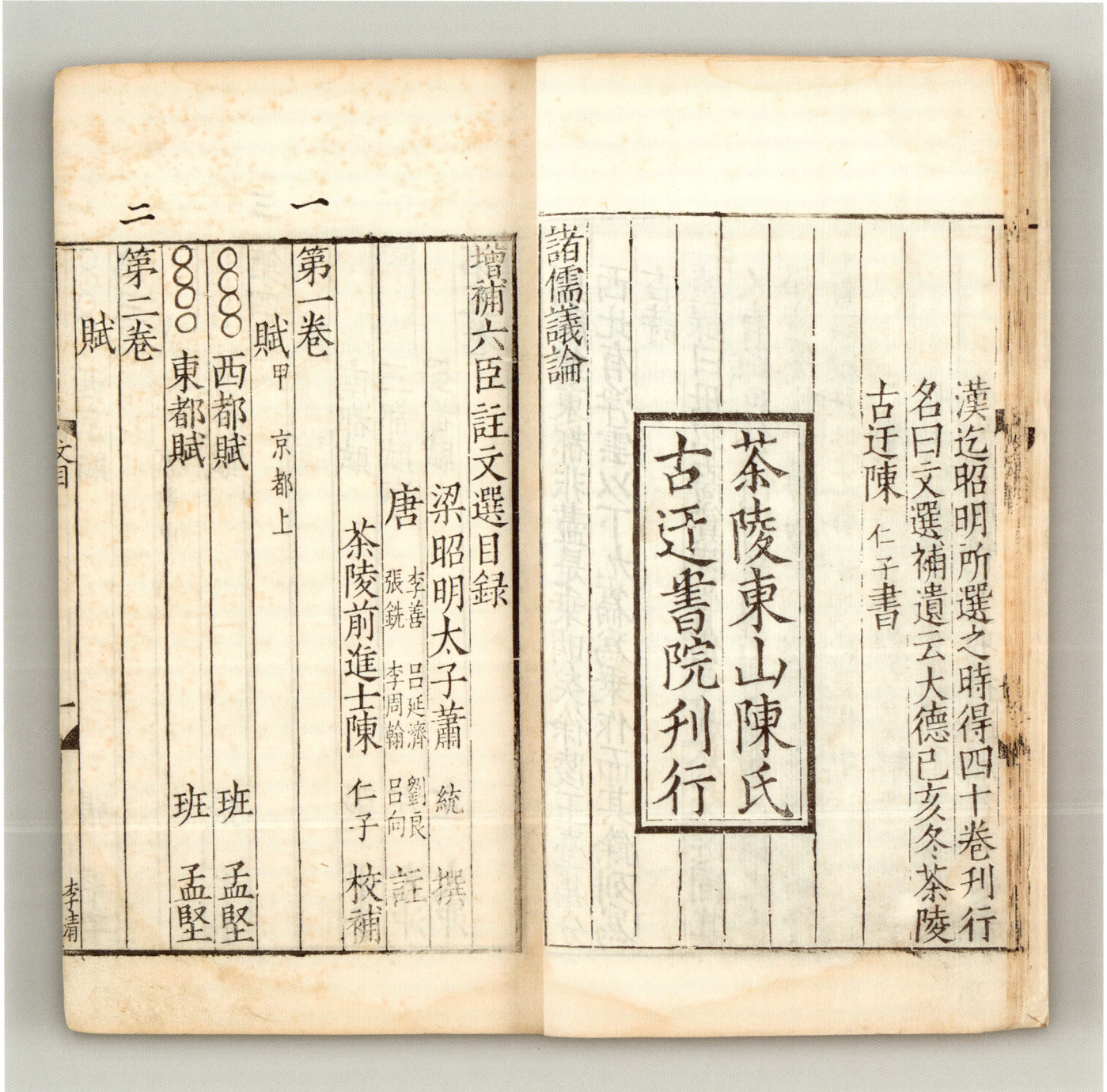

『문선』의 저자인 소통은 양나라 사람으로 자字는 덕시德施, 시호는 소명태자昭明太子이다. 양무제 소연蕭衍의 장자로 태자에 책봉되었으나 황제로 즉위하지 못하고 31세에 요절하였으므로 후대에 소명태자昭明太子로 불렸다. 그는 학문을 좋아하여 태자로 있을 때 고금의 도서 3만권을 수집하여 동궁東宮에 소장하였으며 그의 주위엔 유협劉勰, 유효작劉孝綽, 왕균王筠, 육수陸倕 등 당대 최고의 문인들이 모여 있었다. 『문선』은 그들의 영향과 협조 속에 편찬되었다.

『문선』은 현전하는 중국 최초의 시문총집詩文總集으로 알려져 있다. 진한秦漢 이후 제齊나라 양梁나라 문인 130명이 지은 대표적인 시문 514제가 실려 있는데 부賦, 시詩, 소騷, 묘지墓誌, 행장行狀, 제문祭文 등 37개의 문체로 세분하였다. 본래 30권으로 편집 간행되었으나 이선李善이 658년에 60권으로 재정리한 이선주본李善註本이 탄생하였다. 이후 당나라 718년(開元 6)에는 여연제呂延濟, 유량劉良, 장선張銑, 여향呂向, 이주한李周翰의 5명이 공동으로 주를 달고 조정에 상주하였는데 '오신주五臣註'라 부른다. 다시 북송시기 철종대인 원우元祐 연간 (1086~1093)에 '이선주李善註'와 '오신주五臣註'를 합한 합주본合註本을 '육신주문선六臣註文選'이라 부르고 있다.

『증보육신주문선增補六臣註文選』은 송원宋元 교체기의 인물 진인자陳仁子에 의해 다시 편찬된 『육신주문선』의 증보본이다. 육신주에서 이선의 원주原註를 일부 보충하고 권수卷首에 『문선』에 대한 학자들의 글을 첨부하였다. 이 책은 원대각본과 명대각본이 전해지고 있다. 1299년(大德 3)에 고우서원古迂書院에서 간행한 원대본이 증보본의 초간본이다. 명대각본은 원대본을 저본으로 하여 간행하였으므로 판식도 유사하고 원간본의 간기까지 그대로 판각하였다. 존경각 소장본은 판각된 글씨의 서체, 판형 등의 상태로 보아 명대각본으로 판단되며 「제유의론후지」 다음에 '다릉茶陵 동산진씨東山陳氏 고우서원간행古迂書院刊行'이라는 원간기를 그대로 수록하고 있다. 진인자는 남송 말기인 1277년(景炎 2)에 과거에 급제하였으나 남송이 멸망하자 관직을 포기하고 호남湖南의 다릉茶陵에 고우서원을 세워 후진을 양성하고 저술 활동과 서적 간행에 몰두한 인물이다. 『서림청화書林清話』에 의하면 당시 고우서원에서는 '동산서원東山書院'이라는 이름으로 『몽계필담夢溪筆談』을 비롯하여 『고고도考古圖』, 『신감申鑒』, 『설원說苑』, 『윤문자尹文子』, 『섭석림시화葉石林詩話』, 『운사韻史』 등 다양한 책을 간행하였다. 특히 1305년(大德 9)에 발간한 26권의 『몽계필담』이 현전하고 있다. 『몽계필담』의 목록 끝에는 '다릉茶陵 동산서원東山書院 간행刊行'이라는 간기가 남아 있어서 『육신주문선』과 비슷한 시기에 간행된 상황을 짐작할 수 있다.

본서 목록 첫머리에는 '양梁 소명태자소통찬昭明太子蕭統撰', '당唐 이선李善 여연제呂延濟 · 유량劉良 · 장선張銑 · 여향呂向 · 이주한李周翰 주註'와 함께 '다릉茶陵 전진사前進士 진인자陳仁子 교보校補'라 판각하여 이 증보본이 진인자가 교정, 증보한 것임을 밝혀놓고 있다. 원대에 간행된 『증보육신주문선』에는 동일한 내용을 '양梁 소명태자昭明太子 찬撰', '당唐 육신주六臣註', '다릉茶陵 전진사前進士 진인자陳仁子 교보校補'로 형태를 조금 다르게 표기하고 있어서 구분이 가능하다.

우리나라에서 『문선』은 삼국시대부터 읽힌 기록이 있다. 『삼국사기三國史記』에서는 신라의 강수强首가 유학 경전과 함께 『문선』을 공부했다고 하였고, 독서삼품과讀書三品科의 시험과목으로 지정하는 등 중시되었다. 『구당서舊唐書』 「동이전東夷傳」에는 고구려인들이 『문선』을 애독하였다는 기록이 있다. 현전본 『문선』으로는 조선시대인 세종과 성종 시기에 금속활자인 경자자본과 갑인자본이 있으며 이후에도 여러 차례에 걸쳐 인출한 금속활자와 목활자본이 현전하고 있다. 목판본으로는 1509년(중종 4) 강혼姜渾이 경상도 관찰사로 재직할 당시에 간행한 『오신주문선』이 성균관대 존경각에 전해진다. 목판본 『오신주문선』과 본서의 구성 체제에 대한 비교분석 또한 필요해 보인다.

본서의 내용을 살펴보면 부賦, 시詩, 소騷, 칠七, 조詔, 책册, 영令, 교敎, 문文, 표表, 상서上書, 계啓, 탄사彈事, 전牋, 주기奏記, 서書, 격檄, 대문對問, 설론設論, 사辭, 서序, 송頌, 찬贊, 부명符命, 사론史論, 사술찬史述贊, 논論, 연주連珠, 잠箴, 명銘, 뇌誄, 애哀, 비문碑文, 묘지墓誌, 행장行狀, 조문弔文, 제문祭文 등 37개의 문체로 세분하였는데, 그 가운데 부賦와 시詩가 절반을 차지한다. 부는 다시 15개의 주제로, 시는 23개의 주제로 나뉜다. 각 책과 권차별 내용은 다음과 같다.

| 책차 | 내용 | 권별 세부내용 |
|---|---|---|
| 1 | 卷首 | 文選序, 李善上文選註表, 進五臣集註文選表(呂延祚), 諸儒議論(陳仁子), 增補六臣註文選目錄 |
| | | 卷1 京都上 |
| 2 | | 卷2 京都上, 卷3 京都中 |
| 3 | | 卷4 京都中, 卷5 京都中 |
| 4 | | 卷6 京都下, 卷7 郊祀 · 耕籍 · 畋獵上 |
| 5 | | 卷8 畋獵中, 卷9 畋獵下 · 紀行上 |
| 6 | 賦 | 卷10 紀行下 |
| 7 | | 卷11 遊覽 · 宮殿 |
| 8 | | 卷12 江海, 卷13 物色 · 鳥獸上 |
| 9 | | 卷14 鳥獸下 · 志上, 卷15 志中 |
| 10 | | 卷16 志下 |
| 11 | | 卷17 論文 · 音樂上, 卷18 音樂下 |
| 12 | 賦, 詩 | 卷19 情, 卷20 獻詩 · 公讌 · 祖餞 |
| 13 | | 卷21 詠史 · 百一 · 遊仙, 卷22 招隱 · 反招隱 · 遊覽 |
| 14 | | 卷23 詠懷 · 哀傷 · 贈答, 卷24 贈答 |
| 15 | 詩 | 卷25 贈答, 卷26 贈答四 · 行旅上 |
| 16 | | 卷27 行旅下 · 軍戎 · 郊廟 · 樂府上, 卷28 樂府下 · 挽歌 · 雜歌 |
| 17 | | 卷29 雜詩上 |
| 18 | | 卷30 雜詩下, 雜擬上 |
| 19 | 詩, 騷 | 卷31 雜擬下, 卷32 騷上 |
| 20 | 騷, 七 | 卷33 騷下, 卷34 七上 |
| 21 | 七 等 | 卷35 七下, 詔, 冊, 卷36 令, 敎, 文 |
| 22 | 表 | 卷37 表上 |
| 23 | | 卷38 表下 |
| 24 | 上書 等 | 卷39 上書, 啓, 卷40 彈事, 牋, 奏記 |
| 25 | 書 | 卷41 書上, 卷42 書中 |
| 26 | 書, 檄 | 卷43 書下, 卷44 檄 |
| 27 | 對問 等 | 卷45 對問, 設論, 辭, 序上 |
| 28 | 序 | 卷46 序下 |
| 29 | 頌 等 | 卷47 頌, 贊, 卷48 符命 |
| 30 | 史論 等 | 卷49 史論上, 卷50 史論下, 史述贊 |
| 31 | 論 | 卷51 論一, 卷52 論二 |
| 32 | | 卷53 論三, 卷54 論四 |
| 33 | 論 等 | 卷55 論五, 連珠, 卷56 箴, 銘, 誄上 |
| 34 | 誄 等 | 卷57 誄下, 哀上, 卷58 哀下, 碑文上 |
| 35 | 碑文 | 卷59 碑文下 |
| 36 | 行狀 等 | 卷60 行狀, 弔文, 祭文 |

한편 이 책의 장서인과 관련하여 한가지 주목해야 할 것은 권1 첫 장에 날인된 '왕사정인王士禎印', '자이상字貽上'이라는 인장으로, 이전 소장자가 중국 청淸나라 문인인 왕사정王士禎이었음을 알 수 있다. 왕사정의 자는 자진子眞, 이상貽上, 호는 완정阮亭, 어양산인漁洋山人이며 신성新城(지금의 산동성 환대현) 출신이다. 1655년 (順治 12)에 진사가 되었고 여러 관직을 거쳐 관직이 형부상서刑部尙書에 이르렀다. 일찍이 명말 청초의 시인 전겸익錢謙益·오매촌吳梅村 등에게 알려졌으며, 형 왕사록王士祿·왕사호王士祜와 더불어 '3왕'으로 불렸다. 당시의 최고 시인으로 시뿐만 아니라 고문과 사詞에도 뛰어났던 인물이다.

『증보육신주문선』은 이처럼 중국과 우리나라 한문학의 역사에서 빼놓을 수 없는『문선』의 유통과 간행 역사를 이해하는데 중요한 자료이다. 특히 존경각 소장본은 청조풍 시의 확립자이자『어양산인정화록』으로 잘 알려진 왕사정의 장서였던 것으로도 중요한 가치를 지닌다. 옥영정

주제어
증보육신주문선增補六臣註文選, 육신주문선六臣註文選, 소통蕭統

참고문헌
섭덕휘 지음·박철상 옮김,『서림청화 : 중국을 이끈 책의 문화사』, 2011, 푸른역사.

서명　　夾注名賢十抄詩　　　　　　　　　　　　집부
저자　　[編者未詳]; [釋 子山(高麗) 夾注]　　　　集部
판본　　木版本　　　　　　　　　　　　　　　　13
발행　　[慶尙道]: [密陽府], [文宗 2(1452)跋]
형태　　上中下卷3冊: 四周雙邊, 半郭 25.0×18.0cm, 有界, 10行20字 小字雙行, 上下大黑口,
　　　　上下內向黑魚尾; 32.0×20.0 cm
주기　　版心題: 十抄詩
　　　　發行事項 推定: 본서와 동일한 판본인 한국학중앙연구원 장서각 기탁자료『夾注名賢
　　　　十抄詩』의 發行事項
　　　　落張: 第1-17張(第1冊), 第10·15張等(第3冊)
　　　　楮紙

고려 전기 경주의 영묘사靈妙寺에서 간행한 『십초시
十抄詩』에 14세기 초반 학승學僧 월암산인月岩山人 자산
子山(?~?)이 협주夾注한 책이다. 본서는 1452년(문종 2)에
밀양부密陽府에서 중간重刊한 목판본으로 추정되며, 권람
權擥(1416~1465)이 교정하고 밀양 부사 이긴李緊(?~?)이
간행하였다.

본서는 현대에 개장改裝하였고 책지册紙는 모두 배접
褙接되어 있다. 본서에는 제1책의 권상卷上 제1~17장,
제3책 권하卷下 제10·15장 및 1452년에 권람權擥이
쓴 발문 등의 낙장落張이 있다. 판식은 사주쌍변四周雙邊,
유계有界, 10행 20자, 흑구黑口, 상하내향흑어미上下內向
黑魚尾로 조선 초기 목판본의 특징을 그대로 간직
하고 있다. 한국학중앙연구원 장서각 기탁 동일 판본이
2017년에 보물 제1926호로 지정되었다.
시제詩題 상단에는 권점圈點을 주묵朱墨으로 찍어 표시
하거나 묵서墨書하였고, 시제 하단에는 작자명 및
자字호號가 묵서되어 있다. 비점批點과 교정 사항 또한
묵서되어 있다. 본서의 상태는 여러 차례의 개장으로
서뇌書腦가 좁아졌고 좀먹은 부분이 군데군데 보이지만,
전반적으로 양호한 편이다. 제3책 제27~28장 등의
인쇄 상태로 미루어봤을 때 후쇄본으로 보인다.

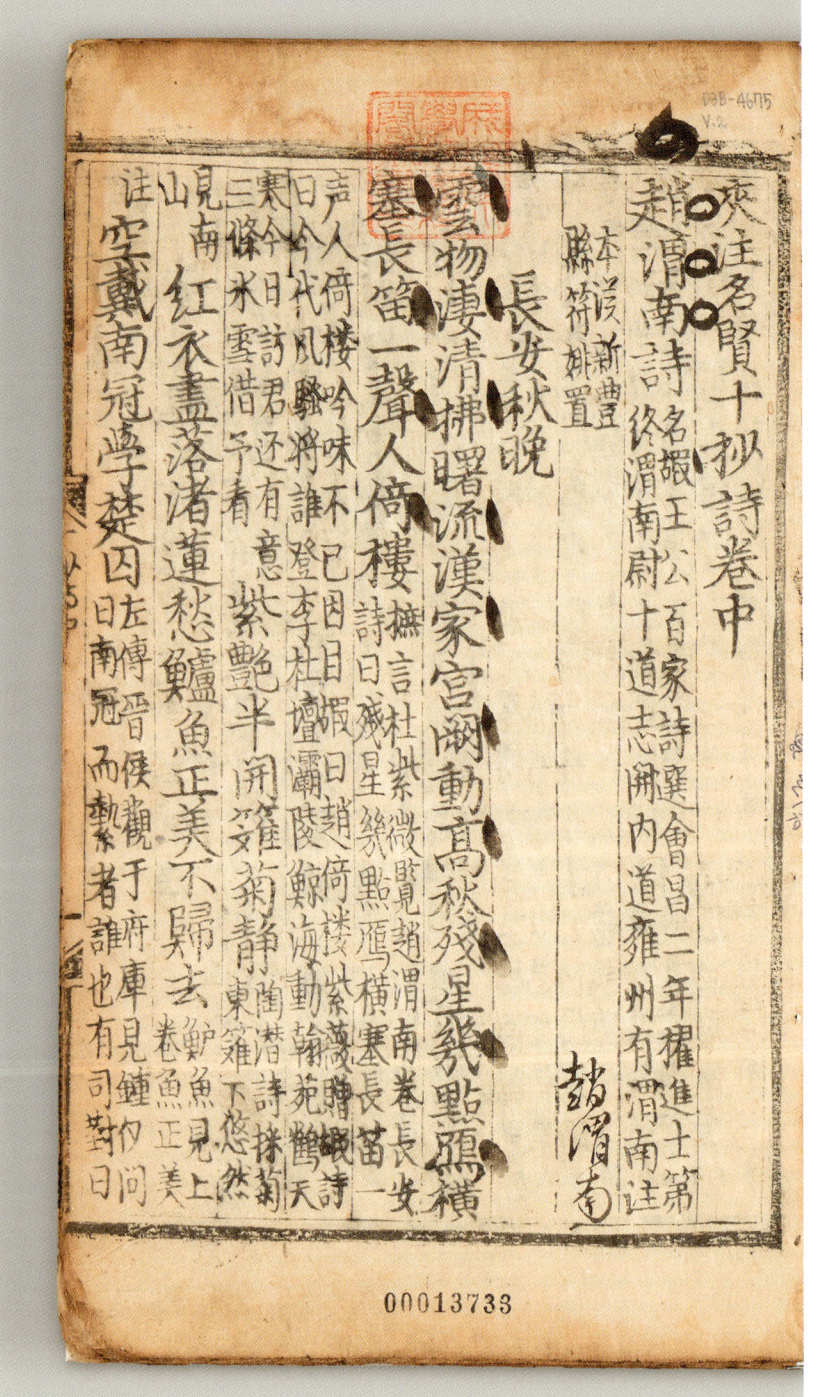

한국학중앙연구원 장서각 기탁자료는 본서와 동일한 판본이자 완질본完帙本으로 비교 대상이 된다. 본서의 간행 사항은 물론, 저본에 대한 정보도 장서각 기탁자료를 통해 알 수 있다. 본서에는 결락되어 있는 장서각 기탁자료『협주명현십초시』의 발문에 의하면, 본서는 권람이 밀양부密陽府의 도호부사로 있던 이백상李伯常에게 부탁하여 간행한 책이다. 간행본이 드물어 진사 권사복權思復이라는 인물이 1337년(충숙왕 복위 6) 간행 고려본『협주명현십초시』를 겨우 얻어 저본으로 하였으며, 이를 권람이 다시 교정하여 간행한다고 밝혔다.

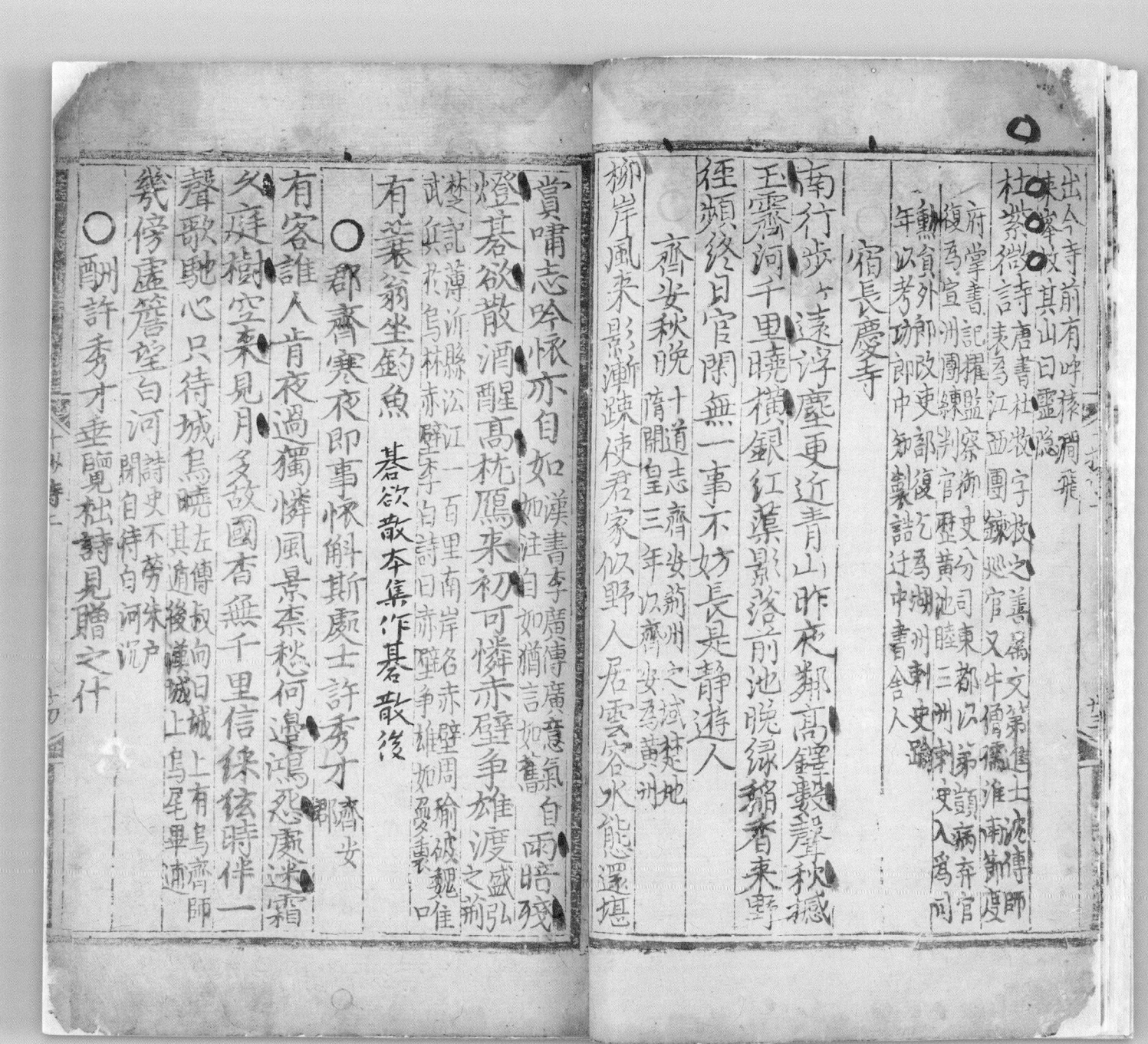

낙장落張을 정확히 표기하였고 교정이 이루어져 있다. 장효표章孝標의 시 중 「제안추만齊安秋晩」이라는 시의 말미에는 '기욕산은 본집에 기산후로 되어 있다[碁欲散 本集作碁散後]'라는 교감주가 묵서墨書되어 있다. 여기서 '본집'이라고 지칭한 책이 고려본 『협주명현십초시』인지, 장효표의 시문집인지는 알기 어렵지만 본서의 소장자가 다른 판본과 본서의 원문을 대교하였다는 사실만은 분명해 보인다. 비점批點이 다수 보이지만 구절 단위가 아닌 중구난방으로 찍혀 있으며, 읽기 연습을 한 듯 두 글자나 세 글자씩 끊어놓은 것이 대부분이다. 종합해 보았을 때, 본서의 소장자는 학습서로 이 책을 활용한 듯하다.

본서의 출발점이 된 『십초시』는 그 편찬자가 미상이지만 책에 수록한 시인들의 활동 시대와 몰년沒年을 고려했을 때 10세기 후반 인물로 추정된다. 최치원崔致遠, 박인범朴仁範, 최승우崔承祐, 최광유崔匡裕 등과 같은 이들을 선발한 것으로 보아 고려인으로 유추할 수 있다. 14세기에 협주 작업을 한 월암산인 자산에 대해서도 구체적인 정보는 얻을 수 없다.
본서의 중간이 1452년(문종 2)에 이루어졌음은 이운준이 쓴 발문과 간기를 통해 알 수 있다. 권람은 발문에서 교정하는 이유를 밝혔다. 발문을 보면 '본서에는 무수한 오자誤字가 있으나 세간에서는 이 책을 동방의 귀한 유물로 여기고, 당시 진사과進士科에서 시부詩賦를 중시하기까지 하였으니, 배우는 이들이 반드시 제대로 알도록 해야만 했다.'라 하였다. 책에 수록된 칠언율시는 과체시科體詩와 친연성이 있는 시형詩形이다.

본서는 모두 상·중·하권 3책으로 구성되어 있다. 본래 상·중·하 각각에 중당中唐~만당晩唐 시기 시인 10인의 칠언율시七言律詩 10수씩을 선발하여 30인 300수의 시를 수록했을 테지만, 5인 48수가 낙장으로 인해 누락되었다. 본래 수록되었을 시인의 성명과 생몰년을 정리하면 다음과 같다.

| 『협주명현십초시』 권차, 작가명, 생몰년 | | |
| --- | --- | --- |
| 권상 | 권중 | 권하 |
| 유우석劉禹錫(772~842) | 조하趙遐(?~?) | 오인벽吳仁壁(905년 전후) |
| 백거이白居易(772~846) | 마대馬戴(약799~약869) | 한종韓琮(?~?) |
| 온정균溫庭筠(약812~882) | 위섬韋蟾(?~약873) | 최승우崔承祐(?~?) |
| 장적張籍(약772~약830) | 피일휴皮日休(약838~883) | 최광유崔匡裕(?~?) |
| 장효표章孝標(791~873) | 최치원崔致遠(857~?) | 나업羅鄴(825~?) |
| 두목杜牧(803~852) | 박인범朴仁範(?~?) | 진도옥秦韜玉(?~?) |
| 이원李遠(?~?) | 두순학杜荀鶴(약846~약904) | 나은羅隱(833~909) |
| 허혼許渾(약791~약858) | 조당曹唐(?~?) | 가도賈島(779~843) |
| 옹도雍陶(805~?) | 방간方干(836~888) | 이산보李山甫(?~?) |
| 장호張祜(792~854) | 이웅李雄(?~?) | 이군옥李群玉(808~862) |

이 가운데 권상의 유우석·백거이·온정균, 그리고 권하 이군옥의 작품이 누락되었다. 권상의 시작은 장적의 「기소주백사군寄蘇州白使君」 후반부터이므로 장적의 시 또한 이를 포함한 8수가 누락되었다. 한편 우리 문학사를 연구하는 데는 최치원·박인범·최승우·최광유 4인의 신라인을 주목할 수 있다. 문집이 남은 최치원과는 달리 박인범·최승우·최광유의 시는 『협주명현십초시』를 통해서만 전해지기 때문이다. 『동문선東文選』에 수록된 박인범·최승우·최광유의 시는 모두 『협주명현십초시』에서 유래하였다.
본서와 동일한 판본으로는 선본인 장서각본 외에 국립중앙도서관본과 규장각한국학연구원 가람문고본 등이 있다. 국립중앙도서관본은 낙질이고 가람문고본은 좀먹은 부분이 많다. 협주가 달리기 전의 형태인 『십초시』는 국립중앙도서관과 규장각한국학연구원에 소장되어 있다.

본서의 모태가 되는『십초시』에는 고려시대에 유행한 북송의 소식蘇軾이나 황정견黃庭堅의 시가 수록되어 있지 않다. 이를 통해『십초시』가 만당풍이 유행했을 나말여초羅末麗初, 즉 10세기에 편찬됐을 것으로 추정할 수 있다. 편찬자가 당나라 문인과 우리 문인을 나란히 배치한 점에서 이 시기 문인의 동아시아적 시각을 읽을 수 있다. 이러한 자료가 15세기 중반까지 중간되어 온 사실은 10세기를 전후한 시기에 유행한 시풍詩風이 15세기까지도 영향을 미쳤음을 보여준다.『협주명현십초시』는 이러한 우리 한시사의 흐름을 이해하는데 매우 귀중한 자료이다. 신영미

주제어
십초시十抄詩, 나말여초羅末麗初, 월암산인月岩山人, 자산子山, 칠언율시七言律詩, 권람權擥

참고문헌
國學振興研究事業 推進委員會 編輯,『夾注名賢十抄詩』, 韓國學中央研究院, 2009.

| 서명 | 西山先生眞文忠公文章正宗 | 집부 |
| 저자 | 眞德秀(宋) 類選 | 集部 |
| 판본 | 金屬活字本(庚子字) | 14 |
| 발행 | [漢城]: [鑄字所], [世宗11(1429)]印 | |
| 형태 | 1卷 1冊(缺帙): 四周雙邊, 半郭 22.8×14.9cm, 有界, 11行21字 小字雙行, 小黑口, | |
| | 上下內向黑魚尾; 33.5×19.3cm | |
| 주기 | 發行事項 推定: 『淸芬室書目』 '西山先生眞文忠公文章正宗'條 | |
| | 所藏: 卷21上, 卷21下 | |
| | 印記: 正心守分(卷21上 卷首), 龍城後學(卷21上 末尾), 雙溪齋·孝仲(卷21下 卷首) | |
| | 藍書: 批點·補註, 墨書: 校勘註·音註 | |
| | 楮紙 | |

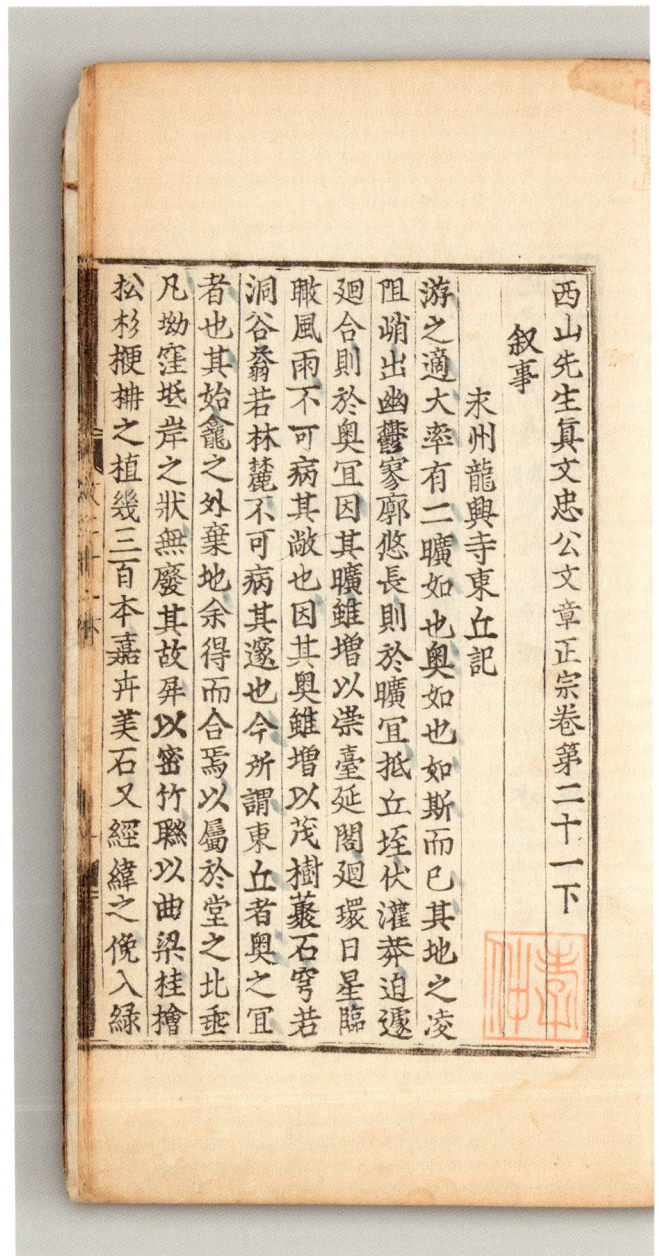

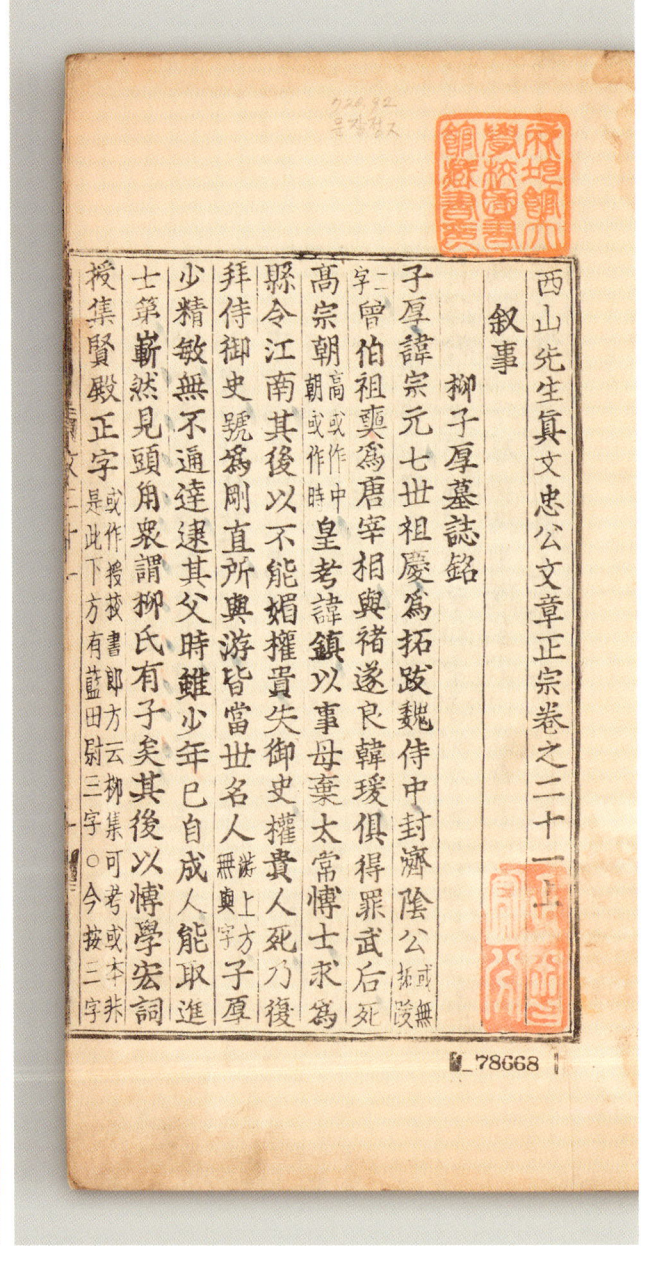

중국 남송南宋의 진덕수眞德秀(1178~1235)가 편찬한 역대 시문선집이다. 본서는 1429년(세종 11)경 경자자

庚子字로 간행하였으며, 전체 24권 중 권21상·하로 한유韓愈(768~824)와 유종원柳宗元(773~819)의 서사문

敍事文 44편이 수록되어 있다.

권수제는 '서산선생진문충공문장정종西山先生眞文忠公文章正宗', 표제表題는 '문장정종文章正宗', 판심제는 '문文'이다. 황색표지에 오침안정법五針眼訂法으로 장황粧繢하였다. 판식은 사주쌍변四周雙邊, 유계有界, 11행 21자, 상하대흑구上下大黑口, 상하내향흑어미上下內向黑魚尾이다. 별도의 간기가 없으나, 『세종실록世宗實錄』등의 기록을 통해서 1429년에 간행하였을 것으로 추정할 수 있다.

권21상의 권수제 하단에는 주백상간朱白相間의 '정심수분正心守分', 권21상 권말 하단에는 주문인朱文印 '용성후학龍城後學'이라는 장서인을 날인하였다. 권21하의 권수제면에는 주문인 '쌍계재雙溪齋'·'효중孝仲'을 날인하였다. 고려대학교 만송문고본, 서울대학교규장각 가람문고본『서산선생진문충공문장정종』에도 동일한 장서인이 확인되므로 원래는 한 질이었을 것으로 추정해볼 수 있다. 본문에 남묵藍墨으로 비점批點을 표시하였으며, 일부 서미書眉에 역시 남묵으로 보주補註를 필사하였다.

편자 진덕수의 자는 경원景元·희원希元·경희景希 등이고, 호는 서산西山으로 송나라 건녕부建寧府(지금의 복건성 북부) 포성浦城 사람이다. 4세에 글을 암송했다고 전해진다. 22세에 진사에 급제하고, 31세에 태학박사가 되었으며, 38세에 박학굉사과博學宏詞科에 합격하였다. 이종理宗 때 예부시랑禮部侍郎에 발탁되어 직학사원直學士院에 올랐으며, 이후 호부상서戶部尙書, 지제고知制誥를 거쳐 참지정사參知政事에 이르렀다. 저서로는『대학연의大學衍義』·『당서고의唐書考疑』·『독서기讀書記』·『사서집편四書集編』·『서산갑을고西山甲乙稿』·『서산문집西山文集』등이 있다. 시호는 문충文忠이다.

'문장정종文章正宗'이라는 명칭은 편자 진덕수 자신이 붙였고, '서산선생진문충공문장정종西山先生眞文忠公文章正宗'이라는 서명은 후인들이 진덕수를 추숭하여 그의 아호와 시호를 덧붙인 것이다. 진덕수는『문장정종』의 강목綱目에서 "정종正宗"이라 한 것은 후세에 문사文辭에는 변화가 많아 학자들에게 올바른 원류源流를 알게 하고자 한 것이다. (중략) 선비가 학문에 종사하는 것은 이치를 궁구하고 쓰임을 다하기 위해서이다. 문장은 학문의 하나이나 이것에서 벗어나지 않는다. 그러므로 지금 집록輯錄한 것들은 의리를 밝히고 세상의 쓰임에 절실한 것을 위주로 삼았으며, 그 문체는 고古에 근본하고 그 뜻은 경經에 가까운 것들이라야 취하였다. 그렇지 않으면 문사文辭가 뛰어나더라도 수록하지 않았다.'고 밝혔다.

『문장정종』에는 '사명辭命'·'의론議論'·'서사敍事'·'시부詩賦' 네 분류로 나누어 작품이 수록되어 있으며, 본서에는 권21 '서사'에 속하는 작품이 수록되어 있다. 본서의 수록작은 다음과 같다.

| 권차 | 문류 | 작가 | 수록작품명 |
|---|---|---|---|
| 卷21上 | 碑誌傳狀 | 韓愈 | 柳子厚墓誌銘, 李元賓墓銘, 南陽樊紹述墓誌銘, 貞曜先生墓誌, 施先生墓銘, 孔左丞墓誌銘, 王常侍墓誌銘, 張給事墓誌銘, 孔司勳墓誌銘, 王評事墓誌銘, 馬少監墓誌銘, 女挐壙銘, 贈太傅董公行狀 |
| | | 柳宗元 | 段太尉逸事狀 |
| | 記 | 韓愈 | 汴州東西水門記, 燕喜亭記, 畫記, 藍田縣丞廳壁記 |
| | | 柳宗元 | 桂州訾家洲亭記, 永州新堂記, 零陵三亭記, 零陵郡復乳穴記, 道州毁鼻亭神記 |
| 卷21下 | 記 | 柳宗元 | 永州龍興寺東丘記, 游黃溪記, 始得西山宴遊記, 鈷鉧潭記, 鈷鉧潭西小丘記, 至小丘西小石潭記, 袁家渴記, 石渠記, 石澗記, 小石城山記, 柳州東亭記, 柳州山水近治可游者記 |
| | 序 | 韓愈 | 張中丞傳後叙, 贈張童子序, 送幽州李端公序, 送鄭尙書序, 送水陸運使韓侍御歸所治序, 送李愿歸盤谷序, 鄆州溪堂詩序 |
| | | 柳宗元 | 愚溪詩序 |

본서에 수록된 43편의 작품은 모두 한유韓愈와 유종원柳宗元의 고문古文이다. 그들의 문집이나『당송팔대가문초』에 실려 있는 작품 제목과 일부 차이가 나는 것들도 있다.

**[우측 면]**

定遠丞誌在元和之前去水為是妻曰太原王氏先

生辛子曰友直明州鄞縣主簿作鄞或曰友諒太廟齋郎

系曰

先生之祖氏自施父其後施常事孔子以彰雛為博士

延為太尉太尉之孫始為吳人曰然曰續亦載其跡或

先生之興公車是召纂序前聞于光有曜古聖人言

績

其旨密微箋汪紛羅顛倒是非聞先生講論如客

得歸作早讓肥肥出言孔揚

之譚懇今其死矣誰嗣為宗作其縣曰萬年原曰神禾

高四尺者先生墓墓誌銘

孔左丞墓誌銘

**[좌측 면]**

孔子之後三十八世有孫曰戣字君嚴事唐為尚書左

丞年七十三上書去官天子以為禮部尚書祿之終

身而不敢煩以政無三上吏部侍郎韓愈常謂其能謂

曰公尚壯上三留奚去之果下方無公字留曰吾敢要君

吾年至一宜去吾為左丞不能進退郎官唯相之為二

宜去詔方從古者有司年無至曰則致仕今大夫年必

然以為洪所引龔勝邴漢俱乞骸骨恐未必然而不取

遂以○二字尤健但如此則君下知少一本乙君吾故

愈又曰古之老於

鄉者將自佚非自苦閒井田宅具在親戚之不仕與倦

而歸者不在東阡在北陌可杖屨往來也今異於是公

誰與居且公雖貴而無留資何恃而歸曰吾負二宜去

---

본서의 특징은 평점비평評點批評과 교감校勘이 수행된 자료라는 점을 들 수 있다. 본문에 비점批點과 원권圓圈을 쳐 놓았고 난외欄外에 평어評語를 기재해 놓았다. 『문장궤범文章軌範』·『고문집성古文集成』 등의 평어를 옮겨적은 것도 있으나, 어떤 것은 미상의 문헌에서 옮겨 적은 것인지 기록자의 생각인지 알 수 없다. 교감 내용을 기록한 사례들도 여럿 보이는데, 이는 이 비평 활동을 한 사람이 한문에 밝았으며 이 문헌을 정독하였음을 여실히 보여준다.

『문장정종』은 주자학자였던 진덕수의 문학관에 따라 편찬되었으므로 조선조 내내 사대부들에게 널리 읽혔다. 조선 초기부터『문장궤범文章軌範』·『고문진보古文眞寶』와 함께 고문과 고시를 학습하기 위해 식자층에 널리 애독되던 책으로, 특히 한문산문을 학습하고 감상하거나 평가하고 선별하는 데 하나의 전범이자 준거로서 조선조에 오랜 기간 심대한 영향을 끼쳤다. 조선 초기부터 후기에 이르기까지 금속활자로 여러 차례 간행되었던 사실이 이를 방증한다.『세종실록』10년(1428) 11월 12일조에는 경연에서 '『문장정종』은 공부하는 사람이면 알아야 하는 책이니 주자소鑄字所를 시켜 이를 인행印行하게 하라'는 기록이 있다. 세종조에 간행된 경자자본庚子字本과 영조조에 간행된 무신자본戊申字本, 그 외 목판본 등의 여러 판본이 전하고 있다. 본서는 1429년(세종 11)에 간행된 금속활자로 인쇄한 경자자본으로, 임진왜란 이전에 간행된 금속활자본이라 판본상 매우 귀중한 자료로 평가받는다. 또한 최근 학계에 보고된 고려대 만송문고와 서울대 규장각한국학연구원 소장본『문장정종』에는 본서와 동일하게 '정심수분正心守分'이 날인되어 있다. 본서는 그와 한 질을 이루지만 아직 학계에 알려지지 않은 책으로, 비평 양상을 고찰할 때 함께 참고해야 할 중요본으로 판단된다. 김종민

주제어
문장정종文章正宗, 진덕수眞德秀, 한유韓愈, 유종원柳宗元

참고문헌
김학주,『조선시대 간행 중국문학 관계서 연구』, 서울대학교출판부, 2000.
노요한,「高麗大 晚松文庫 所藏 庚子字本『西山先生眞文忠公文章正宗』書入 評點과 評語에 대하여」,『동아한학연구』18, 고려대학교 한자한문연구소, 2024.

# 아음회편
# 雅音會編
## Yǎ Yīn Huì Biān

貴 D02C-0084

| | |
|---|---|
| 서명 | 雅音會編 |
| 저자 | 康麟(明) 集次；王鈍(明) 校正 |
| 판본 | 木版本 |
| 발행 | [中國(明)]: 勉學書院, 嘉靖24(1545)序 |
| 형태 | 12卷12冊：四周單邊, 半郭 20.3×14.4cm, 無界, 9行 20字 小字雙行, 無魚尾；28.2×17.7cm |
| 주기 | 翻刊雅音會編叙: 大明嘉靖歲舍乙巳(1545)仲冬吉日 潘藩南山道人[朱胤栘] 題於勅賜勉學書院 |
| | 雅音會編序: 天順癸未(1463)春三月旣望 雅音會編詩 集後序 |
| | 雅音會編序: 天順癸未(1463)夏四月旣望 漳州府儒學 訓導後學斆溪王鈍希敏謹序, 羊城康麟文瑞識 |
| | 印記: 驪興人閔鼎重大受記, 石霞, [春] |
| | 綿紙 |

雅音會編卷之一

羊城康麟文瑞集次

後學剡溪王鈍校正

上平聲

一東

五言絶句

正音

鳥鳴磵

王維

人閒桂花落夜靜春山空月出驚山鳥時鳴春磵中

1463년(天順 7)에 명나라 강린康麟(?~?)과 왕둔王鈍(?~?)이 기록하여 편찬한 책으로, 평성平聲 30운韻을 강령으로 삼아 당시唐詩 3,800여 수를 수록하였다. 본서는 1545년(嘉靖 24)에 명나라 면학서원勉學書院에서 간행한 목판본이다.

표제 및 권수제는 '아음회편雅音會編', 판심제는 '회편會編'이다. 표지 우측상단에는 해당 책에 수록된 사성四聲을 묵서墨書하였다. 판식은 사주단변, 9행 20자, 무계無界, 무어미無魚尾이다. 본래 표지가 없는 중국본을 조선 방식으로 개장改裝한 책으로, 칠보문七寶紋 표지에 5침안으로 선장하였다. 표지 우측상단에는 '평성平聲'이, 서뇌書腦 하단에는 총책수總冊數인 '공십이共十二'가 묵서되어 있다.

각 책 권수 우측하단에는 주문朱文 정방형인장 '여흥인민정중대수기驪興人閔鼎重大受記'가 날인되어 있어, 조선 중기의 문신인 민정중의 수택본手澤本임을 알 수 있다. 민정중의 자는 대수大受, 호는 노봉老峯이다. 본관은 여흥이고 부친은 민광훈閔光勳, 모친은 이광정의 딸이다. 『현종실록顯宗實錄』 10년(1669) 10월 18일조에 '동지정사 민정중, 부사 권상구, 서장관 신경윤을 청나라에 보냈다.[遣冬至正使閔鼎重 · 副使權尙矩 · 書狀官愼景尹于淸國]'는 기록이 있어, 민정중이 사행길에 이 책을 구입하여 소장하였으리라 추측된다. 책의 곳곳에는 근대의 인장으로 보이는 주문 원형인장 '석하石霞' · '춘춘'이 날인되어 있다. 남묵藍墨 · 주묵朱墨으로 비점批點이 표기되어 있다.

편찬자인 강린의 자字는 문서文瑞이며 광동廣東 순덕順德 사람이다. 경태景泰 5년에 진사進士가 되었고 관직이 복건안찰첨사福建按察僉事에 이르렀던 인물이다.

본서는 모두 12권으로 구성되어 있는데, 존경각에는 12권이 모두 소장되어 있다. 각 권수에 모두 '양성의 문서 강린이 집차함[羊城康麟文瑞集次]', '후학 섬계의 왕둔이 교정함[後學剡溪王鈍校正]'이라고 되어 있어, 편찬한 인물과 교정자를 알 수 있다.

『아음회편』 제1책에는 「번간아음회편서翻刊雅音會編叙」가 실려있다. '1545년 음력11월 초하룻날 심번 남산 도인이 면학서원에서 제하였다[大明嘉靖歲舍乙巳(1545)仲冬吉日 瀋藩南山道人題於勅賜勉學書院]'고 되어 있다. 남산도인은 심헌왕瀋憲王 주윤체朱胤杉를 말하는데, 그는 명나라 태조 주원장朱元璋의 7대손으로 명나라 제5대 심왕瀋王이다. 「번간아음회편서」 말미에는 '심왕사보瀋王私寶', '성손유번誠損維藩'의 출판인出版印을 그대로 인출하였다. 그 뒤에 수록된 「아음회편서雅音會編序」는 1463년(세조 9) 3월 16일에 강린이 쓴 것인데, 말미에는 이 책을 '아음회편시집雅音會編詩集'이라고 지칭하고 있다. 이어지는 「아음회편서」는 역시 강린이 1463년 4월 16일에 썼고, 장주부章州府 유학儒學 훈도후학訓導後學 섬계剡溪 왕둔王鈍이 지식하였다. 그 뒤에는 「아음회편총목」이 이어진다. 다음은 권차별 내용을 개략적으로 정리한 표이다.

| 운자 | 권차 | 내용 |
| --- | --- | --- |
| 上平聲 | 1 | 王維「鳥鳴磵」, 儲光羲「江南曲」, 盧綸「酬李益」, 暢當「宿潭上」, 錢起「石井」, 司空曙「留別盧秦卿」, 杜甫「進艇」 |
| | 2 | 盧綸「贈別司空曙」 ~ 「曉發公安數月憩息此縣」 |
| | 3 | 王維「山十送別」 ~ 杜甫「寄岑嘉州參」 |
| | 4 | 杜甫「見京兆韋軍量移東陽」 ~ 韓愈「廣宣上人頻見過」 |
| | 5 | 于勃「臨江」 ~ 杜甫「示獠奴阿段」 |
| | 6 | 王維「息婦人」 ~ 「秋風」 |
| 下平聲 | 7 | 楊炯「夜送趙縱」 ~ 「堂成」 |
| | 8 | 盧綸「塞下曲」 ~ 韓愈「答張十一功曹」 |
| | 9 | 崔顥「長干行」 ~ 杜甫「七月一日題終明府水樓」 |
| | 10 | 宋之問「別杜審言」 ~ 韓愈「戲題牧丹」 |
| | 11 | 王績「過酒家」 ~ 王建「寄韓愈侍郎」 |
| | 12 | 大叔倫「三閭廟」 ~ 許渾「維舟秦淮過溫州李給事宅」 |

者其覽之云

大明嘉靖歲舍乙巳仲冬吉日

　藩藩南山道人題於

勑賜勉學書院

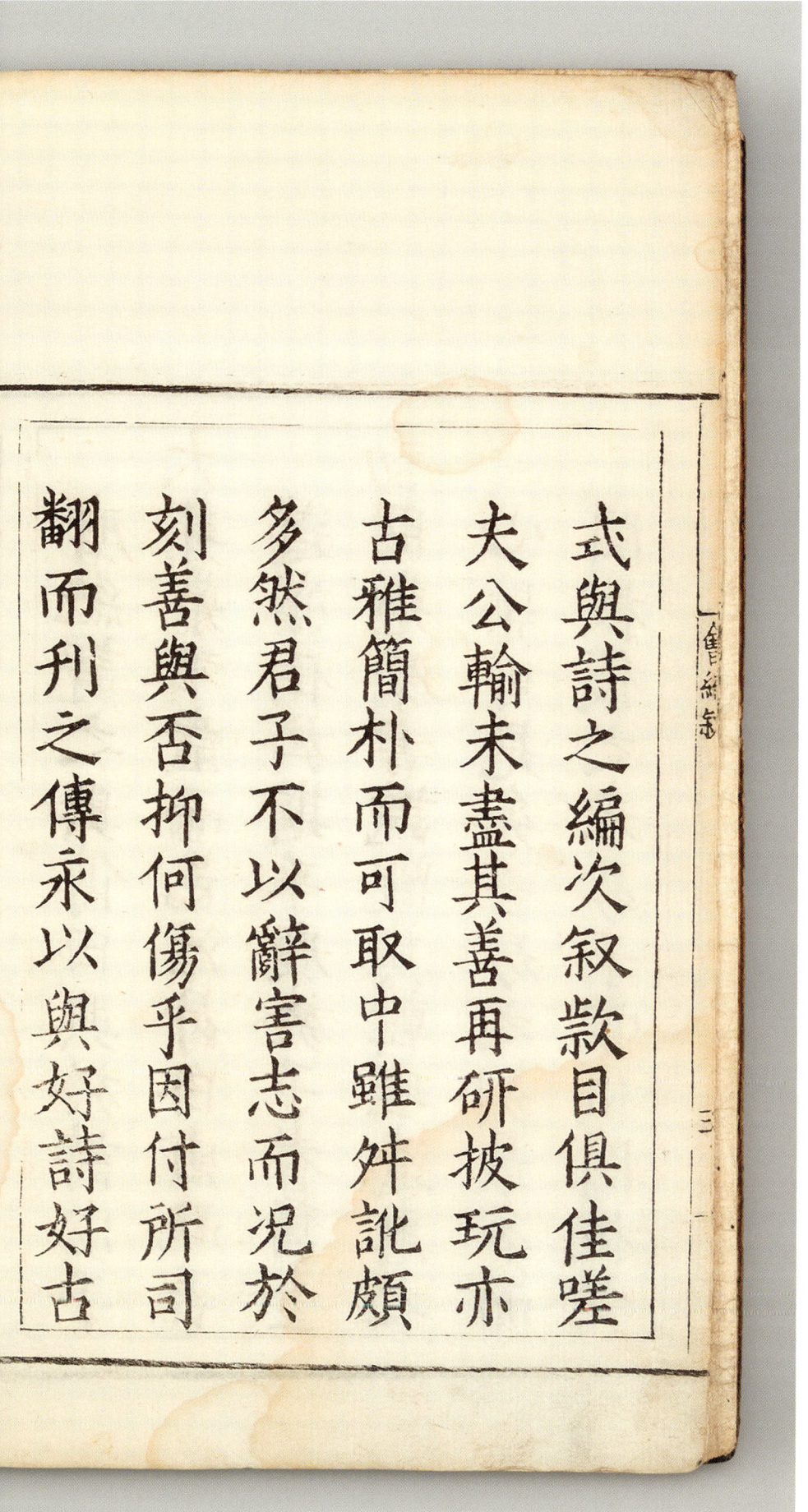

夫公輸未盡其善再研披玩亦
式與詩之編次叙欵目俱佳噎
古雅簡朴而可取中雖舛訛頗
多然君子不以辭害志而况於
刻善與否抑何傷乎因付所司
翻而刊之傳永以與好詩好古

『아음회편』은 본래 1463년에 강린康麟과 왕둔王鈍이 기록하여 편찬된 것인데, 본서는 1545년의 번간본『아음회편』으로 보인다. 『아음회편』에 대한 기록은 드물어 고증이 쉽지 않은 부분이 많은데, 존경각에 12권 전권이 모두 소장 되어 있어 고증 및 연구에 큰 도움이 된다. 방현아

주제어
아음회편雅音會編, 강린康麟, 왕둔王鈍, 민정중閔鼎重

풍소궤범
風騷軌範
Pungso gwebeom

| 서명 | 風騷軌範 | 집부 |
| --- | --- | --- |
| 저자 | 成俔(朝鮮) 等編 | 集部 |
| 판본 | 木版本 | 16 |
| 발행 | 江原道 原州: 江原監營, 成宗15(1484)序 | |
| 형태 | 前集16卷5冊·後集29卷9冊, 共14冊: 四周雙邊, 半郭 19.2×15.0cm, 有界, 11行18字 | |
| | 小字雙行, 大黑口, 上下內向黑魚尾; 29.4×19.7cm | |
| 주기 | 風騷軌範序: 所與同撰者 權健叔強·安琛子珍·金訢君節·李昌臣國耳·曺偉大虛· | |
| | 申從濩次韶 而余之罃響東來[江原監營] 遂鋟于梓焉 成化二十年甲辰(1484)孟冬朔 昌寧 | |
| | 成俔磬叔序 | |
| | 總冊數: 共十四(書腦) | |
| | 印記: 男富儀謹追記, 先相公家藏書, 檜油文庫 | |
| | 楮紙 | |

조선 전기의 문신 성현成俔(1439~1504) 등이 편찬하여
간행한 중국 고시선집古詩選集으로, 한漢·위魏에서부터
원말元末에 이르기까지의 고시 3,096수가 수록되어
있다. 본서는 1484년(성종 15) 성현이 쓴 서문이 수록
된 목판본이다.

전집前集 16권, 후집後集 29권 총45권 14책의 완질본
으로 권수제와 판심제, 표제는 모두 '풍소궤범風騷軌範'
이다. 황색표지에 오침안정법五針眼訂法으로 장황粧繢
하였다. 판식은 사주쌍변四周雙邊, 유계有界, 11행 18자,
상하대흑구上下大黑口, 상하내향흑어미上下內向黑魚尾이다.
별도의 간기가 없어서 정확한 간행 연도를 알기 어렵
지만, 권수에 수록한 1484년 성현成俔이 지은 서문을
통해서 간행 연도를 유추해 볼 수 있다.

각 책의 표제 하단에 '전前'·'후後'를 묵서墨書하여
전집과 후집을 구분하였고, 그 하단에 권차를 묵서하
였다. 서뇌書腦 하단에 총책수總冊數인 '공십사共十四'를
묵서하였다. 서문 권수면 우측 하단에 '선상공가장서
相公家藏書', '남부의근추기男富儀謹追記'라는 장서인이
있다. 이는 조선 전기의 문신 김연金緣과 그 아들 김부의
金富儀의 장서인으로 본래 광산김씨 집안에서 전래
하던 책이었음을 알 수 있다. 전집前集 제2책의 표지
및 제2책 권4의 제1장이 낙장이고, 제2장의 상단은
훼손이 있다.

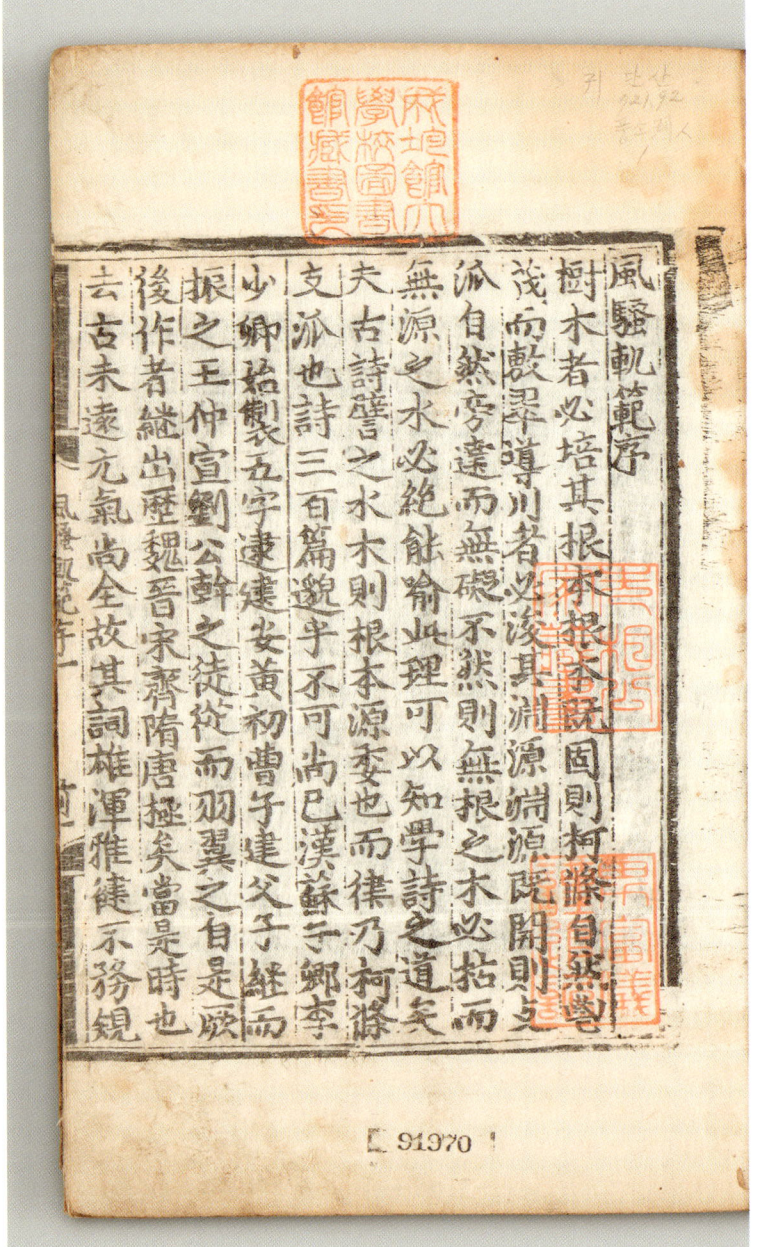

편자인 성현의 본관은 창녕昌寧, 자는 경숙磬叔, 호는 용재慵齋·부휴자浮休子·허백당虛白堂이다. 부친은 지중추부사知中樞府事를 지낸 성염조成念祖이고 모친은 순흥안씨順興安氏 안종약安從約의 딸이다. 첫째 형은 판서를 지낸 성임成任이고 둘째 형은 수찬을 지낸 성간成侃이다. 성현은 일찍 부친을 여의고 문재文才가 뛰어난 두 형에게 수학하였다. 교유한 인물로는 서거정徐居正, 이승소李承召, 강희맹姜希孟, 김수온金壽溫 등이 있다. 1462년(세조 8) 문과에 급제하여 부제학, 대사간, 대사성, 동부승지, 형조 참판, 강원도 관찰사, 한성부 판윤, 공조 판서 등 중앙의 요직을 두루 역임하였다. 문학적 역량을 인정받아 4차례나 중국에 다녀왔는데, 특히 1488년(성종 19) 평안도 관찰사 재임 시절에 명明 사신 동월董越과 왕창王敞을 접반하는 자리에서 시를 지어 그들을 탄복하게 하였다. 저서에 『악학궤범樂學軌範』·『용재총화慵齋叢話』·『부휴자담론浮休子談論』·『풍아록風雅錄』 등이 있으며, 문집으로 『허백당집虛白堂集』이 있다. 시호는 문대文戴이다.

본서의 권수에 수록된 성현의 서문을 통해 편찬 목적 및 간행 경위를 확인할 수 있다. 성현은 율시律詩와 절구絕句에는 각각 『영규율수瀛奎律髓』와 『연주시격聯珠詩格』이라는 전범이 있는데, 고시古詩에 관해서는 모범이 되는 책이 없다고 하였다. 이에 중앙의 비각秘閣에 소장된 여러 전적을 참고하여 중국의 한漢·위魏 시기부터 원말元末에 이르기까지의 고시 약 3,000여 수를 망라하여 편찬한 것이라 밝히고 있다. 서문의 말미에는 편찬에 참여한 인원이 확인되는데, 권건權健, 안침安琛, 김흔金訢, 이창신李昌臣, 조위曹偉, 신종호申從濩의 순서로 언급되어 있다. 이들은 당대 명문가 출신으로 정계 및 학계에서 손꼽히는 인물들이었다. 이를 통해 당시의 중앙 관료들이 '고시선집의 부재'라는 공통의 문제 의식을 가지고 『풍소궤범』을 편찬했음을 알 수 있다.

본서의 간행 시기는 성현이 강원도 관찰사를 지내던 1484년(성종 15) 10월이다. 성현은 1483년(성종 14) 11월부터 1484년(성종 15) 10월까지 강원도 관찰사를 지냈다. 대략 1년여 동안 판각이 이루어졌고 체직된 달에 간행이 완료되었는데, 거질巨帙의 책을 상당히 빠른 기간 내에 간행한 것으로 보인다. 이처럼 신속하게 진행된 것은 일차적으로 지방관이 체직되면 판각 작업이 중지되었기 때문이다. 『풍소궤범』은 1568년(선조 1)에 간행된 『고사촬요攷事撮要』 「팔도책판목록八道冊板目錄」 '정선旌善'조에 저록되어 있는데, 이는 지방의 여러 고을에서 판각을 분담하여 작업하는 조선 전기의 일반적인 출판 방식을 보여준다. 『풍소궤범』은 국립중앙도서관, 서울대학교 규장각한국학연구원, 성암고서박물관, 계명대학교 도서관, 고려대학교 도서관 등에서 낙질본을 소장하고 있다. 완질로 소장된 곳은 성균관대학교 존경각과 영남대학교 도서관이다.

본서는 전집 16권, 후집 29권의 총 45권 14책으로 구성되어 있다. 권수에 성현의 서문과 수록 작품의 목록이 실려 있다. 악부풍 한시가 주로 수록된 전집은 형식에 따라 분류하였고, 각종 고시가 수록된 후집은 내용에 따라 분류하였다. 권차별 분류와 수록 시의

四言體

短歌詩

武帝

對酒當歌人生幾何譬如朝露去日苦多慨當
以慷憂思難忘何以解憂唯有杜康青青子衿
悠悠我心但為君故沈吟至今呦呦鹿鳴食野
之苹我有嘉賓鼓瑟吹笙明明如月何時可掇
憂從中來不可斷絕越陌度阡枉用相存契闊
談讌心念舊恩月明星稀烏鵲南飛繞樹三币
何枝可依山不厭高海不厭深周公吐哺天下
歸心

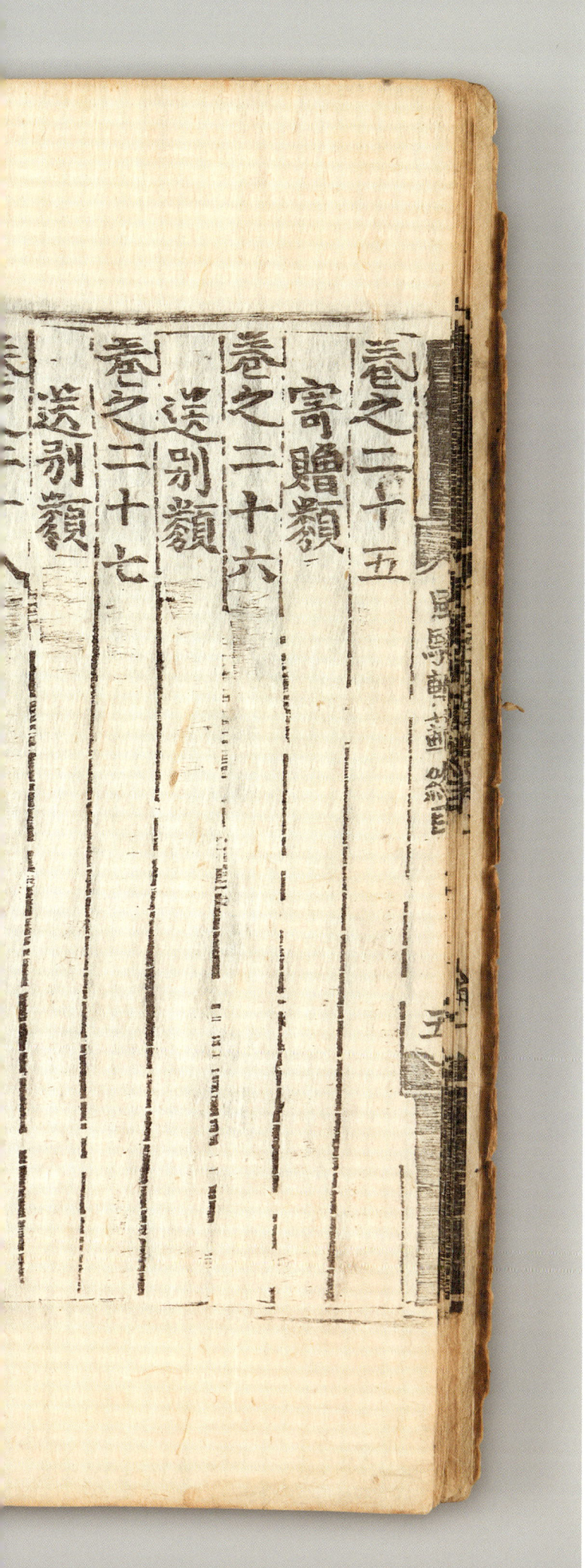

수량은 다음과 같다. 전집은 총 23개의 형식에 1,100수의 시가 수록되어 있다. 권1은 사언체四言體 27수, 권2는 고풍체古風體의 의고격擬古格 31수, 권3은 고풍체의 의고용구격擬古用句格 17수, 잡시격雜詩格 15수, 권4는 고풍체의 견흥우회격遣興寓懷格 21수, 잡고체雜古體 22수, 언체言體 6수, 조체操體 25수, 권5는 악부체樂府體 98수, 권6은 가체 상歌體上 62수, 권7은 가체 하歌體下 79수, 권8~10은 행체行體 203수, 권11은 음체吟體 31수, 곡체曲體 63수, 권12는 곡체 35수, 요체謠體 29수, 사체詞體 26수, 권13은 사체 29수, 인체引體 21수, 원체怨體 16수, 탄체歎體 17수, 권14는 편체篇體 24수, 영체詠體 5수, 금언체禽言體 6수, 백량체栢梁體 35수, 권15는 장단구체長短句體 63수, 권16은 집구체集句體 5수, 연구체聯句體 9수, 절구체絶句體 80수이다. 후집은 총 21개의 내용 분류에 1,996수가 수록되어 있다. 후집의 권1~3은 유람류遊覽類 247수, 권4는 지리류地理類 69수, 권5~6은 천문류天文類 133수, 권7은 절서류節序類 79수, 권8~9는 궁실류宮室類 113수, 권9는 현달류顯達類 19수, 권10은 한적류閑適類 76수, 권11은 우상류憂傷類 55수, 권12는 연락류宴樂類 79수, 권13은 연락류 25수, 기용류器用類 21수, 문방류文房類 33수, 권14는 도화류圖畵類 60수, 권15는 도화류 67수, 권16은 회고류懷古類 63수, 권17은 회고류 57수, 권18은 인품류人品類 50수, 권19는 선석류仙釋類 66수, 권20은 선석류 57수, 권21은 준동류蠢動類 78수, 권22는 정식류靜植類 64수, 권23은 정식류 78수, 권24는 기증류寄贈類 88수, 권25는 기증류 70수, 권26은 송별류送別類 72수, 권27은 송별류 65수, 권28은 회방류懷訪類 46수, 잡부류雜賦類 23수, 권29는 잡부류 44수이다.

『풍소궤범』은 현전하는 최고最古의 '한국본 중국 고시선집'이라는 점에서 의미가 있다. 아울러 비각秘閣에 소장된 중국본 문헌들을 참조하여 편찬했다는 점에서 조선 전기 학술 및 문예의 수준을 보여준다. 전통적인 시 분류 방식을 계승하되, 분류 항목을 새롭게 설정하고 세분화된 분류 방식에 따라 참신한 선시選詩 기준을 제시했다는 점에서 독창성을 지니는 시선집이라고 할 수 있다. 또한 존경각 소장본은 드물게 전해지는 완질본으로 그 가치가 높다. 임영길

주제어

풍소궤범風騷軌範, 성현成俔, 고시선집古詩選集

참고문헌

임준철, 「『風騷軌範』의 편찬과 체재 특성 연구」, 『한국시가연구』48, 한국 시가학회, 2019.

# 문한유선대성
## 文翰類選大成
### Munhan yuseon daeseong

貴 D02C-0193

---

| | | |
|---|---|---|
| 서명 | 文翰類選大成 | 집부 |
| 저자 | 李伯璵(明) 編輯 ; 馮厚(明) 校正 | 集部 |
| 판본 | 金屬活字本(乙酉字) | 17 |
| 발행 | [漢城]: [印局], [成宗17(1486)]頒賜 | |
| 형태 | 3卷1冊(缺帙): 四周單邊, 半郭 22.0×15.2cm, 有界, 13行21字 小字雙行, 上下內向 | |
| | 黑魚尾 ; 30.5×20.0cm | |
| 주기 | 版心題: 文翰類選 | |
| | 發行事項 推定: 『成宗實錄』17年(1486) 12月14日 '頒賜新印文翰類選于文臣' | |
| | 所藏: 卷105-107, 落張: 앞表紙 및 卷105 目錄 | |
| | 印記: 壽禧(卷末) | |
| | 楮紙 | |

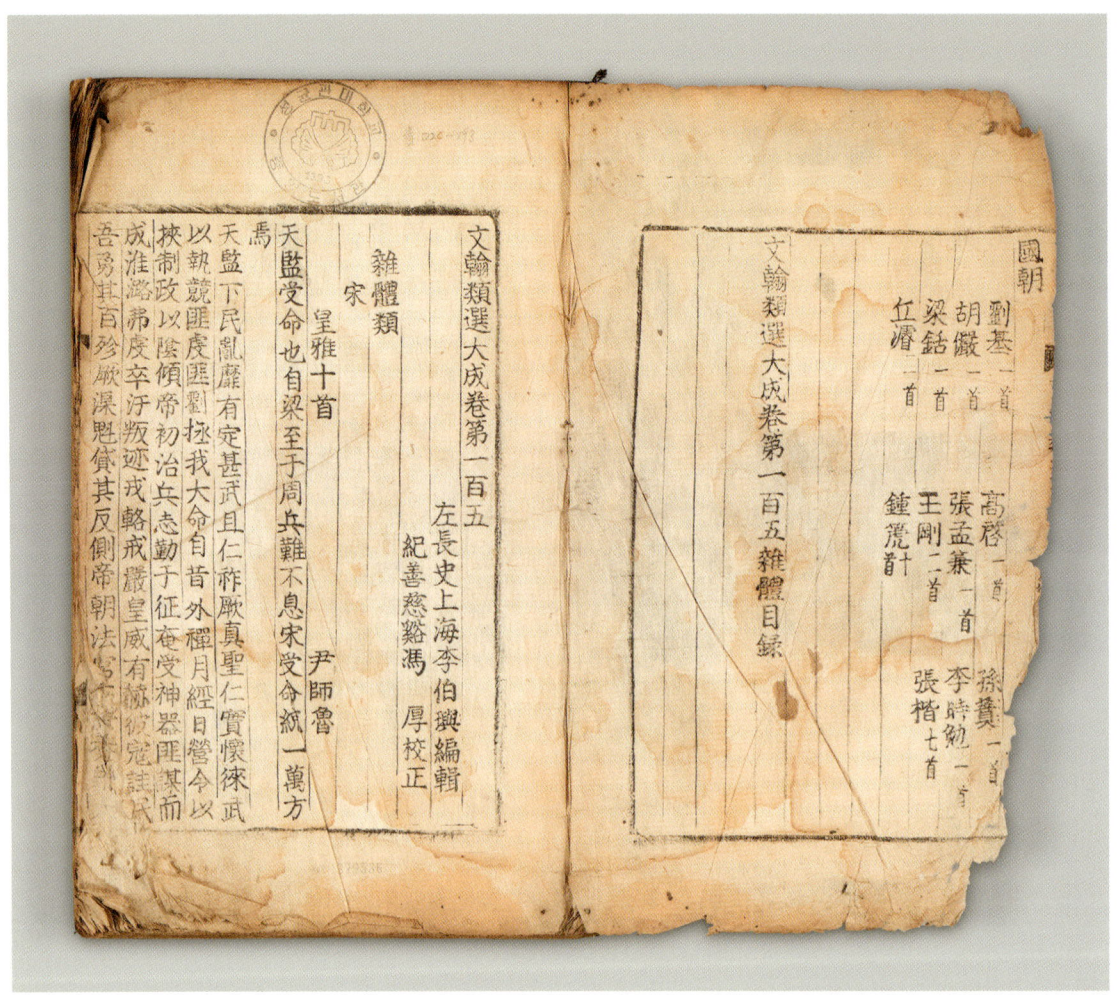

중국 역대의 시문詩文을 문체별로 선별하여 집성한 책이다. 명나라 이백여李伯璵(?~?)가 정통正統 연간 (1439~1449)에 회왕淮王 기전祁銓(1435~1502)의 명을 받아 편집하고 동시대 풍후馮厚(?~?)가 교정하여 총 163 권에 이르는 방대한 분량으로 간행하였다. 본서는 1484년(성종 15) 무렵 금속활자인 을유자乙酉字로 간행한 책으로, 전체 163권 중 권105부터 권107까지 3권 1책을 소장하고 있다.

판심제版心題는 '문한유선文翰類選'이다. 앞표지와 권105의 목록 중 1면이 결락되어 있는 상태이다. 판식은 사주단변四周單邊, 유계有界, 13행 21자, 상하내향흑어미上下內向黑魚尾이다. 을유자는 1465년(세조 11)에 주조한 동활자로, 정난종鄭蘭宗의 서체를 바탕으로 만들었다고 전해진다. 글자체는 편편하고 대체로 정방형인 것이 특징이다. 갑진자를 만들 때 녹여 쓰면서 자취를 감추었고 현재 그 인쇄본이 몇 종 남아서 전해지고 있다. 2019년 인사동에서 출토된 금속활자 중에 을유자와 을유자체 한글활자가 확인되기도 하였다. 서울대 규장각 한국학연구원에는 중국에서 간행된 명판본明版本 『문한유선대성』 2종이 있는데, 모두 1473년(成化 9)의

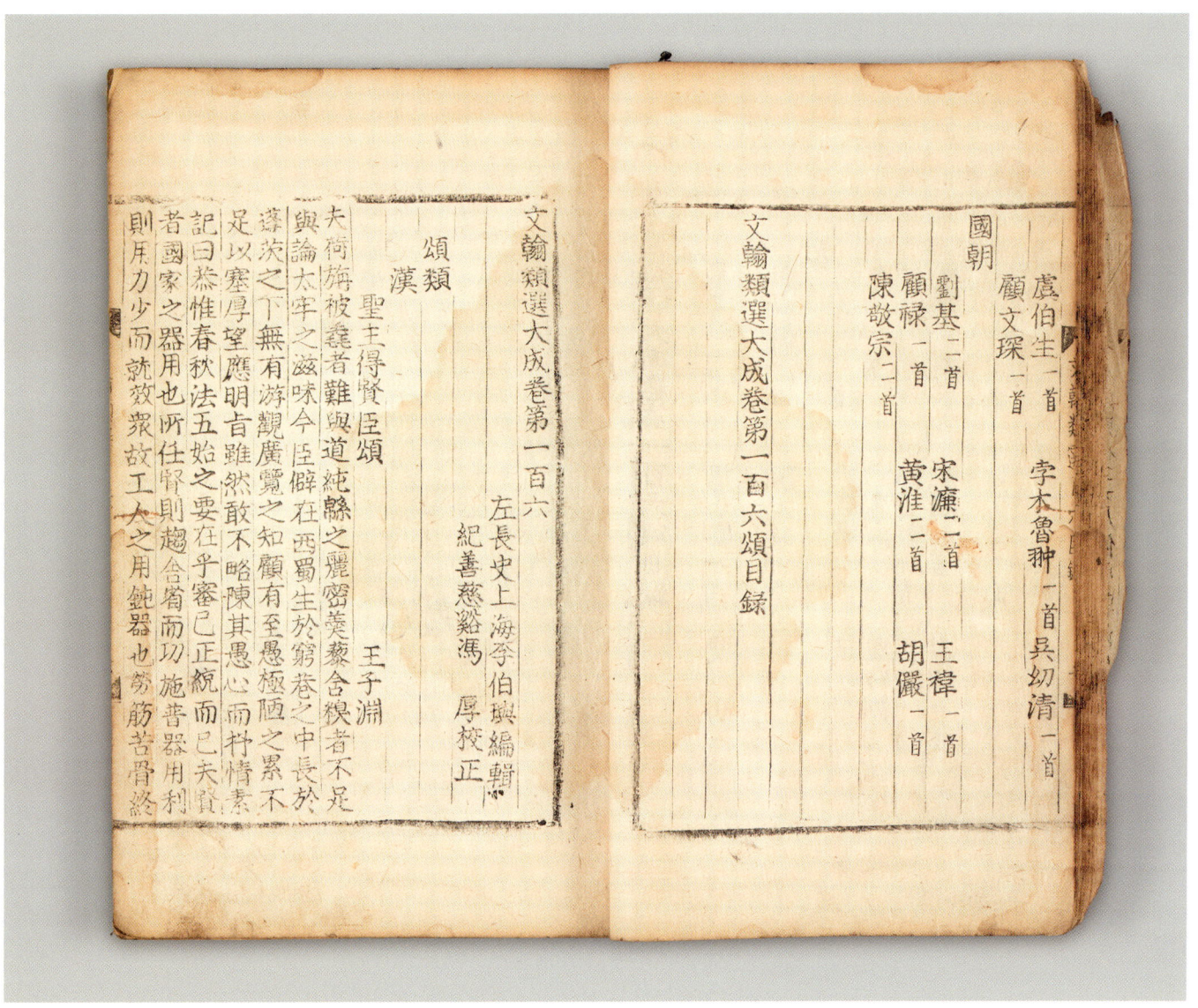

발문이 있는 책으로 당시에 간행된 것으로 보인다. 따라서 이 책은 간행 직후에 조선에 전해져서 성종대에 을유자로 다시 간행된 것임을 알 수 있다.

각 권수마다 목록이 수록되어 있다. '수희壽禧'라는 인문印文의 장서인이 권말卷末에 묵인墨印되어 있다.

『문한유선대성』의 조선 유입과 간행은 1480년(성종 11) 4월에 주문사奏聞使 어세겸魚世謙이 북경에서 돌아와 중국본을 진상한 실록의 기록과 1486년(성종 17) 12월 14일 기사에 '새로 인출한 『문한유선』을 문신에게 반사하였다.'라고 한 기록으로 그 시기를 추정할 수 있다. 즉 1486년 이전임을 알 수 있는데, 을유자의 사용시기가 갑진자의 주조이전일 것이므로 최소한 갑진자 주조시기인 성종 15년(1484) 이전에 책의 간행이 있었을 것으로 보인다.

을유자는 갑진자(1485년)를 만들면서 녹였기 때문에 남아 있는 인본이 희소한 편이어서 인쇄사적으로도 중요하게 다루어진다. 을유자가 조선전기의 금속활자로 주목받는 또 다른 이유 중의 하나는 글자의 자본字本을 정난종鄭蘭宗의 글씨로 썼다는 것이다. 초기의 금속활자는 대부분 그러하듯 중국문헌을 저본으로 글자본을 쓰는 경우가 많았다. 을유자는 정난종의 글씨를 자본으로 하였기에 세조나 안평대군과 함께 조선 초기 금속활자의 자본을 쓴 우리나라 인물로 알려지게 되었다. 현전하는 을유자인본을 살펴보면 『문한유선대성』 외에도 을유자와 을유자 한글활자로 찍은 『대방광원각수다라요의경大方廣圓覺修多羅了義經』, 을유자로 찍은 『병장설兵將說』·『불과원오선사벽암록佛果圜悟禪師碧巖錄』·『육경합부六經合部』·『당서唐書』 등이 알려져 있다.

책의 구성 체제는 권수제 다음 행에 '좌장사左長史 상해上海 이백여李伯璵 편집編輯', '기선紀善 자계慈谿 풍후馮厚 교정校正'이라고 편집자와 교정자를 표시하고 있으며, 중국 초기부터 명대明代까지 역대의 문장을 선별하여 엮었다.『문한유선대성』에 수록된 시문은 권차에 따라 유형을 구분하고 다시 시기별로 구분한 다음 작성인물의 순서에 따라 작품을 나열하였다. 존경각 소장본을 권차에 따라 살펴보면 다음과 같다.

먼저 권105는 잡체류雜體類로 송나라 윤사노尹師魯의 황아십수皇雅十首를 비롯한 24인의 작품과 원나라 진강중陳剛中 등 6인, 명나라 유기劉基 등 11인의 작품을 수록하였다. 권 106은 송송으로 한나라 왕자연王子淵 등 3인, 진晉나라 유백륜劉伯倫 등 2인, 당나라 진백옥陳伯玉 등 12인, 송나라 석수도石守道 등 2인, 원나라 우백생虞伯生 등 4인, 명나라 유기劉基 등 7인의 작품을 수록하였다. 권 107은 명명銘으로 동주東周의 송정고부宋正考父, 한나라 반맹견班孟堅 등 2인, 진나라 장맹양張孟陽, 양나라 육좌공陸佐公, 당나라 이하숙李遐叔 등 24인, 송나라 왕원지王元之 등 9인, 원나라 유몽길劉夢吉 등 10인, 명나라 유기劉基 등 11인의 작품을 수록하였다. 본서가 결질본이므로 수록 작품 전체를 살펴볼 수는 없으나 존경각 소장본의 내용으로 전체의 구성방식을 이해할 수 있다.

을유자본『문한유선대성』의 완질본은 아직까지 확인되지 않았고 국내외 주요 소장처에 결락본으로 남아 있으며, 그 중 일본 내각문고內閣文庫에 남은 69책이 가장 많다. 국내에는 존경각 소장본 외에도 국립중앙도서관에 권4하, 권24, 권111, 권147, 계명대학교 도서관에 권67~68, 고려대 도서관에 권38~40, 청주고인쇄박물관에 권22, 서울대 규장각에 권53~54, 9~16, 36~37, 139~142, 148~151, 48~49, 한국학중앙연구원 장서각에 권41~42, 그 밖에 성암문고본으로 권2~3, 25~34, 36~38, 40~42, 59~60, 73~74, 107~111, 132~136 등이 전해진다. 다음은 을유자본『문한유선대성』의 국내 소장처와 소장본의 권차를 정리한 표이다.

| 소장 책수 | 소장 권차 | 소장처 | 소장 책수 | 소장 권차 | 소장처 |
|---|---|---|---|---|---|
| 1 | (2張) | 충남대학교 | 1 | 卷48-49 | 서울대학교 규장각한국학연구원 상백문고 |
| 1 | 卷22 | 청주고인쇄박물관 | 1 | 卷53-54 | 서울대학교 규장각한국학연구원 가람문고 |
| 1 | 卷105-107 | 성균관대학교 동아시아학술원 존경각 | 3 | 卷9-16, 36-37, 139-142 | 서울대학교 규장각한국학연구원 |
| 1 | 卷111 | 국립중앙도서관 승계문고 | 1 | 卷148, 151 | 서울대학교 규장각한국학연구원 일사문고 |
| 1 | 補遺(5張) | 국립중앙도서관 일산문고 | 1 | 卷38-40 | 고려대학교 |
| 1 | 卷4下 | 국립중앙도서관 | 13 | 卷25-34, 36-38, 40-42, 59-60, 73-74, 107-111, 132-136 | 성암문고 |
| 1 | 卷24 | 국립중앙도서관 | 3 | 卷2-3, 59-60 | 성암문고 |
| 1 | 卷147 | 국립중앙도서관 | 1 | 卷41-42 | 장서각 |
| 1 | 卷67-68 | 계명대학교 | 69 | 卷3, 4上, 15-19, 30-36, 46-49, 56, 85-87, 103-106, 110-111, 150-151 | 일본 내각문고 |

『문한유선대성』의 결락본을 모두 조사해보면 불완전하지만 한 질을 구성할 수도 있을 것이다. 일본 내각 문고본은 책에 날인된 '성산이씨星山李氏', '이씨언신李氏彦愼' 등의 장서인을 통하여 조선 중기 문신 이언신 李彦愼의 장서임이 확인된다. 그의 본관은 성주星州, 자는 진중眞中 증조부는 이집李諿이고, 조부는 이운거 李云秬이며, 부친은 행사옹원직장行饔院直長 이기李技이다. 성균관대 존경각 소장본에는 '수희壽禧'의 장서인 墨方文印을 확인할 수 있는데 이는 서울대 규장각한국학연구원의 『문한유선대성』 1책본(가람古貴895.1108-Y51m)에 날인된 인장과 동일하다. 규장각 소장본에 함께 날인된 인장이 '인동장선여仁同張善餘', '경윤景胤'인데 이는 3책본(古3421-4)에도 찍혀 있다. '경윤景胤'은 적개공신 장말손張末孫의 자字로 그의 장서인으로 추정할 수 있는 책이다. 이로써 보면 존경각의 '수희' 인장은 인동 장씨 장수희張壽禧의 장서였을 가능성이 있고, 목차의 앞면이 결락되었으므로 나머지 다른 인장도 함께 날인되어 규장각본과 한질을 이루는 책이었을 가능성도 있다. 매우 드문 15세기와 16세기의 장서인을 확인할 수 있는 것이므로 이들은 문헌의 유통과 장서관리 측면에서도 의미있는 자료이다.

존경각 소장본은 비록 1책만 남은 결본이지만 15세기에 인쇄된 초기 금속활자 인본으로서 한국고인쇄사 에서 중요한 의미를 지닌다. 좀 더 깊이 다루어 볼 문제는 이 책의 간행시점과 관련한 것이다. 성종 17년 (1486) 12월 14일 기사에 '새로 인출한 문한유선을 문신에게 반사하였다.'라고 한 기록을 근거로 이 책의 간행시기를 1486년 무렵으로 판단할 수 있지만, 1484년(성종 15)에 을유자를 녹여서 갑진자를 주조한 사실을 유념해보면 갑진자 주조 이전에 책의 간행이 있었을 것으로 판단된다. 서적교류사의 측면에서도 1473년의 발문이 수록된 명대간본이 현전하고 있으므로 한국과 중국의 서적교류사적인 측면에서 유용한 자료로 활용될 수 있다. 옥영정

주제어
문한유선대성文翰類選大成, 이백여李伯璵, 을유자乙酉字, 장수희張壽禧

| | | | |
|---|---|---|---|
| 서명 | 北京八景詩集 | | 집부 |
| 저자 | 鄒緝(明) 等著 | | 集部 |
| 판본 | 木版本 | | 18 |
| 발행 | 慶尙道 慶州: 慶州府, 世宗31(1449)跋 | | |
| 형태 | 不分卷 1冊: 四周雙邊, 半郭 18.7×13.8cm, 有界, 10行20字, 大黑口, 上下下向黑 | | |
| | 魚尾; 28.8×18.2cm | | |
| 주기 | 版心題: 八景詩 | | |
| | 서명은 標題임 | | |
| | 標題面: 新刊 北京八景詩集, 靜觀書院, 皇都景致河山壯 聖代英賢錦繡新 | | |
| | 北京八景圖詩序: 永樂十二年歲次甲午(1412)十一月日…胡廣讀 | | |
| | [後識]: 宣德六年(1431)…曾棨 | | |
| | 跋: 故今鋟梓行 … 正統十四年己巳(1449)春三月日 [慶州]府尹嘉善大夫冠山任從善 | | |
| | 敬跋 | | |
| | 板式: 上下下向白魚尾 混入 | | |
| | 薰精紙 | | |

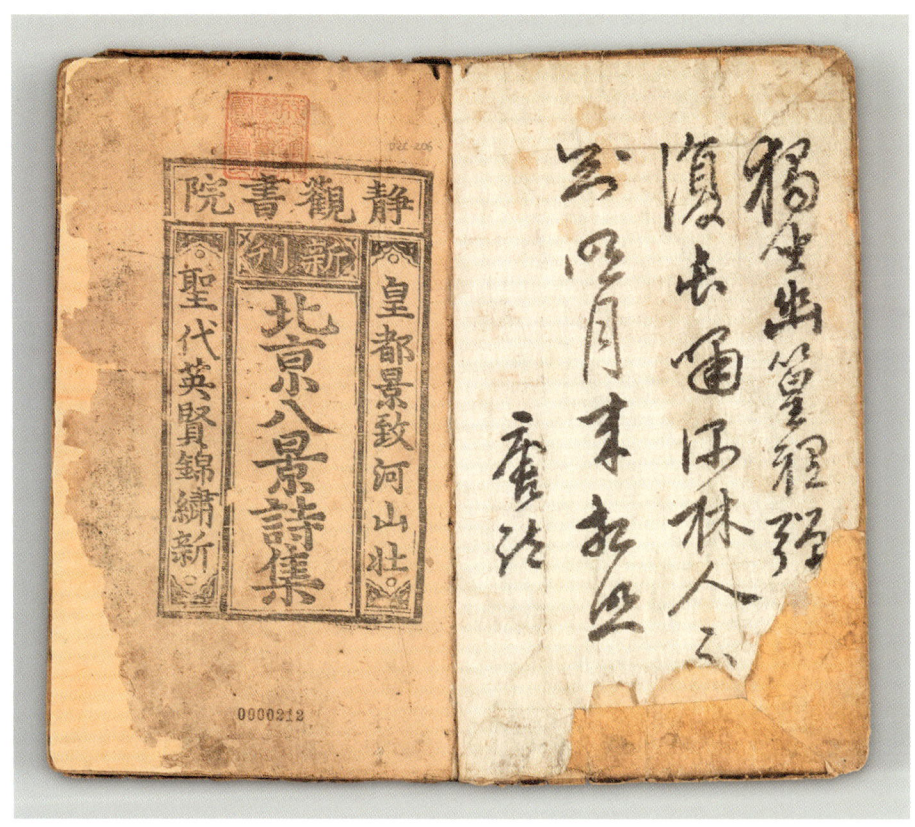

명나라의 시인인 추집鄒緝(?~?) 등의 인물이 북경北京의 여덟 명승지에 대한 시를 지은 것을 모아 편찬한 책이다. 호광胡廣(1369~1418)의 「북경팔경도시서北京八景圖詩序」에 의하면 애초에는 팔경의 도圖가 함께 수록되어 있던 책이다. 본서는 1449년(세종 31) 당시 경주부윤이었던 임종선任從善(?~?)이 경주에서 명간본明刊本을 번각한 책이다.

별도의 권수제가 없고, 서명은 표제標題에 근거하였다. 표제表題는 '북경팔경시北京八景詩', 판심제는 '팔경시八景詩'이다. 황색표지에 오침안정법五針眼訂法으로 장황粧䌙하였으며, 표지 우측에는 8경에 해당하는 '거용첩취居庸疊翠', '옥천수홍玉泉垂虹', '경도춘운瓊島春雲', '태액청파太液晴波', '서산제설西山霽雪', '계문연수薊門煙樹', '노구효월盧溝曉月', '금대석조金臺夕照'가 묵서墨書되어 있다. 판식은 사주쌍변四周雙邊, 유계有界, 10행 20자, 상하대흑구上下大黑口, 상하하향흑어미上下向黑魚尾이다. 별도의 간기가 없어서 정확한 간행 연도를 알기 어렵지만, 권말에 수록되어 있는 1449년 임종선任從善이 지은 발문을 통해서 간행 연도와 간행지를 유추해 볼 수 있다.

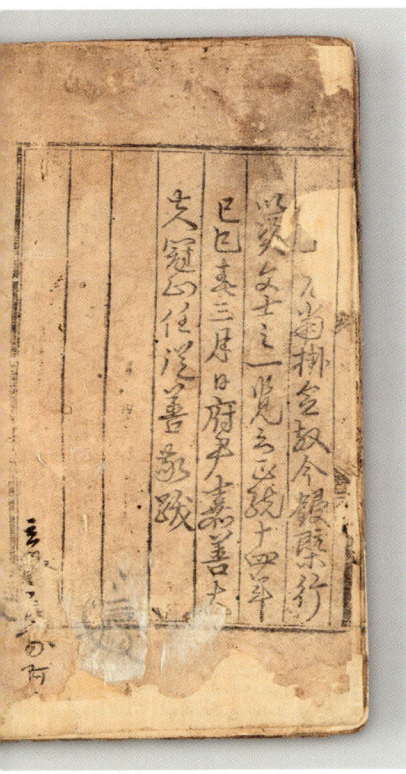
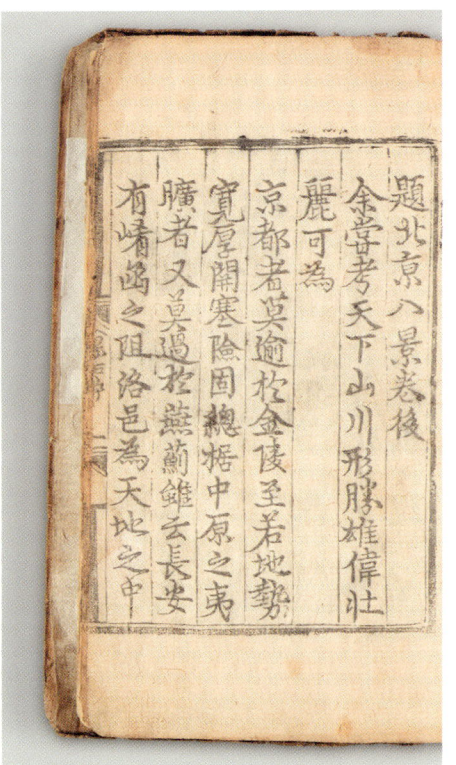

명간본의 것을 그대로 번각한 표제標題 상단에는 '정관서원靜觀書院'·'신간新刊'이 판각되어 있고, 표제 우측에는 '황도경치하산장皇都景致河山壯', 좌측에는 '성대영현금수신聖代英賢錦繡新'이 판각되어 있다.

이 책의 본래 명칭은 『북경팔경도시北京八景圖詩』로, 명나라 문인 추집 등이 북경 주변의 명승지 여덟 곳을 돌아보고 그림으로 그린 후, 13인의 시를 각 그림의 뒤에 수록한 것이다. 조선에서 간행한 본서는 그림을 제외하고 간행하였지만 '정관서원靜觀書院'이라는 원 간행처의 명칭이 남아 있는 본래의 표제면만은 유지하고 있다.

간행자인 임종선의 본관은 장흥이고, 관직은 사간 감사로 기록되어 있는 것 외에 생몰년이나 생애에 대한 상세한 기록은 남아있지 않다. 1419년(세종 원년) 기해 증광, 같은 해 병과진사에 합격하였다. 이후 1448년(세종 30) 9월에 경주부윤으로 부임하였고, 이듬해 3월 경주에서 본서를 간행하였다.

본서의 체례體例를 살펴보면 먼저 책머리에 호광胡廣이 쓴 「북경팔경도시서北京八景圖詩序」가 있고, 목록이나 권수제 없이 바로 북경팔경北京八景에 관한 각 문인들의 시가 기록되었다. 그 내용을 정리하면 다음과 같다.

| | 편명 | 내용 |
|---|---|---|
| 1 | 거용첩취居庸疊翠 | 거용관居庸關의 겹친 산 |
| 2 | 옥천수홍玉泉垂虹 | 옥천에 걸려 있는 무지개 |
| 3 | 경도춘운瓊島春雲 | 경도의 봄 구름 |
| 4 | 태액청파太液晴波 | 태액지太液池의 맑은 물결 |
| 5 | 서산제설西山霽雪 | 서산의 갠 눈 |
| 6 | 계문연수薊門煙樹 | 계문의 안개 속에 잠긴 숲 |
| 7 | 노구효월盧溝曉月 | 노구교盧溝橋의 새벽달 |
| 8 | 금대석조金臺夕照 | 금대의 저녁노을 |

권말卷末에는 양영楊榮이 쓴 「제북경팔경권후題北京八景卷後」와 1431년(선덕 6)에 증계曾棨가 쓴 「서북경팔경시집후書北京八景詩集後」가 수록되어 있다. 마지막으로 1449년(세종 31)에 본서를 간행했던 임종선이 쓴 발문이 있다. 명간본 『북경팔경시집』의 전래는 임종선에 의해 목판본으로 간행된 것을 미루어 볼 때 1449년 이전임이 확실하다. 1431년(宣德 6)에 장광계가 편찬한 『북경팔경시집』이 10여 년 만에 조선에 전해져 다시 간행된 것이다.

본서는 세종 31년(1449)에 간행된 것으로 조선 진기 간본으로서 중요한 가치가 있다. 특히 중국본 『북경팔경시집』은 현재 진해지지 않고 조선본 『북경팔경시집』만 남아 있어, 연구 자료로서 중요한 가치를 지닌다. 방현아

주제어
북경팔경시집北京八景詩集, 임종선任從善

참고문헌
김호, 「성균관대학교 존경각 소장 중국 고적의 문헌가치 연구 -集部古籍을 중심으로」, 『중국학보』56, 2007.
김호, 「朝鮮刊本 『北京八景詩集』 연구 - 韓國本 중국 고적의 문헌 가치를 겸하여 논함」, 『한문교육논집』25, 2005.

# 선시보유
# 選詩補遺
Seonsi boyu

| | | |
|---|---|---|
| 서명 | 選詩補遺 | 집부 |
| 저자 | 劉履(元) 精選；金德玹(元) 校正 | 集部 |
| 판본 | 木版本 | 19 |
| 발행 | [慶尙道]: [星州], [16世紀 中葉]刊 | |
| 형태 | 補遺 2卷1册(全 選詩補註8卷 補遺2卷 續編5卷)：四周雙邊, 半郭 21.5×17.3cm, 有界, 10行16字 小字雙行, 大黑口, 上下內向黑魚尾；34.3×22.2cm | |
| 주기 | 表題: 補遺 | |
| | 發行事項 推定: 宣祖18(1585) 刊行 木版本『攷事撮要』星州條 '選詩' | |
| | 板式: 句讀點, 聲點, 批點, 評點 | |
| | 楮紙 | |

원말명초에 활동한 문인 유리劉履(1317~1379)가 편찬한 시선집이다. 본서는 경상도 성주星州에서 간행한 것으로 추정되는 목판본이며, 간행 시기는 임란 이전인 16세기 무렵이다.

표제表題는 '보유補遺', 판심제는 '선시보유選詩補遺'이다. 황색표지에 오침안정법五針眼訂法으로 장황粧䌙하였다. 판식은 사주쌍변四周雙邊, 유계有界, 10행 16자, 상하대흑구上下大黑口, 상하내향흑어미上下內向黑魚尾이다. 별도의 간기가 없어 정확한 간행 시기는 알 수 없다. 다만 1585년(선조 18) 간행한 『고사촬요攷事撮要』의 성주 책판목록冊板目錄에 '선시選詩'가 저록되어 있어 16세기에 목판으로 간행된 것으로 보인다. 본서의 첫 면과 끝 면 여백에는 소장자가 필사해 놓은 시 두 수가 활달한 필체로 씌어져 있다. 전자는 왕서의 「모란牧丹」이라는 시이다.

選謠擷遺卷上

上虞劉履　精選

新安金德玹　校正

康衢謠

列子曰堯治天下五十年未知天

下治與不治與億兆願戴己與不

願戴己乃微服遊於康衢聞兒

童謠云云

立我烝民莫匪爾極不識不知順帝之則

立我烝民莫匪爾極即所謂皇

極帝謂堯也

立達烝眾也極即所謂皇

則法也令其詞見詩思文皇矣篇中而

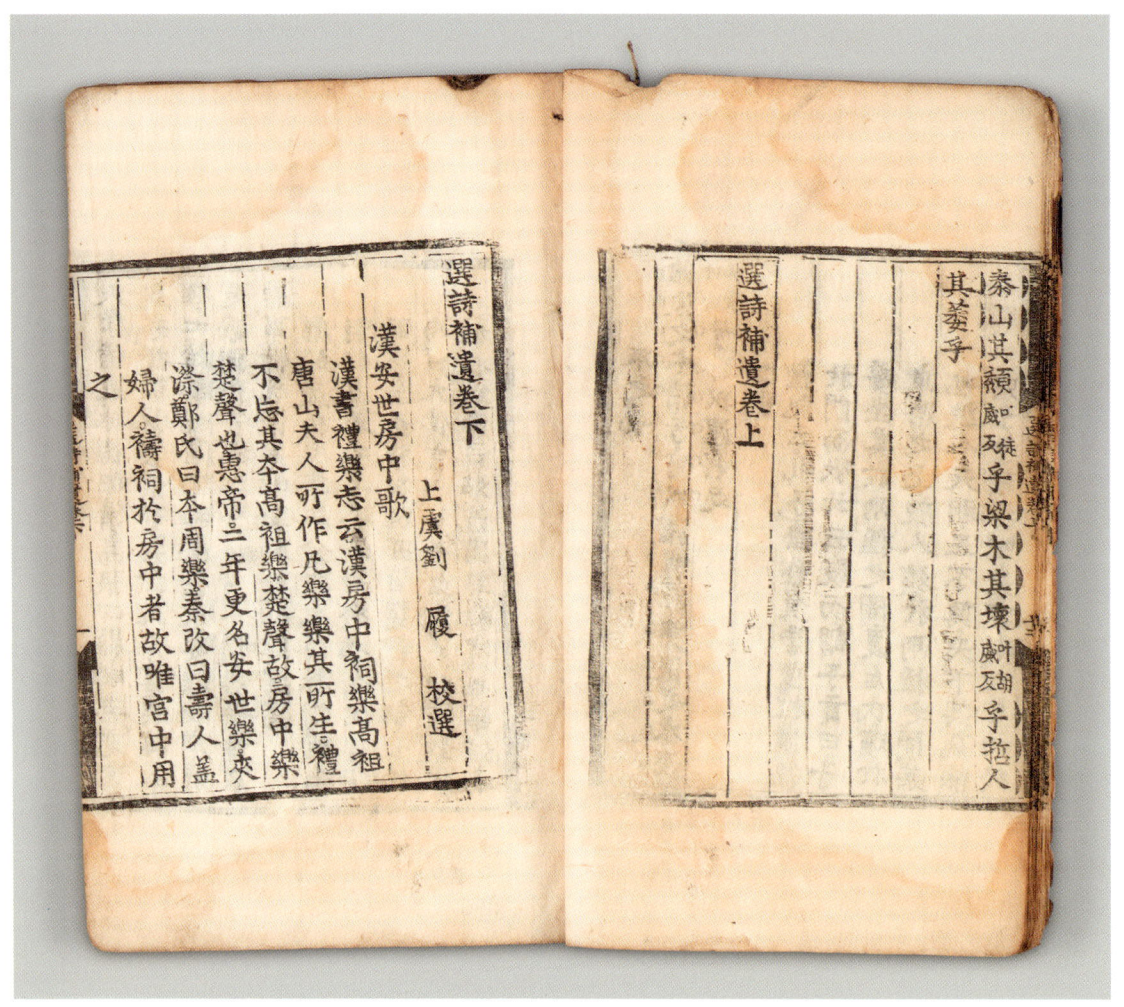

저자인 유리의 자는 탄지坦之, 호는 초택간민草澤閒民이다. 절강성浙江省 상우현上虞縣 사람이다. 원나라 멸망 후 명나라 조정에서 벼슬하지 않고 호를 초택간민이라 하였다. 1383년(洪武 16) 천하의 박학한 선비들을 구한다는 조서가 내려지자 절강포정사浙江布政使가 유리를 강제로 수도로 올려보냈다. 그러나 그는 나이가 많고 병들었다는 이유로 고사하였고, 얼마 지나지 않아 생을 마쳤다. 『절강통지浙江通志』 「은일전隱逸傳」에 입전되어 있다. 시를 짓고 역사를 편수하는 데 능했으며 주자학자로도 이름이 있었다.

『선시』가 조선에 유입된 시기는 정확히 알 수 없으나, 성삼문成三問이 1444년(세종 26)에 쓴 「서팔가시선후書八家詩選後」에서 처음으로 언급된 것으로 보아 늦어도 15세기 중엽에는 조선에서 수용한 것으로 보인다. 성주 간행 목판본 이전 조선 간행본으로는 1553년(명종 8) 백광홍白光弘·안방경安邦慶 등에게 내사한 갑인자본 등이 전해진다.

본서는 『선시보유選詩補遺』 2권1책에 해당하는 부분으로, 완질본은 『선시보주選詩補注』·『선시보유』· 『선시속편選詩續編』으로 구성되어 있다. 본서와 동일판본으로는 일본 호사문고[蓬左文庫], 고려대학교 도서관 등에 완질본이, 서울대학교 규장각한국학연구원, 계명대학교 동산도서관, 동국대학교 도서관 등에 낙질본이 소장되어 있다.

8권으로 이루어진 『선시보주』는 『문선文選』에 실린 212수, 도연명의 시집을 비롯한 여타 서적에 실린 34수를 합하여 총 246수가 수록되어 있다. 상하 2권으로 이루어진 『선시보유』는 요순堯舜부터 진晉에 이르는 가사歌辭 42수가 수록되어 있다. 5권으로 이루어진 『선시속편』에는 당송唐宋 시인 13명의 132수가 수록되어 있다. 『선시』는 '풍아익風雅翼'으로도 불리는데, '풍아'는 『시경』의 다른 이름이고 '익'은 날개이니 곧 『시경』의 보조적 역할을 한다는 의미를 지닌다. 주석의 체재 또한 주희가 『시경』의 집전을 편찬한 방식을 따랐다.

『선시보유』의 편찬 경위는 유리의 서문에 상세히 기술되어 있다. 서문에 따르면『선시보유』상·하권에 수록된 42수는 모두 전기傳記·제자서諸子書·악부서樂府書에 산재한 고가古歌·요사謠詞를 모았다고 하였고, 참고한 문헌을 명시하였다. 또『선시보유』를 편찬한 뒤에 주희가 경사의 여러 책에 수록된 운어韻語와 『문선』및 고시에서 뽑아『시경』300편과『초사』의 뒤에 첨부하려 했던 유지를 받들고자 했다는 편찬 경위를 밝혀두었다. 이를 통해 편찬자 유리가 주희의 문학관 및 선시관選詩觀을 따랐음을 확인할 수 있다.

본서의 권수에는 총목록이 제시되어 있다. 18수가 수록된 권상에는 소자小字로 '당우삼대唐虞三代'가, 24수가 수록된 권하에는 소자로 '한위진漢魏晉'이 표기되어 있다. 이어서 유리의 서문이 실려 있다. 본문이 시작하는 부분 하단에는 '상우上虞 유리劉履 정선精選', '신안新安 김덕현金德玹 교정校正'이라 되어 있다. 『선시보주』에 수록된 증일장曾日章의「풍아익서風雅翼序」와『선시속편』말미 유섭劉剡의 후지後識에 따르면, 교정을 맡은 김덕현은 1437년(正統 2) 무렵 당대 상업 출판에 종사했던 인물임을 알 수 있다. 곧 유리가 생전에 편찬해 놓은 책이 사후 김덕현의 교정을 거쳐 간행된 것이다. 본문의 구성을 보면 작품의 제목이 제시된 뒤 작품에 대한 간략한 해설이 있고, 작품 뒤에 비평 및 추가 해설이 확인된다. 주목되는 부분은 해설 및 작품에 구두점이 달려 있으며, 시의 경우 권점과 비점이 찍힌 경우도 다수 확인된다는 것이다. 곧 본서는 시학서와 비평서의 기능을 동시에 수행하고 있음을 알 수 있다. 대표작품으로는 권상에 「강구요康衢謠」,「격양가擊壤歌」,「남풍가南風歌」,「맥수가麥秀歌」,「채미가采薇歌」,「획린가獲麟歌」,「창랑가滄浪歌」 등을 꼽을 수 있고 권하에「전성남戰城南」,「임고대臨高臺」,「동문행東門行」,「공후인箜篌引」,「황작동요黃雀童謠」, 「부평편浮萍篇」,「비가悲歌」등을 꼽을 수 있다.

원말명초의 문인 유리가 편찬한 시선집인『선시』는 주희朱熹의 문학관을 충실히 따랐다는 점에서 의의가 있는 책이다. 윤춘년尹春年, 신잠申潛 등이 읽었다는 기록이 확인되며, 이이李珥가『정언묘선精言妙選』을 편찬할 때 참고하는 등 조선 전기 시학서 및 비평서로서 문인들에게 널리 읽힌 서적임을 알 수 있다. 특히 갑인자로 간행한 이후 성주에서 다시 간행하여 유통하였다는 점에서 출판문화사적으로도 의미있는 자료이다. 임영길

주제어
선시選詩, 선시보유選詩補遺, 풍아익風雅翼, 유리劉履

참고문헌
박철상,「백광홍 내사본『選詩』의 서지적 의미」,『한국학논집』38, 계명대학교 한국학연구원, 2004.
노요한,「조선전기『風雅翼選詩』의 간행과『選詩補註』의 주해방식에 대하여」,『한문고전연구』36, 한국한문고전학회, 2018.

| | |
|---|---|
| 서명 | 新刊類編歷擧三場文選古賦 |
| 저자 | 劉貞(元) 編集 |
| 판본 | 金屬活字本(庚子字) |
| 발행 | [漢城]: [鑄字所], [世宗2-15(1420-1433)]印 |
| 형태 | 4卷1冊(全8卷2冊): 四周雙邊, 半郭 22.9×14.8 cm, 有界, 11行21字 小字雙行, 大黑口, 上下內向黑魚尾; 27.4×18.5 cm |
| 주기 | 版心題: 文選賦, 表題: 新刊類編歷擧三場文選 |
| | 所藏: 卷5~8(庚集) |
| | 落張: 卷5 第1-3張 |
| | 校正(書眉 墨書) |
| | 楮紙 |

집부

集部

20

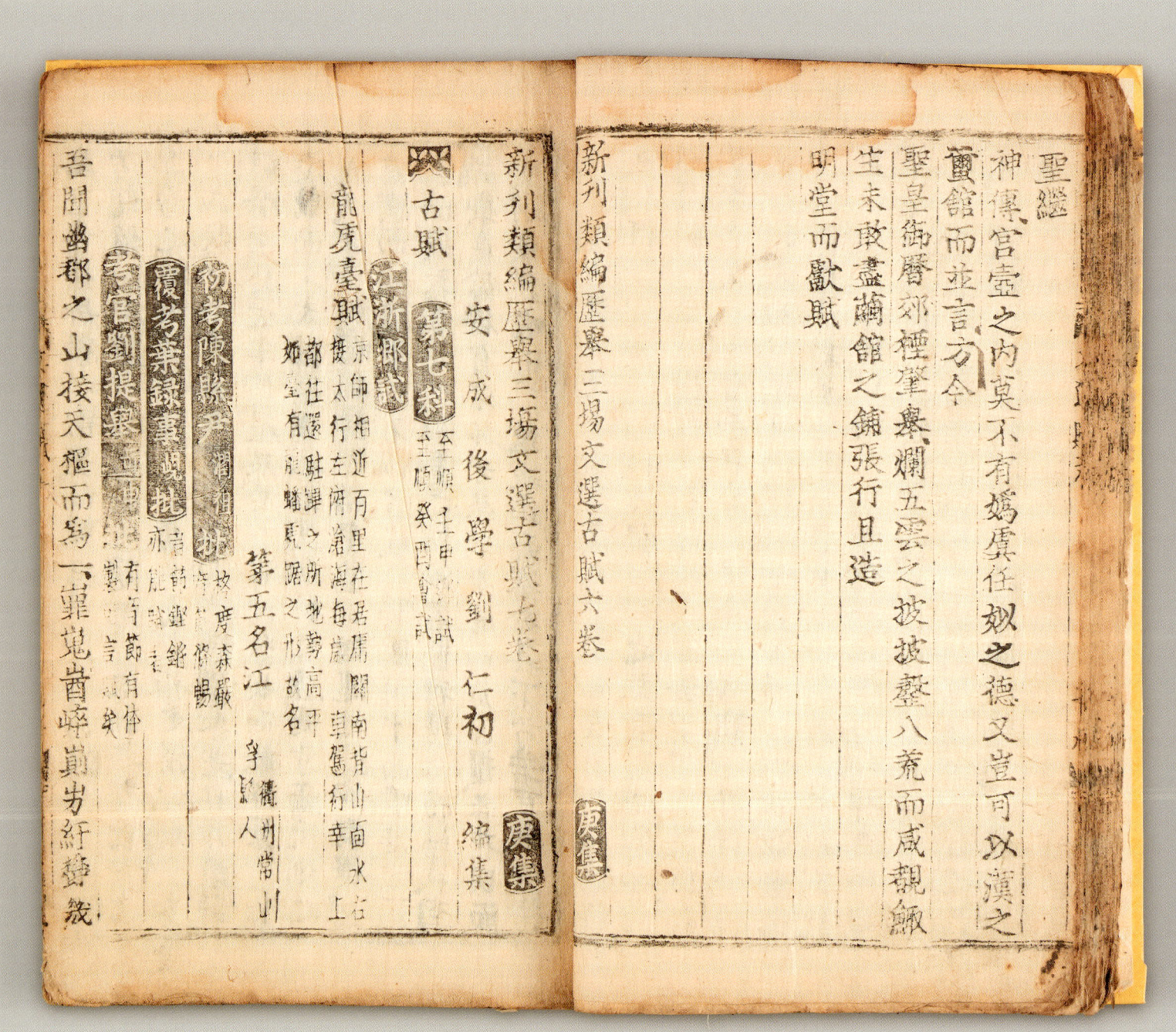

송원교체기의 문인 유정劉貞(?~?)이 원대 과거시험 답안 가운데 우수한 작품을 선정하고 문체별로 분류하여 편집한 『신간유편역거삼장문선新刊類編歷擧三場文選』 중 고부古賦에 해당하는 책이다. 본서는 조선에서 15세기 세종 연간에 금속활자金屬活字인 경자자庚子字로 인출한 4권 1책의 결질본으로, 경집庚集 『신간유편역거삼장문선고부新刊類編歷擧三場文選古賦』 전체 8권 중 권5~8에 해당하는 부분이다.

권수제는 '신간유편역거삼장문선고부新刊類編歷擧三場文選古賦', 판심제는 '문선부文選賦', 별도의 제첨題籤을 사용한 표제表題는 '신간유편역거삼장문선新刊類編歷擧三場文選'이다. 황색만자문표지黃色卍字紋表紙에 오침안정법五針眼訂法으로 장황粧䌙하였다. 면지面紙와 내지內紙의 오염도 차이가 보인다는 점을 통해서 표지는 후대에 개장한 것으로 보인다. 판식은 사주쌍변四周雙邊, 유계有界, 11행 21자, 상하대흑구上下大黑口, 상하내향흑어미上下內向黑魚尾이다. 경자자庚子字를 사용한 것으로 보아 15세기 간행본으로 추정할 수 있다.
『역거삼장문선』 중 고부에 해당하는 집수인 '경집'과 시기별로 나눈 과科, '강서향시江西鄕試'·'호광향시湖廣鄕試' 등 시험의 명칭, 고관考官의 비평에 해당하는 '고관비考官批'·'고관비운考官批云' 등은 음각陰刻한 연립활자聯立活字를 사용하여 명시성을 높였다. 권5의 제1~3장이 낙장이고, 본문 중간에 먹으로 비점批點을 찍었다.

『신간유편역거삼장문선』은 본래 송나라 유제劉霽·유림劉霖 등이 편찬한 것을 유정이 새로 편집하여 간행한 책이다. 유정의 자는 인초仁初이고 강서성江西省 길주吉州 안성현安成縣 사람이다. 그밖에 생몰년 및 구체적인 이력에 대해서는 알려진 것이 없다. 1341년(至正 1) 유정이 쓴 「삼장문선서三場文選序」에 따르면 역대로 과거문科擧文이 많이 있으나 좋은 글을 가려낼 수 없어 새로 배우는 선비들이 어려움을 겪으므로 과거를 준비하는 이들에게 도움을 주고자 '삼장문선三場文選'을 엮는다고 하였다. 『신간유편역거삼장문선』은 모두 10집 72권 12책으로 구성되어 있으며, 갑집甲集은 경의經疑, 을집乙集은 역의易義, 병집丙集은 서의書義, 정집丁集은 시의詩義, 무집戊集은 예기의禮記義, 기집己集은 춘추의春秋義, 경집庚集은 고부古賦, 신집辛集은 조고詔誥·장표章表, 임집壬集은 대책對策, 계집癸集은 어시책御試策으로 분류하였다. 문체별로 원대 1314년(延祐 원년)부터 1335년(至元 1)까지 실시한 8차례 향시와 회시에서 뽑은 우수 답안을 각각 강절향시江浙鄕試, 강서향시江西鄕試, 호광향시湖廣鄕試, 중서당회시中書堂會試 순으로 수록하였다.
1341년(至正 1) 유정의 서문이 붙은 원간본元刊本이 고려 말기에 전래하였고 이를 저본으로 하여 조선 전기까지 여러 차례 간행하였다. 원판元版 번각본飜刻本, 고려 말과 태종 연간에 인출한 계미자본癸未字本, 세종 연간에 인출한 경자자본庚子字本, 1454년(단종 2) 밀양에서 간행한 경자자 번각본 등이 현전하며, 국내에는 갑집인 '경의', 경집인 '고부', 임집인 '대책'만 전하고 있다.

安成後學劉

仁初編集

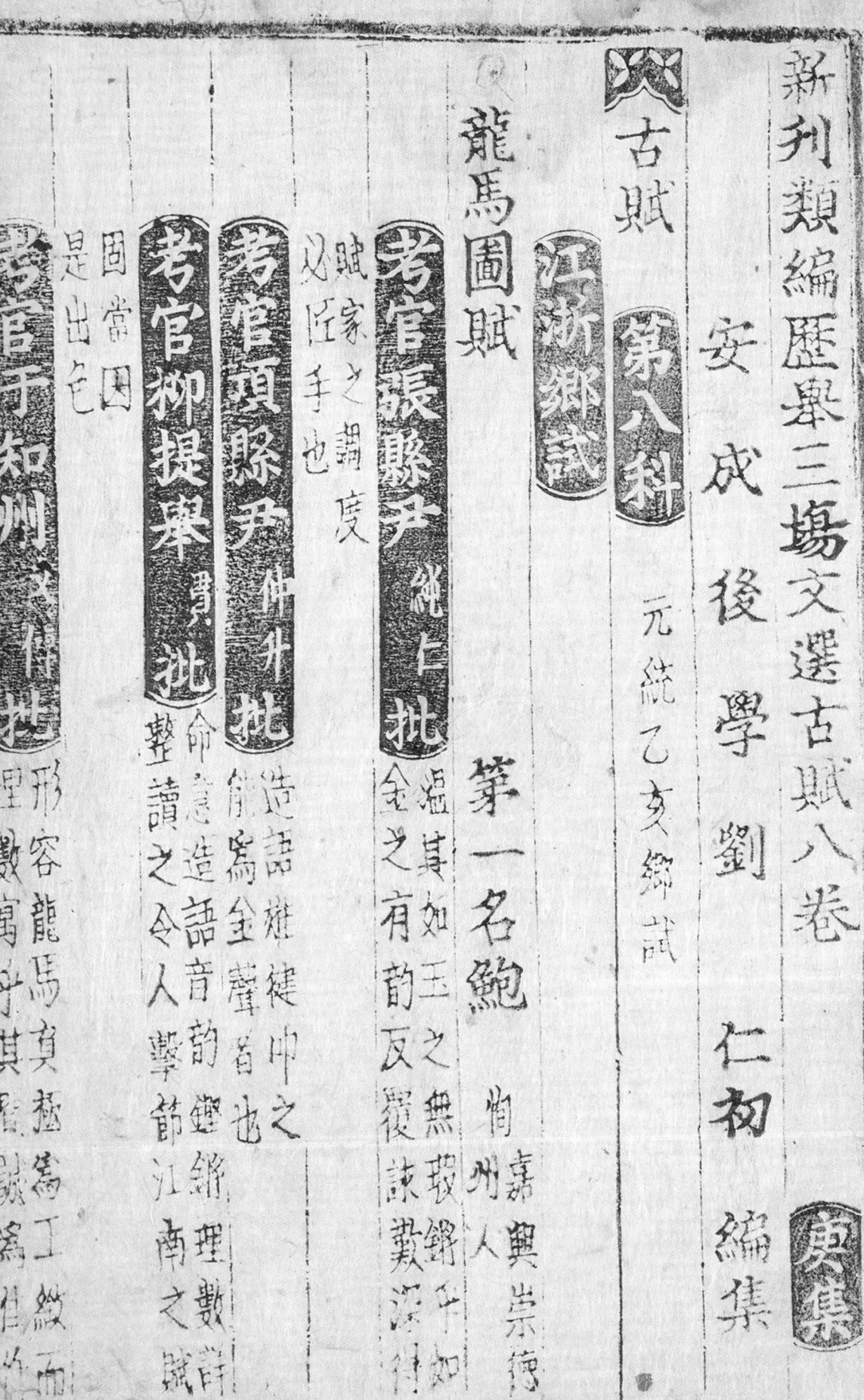

元統乙亥鄉試

庚集

古賦　第八科　江浙鄉試

第一名鮑 嘉興崇德
州人

龍馬圖賦

賦家之調度
必匠手也

考官張縣尹 純上批
金之有韻反覆誅戮深伴
遏其如玉之無瑕鍔乎如

考官項縣尹 仲升批
造語雄健佇中之
能寫金聲音也

考官柳提舉 貫批
命意造語音韻鏗鏘
理數詳
整讀之令人擊節
江南之賦

考官于知州 文傳批
形容龍馬真極爲工緻而
理數寓乎其間誠爲佳作

固當因
是出色

본서는 『신간유편역거삼장문선』 가운데 고부 권5부터 권8까지 수록된 1책의 낙질본이다. 수록 작품을 순서대로 열거하면 다음과 같다. 권5는 태정泰定 병인년(1326) 향시와 태정 정묘년(1327) 회시의 작품으로, 강서향시에서 뽑힌 3인의 「석거각부石渠閣賦」, 호광향시에서 뽑힌 3인의 「대별산부大別山賦」, 중서당회시에서 뽑힌 서용徐容 등 3인의 「태상부太常賦」가 실려 있다. 권6은 천력天曆 기사년(1329) 향시와 천력 경오년(1330) 향시의 작품으로 강절향시에서 뽑힌 3인의 「청묘슬부淸廟瑟賦」, 강서향시에서 뽑힌 4인의 「옥촉부玉燭賦」, 호광향시에서 뽑힌 3인의 「영대부靈臺賦」, 중서당회시에서 뽑힌 4인의 「견관부繭官賦」가 실려 있다. 권7은 지순至順 임신년(1332) 향시와 지순 계유년(1333) 회시의 작품으로, 강절향시에서 뽑힌 강우江宇의 「용호대부龍虎臺賦」, 강서향시에서 뽑힌 4인의 「금마문부金馬門賦」, 중서당회시에서 뽑힌 4인의 「포륜거부蒲輪車賦」가 실려 있다. 권8은 원통元統 을해년(1335)의 향시 작품으로 강절회시에서 뽑힌 5인의 「용마도부龍馬圖賦」와 강서회시에서 뽑힌 3인의 「왕회도부王會圖賦」가 실려 있다. 작품마다 앞에 부명賦名, 등차等次, 작자의 성명과 출신지, 고관考官의 관직명과 비평批評을 첨부하였다.

경자자는 1420년(세종 2)에 주조하여 1434년(세종 16)까지 사용한 활자이므로 본서는 이 시기에 간행된 것으로 추정된다. 본문의 배열 방식이나 수록 작품이 일치하는 점으로 미루어 원간본을 저본으로 하였음을 알 수 있다. 본서와 동일판본이 성암문고 · 건국대학교 상허도서관(이상 권1~4), 고려대학교 화산문고(권7)에 낙질로 소장되어 있다.

『신간유편역거삼장문선고부』는 『세종실록世宗實錄』 · 『단종실록端宗實錄』 · 『성종실록成宗實錄』 등의 기사를 통해 국가 차원에서 적극적으로 간행하고 권장한 과거 수험서였음을 알 수 있다. 특히 1472년(성종 3) 양성지梁誠之가 『삼장문선』을 간인刊印하고 반포하여 모범으로 삼도록 명하기를 권유하는 글을 올렸고, 1475년(성종 6) 성종이 『문선책문文選策問』 · 『문선고부文選古賦』 등의 책을 영안도永安道에 보내 영흥永興의 유생들이 읽도록 하라는 전교를 내리기도 하였다. 본서는 조선시대 전기 세종대 금속활자인 경자자로 인출되어 문헌학적 가치가 높을 뿐만 아니라, 여말선초 원대의 과부科賦가 수용된 양상을 살필 수 있는 자료이자 부 창작의 경향성을 파악할 수 있는 자료로도 중요하다. 임영길

주제어
신간유편역거삼장문선新刊類編歷擧三場文選, 고부古賦, 유정劉貞, 경자자庚子字, 세종 연간, 원간본元刊本

참고문헌
조병순, 『고려본 新刊類編歷擧三場文選對策 연구』, 한국서지학회, 2006.
박선이, 「조선 전기 『三場文選』의 수용양상에 관한 일고찰」, 『고전과 해석』22, 고전문학한문학연구학회, 2017.
배현숙, 「癸未中字本 『新刊類編歷擧二場文選對策』의 의의」, 『서지학연구』86, 한국서지학회, 2021.

# 신간유편역거삼장문선고부
## 新刊類編歷擧三場文選古賦
### Shin-gan yu-pyeon yeoggeosamjang munseon-gobu

貴 D02F-0005a

| | |
|---|---|
| 서명 | 新刊類編歷擧三場文選古賦 |
| 저자 | 劉貞(元) 編集 |
| 판본 | 木版本(庚子字飜刻) |
| 발행 | [慶尙道 密陽]: [密陽府], [端宗2(1454)]刊 |
| 형태 | 4卷1册(全8卷2册)：四周雙邊, 半郭 21.5×15.0 cm, 有界, 11行21字 小字雙行, 大黑口, 上下內向黑魚尾；27.6×17.5 cm |
| 주기 | 版心題: 文選賦 |
| | 發行事項 推定: 서울大學校 규장각한국학연구원 所藏 同一板本(古3441-11) 刊記 '甲戌(1454)八月日 密陽府開刊' |
| | 所藏: 卷1~4(庚集) |
| | 落張: 目錄 第1張 |
| | 楮紙 |

집부

集部

21

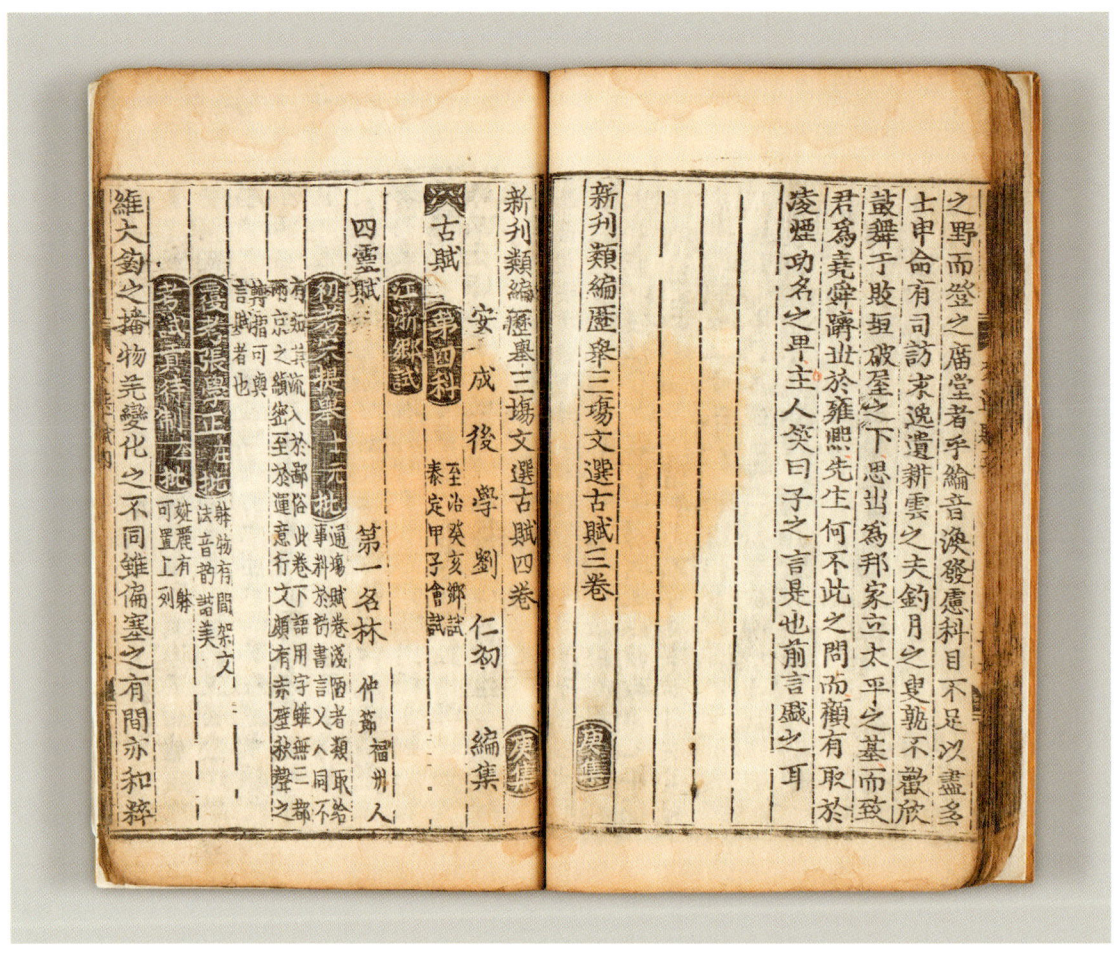

송원교체기의 문인 유정劉貞(?~?)이 원대 과거시험 답안 가운데 우수한 작품을 선정하고 문체별로 분류하여 편집한 『신간유편역거삼장문선新刊類編歷擧三場文選』에서 고부古賦만을 수록한 책이다. 본서는 조선 1454년 (단종 2)에 경자자본庚子字本을 번각한 목판본이며, 경집庚集 『신간유편역거삼장문선고부新刊類編歷擧三場文選古賦』 전체 8권 중 권1~4에 해당하는 부분이다.

권수제는 '신간유편역거삼장문선고부新刊類編歷擧三場文選古賦', 판심제는 '문선부文選賦', 표제表題는 '신간유편 역거삼장문선新刊類編歷擧三場文選'이다. 표제表題는 별도의 인쇄된 제첨題籤에 묵서墨書하였고, 표제 하단 에는 '고부古賦'와 권차卷次를 함께 묵서하였다. 황색만자문표지黃色卍字紋表紙에 오침안정법五針眼訂法으로 장황粧䌙하였다. 면지面紙와 내지內紙의 오염도 차이가 보인다는 점을 통해서 표지는 후대에 개장한 것으로 보인다. 판식은 사주쌍변四周雙邊, 유계有界, 11행 21자, 상하대흑구上下大黑口, 상하내향흑어미上下內向黑魚尾 이다. 본서에는 간기가 없지만, 서울대학교 규장각한국학연구원에 소장하고 있는 동일판본의 간기를 통해서 1454년 밀양에서 간행하였음을 알 수 있다.

목록 제1장과 권4의 뒷부분 일부에 낙장이 있다. 오자誤字나 표점·비점批點은 주묵朱墨으로 표시하였고, 교감사항과 결자缺字는 묵서하였다.

본서는 경자자본『신간유편역거삼장문선고부』를 밀양부에서 번각한 것으로, 편찬자 및 편찬 경위 등은 본서의 저본底本이 된 집부集部-20 신간유편역거삼장문선고부新刊類編歷擧三場文選古賦(貴 D02F-0005)를 참고하기 바란다.

본서는『신간유편역거삼장문선』가운데 고부 권1부터 권4까지 수록된 1책의 결질본이며, 권수에 수록되어 있을 서문 및 권1~3의 목록이 낙장인 상태이다. 권4~8까지의 작품명과 작자명을 수록한 목록이 첨부되어 있다. 수록 작품을 순서대로 열거하면 다음과 같다. 권1에는 연우延祐 갑인년(1314) 향시와 건우 을묘년(1315) 회시의 작품으로 강절향시에서 뽑힌 황진黃溍의「태극부太極賦」, 강서향시에서 뽑힌 2인의 「석고부石鼓賦」, 호광향시에서 뽑힌 5인의「천마부天馬賦」, 중서당회시에서 뽑힌 6인의「벽옹부辟雍賦」가 실려 있다. 권2는 연우 정사년(1317) 향시와 연우 무오년(1318) 회시의 작품으로 강절향시에서 뽑힌 2인의 「명당부明堂賦」, 강서향시에서 뽑힌 3인의「우정부禹鼎賦」, 호광향시에서 뽑힌 4인의「운몽부雲夢賦」, 중서 당회시에서 뽑힌 축요祝堯의「수식회부手植檜賦」가 실려 있다. 권3은 연우 경신년(1320) 향시와 지치至治 신유년(1321) 회시의 작품으로 강절향시에서 뽑힌 방군옥方君玉의「용호방부龍虎榜賦」, 강서향시에서 뽑힌 3인의「과두문자부科斗文字賦」, 중서당회시에서 뽑힌 4인의「능연각부凌煙閣賦」가 실려 있다. 권4는 지치 계해년(1323) 향시와 지치 갑자년(1324) 회시의 작품으로 강절향시에서 뽑힌 3인의「사령부四靈賦」, 강서향시 에서 뽑힌 2인의「태계육부부泰堦六符賦」, 호광향시에서 뽑힌 4인의「등영주부登瀛洲賦」, 중서당회시에서 뽑힌 4인의「양수부陽邃賦」가 실려 있다. 작품마다 앞에 부명賦名, 등차等次, 작자의 성명과 출신지, 고관考官의 관직명과 비평批評을 첨부하였다.

본서와 동일판본이 성암문고와 장서각 등에 낙질로 소장되어 있으며 완질본이 서울대학교 규장각한국학 연구원, 영남대학교 도서관, 일본 내각문고와 호사문고[蓬左文庫] 등에 소장되어 있다. 본서에는 빠져 있으나 서울대학교 규장각한국학연구원 소장 동일판본(古3441-11)의 권말에 손조서孫肇瑞가 쓴 발문이 있어 간행 경위를 확인할 수 있는데, 이에 따르면 과부科賦의 모범이 되는 이 책을 쉽게 구하지 못하다가 1454년 (단종 2)에 밀양 부사 이교연李皎然이 이숭지李崇之, 이효장李孝長에게 명하여 간행하게 했다고 한다. 책의 말미 에는 간행 참여자 명단을 기록해 두었으며, '갑술년(1454) 8월일 밀양부 개간[甲戌八月日 密陽府開刊]'이라는 간기가 있다.

『신간유편역거삼장문선고부』는 여말선초 원대의 과부科賦가 수용된 양상을 살필 수 있는 자료이자 부 창작의 경향성을 파악할 수 있는 자료로서 가치가 높다. 특히 본서는 중앙에서 활자로 인출한 뒤에 이를 저본으로 한 지방 목판본이라는 점에서 전국적으로 널리 유통되고 활용된 과거 수험서였음을 알게 한다. 임영길

주제어
신간유편역거삼장문선新刊類編歷擧三場文選, 고부古賦, 유정劉貞, 경자자庚子字 번각본飜刻本, 밀양부密陽府

참고문헌
조병순,『고려본 新刊類編歷擧三場文選對策 연구』, 한국서지학회, 2006.
박선이,「조선 전기『三場文選』의 수용양상에 관한 일고찰」,『고전과 해석』22, 고전문학한문학연구학회, 2017.
배현숙,「癸未中字本『新刊類編歷擧三場文選對策』의 의의」,『서지학연구』86, 한국서지학회, 2021.

# 응제시주
# 應制詩註

Eungje siju

貴 D03B-0852

———

| | | |
|---|---|---|
| 서명 | 應制詩註 | 집부 |
| 저자 | 權近(朝鮮) 製進 ; 權擥(朝鮮) 增註 | 集部 |
| 판본 | 木版本 | 22 |
| 발행 | [朝鮮]: [刊寫者未詳], 世祖8(1462)刊 | |
| 형태 | 不分卷2冊 : 四周單邊, 半郭 23.3×15.3cm, 有界, 9行22字 小字雙行, 大黑口, 上下內向黑魚尾 ; 29.5×18.9cm | |
| 주기 | 序: 建文四年(1402)…李詹序 | |

跋: 刊板始自辛巳(1461)仲春 至今年十月斷手 時天順六年ㅁㅁ壬午(1462)冬十月上澣有日 孫輪忠衛社協策靖難同德佐翼功臣 大匡輔國崇祿大夫議政府左議政監春秋館事世子傅吉昌府院君權擥正卿書于所閑堂

板式: 四周雙邊, 12行26字 混入

[座目]: 校正(崔恒), 參校(梁誠之·李坡), 書序跋 幷篆篆(姜希顏), ㅁ序跋(成任·鄭蘭[宗]), 刻字(尹英和), 鍊[板](金仲連), 張[自純, 安惠 等

誌: 天順4(1460)…權擥誌

應製詩跋: 陸顒, 建文4(1402) 端木孝思·祝孟獻, 正統3(1438) 權採, 天順丁丑(1457) 高閱

書朝鮮詩集後: 陳鑑, 倪謙, 張寧

조선초의 문신文臣 권근權近(1352~1409)이 1396년(洪武 29) 명明 태조太祖의 명을 받아 지은 응제시應製詩 24수에 대해 그의 손자 권람權擥(1416~1465)이 주주註를 단 책이다. 본서는 1462년(세조 8)에 간행한 목판본이다.

권수제는 「권근응제시權近應製詩」의 경우 '응제시應製詩', 「원암응제시圓庵應製詩」의 경우 '원암승록좌천교영곡사주지현극정선사응제시圓庵僧錄左闡敎靈谷寺住持玄極頂禪師應製詩', 「양촌행장陽村行狀」의 경우 '양촌선생문충공행장陽村先生文忠公行狀', 「홍무제어제시洪武帝御製詩」의 경우 '태조고황제어제시太祖高皇帝御製詩'이다. 판심제는 결손으로 인하여 파악하기 어렵다. 각 책은 황색표지에 오침안정법五針眼訂法으로 장황粧繢하였다. 판식은 각각 다른데 「권근응제시」·「원암응제시」·「홍무제어제시」 부분은 사주쌍변四周雙邊, 유계有界, 9행 24자, 상하대흑구上下大黑口, 상하내향흑어미上下內向黑魚尾이고, 「양촌행장」 부분은 사주단변四周單邊, 유계有界, 14행 27자, 상하내향흑어미上下內向黑魚尾이다. 각 발문의 판식은 「권근응제시」와 같으나 12행 22자로 되어 있으며, 이첨李詹의 서문은 8행 22자이다.

각 책의 표제表題는 별도의 제첨題籤에 묵서墨書하였다. 제1책의 표제 좌측에는 '양촌집陽村集'을 함께 묵서하였으며, 제2책의 표제 하단에는 '단單'을 묵서하였다. 다른 소장처의 동일 판본과 본서의 편차가 다른데, 후대에 개장하면서 책차冊次 및 일부 글의 배치가 다소 뒤바뀐 것으로 추정된다.

制詩

朝鮮國陪臣權 近製進

孫聲增註

洪武二十九年九月十五日

命題八首

△王京作古

王京今開城留守府本高句麗扶蘇岬
新羅改松岳郡高麗太祖二年定都于
松岳之陽爲開州創宮闕立市廛辨坊里分五部
光宗改開京爲皇都成宗爲開城府管赤縣六畿
縣七顯宗罷府置縣令管貞州等三縣又長湍
縣今管松林等七縣俱直隸尚書都省謂之京畿又
今管七
定京城五部坊里東部坊七里七十南部坊四十五
七十一西部坊五里八十一北部坊十里四十七里

찬자인 권근의 본관은 안동安東, 자는 가원可遠·사숙思叔, 호는 양촌陽村·소오자小烏子이고, 초명은 권진權晉이다. 부친은 검교정승을 지낸 권희權僖이다. 1368년(공민왕 17) 성균시에 합격하고 이듬해 급제하여 춘추관검열·예문관응교·좌사의대부·성균관대사성·동지공거 등을 지냈으며, 조선이 개국한 뒤 예문관대학사·중추원사·정당문학·참찬문하부사·대사헌 등을 역임하였다. 1396년(태조 5) 이른바 표전문제表箋問題를 해결하기 위해 태조의 명으로 명明에 가서 응제시應製詩 24편을 지어 외교 분쟁을 해결하고 중국에 문명을 떨쳤다. 귀국 후 개국원종공신으로 화산군花山君에 봉군되었고, 1401년(태종 1) 좌명공신 4등으로 길창군吉昌君에 봉군되었다. 저서로『입학도설入學圖說』·『오경천견록五經淺見錄』·『동국사략東國史略』 등이 있으며, 문집으로『양촌집陽村集』이 있다. 시호는 문충文忠이다.

주석자인 권람은 권근의 손자로, 자는 정경正卿, 호는 소한당所閑堂이다. 부친은 우찬성 권제權踶이고 모친은 판사재감사 이준李儁의 딸이다. 1450년(문종 원년) 향시와 회시에서 모두 장원으로 급제하고 전시에서 4등을 하였으며, 이후 집현전교리·좌부승지·이조판서·대제학·판중추원사·좌찬성·우의정 등을 거쳐 좌의정에 올랐다. 1453년(단종 1) 계유정난 때 세조 집권의 토대를 마련한 공으로 정난공신과 좌익공신 1등에 책록되었고 후에 길창군吉昌君에 봉해졌다.『국조보감國朝寶鑑』과『동국통감東國通鑑』의 편찬에 참여하였으며 문집으로는『소한당집所閑堂集』이 있다. 시호는 익평翼平이다.

본서의 편찬 경위는 권채權採와 권람의 발문에 상세하게 나타난다. 권근의『응제시』는 1402년(태종 2) 태종의 명으로 간행되었다. 태종은 조선인이 황제의 명으로 시를 지어 찬사를 받고 어제시를 하사받은 영광을 기리기 위해 지신사知申事 박석명朴錫命에게 명하여 의정부에서 판각하게 하였다. 이때 권근이 이첨에게 서문을 요청하여 앞에 싣고, 뒤에는 명 문사 3인의 발跋을 차례로 수록하였다. 그 후 판목이 마멸되어 1438년(세종 20) 세종이 강원도 감사 권맹손權孟孫에게 명하여 다시 판각하게 하였다. 이때 권근의 조카 권채가 쓴 발문이 추가되었다. 그러나 『응제시』초간본初刊本과 중간본重刊本은 현전하지 않는다. 이후 권람이 중간본『응제시』에 명 태조의 어제시와 명 문사들의 서발문, 권근의 행장 등을 추가하고 자세한 주석을 덧붙여 간행하였다. 권람의 발문에 따르면, 조부인 권근이「응제시」와「어제시」를 왕희지王羲之의 글자로 집자集字하여 돌에 새겨두려고 했으나 뜻을 이루지 못하여 자신이 그 유지를 받든다고 하였다. 권람은 1460년(세조 6) 봄부터 주석 작업에 착수하여 1461년(세조 7) 가을에 탈고하였고, 판각은 1461년 2월에 시작하여 1462년(세조 8) 10월에 완료하였다. 제2책의 좌목座目에 의하면 본문의 교정은 최항崔恒, 참교參校는 양성지梁誠之와 이파李坡가 맡았고, 서발문의 글씨와 낙관의 전서篆書는 강희안姜希顔의 글씨이고, 또 다른 서발문은 성임成任과 정난종鄭蘭宗의 글씨이다. 각자刻字는 윤영화尹英和가, 연판鍊板은 김중련金仲連이, 그리고 본문의 글씨는 장자순張自純과 안혜安惠가 각각 맡아서 썼다고 한다. 이후 1470년(성종 원년) 권근의 외손인 서거정徐居正이 현극정선사의 어제시 뒤에 부흡선사薄洽禪師의 응제시 3수를 추록追錄하여 복간하였다.

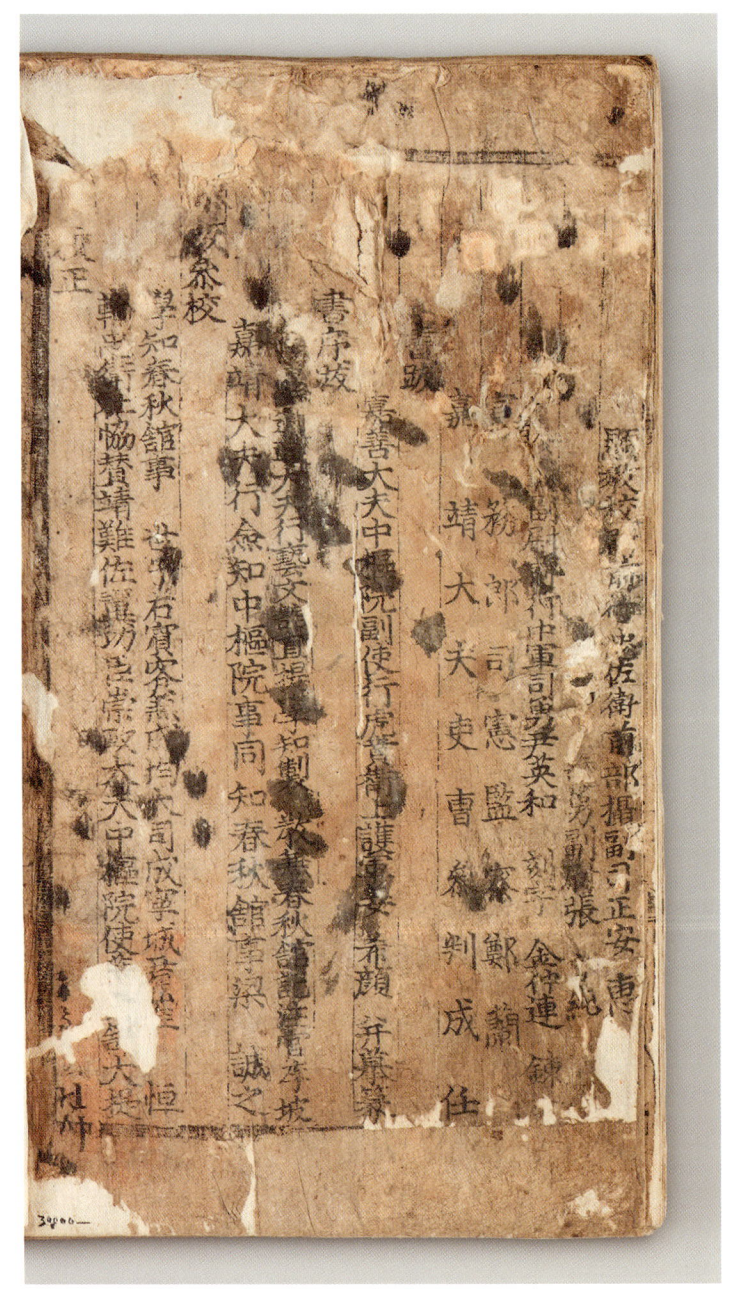

본서는 목판본 2책으로 구성되어 있다. 제1책은 권근의 응제시 24수, 「도본국서도本國書」(1397년 作), 영곡사靈谷寺 주지 현극정선사玄極頂禪師의 응제시 3수, 1460년(세조 6)에 쓴 권람의 지誌, 명 문사 육옹陸顒의 시, 1402년(태종 2)에 쓴 단목효사端木孝思의 지識와 축맹헌祝孟獻의 시, 1438년(세종 20)에 쓴 권채의 발문, 1457년(세조 3)에 쓴 고윤高閏의 발문, 진감陳鑑(1457년), 예겸倪謙(1459년), 장녕張寧(1460년)의 「서조선시집후書朝鮮詩集後」가 차례로 실려 있다. 제2책 권수에는 권근의 행장, 1402년에 쓴 이첨의 서문, 명 태조의 어제시 3수, 1460년에 쓴 권람의 발문이 있다. 본문은 명 태조의 어제시 「압록강鴨綠江」, 「고려고경高麗古京」, 「사경료좌使經遼左」이다. 권말에는 참교參校 및 교정校正을 담당한 인물의 좌목이 실려 있다.

권근은 세 차례에 걸쳐 응제시를 지었는데, 9월 15일에 지은 응제시는 권근이 서경西京(평양平壤)을 거쳐 압록강을 건너고 요동을 지나 해로로 남경南京에 이르기까지의 여정에서 지은 시이다. 고려의 멸망과 조선의 건국 등에 대한 내용으로 「왕경작고王京作古」, 「이씨이거李氏異居」, 「출사出使」, 「봉조선명지경奉朝鮮命至京」, 「도경서경道經西京」, 「도압록강渡鴨綠江」, 「유료좌由遼左」, 「항래주해航萊州海」 8수가 수록되어 있다. 9월 22일에 지은 응제시는 우리나라 역대 국가의 역사와 지리, 명승을 소개하는 내용으로 「시고개벽동이주고始古開闢東夷主」, 「상망일본相望日本」, 「금강산金剛山」, 「신경지리新京地理」, 「진한辰韓」, 「마한馬韓」, 「변한弁韓」, 「신라新羅」, 「탐라耽羅」, 「대동강大同江」 10수이다. 10월 27일에 지은 응제시는 3일 동안 남경을 유람하고 연회에 참여한 내용으로 「청고가어래빈聽高歌於來賓」, 「열령인어중역閱伶人於重譯」, 「인상남시명정이귀引觴南市酩酊而歸」, 「개회북시락혼이환開懷北市落魂而還」, 「취선창음유목어강고醉仙暢飲遊目於江皐」, 「학명재좌문환패이산산鶴鳴再坐聞環珮而珊珊」 6수이다. 권람은 명 태조의 어제시와 권근의 응제시 시구에서 주로 우리나라의 역사와 관련한 대목에 상세한 주석을 달았는데 국내와 중국의 여러 문헌을 두루 참조하여 역사적 사건, 건국 신화, 지리적 위치 등을 고증하였다.

본서는 1462년에 간행을 완료한 '권람본'으로 이와 동일한 목판본이 국립중앙도서관, 서울대학교 규장각 한국학연구원 등에 소장되어 있다. 『응제시주』는 권람의 역사 인식을 확인할 수 있는 자료일 뿐만 아니라 권근의 시에 대한 명 문사들의 평이 담긴 시문이 여러 편 수록되어 있어 조선과 명의 문학 교류의 일면을 확인할 수 있는 자료로서 가치가 높다. 임영길

주제어
응제시주應制詩註, 권근權近, 권람權擥, 명 태조明太祖, 표전문제表箋問題

참고문헌
권태억, 「『應製詩註』 해제」, 『한국문화』3, 서울대학교 규장각한국학연구원, 1982.
전덕재, 「權擥의 『應製詩註』 撰述과 古代史 인식」, 『한국문화』106, 서울대학교 규장각한국학연구원, 2024.

춘정선생문집
春亭先生文集
Chunjeong-seonsaeng munjip

貴 D03B-1057a

| 서명 | 春亭先生文集 | 집부 |
| 저자 | 卞季良(朝鮮) 著 | 集部 |
| 판본 | 木版本 | 23 |
| 발행 | 慶尙道 密陽: 密陽府, 世宗24(1442)刊 | |
| 형태 | 5卷2册(全13卷): 四周雙邊, 半郭 22.5×15.0cm, 有界, 11行21字, 小黑口, 上下內向黑魚尾; 31.0×18.3cm | |
| 주기 | 所藏: 卷9-11, 12-13(2册) | |

跋: 正統壬戌(1442)七月日…安止奉敎謹跋

[有司]: 都觀察黜陟使 權孟孫, 都事奉訓郞 權技, 密陽都護府使 安質, 密陽都護府儒學敎授官 孔宗周, 校正(成均館 幼學 朴學問 等), 都色, 刻字(李英春等四十五人)

刊記: 正統壬戌(1442)十一月日 密陽府開刊

여말선초의 문신이자 학자인 변계량卞季良(1369~1430)의 시문을 모은 문집이다. 본서는 1442년(세종 24)에 밀양부密陽府에서 간행한 초간初刊 목판본이다.

5권 2책의 결질본으로『춘정선생문집春亭先生文集』전체 13권 중 권9~13에 해당하는 부분이다. 권수제는 '춘정선생문집春亭先生文集', 표제表題는 '춘정선생집春亭先生集', 판심제는 '춘집春集'이다. 황색만자문표지黃色卍字紋表紙에 오침안정법五針眼訂法으로 장황粧䌙하였다. 면지面紙와 내지內紙의 오염도 차이가 보인다는 점을 통해서 표지는 후대에 개장한 것으로 보인다. 판식은 사주쌍변四周雙邊, 유계有界, 11행 21자, 상하대흑구上下大黑口, 상하내향흑어미上下內向黑魚尾이다. 권말에는 '임술년(1442) 11월에 밀양부에서 개간함壬戌年十一月日 密陽府開刊'이라는 간기가 있다.

표제는 별도의 인쇄된 제첨題籤에 묵서墨書하고 표제 하단에 권차卷次를 함께 묵서하였다. 본문 중간에 먹으로 비점批點을 찍었다.

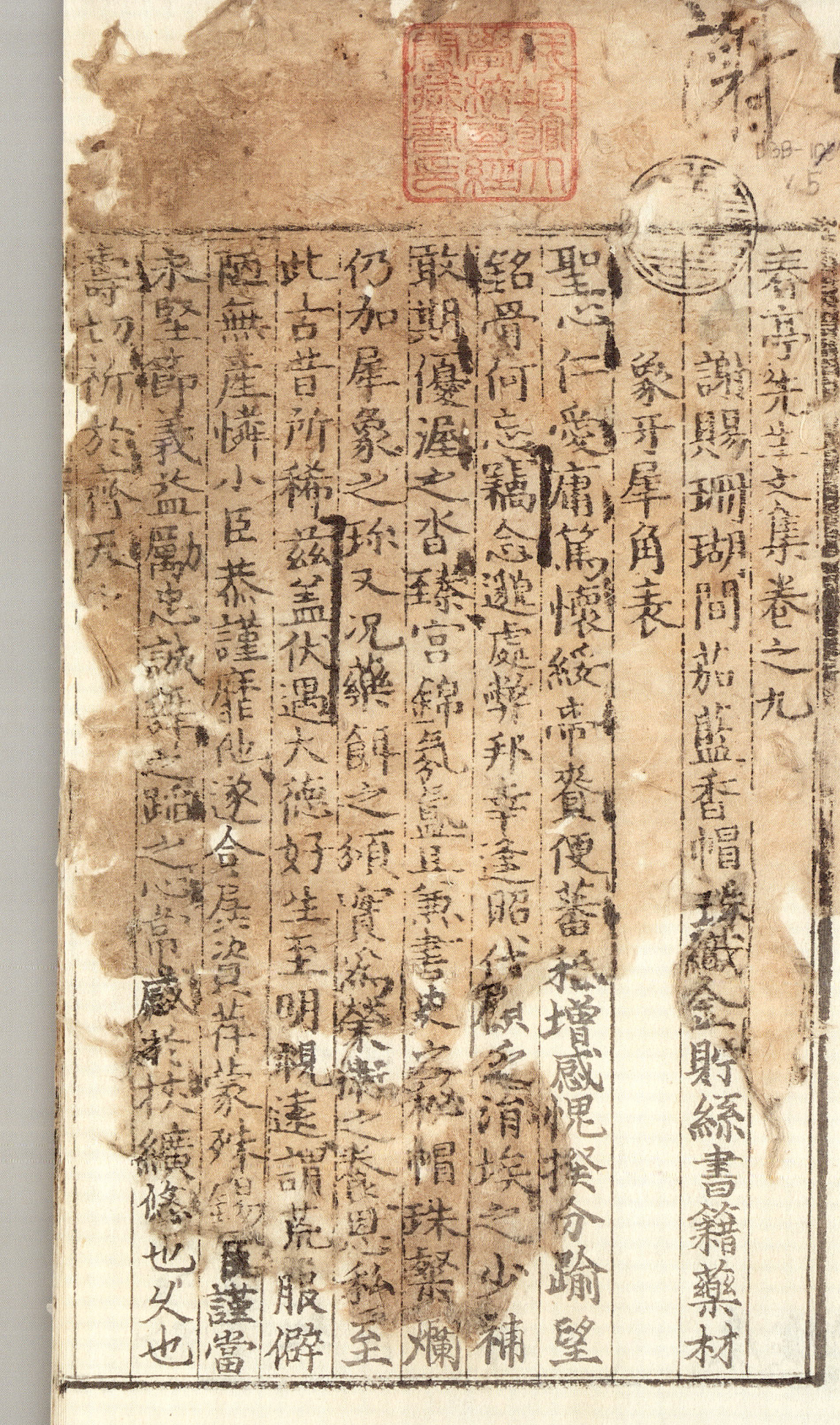

謝賜珊瑚間茹藍香帽珠嵌金鈒絲書籍藥材

象牙犀角表

聖心仁愛庸篤懷綏帝賚便蕃祛增感愧撲分踰堅

銘骨何忘竊念遐虛弊邦幸逢昭代顧之涓埃之少補

敢期優渥之杳臻宮錦氣藍且無書史之秘帽珠繁爛

仍加犀象之珤又況藥餌之須實裕榮之眷照私至

此古昔所稀兹蓋伏遇大德好生至明親遠謂荒服僻

寔無產僻小臣恭謹罷他逐合辰資芳芥蒙殊錫匪謹當

兩堅節義益屬忠誠辭之躇之心常感荷扶續修也火也

壽崇祈於符天

저자인 변계량의 본관은 밀양密陽, 자는 거경巨卿, 호는 춘정春亭이다. 부친은 검교판중추원사檢校判中樞院事 변옥란卞玉鸞이며, 모친은 제위보부사濟危寶副使 조석曺碩의 딸 창녕조씨昌寧曺氏이다. 정몽주鄭夢周와 이색李穡, 권근權近의 문하에서 수학하였다. 14세가 되던 1382년(우왕 8)에 진사시에 합격하였고, 다음 해 생원 시에도 합격하였다. 17세가 된 1385년(우왕 11)에는 문과에 등제하였고, 전교시 주부典校寺注簿를 시작으로 관직 생활을 시작하였다. 1407년(태종 7)에는 당나라 박학굉사과博學宏辭科에 비견되는 문과 중시文科重試에서 을과乙科 제1인자로 선발되어 예조우참의가 되었고, 세자시강원 우부빈객右副賓客·예문관 대제학·성균관 대사성·의정부참찬 등의 관직을 역임하였다. 1420년(세종 2)에는 집현전이 설치되면서 대제학으로 임명 되어 거의 20년간 직임을 맡아 중요한 외교 문서들을 작성하였다. 1430년(세종 12) 62세의 나이로 생을 마감했으며, 거창의 병암서원屛巖書院에 제향되었다. 시호는 문숙文肅이다.

본서는 1442년(세종 24) 밀양부에서 간행된 목판본으로, 전체 13권 중 권9~13 2책을 소장하고 있다. 초간본은 모두 낙질본으로 전하고 있다. 성암문고誠庵文庫에서 낙장본(21장 이하 결장) 권1을, 동국대학교 중앙도서관에서 권4~8·11~13을, 한국학중앙연구원 장서각에서 권5~7을, 고려대학교 만송문고晩松文庫 에서 권10~13을, 산기문고山氣文庫와 아단문고雅丹文庫에서 권11~13을 각각 소장하고 있다.
초간본 이후 1815년(순조 25) 여름에 거창 병암서원에서 목판본으로 중간重刊하였는데, 모두 12권 5책으로 초간본에 비해 1권이 줄어들었다. 중간본 앞부분의 구성을 살펴보면 초간본에서 삭거削去한 부분을 짐작 할 수 있다. 중간본의 내용을 간략히 보면, 권1~4에는 2수의 사辭 및 오언고시·칠언고시·오언절구· 칠언절구·오언율시·칠언율시·오언배율·칠언배율, 가곡歌曲과 악장樂章이 수록되어 있다. 권5에는 기記·서序·잡저雜著·설說, 권6·7에는 봉사封事·상서上書, 권8에는 전시대책殿試對策·책문제策問題· 전시책문제殿試策問題·교서敎書가 수록되어 있다.

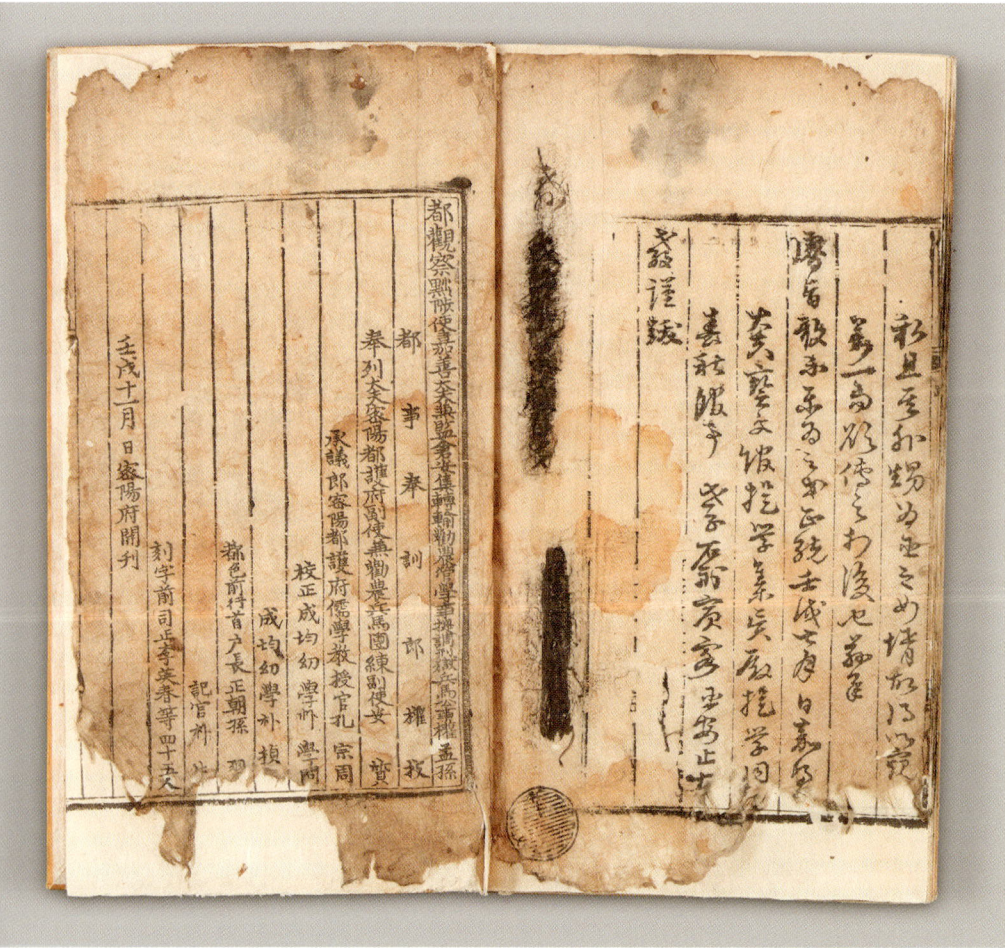

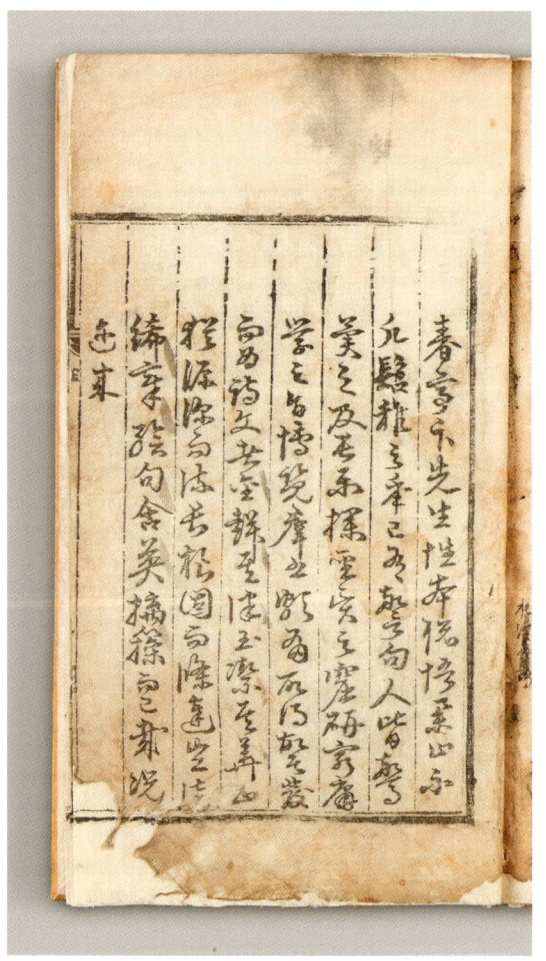

본서의 상세한 내용은 다음과 같다. 권9는 표문表文과 전문箋文으로 구성되며, 「사사산호간가람향모주직금저사서적약재상아서각表謝賜珊瑚間茄藍香帽珠織金貯絲書籍藥材象牙犀角表」로 시작된다. 총 49수 중 표문은 29수, 전문은 19수이고, 무제無題인 나머지 1수도 표전表箋 형식의 글이다. 권9의 말미에는 초서로 쓴 내송사內訟辭가 덧붙여 수록되어 있다. 권10은 청사靑詞와 도량소道場疏이다. 청사는 도교道敎의 제사에 쓰는 문체와 문장을 이르는데, 푸른 종이에 붉은 글씨로 축문祝文을 썼기에 청사라고 한다. 청사는 「친시문무과합행본명초년례통행청사親試文武科合行本命醮年例通行靑詞」 등 12수가 수록되어 있다. 도량소는 '석가경도지사釋家慶禱之詞'로 불가의 의례儀禮에 쓰이는 문체이다. 「탄일축상소誕日祝上疏」 등 19수가 수록되어 있다. 이 도량소 부분은 중간본에서 모두 빠져 있다. 전술했듯 중간본은 변계량을 배향한 병암서원에서 간행되었는데, 숭유척이崇儒斥異의 기조하에 불교 관련 문장들을 대부분 누락시킨 것으로 보인다.

권11은 책문冊文, 제문祭文, 축문祝文으로 구성되어 있다. 「신의왕후옥책문神懿王后玉冊文」 등의 책문 4수, 「기우우사원단제문祈雨雩祀圓壇祭文」 등의 제문 24수, 「태묘제사실축문太廟祭四室祝文」 등의 축문 5수가 수록되어 있다. 권12는 「제후덕왕대비문祭厚德王大妃文」 등의 제문 26수, 계문契文 1수, 계맹문契盟文 1수 및 시詩 3수와 부처를 위한 시주를 권하는 글인 연화문緣化文 등의 잡다한 글을 모아 수록하고 있다. 권13은 「기자묘비명箕子廟碑銘」 등의 비지碑誌 9편을 수록하고, 바로 뒤에 안지安止의 봉교발奉敎跋이 있다. 발문에 의하면 변계량의 문인인 정척鄭陟이 유고를 수습해 초고본草稿本을 엮고, 또 다른 문인인 권맹손權孟孫이 경상도 관찰사로 있으면서 초고본을 정서正書하여 세종에게 문집의 간행을 요청했다. 세종은 오랫동안 문형의 자리를 맡아 중국에까지 회자될 정도의 전아한 문장을 지었던 변계량의 글이 후학들에게 모범이 될 만하다고 하여 이 초고본을 집현전에 보내 교정을 명하게 된다. 집현전 교정본을 1442년(세종 24)에 밀양부에서 간행한 것이 바로 이 초간본이다.

『춘정선생문집』의 초간 목판본은 그 존재 자체가 드물어서 목록상으로는 성암문고誠庵文庫의 권1과 고려대학교 만송문고晚松文庫의 권10~13이 전하고 있을 뿐이다. 그렇기에 존경각에서 소장 중인 본서는 매우 희귀한 판본이며, 더하여 현재까지 발견된 초간본의 권9를 유일하게 보유하고 있기에 더욱 그 가치가 높다 하겠다. 이진경

주제어
춘정선생문집春亭先生文集, 변계량卞季良, 안지安止, 도량소道場疏

참고문헌
김종철, 「疏文의 文體破格 美學」, 『동방한문학』49, 동방한문학회, 2011.

| 서명 | 陶隱先生詩集 陶隱先生文集 | 집부 |
| --- | --- | --- |
| 저자 | 李崇仁(高麗) 著 ; 卞季良(朝鮮) 奉教編次 | 集部 |
| 판본 | 木版本 | 24 |
| 발행 | [朝鮮]: [刊寫者未詳], [太宗6(1406)]序 | |
| 형태 | 5卷1冊: 四周單邊, 半郭 20.0×13.0 cm, 無界, 11行19字, 無魚尾; 24.5×15.5 cm | |
| 주기 | 版心題: 陶詩(卷1-3)·陶文(卷4-5) | |
| | [陶隱先生詩集序]: 永樂四年(1406)十月下澣…權近奉教序 | |
| | 板式: 上下內向黑魚尾 混入 | |
| | 落張: 「陶隱先生詩集序」 第1張 및 跋 | |
| | 藏書記: 主徐[手決](卷1 第2張) | |

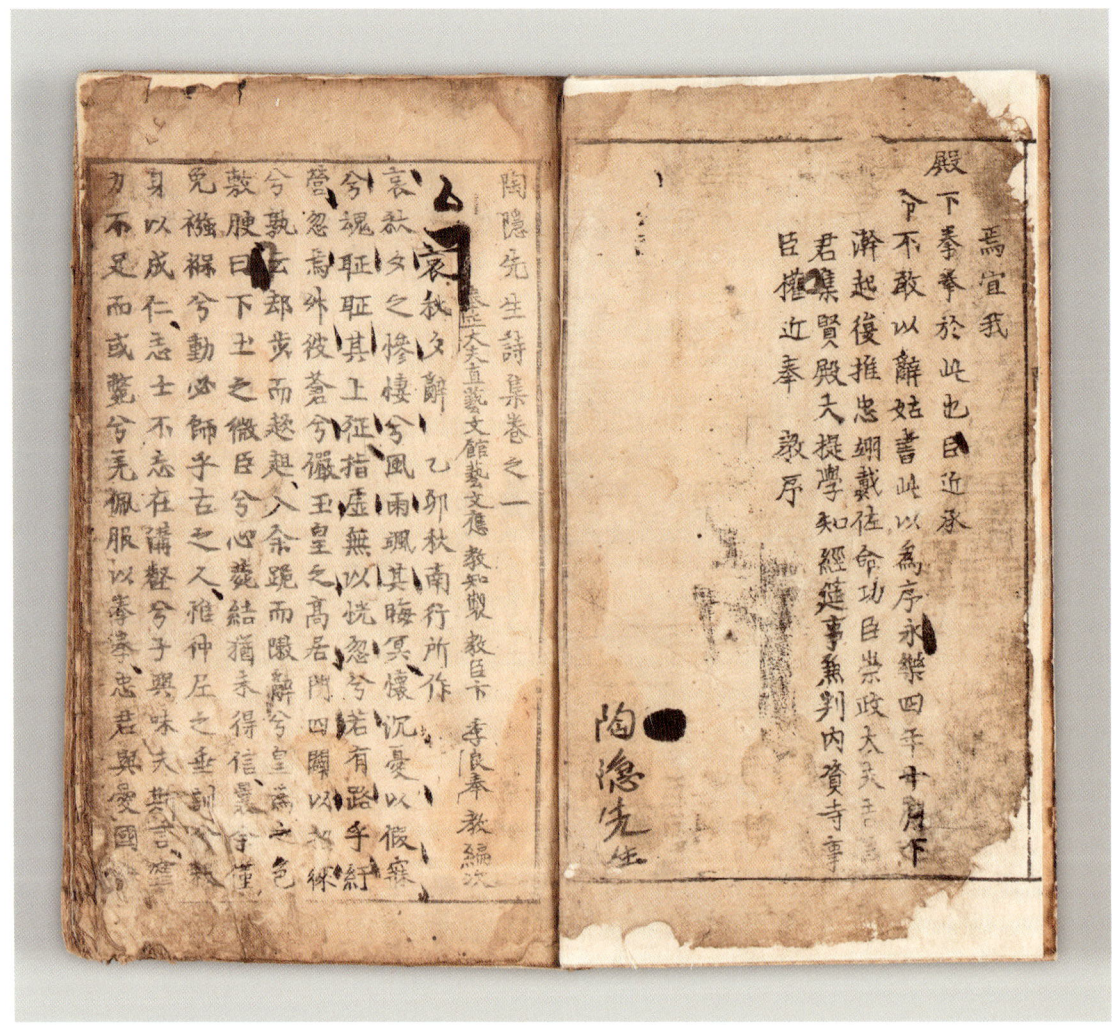

고려말 학자이자 삼은三隱의 한 사람인 도은陶隱 이숭인李崇仁(1347~1392)의 시문집이다. 본서는 모두 5권 1책으로 구성되어 있으며 조선초에 간행된 목판본이다.

권1~3의 판심제는 '도시陶詩', 권4~5의 판심제는 '도문陶文'이다. 권수제 또한 권1~3은 '도은선생시집陶隱先生詩集', 권4~5는 '도은선생문집陶隱先生文集'으로 다르다. 판식은 사주단변四周單邊, 무계無界, 11행 19자, 무어미無魚尾로, 여말 선초의 판식 그대로이다. 상하내향흑어미上下內向黑魚尾가 일부 섞여 있다.

권수에는 권근權近이 1406년(태종 6)에 쓴 서문이 수록되어 있는데, 서문 앞쪽에 1~2장 정도 낙장落張이 있다.

제1권 권수제 다음 행에는 '봉정대부奉正大夫 직직 예문관藝文館 예문응교藝文應敎 지제교知製敎 신신臣 변계량 卞季良 봉교편차奉敎編次'라는 저작자와 역할어가 있다.

뒷면이 비칠 정도로 종이가 매우 얇아서, 내용을 알아볼 수 없는 부분에 덧칠하거나 다른 종이를 덧대어 보사補寫하였다. 시제詩題에는 꺾쇠를 묵서墨書하여 시를 구분하고 명시성을 높였다. 곳곳에 비점批點 및 표점標點이 묵서되어 있다. 서미書眉에는 시의 요어要語 및 숫자가 묵서되어 있다.

저자인 이숭인의 본관은 성주星州, 자는 자안子安, 호는 도은陶隱이며. 부친은 이원구李元具, 모친은 언양김씨彦陽金氏이다. 고려 공민왕 때 문과에 장원급제하였다. 명나라 과거시험에 응시할 문사文士를 뽑을 때 수석으로 뽑혔으나, 나이가 25세가 되지 않아 보내지 않았다. 이후 밀직제학密直提學이 되어 정당문학 정몽주鄭夢周와 함께 실록을 편수하였고, 동지사사同知司事로 전임되었으나 친명親明 · 친원親元 양쪽의 모함을 받아 여러 차례 옥사를 겪었다. 조선 개국 당시 정도전鄭道傳의 원한을 사서 유배지에서 정도전의 심복 황거정黃居正에게 장살되었다.

저자는 생전에 시고詩稿의 일부를 『봉사록奉使錄』·『도은재음고陶隱齋吟藁』·『관광집觀光集』으로 편집하여 이색李穡과 중국인 장부張溥 · 고손지高巽志로부터 발문을 받았다. 저자의 문집은 본래 1406년에 저자를 이조판서로 추증하고 '문충文忠'의 시호를 내린 후, 유고를 모아 간행하라는 조선 태종太宗의 명에 의해 변계량卞季良이 편차하고 권근權近이 서문을 지어 시집 3권, 문집 2권으로 간인하였다. 보물로 지정된 초인본初印本은 금속활자인 계미자癸未字 중자中字로 인출하였고 판식은 사주쌍변, 유계, 11행 18자이다. 존경각 소장본 및 성암고서박물관 소장본(성암4-591), 보물로 지정된 계명대학교 동산도서관 소장본(811.081 −이숭인ㄷ), 전남대학교 도서관 소장본(4B1-도68ㅇ) 등은 조선 초기에 간행된 목판본으로, 판식은 사주단변, 무계, 11행 19자이다. 이후 간행본으로는 간행 연도가 불분명한 두 종류의 이본이 존재한다. 하나는 권수에 이색 · 장부 · 고손지의 발跋과 주탁周倬 · 정도전 · 권근의 서序가 수록된 9행 15자의 목판본(고려대학교 만송문고본)이고, 다른 하나는 권수의 발문이 권미에 실려 있는 12행 22자의 목판본인 국립중앙도서관 소장본(古3648-文62-22) 등이다. 이 두 판본의 시집 편차는 동일하지만 문집 일부는 편차를 달리하고 있다. 이후로 1863년(철종 14)에 후손 이준호李俊浩 · 이도복李道復 등이 연보 · 행장을 찬하고 제현의 문자를 수집한 부록 2권을 합편하여 7권 3책으로 간행하였다. 1901년(광무 5)에는 19세손 이규형李圭衡이 연보를 다시 만들고 사적을 모아 두주頭註를 달고 문체별로 편차하여 7권 2책의 목판본으로 경상북도 성주군 수륜면修倫面 이요정二樂亭에서 간행한 것이 있다. 이외에도 1568년(선조 1) 간행 을해자본『고사촬요攷事撮要』의 강원도 원주조原州條 및 황해도 곡산조谷山條에 '도은집陶隱集'이 저록되어 있고, 최립崔岦이 진주 목사로 재임 중 간행한 시집이 있다고 전해진다.

본서는 시집 3권 · 문집 2권으로 구성된 목판본으로, 권근의 서문 제2장부터 시작되고 있다. 계명대 소장본과 달리 본서에는 이색 · 장부 · 정도전의 발문이 결락되고 없다. 권1에는 사辭 1편, 오언 · 칠언고시 30제, 권2에는 오언 · 칠언율시 154제, 권3에는 오언 · 육언 · 칠언절구 153제가 실려 있다. 이 중에는 1383년(우왕 9)과 1388년(우왕 14) 두 차례 중국에 갔을 때 지은 사행시가 포함되어 있다.
수록 작품 수를 권별로 살펴보면 권1에 사辭 1제, 시 30제, 권2에 시 154제, 권3에 시 152제, 권4에 기記 7제, 지誌 1제, 서序 12제, 권5에 전傳, 제후題後, 행장行狀, 찬讚, 설說 등 9제, 표전表箋 22제가 실려 있다. 이후 간행본인 만송문고본과 비교해보면 내용이 거의 일치하지만 약간의 차이가 있다. 본서 권2의 다섯 번째에 수록된 시제詩題가 「送尹雲老送潤雲路」인데, 민송문고본에는 「送尹雲老상인회산送潤雪상上人澶山」으로 되어 있는 것 등이다. 문집인 권4에는 기記 7편, 지誌 1편, 서序 12편이 실려 있다. 이 중 「상죽헌기霜竹軒記」와 「여흥군신륵사대장각기驪興郡神勒寺大藏閣記」 두 편은 서序 뒤에 편차되어 있는 이본도 있다. 권5에는 전傳 2편, 제후題後 3편, 의議 1편, 행장行狀 1편, 찬讚 1편, 자설字說 1편, 표表 16편, 전箋 5편이 실려 있다. 이 중 표와 전 21편은 대부분 중국에 올린 글로, 중국 황제로부터 '정성스럽고 절실하다'는 칭찬을 받았다고 한다.

이 시기 문집들이 많이 남아있지 않은 상황에서 이 책과 동일한 판본이 희귀하며, 동일 판본인 계명대학교 도서관 소장본은 보물로 지정되었다. 또한 조선조 왕명에 따라 간행된 첫 번째 문집이란 점에서 조선시대 문집간행의 흐름을 연구하는 데 중요한 자료가 된다. 또 조선 초기 목판본으로 계선界線이 없고, 본문 첩자疊字의 경우 중복표시를 하고 한자를 쓰지 않은 경우가 산견된다. 또한 권근의 서문에서 왕과 관련된 단어를 쓸 때 공격空格에 그치지 않고 대두법擡頭法을 사용하여 경의를 표하고 있는 것도 본서의 특징이다. 본서에는 제목이나 주석에 해당하는 곳곳에 꺾쇠로 표시해 놓은 것이 빈번하게 보이고 때로는 인물의 호를 묵서해 놓은 곳도 있다. 대교對校할 만한 이본으로서의 자료적 가치가 있다. 김종민

주제어
도은선생시집陶隱先生詩集, 도은선생문집陶隱先生文集, 이숭인李崇仁, 고려高麗

참고문헌
하정승, 「陶隱 李崇仁 詩의 品格研究」, 『한국한시연구』8, 한국한시학회, 2000.
송재소, 「陶隱 李崇仁의 시」, 『시와 시학』50, 시와시학사, 2003.
장인진, 「陶隱先生集의 版本과 문헌적 특성」, 『한국학논집』51, 계명대학교 한국학연구원, 2013.

# 청파집
# 靑坡集
Cheongpajip

貴 D03B-3045

———

| | |
|---|---|
| 서명 | 靑坡集 |
| 저자 | 李陸(朝鮮) 著 |
| 판본 | 木版本 |
| 발행 | 慶尙道 鐵城: 鐵城(固城), 中宗7(1512)序 |
| 형태 | 靑坡集1卷 · 靑坡劇談, 共1冊 : 四周單邊, 半郭 17.0×13.8 cm, 有界, 11行15字 小字雙行, 上下下向黑魚尾 ; 26.0×16.8 cm |
| 주기 | 序: 旣請余以刻諸梓 又求一言 序其首…正德壬申(1512)四月下澣 崇祿大夫判中樞府事晋川 君姜渾序 |
| | 跋: 自于今監司姜相國 分刊聯芳集所在鐵城(固城)之傍邑 且請序之…皇明正德歲己巳 (1509)十月日靑坡ㅁㅁㅁ[李]嶧謹跋 |
| | 楮紙 |

조선 전기의 문신 이륙李陸(1438~1498)의 문집이다. 본서는 불분권不分卷 1책冊으로 구성되어 있으며, 1512년 (중종 7) 경상도 고성固城에서 간행한 초간본初刊本이다.

현대에 표지를 개장改裝하였고, 제첨에 필사한 표제表題는 '청파집靑坡集'이다. 판식은 사주단변四周單邊, 유계有界, 11행 15자, 상하하향흑어미上下下向黑魚尾이다. 강혼姜渾이 쓴 서문의 판식은 사주쌍변四周雙邊, 유계有界, 8행 10자, 상하대흑구上下大黑口, 상하내향흑어미上下內向黑魚尾이다. 『청파집』의 판심제는 '청시靑詩', 『청파극담』의 판심제는 '청담靑談'이다. 『청파집』은 모두 29장, 『청파극담』은 54장으로, 『청파극담』의 비중이 더 높다.
책 곳곳에 남묵藍墨으로 비점批點이나 관주貫珠가 표기되어 있다. 책지冊紙 이면에 「호군윤선노소護軍尹善道疏」의 일부가 적혀 있다.

저자 이륙의 자는 방옹放翁, 호는 청파靑坡, 본관은 고성固城이다. 조부는 좌의정을 역임한 용헌容軒 이원李原 이고, 부친은 돈녕부정敦寧府正을 지낸 이지李墀이다. 모친은 연일정씨延日鄭氏 정보鄭保의 딸로 포은圃隱 정몽주 鄭夢周의 증손녀이다. 1438년(세종 20) 한양 청파동에서 태어났으며, 1459년(세조 5) 22세 때 생원生員 · 진사시 進士試에 합격한 후 1464년(세조 10) 문과에 급제하여 성균관직강成均館直講이 되었다. 관직은 1498년(연산군 4) 병조참판까지 이르렀으나 그해에 사망하였다. 1490년(성종 21) 정조사正朝使, 1495년(연산군 1) 고부청시청승 습부사告訃請諡請承襲副使로 명나라에 다녀오기도 하였다.

권말에 수록된 이륙의 아들 이험李嶮이 쓴 지識에는 『청파집』의 편찬과 간행에 대한 내용이 잘 드러나 있다. 그 내용에 의하면, 이륙의 문집은 연산군燕山君 때에 이경동李瓊仝 · 신종호申從濩 · 유호인兪好仁의 문집과 함께 운각芸閣에서 간행하려 하였으나 흉년으로 간행되지 못하였다. 이에 읍취헌挹翠軒 박은朴誾이 다시 편찬하던 중

聯句

石峻飛泉咽簾踈漏月明雨餘紅芍
嫩風定白雲生正坐心從藥憑盧骨
欲驚容吟連理頌僧誦法華經宿鳥
投林急啼猿近寺行行有心從石水無
事趣麤鬙

新松除小徑累石築高墙涧草連空翠
岩花帶雨香新鶯啼甕樹老衲刺明愍
蹇迍天巇近入稀路欲荒山深迷遠迴
身老史行藏

1504년(연산군 10) 갑자사화甲子士禍가 일어나 저자의 유집遺集도 함께 일실佚失되었다. 그 후 저자의 집안에서 보관하고 있던 시축詩軸 약간 편과 『극담劇談』 1질帙을 찾아냈다. 아들 이험이 단성丹城으로 부임하여 이를 선사繕寫하고, 목계木溪 강혼의 서序와 이험 자신의 지識를 붙였다. 고성이씨의 본관이자, 이전에 이륙의 주도로 간행한 『철성연방집鐵城聯芳集』의 목판이 보관되어 있는 철성鐵城(경상도 고성固城)에서 1512년(중종 7) 목판으로 간행하였다. 이것이 초간본으로, 본서 및 고려대학교 만송문고본, 계명대학교 동산도서관본, 간송미술관 소장본 등이 이에 해당한다. 2008년에는 계명대학교 동산도서관 『고문헌총서』 5로 영인본이 간행되기도 하였다.

권수卷首에는 1512년(중종 7) 강혼이 지은 서序와 1499년(연산군 5) 성현成俔이 지은 「청파비명靑坡碑銘」이 수록되어 있다. 강혼의 서문은 1장이 결락되어 있다. 권1에는 시詩 118편(142수)이 실려 있다. 내용은 1462년(세조 8) 이후 3년간 지리산에서 수학修學하면서 유람하던 시기에 지은 것을 비롯하여, 과거급제 후 관직 생활에 이르는 시기에 지은 작품이 수록되어 있다. 권2에는 『청파극담』이 실려 있는데 모두 96칙으로 구성되어 있으며, 일화逸話나 소화笑話 등을 엮은 잡록雜錄이다. 권말卷末에는 저자의 아들로서 초간본 간행을 주도하고 그 전말을 기록한 이험의 지識가 붙어있다.

철성판 『청파집』 외에 이륙의 문집은 두 가지 이본이 있다. 우선 초간본과는 별도의 편찬·간행을 거친 것으로 보이는 17세기초에 간행한 2권 1책의 목활자본木活字本이 있다. 권수에 「청파비명靑坡碑銘」이 있고, 권1에는 시詩, 권2에는 문文이 실려 있으며 『청파극담』은 실려 있지 않다. 서울대학교 규장각한국학연구원 소장본(古3428-462)이 목활자 중간본重刊本이며, 『한국문집총간韓國文集叢刊』 13에 수록된 『청파집』의 영인 대본이 되었다.

青坡碑銘并序　　　　　成俔

弘治十有二年夏李君嶸以其先君
行狀徑人請於俔曰知先君事蹟者
莫如子欲丐文銘諸遂子其誌之余
於先君非面明也自齠齔稚相從為學
偕捷司馬披英兩試立朝三十餘年
有金石交契之密雖不命猶為之况
命之勤予謹按李氏出固城為高麗
鉅宗有諱品號杏村登茅官至門下
侍中謚文貞為詩簡古華法妙絕典
趙松雪相埒寔公皇高祖有諱岡號

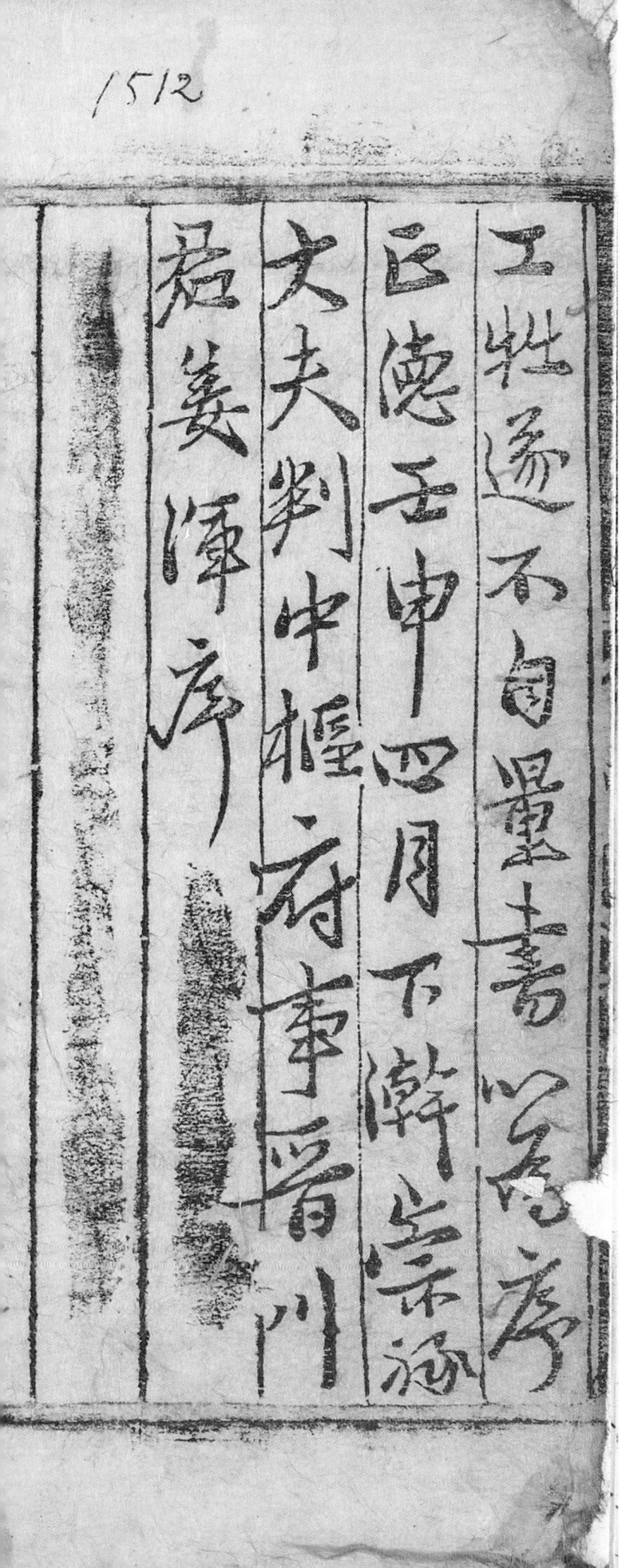

1512

삼간본三刊本은 1853년(철종 4) 이륙의 후손 이노선李魯善이
초간본을 재편 증보하여 2권 1책의 목판으로 간행한 것이다.
권수에는 목록目錄과 강혼 및 권대긍權大肯의 서序(1852년)가
수록되어 있다. 권1은 시詩와 잡저雜著로 나누었는데 잡저의
「박연폭포기」는 초간본『극담劇談』에 속해 있던 내용을 분류
재편한 것이다. 권2는『극담』을 수록하였는데 15개의 항목을
설정하여 주제별로 분류 수록하였고, 내용상의 산정刪定을
가하였다. 부록附錄에는 성현의 비명碑銘, 이험의 지識, 하범운
河範運의 발(跋. 1853년)이 있다.

『대동야승大東野乘』에 수록되어 있는『청파극담』은 1971년
민족문화추진회의 고전국역총서 사업에 의해 번역이 이루어져
널리 읽혔다. 그러나 초간본『청파집』에 실려 있는 원문은
조명받지 못한 채『대동야승』에 수록된 원문과 번역문이
통행되었던 점이 문제로 지적된 바 있다.『대동야승』·『대동
패림』·『한고관외사』등에 수록된『청파극담』또한 중요한
이본임에 틀림없지만, 초간본『청파집』의『극담』을 저본으로
활용해야『청파극담』이라는 문헌의 온전한 실체가 규명되리라
본다.
1920년대에 개신교 선교사였던 제임스 게일은『청파극담』중
13개의 단락을 선택하여 영어로 번역하여 그의『KOREAN
FOLK TALES』에 실었다.『청파극담』은 한국 문학사의 수많은
고전자료 중 국제적 인지도를 선취하였던 희귀한 문헌이기도
한 셈이다. 이제 본서와 중간본, 삼간본 문집과『청파극담』의
이본들을 통합적으로 연구하여 청파 이륙의 문학 세계를
정교하게 구명하는 단계로 나아가야 할 것이다. 김종민

주제어
청파靑坡, 이륙李陸, 청파집靑坡集, 청파극담靑坡劇談

참고문헌
정용수,『청파 이륙 문학의 이해』, 세종출판사, 2005.
이래종,「『靑坡劇談』의 文獻的 檢討」,『大東漢文學』34, 대동한문학회,
　　　2011.

471

# 포은시고
# 圃隱詩藁
Poeun sigo

貴 D03B-3089, D03B-3089 c.2

| | | 집부 |
|---|---|---|
| 서명 | 圃隱詩藁 | 集部 |
| 저자 | 鄭夢周(高麗) 撰 | 26 |
| 판본 | 木版本 | |
| 발행 | 黃海道 新溪: 新溪縣, 中宗28(1533)跋 | |
| 형태 | 上下卷·雜著1冊: 四周雙邊, 半郭 20.5×15.0cm, 有界, 10行18字 小字雙行, 大黑口, 上下內向黑魚尾; 28.7×18.0cm | |
| 주기 | 表題: 圃隱先生文集 | |

圃隱先生詩卷序: 正統二年丁巳(1437)…朴信謹序
圃隱先生行狀: 永樂庚寅(1410)…咸傅霖撰
序: 正統四年(1439)…[鄭]宗誠謹跋
序: 正統三年(1438)…權採奉敎序
跋: 河崙序
圃隱先生詩藁序: 公之玄孫[鄭]世臣 首膺寵命 倅新溪縣 載念公之性情所發 乃在詩集 鳩工壽梓 以廣其傳…嘉靖癸巳(1533)…柳溥(1470-1544)謹跋
[後序]: 永樂己丑(1409)…卞季良謹序
楮紙

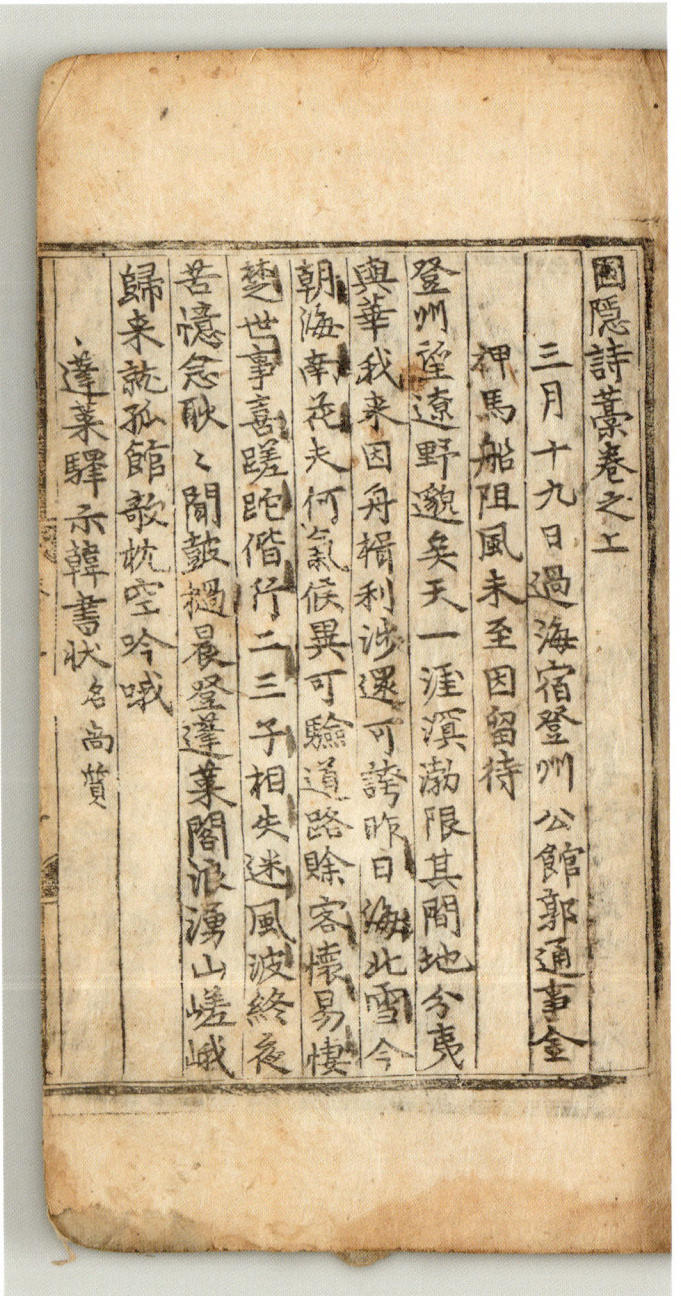

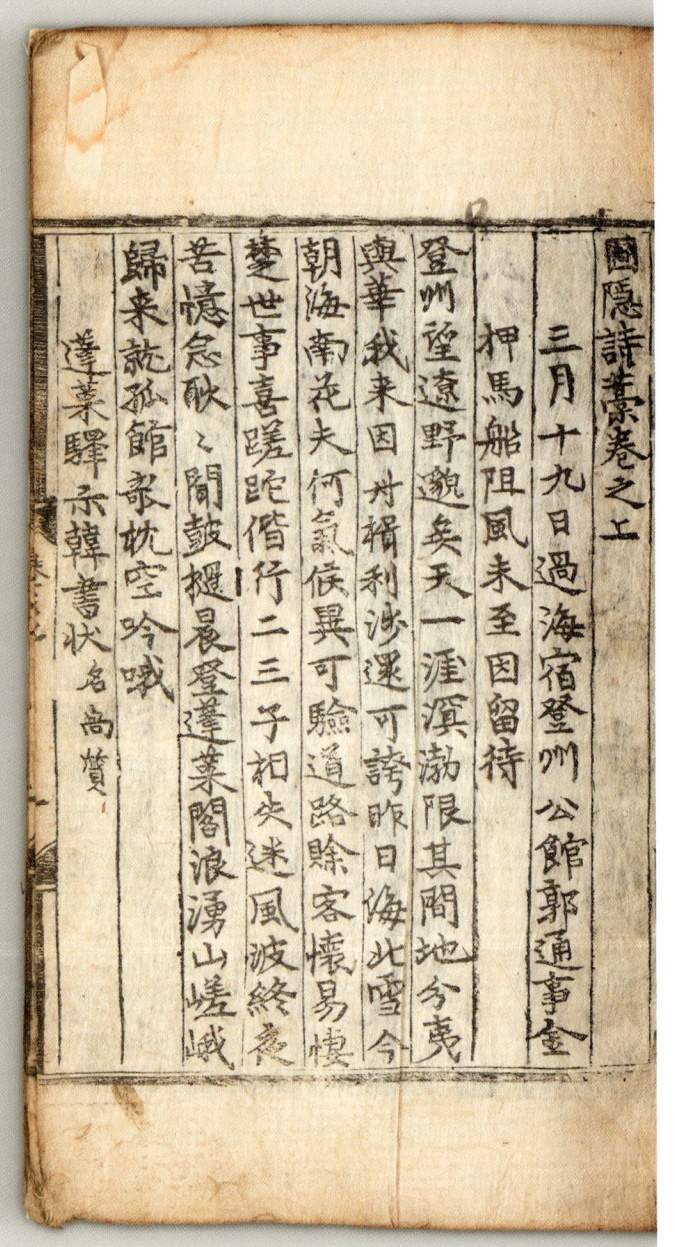

포은시고圃隱詩藁(D03B - 3089)

포은시고圃隱詩藁(D03B - 3089c.2)

고려 말기 관료이자 문인·학자인 정몽주鄭夢周(1337~1392)의 시집이다. 본서는 1533년(중종 28) 황해도 신계현新溪縣에서 간행한 목판본이다.

2권 1책의 완질본으로 권수제는 '포은시고圃隱詩藁', 표제表題는 '포은선생문집圃隱先生文集'이다. 판심에는 별도의 판심제는 없고 권차卷次만 수록하였다. 황색표지에 오침안정법五針眼訂法으로 장황粧䌙하였다. 판식은 사주쌍변四周雙邊, 유계有界, 10행 18자, 상하대흑구上下大黑口, 상하내향흑어미上下內向黑魚尾이다. 일부 8행 13자, 8행 14자, 8행 16자와 상하내향1엽·2엽화문어미가 혼입되어 있다. 별도의 간기는 없지만, 권말에 수록한 유부柳溥의 발문을 통해서 1553년 즈음에 황해도 신계현에서 간행하였음을 알 수 있다. 권하의 말미에 '용수편이공봉운用首篇李供奉韻'을 별도로 묵서墨書하였으며, 본문 중간에 먹으로 비점批點을 찍었다. 존경각에 소장하고 있는 동일 판본 『포은시고』(貴 D03B-3089 c.2)는 변계량卞季良(1369~1430)과 유부의 발문 등이 결락되어 있다.

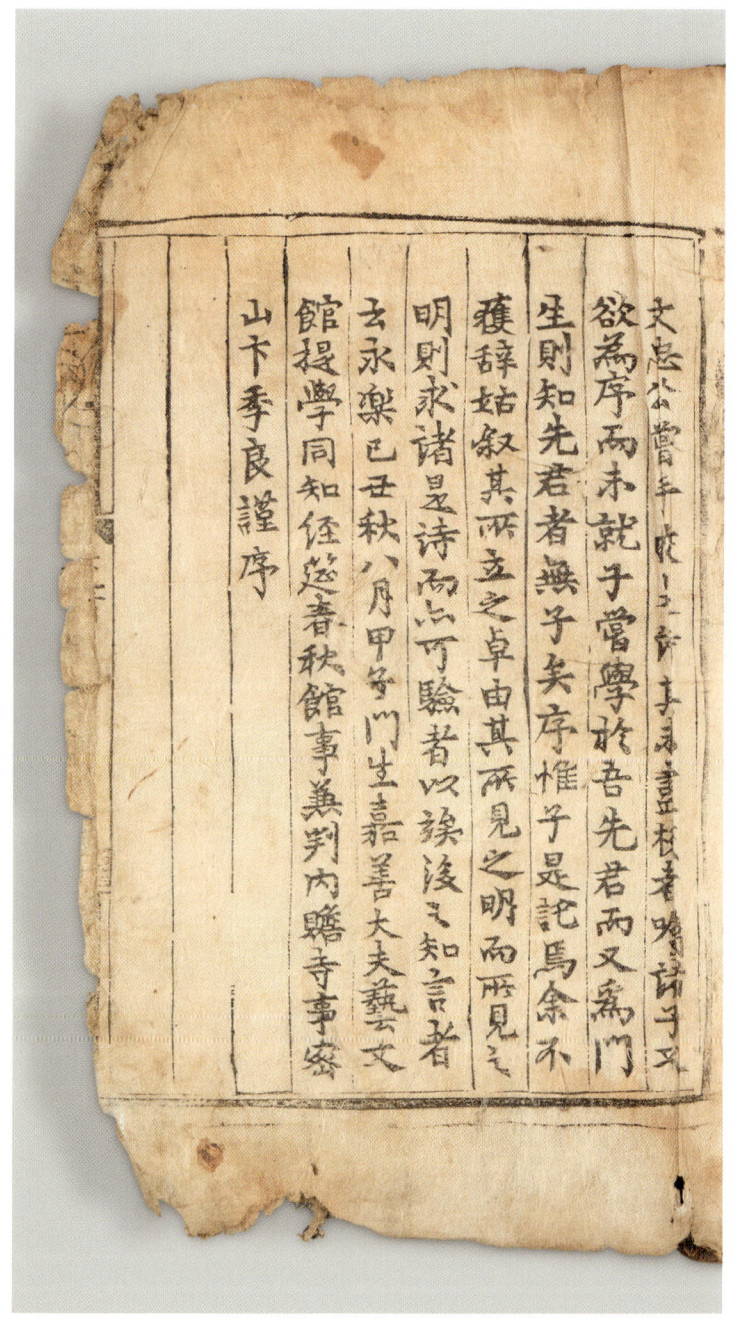

저자인 정몽주의 본관은 영일迎日, 자는 달가達可, 호는 포은圃隱이다. 초명은 몽란夢蘭 또는 몽룡夢龍이고 경상도 영천永川 출신이다. 부친은 수문하시중守門下侍中 일성부원군日城府院君에 추증된 정운관鄭云瓘이고 모친은 영천 이씨永川李氏 선관서승膳官署丞 이약李約의 딸이다. 1357년(공민왕 6) 감시監試에 합격하고 1360년(공민왕 9) 문과에 장원급제하였다. 낭장겸합문지후郎將兼閤門祗候, 위위시승衛尉寺丞 등의 관직을 역임하다가 1363년(공민왕 12) 한방신韓邦信, 이성계李成桂와 함께 여진을 토벌하는 데에 공을 세웠다. 1384년(우왕 10) 성절사聖節使로 명나라에 다녀왔으며, 1389년(공양왕 1) 이성계와 함께 공양왕을 세워 공신에 봉해졌다. 이성계와는 협력관계에 있었으나 역성혁명에는 반대하여 이방원의 문객 조영규趙英珪 등에게 피살되었다.

본서는 세칭 '신계본新溪本'으로, 1533년(중종 28) 정몽주의 현손 정세신鄭世臣이 황해도 신계현령으로 부임하여 간행하였다. 『포은시고』의 편찬 및 간행은 태종太宗이 즉위하면서 정몽주를 영의정에 추증하고 그의 자손들에게 관직과 토지를 하사함에 따라 시작되었다. 정몽주의 신원이 회복되면서 그의 아들 정종성鄭宗誠과 정종본鄭宗本이 유문을 수습하여 간행하였다. 집안에 가장된 시초와 정몽주의 막내아우 정도鄭蹈, 명나라 사행에 함께한 서장관 하상질韓尙質, 문인 함부림咸傳霖 등에게서 글을 받아 책으로 편찬한 것이다. 권근權近과 변계량卞季良이 교정하고 세종의 을람乙覽을 거쳐 1439년(세종 21) 3월에 간행된 것이 초간본初刊本인데, 이 판본은 현재 전하지 않는다. 이후 신계본이라 불리는 본서가 가장 이른 시기의 현전본이다. 삼간본은 1575년(선조 8) 정몽주가 배향된 개성 숭양서원崧陽書院에서 목판으로 간행되었다. 사간본은 1585년(선조 18)경 선조의 명으로 교서관에서 을해자乙亥字로 간행되었다. 이후 1900년 (광무 4) 후손 정환익이 개성에서 목판으로 간행한 십삼간본, 1903년(광무 7) 진주에서 목판으로 간행한 십사간본까지 꾸준히 재간행되었다. 조선시대 문집 중 가장 여러 차례 간행되었다.

권수에는 정몽주의 연보, 문인 박신朴信이 1437년(세종 19)에 쓴 서문, 문인 함부림이 1410년(태종 10)에 쓴 행장, 아들 정종성이 1439년(세종 21)에 쓴 발, 그리고 권근의 조카이자 당시 우승지였던 권채權採가 1438년 (세종 20)에 세종의 명에 따라 쓴 봉교서奉敎序 등이 수록되어 있다. 본문은 크게 상·하·잡저로 구성되어 있다. 권상·하에는 모두 255제 303수의 시가 수록되어 있다. 120제 138수가 수록된 권상은 대부분 사행시使行詩이다. 첫 번째 작품 「삼월구일과해三月九日過海…」부터 117번째 작품 「도의주到義州…」까지는 중국에 사행 갔을 때 지은 것이고 118번째 작품 「홍무정사洪武丁巳…」부터 120번째 작품 「재유시사再遊是寺」 까지는 일본에 사행 갔을 때 지은 것이다. 135제 165수가 수록된 권하는 한방신의 종사관으로서 여진을 토벌할 때 지은 시, 이성계를 따라 전라도에서 왜구를 토벌할 때 지은 시, 일상의 감흥을 읊은 시, 자연물 및 건물에 대해 지은 시, 만사와 제문 등으로 다양하게 구성되어 있다. 잡저는 부록의 성격을 지니고 있는데 대부분 목은牧隱 이색李穡의 글이 실려 있다. 말미에는 1410년에 쓴 하륜河崙의 서문, 1533년(중종 28)에 쓴 유부의 중간 발문, 1409년(태종 9)에 쓴 변계량의 후서가 있다. 하륜의 서문과 변계량의 후서는 정몽주의 두 아들이 문집을 편찬한 직후에 받은 것으로 보인다. 특히 유부의 발문에는 '현손 정세신이 신계 현령 으로 나가 각수刻手를 모집하고 판각하여 세상에 널리 배포하였다'라는 기록이 있어 간행과 관련한 사실을 알게 한다.

동일 판본으로는 국립중앙도서관(한貴古朝45-가379), 서울대 규장각한국학연구원(想白古貴811.4-J464p), 연세대 중앙도서관(고서(귀) 747 0), 고려대 중앙도서관(만송 貴 345), 영남대학교 중앙도서관,(古 810.819 정몽주시) 계명대 동산도서관((귀)811.081 –정몽주포시) 소장본 등이 있다.

『포은시고』는 고려 말기 문무를 겸비한 재상이자 문인·학자인 정몽주의 시집이다. 명나라 및 일본 사행시使行詩, 호방한 무인의 기상이 느껴지는 시, 자연 경물을 읊은 시, 지인에 대한 만시 등 다채로운 시가 실려 있다. 시집을 통해 그의 사유와 당시 혼란했던 시대상을 읽을 수 있다는 점에서 귀중한 자료 이다. 아울러 본서는 14차례나 간행된 정몽주의 문집 가운데 현전하는 가장 이른 판본이라는 점에서도 가치가 있다. 임영길

주제어
포은圃隱, 정몽주鄭夢周, 포은시고圃隱詩藁, 고려高麗

참고문헌
최채기, 「『圃隱集』의 編纂과 刊行에 관한 연구」, 성균관대 석사학위논문, 2006.
장유승, 『아무나 볼 수 없는 책』, 파이돈, 2022.

목은문고
牧隱文藁
Mog-eun mun-go

| | |
|---|---|
| 서명 | 牧隱文藁 |
| 저자 | 李穡(高麗) 撰 ; 李增(朝鮮) 編 |
| 판본 | 木版本 |
| 발행 | [忠淸道] : [洪州牧], [宣祖16(1583)]刊] |
| 형태 | 3卷1冊(全18卷) : 四周單邊, 半郭 25.3×19.1 cm, 有界, 11行20字, 大黑口, 上下內向黑魚尾 ; 33.5×23.6 cm |
| 주기 | 表題·版心題: 牧隱文集 |
| | 序題: 牧隱先生文集 |
| | 發行事項 推定: 성암고서박물관 소장 동일 판본『牧隱文藁』(성암 4-653)의 발행사항 |
| | 所藏: 卷1-3 |
| | 牧隱先生文集序 : 永樂二年(1404)秋七月日 門人陽村權近序 |
| | 牧隱先生文集序 : 永樂二年(1404)歲在甲申五月…李詹序 |
| | 刻手名(魚尾·版口): 슌·兮·一·三 等 |
| | 印記: 龜鶴亭 |
| | 楮紙 |

고려 후기의 문신 이색李穡(1328~1396)의 문집을 18권으로 편차하여 간행한 책이다. 본서는 1583년(선조 16) 이색의 7대손인 이증李增(1525~1600)이 충청도 관찰사를 지내고 있을 때, 홍주목사洪州牧使 최흥원崔興遠(?~?)이 홍주목에서 간행한 책으로 추정된다.

표제 및 판심제는 '목은문집牧隱文集'이며, 표지 우측상단에는 '기記'라는 묵서墨書가 있다. 권수는 '목은문고 牧隱文藁', 서제序題는 '목은선생문집牧隱先生文集'이다. 판식은 사주단변四周單邊, 11행 20자, 상하대흑구上下大 黑口, 상하내향흑어미上下內向黑魚尾이다. 내향2엽·3엽화문어미가 있는 판과, '슌'·'혜兮'·'일一'·'삼三' 등의 각수명이 어미 혹은 판구版口에 표시되어 있다. 본서와 동일한 판본이 고려대학교 만송문고, 성암고서 박물관에 소장되어 있는데, 고려대학교 소장본은 제14·15책, 성암고서박물관 소장본은 권15~18 및 발문이 수록된 결질본이다. 존경각 소장본에는 발문이 누락되어 있지만, 성암고서박물관 소장 동일 판본 『목은문고』(성암 4-653)에는 1583년(선조 16) 이증의 발문[萬曆十一年癸未(1583)七月日 七代孫通政大夫守忠淸道觀察 使兼兵馬水軍節度使增謹跋]이 수록되어 있어 간행 연대를 유추해볼 수 있다. 다만 존경각 소장본은 인면印面이 많이 닳고 갈라진 목판이 있는 것으로 보아 후쇄본일 가능성이 있다.

남묵藍墨·주묵朱墨으로 비점批點이 표시되어 있다. 권수 및 권말에 '귀학정龜鶴亭'이라는 백문 장방형 인장이 묵인墨印되어 있다.

牧隱文藁卷之一

記碁

先正於他藝一不留意獨於碁粗得其妙而當世之
能者或見推焉然家不留其具也予始孤自都下還
爵邑廢業既練整書秩曰得碁子視之其一海介寶
白文黃其一石而王潤且黑磨礱精巧團團如星可
謂儒有席上珎矣然其子僅二百以波淘石克之始
足一日孫君見訪曰此吾得之釋戒弘者令先大夫
練侍之日吾兒起所進者也因取而校數之曰始者
三百六十裕如也今存者何其耗是之少乎余觀其
意似不能不慨然於其懷予乃紬繹而思之雖纂爾

본서는 전체 18권 중 권1~3에 해당하는 결질본이다. 권수卷首에는 1402년(태종 2) 7월에 양촌陽村 권근權近이 쓴 「목은선생문집서(牧隱先生文集序)」와 같은 해 5월 이첨李詹이 쓴 「목은선생문집서」가 수록되어 있다. 그 뒤에는 「목은문고목록牧隱文藁目錄」이 수록되어 있어, 결질본이지만 초간본『목은문고』권1~18까지의 전체적인 내용을 알 수 있다. 1626년(인조 4)에 이덕수李德洙가 중편重編한『목은집』은『목은시고牧隱詩藁』35권,『목은문고』20권으로 수록되어 있어 그 내용이 증보되었고, 이덕수와 경상도 관찰사인 이규령李奎齡이 1626년(인조 2)에 쓴 발문이 수록되어 있다. 다음은 초간본과 중편본(D03B-0362)의 내용을 비교 정리한 표이다.

| 권차 | 1583년 간행 초간본『牧隱文藁』내용 | 1626년 重編『牧隱集』추가 내용 |
|---|---|---|
| 1 | 記碁, 此君樓記, 流沙亭記, 靈光新樓記, 風詠亭記, 西京風月樓記, 南原府濟用財記, 南谷記, 遁村記, 安東藥院記 | 麟角寺無無堂記, 眞宗寺記, 勝蓮寺記 |
| 2 | 漁隱記, 枕流亭記, 萱庭記, 陽軒記, 陽村記, 葵軒記, 菊澗記, 趙氏林亭記, 養眞齋記, 六友堂記 | 寶蓋山地藏寺重修記, 香山潤筆菴記, 金剛山潤筆菴記, 天寶山檜巖寺修造記, 五冠山興聖寺轉藏法會記, 砥平縣彌智山竹杖菴重營記, 驪江縣神勒寺普濟舍利石鐘記 |
| 3 | 谷州新樓記, 陶隱齋記, 貞齋記, 永慕亭記, 水原府客舍池亭記, 淳昌客館新樓記, 松月軒記 | 梁州通度寺釋迦如來舍利之記, 潤筆菴記, 慈悲嶺羅漢堂記, 長城縣白巖寺雙溪樓記, 香山安心寺舍利石鍾記, 澄泉軒記 |
| 4 | 淸香亭記, 楞亭記, 石屋亭記, 築隱齋記, 圃隱齋記, 疏齋記, 無隱菴記, 六益亭記, 送月堂記 | 聖居山文殊寺記, 幻菴記, 砥平縣彌智山潤筆菴記, 砥平縣彌智山龍門寺大藏殿記 |
| 5 | 平心堂記, 覺菴記, 古巖記, 杲菴記, 重房新作公廨記, 南陽府望海樓記, 淸州牧濟用財記 | 松風軒記, 寶蓋山石臺菴地藏殿記, 巨濟縣牛頭山見菴禪寺重修之記, (負暄堂記, 雪山記, 五臺上院寺僧堂記, 報法寺記, 淸州龍子山松泉寺懶翁冥堂記, 寂菴記, 雲軒記, 嚴谷記) |
| 6 | 益齋亂藁序, 雪谷詩藁序, 近思齋逸藁後序, 思菴詩卷序, 送楊廣按廉韓侍史序, 送慶尙按廉宋都官序, 送江陵按廉金先生序, 送朴中書歸覲序, 送徐道士序, 贈金判事詩後序 | 傳燈錄序 |
| 7 | 動安居士李公文集序, 默軒文集序, 安氏三子登科詩序, 贈休上人序, 贈宋子郊序, 十韻詩序, 送楊廣按廉安侍御序, 送隱溪林上人序, 栗亭逸藁序, 贈元上人序, 送詵上人序 | 送玆上人序, 送絶傳上人序, 送月聰序 |
| 8 | 送慶尙按廉李持平序, 及菴詩集序, 農桑輯要後序, 中順堂集序, 選粹集序, 周官六翼序, 贈金敬叔秘書詩序, 元巖讌集唱和詩序, 送偰符寶使還詩序, | 贈一漚上人序, 贈幻翁上人序, 驪興神勒寺禪覺眞堂詩幷序, 普濟尊者語錄後序, 送峯上人遊方序 |
| 9 | 直說三篇, 茂珍金氏三子名字說, 韓氏四子名字說, 伯恭說, 子復說, 可明說, 子因說, 仲至說, 孟周說, 之顯說, 孟陽說, 浩然說, 伯中說, 孟儀說, 純仲說, 平源說, 仲英說, 千峯說, 景春說, 李氏三子名字說 | 雪牛說 |
| 10 | 平紅賊後陳情表, 謝恩表, 請改名表, 節日表, 皇后封冊賀表, 皇太子千秋牋, 謝御酒御衣表, 謝復位表, 回傳聖旨輒陳懷抱者賙恤覆舟表, 皇太子凱還賀牋, 請冠服表, 陳情表, 王大妃陳情表, 請諡表, 請承襲表, 大尉謝表, 賀登極表, 謝恩表, 賀平蜀表, 請子弟入學表, 謝賜紗羅表, 辭左代言牋, 辭判門下牋, 賜贊成事潘卜海敎書, 罪三元帥敎書, 受命之頌, 乞退書 | － |
| 11 | 金司空眞讚, 觀物齋讚, 羲谷淸卿四字譜幷序, 判三司事崔公畫像讚, 侍中鄭公畫像讚幷序, 金畫蘭讚幷序, 上札讚 | 悤牧叟讚, 賜龜谷書畫讚, 無能居士讚 |
| 11 | 誠齋銘, 惕若齋銘, 致堂銘, 自儆箴, 辭辨, 答問 | 三與銘 |
| 12 | 書補正雪菴大字卷後, 書李壽父詩卷後, 書陶隱詩藁後, 書錦南迂叟傳後, 題浩然字說後, 題惕若齋學吟後, 書證道歌後, 跋羅興儒賀詩卷, 跋仲玉還學詩卷, 跋送洪進士詩卷, 跋及菴詩集, 祭樵隱先生文, 爲慶宰相兄弟祭父侍中貞烈公文, 爲崔侍中祭先考文 | 跋黃檗語錄, 題溪月軒印空吟, 書懶翁三歌, 跋護法論 |

| 권차 | 1583년 간행 초간본 『牧隱文藁』 내용 | 1626년 重編 『牧隱集』 추가 내용 |
|---|---|---|
| 13 | 全州李氏墳墓記, 樵隱李公墓誌銘, 忠敬公廉公神道碑, 文貞公崔公墓誌銘, 韓文敬公墓誌銘 | – |
| 14 | 韓平簡公墓誌銘, 文忠李公墓誌銘, 金氏墓誌銘, 金純夫父母墓表, 玄福君權公墓誌銘 | 廣通普濟禪寺碑銘, 西天提納薄陀尊者浮屠銘, 普濟尊者謚禪覺塔銘 |
| 15 | 尹文貞公墓誌銘, 李文貞公墓誌銘, 松堂金公墓誌銘, 忠簡尹公墓誌銘 | 高麗國榮祿大夫判將作監事李公神道碑銘, 高麗國大匡完山君謚文眞崔公墓誌銘, 韓文敬公墓誌銘 |
| 16 | 文僖柳公墓誌銘, 文敬李公墓誌銘, 文忠李公墓誌銘, 坡平君尹公墓誌銘 | – |
| 17 | 驪興閔氏墓誌銘, 文敬公安先生墓誌銘, 判書朴公墓誌銘, 文貞鄭公墓誌銘, 洪康敬公墓誌銘, 尹母崔夫人墓誌 | – |
| 18 | 宋氏傳, 吳仝傳, 朴氏傳, 草溪鄭顯叔傳, 崔氏傳, 白氏傳, 鄭氏家傳 | – |

중편본 권6의 내용은 기記로, 1권 분량의 기문을 추가로 수록하였다. 이 외에도 서序 9편과 설說 1편, 찬讚 3편 등을 추가로 수록하고, 문체별로 재분류하였다. 초간본 권10의 「회전성지첩진회포자주휼복주표回傳聖旨輒陳懷抱者衄恤覆舟表」는 「사복위표謝復位表」 뒤에 따로 수록되어 있지만, 중편본에는 권11의 「사복위표」와 한 편으로 수록되어 있다.

본서는 여타 기관에 소장된 동일한 판본 중 권1~3이 수록된 유일한 판본으로, 권수에 서문 및 전체 목록이 수록되어 있다. 홍주 간행본 『목은문고』 전체의 편제를 알 수 있다는 점에서 그 가치가 높다고 판단된다.
이유리

주제어
목은문고牧隱文藁, 목은문집牧隱文集, 이색李穡

## 삼탄선생집
## 三灘先生集
Samtan-seonsaengjip

貴 D03B-4372
———

| | |
|---|---|
| 서명 | 三灘先生集 |
| 저자 | 李承召(朝鮮) 撰 |
| 판본 | 木版本 |
| 발행 | 咸鏡道 咸興: 咸興府, 中宗10(1515)跋 |
| 형태 | 2卷1册(全14卷): 四周單邊, 半郭 23.2×16.0 cm, 有界, 12行20字, 大黑口, 上下內向黑魚尾; 30.7×19.3 cm |
| 주기 | 版心題: 三 |
| | 題三灘集後: 壬戌(1502)…成俔(1489~1504)謹書 |
| | [跋]: 余佐幕關北 告于監司(尹金孫)…於是命工鳩材 越明年乙亥(1515)春三月始 七月乃畢…外孫全城李壽童敬跋 |
| | 所藏: 卷13~14(1册) |
| | 座目(册尾): 咸興府尹尹金孫, 守都事宣敎郎李壽童, 咸興判官金日章, 校正·書寫 等 |
| | 贈與記(뒷面紙): 嘉靖三年(1524)正月日 子寬所贈, 月城孫(手決) |
| | 藁精紙 |

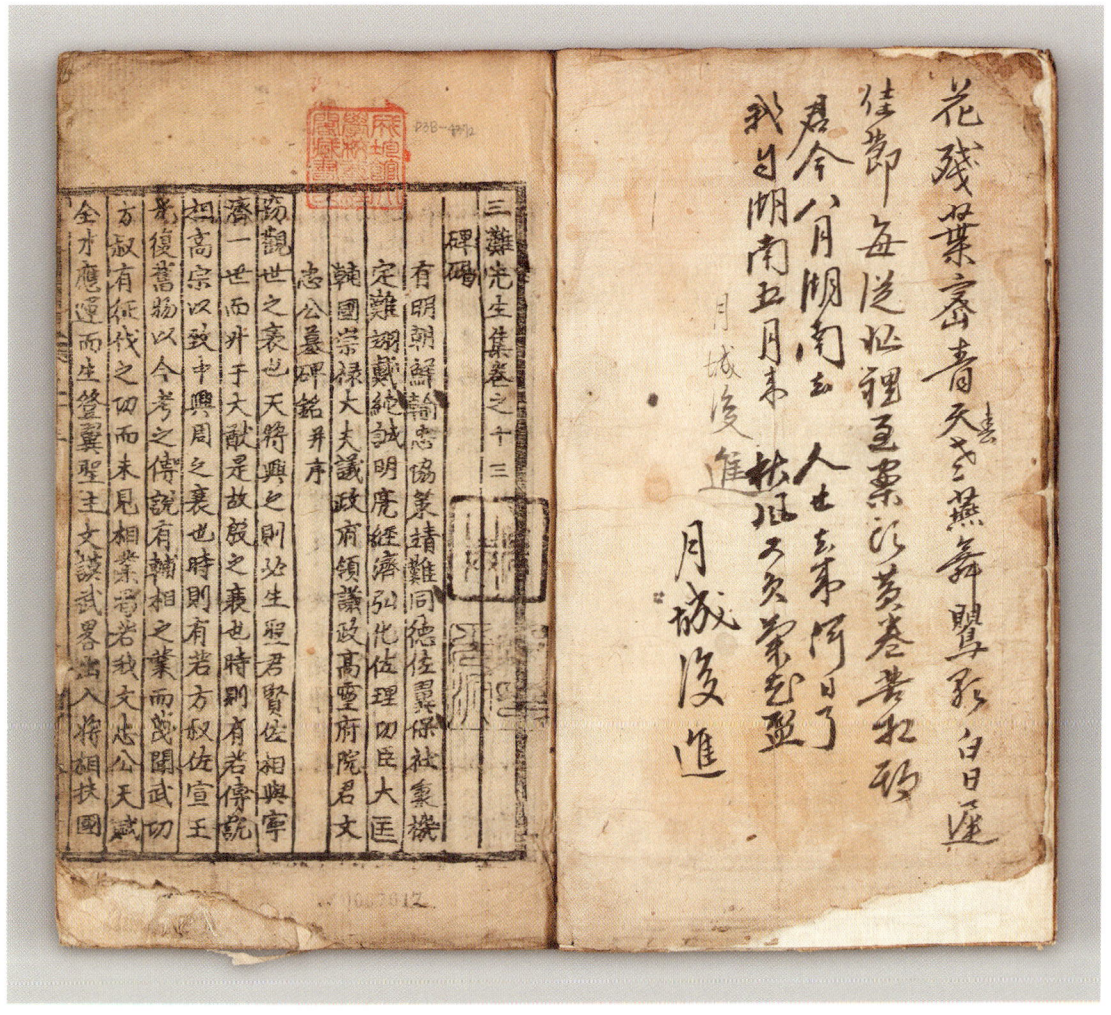

조선 초기의 문신인 이승소李承召(1422~1484)의 시문집이다. 본서는 1515년(중종 10) 함흥부咸興府에서 간행한 초간初刊 목판본이다.

원표지를 그대로 유지한 채 표지를 개장하였다. 판식은 사주단변四周單邊, 유계有界, 12행 20자, 대흑구大黑口, 상하내향흑어미上下內向黑魚尾로, 고정지藁精紙를 사용하여 인출하였다.

이름을 알 수 없는 월성손씨月城孫氏가 쓴 묵서墨書가 권수와 권말에 붙어있다. 권수의 묵서는 한국고전종합DB의 『삼탄선생집』 권3에 수록된 「금중번서禁中翻書」이다. 이 시 뒤에는 월성이 지은 것으로 보이는 시가 적혀 있다. 책의 말미에는 '1524년 정월에 자관이 증여한 것[嘉靖三年(1524)正月日 子寬所贈]', '경주손月城孫(手決)'이라는 증여기贈與記가 있다.

저자인 이승소의 본관은 양성陽城, 자는 윤보胤保, 호는 삼탄三灘이다. 1438년(세종 20) 17세로 진사시에 합격하고, 1447년(세종 29) 식년 문과에 장원으로 급제해 집현전 부수찬集賢殿副修撰에 임명되었다. 이후 부교리副校理·응교應敎 등을 역임하고, 예조·호조·형조 참의에 제수되었다. 1459년(세조 5) 형조 판서 박원형朴元亨이 사은사謝恩使로 갈 때 부사副使로 수행하여 명나라에 다녀왔다. 이후 1469년(예종 1) 예조 참판에 제수되었고, 춘추관 동지사春秋館同知事가 되어 『세조실록世祖實錄』을 찬수하였다. 1474년(성종 5) 『국조오례의國朝五禮儀』를 편찬하는 데 참여하였다. 1480년(성종 11) 이조판서가 되었고, 상당부원군上黨府院君 한명회韓明澮의 부사副使가 되어 중궁中宮의 고명誥命을 주청奏請하기 위해 다시 명나라에 다녀왔다. 그 뒤 이조 판서를 거쳐 1482년(성종 13) 형조 판서에 제수되었다. 병으로 체직을 요청하였으나 윤허 받지 못하고, 의정부 좌참찬에 제수되었다. 결국 병이 심해져 1484년(성종 15) 63세의 나이로 생을 마감하였다. 시호는 문간文簡이다.

책 말미에 수록된 이승소의 외손 이수동李壽童의 발문에 의하면, 함흥부 수도사守都事 선교랑宣敎郞으로 있던 이수동이 당시 함경도 관찰사인 윤금손尹金孫에게 부탁하여 1515년(중종 10) 외조부인 이승소의 문집을 간행하였다. 발문에는 신계성申季誠과 남곤南袞에게 받아둔 서문을 수록하였다고 하였다. 본서에는 그 서문이 남아 있지 않지만 동일한 판본으로 보이는 성암고서박물관 소장 『삼탄선생집』(성암 4-719)에는 신계성과 남곤의 서문이 수록되어 있는 것을 확인할 수 있다. 조금 더 상세한 간행 내력이 담긴 서문의 내용은 『한국문집총간』11에 수록된 『삼탄집』에서 참조할 수 있다. 이승소의 맏아들인 이희李熙가 신용개申用漑, 남곤에게 서문을 받았다. 1515년(중종 10)에 이수동이 윤금손과 함흥 판관咸興判官 김일장金日章의 도움을 받아 함흥에서 목판본으로 간행하였다. 14권으로 간행된 초간본은 현재 완질본이 없어, 한국

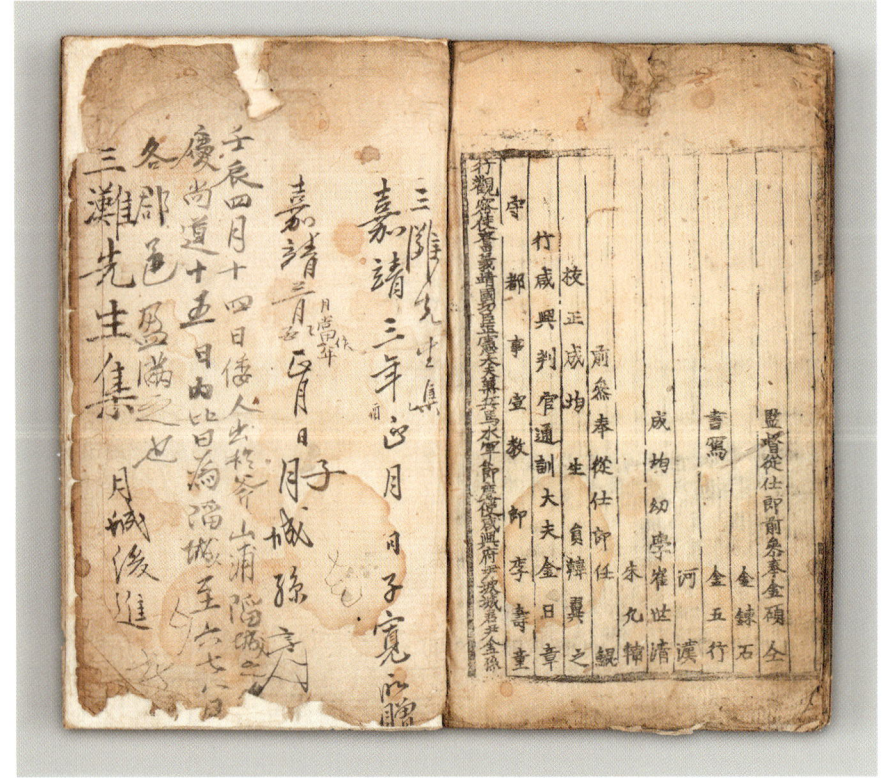
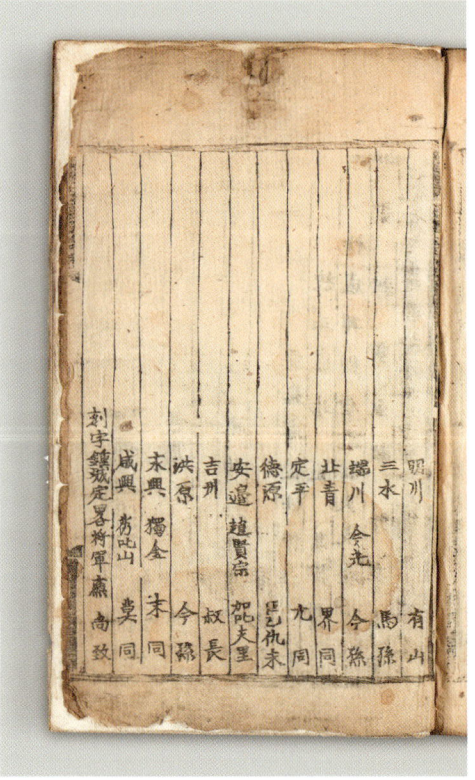

고전번역원에서 『삼탄선생집』을 영인할 때 권수와 권1~6은 성암고서박물관 소장본, 권7~9와 권13~14 및 제문祭文, 발跋, 간기刊記는 종손 이용신씨 소장본, 권10~12는 서강대학교 중앙도서관 소장본을 영인 하였다. 초간본 외에 1535년(중종 30) 이수동이 충청도 관찰사로 있을 때 청주淸州에서 간행한 중간본重刊本도 있다.

본서는 권13 · 14가 수록된 2권 1책의 결질본이다. 권13에는 비갈碑碣 8편이 수록되어 있다. 묘비명墓碑銘 3편은 신숙주申叔舟, 조석문曹錫文, 황수신黃守身에 대한 것이다. 묘갈墓碣 2편은 광주 판관光州判官을 지낸 권후權侯, 회양부사淮陽府使를 지낸 안복초安復初에 대한 것이다. 묘비음기墓碑陰記 3편은 서원부원군西原府院君을 지낸 한계미韓繼美, 동지중추부사同知中樞府事를 지낸 정충석鄭忠碩, 전주부윤全州府尹을 지낸 조근趙瑾에 대한 것이다.
권14에는 묘지墓誌 8편, 행장行狀 1편이 수록되어 있다. 묘지墓誌 4편은 세조의 아들이자 성종의 생부인 의경세자懿敬世子, 효령대군孝寧大君의 부인인 예성부부인蘂城府夫人 정씨鄭氏, 관찰사觀察使 이축李蓄, 문종의 딸이며 정종鄭悰의 아내인 경혜공주敬惠公主에 대한 것이다. 지석문誌石文 2편은 세종世宗과 예종睿宗에 대한 것이다. 묘지명墓誌銘 2편은 정인지鄭麟趾와 세종의 아들인 계양군桂陽君의 부인 한씨韓氏에 대한 것이다. 행장은 영의정 박원형朴元亨에 대한 것이다.
책말에는 1502년(연산군 8)에 성현成俔이 지은 「제삼탄집후題三灘集後」, 1515년(중종 10)에 이수동이 지은 발문, 1484년(성종 15)에 성종이 지은 「제문祭文」이 실려 있다. 끝에는 간기刊記가 수록되어 있다. 한국고전종합 DB에서 제공하고 있는 종손 이용신씨 소장본 『삼탄선생집』 간기에는 훼손되어 판독이 불가한 부분이 있는데, 본서를 통해 해당 부분을 확인할 수 있다.

고정지를 사용하여 간행한 함흥 초간본 『삼탄선생집』은 그 전래본이 드물고 완질본 또한 전해지지 않는다. 특히 발문과 간기 및 좌목座目이 또렷하게 남아 있는 선본善本에 해당한다. 또한 이승소와 관련한 선행 연구는 대부분 시와 관련한 연구가 주를 이루고 있었는데, 권13 · 14에 수록된 비갈碑碣과 묘지墓誌 등의 산문 작품을 통해 그의 문학관을 살펴볼 수 있다. 아울러 관각문인으로서의 이승소의 면모, 교유 관계 등을 밝힐 수 있는 중요한 자료이다. 전수경

주제어
삼탄선생집三灘先生集, 삼탄집三灘集, 이승소李承召, 이수동李壽童, 관각문인館閣文人

참고문헌
民族文化推進會, 『韓國文集叢刊』11, 『三灘集』, 民族文化推進會, 1988.

| | | 집부 |
|---|---|---|
| 서명 | 濯纓集 | 集部 |
| 저자 | 金馹孫 (朝鮮) 著 | 29 |
| 판본 | 木版本 | |
| 발행 | [朝鮮]: [刊寫者未詳], [16世紀 中葉] | |
| 형태 | 2卷1冊: 四周雙邊 半郭 19.1×14.0 cm, 有界, 9行18字, 大黑口, 上下內向黑魚尾: 24.4×16.0 cm | |
| 주기 | 表題: 濯纓先生集 | |
| | 落張(複寫本 補缺): 2張(第1卷首), 3張(第2卷 末尾) | |
| | 校勘註(書眉 墨書), 籤紙 '選'(書眉 墨書) | |
| | 楮紙 | |

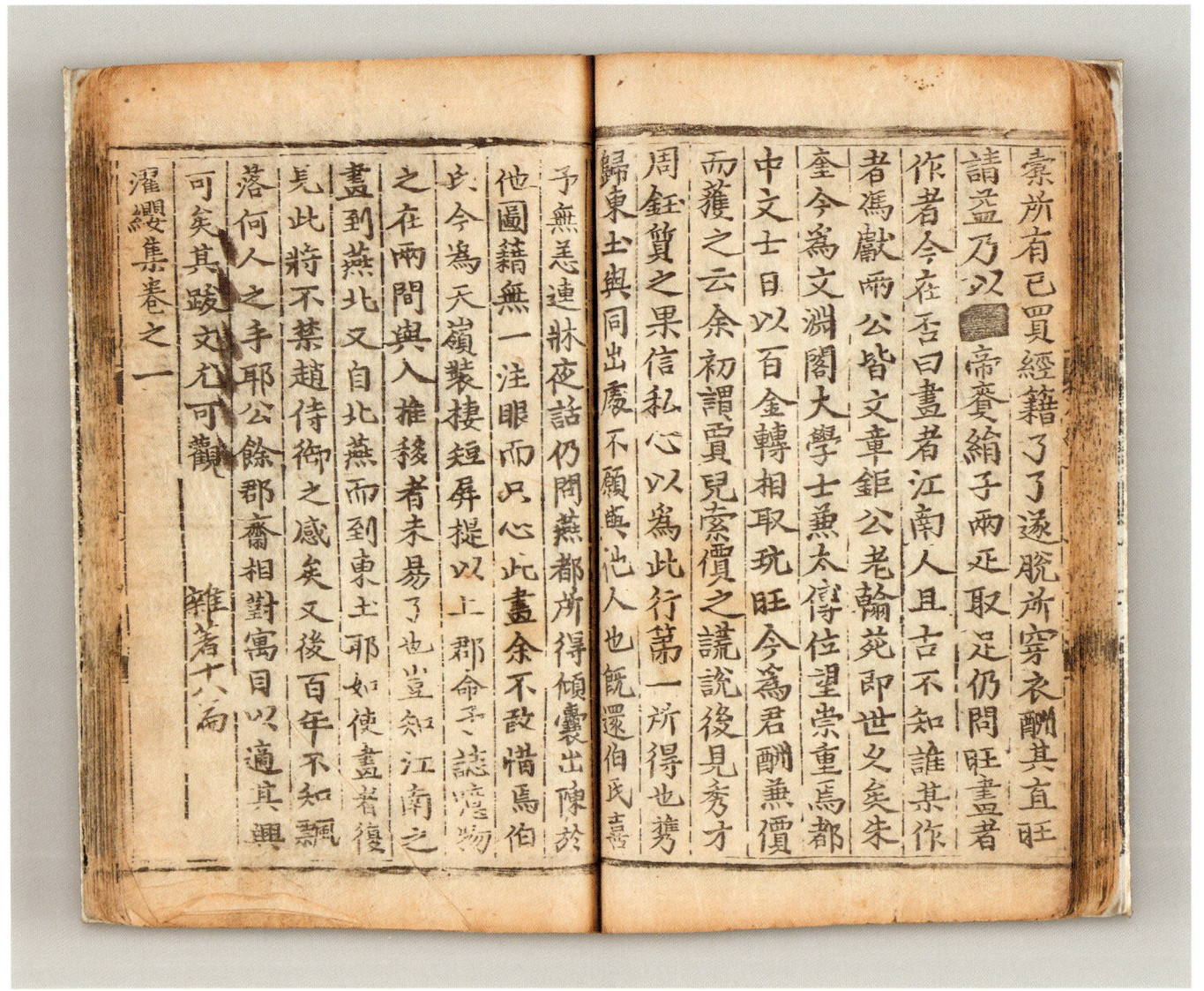

조선 전기의 학자 김일손金馹孫(1464~1498)의 시문집이다. 1512년(중종 7) 중종의 명으로 조카인 김대유金大有 (1479~1551)가 김일손의 유문을 모아 간행한 것이다. 본서는 16세기에 간행한 목판본이다.

권수제와 판심제는 '탁영집濯纓集'이다. 표지는 현대에 사침안정법四針眼訂法으로 장황粧䌙하였다. 표제表題는 '탁영선생집濯纓先生集'으로, 제첨題籤에 필사하였다. 판식은 사주쌍변四周雙邊, 유계有界, 9행 18자, 대흑구 大黑口, 상하내향흑어미上下內向黑魚尾이다. 본문에 간간이 묵서墨書 비점批點과 밑줄이 그어져 있고, 서미書眉 에는 다른 판본과 대교한 후 필사한 교감주校勘註가 있다. 간간이 '선選'이 적힌 첨지籤紙가 부착되어 있다. 제1권수에 2장, 제2권 말미에 3장의 낙장이 있는 것을 복사본으로 보충해 넣었다.

濯纓集卷之二

癡軒記

吾友權子汎爲縣三年新其客館之西序而軒

之請記於余余告子汎曰先名而後記可乎盡

名之曰癡軒子汎請癡之義余笑而不應子汎

殊不得意父乃敢告之曰王叔癡王樂癡隱德

之癡也黠癡妍癡巧者之癡也文而爲書癡武

之癡也點癡妍癡巧者之癡也文而爲書癡武

而爲虎癡才絕而癡也斷林中物者癡了官事

者亦癡古之以癡名者不一而子之癡亦不一

저자인 김일손의 본관은 김해金海, 자는 계운季雲, 호는 탁영濯纓·소미산인少微山人이며 청도靑道 출신이다. 1486년(성종 17) 식년 문과에 급제한 후, 승문원 권지부정자權知副正字 등을 역임하다 사직하고 귀향하여 김종직金宗直 문하에 들어가 학문에 몰두하였다. 승정원 주서注書로 관직에 복귀한 후 홍문관 수찬과 이조 좌랑, 홍문관 부교리 등을 역임하였고, 여러 차례 사가독서賜暇讀書를 하였다. 그는 1491년(성종 22) 서장관으로 중국에 다녀와서『소학집설小學集說』을 바쳤으며, 단종端宗의 모친이자 문종비文宗妃인 현덕왕후顯德王后의 소릉昭陵을 복위할 것을 주장하기도 하였다. 1498년(연산군 4) 무오사화戊午士禍 때 처형되었으나 중종中宗이 즉위한 후 복위되었고, 유문을 모아 문집을 간행하도록 명을 받았다. 순조 때 이조판서로 추증되었고 도동서원道東書院 등에 배향되었다. 시호는 문민文愍이다.

본서에는 서발문이 없어 편찬 및 간행 경위를 알기 어렵다. 더욱이 사화 당시 대부분의 글이 불태워졌기에, 『중종실록中宗實錄』 1512년 10월 기록에 따르면, 중종이 교서관에 명하여 유고를 구하라고 하였다. 이에 조카 김대유가 남은 글을 모아 바쳤고, 이를 1519년(중종 14) 청도 자계사紫溪祠에서 간행하였다. 경상도 관찰사 김안국金安國이 문집의 간행을 주도하였고 서문을 쓴 사실은『탁영선생연보濯纓先生年譜』에서 확인할 수 있으나 서문은 전하지 않는다. 16세기 간본이 현재 존경각본 외에도 국립중앙도서관에 소장되어 있다. 두 판본을 비교해 보면 기본적으로 글자 배열은 동일하나, 권2 중 수록된 내용에 차이를 보이며 일부 글자 이동異同이 있다. 또한 글자의 필획이나 본문 중 공백 처리 방식 등 외형적인 부분도 상이하다. 1567년(선조 1) 을해자본『고사촬요攷事撮要』를 통해『탁영집』이 청도淸道와 해주海州에서 간행된 사실을 확인할 수 있다.

본서는 2권 1책으로 구성되어 있다. 수록된 내용을 살펴보면, 권1에는「추회부秋懷賦」,「감구유부송이중옹명목感舊遊賦送李仲雍名穆」,「의별지부강사호擬別知賦姜士浩」,「유월궁遊月宮」,「질풍지경초부疾風知勁草賦」,「취성정부聚星亭賦」, 잡저雜著로「비호인대非鄠人對」,「정당매시문후政堂梅詩文後」,「취산증이사성별聚散贈李師聖別」,「교화송권자범敎化送權子汎」,「서중구화書仲鉤畵」,「제사호발박눌서후題士浩跋朴訥書後」,「서육현배書六絃背」,「서오현배書五絃背」,「대인상순찰사서代人上巡察使書」,「사십팔영발四十八詠跋」,「증상인서贈上人序」,「송류평사서送柳評事序」,「송최옥과서送崔玉果序」,「송이평사자백서送李評事子伯序」,「감구유부후서感舊遊賦後序」,「진양수계서晉陽修禊序」,「증산인지즙서贈山人知楫序」,「서당병書唐屛」이 수록되어 있다. 권2에는「치헌기癡軒記」,「함허정기涵虛亭記」,「이요루기二樂樓記」,「영산현감신담생사당기靈山縣監申湛生祠堂記」,「회로당기會老堂記」,「임금당기臨錦堂記」,「주변루기籌邊樓記」,「기장현관기機張縣館記」,「매월루기梅月樓記」,「중수청도학기重修淸道學記」,「박희인애사朴希仁哀辭」,「조백옥애사趙伯玉哀辭」,「제중운문祭仲雲文」,「견전중운제문遣奠仲雲祭文」,「중운소상제문仲雲小祥祭文」,「곡백어문哭伯魚文」,「제태수김량전문祭太守金良典文」 2편,「제수로왕문祭首露王文」,「여해원중창이문如海院重創移文」,「제점필재문祭佔畢齋文」 2편,「조여숙묘갈趙與叔墓碣」,「관처사묘지명管處士墓誌銘」,「서안명書案銘」,「서가명書架銘」,「금가명琴架銘」,「단경명短檠銘」,「내사수정잔명內賜水精盞銘」,「오현금명五絃琴銘」이 수록되어 있다. '선選'이 적힌 작품은 대부분『속동문선續東文選』에 수록되어 있으며, 교감주에서 다른 판본을 가리키는 '타他' 또한『속동문선』을 가리키는 것으로 보인다.

본서는 사화로 희생된 김일손의 글이 대부분 소실된 상황에서 임금의 명으로 남은 글을 모아 간행하여 지금까지 전한다는 점에서 의미가 크다. 본서에 수록된 글을 통해 그의 문학과 행적, 사상을 살펴볼 수 있다. 또한 초기 판본이 국내에 희소하다는 점에서 서지적으로도 중요하다. 이유리

주제어
김일손金馹孫, 사림파士林派, 김종직金宗直

참고문헌
김윤수,「『濯纓集』해제」,『남명학연구』5, 경상대학교 남명학연구소, 1995.

# 남헌선생문집
# 南軒先生文集
## Namheon-seonsaeng munjip

| | |
|---|---|
| 서명 | 南軒先生文集 |
| 저자 | 張栻(宋) 著 |
| 판본 | 金屬活字本(乙亥字) |
| 발행 | [漢城]: [校書館], [宣祖7(1576)]頒賜 |
| 형태 | 目錄1冊, 44卷13冊, 共14冊：四周雙邊, 半郭 23.6×16.5cm, 有界, 10行18字 小字 雙行, 大黑口, 上下內向三葉花紋魚尾；32.6×21.8cm |
| 주기 | 版心題: 南軒集, 表題: 南軒先生集 |

發行事項 推定: ①『眉巖先生集』卷13「日記」丙子萬曆四年(1576) 我宣廟十年初二日條 '聞『南軒集』頒賜 希春受點' ②『宣祖實錄』7年(1574)11月5日 '宇顒退而取閱後於筵中 啓請刊行 (中略) 又曰 "『南軒文集』有益學者 請竝刊出" 上皆從之'

南軒先生文集序: 淳熙甲辰(1184) 十日 新安朱熹序

重刊南軒先生文集叙: 弘治十一年(1498)夏四月 後學宜興沈暉叔

總册數: 共十四(書腦)

印記: 愼仲·金氏富儀·光山後學(正方形), 陽谷(鐘鼎形)

補寫: 卷1 第3張

楮紙(이음종이)

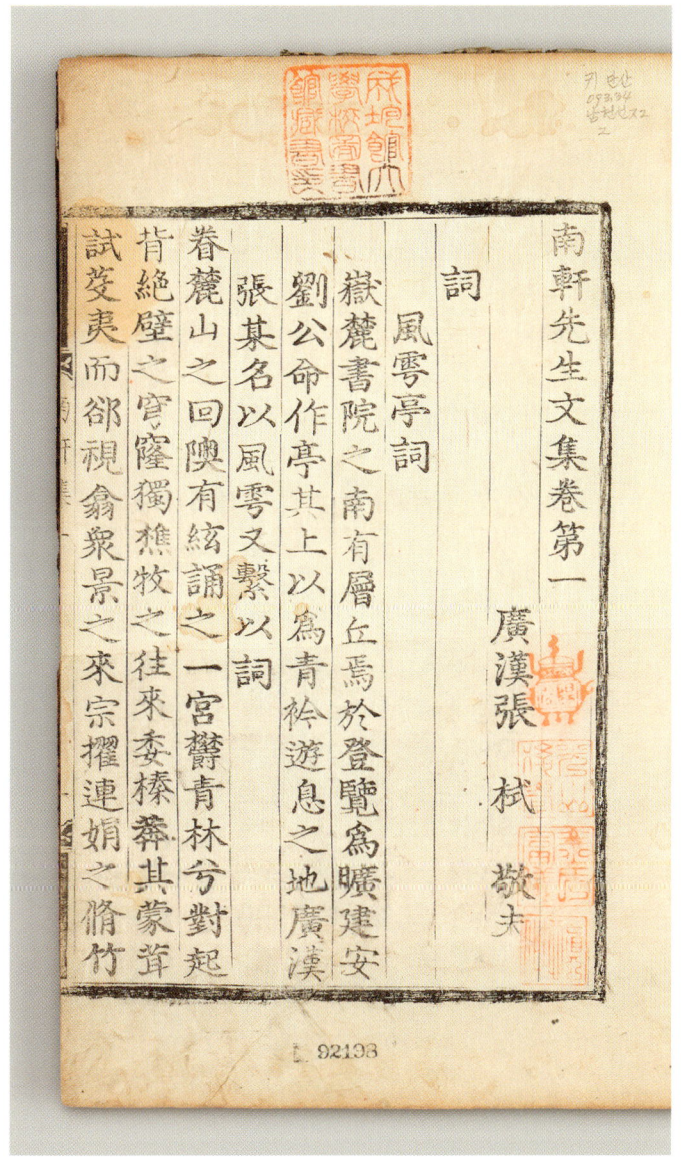

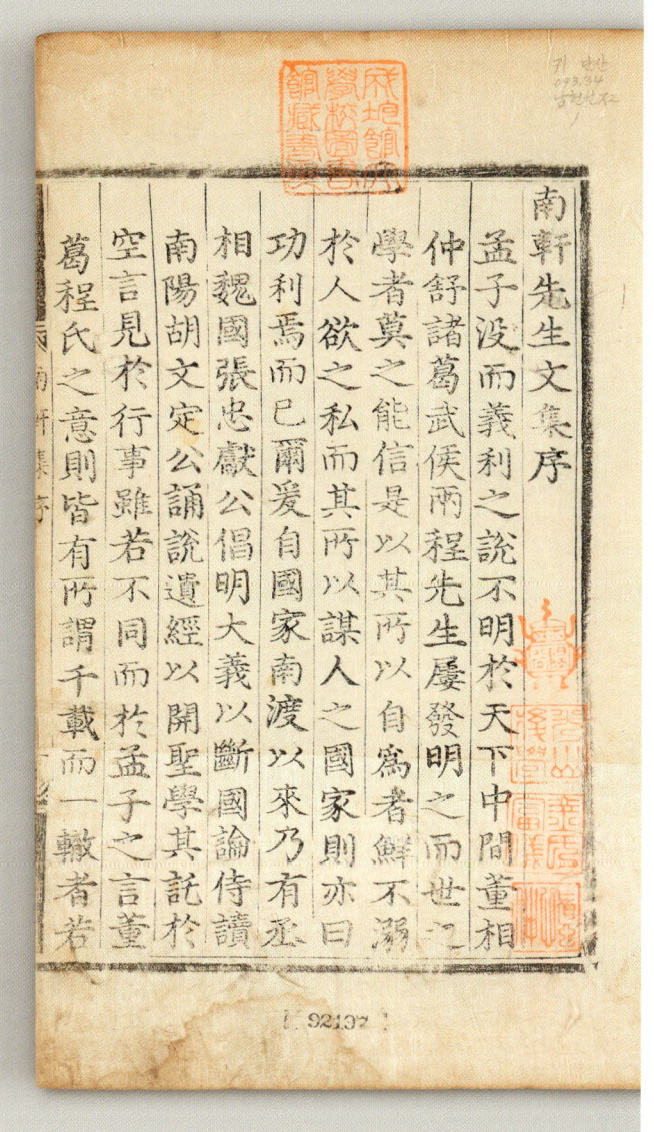

송대宋代의 성리학자 장식張栻(1133~1180)의 시문집이다. 본서는 1576년(선조 9) 이전 조선에서 초인初印한 을해자본乙亥字本이며 목록 1책, 44권 13책, 총 14책의 완질본이다.

권수제는 '남헌선생문집南軒先生文集', 표제表題는 '남헌선생집南軒先生集', 판심제는 '남헌집南軒集'이다. 황색 표지에 오침안정법五針眼訂法으로 장황粧繡하였다. 판식은 사주쌍변四周雙邊, 유계有界, 10행 18자, 상하대 흑구上下大黑口, 상하내향3엽화문어미이다. 별도의 간기가 없으나, 『미암일기眉巖日記』 등의 기록을 통해서 1576년 이전에 간행하였을 것으로 추정된다. 충남대학교 도서관(고서 集.別集類-中國 423), 일본日本 호사문고 [蓬左文庫](蓬左文庫 103 · 23), 마에다이쿠토쿠타이[前田育德会]에 동일한 판본이 소장되어 있다.

표제表題는 표지에 묵서墨書하였으며, 표제 하단에는 권차卷次, 표제 우측에는 수록한 편목篇目을 묵서하였다. 서뇌書腦 하단에는 '공십사共十四'라는 총책수總册數를 묵서하였다. 본문 일부 서미書眉에 주제와 관련한 내용을 적은 첨지籤紙를 부착하였으며, 권1의 제3장은 보사補寫하였다. 각 책의 권수면에는 정방형 주문인 朱文印 '신중愼仲' · '김씨부의金氏富儀' · '광산후학光山後學'과 종정형鐘鼎形의 '양곡陽谷'이 날인되어 있어 광산김씨 예안과 김부의金富儀가 소장하고 있던 책임을 알 수 있다.

저자인 장식의 자는 경부敬夫 또는 흠부欽夫, 호는 남헌南軒으로, 사천성四川省 면죽綿竹 사람이다. 부친은 남송南宋에서 승상을 지낸 장준張浚이다. 어릴 적 부친에게서 『주역周易』을 비롯한 유가儒家의 경전 등을 배웠고, 1157년(紹興 27) 호안국胡安國의 차남 호굉胡宏의 문인이 되었다. 음보蔭補로 벼슬길에 올라 직비각 학사直秘閣學士를 시작으로 형호북로안무사荊湖北路安撫使 등의 관직을 역임했다. 1163년(隆興 1) 부친 장준이 추밀사樞密使에 임명되자 부친의 막하에 들어가 수행하였고, 이때 평생 도의지교道義之交를 맺은 주희朱熹를 처음 만나 학술적으로 교류하였다. 주희, 여조겸呂祖謙과 함께 '동남삼현東南三賢'으로 일컬어졌다. 저술로 『논어해論語解』 · 『맹자설孟子說』 · 『남헌역설南軒易說』 · 『희안록希顔綠』 · 『수사언인설洙泗言仁說』 · 『태극도설 太極圖說』 등이 있다.

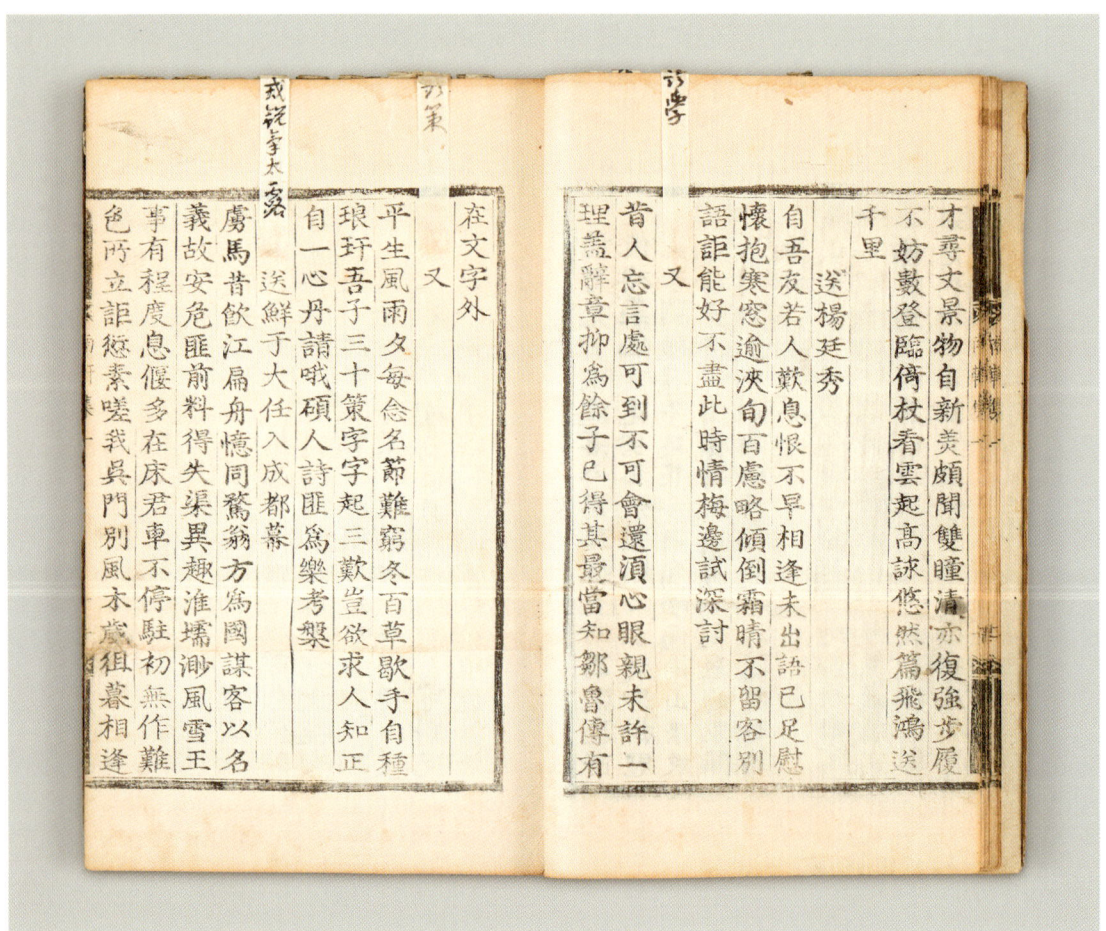

『남헌선생문집』의 편찬 경위는 주희의 서문을 통해 상세히 알 수 있다. 서문에 따르면 장식이 죽은 뒤 그의 동생 장표張杓가 주희에게 4편의 유고遺稿를 주면서 편정編定해 달라고 부탁하자, 장표로부터 받은 유고와 이전에 간행된 장표의 문집을 비교·검토한 뒤 1184년(淳熙 11)에 간행하였다. 이후 300여년 뒤인 1498년 (弘治 11) 심휘沈暉가 주희 간행본을 입수하여 교감한 후 중간重刊하였다. 조선에서는 1574년(선조 7) 이후에 심휘의 중간본을 저본으로 삼아 본서를 간행한 것으로 보인다. 먼저 『선조실록』 7년 11월 5일조에 선조가 명대明代 유학자 설선薛宣의 문집을 간행하고자 하였는데 당시 홍문관 수찬 김우옹金宇顒이 '남헌南軒의 문집도 배우는 사람들에게 유익한 것이니 아울러 인출하게 하소서.'라고 하여 선조가 그대로 따랐다는 기록이 확인된다. 유희춘柳希春의 『미암일기眉巖日記』에는 1576년(선조 9) 5월 2일에 『남헌집』을 반사頒賜하는데 자신도 낙점받았다는 기록이 있다. 유희춘이 반사받은 것은 본서와 동일한 을해자본 『남헌선생문집』일 것으로 추정된다. 동년 8월 14일에는 홍문관에 소장 중인 『남헌집』이 낙판落板되었으므로 완본完本을 구하여 인출해야 하니 북경으로 가는 사행편에 구입도록 요청할 것을 건의하여 허락받았다는 기록이 있다. 요컨대 1574년경 처음으로 『남헌집』을 을해자로 소량 간행하였고, 을해자 번각 목판본을 간행하려 할 때 낙판이 있는 부분을 보충하고자 1576년 명에서 선본善本을 구한 것으로 보인다.

본서는 목록 1책과 본집 44권 13책으로 구성되어 있다. 권수에는 1184년(淳熙 11) 주희가 쓴 「남헌선생 문집서南軒先生文集序」와 1498년(弘治 11) 심휘가 쓴 「중간남헌선생문집서重刊南軒先生文集紋」가 있다. 본문을 표로 정리하면 다음과 같다.

| 책차 | 권차 | 내용 | 책차 | 권차 | 내용 |
|---|---|---|---|---|---|
| 1 | 卷首 | 序文 2篇, 目錄 | | 23 | 書 1篇 |
| | 1 | 詞 3篇, 賦 2篇, 古詩 24首 | 9 | 24 | 書 1篇 |
| 2 | 2 | 古詩 42首 | | 25 | 書 10篇 |
| | 3 | 古詩 31首 | | 26 | 書 20篇 |
| | 4 | 律詩 71首 | 10 | 27 | 書 17篇 |
| 3 | 5 | 律詩 60首 | | 28 | 書 2篇 |
| | 6 | 律詩 36首 | | 29 | 答問 2篇 |
| | 7 | 律詩 69首 | 11 | 30 | 答問 3篇 |
| 4 | 8 | 表 12篇, 啓 15篇 | | 31 | 答問 4篇 |
| | 9 | 記 10篇 | | 32 | 答問 5篇 |
| | 10 | 記 12篇 | | 33 | 題跋 16篇 |
| | 11 | 記 7篇 | 12 | 34 | 題跋 19篇 |
| 5 | 12 | 記 9篇 | | 35 | 題跋 18篇 |
| | 13 | 記 6篇 | | 36 | 銘 15篇, 箴 2篇, 贊 7篇 |
| | 14 | 序 9篇 | | 37 | 墓誌 2篇 |
| 6 | 15 | 序 10篇 | 13 | 38 | 墓誌 2篇 |
| | 16 | 史論 11篇 | | 39 | 墓誌 3篇 |
| | 17 | 史論 13篇 | | 40 | 墓誌 6篇 |
| 7 | 18 | 說 9篇 | | 41 | 墓誌 6篇 |
| | 19 | 書 7篇 | | 42 | 祝文 36篇, 文 2篇 |
| | 20 | 書 1篇 | 14 | 43 | 祭文 12篇 |
| 8 | 21 | 書 1篇 | | 44 | 祭文 18篇 |
| | 22 | 書 1篇 | | | |

시를 앞에 수록하고 문을 뒤에 수록하는 구성은 일반적인 문집의 편차와 같다. 주목되는 점은 '답문答問'을 따로 분류한 것인데, 주로 학술적인 토론을 하며 주고받은 편지를 수록한 것이다. 이를 문목問目이라고도 한다. 또 경서의 훈의訓義, 조정에 올린 봉사封事, 지방관으로 있을 때 건의한 주차奏箚는 수록하지 않았는데, 이는 모두 수용되고 시행된 내용이므로 수록하지 않는다고 주희의 서문에서 밝히고 있다.

『남헌선생문집』에는 남송대 저명한 학자 장식의 시문 및 학술논변이 체계적으로 정리되어 있고 이를 통해 그의 문학 및 학문 세계를 한눈에 살펴볼 수 있다. 조선에서는 을해자본이 간행된 이후 이를 저본으로 한 번각 목판본이 한 차례 더 간행되었고, 숙종대에 반사되었다. 이는 17세기 이후 성리학性理學이 체계화 및 내면화가 이루어지는 과정에서 『남헌선생문집』이 문인의 필수 서적으로 자리매김했음을 알 수 있다. 특히 완질로 구성된 본서는 『남헌선생문집』의 조선 초인본이라는 점에서 그 가치가 높이 평가된다. 임영길

주제어
남헌선생문집南軒先生文集, 남헌집南軒集, 장식張栻, 을해자乙亥字, 김부의金富儀

집부
集部

31

집천가주분류두공부시
集千家註分類杜工部詩
Jipcheongaju bulryu dugongbushi

貴 D03C-0046
———

| | |
|---|---|
| 서명 | 集千家註分類杜工部詩 |
| 저자 | [杜甫(唐)] 撰；[黃鶴(宋)] 補註 |
| 판본 | 木版本(元版飜刻) |
| 발행 | [中國(明)]: [積慶堂], [至正8(1348)]飜刻 |
| 형태 | 6卷3册(缺帙)：四周雙邊, 半郭 19.2×12.8 cm, 有界, 12行20字 小字雙行, 上下下向 |
| | 黑魚尾；25.3×14.8 cm |
| 주기 | 版心題: 杜詩註, 表題: 杜詩 |
| | 發行事項 推定: 臺灣 國家圖書館 소장 동일판본(索書號: 402.42 09525)의 發行事 |
| | 項 '元至正八年(1348) 積慶堂 覆皇慶元年(1312) 建安余氏勤有堂刊 葉氏廣勤書堂印本' |
| | 所藏: 卷9-10(第6册), 卷15-16(第9册), 卷19-20(第11册) |
| | 竹紙(楮紙로 補接) |

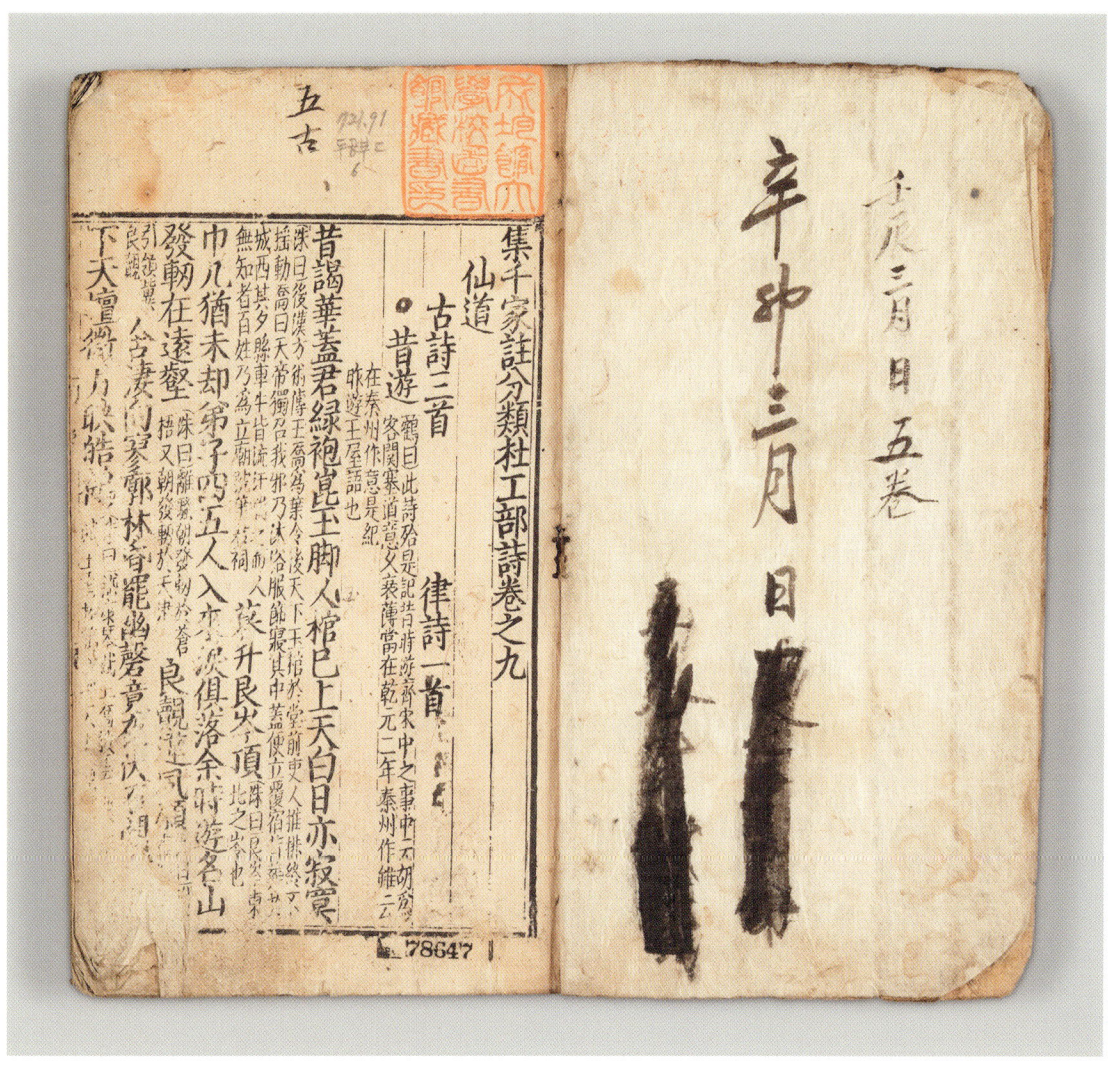

송宋나라 무이 황희黃希(?~?)·황학黃鶴(?~?) 부자가 당나라 시인 두보杜甫(712~770)의 시를 내용에 따라 72 가지로 분류하고 여러 학자의 해설을 모아 편찬한 책이다. 본서는 명대초에 간행된 것으로 보이는 중국 목판본으로, 표지는 조선에서 개장改裝하였다.

표제表題는 '두시杜詩', 판심제는 '두시주杜詩註'이다. 황색 능화문 표지에 오침안정법五針眼訂法으로 장황粧䌙 하였다. 표지 우측 상단에는 수록 편목篇目이 적혀 있다. 판식은 사주쌍변四周雙邊, 유계有界, 12행 20자, 상하하향흑어미上下下向黑魚尾이다. 본래 흑구黑口가 있었을 것으로 보이나, 판심부가 마모되어 확인이 어렵다.

지질은 죽지竹紙이며 저지楮紙로 전체 배접褙接되어 있다. 결질본이므로 서발문 및 간기가 없으나, 대만 국가도서관 소장 동일 판본(402.42 09525)에 근거하여 발행사항을 추정해볼 수 있다. 본서는 그 판식으로 보아 명대 간본 중 원元 1348년(至正 8) 적경당積慶堂 간본 계열로 보인다. 이 책은 1312년(皇慶 1) 광릉서당廣勤書堂 인본을 건안여씨建安余氏 근유당勤有堂에서 번각한 것으로, 대만 국가도서관 소장본에는 저본의 목기木記인 '광릉서당廣勤書堂'이 그대로 번각되어 있다.

간간이 비점批點이 묵서墨書되어 있고, 서미書眉에는 편목篇目이 묵서되어 있다. 제6책 앞면지面紙에 '임진삼월일오권壬辰三月日五卷'과 '신묘삼월일辛卯三月日', 제9책 뒷면지面紙와 제11책 말미에 '신묘유월회일책주辛卯六月晦日册主(手決)'가 적혀 있는데 묵말墨抹하였다. 각 책말에는 원형 봉함인封緘印 '[잠양][潛陽]'이, 제9책 권수에는 인문을 알아보기 어려운 정방형正方形 인장이 묵인墨印되어 있다.

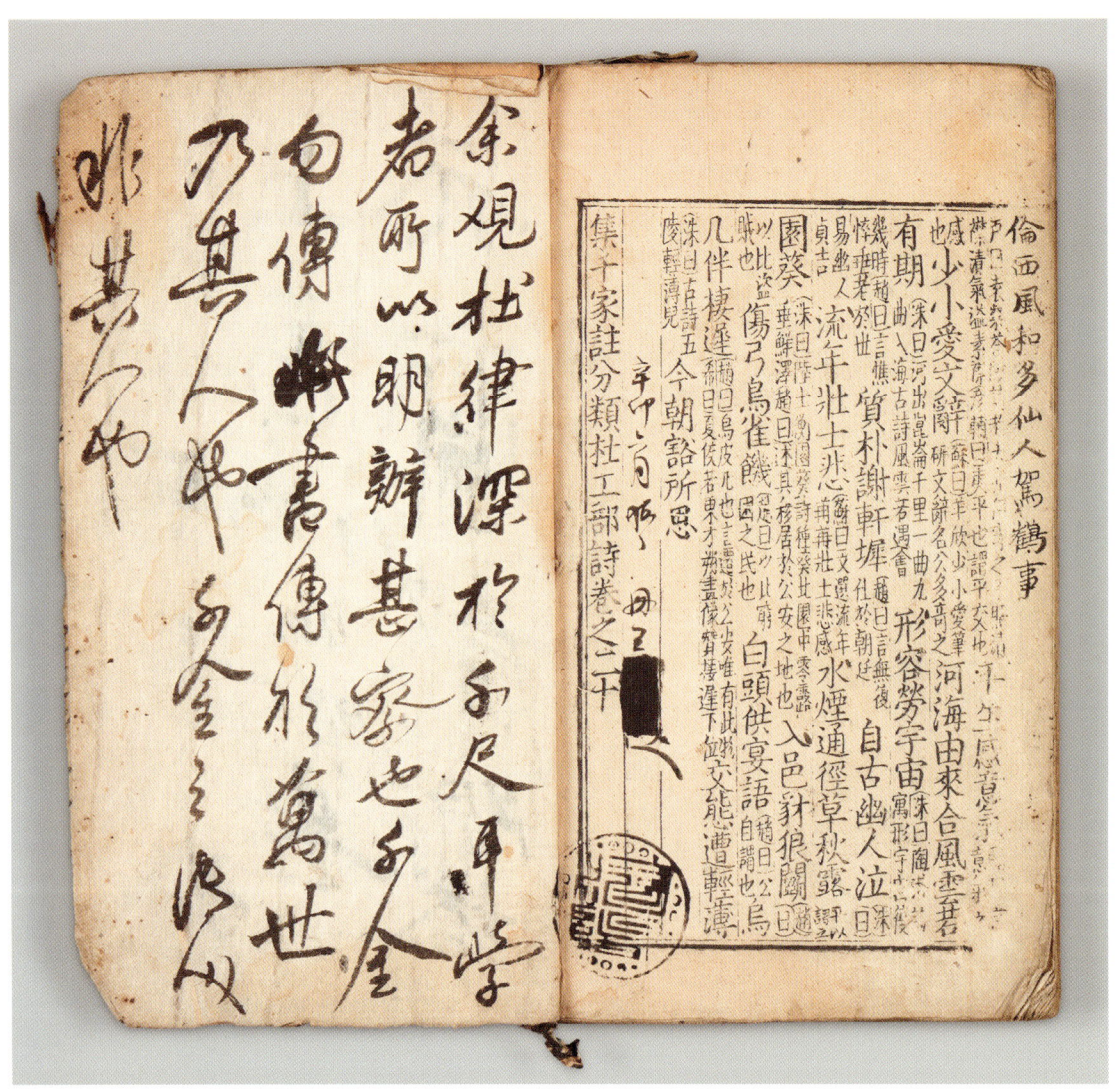

두보의 자는 자미子美, 호는 소릉少陵 혹은 두릉杜陵으로, 하남河南 공현鞏懸 출신이다. 진晉나라 학자 두예杜預의 후손이자, 당나라 초기의 시인인 두심언杜審言의 손자이다. 그는 어릴 때부터 시에 두각을 드러냈으나 과거에는 급제하지 못하였다. 44세 되던 해에 안록산安祿山의 난을 당하여 포로로 잡혀 있다 탈출했는데, 숙종을 알현한 공을 인정받아 좌습유左拾遺에 올랐다. 이후 공부원외랑工部員外郎 등의 관직을 지냈고, 54세 때 귀향의 뜻을 두고 여러 지방을 방랑하다 장안으로 가던 중 59세에 병으로 사망하였다.

편찬자인 황희의 자는 중득仲得·몽득夢得이다. 1153년(紹興 23) 향시鄉試에 합격하였고, 1166년(乾道 2)에 진사가 된 인물이다. 황희는 『집천가집주두공부시』의 기존 주석에 오류가 많아 이를 보완하고자 했으나 완성하지 못했다. 아들인 황학이 이를 이어받아 1216년(嘉定 9)에 『황씨집천가주두공부시사黃氏集千家集註杜工部詩史』 36권을 완성하였다.

『집천가주분류두공부시』는 황학이 부친 황희가 편찬한 『황씨보천가집주두공부시사』를 분류하여 편찬한 것이다. 1231년(紹定 4) 남송의 소심재素心齋에서 간행한 초간본初刊本은 전하지 않으며, 현전본 중 가장 이른 판본은 1312년(皇慶 1) 건안여씨 여지안余志安의 근유당勤有堂 간본이다. 이후 명대인 16세기 초까지 여러 차례 중간된다. 판식을 비교해본 결과, 본서 또한 같은 계통의 명판본으로 추정된다.

본래 전체 25권 가운데 권9~10, 권15~16, 권19~20만 남은 6권 3책의 낙질落帙이다. 구성을 살펴보면, 제1책 책수에 송기宋祁 · 원진元稹 · 한유韓愈 등이 두보 관련 책에 쓴 서발문 등 18편의 글을 모은 「두공부전서비명杜工部傳書碑銘」이 있다. 이어서 「집주두공부시성씨集註杜工部詩姓氏」와 「집천가주두공부시문류集千家註杜工部詩門類」, 송나라 황학黃鶴의 「두공부시연보杜工部詩年譜」가 수록되어 있다. 전체 본문은 다음과 같다.

| 권차 | 문류 | 권차 | 문류 |
|---|---|---|---|
| 1 | 紀行 上 | 14 | 樓閣, 眺望, 亭榭 |
| 2 | 紀行 下, 述懷 上 | 15 | 園林, 果實, 池沼, 舟檝, 橋梁, 燕飮 |
| 3 | 述懷 下, 疾病, 懷古, 古跡 | 16 | 文章, 書畫, 音樂, 器用, 食物 |
| 4 | 時事 上 | 17 | 鳥, 獸, 蟲 |
| 5 | 時事 下, 邊塞, 將帥, 軍旅 | 18 | 花, 草, 竹, 木 |
| 6 | 宮殿, 宮詞, 省宇, 陵廟, 居室 上 | 19 | 投贈, 簡寄 上 |
| 7 | 居室 下, 隣里, 題人居室, 田圃 | 20 | 簡寄 下 |
| 8 | 皇族, 世胄, 宗族, 外族, 婚姻 | 21 | 簡寄 下, 懷舊 |
| 9 | 仙道, 隱逸, 釋老, 寺觀 | 22 | 尋訪, 酬答, 惠貺, 送別 上 |
| 10 | 四時, 夏, 秋, 冬 | 23 | 送別 下 |
| 11 | 節序, 晝夜, 夢 | 24 | 慶賀, 傷悼 |
| 12 | 月, 雨雪, 雲雷 | 25 | 雜賦, 絕句, 歌 |
| 13 | 山獄, 江河, 都邑 | | |

두보의 시와 시풍은 문인들에게 많은 영향을 주었는데, 어숙권魚叔權 등은 간결하고 명료하다고 평가한 바 있다. 『집천가주분류두공부시』는 조선에서 간행되지는 않았으나, 17세기까지 간행된 그의 시집만 16종으로 파악된다. 또한 『집천가주분류두공부시』는 조선시대에 가장 많이 읽힌 두시집인 『두시언해杜詩諺解』 편찬에 바탕이 되었으며, 『찬주분류두시纂註分類杜詩』의 편차와 체재에 영향을 주었다. 이는 같은 시기 중국과 일본에서는 본서가 가장 널리 읽혔다는 점에서 차이를 보인다. 또한 존경각본을 통해 본서가 조선에 간행되지는 않았지만 중국본으로 수용되었음을 보여주고 있어, 서지학뿐만 아니라 한시사漢詩史 연구에서도 가치가 크다 할 수 있다. 이유리

주제어
황학黃鶴, 두시언해杜詩諺解, 황씨보천가집주두공부시사黃氏補千家集註杜工部詩史

참고문헌
成澤勝, 「『杜詩諺解』 텍스트 계통 연구의 현황과 과제」, 『국어국문학』139, 국어국문학회, 2005.

# 두공부초당시전
## 杜工部草堂詩箋
### Dugongbu chodang shijeon

貴 D03C-0048

| | |
|---|---|
| 서명 | 杜工部草堂詩箋 |
| 저자 | 杜甫(唐) 撰 ; 魯訔(宋) 編次, 蔡夢弼(宋) 會箋 |
| 판본 | 木版本(元版飜刻) |
| 발행 | [慶尙道]: [慶尙監營·密陽府], [世宗12(1431)]刊 |
| 형태 | 杜工部草堂詩箋目錄, 杜工部草堂詩話 2卷, 杜工部草堂詩年譜 上下卷, 共1冊(杜工部草堂詩箋40卷, 外集1卷, 草堂詩話, 杜工部草堂詩年譜) : 上下單邊左右雙邊, 半郭 18.0×12.7cm, 有界, 12行20字, 大黑口, 上下下向黑魚尾 ; 26.2×17.0cm |
| 주기 | 卷首題: 杜工部草堂詩話·杜工部草堂詩年譜 |
| | 版心題: 詩 |
| | 書名은 目錄題임 |
| | 發行事項 推定: 本書를 底本으로 한 黎庶昌(淸) 輯『古逸叢書』『杜工部草堂詩箋』「高麗本飜刻人姓名」'監督 承訓郞 密陽儒學教授官 趙襄, [慶尙]都觀察黜陟使資憲大夫中軍都摠制府摠制 曺致' |
| | 撰者: 趙子櫟(杜工部草堂詩年譜上), 嘉興魯訔讚(杜工部草堂詩年譜下), 建安蔡夢弼 集錄(杜工部草堂詩話) |
| | 所藏: 杜工部草堂詩話 卷1-2, 杜工部草堂詩年譜 上下(合綴1冊) |
| | 板式(卷2 第1·2張): 四周單邊, 有界, 13行23字, 大黑口, 上下下向黑魚尾 |
| | 印記: [□□], 杜堂上·[金□□](長方形, 陰刻 墨印) |
| | 楮紙 |

集部

32

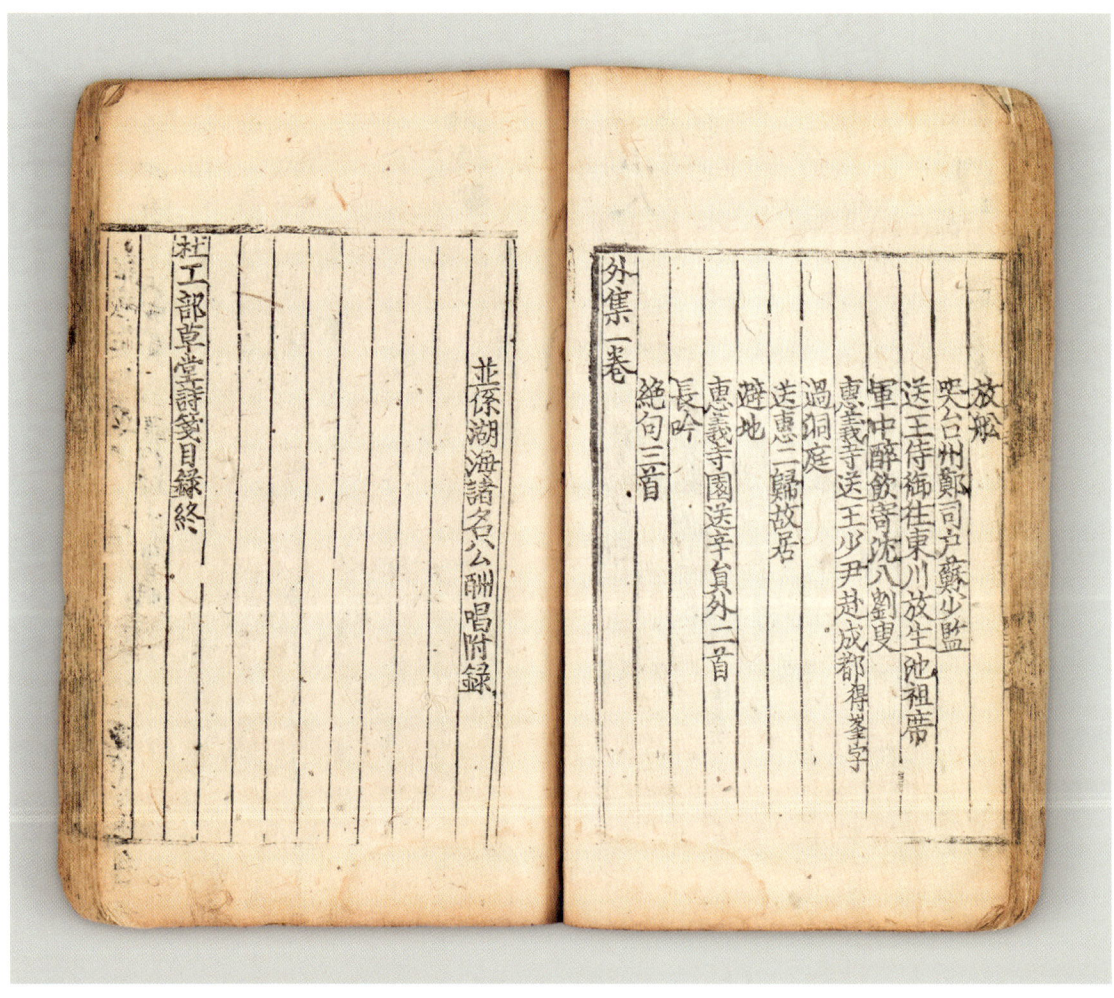

송宋나라 문인 노은魯訔(1100~1176)이 당나라 시인 두보杜甫(712~770)의 시를 시기순으로 편차하고, 남송대 문인 채몽필蔡夢弼(?~?)이 역대 문인들의 주석을 모은 책이다. 본서는 1431년(세종 13)에 경상감영慶尙監營의 주관으로 밀양부密陽府에서 간행한 목판본으로 추정된다.

표제表題는 '두공부초당시전杜工部草堂詩箋', 권수제는 '두공부초당시화杜工部草堂詩話', 판심제는 '시詩'이다. 개장한 황색표지에 오침안정법五針眼訂法으로 장황粧績하였다. 판식은 좌우쌍변左右雙邊, 유계有界, 반엽 12행 20자, 흑구黑口, 상하하향흑어미上下下向黑魚尾이다. 다만 「두공부초당시화」 권2의 권수와 제2장은 사주단변四周單邊, 반엽 13행 23자이다. 간간이 비점批點이 묵서墨書되어 있고, 서미書眉에는 보주補註와 교감주校勘註가 묵서되어 있다. 책수를 비롯한 곳곳에 음각陰刻 묵인墨印인 '두당상杜堂上'이 날인되어 있으며, 이외에도 장방형 묵인 '[김□□][金□□]'이 이보다 앞서 날인된 2종의 장서인 위에 날인되어 있다.

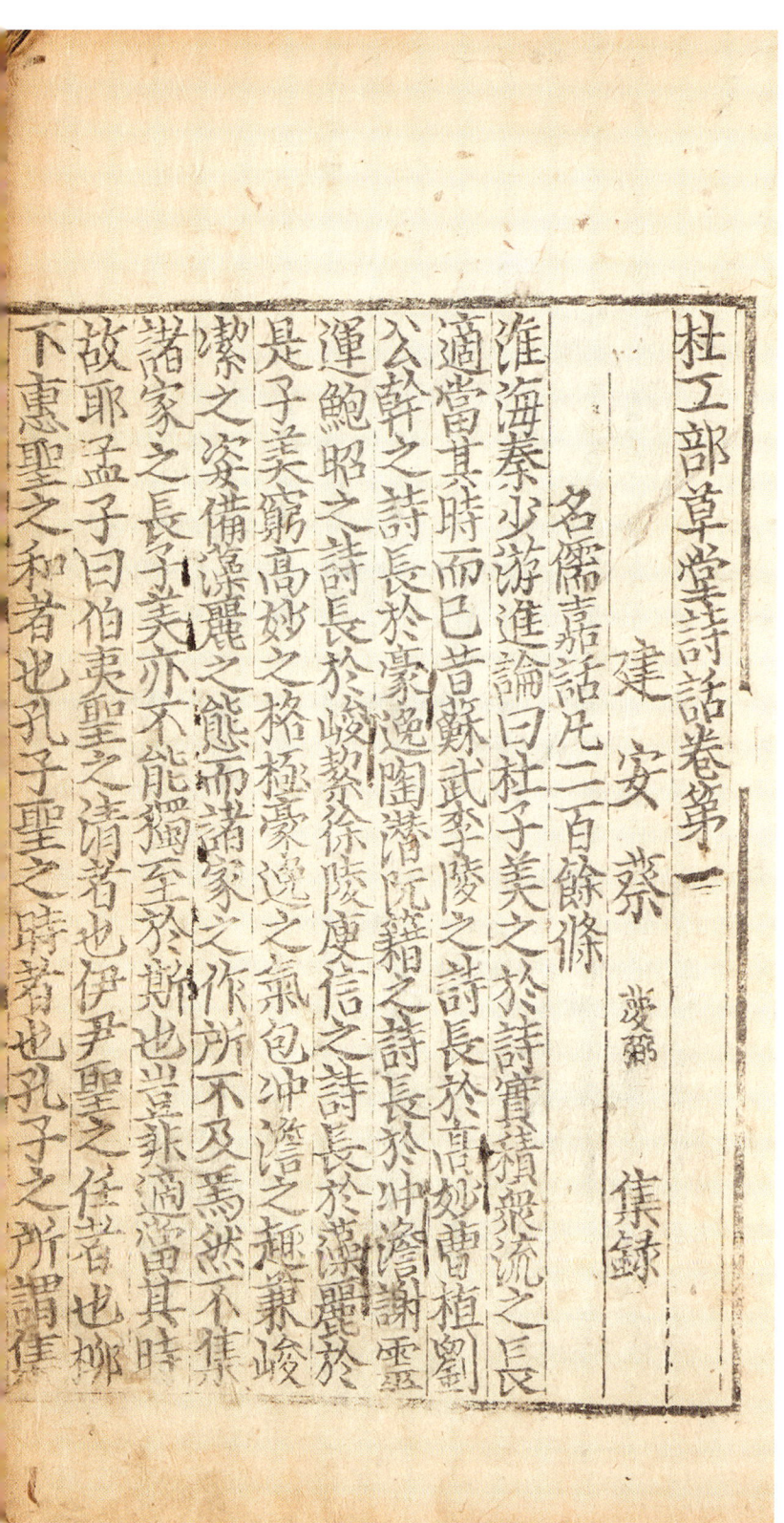

찬자 두보의 생애에 대해서는 집부集部-31 집천가주분류두공부시集千家註分類杜工部詩(貴 D03C-0046)를 참고하기 바란다.

『두공부초당시전』은 남송대 이후로 꾸준히 간행된 것으로 보인다. 송본은 현재 중국 국가도서관과 북경대학 등에 낙질落帙로 남아 있는데 행자수는 반엽당 11행 19자이다. 원판본은 대덕大德 연간(1297~1307) 계헌桂軒 진씨陳氏 간본 등 다수가 현전하고 있는데, 대만 국가도서관과 일본 국립공문서관 등에 소장되어 있다. 대덕본과 본서를 비교해 보면 반엽당 행자수와 본문의 글자 배열이 기본적으로 동일하다. 따라서 본서는 원판본을 저본으로 하고 있는 것으로 보인다. 또한 본서와 같은 판본이 국립중앙도서관과 일본 국립공문서관 등에서 확인된다.

청대淸代의 여서창黎庶昌이 주일본대신駐日本大臣으로 있을 때, 중국에서 이미 산실된 송원대의 고서를 일본에서 수집하여 『고일총서古逸叢書』를 편찬하였다. 여기에는 『두공부초당시전杜工部草堂詩箋』이 수록되어 있는데, 이는 조선본을 수록한 것이다. 『고일총서』『두공부초당시전』 말미에는 본서의 간행 시기 및 관련 인물을 알 수 있는 간기와 참여자 명단이 있는데, 이를 통해 1431년(세종 13) 경상감영의 주관으로 밀양부에서 간행되었음을 알 수 있다. 명단에는 경상도慶尙道 관찰출척사觀察黜陟使 조치曺致와 밀양부유학교수관密陽府儒學敎授官 조양趙襄 등의 이름이 보인다. 이인영은 『청분실서목淸芬室書目』에서 『국조방목國朝榜目』을 통해 이들 인물이 태종과 세종대에 활동한 인물임을 고증하였다. 또한 명단 중 조치曺致와 인질安質은 1430~1432년(세종 12~14) 사이 해당 관직에 있었던 것을 실록에서 확인할 수 있다.

전체 원집 40권 외집 1권으로 구성되어 있으나, 본서는 제1책 권수에 수록된 목록과 권40 뒤에 이어지는 채몽필이 엮은 「두공부초당시화杜工部草堂詩話」 권1~2 및 「두공부초당시연보杜工部草堂詩年譜」 상하 2권 총 1책만 남아 있다. 권2의 제1~2장은 보판補板으로 보인다. 완질본인 일본 국립공문서관본을 통해 본서의 구성을 살펴보면, 권수에는 두공부초당시전목록杜工部草堂詩箋目錄과 송기宋祁가 쓴 「초당시전전서비명草堂詩箋傳序碑銘」이 수록되어 있다. 원집의 각 권별 내용은 다음과 같다.

| 권차 | 내용 |
|---|---|
| 1 | 開元間留東都所作 |
| 2-7 | 天寶以來在東都及長安所作 |
| 8 | 天寶以來在東都及長安所作, 天寶十五載丙申夏五月挈家避地鄜州及沒賊中所作 |
| 9 | 至德元載公自鄜州赴朝廷遂陷賊中在藍田縣所作, 至德二載丁酉在賊中所作 |
| 10 | 志德二載夏自賊中達行在所授拾遺以後所作 |
| 11 | 八月還鄜州及扈從還京所作 |
| 12 | 乾元元年戊戌春至夏五月在諫省所作 |
| 13-14 | 乾元元年夏六月出爲華州司功冬末以事之東都至乾元二年七月入秋後欲棄官以來所作 |
| 14-16 | 乾元二年秋七月棄官居泰州以後所作 |
| 17 | 乾元二年自泰州如同谷十二月一日紀行所作 |
| 18 | 乾元二年十二月一日自隴右赴劍南紀行所作, 上元元年庚子在成都所作 |
| 19 | 上元元年庚子在成都所作, 暫如蜀川之新津縣所作 |
| 20 | 廣德元年自梓州暫往閬所作, 廣德二年甲辰自梓州挈家再往閬中所作閬山歌 |
| 21 | 廣德二年甲辰自梓州挈家再往閬中所作閬山歌 |
| 22 | 春末再至成都所作 |
| 23 | 春末再至成都所作, 永泰元年乙巳在成都所作, 挈家下忠渝州所作, 到雲安所作 |
| 24 | 到雲安所作 |
| 25 | 到雲安所作, 大曆元年丙午春後遷夔州所作 |
| 26-28 | 大曆元年丙午春後遷夔州所作 |
| 29-30 | 大曆二年秋在西所作 |
| 31-34 | 大曆二年秋在夔州所作 |
| 35 | 大曆二年秋在夔州所作, 大曆三年戊申在夔州所作 |
| 36 | 大曆三年戊申在夔州所作, 大曆四年己酉在岳陽至潭遂如衡及復回潭所作 |
| 37 | 大曆四年在潭州所作, 大曆四年, 二月至潭州所作 |
| 38 | 大曆四年秋至潭州所作 |
| 39 | 至衡州所作, 三月自衡州暫往潭州所作 |
| 40 | 逸詩拾遺 |

본서는 조선초 국가적으로 시학을 권장하고 두시의 주석 정리 사업을 벌이던 시대적 분위기 속에서 간행된 것이다. 두보의 시가 시기순으로 편차되어 있고 연보가 함께 수록되어 있어, 그의 생애와 함께 시기에 따른 작품 경향을 파악할 수 있다. 또한 당시까지의 해설을 한데 모아 정리되어 있다는 점에서 의미가 크다. 또한 본서는 원판 번각본으로, 원간본이 한반도에 전래하였다는 점과 더불어 현전본이 희소하다는 점에서 서지적으로도 높은 가치를 지닌다. 이유리

주제어
두보杜甫, 노은魯訔, 채몽필蔡夢弼, 두시杜詩, 경상감영慶尙監營, 밀양부密陽府

참고문헌
翁連溪 編校, 『中國古籍善本總目』, 綫裝書局, 2005.
續修四庫全書編纂委員會 編, 『續修四庫全書』1307, 上海古籍出版社, 2000.
中國古籍總目編纂委員會, 『中國古籍總目』, 中華書局·上海古籍出版社, 2009.
李仁榮, 『淸芬室書目』, 寶蓮閣, 1968.
이의강, 「조선 초기 飜刻本 『杜工部草堂詩話』에 관하여」, 『漢文學報』7, 우리한문학회, 2002.

집부　황씨집천가주두공부시사보유
集部　黃氏集千家註杜工部詩史補遺
33　　Hwangssi jipcheongaju dugongbu sisaboyu

貴 D03C-0049

서명　黃氏集千家註杜工部詩史補遺
저자　杜甫(唐) 撰 ; 黃鶴(宋) 集註, 蔡夢弼(宋) 校正
판본　木版本(元版飜刻)
발행　[慶尙道]: [慶尙監營·密陽府], [世宗12(1431)]刊
형태　補遺5卷1冊(全 補遺10卷·外集): 上下單邊左右雙邊, 半郭 18.0×13.1 cm, 有界,
　　　12行20字 小字雙行, 大黑口, 上下下向黑魚尾 ; 25.2×16.6 cm
주기　版心題: 詩補, 卷尾題(卷1-2)·卷首題(卷2): 杜工部草堂詩箋補遺, 卷首題(卷3-4):
　　　杜工部草堂詩箋補遺, 卷首題(卷5): 杜工部草堂詩箋
　　　書名은 目錄題임
　　　所藏: 補遺 卷1-5(第1冊)
　　　發行事項 推定: 本書를 底本으로 한 黎庶昌(淸) 輯『古逸叢書』『杜工部草堂詩箋』
　　　「高麗本飜刻人姓名」'監督 承訓郎 密陽儒學敎授官 趙襄, [慶尙]都觀察黜陟使資憲
　　　大夫中軍都摠制府摠制 曺致'
　　　楮紙

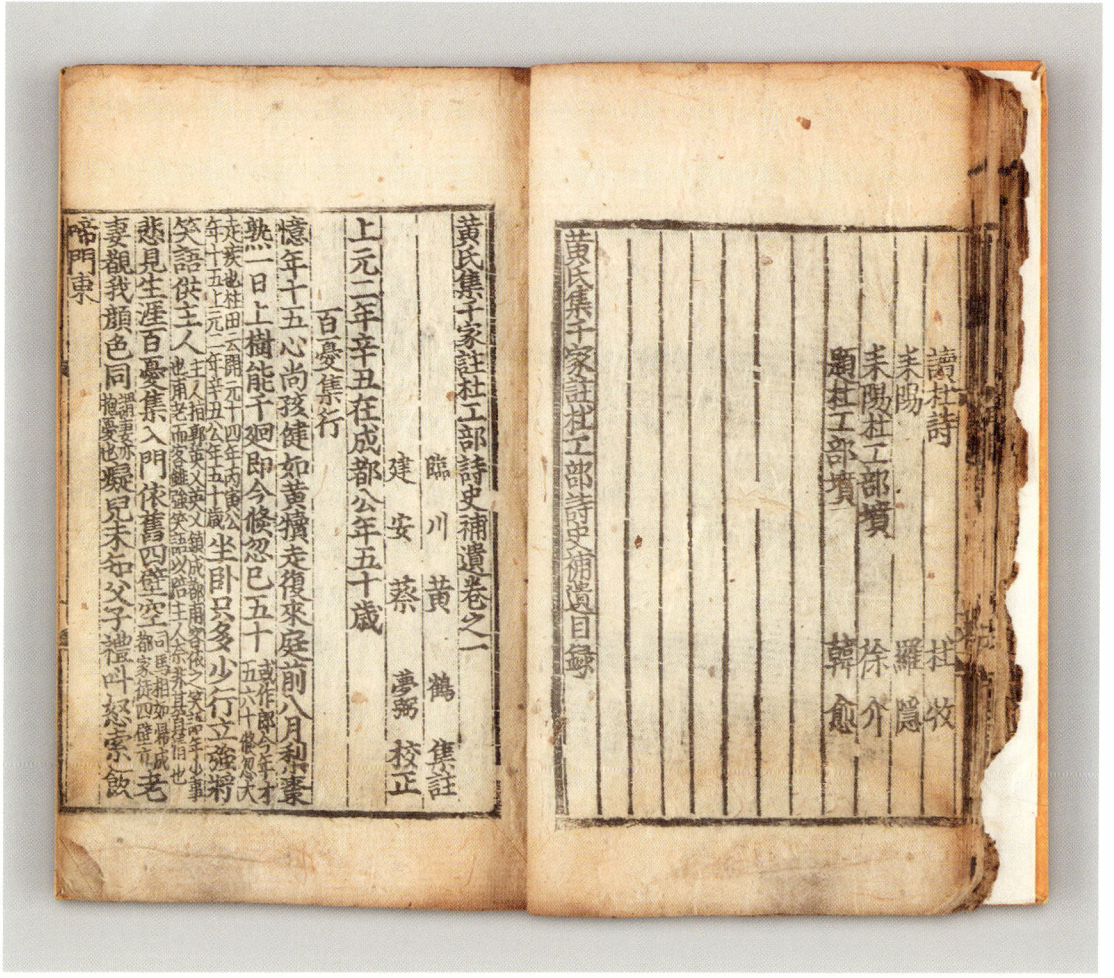

송宋나라 문인 황희黃希(?~?)·황학黃鶴(?~?) 부자가 당나라 시인 두보杜甫(712~770)의 시를 모아 편년 형식으로 엮고 주석을 단 것에 대해 송나라 채몽필蔡夢弼이 전주箋註를 모으고 교정한 것이다. 본서는 1431년(세종 13) 이후 경상감영慶尙監營의 주관으로 밀양부密陽府에서 간행된 것으로 추정되는 목판본이다.

표제 및 권1 권수제는 '황씨집천가주두공부시사보유黃氏集千家註杜工部詩史補遺', 판심제는 '시보詩補'이다. 권1·2의 권미제卷尾題와 권2의 권수제는 '두공부초당시전보유杜工部草堂詩箋補遺', 권3·4의 권수제는 '황씨집천가주두공부시보유黃氏集千家註杜工部詩補遺', 권5의 권수제는 '두공부초당시전杜工部草堂詩箋'이다. 권5에는 편찬자와 저작 역할어가 '가흥嘉興 노은魯빨 편차編次', '건안建安 채몽필蔡夢弼 회전會箋'으로 여타의 권차와는 다르게 표기되어 있다.

원래의 표지를 그대로 보존한 채 현대에 만자문卍字紋 황색표지에 오침안정법五針眼訂法으로 장황粧䌙하였다. 판식은 좌우쌍변左右雙邊, 유계有界, 12행 20자, 흑구黑口, 상하하향흑어미上下下向黑魚尾이다. 권3 말미에는 낙장落張이 있다. 주석에 인용한 인물의 성씨를 음각陰刻으로 표시하거나, 새로 보충한 시는 음각으로 '신첨新添'이라 표시하였다. 또한 서이書耳에 권차卷次 및 장차張次가 판각되어 있다. 간간이 본문에 비점批點 및 권점圈點이 있고, 시제에는 권점 및 꺾쇠가 주묵朱墨으로 표시되어 있다.

찬자 두보의 생애와 집주자 황희·황학 부자에 대해서는 집부集部-31 집천가주분류두공부시集千家註分類杜工部詩(貴 D03C-0046)를 참고하기 바란다.

『황씨집천가주두공부시사보유』는 『황씨집천가주두공부시사』를 보완하기 위해 편찬한 보유와 외집에 해당하는

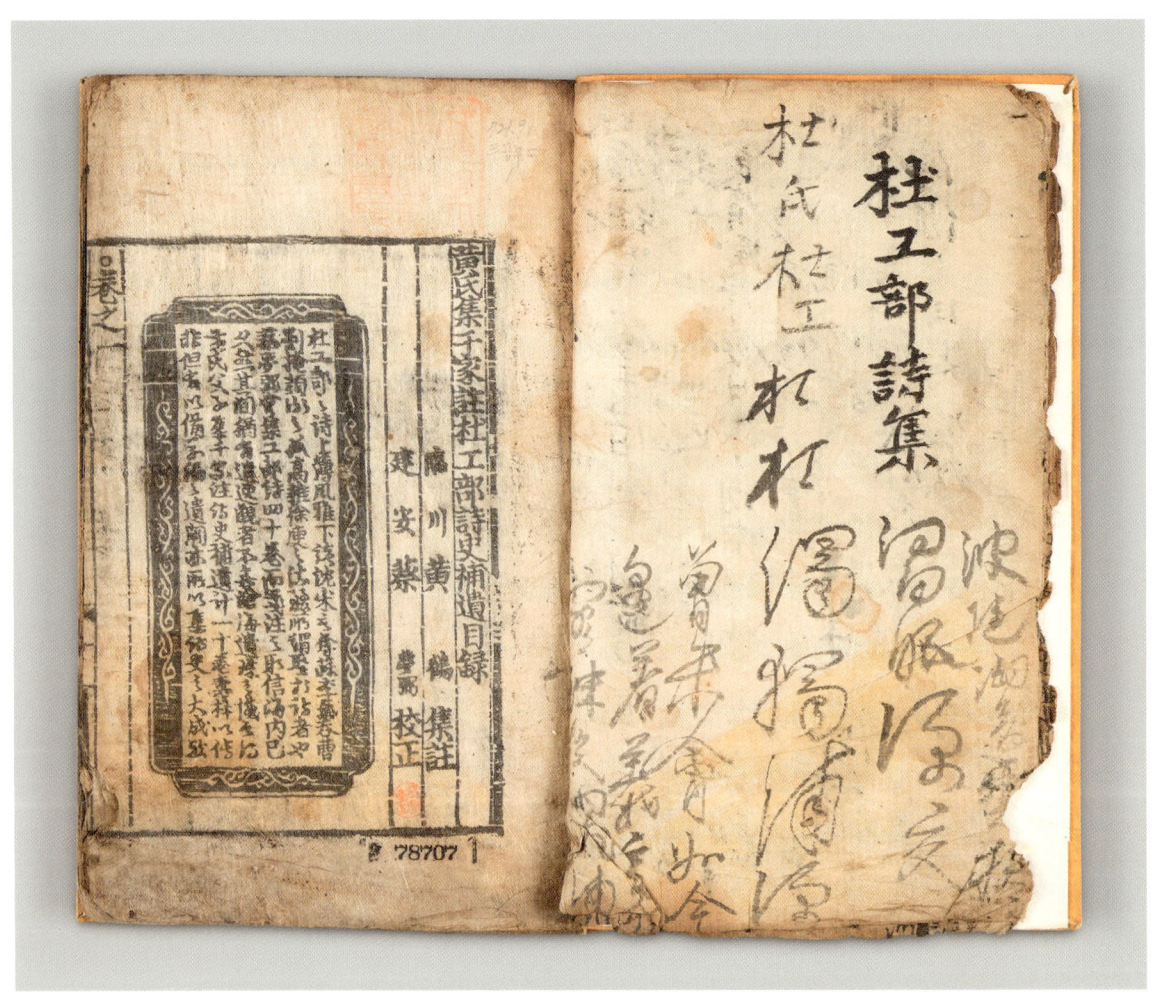

부분이다. 채몽필은 자신이 작업한 『두공부시杜工部詩』 40권본에 부족한 부분을 보충하여 간행하였다. 현전본을 통해 1287년(至元 24) 첨광조詹光祖의 서포書舖인 월애서당月崖書堂에서 간행되었으며, 여러 차례 간행되었다. 본서는 원판본 계통 중국본을 조선에서 번각한 목판본이다. 동일한 판본으로는 중국 북경대학도서관北京大學圖書館 소장본(李口8566)이 완질로 보이며, 안동대학교 도서관 소장본(821.4-두45ㅎ황)은 보유 권6~10 및 외집으로 구성된 결질본으로 보인다. 청대의 여서창黎庶昌이 주일본대신駐日本大臣으로 있을 때, 중국에서 이미 산실된 송원대의 고서를 일본에서 수집하여 『고일총서古逸叢書』를 편찬하였다. 여기에는 『두공부초당시전杜工部草堂詩箋』이 수록되어 있는데, 이는 조선본을 수록한 것이다. 『고일총서』『두공부초당시전』 말미에는

본서의 간행 시기 및 관련 인물을 알 수 있는 간기와 참여자 명단이 있는데, 이를 통해 1431년(세종 13) 경상감영의 주관으로 밀양부에서 간행되었음을 알 수 있다. 명단에는 경상도慶尙道 관찰출척사觀察黜陟使 조치曹致와 밀양부유학교수관密陽府儒學教授官 조양趙襄 등의 이름이 보인다. 이인영은 『청분실서목淸芬室書目』에서 『국조방목國朝榜目』을 통해 이들 인물이 태종과 세종대에 활동한 인물임을 고증하였다. 또한 명단 중 조치曹致와 안질安質은 1430~1432년(세종 12~14) 사이 해당 관직에 있었던 것을 실록에서 확인할 수 있다. 본서 권5의 권수제가 '두공부초당시전杜工部草堂詩箋'으로 되어 있는 것 또한 동일본임을 확인할 수 있는 증거가 되겠다.

원래 전체 보유 10권과 외집外集 1권으로 되어 있으나, 본서는 보유 5권 1책만 소장되어 있다. 구성을 살펴보면, 제1책 책수에는 편찬자 및 교정자의 성명과 간행 경위에 대해 서술한 패기牌記가 있다. 패기 뒤에는 「황씨집천가주두공부시사보유목록黃氏集千家註杜工部詩史補遺目錄」이 수록되어 있다. 본문에 수록된 내용은 권1~2 「상원이년신축재성도소작上元二年辛丑在成都所作」, 권3 「보응임인재성도소작寶應壬寅在成都所作」 등, 권4에는 「자면왕재귀성도영가재왕재소작自綿往梓歸成都迎家再往梓所作」 등, 권5에는 「광덕원년계묘춘재재지면지랑복귀재소작廣德元年癸卯春在梓之綿之間復歸梓所作」 등이 수록되어 있다. 목록의 내용에 근거해 보았을 때 권6에는 「영태원년도운안소작永泰元年到雲安所作」 등, 권7에는 「대력원년병오춘후천기주소작大曆元年丙午春後遷夔州所作」 등, 권8에는 「대력원년삼월자적갑천양서소작大曆元年三月自赤甲遷瀼西所作」 등, 권9에는 「대력삼년춘말하형주소작大曆三年春末下荊州所作」 등, 권10에는 「대력사년동지담주소작大曆四年冬至潭州所作」 등이 수록되어 있다. 『외집』에는 「창수부록唱酬附錄」이 수록되어 있다.

조선시대에 유통된 두보의 다양한 시집 중 하나로, 이를 통해 두보 시의 영향을 엿볼 수 있다. 또한 본서는 원판본의 번각본으로, 서체와 판식에 원판본의 특징이 그대로 반영되어 있다. 본서의 현전본이 매우 희소할 뿐만 아니라 『고일총서』에 조선본이 수록되어 있다는 점에서 서지적으로도 매우 가치가 높다. 이유리

주제어
황희黃希, 황학黃鶴, 채몽필蔡夢弼, 경상감영慶尙監營, 밀양부密陽府, 황씨집천가주두공부시사보유黃氏集千家註杜工部詩史補遺

참고문헌
翁連溪 編校, 『中國古籍善本總目』, 綫裝書局, 2005.
續修四庫全書編纂委員會 編, 『續修四庫全書』1307, 上海古籍出版社, 2000.
中國古籍總目編纂委員會, 『中國古籍總目』, 中華書局 ; 上海古籍出版社, 2009.
李仁榮, 『淸芬室書目』, 寶蓮閣, 1968.

# 분류보주이태백시
## 分類補註李太白詩
Bulryuboju itaebaekshi

서명　分類補註李太白詩　　　　　　　　　　　　　　　　　집부
저자　李白(唐) 撰 ; [楊齊賢(宋) 集註, 蕭士贇(元) 補註]　集部
판본　木版本　　　　　　　　　　　　　　　　　　　　　　34
발행　[中國(明)]: [刊寫者未詳], [明朝初期] 刊
형태　3卷1册(全 25卷) : 上下單邊左右雙邊, 半郭 19.3×12.8 cm, 有界, 12行20字 小字雙行,
　　　無魚尾 ; 25.3×15.2 cm
주기　版心題: 李詩註
　　　所藏: 卷4-6, 朝鮮式 改裝
　　　綿紙

당唐나라 시인인 이백李白(701~762)의 시에 대해 송대宋代의
양제현楊齊賢(?~?)이 주해한 것을 원대元代 소사윤蕭士贇
(?~?)이 수정 및 보충한 것이다. 본서는 권4~6에 해당하는
1책으로, 그 발행사항을 상세히 알기 어려우나 면지綿紙에
간행한 명판본明版本이다.

표제 및 권수제는 '분류보주이태백시分類補註李太白詩',
판심제는 '이시주李詩註'이다. 표지는 조선에서 개장改裝한
것으로, 황색 표지에 오침안정법五針眼訂法으로 장황粧䌙
하였다. 판식은 상하단변上下單邊 좌우쌍변左右雙邊, 유계
有界, 반엽 12행 20자에 무어미無魚尾이다. 간간이 시제에
꺾쇠를 표기하였고, 비점批點 및 권점圈點이 묵서墨書되어
있다.

저자인 이백의 자는 태백太白, 호는 청련거사靑蓮居土로,
현재 사천성四川省에 해당하는 쇄엽성碎葉城에서 태어났다.
742년(天寶 1)에 촉蜀을 떠나 장안長安으로 가서 하지장
賀知章을 만나 인정받아 오균吳均 등의 추천으로 한림학사
翰林學士가 되었다. 744년(天寶 3)에는 현종의 부름을 받아
한림공봉翰林供奉에 제수되었다. 그러나 그는 환관 고역사
高力士와 권문귀족들의 모함을 받아 1년 만에 궁에서
쫓겨났다. 새로 즉위한 숙종의 동생 영왕永王 이린李璘을
도왔으나 이린의 군대가 패하자 유배되었다. 석방된 후
안휘성安徽省 당도當塗의 현령이었던 종숙 이양빙李陽氷에게
의탁하여 살다가 병사하였다.

해제 대상서에는 수록되어 있지 않지만 다른 판본에
수록된 1291년(至元 28) 소사윤의 서문에는 그가 『분류
보주이태백시』를 편찬한 경위가 드러나 있다. 소사윤은
어릴 때부터 이백의 시를 좋아했으나 과거 준비로 이백
시를 공부할 여유가 없었다. 비로소 전념할 수 있게
되었을 때 이수보李粹甫가 소장하고 있던 양제현의 주해
본을 구해 읽었는데 해설이 잘 정리되어 있지 않았다.
그는 주석 중 내용이 부족한 경우 보충하였고, 전집全集에
있는 부賦 8편을 더 수록하면서 주석을 달았으며, 제목을
'분류보주이태백집'이라 붙였다고 하였다. 『사고전서
四庫全書』「총목제요總目提要」에서는 『분류보주이태백시』에

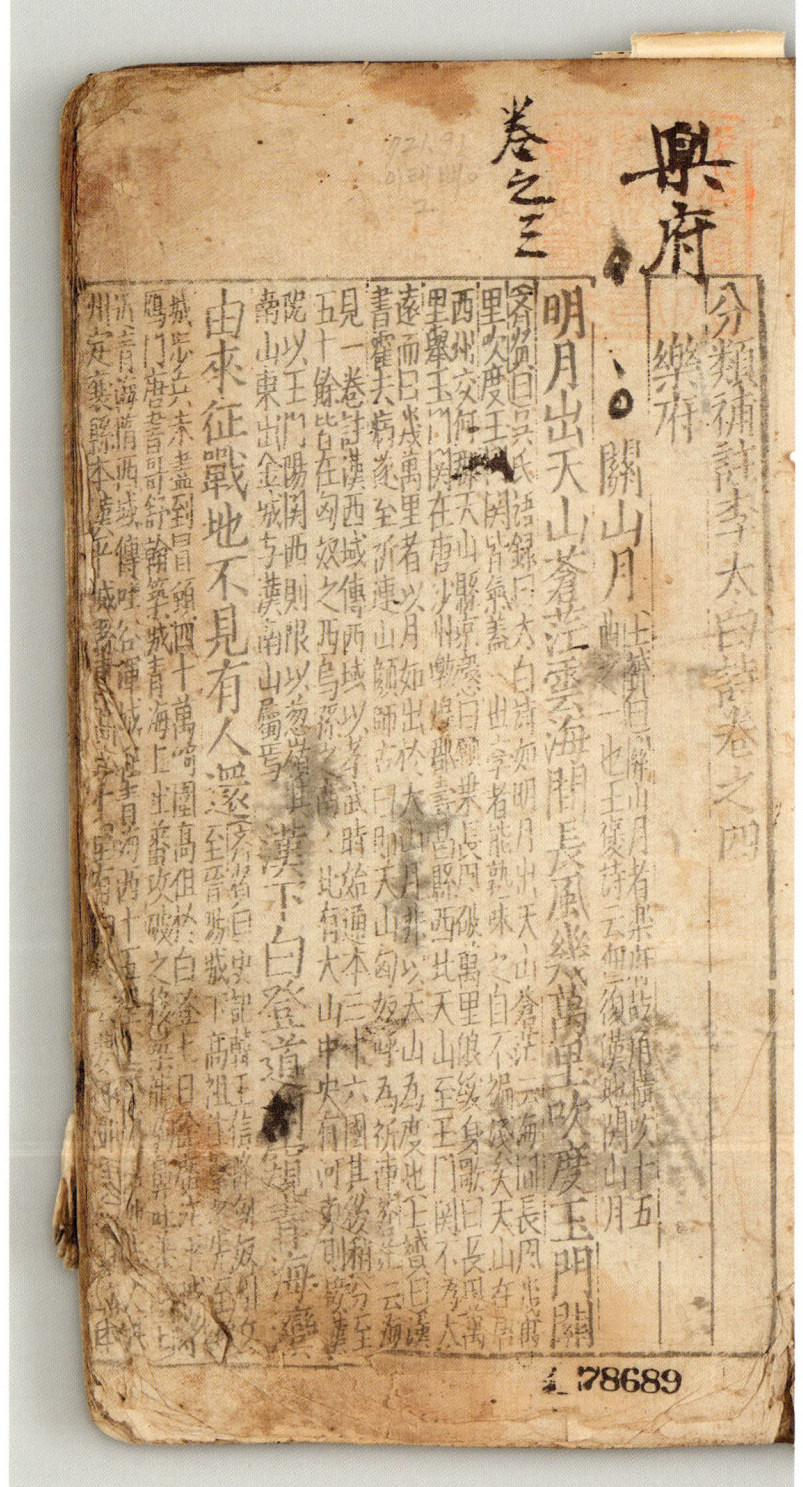

대하여 송대 이후 유일하게 전해지는 이백 시에 대한 주해서이며, 오류가 있으나 주석이 대체로 자세하고 풍부하여 참고할 만하다고 평가하고 있다.

본서는 전체 25권 중 권4~6까지 3권에 해당하는 결질본이다. 일본 국립공문서관에 소장된 1506년(正德 1) 간행본을 통해 전체 구성을 살펴보면 다음과 같다.

| 권 | 문체 | 내용 | 권 | 문체 | 내용 |
|---|---|---|---|---|---|
| 1 | 古賦 | 大鵬賦 等 8篇 | 19 | 誨答 | 誨談少府 等 34首 |
| 2 | 古風 | 歌詩 等 59首 | 20 | 遊宴 | 遊南陽白水登石激作 等 60首 |
| 3 | | 遠別離 等 26首 | 21 | 登覽 | 登錦城散花樓 等 35首 |
| 4 | 樂府 | 關山月 等 32首 | 22 | 行役 | 安州應城玉女湯作 等 20首 |
| 5 | | 門有車馬客行 等 27首 | 22 | 懷古 | 西施 等 34首 |
| 6 | | 發白馬 等 34首 | 23 | 閑適 | 與元丹丘方城寺談玄作 等 35首 |
| 7 | 歌吟 | 襄陽歌 等 23首 | 23 | 懷思 | 秋夜獨坐懷故山 等 10首 |
| 8 | | 秋浦歌 等 53首 | | 感遇 | 越中秋懷 等 31首 |
| 9 | | 贈孟浩然 等 40首 | 24 | 寫懷 | 翰林讀書言懷 等 11首 |
| 10 | 贈 | 秋日鍊藥院鑷白髮贈元六兄林宗 等 22首 | | 詠物 | 聽蜀僧濬彈琴 等 21首 |
| 11 | | 贈王判官時余歸隱廬山屏風疊 等 27首 | | 題詠 | 題隨州紫陽先生壁 等 12首 |
| 12 | | 贈別舍人第臺鄉之江南 等 23首 | 25 | 雜詠 | 嘲魯儒 等 16首 |
| 13 | 寄 | 安陸白兆山桃花巖寄劉侍御綰 等 25首 | | 閨情 | 寄遠 等 115首 |
| 14 | | 廬山謠寄盧侍御 等 23首 | | 哀傷 | 哭晁鄉衡 等 6首 |
| 15 | 留別 | 魯郡堯祠亭上宴別 等 35首 | | | |
| 16 | | 南陽送客 等 21首 | | | |
| 17 | 送 | 送魯郡劉長史遷弘農長史 等 43首 | | | |
| 18 | | 送韓侍御之廣德 等 35首 | | | |

소사윤의 서문에 의하면 『분류보주이태백시』는 1291년(至元 28)경 편찬되었을 것으로 보이나, 간본은 확인되지 않는다. 현전본으로 가장 오래된 판본은 1310년(至大 3) 근유서당勤有書堂 여지안余志安 간본이다. 이 판본은 명초에 체수본遞修本으로도 간행되었으며, 이외에도 명대에만 적어도 7차례 간행되었음을 현전본을 통해 알 수 있다. 본서는 근유당본과 행자수는 일치하나, 전체적으로 판식과 필획은 상이하다. 따라서 원판본을 후대에 번각한 판본으로 생각된다.

이백은 두보와 함께 동아시아 한문학 형성과 발전에 큰 영향을 끼친 인물이다. 그의 시에 대한 수많은 주해서가 나왔으나, 『분류보주이태백시』는 그중에서 가장 널리 수용되었다. 특히 조선 문인들이 이백의 시를 학습하고 이해하는데 주요한 준거가 되었는데, 성현成俔 등이 엮은 『풍소궤범風騷軌範』 중 이백의 시는 여기서 선별하였다. 1436년(세종 18) 갑인자로 간행되는 등 적어도 여섯 차례 간행되었다는 점은 본서가 조선시대 활발히 수용되었음을 잘 보여준다. 갑인자본은 임진왜란 때 일본에 전해져 고활자본으로 간행되기도 하였다는 점에서 서적교류사적으로도 가치를 지닌다. 이유리

주제어
분류보주이태백시分類補註李太白詩, 이태백李太白, 양제현楊齊賢, 소사윤蕭士贇, 근유서당勤有書堂

참고문헌
芳村弘道,「元版『分類補註李太白詩』と蕭士贇」,『日本中國學會報』42, 日本中國學會, 1990.
임준철,「『분류보주이태백시』의 조선시대 수용 양상(1)-전·중기를 중심으로-」,『민족문화연구』93, 2021.

# 분류보주이태백시
## 分類補註李太白詩
Bulryuboju itaebaekshi

賈 D03C-0072c

___

서명　分類補註李太白詩

저자　李白(唐) 撰；楊齊賢(宋) 集註, 蕭士贇(元) 補註, 郭雲鵬(明) 校刻

판본　木版本

발행　[中國(明)]: 郭雲鵬[寶善堂], [嘉靖 22(1543)]刊

형태　目錄2冊, 29卷26冊, 共28冊(全30冊)：上下單邊左右雙邊, 半郭 20.0×13.6cm, 有界, 8行17字 小字雙行, 上下向白魚尾；26.4×16.5cm

주기　版心題: 李集, 表題: 李白全集
所藏: 2冊(卷2 第1-24張, 卷23) 除外 28冊
唐翰林李太白詩序(李陽氷): 寶應元年(762)十一月乙酉也
別集序: 咸平元年(998)三月三日序
後序: 宋敏求題, 曾鞏序
總冊數: 共三十(書腦 墨書)
落張: 第11冊(卷8) 表紙 및 第1張 等
印記: 李周憲印·子文(第7冊 卷4 第27張), [慶州金氏完石家世傳], [坡平世家](卷7 等), [凡於所以]
綿紙

집부
集部
35

당唐나라 시인인 이백李白(701~762)의 시에 대해 송대宋代 양제현楊齊賢(?~?)이 주해한 것을 원대元代 문인 소사윤蕭士贇(?~?)이 1291년(至元 28)경에 수정 및 보충한 것이다. 본서는 1543년(嘉靖 22) 곽운붕郭雲鵬(?~?)의 보선당寶善堂에서 간행한 중국 목판본이다.

표제表題는 '이백전집李白全集', 권수제는 '분류보주이태백시 分類補註李太白詩' 혹은 '분류편차이태백문分類編次李太白文', 판심제는 '이집李集'이다. 표지는 대부분 황색 표지에 사침 안정법四針眼訂法으로 조선에서 장황粧繢하였다. 표지 좌측 에는 서명과 책차를 묵서墨書하였고, 우측 상단에는 수록 편목篇目이, 서뇌書腦에는 총책수總冊數 표시인 '공삼십共三十'이 적혀 있다. 판식은 좌우쌍변左右雙邊, 유계有界, 반엽 8행 17자, 상하향백어미上下向白魚尾이다. 매 책수冊首에 주문인 朱文印 '[경주김씨완석가세전][慶州金氏完石家世傳]'이 날인되어 있는데 거꾸로 날인되어 있기도 하다. '파평세가坡平世家'와 '범어소이凡於所以', '자문子文'·'이주헌인李周憲印' 등이 곳곳에 날인되어 있다.

저자인 이백의 생애와 소사윤의『분류보주이태백시』편찬 과정에 대한 내용은 집부集部-34 분류보주이태백시分類補註李太白詩(貴 D03C-0072b)를 참고하기 바란다.

본서에 수록된 서문들의 내용을 종합해보면, 당대 이백의 시집으로 위호魏顥가 편집한『이한림집李翰林集』과 이양빙이 편집한『초당집草堂集』이 있었으나 모두 현전하지 않는다. 이후 편찬된 것으로 998년(咸平 1) 악사樂史의『이한림별집李翰林別集』20권「별집」10권, 송민구宋敏求와 증공曾鞏이 편찬한『이태백집李太白集』30권이 있는데, 본서에는 이들의 서문이 모두 수록되어 있다.

본서는 원래 전체 30권이나, 권23이 결락되어 29권 28책으로 되어 있다. 본서와 동일 판본인 일본 국립공문서관 소장 완질본의 구성을 살펴보겠다. 제1책 책수에 762년(寶應 1)에 이양빙이 작성한「당한림이태백시서唐翰林李太白詩序」가 있다. 이어서 998년 악사의「별집서別集序」, 이화李華의「고한림학사이공묘지병서故翰林學士李公墓誌并序」, 유전백劉全白의「당한림이군갈기唐翰林李君碣記」, 송민구宋敏求와 증공曾鞏의「후서後序」가 각각 수록되어 있다.

본서의 권수에는 권수제 다음에 양제현과 소사윤, 그리고 교정 및 간행자인 곽운붕의 이름이 명시되어 있다. 소사윤의 주석이 달려 있으며, 해당 글자 아래 음주音註가 있다. 본문의 전체 구성은 다음과 같다.

| 권 | 문체 | 내용 |
|---|---|---|
| 1 | 古賦 | 大鵬賦 等 8篇 |
| 2 | 古風 | 歌詩 等 59首 |
| 3 | 樂府 | 遠別離 等 26首 |
| 4 | | 關山月 等 32首 |
| 5 | | 門有車馬客行 等 27首 |
| 6 | | 發白馬 等 34首 |
| 7 | 歌吟 | 襄陽歌 等 23首 |
| 8 | | 秋浦歌 等 53首 |
| 9 | | 贈孟浩然 等 40首 |
| 10 | 贈 | 秋日鍊藥院鑷白髮贈元六兄林宗 等 22首 |
| 11 | | 贈王判官時余歸隱廬山屛風疊 等 27首 |
| 12 | | 贈別舍人第臺卿之江南 等 23首 |
| 13 | 寄 | 安陸白兆山桃花巖寄劉侍御綰 等 25首 |
| 14 | | 廬山諸寄盧侍御 等 23首 |
| 15 | 留別 | 魯郡堯祠亭上宴別 等 35首 |
| 16 | | 南陽送客 等 21首 |
| 17 | 送 | 送魯郡劉長史遷弘農長史 等 43首 |
| 18 | | 送韓侍御之廣德 等 35首 |
| 19 | 酬答 | 酬談少府 等 34首 |
| 20 | 遊宴 | 遊南陽白水登石激作 等 60首 |

| 권 | 문체 | 내용 |
|---|---|---|
| 21 | 登覽 | 登錦城散花樓 等 35首 |
| 22 | 行役 | 安州應城玉女湯作 等 20首 |
| 22 | 懷古 | 西施 等 34首 |
| 23 | 閑適 | 與元丹丘方城寺談玄作 等 35首 |
| 23 | 懷思 | 秋夜獨坐懷故山 等 10首 |
| 24 | 感遇 | 越中秋懷 等 31首 |
| 24 | 寫懷 | 翰林讀書言懷 等 11首 |
| 24 | 詠物 | 聽蜀僧濬彈琴 等 21首 |
| 25 | 題詠 | 題隨州紫陽先生壁 等 12首 |
| 25 | 雜詠 | 嘲魯儒 等 16首 |
| 25 | 閨情 | 寄遠 等 115首 |
| 25 | 哀傷 | 哭晁卿衡 等 6首 |
| 26 | 表類 | 爲吳王謝責赴行在遲滯表 等 3篇 |
| 26 | 書類 | 代壽山答孟少府移文書 等 6篇 |
| 27 | 序上 | 暮春於江夏送張祖監丞之東都序 等 11篇 |
| 28 | 序下 | 送戴十五歸衡嶽序 等 2篇 |
| 28 | 江南序 | 冬日於龍門送從弟京兆參軍令問之淮南覲省序 等 8篇 |
| 28 | 記 | 任城縣廳壁記 |
| 29 | 頌 | 趙公西候亭頌 等 2篇 |
| 29 | 讚 | 當塗李宰君畫讚 等 17篇 |
| 30 | 銘 | 化城寺大鐘銘并序 等 2篇 |
| 30 | 碑文 | 潭陽瀨水貞義女碑銘并序 等 7篇 |

『분류보주이태백시』의 현선본으로 가장 오래된 편본은 1310년(至大 3)에 건안建安의 서사書肆인 근유서당勤有書堂의 여지안余志安이 간행한 것으로 일본 와세다대학 등에 소장되어 있다. 이후 이 판본의 여러 보각본補刻本, 번각본, 중간본重刊本이 나오다가, 본서는 처음으로 시 외의 문장 5권을 추가하여 30권본으로 간행된 것이다.

이백은 두보와 함께 동아시아 한문학 형성과 발전에 큰 영향을 끼친 인물이다. 그의 시에 대한 수많은 주해서가 나왔으나,『분류보주이태백시』는 그중에서 가장 널리 수용된 책이다. 중국에서는 청나라 때

왕기王琦의 『이태백집집주李太白集輯注』가 나올 때까지 유행하였다. 조선에서 『분류보주이태백시』는 문인들이 이백의 시를 학습하고 이해하는데 주요한 준거가 되었는데, 성현成俔 등이 엮은 『풍소궤범風騷軌範』 중 이백의 시는 여기서 선별하였다. 1436년(세종 18) 갑인자본 『분류보주이태백시』를 비롯하여 적어도 여섯 차례 간행되었다는 점은 본서가 조선시대 동안 활발히 수용되었음을 잘 보여준다. 또한 본서는 조선인이 소장하던 중국본이라는 점에서 서적교류사적으로도 가치를 지닌다. 이유리

주제어
분류보주이태백시分類補註李太白詩, 이태백李太白, 양제현楊齊賢, 소사윤蕭士贇, 보선당寶善堂

참고문헌
芳村弘道, 「元版『分類補註李太白詩』と蕭士贇」, 『日本中國學會報』42, 日本中國學會, 1990.
임준철, 「『분류보주이태백시』의 조선시대 수용 양상(1) - 전 · 중기를 중심으로-」, 『민족문화연구』93, 2021.

의려선생집
醫閭先生集
Uiryeo-seonsaengjip

| | |
|---|---|
| 서명 | 醫閭先生集 |
| 저자 | 賀欽(明) 著 ; 鄭曉(明) 參定, 唐順之(明) 重校 |
| 판본 | 木版本 |
| 발행 | 慶尙道 晉州: 晉州牧, 明宗16(1561)跋 |
| 형태 | 9卷·附錄, 共3冊: 四周單邊, 半郭 20.3×14.5cm, 有界, 10行20字, 上下內向黑魚: 29.5×18.7cm |
| 주기 | 總冊數: 共三(書腦) |
| | 醫閭先生集序: 嘉靖己丑(1529)…李承勛序 |
| | 書醫閭先生集後: 嘉靖九年庚寅(1530)…成文書 |
| | 醫閭集跋: 今年(1561)春 都事趙侯希文 自洛抵慶囑之 以吾友許大輝曄之言曰 醫閭先生文集凡若干卷 惟楔梓廣布 是望須毋惜鐫刻費…晉陽牧伯 金侯泓 實董其役 不數月功已告完…嘉靖辛酉(1561)…慶州府尹慶州鎭兵馬節制使龜巖後學李楨敬跋 |
| | 板式: 上下內向二·三葉花紋魚尾 混入 |
| | 藏書記: 後彫堂藏(앞면紙) |
| | 印出記: 刊本在晉山同年全季賀(全慶昌, 1532~1585) 爲廣文時所印 萬曆三年(1575)乙亥陽月(第3冊 뒷面紙) |
| | 印記: 愼仲, 金氏富儀, 光山後學, 陽谷(鐘鼎形) |
| | 楮紙 |

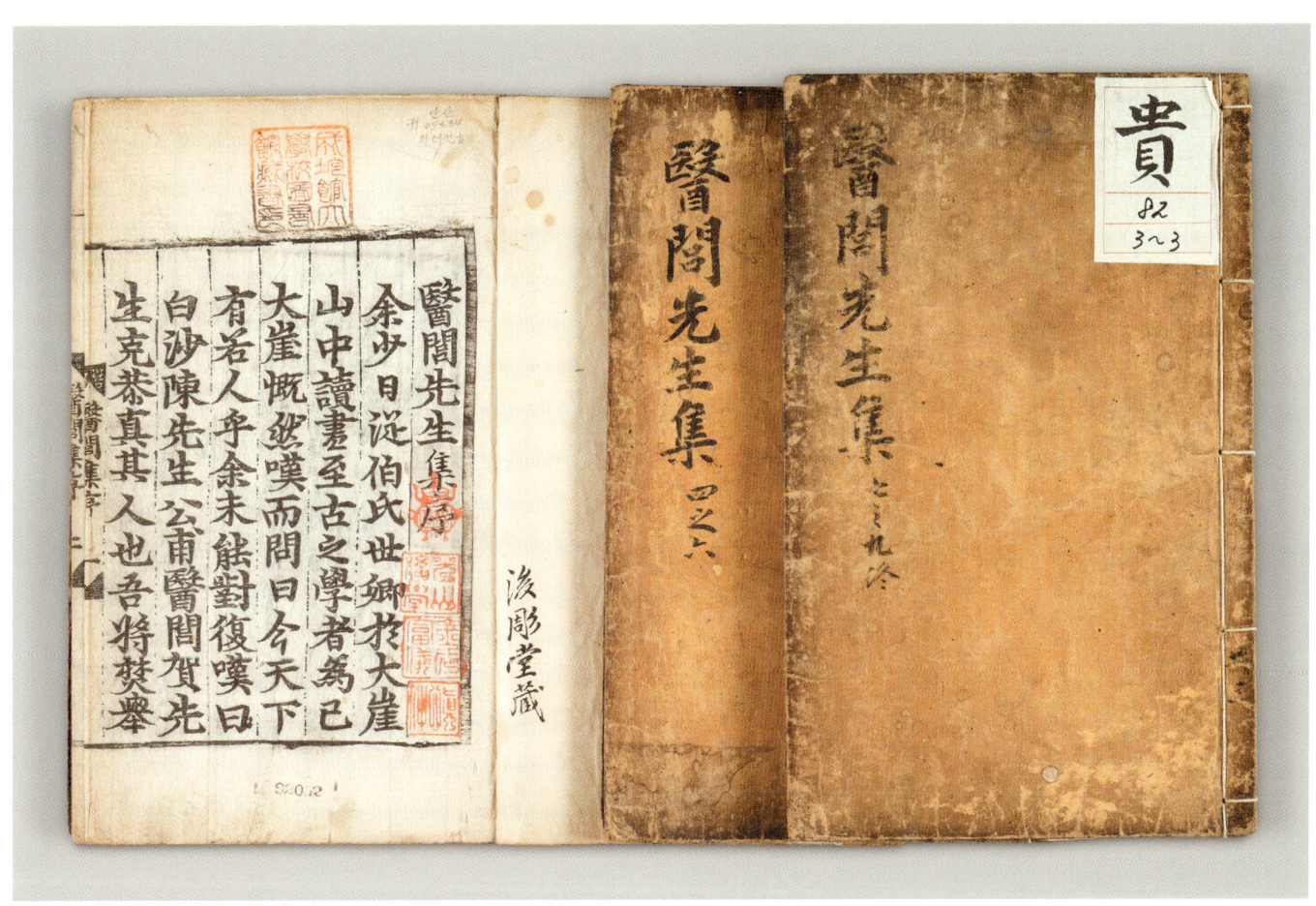

명明나라 문신 하흠賀欽(1437~1510)의 시문집으로, 정효鄭曉(1499~1566)가 참정參定하고 당순지唐順之(1507~1560)가 교정하였다. 본서는 1529년(嘉靖 8)에 명나라 요동순무遼東巡撫 이승훈李承勛(1473~1531)이 간행한 명판본을 저본으로 하여 1561년(명종 16) 경상도 진주목晉州牧에서 간행한 목판본이다.

표제 및 권수제는 '의려선생집醫閭先生集', 판심제는 '의려醫閭'이다. 황색 표지에 오침안정법五針眼訂法으로 장황粧䌙하였고, 서뇌書腦에 총책수總冊數 표시인 '공삼共三'이 적혀 있다. 앞면지面紙에는 '후조당장後彫堂藏'이라는 묵서墨書가 있다. 판식은 사주단변四周單邊, 유계有界, 10행 20자, 상하내향흑어미上下內向黑魚尾 혹은 내향2·3엽화문어미, 그리고 일부에 흑구黑口가 보인다. 일부 어미에는 각수명으로 보이는 기호가 있으나, 판독되지 않는다. 서미書眉 여백에는 일부분에 교감주校勘註가 있고, 제3책 뒷면지에는 1575년(萬曆 3) 음력 10월에 남긴 '간본은 진산에 있는 동년 계하季賀 전경창全慶昌이 광문관이 되었을 때 인쇄한 것[刊本在晉山同年全季賀 爲廣文時所印 萬曆三年乙亥陽月]'이라는 묵서가 있다. 또한 매 책수冊首에는 정방형 주문인朱文印 '신중愼仲'·'김씨부의金氏富儀'·'광산후학光山後學', 종정형鐘鼎形의 '양곡陽谷'이 날인되어 있어 광산김씨 예안파 김부의金富儀가 소장하고 있던 책임을 알 수 있다.

저자인 하흠의 자는 극비克悲, 호는 의려醫閭이며, 요동遼東 의주위義州衛 출신이다. 1466년(成化 2) 진사가 되어 호과급사중戶科給事中에 임명되었으나, 1470년(成化 6) 병으로 사직하고 귀향한 후 학문에 전념 하였다. 1488년(弘治 1) 유공길劉公吉의 추천으로 섬서참의陝西參議가 되었으나 노모의 병환을 사유로 사직하였다. 그의 학문은 진헌장陳獻章의 영향을 받았으며, 경서의 내용을 일상에서 실천하여 심성수양을 목표로 하였다.

본서에 수록된 이승훈과 성문成文의 발문에 따르면, 1529년(嘉靖 8) 여름에 하흠의 아들 하사자賀士諮 등이 하흠의 글을 모아 엮은 것을 이승훈에게 보여주며 서문을 부탁했다. 이승훈이 이듬해 1530년(嘉靖 9) 요동 순무遼東巡撫로 파견된 성문에게 문집의 원고를 보여주자 간행을 명하였다. 권수에 정효와 당순지가 교정자로 명시되어 있어 간행 전에 이들의 교정을 거쳤음을 알 수 있다. 이 책은 이후 1544년(嘉靖 23)에 제종도 齊宗道가 오류를 바로잡아 중간하기도 했다.

초간본初刊本인 1530년본이 본서의 저본인 것으로 보이는데, 조선에서의 간행 경위는 본서에 수록된 이정 李楨의 발문을 통해 알 수 있다. 1561년(명종 16) 봄에 조희문趙希文이 경주에 와서 당시 경주부윤이었던 이정에게 판각 비용을 아끼지 말고 간행해달라는 허엽許曄의 말을 전하며『의려선생집』의 간행을 부탁하자, 진주목사 김홍金泓이 맡아 간행하였다.『고사촬요攷事撮要』진주조에도 이 책이 확인된다. 본서와 같은 판본이 고려대와 연세대, 일본 호사문고[蓬左文庫]와 도순지[洞春寺] 등에 소장되어 있다. 고려대본의 경우 배용길裵龍吉의 장서인과 함께 1579년(선조 12) 진주목사 이제신李濟臣에게 받았다는 묵서가 있다.

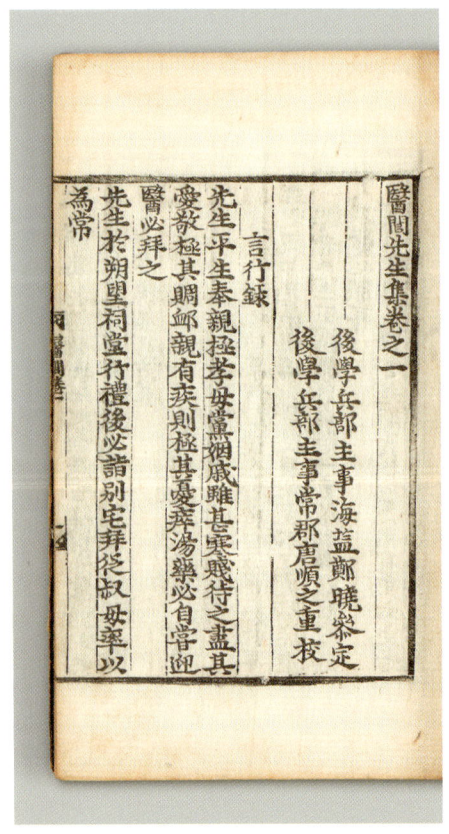

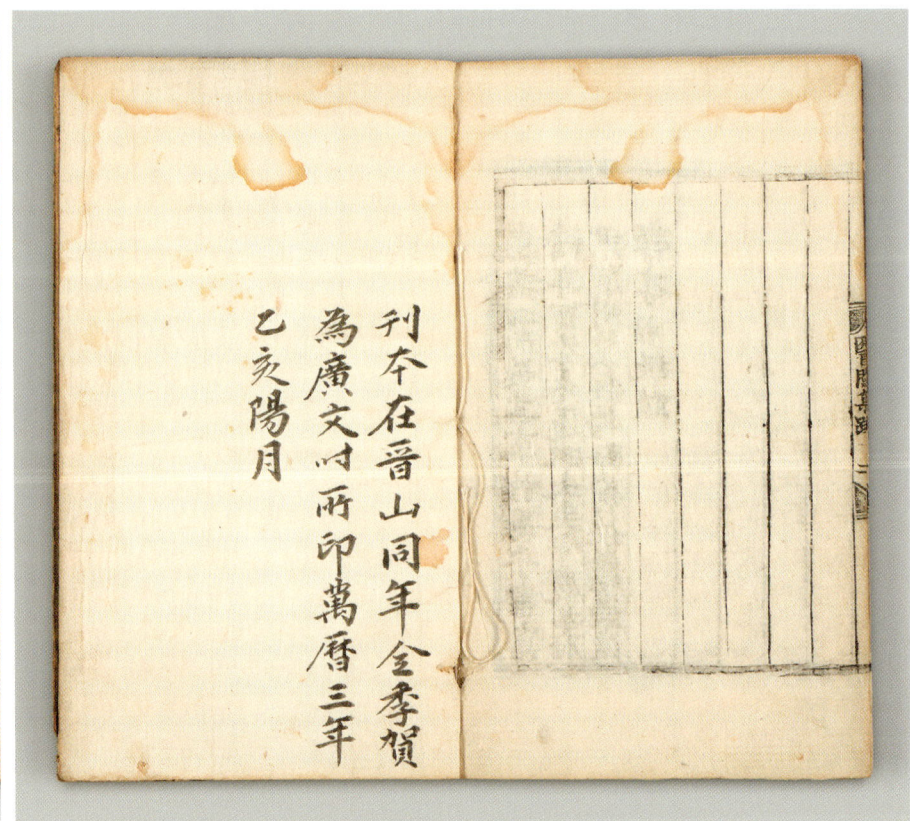

본서는 모두 9권 3책이다. 수록된 내용을 살펴보면, 제1책 권수에는 성문의 「의려선생집서醫閭先生集序」와 「의려선생집목록醫閭先生集目錄」이 수록되어 있다. 본문은 9권 부록 1권으로 구성되어 있다. 권1~3「언행록言行錄」에는 하흠의 인품과 학문에 대한 태도 등이 드러나는 일화를 모았다. 권4~7「존고存稿」에는 하흠이 저술한 산문이 수록되어 있다. 이 중 권4에는 「요우서원기遼右書院記」, 「의주수건연변영보기義州修建緣邊營堡記」, 「사씨의려기史氏倚廬記」, 「증김덕용지임석주서贈金德容之任石州序」, 「일봉나선생묘지명一峯羅先生墓誌銘」, 「장생문형자설張生文亨字說」, 「선고비묘지명先考妣墓誌銘」, 「명고진국장군요동부총병한공묘지명明故鎭國將軍遼東副總兵韓公墓誌銘」, 「참융이공묘지명參戎李公墓誌銘」 9편이 수록되어 있다. 권5에는 「간석재진선생簡石齋陳先生」 등 20편의 서간이 있으며, 권6에는 「간한량필공자簡韓良弼公子」 등 서간 22편과 「서동래격언후이권향인書東萊格言後以勸鄕人」 등 26편의 글이 수록되어 있다. 그리고 권7에는 「여진성지與陳聲之」 등 13편의 글이 있다. 이 중 「만기漫記」는 이후에 『의려만기醫閭漫記』라는 제목으로 따로 간행되기도 하였다. 권8「주고奏稿」에는 「응천이실소應天以實疏」 등 상소문 4편이 수록되어 있으며, 권9「시고詩稿」에는 65제의 시가 있다. 부록에는 명나라 반진潘辰이 지은 하흠의 묘지명인 「의려선생묘지명醫閭先生墓誌銘」이 있다. 그리고 성문의 「서의려선생집후書醫閭先生集後」와 이정의 발문이 이어진다.

『의려선생집』은 명대 심성수양을 중시하는 심학적 학문 경향을 엿볼 수 있는 책으로, 16세기 퇴계 이황李滉 등이 심학을 이해하는데 참고하였다. 또한 본서는 이정이 지방관을 역임하며 간행에 참여했던 많은 서적 중 하나로, 그의 출판 활동이 16세기 중반 이후 지방 출판 및 서적 유통 활성화에 기여했다는 점에서 출판문화사적으로도 의미가 크다. 특히 이정의 발문은 본서가 조선에서 간행된 시기와 소장 경위를 분명히 나타내고 있다는 점에서도 자료적 가치가 높다. 이유리

주제어
하흠賀欽, 이승훈李承勳, 진주晉州, 이정李楨, 김부의金富儀

| | | |
|---|---|---|
| 서명 | 伊川擊壤集 | 집부 |
| 저자 | 邵雍(宋) 撰 | 集部 |
| 판본 | 木版本 | 37 |
| 발행 | [忠淸道]: [淸州牧], [16世紀 中葉]刊 | |

형태　16卷3冊(全 原集20卷, 外詩1卷, 共4冊): 上下單邊左右雙邊, 半郭 18.1×12.0 cm,
　　　有界, 10行21字 小字雙行, 大黑口, 上下下向黑魚尾; 28.3×16.3 cm

주기　版心題: 壤
　　　發行事項 推定: 1568年(宣祖1) 刊行『攷事撮要』淸州條 '擊壤集'
　　　所藏: 卷1-6, 卷7-10, 卷11-16
　　　總冊數: 共四(書腦)
　　　伊川擊壤集序(邵雍): 治平丙午(1066)仲秋日也
　　　康節先生伊川擊壤集後序: 元祐六年辛未(1091)夏六月甲子十有三日 原武邢恕序
　　　板式: 上下內向中下向黑魚尾 混入
　　　印記: 富弼彦遇, 光城金氏, 後彫堂(鐘鼎形)
　　　楮紙

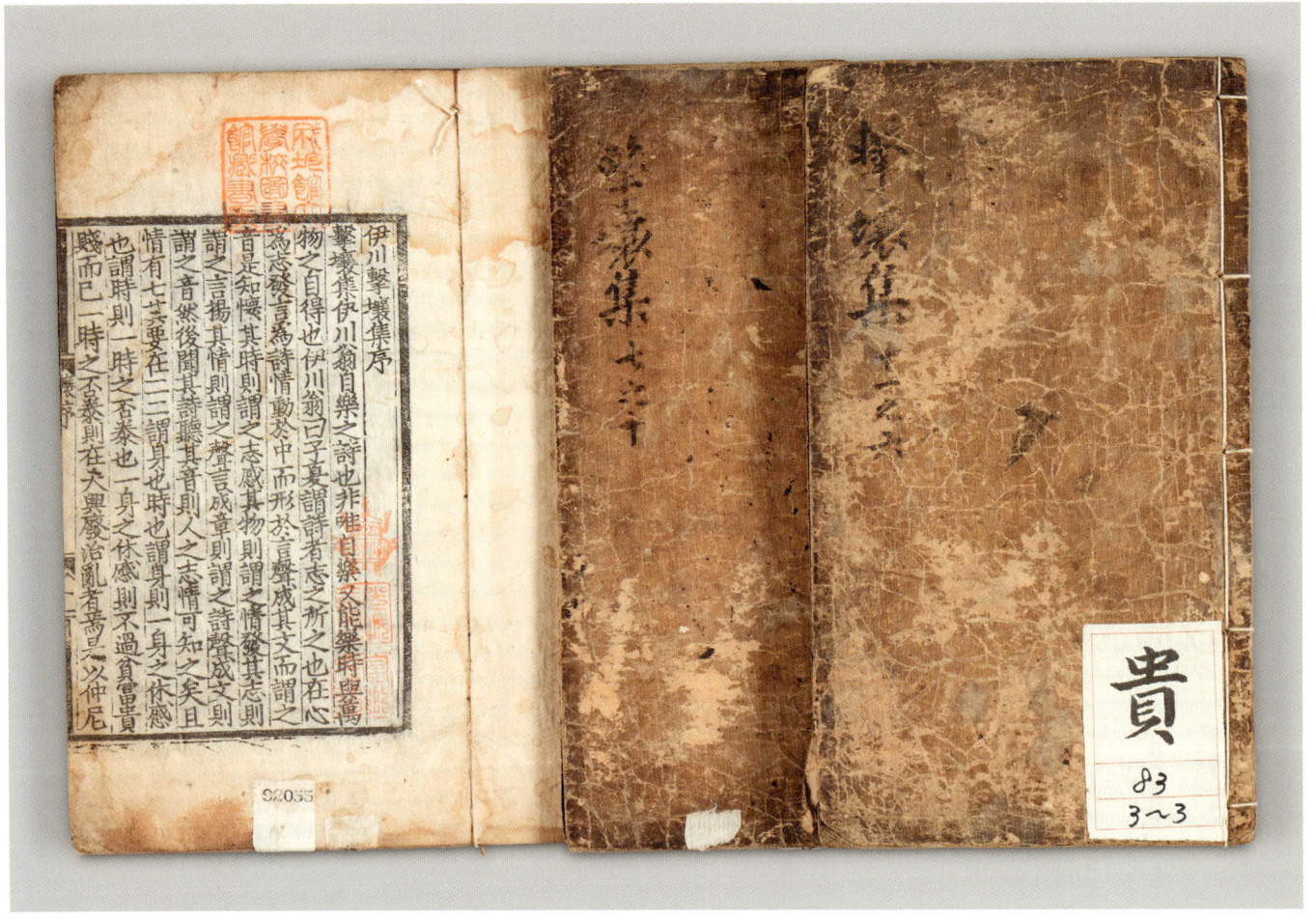

북송대北宋代 시인이자 학자인 소옹邵雍(1011~1077)의 시문집이다. 소옹이 생전에 자신의 시문을 모아 제목을
붙이고 서문을 써둔 것을 그의 사후 아들인 소백온邵伯溫(1057~1134)이 재편집하고 형서邢恕(?~?)에게 서문을
받아 1091년(元祐 6)에 간행하였다. 본서는 16세기 중반에 청주목淸州牧에서 간행된 것으로 추정되는 목판본
으로, 김부필金富弼의 구장서이다.

표제表題는 '격양집擊壤集', 권수제는 '이천격양집伊川擊壤集', 판심제는 '양壤'이다. 황색 연화문蓮花紋 회문回紋
표지에 오침안정법五針眼訂法으로 장황粧䌙하였다. 서뇌書腦에는 총책수總冊數 표시인 '공사共四'가 적혀 있다.
판식은 좌우쌍변左右雙變, 유계有界, 10행 21자, 대흑구大黑口, 상하하향흑어미上下下向黑魚尾이다. 서미書眉에 간간이 묵서墨書 교감주校勘註와 주점朱點이 있다. 책수에 '부필언우富弼彦遇', '광성김씨光城金氏', '후조당後彫堂'이라는 김부필의 장서인이 날인되어 있다.

저자인 소옹의 자는 요부堯夫, 호는 안락선생安樂先生·이천伊川이며 범양范陽 출신이다. 그는 이지재李之才에게 하도낙서河圖洛書와 천문天文, 역수易數 등을 배웠다. 가우嘉祐 연간(1056~1063)에 장작감 주부將作監主簿 등에 제수되었으나, 나아가지 않고 평생 낙양洛陽에서 은거하며 사마광司馬光 등과 교유하였다. 그는 특히 『주역周易』에 정통하였는데, 정이程頤가 『역경易經』을 해설한 『주역전의周易傳義』를 참고하여 팔괘八卦를 풀이하고, 도가사상에 영향을 받아 수리철학數理哲學을 개창하였다. 저서로는 『이천격양집』 외에 『어초문답漁樵問答』이 있다. 시호는 강절康節이다.

본서에는 서발문이 없어 간행 경위를 직접적으로 알기 어렵다. 다만, 이정李楨의 『구암선생문집龜巖先生文集』 부록에 수록된 행장에 따르면 그는 부임하는 곳에서 반드시 서적을 간행했는데, 간행한 서적으로 『공자통기孔子通紀』·『이정수언二程粹言』 등과 함께 『이천격양집』이 언급되어 있다. 또한 1568년(선조 1) 간행 『고사촬요攷事撮要』에는 『이천집伊川集』이 청주에서 간행된 것이 확인된다. 이정은 1553~1554년에 청주 목사로 재직하며 『연평답문延平答問』 등의 서적을 간행한 바 있는데, 본서도 이 시기에 간행되었을 가능성이 있다. 같은 판본이 계명대, 고려대, 단국대 등에 소장되어 있는데, 완질본은 일본 국립공문서관에서만 확인된다. 본서의 저본은 현전본으로 봤을 때 적어도 대만 국가도서관 소장 남송본 계통으로 보인다. 남송본 계통은 원대를 거쳐 명초까지 판식의 세부적인 양식에는 차이가 있으나 글자배열은 동일하다. 다만, 남송본은 「후서」의 위치와 판심의 형태까지 조선본과 가장 유사하다.

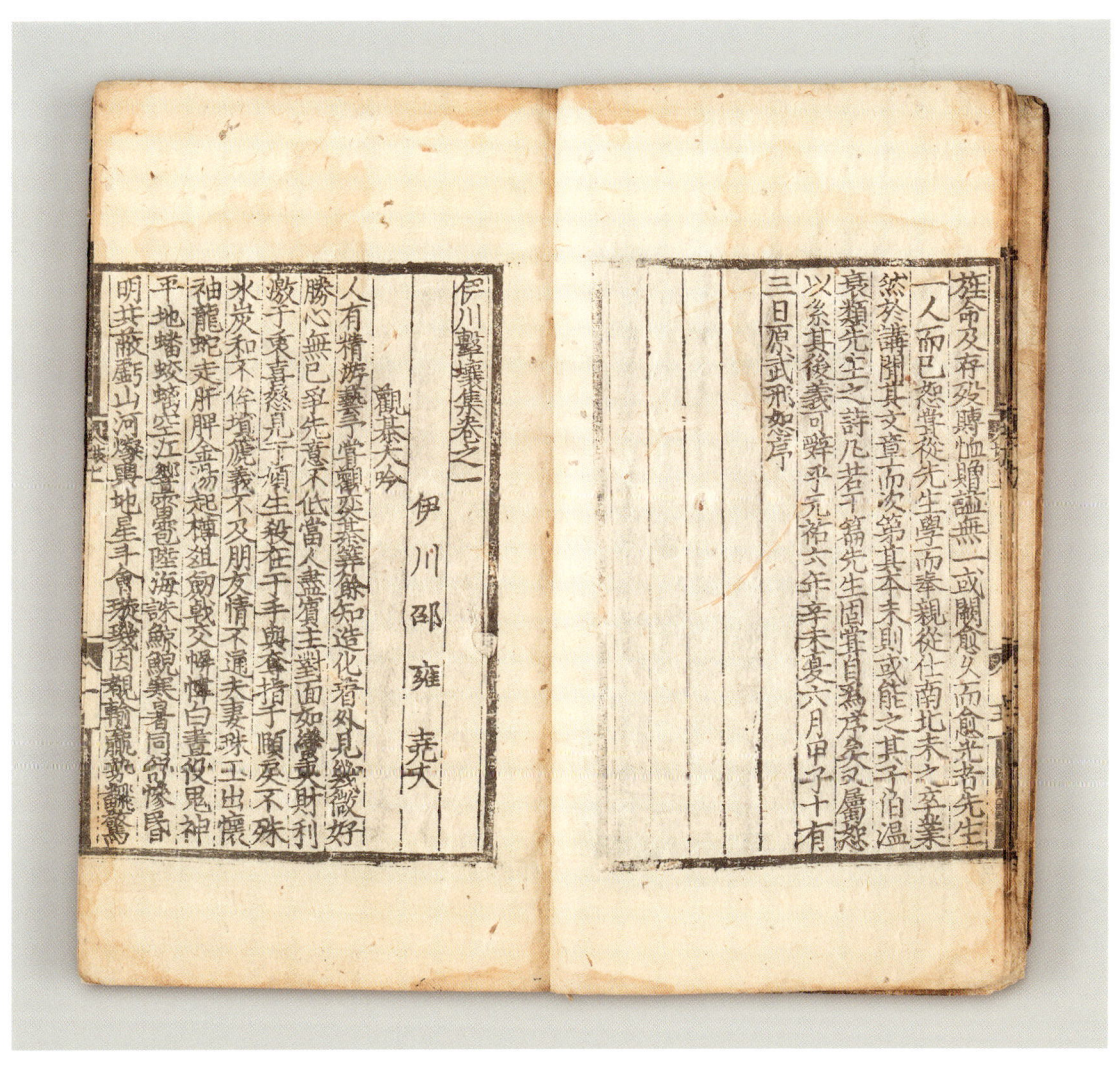

본서는 전체 20권, 외시外詩 1권 중 권17 이후가 결락되어 16권 3책으로 구성되어 있다. 동일 판본인 일본 국립공문서관 소장본과 함께 본서의 구성을 살펴보면, 제1책 권수에는 1066년(治平 3) 소옹이 작성한 「이천격양집서伊川擊壤集序」와 1091년 형서가 쓴 「강절선생이천격양집후서康節先生伊川擊壤集後序」가 수록되어 있다. 본문의 구성은 다음과 같다. 권1에는 「관기대음觀棊大吟」 등 13편, 권2에는 「추일음정주송원시관성부주정숙秋日飮鄭州宋園示管城簿周正叔」 등 44편, 권3에는 「하인치정賀人致政」 등 35편, 권4에는 「천진신거성사부윤왕군황상서天津新居成謝府尹王君貺尙書」 등 37편, 권5에는 「후원즉사삼수後園卽事三首」 등 46편, 권6에는 「대서기검주보안령주사언둔전代書寄劍州普安令周士彦屯田」 등 46편, 권7에는 「대서기호졸장도관代書寄濠倅張都官」 등 54편, 권8에는 「방남원장씨곤중인이류숙訪南園張氏昆仲因而留宿」 등 53편, 권9에는 「육십이음六十二吟」 등 93편, 권10에는 「연로봉춘십삼수年老逢春十三首」 등 55편이 수록되어 있다. 권11에는 「상이관화사우인上巳觀花思友人」 등 72편, 권12에는 「심이음心耳吟」 등 68편, 권13에는 「천진폐거몽제공공위성매작시이사天津弊居蒙諸公共爲成買作詩以謝」 등 77편, 권14에는 「우서偶書」 등 43편, 권15에는 「관역음觀易吟」 등 61편, 권16에는 「답인음答人吟」 등 76편, 권17에는 「인물음人物吟」 등 105편, 권18에는 「동지음冬至吟」 등 87편, 권19는 「불선음不善吟」 등 70편, 권20은 「수미음首尾吟」 등 3편이 수록되어 있다. 이후에는 「집외시集外詩」로, 14편의 시가 수록되어 있다.

본서는 이학의 기틀을 마련한 북송오자北宋五子 중 한 명인 소옹의 시문집이다. 이를 통해 소옹의 시인으로서의 면모를 살펴볼 수 있는데, 같은 시기 이학자 중 가장 많은 시를 남겼다. 작품에는 그의 철학 사상이 반영되어 있어 이학시理學詩로서의 성격이 드러나는데, 소강절체邵康節體라 불릴 만큼 후대 문인들의 철학 인식론과 문학 사상에 큰 영향을 주었다. 본서는 고려시대에 이미 우리나라에 전해졌으며, 조선 중기 이후 성리학의 발달과 더불어 더욱 활발히 수용되었다. 또한 본서는 남송본 계통의 번각본이라는 점, 조선 전기 지방출판문화를 엿볼 수 있다는 점에서 서지적으로도 가치가 높은 자료이다.  이유리

주제어
소옹邵雍, 소강절邵康節, 이정李楨, 청주목清州牧, 김부필金富弼

참고문헌
李楨, 『龜巖先生文集』 卷2 「附錄」
최형록 · 김창경, 「조선시대 邵雍 詩 수용 양상 연구」, 『동북아문화연구』40, 2014.

주문공교창려선생집
朱文公校昌黎先生集
Jumungong-gyo changryeo-seonsaengjip

貴 D03C-0155
─

| 서명 | 朱文公校昌黎先生集 |
| 저자 | 韓愈(唐) 著 ; 朱熹(宋) 校 |
| 판본 | 木版本(甲寅字飜刻) |
| 발행 | [朝鮮]: [刊寫者未詳], [16世紀]刊 |
| 형태 | 5卷1冊(缺帙): 四周雙邊, 半郭 25.5×17.4cm, 有界, 10行18字 小字雙行, 上下下向黑魚尾; 33.0×20.0cm |
| 주기 | 版心題: 昌文 |
| | 所藏: 卷15~19 |
| | 落張: 卷18 第14·15張 |
| | 印記: [遠夷□□], [屛山] |
| | 楮紙 |

당唐나라 한유韓愈(768~824)의 시문집인 『창려선생집昌黎先生集』에 남송南宋의 학자 주희朱熹(1130~1200)가 고이考異한 책이다. 본서는 조선 전기에 갑인자본甲寅字本을 번각한 목판본이다.

표제表題는 '창려선생문집昌黎先生文集', 권수제는 '주문공교창려선생집朱文公校昌黎先生集', 판심제는 '창문昌文'이다. 다른 판본들의 판심제는 대부분 '한문韓文'으로 표기한 반면, 본서는 '창문'으로 되어 있으며 서미書眉 곳곳에 '한문'이라고 기록한 필적이 보인다.

권수제는 '주문공교창려선생집朱文公校昌黎先生集', 표제表題는 '창려선생문집昌黎先生文集', 판심제는 '창려집昌黎集'이다. 만자문황색표지卍字紋黃色表紙에 오침안정법五針眼訂法으로 장황粧䌙하였다. 판식板式은 사주쌍변四周雙邊, 유계有界, 10행 18자, 상하하향흑어미上下下向黑魚尾이다. 별도의 간기가 없어서 정확한 간행연도를 파악하기 어렵지만, 판식 및 자형字形을 통해서 갑인자본의 번각본으로 추정해볼 수 있다.

표제表題 우측에 수록한 편목篇目을 묵서墨書하였다. 앞면지面紙에 해당 권의 목차를 묵서하였다. 본문 내용 중 권18의 제14~15장이 결락되어 있으며, 뒷표지 부분의 손상이 발견된다. 본서의 권수면에는 '[원이□□][遠夷□□]', '[병산][屛山]'으로 추정되는 장서인이 날인되어 있다.

저자인 한유韓愈는 당나라를 대표하는 문장가, 정치가, 사상가로, 당송 8대가唐宋八大家 중 한 명이다. 자字는 퇴지退之, 호는 창려昌黎이며 등주鄧州 하내군河內郡 남양南陽(지금의 하남성 맹주시) 출신이나, 자칭 창려昌黎(하북성河北省)라 하였다. 주요 저서로는 『한창려집韓昌黎集』 40권과 『외집外集』 10권이 있으며 문집 내에 『유문遺文』 1권이 수록되어 있다. 시호는 문공文公이다.

『주문공교한창려선생집』은 현재 1518년(중종 13)에 인출한 상하하향흑어미의 갑인자 인본과 중종 연간(1516~1544)에 병자자로 간행된 판본이 국립중앙도서관에 소장되어 있다. 상하내향3엽화문어미의 후기초주갑인자 인본도 존재한다. 활자본 중 현재 전국 도서관에 소장된 판본 가운데 가장 많은 수를 차지하는 것은 1610년(광해군 2)에 간행된 경오자체庚午字體 훈련도감자본이다.

본서는 『주문공교창려선생집朱文公校昌黎先生集』의 원집 40권, 외집 10권, 유문 1권, 「주자교창려선생집전朱子校昌黎先生集傳」 1권 중 권15~19에 해당하는 부분으로 전체적인 내용을 살필 수 없다. 1610년에 간행된 훈련도감자 민긴본 『주문공창려선생집』은 총 16책 40권이 완질로 국립중앙도서관에 남아 있다. 이 책은 본 해제서와 내용과 구성 체제가 모두 같으므로, 이를 통해 본 해제서의 완전한 내용과 체제를 살펴봄이 타당하다. 본서는 권15~19까지만 수록된 낙질落帙임을 알 수 있었다. 권수에는 권별 전체 목록이 있었으리라 추정되지만, 본서는 별도의 목록 없이 권15부터 시작한다. 다만 권15~17의 목록과 권18의 목록 일부를 필사해 놓았는데, 누구의 필적인지는 알 수 없으나 본서 권15의 「상이상서서上李尙書書」 후반부와 「상병부이시랑서上兵部李侍郎書」 전문을 필사한 부전지附箋紙의 필적이 유사한 바, 동일인일 가능성이 있다.

본서의 구성은 다음과 같다.

# 朱文公校昌黎先生集卷之十五

朱子考異

## 書

### 與孟東野書〔孟郊字東野〕

與足下別久矣以吾心之思足下知足下懸懸
於吾也各以事牽不可合并其於人人非足下之為見
而日與之處者足下知吾心樂否也吾言之而聽者誰歟
事牽不可合并共於入入非足下之
知吾心樂否也吾言之而聽者誰歟
足下迅陵使人如吾心如吾心則吾言
與足下別又久以吾心之思足下知足下懸懸

| 권 | | 편제 및 목록 |
|---|---|---|
| 15 | 書(7) | 與孟東野書, 答竇秀才書, 上李尚書書, 上兵部李侍郎書, 答尉遲生書, 答楊子書, 至鄧州北寄上襄陽于頔相公書 |
| | 啓(2) | 爲分司郎官上鄭尚書相公啓, 爲河南令上留守鄭相公啓 |
| 16 | 書(10) | (十)上宰相書, 後十九日復上書, 後二十九日復上書, 答侯繼書, 答崔立之書, 答李翊書, 重答翊書, 代張籍與李浙東書, 答李秀才書, 答陳生書, (二十)與李翺書 |
| 17 | 書(9) | 上張僕射書, 答胡生書, 與于襄陽書, 與陳給事書, 答馮宿書, 與衛中行書, 上張僕射第二書, 與馮宿論文書, (三十)與祠部陸員外書 |
| 18 | 書(10) | 與鳳翔邢尚書書, 爲人求薦書, 應科目時與人書, 答劉正夫書, 答殷侍御書, 答陳商書, 與孟尚書書, (제14·15장 落張, 答呂醫山人書 추정), 答渝州李使君書, (四十)元稹與史官韓郎中書, 答元侍御書 |
| 19 | 書(7) | 與鄭相公書, 與袁相公書, 與鄂州柳中丞, 又一首[與鄂州柳中丞], 答魏博田僕射書, 與華州李尚書書, 京尹不臺參答友人書 |
| | 序(10) | 送陸歙州詩序, (五十)送孟東野序, 送許郢州序, 送竇從事序, 上巳日燕太學聽彈琴詩序, 送齊皞下第序, 送陳密序, 送李愿歸盤谷序, 送牛堪序 |

권15는 서書와 계啓, 권16~18은 서書, 권19는 서書와 서序로 이루어져 있으며 총 55편이 수록되었다. 편차된 작품 제목 상단에 10편 단위로 '십十'·'이십二十'·'삼십三十'·'사십四十'·'오십五十'이라는 일련번호를 부기해 놓았다. 국립중앙도서관본과 서울대학교 규장각본 등 타판본과 비교 검토한 결과 권15 「상이상서서」와 「상병부이시랑서」 사이에 있어야 할 「하서주장복사백토장賀徐州張僕射白兎狀」은 본서 권15에서 결락되어 있다. 권16의 이어지는 일련번호를 감안하면, 애초에 해당 작품이 편차·수록되지 않았을 가능성이 있다. 아울러 낙장인 본서 권18 제14·15장은 「답여의산인서答呂醫山人書」로 추정되며, 본 작품까지 합산하면 이어지는 일련번호와 합치되므로, 본서에는 본래 총56편이 수록되어 있었다고 보아도 무방하다. 이는 해당 권수에 편차된 작품이 총57편인 기존 통행본과 차이를 보이는 지점이다. 1227년(寶慶 3) 왕백대王伯大가 『주문공교창려선생집』을 간행하면서 주희의 『한문고이韓文考異』에서 별도로 주를 취하여 각 구 아래에 붙였는데, 본문 배치 방식은 주희의 교정을 앞에 달고, 그 아래에 제가의 주요 주석들을 '부주附註'로 달아 놓은 위의 방식을 따랐다. 그러나 조선 판본만의 산취刪取 방식으로 주석을 가감加減한 부분들 또한 있으므로 면밀한 대조가 필요하다.

월정月汀 윤근수尹根壽와 간이簡易 최립崔岦은 당시 지식인의 글쓰기 전범을 수립한다는 문장가의 관점으로 한유 문장을 현토하고 풀이, 토론하여 「한문토석韓文吐釋」을 저작한바, '한문'에 대한 당대 지식인의 지대한 관심과 학습의 한 단면을 엿볼 수 있다. 「한문토석」의 대상이 된 작품은 대부분 『주문공교창려선생집』에서 취한 것이며, 본서 권15~19의 작품들이 다수 포함되어 있다.

본서는 여러 차례 간행된 정황이 파악되는 『주문공교창려선생집』 중 그 전본이 희귀한 갑인자 번각본의 일부로, 이 책의 유통 상황을 짐작할 수 있는 지표가 되는 책이다. 세종의 경서 간행과 보급의 일단, 주자학이 어떠한 방식으로 조선에 토착하게 되었는지 파악할 수 있는 단서가 된다. 또한 한유의 문장에 대한 주자의 예리한 포폄襃貶은 '글쓰기 전범'으로서의 가치를 넘어, 그의 문장을 중심으로 시대적 사상의 낙차를 살펴볼 수 있는 유의미한 자료이다. 김영죽

주제어
한유韓愈, 이한李漢, 주희朱熹, 한문고이韓文考異, 주자고이朱子考異

서명　朱子大全續集　　　　　　　　　　　　　　　집부
저자　朱熹(宋) 著 ; [柳希春(朝鮮)] 校　　　　　　　集部
판본　金屬活字本(乙亥字混入補字)　　　　　　　　39
발행　[漢城] : [校書館], [宣祖8(1575)]印
형태　1卷1冊(缺帙) : 四周雙邊, 半郭 24.0×16.8cm, 有界, 10行18字 小字雙行, 上下內向
　　　三葉花紋魚尾 ; 31.7×21.0cm
주기　所藏 : 朱子大全續集 卷2(1冊)
　　　著者事項 推定 : 『宣祖實錄』6年(1573) 3月23日 ‘大司憲柳希春辭免 啓日…且臣以校
　　　書提調 方校朱子大全·語類 若當繁劇之任 哀耗精力 誠恐於兩處 俱不逮’
　　　發行事項 推定 : 『宣祖實錄』8年(1575) 3月7日 ‘上問于校書館… 館對日 朱子語類大
　　　全及天文等書 卷數甚多 故通鑑件數 時未入啓’
　　　人名·句節標示(靑色籤紙), 校勘註(書眉 活印·墨書), 批點·括弧(朱書)
　　　楮紙(이음종이)

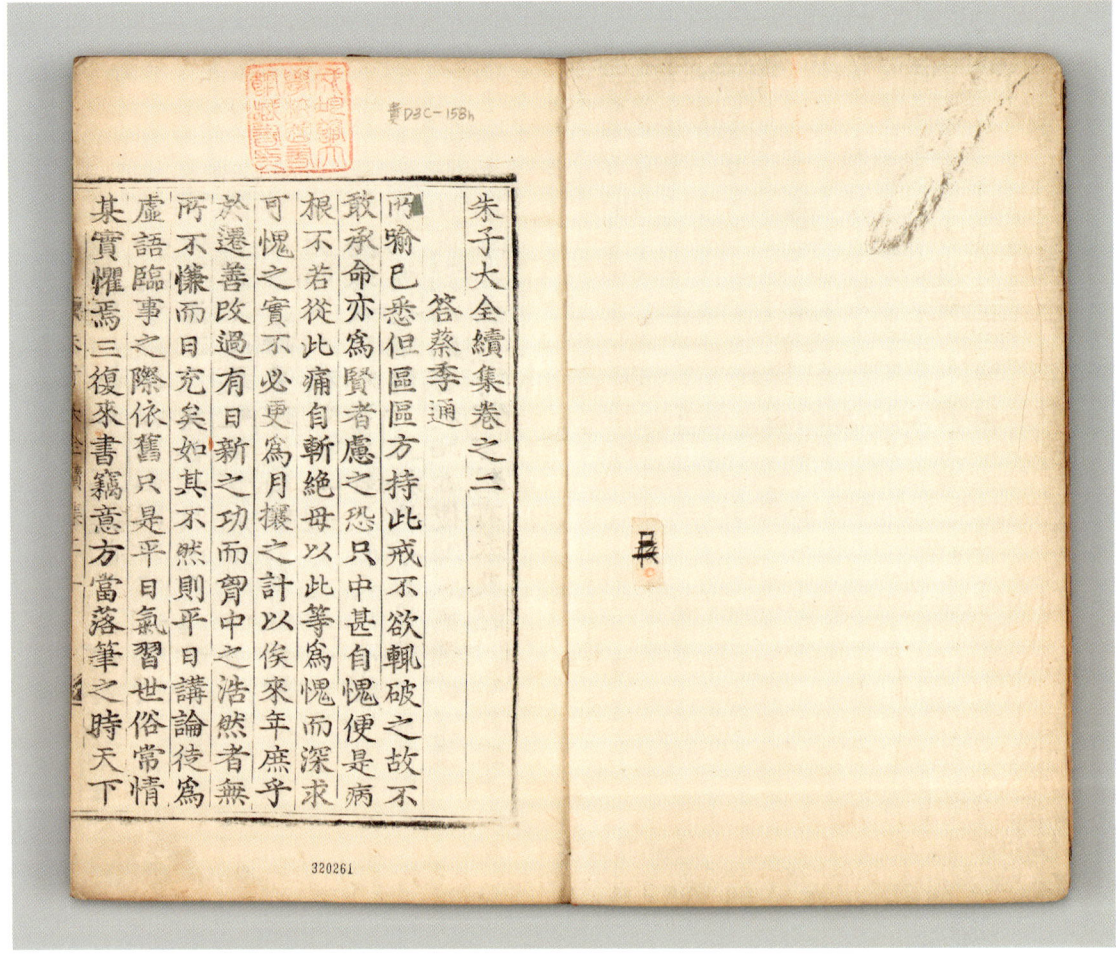

남송南宋의 학자 주희朱熹(1130~1200)의 문집 『주자대전朱子大全』 중 속집續集 권2에 해당하는 1책으로, 을해자乙亥字로 간행한 책이다.

권수제 및 판심제는 ‘주자대전속집朱子大全續集’, 표제表題는 ‘주자대전朱子大全’이며 표제 하단에는 ‘속집續集’과 권차卷次 ‘이지사二之四’가 작게 묵서墨書되어 있다. 그러나 본서에는 권2만 수록되어 있고, 권3·4는 수록되어 있지 않다. 서뇌書腦 하단에는 총책수總冊數가 ‘공백共百’으로 적혀 있다. 앞면지面紙에는 작은 첨지籤紙에 ‘□교□校’라는 기록과 주묵朱墨으로 표시한 원점圓點이 표시되어 있다.

판식은 사주쌍변四周雙邊, 유계有界, 10행 18자, 상하내향3엽화문어미이다. 『선조실록宣祖實錄』 8년(1575) 3월7일조에 선조가 『자치통감資治通鑑』 인출 상황을 교서관校書館에게 묻는 내용이 나온다. 이에 대하여 교서관에서 대답하기를, 『주자어류』·『주자대전』 및 천문서 등의 권질수가 매우 많아서 『자치통감』 인출 건수를 아직 입계하지 못했습니다[朱子語類·大全及天文等書 卷數甚多 故通鑑件數 時未入啓]'라고 대답하였다. 1574년 (선조 7)에는 유희춘柳希春이 『주자대전』을 교정하고 있다는 기록도 있다. 이 당시 간행하고 있던 『주자대전』이 바로 본서였음을 알 수 있다.

본서는 이음종이를 사용하여 인출하였으며, 주묵으로 교정사항을 표시하였다. 인명이나 구절 말미에 연청색 첨지籤紙를 붙여 표시하고 있다. 국립중앙도서관 소장 『주자대전속집』(古貴3747-254) 권3과 『주자대전』(승계 貴3747-222) 권55 등이 본서와 한 질을 이루는 것으로 판단된다. 국립중앙도서관 소장본은 본서와 마찬가지로 을해자본이고 판식이 같으며, 이음종이를 사용하여 인출하였다. 또한 동일한 주묵을 사용하여 교정 표시를 하였고, 인명이나 구절 말미에 연청색 첨지로 표시를 한 것도 동일하다.

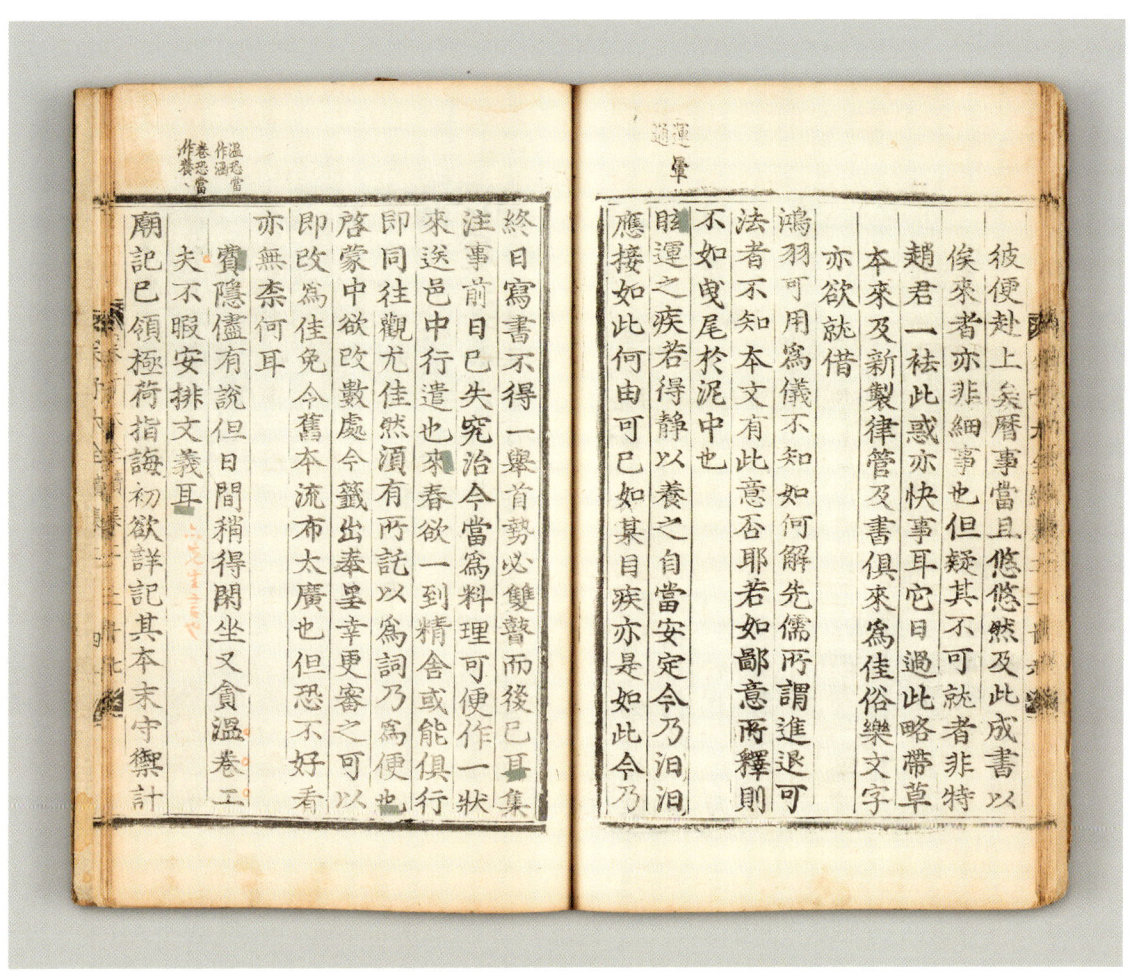

『주자대전』은 주희의 셋째 아들 주재朱在가 수집한 부친의 시문을 1239년(嘉熙 3)에 제자 왕야王埜가 총 100권으로 간행한 것이다. 이후 추가로 시문을 수집하여 1245년(淳祐 5)에 왕수王遂가 속집續集 11권을, 1265년 (咸淳 1)에 여사로呂師魯가 별집別集 10권을 추각하여 총 121권으로 완성되었다.

저자인 주희는 복건성福建省 남검주南劍州 우계현尤溪縣에서 주송朱松의 아들로 태어났다. 자字는 원회元晦 또는 중회仲晦이고, 호는 회암晦菴, 자양紫陽, 고정考亭, 운곡노인雲谷老人, 창주병수滄洲病叟이다. 북송北宋 정호程顥·정이程頤의 학통을 계승한 연평延平 이동李侗을 사사師事하였다. 평생 여러 관직을 지내면서 40대 후반에 백록동서원白鹿洞書院에서 인재를 기르고 60대 중반에 고정서원考亭書院에서 후학을 양성하며 문학과 사상 측면에서 방대한 저술을 남겼다.

『주자대전』에 수록된 내용을 살펴보면, 정집正集 권1은 사詞·부賦·금조琴操·시詩, 권2~10은 시詩, 권11~12는 봉사封事, 권13~14는 주차奏箚, 권15는 강의講義·의장議狀·차자箚子, 권16~19는 주장奏狀, 권20~21은 신청申請, 권22~23은 사면辭免, 권26~64는 서書, 권65~74는 잡저雜著, 권75~76은 서序, 권77~80은 기記, 권81~84는 발跋, 권85는 명銘·잠箴·찬贊·표表·소疏·계啓·혼서婚書·상량문上梁文, 권86은 축문祝文, 권87은 제문祭文, 권88~89는 비碑, 권90은 묘표墓表, 권91~94는 묘지명墓誌銘, 권95~98은 행장行狀, 권99~100은 공이公移이다. 속집續集 권1~11은 서書이고, 별집別集 권1~6은 서書, 권7은 시詩·기記·축문祝文·제문祭文·제발題跋, 권8은 잡저雜著·진청陳請·계啓, 권9~10은 공이公移이다.

『주자대전』은 조선시대에 네 차례 간행되었다. 첫 번째는 1543년(중종 38) 김안국金安國이 중국에서 수입한 목판본을 저본으로 하여 교서관에서 을해자乙亥字로 간행한 활자본으로, 간행 직후부터 오자誤字 문제가 제기되었다. 그 후 유희춘柳希春이 중국본 이본異本들을 수집하여 비교하고 스승인 이황李滉의 견해를 반영하여 각종 오류를 바로잡은 다음, 1575년(선조 8)에 교서관에서 을해자로 다시 간행한 것이 두 번째 판본이다. 유희춘은 『주자대전』과 『주자어류』를 동시에 간행하면서 「주자문집어류교정범례朱子文集語類校正凡例」를 통해 교정의 기본 원칙을 정하고 이에 따라 정밀한 교정을 시행하였다. 이렇게 하여 간행된 유희춘본 『주자대전』은 김안국본 『주자대전』에 나타난 조판상의 단순 오자 이외의 『주자대전』 원문의 오자에 대해서는 본문에서 바로 고치지 않고 광곽 상단에 두주頭註의 형태로 교감주校勘註를 달아 놓았다. 이 유희춘본은 1573년(선조 6) 2월에 교정과 인역이 시작되어 1575년 6월에 총 105부를 최종 인출하였고 7월에 신하들에게 하사되었다.

세 번째로 간행된 판본은 1635년(인조 13)에 원두표元斗杓가 전라도에서 목판으로 간행하였다. 김안국본과 유희춘본의 잔본을 수집하여 1부의 완질을 만든 다음 이를 판하본板下本으로 삼아 번각飜刻하였다. 네 번째로 간행된 판본은 1771년(영조 47)에 홍계희洪啓禧가 『주자대전』을 대교하고 유집遺集 2권과 부록附錄 12권을 증보한 것을 전라감영에서 간행한 목판본이다.

본서는 상기 4종의 판본 가운데 유희춘의 정밀한 교감을 거쳐 1575년(선조 8)에 교서관에서 을해자로 간행한 『주자대전』의 일부이다. 이 유희춘본은 간행 당시 105부로 소량만 인쇄하였다. 그 가운데 국립중앙도서관과 고려대학교 도서관 등 몇몇 도서관에 전해지고 있다. 유희춘 내사본內賜本과 소수서원紹修書院 내사본이 현재 일본의 천리대天理大 도서관과 용문문고龍門文庫 등에 전해지고 있는데, 국내외 전존본 모두 완질이 아닌 잔본의 상태이다. 또한 본서의 특징은 유희춘본에 장현광張顯光 혹은 장현광과 가까운 사람이 교감한 문헌이라는 데 있다. 본서의 서미書眉에 교감주校勘註가 묵서되어 있고, 주권朱圈과 주비朱批를 쳐놓은 경우도 있다. 이러한 표지들은 유희춘본을 토대로 다시 인쇄하기 위한 교감검토본이었으리라 추정된다. 주묵을 가한 사람은 면지面紙에 수결을 부전지로 붙여 놓은 어떤 사람일 것이다. 이 사람을 장현광 또는 장현광과 가까운 사람으로 추정한 이유는 국립중앙도서관에 소장된 『주자대전』(卷55)(승계貴3747-222)의 교감자가 장현광인데, 이 책이 본서와 동일한 판본에 동일한 주묵을 썼고, 유희춘의 교감주 외에 나타난 교감주를 기록한 필치가 비슷하기 때문이다.

본서는 유희춘 교감본 『주자대전』 속집 권2 잔본 1책으로, 추가적인 교감을 가한 흔적이 남아 있는 특수한 자료라는 점에서 귀중한 가치를 지니고 있다. 김종민

주제어
주희朱熹, 주자대전朱子大全, 김안국金安國, 유희춘柳希春, 홍계희洪啓禧

참고문헌
朱熹, 曾抗美·徐德明 校點, 『朱子全書』 第25册, 上海古籍出版社·安徽教育出版社, 2002.
최채기, 「한국에서의 朱子文集 수용방식」, 『서지학연구』60, 한국서지학회, 2014.
최경훈, 「朝鮮時代 『朱子大全』의 刊行에 관한 考察」, 『서지학연구』76, 한국서지학회, 2018.

집부　　수계선생평점간재시집
集部　　須溪先生評點簡齋詩集
40　　　Sugyae-seonsaeng pyeongjeom ganjae sijip

貴 D03C-0211

서명　　須溪先生評點簡齋詩集
저자　　陳與義(宋) 著; 劉辰翁(宋) 評點
판본　　木版本(甲寅字飜刻)
발행　　[全羅道 茂長]: [茂長縣], [中宗39(1544)]刊
형태　　4卷1册(全15卷): 四周單邊, 半郭 23.5×14.5 cm, 有界, 8行16字 小字雙行, 大黑口, 上下內向黑魚尾; 29.5×17.5 cm
주기　　版心題: 簡齋
　　　　發行事項 推定: 『淸芬室書目』卷4「須溪先生評點簡齋詩集」條
　　　　所藏: 卷11-14
　　　　板式: 批點(圓圈, 半圓點), 陰刻字(增註, 自註 等), 刻手名(上版口 陰刻 '文' 等)
　　　　楮紙

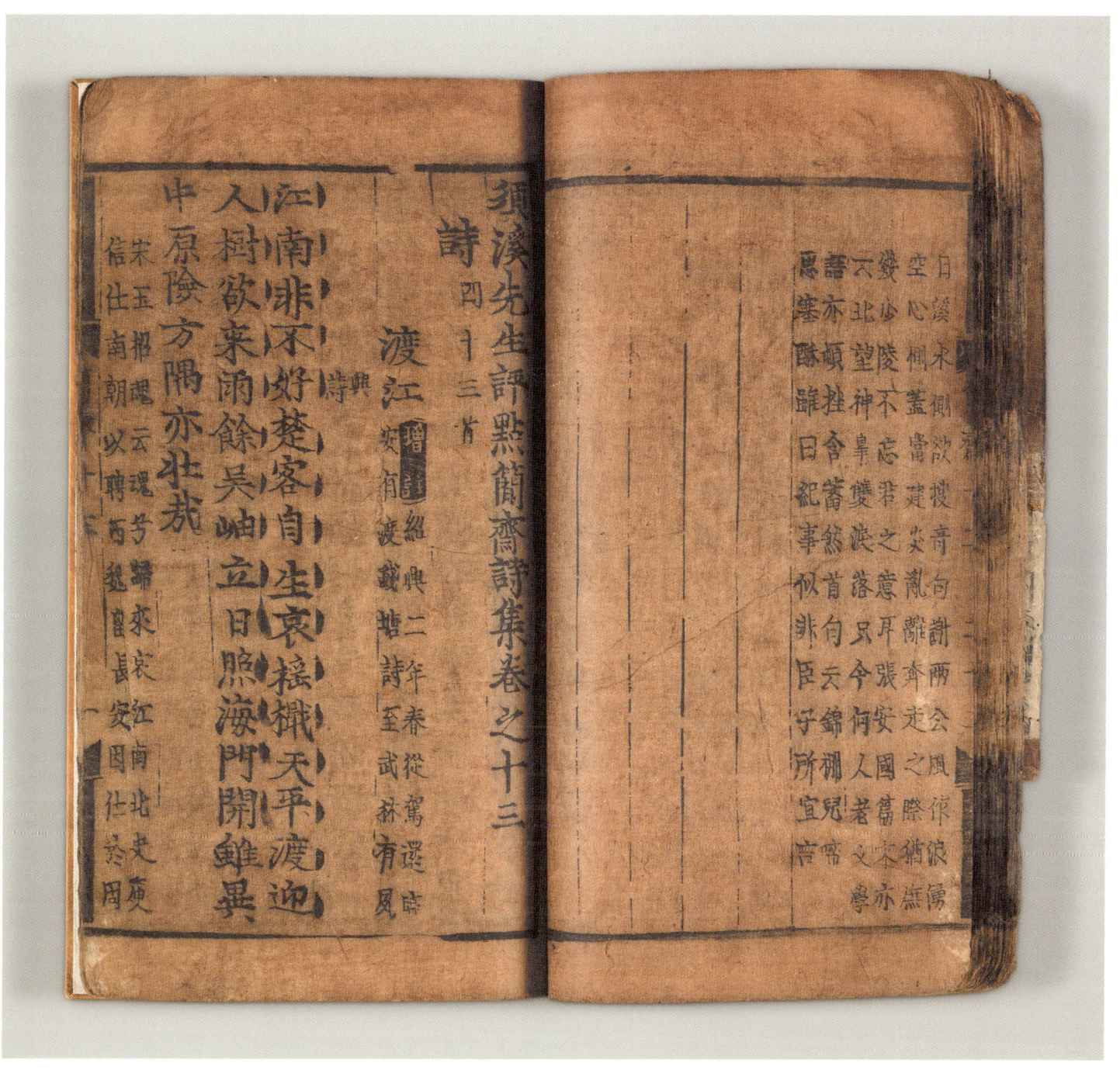

북송대北宋代 시인 진여의陳與義(1090~1139)의 시에 대해 송원교체기의 시인 유진옹劉辰翁(1234~1297)이 평점評點을 더한 책이다. 동일 판본에 남아 있는 발문을 통해 1544년(중종 39)경 전라도 무장茂長에서 간행되었음을 알 수 있다.

표제 및 권수제는 '수계선생평점간재시집須溪先生評點簡齋詩集'이고, 판심제는 '간재簡齋'이다. 붉은 책사冊絲에 오침안정법五針眼訂法으로 장황粧䌙하였다. 판식은 사주단변四周單邊, 유계有界, 8행 6자, 대흑구大黑口, 상하내향흑어미上下內向黑魚尾로 갑인자 번각본이다. 본문에는 평점評點이 새겨져 있고, 어미와 흑구에는 '문文' 등의 각수명이 확인된다.

저자인 진여의의 자는 거비去非, 호는 간재簡齋이며 낙양洛陽 출신이다. 개봉부판관開封府判官 등을 지낸 진희량陳希亮의 증손이기도 하다. 그는 24세에 급제하여 개덕부교수開德府教授에 임명되었다. 금나라에 의해 개봉이 함락되어 임안臨安으로 남도한 후 병부원외랑兵部員外郎을 지냈다. 중서사인中書舍人, 한림학사翰林學士, 참지정사參知政事 등의 관직을 역임하였다. 1138년(紹興 8)에 병으로 사직하고 같은 해 11월에 사망하였다. 그는 황정견黃庭堅, 진사도陳師道와 함께 강서시파江西詩派의 삼종三宗 중 하나로, 근체시뿐만 아니라 사詞에도 뛰어났다.

편찬자인 유진옹의 자는 회맹會孟, 호는 수계須溪, 길주吉州의 여릉盧陵(지금의 강서성江西省 길안시吉安市) 출신이다. 1262년(景定 3)에 진사가 되었으나, 부모의 간병을 이유로 염계서원濂溪書院의 산장山長을 자청하였다. 이후 강만리江萬里, 진의중陳宜中 등이 태학박사太學博士에 추천하였으나 모두 사양하였으며, 송나라가 멸망하자 은거하였다. 그는 특히 사詞에 능했으며, 주로 망국의 아픔을 노래하였다. 또한 이전 문인들의 작품을 비평하였는데, 『수계선생평점간재시집』과 더불어 『수계선생비점두공부칠언율시須溪先生批點杜工部七言律詩』·『수계선생비점맹호연집須溪先生批點孟浩然集』·『수계선생교본위소주집須溪先生校本韋蘇州集』 등은 조선에서 간행되기도 하였다.

진여의의 문집은 이미 남송대에 편찬되었는데, 문인인 주규周葵가 편찬한 16권본과 호치胡穉가 편찬한 『증광전주간재시집增廣箋注簡齋詩集』30권본 등이 있다. 유진옹 평점본은 늦어도 1342년(至正 2)에는 간행되었으며, 원대에 적어도 한 차례 더 판각되었음을 상해도서관 및 일본 세이카도문고[靜嘉堂文庫] 소장 현전본을 통해 알 수 있다. 유진옹 평점본은 시체詩體 구분 없이 작품의 연대순으로 수록되어 있는데, 이는 이전에 편찬된 진여의의 문집이 시체별로 구분되어 있는 것과 뚜렷한 차이점이라 할 수 있다.

본서는 전체 15권 중 권11~15까지만 남아 있는 결질본이다. 또한 권14의 제1~2장, 권15는 제3~11장만 남아 있으며, 권15의 제9장이 제3장 앞에 있어 착란된 부분이 있다. 본서의 전체 구성을 살펴보면, 권1 「부賦」에는 '각심화산수부覺心畫山水賦' 등 3수가 수록되어 있다. 권2~13은 「시詩」로, 권2에는 '차운사문기견기次韻謝文驥見寄' 등 19수, 권3에는 '송장중종귀민중送張仲宗歸閩中' 등 40수, 권4에는 '갈공부사화엄경葛工部寫華嚴經' 등 36수, 권5에는 '귀낙도중歸洛道中' 등 61수, 권6에는 '장부진류기심노將赴陳留寄心老' 등 31수, 권7에는 '발상수도중發商水道中' 등 48수, 권8에는 '부입등서사復入鄧書事' 등 44수, 권9에는 '문왕도제함적聞王道濟陷賊' 등 45수, 권10에는 '차사주윤찬견증次謝周尹瓚見贈' 등 44수, 권11에는 '원일元日' 등 51수, 권12에는 '배조拜詔' 등 49수, 권13에는 '도강渡江' 등 42수가 수록되어 있다. 권14「명찬銘贊」에는 '이왕강묘위향백공생조以王剛卯爲向伯共生朝' 등 3편, 권15는「무주사無住詞」에는 '법가도인法駕導引' 등 16편이 수록되어 있다.

조선에서는 17세기까지 적어도 일곱 차례 간행된 사실을 현전본을 통해 알 수 있다. 가장 이른 간본은 15세기에 간행된 것으로 보이는 갑진자본甲辰字本으로, 국립중앙도서관(古貴3717-207) 등에 소장되어 있다. 이후에 갑인자로 재간행하였고 존경각본은 이를 번각한 목판본으로 1544년 무장현에서 간행되었다. 그리고 17세기 초에는 훈련도감자본으로도 간행되었다.

본서와 같은 판본으로는 일본 호사문고[蓬左文庫] 및 세이카도문고[靜嘉堂文庫], UC버클리 동아시아도서관 소장본 등이 있으며 모두 완질본이다. 권15 말미에는 간행제원刊行諸員과 1544년에 작성된 유희춘柳希春의 발문이 있다. 간행제원에는 출판에 참여한 전라도관찰사 송인수宋麟壽를 비롯한 관원과 각수의 명단이 나타나 있다. 유희춘 발문에 따르면 『수계선생평점간재시집』이 당시까지는 널리 유통되지 않았는데, 송인수가 전라도 관찰사로 부임하여 간행하게 되었다. 그러나 도중에 간행을 담당하던 무장현의 수령이 임기가 끝나 교체되었고, 이어 후임으로 부임해 온 유희춘이 이어서 진행하여 5월에 완료되었다고 한다. 참여자 명단에 기재된 각수명을 통해 본서 간행에 승려들이 다수 참가하였음을 알 수 있는데, 흑구에 다양한 각수명이 확인된다.

본서는 강서시파의 대표적인 시인 중 하나인 진여의의 시와 더불어, 이에 대한 유진옹의 비평도 살펴볼 수 있다. 또한 유진옹 평점본은 조선과 일본에서도 간행되어 동아시아에서 가장 널리 유통된 진여의의 시집이라 할 수 있다. 조선 전기에는 중앙에서 갑진자와 갑인자로 두 차례 간행할 만큼 중시되었다. 권근權近과 서거정徐居正, 황현黃玹 등 조선 초기부터 조선 말기까지 문인들의 시에 유진옹 평점본이 언급되어 있어, 지속적으로 문인들에게 수용되었음을 알 수 있다. 또한 일본의 1648년(慶安 1) 간행본은 조선본을 저본으로 하고 있으며, 세이카도문고 소장본에는 주지번朱之蕃을 비롯한 17세기 중국 문인의 장서인이 다수 날인되어 있어, 서적교류사적으로도 가치가 크다. 이유리

주제어
진여의陳與義, 유진옹劉辰翁, 간재시집簡齋詩集

# 진사왕집
## 陳思王集
Jinsawangjip

| | |
|---|---|
| 서명 | 陳思王集 |
| 저자 | 曹植(魏) 撰；李廷相(明) 編次, 田瀾(明) 校正, 郭濂・蔡芝・陸溥(明) 同校 |
| 판본 | 金屬活字本(甲寅字) |
| 발행 | [漢城]: [鑄字所], [中宗25(1530)−明宗22(1567)]刊 |
| 형태 | 5卷1册(全 8卷2册)：四周雙邊, 半郭 23.0×16.0cm, 有界, 9行15字, 大黑口, 上下內向三葉花紋魚尾；30.0×19.3cm |
| 주기 | 版心題: 曹集<br>所藏: 卷1-5<br>陳思王集序: 正德五年(1510)八月初五日 海山居士長安田瀾汝觀識<br>印記: [中□], [□□](鐘鼎形)<br>楮紙 |

집부
集部
41

중국 삼국시대 위魏나라 조식曹植(192~232)의 문집이다. 본서는 갑인자甲寅字를 사용하여 인출하였으며 간행 시기는 1530년(중종 25)에서 1567년(명종 22) 사이로 추정된다. 전체 8권 2책 중 권1~5까지가 수록된 결질본이다.

표제와 권수제는 모두 '진사왕집陳思王集'이며 판심제는 '조집曹集'이다. 표제 하단에는 책차册次가 '상上'으로 묵서墨書되어 있다. 판식은 사주쌍변四周雙邊, 유계有界, 9행 15자, 대흑구大黑口, 상하내향 3엽화문어미이다. 권수에 1510년(중종 5) 8월 5일에 전란田瀾이 쓴 서문序文과 목록目錄이 수록되어 있으며, 제1권의 권수제 다음 행에는 '위魏 진사왕陳思王 조식曹植 자건子建 찬撰', '복양濮陽 이정상李廷相 편차編次', '장안長安 전란田瀾 교정校正', '제양濟陽 곽렴郭濂', '곤산崑山 채지蔡芝', '전당錢唐 육부陸溥 동교同校' 등 본서를 편찬하는 데 참여한 사람들의 출신지, 성명, 직임 등을 기록하였다.

서문 제1면에 '중□□□中□□□', '□□'의 장서인藏書印 2개가 날인되어 있으나 물 등의 액체로 도말塗抹하여 판독이 어렵다.

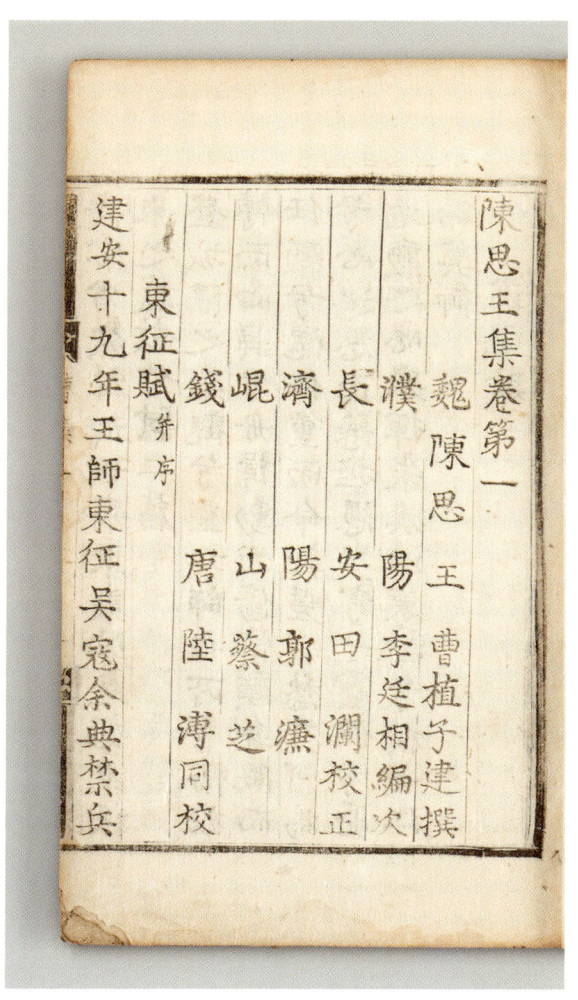

저자인 조식의 자는 자건子建이고 패국沛國 초현譙縣(지금의 안휘성安徽省 박주시亳州市) 사람이다. 조조曹操의 셋째 아들로 잘 알려져 있다. 생전에 진왕陳王으로 불렸고, 사후에는 시호인 '사思'를 붙여 진사왕陳思王이라 하였다. 건안建安 시기 활약했던 뛰어난 문인이자 예술가로서, 조조ㆍ조비曹丕와 함께 삼조三曹라 일컬어졌다. 한나라 악부 오언시五言詩의 발전에 큰 공헌을 하였으며, 특히 사부辭賦 문학에서 이룬 성과는 상당히 주목할 만하다. 『진사왕집』에 실린 「등대부登臺賦」ㆍ「낙신부洛神賦」ㆍ「귀사부歸思賦」 외 다수의 작품들은 그의 문재와 화려한 수사, 서정성을 가감 없이 발휘한 역작으로, 작품마다 독립 연구의 가치를 지니고 있다. 그의 문재文才와 호학好學한 기질을 조조가 몹시 총애하여 태자로 삼고자 했으나, 조비와의 정쟁으로 핍박을 받았고 결국 병으로 세상을 떠났다.

『진사왕집』의 편찬 과정은 권수에 수록된 전란의 서문을 통해 알 수 있다. 1510년(正德 5)에 전란과 곽렴, 채지, 육부가 함께 교정했다는 사실과 더불어 책의 구성 내력이 상세하게 전개되어 있어 참고할 만하다. 서문에 의하면 『진사왕집』의 시작은 항주杭州 포의였던 서정舒貞이 송본宋本 및 활자본을 근거로 새롭게 판본을 만들고자 하였으나 여의치 않자, 본서에 편차를 한 이정상이 자신이 소장했던 낙질의 필사본과 대조하여 전란 등과 교정하였다. 이것이 일명 서정본舒貞本이며 총10권으로 중국국가도서관中國國家圖書館에 소장되어 있다. 그러나 존경각 소장본은 10권이라는 서문의 내용과 달리 총 8권으로 구성되어 있어 추후 면밀한 검토가 요구된다.

권수에 수록된 목록은 문체별로 구성했는데 권1~4는 부賦, 권5는 찬贊ㆍ명銘, 권6은 장章ㆍ표表, 권7은 문文ㆍ서序ㆍ서書ㆍ뢰誄ㆍ애사哀辭, 권8은 악부樂府이다.

그 가운데 권1~5에 해당하는 본서의 상세 목록은 다음과 같다.

| 권 | 내용 |
|---|---|
| 1 | 征賦, 遊觀賦, 懷親賦, 玄暢賦, 幽思賦, 節遊賦, 感節賦, 離思賦, 釋思賦, 臨觀賦 |
| 2 | 潛志賦, 閑居賦, 慰子賦, 叙愁賦, 愁思賦, 九愁賦, 娛賓賦, 愍志賦, 歸思賦, 靜思賦 |
| 3 | 感婚賦, 出婦賦, 洛神賦, 愁霽賦, 喜霽賦, 登臺賦, 九華扇賦, 寶刀賦, 車渠椀賦, 迷迭香賦, 大暑賦 |
| 4 | 神龜賦, 白鶴賦, 蟬賦, 鸚鵡賦, 鷂賦, 離繳鴈賦, 鷰雀賦, 蝙蝠賦, 芙蓉賦, 酒賦, 槐賦, 植橘賦 |
| 5 | 皇子生頌, 玄俗頌, 母儀頌, 孔子廟頌, 學官頌, 社頌, 宜男花頌, 冬至獻襪頌, 庖犧贊, 女媧贊, 神農贊, 黃帝贊, 少昊贊, 顓項贊, 帝嚳贊, 帝堯博, 帝舜贊, 夏禹贊, 殷湯贊, 湯禱桑林贊, 周文王贊, 周武王贊, 周成王贊, 周公贊, 漢高帝贊, 漢文帝贊, 漢武帝贊, 漢景帝贊, 姜嫄簡狄贊, 禹妻贊, 班婕妤贊, 吹雲贊, 赤雀賦贊, 巢父贊, 務光贊, 商山四皓贊, 三鼎贊, 承露盤銘, 寶刀銘 |

권1~4는 총 43편의 부, 권5에는 송 9편, 찬 29편, 명銘 2편이 수록되어 있어, 본서에는 조식의 부賦와 찬贊이 대다수이며 시가詩歌는 실려 있지 않다. 특히 부의 경우 『조자건집曹子建集』에 수록된 44편의 부 가운데 43편을 선록選錄하여 그의 부문학에 대한 가치를 고평했음을 짐작할 수 있다. 그의 부는 크게 기행과 유람遊覽, 영물詠物, 인정人情으로 유형화할 수 있다. 「등태부登台賦」ㆍ「오빈부娛賓賦」ㆍ「절유부節遊賦」ㆍ「임관부臨觀賦」ㆍ「유관부遊觀賦」ㆍ「한거부閑居賦」 등은 기행과 유람에 해당하며, 「구화선부九華扇賦」ㆍ「보도부寶刀賦」ㆍ「선부扇賦」ㆍ「편복부蝙蝠賦」ㆍ「주부酒賦」 등은 영물에 해당한다. 또한 「낙신부洛神賦」ㆍ「귀사부歸思賦」 등은 인정의 지극함을 화려하고 섬세하게 묘사한 대표작이기도 하다.

본서는 그 인본이 희귀한 활자 인본으로 보관 상태가 우수하다. 갑인자본 『진사왕집』은 서울대학교 규장각한국학연구원에도 결질본 5권 1책이 소장되어 있다. 존경각 소장본과 동일본인 8권 2책 완질完帙의 『진사왕집』은 일본 호사문고[蓬左文庫] 소장본(蓬左 103-18), 고마자와대학[駒澤大學] 도서관 소장본(103-18) 등이 있어 본서의 전모를 파악함에 있어 필수적으로 참고할 만하다. 아울러, 중국 국가도서관에 소장된 서정본 『진사왕집』과의 동이를 고찰하여 조선본이 지니고 있는 가치를 강구하는 작업은 유의미할 것으로 판단된다. 이 과정을 통해 조식의 문학이 조선 지식인들 사이에 수용된 방식과 양상을 파악할 수 있을 것이다. 김영죽

주제어
진사왕집陳思王集, 조식曹植, 부賦, 찬贊

# 비해당선반산정화
# 匪懈堂選半山精華
Bihaedangseon bansan jeonghwa

貴 D03C-0246

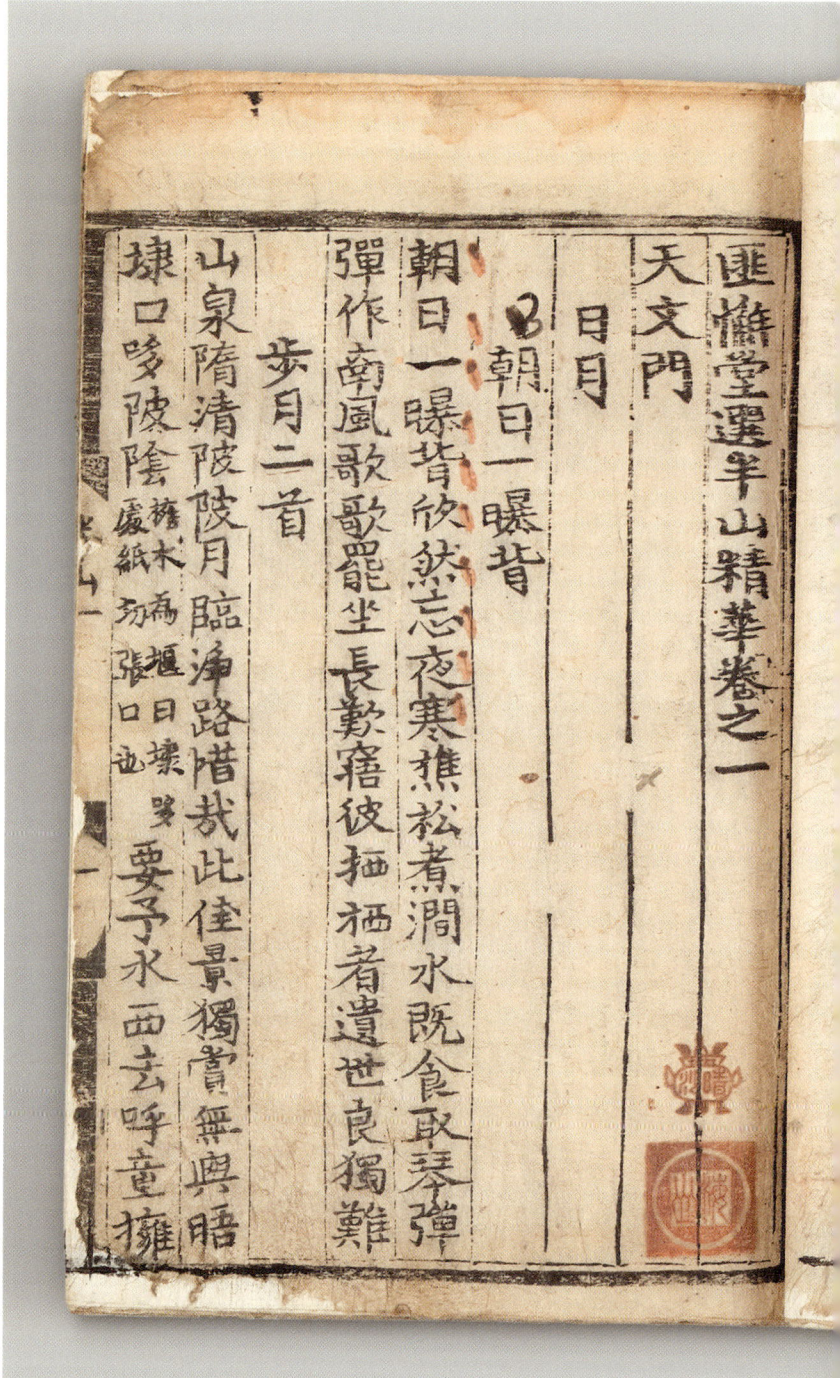

| | |
|---|---|
| 서명 | 匪懈堂選半山精華 |
| 저자 | 李瑢(朝鮮) 選 |
| 판본 | 木版本 |
| 발행 | [慶尙道]: [安東府], [16世紀]刊 |
| 형태 | 6卷2冊: 四周雙邊, 半郭 19.5×12.7cm, 有界, 9行20字 小字雙行, 大黑口, 上下內向中下向黑魚尾; 22.0×15.2cm |
| 주기 | 發行事項 推定: 宣祖18年(1585) 刊行『攷事撮要』安東條 '半山集'<br>半山精華序: 時正統乙丑(1445)臘月十九日 淸之書于匪懈堂之梅竹軒<br>匪懈堂選半山精華序: 正統丙寅(1446)二月日…申叔舟泛翁謹序<br>板式: 上下下向黑魚尾 混入<br>印記: [梅山], [晴沙]<br>楮紙 |

안평대군安平大君(1418~1453)이 송대宋代 정치가이자 문학가인 왕안석王安石(1021~1086)의 시 가운데 정수를 가려 뽑은 시선집이다. 본서는 15세기 중반에 안동부安東府에서 간행한 것으로 추정되는 목판본이다.

표제表題는 '반산정화半山精華', 판심제는 '반산半山'이다. 표제 하단에 책차冊次가 건乾·곤坤으로 묵서墨書되어 있으며 제1책은 홍색, 제2책은 청색 표지로 장황粧䌙되어 있다. 판식은 사주쌍변四周雙邊, 유계有界, 9행 20자, 상하 대흑구大黑口, 상하하향흑어미上下下向黑魚尾이다. 권수면은 상하내향흑어미에 하향중어미下向中魚尾가 있다. 어미 사이에 판심제와 권차卷次가, 하어미 하단에 장차張次가 판각되어 있다. 여러 차례의 개장과 보수를 거친 탓에 책지의 서미書眉와 서각書脚이 매우 좁아졌으며, 전체적으로 배접되어 있다. 권3의 제4장이 낙장落張이다.

각 책 제1번 및 세1책 권1 권수면에는 중경청 주문인 '청사晴沙'와 정방형 주문인 '매산梅山'이 날인되어 있다. 이는 고용후高用厚(1577~1652)의 장서인으로, '청사'는 그의 호이고 '매산'은 그가 터를 잡고 살던 광주光州 유곡리柳谷里에 있는 지명이다. 아울러 본문의 곳곳에는 주묵朱墨·남묵藍墨으로 비점批點이 표시되어 있다.

이인영李仁榮의 『청분실서목淸芬室書目』에 따르면 1585년(선조 18) 편찬한 허봉許篈의 속찬본 『고사촬요攷事撮要』 안동安東 책판에 『반산집半山集』이 있고, 1568년(선조 1) 편찬한 융경隆慶 을해자본 『고사촬요』에는 이 책이 수록되어 있지 않았다. 이에 따라 『비해당선반산정화』의 간행 시기를 선조조宣祖朝일 것으로 추정하였다. 또한 이인영은 '일본 『성궤당선본서목成簣堂善本書目』에서 이 책을 조선 정통正統 간본으로 판정하였으나 그 이유는 모르겠다'라고 언급하였다. 동일 판본으로는 국립중앙박물관에 6권 1책의 완질본(구4623)과 동국대학교 도서관(DR 819.108 이66ㅂ)의 결질본이 있으며, 일본 세이키도문고[成簣堂文庫]에 완질본이 소장되어 있다. 동국대학교 도서관 소장본에는 '임연재장臨淵齋章'이 날인되어 있는데, 임연재는 조선 중기의 문신인 배삼익裵三益(1534~1588)의 재호齋號이다. 본서의 간행시기와 소장하던 인물의 생존연대가 맞물리는 것으로 보아, 임진왜란 이전에 간행된 책임을 알 수 있다.

저자인 왕안석의 자는 개보介甫이며 호는 반산半山이다. 강서성江西省 무주撫州 임천현臨川縣 출신이다. 23세에 과거에 급제한 뒤 16년간 외직을 전전하다가, 신종神宗의 전폭적인 지지를 얻어 정치·군사·사회·문화 등 모든 분야에 걸친 개혁안 '신법新法'을 입안하고 추진하였다. 그러나 신법을 반대하는 무리의 반발로 중도에 그만두었다. 이후 강녕부江寧府(지금의 남경南京)에서 은거하다가 여생을 마쳤다. 왕안석은 구법당의 영수 사마광司馬光의 학문과 사상을 계승한 주희에게 배척당한 이래 조선에서도 '간신' 혹은 '소인'으로 평가받았지만 학문과 문학에 있어 뛰어난 성과를 남겼다. 명明 모곤茅坤이 '당송팔대가唐宋八大家' 중의 한 사람으로 꼽을 정도로 문학에도 뛰어났다. 문집으로 『왕임천전집王臨川全集』이 있다.

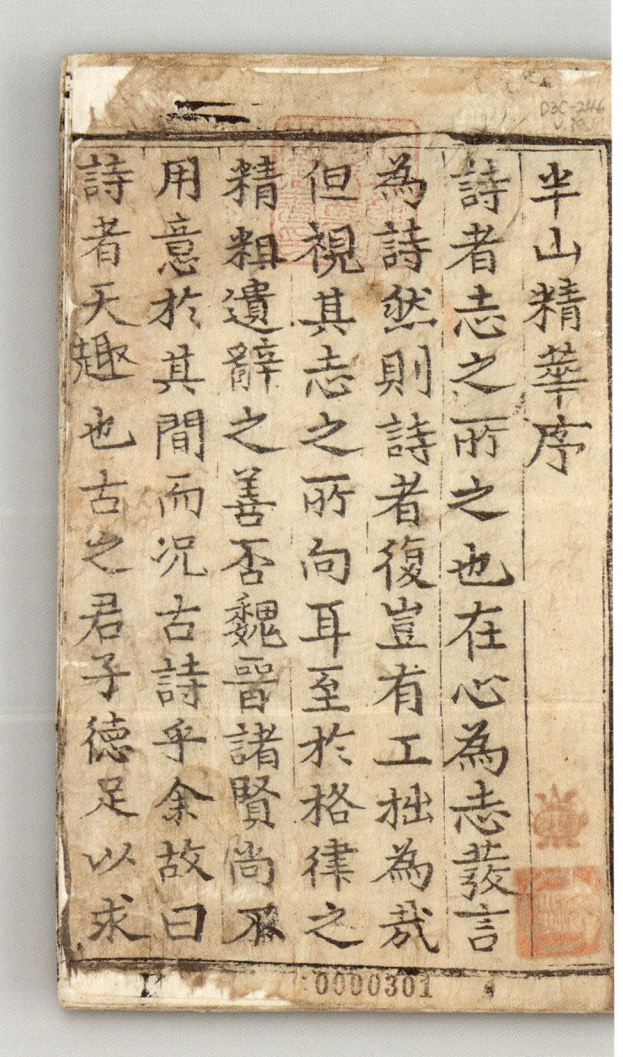

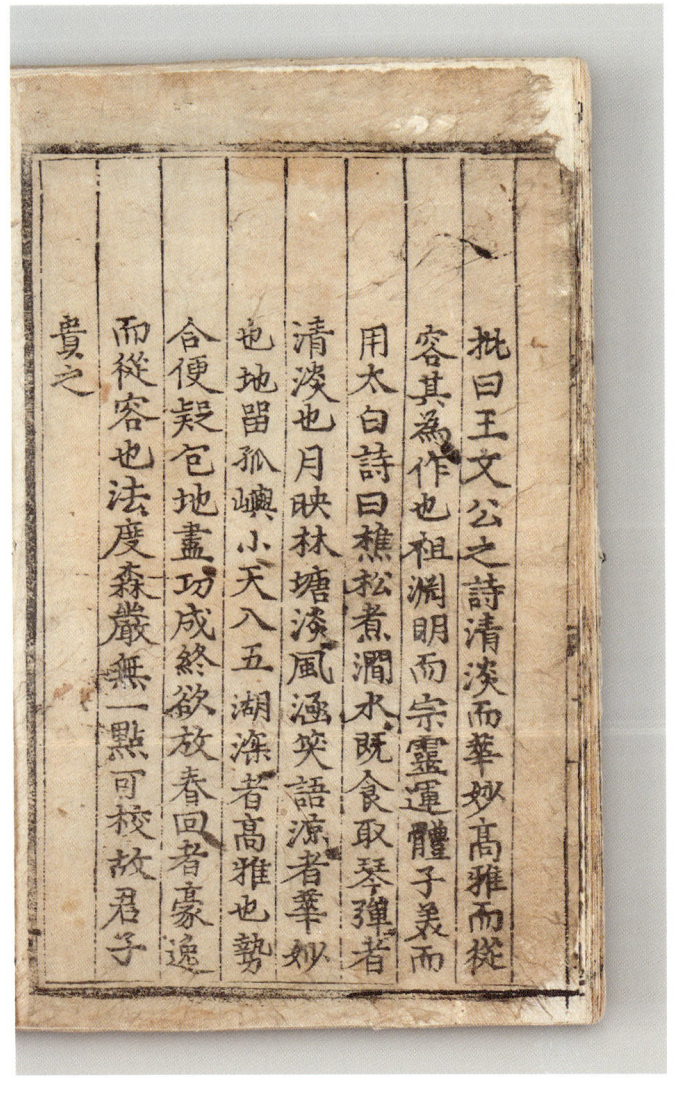

본서를 편찬한 안평대군은 세종의 셋째 아들로 이름은 용瑢, 자는 청지淸之, 호는 비해당匪懈堂 · 낭간거사 琅玕居士 · 매죽헌梅竹軒이다. 시 · 서 · 화에 모두 능하여 삼절三絶이라 칭하였으며, 식견과 도량이 넓어 명망이 높았다. 당대 수많은 책과 그림을 소장한 수장가로도 유명했다. 안평대군은 두보杜甫의 『찬주분류두시纂註分 類杜詩』, 백거이白居易의 『향산삼체법香山三體法』, 매요신梅堯臣의 『완릉매선생시선宛陵梅先生詩選』, 황정견黃庭堅의 『산곡정수山谷精粹』 등 중국 역대 인물의 시집을 간행하며 조선 전기 문예 부흥에 힘쓰기도 하였다.

본서의 서문에 따르면 안평대군이 왕안석의 시를 7~8년간 보아왔는데, 인멸되어 전하지 않을까 염려하여 그 정화精華를 선별한 뒤 문목을 나누고 주해를 더하여 편간한다고 편찬 경위를 밝히고 있다. 아울러 '천하에 폐기될 사람은 있어도 폐기될 말은 없다'고 한 송宋 시론가詩論家 엄우嚴羽의 말을 인용하여, 당대 '간신'이나 '소인'으로 악평을 받은 왕안석에 대해 그의 시마저 인물평과 동일시해서는 안된다는 입장을 표명하였다. 이어 훗날 왕안석의 시를 보는 이들이 그 시의 언어에 의거하여 뜻을 알 수 있다면 자신과 더불어 시를 말할 만하다고 하며, 왕안석의 시를 고평하는 한편 시학詩學에 대한 자부심을 드러내었다.

본서는 6권 2책으로, 권수에 1445년(세종 27)에 쓴 안평대군의 서문과 1446년(세종 28)에 쓴 신숙주申叔舟의 서문이 수록되어 있다. 신숙주 서문은 그의 문집 『보한재집保閑齋集』에 수록되어 있지 않다. 신숙주의 서문 뒤에는 총목차가 나열되어 있다. 권1은 천문문天文門, 권2~3은 지리문地理門, 권4~6은 인사문人事門 으로 나뉘어 있으며 총 517수의 시가 수록되어 있다. 세 분류에 각각 수록된 시의 수량은 천문문이 87수, 지리문이 165수, 인사문이 265수이다. 삼재三才 즉 천지인으로 분류하는 방식은 시작詩作에 참고하기 위해서인데, 『사문유취』를 비롯한 유서類書에서 흔하게 사용하는 방식이다.

권별 세부 항목은 다음과 같다. 먼저 권1은 일월日月, 우설雨雪, 풍운風雲, 사시四時, 절서節序의 소분류에 87 수가 수록되어 있다. 권2는 산수山水, 화훼죽목花卉竹木의 소분류에 86수가, 권3은 금수충어禽獸蟲魚, 원림園林, 궁전宮殿, 옥우屋宇의 소분류에 79수가 수록되어 있다. 권4는 친속親屬, 연음讌飮, 유조遊眺, 투증投贈, 수답酬答의 소분류에 77수가, 권5는 송별送別, 상도傷悼, 기행紀行, 술회述懷의 소분류에 105수가, 권6은 가행歌行, 기용器用, 도화圖畵, 영사詠史, 석도釋道의 소분류에 83수가 실려 있다. 권6 말미에는 '비왈批曰'로 시작하는 안평대군의 추기追記가 있다.

본서는 안평대군이 송대宋代 정치가이자 문학가 왕안석의 시를 가려 뽑은 시선집이다. 이 책은 안평대군의 감식안 및 주해 방식, 나아가 조선 전기 문학 향유 양상의 일단을 살펴볼 수 있다는 데에 의의가 있다. 특히 완질본인 존경각 소장본은 자료적 가치 또한 상당히 높다고 할 수 있다. 장연수

주제어
안평대군安平大君, 왕안석王安石, 고용후高用厚

참고문헌
구자훈, 「조선조의 장서인 · 장서가 연구-고려대학교 소장본을 중심으로-」, 고려대 박사학위논문, 2011.
노요한, 「안평대군의 『匪懈堂選半山精華』 편찬과 주해방법」, 『한문학논집』59, 근역한문학회, 2021.

# 회암문초
# 晦庵文抄

Hoeam muncho

貴 구용 D03C-0248
___

| | |
|---|---|
| 서명 | 晦庵文抄 |
| 저자 | 朱熹(宋) 著 ; 吳訥(明) 抄 |
| 판본 | 木版本 |
| 발행 | [朝鮮]: [刊寫者未詳], [16世紀初]刊 |
| 형태 | 5卷3冊(全7卷4冊) : 四周雙邊, 半郭 19.0×12.0 cm, 有界, 9行22字 小字雙行, 大黑口, 上下下向黑魚尾 ; 26.5×16.0 cm |
| 주기 | 版心題: 文 |

重刊晦庵先生文抄序: 成化十八年歲在壬寅(1482)…丘山謹序
晦庵文抄後序: 宣德五年歲在庚戌(1430)…吳訥謹序
所藏: 卷1-2, 卷5-7
句讀點·聲點(板刻)
朱熹 詩 10餘首(卷5 書眉 墨書)
楮紙

集部

43

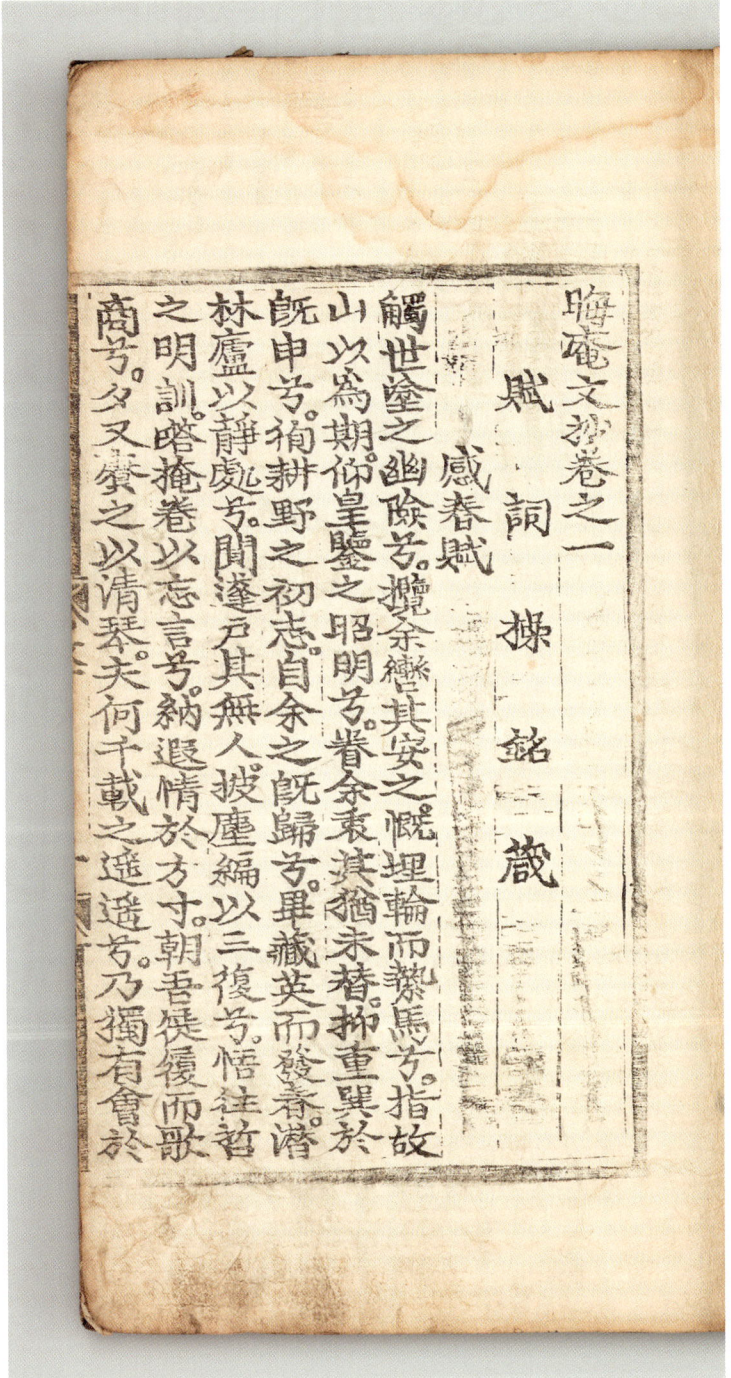

남송南宋의 학자 주희朱熹(1130~1200)가 지은 산문散文 가운데 좋은 작품을 명明나라 학자 오눌吳訥(1372~1457)이 선록한 책이다. 본서는 명판본『회암문초』를 조선에서 번각한 5권 3책의 결질 목판본이다.

표제와 권수제는 모두 '회암문초晦庵文抄', 판심제는 '문文'이다. 제1책과 제3책의 표제 하단에는 각각 '춘春'·'추秋'로 책차冊次가 묵서墨書되어 있고, 제1책에는 표지 우측에는 '부賦'·'사詞'·'조操'·'명銘'·'잠箴'·'표表'·'주奏', 제3책에는 '기記' 등의 편목篇目이 묵서되어 있다. 제4책에도 편목이 묵서되어 있으나 거의 지워져 식별이 어렵다.

판식은 사주쌍변四周雙邊, 유계有界, 9행 22자, 상하하향 흑어미上下下向黑魚尾, 대흑구大黑口이다. 흑어미가 일부 혼입混入되어 있다. 구두점句讀點과 성점聲點이 충실히 판각되어 있어 명간본의 특징이 드러난다.

권수에 1482년(成化 18) 3월 구산丘山이 쓴「중간회암선생문초서重刊晦庵先生文抄序」이 수록되어 있다. 서문 끝에 인쇄인印刷印인 '사어산장使御山章'·'안중安重'·'병술진사丙戌進士' 3개가 있는데, 안중安重은 구산의 자字이며, '병술진사'라는 인쇄인은 구산이 1466년(成化 2)에 진사에 오른 것을 기념하기 위한 인장이다. 서문에 이어 부록附錄, 총론總論이 수록되어 있다. 권5의 앞에는 1430년(宣德 5) 10월 오눌이 쓴 후서後序가 있다.

본문 일부에 검은 먹으로 비점批點을 찍었고, 일부 글자가 보사補寫된 흔적이 있다. 권5 서미書眉에는 원유편遠遊篇, 수경부酬敬夫 등의 시가 묵서되어 있고, 일부분에 먹으로 비점을 찍기도 하였다. 권6 서미書眉에는 주석註釋을 묵서하였다.

저자인 주희의 자字는 원회元晦·중회仲晦, 호는 회암晦菴·자양紫陽·고정考亭·운곡노인雲谷老人·창주병수
滄洲病叟 등이다. 남송의 저명한 유학자이자 이학理學의 거목이다. 10여 년의 관력, 50여 년의 제자 양성은
그의 삶을 관통한다. 특히 서원 설립을 적극 추진, 악록서원嶽麓書院과 백록동서원白鹿洞書院 등에서 강학
講學을 통한 교육의 성취는 유학 보급에 크게 기여하였다. 주희는 정호程顥·정이程頤를 필두로 하는 북송의
사상을 발전시키고 이학理學을 집대성하였으며 유학의 정수로 일컬어지게 되었다. 그의 학설이 고스란히
담긴 사서장구집주四書章句集注가 과거 시험 과목으로 채택되었던 사실은 이를 극명하게 보여준다. 저서로는
『역경본의易經本義』·『시집전詩集傳』·『의례경전통해儀禮經傳通解』·『사서장구집주四書章句集注』·『태극도설해
太極圖說解』·『초사집주楚辭集註』·『한문고이韓文考異』 등 다수이며 후대 문인들이 정리한 『주문공문집朱文公
文集』·『주자어류朱子語類』 등이 있다.

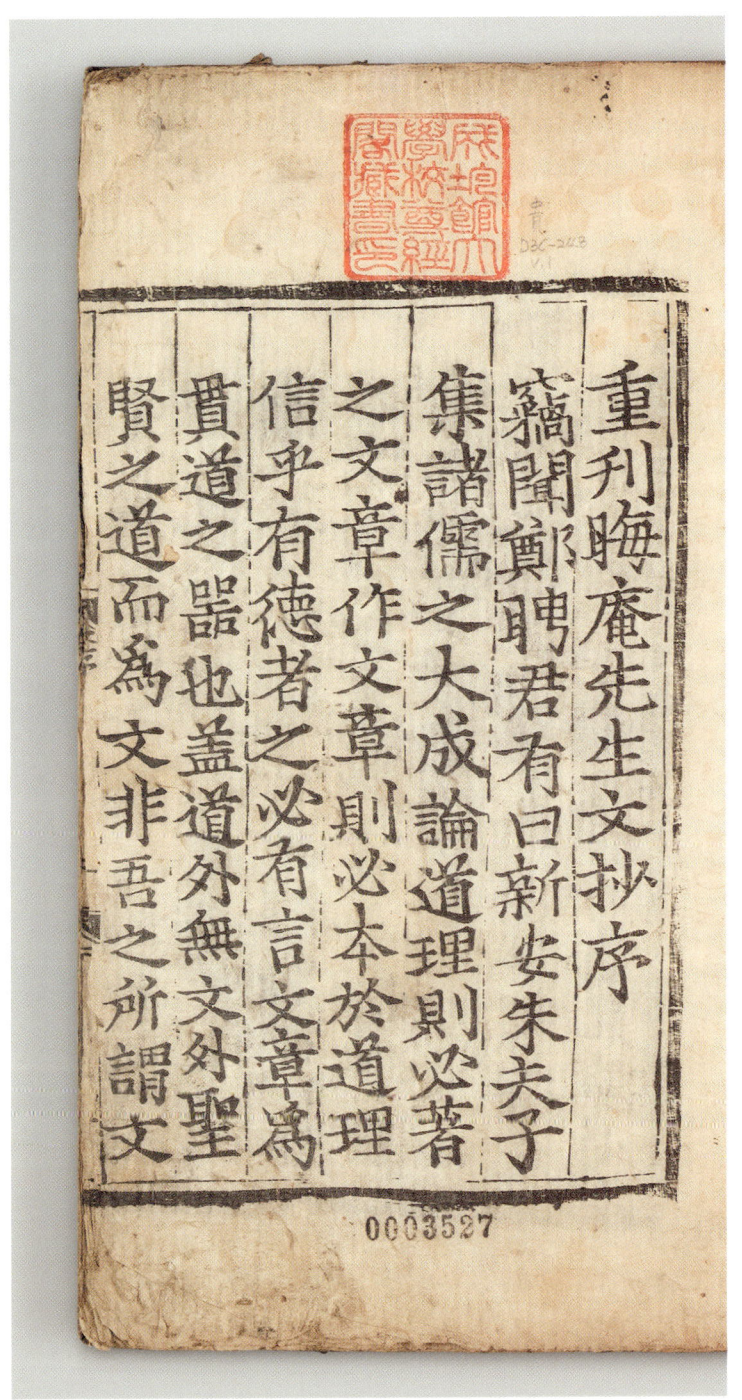

오늘이 『주자대전朱子大全』에서 산문만을 가려 뽑아
간행한 『회암문초』는 대체로 2종으로 구분된다.
하나는 현재 중국 소주박물관蘇州博物館에 전7권 완질로
소장되어 있는 1482년 주황등周凰等 각본이고, 또 다른
하나는 1540년(嘉靖 19)에 전10권으로 간행한 장광조
張光祖 각본이다. 본서의 저본은 주황등 각본으로 추정
된다.
권수에 수록된 「중간회암문초서重刊晦庵文抄序」의 내용을
참고하면 루극양婁克讓이 지방관 부임 당시 『회암문초』에
대해 고평하며 유포의 필요성을 강조하고 간행을
추진했음을 알 수 있다. 중간서重刊序에 이어 본서의
구성 체제를 설명한 「총론總論」, 송나라의 북계北溪
진순陳淳과 과재果齋 이방자李方子, 원나라 초려草廬 오징
吳澄이 주희의 시詩를 비평한 「부록附錄」이 차례로 수록
되어 있다. 본서의 구성은 다음과 같다.

| 책차 | 권차 | 편제 |
|---|---|---|
| 1 | 1 | 重刊序, 總論, 附錄 |
| | | 賦 詞 操 銘 箴感春: 賦 등 9篇 |
| | 2 | 表 奏: 己酉十封事 등 5篇 |
| 3 | 5 | 吳訥後序 |
| | | 記: 高士軒記 등 26篇 |
| 4 | 6 | 說 題跋: 觀心說 등 18篇 |
| | 7 | 碑 墓表 墓碣 墓誌: 旌忠愍節廟碑 등 10篇 |

권1은 부부賦·사詞·조操·명명銘·잠잠箴, 권2는 표表·주奏로 구성되어 있다. 권3~4는 결락이나, 국립중앙도서관본 및 규장각한국학연구원 소장본을 참고하면 권3은 서書, 권4는 서序의 구성임을 추정할 수 있다. 권5는 기記, 권6에는 설說·발跋, 권7은 비碑·묘표墓表·묘갈墓碣·묘지墓誌로 편제되어 있다. 서울대 규장각 한국학연구원 소장본(奎中2452)의 권7 말미에는 1549년(명종 4) 상주목사尙州牧使 김언거金彦琚의 발문이 수록되어 있는데, 본서는 그 이전에 간행된 것임을 알 수 있다.

『회암문초』 권5의 「기記」가 시작되는 3책 제9~28장까지의 서미書眉에는 주희의 시작품이 연속으로 정서淨書되어 있다. 오언장편고시인 「원유편遠遊篇」을 시작으로 「와룡암무후사臥龍巖武侯祠」, 「군자정君子亭」, 「지군부장재주복피과희어구일산야범소주농월극음知郡傅丈載酒襆被過熹於九日山夜泛小舟弄月劇飮 이수二首」 중 제1수, 「이시봉수경부증언병이위별二詩奉酬敬夫贈言並以爲別 이수二首」 중 제1수, 「증점曾點」, 「춘일春日 이수二首」, 「차운백숭자경次韻伯崇自警 이수二首」 중 제1수, 「관서유감觀書有感」, 「무이구곡가武夷九曲歌」 중 제1수, 「석등石燈」뿐만 아니라 장식張栻의 「도화오桃花塢」, 「음풍교吟風橋」도 있다. 간혹 본래 제목을 간소화하거나 시 본문에 오자誤字가 존재하기는 하지만, 깨끗하게 정서한 뒤 비점을 표시한 곳도 있어, 『주자대전』을 함께 참고하며 주희의 시까지 겸하여 읽었음을 알 수 있다. 특히, 이 사항은 국립중앙도서관, 서울대 규장각, 연세대학교 도서관 소장본과는 달리 본서 5권에서만 발견되는바, 주자의 시문을 공부하는 지식인들의 학습 방법 일단을 제시한다는 데에 의미가 있다.

본서와 동일 판본으로 추정되는 자료로는 완질본인 연세대학교 도서관 소장본(고서(귀) 340 0)과, 결질본인 미국 하버드대학엔칭도서관 소장본(TK 5356 2246), 국립중앙도서관 소장본(古貴1252-197) 등이 있다. 본서는 비록 낙질이지만 보존상태가 매우 우수하다. 더불어 주자학이 융성하기 이전인 16세기에 간행되어, 당시 지식인이 주희 시문詩文 학습 과정을 살필 수 있는 가치 있는 자료라 하겠다. 김영죽

주제어
회암문초晦庵文抄, 주희朱熹, 오눌吳訥, 중간重刊

<table>
<tr><td>집부<br>集部</td><td rowspan="2">기승시<br>紀勝詩<br>Jì Shèng Shī</td></tr>
<tr><td>44</td></tr>
</table>

貴 D03C-0282
———

| 서명 | 紀勝詩 |
|---|---|
| 저자 | 朱之蕃(明) 撰幷書 |
| 판본 | 木版本 |
| 발행 | [中國(明)]: [刊寫者未詳], [明朝年間]刊 |
| 형태 | 紀勝詩·咏物詩, 共1冊: 四周雙邊, 半郭 20.1×13.5㎝, 有界, 9行16字, 花口,<br>上下向黑魚尾; 23.8×15.7㎝ |
| 주기 | 版心題: 紀勝詩·咏物詩 |
| | 刻手名 版刻(咏物詩 第2張 下版口 等) |
| | 朝鮮 改裝(四針眼, 藍色 卍字紋 表紙) |
| | 粧冊記: 崇禎後再壬子(1732)下澣 粧于章西農廬(卷末) |
| | 綿紙(楮紙褙接) |

명나라 문인이자 서화가인 주지번朱之蕃(?~1624)의 시를
수록한 책으로, 명대明代에 간행된 중국 목판본이다.

본서의 권수제 및 판심제는 '기승시紀勝詩'와 '영물시咏物詩'
이다. 조선에 들여와 오침안정법五針眼訂法으로 장황粧繡
하였다. 권수제 다음 행에는 '강좌 주지번이 찬하고 씀
[江左朱之蕃撰幷書]'이라는 저작자와 역할어가 판각되어 있다.
이 책에는 서발문이나 간기刊記가 따로 있지 않아 간행
시기를 알기 어려우나, 사주쌍변四周雙邊, 9행 16자,
상하향흑어미上下向黑魚尾의 판식으로 미루어 보아 명대에
간행한 것으로 보인다. 서화로 유명한 주지번의 필체를
잘 살려 판각하였다. 다만 판심부의 마모가 심하고
전체적으로 배접이 이루어져 있으며, 『기승시』 제8장·
제18~22장, 모두 6장의 낙장落張이 발견된다.
『영물시』 제2장의 하판구下版口에는 '장□□張□□'이라는
명대의 각수명刻手名이 판각되어 있다. 『영물시』 말미에는
'숭정후 두 번째 임자년(1732) 하한에 장서 농려에서 장책
했다[崇禎後再壬子(1732)下澣粧于章西農廬]'는 장책기粧冊記가
필사되어 있다.
일본 공문서관公文書館 내각문고内閣文庫 소장 『기승시』
(集59-9)가 본서와 동일한 판본인 것으로 보이며, 그 외에
동일 판본은 거의 없는 희귀본이다.

주지번朱之蕃의 자字는 원승元升 또는 원개元介, 호號는
난우蘭隅·정각주인定覺主人이다. 1595년(萬曆 23)에 과거에
장원급제하여 한림원翰林院 수찬修撰을 제수받았고 유덕諭德,
예부시랑禮部侍郎 등을 역임했다. 1605년(萬曆 33)에는
조선에 사신으로 와서 조선의 문인들과 교류하였으며,
'명륜당明倫堂' 현판을 비롯하여 많은 글씨를 남겼다.

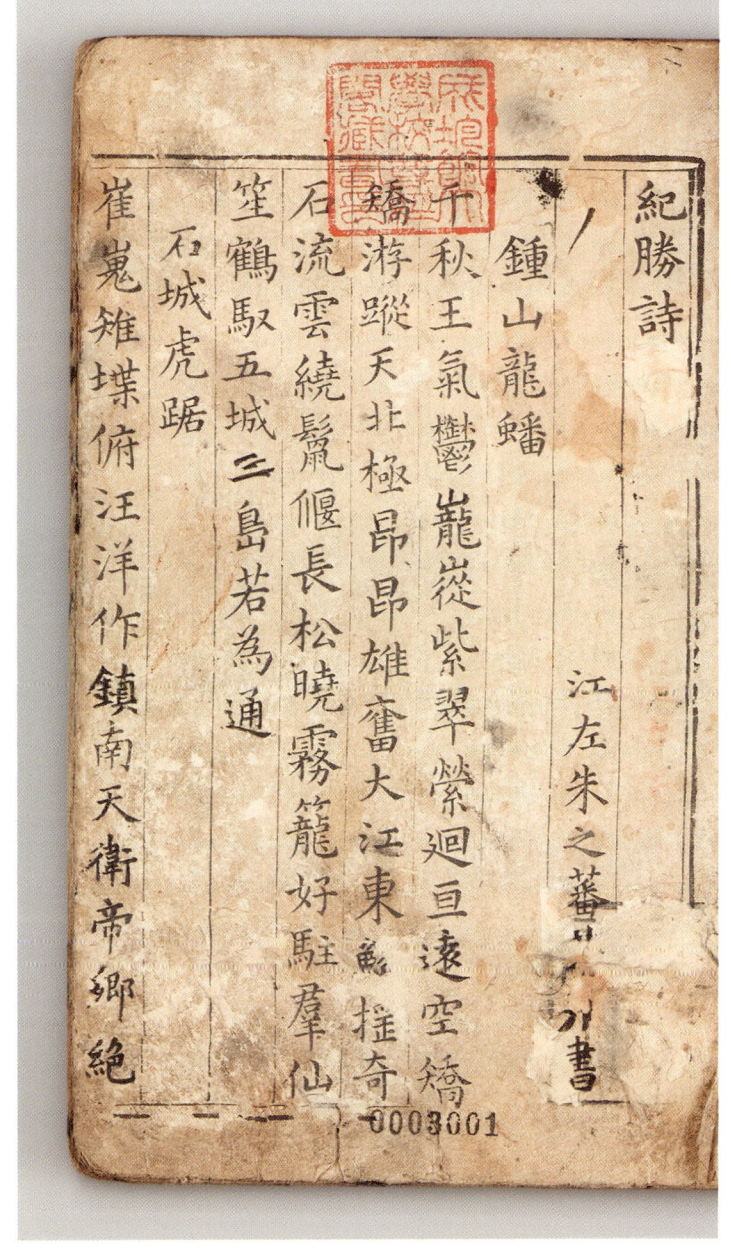

527

본서에는「기승시」에 57제,「영물시」에 56제, 모두 113제의 시가 수록되어 있다. 시제들은 다음과 같다.

| 「기승시」 | 「영물시」 |
|---|---|
| 1 종산용반鍾山龍蟠 2 석성호거石城虎踞 3 행화촌杏花村 | 1 송도松濤 2 죽분竹粉 3 화영花影 4 연류烟柳 |
| 4 와관사瓦官寺 5 매화오梅花塢 6 조당사祖堂寺 | 5 매설梅雪 6 향진香塵 7 촉루촉루燭淚 8 안자鴈字 |
| 7 유혜천流蕙泉 8 일선천一線天 9 좌성도원左城道院 | 9 수접睡蝶 10 유사遊絲 11 빙화氷花 12 월로한月露寒 |
| 10 백운제白雲梯 11 난융도량爛融道場 | 13 하주荷珠 14 맥랑麥浪 15 첨마簷馬 16 병산屛山 |
| 12 문수벽지이동文殊辟支二洞 13 예천정醴泉亭 | 17 등화燈花 18 향전香篆 19 유전榆錢 20 유화榴火 |
| 14 막부산幕府山 15 섭산도중攝山道中 16 영석각靈石閣 | 21 초인草茵 22 포검蒲劍 23 앵황鶯簧 24 와고蛙鼓 |
| 17 간죽헌看竹軒 18 죽거산방竹居山房 19 도화오桃花塢 | 25 앙침秧針 26 우사藕絲 27 유면柳綿 28 하개荷蓋 |
| 20 빙허각憑虛閣 21 종산鍾山 22 우수산牛首山 | 29 형화螢火 30 문전蚊雷 31 봉아蜂衙 32 의진蟻陣 |
| 23 매화수梅花水 24 연자기燕子磯 25 영곡사靈谷寺 | 33 선금蟬琴 34 주망蛛網 35 한화寒火 36 온천溫泉 |
| 26 낙성강落星岡 27 헌화암獻花巖 28 막수호莫愁湖 | 37 월구月鉤 38 폭포瀑布 39 작교鵲橋 40 홍채虹采 |
| 29 청량산淸凉山 30 호동虎洞 31 장간리長干里 | 41 와각蝸角 42 아미蛾眉 43 낙화십이수落花十二首 |
| 32 동산東山 33 치성治城 34 서하사棲霞寺 35 청계靑溪 | 44 유어담화영游魚啖花影 45 명월조적설明月照積雪 |
| 36 달마동達摩洞 37 낭야산청풍정琅琊山淸風亭 | 46 미인수美人手 47 화소장공설운和蘇長公雪韻 |
| 38 취옹정醉翁亭 39 풍악정豊樂亭 | 48 우중신초雨中新草 49 계성鷄聲 50 안성鴈聲 |
| 40 강포진주천江浦珍珠泉 41 관산關山 42 마반산磨盤山 | 51 와성蛙聲 52 침성砧聲 53 신류동풍新柳東風 |
| 43 재도마반산再度磨盤山 44 망추역제산望郊嶧諸山 | 54 병체련並蒂蓮 55 옥하빙반玉河氷泮 |
| 45 문상汶上 46 북구하北溝河 47 금산金山 48 호구虎丘 | 56 홍안래빈鴻鴈來賓 |
| 49 혜산천惠山泉 50 백부촌봉황산白浮村鳳皇山 | |
| 51 용천사龍泉寺 52 망호정望湖亭 | |
| 53 금산사옥룡동金山寺玉龍洞 | |
| 54 화엄사임광동華嚴寺臨光洞 55 와불사臥佛寺 | |
| 56 수안산지壽安山池 57 산해언澱澥堰 | |

「기승시」의 종산용반鍾山龍蟠, 석성호거石城虎踞는 제갈량諸葛亮이 처음 남경南京에 왔을 때 한 말로 남경은 왕기가 서린 도시임을 말한 것으로 일국의 도성을 의미한다.『제갈충무서諸葛忠武書』권9에 무후가 일찍이 사명使命을 띠고 오吳나라에 갔다가 말릉산秣陵山을 보고 감탄하기를 '종산은 용처럼 서려 있고 석두는 범처럼 걸터앉았으니, 제왕의 집터이다.[鍾山龍蟠 石頭虎踞 帝王之宅也]'라고 한 말과 같다. 또한, 와관사瓦棺寺와 조당사祖堂寺, 영곡사靈谷寺, 용천사龍泉寺 등의 사찰과 산과 누각, 정자, 사당, 연못, 호수 등 유명했던 경치를 읊은 시제들을 중심으로 승경을 읊고 있다.

본서에 담긴 주지번의 시들은 잘 알려지지 않은 독특한 작품들로 연구할 가치가 충분하다. 또한 서화로 유명한 주지번의 필체를 잘 살려 판각하여, 필사본으로 착각할 정도로 판각에 신경을 쓴 판본이다. 일본 공문서관 내각문고 소장본 외에 동일 판본은 거의 없는 희귀본으로서의 가치가 크다. 방현아

주제어
기승시紀勝詩, 영물시咏物詩, 주지번朱之蕃

## 당단소경유양잡조
## 唐段少卿酉陽雜俎
Dangdansogyung yuyangjapjo

貴 D07C-0016

——

서명: 唐段少卿酉陽雜俎
저자: 段成式(唐) 撰
판본: 木版本
발행: 慶尙道 月城：慶州府, 成宗23(1492) 識
형태: 20卷3冊：四周雙邊, 半郭 17.6×12.5cm, 有界, 10行19字, 大黑口, 上下內向黑魚尾
 ; 28.0×16.5cm
주기: 版心題: 俎, 表題: 酉陽雜俎
識: 募工刊于月城以廣流布…弘治壬子(1492)臘前二日 廣原李士高識
識: 弘治五年玄黓困敦(壬子, 1492)…李宗準謹識
志: 弘治壬子(1492)…崔應賢寶臣謹志
印記: 男富儀謹追記, 先相公家藏書
缺落: 第2冊 卷6-7 冊紙 中央 破損
楮紙

만당晚唐 문인 단성식段成式(803~863)이 당대唐代까지의 각종 이야기와 기이한 현상, 인물, 풍속, 동식물 등을 분야별로 엮은 책이다. 본서는 경상도 경주에서 목판으로 인출되었으며 간행 시기는 1492년(성종 23)이다. 표제表題는 '유양잡조酉陽雜俎', 권수제는 '당단소경유양잡조唐段少卿酉陽雜俎', 판심제는 '조俎'이다. 각 책 표제 하단에는 책차冊次가 각각 '일지오一之五', '육지십삼六之十三', '십사지이십十四之二十'으로 묵서墨書되어 있어 제1책에는 권1~5까지, 제2책에는 권6~13까지, 제3책에는 권14~20까지 수록되어 있음을 알 수 있다. 제2책은 본래 표지 위에 비교적 근래에 개장改裝된 표지가 덧대어진 형태인데, 본래 표지의 경우 표지뿐만 아니라 책 내부에까지 벌레 먹음[蟲蝕]이 심각하여 온전한 장이 채 절반이 되지 않는다. 개장된 표지에는 흰색 제첨題簽이 부착되어 있고, 그 위에 표제와 책차를 묵서하였다. 제3책의 경우 뒤표지 일부가 손상되었다. 각 책 앞면지面紙에는 각 책에 수록된 일부 편목篇目이 묵서되어 있다. 판식은 사주쌍변四周雙邊, 유계有界, 10행 19자, 대흑구大黑口, 상하내향흑어미上下內向黑魚尾이다. 본문 일부에 검은 먹으로 비점批點 또는 관주貫珠를 찍었다. 본문 좌측의 서미書眉에는 편목을 묵서하였고, 서미書眉에 흰색 부전지附箋紙를 부착하여 주석註釋를 달기도 하였다. 제1책의 「유양잡조서酉陽雜俎序」에 장방형 주문인朱文印 '남부의근추기男富儀謹追記'·'선상공가장서先相公家藏書'가 날인되어 있어 이전 소장자가 광산김씨光山金氏 예안파禮安派 후조당종택後凋堂宗宅의 종손 김부의金富儀였음을 알 수 있다.

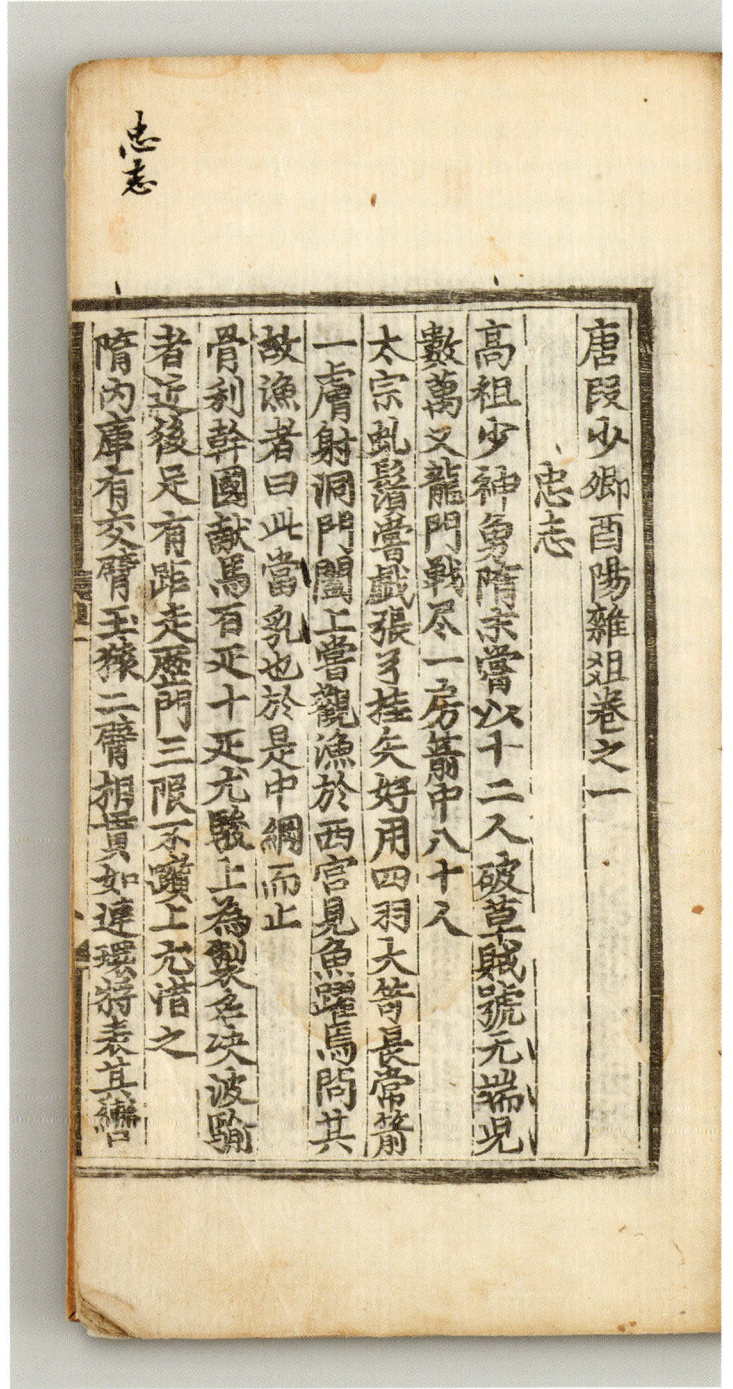

편자인 단성식의 자는 가고柯古이며, 임치臨淄 추평鄒平(지금의 산동성山東省 추평현鄒平縣) 사람이다. 성도成都에서 태어나 어린 시절을 보내다가 부친 단문평段文平을 따라 서천西川, 양주揚州, 형주荊州 등지를 다니며 두목杜牧, 온정균溫庭筠, 이상은李商隱, 이군옥李群玉, 주요周繇 등의 시인들과 교유하였다. 비서성秘書省 교서랑校書郎, 길주자사吉州刺史, 처주자사處州刺史, 강주자사江州刺史, 태상시소경太常寺少卿 등을 지냈다. 박학하고 시문에 뛰어났으며 불교에도 조예가 깊었다. 저서로 『유양잡조』 30권이 있으며, 소설로 『여릉관하기廬陵官下記』 2권을 남겼다고 하나 전하지 않는다. 『전당시全唐詩』와 『전당문全唐文』에 그의 시문 일부가 수록되어 있다.

『유양잡조』의 최초 판본은 남송 때 단성식의 『유양잡조』 원본 또는 당송초본唐宋抄本을 저본으로 하여 1214년(嘉靖 7) 영강永康 주등周登이 간행한 전집前集 20권이다. 그 후 1223년(嘉靖 16) 무양武陽 등복응鄧復應이 속집續集 10권과 함께 30권으로 간행하였으며, 1250년(淳祐 10) 광문팽씨廣文彭氏 간행본 등이 있다고 전해지지만 이들 남송대 간본은 현전하지 않는다. 명대에 '주등본'을 저본으로 하여 1492년(弘治 5) 조선 간본이 간행되었고, '광문팽씨본'을 저본으로 하여 1608년(萬曆 36) 조기미趙琦美 등이 교감한 조기미 맥망관본脈望館本이 간행되었다. 총서에 수록된 판본으로는 1602년(萬曆 30) 상준商濬의 『패해稗海』 수록본, 1633년(崇禎 6) 모진毛晉의 『진체비서津逮秘書』 수록본, 청 가경嘉慶 연간 장해붕張海鵬의 『학진토원學津討源』 수록본 등이 있다. 이중 조선 간본과 가장 유사성을 띠는 판본은 『패해』 수록본이다.

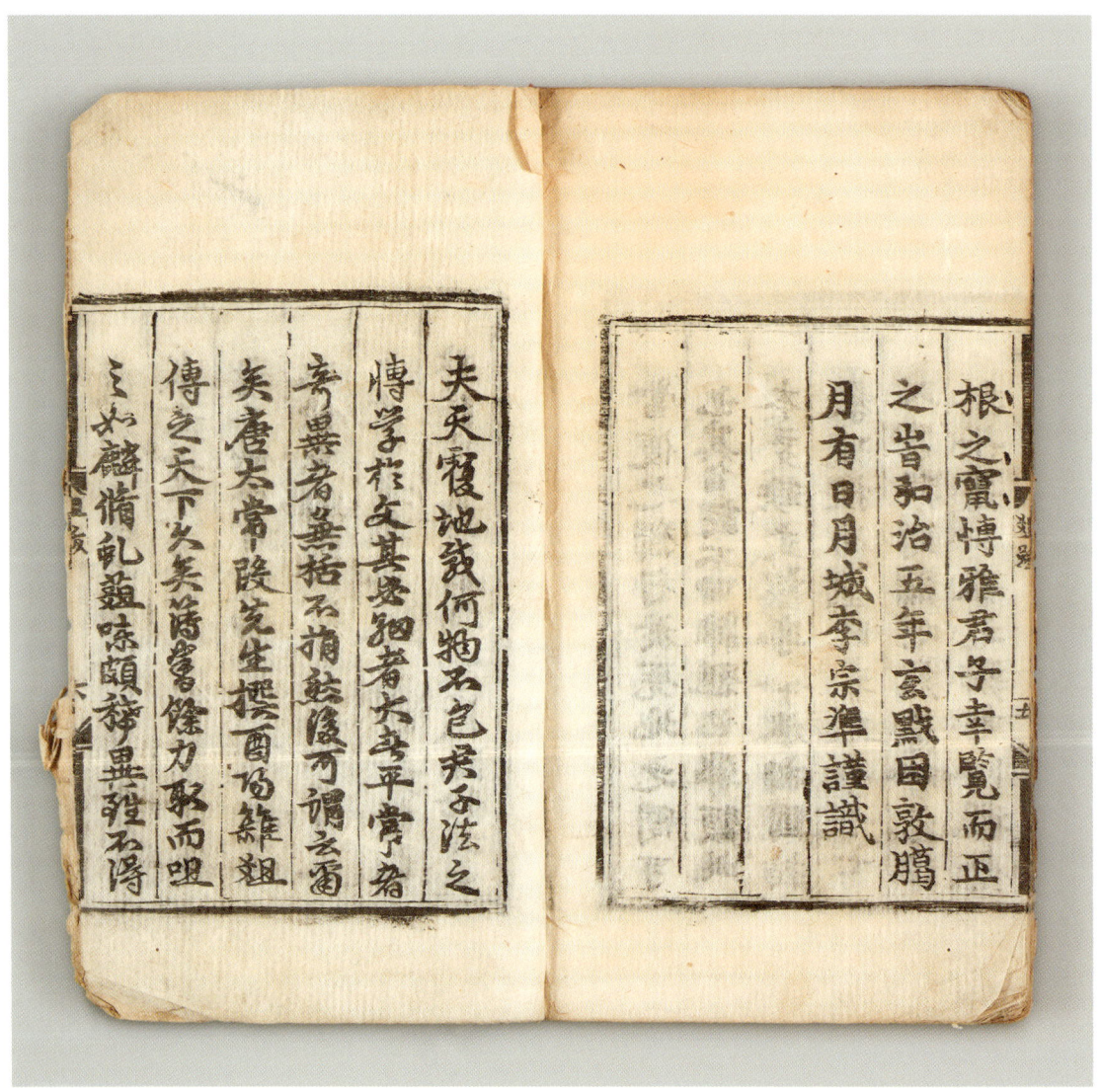

본서는 20권 3책으로 구성되어 있다. 제1책의 첫머리에 단성식이 직접 찬한 「유양잡조서」가 수록되어 있고, 그 뒤에 「유양잡조목록酉陽雜俎目錄」이 수록되어 있다. 총 30편으로 권1은 「충지忠志」, 「예이禮異」, 「천지天咫」, 권2는 「옥격玉格」, 「호사壺史」, 권3은 「패편貝編」, 권4는 「경이境異」, 「희조喜兆」, 「화조禍兆」, 「물혁物革」, 권5는 「궤습詭習」, 「괴술怪術」, 권6은 「예절禮絕」, 「기기器奇」, 「악樂」, 권7은 「주식酒食」, 「의醫」, 권8은 「경鯨」, 「뇌雷」, 「몽몽夢」, 권9는 「사감事感」, 「도협盜俠」, 권10은 「물이物異」, 권11은 「광지廣知」, 권12는 「어자語資」, 권13은 「명적冥跡」, 「시둔尸窀」, 권14~15는 「낙고기諾皐記」상하上下, 권16~19는 「광동식廣動植」일一~사四, 권20은 「육확부肉攫部」이다. 군주의 사적, 하늘의 영험, 도교와 도사의 기험崎險, 불가의 경전, 변경邊境과 화복의 조짐, 기괴한 풍습과 술법, 기예, 음악, 술과 음식, 명의名醫, 문신文身, 우레, 꿈, 사물의 감흥, 괴도怪盜, 유협遊俠, 기물奇物, 세간의 속설, 일화 자료, 명계冥界, 무덤의 비화, 귀신이나 요괴 기록, 동식물(금수, 어패, 곤충, 초목, 맹금류) 등 다양한 내용을 담고 있다.

제3책의 말미에는 1492년(성종 5) 11월 경상감사慶尙監司 이극돈李克墩이 쓴 발문, 1492년 12월 경상도사慶尙都事 이종준李宗準이 쓴 발문, 1492년 11월 경주부윤慶州府尹 최응현崔應賢이 쓴 발문이 차례로 수록되어 있다. 이들 세 편의 발문과 『성종실록』 24년(1493) 12월 24일 기사를 통해 본서가 이극돈과 이종준의 주도로 1492년 경주에서 간행되었음을 알 수 있다. 1568년(선조 1)에 간행된 『고사촬요攷事撮要』에 월성月城 간행 『유양잡조』가 저록되어 있다.

본서와 동일판본이 성암문고誠庵文庫, 충재종택冲齋宗宅 등에 낙질로 소장되어 있으며, 완질본이 일본 국회 도서관에 소장되어 있다.


『유양잡조』는 다양한 서사를 갖춘 이야기와 근원 설화 등을 비롯하여 비범하고 비일상적인 존재들, 도교와 불교 및 민간신앙, 중국 전역의 여러 민족에 대한 정보와 생활풍속, 당나라의 사회상, 고구려·신라·서역 등 주변국과의 관계, 각종 동식물 등에 대한 풍부한 정보가 담겨 있는 문헌이다. 때문에 지리박물적 성격과 필기소설적 성격을 겸비한 자료라는 점에서 학술사적 가치가 높다. 인용한 책 가운데는 원전이 일실된 것들도 포함되어 있어 집일학輯佚學 분야에 도움이 되는 자료이다. 또한 조선과 일본에서도 판각되어 동아시아에서 폭넓은 영향력을 행사하였는데, 특히 1492년에 목판으로 간행된 조선본은 현전하는 가장 이른 시기의 판본으로서 문헌적 가치가 높다. 임영길

주제어
유양잡조酉陽雜俎, 단성식段成式, 경주慶州, 이극돈李克墩, 이종준李宗準, 최응현崔應賢, 주등간본周登刊本

참고문헌
단성식 지음, 정환국 옮김, 『역주 유양잡조』, 소명출판, 2011.
민관동, 「『유양잡조』의 국내 유입과 수용」, 『중국어문논역총간』34, 중국어문논역학회, 2014.
정영호·민관동, 「조선간본 『唐段少卿酉阳杂俎』의 판본 연구-冲齋宗宅本·成均館大學校所藏本·日本國會圖書館本을 중심으로」, 『중국어문학논집』112, 중국어문학연구회, 2018.

閘人不覺須新曆

天序雖驚過季冬

可是一春逢好節

誰將三事起襄儂

西疇耕作今時可

東陸陽和是月逢

多謝簑衣煩告語

龍頭

서명      教牒(辛孟卿)
저자      吏曹 發給
판본      筆寫本(手稿本)
발행      [漢城]: 吏曹, 中宗14(1519)發給
형태      1枚: 行字數不定; 45.5×73.0cm
주기      印記: 吏曹之印
          壯紙

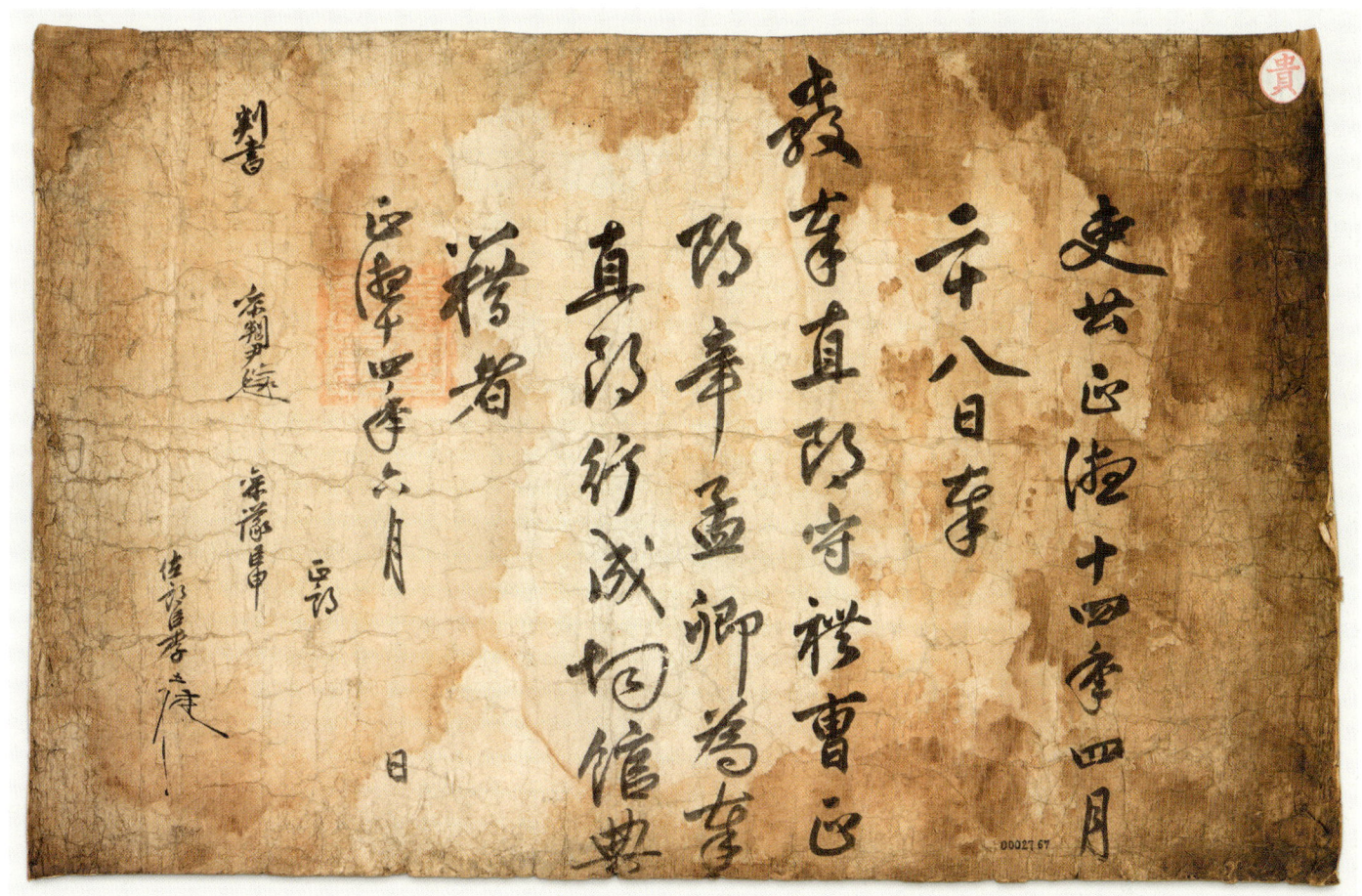

조선 중기의 문신 신맹경辛孟卿(?~?)을 봉직랑奉直郎 행성균관전적行成均館典籍에 임명하는 교첩敎牒이다. 중종中宗(재위 1506~1544)의 명을 받아 1519년(중종 14) 4월 28일 이조吏曹에서 발급하였다.

신맹경辛孟卿의 생몰년 및 생애는 자세하지 않다. 1504년(연산군 10) 대과에 급제하였고, 1506년(연산군 12) 별시別試에서 정과丁科 1위를 차지한 인물이다.
원문의 내용과 번역은 다음과 같다.

吏曹 正德十四年(1519)四月二十八日 奉敎奉直郎守禮曹正郎辛孟卿爲奉直郎行成均館典籍者,
正德十四年六月 日, 判書, 參判臣尹(手決) 參議臣申(手決), 正郎, 佐郎 臣李(手決)

이조吏曹에서 정덕正德 14년(1519) 4월 28일에 왕의 하교下敎를 받들어 봉직랑奉直郎 수예조정랑守禮曹正郎인 신맹경을 봉직랑奉直郎 행성균관전적行成均館典籍者에 임명함. 정덕14년 6월 일, 판서判書, 참판參判 신신 윤尹[手決], 참의參議 신신 신申[手決], 정랑正郎, 좌랑佐郎 신신 이李[手決]

하교를 받든 날짜는 이조의 관원과 승정원 승지가 모여 진행하는 인사회의인 정사政事를 시행한 날짜와 일치한다. 수취자의 기존 품계와 관직명을 기재하고 성명을 적은 후, 새로 수여받은 품계와 관직명 등 임명 사항을 기재한다. 그 뒤에는 발급 일자와 관인이 찍혀 있다. 이조에서 발급한 교첩이므로 '이조지인吏曹之印'이 찍혀 있다. 관인 좌측에는 담당관원 판서, 참판, 참의, 정랑, 좌랑 중 3명이 수결을 했다. 본래 교첩의 뒷면 좌측 하단에는 이 교첩을 작성한 사람의 직책과 성명을 '이리吏吏 ○○○'의 형태로 적게 되어 있다. 그러나 본 문서의 경우 뒷면을 전체적으로 배접하여 그 기록을 볼 수 없다.

조선시대의 임명장인 고신告身은 수여하는 품계에 따라 4품 이상에게 내리는 고신인 교지敎旨와 5품 이하에게 내리는 고신인 교첩敎牒 두 종류가 있었다. 교지는 국왕의 명령을 의미하고 있어 단일 문서를 지칭하는 것이 아니라 여러 문서를 포괄하는 개념이다. 임명장을 의미하는 '교지'는 국왕이 해당 인물에게 직접 품계나 관직을 내려준다는 의미이므로, 교지는 4품 이상의 관원에게 왕이 직접 관직이나 품계 등을 내린 다는 의미를 담고 있다. 관직이나 품계를 내리는 임명교지任命敎旨 외에도 시호諡號, 토지, 노비, 특권 등을 내리는 교지도 있다. 4품 이상에게 내리는 교지에는 보통 '시명지보施命之寶'를 날인하고, 같은 교지이지만 과거 시험 합격증인 홍패紅牌와 백패白牌에는 '과거지보科擧之寶'를 날인한다. 4품 이하의 관원에게 내리는 교첩에는 '이조지인吏曹之印'이나 '병조지인兵曹之印'을 날인하므로, 본 문서에도 '이조지인'이 날인되어 있다. 5품~9품의 신하에게 내리는 고신인 '교첩'은 고려조부터 조선말까지 관리에게 품계나 관직을 수여하면서 발급하는 임명장이다. 교첩은 대간臺諫의 서경署經을 거친 이조 혹은 병조兵曹가 국왕의 하교를 받들어 발급한다. 교지보다는 상대적으로 낮은 5품 이하의 품계나 관직을 수여할 때 사용한다.
4품 이상 고신은 첫머리에 '교지敎旨'를 기재한 후 곧바로 임명사항을 기재하지만, 5품 이하 고신인 교첩은 담당 관아가 언제 내려진 국왕의 하교를 받든다는 내용이 먼저 나오게 된다.

조선 전기와 중기에는 당상관과 당하관 각각 최소 1명이 수결을 하였는데, 후기로 내려올수록 당상관 1명만 수결을 한 경우가 많다. 이는 조선 후기 이조 낭청의 권한 축소와 관련된 것으로 본다. 본 문서의 경우 3명이 수결을 하였고, 임진왜란 이전인 1519년(중종 14)에 발급된 교첩이므로 조선시대 임명 문서의 발급 양상 연구에 중요한 자료로 판단된다. 이유리

주제어
신맹경辛孟卿, 교첩敎牒, 행성균관전적行成均館典籍

참고문헌
국사편찬위원회 편, 『한국고문서입문』2, 국사편찬위원회, 2021.
유지영, 「朝鮮時代 任命文書 硏究」, 한국학중앙연구원 한국학대학원 박사논문, 2014.

| | |
|---|---|
| 서명 | 姜彝天試券 |
| 저자 | 姜彝天(朝鮮) |
| 판본 | 筆寫本 |
| 발행 | 漢城 丕闡堂: 姜彝天, 正祖17(1793) |
| 형태 | 1枚：行字數不定；[134.5×85.5 cm] |
| 주기 | 包匣題: 重蕃姜彝天先生直赴會試試紙 |
| | 識語: 癸丑(1793)三月十八日 三日製 通方外 丕闡堂設行賦律雙掛 律取二人 主文李秉鼎 律三下一 進 姜彝天 直赴會試 三下二 幼 洪俊榮 給分(右側上段 墨書) |
| | 印記: 晉山世家·三世耆英之家·姜景勳印·熙日(右側下段), 家源憋老(包匣 題籤) |
| | 壯紙 |

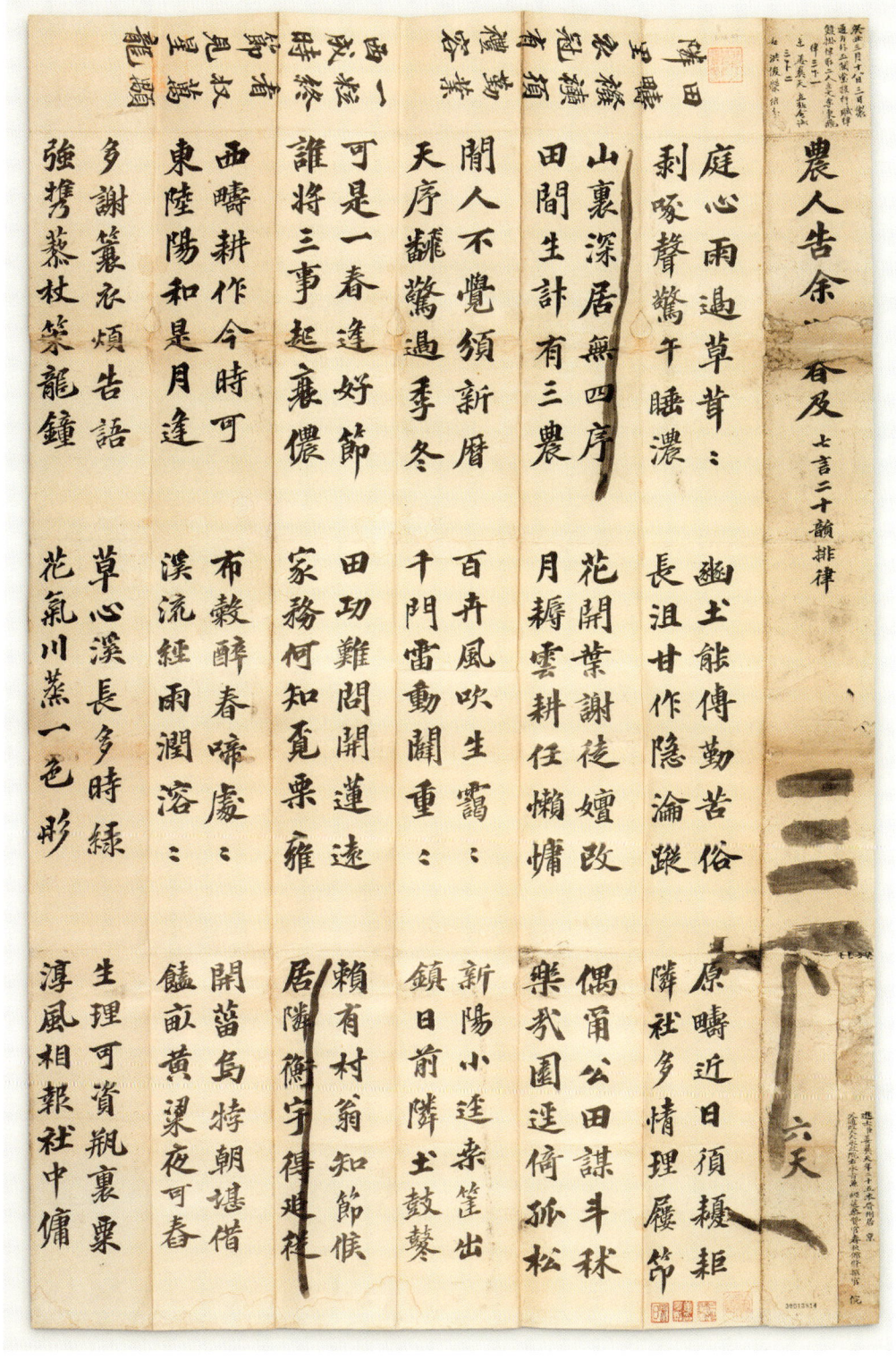

강이천姜彝天(1769~1801)이 나이 25세 때인 1793년(정조 17) 3월 18일에 설행된 삼일제三日製의 율괘律掛에서 삼하일三下一의 평가를 받고 장원하여 직부회시直赴會試의 은전을 받은 시권試券이다.

포갑包匣의 제첨題籤에 필사된 제목은 '중암강이천선생직부회시시지重菴姜彝天先生直赴會試試紙'이다. 제첨에는 제목 외에도 '1995년 가을 이가원이 제첨하다[乙亥秋 家源籤]'라는 기록과 정방형 백문인 '가원참로家源惢老'가 날인되어 있어, 본 시권의 이전 소장자이자 강이천의 후손인 강경훈姜景勳이 연민淵民 이가원李家源에게 제첨題籤의 필사를 의뢰한 것임을 알 수 있다.

본 시권은 모두 7면으로 작첩作帖되어 있다. 첫 면에는 시의 제목과 형식이 크게 적혀 있다. '농인고여이춘급農人告余以春及'이라는 제목 하단에는 '칠언이십운배율七言二十韻排律'이라는 시의 형식을 적었다. 제목 상단에는 본 시권과 관련된 시험에 대한 정보가 소자小字로 적혀 있다. 이 내용에 따르면 1793년 3월 18일에 설행한 삼일제였고 일반 유생도 응시할 수 있는 통방외通方外였으며, 설행 장소는 비천당丕闡堂이었다. 부부와 율률 두 과목 중 하나를 제술하였으며, 2인이 급제하였다. 채점관에 해당하는 주문主文은 이병정李秉鼎이었다. 삼하일로 급제한 강이천은 직부회시의 은전을 받았고, 삼하이三下二로 급제한 홍준영洪俊榮은 가산 점수를 받는 급분給分의 은전을 받았다.

하단에 '육천六天'이라고 쓴 것은 비봉秘封과 시험지가 분리되었을 때 쉽게 찾아 맞출 수 있도록 한 자표字標로, 천자문의 글자 순서대로 붙인 일종의 번호표이다. 당시에 시험이 끝나고 답안을 제출하면 답안을 10장씩 묶는 작축作軸의 과정을 거쳐 답안마다 제출순서를 가리키는 자표字標를 매겼는데, 자표는 숫자와 축의 자호를 합한 것으로 1천一天·2천二天·3천三天과 같은 순으로 기재한 것이다. '육천' 우측은 제진자製進者의 성명과 나이, 본관, 거주지 및 부친의 관직 등이 적힌 비봉에 해당하는 부분이다. 이를 통해 당시 강이천이 25세의 진사進士였고 서울에 거주하고 있었으며, 부친은 승정원承政院 우승지右承旨를 지내고 있던 통정대부通政大夫 강흔姜俒임을 알 수 있다.

나머지 6면은 칠언배율七言排律 시를 3단으로 적은 답안지 부분이다. 시권 둘째 면 하단에는 주백상간朱白相間의 '진산세가晉山世家'와 정방형 주문인朱文印 '삼세기영지가三世耆英之家', 정방형 백문인 '강경훈인姜景勳印', 정방형 주문인 '희일熙日'이 날인되어 있다.

강이천의 본관은 진주晉州이고 표암豹菴 강세황姜世晃의 손자이다. 자字는 성륜聖倫, 호號는 중암重菴·송분당誦芬堂이며 좌시左視라는 별명을 가졌다.

1786년(정조 10) 진사시에 급제하고, 1793년(정조 17) 3월 반제泮製에서 「의주소호청천자만년擬周召虎請天子萬年」을 지어 2등을 차지하였다. 정조의 명으로 명륜당에 모여 『논어』에 대해 강의하기도 했다. 이용휴李用休의 문인으로 김려金鑢, 이옥李鈺, 서준보徐俊輔 등과 교유하였다. 문재文才로 정평이 나 있었고, 『중암고重菴稿』에 수록된 「남성관희자南城觀戲子」는 그가 10세 되던 해인 1778년(정조 2)에 지은 동몽시童蒙詩이자 서사시로, 그의 문학적 재능을 보여주는 대표적인 수작秀作이다. 그의 「한경사漢京詞」 106수는 18세기 한양의 활발한 도시적 면모를 적실하게 보여주는 대표작으로 지금까지 평가받고 있다. 그러나 강이천은 김려, 이옥과 함께 정조로부터 소품체 문장을 구사한다는 이유로 지탄을 받았다. 1797년(정조 21) 비어사건飛語事件에 연루되었고, 33세되던 해인 1801년(순조 1) 신유사옥辛酉邪獄 때 서학도西學徒라는 혐의로 생을 마감하였다. 1872년(고종 9) 이조참판에 추증되었다.

시권은 국가 시험의 공정한 운영을 위하여 전 과정에 걸쳐 엄격하게 관리하였다. 본 시권에는 그 과정의 흔적들이 그대로 남아 있다. 직부회시는 생원生員 진사시進士試 또는 문과文科 응시자에게 초시初試를 면제하고 바로 2차 시험인 회시會試에 응시할 자격을 부여하는 경우를 말한다. 평상시에 성균관成均館, 사학유생四學儒生 또는 외방의 도회시都會試 등에서 우수한 성적을 발휘한 자에게 주는 일종의 특전이었다. 주로 전강殿講, 절일제節日製, 황감제黃柑製, 응제應製, 통독通讀, 외방 별과外方別科 등에 합격한 사람이 곧바로 과거의 복시覆試인 회시會試에 응할 수 있는 자격을 얻었다.

6면에 걸쳐 실린 시는 모두 20운韻의 배율排律로, 제목은 시권에 「농인고여□ □급農人告余□□及 칠언이십운배율七言二十韻排律」이라 쓰여있어 두 자가 잘 보이지 않는다. 그러나 이 시는 그의 문집 『중암고重菴稿』 제1책에 「농인고여이춘급農人告余以春及 압농押農 계축삼제거괴癸丑三製居魁 입운배율卄韻排律」이라는 제목으로 수록되어 있어서 지워진 글자가 '이춘以春'임을 알 수 있다.

시권 하단에 크게 '삼하일三下一'이라고 붓으로 쓴 것은 정조가 직접 매긴 등급이자 시험성적이다. 삼하三下란 시문詩文을 끊는 12등급等級 중 아홉째 등급等級으로, 삼하三下 이상은 회시會試에 곧바로 응시할 자격을 주게 하였다. 조정에서 주관하는 각종 과시科試의 채점을 매길 때 이상二上·이중二中·이하二下, 삼상三上·삼중三中·삼하三下, 차상次上·차중次中·차하次下의 9개 등급이 있었고, 각 등급은 다시 여러 단계로 세분하였다. 예를 들면 삼하는 삼하일三下一·삼하이三下二·삼하삼三下三·삼하사三下四·삼하오三下五·초삼하草三下로 나뉘는데, 삼하일이 가장 높고 초삼하가 가장 낮은 단계이다.

강이천의 문집에는 이 시권의 내용이 기재되어 있는데 '삼제거괴三製居魁'라 하여 삼제三製에서 장원급제[居魁]를 한 것으로 되어 있다. 시의 제목은 「농부가 나에게 봄이 왔다고 알리기에[農人告余以春及]」이며 시의 형식은 7언 20운 배율排律이다. 그가 쓴 20운의 시의 전문은 다음과 같다.

庭心雨過草茸茸　剝啄聲驚午睡濃　幽土能傳勤苦俗　長沮甘作隱淪蹤
原疇近日須櫌耜　隣社多情理屨筇　**山裏深居無四序**　田間生計有三農
花開葉謝徒嬗改　月耨雲耕任懶慵　偶爾公田謀斗秫　樂哉園逕倚孤松
閒人不覺頒新曆　天序翻驚過季冬　百卉風吹生靄靄　千門雷動鬪重重
新陽小徑桑筐出　鎭日前隣土皷鼕　可是一春逢好節　誰將三事起衰儂
田功難問開蓮遠　家務何知覓栗雍　賴有村翁知節候　**居隣衡宇得追從**
西疇畊作今時可　東陸陽和是月逢　布穀醉春啼處處　溪流經雨潤溶溶
開菑烏犆朝堪借　饁畞黃粱夜可舂　多謝簑衣煩告語　強携藜杖策龍鐘
草心溪長多時綠　花氣川蒸一色彤　生理可資瓶裏粟　淳風相報社中慵
田疇褦襶須勤業　隣里衣冠有禮容　一粒終看收萬顆　西成時節見星龍

이 중 '산리심거무사서山裏深居無四序'와 '거린형우득추종居隣衡宇得追從'의 문구에는 특별히 표시가 되어 있는데 아마도 채점 당시에 높은 점수를 받게 된 문구, 즉 문학적 표현이 뛰어나거나 형식이 잘 들어맞는 구절을 표시한 것으로 보인다.

본 「강이천시권」을 통해 그의 생전의 이력을 살필 수 있음은 물론이며, 조선 후기 삼일제의 답안 작성 요령, 시의 내용, 평가방식 등을 확인할 수 있다. 당시에 합격자를 발표하면 합격자에게는 자신의 시권을 돌려 주었는데, 오래도록 가문에 남아 잘 보관되어 상태도 양호한 편이다. 방현아

주제어
강이천姜彝天, 시권試券, 직부회시直赴會試, 농인고여이춘급農人告余以春及

참고문헌
姜彝天 撰, 규장각한국학연구원 소장 『重菴稿』(奎11612).
김동석, 『조선시대 시권 연구』, 한국학중앙연구원 박사학위논문, 2013.
방현아, 『重菴 姜彝天의 「漢京詞」 研究 : 18世紀 서울의 都市的 樣相의 形象化』, 성균관대학교 석사학위논문, 1994.
강경훈, 『重菴 姜彝天 文學 研究 : 18세기 近畿 南人, 小北文壇 展開와 관련하여』, 동국대학교 박사학위논문, 2001.

정조대왕초계문신승지공강준흠선생과지
正祖大王抄啓文臣承旨公姜浚欽先生科紙
Gang-junheum Gwaji

貴 마T72-00002

서명　　正祖大王抄啓文臣承旨公姜浚欽先生科紙
저자　　姜浚欽(朝鮮)
판본　　筆寫本
발행　　[刊寫地未詳]: [刊寫者未詳], [朝鮮後期]
형태　　13張 : 行字數不定 ; [117.7×83.0 cm]
주기　　試券
　　　　書名은 包匣題임
　　　　v.1: 117.7×80.3 cm,  v.2: 114.9×83.6 cm ,  v.3: 116.5×83.7 cm,  v.4: 118.4×81.2 cm,
　　　　v.5: 120.6×83.0 cm,  v.6: 56.0×80.8 cm,  v.7: 112.3×81.0 cm,  v.8: 115.5×80.2 cm,
　　　　v.9: 57.9×78.0 cm,  v.10: 79.9×57.7 cm.,  v.11 : 57.3×77.9 cm,  v.12: 57.2×76.2 cm,
　　　　v.13: 57.4×80.2 cm.
　　　　壯紙

고문서
古文書

3

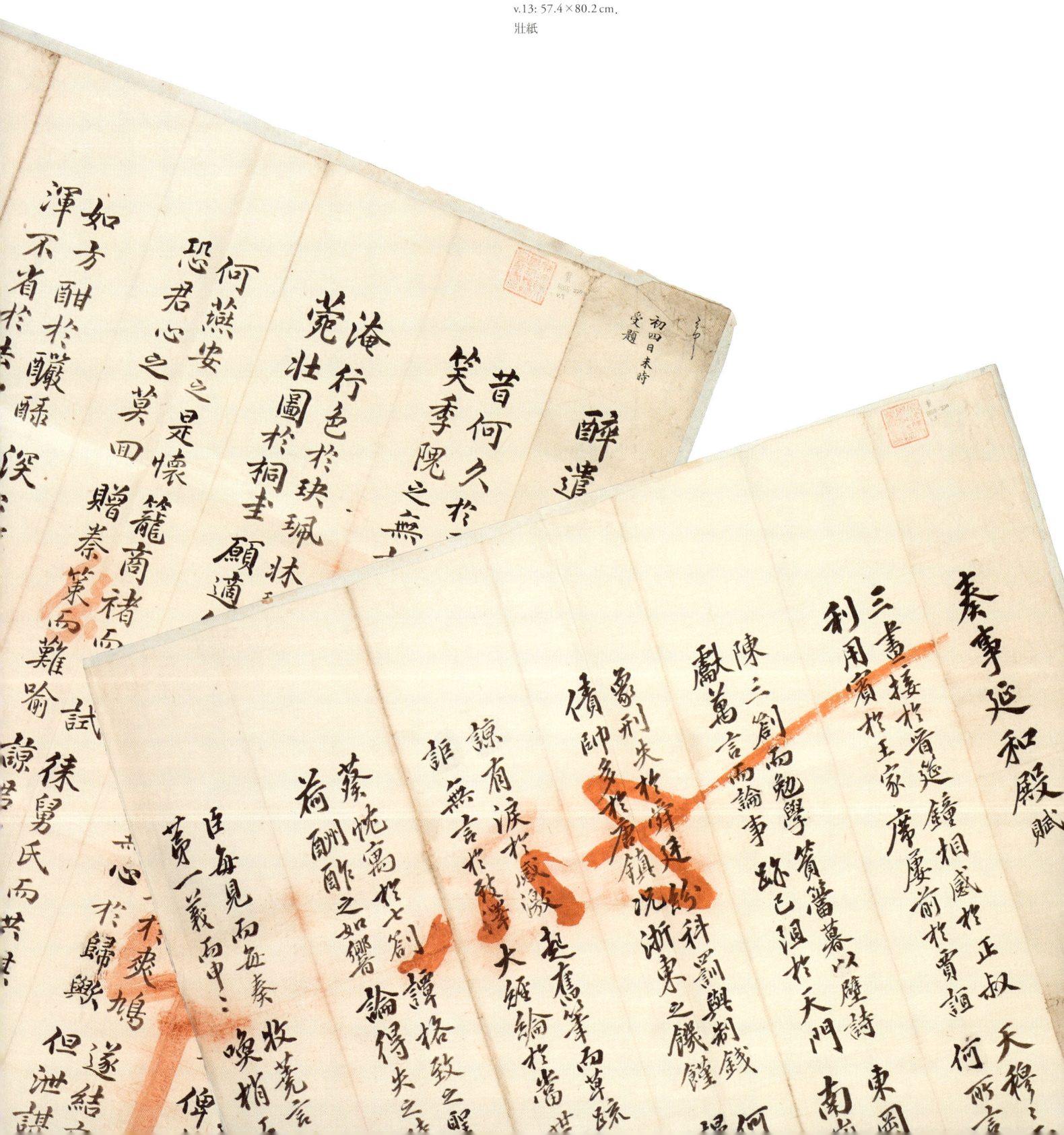

조선 후기 문신 강준흠姜浚欽(1768~1833)이 초계문신抄啓文臣 시절에 과강課講으로 채점 받은 총 13장의 시권試券이다.

제명은 포갑제匣題에 근거하였다. 제첨題籤 하단에는 정방형 백문인 '정재홍鄭載興'이, 포갑 내부의 시권 목록 말미에는 '재홍지인載興之印'이 날인되어 있어 현대의 서예가 송석松石 정재홍鄭載興이 썼음을 알 수 있다. 우측하단의 비봉祕封이 그대로 남아 있고 시권의 후면을 현대에 배접하여 시권의 상태는 매우 좋다.

강준흠의 본관은 진주晉州이며, 자字는 백원百源, 호號는 삼명三溟이다. 그의 부친은 강세정姜世靖이며 어머니는 안동권씨이다. 강준흠은 25세가 되던 1792년(정조 16) 초시에 합격하였고, 28세(1795년, 정조19)에 정시庭試에서 차석으로 뽑혀 규장각 초계문신이 되었다. 이후 정언正言, 지평持平, 부수찬副修撰 등을 지내고 38세 (1805년, 순조 5)에는 정순왕후貞純王后의 부고를 전하는 고부사告訃使의 서장관書狀官으로 중국에 다녀왔다. 43세(1810년, 순조 10)에는 헌납獻納과 장령掌令이 되었고, 44세(1811년, 순조 11)에 수안군수遂安郡守, 48세(1815년, 순조 15)에 사성司成을 지냈다. 이후 장악원정掌樂院正, 필선弼善, 사헌집의司憲執義, 사간司諫 등을 두루 거쳤다. 60세(1827년, 순조 27)에 지제교知製敎가 되었고, 61세(1828년, 순조 28)가 되던 해에 동부승지同副承旨로 당상관에 올랐다.

강준흠은 외가의 선조인 만회晚悔 권득기權得己와 권시權諰의 학문을 계승했으며, 영남의 대표적인 남인계 학자였던 입재立齋 정종로鄭宗魯에게 배웠다. 저작으로는 『삼명시화三溟詩話』·『동국선현전東國先賢傳』 등이 있고 문집으로는 『삼명집三溟集』이 있다.

시권은 국가에서 설행한 시험의 답안지로, 공정한 운영을 위하여 시험 전 과정에 걸쳐 시권을 엄격하게 관리하였다. 현전하는 시권에는 그 과정의 흔적들이 그대로 남아 있으며, 본 시권 또한 보관 상태가 양호하다. 필사 시기는 1796년(정조 20)부터 1798년(정조 22)경이며, 강준흠의 친필로 18세기 시권에 대한 연구는 물론 초계문신 과강課講 연구에 자료로 활용될 수 있는 중요한 문건들이다.

초계문신이란 조선 정조 이후 규장각奎章閣에서 연소문신年少文臣을 교육하던 제도로, 교육 과정은 과강課講과 과제課製였다. 본 시권을 표로 정리하면 다음과 같다. 연도순으로 배열하되 연대 미상은 가장 뒤에 배열하였고 청구기호상의 순번 또한 부기하였다.

| 연대<br>순번 | 청구기호<br>순번 | 제목 | 작성 연대 | 성적 |
|---|---|---|---|---|
| 1 | v.6 | 未央前殿月輪高 | [1796년 6월] | 三上 |
| 2 | v.12 | 只在蘆花淺水邊 | [1796년 9월] | 次上 |
| 3 | v.13 | 洞庭張樂 | [1796년 10월] | 二中 |
| 4 | v.10 | 南薰琴銘 | [1796년 11월] | 三上 |
| 5 | v.7 | 醉遣公子賦 | [1796년 12월] | 三中 |
| 6 | v.1 | 吾語汝遊賦 | [1797년 9월 1일] | 次上 |
| 7 | v.8 | 巴陵酒醉洞庭秋賦 | [1797년 9월 26일] | 三下 |
| 8 | v.3 | 奏事延和殿賦 | [1798년 12월 9일] | 三中 |
| 9 | v.4 | 昔有爲我言趙將李齊之賢賦 | [1798년 12월 12일] | 三下 |
| 10 | v.9 | 語君眞富貴 | [1800년] | 次中 |
| 11 | v.11 | 睡比故年多 | - | 次中 |
| 12 | v.5 | 若以鼻語賦 | - | 次中 |
| 13 | v.2 | 丁寧顧婢子語刺刺賦 | - | 三下 |

「미앙전전월륜고未央前殿月輪高」

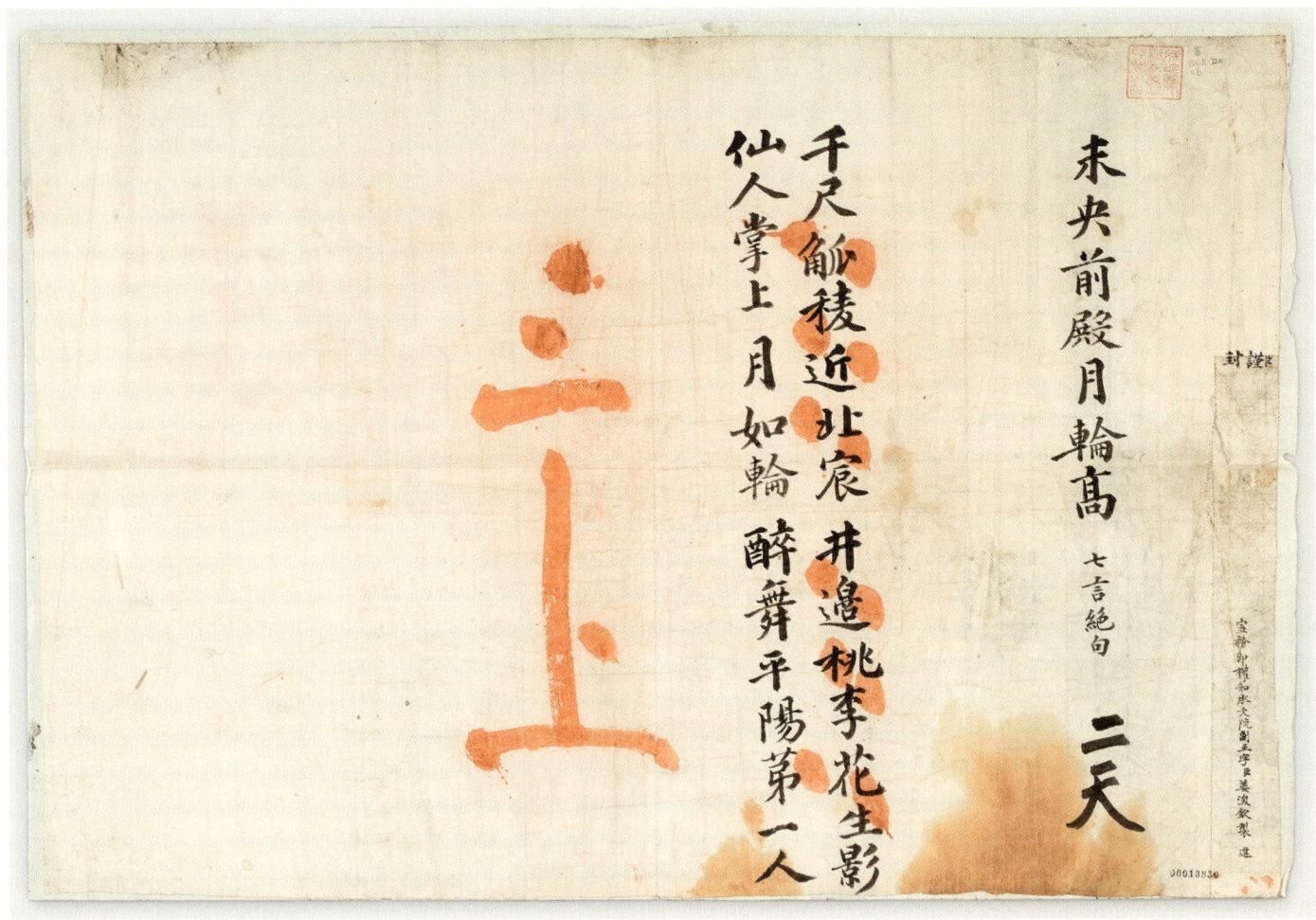

칠언절구로 삼상三上을 받은 시권이다. 1796년(정조 20) 11월 29일에 초계문신에게 친시親試의 갱시更試와 과시를 보이고 그 시권을 채점하여 내렸다. "6월에 치렀어야 할 갱시는 '갱재賡載'를 가제歌題로 삼고 2월의 갱시는 의제疑題로 하라고 명하였다. 또 이하등二下等을 맞은 두 문신 신현申絢·유태좌柳台佐와 차상등次上等인 두 문신 권준權晙·황기천 黃基天은 '용작가庸作歌'를 차운次韻하고, 그 나머지 문신들은 '강구가康衢歌'를 차운하라고 명하였다. 신현, 권준, 강준흠이 삼상三上을 맞아 등급이 똑같 았다. 비교를 보이라고 명하여 '미앙궁의 전전에 달이 높게 떠 있었네.[未央 前殿月輪高]'로 칠언절구제七言絶句題를 삼았는데, 권준, 강준흠이 삼상을 맞아 등급이 똑같았다. 또 비교를 보이라고 명하여 '대유평大有坪'으로 명제 銘題를 삼았는데, 강준흠이 삼상을 맞아 수석을 차지하였다."라는 기록이 있다.

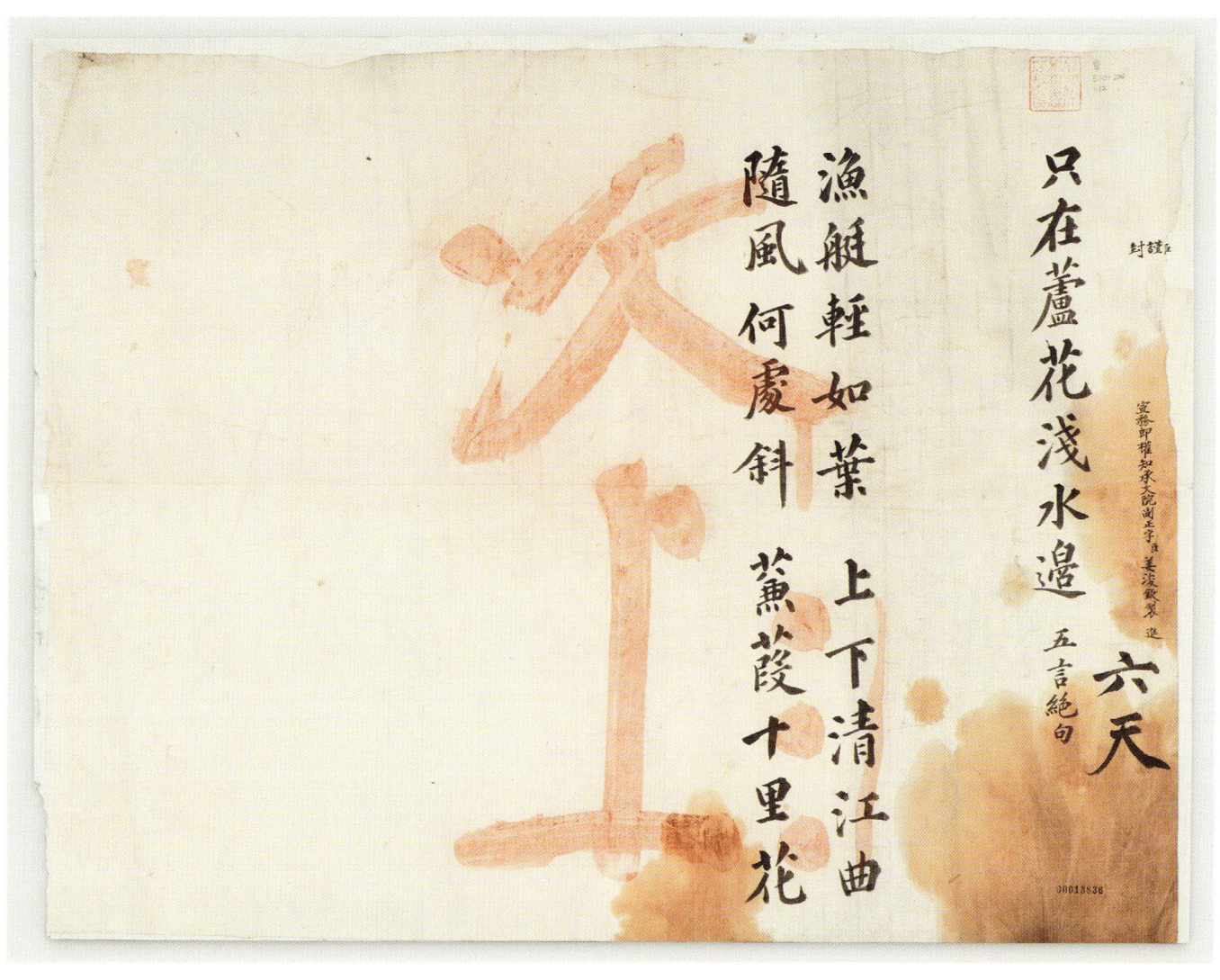

오언절구로 차상次上을 받은 시권이다. '지재노화천수변只在蘆花淺水邊'은 당나라 사공서司空曙의 「강촌즉사江村卽事」에서 '온밤 내내 바람 불어서 다 없어진대도 얕은 물가에 갈대꽃만은 남아 있으리[縱使一夜風吹去 只在蘆花淺水邊]'라는 시구에 나온다. 『정조실록正祖實錄』 1796년(정조 20) 11월 29일 기사에 초계문신에게 친시의 갱시更試와 과시課試를 보이고 그 시권을 재점하여 내리고, '9월에 치렀어야 할 과시는 "지재노화천수변只在蘆花淺水邊"으로 오언절구의 시제를 삼았는데, 조석중·황기천·김이재·신현이 이하二下를 맞아 등급이 똑같았다.'라는 내용이 있다.

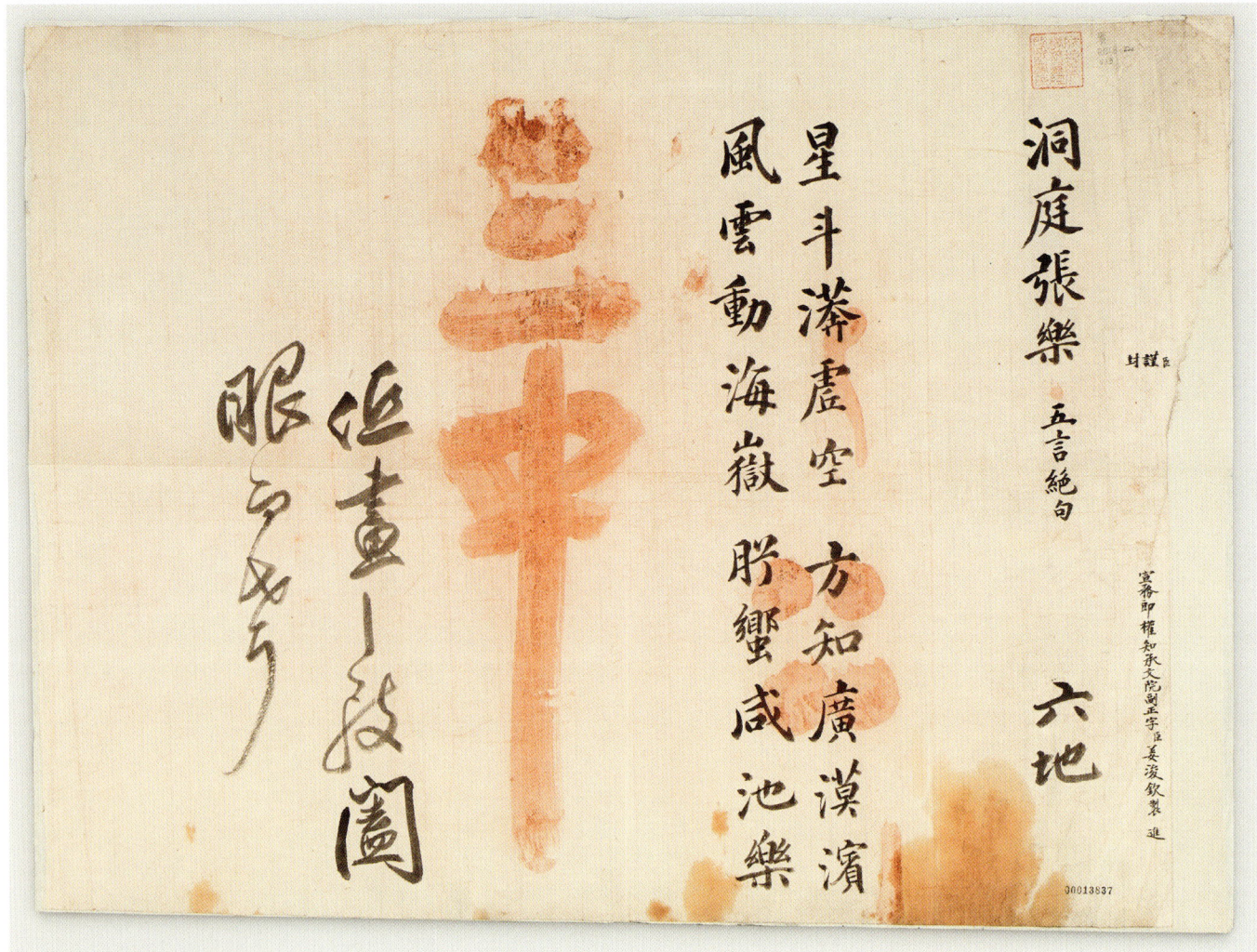

오언절구로 삼중三中을 받은 시권이다. '동정장락洞庭張樂'은 '동정에서
음악을 연주한다.'라는 뜻으로『장자莊子』,「천운天運」에 "황제가 동정의
들에서 함지악咸池樂을 연주하였다."라는 말이 있는데, 이 고사를 원용
하여 시제試題로 낸 것으로 보인다.

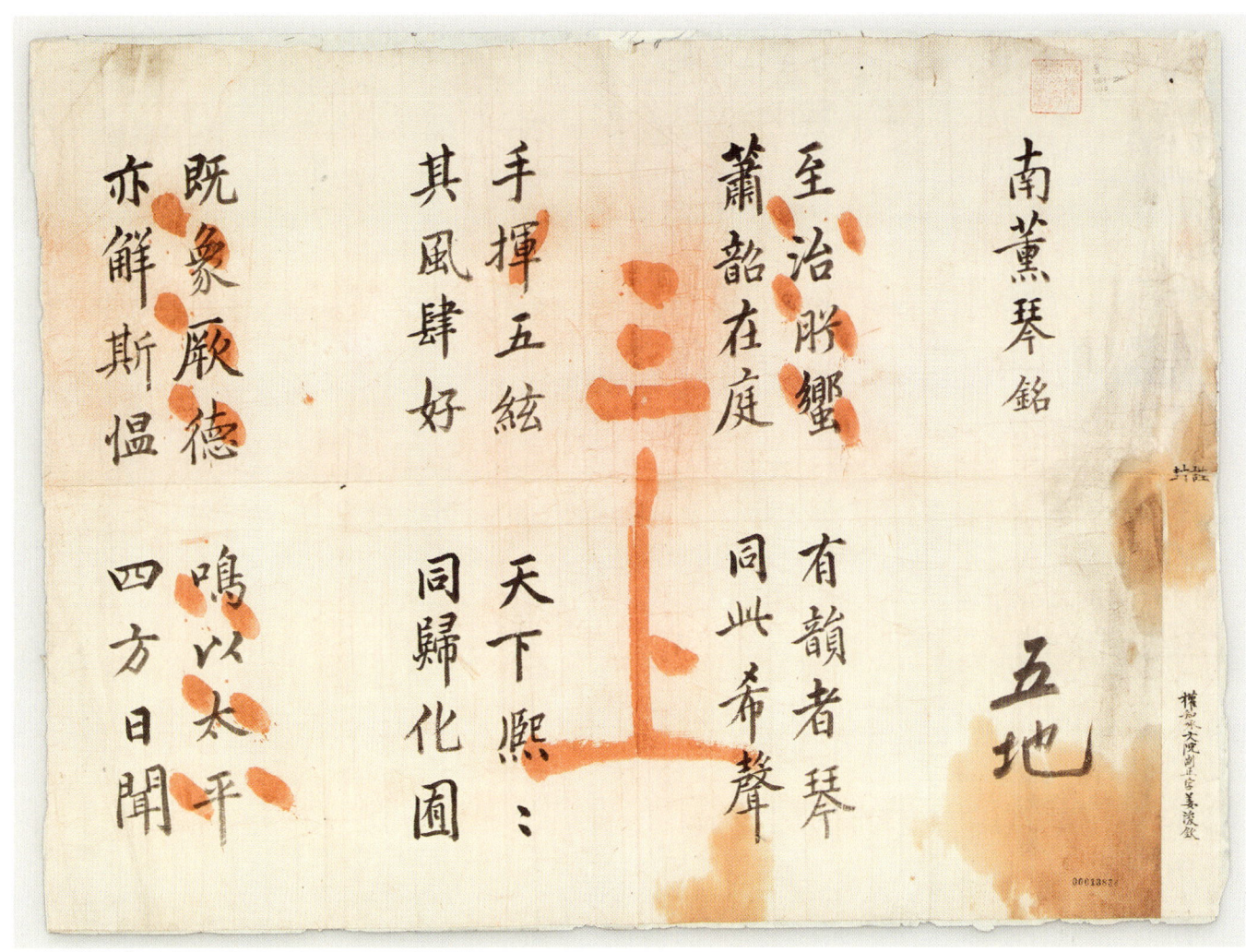

삼상二上을 받은 시권이다. '남훈금南薰琴'은 순舜 임금이 오현금五絃琴을
타면서 지은 「남풍가南風歌」를 말한다. 그 가사에 '남풍이 훈훈함이여,
우리 백성의 노여움을 풀겠구나. 남풍이 때맞춰 불어옴이여, 우리 백성의
재물을 부유하게 하리로다.[南風之薰兮 可以解吾民之慍兮 南風之時兮 可以阜吾民
之財兮]'라고 하였다.(『공자가어孔子家語』, 「변악해辯樂解」 참조)

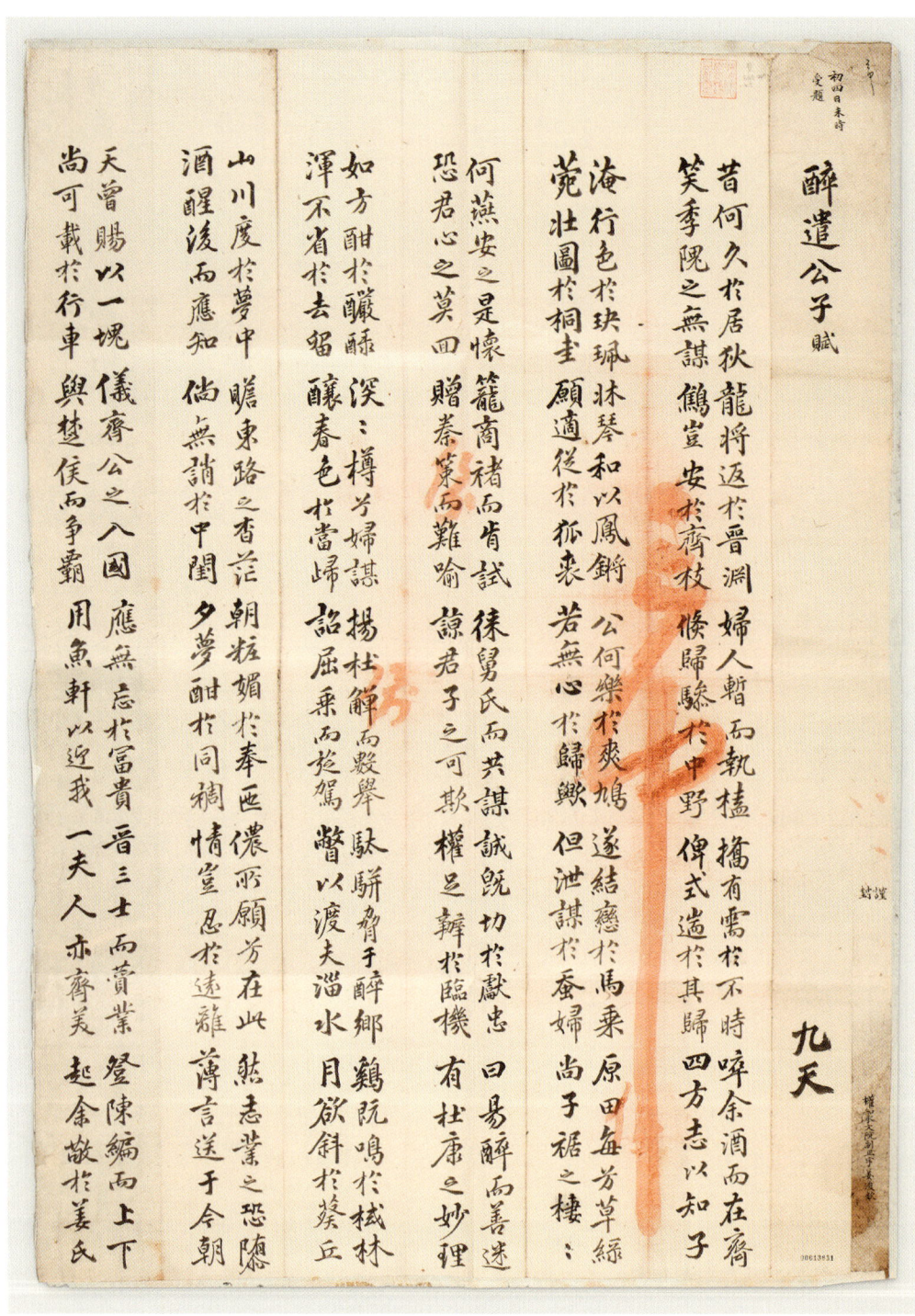

삼중三中을 받은 시권이다. 1796년(정조 20) 12월 5일에 초계문신들의
12월 과시課試 시권을 채점하여 내리고, 이어 갱시更試의 서제書題를
써서 내려 다시 지어 올리게 하였다. '제강齊姜이 공자를 술 취하게 하여
보내다[醉遣公子]'로 부제賦題를 삼았는데, 서준보徐俊輔가 이하二下로
수석을 차지하였다.

「오어여유부吾語汝遊賦」

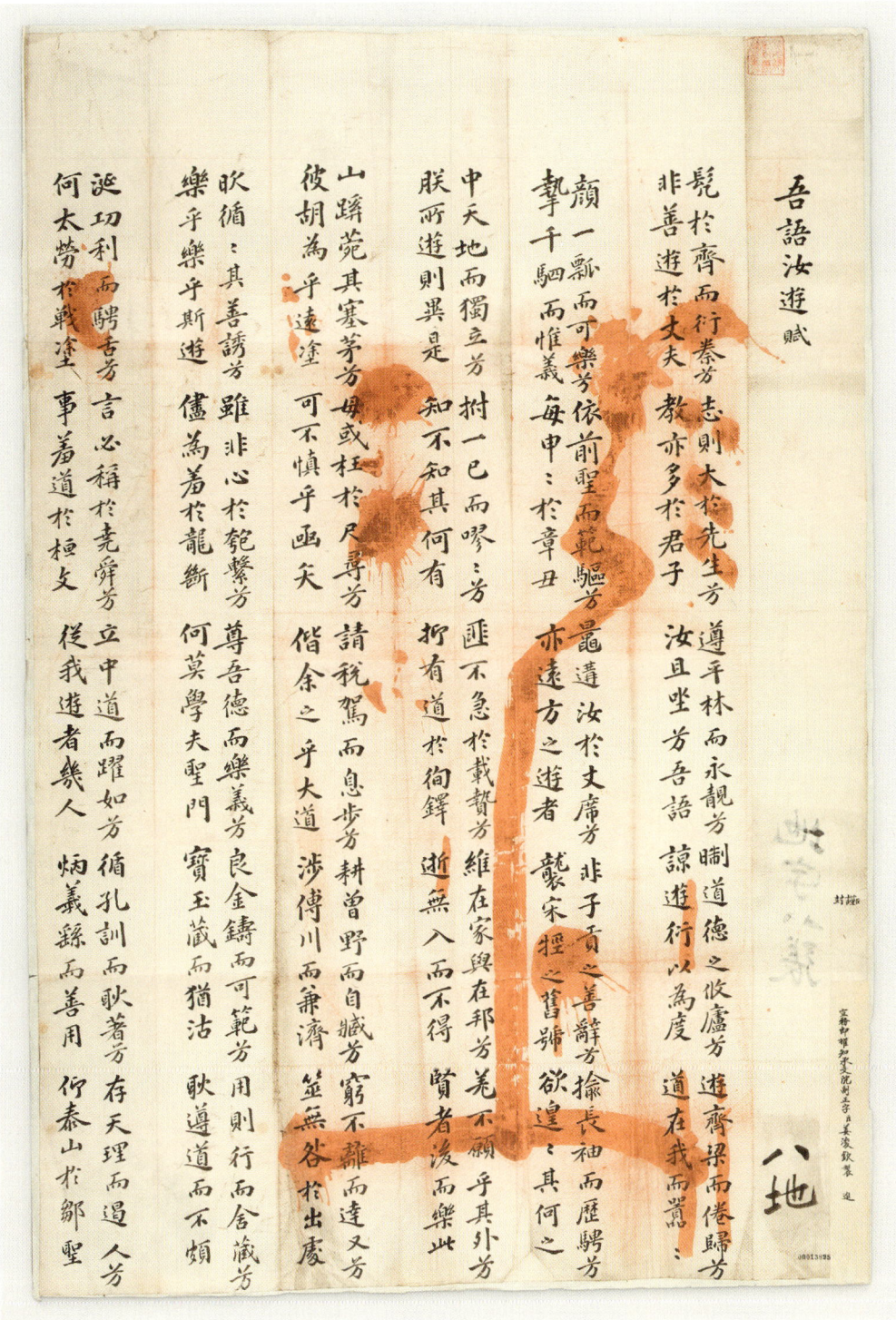

차상次上을 받은 시권이다. 『일성록日省錄』 1797년(정조 21) 9월 1일에 '내가 그대에게 유세遊說에 대해 말해 주겠다[吾語子遊]'로 부제賦題를 삼고 성균관에서 국제菊製를 설행하였다는 기록이 있다.

「파릉주취동정추부巴陵酒醉洞庭秋賦」

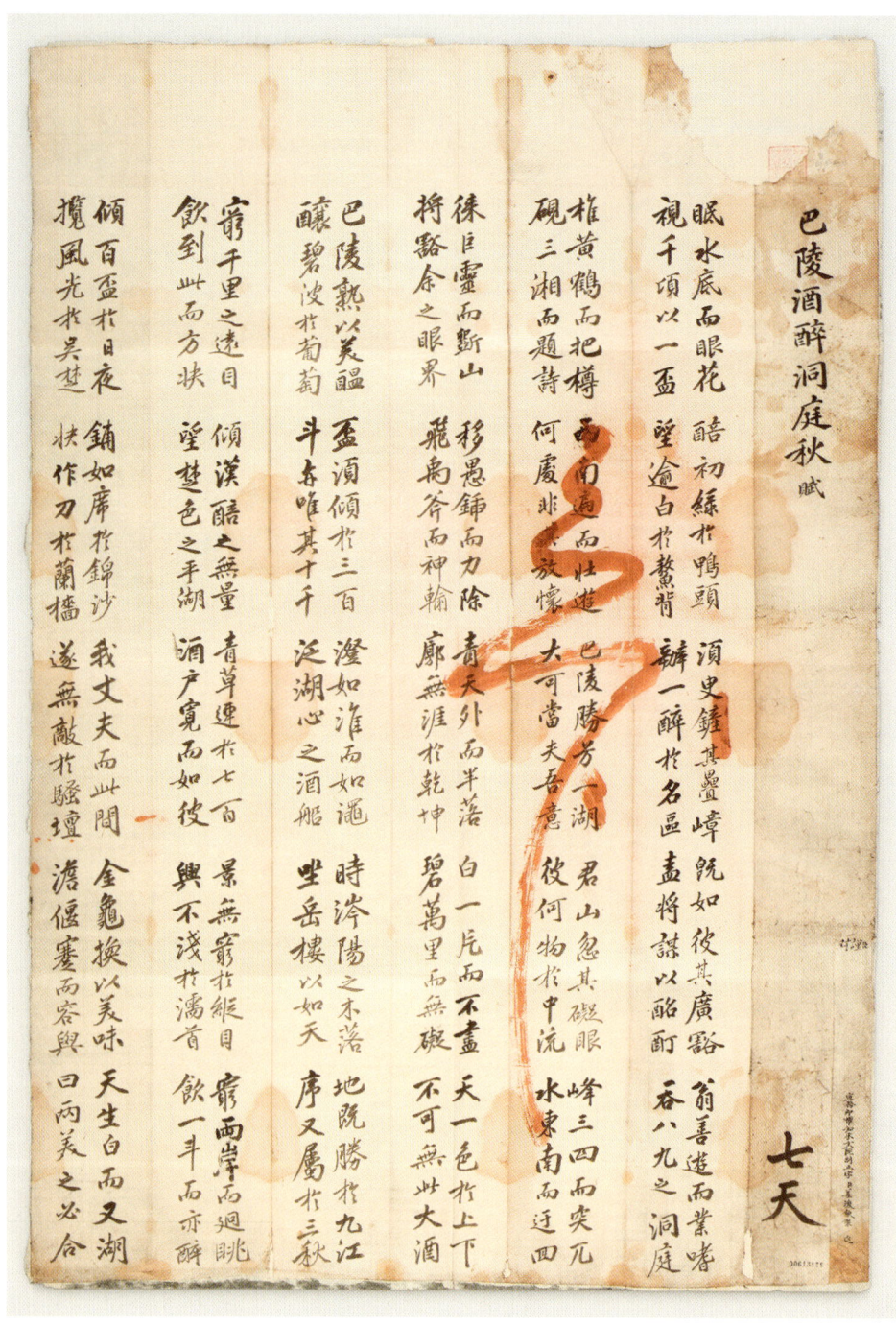

삼하三下를 받은 시권이다. '파릉에서 한없이 술을 마시고, 동정호의 가을에 흠뻑 취하네
[巴陵無限酒 醉殺洞庭秋]'라는 구절은 이백李白의 시에서 원용한 것이다. (『전당시全唐詩』권179,
「배시낭숙유동정취후삼수陪侍郎叔遊洞庭醉後三首」참조) 『정조실록正祖實錄』에 의하면 1797년(정조 21)
9월 26일 춘당대春塘臺에서 초계문신의 친시親試 및 시사試射를 행하였다. 시관 및 문신들이
뜰에 들어와 예를 행하였으며 '용문에 아직 남은 노래가 있어[龍門有遺歌]'로 칠언고시의
제목을 삼고 '파릉에서 술을 마시고 동정호의 가을에 취하네[巴陵酒醉洞庭秋]'로 부제賦題를
삼았다.

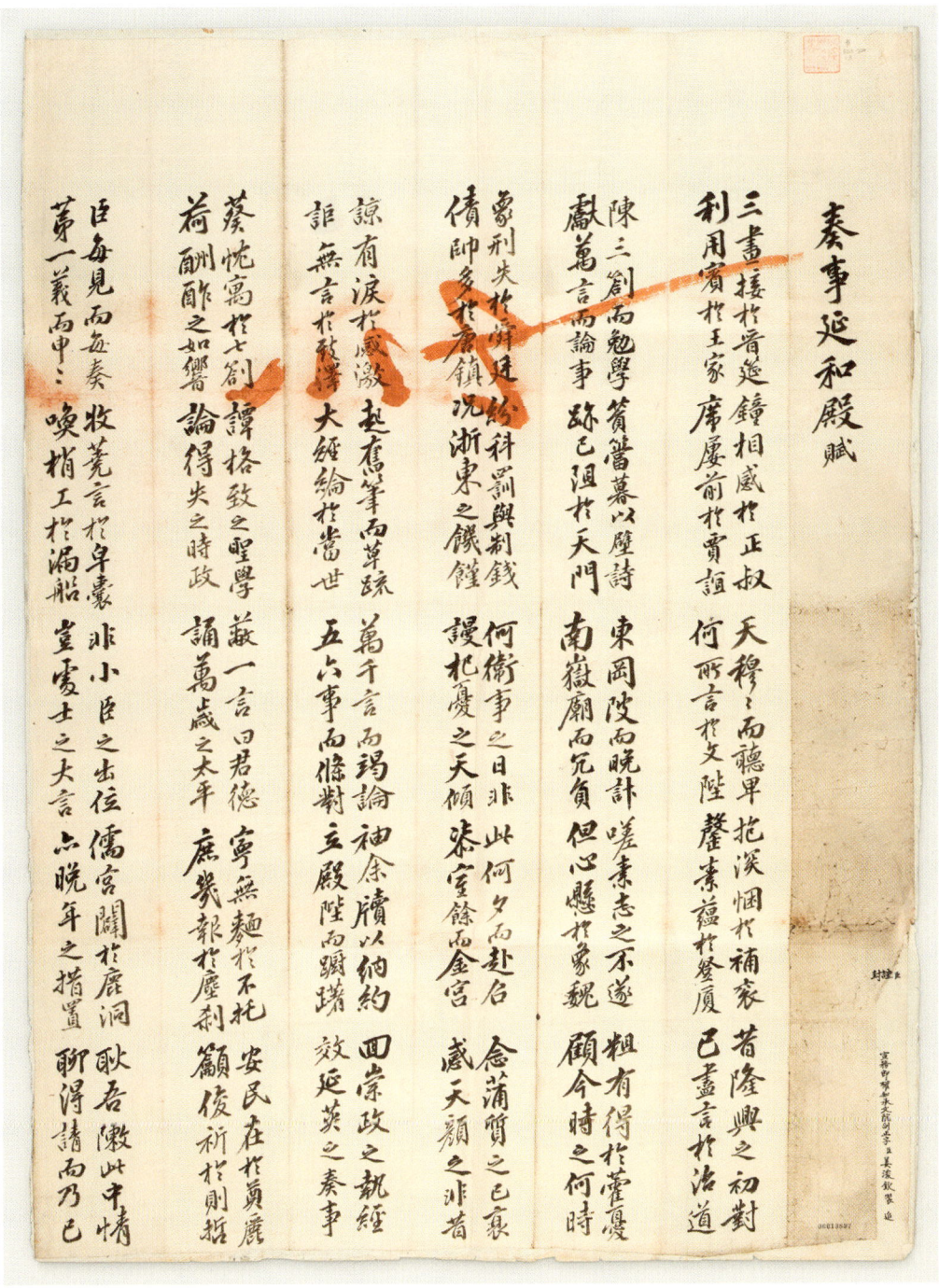

1798년(정조 22) 12월 9일의 초계문신 과강 시권이다. 강준흠은 여기서 삼중三中을 받았는데, "이날 편전便殿에 나아가 초계문신抄啓文臣의 친시親試와 과강課講을 행하였는데, 시관試官은 이만수李晚秀와 이시원李始源이었다. 시관 이하가 제술 문신製述文臣과 전강문신殿講文臣을 이끌고 뜰에 들어와 예를 행하였다. '연화전에서의 일을 아뢰다[奏事延和殿]'로 부제賦題를 삼고, 이어 개강開講을 명하였다."라는 기록이 있다. 이날 친시의 시권試券을 거두어 정조가 직접 채점하여 내렸는데, 홍문관 응교 엄기嚴耆가 삼상三上을 맞아 수석을 차지하였다.

9

「석유위아언조장이제지현부昔有爲我言趙將李齊之賢賦」

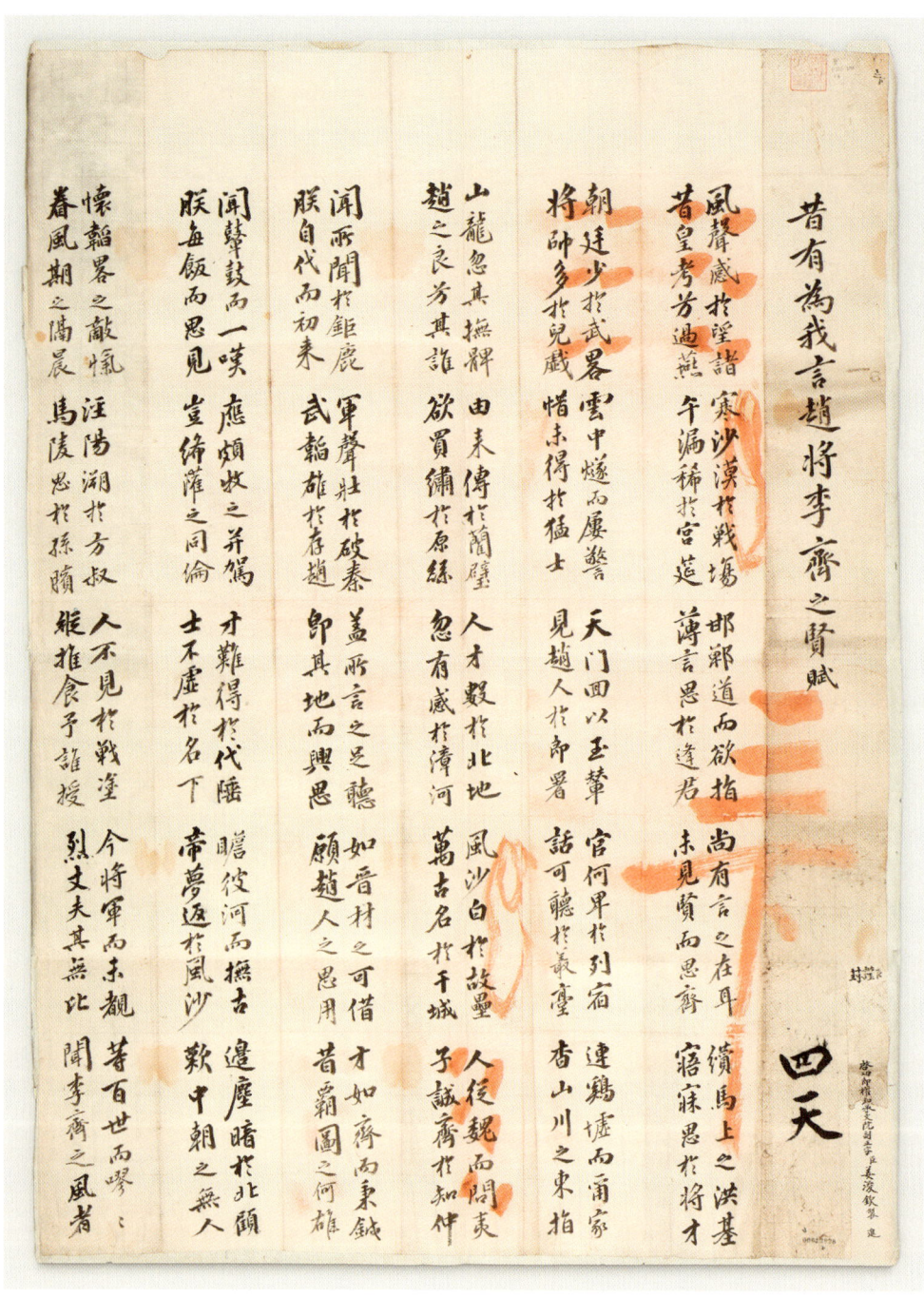

1798년(정조 22) 12월 12일의 초계문신 과강에서 삼하三下를 받은 시권이다. 『일성록』에 따르면 춘당대春塘臺에서 초계문신에게 12월 친시親試와 12월 과강課講을 행한 사실이 나온다. 그때의 응제가 '옛적에 나에게 조나라 장수 이제의 어짊을 말한 일이 있다昔有爲我言趙將李齊之賢'라고 하였으니, 이는 한 문제漢文帝와 풍당馮唐의 대화 가운데 나오는 한 문제의 말을 부제賦題로 삼은 것이다. 풍당은 '훌륭한 임금이 아니면 훌륭한 장수를 쓸 수 없습니다.'라고 말하여 문제를 감복시킨 일이 있다.(『사기史記』 권102, 「풍당열전馮唐列傳」 참조)

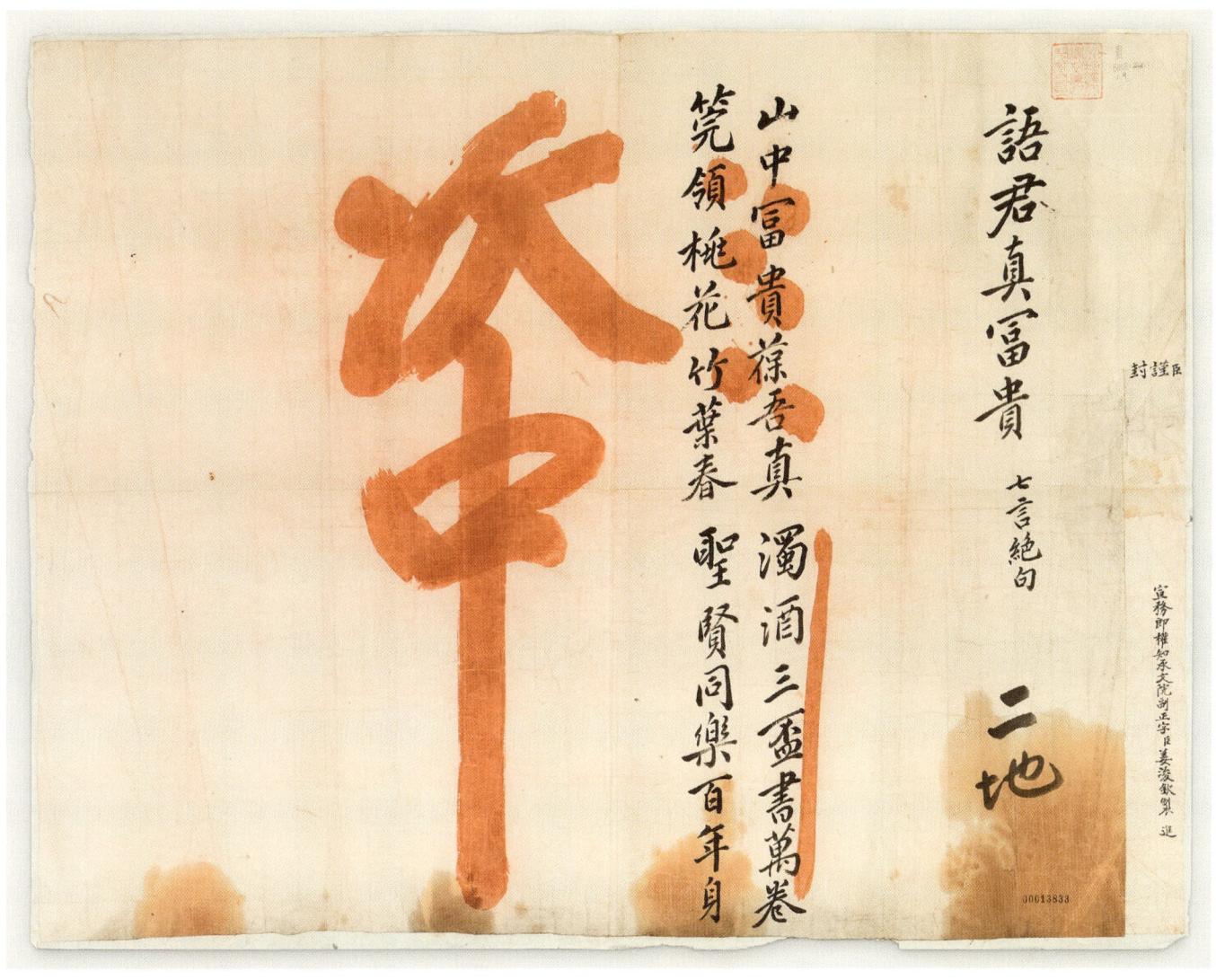

칠언절구로 차중次中을 받은 시권이다. 『학서집鶴棲集』 권1, 「어군진부귀語君眞富貴 친시응제親試應製」와 『운곡집雲谷集』 권1, 「어군진부귀語君眞富貴 봉교제진奉敎製進」등이 남아 있어 본 제목이 응제시로 쓰인 것임을 알 수 있다.

「수비고년다睡比故年多」

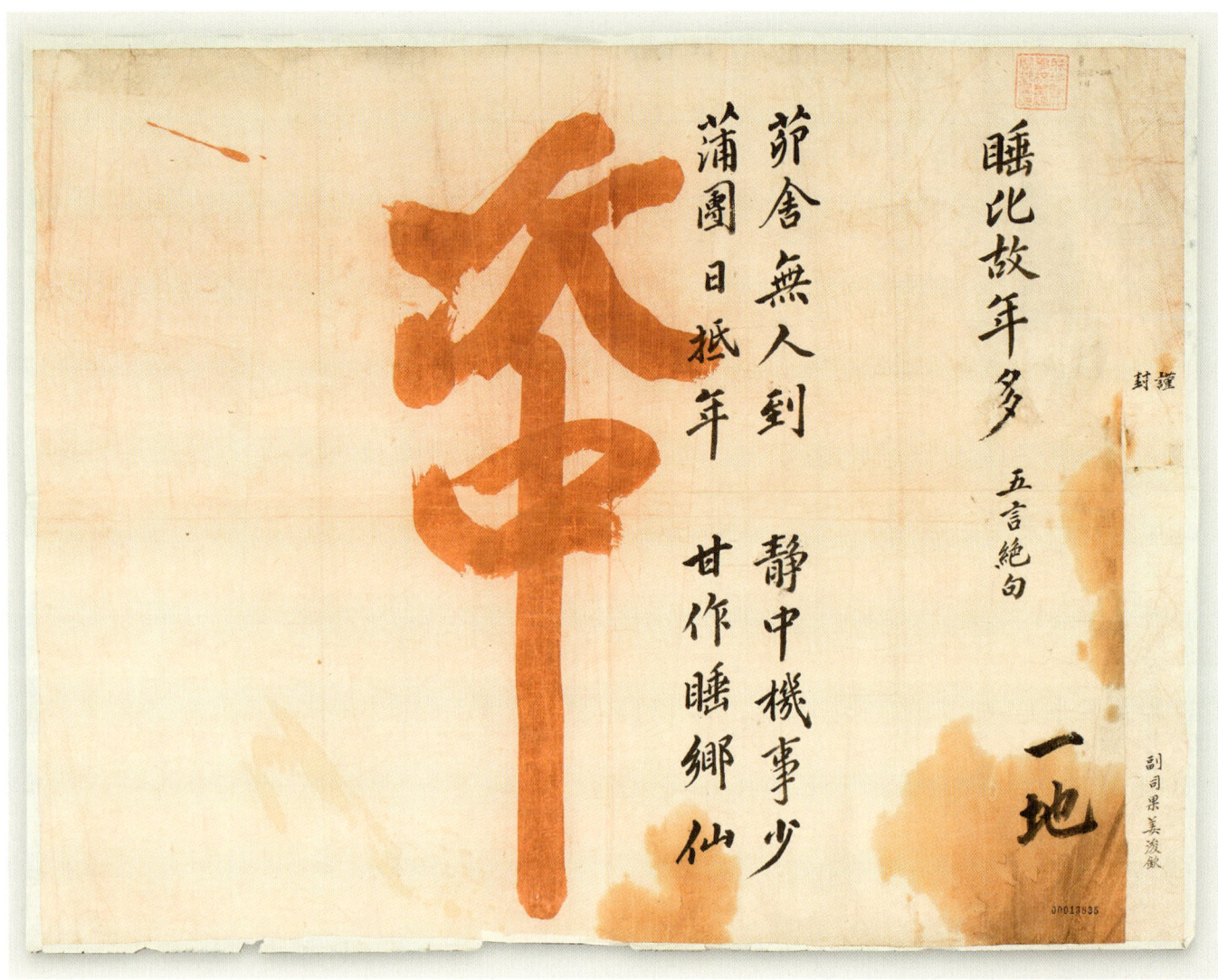

오언절구로 차중次中을 받은 시권이다.

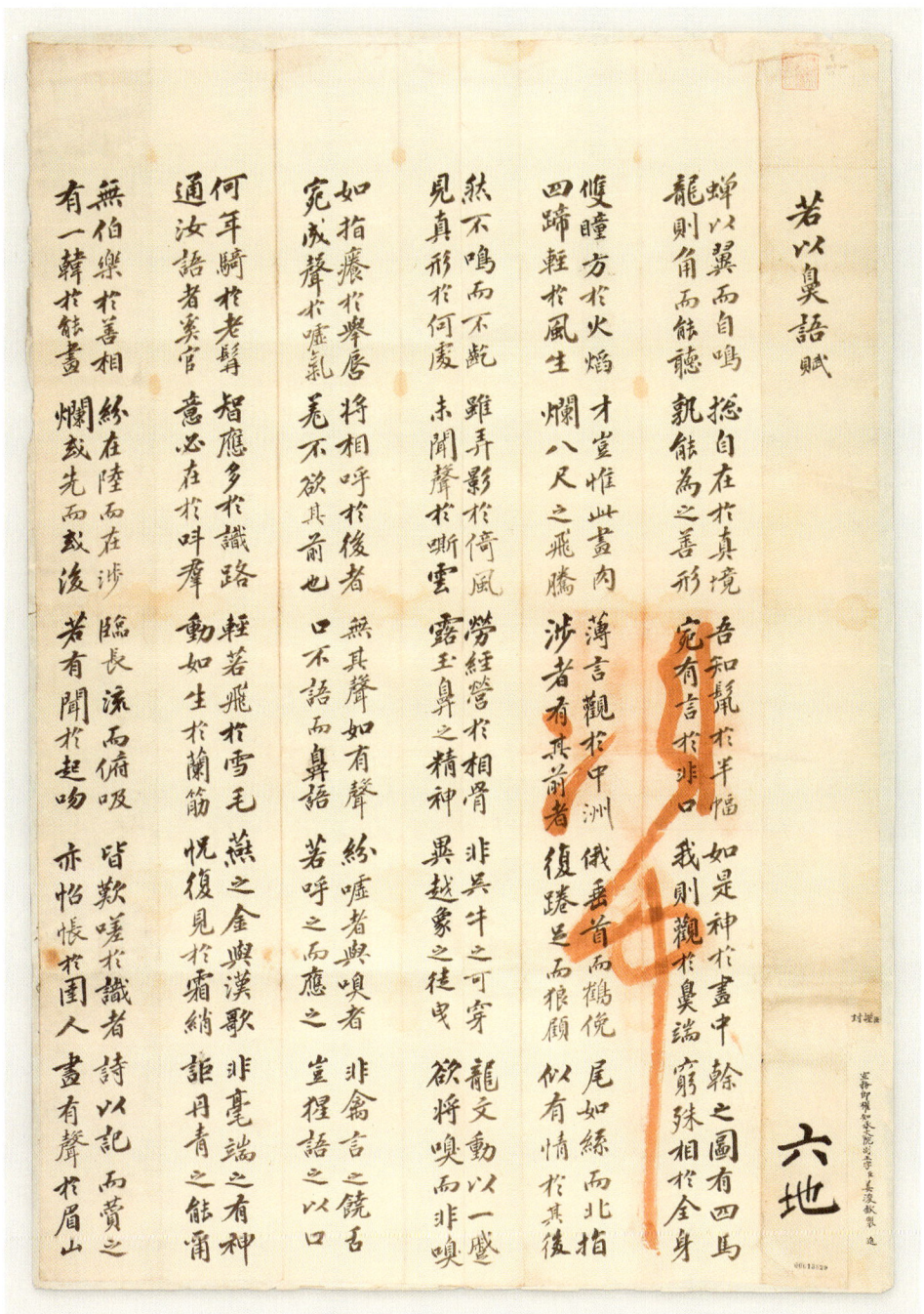

차중次中을 받은 시권이다. '약이비어若以鼻語'란 '마치 코로 말하는 듯하고'라는 뜻으로,『송대가소문충공문초宋大家蘇文忠公文抄』권27「한간화마찬韓幹畫馬贊」에 나오는 말이다. 그 찬贊에 이르기를 '한간韓幹이 그린 말이 네 필이니, 그중에 한 마리는 육지에 있으면서 머리를 틀고 살기를 떨쳐서 마치 바라는 바가 있는 듯 발을 구르며 길게 울고, 그중에 한 마리는 물을 건너고자 하여 꽁무니를 높이 들고 머리를 낮추어서 따라 건널 곳을 가려 몸을 움츠리고 조심조심 걷고 있으나 아직 건너지는 못하였다. 그리고 나머지 두 마리는 물에 있는데, 앞에 있는 놈은 뒤를 돌아보면서 마치 코로 말하는 듯하고, 뒤에 있는 놈은 대꾸하지 않고서 물을 마시려고 걸음을 멈추고 있다.[韓幹之馬四 其一在陸 驤首奮鬣 若有所望 頓足而長鳴 其一欲涉 尻高首下 擇所由濟 蹢躅而未成 其二在水 前者反顧 若以鼻語 後者不應 欲飮而留行]'라고 하였다.

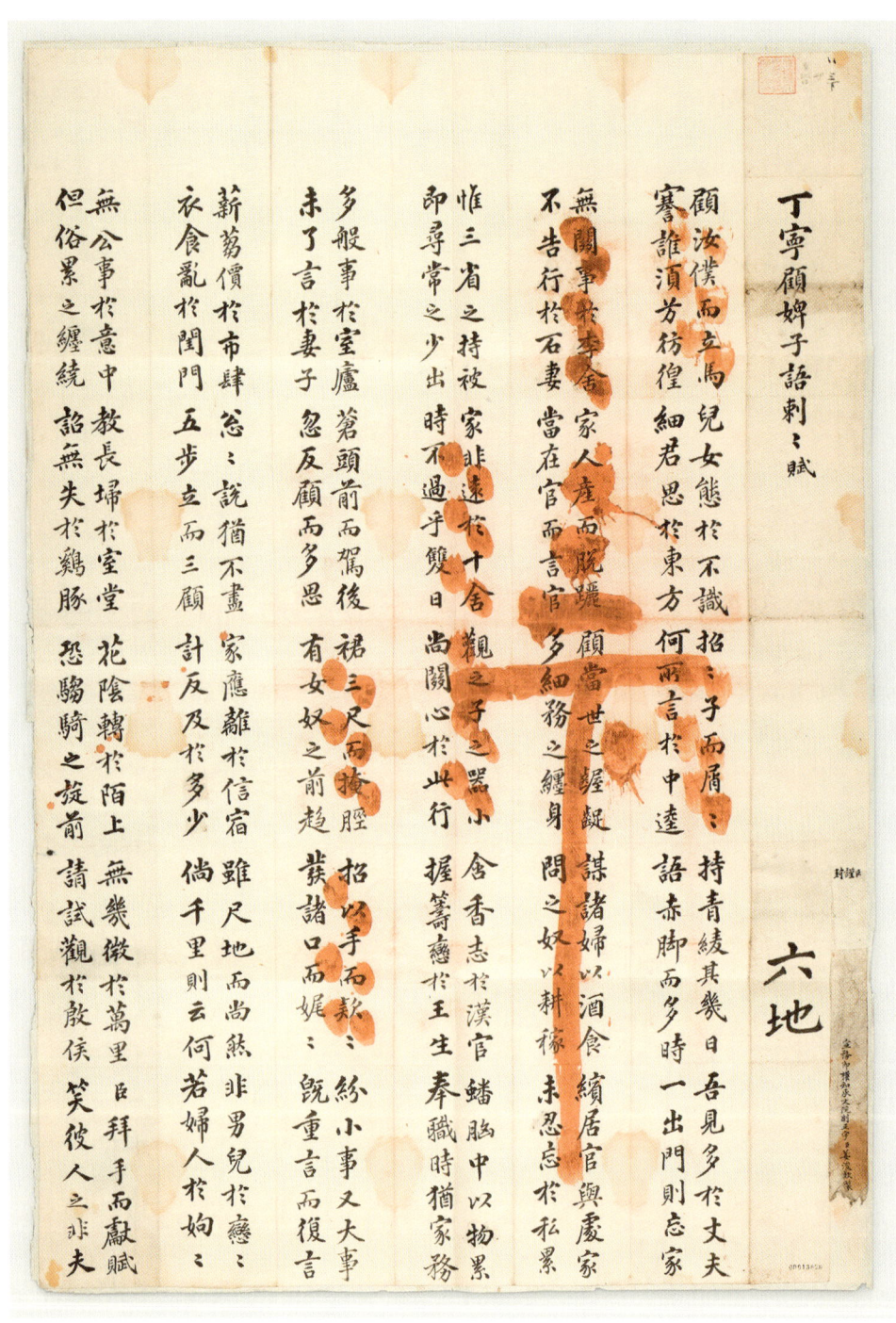

삼하三下를 받은 시권이다. '정녕고비자어자자丁寧顧婢子語剌剌'라는 말은 '계집종을 돌아보며 정녕 말이 많다.'라는 뜻으로 공무를 수행하면서 집안일을 염려하는 것을 말한다. 한유韓愈의 「송은원외서送殷員外序」에, '이불을 가지고 삼성에 입직을 함에 계집종을 돌아보며 정녕하게 말이 많아 그치지를 못한다[持被入直三省 丁寧顧婢子語剌剌不能休]'라는 말이 있다.

위의 시권 13장은 1796년(정조 20)부터 1800년(정조 24)사이에 작성되었다. 모두 강준흠의 친필임을 확인할 수 있고, 시권의 상태도 매우 양호하다. 이 자료는 18세기 시권에 대한 연구는 물론 초계문신 과강課講의 연구 자료로 활용될 수 있는 중요한 문건들이라 하겠다. 특히「미앙전전월륜고未央前殿月輪高」의 경우 동점자가 나온 동획同畫이었는데 재차 시험을 치르고, 또 동점일 경우에도 재차 시험을 보아 삼상三上 1명을 가려낸 사실을 알 수 있는 자료로 당시 정조가 초계문신에 대해 엄격하게 평가하고 관리했음을 보여준다. 방현아

주제어
강준흠姜浚欽, 초계문신抄啓文臣, 시권試券, 과지科紙, 과강課講

李仁榮, 『淸芬室書目』, 寶蓮閣, 1968.

永瑢 等撰, 『四庫全書總目提要』, 臺灣商務印書館, 1983.

中國古籍總目編纂委員會, 『中國古籍總目』, 中華書局 · 上海古籍出版社, 2009-2013.

국립중앙도서관 고전운영실 편, 『(국립중앙도서관)선본해제』, 국립중앙도서관, 2005-2017.

계명대학교 한국학연구원 · 고문헌연구소 등, 『(계명대학교 동산도서관 소장) 善本 古書 해제집』, 계명대학교출판부, 2008-2012.

연세대학교 국학연구원 편, 『연세대학교 중앙도서관 소장 고서해제』Ⅴ, 2006.

이화여자대학교 한국문화연구원, 『(이화여자대학교 중앙도서관 소장)고서해제』, 평민사, 2008.

규장각도서 경부목록팀, 『규장각도서목록 경부』1-7, 서울대학교 규장각한국학연구원, 2022.

이종묵 외 6인 지음, 『조선에 전해진 중국 문헌』, 서울대학교 출판문화원, 2021.

김치우 저, 『고사촬요 책판목록과 그 수록 간본 연구』, 아세아문화사, 2008.


『한국민족문화대백과사전』            https://encykorea.aks.ac.kr/

한국고문헌종합목록                  https://www.nl.go.kr/korcis/index.do

국립중앙도서관 해제                 https://www.nl.go.kr/

규장각 원문검색서비스               https://kyudb.snu.ac.kr/

한국고전종합DB                     https://db.itkc.or.kr/

『조선왕조실록』                    https://sillok.history.go.kr/main/main.do

『명실록』 · 『청실록』              https://sillok.history.go.kr/mc/main.do

『승정원일기』                      https://sjw.history.go.kr/main.do

한국사데이터베이스                  https://db.history.go.kr/

국사편찬위원회 전자사료관           http://archive.history.go.kr/

漢文大藏經(大正新脩大藏經 등)       https://tripitaka.cbeta.org/

불교기록문화유산아카이브            https://kabc.dongguk.edu/index

臺灣國家圖書館 古籍與特藏文獻資源   https://rbook.ncl.edu.tw/NCLSearch/

Harvard Library HOLLIS             https://hollis.harvard.edu/primo-explore/search?vid=HVD2&sortby=rank&lang=en_US

Japan Search                        https://jpsearch.go.jp/en/

『中國基本古籍庫』

『四庫全書』

| 서명 | 영문서명 | 분류 | 청구기호 | 면수 |
|---|---|---|---|---|
| 묘법연화경 妙法蓮華經 | Myobeop yeonhwagyeong | 자부-23 | 貴 C04-0032d | 314 |
| 문한유선대성 文翰類選大成 | Munhan yuseon daeseong | 집부-17 | 貴 D02C-0193 | 440 |
| 법집별행록절요병입사기 法集別行錄節要幷入私記 | Beobjip-byeolhaengnok jeolyo byeong-ipsagi | 자부-26 | 貴 C04-0036c | 324 |
| 북경팔경시집 北京八景詩集 | Bukgyeong palgyeong sijip | 집부-18 | 貴 D02C-0206 | 444 |
| 북계선생성리자의 北溪先生性理字義 | Bukgye-seonsaeng seongni jaui | 자부-14 | 貴 현담 C02-0193a | 284 |
| 분류보주이태백시 分類補註李太白詩 | Bulryuboju itaebaekshi | 집부-34 | 貴 D03C-0072b | 498 |
| 분류보주이태백시 分類補註李太白詩 | Bulryuboju itaebaekshi | 집부-35 | 貴 D03C-0072c | 500 |
| 불설대보부모은중경 佛說大報父母恩重經 | Bulseol daebo bumoeunjunggyeong | 자부-34 | 貴 C04-0082b | 350 |
| 비아 埤雅 | Bia | 경부-16 | 貴 단산 A10A-0002 | 124 |
| 비해당선반산정화 匪懈堂選半山精華 | Bihaedangseon bansan jeonghwa | 집부-42 | 貴 D03C-0246 | 521 |
| 사마방목 司馬榜目-만력십삼년 萬曆十三年(1585) | Samabangmok(1585) | 사부-7 | 貴 B13KB-0049 | 156 |
| 사마방목 司馬榜目-만력십칠년 萬曆十七年(1589) | Samabangmok(1589) | 사부-8 | 貴 B13KB-0048 | 161 |
| 사마방목 司馬榜目-신묘년 辛卯年(1591) | Samabangmok(1591) | 사부-9 | 貴 B13KB-0052 | 166 |
| 사월 史鉞 | Sawol | 사부-4 | 貴 B06C-0039 | 144 |
| 삼경합부 三經合部 | Samgyeong hapbu | 자부-27 | 貴 C04-0043 | 326 |
| 삼탄선생집 三灘先生集 | Samtan-seonsaengjip | 집부-28 | 貴 D03B-4372 | 479 |
| 서산선생진문충공문장정종 西山先生眞文忠公文章正宗 | Seosansunsaeng-jinmunchunggong munjangjeongjong | 집부-14 | 貴 D02C-0070 | 426 |
| 서전대문 書傳大文 | Seojeon daemun | 경부-5 | 貴 A03-0015 | 082 |
| 선시보유 選詩補遺 | Seonsi boyu | 집부-19 | 貴 D02C-0207 | 446 |
| 선원제전집도서 禪源諸詮集都序 | Seonwon jejeonjip doseo | 자부-28 | 貴 C04-0049b | 330 |
| 선조宣祖 기축년사초 己丑年史草 | Seonjo gichuknyeon sacho | 사부-2 | 貴 B06B-0102 | 138 |
| 설문청공독서록 薛文淸公讀書錄 | Seolmuncheonggong dokseorok | 자부-6 | 貴 단산 C02-0044 | 257 |
| 성리대전서 性理大全書 | Seongnidaejeonseo | 자부-7 | 貴 C02-0047 | 260 |
| 성리율려직해 性理律呂直解 | Seongni yullyeo jikhae | 경부-11 | 貴 A06-0001 | 106 |
| 소보우공주의 少保于公奏議 | Sobouwgong juui | 사부-5 | 貴 단산 B11FC-0001 | 148 |
| 속동문선 續東文選 | Sok dongmunseon | 집부-8 | 貴 D02B-0023 | 403 |
| 수계선생평점간재시집 須溪先生評點簡齋詩集 | Sugyae-seonsaeng pyeongjeom ganjae sijip | 집부-40 | 貴 D03C-0211 | 515 |
| 수륙무차평등재의촬요 水陸無遮平等齋儀撮要 | Suryukmucha pyeongdeungjaeuichwalyo | 자부-29 | 貴 C04-0052 | 334 |

| 서명 | 영문서명 | 분류 | 청구기호 | 면수 |
|---|---|---|---|---|
| 시전대전 詩傳大全 | Sijeon daejeon | 경부-6 | 貴 A04-0011n | 084 |
| 신간유편역거삼장문선고부 新刊類編歷擧三場文選古賦 | Shin-gan yu-pyeon yeoggeosamjang munseon-gobu | 집부-20 | 貴 D02F-0005 | 450 |
| 신간유편역거삼장문선고부 新刊類編歷擧三場文選古賦 | Shin-gan yu-pyeon yeoggeosamjang munseon-gobu | 집부-21 | 貴 D02F-0005a | 454 |
| 신간의례도해 新刊儀禮圖解 | Shin-gan uirye dohae | 경부-9 | 貴 단산 A05C-0004 | 098 |
| 신간표제공자가어구해 新刊標題孔子家語句解 | Shin-gan pyoje gongja ga-eo guhae | 자부-15 | 貴 C02-0266 | 288 |
| 신전결과고금원류지론 新箋決科古今源流至論 | Xīnjiān Juékē Gǔjīn Yuánliú Zhìlùn | 자부-38 | 貴 단산 C15-0038 | 365 |
| 신증자치송원통감절요 新增資治宋元通鑑節要 | Shinjeung jachi songwon tonggam jeolyo | 사부-15 | 貴 단산 B03C-0016 | 188 |
| 신편고금사문유취 新編古今事文類聚 | Shinpyeon gogum sammunyuchui | 자부-39 | 貴 C15-0040 | 369 |
| 신편고금사문유취 新編古今事文類聚 | Shinpyeon gogum sammunyuchui | 자부-40 | 貴 C15-0040k | 371 |
| 신편시학집성압운연해 新編詩學集成押韻淵海 | Xīnbiān Shīxué Jíchéng Yāyùn Yuānhǎi | 자부-41 | 貴 C15-0087 | 373 |
| 신편음점성리군서구해 新編音點性理羣書句解 | Shinpyeon eumjeom seongni-gunseo-guhae | 자부-8 | 貴 단산 C02-0050a | 263 |
| 심경부주 心經附註 | Shimgyeong buju | 자부-9 | 貴 C02-0079 | 266 |
| 아비달마대비바사론 阿毗達磨大毗婆沙論 | Abidalma daebibasaron | 자부-1 | 貴 C04-0104 | 239 |
| 아음회편 雅音會編 | Yǎ Yīn Huì Biān | 집부-15 | 貴 D02C-0084 | 431 |
| 역대요록 歷代要錄 | Yeokdae yorok | 사부-24 | 貴 B06C-0040 | 221 |
| 연평이선생사제자답문 延平李先生師弟子答問 | Yeonpyeong–iseonsaeng sajejadapmun | 자부-10 | 貴 단산 C02-0094 | 270 |
| 예기 禮記 | Yegi | 경부-10 | 貴 A05D-0012 | 102 |
| 오신주문선 五臣注文選 | Oshinju Munseon | 집부-10 | 貴 D02C-0050 | 409 |
| 오신주문선 五臣注文選 | Oshinju Munseon | 집부-11 | 貴 단산 D02C-0050a | 412 |
| 완영일록 完營日錄 | Wanyeong ilrok | 사부-3 | 貴 B06B-0109 | 140 |
| 왕공의공박고 王恭毅公駁稿 | Wang-gong-ui-gong bakgo | 사부-22 | 貴 단산 B06B-0185 | 214 |
| 위정공간록 魏鄭公諫錄 | Wijeonggong ganrok | 사부-6 | 貴 단산 B11FC-0004 | 152 |
| 유석질의론 儒釋質義論 | Yuseok jiriron | 자부-30 | 貴 C04 0058 | 338 |
| 유설경학대장 類說經學隊仗 | Yuseol gyeonghak daejang | 자부-3 | 貴 C15-0054 | 248 |
| 유송도록 遊松都錄 | Yusongdorok | 집부-9 | 貴 D02B-0308 | 406 |
| 육경합부 六經合部 | Yukgyeong hapbu | 자부-35 | 貴 C04-0111 | 354 |
| 육조대사법보단경 六祖大師法寶壇經 | Yukjo-daesa beopbodangyeong | 자부-31 | 貴 C04-0059 | 342 |

| 서명 | 영문서명 | 분류 | 청구기호 | 면수 |
|---|---|---|---|---|
| 음주전문춘추괄례시말좌전구두직해<br>音註全文春秋括例始末左傳句讀直解 | Eumjujeonmun chunchu-gwalryesimal jwajeon gudujikhae | 경부-13 | 貴 구용 A07B-0020 | 113 |
| 응제시주 應制詩註 | Eungje siju | 집부-22 | 貴 D03B-0852 | 456 |
| 의려선생집 醫閭先生集 | Uiryeo-seonsaengjip | 집부-36 | 貴 단산 D03C-0132 | 503 |
| 의례경전통해 儀禮經傳通解 | Uiryegyeongjeon tonghae | 경부-7 | 貴 단산 A05A-0002 | 088 |
| 의례경전통해속 儀禮經傳通解續 | Uiryegyeongjeon tonghaesok | 경부-8 | 貴 단산 A05A-0003 | 094 |
| 이천격양집 伊川擊壤集 | Icheon-gyeokyangjip | 집부-37 | 貴 단산 D03C-0140 | 506 |
| 이학유편 理學類編 | Ihak yupyeon | 자부-11 | 貴 C02-0105 | 273 |
| 자치통감강목 資治通鑑綱目 | Jachitonggam gangmok | 사부-16 | 貴 B03C-0017 | 191 |
| 자치통감강목 資治通鑑綱目 | Jachitonggam gangmok | 사부-17 | 貴 B03C-0017a | 194 |
| 재송엄상좌귀남서 再送嚴上座歸南序 | Jaesong eomsangjwa gwinnamseo | 자부-37 | 貴 C10C-0182 | 362 |
| 전국책 戰國策 | Zhàn Guó Cè | 사부-23 | 貴 B06C-0026a | 218 |
| 전한기 前漢紀 | Qián Hàn Jì | 사부-20 | 貴 B03C-0023 | 204 |
| 전한서 前漢書 | Jeonhanseo | 사부-10 | 貴 단산 B02CB-0011 | 171 |
| 정조대왕초계문신승지공강준흠선생과지<br>正祖大王抄啓文臣承旨公姜浚欽先生科紙 | Gang-junheum Gwaji | 고문서-3 | 貴 마T72-00002 | 538 |
| 주문공교창려선생집 朱文公校昌黎先生集 | Jumungong-gyo changryeoseonsaengjip | 집부-38 | 貴 D03C-0155 | 509 |
| 주역본의계몽익전 周易本義啓蒙翼傳 | Juyeok bonui gyemong ikjeon | 경부-4 | 貴 단산 A02-0046 | 080 |
| 주역전의대전 周易傳義大全 | Juyeok-jeonui-daejeon | 경부-3 | 貴 단산 A02-0024 | 077 |
| 주자대전속집 朱子大全續集 | Jujadaejeon sokjip | 집부-39 | 貴 D03C-0158h | 512 |
| 주자서절요 朱子書節要 | Jujaseo jeoryo | 자부-12 | 貴 C02-0120c | 276 |
| 주자어류대전 朱子語類大全 | Jujaeoryu daejeon | 자부-13 | 貴 C02-0121 | 280 |
| 중용장구 中庸章句 | zhōngyōng zhāngjù | 경부-15 | 貴 A09C-0019 | 120 |
| 중정채허재선생역경몽인<br>重訂蔡虛齋先生易經蒙引 | Zhòngdìng càixūzhāi-xiānsheng yìjīng mengyǐn | 경부-2 | 貴 A02-0008 | 074 |
| 증보육신주문선 增補六臣註文選 | Zēng-bǔ Liù-chén-zhù Wén-xuǎn | 집부-12 | 貴 D02C-0054 | 417 |
| 증수부주자치통감절요속편<br>增修附註資治通鑑節要續編 | Jeungsubujoo jachitonggamjeolyo sokpyeon | 사부-19 | 貴 B03C-0022 | 200 |
| 증수부주자치통감절요속편<br>增修附註資治通鑑節要續編 | Jeungsubujoo jachitonggamjeolyo sokpyeon | 사부-18 | 貴 중재 B03C-0022b | 197 |
| 지장보살본원경 地藏菩薩本願經 | Jijangbosal bonwon-gyeong | 자부-32 | 貴 C04-0064 | 345 |
| 진사왕집 陳思王集 | Jinsawangjip | 집부-41 | 貴 D03C-0243 | 518 |
| 진산세고 晉山世稿 | Jinsansego | 집부-1 | 貴 D02B-0339 | 377 |

| 서명 | 영문서명 | 분류 | 청구기호 | 면수 |
|---|---|---|---|---|
| 진서 晉書 | Jinseo | 사부-12 | 貴 B02CB-0012 | 179 |
| 진서산독서기을집상대학연의 眞西山讀書記乙集上大學衍義 | Jinseosandokseogi euljipsang daehakyeonui | 자부-5 | 貴 C02-0031 | 255 |
| 진서산독서기을집상대학연의 眞西山讀書記乙集上大學衍義 | Jinseosandokseogi euljipsang daehakyeonui | 자부-4 | 貴 C02-0031a | 252 |
| 집천가주분류두공부시 集千家註分類杜工部詩 | Jipcheongaju bulryu dugongbushi | 집부-31 | 貴 D03C-0046 | 489 |
| 천원발미 天原發微 | Cheonwon balmi | 자부-36 | 貴 C09-0064 | 358 |
| 청파집 靑坡集 | Cheongpajip | 집부-25 | 貴 D03B-3045 | 467 |
| 초사 楚辭 | Chosa | 집부-4 | 貴 D01-0002c | 386 |
| 춘정선생문집 春亭先生文集 | Chunjeong-seonsaeng munjip | 집부-23 | 貴 D03B-1057a | 460 |
| 춘추경좌씨전구해 春秋經左氏傳句解 | Chunchugyeong-Jwaseajeon-guhae | 경부-1 | 貴 A07B-0019 | 069 |
| 춘추집전대전 春秋集傳大全 | Chunchu jipjeon daejeon | 경부-12 | 貴 A07-0001 | 110 |
| 치문경훈 緇門警訓 | Chimum gyeonghun | 자부-33 | 貴 C04-0068 | 348 |
| 탁영집 濯纓集 | Tagyeongjip | 집부-29 | 貴 D03B-4687 | 482 |
| 태교신기 胎敎新記 | Taegyo shin-gi | 자부-2 | 貴 검여 C07-0079 | 244 |
| 태사휘국문공연보 太師徽國文公年譜 | Taesa-hwiguk mungong yeonbo | 사부-26 | 貴 B09KC-0021 | 226 |
| 포은시고 圃隱詩藁 | Poeun sigo | 집부-26 | 貴 D03B-3089, D03B-3089 c.2 | 472 |
| 풍소궤범 風騷軌範 | Pungso gwebeom | 집부-16 | 貴 단산 D02C-0123 | 436 |
| 협주명현십초시 夾注名賢十抄詩 | Hyeopju myeonghyeon sipchoshi | 집부-13 | 貴 D03B-4675 | 422 |
| 황씨집천가주두공부시사보유 黃氏集千家註杜工部詩史補遺 | Hwangssi jipcheongaju dugongbu sisaboyu | 집부-33 | 貴 D03C-0049 | 495 |
| 황여일가장사초 黃汝一家藏史草 | Hwang-yeoil gajangsacho | 사부-1 | 貴 B06B-0093 | 133 |
| 황화집 皇華集 | Hwanghwajip | 집부-6 | 貴 D02A-0006 | 396 |
| 황화집 皇華集 | Hwanghwajip | 집부-5 | 貴 단산 D02A-0005 | 390 |
| 회암문초 晦庵文抄 | Hoeam muncho | 집부-43 | 貴 구용 D03C-0248 | 524 |
| 후한기 後漢紀 | Hòu Hàn Jì | 사부-21 | 貴 B03C-0034 | 210 |
| 후한서 後漢書 | Huhanseo | 사부-11 | 貴 단산 B02CB-0015 | 174 |

# 존경보장
## 尊經寶藏

JON
GYEONG
BO
JANG

존경각
귀중본
해제집

| | |
|---|---|
| 초판 1쇄 발행 | 2025년 4월 30일 |
| 편저 | 동아시아학술원 존경각 |
| 총괄 | 김경호 |
| 기획 | 이영호 서나현 |
| 감수 | 이상백 이상현 |
| 원고 집필 | 김은슬(Ⅰ 성균관과 책의 역사) |
| 서지 해제 | 김은슬 김단일 신동엽 오유경 |
| 내용 해제 (가나다순) | 김민현 김소희 김영죽 김은슬 김종민 방현아 신로사 신영미 신태영 옥영정 유지복 유지영 이시연 이유리 이진경 이혜정 임영길 조영미 장연수 전수경 |
| 교정 | 남승혜 곽지은 |
| 편집 교열 | 김은슬 |
| 촬영 | 남기용 플래시큐브 스튜디오 |
| 디자인 | 송인혜 원종미 이지연 그라픽네트 |
| 펴낸이 | 유지범 |
| 펴낸곳 | 성균관대학교 출판부 |
| 등록 | 1975년 5월 21일 제1975-9호 |
| 주소 | 서울특별시 종로구 성균관로 25-2 성균관대학교 600주년기념관 2층 10204호 |
| 누리집 | https://press.skku.edu/ |
| 제작 | 그라픽네트 |

ISBN 979-11-5550-663-9 93010

93010
9 791155 506639
ISBN 979-11-5550-663-9 정가 150,000원